做一个理想的法律人
To be a Volljurist

Juristische Methodenlehre
4. Auflage

法学方法论
（第4版）

［德］托马斯·M. J. 默勒斯（Thomas M. J. Möllers） 著
杜志浩 译
李昊 申柳华 江溯 张彤 校

著作权合同登记号　图字：01-2020-3503
图书在版编目（CIP）数据

法学方法论：第4版／（德）托马斯·M.J.默勒斯著；杜志浩译．—北京：北京大学出版社，2022.6
（法律人进阶译丛）
ISBN 978-7-301-33042-5

Ⅰ．①法… Ⅱ．①托… ②杜… Ⅲ．①法学‐方法论 Ⅳ．①D90-03

中国版本图书馆CIP数据核字（2022）第086243号

Juristische Methodenlehre, 4. Auflage, by Thomas M. J. Möllers
© Verlag C. H. Beck oHG, München 2021
本书原版由C.H.贝克出版社于2021年出版。本书简体中文版由原版权方授权翻译出版。

书　　　名	法学方法论（第4版） FAXUE FANGFALUN (DI-SI BAN)
著作责任者	〔德〕托马斯·M.J.默勒斯（Thomas M. J. Möllers）　著 杜志浩　译
丛书策划	陆建华
责任编辑	陆建华　费悦
标准书号	ISBN 978-7-301-33042-5
出版发行	北京大学出版社
地　　　址	北京市海淀区成府路205号　100871
网　　　址	http://www.pup.cn　http://www.yandayuanzhao.com
电子信箱	yandayuanzhao@163.com
新浪微博	@北京大学出版社　@北大出版社燕大元照法律图书
电　　　话	邮购部 010-62752015　发行部 010-62750672 编辑部 010-62117788
印　刷　者	北京中科印刷有限公司
经　销　者	新华书店
	880毫米×1230毫米　A5　31印张　925千字 2022年6月第1版　2022年12月第3次印刷
定　　　价	168.00元

未经许可，不得以任何方式复制或抄袭本书之部分或全部内容。
版权所有，侵权必究
举报电话：010-62752024　电子信箱：fd@pup.pku.edu.cn
图书如有印装质量问题，请与出版部联系，电话：010-62756370

"法律人进阶译丛"编委会

主 编

李 昊

编委会

(按姓氏音序排列)

班天可	陈大创	杜志浩	季红明	蒋 毅
李 俊	李世刚	刘 颖	陆建华	马强伟
申柳华	孙新宽	唐志威	夏昊晗	徐文海
查云飞	翟远见	张 静	张 挺	章 程

Juristische Methodenlehre
4. Auflage

作者简介

〔德〕**托马斯·M. J. 默勒斯**(Thomas M. J. Möllers)，德国奥格斯堡大学法学院教授，欧盟"让·莫内"终身讲席教授；民法、经济法、欧盟法、国际私法和比较法教席教授（25年）。奥格斯堡大学学校董事会前理事，奥格斯堡大学法学院前院长，现任常务副院长、欧洲法研究中心主任、欧中法律研究与创新中心主任；欧洲科学和艺术学院院士、德国联邦银行资金与货币基金会主席。在中国的北京大学法学院、清华大学法学院、中国政法大学、浙江大学、西南政法大学民商法学院和山东大学法学院等多次进行讲座或授课。兼任美国北卡罗来纳大学教堂山分校、佩珀代因大学、乔治·华盛顿大学的客座教授；匹兹堡大学、澳大利亚悉尼大学法学院、法国里昂第三大学（让·穆兰大学）访问客座教授；中国政法大学、甘肃政法大学客座教授。同时还兼任慕尼黑知识产权法中心 (MIPLC)管理委员会成员，慕尼黑知识产权法中心主办的《慕尼黑知识产权法杂志》编委。已被翻译成中文出版的著作有：《欧洲资本市场法的新发展——从德国的视角观察》《法律研习的方法：作业、考试和论文写作（第9版）》和《法学方法论（第4版）》。

E-Mail: thomas.moellers@jura.uni-augsburg.de

译者简介

杜志浩，德国哥廷根大学法学博士，南京大学法学硕士，哥廷根大学法学硕士，主要研究方向：知识产权法、私法基础理论。

Juristische Methodenlehre
4. Auflage

译丛主编简介

　　李昊，北京大学法学学士、民商法学硕士、清华大学民商法学博士，中国社会科学院法学研究所博士后。现任中南财经政法大学法学院教授、博士生导师。曾任北京航空航天大学人文与社会科学高等研究院副院长、北京航空航天大学法学院教授（院聘）、博士生导师。德国慕尼黑大学、明斯特大学、奥地利科学院欧洲损害赔偿法研究所访问学者。兼任德国奥格斯堡大学法学院客座教授、中国法学会网络与信息法学研究会理事、北京市法学会理事、北京市物权法学研究会常务理事兼副秘书长、北京中周法律应用研究院副理事长兼秘书长、北京法律谈判研究会常务理事、北京市金融服务法学研究会理事、北京市海淀区法学会理事，《燕大法学教室》（简体版为《法学教室》）主编、《月旦法学杂志》副主编、《中德私法研究》和《法治研究》编委。著有《纯经济上损失赔偿制度研究》《交易安全义务论——德国侵权行为法结构变迁的一种解读》《危险责任的动态体系论》《不动产登记程序的制度建构》（合著）、《中国民法典侵权行为编规则》（合著）等；在《法学研究》《清华法学》《比较法研究》《环球法律评论》等法学核心期刊发表论文五十余篇；主持翻译"侵权法与保险法译丛""侵权法人文译丛""外国法学精品译丛""法律人进阶译丛""欧洲法与比较法前沿译丛"等多部法学译丛。

IN MEMORIAM
WOLFGANG FIKENTSCHER

献给沃尔夫冈·费肯切尔

做一个理想的法律人（代译丛序）

近代中国的法学启蒙受自日本，而源于欧陆。无论是法律术语的移植、法典编纂的体例，还是法学教科书的撰写，都烙上了西方法学的深刻印记。即使是中华人民共和国成立后兴盛过一段时期的苏俄法学，从概念到体系仍无法脱离西方法学的根基。20世纪70年代末，借助于我国台湾地区法律书籍的影印及后续的引入，以及诸多西方法学著作的大规模译介，我国重启的法制进程进一步受到西方法学的深刻影响。当代中国的法律体系可谓奠基于西方法学的概念和体系之上。

自20世纪90年代开始的大规模的法律译介，无论是江平先生挂帅的"外国法律文库""美国法律文库"，抑或许章润、舒国滢先生领衔的"西方法哲学文库"，以及北京大学出版社的"世界法学译丛"、上海人民出版社的"世界法学名著译丛"，诸多种种，均注重于西方法哲学思想尤其英美法学的引入，自有启蒙之功效。不过，或许囿于当时西欧小语种法律人才的稀缺，这些译丛相对忽略了以法律概念和体系建构见长的欧陆法学。弥补这一缺憾的重要转变，应当说始自米健教授主持的"当代德国法学名著"丛书和吴越教授主持的"德国法学教科书译丛"。以梅迪库斯教授的《德国民法总论》为开篇，德国法学擅长的体系建构之术和鞭辟入里的教义分析方法进入中国法学的视野，辅以崇尚德国法学的我国台湾地区法学教科书和专著的引入，德国法学在中国当前的法学教育和法学研究中日益受到尊崇。然而，"当代德国法学名著"丛书虽然遴选了德国当代法学著述中的上乘之作，但囿于撷取名著的局限及外国专家的视角，丛书采用了学科分类的标准，而未区分注重体系层次的基础教科书与偏重思辨分析的学术专著，与戛然而止的"德国法学教科书译丛"一样，在基础教科书书目的选择上尚未能充分体现当代德国法学教育的整体面貌,是为缺憾。

职是之故,自2009年始,我在中国人民大学出版社策划了现今的"外国法学教科书精品译丛",自2012年出版的德国畅销的布洛克斯和瓦尔克的《德国民法总论(第33版)》始,相继推出了韦斯特曼的《德国民法基本概念(第16版)(增订版)》、罗歇尔德斯的《德国债法总论(第7版)》、多伊奇和阿伦斯的《德国侵权法(第5版)》、慕斯拉克和豪的《德国民法概论(第14版)》,并将继续推出一系列德国主流的教科书,涵盖了德国民商法的大部分领域。该译丛最初计划完整选取德国、法国、意大利、日本诸国的民商法基础教科书,以反映当今世界大陆法系主要国家的民商法教学的全貌,可惜译者人才梯队不足,目前仅纳入"日本侵权行为法"和"日本民法的争点"两个选题。

系统译介民商法之外的体系教科书的愿望在结识季红明、查云飞、蒋毅、陈大创、葛平亮、夏昊晗等诸多留德小友后得以实现,而凝聚之力源自对"法律人共同体"的共同推崇,以及对案例教学的热爱。德国法学教育最值得我国法学教育借鉴之处,当首推其"完全法律人"的培养理念,以及建立在法教义学基础上的以案例研习为主要内容的教学模式。这种法学教育模式将所学用于实践,在民法、公法和刑法三大领域通过模拟的案例分析培养学生体系化的法律思维方式,并体现在德国第一次国家司法考试中,进而借助第二次国家司法考试之前的法律实训,使学生能够贯通理论和实践,形成稳定的"法律人共同体"。德国国际合作机构(GIZ)和国家法官学院合作的《法律适用方法》(涉及刑法、合同法、物权法、侵权法、劳动合同法、公司法、知识产权法等领域,由中国法制出版社出版)即是德国案例分析方法中国化的一种尝试。

基于共同创业的驱动,我们相继组建了中德法教义学QQ群,推出了"中德法教义学苑"微信公众号,并在《北航法律评论》2015年第1辑策划了"法教义学与法学教育"专题,发表了我们共同的行动纲领:《实践指向的法律人教育与案例分析——比较、反思、行动》(季红明、蒋毅、查云飞执笔)。2015年暑期,在谢立斌院长的积极推动下,中国政法大学中德法学院与德国国际合作机构法律咨询项目合作,邀请民法、公法和刑法三个领域的德国教授授课,成功地举办了第一届"德国法案例分析暑期班"并延续至今。2016年暑期,季红明和夏昊晗也积极策划并参与了由西南政法大学黄家镇副教授牵头、民商法学院举办的"请求权基础案例分析法课程暑期培训班"。2017年暑期,加盟中南财经政法大学法学院的"中德法教义学苑"团队,成功举办了"案例分析暑期培训班",系统地在民法、公法和刑法三个领域以德国的鉴定式模式开展了案例分析教学。

中国法治的昌明端赖高素质法律人才的培养。如中国诸多深耕法学教育的启蒙者所认识的那样,理想的法学教育应当能够实现法科生法律知识的体系化,培养其运用法律技能解决实践问题的能力。基于对德国奠基于法教义学基础上的法学教育模式的赞同,本译丛期望通过德国基础法学教程尤其是案例研习方法的系统引入,循序渐进地从大学阶段培养法科学生的法律思维,训练其法律适用的技能,因此取名"法律人进阶译丛"。

本译丛从法律人培养的阶段划分入手,细分为五个子系列:

——法学启蒙。本子系列主要引介关于法律学习方法的工具书,旨在引导学生有效地进行法学入门学习,成为一名合格的法科生,并对未来的法律职场有一个初步的认识。

——法学基础。本子系列对应于德国法学教育的基础阶段,注重民法、刑法、公法三大部门法基础教程的引入,让学生在三大部门法领域中能够建立起系统的知识体系,同时也注重扩大学生在法理学、法律史和法学方法等基础学科上的知识储备。

——法学拓展。本子系列对应于德国法学教育的重点阶段,旨在让学生能够在三大部门法的基础上对法学的交叉领域和前沿领域,诸如诉讼法、公司法、劳动法、医疗法、网络法、工程法、金融法、欧盟法、比较法等有进一步的知识拓展。

——案例研习。本子系列与法学基础和法学拓展子系列相配套,通过引入德国的鉴定式案例分析方法,引导学生运用基础的法学知识,解决模拟案例,由此养成良好的法律思维模式,为步入法律职场奠定基础。

——经典阅读。本子系列着重遴选法学领域的经典著作和大型教科书(Grosse Lehrbücher),旨在培养学生深入思考法学基本问题及辨法析理之能力。

我们希望本译丛能够为中国未来法学教育的转型提供一种可行的思路,期冀更多法律人共同参与,培养具有严谨法律思维和较强法律适用能力的新一代法律人，建构法律人共同体。

虽然本译丛先期以德国法学教程和著述的择取为代表，但是并不以德国法独尊，而是注重以全球化的视角，实现对主要法治国家法律基础教科书和经典著作的系统引入，包括日本法、意大利法、法国法、荷兰法、英美法等，使之能够在同一舞台上进行自我展示和竞争。这也是引介本译丛的另一个初衷：通过不同法系的比较，取法各家，吸其所长。也希望借助本译丛的出版，展示近二十年来中国留学海外的法学人才梯队的更新，并借助新生力量，在既有译丛积累的丰富经验基础上，逐步实现对外国法专有术语译法的相对统一。

本译丛的开启和推动离不开诸多青年法律人的共同努力，在这个翻译难以纳入学术评价体系的时代，没有诸多富有热情的年轻译者的加入和投入，译丛自然无法顺利完成。在此，要特别感谢积极参与本译丛策划的诸位年轻学友和才俊，他们是：留德的季红明、查云飞、蒋毅、陈大创、黄河、葛平亮、杜如益、王剑一、申柳华、薛启明、曾见、姜龙、朱军、汤葆青、刘志阳、杜志浩、金健、胡强芝、孙文、唐志威，留日的王冷然、张挺、班天可、章程、徐文海、王融擎，留意的翟远见、李俊、肖俊、张晓勇，留法的李世刚、金伏海、刘骏，留荷的张静，等等。还要特别感谢德国奥格斯堡大学法学院的托马斯·M. J. 默勒斯（Thomas M. J. Möllers）教授慨然应允并资助其著作的出版。

本译丛的出版还要感谢北京大学出版社副总编辑蒋浩先生和策划编辑陆建华先生，没有他们的大力支持和努力，本译丛众多选题的通过和版权的取得将无法达成。同时，本译丛部分图书得到中南财经政法大学法学院徐涤宇院长大力资助。

回顾日本的法治发展路径，在系统引介西方法律的法典化进程之后，将是一个立足于本土化、将理论与实务相结合的新时代。在这个时代中，中国法律人不仅需要怀抱法治理想，还需要具备专业化的法律实践能力，能够直面本土问题，发挥专业素养，推动中国的法治实践。这也是中国未来的"法律人共同体"面临的历史重任。本译丛能预此大流，当幸甚焉。

李 昊
2018 年 12 月

法学方法论应该成为什么样子?(中文版推荐序)

与古斯塔夫·拉德布鲁赫所讥之"病态"不同,在当下,"法学方法论"是一个时髦的词汇。甚至在某些领域,出现了"言必称方法论"的景况。单纯从知识生产的角度来看,若说在广义法学理论领域有什么历久弥新的热点,法学方法论必在其中。大家研究法学方法论的热情被推高的原因,想来无外乎三点:

第一,法学知识想象狂欢后的理性反扑。在中国法学发展的某个阶段,一种建基于知识想象之上的研究范式打破了传统法学缓慢自生的运动框架,他们以经济学的思维、社会学的理论、历史学的风格、文学的修辞为法学带来了"新鲜空气",因而受到热捧,继之以一学派之力影响乃至重构了整个中国的法学研究景观。但这种研究范式过分依赖感性材料和美学加工,宁愿聚焦于文学作品与视听演绎,也不愿落到具体案件判决之中,更没有吸取社会学的实证精神自用,因而容易同复杂的社会事实错位乃至脱钩,最终使法学沦为直觉和情绪化产品的附庸,只能诉诸后果主义的倒行论证自圆其说,这无疑大大破坏了研究者们对法律安定性的共同期待。"兴尽悲来,识盈虚之有数。"当带有显著时代烙印的"集体欢腾"褪去后,深入骨髓的"知识空虚"随之袭来,法学的想象、感性的处理、美学的拟制、修辞的遮蔽再也无法满足研究者们渴望同实践交握的祈愿,一种自律回归式的知识反思为理性主义观念重建打开了大门,法学方法论正是在这样的轨道上被引入和重视的。

第二,法学者群体性身份认同的自然吁求。有论者言道,"戴逸之问"扯掉了幼稚法学的最后一块遮羞布。诚然,由于中国传统律学的断裂和隐匿,在相当长的一段时期内,法学及法学者们面临着十分尴尬的内忧外弱局面:部门法学研究尚未形成自己独特的知识体系和话语体系,法学研究不得不借助发展相对迅速和成熟的哲学、历史学、社会学等学科的概念和方法建构己身;但令人无奈的是,法哲学研究因肤浅之弊为主流哲学所冷落、法史学研究因视域之窄为主流史学所悬搁、法社会学研究因范式之怪为主流社会学所质疑,其他种种亦作拒斥或边缘化之解。由此,"我是谁?""我在研究什么?""我将来能够研究什么?"成了困扰绝大多数法学研究者们的身份认同难题。不同取向的智识努力在各异的路向上为这组问题找到了各自满意的答案(如法律的社会科学研究试图从后设层面打破现代化的知识分工与学科壁垒,以"问题化研究"代替"领域化研究",从而使法学全面接入社会科学研究的大语境,最终消解身份认同困境;也即,在法律的社会科学研究者们看来,所谓身份认同难题,不仅对法学者们而言不再构成有效诘难,对任何社会科学门类的研究者而言,都将不足为虑),法学方法论虽然并不一定是其中的"唯一正解",但它至少提供了一种"正面突破"的典范,并在牵连"法学是不是一门科学"的意义上向我们展示出正宗法学当有的样貌。

第三,法学知识实践化、法学理论知识通识化的内在需求。如果说法学是一门实践的学问,那么,法学方法论的根本任务便是在实践中找寻法律教义指示下的"唯一确定解"。正如一些论者所指出的那样,法学方法论的生命在于解决疑难案件,而解决疑难案件的关键又在于发现法学方法论的精彩。当"司法三段论"(或被称为"法学三段论")缺乏大前提的明确支持时,如何将案件事实有效地涵摄至规范的构件中,便需要依赖法学方法论的精致操作与智慧。更为重要的是,疑难案件并非某一个法部门的专有物,为了应对跨部门的通识性知识需求,法学方法论展现出了一般性、综合化、转域式的思维特征,这也成为其担纲法学理论知识通识化的基底和根由。转头再从知识社会学的角度看,如果法学期刊、法学出版社、部门法学研习者乃至非专业读者对法学理论研究的期待,是贯通之于规范的学问同之于事实的实践间的桥梁,则唯有法学方法论可堪重任。社会事实变幻莫测、司法实践疑难丛生,因而现实"热点"不断、法学知识不息,法学方法论若能把握帮助法学理论突出神秘主义重围的关窍,则其必然能够延续当下的"时髦",继续肩负起引领法学者、法律人纵深极致思维运演的规训重责。

罗伯托·曼加贝拉·昂格尔曾有书言,"法律分析应该成为什么样子";我想,在这个时代,当我们怀揣着对法学知识的某种敬意与对法律实践的某种关切而来时,便已经能够回答这个问题。因为我们这个时代需要法学方法论,它的存在和发展正以"中国法学将向何处去"的姿态回应着批判法学之问。但在更为切近的时空中,我们却面临着由新一轮知识竞争导致的进一步追问:法学方法论又该成为什么样子?

如果将"法学方法论"视作伊曼努尔·康德意义上的先天综合判断,则方法论必然是"法学"的方法论。那么,紧随而来的追问必然是:"法学"是什么样的法学?方才言谓的"新一轮知识竞争"便在此意义上展开。实际上,纵观中国学界的法学方法论学说史,关于该学问或者说是学科名称的争论从未止息。如果排除"法学研究方法"的干扰,将目光锁定在作为"法律适用方法"的方法论之上,则最为显著的阵营分化便是"法律方法论"与"法学方法论"之争。回顾这种争论的焦点,执"法律方法论"意见者,无非认为,"法学方法论"的称谓容易产生歧义,让人误以为是"法学研究的方法论"而非"法律适用的方法论"。但这种"歧义"只可能在不明"法学"的语境中产生。因为如果将"法学"等价于"法教义学"加以理解,便自然能够清楚,"方法论"是法教义学知识体系的有机组成部分,就像债法中必然包含合同法和侵权法那样,它是由先天理性决定的原本法学范畴,而非需要特别说明和证成的知识存在。也就是说,即便是这种源自德国学界(自然,在德国学界,"法律方法论"的声音要弱一些,但这种关于学科称谓的不同意见确实存在)的形式化争拗,最终也要指向关于"法学"学问性质的知识论反思。转视当下,法律的社会科学研究(或被称为"社科法学")与法教义学的争论甚嚣尘上,其背后植基的正是关于"法学是不是一门自足的学问"的观念论分化。社科法学者们认为,法教义学为维持法律安定性所作出的自足性承诺,只会使法学逐步走向封闭和僵化,最终不利于法律、法学乃至法治的建构与发展。那么,面对社科法学的反自足性批判及其附带的多样技术化诱惑,法学方法论当如何自处？又当如何回应？托马斯·M. J. 默勒斯教授的《法学方法论》一书或能够为中国学者解答此问提供关键的启发和重要的智识参考。

默勒斯教授的《法学方法论》以构建一种"现代的法学方法论"为问题意识，共分为五个部分、十四章展开论述，分别是"基础"（包括法学方法论的性质、法源的构造）、"解释"（包括法律解释的脉络分化）、"具体化及建构"（方法论操作化层面最具难度也最为重要的两部分内容，包括抽象概念与示例规定的涵摄、案例动态体系的搭建、一般性原则的适用、利益的衡量等）、"宪法及欧盟法所致的优先性"（展示上位法需求的可能图景及其复杂面向）、"法的和平性与安定性"（包括法律续造的正当界限、基于"案件事实诠释学"的案件事实获取技术等），内容循序渐进、由易到难，颇引人入胜。默勒斯教授试图以一种模型化的思维、图式化的方式讲解各类论证与解释操作的基本理念、内在机理、适用场域与运行规准等，并试图通过这样的形制提升法律解释、法律推理与法律论证的可接受性与妥适性。更为重要的是，在他所搭建和勾勒的 100 多种法学论证模型中，许多模型以适恰的口径妥善综合了经济学、政策（治）学、社会学、哲学的资源和技术，如以"后果主义论证"为口径引入了经济学的衡量方法，这无疑为法教义学者回应社科法学质疑、打破自足性障碍提供了可靠参考与理性范本。

更值得一提的是，身居欧盟"让·莫内"终身讲席的默勒斯教授曾担任德国奥格斯堡大学法学院院长，现任国际交流常务副院长、欧洲法研究中心主任、欧中法律研究与创新中心主任。他不仅是奥格斯堡大学民法、商法、欧洲法、国际私法与比较法讲席教授；还是欧洲私法统一核心项目"竞争法执行"研究团队的组织者和领导人，同时担任慕尼黑知识产权法中心管理委员会委员、德国联邦银行资金与货币基金会主席等；更是北卡罗来纳大学教堂山分校、佩珀代因大学、乔治·华盛顿大学、匹兹堡大学、悉尼大学、里昂第三大学、中国政法大学、甘肃政法大学等美、澳、法、中多所高校的客座教授或访问客座教授，还曾于北京大学、清华大学、浙江大学、南京大学、北京交通大学、西南政法大学、山东大学、中国计量大学等多个中国大学法学院举办过讲座或受邀授课。这意味着，默勒斯教授不但熟知东西方法律运行和法学研究的实态差异，更具有贯通民法、知识产权法、商法、经济法、国际法的知识背景。如此视野和知识结构促就的《法学方法论》必然具有跨文化、跨法系、跨法域之能力，其中书写和建构的诸种法学论证模型也必然具有对接或涵摄各国法律运行（尤其是法律适用）实践与法学研究需求的本领。也正因此，该书不仅应当被视作一本关于法学方法论的学术著作，还应当被作为一本实用、丰富而厚重的法学方法论教科书来看待，更值得被发掘其中的工具书价值以为实践派法律人（如法官、检察官、律师等）的执业行动提供准据。

基本可以得到共识的是，卡尔·拉伦茨的《法学方法论》几乎已经成为法学方法论研习者们的"圣经"，而被拉伦茨盛赞为"里程碑式不朽之作"的《法学方法比较论》正出自默勒斯教授的教席资格论文指导者沃尔夫冈·费肯切尔教授之手。这种学脉的传承刻录着法学方法论研究本身的进化，也透视出时代变迁中学人们不断追索方法论真谛的谆谆匠心。时代在变、人在变、法学方法论的样子也在变，不变的是志同道合者对方法论研究的赤诚与热爱。于是，我相信，该书的出版必将能够创造佳绩，并以与《法律研习的方法：作业、考试和论文写作》相互补充、互为映射、各司其职的态势为中国法学方法论乃至法学研究整体带来一股新风！

舒国滢
2022 年 3 月 2 日星期三/农历 2022 年正月
三十凌晨于元大都土城西夕峰吟斋

中文版前言

"法"变得越来越复杂。若不能直接从法律或已有的判例中为争议的法律问题找到答案,寻求法的解决方案势必会成为一项艰辛的工作。因此,掌握法教义学及法学方法论,可谓不可或缺。执着地追求公正裁判的人,都乐于在"法"的领域里深入探索。然而,若"法"不够明确甚或完全沉默,又当如何获取恰当的法解决方案?

在一次采访中,欧洲人权法院前副院长安格丽卡·努斯布克在谈及她担任法官的日常工作时这样说道:"法学本质上是一种论证科学。"(本书第一章)只有经过充分说理并产生说服力,法学裁判才能为人所接受。本书即为法律人提供了100多种服务于裁判说理的法学论证模型,其中有很多是放之四海皆准的。因此,本书适用于任何想要说服他人的法律人,包括法官、律师抑或企业、政府的法务人员。另外,无论是为了完成博士生的培养目标,还是为完成家庭作业、研讨课论文及解答考试题,对法学裁判进行理性上的充分说理,也是大学生所追求的目标。

本书将介绍传统的论证模型,但在跨学科与法教义学的背景下,又不仅限于此。法源(本书第一部分)、经典及现代的解释方法均属本书之主题,包括文义解释、体系解释、目的解释以及结果取向的思想(如法的经济分析)。"合同"也可能是不清楚的,故而有解释之必要(本书第二部分)。此外,本书也将论及法的具体化这一高要求的工作,诸如一般条款、法官法、法原则的处理以及"衡量"这一方法程序(本书第三部分)。"法"之所以日趋复杂,也是因为时有顾及上位法的需要,例如宪法、欧盟法或国际法(本书第四部分)。最后,本书还将明确法续造的正当界限,并揭示如何获取案件事实。"案件事实诠释学"的问题对于法实践而言尤有意义。

　　本书自 2017 年以来已历经三版，并为法学学术文献和判例所引用。本书已被译为英文，书名为"法学方法：如何用法学论据工作"（Legal Methods: How to work with legal arguments, 2020）。本书可谓对《法律研习的方法：作业、考试和论文写作》一书的补充，在描述重要的论证模型之余，确立了一种现代的法学方法论，它能为法科生、科研及实务者的日常工作带来直接的增益。本书的目标虽简单但也富有野心：旨在训练法学之思维。借此，法律人即有能力为未得明晰的法律问题逐步推演出解决方案，并使得反方立场的人（即使在争论的情形下）也能信服法学论证的内容。

托马斯·M. J. 默勒斯教授

奥格斯堡，2021 年 1 月

中文版致谢

在此，除了感谢近年来教席当中给予我大力支持的得力的学术助手，我还必须向以下几位学者致谢：

在本书中文版即将付梓之际，特别致谢中国政法大学舒国滢教授为本书中文版拨冗作序。舒教授在这篇文笔优美又兼具学术深度的序中，给予了本书非常正面的评价与推荐，这令本人深感荣幸。我由衷地感谢杜志浩博士，他在不到两年的时间里独立完成了本书德文版 600 多页的翻译工作。据我所知，他将德语译成中文的工作完成得颇为成功。我衷心地感谢申柳华博士，她自 2014 年起在法学院我的教席以及"欧中法律研究和创新中心"（RICE）工作并参与了本书整个翻译与校稿进程。我诚挚地感谢 RICE 的客座教授李昊教授、江溯教授和张彤教授，他们校读了本书并给出了许多有益翻译的建议。同样，非常感谢北京大学出版社，特别是陆建华、费悦编辑给予的宝贵支持。包括《法律研习的方法：作业、考试和论文写作》，这是我在北京大学出版社出版的第二本著作。

我还要特别感谢几位同人，他们非常认真地阅读了本书的中文版，并提出了有益的勘误建议，他们是中国政法大学雷磊教授、西南政法大学黄家镇教授、北京大学法学院张翔教授，以及清华大学法学院博士生孙鸿亮。

最重要的，我要感谢我的爱人和孩子们，感谢他们为我写作本书所付出的时间。没有他们，本书是不可能完成的。

托马斯·M. J. 默勒斯教授

奥格斯堡，2022 年 6 月

2022 年 8 月修改

第四版前言

欧洲人权法院前副院长安格丽卡·努斯布克在谈及她担任法官的日常工作时这样说道:"法学本质上是一种论证科学。"(见本书第一章)只有经过充分说理并产生说服力,裁判才能为人所接受。本书为法律人提供了100多种服务于裁判说理的法学论证模型,其中有很多是放之四海皆准的。

本书探讨了一些新近由各国的最高法院作出的且裁判理由引发争论的判例:对于欧盟最高法院"PSPP 案"的判决,联邦宪法法院第二审判庭称其是"客观上任意、方法上经不起验证的",并认为该判决"没有法的约束力"。这一指责是否妥当?而在关于"被遗忘权"的两则判决中,第一审判庭则致力于同欧盟最高法院之间建立更密切的合作关系。本书就这些关键判决的说服力以及相关的论证模型发表了观点。读者或能自行判断,联邦宪法法院两个审判庭的论述是否有说服力。各种判例恰如其分地表明:正是各种相互冲突的观点间的对话和探讨才催生了法学方法论。

有赖于欧洲最高法院的法官、实务工作者,特别是法学学界各同人之间的学术讨论,本书第四版才得以增加许多新的见解。

令人乐见的是,本书自2017年以来已历经三版,每次均迅即脱销。短时间内,本书收获了国内外诸多评论,并被判例和学术文献所引用。本书英文版已于2020年发行。近来,多所大学将本书作为准备第一次司法考试及第二次司法考试实习期之参考资料,作者甚感欣慰。

本版重点深化了如下方面的论述:法院说理风格(第一章)、欧盟法的适用优先性以及最低程度和完全一体化(第二章)、编写疏漏及欧盟层面的翻译错误、目的性扩张(第六章)、有关新冠肺炎疫情的判例(第十、十一、十三、十四章)、商业性安乐死(第十一章)、合指令的法续造

（第十二章）、联邦宪法法院和欧盟最高法院合作关系意义上的法续造之正当界限（第十三章）、解释目标及论证模型之间的关系、方法论与正义观的关系（第十三章）等。

诚盼为本书提出各种建议。

托马斯·M. J. 默勒斯教授

奥格斯堡，2021初夏

第一版前言

如果你读过安东尼·德·圣-埃克苏佩里所著的《小王子》，就应该知道，在明显的事物背后有时会隐藏着完全不同的东西：看似画了顶帽子，实则隐藏着巨蟒吞大象。如小王子一样，法学方法论也是意图使人看到被隐藏的东西。透过法学方法，人们得以窥知某个规范"幕后的世界"。法学方法为已知之事提供新的视角，并创造新知，从而使人们对当前的法体系更加抱有信赖。

"法"变得越来越复杂。若不能直接从法律或已有的判例中为争议的法律问题找到答案，寻求法的解决方案势必会成为一项艰辛的工作。因此，掌握法教义学及法学方法论，可谓不可或缺。执着地追求公正裁判的人，都乐于在"法"的领域里进行深入探索。然而，若"法"不够明确甚或完全沉默，又当如何获取恰当的法解决方案？它究竟应当是相关法律利益和价值基础的"深思熟虑"，还是对法秩序当中各种法原则的争论取舍？法的解决方案应否具备论证上的理性？还是说，法官只是依其权威以法创制的方式进行裁判？

本书将介绍传统的论证模型，但在跨学科与法教义学的背景下，又不仅限于此。法源、经典及现代的解释方法，宪法和欧盟法作为上位法的影响均属本书之主题。此外，本书也将论及法的具体化这一高要求的工作，诸如一般条款、法官法、法原则的处理，以及法续造的正当界限、相关论证模型的检验步骤、对法的实践至关重要的案件事实诠释学等。在描述重要的论证模型之余，本书确立了一种现代的法学方法论，它能为法科生、科研及实务者的日常工作带来直接的增益。本书的目标虽简单但也富有野心：期待法律人能够为未得明晰的法律问题逐步推演出解决方案，并使得反方立场的人（即使在争论的情形）也能信服于法学论证的内容。

托马斯·M. J. 默勒斯教授

奥格斯堡，2017 年夏

致　谢

我要感谢近年来教席当中几位给予我大力支持的得力助手。首先感谢两位主要工作人员——法学硕士伊莎贝拉·布罗西格女士以及候补文职人员娜塔莉·霍克女士，她们为本书内容提出了批评与建议。此外，感谢工作助手康斯坦丁·绍尔先生、候补文职人员马蒂亚斯·J. 绍尔先生、朱利安·格拉斯先生。同时，也向负责本书格式调整工作的皮尔明·赫兹先生和多米尼克·默克先生表示谢意。

当然，我也不会忘记所有学生助理以及曾在本书投入精力的前工作助手的贡献。时任候补文职人员的康斯坦丁·绍尔先生和塞巴斯蒂安·施瓦茨先生担纲本书第二版的修订。由衷感谢两位博士候选人丽萨·沃尔夫女士和托比亚斯·曼哈特先生在格式校改上所做的工作。第三版的修订由我的助手——法学硕士朱利安·格拉斯先生和托比亚斯·曼哈特先生负责，此外，也特别感谢我的学生助理劳拉·柯格尔女士，博士候选人劳拉·梅勒女士，以及候补文职人员康斯坦丁·绍尔先生、塞巴斯蒂安·施瓦茨先生所给予的支持。

因为第三版迅速售罄，所以第三版的修订成员基本也都是第四版的修订成员：最重要的"陪跑伙伴"当属我的助手丽萨·沃尔夫女士和托比亚斯·曼哈特先生。此外，也衷心感谢学生助理安妮卡·豪特女士、劳拉·柯格尔女士、利亚·沃尔夫女士和扬·朗格、马克西米利安·斯普林格两位先生给予的支持。我还要特别感谢 C. H. Beck 出版社的候补文职人员安德烈亚斯·米尔伯特先生和克劳斯·韦伯教授，他们从一开始就一直为本书的出版提供着支持。

最重要的，我要感谢我的爱人和孩子们，感谢他们为我写作本书所付出的时间。没有他们，本书是不可能完成的。

缩略语表

a.A.	andere Ansicht
a.a.O.	am angegebenen Ort
A.C.	Law Reports, Appeal Cases, House of Lords and Privy Council (seit 1890)
a.F.	alte Fassung
ABGB	Allgemeines Bürgerliches Gesetzbuch v. 1.6.1811, Österreich, JGS Nr 946/1811
abgedr.	abgedruckt
ABl.	Amtsblatt der EG bzw. EU Teil Nr. L (Rechtsvorschriften) und Teil Nr. C (Mitteilungen und Bekanntmachungen)
Abs.	Absatz
Abschn.	Abschnitt
Abt.	Abteilung
AcP	Archiv für die civilistische Praxis (Zeitschrift)
ADR	Alternative Dispute Resolution
AEMR	Allgemeine Erklärung der Menschenrechte v. 10.12.1948, GA Res. 217 (III), UN Doc A/810 at 71 (1948)
AEUV	Vertrag über die Arbeitsweise der Europäischen Union (konsolidierte Fassung) v. 26.10.2012, ABl. Nr. C 326, S. 47
AG	Aktiengesellschaft; Die Aktiengesellschaft (Zeitschrift); Amtsgericht
AGB	Allgemeine Geschäftsbedingungen
AGB-RL	Richtlinie 93/13/EWG des Rates über missbräuchliche Klauseln in Verbraucherverträgen v. 5.4.1993, ABl. Nr. L 95, S. 29
AGG	Allgemeines Gleichbehandlungsgesetz v. 14.8.2006, BGBl. I, S. 1897
ähnl.	ähnlich
AJP/PJA	Aktuelle Juristische Praxis/Pratique Juridique Actuelle
AK-GG	Alternativkommentar zum Grundgesetz
AktG	Aktiengesetz v. 6.9.1965, BGBl. I, S. 1089
All E.R.	All England Law Reports
ALR	Allgemeines Landrecht für die Preußischen Staaten von 1794
Alt.	Alternative
Am. J. Comp.L.	American Journal of Comparative Law
Am. L. & Econ. Rev.	American Law and Economics Review
Anh.	Anhang
Anm.	Anmerkung
AöR	Archiv des öffentlichen Rechts (Zeitschrift)
AP	Arbeitsrechtliche Praxis (Zeitschrift)
ArbGG	Arbeitsgerichtsgesetz v. 2.7.1979, BGBl. I, S. 853
Archiv PT	Archiv für Post und Telekommunikation (Zeitschrift)
ArchSozWiss	Archiv für Sozialwissenschaft und Sozialpolitik (Zeitschrift)
ARSP	Archiv für Rechts- und Sozialphilosophie (Zeitschrift)
Art. (Artt.)	Artikel (Plural)
AT	Allgemeiner Teil
AtG	Atomgesetz v. 15.7.1985, BGBl. I, S. 1565
Aufl.	Auflage
Az.	Aktenzeichen
B.U. L. Rev.	Boston University Law Review

B2C	Business to Consumer (Verhältnis zwischen Unternehmer und Verbraucher)
BaFin	Bundesanstalt für Finanzdienstleistungsaufsicht
BAG	Bundesarbeitsgericht
BAGE	Sammlung der Entscheidungen des Bundesarbeitsgerichts
BauGB	Baugesetzbuch v. 23.9.2004, BGBl. I, S. 2414
BayBO	Bayerische Bauordnung v. 14.8.2007, GVBl. 2007, S. 588
BayGVBl.	Bayerisches Gesetz- und Verordnungsblatt
BayObLG	Bayerisches Oberstes Landesgericht
BayPAG	Bayerisches Polizeiaufgabengesetz v. 14.9.1990, GVBl. 1990, S. 397
BayVBl.	Bayerische Verwaltungsblätter
BayVerf	Bayerische Verfassung v. 15.12.1998, GVBl. 1998, S. 991
BB	Betriebs-Berater (Zeitschrift)
Bd. (Bde.)	Band (Bände)
BDSG	Bundesdatenschutzgesetz v. 14.1.2003, BGBl. I, S. 66
Bearb.	Bearbeitung
BeckOGK	Beck'scher Online-Großkommentar
BeckOK	Beck'scher Online-Kommentar
BeckRS	Beck-Rechtsprechung
Begr.	Begründung
ber.	berichtigt
Beschl.	Beschluss
BetrVG	Betriebsverfassungsgesetz v. 25.9.2001, BGBl. I, S. 2518
BFH	Bundesfinanzhof
BFHE	Amtliche Sammlung des BFH
BGB	Bürgerliches Gesetzbuch v. 2.1.2002, BGBl. I, S. 42
BGBl.	Bundesgesetzblatt
BGE	Entscheidungen des Schweizerischen Bundesgerichts
BGer	Schweizerisches Bundesgericht
BGH	Bundesgerichtshof
BGHSt	Amtliche Sammlung des BGH in Strafsachen
BGHZ	Amtliche Sammlung des BGH in Zivilsachen
BKR	Bank- und Kapitalmarktrecht (Zeitschrift)
BK-ZGB	Berner Kommentar zum schweizerischen Privatrecht
BMJV	Bundesministerium der Justiz und für Verbraucherschutz
BNatSchG	Bundesnaturschutzgesetz v. 29.7.2009, BGBl. I, S. 2542
BRD	Bundesrepublik Deutschland
BR-Drs.	Bundesrat-Drucksache
BSG	Bundessozialgericht
BSGE	Amtliche Sammlung des BSG
BT-Drs.	Bundestags-Drucksache
BT-Plenarprotokoll	Bundestags-Plenarprotokoll
BtMG	Betäubungsmittelgesetz v. 1.3.1994, BGBl. I, S. 358
Bull. civ.	Bulletin des arrêts des chambres civiles de la Cour de cassation (amtliche Entscheidungssammlung des französischen Cour de Cassation)
Bull. EG	Bulletin der Europäischen Gemeinschaft
BVerfG	Bundesverfassungsgericht
BVerfGE	Amtliche Sammlung des BVerfG
BVerfGG	Bundesverfassungsgerichtsgesetz v. 11.8.1993, BGBl. I, S. 1473
BVerwG	Bundesverwaltungsgericht
BVerwGE	Amtliche Sammlung des BVerwG
BW	Baden-Württemberg
BYU L. Rev.	Brigham Young University Law Review
bzw.	beziehungsweise

C.	Codex (Teil des Corpus Iuris Civilis)
C.A.	Court of Appeal
C.C.	Conseil constitutionnel
C.D. Cal.	Central District of California
c.i.c.	culpa in contrahendo (Verschulden bei Vertragsverhandlungen)
C.L.J.	The Cambridge Law Journal
C.L.Rep.	Commonwealth Law Reports
Calif. L. Rev.	California Law Review
Can. J.L.&Juris.	The Canadian Journal of Law and Jurisprudence
Cass.	(Cour de) Cassation
cc	Code Civil
Cels.	Celsus
CESL	Common European Sales Law
CESR	Committee of European Securities Regulators
Ch. D.	Chancery Division
Ch.	Chambre
Chap.	Chapitre/Chapter
Cir.	Circuit
CISG	Convention on Contracts for the International Sale of Goods (Übereinkommen der Vereinten Nationen über Verträge über den Internationalen Warenkauf v. 11.4.1980, BGBl. II, S. 586)
Cl.	Clause
CMBC	Codex Maximilianeus Bavaricus Civilis v. 1756
CML Rev.	Common Market Law Review
CMR	Convention relative au Contrat de transport international de marchandises par route, Übereinkommen über den Beförderungsvertrag im internationalen Straßengüterverkehr v. 19.5.1956, BGBl. II, S. 1120
Co.	Company
Colum. J. Eur. L.	Columbia Journal of European Law
Colum. J. Transnat'l L.	Columbia Journal of Transnational Law
Colum. L. Rev.	Columbia Law Review
Conn. L. Rev.	Connecticut Law Review
Cornell L. Rev.	Cornell Law Review
CPS	Comparative Political Studies
Crim.	Cour de Cassation, Chambre criminelle
D.	Digesten; Recueil Dalloz et Sirey de doctrine, de jurisprudence et de législation
d.h.	das heißt
DB	Der Betrieb (Zeitschrift)
DCFR	Draft Common Frame of Reference
DCGK	Deutscher Corporate Governance Kodex v. 16.12.2019 (abrufbar unter www.dcgk.de)
ders.	derselbe
dies.	dieselbe(n)
DIN	Deutsches Institut für Normung
DJT	Deutscher Juristentag
DKR	Dänische Krone
DNotZ	Deutsche Notar-Zeitschrift
DÖV	Die Öffentliche Verwaltung (Zeitschrift)
DStR	Deutsches Steuerrecht (Zeitschrift)
DuR	Demokratie und Recht
DVBl.	Deutsches Verwaltungsblatt (Zeitschrift)
DVO	Durchführungsverordnung
DZWiR	Deutsche Zeitschrift für Wirtschafts- und Insolvenzrecht

-E	Entwurf
E.L.Rep.	European Law Reporter
E.L.Rev.	European Law Review
E.R.	English Reports
EBA	European Banking Authority
ebd.	ebenda
EBOR	European Business and Organization Law Review
ECFR	European Company and Financial Law Review
ECLI	European Case Law Identifier (europäischer Rechtsprechungsidentifikator)
ECMH	Efficient Capital Market Hypothesis
Econ.J.	Economic Journal
éd.	édition
ed./Ed.	editor; edition; Edition
eds.	editors
EG	Europäische Gemeinschaft (jetzt: Europäische Union)
EGBGB	Einführungsgesetz zum Bürgerlichen Gesetzbuch v. 21.9.1994, BGBl. I, S. 2494
EGMR/ECHR	Europäischer Gerichtshof für Menschenrechte/European Court of Human Rights
EGV	Vertrag zur Gründung der Europäischen Gemeinschaften v. 2.10.1997, ABl. Nr. C 340, S. 1
EGZPO	Einführungsgesetz zur Zivilprozessordnung v. 30.1.1877 RGBl. I, S. 244
Einf.	Einführung
Einl.	Einleitung
EL	Ergänzungslieferung
EMRK	Europäische Konvention zum Schutze der Menschenrechte und Grundfreiheiten v. 4.11.1950, BGBl. 1952 II, S. 685
engl.	englisch
ErbStG	Erbschaftsteuer- und Schenkungsteuergesetz v. 27.2.1997, BGBl. I, S. 378
Erg.	Ergänzung
ErwG.	Erwägungsgrund (europäischer Verordnungen oder Richtlinien)
ESM	Europäischer Stabilitätsmechanismus
ESMA	European Securities and Markets Authority
etc.	et cetera
EU	Europäische Union
EuConst	European Constitutional Law Review
EuG	Gericht der Europäischen Union
EuGH	Europäischer Gerichtshof
EuGRZ	Europäische Grundrechtezeitschrift
EUR	Euro
EuR	Europarecht (Zeitschrift)
Eur.Rev.Priv.L.	European Review of Private Law (Zeitschrift)
EUV	Vertrag über die Europäische Union (konsolidierte Fassung) v. 26.10.2012, ABl. Nr. C 326, S. 13
EuZA	Europäische Zeitschrift für Arbeitsrecht
EuZW	Europäische Zeitschrift für Wirtschaft
evtl.	eventuell
EVÜ	Übereinkommen 80/934/EWG über das auf vertragliche Schuldverhältnisse anzuwendende Recht v. 19.6.1980, ABl. Nr. L 266, S. 1
EWG	Europäische Wirtschaftsgemeinschaft

EWGV	Vertrag zur Gründung der Europäischen Wirtschaftsgemeinschaft v. 25.3.1957, BGBl. II, S. 766
EWS	Europäisches Wirtschafts- und Steuerrecht (Zeitschrift)
Ex.	Exodus (Altes Testament der Bibel, 2. Buch Mose)
EZB	Europäische Zentralbank
f. (ff.)	folgend(e)
F.2d	Federal Reporter, Second Series
F.C.R.	Federal Court reports (Australien)
F.Supp.2d	Federal Supplement, Second Series
FamRZ	Zeitschrift für das gesamte Familienrecht
FAS	Frankfurter Allgemeine Sonntagszeitung
FAZ	Frankfurter Allgemeine Zeitung
FG	Festgabe
FGO	Finanzgerichtsordnung v. 28.3.2001, BGBl. I, S. 442
FIS	Fédération Internationale de Ski
Fn.	Fußnote
FS	Festschrift
FStrAbG	Fernstraßenausbaugesetz v. 20.1.2005, BGBl. I, S. 201
FStrG	Bundesfernstraßengesetz v. 28.6.2007, BGBl. I, S. 1206
FuR	Familie und Recht (Zeitschrift)
GA	Generalanwalt; Goltdammer's Archiv für Strafrecht (Zeitschrift)
Ga. L. Rev.	Georgia Law Review
GA Res.	General Assembly Resolutions
GATT	General Agreement on Tariffs and Trade
Gazz. Uff.	Gazzetta Ufficiale della Repubblica Italiana
GBO	Grundbuchordnung v. 26.5.1994, BGBl. I, S. 1114
GbR	Gesellschaft bürgerlichen Rechts
gem.	gemäß
gen.	genannt
GesRZ	Der Gesellschafter (Zeitschrift)
GG	Grundgesetz v. 23.5.1949, BGBl. I, S. 1
GGO	Gemeinsame Geschäftsordnung der Bundesministerien i.d.F. v. 22.1.2020
ggf.	gegebenenfalls
GK-AktG	Der Großkommentar zum Aktiengesetz
Gleichbehandlungs-RL	Richtlinie 2004/113/EG des Rates zur Verwirklichung des Grundsatzes der Gleichbehandlung von Männern und Frauen beim Zugang zu und bei der Versorgung mit Gütern und Dienstleistungen v. 13.12.2004, ABl. Nr. L 373, S. 37
GmbH	Gesellschaft mit beschränkter Haftung
GMBl.	Gemeinsames Ministerialblatt
GPR	Zeitschrift für das Privatrecht der Europäischen Union
GRCh	Charta der Grundrechte der Europäischen Union v. 26.10.2012, ABl. Nr. C 326, S. 391
griech. ZGB	griechisches Zivilgesetzbuch
griech.	griechisch
GrS	Großer Senat
GrünhutsZ	Zeitschrift für das Privat- und öffentliche Recht der Gegenwart, begründet von Grünhut
GRUR	Gewerblicher Rechtsschutz und Urheberrecht (Zeitschrift)
GS	Gedächtnisschrift
GSSt	Großer Senat für Strafsachen
GSZ	Großer Senat für Zivilsachen
GVBl.	Gesetz- und Verordnungsblatt
GVG	Gerichtsverfassungsgesetz v. 9.5.1975, BGBl. I, S. 1077

GWB	Gesetz gegen Wettbewerbsbeschränkungen v. 26.6.2013, BGBl. I, 1750
H.L. (E.)	House of Lords, Appeal from England or Wales
h.M.	herrschende Meinung
Harv.Int'l L.J.	Harvard International Law Journal
Harv. L. Rev.	Harvard Law Review
Harv.J.L.&Pub.Pol'y	Harvard Journal of Law and Public Policy
HCA	High Court of Australia
HdB	Handbuch
HdB GR	Handbuch der Grundrechte in Deutschland und Europa
HStR	Handbuch des Staatsrechts der Bundesrepublik Deutschland
HGB	Handelsgesetzbuch v. 10.5.1897, RGBl. I, S. 219
HK-BGB	Handkommentar zum Bürgerlichen Gesetzbuch
HKK-BGB	Historisch-kritischer Kommentar zum Bürgerlichen Gesetzbuch
Hrsg.	Herausgeber
Hs.	Halbsatz
I.	Institutionen
I.C.R.	Industrial Cases Report
i.d.F.	in der Fassung
i.d.R.	in der Regel
i.e.S.	im engeren Sinne
i.H.v.	in Höhe von
i.S.d.	im Sinne des
i.S.v.	im Sinne von
i.V.m.	in Verbindung mit
i.w.S.	im weiteren Sinne
IDW	Institut der Wirtschaftsprüfer
IFRS	International Financial Reporting Standards
IfSG	Infektionsschutzgesetz v. 20.7.2000, BGBl. I, S. 1045
IGH-Statut	Statut des Internationalen Gerichtshofs v. 26.6.1945, BGBl. II, S. 505
Inc.	Incorporation
insb.	insbesondere
Int'l & Comp. L.Q.	International and Comparative Law Quarterly (Zeitschrift)
Int'l Rev. L. & Econ.	International Review of Law and Economics
IPR	Internationales Privatrecht
Iul.	Iulianus
J. Appl. Corp. Fin.	Journal of Applied Corporate Finance
J.C.P.	Juris-Classeur périodique (Zeitschrift)
J.Consumer Pol'y	Journal of Consumer Policy
JEP	Journal of Economic Perspectives
J.Fin.	Journal of Finance
J.L. & Econ.	Journal of Law and Economics
J.L. Soc'y	Journal of Law in Society
J. Leg.Pluralism& Unofficial L.	Journal of Legal Pluralism and Unofficial Law
J. Leg. Stud.	Journal of Legal Studies
Jb. f. Dogmatik	Jahrbücher für die Dogmatik des heutigen römischen und deutschen Rechts (Zeitschrift)
JbJZ	Jahrbuch der jungen Zivilrechtswissenschaftler
JBl.	Juristische Blätter (Zeitschrift)
JCMS	Journal of Common Market Studies
J. Fin.	Journal of Finance
JGG	Jugendgerichtsgesetz v. 11.12.1974, BGBl. I, S. 3427

JGS	Justizgesetzsammlung (Österreich, 1780–1848)
JhJb	Jherings Jahrbücher (Zeitschrift)
JöR	Jahrbuch des öffentlichen Rechts der Gegenwart (Zeitschrift)
JPE	Journal of Political Economy
JR	Juristische Rundschau (Zeitschrift)
Jr.	Junior
Jura	Juristische Ausbildung (Zeitschrift)
JuS	Juristische Schulung (Zeitschrift)
JW	Juristische Wochenschrift (Zeitschrift, 1872–1939)
JZ	Juristenzeitung
K.B.	Court of King's Bench; Law reports, King's Bench Division (1901–1952)
Kap.	Kapitel
KapMUG	Kapitalanleger-Musterverfahrensgesetz v. 19.10.2012, BGBl. I, S. 2182
Kartellschadensersatz-RL	Richtlinie 2014/104/EG über bestimmte Vorschriften für Schadensersatzklagen nach nationalem Recht wegen Zuwiderhandlungen gegen wettbewerbsrechtliche Bestimmungen der Mitgliedstaaten und der Europäischen Union v. 26.11.2014, ABl. Nr. L 349, S. 1.
KG	Kommanditgesellschaft
KK	Kölner Kommentar
KMRK	Kapitalmarktrechts-Kommentar
KO	Konkursordnung v. 20.5.1898, RGBl., S. 612
KOM	Europäische Kommission
krit.	Kritisch
KSG	Klimaschutzgesetz
L. & Contemp. Probs.	Law and Contemporary Problems (Zeitschrift)
L. & Soc'y Rev.	Law and Society Review
L.I.E.E.I.	Legal Issue of European Economic Integration
L.Q.Rev.	Law Quarterly Review
L.Rep.	Law Reports
L. Rev.	Law Review
lat.	lateinisch
Lfg.	Lieferung
LG	Landgericht
lit.	litera (Buchstabe)
Liv.	Livre
LK-StGB	Leipziger Kommentar zum Strafgesetzbuch
LMK	Kommentierte BGH-Rechtsprechung Lindenmaier-Möhring
Ls.	Leitsatz
Ltd.	Limited
LTO	Legal Tribune Online
LZ	Leipziger Zeitschrift
m. Anm.	mit Anmerkung
m.E.	meines Erachtens
m.w.Nachw.	mit weiteren Nachweisen
m.W.v.	mit Wirkung vom
MAR	Verordnung Nr. 56/2014 des Europäischen Parlaments und des Rates über den Marktmissbrauch v. 12.6.2014, ABl. Nr. L 173, S. 1
Matt.	Matthäus (Neues Testament der Bibel)
Md. L. Rev.	Maryland Law Review

MDR	Monatsschrift für Deutsches Recht (Zeitschrift)
MedR	Medizinrecht (Zeitschrift)
Mich.L. Rev.	Michigan Law Review
MiFiD II	Richtlinie 2014/65/EU über Märkte für Finanzinstrumente (MiFID II) v. 15.5.2014, ABl. Nr. L 173, S. 349.
Mod. L. Rev.	Modern Law Review
Mod.	Modestinus
Mot.	Motive zu dem Entwurfe eines Bürgerlichen Gesetzbuches für das Deutsche Reich, Bd. I-V, 1896
MPI	Max-Planck-Institut
MSA	Übereinkommen über die Zuständigkeit der Behörden und das anzuwendende Recht auf dem Gebiet des Schutzes von Minderjährigen (Haager Minderjährigenschutzabkommen) v. 5.10.1961, BGBl. II, S. 219
Mugdan	Die gesammten Materialien zum Bürgerlichen Gesetzbuch für das Deutsche Reich, Bd. I-V, 1899
MünchKomm	Münchener Kommentar
n.F.	neue Fassung
NK	Nomos Kommentar
N.W.2d	North Western Reporter, Second Series
Neubearb.	Neubearbeitung
niederl.	niederländisch
NJW	Neue Juristische Wochenschrift (Zeitschrift)
NJW-RR	NJW Rechtsprechungsreport Zivilrecht (Zeitschrift)
NK	NomosKommentar
Nr.	Nummer
NRW	Nordrhein-Westfalen
NStZ	Neue Zeitschrift für Strafrecht
NuR	Natur und Recht (Zeitschrift)
NVwZ	Neue Zeitschrift für Verwaltungsrecht
NWVBl.	Nordrhein-Westfälische Verwaltungsblätter (Zeitschrift)
NZA	Neue Zeitschrift für Arbeits- und Sozialrecht
NZFam	Neue Zeitschrift für Familienrecht
NZG	Neue Zeitschrift für Gesellschaftsrecht
NZM	Neue Zeitschrift für Miet- und Wohnungsrecht
O.J.L.S.	Oxford Journal of Legal Studies
ÖBA	BankArchiv – Zeitschrift für das gesamte Bank- und Börsenwesen (Österreich)
OGH	Oberster Gerichtshof (Österreich)
oHG	offene Handelsgesellschaft
Ohio St.L.J.	Ohio State Law Journal
OLG	Oberlandesgericht
OMT	Outright Monetary Transactions
ONU L. Rev.	Ohio Northern University Law Review
OR	Obligationenrecht (Schweiz)
OVG	Oberverwaltungsgericht
p.	page
Pap.	Papinianus
par.	paragraph
Paul.	Paulus
PflVG	Pflichtversicherungsgesetz v. 5.4.1965, BGBl. I, S. 213
PharmInd	Die Pharmazeutische Industrie (Zeitschrift)
Pomp.	Pomponius
pr.	principium
ProdHaftG	Produkthaftungsgesetz v. 15.12.1989, BGBl. I, S. 2198

Produkthaftungs-RL	RL 85/374/EWG v. 25.7.1985 über die Haftung für fehlerhafte Produkte, ABl. Nr. L 210, S. 29
Prot.	Protokolle der Kommission für die zweite Lesung des Entwurfs des Bürgerlichen Gesetzbuchs, Bd. I-V, 1897–1898
PrOVG	Preußisches Oberverwaltungsgericht
ProVGE	Amtliche Sammlung der Entscheidungen des Preußischen Oberverwaltungsgerichts
PSPP	Public Sector Purchase Programme
Q.B.	Court of Queen's Bench; Law Report, Queen's Bench Division
Q.J. Econ.	Quarterly Journal of Economics
R.I.D.C.	Revue internationale de droit comparé
RabelsZ	Rabels Zeitschrift für ausländisches und internationales Privatrecht, begründet von Rabel
RdA	Recht der Arbeit (Zeitschrift)
RDIPP	Rivista di diritto internazionale privato e processuale (Zeitschrift)
Rechtshist. J.	Rechtshistorisches Journal
RefE	Referentenentwurf
RegE	Regierungsentwurf
Rev.trim.dr.civ.	Revue trimestrielle de droit civil
RG	Reichsgericht
RGBl.	Reichsgesetzblatt
RGRK	Das Bürgerliche Gesetzbuch mit besonderer Berücksichtigung der Rechtsprechung des Bundesgerichtshofs, Kommentar, herausgegeben von Mitgliedern des Bundesgerichtshofs
RGSt	Amtliche Sammlung des Reichsgerichtshofs in Strafsachen
RGZ	Amtliche Sammlung des Reichsgerichtshofs in Zivilsachen
RL	Richtlinie
RIW	Recht der internationalen Wirtschaft (Zeitschrift)
Rn.	Randnummer
ROG	Raumordnungsgesetz v. 22.12.2008, BGBl. I, S. 2986
Rspr.	Rechtsprechung
RTA	Road Traffic Act (Singapur)
RW	Rechtswissenschaft (Zeitschrift)
S.	Seite; Satz
s.	siehe
S. Calif. L. Rev.	Southern California Law Review
S.Ct.	Supreme Court Reporter
SchlA	Schlussantrag
SD	Staff Document
SE	Societas Europaea (Europäische Aktiengesellschaft)
SE-VO	Societas Europaea-VO Nr. 2157/2001 v. 8.10.2001, ABl. Nr. L 294, S. 1
Sec.	Section
SGB	Sozialgesetzbuch
SGD	Singapur-Dollar
SGG	Sozialgerichtsgesetz v. 23.9.1975, BGBl. I, S. 2535
sic!	sic erat scriptum (So stand es geschrieben)
SJZ	Süddeutsche Juristenzeitung
Slg.	Amtliche Sammlung des EuGH, I.- und II.-Abteilung
sog.	sogenannt(e)
Sp.	Spalte; Spiegelstrich
SPTA	Singapore Parks and Trees Act (Singapur)
Stan. L. Rev.	Stanford Law Review
StGB	Strafgesetzbuch v. 13.11.1998, BGBl. I, S. 3322

StPO	Strafprozessordnung v. 7.4.1987, BGBl. I, S. 1074
st. Rspr.	ständige Rechtsprechung
str.	strittig
StV	Strafverteidiger (Zeitschrift)
StVG	Straßenverkehrsgesetz v. 5.3.2003, BGBl. I, S. 310
StVj	Steuerliche Vierteljahresschrift (Zeitschrift)
StVO	Straßenverkehrs-Ordnung v. 6.3.2013, BGBl. I, S. 367
Subsec.	Subsection
Sup. Ct. Econ. Rev.	Supreme Court Economic Review
TBT-Übereinkommen	Technical Barriers to Trade (Übereinkommen über technische Handelshemmnisse)
Teilurt.	Teilurteil
Trib.	Tribunal
Trib.Civ.Seine	Tribunal Civil de la Seine
u.a.	unter anderem; und andere
U.Chi. L. Rev.	University of Chicago Law Review
UKSC	United Kingdom Supreme Court
U.S.	United States Reports
U.S. Const.	Constitution of the United States of America v. 4.7.1776, abrufbar unter www.usconstitution.net
U.Toronto L.J.	University of Toronto Law Journal
UAbs.	Unterabsatz
Überbl.	Überblick
UCC	Uniform Commercial Code
UCLA L. Rev.	University of California Law Review
UEFA	Union of European Football Associations
ugs.	umgangssprachlich
U-Haft	Untersuchungshaft
UIG	Umweltinformationsgesetz v. 27.10.2014, BGBl. I, S. 1643
Ulp.	Ulpian
UmwG	Umwandlungsgesetz v. 28.10.1994, BGBl. I, S. 3210
UN	United Nations (Vereinte Nationen)
UN GAOR	United Nations, The General Assembly Official Records
UN-Kaufrecht	Übereinkommen der Vereinten Nationen über Verträge über den internationalen Warenkauf v. 23.10.1990, BGBl. II, S. 1477
Urt.	Urteil
US-Supreme Court	Oberster Gerichtshof der Vereinigten Staaten
UWG	Gesetz gegen den unlauteren Wettbewerb v. 3.3.2010, BGBl. I, S. 254
v.	vom; versus
v.a.	vor allem
Va. L. Rev.	Virginia Law Review
Vand. L. Rev.	Vanderbilt Law Review
verb.	verbundene
Verbandsklagen-RL	RL (EU) 2020/1828 über Verbandsklagen zum Schutz der Kollektivinteressen der Verbraucher v. 25.11.2020, ABl. Nr. L 409, 1
Verbrauchsgüterkauf-RL	Richtlinie 1999/44/EG des Europäischen Parlaments und des Rates zu bestimmten Aspekten des Verbrauchsgüterkaufs und der Garantien für Verbrauchsgüter v. 25.5.1999, ABl. Nr. L 171, S. 12 (ersetzt durch Warenkauf-RL)
Verf.	Verfasser; Verfassung
Verfassungsausschuss, 1948	Verfassungsausschuss der Ministerpräsidenten-Konferenz der westlichen Besatzungszonen (Hrsg.), Bericht über den

VfGH	Verfassungskonvent auf Herrenchiemsee vom 10. bis 23. August 1948, München 1948
VerfO Gerichtshof	(österreichischer) Verfassungsgerichtshof
	Verfahrensordnung des Gerichtshofs v. 29.9.2012, ABl. Nr. L 265, S. 1
VersammlG	Versammlungsgesetz v. 15.11.1978, BGBl. I, S. 1789
VersR	Versicherungsrecht, Juristische Rundschau für die Individualversicherung (Zeitschrift)
VerwArch	Verwaltungsarchiv (Zeitschrift)
VfSlg.	Sammlung der Erkenntnisse und wichtigsten Beschlüsse des Verfassungsgerichtshofes
VG	Verwaltungsgericht
VGH	Verwaltungsgerichtshof
vgl.	vergleiche
VO	Verordnung
Vol.	Volume
Vorb.; Vorbem.	Vorbemerkung
Vorlagebeschl.	Vorlagebeschluss
VVDStRL	Veröffentlichung der Vereinigung der Deutschen Staatsrechtslehrer (Zeitschrift)
VwGO	Verwaltungsgerichtsordnung v. 19.3.1991, BGBl. I, S. 686
VwVfG	Verwaltungsverfahrensgesetz v. 23.1.2003, BGBl. I, S. 102
W.L.Rep.	Weekly Law Reports
Warenkauf-RL	Richtlinie 2019/771/EU des Europäischen Parlaments und des Rates über bestimmte vertragsrechtliche Aspekte des Warenkaufs v. 20.5.2019, ABl. Nr. L 136, S. 28
Wash.U.L. Rev.	Washington University Law Review
WM	Wertpapiermitteilungen (Zeitschrift), Zeitschrift für Wirtschaft und Bankrecht
WpHG	Wertpapierhandelsgesetz v. 9.9.1998, BGBl. I, S. 2708
WpPG	Wertpapierprospektgesetz v. 22.6.2005, BGBl. I, S. 1698
WpÜG	Wertpapiererwerbs- und Übernahmegesetz v. 20.12.2001, BGBl. I, S. 3822
WRP	Wettbewerb in Recht und Praxis (Zeitschrift)
WRV	Die Verfassung des Deutschen Reiches v. 11.8.1919, RGBl. 1919, S. 1383
WTO	Welthandelsorganisation (World Trade Organisation)
WuB	Entscheidungssammlung zum Wirtschafts- und Bankrecht (Zeitschrift)
WVRK	Wiener Konvention über das Recht der Verträge v. 23.5.1969, BGBl. 1985 II, S. 926
Yale L.J.	Yale Law Journal
z.B.	zum Beispiel
z.Z.	zur Zeit
ZaöRV	Zeitschrift für ausländisches öffentliches Recht und Völkerrecht
ZBB	Zeitschrift für Bankrecht und Bankwirtschaft
ZBJV	Zeitschrift des Bernischen Juristenvereins
ZDF	Zweites Deutsches Fernsehen
ZEuP	Zeitschrift für Europäisches Privatrecht
ZEuS	Zeitschrift für Europarechtliche Studien
ZEV	Zeitschrift für Erbrecht und Vermögensnachfolge
ZfBR	Zeitschrift für deutsches und internationales Bau- und Vergaberecht
ZPhF	Zeitschrift für philosophische Forschung

ZfPW	Zeitschrift für die gesamte Privatrechtswissenschaft
ZfRV	Zeitschrift für Rechtsvergleichung
ZfS	Zeitschrift für Schadensrecht
ZG	Zeitschrift für Gesetzgebung
ZGB	Zivilgesetzbuch v. 10.12.1907, Schweiz, AS 24, S. 233
ZGR	Zeitschrift für Unternehmens- und Gesellschaftsrecht
ZGS	Zeitschrift für Vertragsgestaltung, Schuld- und Haftungsrecht
ZgS	Zeitschrift für die gesamte Staatswissenschaft
ZHR	Zeitschrift für das gesamte Handels- und Wirtschaftsrecht
Ziff.	Ziffer(n)
ZIP	Zeitschrift für Wirtschaftsrecht
ZJS	Zeitschrift für das Juristische Studium
ZKM	Zeitschrift Konfliktmanagement
ZNR	Zeitschrift für Neuere Rechtsgeschichte
ZPO	Zivilprozessordnung v. 5.12.2005, BGBl. I, S. 3202
ZRG GA	Zeitschrift der Savigny-Stiftung für Rechtsgeschichte, Germanistische Abteilung
ZRG RA	Zeitschrift der Savigny-Stiftung für Rechtsgeschichte, Romanistische Abteilung
ZRP	Zeitschrift für Rechtspolitik
ZRph	Zeitschrift für Rechtsphilosophie
ZSE	Zeitschrift für Staats- und Europawissenschaften
ZSR	Zeitschrift für Schweizerisches Recht
ZSR-NF	Zeitschrift für Schweizerisches Recht, Neue Folge
ZStW	Zeitschrift für die gesamte Strafrechtswissenschaft
ZZP	Zeitschrift für Zivilprozess

目 录

第一部分 基础：法源

第一章 法学方法论：说理学说及正当化学说 …………… 003
 第一节 法学方法论的目的 ………………………………… 003
  一、法学方法论的必要性 ………………………………… 003
  二、现代的法学方法论 …………………………………… 006
  三、法学方法论：对法律人思维的训练 ………………… 010
  四、欧盟法对"法发现"之影响 ………………………… 013
 第二节 作为正当化学说的方法论 ………………………… 017
  一、宪法对法官裁判的要求 ……………………………… 017
  二、作为正当化学说的法学方法论：对法官权力的限制 …… 024
  三、欧盟最高法院的判决风格与引证实践 ……………… 030
 第三节 作为论辩学说的方法论 …………………………… 034
  一、"追求真理"之要求以及"雄辩"的法律人 ……… 035
  二、论证理论的目的 ……………………………………… 042
  三、法学的论证模型 ……………………………………… 047
 第四节 法学方法论对正义的实质性要求 ………………… 053
  一、法学方法论与正义要求 ……………………………… 053
  二、法的和平性、正义等法理念 ………………………… 054
  三、法学方法论作为与价值有关的论辩学说及正当化
    学说 …………………………………………………… 057
 第五节 第一章小结 ………………………………………… 061

第二章　法源··063
　第一节　法与法源··063
　　一、对"法"进行定义的标准······································063
　　二、法与道德、伦理以及政治正确的区别···························070
　第二节　德国法源的位阶··074
　　一、法律作为德国法的法源······································074
　　二、上位法：法规范的层级构造及作为冲突规则的
　　　　"上位法优先"··077
　　三、德国法的层级构造··079
　　四、法律修订、法安定性和信赖保护·······························081
　第三节　欧盟法影响下当今德国法的层级构造·······················084
　　一、欧盟的立法··084
　　二、欧盟法的自主解释以及欧盟规范位阶中的法解释···············091
　　三、欧盟法相对于成员国法的上位性······························097
　　四、"最低程度的一体化"意义上国内法的适用······················110
　第四节　国际法影响下当今德国法的层级构造·······················113
　　一、国际法的法源··113
　　二、国际条约的自主解释··114
　　三、国际法的层级构造··116
　　四、国际法与国内法··116
　第五节　自然法··119
　　一、自然法的意义··119
　　二、自然法之于明显"恶法"的优先性（拉德布鲁赫公式）············122
　　三、自然法的实证形式··124
　第六节　第二章小结··125

第三章　次级法源及法认知源··128
　第一节　问题的提出：在基础性法源之外是否存在其他的法
　　　　（认知）源？··128

一、当今的二元论：狭义概念的法源与法认知源 …………… 128
　　二、广义的法源概念——法的层级构造的变体：网状
　　　　结构 ………………………………………………………… 132
　　三、中间观点：次级法源理论 …………………………………… 134
　　四、法律实证主义及自然法学各自的观点 …………………… 137
第二节　法官法对于法发现的意义 ……………………………………… 138
　　一、习惯法的地位 ………………………………………………… 139
　　二、次级法源理论 ………………………………………………… 140
　　三、严格的先例约束：德国法中的例外 ……………………… 146
第三节　行政规则、私人法规范及欧盟机构的建议 ………………… 150
　　一、行政规则 ……………………………………………………… 150
　　二、私人法规范及其与一般交易条款、合同和软法的区别 … 153
　　三、法效果 ………………………………………………………… 157
　　四、欧盟法上的建议及行政规则 ……………………………… 159
第四节　外国法判例对法发现的意义 ………………………………… 161
　　一、欧盟法、国际统一法及国际法中进行比较法解释的
　　　　义务 ………………………………………………………… 161
　　二、任意法比较的案例类型 …………………………………… 164
　　三、外国法判例的法属性：介于说服性权威和纯粹的法认知
　　　　源之间 ……………………………………………………… 168
　　四、法比较对欧盟最高法院及欧洲人权法院的意义 ………… 169
第五节　法学学说 ………………………………………………………… 171
第六节　第三章小结 ……………………………………………………… 172

第二部分　解释

第四章　经典的解释方法：文义、体系与历史 …………………… 177
　第一节　解释与涵摄 …………………………………………………… 178
　　一、演绎式的三段论与涵摄 …………………………………… 178

二、四个经典模型 …………………………………… 184
　　三、对四种解释方法及涵摄模式的批评 …………… 190
　　四、解释、具体化与法续造 ………………………… 191
　第二节　文法解释 ………………………………………… 194
　　一、文法解释：解释程序的开端 …………………… 194
　　二、确定文义（单义或多义）的辅助手段 ………… 195
　　三、作为论证模型的"文义明确性规则"（Acte-clair-Doktrin,
　　　　literal rule） ……………………………………… 203
　　四、文义射程与类推禁止 …………………………… 205
　　五、文义对欧盟最高法院的意义 …………………… 213
　第三节　体系解释 ………………………………………… 216
　　一、意义 ……………………………………………… 216
　　二、具体的体系论证模型 …………………………… 226
　　三、冲突规则 ………………………………………… 231
　　四、欧盟最高法院作出的体系解释 ………………… 233
　第四节　历史解释 ………………………………………… 236
　　一、广义及狭义的历史解释 ………………………… 236
　　二、存在于具体规范相关材料中的立法者意图 …… 241
　　三、立法史对欧盟最高法院的意义 ………………… 247
　第五节　第四章小结 ……………………………………… 251

第五章　目的、逻辑与结果取向的解释 ………………………… 253
　第一节　针对"法律目的"的解释（目的解释）……… 253
　　一、法内在的理性 …………………………………… 253
　　二、法律目的的确定 ………………………………… 258
　　三、利益法学与价值法学 …………………………… 262
　第二节　具体的逻辑论证模型 …………………………… 266
　　一、违背思维规律 …………………………………… 266
　　二、循环论证（默认论题, petitio principii）……… 267

三、论证跳跃（saltus in concludendo） ……………………… 271
　　四、避免规避法律 ……………………………………………… 272
　　五、避免规范冲突——规范调适以及获知规范的适用领域…… 273
　　六、欧盟最高法院的具体论证模型 …………………………… 275
第三节　结果取向的解释 ……………………………………………… 276
　　一、结果取向解释的概念及意义 ……………………………… 277
　　二、结果取向解释的限制 ……………………………………… 278
　　三、具体的论证模型 …………………………………………… 279
　　四、欧盟最高法院结果取向的论证 …………………………… 297
第四节　法的经济分析 ………………………………………………… 301
　　一、法律经济学的目标与方法 ………………………………… 302
　　二、经济分析的局限 …………………………………………… 306
　　三、对法学方法论的意义 ……………………………………… 309
　　四、欧盟最高法院所作的经济学考量 ………………………… 319
第五节　第五章小结 …………………………………………………… 321

第六章　目的解释的对立模型及法续造的基本形式 ……………………… 323
第一节　针对形式论据的目的论的对立模型 ………………………… 323
　　一、文义 ………………………………………………………… 324
　　二、体系解释 …………………………………………………… 328
　　三、历史解释 …………………………………………………… 339
　　四、目的、结果取向及经济分析 ……………………………… 344
第二节　主、客观理论之争 …………………………………………… 347
　　一、法学方法论中旷日持久的争议 …………………………… 347
　　二、主观理论 …………………………………………………… 349
　　三、客观理论 …………………………………………………… 351
　　四、折中说：主客观理论 ……………………………………… 356
　　五、欧盟法及比较法视角下的对立模型 ……………………… 357
第三节　法续造的基本形式 …………………………………………… 363

一、目的性限缩 ……………………………………… 363
　　二、有关"漏洞"概念的争议 ……………………… 368
　　三、具体类推（法律类推）………………………… 371
　　四、整体类推（法类推）…………………………… 381
　　五、对"法目的"的艰苦探寻 ……………………… 389
　　六、欧洲层面法续造的基本形式 …………………… 394
　第四节　法律行为及合同的解释 ……………………… 397
　　一、法律行为及合同解释的目标 …………………… 398
　　二、自然解释法 ……………………………………… 399
　　三、客观规范解释法及具体的解释原则 …………… 401
　　四、合同的补充解释 ………………………………… 405
　第五节　第六章小结 …………………………………… 408

第三部分　具体化及建构

第七章　立法、行政及司法对法的具体化 ……………… 413
　第一节　法的具体化 …………………………………… 413
　　一、解释与具体化 …………………………………… 413
　　二、一般条款：诅咒抑或祝福？…………………… 415
　第二节　立法对法的具体化 …………………………… 421
　　一、德国法中的一般条款与例示规定 ……………… 421
　　二、刑法中的一般条款与例示规定 ………………… 423
　　三、欧盟立法者对一般条款的具体化 ……………… 426
　第三节　行政或私人创设规范对法的具体化 ………… 428
　　一、德国法 …………………………………………… 428
　　二、欧盟法 …………………………………………… 430
　第四节　法院对法的具体化：案例对比法 …………… 432
　　一、具体类推与案例对比法的相似性 ……………… 433
　　二、法院裁判的约束效力 …………………………… 439

  三、欧盟最高法院的案例对比法 446
  四、法官法的具体论证模型 446
  五、法比较之方法："如何" 448
 第五节 第七章小结 455

第八章 动态体系、案例类型，以及作为具体化方法的案例类型
   比较 456
 第一节 动态体系 456
  一、基础 456
  二、德国法中的适用情形 460
  三、欧盟法的适用情形 466
 第二节 对一般条款的具体化：案例类型 466
  一、案例类型 466
  二、欧盟法中的案例类型规范 469
 第三节 不同案例类型归责标准的体系化 470
  一、作为动态体系的不同案例类型的归责标准 471
  二、发展新的案例类型：旧的去、新的来(ein Kommen
    und Gehen) 474
  三、欧盟法上新案例类型的形成 477
 第四节 第八章小结 478

第九章 法教义学和一般的法原则 480
 第一节 一般的法原则与法教义学 481
  一、法教义学对法学方法论的助益 481
  二、法教义学与法学方法论 485
  三、法理念、法原则和法制度的区别 490
 第二节 解决案件时对法原则的处理：法原则的论证和
    建构 493
  一、第一步：对法原则的论证——诉诸法律或归纳 494
  二、不可或缺的第二步：法原则的具体化 497

第三节　民法中的法原则：私人自治的确立及具体化 …………… 498
　　　一、通过归纳确立"有约必守"原则 …………………………… 499
　　　二、合同自由以及可能与其相冲突的原则 …………………… 502
　　第四节　自我决定权：各种法制度的正当化理由 ………………… 506
　　　一、学说中的观点 ……………………………………………… 506
　　　二、私人自治的体现：合同双方的自我决定 ………………… 509
　　　三、不同制度的法教义学确立：欠缺自我决定权 …………… 512
　　　四、法原则对法制度的具体化和确立 ………………………… 516
　　第五节　欧盟层面的法原则 ………………………………………… 517
　　　一、欧盟法确立法原则的挑战 ………………………………… 517
　　　二、欧盟法上的一般性法原则 ………………………………… 518
　　第六节　第九章小结 ………………………………………………… 522

第十章　建构意义上的衡量 ……………………………………………… 525
　　第一节　公法中的衡量 ……………………………………………… 525
　　　一、建构意义上的衡量 ………………………………………… 526
　　　二、衡量的结构 ………………………………………………… 529
　　　三、衡量所得的法教义学结论 ………………………………… 536
　　　四、法之建构的实现：基本权利的审查 ……………………… 541
　　第二节　基本权利的衡量 …………………………………………… 543
　　　一、基本权利的保护范围（适用事项）……………………… 543
　　　二、干预与干扰 ………………………………………………… 546
　　　三、干预的正当化（限制）…………………………………… 548
　　　四、限制之限制，特别是"比例原则" ……………………… 550
　　第三节　欧盟法上基本权利和基本自由的衡量 …………………… 557
　　　一、基本权利和基本自由具体化的对比 ……………………… 557
　　　二、欧盟法的基本权利 ………………………………………… 558
　　　三、欧盟的基本自由：与德国法的区别 ……………………… 562
　　第四节　民法中冲突原则的衡量 …………………………………… 567

一、民法中相互矛盾的原则 … 567
  二、法原则的衡量：以"对第三人具有保护效力的合同"这一融合了冲突法原则的法制度为例 … 570
  三、民法中的比例原则 … 575
 第五节 第十章小结 … 580

第四部分 宪法及欧盟法所致的优先性

第十一章 作为上位法的宪法 … 583
 第一节 宪法的各种功能 … 583
  一、作为客观价值秩序的基本权利与基本法 … 584
  二、基本权利对私主体的效力 … 590
  三、宪法对判例的影响 … 596
 第二节 违宪及宪法的论证模式 … 600
  一、法律因违宪而无效 … 600
  二、无效的例外 … 601
  三、有争议的宪法论证模式 … 604
 第三节 宪法导向的解释 … 605
  一、作为解释方法的宪法导向的解释 … 605
  二、宪法导向的解释：民法领域中的一般衡量规则 … 607
 第四节 合宪解释 … 609
  一、关于合宪解释的原则性问题 … 609
  二、公法领域中的合宪解释 … 611
  三、民法领域中的合宪解释 … 612
 第五节 合宪的法续造 … 615
  一、联邦宪法法院自相矛盾的判例 … 615
  二、作为一种法构造的合宪的法续造 … 616
  三、正当合宪的法续造的案例类型 … 617

四、侵害第三人基本权利的合宪的法续造的界限：宪法审判庭
　　　　的争论 ·· 622
　第六节　第十一章小结 ·· 627

第十二章　欧盟法及国际法的优先性 ·· 629
　第一节　适用优先性的条件：直接适用性 ···································· 629
　　一、直接适用性、适用优先性及合欧盟法解释之间的
　　　　关系 ·· 630
　　二、欧盟法的直接适用性、直接效果 ································ 630
　　三、基础法在私主体之间的第三人效力 ···························· 632
　第二节　适用优先性与合欧盟法解释的义务 ································ 635
　　一、欧盟法上的概念问题 ·· 635
　　二、合基础法解释的"两步法" ······································· 636
　　三、优先适用与符合联盟的解释的关系 ···························· 637
　第三节　次级法：条例、指令、建议 ·· 641
　　一、条例的优先效力及"合条例的解释" ·························· 641
　　二、指令的优先效力及狭义的"合指令的解释" ················ 642
　　三、水平的合指令的解释（狭义） ································· 646
　　四、合指令的法续造 ·· 649
　　五、指令的其他转化问题 ·· 664
　　六、建议的参详义务及附随性的遵从义务 ························ 667
　　七、总结 ·· 668
　第四节　其他执行欧盟法的手段 ·· 669
　　一、欧盟法的明确转化义务 ··· 670
　　二、前置判决程序及《欧洲联盟运作方式条约》第267条规
　　　　定的呈递义务 ··· 673
　　三、《欧洲联盟运作方式条约》第258条等规定的"违反条
　　　　约的诉讼程序" ·· 676
　　四、欧盟法的国家责任请求权 ······································· 678

第五节　国际法 ································· 680
　　一、亲善国际法的解释原则 ······················ 680
　　二、共同点与区别 ···························· 681
　　三、评论 ·································· 683
第六节　第十二章小结 ····························· 684

第五部分　法的和平性与安定性：法学方法论的目标

第十三章　法续造的界限 ··························· 689
第一节　法续造正当性的模糊界限 ···················· 689
　　一、法学方法论的长久争论：法续造的正当界限 ········ 689
　　二、正当或不正当法续造的后果 ··················· 691
　　三、方法上的"盲飞" ·························· 692
　　四、"法续造正当界限"的定义 ··················· 694
　　五、避免不正当法续造的论证模型 ················· 698
第二节　第一步：经典的论证模型 ···················· 698
　　一、文义的明确性与开放性 ······················ 699
　　二、体系上的工作：漏洞及封闭体系 ··············· 699
　　三、立法者的意图、能在法律中重新找到依归的生活情势的
　　　　改变（客观理论） ························· 703
　　四、"目的"作为法续造的正当化理由 ·············· 705
第三节　第二步：将目光投向法效果 ··················· 707
　　一、法续造的结果导向思想 ······················ 707
　　二、明显的法律保护漏洞（不合理的负担）、立法者的不
　　　　作为 ··································· 707
　　三、共识、比较法的确认、提高法的安定性 ·········· 711
第四节　第三步：作为上位法的宪法 ··················· 715
　　一、对受害人基本权利的保护、对第三人基本权利的
　　　　影响 ··································· 715

二、基本权利侵害及值得保护的信赖 …… 716
　　三、判例变更情形的信赖保护 …… 718
　　四、罪刑法定原则：民众合理信赖的表达 …… 718
第五节　第四步：上位的欧盟法及国内法 …… 719
　　一、合基础法及合条例的法续造 …… 719
　　二、国内法的合指令续造及其界限 …… 720
　　三、个人信赖作为法续造的正当界限 …… 720
第六节　第五步：权限界限 …… 720
　　一、法律保留和议会的权限 …… 721
　　二、权力分立和议会的权限 …… 725
　　三、具体化及法续造 …… 731
　　四、法院之间的权限冲突 …… 735
第七节　在法续造的框架下对各种论证模型进行衡量 …… 747
　　一、优先规则、推定规则、论证负担规则 …… 747
　　二、衡量规则 …… 748
　　三、五步法体系与衡量规则的关系 …… 748
第八节　第十三章小结 …… 750

第十四章　现代法学方法论 …… 753
第一节　走向现代法学方法论 …… 753
　　一、经典法学方法论与后现代法学方法论 …… 753
　　二、现代的法学方法论 …… 754
第二节　对法学方法论的扩展：案件诠释学 …… 755
　　一、案件事实与法规范之间的转换效应 …… 756
　　二、用来确定个案领域的案件事实诠释学 …… 758
　　三、规范领域 …… 765
第三节　法官的决断主义及法学创新 …… 775
　　一、法官的决断主义 …… 775
　　二、法学革新、法学创新 …… 777

三、论题学及法学创新 ························ 780
第四节　元方法的构造：检验步骤与权衡 ············· 786
　　一、方法上的多元主义 ······················· 786
　　二、为法的解决方案进行说理的检索顺序 ··········· 789
　　三、论证模型的权衡 ························ 793
第五节　法学方法论的资源 ························· 801
　　一、作为相邻学科的基础领域 ·················· 802
　　二、国家理论、法教义学和法哲学 ················ 807
第六节　法学思维的训练：现代法学方法论 ············· 811
　　一、正当化学说及理性要求：法学方法论之作为法学思维的
　　　　保障 ································· 811
　　二、现代方法论的思维结构 ···················· 812
　　三、理性说理的要素 ························ 813
　　四、不正当的说理不足 ······················· 815
　　五、走向欧盟的法学方法论 ···················· 818
第七节　第十四章小结 ···························· 820
　　代结语　法学方法的价值 ······················ 822

第十五章　进阶练习 ·························· 825
　　一、法学方法论：说理学说及正当化学说（对应本书第
　　　　一章）································· 825
　　二、法源（对应本书第二章）····················· 825
　　三、次级法源及法认知源（对应本书第三章）··········· 826
　　四、经典的解释方法：文义、体系与历史（对应本书第
　　　　四章）································· 827
　　五、目的、逻辑与结果取向的解释（对应本书第五章）······ 828
　　六、目的解释的对立模型及法续造的基本形式（对应本书
　　　　第六章）······························· 831

七、立法、行政及司法对法的具体化（对应本书第
　　七章） ··· 832
八、动态体系、案例类型，以及作为具体化方法
　　的案例类型比较（对应本书第八章） ············ 833
九、法教义学和一般的法原则（对应本书第九章） ········· 835
十、建构意义上的衡量（对应本书第十章） ············ 836
十一、作为上位法的宪法（对应本书第十一章） ········· 837
十二、欧盟法及国际法的优先性（对应本书第十二章） ······ 838
十三、法续造的界限（对应本书第十三章） ············ 840
十四、现代法学方法论（对应本书第十四章） ··········· 845

附录：最重要的论证模型 ································ 848
主要参考文献 ··· 860
判例目录 ·· 862
关键词索引 ·· 880

图表目录

图 1-1	本书的结构	009
图 1-2	命题、前提、论据及解释目标	051
图 2-1	德国法源的位阶	080
图 2-2	法效果的溯及既往与构成要件的溯及联结	083
图 2-3	当今多层系统下的法源位阶	119
图 3-1	网状结构的法	133
表 3-1	基础性法源—次级法源—软法	136
图 4-1	如何定义"死期将至"	177
图 4-2	涵摄技术	179
图 4-3	砌造技术	180
图 4-4	通过"目光往返流转"对"健康损害"的概念加以具体化	183
图 4-5	概念核/概念晕,以"武器"为例的三领域模型	196
图 4-6	法律行为	223
图 5-1	一个循环论证的示例	269
图 6-1	部分论证模型及其相反论证模型	346
图 6-2	目的性限缩	366
图 6-3	通过具体类推进行的法发现	375
图 6-4	通过整体类推进行的法发现	383
图 7-1	通过案例对比法进行的法发现	438
图 8-1	《民法典》第 823 条第 1 款"安全注意义务"的归责标准	461
图 8-2	背俗的法律行为	472
图 9-1	法理念、法原则、法制度之间的关系	498

图 9-2	自我决定原则和法制度	516
表 10-1	基本权利的审查	556
图 10-1	冲突的法原则、对第三人具有保护效力的合同制度所适用条件的具体化	575
图 11-1	第三人保护效力及保护义务说	596
图 11-2	宪法导向的解释、合宪解释、合宪的法续造的"三分法"	627
图 12-1	合欧盟法的解释（概念）	636
图 12-2	未适当转化时指令的垂直及水平效力	645
图 12-3	法发现的四个垂直步骤	669
图 13-1	避免违法裁判的五步法体系	749
表 14-1	法的解决方案的六个检验步骤以及为实现法发现而进行的论证模型的权衡	800
图 14-1	促使各种论证模型产生的法学方法论的资源	810
图 14-2	法学思维的训练：现代法学方法论	817
图 14-3	弗拉马利翁	822
图 15-1	生产者责任框架下的证明责任减轻	830

第一部分

基础：法源[*]

---

[*] 本书在逐字引注原文时所使用的粗体或斜体原则上是由作者本人所加。作为辅助，对旧法进行逐字引注时，均在方括号中列明了现行法的出处。所引用的网址在本书付梓之时均可访问。为阅读之便，下文将使用一般性的阳性名词指代各种性别。其他方面，可参见 *Möllers*, Juristische Arbeitstechnik und wissenschaftliches Arbeiten, 10. Aufl. 2021。——译者注

我之前的一位助理给我讲过一则关于法律人和农民的笑话：有个法律人打算帮农民收土豆，农民就请他把堆成山的土豆按照大小进行整理，大的放进左边的箱子，小的放进右边的箱子。四个小时后，农民从收土豆的地方回来，想看看这位法律人事情"办"的怎么样了。令人吃惊的是，他发现左边的箱子里只有三个土豆，而右边箱子里的土豆也不过稍微多一点而已。农民问法律人为什么不完成他的工作，对方抱怨道："这可是需要我一直作裁判啊！"

第一章　法学方法论：说理学说及正当化学说

第一节　法学方法论的目的

一、法学方法论的必要性

1. 论证：作为说理及法学裁判的一环

欧洲人权法院副院长安格丽卡·努斯布克（Angelika Nußberger）曾在某次采访中指出："法学本质上是一种论证科学。人们需要判断各种不同论证模型的说服力，这可谓实践的必备技能。法院审理案件的过程中，最重要的事情莫过于作出适当的论证。"[1] 本书的目标即在于，向法律人介绍逾100种论证模型，在全世界范围内，这些论证模型被用于为裁判提供

---

[1] *Nußberger*, „Seitenwechsel", Forschung & Lehre 1/19, S. 48.

说理从而说服法院乃至裁判观点的反对者。法律人必须作出"裁判",而不可如同帮农民收土豆的那人一般犹疑不定、逃避问题。

2　　简单案件通常无须求助法律人,该如何裁判对每个人而言都是显而易见的;而复杂案件,即所谓"疑难案件"(hard cases)则离不开法律人的介入。依循法律和既往判例无法轻易解决这类案件*〔2〕,其往往需要诉诸法院,而正因为法律解决方案不够明晰,需要为之提供充分说理。借助法学方法论和法教义学,我们能够为法律问题提供理性上可资信赖的论证。所谓"方法"〔3〕,即为获取某种知识而操练的系统性的程序。因此,本书关注的重点就是实现目标的途径,即法律论证(英语也称之为法律推理,legal reasoning〔4〕)之过程。为此,就需要将那些缺乏说服力的解决路径排除出去。当然,这里事关的主要是法律未予规定、法律需要解释或者存有漏洞,甚至法律有谬误,以及出现未曾裁判的新案例的情形。此外,法科生以及已经投身实践的法律人若能在基础方法上获得准确的指引,便足以使其论证结构条理更加清晰,从而提高论述的说理水平。

3　　法律往往不如其表面看起来那样清楚。下文所讲的"母子车厢案"即表明,法律结论并非总是唾手可得,往往需要经过翔实的论证。

4　　　　母子车厢案:路德维希·洛温斯坦(L)带着他8个月大的女儿安娜贝尔(A)搭乘联邦州B州运营的本地火车。在人满为患的火车上,他和他女儿在一个标有"母(亲)(孩)子车厢"(Mutter mit Kind-

---

* 引用原文时的粗体和斜体格式为作者本人所加。为了提供方便(特别是针对法学的入门者),在引用旧法条文时也会在方括号中注明新法的出处。欧盟最高法院和欧洲人权法院的判决,引用时则不具名其出自的官方裁判汇编,而仅注明案例引证码。对于1968年以前的判决,引用时标明的页码(起始页、具体引证页)则以Curia网站德语的PDF文件为准。例外情况下,比如需要援引判决的事实部分时,也会标明1985年以前的判决文书的页码。所有引用的网页在本书出版之时均得访问。——译者注

〔2〕 Dworkin, 88 Harv. L. Rev. 1057 (1975):"疑难案件,即从法律或先例中不能明确得出结论的案件。"

〔3〕 对此可进一步参考 Möllers, Juristische Arbeitstechnik und wissenschaftliches Arbeiten, 10. Aufl. 2021。"方法"的希腊语 μέθοδος,即 méthodos,意指"通往某处之道路",对应的拉丁语为 methodus。对此,详见 Fikentscher, Methoden des Rechts, Bd. IV, 1977, S. 122 ff。

〔4〕 Vogenauer, in: Reimann/Zimmermann, The Oxford Handbook of Comparative Law, 2nd ed. 2019. S. 877, 890.

Abteil）的地方发现一个空座。这节车厢还完全空着，而且没有被之后的乘客预订。L非常开心地坐了下来，因为他的旅程还需要好几个小时。但乘务员查票的时候，却要求他立即离开，理由是"母子车厢"系专为带孩子的母亲所设。L很是气愤，他认为他带着8个月大的女儿应当被允许坐在这节车厢。谁是正确的？[5]

看似简单的"母子车厢案"实则存在很多疑问。这里的"母亲""孩子"二字应当作何解释？"母亲"这一概念确实是清楚的吗？它是指"妇女"还是指孩子的"陪同人员"？衡诸该规则的意义与目的，能否将之适用于"父亲"，从而也允许父亲坐在这节车厢？在"法学方法论"这门课上发起的投票表明，结论并非显而易见：某一年是以60∶40的投票支持了父亲的主张；而另一年的结果，则是乘务员以60∶40"赢得"了支持。仅仅以课堂投票偶然出现的多数并不能对此问题作出裁判，因而，必须为此提供法学上的论据。

2. 对当前法学方法论的批评：后现代的法学方法论

法学方法论是否已经过时，甚至变得言之无物？埃塞尔（Esser）批评了理论和实践各说各话的现象，他指出："我们学术上的方法论对法官而言，既谈不上什么帮助，也无法提供什么指引。"[6] 经典的方法论被指责为毫无意义，因为法律适用者是基于自己的"前理解"（Vorverständnis）而作出裁判（第一章边码70及以下）。法续造往往被认为都是随意的法发现，法官的裁判遵循的是"决策主义"，即全凭"权威"作出，而不受"法"的约束（第十四章边码40及以下）。萨维尼（Savigny）提出的四种论证模型全无用处（第四章边码57）；目的解释被斥为纯属多余的循环论证（第五章边码6），而法学方法论也无助于廓清法教义学之角色（第九章边码7以下）。法官被认为可以实施"隐蔽的"法续造（第十三章边码10），这归根到底是奉行实用性的"方法多元主义"，任何人都可以随意选择为他所用的论证模型（第十四章边码64）。

---

[5] 与此相近的案例见 Stein, Die rechtswissenschaftliche Arbeit, 2000, S. 51, 不过该书仅仅指出了几种解决的可能性，并没有为案例提供解答。关于本案的解答，则参见第一章边码73及以下、边码84及以下、边码90及以下。

[6] Esser, Vorverständnis und Methodenwahl, 1970, S. 7.

二、现代的法学方法论

1. 法学方法论：一种关于正当化和论辩的学说

7　　21世纪新时代的法学方法论必须对这所有的争议作出回应。相对于后现代的法学方法论，"现代的法学方法论"才是我们的目标。法学方法论本身，比如为人所熟知的萨维尼的四种传统论证模型，必须因时而变，它应当不断更新发展并回应各种批评（第十四章边码2）。其间，一些新的论证模式得以发展，例如结果导向或者经济学的视角等。本书同时要明确的一点是，除了解释，亦须掌握具体化以及建构之技巧（第三部分）。方法论必须揭示一些在进行传统意义的"涵摄"之前所要完成的"中间步骤"的技巧，譬如推导及解释一些新的法律制度、未见于成文法的案例类型、基本权利的审查步骤等。为此，后现代法学方法论的发展也实值关注（第十四章边码1及以下），它区分了"发现的过程"与"说理的过程"（第十四章边码42）。

8　　正如埃塞尔所言，法学方法论建构了各种不同的论证模式，借由此类论证模式，"正当化的话语虽然多样，但至少都可以在法律人的群体中获得一致认同"。[7] 法学方法论是一种**正当化的学说**（Legitimationslehre），其具体表现是罪刑法定原则、法适用的平等性义务以及为裁判提供说理的义务。它要限制法官之于议会的权威，同时也致力于实现相对于民众的"权力限制"（详见第一章边码47及以下）。同时，法学方法论也是一种**"说理及论辩的学说"**（Begründungs-bzw. Argumentationslehre），因为其所提供的乃是解释、具体化以及发展法律的手段。[8] 在法律人的日常生活中，新型的法律问题可谓层出不穷。因此，这本关于法学方法论的书即是希望能够为法律人奉上各种论证模式的金科玉律，以助其形成、阐发并充分论证自己的观点。其所要传授给法律人的，实属将重要与非重要、有说服力与无说

---

　　[7] Esser, JZ 1975, 555；也见第一章边码47。

　　[8] Gaier, in: Lobinger/Piekenbrock/Stoffels, Zur Integrationskraft zivilrechtlicher Dogmatik, 2014, S. 85, 86；这一点不同于Alexy, Christensen/Kudlich, Feteris, Neumann等人提出的"论证理论"，后者先对法进行观察，然后从理论上对其进行反思。有关"法理论"，则参见下文第十四章边码108。

服力、有支撑与无支撑的论据区别开来的方法（详见第一章边码18及以下）。

2. 本书的结构

上述思考即确定了本书的结构。本书第一部分为基础部分，这部分对法源进行了特别介绍。在指出法学方法论系一种正当化及论辩的学说后（第一章），将讨论在"寻法"（法的发现）时应当作何考虑，也即"法"究竟是什么的问题——这就取决于"法源理论"（Rechtsquellenlehre，见第二章）。其后，将对"法源"这一概念加以扩展，并探讨法官法、私人创设规范以及外国法裁判的地位问题（第三章）。 9

第二部分则先讨论"解释"（Auslegung）之问题。待阐明"法"的范畴之后，论述各种经典的论证模型，即规范的文义、体系及历史解释（第四章）。其中还包括目的（Telos）解释，此时需要介绍一些现代的法解释方法，如利益衡量、结果取向解释以及法的经济分析（第五章）。采用目的解释之方法时，还会衍生许多（经典论证模型的）"对立模型"（Gegenfigur，第六章）。在法解释的部分，也会讨论"造法"（法的续造）的几种基本形式，例如具体类推（Einzelanalogie）、目的性限缩，以及法律行为及合同的解释（第六章）。 10

应当承认，法解释通常不过是寻法过程的初步工作。第三部分则涉及在诸如"不确定法概念"或"一般条款"的情形下，当如何进行法的具体化（Konkretisierung）。有时，立法者会通过示例性立法（Regelbeispiel）或制定法规命令（Rechtsverordnung）来实现这一目的（第七章）。不然，则会借由判例及其催生的案例对比法（Vergleichsfallmethode）、形成案例类型（Fallgruppen）或者诉诸动态体系论，以促成法的具体化（第八章）。此后，本书将阐释法教义学对于寻法工作的重要性。如若需要发展新的法制度或中间步骤，则属于"建构"（Konstruktion）之范畴，这通常就不再是为了使规范变得可被涵摄而从规范中直接推导的过程了。"建构"本身所指称的乃是一个"塑造"的过程，法原则、法制度都是这一过程的结果。法制度不如法原则那般抽象，前者本身已经是可被涵摄的；而法原则只是提供论证的资料，充当的是解释之辅助。处理有关"法原则"的工作当属更为棘手的问题，特别是当其未被成文法化时（第九章）。此外，各基本权利及欧盟法上的基本自由广为立法所规范，其中所涉及的主要是 11

"衡量"（Abwägung）以及合比例性检查的问题（第十章）。有待深入探讨的是法学方法论与法教义学（Rechtsdogmatik）的关系问题，后者的目的是实现概念、体系及原则之建构，并探寻那些维系法秩序的价值（详见第九章边码2及以下）。[9] 法学方法论亦必须以廓清法教义学为宗旨。[10]

12　考虑各种层面的法之间的关系，例如"上位法"之优先性，第四部分将探讨宪法（第十一章）以及欧盟法、国际法（第十二章）对部门法所产生的影响。

13　最后一部分，也即第五部分，讨论的主题是法的和平性（Rechtsfrieden）及法的安定性（Rechtssicherheit）：此时所要揭示的，乃在于法续造的正当界限（第十三章）。

14　"案件事实诠释学"（Sachverhaltshermeneutik）表明，实践中诉争的"事实"通常不过是"待加工的事实"，在成功给出案件的合理结论之前，该事实会经由法官或律师的对话而得到进一步补充。在本书收尾前，还将介绍一些针对法学方法论所提出的原则性批评，如今这也被称为"后现代的法学方法论"。对于相关的批评，可以借由"案件事实诠释学"以及由"检验顺序"（Prüfungsfolge）及不同解释方法间的权衡所组成的"元方法"等作出回应（第十四章）。

15　法学与诸多其他基础领域均存在关联，因此，它也可以吸收相邻学科的论证结构。这并不是说，法学方法论不过是作为既有法理论（Rechtstheorie）之下的一个小"子集"而为人所批评。[11] 恰恰相反：法学方法论能够与相邻学科进行沟通。例如，法学方法论与法社会学之间即存有联系，因为法解释的工作亦不可罔顾社会现实（第五章边码91及以下）。法理论以及诠释学（Hermeneutik）的问题（第一章边码14、第四章边码10）有待讨论；与此同时，法学方法论还需关照其自身的历史根源，而法律史（Re-

---

〔9〕 参见 *Luhmann*, Rechtssystem und Rechtsdogmatik, 1974, S. 19 ff.; *Muthorst*, Grundlagen der Rechtswissenschaft, 2. Aufl. 2019, § 2 Rn. 17; *Stürner*, JZ 2012, 10 ff.

〔10〕 *Lennartz*, Dogmatik als Methode, 2017, S. 2.

〔11〕 参见 *Röhl/Röhl*, Allgemeine Rechtslehre, 3. Aufl. 2008, S. 3; *Rüthers/Fischer/Birk*, Rechtstheorie, 11. Aufl. 2020, Rn. 983 ff.; *Vesting*, Rechtstheorie, 2. Aufl. 2015, Rn. 191 ff.

chtsgeschichte）便可更清楚地揭示各种"法构造"（Rechtsfigur）和学说的意义。[12] 有不少"法构造"已经有两千年的历史。最后，法学方法论与法哲学（Rechtsphilosophie）同样有所交叉，毕竟所有裁判均意图达致一个正义的结果（第一章边码105、第十四章边码114及以下）。本书将在最后一部分详细论述以上内容（第十四章边码74及以下、边码114及以下）。

第十五章提供的复习题以及案例题，有助于读者练习并熟稔各种法构造和论证模型［本书中，大多数情况下Argumentationsfigur（论证模型）与Rechtsfigur（法构造）可视为同义词，作者暂未对"论证模型"和"法构造"进行明确定义；从理解上，前者较后者更为广义。——译者注］。本书的内容可谓循序渐进，由易到难。对此，可参见下图。

```
第一部分：基础(第一至三章)
作为说理学说和正当化学说的法学方法论（第一章）
法源(第二章)： 次级法源(第三章) 法认知源(第三章)
法律        法官法          外国法判决
位阶        约束效力        法学学说

第二部分：解释(第四、五章)       第三部分：具体化与建构(第七到十章)
法律解释：在文义界限内解释法     具体化（Konkretisierung）：无法确定不确
概念：                           定性法概念的文义界限
——文义、体系、立法史（第四章）  ——借助例示规定、法官法和案例对比法
——目的、逻辑、结果取向的解     进行工作（第七章）
释（第五章）                     ——案例丛集、动态体系（第八章）
                                 建构：缺少与法源的直接联系
目的解释的对立模型，具体类       ——借助一般性的法原则，进行演绎和归
推、目的性限缩等法续造的基本     纳（第九章）
形式（第六章）                   ——对法原则的衡量，如基本权利（第
                                 十章）

第四部分：宪法（第十一章）和欧盟法（第十二章）的优先性

第五部分：正义、合目的性与法和平(第十三、十四章)
法续造的界限（第十三章）
案件诠释学、检验顺序＋解释规则的权重(第十四章)
```

图1-1 本书的结构

---

[12] Rüthers, NJW 1996, 1249, 1253; ders., JZ 2006, 53, 56, 相关总结则见下文第十四章边码98及以下。

三、法学方法论：对法律人思维的训练

1. 法学教育中对法学思维的训练

18　　一个优秀的法律人有哪些特征？法学教育的要求是什么？优秀的法律人必须理解法律、必须能够将法律作为整体而适用，最重要的，是要能够对法律进行评判、分析与质疑。作为一个法律人，面对法学中出现的各种不确定性，应当习以为常。[13] "自由州"巴伐利亚洲《巴伐利亚洲法学教育与考试规则》（JAPO）即有如下关于司法考试的内容："在命题或者评分时，应着重考查法律通识、法学见解以及**依章法工作之能力**"（Fähigkeit zu methodischem Arbeiten）。[14] 与此类似，德国的《法官法》*（DRiG）第5条第2款第3句也要求（法官）需掌握"法律科学之方法"。

19　　国家司法考试中，法律思考及论证的能力尤其重要，因为要通过考试，不仅需要掌握纷繁乃至十分琐碎的专业知识[15]，亦需要掌握法学研究方法[16]，并熟悉案例分析的结构（Fallaufbau）。本书的主要意图，在于为读者揭示应当如何避免无谓的背诵。[17] 因此，相对于涉猎大量的零碎知识，系统而有结构地学习法律并在法学教育之初即掌握各种法学的论证模型，才称得上是符合"学习经济"的明智之举。[18]

---

* 未经特别注明国籍的规范性法律文件，除欧盟的指令和条例外，均指德国的规范性法律文件。——译者注

〔13〕 *Kötz*, RabelsZ 54 (1990), 203, 215.

〔14〕 参见《巴伐利亚州法学教育与考试规则》（2003年10月13日版）第397页，第16条第2款第2句；也见《巴符州法学教育与考试规则》（2019年5月2日版）第131页，第7条第2款第2句；《北威州法学教育与考试规则》（2003年3月11日版）第310页，第2条第2款。见下文第十四章边码140。

〔15〕 或许此时会有歌德笔下的浮士德的感觉："啊！如今，我将哲学、法学、医学，甚至神学都很认真地学习了一遍；现在我站在这里，我这个傻瓜！学了这么多却根本没有比以前更聪明。"参见 *Goethes* Faust, Der Tragödie Erster Teil, 1790, Nacht。

〔16〕 *Möllers*, Juristische Arbeitstechnik und wissenschaftliches Arbeiten, 10. Aufl. 2021.

〔17〕 *Hassemer/Kübler*, 58. DJT 1990, E 7, 33：:"盲目地复述法律规则和概念是培养法律思维的大敌，对任何专业及整个法律人行业而言都是不利的。"

〔18〕 例如，将各种判例发展而来的"安全保障义务"，以字母顺序排列然后死记硬背，就是一种不够明智的做法。这里，动态体系的要素法更为有益（第八章边码2及以下）。有关各种学习技巧，则参见 *Möllers* (ebd.), § 1 Rn. 61 ff。

如何解决未知的新案件？法律人的"争论文化"（Streitkultur）又意味着什么？法律人被要求提供理性的、也即可资验证的说理。他需要向人展示"法学思考"[19]的能力。他应当能够看清各方当事人的不同利益并能在他人的论据面前为己方观点进行辩护。为此，需要法律人积极投身于公开的讨论，在其中不断发展、衡量、驳斥各种新的见识，从而以坚实的论据支撑解题的每个步骤。在法学教育中，尤其应当注重法学思维之培养。这也恰是设立基础学科的目的。在受教育期间，法科生应当学会分析法学判例及专业论文，从而使自己具备对法学论证进行批判性反思的能力。导向理性判断的系统性论证即所谓"科学"的论证（第一章边码120）。在撰写书面论文时，法科生就需要对法律进行批评性的质疑[20]；博士论文中则还需要他有新的建树。[21] 与此要求一致，对于闭卷考试或家庭作业等法学习作而言，评分时所关切的亦非答案本身，而是求得答案的方法以及导出结论的论证过程。[22] 有的时候，这还要求法律人表现出一定的"创新性"或者说进行"创造性的思维活动"[23]。哈斯默尔（Hassemer）及库伯勒（Kübler）早在30年前就曾写道：

> 学习的目标并不囿于知识……一个优秀的法律人不仅满足于通晓他懂的领域，还需要能够处理当中的问题，在其中行动自如，他可以进行法学的思维活动（以及行为）。……法学思维不仅要求人们熟知某种法教义学的构造或法实践的制度（内在），同时还要求人们关注其背后的历史、理论及现实条件（外在），并能质疑之，且在更高的

---

[19] 康德认为，思考就是与自我对话，参见 Kant, Anthropologie in pragmatischer Sicht, 1798, S. 109。

[20] 相应地，法学教育也培养学生对法律进行批评和发展的能力，参见《奥格斯堡大学法学院法学教学与考试规则》（2004年8月10日版）第2条第1款第4项，类似的则有《柏林洪堡大学法学院法学专业教学规则》（2013年10月24日版）第5条第1款。

[21] 关于学术论文及博士论文，参见 Möllers (ebd.), § 7 und § 9。

[22] Sauer, in: Krüper, Grundlagen des Rechts, 4. Aufl. 2021, § 9 Rn. 2 f.

[23] 见 Larenz, Methodenlehre der Rechtswissenschaft, 6. Aufl. 1991, S. 346, 以及下文第一章边码86及以下，关于"法学上的创新"，详见第十四章边码46及以下。

视野中将其体系化。[24]

2. 法学说理层面的法学思维

22 那么法律人如何才能作出理性之判断？法律人常常进行非此即彼的思考：某个请求权成立或不成立；行为是合法抑或违法（第五章边码31）。法学思维的起点即一个需要证立或推翻的"命题"（第一章边码79、93）。为此，法律人必须以"法"为依据进行论证。若涉及开放性的法律问题，则其必须作出足以使第三人感到有说服力，尤其是比其他解决方案更有说服力的理性之裁判（第一章边码86及以下）。法学方法论旨在提供各种使裁判得到充分说理的论证模型，其目的是维护法之安定性、裁判获取过程的平等性及透明性（第一章边码115及以下）。

23 作为合理论证之基础，法学方法论所训练的是法解释、具体化和建构等方面的"法学思维"。除了归纳及演绎等思维方式外，本书还将介绍"衡量"以及各种形式的法学创新。为此就需要人们了解各种论证模型，并熟稔其运用。这些论证模型应当被置于某种检验步骤中并加以权衡。同时，本书亦会介绍那些不够有说服力的思维方式，例如"前理解"（Vorverständnis）、法学的决断论（Juristische Dezision）以及事后说理等。一切有违理性法学论证的做法都应予以摒弃。例如，（敷衍性的）"表面说理"（Scheinbegründung）、隐蔽的法续造或者随心所欲的"方法多元主义"均构成说理上的缺陷。

24 本书旨在揭示，法学方法论并非多余，反而是法学思维、法学教育及实践的关键组成部分。法学方法论的目的就是为问题寻找最可行、最有说服力的答案，从而实现合理之裁判（第一章边码103）。如果看重理性上的要求且以说服他人为目的，那就必须在说理的同时提供更好的论据。

3. 理论及实践的法学方法论

25 有观点认为，法学理论和实践应当适用不同的方法论。作出这一区分

---

[24] *Hassemer/Kübler*, 58. DJT 1990, E 88 f. m. w. Nachw.；有关法学教育的建议，还可参见 *Möllers*, ZfPW 2019, 94 ff。

的理由是[25]：实践中总是无暇顾及方法上的合理性。[26] 诚然，简单的案件完全可以诉诸"实用教义学"（第九章边码4及以下）。在其他情形下则应摒弃这一主张，因为法学上的裁判还是需要辅以有说服力的说理。这主要关系到法的理解与适用。法学方法论试图帮助人们廓清法教义学，训练人们导向"法发现"的法律思维——在"疑难案件"（第一章边码2）中，尤其如此。

本书作者主张，对法律人而言，理论和实践并非各行其是，法律思维在其中均占主导地位。因此，许多法构造或者论证模型都是直接起源于国内最高法院或跨国、国际性法院的判例。如果新近的判例对整个法领域均有影响，本书亦会着重探讨之。因此，德国最高法院及欧盟最高法院（EuGH）近几十年以来的一系列**原则性案例**（Grundsatzentscheidungen, leading cases）也会在本书中得到一些概括性的介绍。 **26**

四、欧盟法对"法发现"之影响

1. 欧盟条款与多层体系

上文介绍的"母子车厢案"亦表明，在解释国内法时，欧盟之因素也发挥着影响。欧洲法对德国法的相关性起源于《基本法》第24条，该条授权联邦可将主权转让于国际机构。在签署《马斯特里赫特条约》之前，则先行制定了《基本法》第23条，作为"欧盟条款"[27]，它规定了联邦议院和联邦参议院在主权转让时参与的事务。学说将这种现象称为"以分让治权[28]实现的欧盟的宪法结合"[29]。由此形成的，是一个多层级的法 **27**

---

[25] *Strauch*, Methodenlehre des gerichtlichen Erkenntnisverfahrens, 2017, S. 57 f.

[26] *Braun*, Deduktion und Invention, 2016, S. 185 ff.；*ders.*, JZ 2020, 353, 354 ff. 作出这一区分的，也参见 *Ch. Möllers*, in：Hoffmann-Riem/Schmidt-Aßmann/Voßkuhle, Grundlagen des Verwaltungsrechts, Bd. 1 2. Aufl. 2012, § 3 Rn. 21 ff.；ausführlich *Hoffmann-Riem*, in：Schmidt-Aßmann/ders., Methoden der Verwaltungsrechtswissenschaft, 2004, S. 9, 67 ff.

[27] *Häberle*, in：FS Everling, Bd. 1, 1995, S. 355, 374 ff.；作者称之为"欧盟宪法"（Europaverfassungsrecht）。

[28] *Pernice*, EuR 1984, 126, 138.

[29] *Pernice*, EuR 1996, 27 ff.；*Wollenschläger*, in：Dreier, GG, 3. Aufl. 2015, Art. 23 Rn. 20；BVerfG, Urt. v. 12. 10. 1993, 2 BvR 2134/92 u. a., BVerfGE 89, 155, 183-Maastricht, 该案则使用了"基于国际联盟而形成的法结合"（Rechtsverbund einer zwischenstaatlichen Gemeinschaft）。

律体系[30]，以及一个多层级体系中的"宪法多元主义"[31]、"多层次宪政"（multilevel constitutionalism）[32]。

2. 国内法官兼为欧盟法官

28　　60多年来，欧洲通过一系列条约建立了自己具有超国家效力的法秩序。德国法也越来越多地受到欧洲法直接或间接的影响。其中就包括《建立欧洲共同体条约》［即《欧洲联盟条约》（EUV）及《欧洲联盟运作方式条约》（AEUV）的前身］、欧盟法规定的基本权利以及条例（Verordnung）和指令（Richtlinien）等次级的欧盟法（第二章边码61及以下）。如今，50%以上的国内法律系由欧盟法催生，在经济法（Wirtschaftsrecht）领域甚至达到80%之多。[33] 经由大量消费者保护方面的指令，《民法典》亦得以"欧洲化"[34]。根据《欧洲联盟条约》第4条第3款的规定，成员国须采取所有适当的措施，以履行欧盟条约或欧盟机关的行为所产生的各种义务。这种义务也被称为"忠实合作原则"（Grundsatz der loyalen Zusammenarbeit）或者"忠于欧盟原则"（Prinzip der Unionstreue）[35]。也即是说，成员国通过履行其义务来为欧盟机构提供支持。

29　　成员国国内的法官也总是同时充当**欧洲法官**或者说**欧盟的法官**。[36]他负有"适用"欧盟法的义务（第二章边码102）。基于这一身份，他就应当摆脱国内法的规范理解而对欧盟规范进行独立之解释。若自主解释

---

[30] "multilevel system"，参见 Remien, RabelsZ 62（1998），627, 630; Schmid, ZfRV 1999, 213, 214。

[31] F. C. Mayer, Kompetenzüberschreitung und Letztentscheidung, 2000, S. 31 ff. m. w. Nachw.; ausführlich ders., VVDStRL 75 (2016), 8, 23 ff.

[32] Pernice, 36 Common Mkt. L. Rev. 703 ff. (1999); Wollenschläger, in: Dreier, GG, 3. Aufl. 2015, Art. 23 Rn. 17 m. w. Nachw.

[33] 参见 BVerfG 的数据，Urt. v. 12. 10. 1993, 2 BvR 2134/92 u. a., BVerfGE 89, 155, 173-Maastricht; 这原本是 Delors 的一次预估，参见 Delors, Bull. EG 1988 Nr. 7/8, S. 124。

[34] Möllers, JZ 2002, 121 ff.; Herresthal, in: Langenbucher, Europäisches Privat-und Wirtschaftsrecht, 4. Aufl. 2017, § 2 Rn. 35 ff.; Gebauer/Wiedmann (Hrsg.), Zivilrecht unter europäischem Einfluss, 2. Aufl. 2010, insbesondere S. 143 ff.

[35] Calliess/Ruffert/Kahl, EUV/AEUV, 5. Aufl. 2016, Art. 4 EUV Rn. 34 ff.; Streinz/Streinz, EUV/AEUV, 3. Aufl. 2018, Art. 4 EUV Rn. 30 ff.; Lang, 27 CML Rev. 654 ff. (1990).

[36] Pernice, EuR 1996, 27, 33; Zuleeg, JZ 1994, 1, 2; Möllers, Die Rolle des Rechts im Rahmen der europäischen Integration, 1999, S. 73.

（autonome Auslegung）导致违背国内法之结果，则其在特定情况下将优先于国内法（第二章边码 70 及以下）。必要时，法官还要投身于比较法的工作（第三章边码 76 及以下）。此外，对国内法所为的解释必须是符合欧盟法、符合指令的。若对欧盟法的解释存有疑问，国内法院即必须将问题呈递给欧盟最高法院（第十二章边码 115 及以下）。此时，其与欧盟法院之间即存在一种合作关系（第十三章边码 121 及以下）。法院的裁决若违反欧盟法，可能会基于欧盟法的国家责任请求权产生针对其司法失当行为的国家责任（第十二章边码 123 及以下）。针对"欧洲专利法院"出具的鉴定书[37]，欧盟最高法院明确表达了如下见解：

> 还须指出的是，根据《欧洲联盟条约》第 4 条第 3 款所确定的"忠实合作原则"，各成员国须在其主权范围内致力于实施及维护欧盟法（参见 Urteil vom 16. Juli 1998, Oelmühle und Schmidt Söhne, C-298/96, Slg. 1998, I-4767, Randnr. 23）。此外，根据该条之第二分项的规定，成员国须采取各种适当的一般性或特殊性的措施以履行欧盟条约或欧盟机关的行为所产生的各种义务。就此而言，确保欧盟法在所有成员国完整实施并保护欧盟法赋予个人的各种权利，即是各国内法院及本法院的核心要务（参见 Urteil vom 13. März 2007, Unibet, C-432/05, Slg. 2007, I-2271, Randnr. 38 以及此处论及的判例）。
>
> 因此，各成员国法院应当与本法院携手履行吾等共同承担的任务，在适用与解释各种条约时确保欧盟法之实施……

3. 世界各国对法学论证模型的需要

对于欧盟法而言，应有必要适用与德国法不同的方法步骤。法学方法固然主要是针对国内法而言；有些论著甚至明确强调了法学方法论的"国内法属性"[38]。当下各种有关法学方法论的教科书，几乎都没有或者说未

---

[37] EuGH, v. 8. 3. 2011, C-1/09, EU：C：2011：123, Rn. 66 ff.-Europäisches Patentgericht.

[38] 例如，*Wagner/Zimmermann*, AcP 214 (2014), 1, 3："自从有了国家，法学方法论就成为一种国家性的学科。"也参见下文第十四章边码 137 及以下。

能充分论及欧盟法对国内法之影响。[39] 然而，这种纯粹国内法的视角似乎已显得不合时宜。单凭国内法的方法论，已无法应对现代法学的纷繁态势。[40] 国内的每个法官在适用欧盟法时，都要充当欧盟法官之角色，这一现状自是差强人意的。倘若某种法学方法论意欲描绘欧盟乃至全球市场下法律的多维图景，从**比较法**的角度探讨"法之方法"即属必要。[41] 故此，**德国法学方法之欧盟化及国际化**就成为本书的一个主题。[42] 此处将表明，"唯此一个"的法学方法论——即使这是人们想要看到的——是不存在的，即便在国内法的背景下，法学方法论也表现出不同的向度：例如，刑法领域所强调的法构造就与民法的不同。而在适用欧盟法时，各种不同的论证模型也会得到独有的修正。

32   不过，既然这里仍以"共性"为主，也自当对此等"共性"加以强调，换句话说，本书将坚持**从多个向度阐述某种统一的法学方法论**，并且指明各个向度之间的区别。这一点适用于公法、民法和刑法等各个不同的法领域。[43] 同时，这也适用于整个欧盟乃至全世界。在司法裁判说理的过程中，诸多论证模型有着**举世通用的意义**：其中就包括了萨维尼的经典解释方法，即文义、体系、历史及目的解释。不过，对各方当事人利益以及裁判后果的追问亦在各种法秩序当中具有同等重要之地位（第二部分）。尽管在具体案例当中会存在一些差异（第十四章边码 136 及以下），法的具体化及建构、法续造的正当界限等也还是整个世界范围内的重要问题。[44]

---

[39] 正确的批评参见 *Flessner*, JZ 2002, 14, 15；*Herresthal*, Rechtsfortbildung im europarechtlichen Bezugsrahmen, 2006, S. 7 Fn. 27。

[40] *Kramer*, Juristische Methodenlehre, 6. Aufl. 2019, S. 50 f.

[41] 关于此的基础性著述，见 *Fikentscher*, Methoden des Rechts, Bd. I-IV, 1975-1977。

[42] *Möllers*, Die Rolle des Rechts im Rahmen der europäischen Integration, 1999；*Berger*, ZEuP 2001, 4, 6 ff.；*Vogenauer*, ZEuP 2005, 234 ff. S. § 14 Rn. 136 ff. 参见第十四章边码 136 及以下。

[43] 不同见解，参见 *Wagner/Zimmermann*, AcP 214 (2014), 1, 5, 作者认为，不同的法律子领域都有各自不同的理解角度和独特话语，却被人们混同起来。

[44] 关于不同法系的趋同（第七章边码 81）、融合之问题，可参见 *Kötz*, ZEuP 1998, 493, 497 ff.；*Gordley*, in: Assmann/Brüggemeier/Sethe, Unterschiedliche Rechtskulturen, 2001, S. 63, 64 ff.；详见 *Kischel*, Rechtsvergleichung, 2015, § 7 Rn. 228 ff.；*Husa*, Rechtstheorie 47 (2016), 397, 403 f。

第二节　作为正当化学说的方法论

一、宪法对法官裁判的要求

德国[45]和英美法系[46]的新近理论均认为：法学方法必须首先从国家法以及宪法的视角予以观察。法学方法论当中，部分具体的观点也都直接或间接地起源于宪法。

1. 权力分立原则

权力分立的思想肇始于洛克（Locke）[47]与孟德斯鸠（Montesquieu）[48]，该思想规定于《基本法》第20条第2款第2句。根据权力分立原则，司法必须承认立法者的立法权威。[49]法律由立法机关制定并为法院所适用。法官既非直接获得权力，也无须如当选的政治家那样嗣后通过公共空间维护自己职位的正当性。总而言之，立法与司法机关之间不存在竞争性的立法权。[50]用布鲁格（Brugger）的话来说就是："在民主和分权的法体系中，立法对法的具体化于法院而言就是有约束力的规则。只要未与上位法相抵牾，那么立法者的所言所欲就始终约束着法官的解释

---

[45]　参见 *Kriele*, Theorie der Rechtsgewinnung, 2. Aufl. 1976; *Koch*, in: Alexy/Koch/Kuhlen/Rüßmann, Elemente einer juristischen Begründungslehre, 2003, S. 179 ff.; *Brugger*, AöR 119 (1994), 1 ff.; *F. Müller/Christensen*, Juristische Methodik, Bd. I, 11. Aufl. 2013, Rn. 4; *Zippelius*, Juristische Methodenlehre, 12. Aufl. 2020, S. 40; *Rüthers/Fischer/Birk*, Rechtstheorie, 11. Aufl. 2020, Rn. 543, 649, 704 ff.; "方法问题即宪法问题"; *Kramer*, Juristische Methodenlehre, 6. Aufl. 2019, S. 44. 不同观点，则参见 *Martens*, Methodenlehre des Unionsrechts, 2013, S. 72 f., 作者只强调"说理学说"（Begründungslehre）。

[46]　*MacCormick*, 6 Ratio Juris (1993), 16, 19: "法律仍然是制度性论辩的场所"（Still, the law is a forum of institutional argumentation）。有关"法系理论"，则参见第七章边码81。

[47]　*Locke*, The Second Treatise of Government, 1689, 7. Kap. § 93.

[48]　孟德斯鸠形象地说道："如果全由某一个人，或者某一个王侯、贵族或人民的团体，执行三种权力——颁布法律、将法律付诸实施、对犯罪和私人争端进行判决，那一切都将会灰飞烟灭。"参见 *Montesquieu*, De l'esprit des lois, 1748, 11. Buch, 6. Kap.

[49]　*Larenz*, Methodenlehre der Rechtswissenschaft, 6. Aufl. 1991, S. 376; *Rüthers/Fischer/Birk*, Rechtstheorie, 11. Aufl. 2020, Rn. 649.

[50]　*Larenz/Canaris*, Methodenlehre der Rechtswissenschaft, 3. Aufl. 1995, S. 246 f.

行为。"[51]

2. 法制主义

作为欧洲法的传统，**法制主义**（Legalismus）认为：只有国家享有立法和法续造的权力，而宗教、道德、风俗、习惯等社会规范系统则无此权力。[52] 在"开明专制"（aufgeklärter Absolutismus）的统治下，统治者通过奉行法制主义，尽可能充分地向法官施加自己的意志；当权的国王希望借由足够精确的法律条文，尽可能地约束法官的行为。不过，这一约束体现在两个方面：它不仅约束法官，也约束统治者，同时令民众免受专权任意之害。[53] 由此即催生了诸如法律保留和优先、听审权以及"法无明文则无罪"的罪刑法定原则等一系列法治国家的原则。

3. 重要性理论与罪刑法定原则

法学方法论也使法官受到来自民众的约束。民众对法官存有这样一种信赖，即法官仅仅是适用议会制定的法律，而不会自行造法。《基本法》第 20 条第 3 款所规定的议会对法官的约束，使民众可以获得一种"第三人保护"（Drittschutz）。上文所称法官造法的权利即受到两个重要领域的限制。一方面，基于"重要性理论"（Wesentlichkeitstheorie），与实现基本权利紧密相关的事项原则上应当仅由立法者作出规定（第十三章边码 83 及以下）。在刑法领域，这一限制格外明显：立法者的干预强度尤甚，法官几乎是被其牵着鼻子走。另一方面，基于罪刑法定原则（Gesetzlichkeitsprinzip），若无法律之依据则不得处以刑罚。也就是说，在行为实施时，必须存在足够确定的、已生效力的形式上的法律，对符合构成要件的行为课以罚金或自由刑[54][法无明文规定不为罪（nullum cirmen），法无

---

[51] *Brugger*, AöR 119 (1994), 1, 2.

[52] *Wieacker*, in: Behrends/Dießelhorst/Voss, Römisches Recht in der europäischen Tradition, 1985, S. 355, 360 f.; *Schulze*, in: Müller-Graff, Gemeinsames Privatrecht in der Europäischen Gemeinschaft, 2. Aufl. 1999, S. 127, 129.

[53] 概览性的介绍可参见 Roxin/*Greco*, Strafrecht Allgemeiner Teil, Bd. I, 5. Aufl. 2020, § 5 Rn. 12 ff。

[54] 但这里"刑罚"的概念又不仅限于金钱刑和自由刑，毋宁说是取其广义理解，参见 *Schulze-Fielitz*, in: Dreier, GG, 3. Aufl. 2018, Art. 103 II Rn. 19 ff。

明文规定不处罚（nulla poena sine lege）]。罪刑法定原则可以被理解为一般性法治国家原则（《基本法》第20条第3款）的具体化，其专为刑法领域就法律保留及其界限、法安定性所要求的确定性以及溯及力等方面提出了特别的要求。[55] 早在罗马法的教义中就可寻得罪刑法定原则的端倪[56]，1532年的《加洛林刑法典》（CCC）则为死刑规定了罪刑法定[57]，这一原则亦见于费尔巴哈（Feuerbach）的著述。[58] 此原则的核心思想不只规定于《基本法》第103条第2款和《刑法典》第1条，同时也见于一些国际性的规范，诸如《欧洲人权公约》（EMRK）第7条[59]或者《欧盟基本权利宪章》（GrCh）第49条第1款[60]。

罪刑法定原则还有一个特殊效用，即它构成实证法所规定的法官造法的限制。刑法中，究竟属于适当的法解释，还是失当的构罪与加罪的法续造，文义界限是据以判断的"红线"。联邦宪法法院在判决里多次阐明罪刑法定原则的内涵。据此，公民若无从预见其行为的刑法关联性及所致之后果，则不得对其处以刑罚[61]，这一表述和英美法系

---

[55] Sachs/*Degenhart*, GG, 9. Aufl. 2021, Art. 103 Rn. 53 ff., 63 ff., 71 ff.; *Möstl*, in: HStR VIII, 3. Aufl. 2010, § 179 Rn. 56.

[56] *Kubiciel*, in: Handwörterbuch zur deutschen Rechtsgeschichte, Lfg. 25（2017）, S. 2; *Pohlreich*, in: Bonner Kommentar zum Grundgesetz, 208. EL November 2020, Art. 103 Abs. 2 Rn. 29; *Dannecker*, Das intertemporale Strafrecht, 1993, S. 32 ff.

[57] Constitutio Criminalis Carolina（CCC）v. 27. 7. 1532：虽然原则上《加洛林刑法典》第105条赋予了法官进行类推的权力，但根据《加洛林刑法典》第104条第2句的规定，仅在存有法律命令时始得判处死刑。也参见 *Schaffstein*, Studien zur Entwicklung der Deliktstatbestände im Gemeinen Deutschen Strafrecht, 1985, S. 47。

[58] *Feuerbach*, Lehrbuch des gemeinen in Deutschland gültigen peinlichen Rechts, 4. Aufl. 1808, § 20, S. 21.

[59] 参见 EGMR, Urt. v. 17. 12. 2009, 19359/04, CE：ECHR：2009：1217JUD001935904, Rn. 126－Rückwirkende Verlängerung der Sicherungsverwahrung；关于本判决中对欧洲人权法院的比较法解释，则参见第七章边码90。

[60] 早在 GRCh 制定之前，判例就已经承认罪刑法定为一般性的法原则，参见 EuGH, Urt. v. 12. 12. 1996, C-74/95 u. a., EU：C：1996：491, Rn. 25-Strafverfahren gegen X; 国际法上规定"罪刑法定"原则的则有：《国际刑事法院罗马规约》（1998年7月17日）第22条及以下；《世界人权宣言》（1948年12月10日）第11条第2项；《公民及政治权利国际公约》（1966年12月19日）第15条；等等。

[61] BVerfG, Beschl. v. 10. 1. 1995, 1 BvR 718/89 u. a., BVerfGE 92, 1, 12-Sitzblockaden II.

如出一辙。[62] 此外，《基本法》第103条第2款规定了严格的法律保留，它限制刑事法庭只可进行法律适用的行为（详见第四章边码67及以下）。[63]

4. 听审权及宪法规定的说理义务

38　　（1）拉丁文法谚"audiatur et altera pars"（兼听则明）已是悠久之传统，并在希腊法[64]、埃及法[65]乃至《圣经》[66]当中都有所体现。此外，其亦可在罗马法[67]及日耳曼法当中寻得相关印证，例如，《萨克森镜律》（Sachsenspiegel）当中就有要求法官询问原被告的规定。[68] 正义女神也总是以蒙眼的形象示人；她必须能够作出中立的审判。[69] 为此，她就必须聆听双方意见。法官必须了解双方各自的考量，从而将其置于自己裁判的考量中。[70]

39　　（2）从这种尊重及考量义务当中所引申出来的还有一种"说理义务"（Begründungspflicht）。直至18世纪，帝国枢密法院（Reichskammergericht）的判决当中仍不包含说理的部分。[71] 学者斯特理克（Stryk）曾说过：

---

[62] *United States v. Campos-Serrano*, 404 U. S. 293, 297（1971）m. w. Nachw.："不得处以刑罚，除非法律条文明确规定之（that one is not to be subjected to a penalty unless the words of the statue plainly impose it）。"

[63] BVerfG, Beschl. v. 10. 1. 1995, 1 BvR 718/89 u. a., BVerfGE 92, 1, 12-Sitzblockaden II; vorher bereits BVerfG, Beschl. v. 23. 10. 1985, 1 BvR 1053/82, BVerfGE 71, 108, 115-Anti-Atomkraftplakette.

[64] *Demosthenes*, Über die Krone, 1811, S. 102（原文翻译自 Raumer）："……一切秉公执法者亦需遵循之承诺，即必须同时倾听双方之意见。" *Isokrates*, Antidosis Rede, Rn. 21, in: Sämtliche Werke, Bd. II, 1997, S. 121（原文翻译自 Ley-Hutton）："……尽管你们年复一年地重复这句誓言：原告和被告必须同样被倾听。"

[65] *Allam*, Das Verfahrensrecht in der altägyptischen Arbeitersiedlung von Deir El-Medineh, 1973, S. 46.

[66] 《德训篇》11, 7："你未作调查之前，不可谴责任何人；查明之后，再作惩罚。在听明事实、叫人们发言之前，你不得作出审判。"

[67] 具体参见 *Wacke*, in: FS Waldstein, 1993, S. 369, 375 ff。

[68] *Sachsenspiegel*, Buch 1, § 62, 5. Zobelsche Ausgabe 1595: „Der Richter sol immer den Man fragen / ob er an seines vorsprechen wort gehe / und so auch viertel fragen auff zweyer Man rede und genrede ".

[69] *Kissel*, Die Justitia: Reflexionen über ein Symbol und seine Darstellung in der bildenden Kunst, 2. Aufl. 1997, S. 82 ff.

[70] *Schulze-Fielitz*, in: Dreier, GG, 3. Aufl. 2018, Art. 103 I, Rn. 20, 60 ff.

[71] *Hocks*, Gerichtsgeheimnis und Begründungszwang, 2002, S. 18 f.; *Lübbe-Wolff*, in: Schürmann/von Plato, Rechtsästhetik in rechtsphilosophischer Absicht, 2020, S. 17, 24 f.; 也参见 *Günzl*, Eine andere Geschichte der Begründungspflicht, 2021。

"法官不必在判决中列明理由……将理由写进去从而给当事人横加指责与嘲笑的口实,这样做的法官是愚蠢的。"[72] 若如孟德斯鸠所言,国家实施强制的权力乃授权于人民的自由决定,那么任何针对独立自主权、针对民众的国家权力都必须被合法授予。[73] "说理义务"限制了法官对行政以及民众的恣意行为的自由。任其对合法与非法作出毫无根据的裁判,将使"这一切脱离法制而沦为赤裸裸的政治"[74]。18、19 世纪,德国各州的诸多法律已将"说理义务"纳入其中。[75] 通常而言,对裁判详加说理的义务在普通法上就可找到相应依据,例如各领域关于生成判决的规定。[76] "说理义务"也间接产生于法律救济法,毕竟"法律审"的上诉程序(Revision)原则上就是要审查判决理由中的各种衡量[77],由此确保法院作出有理的判决。[78]

(3)"说理义务"同时也规定于宪法当中。根据《基本法》第 103 条第 1 款所规定的"听审权",裁判的说理义务须体现于对事实和法律上各种因素的衡量,唯有如此,相关当事人才能确定,他的主张是否得到了充

---

[72] *Stryk*, Introductio ad praxin forensem caute instituendam, 1697, Cap. XXII, § 5, S. 169: *Rationes decidendi ut in sententia exprimantur*, *necessarium non est*, [...] *stolidus sit judex*, *qui addit rationes decidendi*, & parti suppeditat ansam disputandi vel cavillandi.

[73] 类似观点,参见 *Ch. Becker*, Was bleibt? Recht und Postmoderne, 2014, S. 9; *Bumke*, in: ders., Richterrecht zwischen Gesetzesrecht und Rechtsgestaltung, 2012, S. 33, 34; *Dworkin*, Law's Empire, 1986, S. 93 f。

[74] *Fögen*, Ancilla Iuris 2007, 42, 44 zu den Eumeniden des Aischylos.

[75] 1795 年的《普鲁士诉讼法》第十三章第 42 条;1869 年《巴伐利亚诉讼法》第 275 条;1831 年 9 月 4 日颁行的《萨克森王国宪法典》第 46 条;等等。也参见 *Brüggemann*, Die richterliche Begründungspflicht, 1971, S. 121 ff。

[76] 例如,§ 30 Abs. 1 BVerfGG;§ 313 Abs. 1 Nr. 6, Abs. 3 ZPO;§ § 267 Abs. 1, 275 StPO oder § 117 Abs. 2 Nr. 5 VwGO;§ § 60 Abs. 2, 4, 96 Abs. 2 ArbGG。

[77] 例如,有关刑事诉讼程序中法律审的文献,可参见 *Knauer/Kudlich*, in: MünchKomm-StPO, 2019, § 352 Rn. 22; BeckOK-StPO/*Wiedner*, 39. Ed. 1. 01. 2021, § 352 Rn. 8; Karlsruher Kommentar StPO/*Gericke*, 8. Aufl. 2019, § 352 Rn. 16。

[78] *Steinberger*, Konzeption und Grenzen freiheitlicher Demokratie, 1974, S. 265; *Schulze-Fielitz*, in: Dreier, GG, 3. Aufl. 2018, Art. 103 I, Rn. 12.

分的尊重。[79] 此外，若法院裁判未经充分说理，也会损害《基本法》第20条第3款规定的"**法治国家原则**"[80]。无论是出于法和法律对司法的约束力，还是出于法治国家之原则，裁判结论都必须付诸通畅的说理，这也就要求（法官）必须使用各种事关法获取的法学方法。[81]

41　不过，此亦存在例外情况：终审裁判中，说理通常显得不再必要，因为此时进一步的法律保护手段已无可能。[82] 另外，法院对当事人诉求的沉默很少被认定为对听审权原则的漠视或损害，因为上诉法院仅仅对明显不当的行为进行审查（Evidenzkontrolle）。自原则而言，法院若认为当事人一方的意见无足轻重或文不对题，亦可忽视之。[83] 只有明确表明法院完全没有听取当事人的实质诉求时，才可谓损害了听审权。[84]

5. 违反《基本法》第3条第1款的规定确立的"法适用的平等性"

42　未经充分说理而背离最高法院的某个争议判定，也会违反"禁止任意"（Willkürverbot）之要求，即《基本法》第3条第1款规定的"**法适用的平等性义务**"[85]。不过，联邦宪法法院则对判断何为"恣意裁判"提

---

[79] BVerfG, Beschl. v. 17. 5. 1983 (2 BvR 731/80), BVerfGE, 64, 135, 143 ff.; BVerfG, Beschl. v. 19. 5. 1992, 1 BvR 986/91, BVerfGE 86, 133, 144 f.; BVerwG, Urt. v. 18. 10. 2006, 9 B 6/06, NVwZ 2007, 216, 218; *Schulze-Fielitz*, in: Dreier, GG, 3. Aufl. 2018, Art. 103 I, Rn. 76.

[80] *Lücke*, Begründungszwang und Verfassung, 1987, S. 44 m. w. Nachw.; *F. Müller/Christensen*, Juristische Methodik, Bd. I, 11. Aufl. 2013, Rn. 223 f.; *Schulze-Fielitz*, in: Dreier, GG, 3. Aufl. 2015, Art. 20 (Rechtsstaat), Rn. 176; ausführlich *Kischel*, Die Begründung, 2003, S. 64 ff.

[81] *Rennert*, NJW 1991, 12, 16; *Lücke*, Begründungszwang und Verfassung, 1987, S. 44 ff. m. w. Nachw.; *F. Müller/Christensen*, (ebd.), Rn. 223 f.; *Larenz*, Methodenlehre der Rechtswissenschaft, 6. Aufl. 1991, S. 234; *Schulze-Fielitz*, in: Dreier, GG, 3. Aufl. 2015, Art. 20 (Rechtsstaat), Rn. 176; *Kischel* (ebd.), S. 63 ff.

[82] 参见§544 Abs. 4 S. 2 ZPO, § 321a ZPO, § 93d Abs. 1 S. 3 BVerfGG; 驳回的决定必须经过三人合议庭的一致同意，此外还确保人们能够较为容易地诉至联邦宪法法院，*Lübbe-Wolff*, in: Schürmann/von Plato, Rechtsästhetik in rechtsphilosophischer Absicht, 2020, S. 17, 25 f。

[83] BVerfG, Beschl. v. 19. 5. 1992, 1 BvR 986/91, BVerfGE 86, 133, 146; *Musielak*, in: MünchKomm-ZPO, 6. Aufl. 2020, § 313 Rn. 17.

[84] *Hübner*, DStR 2018, 1410, 1411.

[85] BVerfG, Beschl. v. 6. 10. 1981, 2 BvR 1290/80, BVerfGE 58, 163, 168–Willkürverbot; BVerfG, Beschl. v. 5. 1. 1985, 2 BvR 1434/83, BVerfGE 71, 122, 135 f.; *Bydlinski*, Juristische Methodenlehre und Rechtsbegriff, 2. Aufl. 1991, S. 81; *Rennert*, NJW 1991, 12; *Rüthers/Fischer/Birk*, Rechtstheorie, 11. Aufl. 2020, Rn. 650.

出了更高的限制：此等裁判须是基于有违事物本质（sachfremd）的裁量，且客观上有失妥当（objektiv unangemessen）。[86] 同等事物同等对待，不同事物不同对待，也是法律人体系思维当中的要义（第四章边码109）。

6. 欧盟层面的说理义务

在欧盟层面，也存在一种要求欧盟机构提供说理的权利。（当事人）"确保获得有效法律保护的权利"促生了欧盟机构的这种说理义务。有关这一说理义务的主要规定见于《欧盟最高法院组织法》（EuGH-Satzung）第36条。[87] 该条款肇始于《欧盟基本权利宪章》第47条第2款及《欧洲人权公约》第6条，旨在实现公平的庭审程序。[88] 对行政机关的要求则明确规定于《欧洲联盟运作方式条约》第296条第2款及《欧盟基本权利宪章》第41条第2 c）款。[89] 这就迫使行政机关进行自我审查，因为它必须对法律文件进行深入的分析。[90] 法律的安定性以及对裁判平等透明的要求，均使充分说理成为必要的一环，由此方能实现主体之间互通的思维过程。[91] 这即是法学方法论的核心内容。与此一致，欧盟普通法院（EuG）也曾如是说道：

---

[86] BVerfG, Beschl. v. 6. 10. 1981, 2 BvR 1290/80, BVerfGE 58, 163, 168-Willkürverbot; BVerfG, Beschl. v. 4. 6. 1985, 1 BvR 1222/82, BVerfGE 70, 93, 97-Zypressenhecke; BVerfG, Beschl. v. 13. 1. 1987, 2 BvR 209/84, BVerfGE 74, 102, 127; 也有人强调，缺乏判决理由也侵害了民主原则，因为判决也需要民主的合法性，特别是认同度和透明度，参见 *Kroitsch*, NJW 1994, 1032, 1033。

[87] *Dittert*, in: von der Groeben/Schwarze/Hatje, Europäisches Unionsrecht, 7. Aufl. 2015, Art. 36 EuGH-Satzung Rn. 1; vgl. *Riesenhuber*, IWRZ 2018, 243.

[88] EGMR, Urt. v. 16. 11. 2010, 926/05, CE:ECHR:2010:1116JUD000092705, Rn. 91-Taxquet v. Belgium.

[89] EuGH, Urt. v. 21. 11. 1991, C-269/90, EU:C:1991:438, Rn. 14-Technische Universität München：" 欧盟的有关机构应谨小慎微、不偏不倚地分析具体个案的所有相关观点，这种义务和当事人要求倾听己方观点、提供充分说理的权利，均属保障手段。唯如此，法院才能判断，是否存在行使裁量空间所必需的事实与法律要件。"

[90] Streinz/*Gellermann*, EUV/AEUV, 3. Aufl. 2018, Art. 296 AEUV Rn. 5; Callies/Ruffert/*Callies*, EUV/AEUV, 5. Aufl. 2016, Art. 296 AEUV Rn. 14.

[91] *Rebhan*, ZfPW 2016, 281, 289.

44 　　　依一贯之判决，个案决定的说理部分必须清楚而明确地表明制定法律文件的共同体机关乃出于何种考虑，以此使得当事人从中获知施行相应措施的理由，有关法院也才能完成它的审查义务。[92]

二、作为正当化学说的法学方法论：对法官权力的限制

45　　法学方法论的一个重要思想即是对"主权行为"的法律人——特别是法官——进行**权力之限制**（Machtbegrenzung）。这一思想包含两个角度：一者，它体现在司法与立法（通常是指议会）的关系上；二者，它要求限制法官对于民众的权力。作为法治国家原则的表达，刑法中的"罪刑法定原则"要求没有法律基础时不得判处刑罚（nullum crimen, nulla poena sine lege）。而这一原则也只有当法官负有**为其裁判提供说理**的义务时，才能发挥实际之作用。

1. 来自议会的权力限制

46　　法学方法论的一个目的，在于保障宪法所规定的议会对法官的权力限制。[93] 因此，法学方法论承担了民主法治国家中的"**正当化功能**"（Legitimationsfunktion）。法官在解释规范从而进行创造性的活动时，必须清楚地认识到，他**不可逾越**其在权力分立之下的权限。依《基本法》第 20 条第 3 款、第 97 条第 1 款之规定，法官受"法律与法"的约束。法官及行政机关均应遵守"法律优先"（Gesetzesvorrang）的原则[94]，立法者从而获得一种"第一管辖权"（Erstzuständigkeit）[95]，由此才能就实质性的目标（Sachziel）作出决断。[96] 基于民主原则，重要的决断只能由议会作出。法学方法论不能被用来进行不妥当的法续造，从而以违法之方式（contra legem）瓦解民主之基石。这一点在后文讨论法续造的正当界限时，

---

[92] EuG, Urt. v. 5. 4. 2006, T-279/02, EU: C: EU: T: 2006: 103, Rn. 192-Degussa.

[93] 此部分内容，可参见 *Möllers*, ZfPW 2019, 91, 95, 98。

[94] *Schulze - Fielitz*, in: Dreier, GG, 3. Aufl. 2015, Art. 20 （Rechtsstaat）, Rn. 101 m. w. Nachw.

[95] BVerfG, Urt. v. 11. 11. 1999, 2 BvF 2/98 u. a., BVerfGE 701, 158, 217 f.; *Hermes*, VVDStRL 61 (2002), 119, 129. 见下文第十三章边码 91。

[96] *Flume*, Richter und Recht, 46. DJT, 1967, K 18.

将再次予以阐述（第十三章边码82及以下）。

2. 来自民众的权力限制

"法"若是认真对待个人，那其就必须能够使针对个人的权力合法化。[97] 一切国家权力来自人民（《基本法》第20条第2款第1句）。国家不能从其本身获得合法性，而是来自其背后的个人所让渡的权利。[98] "海伦基姆制宪会议"制定的而未被实施的《基本法》中，第1条第1款指出："国家是为了人而存在，而非人为了国家而存在。"[99] 因此，方法论也是从"国家之于民众"的角度对法官的权力加以限制。它要求法官充当能够担负起个人责任的个体，原则上也因此摒斥了"机器人法官"的做法。[100] 裁判的说理是区别"非法强制"和"合法威权"的标准。[101] 对裁判详尽说理的义务，也属于法学方法论的必要内容。[102] 学说中，这也被称为**方法论的诚实性要求**（Gebot der Methodenehrlichkeit）[103]。从正面表述，即要求详述相关的论据，从而真正实现有强度的论证。基于**说理义务**，法律、原则或规则这一前提与法官结论之间应当存在可验证的推导过程。[104] 法学方法的目标在于通过描述法源以及将法获取与实证法相关联，实现法获取的客观化。[105] 结论必须能够尽可能充分地经受理性的、

---

[97] 类似见解，参见 Greco, RW 2020, 29, 60，其表述是：认真对待个人的"法之概念"（Rechtskonzept）。

[98] Greco, RW 2020, 29, 60. Vorher bereits BVerfG, Beschl. v. 15. 2. 1978, 2 BvR 134/76 u. a., BVerfGE 47, 253, 273 ff. – Gemeindeparlamente; Dreier, in: Dreier, GG, 3. Aufl. 2015, Art. 20 (Demokratie), Rn. 86.

[99] Verfassungsausschuss, 1948, S. 61.

[100] 详见 Greco, RW 2020, 29, 60 ff.。

[101] 明确指出这一点的，参见 Kudlich/Christensen, Die Methodik des BGH in Strafsachen, 2009, S. 5。

[102] 参见 Möllers, Juristische Arbeitstechnik und wissenschaftliches Arbeiten, 10. Aufl. 2021, § 3 Rn. 3 ff.。

[103] Kramer, Juristische Methodenlehre, 6. Aufl. 2019, S. 280 f.; Rüthers/Fischer/Birk, Rechtstheorie, 11. Aufl. 2020, Rn. 653.

[104] Kramer (ebd.), S. 280 ff.; Rüthers/Fischer/Birk (ebd.), Rn. 650, 法史的梳理，则参见 Zippelius, Allgemeine Staatslehre, 17. Aufl. 2017, S. 247 ff.。

[105] Bydlinski, JBl 1994, 433; Picker, JZ 1988, 62, 72; Kramer, Juristische Methodenlehre, 6. Aufl. 2019, S. 57; Rüthers/Fischer/Birk, Rechtstheorie, 11. Aufl. 2020, Rn. 650 f., 653.

形式逻辑的检验，并最好能够保持这一状态。说理义务也迫使裁判机关作出自我审查，在增强裁判说服力的同时，使当事人更容易接受之。[106] 法学方法论旨在实现法发现过程的可预见性，故而法的安定性亦是法学方法论之目标。[107] 若从反面表述，（法学方法论的诚实性要求）则是要避免出现专断的、说理不明的裁判，并禁止诉诸"事物的本质"之类的伪概念，对于所得的合乎逻辑的结论，这些伪概念不过是起了心理上的诱发作用而已。[108] 这种"方法上的透明性"之要求可谓贯穿本书的主线，后文还将对此作出总结性陈述（第十四章边码126）。

3. 法官进行法续造的权限

48　（1）出于权力分立之原则，立法机关制定法律，而法院适用法律。法律实证主义（Rechtspositivismus）认为，"法"仅仅来源于法律。在孟德斯鸠看来，法官只是"将法律的语词宣读出来的嘴巴"[109]。在启蒙运动的影响下，人们认为1794年的《普鲁士普通邦法》（ALR）应当是绝对正确的法，正是出于这种理性法的信仰，该法律的条文数量有17000之巨，以妄图为所有可以想见的情况提供规则。腓特烈二世即禁止"任何一个法官有曲解、扩张、限缩我们的法律，乃至想自己创造法律的念头"[110]。后来，他的侄子腓特烈·威廉二世"为了避免（使自己成为）'最高的残暴'（彼时常尊称国王为'最高的仁慈'，这里取其反面含义——译者注）以及产生严酷的刑罚，明令禁止法官"对法律清楚而明确的规定恣意进行

---

[106] BVerfG, Beschl. v. 14. 2. 1973, 1 BvR 112/65, BVerfGE 34, 269, 287-Soraya："它的裁判必须基于理性的论证"（seine Entscheidung muß auf rationaler Argumentation beruhen），参见下文第十三章边码16。

[107] *Vogenauer*, ZEuP 2005, 234, 235；*Zippelius*, Juristische Methodenlehre, 12. Aufl. 2020, S. 13.

[108] 详见 *Fischer*, Topoi verdeckter Rechtsfortbildungen im Zivilrecht, 2007, S. 553 ff.；*Rüthers/Fischer/Birk*, Rechtstheorie, 11. Aufl. 2020, Rn. 724；以及下文第九章边码6a。

[109] "la bouche qui prononce les paroles de la loi"，参见 *Montesquieu*, De l'esprit des lois, 1768, Liv. XI, Chap. 6。

[110] 见于1780年4月14日发布的某则敕令，NCC Bd. VI, Nr. 713, Sp. 1935, 1942；参见 *Conrad*, Richter und Gesetz im Übergang vom Absolutismus zum Verfassungsstaat, 1971, S. 16.

哪怕一丁点的偏离"。[111]巴伐利亚也曾发布一份皇家公报，禁止对 1813 年的《巴伐利亚刑法典》进行评释。[112] 法院也因此不得为法续造的行为。

不过，越来越多的见识认为，立法者不可能预见并调整所有待裁判的情况。[113] 1811 年的奥地利《普通民法典》就在其第 7 条承认了法续造的权利。[114] 萨维尼就是"禁止解释"的坚定批评者，并创立了自己的解释学说（第四章边码 17 及以下）；在 19 世纪初期，他也对过度的"法典乐观主义"以及由此带来的法官地位的弱化发出了警告。[115] 在瑞士、意大利和西班牙，也有针对法官造法的专门规定。[116] 德国《民法典》的第一稿草案也曾明确规定对法续造的授权。[117] 这一规定之所以未能成文，实

---

[111] 见于 1794 年 2 月 5 日为施行新修订的《普鲁士普通邦法》而发布的公告，载 Schering, Allgemeines Landrecht für die Preußischen Staaten, I. Band, Theil I, Titel 1-11, 3. Ausg. 1876, S. XXVI; vgl. auch § 46 Einl. Preußisches ALR。

[112] *von Gönners*, Anmerkungen zum Strafgesetzbuche für das Königreich Bayern, 1838, Band 1, Vorwort. 费尔哈本人虽然支持这种对法律评释的禁止，但他却明确看到了法官存有解释权限的事实，参见 *von Feuerbach*, Kritik des kleinschrodischen Entwurfs zu einem peinlichen Gesetzbuche für die Chur-Pfalz-Bayrischen Staaten, 1804, Zweiter Teil, S. 18 ff. Vertiefend *Eb. Schmidt*, Einführung in die Geschichte der deutschen Strafrechtspflege, 3. Aufl. 1965, S. 266 f。

[113] Engisch/*Würtenberger*/*Otto*, Einführung in das juristische Denken, 12. Aufl. 2018, S. 139, 作者形容当时对法解释的禁令可谓"昭示了立法者的天真"（原文：立法者天真的纪念物——译者注）。

[114] "对于争讼案件，如果既无法从法律的字面，也无法从法律的本质含义作出裁判，则须考虑那些与之相似的、已由法律明确作出决断的案件，以及其他相关法律（如是为之）的理由。若案件仍存有疑问，则须衡诸勤恳探知并审慎考量的各种情状，根据自然法之原则作出裁判。"

[115] 广为人知的是法典思想的支持者蒂堡（Thibaut）（Über die Notwendigkeit eines allgemeinen bürgerlichen Rechts für Deutschland, 1814）和其反对者萨维尼（Savigny）（Vom Beruf unserer Zeit für Gesetzgebung und Rechtswissenschaft, 1814）之间的那场论争。这场论争旷日持久，直到 1900 年《民法典》诞生。就此详见 *Wieacker*, Privatrechtsgeschichte der Neuzeit, 3. Aufl. 2016, S. 391 ff., *Kriele*, Theorie der Rechtsgewinnung, 2. Aufl. 1976, S. 61 ff。

[116] 参见瑞士《民法典》第 1 条（第十三章脚注 75）；意大利《民法典》第 12 条第 2 款；西班牙《民法典》第 4 条第 1 项。见下文第四章脚注 49；对方法类规范（Methodennormen）的一般性介绍，参见 *Wendehorst*, RabelsZ 75 (2011), 730 ff., *L. Schmid*, Rechtstheorie 47 (2016), 199 ff. 此外，《欧盟基本权利宪章》（GrCh）第 52 至 54 条亦有欧盟一体化的相关规定。就此可参见第十章边码 57。

[117] 1888 年《德意志帝国民法典草案》（Entwurf）第 1 条规定："对于法律未作规定之情形，得适用相似情形之规定。若无此等规定，则应考量基于法秩序的精神而得来的法原则。"

是因为立法者认为法续造的权力乃理所当然之事。[118]

50　　（2）如今，在程序法领域已可见诸多明确**授权**最高法院的各个大审判庭（Großer Senat）进行法续造的规定。[119] 根据《基本法》第 20 条第 3 款的规定，法院受"法律与法"（Gesetz und Recht）[120] 的约束。这一方面意味着"法律的优先性"，即法律优先于法官（第十三章边码 91）；另一方面却也表明法官除了受"法律"之约束，亦受"法"的约束。如果立法者这里不是同义反复，那么就应当将"法"理解为比"法律"的范围更广。[121] 因此，这里起决定性作用的是整个法秩序。法学方法使得制定法的补充与修正成为可能，其目的在于通过衡诸宪法、欧洲法和整个法秩序来阐明法律的价值。唯经此道，最高法院才可以进行法官造法，"发明"诸如缔约过错（culpa in contrahendo）、交易基础丧失以及人格权受侵害时的痛苦抚慰金请求权等各种重要的法律制度（见第十一章边码 72、第十四章边码 46 及以下），以及拒绝承认纳粹时期的"恶法"为"法"等（第二章边码 119 及以下），均属此类。在著名的"索拉娅案"中，联邦宪法法院承认了联邦最高普通法院通过法官造法发展而来的人格权受侵害时的痛苦抚慰金请求权，并在该案中确立了法官造法的准则：

51　　传统意义上法律对法官的约束，是权力分立原则以及法治国家的应有内容，但这一约束根据基本法的表述已然转化为司法当受"法律与法"的约束（《基本法》第 20 条第 3 款）。因此，通行之见解均摒弃严格的法律实证主义。

　　这一表述暗含了如下意识："法律"和"法"虽然实际上通常是相一致的，但不必也并非总是如此。"法"并不等价于全部的成文

---

[118] Mot. I, S. 8, 16 f.

[119] §§ 132 Abs. 4 GVG, 45 Abs. 2 S. 2 ArbGG, 11 Abs. 4 VwGO, 41 Abs. 4 SGG, 11 Abs. 4 FGO: "审判庭可将有原则意义的问题呈递给（最高法院）大审判庭，只要其认为此为进行法续造或为确保司法统一所必需。"

[120] 这分别被称作 ius 以及 lex，参见 Broggini, in: FG Gutzwiller, 1959, S. 23 ff.

[121] 此系通说，可参见 Schulze-Fielitz, in: Dreier, GG, 3. Aufl. 2015, Art. 20 (Rechtsstaat) Rn. 94.

"法律"。在有些情形下，相对国家权力制定的实证法，源自合宪的法秩序这一意义整体的、对成文法律能够起到修补效用的"法"，可能更为重要；发现"法"并在裁判中将之实现，即是司法的任务。根据基本法，法官并未被要求必须以忠于可能的文义范围之方式将立法者的指令运用于个案。这样的做法无异于假设了实证的国家法秩序原则上全无漏洞，此等情状固然因其系法安定性的基本要求而受人推崇，但事实上却是无从实现的。[122]

（3）另一个重要的论点则是由来已久[123]的"**禁止拒绝裁判**"（Rechtsverweigerungsverbot）。法官不得推脱裁判义务，他必须对案件作出决断。因此，也就不存在任何已经发生诉讼系属但未决的法律问题。[124] 早在 1804 年，拿破仑就将这一点明确规定在了他的民法典里。[125] "禁止拒绝裁判"的义务也源自《基本法》第 103 条第 1 款、一般性的法治国家原则以及《欧盟基本权利宪章》第 47 条第 1 款。有争议的则是此处的界限：有人认为，这一裁判义务意味着可以通过法官法以法续造之形式镶补法律之漏洞。[126] 反对观点则认为，"禁止拒绝裁判"仅仅表明拒绝裁判本身是不被允许的；在法律存有漏洞而实证法未能保护原告的情形下，法官完全可以否认其主张的请求权。[127] 关于这一点，则容后详述（第六章边码 66

52

---

[122] BVerfG, Beschl. v. 14. 2. 1973, 1 BvR 112/65, BVerfGE 34, 269, 286 f. -Soraya; zu *Montesquieu* s. auch BVerfG, Beschl. v. 8. 4. 1987, 2 BvR 687/85, BVerfGE 75, 223, 243 f. -Kloppenburg-Beschluss.

[123] 关于"禁止拒绝裁判"这一义务的历史，可参见 *Schumann*, ZZP 81 (1968), 83 ff.; *Fögen*, in: FS Kramer, 2004, S. 3 ff。

[124] Enneccerus/*Nipperdey*, Allgemeiner Teil des Bürgerlichen Rechts, 15. Aufl. 1959, S. 336; *Meier-Hayoz*, JZ 1981, 417; *Rüthers/Fischer/Birk*, Rechtstheorie, 11. Aufl. 2020, Rn. 314; 也参见 *Larenz*, Methodenlehre der Rechtswissenschaft, 6. Aufl. 1991, S. 368, 402。

[125] 《法国民法典》第 14 条：法官以法律之疏漏、模糊与晦涩为托词而拒绝裁判者，得以拒绝提供法保护之责而追诉之（法语原文：Le juge qui refusera de juger, sous prétexte du silence, de l'obscurité ou de l'insuffisance de la loi, pourra être poursuivi comme coupable de déni de justice）。

[126] *Schulze-Fielitz*, in: Dreier, GG, 3. Aufl. 2018, Art. 92 Rn. 41; *ders*., in: Dreier, GG, 3. Aufl. 2015, Art. 20（Rechtsstaat）Rn. 102; *Martens*, Methodenlehre des Unionsrechts, 2013, S. 506 f.

[127] *Bruns*, JZ 2014, 162, 170.

及以下、第十三章)。

53　　总之,法院原则上享有进行**法续造的权限**。在刑法领域,这一权限的限制则主要来自罪刑法定原则以及"禁止类推"之要求。法续造应受到的其他限制则殊难确定。法官究竟什么情况下属于失当地续造了法律,什么情况下属于"违法"裁判,堪称法学方法论最为棘手之问题,这留待第十三章详细阐述。

三、欧盟最高法院的判决风格与引证实践

1. 国内法院判决和引证风格

54　　(1)德国法中有"判决"(Urteil)与"裁定"(Beschlüss)之分。"判决"乃经由口头辩论作出;"裁决"的作出则不经口头辩论。[128] 对裁判的说理不仅通行于德国和英美法系国家,亦广见于欧盟法院之裁判。在德国,联邦宪法法院(BVerfG)的判决会详细描述案件事实以及当事人和第三人的观点。[129] 而民事案件中的表述则相对简陋,因为根据《民事诉讼法》(ZPO)第313条第2款之规定,在判决书的事实部分仅叙述核心的"攻击及防卫手段"(Angriffs- und Verteidigungsmittel)即为已足,而对于未列事实则只需注明诉状、答辩状、庭审记录和其他材料等出处。通常情况下,法官不会引注具体的法律条文,而是将其作为已知的前提。联邦最高普通法院(BGH)的判决对案件事实的描述往往尤为简陋,以至于读者有时候很难理解法院的说理。[130] 原则上,判决书风格是与涵摄风格(第四章边码2及以下)相一致的。大体而言,(德国的)判决书风格与英美法系一样,都需要列明正反两方的论据[131],以此承担对判决进行说

---

[128] *Lübbe-Wolff*, in: Schürmann/von Plato, Rechtsästhetik in rechtsphilosophischer Absicht, 2020, S. 17, 18.

[129] 有关"案件事实诠释学"详见第十四章边码11及以下;批判性的观点参见 *Heitmann*, NJW 1997, 1826 ff.

[130] 关于法官的职责,参见 *Rennert*, JZ 2013, 297, 298 f.

[131] *Alexy/R. Dreier*, in: MacCormick/Summers, Interpreting Precedents, 1997, S. 17, 21. 意大利和西班牙最高法院的判决也有类似情况,参见 *Miguel/Laporta* in: MacCormick/Summers (ebd.), S. 259, 264 f.

理从而使其经得起理性检验的义务。不过,这种风格并非"个人化"的,因为作出判决的并非某个法官,而是"法院"[132]。这一"多数决的要求"其实隐含了一种对于"妥协"的制度化强制。[133] 只有联邦宪法法院的法官有权(在判决书中)表达自己不同于判决结果的特殊反对意见(Sondervotum),这规定于《联邦宪法法院法》(BVerfGG)第30条第2款。[134]

德国联邦宪法法院和各普通法院(在判决书中)进行引证的实践是向美国法的模式看齐,后者(的判决)称得上是"旁征博引"[135]。不过,由于不存在强制的规则,不同法院的引证实践事实上也完全不同。[136] 在判决书中,会展开一场学术和判例的商讨;与此相呼应,德国的"判决评析"(Urteilsbesprechung)通常也都会分析该判决的合理性与说服力。[137]

瑞士的判决书则与之不同,它通常都充斥着各种接连堆砌的论据,以至于给人一种非常"讨好普罗大众"的印象。各种法的裁判被要求尽可能地通俗易懂。[138] 奥地利的法院也倾向于尽力把判决写得让读者容易理解。因此,它们的判决书在使用一些概括性的关键词(Schlagworten)时,也会对其详加解释,并阐明各种具体法制度的目的。[139]

---

[132] 有关法学的(语言)风格,参见 Möllers, Juristische Arbeitstechnik und wissenschaftliches Arbeiten, 10. Aufl. 2021, § 6。

[133] 参见 Lübbe-Wolff, in: Schürmann/von Plato, Rechtsästhetik in rechtsphilosophischer Absicht, 2020, S. 17, 21。

[134] Zierlein, NJW 1993, 1048 ff.; vgl. Steiner, ZRP 2007, 245 f.

[135] 对此的评价可参见 Merryman, 50 S. Calif. L. Rev. 381 ff.(1976/77); Friedman/Kagan/Cartwright/Wheeler, 33 Stan. L. Rev. 773 ff.(1980/81);克茨犀利地指出:"就引用学术文献的频次而言,没有人能超过德国的法院",参见 Kötz, RabelsZ 52(1988), 644, 657。

[136] 就我个人的观感而言,在民事领域,联邦最高普通法院的第一审判庭(竞争法)、第二审判庭(公司法)和第十一审判庭(银行法)更为喜欢广征博引;而第六审判庭(侵权法)则相对保守。相关的原始出处,可参见第八章边码19。

[137] 有关判决评析的类型,参见 Möllers(ebd.), § 4 Rn. 92 ff。

[138] 例如:BGer, Urt. v. 2. 2. 1954, BGE 80 II 26-Seelig; BGer, Urt. v. 7. 6. 1988, BGE 114 II 131-Picasso。

[139] 例如:OGH, Urt. v. 28. 1. 1986, 5 Ob 544/85, EvBl. 1987/75,该案被转述于 Schwenzer/Müller-Chen, Rechtsvergleichung, 1996, S. 58 ff。

(2) 英国的判决书同样以格外强调说理为特点。[140] 在阐述判决理由前，事实部分和相关的法律依据会被逐字引述。除了事实，判决书还会列出与判决有关的规则、原则和政策。英国的判决书通常有明显的个人风格，因为法官通常会在其中使用第一人称。这样撰写判决书是为了在法律专家以及任何人面前说明其正当性。[141] 它看起来似尤为新潮而切中肯綮，但其缺点就在于，读者往往不得不去费力寻找裁判背后究竟达成了怎样的共识。[142]

而英美法系所奉行的"遵循先例原则"（第三章边码44），则要求法院必须先遵照自身的司法实践。英国的判决极少引用法学文献。只有少数作品被视为"权威著作"（books of authority）[143]。

(3) 与此相反，法国民事法院的判决书通常只有一句话（jugement á phrase unique），而且不会多于一页。审理法院若认为有必要，则会通过插入一个以"因……之故"（Attendu que）打头的关系从句，列明庭审过程中查明的各种核心要素。这种说理风格是形式主义的，其要义是基于法制主义的法获取，即意欲直接从法律本身推导出所得的结论。[144] 因此，各种质疑、正方和反方观点都不会在判决书中被提及。[145] 由于判决书的表达既隐秘又概括，因此它很难展示出

---

[140] *Bankowski/MacCormick/Marshall*, in：MacCormick/Summers, Interpreting Precedents, 1997, S. 315, 318 f.; *de Cruz*, Comparative Law in a Changing World, 3rd ed. 2007, S. 255 ff.

[141] *Bell*, Judiciaries within Europe：A Comparative Review, 2006, S. 9 f.; *Arden*, 128 L. Q. Rev. 515, 517 f. (2012).

[142] 类似见解，参见 *Lübbe-Wolff*, in：Schürmann/von Plato, Rechtsästhetik in rechtsphilosophischer Absicht, 2020, S. 17, 32 f.："最高法院的裁判缺乏指向性。"

[143] *Kötz*, RabelsZ 52 (1988), 644, 650 nennt z. B. *Glanvill*, *Bracton*, *Littleton* oder *Coke*.

[144] *Ranieri*, in：Beaud/Heyen, Eine deutsch-französische Rechtswissenschaft?, 1999, S. 183, 193 f.; *Troper/Grezegorczyk*, in：MacCormick/Summers, Interpreting Precedents, 1997, S. 103, 107 f.; *Weber*, Der Begründungsstil von Conseil constitutionnel und Bundesverfassungsgericht, 2019. 有关孟德斯鸠的权力分立思想，也见第一章边码48。

[145] 对此的批评见 *Tunc/Touffait*, Rev. trim. dr. civ. 72 (1974), 487 ff.；克茨也曾讽刺道："如此呈现所得到的结论，总是会给人一种感觉——仿佛挥舞一下涵摄的魔法棒，就可以直接从法律的文义当中得到结论了"，参见 RabelsZ 52 (1988), 644, 648。

有说服力的论证。[146] 不过，如今的法国最高法院至少也开始尝试为裁判提供简单的说理。[147]

不同于德国法的实践，法国的法院不会在判决书中引证法学文献。出现这一情形的原因是，法国法院倾向于直接从法律本身得出判决的理由。意大利的法律状况则更为保守。意大利法院被禁止引用法学文献。这一禁令始于18世纪的某部法律，当时的法院会通过引用一大堆文献来逃避说理。[148]

2. 欧盟最高法院的判决风格

通过借鉴法国的法律传统，欧盟最高法院的法庭判决在作出之前会先由佐审官（Generalanwalt）出具一份"最终提议"（Schlussantrag），这规定于《欧洲联盟运作方式条约》第252条第2款。在这份提议中，佐审官会列明各种不同的法律观点，同时也会引注文献等资料来源。"最终提议"一般只是对判决的建议，欧盟最高法院通常但并非总会据此作出判决。

同样是因袭法国的法律传统，欧盟最高法院曾经也不甚在意自己的判决是否能够说服它的读者。因此，过去的判决书无非是一些概括性的论断，而鲜有对结论的正当化论证。[149] 近年来，这一情况已然发生改变：不论是关乎成员国国内法还是欧盟法语境下的争议，（如今）欧盟最高法院的判决通常都会极为详尽地陈述案件事实；此外，还会列明欧盟法和国

---

[146] 例证可参见 *Everling*, EuR 1994, 127, 132 f.; *Kötz*, Über den Stil höchstrichterlicher Entscheidungen, 1973, S. 7 ff.; Zweigert/*ders.*, Einführung in die Rechtsvergleichung, 3. Aufl. 1996, S. 121 f., 128；典型的判决例如 Cass., 1ere ch. civ., 31 janv. 1973, n 71-12953, D. 1973, 149; Cass., 1ere ch. Civ., 20. 10. 1959, n 57-10. 110, D. 1959, 537。

[147] Cass., 1re ch. Civ., 19. 11. 2014, n° 13-13405, Bull. civ. 2014, I, n° 196; Cass., ch. commerciale, 27. 6. 2006, n°03-19863, Bull. civ., IV, n° 149.

[148] Art. 118 Abs. 3 der Disposizioni per l'attuazione del Codice di procedura civile v. 18. 12. 1941, Gazz. Uff. 1941 Nr. 302 (Suppl.) v. 24. 12. 1941（在任何情况下都必须删除引用法学作者的内容——*In ogni caso deve essere omessa ogni citazione di autori giuridici*）；关于更早之前萨伏依-皮埃蒙特王朝于1729年颁布的类似禁令，可参见 *Gorla*, in: FS Rheinstein, Bd. 1, 1969, S. 103 ff., 也参见 *Kindler*, Einführung in das italienische Recht, 2. Aufl. 2008, § 5 Rn. 19 f。

[149] 可参见 EuGH, Urt. v. 28. 4. 1988, C-120/86, EU: C: 1988: 213, Rn. 23-29-Mulder; 更深入的论述参见 *Everling* EuR 1994, 127, 136 ff。

内法各种相关的法律依据，甚至会精确转述其中具体的条文。所涉情况若是在某个"前置判决程序"（Vorabentscheidungsverfahren）中检验成员国法律与欧盟指令的一致性，那这就算得上是一种贴心的"服务"，因为在其他 27 个成员国当中，恐怕只有极少数的读者会熟悉具体程序中诉争国家的国内法。[150] 这种模式不由得令人想到英国的判决书：它使判决真实的说理过程更易于理解。不过，通常而言，欧盟最高法院的判决本身比佐审官的判决建议要简短得多。这当中所体现的仍是演绎之风格，即判决系从法律和法原则当中推导而来。[151]

62　　欧盟最高法院一般不会引用法学文献，这一点亦是遵从了法国法院之传统。不过，佐审官的"最终提议"里通常会注明相关的出处。

第三节　作为论辩学说的方法论

63　　如果法学上的裁判必须付诸说理（第一章边码 38 及以下、边码 47），那么法学方法论首先也是一种论辩学说（Argumentationslehre）。论辩学说乃由诡辩学家（Sophisten）发展而来。例如，柏拉图和亚里士多德即在其古希腊及罗马的修辞学中涉及之（通过其法庭及政治上的各种言说，参见第六章边码 2）。[152] 修辞学则又进一步演化出逻辑学和论题学（第十四章边码 50）。涵摄及三段论均属逻辑学之内容（第四章边码 2）。此外，希腊哲学也是"辩证法"（Dialektik）[153] 的基础。当时已有见解主张通过不同观点的交锋、区分命题与相反命题来谋求真相（第一章边码 86 及以下）。[154]

---

[150]　"如果英国实现了脱欧（Brexit），那这里说的就是其他 26 个成员国。"[英国已于 2020 年 1 月 31 日晚上 11 时（GMT）正式退出欧盟。——译者注]

[151]　Barceló, in: MacCormick/Summers, Interpreting Precedents, 1997, S. 407, 411；关于欧盟层面的说理义务，参见第一章边码 43。

[152]　详见：Honsell, ZfPW 2016, 106, 108 ff。

[153]　希腊语：διαλεκτική (τέχνη), dialektiké (téchne), 意指"谈判的技艺"；拉丁语：ars dialectica，意指"谈话的艺术"。

[154]　例如 Protagoras, in: Diogenes Laertius, Leben und Lehren berühmter Philosophen, IX 51：Καὶ πρῶτος ἔφη δύο λόγους εἶναι περὶ παντὸς πράγματος ἀντικειμένους ἀλλήλοις——他首先指出，针对任何事情都存在两种不同方向的论述；Cicero, in: M. Antonium, Ciceronis Opera Omnia, Nr. 138："我们必然会导致在一部法律上维护其精神，而在另一部法律上维护其文义。"

法学方法论究竟有什么用？是为了像数学那样作出唯一而正确的裁判吗？也许，它根本就是多余的？借助法学方法论，是否至少可以形成可接受的甚或有说服力的裁判？法学方法论是否总能成功地证明那些错误的判断，并通过论据的深入讨论实现更好的解决方案？

一、"追求真理"之要求以及"雄辩"的法律人

1. 自认正确的裁判："唯一正解论"

法学方法论应担纲何种任务，至今仍是备受争议的问题。第一种观点认为，法学方法论使通常情况下作出正确的裁判成为可能。最典型的例子即所谓"明确性规则"，即在文义明确时，（文义解释之外的）其他解释方法将不再适用（第四章边码64）。再例如，英美法的德沃金（Dworkin）即推崇著名的**"唯一正解论"**："我认为，复杂的法律问题通常仅有唯一的正确答案"，因为如果法官原本可以作出不同结论的判决，他就几乎无法向当事人自圆其说。[155]

当然，法学中有些问题的答案确实可以在"正确"或"错误"之间作出截然的区分。这主要适用于那些涵摄过程没有疑问，以至于不存在其他判断可能性的情形。

> 例如，汽车无疑是《民法典》第90条规定的"物"；紧迫的清偿请求自构成"催告"。[156] 23岁的大学生不可以当选为联邦总统，因为《基本法》第54条第1款第2句明文规定总统必须年满40岁。那种以此人选举适格而推选其做总统的法律观点，当然是错误的。[157] 年龄问题不可能有不同的法解释，其结论是明确的。

进阶练习——美国总统案：在美国的一次政治讨论中，曾有人提

---

[155] *Dworkin*, Taking Rights Seriously, 1977, S. 82 ff.; 同样的也参见 *Canaris*, in: Grazer Universitätsreden, 1993, S. 3, 23 ff, 作者认为，在法的发现中，原则上"只有一个正确的答案"; 有关程序问题参见 *Habermas*, Faktizität und Geltung, 1992, S. 277; 同时参见 *Herbst*, JZ 2012, 891 ff.; *Poscher*, JZ 2013, 1 ff。

[156] Palandt/*Grüneberg*, BGB, 79. Aufl. 2020, Einl. Rn. 39.

[157] *Herzog*, in: Maunz/Dürig, GG, 92. EL August 2020, Art. 54 Rn. 22 f.; *Fink*, in: von Mangoldt/Klein/Starck, GG, 7. Aufl. 2018, Art. 54 Rn. 22.

议出生于奥地利的前加州州长阿诺德·施瓦辛格为美国总统候选人。但美国的宪法规定，能担任美国总统者，必须于美国本土出生。[158]是否可以通过法解释或法的续造之途径，得出不同的结论？[159]

68 "唯一正解论"适用的另一个重要领域则是"优先规则"（Vorrangregeln），它属于运用法学论证模型时可能出现的例外情形。例如，根据"特别法优于普通法之原则"（Lex-specialis-Grundsatz），作为上位法的欧盟法及宪法即有优先于国内普通法之地位。（在冲突之时）下位法即不得再适用。除此以外的其他任何结论都是错误的（第二章边码37及以下）。

69 不过，若排除这些没有疑问的情形，"唯一正解论"即值得商榷。规范的词语通常并不如世人所设想的那般精确（第六章边码3及以下）。"法"是社会关系的反映；各种纷繁的价值汇入其中，此时就必须在不同的法律地位之间进行衡量。法规范通常可以被解释，也因此保有一定的"开放性"。[160]"法学"并非全然遵循严格自然法则的自然科学。相反，这里适用的是"法律人的法则"，即便这一法则可能是违反生活现实的（第四章边码54及以下）。首要的一点是：如果只有唯一的正确结论，那么为何法学中许多问题的所谓"正确答案"常常饱受争议？在法续造的领域，情况尤是如此。持"唯一正解论"者，实际是把目光过早地局限在了某种先入为主的判断上，正如"母子车厢案"所揭示的那样。

2. 依据固有的"前理解"作出裁判

70 （1）另一种观点则持完全相反的见解，即认为，法学方法无以论证任何结论。借助法学方法，几乎可以主张任何观点，故而它事实上是多余的。自由法学派（Freirechtsschule）的上述观点，乃建基于这样一种认识：裁判可以是非理性的，法规范仅仅用来为实际上已然作出的裁判提供事后

---

[158] Art. 2 Sec. 1 Cl. 5 U. S. Const.
[159] 答案参见下文第十五章边码2。
[160] *Hart*, The Concept of Law, 3rd ed. 2012, S. 140 f.，作者称之为"法律规则的开放品格"；也见 *Langenbucher*, Die Entwicklung und Auslegung von Richterrecht, 1996, S. 36。

的正当化。[161] 康特洛维茨（Kantorowicz）曾讲述过这样一则轶事：著名法学家巴托鲁斯（Bartolus）总是先做好决定，再让他的朋友提格里努斯（Tigrinius）在《民法大全》中为他的决定寻找适合的依据。[162] 伽达默尔（Gadamer）则在他的哲学巨著《真理与方法》中提出一个略微不同的观点：在面对某个文本时，解释者并非毫无偏见，而总是带有某种"前理解"（Vorverständnis）。这种前理解贯穿整个理解的过程，但在理解的进行中不断修正，由此形成一个诠释[163]过程中的循环性［**"诠释学循环"**（hermeneutischer Zirkel）］。[164] 这种"来回顾盼"也被后人称为**"诠释学螺旋"**（hermeneutische Spirale）[165]。埃塞尔将这一思想引入法学之中：法官是基于非实证的前提，依据他的是非观念、他的前理解来作出裁判的。[166] 法律适用者通过选择他心仪的法学方法，来为受其前理解影响而得出的结论在方法上提供事后的正当化。[167] 如今还有人坚定地支持这一批判性的见识："但凡用到什么方法上的论据，都不过是个幌子，其目的只是用一种理性的裁判路径来装点先入为主的结论罢了。"[168] 这些论者认为，法院最终确定的历史或文义的、体系或目的性的解释方法，可能不过是随机选取的，这给人带来一种解释"无所不可"（anything goes）[169] 的

---

[161] 此为20世纪初流行的见解，参见 *Kantorowicz（Flavius）*, Der Kampf um die Rechtswissenschaft, 1906, S. 10 ff.; *Isay*, Rechtsnorm und Entscheidung, 1929, S. 162："裁判更多的是直接基于法感而作出的，要么纯粹基于法感，要么是与实践理性相结合。"

[162] *Kantorowicz（Flavius）*, Der Kampf um die Rechtswissenschaft, 1906, S. 21.

[163] "诠释学"（希腊语：ἑρμηνεύειν, hermeneúein），指的是"意义理解——即对人之表达的理解——的科学或技艺"。参见 *Röhl/Röhl*, Allgemeine Rechtslehre, 3. Aufl. 2008, S. 116, 作者此处提到了"诠释学"一词与赫尔墨斯（Hermes）的联系，后者是众神的使者与译者，因此在这一神学背景下，"诠释"就有了"中介及翻译"的含义。

[164] *Gadamer*, Wahrheit und Methode, 6. Aufl. 1990, S. 281 ff., 296 ff.

[165] *Hassemer*, Tatbestand und Typus, 1968, S. 107 f.；相关的图表，参见 *Muthorst*, Grundlagen der Rechtswissenschaft, 2. Aufl. 2019, S. 45 f。

[166] *Esser*, Vorverständnis und Methodenwahl, 1970, S. 139 ff., 149 ff.

[167] *Esser*, Vorverständnis und Methodenwahl, 1970, S. 7. S; 也参见 *Ogorek*, in: FG Kübler, 1997, S. 3, 14 ff.："法律给人有约束力的形象，不过是法治国家历史性的生活谎言。"

[168] *Rüthers*, JZ 2006, 53, 54.

[169] *Feyerabend*, Against Method, 1975, S. 23 ff.; *Kramer*, Juristische Methodenlehre, 6. Aufl. 2019, S. 55, der den Begriff allerdings ohne Quellennachweis verwendet.

印象，亦即"法律适用的主观性"（Subjektivität der Interpretation）[170]。这一批评所针对的恰恰就是所谓的"客观性理论"（第六章边码69）。美国联邦最高法院就曾受到类似的批评，它的一些判决就被认为是基于某种受政治影响的前理解而作出的。

71　　　　例如，数百年来，美国联邦最高法院都拒绝赋予黑人平等的权利。[171] 再比如，联邦最高普通法院在自由派大法官沃伦·厄尔·伯格（Warren E. Burger）治下审理的"罗伊诉韦德案"（Roe v. Wade）至今仍然饱受争议——该案判决堕胎是合法的。[172]

72　　（2）如果我们受制于自己的前理解，那就很难，或者说实际上不可能，对某个观点进行论证抑或反驳。[173] 但是，前理解的理论正确地揭示了一点，即每个法律解释者都受限于他各自的背景或者"时代精神"（Zeitgeist）。就此而言，关键的一点即在于，法律适用者能够意识到自己是在依据前理解而进行断案。完全凭自己的感觉来进行主观解释是不被允许的，必须进一步辅以教义学的保障（第十三章边码37及以下）。法官持有的某种前理解，往往并非某种主观导向的理解，毋宁说是数十年的法律实践。这种**专业的法律判断**（professionelle Rechtsjudiz）不仅无损于法的发现，而且有助于达致经得起推敲的、理性的判断。[174] 法官由此将法规范与社会关系，以及与法规范有关的法律关系之结构联结在一起；这就形成F. 缪勒（F. Müller）所称的**"规范领域"**（Normbereich）。除此之外，自当禁止法官恣意而为的解释。"寻法"的工作也必须在法的基础上为之

---

[170]　*Esser*, Vorverständnis und Methodenwahl, 1970, S. 126.

[171]　对先例之推翻（overruling），参见第七章边码71。

[172]　*Roe v. Wade*, 410 U. S. 113, 162 ff.（1973）.；参见下文第六章边码90以及第十一章边码6及以下。在德国，妊娠中止原则上是被禁止的，参见如下判决BVerfG, Urt. v. 28. 5. 1993, 2 BvF 2/90, BVerfGE 88, 203-Schwangerschaftsabbruch II（第十一章边码7及以下）；其他有争议的判决还有"柏林墙射杀案"（第二章边码137），以及有关承租人死后继承问题的判决（第六章边码74及以下）。

[173]　参见 *Röhl/Röhl*, Allgemeine Rechtslehre, 3. Aufl. 2008, S. 121。

[174]　有关"法感"（Rechtsgefühl）的论述可参见，*Heck*, AcP 112（1914），1, 243 f.；克莱默使用的表述则是"专业的前理解"，参见氏著 Juristische Methodenlehre, 6. Aufl. 2019, S. 370；也参见 *Mastronardi*, Juristisches Denken, 2. Aufl. 2003, Rn. 576 f。

（第六章边码 7 及以下、第十三章边码 82 及以下）。[175] 或者用恩吉施（Engisch）的话来说："法官的任务在于发现由法律所确立的裁判。"[176] 更何况，如今大量的案件事实异常复杂，以至于不可以轻率地作出裁判。[177] 国家司法考试的笔试环节要安排五个小时的时间不是没有道理的。法律人不可能一拍脑袋就能找到"答案"，而必须在法律的工作程式中衡量诸事实，并借助法学方法从法律条文中将其一步步推导而来。合格的法律人应当具备一个要素，即乐于修正那些自发偶得的判断。[178] 由此而言，法学方法论也是为"修正前理解"而服务的。[179]

"母子车厢案"——父亲的立场：基于目的解释的理由，L 不认同规定的字面含义，认为他作为父亲也可以待在该车厢。这节车厢被分割出来，其目的首先在于，为婴儿预留特别的空间，以为其提供特殊的保护。而 L 陪同的是 8 个月大的婴儿，这一车厢就是为婴儿预留的。车厢设立的第二个目的，则是要把吵闹的小孩与其他乘客分开。出于这个理由，L 也应该继续待在该车厢。如果男人必须离开该车厢，那么这一规则就是荒谬的（第五章边码 66），倘若有父母带着三个小孩乘车，那么这家人就只能四个人待在该车厢，而父亲却不得不坐在另一节车厢。如果允许母亲带孩子坐在该车厢，那么一家人带孩子也当如此。因此，无论是母亲，或者说妇女带小孩，还是父亲（男人）带小孩，结论应当是一致的。因此，该规则的文义明显不精确，因而应当

---

[175] *F. Müller/Christensen*, Juristische Methodik, Bd. I, 11. Aufl. 2013, Rn. 15 ff., 235; und unter § 6 Rn. 7 ff., § 13 Rn. 82 ff.

[176] Engisch/*Würtenberger*/Otto, Einführung in das Juristische Denken, 12. Aufl. 2018, S. 77; 关于"证立过程"（process of justification），参见第十四章边码 42。

[177] *Bydlinski*, Grundzüge der juristischen Methodenlehre, 3. Aufl. 2018, S. 68 ff.; 也难怪会有这种说法：法科生第一年学的只是"常规"，第二年学的则是"例外"，而第三年又要学习"例外之例外"，参见 *Möllers*, Juristische Arbeitstechnik und wissenschaftliches Arbeiten, 10. Aufl. 2021, § 1 Rn. 53。关于案件诠释学见第十四章边码 11。

[178] *Gröschner*, JZ 1987, 903, 908. 关于"母子车厢案"，参见下文第一章边码 90；有关《民法典》第 904 条，则参见下文第六章边码 165 及以下。

[179] *Mastronardi*, Juristisches Denken, 2. Aufl. 2003, S. 182; Zippelius/*Würtenberger*, Juristische Methodenlehre, 12. Aufl. 2020, S. 10.

被扩充为"孩子与陪同人员"。教义学上，男人和女人此时应被等量齐观，支撑这种"具体类推"的论据即二者的"相似性"（第六章边码112及以下）。最后，更上位的宪法和欧盟法也支持如是解释。根据《基本法》第3条第2款第1、3句及第3款规定之"平等原则"，女人和男人是平等的；因此，差别对待是不合法的。而不平等对待也违反欧盟法，《一般平等对待指令》（2004/113/EG）第4条第1款即规定，不得在公共服务上对男人和女人因性别不同而差别对待。对这一规范必须进行合宪性解释，因为宪法的位阶更高（第十一章边码47）。认为父亲必须离开车厢的观点，违反《一般平等待遇法》（AGG）第19条第1款的规定，该条法律系对欧盟指令相应规定的转化。

3. "合理"裁判的论证

74　　在法学文献和判决中，第三种观点获得了更多的支持：只有简易的涵摄可以作出"唯一的"正确裁判；[180] 而在更复杂的情形，方法论并不能导出唯一的正确观点，但是可以为**合理的裁判**提供论证。

75　　"母子车厢案"——乘务员的立场：差别对待的理由在于"哺乳"是该规定之目的。接下来，可以对父亲的观点进行反驳：使乘客免于婴儿吵闹的打扰，绝非"母子车厢"的**规则目的**（Regelungszweck）。从文义来看，这一规定明确针对的是"母亲"而非"女人"，因而该车厢主要是为哺乳的母亲服务的。她们的个人及私密空间应当受到保护。如果允许男人待在该车厢，则会影响这一空间。虽然父亲和孩子一起在车厢时，女伴可能会容忍其对个人及私密空间的影响，也不至于使这一规定显得"荒谬"。因为是母亲，而非父亲可以哺乳，因此在教义学上，"相似性"论断并不成立，这里更令人信服的是"反面推论"（第六章边码122）。若有人主张此时要保护乘客之利益，则无异于提出了一个"默认论题"，因为他所支持的观点尚需进一步阐释与证明（第五章边码36及以下）。最后一点是，这也不损害平等原

---

[180] 不同观点见于 Kramer, Juristische Methodenlehre, 6. Aufl. 2019, S. 372 f.；作者认为，根本不存在所谓"正确"的裁判。

则，因为该原则只要求同等情况同等对待，但并不禁止不同情况区别对待。就婴儿哺乳一事而言，男女之间存在生物学上与生俱来的区别。因此，《基本法》第 3 条的"平等原则"此处并不相关；宪法也就未受侵犯。[181] 这也不违反欧盟法，因为以欧盟法为基础的《一般平等待遇法》第 20 条第 1 款第 2 项明确将"私密空间"规定为（不平等对待的）一个正当性理由。[182]

法律文本的框架内存在多种解释的可能性，并不意味着裁判可以任凭肆意。在较难作出决定时，可以有不同的选择。但探寻最有说服力的答案始终是要追求的目标（第一章边码 89）。凯尔森（Kelsen）即认为法学"追求真理"的活动实为某种"辩论"（Streit）或"商谈"（Diskurs）[183]，这也符合德国法[184]及英美法系[185]的通行见解。与此观点相同，德国联邦宪法法院曾有如下论述。

> 宪法的解释尤具"商谈"之特征，即便经由方法上无可指摘之工作，亦无从得到绝对正确、且使专业人士不生疑虑之结论。而此时所为，无非是陈述己方理由、驳斥他方理由，从而最终以更优之理由敲定结论。[186]

---

[181] 根据《基本法》第 3 条第 3 款第 1 句，因性别而致的差别待遇，唯有在为了解决依其本质而仅在男性或女性身上出现的问题而不得不为时，才是合法的。参见 BVerfG, Beschl. v. 10. 7. 2012, 1 BvL 2/10 u. a., BVerfGE 132, 72 Rn. 58; BVerfG, Beschl. v. 25. 10. 2005, 2 BvR 524/01, BVerfGE 114, 357, 364。

[182] 根据《一般平等对待指令》第 4 条第 2 款，"为保护妇女作为孕妇或母亲的利益而制定优待性的规则"也是被允许的。

[183] Kelsen, Reine Rechtslehre, 2. Aufl. 1960, S. 349 f.："目前所有已知的法解释方法，都只能（帮助我们）得出一个可能性的、但绝对不是唯一正确的结论。"

[184] Esser, AcP 172（1972），97, 129; Kramer, Juristische Methodenlehre, 6. Aufl. 2019, S. 372 ff.; Rüthers/Fischer/Birk, Rechtstheorie, 11. Aufl. 2020, Rn. 315 ff.; F. Müller/Christensen, Juristische Methodik, Bd. I, 11. Aufl. 2013, Rn. 535; Schuhr, JZ 2008, 603 ff.; Poscher, JZ 2013, 1 ff.（"竞争理论"）。

[185] Hart, 11 Ga. L. Rev. 969, 984 f.（1976/1977）; Henley, 3 Ratio Juris 14, 25 f.（1990）。

[186] BVerfG, Beschl. v. 5. 4. 1990, 2 BvR 413/88, BVerfGE 82, 30, 38 f. – Befangenheit Kirchhof。

二、论证理论的目的

78 作为一种论证理论，法学方法论的目的在于使裁判可以得到理性的检验。它首先用以反驳错误的裁判；其次，要论证合理的裁判，并最终在多个合理的裁判中过滤出最有说服力的裁判。为此，需要借助一系列的论证技巧，并以此统领"寻法"的过程。

1. 反驳（证伪）错误观点

79 "证伪"（反驳）的思想萌发于波普尔（Popper）及阿尔伯特（Albert）等人有关经验性证据的论述。[187] 为法学界所争论的是，这一思想究竟能在多大程度上适用于法学的案件事实。[188] 尽管法律问题通常没有唯一正确的答案，但是错误的裁判仍然是存在的。借助法学方法论即可以确定，何种解释路径是明显不正确的。唯一正确的法律解释虽然无从得到证实（证明）——几乎很难存在唯一的正确裁判[189]——但**缺乏理据的解释**则完全可以被证伪（反驳）；法学方法论由此将合理和错误的裁判区隔开来。[190] 若不遵循特定的方法，则将导致法律错误，例如，法院在条件不成立的情形对某一规定进行了类推适用。

80 套车案：联邦最高普通法院的一次判决就明显违反了"刑法禁止类推"之原理，该案将由机动车实施的"森林盗窃"（偷盗了近400棵圣诞树）视为由"套车"（牲畜拉动的交通工具）实施（第四章边码69）。[191]

---

[187] *Popper*, Conjectures and Refutations, 5ᵗʰ ed. 1989, S. 192, 德文译本参见 Vermutungen und Widerlegungen, 1994, S. 280；*Albert*, Traktat über die kritische Vernunft, 1968, S. 141。

[188] *Neumann*, Juristische Argumentationslehre, 1986, S. 37 ff.；*Braun*, Deduktion und Invention, 2016, S. 109 ff.

[189] 有更偏激的学者则坚持否认"证实"的可能性，参见 *Kramer*, Juristische Methodenlehre, 6. Aufl. 2019, Fn. 1129；*Braun*, Deduktion und Invention, 2016, S. 132。

[190] *Pawlowski*, Einführung in die juristische Methodenlehre, 2. Aufl. 2000, Rn. 4；*Braun* (ebd.), S. 109 ff., 111："与我们的前理解不同的是，事实不会以肯定的状态展现在我们面前，而仅仅是通过对错误的反驳呈现于我们否定的状态"；有可能构成这种"缺乏理据的裁判"的，参见联邦宪法法院的"PSPP 案"（第十三章边码115）。

[191] BGH, Urt. v. 13. 9. 1957, 1 StR 338/57, BGHSt 10, 375 f. Bespanntes Fuhrwerk；其他的例子见上文第一章边码66。

思维过于跳跃或者循环论证（第五章边码 36 及以下），都会使结论丧失说服力，这种情况并不鲜见。更为严重的问题，则是违反逻辑规律或者一般生活经验（第五章边码 91 及以下）。 **81**

比如在"母子车厢案"中，L 不能仅仅因为他是第一个进入车厢的人就主张自己可以待在这节车厢。车厢之标识"母子车厢"当然排除适用了这种优先原则（"谁先到，就先服务谁"）。此种论证因为有着怪诞之标准，故而全无根据。类似地，一个 90 岁的母亲和她 70 岁的孩子乘车时若主张可坐在"母子车厢"，也颇值得商榷。[192] **82**

2. 论证"合理的"结论

合理的结论应当如何获得？法学方法论的相关读物常给世人这样的印象：在衡诸各种法构造时，似乎总是存有一定的任意。比如，就有一种说法是："各种不同的标准，其权重何如，端赖其在个案中呈现的形态而定。"[193] 个案的不同情况当然起着决定性作用，但此种观点多少会引人误会，因为各种论证模型完全可以呈现出不同的强度。比如，纯粹的"形式论据"说服力就相当有限，因为同样强度的反面论据即可将之驳倒。而有些论据则可发挥更重要的作用（第六章）。有关各种论证模型之间的关系，后文有详述（第十四章边码 69 及以下）。 **83**

"母子车厢案"——第三回合：父亲的见解：针对乘务员之立场，父亲可以如此反驳：规则是否系保护哺乳的母亲，单从其文义来说并不能明显得出此种结论，因为这里使用的语词是"孩子"而非"婴儿"。即便哺乳的母亲当受保护，在当今时代还承认公共场合下的私密空间也已显得不合时宜。两性道德观已然发生改变，民众中大多数人不再认为当众哺乳是一种"不合道德"的行为；承认这样一个"受保护区域"而禁止其他乘客使用座位，从法律上讲是过度也即"不合比例的"（第十章边码 41 及以下）。 **84**

---

[192] 关于目的性限缩，见第六章边码 92 及以下。
[193] *Larenz*, Methodenlehre der Rechtswissenschaft, 6. Aufl. 1991, S. 345；类似见解也参见 *Martens*, Methodenlehre des Unionsrechts, 2013, S. 500 ff.；对此提出批评的不同观点则见于 *Rüthers/Fischer/Birk*, Rechtstheorie, 11. Aufl. 2020, Rn. 815。

85　　"母子车厢案"——第四回合：乘务员的观点：乘务员可以如此抗辩："母亲"之谓当然与"女人"不同，其暗示了"哺乳"之要素。哺乳是否不合道德，并不能由第三人或者民众的多数来评价，而取决于对私密空间有需要的母亲本人的看法，这一私密空间受到《基本法》第2条第1款及第1条之保护。[194]

3. 综合与有说服力的解决方案

86　　（1）理想情况下，仅仅作出一个合理的，换句话说，值得付诸讨论的裁判尚且不够。法律人必须**说服他人**：诉讼系属之中的各方当事人，须说服法官；法官则需通过判决使当事人和大众信服他的裁判；在最高法院，主办法官（Berichterstatter）也需要说服合议庭的大多数同僚。[195] 此外，法科生在参加考试或者完成家庭作业时，他的解题思路也要做到令人信服。然而，如何才能做到这一点呢？

87　　棘手的法律案例都有一个共同点，即单凭文义的解释或者对案例的逻辑思考均无从作出裁判，因而必须诉诸各种价值的衡量。但正如"母子车厢案"所揭示的，价值判断可能是模棱两可的。价值判断不能仰仗法官个人的抉择，而必须循法而得。法状况愈是复杂模糊，法律人就必须愈加彻底地遍寻法学的各种方法。待裁判的问题越是玄妙莫测而争论不休，必要的论证负担就越大。要解决全新的、对判例和学术而言都完全陌生的案例，法学方法自是不可或缺的。尤其在涉及对"孤例语词"进行解释[196]，或者各种法律的价值存有冲突之情形（第五章边码54），方法论便大有用武之地。

88　　（2）因此，法律人必须逐渐培养这样一种意愿，即一开始就要考虑**各种可以想见的解决路径**[197]，并在脑海中对之进行梳理。第一时间的想法不必苛求正确。唯有在命题和相反命题的纠葛当中才能寻得支持和反对的

---

[194] 关于此的一般性论述，参见 *Dreier*, in: Dreier, GG, 3. Aufl. 2013, Art. 2 I Rn. 71。
[195] *Kaufmann*, in: Mélanges Patry, 1988, S. 366, 372.
[196] 例证可见 *Möllers/Leisch*, WM 1999, 765 ff。
[197] **不同观点**参见 *Vesting*, Rechtstheorie, 2. Aufl. 2015, Rn. 226；关于"决策论"，参见第十四章边码41。

论据。此时，将自己置身于"恶魔代言人"（advocatus diaboli）的立场进行换位思考，即是一种有益的方法。[198] 这种讨论实际是从"主体"走向了"超主体"[199]；这也解释了为何最高法院要设置为"合议法院"，由此才使得商讨环节能够进行思想的交流。[200] 除了自己笃信的观点，也应当尝试推演相反的观点。理想状况下，在命题和相反命题的讨论中会产生第三种观点，即黑格尔所谓"**综合**"（Synthese）[201]，一个合格的法律人，能够包容各种不同的解决路径，可能的话，还能够进行创造性的解决，以兼顾两种对立的观点。[202] P. 胡伯（P. Huber）在其近日针对"PSPP案"的评论中，形象地描述了联邦宪法法院与欧盟最高法院之间的合作关系："在我看来，这就是一个辩证的过程：双方都严肃对待彼此，对彼此的论据设身处地地思考，乐意去学习并改正自己。"[203] 反过来说，若有人追求真理时仍坚信他可以得到所谓"唯一正确"的见解（第一章边码64），则他通常很难接纳其他解决问题的可能性，也势必与"最有说服力的结论"擦肩而过。

不过，径自认为反方的观点（本案中欧盟最高法院的理由）"在方法上没有理据"（第十三章边码109），则未免显得失当。在那些粗暴的"一言堂裁判"（Basta-Entscheidung）[204] 中，总是缺乏基于综合的、旨在寻求更好见识的对话——"互相尊重"的合作关系正是这种对话的灵魂（第二章边码102）。此外，用一种合理的裁判取代另一种合理的裁判，也有违法官自我克制原则以及基于议会优先权而产生的"司法谦抑原则"的

88a

---

[198] 采用"私人工作小组"的方式也可以练习口头讨论的技巧，对此可参见 *Möllers*, Juristische Arbeitstechnik und wissenschaftliches Arbeiten, 10. Aufl. 2021, § 1 Rn. 72。

[199] *Bollnow*, ZPhF 16（1962），3, 17, 作者引用了尼采的观点："一个人总是会犯错，只有两个人才能开启真相"，参见 *Nietzsche*, Die fröhliche Wissenschaft, 1882, Buch 3, Nr. 260。

[200] *Engisch*, Wahrheit und Richtigkeit im juristischen Denken, 1963, S. 20.

[201] 关于"辩证法"可参见上文第一章边码63以及 *Hegel*, Wissenschaft der Logik, Erster Band: Die objektive Logik, 2. Aufl. 1832, S. 78："唯在（存在和虚无、命题和相反命题的论争之范式）有所区分时，才能发生'变易'（Werden）。"

[202] 关于这种中间道路，可见下文第五章边码105及以下。

[203] P. 胡伯时任联邦宪法法院"PSPP案"的承办法官，参见其接受的相关采访：FAZ v. 13. 5. 2020, S. 2。

[204] 来自欧洲人权法院前副院长的中肯看法，参见 *Nußberger*, FAZ v. 20. 5. 2020, S. 6。

界限（第十三章边码 91 及以下）。

89　　类似地，有人指出，（法律人）所选取的解决路径应当是各种裁判可能性中最有说服力的那个。在各种解决方案中，法律适用者须选择当中最为恰当并易于理解的。[205] 这一定程度上要求法律人能够洞悉各种不同的立场并探寻规范之目的（第五章边码 7 及以下、第六章边码 159 及以下）。必要时，还应先予进行"结果取向的思考"。借此也就可以说明，并不存在其他更有理据的裁判方案。[206] 因此，最优的裁判其实也是产生错误最少的裁判（第一章边码 105 及以下）。[207]

90　　"母子车厢案"——中庸的观点及各种利益的衡量：除了上述两种见解，还可以考虑一种观点。L 可以坐在原地，因为他来得更早，或者说只要他没有剥夺其他母亲的座位，就可以保留他的座位。以及：**L 可以坐在该车厢，前提是没有母亲带孩子走进这节车厢，且母亲因为要哺乳而不愿其他人在场**。这一解决方案，不仅考虑了潜在有哺乳需求的母亲的利益（第五章边码 20 及以下），重点是还顾及了小孩以及其他乘客免受打扰的利益。就实际效果（第五章边码 56 及以下）而言，这样一来，列车员也省去了和乘客费力争论的"麻烦"。此外，更重要的是，他大可不必惹恼乘车的顾客。从结果上说，这一观点可谓中庸之道，由此在两种相对极端的立场之间实现了平衡（第五章边码 105 及以下）。在各种有理据的观点中，这一观点或许就是最具说服力的。

91　　总结：抛开具体结论不谈，"母子车厢案"带给人们很多启示。它表明，很多时候，法律问题的解决绝非易事；[208] 这也揭示了方才所

---

[205] Palandt/*Grüneberg*, BGB, 80. Aufl. 2021, Einl. Rn. 46. Im Ergebnis ebenso Braun, Deduktion und Invention, 2016, S. 129: „Ziel ist also die Vorzugswürdigkeit im Verhältnis zu konkurrierenden Alternativen."

[206] Oppermann/*Classen*/*Nettesheim*, Europarecht, 9. Aufl. 2021, § 9 Rn. 166, 182.

[207] 不同说法，则参见 *Strauch*, Methodenlehre des gerichtlichen Erkenntnisverfahrens, 2017, S. 33, 作者强调了一种不甚恰当的比较关系，认为这样的裁判应当是更为协调，也即"更为正确"的裁判。

[208] *Quod erat demonstrandum*（拉丁文，意为"这就是所要证明的"）或者说是如同"从蚊子当中弄出大象"般的小题大做。

提及的法学方法论之目的：凭借法感或者前理解，似乎并不能对简短而看似容易的案例轻易作出裁判。对"唯一正解"一厢情愿的执着，可能会遮蔽投向其他可能性的目光，以至于从一开始就根本不将其予以考虑。唯有经过"商讨"，才能形成充分的争鸣，从而有望寻得兼顾多方利益及不同论据的解决方案。

正因为如此，近年来的法学教育明显开始强调自主提出命题并进行合理论证的重要性。然而，只有先将命题、相反命题和综合区分清楚，才能真正实现"创新"[209]。法学方法论的目标恰在于此，它可以为法科生在考试和家庭作业上提供必要的帮助。 **92**

三、法学的论证模型

1. 命题、前提和论据

大陆法系所培养的法律人，在解决案例时总是先行考虑"法律"[210]，**93** 然后才关注相关的判例。而若具体的问题存在争议、规范的文义不够清楚或详细，案例的解决就会变得尤为棘手。下文将会介绍 100 余种论证模型[211]。在进行论证时，需要区分命题、前提和论据。所谓"**命题**"（These），即某个人提出的有争议的、必须被证明或证实的论断[212]。"**前提**"和"**论据**"为命题提供理据。"**前提**"（Prämisse），系指欲求证的命题要成立必须满足的条件。比如这一命题：V 得请求 K 支付 2000 欧元，即以如下"前提"为正当化理由：V 卖给 K 一辆汽车，双方为此订立了买卖合同。若前提与命题之间的关联不甚明显，则需要借助**论据**（Argumente）加强论证。论据在命题和前提中间筑起桥梁。在理想情况下，法

---

[209] 关于"法学的创新性"，参见下文第十四章边码 46 及以下；在英美和法国则分别使用了 *thesis* 或者 *thèse* 之谓。有关对"科学委员会"所提建议的讨论，参见 *Weller*, ZEuP 2014, 463, 466；对法学教育的一般性见解，则可参见 Möllers, ZfPW 2019, 94 ff.。

[210] *Nipperdey* 中肯地指出："将目光投向法律，使法发现变得更为容易"，参见 *Dauner-Lieb/Langen*, in: NK-BGB, Schuldrecht, 3. Aufl. 2016, Vorwort。

[211] *Lindner*, Theorie der Grundrechtsdogmatik, 2005, S. 157.

[212] 对以下内容的生动介绍可参考 *Gast*, Juristische Rhetorik, 5. Aufl. 2015, Rn. 73 ff.；也参见 *Muthorst*, Grundlagen der Rechtswissenschaft, 2. Aufl. 2019, Rn. § 7 Rn. 54 ff。

律人只需提供少量有力的论据以支撑他的命题。例如，若有人以合同未经书面订立而主张买卖合同无效，则只需通过"口头订立的买卖合同也有效"的论据对此加以驳斥。事实和法律问题越是复杂难解，论证则就越应当深入（例如，拍卖过程中挥手打招呼的行为是否可以被视为意思表示？[213]），唯此才能击垮反方的论证。

2. 作为命题之前提的法学论证模型

94　　有时，前提能够直接推导出结论，此即构成一种论证模型。在简易的涵摄模式中，尚有"唯一正解论"（第一章边码64）的适用空间。不过，很多时候，这类论证模型本身又不过是新的**前提**。例如，在"母子车厢案"中，男人是否必须离开车厢就是不甚明确的。因此，在一开始就要警惕两种危险：一方面，在解决案件时，有不少人会援引"公平、正义、事物的本质"等各种说法。然而，它们很难称得上是"论证模型"或者说"论据"（第九章边码6a及以下），而不过是本身根本无从证明什么的"空洞公式"（Leerformeln）。未经相应的论证，亦即具体化之过程，这些前提端无任何价值。另一个挑战则来自所谓的"形式论据"（Formalargumente），例如当然推论、"例外情况当严格解释"等。这些其实仅仅是需要用（真正的）论据加以论证的"前提"而已。比如，像"例外情况当严格解释"或者"依据'当然推论'自应镶补法漏洞"等论断，相比于其反面论断，例如"例外情况在例外时也可宽松解释"或者"根据'反面推论'法漏洞无从填补"等，在说服力上实为不相上下。在法学文献中，这些法构造常被视为可以为人轻易驳倒的"形式论据"而受到斥责（第六章第一节）。前提有待进一步论证才能成为有说服力的论据。换言之，前提需由论据提供支持。主张法漏洞存在者，必须为此提供论证。而主张法漏洞可以借由具体类推而填补者，则必须证明，待扩充的构成要件要素与法明文规定的情形存在可比性。为此，就需要提供各种论据加以证明（第六章边码112及以下）。

95　　此外，还需要区分两个方面：一为法适用或解释的模型以及"规则"，

---

[213] 详见第四章边码96及以下。

二为法适用或**解释**的"目标"（Auslegungsziel）。解释规则仅仅是为达到目的（即为追寻解释的目标）而采取的手段。解释的目标存在于规范目的。[214] 这一点将在介绍"目的解释"时予以说明（第五章边码 7 及以下）。在"宪法"部分（第十一章边码 39 及以下）以及介绍合指令的法续造（第十二章边码 65）还有各种法适用模型的位阶和权重（第十四章边码 69 及以下）时，也会对此有所提及。

3. 论证模型的权重

本书会介绍多种法学论证模型。同时要揭示的一点是：既存在一些简单的法的解释规则，也存在更优的、价值更高的法适用方法。 96

（1）有观点认为，某种论证模型是否优先适用，完全取决于各种论据的衡量，因此，不能说某种论证模型自有优先性。[215] 这种看法忽略了一个事实：在抽象层面即已存在一些论证模型。比如刑法中的文义界限就是强制的，并不存在裁量的空间（第四章边码 65 及以下）。如果在所有的冲突情况下都必须适用某种论证模型，那么在两种不同的解释标准之间就可谓存在着严格或者绝对的优先关系。[216] 就此意义而言，存在"优先性"意味着会得出一个明确的法律后果，其结果是明确的。此时，可以说是适用"唯一正解论"的例外情况：仅有一种答案是正确的——相反的观点可能是错误或者说不合理的（第一章边码 64 及以下）。 97

（2）依据推定规则（Vermutungsregel），则可凭借最初的外观——即 98

---

[214] *Lindner*, Theorie der Grundrechtsdogmatik, 2005, S. 138; *Stein/Frank*, Staatsrecht, 21. Aufl. 2010, S. 37 该书更进一步地指出："因此，并不存在通常所说的所谓四种经典的解释方法，毋宁说，只有目的解释是唯一的解释方法，而它包含了文义解释、历史解释和体系解释这三种元素"; *Rüthers/Fischer/Birk*, Rechtstheorie, 11. Aufl. 2020 Rn. 725 f。

[215] *Martens*, Methodenlehre des Unionsrechts, 2013, S. 500。在有关宪法导向或者合宪解释的讨论中，也有人主张此种观点，参见第十一章边码 38。

[216] *Alexy/R. Dreier*, in: MacCormick/Summers, Statutory Interpretation, 1991, S. 73, 92; *Rahlf*, in: Neumann/Rahlf/von Savigny, Juristische Dogmatik und Wissenschaftstheorie, 1976, S. 79, 82; *Vogenauer*, Die Auslegung von Gesetzen in England und auf dem Kontinent, 2001, S. 51。不同观点则参见 *Canaris*, in: FS Medicus, 1999, S. 25, 60, 认为在矛盾的情况下也允许有例外（见第十五章边码 61）。

"初步证明"（prima facie）[217] 而得出特定的法的解决方案。在推定规则之下，先是推定支持援引该论证模型的一方。若法律适用者想得出不同的法效果，则须为此提供理由。此时，论证和正当化之负担则转移到他的身上。有人则试图承认各种纯粹描述性的论证模型都具有作为"初步证明"的优先性。[218] 原则上，这一推定是成立的：法规范的文义在结果上应当如是理解——它已然实现了立法者的表达和欲求。[219]

99　　通常而言，论证模型即是有待衡量的要素（Abwägungsgebote）。卡纳里斯（Canaris）将其与"原则"（第九章边码 11 及以下）相类比，因为"原则"也需要纳入衡量，其所涉及的乃是"越怎样就越怎样"这种意义上的比较句型。[220] 此时，在方法上就可以借用动态体系论的思想（第八章边码 2 及以下）。[221] 萨维尼有关"解释四要素"的学说也有一定的合理性，这一学说引发了全世界范围的关注（第四章边码 24 及以下）。抽象而言，（这类论证模型）并不存在高阶或低阶之分，它们各自依具体事实不同而拥有不同的权重。比如，文义解释有的时候比目的解释更有说服力，而有的时候则恰恰相反（第十四章边码 87）。

100　　有些论证模型则无以导出某种推定，相反，这类论证模型附有一定的"说明负担"，即需要说明论证模型的相关性和说服力；此时可以称为"论证负担规则"（Argumentationslastregel），因为法律适用者需承担这样的论证负担，即以方法上有说服力的方式为其所意欲实现的法律后

---

[217]　拉丁文，意指"第一面"，即第一眼的初步观感。有关"初步证明的优先性"，参见 *Alexy/R. Dreier*, in: MacCormick/Summers（ebd.）1991, S. 73, 92；*Vogenauer*, Die Auslegung von Gesetzen in England und auf dem Kontinent, 2001, S. 51。

[218]　*Vogenauer*（ebd.）, S. 1282。

[219]　*Alexy*, Theorie der juristischen Argumentation, 1983, S. 305；*Canaris*, JZ 1987, 543, 546；*Neuner*, Allgemeiner Teil des Bürgerlichen Rechts, 12. Aufl. 2020, § 4 Rn. 74；*Reimer*, Juristische Methodenlehre, 2. Aufl. 2020, Rn. 701；也参见第十四章边码 84。

[220]　*Canaris*, in: FS Medicus, 1999, S. 25, 58 f。

[221]　*Bydlinski*, Juristische Methodenlehre und Rechtsbegriff, 2. Aufl. 1991, S. 556, 564 f.；赞同者，参见 *Canaris*, in: FS Kramer, 2004, S. 141, 144；*Morlok*, in: Gabriel/Gröschner, Subsumtion, 2012, S. 179, 180；*Potacs*, Auslegung im öffentlichen Recht, 1994, S. 38；*Reimer*（ebd.）, Rn. 414。

果提供说理。[222] 比如，若有人意欲超越文义进行法续造，则其必须证明存在计划外的漏洞且该漏洞可被填补（第六章边码107及以下）。外国法的判例在国内也没有效力和约束力，若要援引某个外国法判决中的裁判理由和论据，则必须证明，为何这些论点对德国的判决生成亦具说服力（第三章边码75及以下）。

以"母子车厢案"为例，即可清楚地展现命题、前提和论据之间的区别，此处只介绍两种观点。

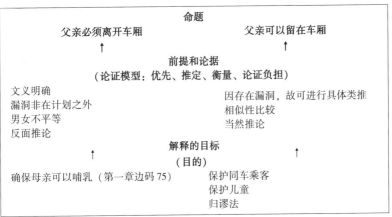

图1-2 命题、前提、论据及解释目标

4. 法学论证模型的概念

至此也就可以介绍一下"论证模型"（Argumentationsfigur）的概念。在学说中，"论证模型"尚有"元素"（Elemente）[223]、"论据"（Argumente）[224]、"论证形式"（Argumentationsformen）[225]、"辅助手段"（Hilfs-

---

[222] 需要与此相区别的所谓"证明负担"（Darlegungslast），其所指的是，在诉讼程序中必须为权利请求是否符合构成要件等事项提供证明。

[223] *von Savigny*, System des Römischen Rechts, Bd. 1, 1840, S. (§ 4 Rn. 19)."解释元素"的说法则见于 *Kramer*, Juristische Methodenlehre, 6. Aufl. 2019, S. 66 ff。

[224] *Dworkin*, Taking Rights Seriously, 1977, S. 90；*Alexy*, Theorie der juristischen Argumentation, 1983, S. 305；*Canaris*, in: FS Kramer, 2004, S. 141, 144。

[225] Palandt/*Grüneberg*, BGB, 80. Aufl. 2021 Einl. Rn. 47.

mittel）[226]、"解释手段"（Auslegungsmittel）[227]、"解释标准"（Auslegungskriterien）[228]、"解释准则"（Auslegungskanones）[229]、"解释套路"（Auslegungstopoi）[230]、"论证模板"（Argumentationsmuster）[231]、"阐释手段"（Interpretationsmittel）[232] 或"阐释规则"（Interpretationsregel）[233] 等多种称谓。以上概念通常作为同义词来使用。

103　　本书使用的是"论证模型"这一称谓。其中有两层含义：首先，论证模型通常并非论据本身，而只是"法规范的条件在本案中成立"这类命题的"前提"。而"前提"若并不明显正确，则其必须得到进一步的证明（第一章边码93）。诸如文义是否明确、例外是否当作严格解释、漏洞是否存在等问题都是可对可错的"前提"，其必须进一步通过"相似性论据"之类的论据予以证实。因此，不能机械理解"论证模型"一词，因为它本身并非直接的论据。

104　　其次，"论证模型"的概念也比"解释套路"或"论据"之类的概念更为精确。"论证模型"的概念所要明确的是，唯有法学上的论证才是正当的。虽然法学论证模型有时可能较为薄弱——例如，经济学上的考量可能与法学上的价值判断相冲突（第五章边码130及以下）。但是，法学的论证模型可以或者说被允许用于诉讼程序中。与此不同，道德问题通常对法律人而言是无关紧要的。生活放荡之人可谓不忠诚、不检点，但这并非法学论证的问题，而只是道德或风俗的问题（第二章边码15及以下）。

---

[226] *Larenz*, Methodenlehre der Rechtswissenschaft, 6. Aufl. 1991, S. 343；*Vogenauer*, Die Auslegung von Gesetzen in England und auf dem kontinent, 2001, S. 1282；*Zippelius*, Juristische Methodenlehre, 2. Aufl. 2020, §§ 8, 10；*Wank*, Juristische Methodenlehre, 2020, § 6 Rn. 153.

[227] *Rüthers/Fischer/Birk*, Rechtstheorie, 11. Aufl. 2020, Rn. 725.

[228] *Larenz*, Methodenlehre der Rechtswissenschaft, 6. Aufl. 1991, S. 343；*Vogenauer*, Die Auslegung von Gesetzen in England und auf dem Kontinent, 2001, Bd. 2, S. 1282；*Zippelius/Würtenberger*, Juristische Methodenlehre, 12. Aufl. 2020, §§ 8, 10；*Wank*, Juristische Methodenlehre, 2020, § 6 Rn. 153.

[229] *Brugger*, AöR 116 (1994), 1, 21；*Heun*, AöR 116 (1991), 185, 205.

[230] *Waldhoff*, in: Fleischer, Mysterium „Gesetzesmaterialien", 2013, S. 75, 92.

[231] *Nußberger*, „Seitenwechsel", Forschung & Lehre 1/19, S. 48.

[232] *Lindner*, Theorie der Grundrechtsdogmatik, 2005, S. 150.

[233] *F. Müller/Christensen*, Juristsche Methodik, Bd. I, 11. Aufl. 2013, Rn. 31.

第四节　法学方法论对正义的实质性要求

一、法学方法论与正义要求

1. 法学方法论无关正义（魏德士）

对正义的追寻几乎伴随着我们整个文明的历程。在柏拉图（Platon）看来，"正义"就是赐予每个人"他的本我"，也即符合他的本质和个人情状的东西；[234] 东罗马皇帝优士丁尼（Justinian）下令编纂的《民法大全》[235] 在其"法典"部分如是写道："正义是使得每个人享有其权利的不渝而永恒的意愿。"[236] 塞尔苏斯（Celsus）则指出"法学就是回答何为公平正义的科学"[237]。有关正义的问题属于法哲学（Rechtsphilosophie）的基础问题。[238] 法哲学的核心问题在于"什么是法"，而法学方法论则紧随其后追问"法如何才能被正确地适用"。那么，法学方法论是否需要关心正义的问题？在魏德士（Rüthers）看来，法学方法论只能在"正义"的前提之下探寻衡量标准，而无从区分"正义"与"不正义"的解决方案。不同于法哲学，法学方法论并不能提供有关正义的实质标准。[239] 因此，（在他看来）法学方法论只是纯粹的工具理论。[240]

---

[234]　希腊语：τὸ αὑτοῦ πράττειν καὶ μὴ πολυπραγμονεῖν δικαιοσύνη ἐστί，参见 *Platon*, Politeia, IV, 433a。

[235]　《民法大全》由四部分组成，分别为法典、学说汇纂、法学阶梯以及新律（Institutionen, Digesten, Codex, Novellen），"学说汇纂"在希腊语也被称作潘德克吞（Pandekten）。《学说汇纂》和《法学阶梯》又细分了卷、章、节、条款。

[236]　I. 1, 1, pr.：*Iustitia est constans et perpetua voluntas ius suum cuique tribuens.*

[237]　Cels. D. 1, 1. pr.：*Ius est ars boni et aequi* 也参见下文第十四章边码 40。

[238]　*Kaufmann*, Rechtsphilosophie, 2. Aufl. 1997, S. 152 ff.; *Mahlmann*, Rechtsphilosophie und Rechtstheorie, 6. Aufl. 2021, § 32-34; *Seelmann/Demko*, Rechtsphilosophie, 7. Aufl. 2019, § § 9-12; *Volkmann*, Rechtsphilosophie, 2018, § 2 C; 详见 *Honsell*, Was ist Gerechtigkeit?, 2019; *Reimer*, Gerechtigkeit als Methodenfrage, 2020 以及下文第十四章边码 114 及以下。

[239]　*Rüthers*, Die unbegrenzte Auslegung, 8. Aufl. 2017, S. 443; *Rüthers/Fischer/Birk*, Rechtstheorie, 11. Aufl. 2020, Rn. 992 f; ihnen folgend *Zimmermann*, RabelsZ 83 (2019), 242, 286.

[240]　*Wank*, Grenzen richterlicher Rechtsfortbildung, 1978, S. 81, 作者明显承继了魏德士之理论。

2. 商谈理论

106 相比于从实质角度找寻正义裁判的判断标准，哈贝马斯（Habermas）、阿列克西（Alexy）等人的商谈和论辩理论则采取了形式上的路径。根据这一理论，对规范之效力及正确性的共识，乃基于特定的商谈条件和规则而取得。[241] 此观点的正确之处在于，商谈确实能够促成法的发现。而"法"又必须或者要求得到人们的遵从（第二章边码7）。在商谈过程中，人们原则上不会质疑法的效力。此外，不同于政治性的讨论，参与商谈的并非每个人，而限于独立的、仅仅受法律约束的法官对"法"进行言说。最后，商谈模型由于缺乏实质性的标准，因而不过是一个"空洞的原则"[242]。

二、法的和平性、正义等法理念

1. 亚里士多德的正义观

107 亚里士多德（Aristoteles）将正义区分为"矫正正义"和"分配正义"[243]。所谓矫正正义（iustita commutativa），即根据对等原则（相互性）赋予每个人他应得的。它可以说得上是对"一报还一报"的"报偿法"（Talion）的发展。[244] 在自由市场经济，矫正正义还体现于"交换正义"的思想，后者是双务合同得以维系的基础。类似的说法是"以物换物"（do ut des）[245]。根据这一正义观：任何人都不必先行给付；[246] 无原因的

---

[241] 哈贝马斯建立了该理论的一般性基础，参见 *Habermas*, in：FS Schulz, 1973, S. 211 ff.; ders., Faktizität und Geltung, 1992; 将该理论应用于法学，则参见 *Alexy*, Theorie der juristischen Argumentation, 1983, S. 261 ff.; 也参见 *Neumann*, Juristische Argumentationslehre, 1986, S. 91 ff.。

[242] 这种批评参见 *Kaufmann*, Theorie der Gerechtigkeit, Problemgeschichtliche Betrachtungen, 1984, S. 35 ff.; ders., in: FS Maihofer, 1988, S. 11 ff.、28, 34; *Neuner*, Die Rechtsfindung contra legem, 2. Aufl. 2005, S. 38 ff.; *Röhl/Röhl*, Allgemeine Rechtslehre, 3. Aufl. 2008, S. 188; *Mahlmann*, Rechtsphilosophie und Rechtstheorie, 6. Aufl. 2021, § 20 Rn. 49 ff.; *Herbst*, JZ 2012, 891, 897 ff.。

[243] *Aristoteles*, Nikomachische Ethik, 5. Buch, 4-9; 相关内容参见 *Rüthers*, JZ 2009, 969, 970; *Honsell*, in: Staudinger, BGB, Neubearb. 2018, Einl. zum BGB Rn. 113b。

[244] 早在《汉谟拉比法典》第196—201条即可见此等思想；而在《圣经·旧约》中也有"以眼还眼、以牙还牙"的记载（Ex 21, 24; Levitikus 20, 20），其效用就在于限定损害。

[245] 拉丁文原意："你给我，我给你"，历史上先贤的论述，可参见 Paul. D. 19, 5, 5 pr.。

[246] 《民法典》第320条：合同未履行的抗辩。

给付得要求返还;[247] 唯有自己忠实于合同（Vertragstreue）时，始得提出履行请求[248]；而矛盾行为（widersprüchliches Verhalten）也是被禁止的。[249]

分配正义（iustita distributiva）通常不存在于平等关系，而是体现于上下级的不平等关系中。基于《基本法》第3条第1款的规定，国家禁止任意的不平等对待。相同情况，相同对待；而不相同的情况自因其不同而可以被区别对待（第十章边码39及以下）。唯有存在理性的根据时，才能区别对待相同之情况。不过，分配正义却也允许人们干预教育、职业培训、经济等系统以（对不平等的关系）进行修正。[250] 在奉行社会市场经济的国家，典型如德国，即在卡特尔法，以及（为了保护弱者）在租赁法、合同法、消费者保护法等领域，规定了如是修正。[251]

2. 作为法理念的正义、合目的性以及法之安定性（拉德布鲁赫）

拉德布鲁赫（Radbruch）承继了亚里士多德的正义观，并认为，一般性的法理念（Rechtsidee）除了正义，还包括合目的性以及法的和平。[252] 国家为共同生活创设有约束力的规则，即"法规范"，以达致法的安定和和平。公众由此获知，具体的规范为其规定了怎样的义务和权利。这就避免了无必要的法律争讼。此外，国家也通过赋予每个个体行使其权利的手段来实现法的和平；这一情形下，法的和平系经由法院对争议事实的澄清而实现。国家的司法机关帮助个人行使权利，因为"私人裁判"以及"拳头规则"是不被允许的。由此也就避免了"无政府状态"的产生。此外，判决的既判力（Rechtskraft，参见《民事诉讼法》第322条、第705条）、诉讼时效（《民法典》第194条及以下）等规则，均是为了实现法

---

[247] 《民法典》第812条及以下：不当得利的返还。

[248] 《民法典》第242条的案例丛集：Tu quoque-自我的合同忠实义务。

[249] 《民法典》第242条的案例丛集：venire contra factum proprium, BGH, Urt. v. 5. 11. 1974, VI ZR 100/73, BGHZ 63, 140, 143 ff. -Schadensersatzanspruch eines Fußballverbandsspielers。

[250] *R. Dreier*, JuS 1996, 580, 583.

[251] *Möllers*, JuS 1999, 1191 ff.

[252] *Radbruch*, Grundzüge der Rechtsphilosophie, 1914, S. 82 ff.; *ders.*, Rechtsphilosophie, 8. Aufl. 1973, § 9 这里他区分了"正义""合目的性"和"法的安定性"；关于此也可参见 *Kaufmann*, Rechtsphilosophie, 2. Aufl. 1997, S. 169 ff.; *Larenz*, Richtiges Recht, 1979, S. 12 ff.、33 ff.。

的和平。而诉讼之外的庭外调解，同样是促成法和平的手段。

3. 人格尊严和法益保护

110   法益保护以及平等问题也是"正义"的应有之义。由于人格的易受侵害性，人格法益和人格尊严受到特殊的保护。[253] 在德国，这类法益由《基本法》第 2 条第 2 款、《民法典》第 823 条及以下和《刑法典》第 211 条及以下等规定予以保护。[254]《基本法》第 1 条对人格尊严的肯定导致了刑事请求权的限制[255]、废除死刑[256]等一系列结果。"禁止伤害他人"（alterum non laedere），即是一句古老的罗马法谚语。[257] 有部分观点认为，整个法秩序其实只有一个目的，那就是保护人的法益。[258] 所谓"损害"，就是本属于受害人之物的"减损"。而本属于受害人者，乃依其本质而为他所拥有的东西，诸如生命、身体、健康等，也即"人格法益"[259]。在（出于过错）致人损害时，亟待实现"恢复正义"（iustitia restitutiva）；必要时，侵害法益可能还需主张"惩罚正义"（iustitia vindicativa）[260]。

---

[253]　参见下文第二章边码 128 及以下介绍的"自然法"。

[254]　参见 *Möllers*, Rechtsgüterschutz im Umwelt-und Haftungsrecht, 1996, § 5；也见于 BVerfG, Beschl. v. 8. 8. 1978, 2 BvL 8/77, BVerfGE 49, 89, 142-Kalkar I. 有关保护义务理论，参见第十一章边码 5 及以下；**不同观点**，参见 *Kubiciel*, JZ 2018, 171, 178："并不存在对法益的一般性的保护必要，而只是要保障特定的主观权利"。

[255]　出于人格尊严，即使谋杀犯也必须有重新获得自由的机会，参见 BVerfG, Urt. v. 21. 6. 1977, 1 BvL 14/76, BVerfGE 45, 187, 229 ff. -Lebenslange Freiheitsstrafe, 以及《刑法典》第 57a 条（第十一章边码 69）。

[256]　其他欧盟成员国也废除了死刑，参见 Art. 2 Abs. 2 GRCh 以及 Protokoll Nr. 6 zur Konvention zum Schutze der Menschenrechte und Grundfreiheiten, 关于废除死刑的具体"议定书"可参见 Protokoll Nr. 11, BGBl. 2002 II, S. 1054. 但在中国、日本（参见 *Herrmann*, in: FS Nishihara, 1997, S. 401 ff.）和美国的部分联邦州仍得适用死刑。

[257]　Ulp. D. 1, 1, 10, 2. 有关这一普遍性的禁止伤害原则，参见下文第十章边码 87。

[258]　*Hart*, Law, Liberty, and Morality, 1963, S. 25 ff.；类似的，也参见 *Rüthers*, Die Wende-Experten, 2. Aufl. 1995, S. 184："不论处于什么时代，法无非就是通过规范来保护那些被认为有价值的法益而付出的努力罢了。"类似的，也参见 *Mill*, On Liberty, 2nd ed. 1859, Chap. IV, S. 134, 作者认为，社会的每个成员应该互相保护他人"法律之上值得保护的利益"，此种"义务"就有"法"的特征。

[259]　参见 *Zimmermann*, The Law of Obligations, 1990, S. 1086 m. w. Nachw., 以及下文第二章边码 138。

[260]　有大量相关文献，可仅参阅 *R. Dreier*, JuS 1996, 580, 581；*Rüthers/Fischer/Birk*, Rechtstheorie, 11. Aufl. 2020, Rn. 361 ff.

4. 保障自由空间

"法"首先是要创设自由之空间。私人自治及其范畴下的合同自由乃西方社会的一个重要原则。人的自治权是其自由的前提。而宪法即是要维护自由空间。[261] 合同自由即要求人享有自我决定之权,而《基本法》第2条第1款也有"人格自由发展"的表述。不过,单方面滥用权利而损害他人的行为也必须受到限制。其标准并非对正义的保障,而是对非正义的阻遏。[262] 科殷（Coing）将之称为"保护正义"（iustitia protectiva）[263]。竞争法即担纲着这一任务。不过,自由空间也需要由公法所保障——国家保护公共利益,而这也是个人自由的条件。正因为地球的自然资源有限,国家才必须确保维持最低程度的生存基础。[264]

三、法学方法论作为与价值有关的论辩学说及正当化学说

1. 人格尊严与自然法作为最终效力根据

"法"有着对"正义"的要求。[265] 理想情况下,具体的裁判不仅合理且令人信服,同时也首先是"正义"的。法学应当是"价值之科学",其所关注的在于法律及整个法秩序的价值（第五章边码22及以下）。法学方法终究要导向某种意义上正义的裁判,或者用埃塞尔的话来说：

> 教义学的任务是显而易见的——它是以法学上可操作的方式在具

---

[261] 已见于《法国人权宣言》（1789年8月26日）第16条："在一个无法保障权利、无法实现权力分立的社会里,根本谈不上有宪法。"类似见解,参见 BVerfG, Beschl. v. 20.12.1960, 1 BvL 21/60, BVerfGE 12, 45, 51–Kriegsdienstverweigerung I："基本法是关涉价值的规则,它将保护人的自由与尊严奉为一切法律的最高目的。"

[262] *von Hayek*, Recht, Gesetzgebung und Freiheit, Bd. 2, 1981, S. 62 ff. 详见第八章边码38及以下,第九章边码44及以下、边码49。

[263] *Coing*, Die obersten Grundsätze des Rechts, 1947, S. 48; *ders.*, 5. Aufl. 1993, S. 197.

[264] 基础性文献,参见 *Jonas*, Das Prinzip Verantwortung, 1979; *Hösle*, Die Krise der Gegenwart und die Verantwortung der Philosophie, Transzendentalpragmatik, Letztbegründung, Ethik, 3. Aufl. 1997, S. 257 f.; 关于为后代所承担的义务,新近的论述,可参见 BVerfG, Beschl. v. 24.3.2021, 1 BvR 2656/18 u. a., BeckRS 2021, 8946 Rn. 182 ff., 192-KSG; 有关"自然法",见下文第二章边码128及以下。

[265] *Pawlowski*, Methodenlehre für Juristen, 3. Aufl. 1999, Rn. 40; 各种关于"正义"的学说,可参见 *Seelmann/Demko*, Rechtsphilosophie, 7. Aufl. 2019, § 7.

体领域处理正义问题的路径。对此，我的理解是：价值判断应当以这样一种形式——即通过建立在客观认识上的，以及由此精致化的解决模式之上的"思考"——而得以实现并为人所理解。这种事关思考可能性和思考目标的"正确性衡量"的实施程序，即是法教义学最为内在的特质。[266]

114 值得赞同的是如下观点：法学方法论原则上无法脱离各自法秩序的价值。正因为如此，《刑法典》和《民法典》的适用才可以历经五个政权的更迭，甚而在纳粹时期也能够以"民粹"的方式被人重新诠释（第四章边码67及以下、第十四章边码100及以下）。之后的《基本法》即是要保障此事不再重演。《基本法》第1条即要求国家权力必须尊重人格尊严。这一规定也不得被修改，此为《基本法》第79条第3款规定的"永恒性保障"（Ewigkeitsgarantie）所明确（第二章边码41）。这也是因为《基本法》第1条与1948年《世界人权宣言》序言之间的联系。[267] 联邦宪法法院则对此予以监督。此外，"拉德布鲁赫公式"也为人所推崇（第二章边码131及以下）。因而，现代意义上的法学方法论，其范畴就还包括了宪法之问题，以及来自相邻学科的法构造。这一点在法续造方面尤应予以强调，因为法院可能会以不恰当的方式僭越议会的立法权限。[268] 这一角度也构成对魏德士的反驳：法学方法论背负着阻却不正义结论的任务。《基本法》第79条第3款规定之"永恒性保障"即是确保"法"以及"法学方法论"不会为人所滥用。本书后文还将详述法学方法论的"正义性要求"的问题（第十四章边码114及以下）。

---

[266] Esser, AcP 172 (1972), 97, 113; 也参见 BVerfG, Beschl. v. 14. 2. 1973, 1 BvR 112/65, BVerfGE 34, 269, 287-Soraya: "牢固的、一般性的正义观念"；参见 Larenz, Methodenlehre der Rechtswissenschaft, 6. Aufl. 1991, S. 122 f.; Fikentscher, Methoden des Rechts, Bd. III, 1976, S. 426 f., 650 f., Bd. IV, 1977, S. 6, 188 ff.; Pawlowski, Methodenlehre für Juristen, 3. Aufl. 1999, Rn. 140。

[267] Präambel Abs. 1 AEMR; 关于此，详见 Rensmann, Wertordnung und Verfassung, 2007, S. 27 ff。

[268] 第一章边码34，并主要参考第十三、十四章。

2. 法学方法论的不同任务

法学（作为科学）是自由的；它本身不作决断。而在宪法领域，只有政治得以法政策之方式自由决断。法的实践必须遵从现行法，此为《基本法》第20条第3款后半句规定的"法律保留"所明确，也正因如此，法的实践就不得不遵循一定的方法。[269] 换言之：法学方法论须维护法的约束及其所依托的价值。[270] 法律人的任务就在于，本着事实从法当中找寻具体的规则，以恰当解决所遇到的问题。因此，方法论的目的就是确保法规范以符合宪法、理性上已得验证并且可供验证之方式适用于具体的事实。 **115**

首先，法学方法论意图限制法律适用者的主观偏好；也就是说，法的获取应当**客观化**（verobjektiviert，第一章边码47），其方式可以是描述法源的特征并将"法的获取"限于实证法。由此一来，结论就可以尽可能充分地接受**理性的事后检验**（rationale Nachprüfung）。[271] 这种说理义务来自诸如"禁止任意"和保障"听审权"等宪法原则（第一章边码40）。 **116**

其次，法学方法论的第二个目的在于，使得对结论的论证尽量避免与法秩序产生价值冲突。也就是说，法学方法论担负着重要的**体系化功能**（Systematisierungsfunktion）。[272] 与此一致，它也承担着协调或者说一体化的功能。这在欧盟规定转化于国内法时尤为重要。[273] 适用方法的目的是确定和发展现行法。因此，法学方法论还承担着认知功能（Erkenntnisfunktion）。[274] **117**

最后，经过法学方法的洗礼，结论可以更具说服力。就此而言，方法准则可以引导法获取的过程并保障法的安定性。借助法学方法，可以将不 **118**

---

[269] *Rückert/Seinecke*, in: dies., Methodik des Zivilrechts-von Savigny bis Teubner, 3. Aufl. 2017, S. 39, 40 f.

[270] *Morlok*, in: Gabriel/Gröschner, Subsumtion, 2012, S. 179, 183.

[271] 关于"法学思维"富有启发的见解，可参见 *Gauch*, in: FS Kramer, 2004, S. 169 ff。

[272] *Larenz*, Methodenlehre der Rechtswissenschaft, 6. Aufl. 1991, S. 437 ff.；有关"体系"之概念，可参见 *Zimmermann*, 112 L. Q. Rev. (1996), 576, 585。

[273] 详见下文第十二章。不同观点参见 *Flessner*, JZ 2002, 14, 16, 鉴于欧盟层面非体系性的立法进程，作者对这一点表示怀疑。

[274] *Larenz*, Methodenlehre der Rechtswissenschaft, 6. Aufl. 1991, S. 244.

妥当的结论排除出去，此即（法学方法论的）**审查功能**(Kontrollfunktion)。当法律人意欲导出有创见性的结论时，方法论就尤为重要。在法续造的层面，对方法论的使用还必须表现得更为精确。唯在存有疑问的边界领域，例如在法律完全沉默的情形，才有其发挥的余地（参见第十三章边码 39 及以下）。

119 法学方法论的目的就在于从各种不同的解决方案中寻得最具说服力的方案。基于理性之要求（Rationalitätsanspruch），法学方法论致力于实现（结论的）连贯性[275]与可接受性（第五章边码 101 及以下）。因此，那种按照自己的"前理解"（第一章边码 70 及以下）或者单凭法官的决断论（第十四章边码 40 及以下）进行裁判的做法，都明显违背了法学方法论。

120 科学之目的是有步骤地、通过深思熟虑的方法，获取有关某一对象的知识。当中所得到的结论必须经过理性的论证。[276] 这里不由令人联想到（洪堡的）那句名言——人类对真理之追求，即"探索那些未知的、而永远不可能穷尽的知识"[277]，这一点是值得赞扬的。[278] 根据上文提到的法学方法论的功能可知[279]，法学也不能失掉其科学之本性。[280]

---

[275] 详见 *Strauch*, Methodenlehre des gerichtlichen Erkenntnisverfahrens, 2017, Teil B。

[276] 科学研究是这样一种精神活动，它的目标是，以有方法的、体系化的、可验证的方式获取新知识，参见 Bundesbericht Forschung III, BT-Drs. V/4335, S. 4。之前已有的见解，参见 *Canaris*, Systemdenken und Systembegriff in der Jurisprudenz, 2. Aufl. 1983, S. 43：法学是受方法引导的、以理性论证为基础的工作。

[277] *von Humboldt*, Über die innere und äußere Organisation der höheren wissenschaftlichen Anstalten in Berlin, in：*Preußische Akademie der Wissenschaft*, W. v. Humboldt, Schriften, Bd. 10, 1903, S. 250, 253。

[278] 富有启迪性的判决可参见 BVerfG, Urt. v. 29. 5. 1973, 1 BvR 424/71 u. a., BVerfGE 35, 79, 113-Hochschul-Urteil。

[279] 参见 *Rüthers/Fischer/Birk*, Rechtstheorie, 11. Aufl. 2020, Rn. 649 ff. sowie Rn. 321 ff.（有关法教义学的部分）；*Herresthal*, Rechtsfortbildung im europarechtlichen Bezugsrahmen, 2006, S. 48 ff。

[280] *Coing*, Grundzüge der Rechtsphilosophie, 5. Aufl. 1993, S. 298；*Kaufmann*, ARSP 72 (1986), 425 ff.；*ders.*, Das Verfahren der Rechtsgewinnung, 1999, S. 38, 42；*Zimmermann*, 112 L. Q. Rev. 112 (1996), 576, 585；*Bydlinski/Bydlinski*, Grundzüge der juristischen Methodenlehre, 3. Aufl. 2018, S. 17. **不同观点**，参见 *Honsell*, Was ist Gerechtigkeit？, 2019, S. 111：不是狭义的科学，而仅仅是评价科学和论辩技艺；*Palandt/Grüneberg*, BGB, 80. Aufl. 2021, Einl. Rn. 46（参见第十四章边码 40）。批评性观点，也参见 *Jestaedt*, JZ 2014, 1 ff.；*Kuntz*, AcP 216 (2016), 866 ff。

第五节　第一章小结

（1）法源理论（第一部分）及法解释（第二部分）均属法学方法论之内容。而法的具体化及建构则经由案例对比法、借助案例丛集及法原则而得以实现（第三部分）。作为上位法，（各国）宪法和欧盟法与普通法在法的适用上交织在一起（第四部分）。法学方法论以法的和平与安定为宗旨。就此而言，法续造之界限，以及案例诠释学、检验顺序、各种法适用模型的位阶等，均值得探讨（第五部分）。

（2）法学方法论是一种正当化的学说。具体涉及罪刑法定原则、法的平等适用义务以及为裁判提供说理的义务。一方面，法学方法论要限制法官之于议会的权力。"法律保留"原则亦是以保障权力分立为宗旨。另一方面，法学方法论也旨在限制（法官）对于民众的权力。法院裁判的说理乃是现代时期的产物。

（3）法学方法论同时也是一种论辩及说理的学说。它被用来反驳错误的观点、论证合理的观点，并从各种观点中选择最具说服力的观点。法学方法论要求提供可资验证的说理，从而在解释、具体化和建构等领域训练相应的法学思维。相应的思维方式除演绎和归纳外，还包括衡量以及论题上的法学创新。相反，前理解、法学的决断论及事后说理等都属于应予摒斥的思维方式。

（4）法学方法论并非无涉价值。它的目的是使说理经得起理性的事后检验，并通过其自身的程序实现正义。

本章参考文献：

Bitter, *Georg/Rauhut*, *Tilman*, Grundzüge zivilrechtlicher Methodik, JuS2009, 289-298; *Brugger*, *Winfried*, Konkretisierung des Rechts und Auslegung der Gesetze, AöR 119 (1994), 1-34; *Dreier*, *Ralf*, Was ist Gerechtigkeit?, JuS 1996, 580-584; *Engel*, *Christoph/Schön*, *Wolfgang* (*Hrsg.*), Das Proprium der Rechtswissenschaft, 2007; *Greco*, *Luís*, Richterliche Macht ohne richterliche Verantwortung, RW 2020, 29-62; *Hassemer*, *Winfried*, Juristische Methodenlehre und richterliche Pragmatik, Rechtstheorie 39 (2008), 1-22; *Herbst*, *Tobias*, Die These der einzig richtigen Entscheidung, JZ 2012, 891-900; *Honsell*, *Heinrich*, Die rhetorischen Wurzeln der juristischen Auslegung, ZfPW 2016, 106-128; *Jestaedt*, *Matthias*, Wissenschaft im Recht, JZ 2014, 1-12; *Kaufmann*, *Arthur*, Theorie der Gerechtigkeit, Problemgeschichtliche Betrachtungen, 1986; *Kischel*, *Uwe*, Die Begründung, Zur Erläuterung staatlicher Entscheidungen gegenüber dem Bürger, 2003; *Lübbe-Wolff*, *Gertrude*, Form, Stil und Substanz gerichtlicher Urteile-am Beispiel der Verfassungsgerichtsbarkeit, in: Schürmann, Eva/von Plato, Levno, Rechtsästhetik in rechtsphilosophischer Absicht, 2020, S. 17 - 40; *Möllers*, *Thomas M. J.*, Wie Juristen denken und arbeiten-Konsequenzen für die Rolle juristischer Methoden in der juristischen Ausbildung, ZfPW 2019, 94-121; *Poscher*, *Ralf*, Wozu Juristen streiten, JZ 2013, 1-11; *Rüthers*, *Bernd*, Wozu auch noch Methodenlehre, JuS 2011, 865-870; *Starck*, *Christian*, Zur Notwendigkeit einer Wertbegründung des Rechts, ARSP Beiheft 37 (1990), 47-61; *Vogenauer*, *Stefan*, Sources of Law and Legal Method in Comparative Law, in: Reimann, Mathias/Zimmermann, Reinhard, The Oxford Handbook of Comparative Law, 2nd ed. 2019, Chap. 32, S. 877-901.

第二章 法源

这一章所要讨论的问题是，在解决某个案件时允许以及必须考虑哪些法源。哪些法源应当予以考虑，而它们之间的关系和位阶又是怎样的（第一节）？为此，就需要介绍"上位法规则"（Lex-superior-Regel）这一最为重要的论证模型。其并非一种解释规则，而是必须被严格遵守的"优先规则"。因此，与之相异的解释结论都是错误的（第一章边码64及以下）。违反优先规则，将导向错误的结论（第二节）。此外，如果尚需考虑欧盟法（第三节）和国际法（第四节），则会产生许多颇有争议的细节问题。最后，自然法也可以在法发现的过程中发挥一定作用（第五节）。

第一节 法与法源

一、对"法"进行定义的标准

1. 法源与法认知源

（1）"行政权力和司法受法律与法之约束"，《基本法》第20条第3款如是规定。在解释"法"或将"法"具体化之前，首先需要理解"法"究竟是什么。法源理论所关切的问题，即对某一个具体的法规范是否可以或者必须在法之发现的过程中予以考虑。此时，国内法、欧盟法和国际法各个层面的"法"都将进入视野。而判例和法学学说（第三章边码22及以下、边码100）也可能牵涉其中。需要与此相区分的则是法之适用，即法应当如何适用的问题。

3　　　形式上,"法"被理解为具有一般约束力的、由立法者颁行或者至少为立法者承认,或者由法院所适用的规范。[1] 内容上,"法"则被定义为社会规范的整体,组织性的强制力为其效力保障,而其运用及生成须基于相应的权限,其约束力的实现则以对其正当性的信任为前提。[2] 此外,如果认为"法"不能是"难以容忍的恶"[3],那么"法"还可以被描述为由立法者颁行或者至少为立法者承认或者由法院所适用的,不构成难以容忍之恶、并由国家的强制手段保障实施的规范。[4] 据此,"法"就不仅包括了制定法(所谓"实证法"),还涵盖了自然法(所谓"超实证法")、法原则以及不成文法。与这一"客观的法"相区别的是"主观的权利",例如"请求权"——依《民法典》第194条第1款之立法定义,"请求权"是某人享有的要求他人作为或不作为的权利。"客观的法"故而具有一种针对"主观的权利"的服务性功能(dienende Funktion)。[5]

4　　　(2) "法源"是一个很难被解释清楚的概念。[6] 它所指称的,是"客观法"所表现的外在形态:宪法、法律、法规等所有规范。广义上,"法源"则包括了所有于"法"而言事关重要的影响因素,如法学学说、行政或司法实践。不过,权威性的见解均从更为狭义的角度认识"法源"的概念。据此, "法源"仅是对法律适用者而言**具有约束力的法规范**(verbindlichen Rechtssatz)。[7]

5　　　法律、法规或规章即为所谓的"**基础性法源**"(primäre Rechtsquellen)。

---

[1] 参见 Rüthers/Fischer/Birk, Rechtstheorie, 11. Aufl. 2020, Rn. 53, 56;类似的可见 Hilbert, JZ 2013, 130, 132。

[2] Koller, Theorie des Rechts, 2. Aufl. 1997, S. 44.

[3] 见下文第二章边码131及以下介绍的"拉德布鲁赫公式"。

[4] 也参见 R. Dreier, NJW 1986, 890, 896。

[5] 耶利内克即称:"公法的客观制度是公法主观权利之基础。"参见 Jellinek, System der subjektiven öffentlichen Rechte, 2. Aufl. 1905, S. 9; Haack, Theorie des öffentlichen Rechts, 2017, S. 22 f。

[6] 不同的定义可参见 Ruffert, in: Hoffmann-Riem/Schmidt-Aßmann/Voßkuhle, Grundlagen des Verwaltungsrechts, Bd. 1, 2. Aufl. 2012, § 17 Rn. 1; Canaris, in: Basedow, Europäische Vertragsrechtsvereinheitlichung und deutsches Recht, 2000, S. 5 ff。

[7] Rüthers/Fischer/Birk, Rechtstheorie, 11. Aufl. 2020, Rn. 217.

宪法则是法源理论的出发点。[8] 法律和法规生效并产生约束力，除非其出于形式或实质[9]之理由被认定为无效。它们的规范效力和约束效力终于立法者的废止行为。而"规章"（Satzung）则在违反上位法时自动失效，事后的废止也只具有宣示效力。[10] 类似"建筑规划"这样的规章还可以因为事实上的不可实现而失效。[11] 此时，"信赖保护"构成对立法者的限制。本书认为，除此之外亦存在一种"**次级法源**"（sekundäre Rechtsquellen），例如法官法、行政规定和私人创设的规范等，它们表现出较弱的约束力。

不同的是，没有法之约束力的影响因素则只能被称作无约束力的"**法认知源**"（Rechtserkenntnisquellen）。这一第三领域也可以被冠以"**软法**"（soft law）之名。譬如（法官）自愿参照的国外法院的判决（第三章边码94）、示范性法律（Modellgesetze，第三章边码17）或者法学学术文献，即属此类。[12] "法认知源"只是社会学意义上的法源，它帮助法官恰当地认知（识别）生效之"法"[13]，而其自身却并不产生约束力。

6

2. 效力与约束力

该如何处理德国纳粹时期严重的人权侵害行为？对其应适用什么法？（第二章边码130及以下）。或者，在欧盟法与国内法冲突时，何者居优先地位？在法学上，不同法源的效力（Geltung）和约束力（Bindungswirkung）之间必须作出严格的区分。第一个要回答的问题是，某一法源是否有效（gilt）。[14] 1958年，各种欧洲的条约生效之际，人们尚不清楚，

6a

---

[8] *Röhl/Röhl*, Allgemeine Rechtslehre, 3. Aufl. 2008, S. 520 f.; *Gaier*, in: Lobinger/Piekenbrock/Stoffels, Zur Integrationskraft zivilrechtlicher Dogmatik, 2014, S. 85, 95 ff.

[9] 例如因为违反了上位法（第二章边码36及以下）。

[10] BVerwG, Beschl. v. 6. 5. 1993, 4 N 2/92, BVerwGE 92, 266, 270; *Hoffmann-Riem*, in: ders./Schmidt-Aßmann/Voßkuhle, Grundlagen des Verwaltungsrechts, Bd. 2, 2. Aufl. 2012, § 33 Rn. 3.

[11] BVerwG, Urt. v. 3. 8. 1990, 7 C 41/89 u. a., BVerwGE 85, 273, 281 f.; BVerwG, Urt. v. 6. 4. 2016, 4 CN 3/15, NVwZ 2016, 1481, 1482.

[12] 第三章将介绍对这种"三分法"的认识。

[13] *Rüthers/Fischer/Birk*, Rechtstheorie, 11. Aufl. 2020, Rn. 217.

[14] *Haack*, Theorie des öffentlichen Rechts, 2017, S. 24 f.

这些条约是否自动在欧盟的成员国国内生效（第二章边码 82 及以下）。通常来说，外国法的判决在德国是没有效力的（详见第三章边码 76 及以下、边码 94）。私人创设的规范一般也只是充当"法认知源"，也即并不自动具备效力。但若证实了可推翻的推定，或者在诉讼程序中将其作为证据考虑（第三章边码 60 及以下），那么私人创设的规范就可以获得效力。[15]

6b 另一个需要与之相区别的问题则是，法源是否也同时具备解决具体案件的约束力。这里的问题也在于各种不同法律之间的冲突。宪法虽然在全德国具备效力，但是其在私法中对当事人而言通常只有间接的约束力（第十一章边码 11 及以下）。在欧盟法方面，欧盟法虽然有效，但只在满足特定的条件时才具备所谓的"适用优先性"，从而可以被适用（第十二章边码 4 及以下）。而其在私人之间的适用以及欧盟指令的适用等又都各有自身之特点。在欧洲，判决虽然有效力，但其一般仅约束当事人，而不产生针对所有人的约束力（第三章边码 3）。就这一点而言，英美法系则大不相同（第三章边码 44）。

3. 作为应然规范的法规范

7 （1）英国法学家奥斯丁（Austin）将"客观法"定义为统治者向被统治者施加的"规诫与命令"[16]。类似地，德国法学家托恩（Thon）在 19 世纪末提出了所谓"命令论"（Imperativentheorie）[17]。法规范由"命令"和"禁令"组成。"命令"允许并要求特定的"作为"；而"禁令"则禁止某种"作为"并要求"不作为"；就此而言，法规范就是"**应然规范**"（Sollensnormen）[18]。通常而言，法规范由构成要件（Tatbestand）、

---

[15] 有关《股份公司法》第 161 条第 1 款规定的"说明义务"，参见第三章边码 63 及以下。

[16] *Austin*, Lectures on Jurisprudence or the Philosophy of Positive Law, Vol. I, 5th ed. 1885, S. 90, 94："立法者的命令就是法或规则。"

[17] *Thon*, Rechtsnorm und subjektives Recht, 1878, S. 8；有关"主观权利"的论述，则参见耶利内克（第二章脚注 5）。

[18] 除托恩外，也可参见如下文献：*Radbruch*, Grundzüge der Rechtsphilosophie, 1914, S. 72 f.; *Kelsen*, Reine Rechtslehre, 2. Aufl. 1960, S. 4 f., 25 f., 45; *Engisch/Würtenberger/Otto*, Einführung in das juristische Denken, 12. Aufl. 2018, S. 36 ff.; *Rüthers/Fischer/Birk*, Rechtstheorie, 11. Aufl. 2020, Rn. 148 ff.; *Zippelius/Würtenberger*, Juristische Methodenlehre, 12. Aufl. 2020, S. 2 ff.

连结词（Kopula）及法效果（Rechtsfolge）这三者组成。[19] 待规制之情形的所有特征，即属于"构成要件"；而"法效果"则是对"命令"和"禁令"内容上的进一步细化，例如"履行"（Erfüllung）、"不作为"（Unterlassung）或者"损害赔偿"（Schadensersatz）等。而"连结词"（Kopula 一词即"连结"的拉丁语）则将"构成要件"和"法效果"连结起来，并表征了一种应为之义务。典型的表达即是："不得不，必须，有义务……，不可"等。因此，法规范的特点体现于它要求某种行为，并为之规定相应的法效果。

就此可参见《民法典》第 823 条第 1 款：

构成要件：故意或过失地以违法之方式损害他人的生命、身体、健康、自由、财产或其他权利，并造成他人损害者，

连结词：负有义务，

法效果：向他人赔偿由此发生的损害。

（2）法规范与事实的不同之处在于，前者有"效力"之说，即约束它所相关的主体。[20] 作为"应然规范"，法规范要求某种"作为"或"不作为"，而其本身是否切合生活事实，则在所不问。例如，根据《民法典》第 892 条第 1 款第 1 句的规定，为保护善意第三人，登记簿被视为正确公示了权属，即使其客观上可能是错误的（第四章边码 55）。"实然"（Sein）和"应然"（Sollen）因而是不同的（第三章边码 20 及以下）。

（3）美国法学家卢埃林（Llewellyn）指出，"法"并不仅仅以行为规制为目的，还可承担一定的"整理功能"，例如，除了规定义务的法规范，有的法规范只是确定权利（如《民法典》第 903 条的"所有权"规定），有的法规范则是规定了立法定义。[21] 拉伦茨则认为，所有的法规范都是

---

[19] 进一步的区分 *Schnapp*, Logik für Juristen, 7. Aufl. 2016, S. 76 f.；其他学者则只谈论"构成要件"与"法效果"，例如 *Larenz*, Methodenlehre der Rechtswissenschaft, 6. Aufl. 1991, S. 251 f。

[20] *Henkel*, Einführung in die Rechtsphilosophie, 2. Aufl. 1977, S. 41 f.

[21] *Llewellyn*, 49 Yale L. J. 1355 ff.（1939/40）; s. hierzu *Rehbinder*, Rechtssoziologie, 8. Aufl. 2014, Rn. 96 ff.; *Bydlinski*, Juristische Methodenlehre und Rechtsbegriff, 2. Aufl. 1991, S. 197 ff.; *Hart*, The Concept of Law, 3rd ed. 2012, S. 27 ff.

"规定"（Bestimmung）[22]。不过，这种理论形如空谈。"权利"和"立法定义"通常也都和命令式的规定存有联系。例如，《民法典》第823条第1款的适用就离不开第903条对"所有权"的定义，以及第249—253条对"损害"的定义。初入门道的法律人会根据各种命令式来识别各种法律究竟是请求权基础、禁令还是授权规范，这是不无道理的。[23] 因此，如果没有了强制性，归根到底也就没有了"法"[24]。

4. 法律的强制手段和执行

有一种研究方向名谓"法行为学"（Rechtsethnologie），即致力于研究行为与法的行为规定之间的相互关系。[25] "法律"必须让其受众感受到它的约束力。[26] 为此就需要切实可行的强制手段。如果强制手段付之阙如，民众就可能无视法规范的约束性，亦无从树立相应的法意识。[27] 法律如果仅仅是立法者政治活动的伪装，而缺乏实施之保障，那它就会被民众抛弃或者徒有使人厌烦之效果。这种法律的制定不过是象征性的；人们称之

---

[22] *Larenz*, Methodenlehre der Rechtswissenschaft, 6. Aufl. 1991, S. 256; *ders.*, in: FS Engisch, 1969, S. 150, 153 ff.; zustimmend *Henkel*, Einführung in die Rechtsphilosophie, 2. Aufl. 1977, S. 44.

[23] *Möllers*, Juristische Arbeitstechnik und wissenschaftliches Arbeiten, 10. Aufl. 2021, § 2 Rn. 13 ff.

[24] 耶林曾如此形象地说道："国家予以执行的强制力便是法的绝对标准，没有强制的法就是自相矛盾的，好比火不燃烧，光不发亮。"参见 *Jhering*, Der Zweck im Recht, Bd. 1, 4. Aufl. 1904, S. 250。

[25] 参见 *Hof*, Rechtsethologie, 1996, S. 1.；关于"助推"（Nudging，或称 Stupsen）这一概念，参见下文第五章边码129a。

[26] *Heller*, Allgemeine Staatslehre, 4. Aufl. 1970, S. 191 ff.; *Welzel*, Die Frage nach der Rechtsgeltung, 1966, S. 15.

[27] *Gruter*, in: Engisch u. a., Rechtstheorie, Bd. 11, 1980, S. 96; *Habermas*, Faktizität und Geltung, 1992, S. 143 ff.; *Rehbinder*, Rechtssoziologie, 8. Aufl. 2014, Rn. 115；针对一次与新几内亚 Kapauku 族相关的田野调查，可参见 *Pospišil*, Anthropology of Law: A comparative theory, 1974. *William Goldings* 的作品《蝇王》（Lord of the Flies, 1954）可谓在文学上提供了一个非常生动的例子。小说讲述了一群困在岛上的儿童，如何利用一个贝壳为他们自己建立了一套规则。只有手拿贝壳的人，才有权力在集会中发言（"听他的，贝壳在他手里"——原文第111页）。但是这一构想最终还是失败了，因为违反规则的人并不会受到惩罚（"规则！"拉尔夫喊道："你在破坏规则！""那又怎样？"——原文第114页）。最后，规则恰如那枚贝壳一般支离破碎了（贝壳碎成了万千雪白的碎片，再也不存在了——原文第222页）。

为"象征性立法"（symbolische Gesetzgebung）或者"橱窗法"[28]。旧金山市政大厅就曾经为了贯彻乘客在公交车上对老年人的"关照义务"而不辞辛劳地陆续张贴了如下三个一次比一次醒目的标语：

"关照义务"：

1．"请配合我们将这些座位预留给老人和残障人士。"

2．"根据 Federal Law 49 CFR 37, 5-14 之法律规定，这些座位必须空给老人和残障人士。"

3．"这是**法律规定**！前排座位务必空给老人和残障人士。"

安全带义务案：在驾驶机动车时系安全带的法定义务虽然早已为人所知，且规定得足够明确，并经联邦宪法法院确认符合比例原则，而不违反《基本法》第 2 条的规定。[29] 但是，直到立法者规定不系安全带者应缴纳 40 马克（等于 30 欧元）的罚款后，大部分的汽车司机才开始正视这一义务。[30]

法律不仅必须公开制定并配置强制性的后果，还必须得到执行。在环境法[31]、街道交通法以及税法等领域，"**执行不足**"（Vollzugsdefizit）可谓一个众所周知的问题。若法律得不到执行，而强制手段仅仅偶然性地施于少数人，那么法律难免会为民众的多数人所漠视。

在许多国家，如挪威和瑞士，违反道路交通规则的人将被处以高额的罚款或罚金。由于罚金数额巨大[32]，新加坡亦属于法律最为严苛的亚洲

12

13

14

14a

---

[28] *Schmehl*, ZRP 1991, 251 ff.; *Voß*, Symbolische Gesetzgebung: Fragen zur Rationalität von Strafgesetzgebungsakten, 1989; *Sendler*, NJW 1989, 1761, 1763; *Deckert*, Folgenorientierung in der Rechtsanwendung, 1995, S. 24, 97.

[29] BVerfG, Beschl. v. 24.7.1986, 1 BvR 331/85, NJW 1987, 180-Gurtanschnallpflicht.

[30] Vgl. §§ 21, 21a Abs. 1 S. 1, 49 Abs. 1 Nr. 20a StVO, §§ 24, 26 a Abs. 1 Nr. 2 StVG, Lfd. Nr. 100 Anlage zu § 1 Abs. 1 Bußgeldkatalog（BKat）.

[31] *Möllers*, Rechtsgüterschutz im Umwelt-und Haftungsrecht, 1996, S. 6 ff.

[32] 例如，若未经同意投喂国家公园的猴子，将被处以 2000—5000 新加坡元罚金（Sec. 9 Subsec. 1, 4 SPTA）；使用手机操控汽车，将被处以 1000 新加坡元罚金或 6 个月自由刑（Sec. 65B RTA）。

国家之一。[33] 如此的强制手段似乎可以被认为是不合比例的。同样饱受争议的问题是，这种严酷的制裁究竟能否发挥威慑力或者一般性的预防效应（参见第五章边码127）。若规范未辅以严格的监督，那么再高额的罚金也无济于事。尽管美国的很多州适用死刑，但美国的犯罪率仍然明显高于欧盟国家。[34] 因此，比起严苛的刑罚，可靠而及时的惩罚更为有效。[35]

二、法与道德、伦理以及政治正确的区别

1. 道德、伦理及政治正确

15　　在参加法学考试时，道德和伦理是不能被用来说理的，此时人们必须紧紧围绕成文法。那么，道德和法又当如何区别？**道德**（拉丁语：moralis），伦理或者风俗，系指规定了社会中人与人之间行为的、个人或社会中的大多数成员认同其约束或者至少将其接纳的原则与价值。[36] 譬如所谓的"好意施惠行为"，通常不会招致法律上的义务。[37] 而身着泳裤去观看剧院演出的人，应当会预料到，他的行为会让大多数观众认为是有悖道德的。

16　　**"伦理"**（Sittlichkeit）所涵盖的通常是诸如礼貌、得体的行为、婚姻的忠诚或者节俭等"次级美德"（Sekundärtugend）。例如，受邀者应当给主人带一份见面礼，男士帮女士开门等。伦理性的行为规范可能建基于某种宗教或者世界观，例如，基督教的伦理——"爱邻人如爱你自己"[38]。此外，伦理义务可能源自个人的良知，此时伦理上的感受就是个人化的。不过，在一个多元化的社会，对于什么应当受到道德或伦理的普遍约束这一问题，很难形成共识。共同的基础或许就是著名的"黄金法则"："己

---

[33] S. Singapore Police Force Annual Crime Brief 2020, abrufbar unter https://www.police.gov.sg/media/9750BE30F12D4BAC859982A1D0EC8B07.ashx.

[34] S. *United Nations Office on Drugs and Crime – UNODC*, Global Study on Homicide, 2019, abrufbar unter www.unodc.org/unodc/en/data-and-analysis/global-study-on-homicide.html.

[35] *Hof*, Rechtsethologie, 1996, S. 474 f.

[36] 德语中 Moral（道德）一词也常与 Ethik（伦理）混用，参见 *Patzig*, Ethik ohne Metaphysik, 2. Aufl. 1983, S. 4; *Seelmann/Demko*, Rechtsphilosophie, 7. Aufl. 2019, § 3 Rn. 3 ff.

[37] 参见 *Neuner*, Allgemeiner Teil des Bürgerlichen Rechts, 12. Aufl. 2020, § 28 Rn. 17 ff.

[38] 参见《圣经》加拉太书 5，14；雅各书 2，8；马太福音 19，19；22，39。

所不欲，勿施于人。"[39]

此外，"**交易习惯**"（Verkehrssitte）也并非法源。因为人们在它之上尚未形成法的确信（Rechtsüberzeugung），即不认为它属于"法"[40]。不过，根据《民法典》第157条的规定，在解释（合同）时可以将交易习惯作为考虑因素。

最后，还存在一些足以影响当地文化的政治上的价值观念，例如有关"德国的主导文化"（Leitkultur）的讨论就说明了这一点。[41] 在这一领域，就需要遵守所谓的"**政治正确**"（political correctness），这类事物常常会让外国人感到突兀，因为特定的主题只有在国内才会显得比较敏感。它们通常与一个国家的文化和历史特性密切相关。违反"政治正确"虽然通常不会导致刑罚之启动；但是，政客如果不慎违反之，就会立时赌上自己的前程。例如，在德国，所有与纳粹历史相关的事实都必须谨慎处之。而在美国，两性道德观念则更加受人重视。

德国前联邦议院主席耶宁格（Jenninger）就因为对1938年的所谓"帝国屠杀夜"发表了引人误解的纪念讲话[42]而不得不去职。"莱温斯基丑闻"则差点使美国总统克林顿下台；当时的弹劾程序险些成功。

2. 与"法"的区别

法、伦理和道德的共同点在于，它们作为社会规范都确立了一种"应

---

[39] 或者从正面如是表述："想让他人如何对待自己，你就当如何对待他人。" *Quod vis ut alii tibi faciant, tu ipsis facies.*，参见 *Thomasius*, Fundamenta Juris naturae et Genitum, 4. Aufl. 1718, I. Buch, Kap. VI, § 41；也见《新约》Matt 7, 12："所有你期待他人做的事情，你也当施于他人"；康德的"定言令式"也是基于这一角度，参见 *Kant*, Grundlegung zur Metaphysik der Sitten, 3. Aufl. 1792, S. 52："只依据那些你也愿意承认其为普遍法则的准则行动。"（Handle nur nach derjenigen Maxime, die du zugleich wollen kannst, daß sie ein allgemeines Gesetz werde），关于此可参考 *Hruschka*, JZ 1992, 429, 434。

[40] Palandt/*Grüneberg*, BGB, 80. Aufl. 2021, Einl. Rn. 23.

[41] 更深入的理解可参见 *Pautz*, Die deutsche Leitkultur: eine Identitätsdebatte, 2005, S. 69 ff.；*Lammert*（Hrsg.）, Verfassung, Patriotismus, Leitkultur, 2006。

[42] https://www.lmz-bw.de/fileadmin/user_upload/Downloads/Handouts/2018-06-13-jenninger-rede.pdf；以及 *Hölscher*（Hrsg.）, Political Correctness, 2008。

为规则"。除此之外，法和道德则有两方面向不同。虽然人们也尝试通过鄙弃、责备和隔绝等社会强制手段限制违反道德和伦理规范的行为[43]，但这仅仅在小型的、单一的社会团体中奏效，而在西方多元化的社会中，究竟能否对约束性的次级美德形成共识是存有疑问的。法和伦理、风俗的第一个区别，就在于强制的方式：只有"法"系由**国家的手段保障实施**。[44]

21　　贵族案：某公司的老板G雇用K为企业负责人，并提供给他一间房子作为经营场所，K之后可以买下这间房子。当K催促G履行时，G强调随时可以进行公证行为，但他们两人之间无须这样。G指出（公证行为）不过是走个程序，他这一贵族的言辞本身就意味着合同。K是否可以成功诉请合意的履行？

22　　答案：由于缺乏公证人认证，据《民法典》第125条及第311b条第1款第1句的规定，本案中的合同不生效力。帝国法院驳回了起诉，除了否认原告转让所有权的请求权，也否认本案成立《民法典》第826条规定的违背善良风俗的损害行为。法律关于形式要件之规定，其要义就在于，若形式未得到遵守，即不存在作出法律行为之意思表示的义务。[45]

23　　不过，道德可以比法有"**更多的**"作为。法所规制的内容通常要少于道德或伦理的要求；法仅仅意图在人类当中实现"可以忍受"的生活，所确立的乃是一个最低标准。刑事程序中的被告人并非必须坦白真相；他享有"沉默权"（《刑事诉讼法》第136条），特定条件下甚至可以撒谎。道德规范虽然要求人们遵守，但不依赖强制手段的威胁；道德的压力来自"内心的负罪感"，即"**良心**"（Gewissen）[46]。形象地说，法与道德之观

---

[43]　*Hart*, The Concept of Law, 3rd ed. 2012, S. 163 ff.

[44]　通说地位的观点，参见 *Weber*, Rechtssoziologie, 2. Aufl. 1967, S. 71 f。

[45]　RG, Urt. v. 21. 5. 1927, V 476/26, RGZ 117, 121, 126-Edelmann；不过也可以参见 *Neuner*, Allgemeiner Teil des Bürgerlichen Rechts, 12. Aufl. 2020, § 44 Rn. 63 ff. 以及下文第五章边码51。

[46]　*Rüthers/Fischer/Birk*, Rechtstheorie, 11. Aufl. 2020, Rn. 99d。

念堪比两个不同但存有交集的圆环。

进阶练习——十诫案：圣经的"十诫"[47] 究竟属于道德规范还是法规范？

3. 道德与法的互相影响

通过国家的强制手段保障道德观念之贯彻，也是法的任务之一。《民法典》第138、826条就提到了"善良风俗"。风俗观念由此转化为法。依据《民法典》立法者的意图，违反善良风俗的法律行为，系指违反"所有秉承公平和正义之思想者的礼仪观念"[48] 的行为。此处事关的风俗，并非意指实际中通行的习惯，而是占主导地位的法道德和社会道德（第七章边码11）。不过，道德观念也置身于不断的变迁之中。这里可以看到两个截然相反的趋向。

一方面，在一个多元化的社会中会产生**道德观念的自由化**（Liberalisierung）思想。过去一些被认为违反风俗的事实开始被人忽略，从而不再左右人们的道德立场。曾经那种将婚外恋普遍视为背俗的观念，早已显得不合时宜。[49] 如今，德国法律已经允许同性结婚。[50] 立法者已然认可了卖淫者向嫖娼者的请求权，卖淫[51]、色情电话[52]、偷窥秀[53] 等行为也都不再被视为对风俗的违反。此外，联邦宪法法院对宪法的解释也反

---

[47] 可参见《圣经》出埃及记20，3-17；答案见下文第十五章边码4。
[48] 参见 Mot. II, S. 727（第七章脚注45）；以及 RG, Urt. v. 11. 4. 1901, VI 443/00, RGZ 48, 114, 124。
[49] Palandt/*Ellenberger*, BGB, 80. Aufl. 2021, § 138 Rn. 51; **不同观点**，则参见 BGH, Urt. v. 15. 2. 1956, IV ZR 294/55, BGHZ 20, 71, 72-Sittenwidrigkeit eines Testaments; BGH, Beschl. v. 31. 3. 1970, III ZB 23/68, BGHZ 53, 369, 376-Geliebtentestament。
[50] S. Gesetz zur Einführung des Rechts auf Eheschließung für Personen gleichen Geschlechts (《同性婚姻权利法》) v. 20. 7. 2017, BGBl. I Nr. 52, S. 2787; 关于平权的合宪问题，详见 *Wollenschläger/Coester-Waltjen*, Ehe für Alle, 2018 以及下文第四章边码49。
[51] 卖淫构成一个单务合同。卖淫者享有报酬之请求权，而为了保护人格尊严，嫖娼者却没有要求履行性服务的请求权，参见 Begr. AbgeordnetenE, BT-Drs. 14/5958, S. 4, 6; BGH, Urt. v. 13. 7. 2006, I ZR 241/03, BGHZ 168, 314, 319-Kontaktanzeigen in Zeitungen。
[52] **其他观点**可参见 BGH, Urt. v. 9. 6. 1998, XI ZR 192/97, NJW 1998, 2895-Telefonsex。
[53] *Armbrüster*, in: MünchKomm-BGB, 8. Aufl. 2018, § 138 Rn. 58; 旧法时期的**其他观点**见BVerwG, Urt. v. 15. 12. 1981, 1 C 232/79, BVerwGE 64, 274, 279 f. -Peep Show。

映了道德性的价值观念（第十一章边码 4b）。

27 　　另一方面，生活领域之中也不断涌现出新的法律规则，其所调整的行为方式，曾经被认为足堪为礼仪、风俗或道德所体现。社会压力、正常的交往模式以及良心等控制手段，在一个多元化的社会可能不再那么有效。因此，一些根植于社会共识的规则开始"**转变为法律**"。或者反过来说：性侵犯行为增加的敏感性使之亟须匹配相应的制裁。[54] 再比如，职场霸凌（Mobbing）、劳动岗位的歧视（第十二章边码 84）、对性犯罪刑罚的加强[55]或者新近入罪的使用兴奋剂[56]之行为，都属此例。因此，可以说，刑法就是当代社会的"镜像"[57]。

第二节　德国法源的位阶

28　　"法"本身应当如何相互区别？各种法源的关系又如何？

一、法律作为德国法的法源

1. 公私法的区隔与交叉

28a　　（1）国家之法可区分为公法与私法。私法所调整的是私主体，即个别公民之间的关系。私法的主要特征在于个人的决定自由，即所谓私人自治。国家在这一领域保持克制。合同是其中典型的行为方式。而公法调整的则是国家（特别是其针对公民）所实施的"主权行为"（Hoheitliches Handeln）。国家可以通过"警察法"等方式实施自己的权力，即高权行为。刑法也可以被视作公法的一部分，因为国家在实施刑罚时恰是以最激

---

[54] Kubiciel, JZ 2018, 171, 174 gegen Kindhäuser, ZStW 129 (2017), 382, 385; Zabel, ZRP 2016, 202, 204.

[55] Gesetz zur Verbesserung der sexuellen Selbstbestimmung v. 4. 11. 2016, BGBl. I, S. 2460. 据此，要构成《刑法典》第 177 条的"性强制罪"不再需要存在"暴力、威胁或利用无助的境地"，性行为只要违反他人"明显的意志"即为已足。对"说不要就是不要"这一模式的批评，参见 Hoven/Weigend, JZ 2017, 182 ff。

[56]《反兴奋剂法》（AntiDopG）v. 10. 12. 2015, BGBl. I, S. 2210。

[57] Welzel, Das Deutsche Strafrecht, 2. Aufl. 1949, 195 f.; Jescheck, Das Menschenbild unserer Zeit und die Strafrechtsreform, 1957, S. 4, 8.

烈之方式侵入公民的权利领域。[58] 不过，国家也可以如私主体般实施行为，例如购买电脑等。这类情形下，国家并不利用其公权，换言之，它可以弃置其权力手段。此外，国家也可作出福利性的行为，例如为大学生制定《联邦教育资助法》（BAföG）。[59] 公法之特征体现于来自法律和法的约束，即《基本法》第 20 条第 3 款之规定（第一章边码 46）。不同于私主体，国家在实施其行为时原则上要受到更多的限制。例如，在进行裁量（Ermessen）时，要受到《基本法》第 3 条第 2、3 款规定的"禁止歧视"的制约；根据《行政程序法》（VwVfG）第 39 条的规定，国家的行政行为必须"存有理由"（begründet）。

（2）若有人意欲提起诉讼，区分公法和私法即属必要，这可以帮助其选择正确的法律救济途径（Rechtsweg）。就此而言，曾有一些细节问题在历史上引发过争论。"利益说"（Interessentheorie）认为，区分二者的关键在于，国家之与法有关的行为，究竟是影响公共利益还是只影响私人利益。[60] 然而该理论并不能为公法和民法划定清晰的界限。例如，以原则上是公法属性的道路施工为例，如果不得不征收所有权人的财产，这一行为即牵涉私人利益。"支配说"（Subordinationstheorie）则认为公法的本质特征在于主体间的"主从关系"，而私法中法律关系的主体则是平等的。这一理论的局限体现于国家缔结合同从而以平等姿态示人的情形。"主体说"（Subjektstheorie）则关切单个法律条文所规范的主体：若法律条文规范的法律关系，必须由公权力的主体参与，则该条文属于公法领域；若法律条文所规范的法律关系之权利义务原则上可归于任何人，则其便属于私法领域。司法判例则结合了支配说与主体说这两种理论。[61]

29

---

[58] 不过，由于历史原因，刑法扮演着特殊的角色。尽管刑法属于公法的一部分，刑事案件也是归普通法院管辖（§ 13 GVG）。参见 BVerfG, Urt. v. 6. 6. 1967, 2 BvR 375, 53/60 u. a., BVerfGE 22, 49, 77 f., 80; *Schilken*, Gerichtsverfassungsrecht, 4. Aufl. 2007, § 21 Rn. 404。

[59] Bundesausbildungsförderungsgesetz（BAföG）v. 7. 12. 2010, BGBl. I, S. 1952.

[60] 乌尔比安早就持此见解，参见 Ulp. D. 1, 1, 1, 2。

[61] BGH, Beschl. v. 10. 4. 1986, GmS-OGB 1/85, BGHZ 97, 312, 314-Rechtsweg; s. auch BGH, Beschl. v. 29. 10. 1987, GmS-OGB 1/86, BGHZ 102, 280, 283-Rechtsweg.

30　　　　　例如，在国家购置土地时，其是以私主体般的身份实施行为，此时应当适用民法。这一情形下，国家并未使用它的权力手段，它和公民是"平起平坐"的。它自不能命令土地的所有权人接受买方的要约或者报价。此时，国家与公民处于同一层级，而并非凌驾于后者之上（支配说）。相反，市政府向业主发放建筑许可的行为，则是高权、公法性质的行为。在巴伐利亚州，建筑许可的法律依据是《巴伐利亚州建筑规定》（BayBO）第 68 条第 1 款第 1 句，该法条仅赋予政府机关相应的权限（主体说）。业主需遵照许可的具体内容，而市政府则可以借助法律之强制手段确保其履行。此时，政府和公民也身处于一种主从隶属关系。

2. 法规范的区分：法律、法规和规章

31　　法规范面向不特定的多数人和各种情况而调整特定的生活领域。例如《民法典》第 311b 条规定，土地买卖合同只有经过公证人公证才能生效。因此，法规范系一种普遍而抽象的规则，民众或独立法人的权利和义务借由法规范而得以创设、生成及消灭。[62] 制定法由有权的宪法机关予以明确颁布，当中需要进一步区分的则是法律、法规与规章。

32　　（1）"**形式法律**"（formelles Gesetz）这一概念关切的是法规范生成的方式与形式。[63] 一部形式意义上的"法律"是由立法者所制定的。根据《基本法》第 76 条及以下之规定的"两院制"，德国联邦层面的立法机关即联邦议院及联邦参议院。而各个联邦州的立法程序则由各自的州宪法予以相应的规定，如《巴伐利亚州宪法》第 70 条等规定。而"**实质法律**"（materielles Gesetz）的定义则无关其生成的方式和形式，而仅仅强调其内容，指称的乃是具有一般性约束力的法规范。[64] 同为法规范，实质法律与形式法律一样对其受众具有约束力。

33　　（2）"**法规**"（Rechtsverordnung）则指国家的行政权，即行政机关或

---

[62] Maurer/Waldhoff, Allgemeines Verwaltungsrecht, 20. Aufl. 2020, § 4 Rn. 4.
[63] Ossenbühl, in: HStR V, 3. Aufl. 2007, § 100 Rn. 9.
[64] Kloepfer, Verfassungsrecht, Bd. I, 2011, § 21 Rn. 26.

其首脑（如部长）或者政府所颁布的实质意义上的法律。颁布这种法规的前提在于必须存在形式法律授予的立法权，并由法律规定了这一权限的内容、目的与范围，这是《基本法》第 80 条第 1 款第 2 句之要求，即所谓"规定三要素"（Bestimmtheitstrias）。其中一个例子是《道路交通法》（StVG）第 6 条第 1 款，它授予联邦部门制定法规的权限，所催生的即《道路交通法规则》（StVO）。此外，这里也适用"重要性理论"（第十三章边码 83 及以下）。基于此，议会必须至少对法规之内容施以间接性的影响。联邦宪法法院较为恰切地阐述了"规定三要素"：

> 《基本法》第 80 条第 1 款的意义在于防止议会推卸其作为立法机关的职责。它不能将其部分立法权转让给行政权力，除非其考虑这一权限的界限并能够根据趋势和规划准确勾勒这一权限的样貌，以至于能从中识别并预见那些针对民众而言合法的行为（参见联邦宪法法院 E 58, 257 [277] m. w. N.）。[65]

34

（3）诸如基层政府（Kommunen）、律师和医师公会或大学等公法社团，则享有"制定规章权"，由此，它们可以颁布实质法律意义上的"**自治规章**"（autonome Satzungen）[66]。例如，每个大学都可以制定自己的《博士学位授予规则》。与此不同的则是一些私人协会制定的"规章"，原则上国家并未赋予其相应的立法权限。

35

二、上位法：法规范的层级构造及作为冲突规则的"上位法优先"

（1）在世界范围内都存在这种可能性，即在解决某个案例时，多个法域同时有效。此时面临的问题是，在两个法源相互冲突时，应当适用哪一个法源。宪法和普通法的关系、欧盟法和成员国法的关系均属此例。相关具体内容，将在第四部分论述。在联邦制国家，还有联邦法和联邦州法

36

---

[65] BVerfG, Beschl. v. 8. 6. 1988, 2 BvL 9/85 u. a., BVerfGE 78, 249, 272 – Fehlbelegungsabgabe.

[66] *Maurer/Waldhoff*, Allgemeines Verwaltungsrecht, 20. Aufl. 2020, § 4 Rn. 24 ff.

的关系问题。[67] 此处所要介绍的只是法的上位性（Höherrangigkeit）以及初步的冲突规则。麦克尔（Merkl）在20世纪30年代提出了"法的层级构造"（Stufenbau）理论[68] 即是说，法秩序是由各个层级的法规范所形成的，并且它们处于一种高低有别的关系当中。就此而言，便存在一种规范的位阶（Normenhierarchie）。更高阶的规范不仅是低阶规范的效力根据，还规定低阶规范产生的程序，必要时也规定其内容。尽管不得不以"网状结构"作为它的补充（参见第三章边码9及以下），法的层级构造理论还是渐获通说之地位[69]。

37 这一层级构造于法之上造成的后果是显而易见的。两个生效的、不同法源的规范调整同一法律问题所产生的直接矛盾即所谓规范的冲突。[70] 两种不同的法规范处理同一法律问题时即会产生规范冲突，而当规范相互抵牾时，往往并非需要在它们之间进行权衡；更多时候，这里适用的是一种明显的优先规则。上位法优于下位法，其拉丁语的表达是：lex superior derogat legi inferiori。[71] 该思想起源于近代的一种观念，即认为，上位法的立法者有权阻遏或废止低阶立法者制定的与之相矛盾的法。[72] 这可以带来三个不同的后果。

38 （2）一个可能的后果是，与上位法相冲突的下位法会是无效的。这可

---

〔67〕 关于英美法系，参见 *Vandevelde*, Thinking Like a Lawyer, 2nd ed. 2010, S. 210。

〔68〕 *Merkl*, in: FS Kelsen, 1931, S. 252, 272 ff.

〔69〕 *Kelsen*, Reine Rechtslehre, 2. Aufl. 1960, S. 228 ff.; *Röhl/Röhl*, Allgemeine Rechtslehre, 3. Aufl. 2008, S. 308 f.; *Rüthers/Fischer/Birk*, Rechtstheorie, 11. Aufl. 2020 Rn. 272 ff.; *Bydlinski*, Juristische Methodenlehre und Rechtsbegriff, 2. Aufl. 1991, S. 201; *Kramer*, Juristische Methodenlehre, 6. Aufl. 2019, S. 103；**不同观点则可参见***Teubner*, Soziale Systeme 2 (1996), 229, 231，托依布纳将之称为"法丧心病狂的自我欺骗"。

〔70〕 BVerfG, Beschl. v. 4. 6. 1969, 2 BvR 173/66 u. a., BVerfGE 26, 116, 135; *Stern*, Das Staatsrecht der Bundesrepublik Deutschland, Bd. I, 2. Aufl. 1984, S. 720.

〔71〕 麦克尔如是说："若一个法规范对于其他法规范具有排除效力，而后者对其并无排除效力，则前者具有更高的位阶，可以被排除的规范与具有排除效力的规范相比，即属于较低的位阶。"参见 *Merkl*, in: FS Kelsen, 1931, S. 252, 276.

〔72〕 *Lex superior tollat legem inferioris*, s. *Medici*, in: Medici/Curtius/Tommai, De legibus, statutis, et consuetudine, 1574, S. 90；也参见 *Schröder*, Recht als Wissenschaft, Bd. 1, 3. Aufl. 2020, S. 21。

以存在于如下情况。

——上位法没有包含制定低阶法的权限；

——虽然上位法包含了相关权限，但下位法的制定并没有遵守程序；或者

——虽存有权限，且遵照了程序，但下位法的内容超越了上位法规定的界限。[73]

优先规则可能造成的另一个结果是适用的优先性，这尤其存在于同时适用欧盟法的情况。所谓适用的优先性，是指国内法并非无效，仅在具体情况下不予适用。此时仅得适用欧盟法或国际法。 **39**

最后，适用优先规则可能意味着下位法仍应当得以遵从，只不过其必须依上位法之精神进行解释。合宪解释、合欧盟法解释即循此理。这一方面的优先规则及所谓"一致性规则"将在有关宪法（第十一章）、欧盟法（第十二章）的专章予以细述。 **40**

三、德国法的层级构造

1. 联邦法与州法

首先，这里仅以德国的法源为例介绍法的层级构造。在德国法的位阶序列中，包含了联邦制、联邦州的立法参与权以及《基本法》第1、20条规定的原则——这些同属于《基本法》第79条第3款规定的"永恒性保障"——以及位于规范序列顶端的自然法。它们均不能由宪法的制定者所废止，因而构成国内法的最高层级。紧随其后位于第二层级的则是基本法的其他规定。在基本法之下，则是联邦法律，如《民法典》《刑法典》等；然后则是法规与规章。与联邦法的内容相对应，州法也形成了自己的位阶。此时，州宪法位于最顶端；而州法规与规章则位列州法律之后。 **41**

2. 联邦法与州法的冲突（《基本法》第31、72条）

德国是一个联邦制的法治国家。州法之遵守应以联邦法为依据。《基 **42**

---

[73] *Vogel*, Juristische Methodik, 1998, S. 54.

本法》第31条规定短促有力："联邦法优于州法。"第31条的这一规定肇因于民族国家的当然之义，属于经典的"上位法优先法则"（Lex-superior-Satz）[74]。在瑞士、澳大利亚、加拿大都可见到类似的规则，美国的宪法对此也间接予以规定。[75] 据此，州法整体位列于整个联邦法之下。因此，即便州宪法的规范仅是与联邦的法规不一致，它也可能被视作无效。不过，《基本法》第31条也可能被其他特别性规范所取代，例如第70条等关于立法权限的规定。[76] 2006年"联邦制改革"之后，《基本法》第72条第3款第3句成为事关联邦法与州法关系的新规定，"新法优先规则"（Lex-posterior）从而也成为实证法的宪法规范。

43 许多教科书[77]都将法的层级结构描述为如下的金字塔型。

图 2-1　德国法源的位阶

---

[74] 有人称其为"位序规则"（Rangordnungsnorm），参见 Sachs/*P. Huber*, GG, 9. Aufl. 2021, Art. 31 Rn. 7; **不同观点**，参见 *Dreier*, in: Dreier, GG, 3. Aufl. 2015, Art. 31 Rn. 18。

[75] S. U. S. Const. Art. 1, Sec. 1; Art 1, Sec. 8 Cl. 18; Art. 6 Cl. 2; U. S. Const. Amendment 10; *Brugger*, Einführung in das öffentliche Recht der USA, 2. Aufl. 2001, S. 31 ff.

[76] 除第70条以下的规定外，还有《基本法》第84条第1款第4句、第125a条第1款第2句以及第142条。参见 Sachs/*P. Huber* (ebd.), Art. 31 Rn. 5 f。

[77] *Katz/Sander*, Staatsrecht, 19. Aufl. 2019, Rn. 8; *Augsberg/Augsberg/Schwabenbauer*, Klausurtraining Verfassungsrecht, 4. Aufl. 2021, S. 25; *Papier/Krönke*, Grundkurs Öffentliches Recht 1, 3. Aufl. 2019, Rn. 43; *Sodan/Ziekow*, Grundkurs Öffentliches Recht, 9. Aufl. 2020, § 4 Rn. 21; *Kämmerer*, Staatsorganisationsrecht, 3. Aufl. 2016, Rn. 21.

四、法律修订、法安定性和信赖保护

基于信赖保护之要求，立法者的修法行为要受到一定的限制。溯及既往的刑事法律——正如"柏林墙射杀案"——是违反"罪刑法定"原则的（第一章边码36）。除了《基本法》第103条第2款为刑法专门规定了禁止溯及既往，其他领域的法的溯及既往并未被完全禁止。为此，联邦宪法法院发展了一系列要求立法者注意的有关法之追溯效力的原则。[78]

44

1. 概念

以前人们会区别所谓"真正的溯及既往"和"非真正的溯及既往"[79]。而如今的通说则是在法效果的溯及既往（Rückbewirkung von Rechtsfolgen）与构成要件的溯及联结（tatbestandliche Rückanknüpfung）之间作出区分。[80] 不过，这仅仅是概念层面的更新，内容上并没有太多变化。联邦宪法法院第二审判庭是把这些概念作为同义词使用的，它如是说道：

45

> 若法规范嗣后地影响已完结的事实，则其具有"**真正的溯及力**"（参见BVerfGE 101, 239 [263]; 123, 186 [257]）。典型情况是：法规范的法效果具有增设负担的效应，并适用于其公布之前的已终结的构成要件事实（**法效果的溯及既往**，参见BVerfGE 127, 1 [17]）。具有真正溯及力的规范原则上是违反宪法的（参见BVerfGE 13, 261 [271]; 101, 239 [263]）……
>
> 而"**不真正的溯及力**"系指这样的情况：某个法规范于将来影响当下未决的事实或法律关系，从而改变相关的法律地位（BVerfGE 101, 239 [263]; 123, 186 [257]），此时，虽然在新法公布后才产生法规范负担性的法效果，但其构成要件之满足乃基于之前已然成就的事实（"**构成要件的溯及联结**"，参见BVerfGE 63, 343 [356]; 72,

46

---

[78] 仅参见 BVerfG, Beschl. v. 18. 2. 2009, 1 BvR 3076/08, BVerfGE 122, 374, 394 f. - EEG; Sachs/*Sachs*, GG, 9. Aufl. 2018, Art. 20 Rn. 132 ff。

[79] S. BVerfG, Beschl. v. 31. 5. 1960, 2 BvL 4/59, BVerfGE 11, 139, 145 f.

[80] S. BVerfG, Beschl. v. 3. 12. 1997, 2 BvR 882/97, BVerfGE 97, 67, 78 f.; *Schmidt-Aßmann*, in: HStR II, 3. Aufl. 2004, § 26 Rn. 86; *Vogel*, in: FS Heckel, 1999, S. 875, 877 ff.

200 [242];97,67 [79];105,17 [37 f.];127,1 [17]）。这原则上是被允许的。不过，出于信赖保护和比例原则的要求，它的适当性也是存有界限的。如若立法者赋予规范溯及力非为实现法目的的恰当或必要手段，或者关系人的"存续利益"（Bestandsinteressen）优先于法律修订的理由，那就意味着突破了这里的适当性界限（参见BVerfGE 95, 64 [86];101,239 [263];122,374 [394 f.];stRspr）。[81]

2. 法效果真正的溯及力/溯及既往

47 若法律可以嗣后改变性地影响已终结的、曾经处于诉讼系属的构成要件事实，即属于法效果具有真正的溯及力或真正溯及既往之情形。这既可能针对的是某个已完成但"迁延的"（gestreckte）[82]，（下文图2-2中的情况1）也可针对其他某个孤立的案件事实（Sachverhalt，下文图2-2中的情况2）。法效果的这种溯及既往原则上是被禁止的。比如，增值税的提高若溯及过去两年的时间，即非恰当之举，因为这会回溯性地影响其间已签订的所有买卖合同。不过，如果不存在保护关系人的必要性，例如（关系人）对规范的有效性未予信赖、对其没有明显的妨害或者不得不优先保护公共利益时，则无须禁止溯及既往。

3. 不真正的溯及力/构成要件的溯及联结

48 所谓不真正的溯及力或者说构成要件的溯及联结，是指法律为过去已开始、且仍在进行中的事实以指向未来之效力首次规定了法效果或者规定了不同以往的法效果（下文图2-2中的情况3）。这种构成要件的溯及联结原则上是被允许的，唯在关系人值得保护之利益优先于公众利益时，始得禁止。此时需要考量的因素包括信赖保护、相关的法益以及（新法给相关人）造成不利的程度。

49 《投资公司法》（KAGG）溯及既往的修订[83]：立法者在2003年末意

---

[81] BVerfG, Beschl. v. 10. 10. 2012, 1 BvL 6/07, BVerfGE 132, 302 Rn. 42 f. – Unechte Rückwirkung im Steuerrecht.

[82] 迁延的事实段，是指延续较长时间的事实，例如董事会的解雇决议可能还需要取得监事会的同意。

[83] Kapitalanlagegesellschaftengesetz a. F. (KAGG) v. 16. 4. 1957, BGBl. I, S. 378.

图修正"公司所得税"中的一个漏洞,并将之溯及既往地适用于 2001 至 2002 年度的确定税额期间。联邦宪法法院第一审判庭的多数意见 40 年来首次承认此系对"法效果真正溯及力或溯及既往原则"之违反,并宣判该法律违宪。但凡法律仅有解释之必要,民众对它的存续便保有信赖。[84] 此外,对法律之效力存有抽象的信赖即为已足。[85]

在"不同意见书"(Sondervotum)中则列明了与多数决定相左的马辛(Masing)法官的反对意见。他认为,法效果真正的溯及力或称溯及既往应当是被允许的,因为法状况常常饱含争议而存有开放性,故而民众可能无从对法律的存续不变建立信赖。此外,他认为多数意见过度削弱了议会的权限。[86]

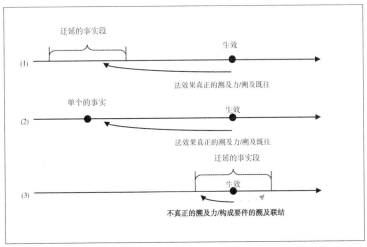

图 2-2 法效果的溯及既往与构成要件的溯及联结

---

[84] BVerfG, Beschl. v. 17. 12. 2013, 1 BvL 5/08, BVerfGE 135, 1, 23 ff. –Echte Rückwirkung im Steuerrecht.

[85] 例如 *Michael*, JZ 2015, 425, 427;**其他观点**的作者可参见第二章脚注 87。更进一步的观点参见 *Hey*, JZ 2014, 500, 503:"民众信赖法会以有利于自己的方式得以解释。"

[86] 马辛法官的"不同意见书",参见 *Masing*, in: BVerfG, Beschl. v. 17. 12. 2013, 1 BvL 5/08, BVerfGE 135, 1, 29 Rn. 2, 31;对其表达支持的有:*Lepsius*, JZ 2014, 488, 492 ff.; *ders.*, JZ 2015, 435, 437 ff.。

第三节　欧盟法影响下当今德国法的层级构造

52　在适用欧盟法的情形，国内法的法官应以欧盟法官的身份为之（第一章边码28及以下）。麦克尔与凯尔森当然不会预料到欧洲会发展成这样一种多层体系（multilevel system）。如今法的层级构造明显要比80年前复杂多了。上文的金字塔结构（第二章边码43），如前所述，确实有助于初步解释法的构造，但它还无法称得上完整，因为其并没有全面描绘当下的现实。因此，下文会将德国法与欧盟法及国际法联系起来进行讨论，结果便是呈现出一个更为复杂的金字塔结构（第二章边码127）。为此，在论述国内法和欧盟法的关系之前，首先需要介绍欧盟法的概要（第一、二部分）。此外，欧盟最高法院还区分了欧盟法规范的直接效力（unmittelbare Geltung，英文：direct applicability；法文：applicabilité directe）（第二章边码85）、适用优先性（Anwendungsvorrang，第二章边码88）以及直接适用性/效果（unmittelbare Anwendbarkeit/Wirkung，direct effect，effet direct，第十二章边码4及以下）。因此，必须严格区分直接效力和直接适用性。

一、欧盟的立法

1. 作为超国家法秩序的欧盟

53　早年，人们对欧盟及其成员国的关系尚未有清晰的认识。在其一贯的判例中，欧盟最高法院强调，欧盟是一个有着独立（由成员国委派的）立法权的超国家组织，它和传统的国际性组织明显大不相同。欧盟也被称作"超国家的一体化联合"（Integrationsverbund）[87]或者"国家联合"（Staatenverbund）。[88] 欧盟通过基础法（Primärrecht）确立了自身的立法权限，这可以被视作这一"国家联合"的原始权能。

---

[87] *Ohler*, in: Grabitz/Hilf/Nettesheim, Das Recht der Europäischen Union, 71. EL August 2020, Art. 48 EUV Rn. 14.

[88] BVerfG, Urt. v. 12. 10. 1993, 2 BvR 2134/92 u. a., BVerfGE 89, 155, 183-Maastricht.

科斯塔诉 E.N.E.L. 案：欧洲经济共同体（EWG）刚建立不久，意大利就将电力的生产与分配国有化，并建立了"意大利国家电力公司"（E.N.E.L.）这一法人团体。《欧洲联盟运作方式条约》第 37 条则禁止通过国家的贸易垄断而在成员国的公民之间实施歧视性的行为。因此，国内的当审法院就不得不审查，建立 E.N.E.L. 的行为是否会导致歧视。股东弗拉米尼奥·科斯塔认为建立 E.N.E.L. 是违反欧洲法的，因而拒绝缴纳他自己的电费。意大利当局则认为，实不应当将该问题呈递给欧盟最高法院。

早在 40 多年前，欧盟最高法院便在"科斯塔诉 E.N.E.L. 案"中承认了"前置判决程序"的合法性，它如是说道：

> 不同于一般性的国际条约，《欧洲经济共同体条约》（今《欧洲联盟运作方式条约》）建立了自身的法秩序（eigene Rechtsordnung），在其生效后，这一法秩序便被各成员国的法秩序所吸纳，并应当为它们各自的法院所适用。理由在于：共同体具备自己的组织、权利能力和行为能力以及国际性的执行力，更重要的是，基于对成员国管辖权的限制或者主权之转让，共同体具备了一定的主权。通过无期限地建立这一共同体，成员国限制了（尽管只是在一定领域的）自身的治权，并由此创设了一个约束它的人民以及它自己本身的法律主体。[89]

2. 成员国与欧盟之间的权力分立

（1）无论"**有限的具体授权原则**"还是关于辅助性和比例性的权限行使规则，其目的都是维护成员国作为"条约主人"的身份（第十三章边码 126），即是说，由成员国自行决定将哪些权限授予欧盟机构。根据《欧洲联盟条约》第 48 条第 4 款第 2 段的规定，只有经过成员国一致同意修改条约并后续履行签订程序，才能修订诸如《欧洲联盟运作方式条约》《欧洲联盟条约》《欧盟基本权利宪章》之类的"基础法"。如此为之的目

---

[89] EuGH, Urt. v. 15. 7. 1964, 6/64, EU：C：1964：66, 1253, 1269-Costa/E. N. E. L.；之前已有过类似的表述，参见 EuGH, Urt. v. 5. 2. 1963, 26/62, EU：C：1963：1, 25-van Gend。

的,即在于避免欧盟发展成一个具有"授予权限之权限"以至于可以自己决定它针对成员国享有哪些权限的"超国家"(Superstaat)[90]。

57 (2)自《里斯本条约》对欧盟条约进行修订以后,即开始适用一张成文法化的"**权限清单**"(Kompetenzkatalog)。欧盟法通过《欧洲联盟运作方式条约》第2条等规定的"权限清单"区分了专属管辖权(《欧洲联盟运作方式条约》第2条第1款、第3条第1款)、共享管辖权(《欧洲联盟运作方式条约》第2条第2款、第4条)以及补充管辖权(《欧洲联盟运作方式条约》第2条第3—5款)。在"专属管辖权"之情形,成员国原则上没有行事的权利。此时,只有欧盟立法者有权制定特定的规则,例如修订关税规定、修订与第三方国家的贸易协议等。而在管辖权竞合时,若欧盟自己未行使其权限,则成员国可以作出相关的行为。此外,还有所谓"补充管辖权",其所针对之情形,系指成员国已采取了以服务欧盟为目的的措施,(因而只需)欧盟完成协调性或支持性的措施。

3. 权限行使规则:辅助原则、比例原则

58 欧盟在行使《欧洲联盟运作方式条约》第2条及以下规定的"权限清单"所赋予的某一权限时,必须遵照有关"辅助性"与"比例性"的权限行使规则。"**辅助原则**"(Subsidiaritätsprinzip)规定于《欧洲联盟条约》第5条第3款,它指的是:欧盟不具专属管辖权的情形下,若成员国无论在其中央、区域还是地方层面都无以充分实现相关措施的目标,而基于相关措施的范围和效果,唯有欧盟层面才能更好地实现它们的目标时,欧盟始具有行动的权力(第八章边码34)。与这一原则形成补充的是《欧洲联盟条约》第5条第4款规定的"**比例原则**"(Verhältnismäßigkeitsgrundsatz)。根据"比例原则",欧盟采取的措施在内容与形式上不得超越为实现条约之目标所必要的限度(第十章边码70及以下)。在新近的"PSPP案"中,联邦宪法法院第二审判庭即认定欧洲中央银行及欧盟最高法院违反了有限的具体授权原则及比例原则(第二章边码99及以下)。

---

[90] 参见 Calliess/Ruffert/*Calliess*, EUV/AEUV, 5. Aufl. 2016, Art. 5 EUV Rn. 6 ff.

4. 欧盟法的法源：基础法、次级法、第三位法之分

（1）具体而言，应当区分基础法（Primärrecht）和次级法（Sekundär-recht）[91]，有的著述也会提到"第三位法"（Tertiärrecht）的概念。基础法被称为欧盟的"宪法"[92]。成文的基础法包括《建立欧洲共同体条约》（后补充修订转变为《欧盟运作方式条约》），《欧洲联盟条约》以及《欧盟基本权利宪章》。此外，议定书以及新成员国签署的有关加入欧盟的条约[93]也属于基础法的一部分。未成文法化的基础法规范则是指各种一般性的法原则，它们被《欧洲联盟条约》第2条称为（欧盟赖以成立的）价值。[94]

除了基础法，还有一些欧共体与第三方国家或组织签订的国际法条约，即所谓"**欧盟作为签订方的条约**"（Unionsabkommen）。根据欧盟最高法院"一元论"之见解，这类条约不需要进一步的转化行为即自动成为欧盟法的一部分（《欧洲联盟运作方式条约》第216条第2款）。[95] 这也适用于国际习惯法。[96] 由此一来，欧盟法和国际法就成为同一个法秩序不可分割的两部分。[97] 根据欧盟法的当下状态，欧盟之机构及成员国须履行条约规定的义务，此以条约之规范得直接适用为限。[98]

（2）在欧盟的基础法之外，尚有**欧盟的次级法**，即后来由欧盟委员会、理事会及议会新制定的法。与基础法不同之处在于，这里适用"多数原则"，因而可以在立法程序中以多数票否决各成员国的意见。[99] 《欧洲

---

[91] 关于次级法的规范位阶，参见 *Meurs*, Normenhierarchien im europäischen Sekundärrecht, 2012。

[92] Calliess/Ruffert/*Ruffert*, EUV/AEUV, 5. Aufl. 2016, Art. 1 AEUV Rn. 8 ff.

[93] EuGH, Urt. v. 14.7.1976, C-3/76 u. a., EU：C：1976：114, Ls. 1-Kramer.

[94] 例如，尊重人格尊严、自由、民主、平等、法治国家以及保护人权等。概览性的介绍可参见：*Nettesheim*, in：Grabitz/Hilf/Nettesheim, Das Recht der Europäischen Union, 71. EL August 2020, Art. 288 AEUV Rn. 27 ff.；Streinz/*W. Schroeder*, EUV/AEUV, 3. Aufl. 2018, Art. 288 AEUV Rn. 17 f。

[95] EuGH, Urt. v. 30.4.1974, C-181/73, EU：C：1974：41, Rn. 2, 6-Haegeman；EuGH, Urt. v. 20.9.1990, C-192/89, EU：C：1990：322, Rn. 8-Sevince；Streinz/*Mögele*, EUV/AEUV, 3. Aufl. 2018, Art. 216 AEUV Rn. 49.

[96] EuGH, Urt. v. 16.6.1998, C-162/96, EU：C：1998：293, Rn. 46-Racke.

[97] *Fischer*, in：FS Zemanek, 1994, S. 179, 202.

[98] EuGH, Urt. v. 26.10.1982, C-104/81, EU：C：1982：362, Rn. 12-Kupferberg.

[99] 有关简单多数和特别多数，参见《欧洲联盟运作方式条约》第238条。

联盟运作方式条约》第 288 条对欧盟"原始的立法权"作出了明确的表述,但其并非这一意义上的穷尽性规定。《欧洲联盟运作方式条约》第 288 条规定如下。

62　　欧盟机构通过出台条例（Verordnung）、指令（Richtlinie）、决定（Beschlüss）、建议（Empfehlung）以及意见（Stellungnahme），以实行欧盟之管辖权。

条例具有一般性的效力。它的各个部分均有约束力,并直接在每个成员国生效。

指令对于其所针对的成员国,在其要达成的目标之范围内有约束力,并委托该国国内机构选择其方式及手段。

决定的各个部分均有约束力。若决定只针对特定的接受方,则仅对后者具有约束力。

建议和意见没有约束力。

63　　因此,应严格区分《欧洲联盟运作方式条约》第 288 条第 2 款所称的"条例"与德国法上的"法规"（二者德语的词根都是 Verordnung,为进行区分,本书已分别翻译为条例及法规——译者注）。德国的"法规"乃处于法律的位阶之下（第二章边码 33）,而直接适用的欧盟条例则与联邦法律的位阶相一致。指令要弱于条例,因其必须先"转化"为国内法然后再作为国内法而得适用。不过,在特定条件下,指令无须转化也可以发挥其效果,这被称作"垂直效果"（vertikale Wirkung,参见第十二章边码 36 及以下）及"法的合指令解释义务"（第十二章边码 35 及以下）。条例、指令和裁判都有约束力,只不过后者并非适用于不特定的人员范围（Personenkreis）。欧盟机构的"决定"则有着不限于《欧洲联盟运作方式条约》第 288 条的重要意义。它会导致法状况的改变,且有时不仅仅针对特定的接受方。决定（故而）可以具有法的约束力。条例、指令和决定之颁布均应遵照相应的立法程序（《欧洲联盟运作方式条约》第 289 条）。

64　　根据法律的文义,建议和意见是没有约束力的。不过,欧盟最高法院却承认二者可以产生一定的法律义务,从而赋予了它们法规范之品格（见

第三章边码 71 及以下)。欧盟机构的决议(Resolution)、结论(Entschließung)[100]、通知(Mittelung)和解释(Erklärung)则并没有法的约束力。[101]

(3)近年来,越来越多的条例及指令规定了一种授权性规范,以委托欧盟的行政机构制定条例和指令等法律文件,也即所谓"行政或专家委员会程序"(Komitologieverfahren)。此时,根据(《欧洲联盟运作方式条约》第 290 条第 1 款第 2 句的规定,次级法的法律文件必须明确规定(委托立法的)目的、内容、适用范围及期限。这一规定使用了与《基本法》第 80 条第 1 款第 2 句(第二章边码 33 及以下)相近的表述。此等授权之目的,是对法进行进一步的具体化(第七章边码 41 及以下)。在资本市场法领域,则有特别规范规定了相应的"拉姆法卢西程序"(Lamfalussy-Verfahren)[102]。这类(经次级法授权而制定的)规范便可以被叫作"**第三位法**"[103]。

5. 法同化的形式:最低协调与完全协调

(1)若指令具备封闭之内容,也即不容许国内法作出不同规定,则属于"**完全协调**"(Vollharmonisierung)的情形。[104] 其目的可以是在欧盟内部市场(《欧洲联盟运作方式条约》第 26 条第 2 款)中实现相同的竞争条件(level playing field)。诸如《产品责任指令》(Produkthaftungs-RL)[105]、

---

[100] EuGH, Urt. v. 13. 11. 1964, 90/63 u. a., EU:C:1964:80, 1329, 1345-Kommission/Belgien und Luxemburg.

[101] *Nettesheim*, in: Grabitz/Hilf/Nettesheim, Das Recht der Europäischen Union, 71. EL August 2020, Art. 288 AEUV Rn. 211 ff.

[102] 关于此可参见:*Möllers*, ZEuP 2008, 480, 504 ff.; *ders.*, ZEuP 2016, 325 ff。

[103] 参见 *Nettesheim*, in: Grabitz/Hilf/Nettesheim, Das Recht der Europäischen Union, 71. EL August 2020, Art. 288 AEUV Rn. 31; *von Bogdandy/Bast/Arndt*, ZaöRV 2002, 77 ff.; *Streinz*, Europarecht, 11. Aufl. 2019, Rn. 474, 573; Streinz/*Gellermann*, EUV/AEUV, 3. Aufl. 2018, Art. 290 AEUV Rn. 3。

[104] 本部分内容,参见 *Möllers*, in: Gsell/Herresthal, Vollharmonisierung im Privatrecht, 2009, S. 247, 249 f。

[105] 关于物质赔偿,参见 EuGH, Urt. v. 25. 4. 2002, C-183/00, EU:C:2002:255, Rn. 25 ff. -Sánchez v. Medicina Asturiana; EuGH, Urt. v. 25. 4. 2002, C-52/00, EU:C:2002:252, Rn. 24 -Kommission/Frankreich。

《商品买卖指令》（Warenkauf-RL）、《欧盟反市场滥用条例》（MAR）[106]或《金融工具市场指令II》（MiFiD II）[107]，典型的相关表述是："若本指令无其他规定，成员国不得保留或制定不同于本指令的规定；不论此类规定属于为实现新的消费者保护水平而设定的更严格或更宽松的规定。"[108]

67 （2）不过，与法的协调所相冲突的是法的固化以及复杂性的特征。[109] 此外，成员国本国的法传统在协调时很难被顾及。由于法秩序的不同，各法秩序之间将出现一种"建设性的冲突"[110]。并且，有限的具体授权原则及辅助原则也构成对协调的限制（第二章边码56及以下）。旨在实现一种政治妥协的"**最低程度的一体化**"（Mindestharmonisierung）则允许成员国在欧盟法之外制定更为严格的国内法。这种较为常见的"最低或最小条款"通常是采用如下表述："本指令并不阻止成员国在本指令领域内制定或保留更为优待的（消费者保护）规定。"[111] 此外，还有允许但不强制成员国对规定内容进行转化的"任意条款"或曰"选择条款"[112]。"建议条款"则仅设定一种协调之框架，而交由成员国确定具体的条件（第二章边码112）。"不确定的法概念"无法适用于具体的案件事实，它必须被进一步具体化（第七章边码32及以下）。另外，这当中也会存在为数不少的

---

[106] 参见该条例立法理由第5条第4句："本条例旨在促使联盟内全体自然人和法人适用同样的规则。" *Veil*, Handbuch zum Marktmissbrauchsrecht, 2018, § 3 Rn. 20; *Klöhn*, AG 2016, 423, 425.

[107] 对此的争议，参见下文第二章边码113。

[108] Art. 4 Warenkauf-RL. 类似的，参见 Art. 31 Abs. 1 UAbs. 2 der RL 2004/39/EG v. 21. 4. 2004 über Märkte für Finanzinstrumente (MiFiD I), ABl. Nr. L 2004, 145, S. 1。

[109] *Schön*, in: Everling/Roth, Mindestharmonisierung im Europäischen Binnenmarkt, 1997, S. 55, 69; allgemein *Kieninger*, Wettbewerb der Privatrechtsordnungen im Europäischen Binnenmarkt, 2002.

[110] 对此的批判性见解，参见 *Kötz*, RabelsZ 50 (1986), 1; *Kübler*, KritV 1994, 79, 87 ff.; *Dreher*, JZ 1999, 105, 109; *van Hulle*, EWS 2000, 521, 522 f.; *Ebke*, in: FS Lutter, 2000, S. 17; *Grundmann*, ZGR 2001, 783; *Heine*, Regulierungswettbewerb im Gesellschaftsrecht, 2003.

[111] 当前几乎所有与消费者保护相关的指令都包含此类"最小条款"。批评性见解，参见 ErwG. 6 ff. Warenkauf-RL, 也见下文第二章边码110及以下。

[112] 例如《商品买卖指令》第12条在规定"异议义务"（Rügeobliegenheit）时即指出"成员国可以保留或引入规定……"，详见 *Möllers*, in: FS Grunewald, 2021, S. 771, 788 ff。

"漏洞"。

（3）此外，欧盟立法者为行为人创设的某些**超国家的法律形式**同样也是以欧盟法的同一化为目的。例如，"欧盟商标"[113]或者"欧洲公司"（Societas Europaea - SE）等。此外，**相互承认**也可谓是法协调的间接形式。"欧洲公司"所采取的途径实际上就是"相互承认"和"最低协调"的结合——其允许监事会和董事会的相互承认。[114] 欧盟最高法院对基本自由的审查也导致了一种相互承认，并由此变相实现了法的协调化（第十章边码 67）。

（4）不过，其中常发生重叠的问题：最低或完全协调的理念通常并不纯粹以指令或条例的形式得到贯彻。尽管强调完全协调原则上的封闭性，但在指令或条例中总是不乏见到授权国内法的条款以及指向国内法的任意性、试验性或建议性条款，同时也存在不确定的法概念及漏洞。区分最低协调和完全协调是重要的，因为在完全协调的领域要适用（欧盟法的）"自主解释"（第二章边码 70 及以下），而在未协调的领域则主要还是适用国内法。指令是否具有封闭性特征，通常需要费力地进行法的解释才能予以确定（第二章边码 113）。

二、欧盟法的自主解释以及欧盟规范位阶中的法解释

1. 欧盟最高法院的自主解释

在进行法解释时，欧盟最高法院不会受制于每个成员国对法概念所形成的固有理解，后者通常是各相迥异的。[115] 唯有脱离成员国的固有理解，从而"自主地"对基础法和次级法进行解释，才能确保欧盟法解释的统一

---

[113] 参见 Gemeinschaftsmarke-VO（EU）207/2009 v. 26. 2. 2009, ABl. Nr. L 78, S. 1 und SE-VO；如今，共同体商标已为欧盟商标所取代，参见 Ströbele/Hacker/Thiering/*Thiering*, Markengengesetz, 13. Aufl. 2021, § 126 MarkG Rn. 1。

[114] 参见《欧洲公司条例》（SE-VO）第 38 条等。有关二元体系和一元体系间的选择权，参见 *Möllers*, in: Schulze/Janssen/Kadelbach, Europarecht, 4. Aufl. 2020, § 19 Rn. 219。

[115] EuGH, Urt. v. 6. 10. 1982, C-283/81, EU: C: 1982: 335, Rn. 19 - C. I. L. F. I. T.; s. auch EuGH, Urt. v. 22. 11. 1977, C-43/77, EU: C: 1977: 188, Rn. 28-Industrial Diamond; EuGH, Urt. v. 2. 4. 1998, C-296/95, EU: C: 1998: 152, Rn. 30-Queen/Commissioners of Customs and Excise.

性。在这一前提下，欧盟最高法院倒也会诉诸一些比较法的思考（第七章边码87及以下）。此外，欧盟最高法院也认同萨维尼有关法解释的学说（第四章边码27及以下）。

71 　　这里需要提示的一点是，基于共同体法律的统一适用以及平等原则之要求，如果就概念之内涵与意义的解释问题没有明确引致成员国国内法，那么共同体法律的概念通常情况下就应当在整个共同体内得到自主统一的解释；在进行这一解释时，必须考虑规范的背景以及规范所欲实现的目的（参见 Urteile vom 19. September 2000 in der Rechtssache C-287/98 - Linster, Slg. 2000, I-6917, Randnr. 43, und vom 12. Oktober 2004 in der Rechtssache C-55/02 - Kommission/Portugal, Slg. 2004, I-0000, Rn. 45）。[116]

72 　　如若自主解释的概念与国内法的语言习惯相矛盾，则自主解释优先于成员国之解释。

　　公共行政：《欧洲联盟运作方式条约》第45条第4款使用了"公共行政"这一概念（öffentliche Verwaltung）。根据这一规定，"雇员迁徙自由"（Arbeitnehmerfreizügigkeit）并不适用于"公共行政"中的职业。在德国，曾经只有拥有德国国籍的公民才可以担任公职人员。[117] 欧盟最高法院在其一贯的判决中都拒绝采纳成员国对于"公共行政"概念的固有理解，从而并没有通盘否认任何公共职位均适用"雇员迁徙自由"的可能性。为了赋予"雇员迁徙自由"这一核心的基本自由尽可能宽泛的适用空间，欧盟最高法院对上述规定进行了限缩性的解释，并要求此处的"职位"必须以职员与国家存有特殊的联系为前提，据此，法官及税务员即属于这一范畴，而学者或者说实习教师

---

[116] EuGH, Urt. v. 27. 1. 2005, C-188/03, EU：C；2005：59, Rn. 29-Junk.
[117] 《公职人员权利基准法》（Beamtenrechtsrahmengesetz）旧法第4条第款，参见 BRRG v. 31. 3. 1999, BGBl. I, S. 654；此后修订，则补充了一句"或者拥有欧共体其他成员国国籍的人"，此修订法案参见：Das zehnte Gesetz zur Änderung dienstrechtlicher Vorschriften v. 20. 12. 1993, BGBl. I, S. 2136。

(Studienreferendar)则不在此列。[118]

既然国内法的法官在解释溯源于欧盟法的概念时,也同时充当着"欧盟法官"的角色,因此,国内法的法官也必须对这些概念进行独立性的解释(即也应脱离国内法的固有理解——译者注)[119]。

2. 欧盟法的规范位阶与"合基础法"之解释

(1)欧盟最高法院认为,欧盟法存在受"上位法优先"(第二章边码36及以下)这一原则所支配的**规范位阶**。**基础法**包括《欧洲联盟条约》《欧洲联盟运作方式条约》《欧盟基本权利宪章》等只能由作为"条约主人"的各个成员国制定及修订的条约。《欧洲联盟条约》第6条第1款下半句指明以上三个条约是处于同一位阶的。根据《欧洲联盟条约》第49条的规定,一个国家只有尊重"那些价值"(指该条约第2条规定的作为欧盟之基础的各种价值——译者注),才有资格加入欧盟。根据《欧洲联盟条约》第7条的规定,若成员国漠视此类价值,则可启动针对它的制裁程序。就此而言,欧盟的价值堪称是其"行为之基础"[120]。或者,更明确地说,《欧洲联盟条约》第2条提到的价值属于那种**"不可动摇的规范"**(änderungsfeste Rechtssätze)[121]。作为这一点的印证,欧盟最高法院也已明确宣称不得违背此类价值。[122] 除此之外,一般性的法原则也属于基础法的一部分。这些法原则并不全然被转化为

73

74

---

[118] 欧盟最高法院的一贯判决,参见 EuGH, Urt. v. 12. 2. 1974, C-152/73, EU:C:1974:13, Rn. 5-Sotgiu; EuGH, Urt. v. 3. 7. 1986, 66/85, EU:C:1986:284, Rn. 26 f. -Lawrie-Blum; EuGH, Urt. v. 2. 7. 1996, C-473/93, EU:C:1996:263, Rn. 26-Kommission/Luxemburg. 如今根据《联邦公务员法》(BBG)第7条第1款第1项,拥有德国或者欧盟国家国籍的公民都可以担任公务员。

[119] *Pernice*, EuR 1996, 27, 33; *Zuleeg*, JZ 1994, 1, 2; *ders.*, RdA 1996, 71 ff.; *Möllers* Die, Rolle des Rechts im Rahmen der europäischen Integration, 1999, S. 73; *Nowak*, EuR 2000, 724, 725.

[120] *Calliess*, JZ 2004, 1033, 1040; Calliess/Ruffert/*Calliess*, EUV/AEUV, 5. Aufl. 2016, Art. 2 EUV Rn. 32.

[121] 《欧洲联盟条约》旧法第6条已作如是规定,参见 *Möllers*, Die Rolle des Rechts im Rahmen der europäischen Integration, 1999, S. 29 ff.

[122] EuGH, Urt. v. 3. 9. 2008, C-402/05 P u. a., EU:C:2008:461, Rn. 285, 303-Kadi.

法条。[123] 它们可以是不成文的，例如"信赖原则"即是如此（第九章边码 17）。

75　　　　基础法优先于次级法。[124] 欧盟与第三方签订的**国际法条约**地位低于基础法，但高于次级法。[125] 所谓欧盟的**次级法**，指的是欧盟基于其权限而制定的法，其形式通常是条例与指令。次级法的解释，必须以基础法为依据。[126] **第三位法**则必须符合次级法的规定。[127]

76　　　（2）下位法若与上位法冲突，则其应当先以上位法之精神进行解释。此时，可称之为"合条约"（vertragskonform）解释[128]，或曰**合基础法**（primärrechtskonform）之解释。所有派生而来的欧盟法都必须遵从"合基础法解释"之要求。[129] 依基础法内容之不同，合基础法的解释可以分为两种：一种系**符合基本自由**（grundfreiheitenkonform）之解释，另一种则为符合基本权利之解释。[130] 例如，"门槛条款"（Mindestklausel）的法解释必须符合保障基本自由的精神。尽管欧盟有关误导性广告的《84/450/EWG 指令》[131] 仅规定了最低限度的一体化要求，因而原则上允许（成员国）为保护消费者而制定更为严格的法律，但欧盟最高法院认为，消费者保护也须受到基于"商品流通自由"的限制。此外，次级法的解释也须符合国

---

〔123〕 例如《欧洲联盟条约》第 5 条规定的"有限的具体授权原则""辅助原则"，见第二章边码 56 及以下。

〔124〕 Calliess/Ruffert/*Ruffert*, EUV/AEUV, 5. Aufl. 2016, Art. 288 AEUV Rn. 8；也见 *Meurs*, Normenhierarchien im europäischen Sekundärrecht, 2012, S. 15。

〔125〕 EuGH, Urt. v. 10. 9. 1996, C-61/94, EU：C：1996：313, Rn. 52-Kommission/Deutschland.

〔126〕 EuGH, Urt. v. 21. 3. 1991, C-314/89, EU：C：1991：143, Rn. 17-Rauh/Hauptzollamt Nürnberg-Fürth；类似表述见于 EuGH, Urt. v. 21. 9. 1989, C-46/87 u. a., EU：C：1989：337, Rn. 12-Hoechst/Kommission。

〔127〕 EuGH, Urt. v. 13. 3. 1997, C-103/96, EU：C：1997：151, Rn. 20-Directeur General/Eridania。

〔128〕 *Vogenauer*, Die Auslegung von Gesetzen in England und auf dem Kontinent, 2001, S. 387.

〔129〕 EuGH, Urt. v. 9. 3. 2006, C-499/04, EU：C：2006：168, Rn. 32-Werhof。

〔130〕 Leible/*Domröse*, in: Riesenhuber, Europäische Methodenlehre, 4. Aufl. 2021, § 8 Rn. 14 ff.

〔131〕 Art. 7 Richtlinie 84/450/EWG zur Angleichung der Rechts－und Verwaltungsvorschriften der Mitgliedstaaten über irreführende Werbung v. 10. 09. 1984, ABl. Nr. L 250, S. 17. Ebenso als Nachfolger Art. 8 AbS. 1 Richtlinie 2006/114/EG v. 12. 12. 2006 über irreführende und vergleichende Werbung, ABl. Nr. L 376, S. 21.

际法条约。类似地，在解释执行性的条例时，也应当以框架性的条例为根据。[132]

（3）若次级法之法律文件违反基础法，则可能被宣布无效，这被规定于《欧洲联盟运作方式条约》第263条第2款、第264条、第267条第1款（b）项以及第277条。下位法若与上位法冲突，则其应当先以上位法之精神进行解释。不一致之情形下，欧盟最高法院并非一定要宣布法律文件自始无效，而是可以根据《欧洲联盟运作方式条约》第264条第2款之规定保留其特定的效力。[133]

倩碧案：在"倩碧案"中，柏林高等法院（LG Berlin）需要审查，雅诗兰黛公司在其化妆品上使用的"倩碧"（Clinique）一词是否具有误导性，因为这一语词（Clinique在法语中有"诊所、临床"之义——译者注）可能会给人一种该产品具有医学效果的印象。欧盟最高法院认为这一审查会构成对《欧洲联盟运作方式条约》第34条所规定的"商品流通自由"不合比例（unverhältnismäßig）的侵害。不过，这一点没有被直接作为法律依据而得以适用，理由在于：《84/450/EWG指令》是为在这一领域实现一体化，而致力于一体化的法律作为特别法原则上应当先于基本自由（而得以适用）。德国则主张《84/450/EWG指令》第7条规定是为"门槛条款"，因此成员国可以为消费者提供比指令本身更多的保护。欧盟最高法院却反对这一完全具有说服力的判断，其根据在于基础法（《欧洲联盟运作方式条约》第34条）相对于次级法（《84/450/EWG指令》）的优先性，因而这一门槛条款亦必须本着"保护商品流通自由"之精神进行解释。[134]其结论便是否认（本案所涉及语词的）误导性。

（4）不过，"基本自由"的解释又必须衡诸欧盟"基本权利"之精

---

[132] EuGH, Urt. v. 10. 9. 1996, C-61/94, EU：C：1996：313, Rn. 52-Kommission/Deutschland; Streinz/*W. Schroeder*, EUV/AEUV, 3. Aufl. 2018, Art. 288 AEUV Rn. 24.

[133] *Martens*, Methoden lehre des Unionsrechts, 2013, S. 424 f.

[134] EuGH, Urt. v. 2. 2. 1994, C-315/92, EU：C：1994：34, Rn. 12-Clinique. 更多例证参见 *Leible/Domröse*, in：Riesenhuber, Europäische Methodenlehre, 4. Aufl. 2021, § 8 Rn. 7 ff.

神。这可以被称作"**合基本权利**"（grundrechtskonform）的解释。[135] 换言之，基本权利可以构成对基本自由的限制。(在过去的一个案例中) 奥地利警方并未阻止 A22 高速公路（德语：Brennerautobahn）卡车造成的拥堵事件，该案中，欧盟最高法院一方面需要考虑欧盟公民的"商品流通自由"，另一方面又要考虑奥地利公民的游行示威权。欧盟最高法院认为，基本权利构成限制商品流通自由的正当化理由。接着，它又仔细审查了这次被政府容许的游行活动是否符合比例原则（第十章边码 70 及以下），并如是说道：

80 就本案争议的集会活动而言，如果为它规定比较严格的限制条件，比如必须在特定的地点举行——例如只能在 A22 高速公路的旁边——这就和规定集会的时间仅可以持续若干小时一样，只会让这次活动失去它基本的效果。虽然当职的国家机关必须尽可能地降低公共道路上的游行活动给流通自由带来的不可避免的影响，但它也必须在这一利益以及游行者的利益——使公众舆论关注他们行为的目标——二者之间进行衡量。

虽然这样的行为通常都会给不相干的人群带来一定的不利影响——尤其会影响流通之自由——但是，如果行为本质上所追求的目的，乃在于以合法手段公开表达自己的意见，那么，上述不利影响原则上都是可以接受的。[136]

81 （5）相反，需要澄清的另一个问题是，**基础法是否也应以次级法为依据**进行解释。欧盟最高法院曾经偶有如此解释的先例。[137] 学说中也有部分观点支持这种做法，其理据在于司法对于法制定及法形成（Rechtsgestaltung）活动的谦抑性原则。[138] 但是，如此为法律之解释，等于是"颠

---

[135] Calliess/Ruffert/*Kluth*, EUV/AEUV, 5. Aufl. 2016, Art. 57 AEUV Rn. 59 ff.; *Kahl/Schwind*, EuR 2014, 170, 184.

[136] EuGH, Urt. v. 12. 6. 2003, C-112/00, EU：C：2003：333, Rn. 91 f.-Schmidberger. 在判决书中，欧盟最高法院在还边码 65 及以下阐述了为何拒绝在本案中成立国家责任（Staatshaftung）。

[137] EuGH, Urt. v. 12. 12. 1974, C-36/74, EU：C：1974：140, Rn. 20/24-Walrave; EuGH, Urt. v. 12. 10. 1978, C-13/78, EU：C：1978：182, Rn. 23-Eggers.

[138] *Mayer*, in: Grabitz/Hilf/Nettesheim, Das Recht der Europäischen Union, 71. EL August 2020, Art. 19 EUV Rn. 65; *Colneric*, ZEuP 2005, 225, 229.

倒"了法的规范位阶（第二章边码74）。[139] 从权能分配法（kompetenzrechtlich）的角度来看，《欧洲联盟条约》第19条第1款第2句也并没有将解释基础法的权限独占性地赋予欧盟最高法院。基于权力分立之原则，欧盟委员会（Kommission）或理事会（Rat）都不得通过在次级法中设立各种"定义条款"（Begriffsbestimmungen）来左右对基础法的解释。只有欧盟立法者可以经由基础法的修订而对其施加直接性的影响。因此，任何一种论证模型，都只能够加强或补充之前业已得出的解释结论。[140] 欧盟最高法院自己也逐渐转向了这一观点。[141]

三、欧盟法相对于成员国法的上位性

1. 欧盟最高法院的一元论见解：欧盟法的直接效力

欧盟最高法院区分了欧盟法规范的**直接效力**（unmittelbare Geltung，英文：direct applicability；法文：applicabilité directe，第二章边码84）、**适用优先性**（Anwendungsvorrang，第二章边码85）以及**直接适用性/效果**（unmittelbare Anwendbarkeit/Wirkung, direct effect, effet direct，第十二章边码4及以下）。"直接效力"和"直接适用性"之间有严格的区别。欧盟及其成员国的多层次体系（第二章边码52）所带来的问题在于：具体案例中究竟应当适用欧盟法还是国内法。在诸多判决中，欧盟最高法院多次确认了欧盟法之于成员国法的"上位性"（supremacy）[142]。此时，需要区别的是规范位阶上的优先规则——"上位性"以及与位阶无关的优先规则——"适用

---

[139] 合理的批评声音，参见 Anweiler, Die Auslegungsmethoden des Gerichtshofes der Europäischen Gemeinschaften, 1997, S. 197；F. Müller/Christensen, Juristische Methodik, Bd. II, 3. Aufl. 2012, Rn. 559。

[140] Anweiler（ebd.），S. 198；F. Müller/Christensen（ebd.），Rn. 560；Möllers, ZHR 171 (2007), 754, 755。

[141] EuGH, Urt. v. 26.2.1991, C-292/89, EU：C：1991：80, Rn. 14-Antonissen："对《欧洲经济共同体条约》（今《欧洲联盟运作方式条约》）这样解释，与共同体立法机构的观点是一致的，这可以从有关落实迁徙自由的规定，特别是《欧共体雇员迁徙自由条例》（Nr. 1612/68 des Rates vom 15.10.1968）第1条及第5条的规定当中体现出来……"

[142] 详见 Costa/Peers, Steiner&Woods EU Law, 14th ed. 2020, S. 90 ff.。

优先性"（Anwendungsvorrang）[143]。下文所要探讨的即是如下几个问题：欧盟法是否有效（第二章边码83）？什么情况将导致适用优先，从而对当事人产生约束（第二章边码85及以下、第十二章边码24及以下）？最后一个问题是：一些国内法的特点——例如德国联邦宪法法院的"一体化任务"（Integrationsverantwortung）——是否又会改变之前得出的结论（第二章边码94及以下）？

83　　经由1963—1964年"范根德案"以及"科斯塔诉E.N.E.L.案"等判决，欧盟最高法院明显加强了欧盟（洲）法之地位（第二章边码54及以下）。尽管欧盟（洲）各条约当中并无相应的规范，欧盟最高法院仍旧论证了欧盟法的直接效力，并且在欧盟法与国内法冲突时，欧盟法亦可具备优先性。[144] 就此，欧盟最高法院发展了一种"双阶概念"，在"直接效力"和"适用优先性"之间作了区分。欧盟法的规范不必经过成员国的具体同意而在每个成员国内直接有效。[145] 欧盟最高法院之所以承认欧盟法在成员国内具有直接效力，理由在于，成员国签订《欧洲经济共同体条约》的行为意味着其已然将立法权限转移给了欧盟。正如欧盟最高法院在"科斯塔诉E.N.E.L.案"中所指明的，欧盟形成了一个限制各成员国主权的、自己独特的法秩序（第二章边码54及以下）。此外，欧盟最高法院还重点强调了所谓"实际有效原则"（法文：effet utile），以此确保欧盟法的可贯彻性以及有效性（第五章边码108及以下）。[146]《欧洲联盟运作方式条约》第288条第2款（第二章边码62）提到了条例的"效力"，根据当然推论（举重明轻），基础法也是有"效力"的。[147]（基础法的）这

---

[143]　*C. F. Mayer*, VVDStRL 75 (2016), 8, 43.

[144]　对这一发展历程的批评，参见下文第十三章边码118及以下。

[145]　*Nettesheim*, in: Grabitz/Hilf/Nettesheim, Das Recht der Europäischen Union, 71. EL August 2020, Art. 288 AEUV Rn. 38 ff.; *Frenz*, Europarecht, 2. Aufl. 2016, Rn. 9.

[146]　此观点已出现于其很久前的判决，参见EuGH, Urt. v. 15. 7. 1964, 6/64, EU：C：1964：66, 1259, 1269 ff. -Costa/E. N. E. L.。

[147]　EuGH, Urt. v. 15. 7. 1964, 6/64, EU：C：1964：66, 1253, 1270-Costa/E. N. E. L. 针对指令所主张的**不同意见**，参见*Klein*, Unmittelbare Geltung, Anwendbarkeit und Wirkung von Europäischem Gemeinschaftsrecht, 1988, S. 11; *Berger*, Anwendungsvorrang und nationale Verfassungsgerichte, 2016, S. 52; 也有学者称之为"遵照的优先性"（Beachtungsvorrang），参见 *Herresthal*, Rechtsfortbildung im europarechtlichen Bezugsrahmen, 2006, S. 168。

一效力（自然）可以及于欧盟法包括次级法在内的所有法源。故此，不论欧盟指令是否可直接适用，其在各个成员国内均有效（第十二章边码4）。上述原则在"Simmenthal II 号案"的判决中得到了进一步的发展。按照这种一元论的观点，欧盟法规范在各个成员国内直接有效。

> "直接效力"的意义体现于如下视角：共同体法的规范自其生效之日起及至整个存续期间内，得以在全部成员国之内统一性地发挥其完整的效力。因此，这些规范是它所调整对象的权利与义务的直接来源，无论它所针对的是成员国，还是参与共同体法律关系的个人。这一效力也及于所有在其管辖权范围内、作为成员国机关而履行"保护共同体所赋予的个人权利"这一任务的所有法院。[148]

84

2. 欧盟法的适用优先性

（1）欧盟法的直接效力导致的结果便是欧盟基础法以及条例相对于国内法的适用优先性（Anwendungsvorrang, primacy）。欧盟最高法院在"科斯塔诉 E. N. E. L. 案"[149] 中首次提出了"适用优先性"理论并在"Simmenthal II 号案"中将其进一步具体化。

85

> 此外，根据"共同体法的适用优先原则"，条约规范及其他直接生效的共同体机构之法律文件与成员国的国内法呈现出如下的关系，一方面，前者只要开始生效，成员国现行法中任何与之相悖的规定即刻不再适用；另一方面，由于上述条约规范和法律文件在成员国域内的法秩序中占据优先地位，成员国制定的与共同体规范不一致的新法也无以产生效力。[150]

86

尽管至今仍没有被条约本身吸纳为成文法的规定，这一原则也必须得到遵守，否则欧盟将丧失行为之能力。[151] 如今，"适用优先原则"也出现

87

---

[148] EuGH, Urt. v. 9. 3. 1978, C-106/77, EU：C；1978：49, Rn. 14 ff. -Simmenthal II.
[149] EuGH, Urt. v. 15. 7. 1964, 6/64, EU：C；1964：66, 1253, 1269 ff. -Costa/E. N. E. L.
[150] EuGH, Urt. v. 9. 3. 1978, C-106/77, EU：C；1978：49, Rn. 17 ff. -Simmenthal II. 也参见 *Tuori*, European Constitutionalism, 2015, S. 71。
[151] Calliess/Ruffert/*Ruffert*, EUV/AEUV, 5. Aufl. 2016, Art. 1 AEUV Rn. 17.

在了《里斯本条约》的立法理由（第17项）中[152]，由于各成员国已经签署并批准了该条约，故而这一优先性现今已称得上被成文法化。[153] 并已成为解决国内法与欧盟法矛盾的最为重要的冲突规则之一。[154]

88　　（2）不过，当欧盟法与国内法存在规范冲突时，前者要在特别法（lex specialis）的意义上得以优先适用也须符合两个条件：一方面，规范必须足够具体，以至于能够被直接适用（unmittelbar anwendbar，有关这一概念参见第十二章边码4及以下）。另一方面还需确定，与欧盟法相冲突的国内法规范是否无从以"合基础法"的方式进行解释从而使这一冲突得以解决。这一点将在下文详加论述（第十二章边码26及以下）。

89　　（3）既然欧盟法此时得直接适用，成员国与此相悖的、原本强制性的解释规则也就不再被允许使用。[155] 若违反欧盟法，国内法规范并不会无效，换言之，它将继续保有效力[156]，因为欧盟最高法院本没有判令这一法效果（无效）的权限。[157] 因此，通说以及欧盟最高法院的判决[158]均认为，欧盟法虽有直接效力，但**其没有"效力优先性"**（Geltungsvorrang）。"适用优先"和"效力优先"绝不仅仅是称谓上的区别。若国内法的规范仍然有效，就意味着在涉及与欧盟无关的事实时，它将继续得以适用。[159] 在此背景下，有关"欧盟法与国内法乃是两个互相独立存在的法秩序"这

---

[152]《里斯本条约》最终法案（2007年12月17日，ABl. Nr. C 306, S. 249）第17项立法理由："根据欧盟最高法院的判例，欧共体法的优先性乃共同体法的基石。"

[153] 德国法的立法理由参见 Begr. RegE, BT-Drs. 16/8300；关于此，可参见 *C. F. Mayer*, VVDStRL 75 (2016), 8, 42。

[154] *Kruis*, Der Anwendungsvorrang des EU-Rechts in Theorie und Praxis, 2013, S. 44 und S. 94 ff.

[155] Callies/Ruffert/*Ruffert*, EUV/AEUV, 5. Aufl. 2016, Art. 288 AEUV Rn. 20.

[156] BVerfG, Urt. v. 30. 6. 2009, 2 BvE 2/08 u. a., BVerfGE 123, 267, 398–Lissabon-Vertrag.

[157] 参见《欧洲联盟条约》第19条第1款第2句："解释和适用条约……"，据此，欧盟最高法院负责解释欧盟法，也参见 Calliess/Ruffert/*Ruffert*, EUV/AEUV, 5. Aufl. 2016, Art. 1 AEUV Rn. 18。

[158] 明确的表述，参见 EuGH, Urt. v. 22. 10. 1998, C-10/97 u. a., EU：C：1998：498, Rn. 21–IN. CO. GE. '90；之前的判决则有 EuGH, Urt. v. 7. 2. 1991, C-184/89, EU：C：1991：50, Rn. 19–Nimz。

[159] 进一步的观点参见 *Ehlers*, in: Schulze/Janssen/Kadelbach, Europarecht, 4. Aufl. 2020, § 11 Rn. 52 ff., 64，不过作者认为，在成员国缺乏立法权限的情形，例外时也可以成立"无效"。

一基础性的论断便又显而易见了。唯在二者存在冲突之情形，欧盟法始得优先于国内法，从而在必要时阻却后者在具体个案中的适用。（由此可能导致的）所谓"国民歧视"（Inländerdiskriminierung）或者说"逆向歧视"则并非欧盟法保护的"基本自由"所要考虑的范畴（详见第二章边码91的示例——译者注）。[160]

若欧盟法与国内法的规范涉及了相同之事实，二者即存在直接的规范冲突。作为欧盟法"适用优先"的结果，此处要适用的是一种"上位法优于下位法"（lex superior）的规则，即欧盟法将在规范位阶中占据比国内法更优先的位置（法的层级构造）。[161] 正如欧盟最高法院所主张的，这一优先规则也同样适用于新法；换言之，此处并不适用"新法优于旧法"（第四章边码132）。 **90**

> 啤酒纯度要求案：欧盟法的适用优先可能会导致这样的结果：法国的啤酒即使不符合相应的纯度要求，也可以在德国销售。[162] 就此而言，《欧洲联盟运作方式条约》第34条规定的"商品流通自由"要优先于《啤酒税法》（BiersteuerG，此处指本案当时的旧法，下同）第9条及以下的规定，因此，德国法律不应被适用。对于在德国生产和销售的啤酒而言，由于不存在所谓的效力优先，德国《啤酒税法》第9条等规定仍然保有效，也就是说，德国的啤酒依旧需要按照纯度的特定要求进行酿造。由此造成的所谓"国民歧视"并不违反欧盟法，只不过某些情况下可能会违反《基本法》第3条第1款的规定。 **91**

最后还需考虑的是间接规范冲突之情形。此时，两种规范并非针锋相对，只是各自不同的形式或程序会导致相互冲突的结果。根据欧盟最高法院的观点，这一情形应当适用"实际有效原则"[163]。 **92**

---

[160] EuGH, Urt. v. 28. 1. 1992, C-332/90, EU：C：1992：40, Rn. 8 ff. -Steen.

[161] Oppermann/*Classen*/*Nettesheim*, Europarecht, 9. Aufl. 2021, § 10 Rn. 4 ff.

[162] EuGH, Urt. v. 12. 3. 1987, C-178/84, EU：C：1987：126, Rn. 53 f. -Reinheitsgebot für Bier.

[163] 一贯的判决，参见 EuGH, Urt. v. 15. 9. 1998, C-231/96, EU：C：1998：401, Rn. 34-Edis；Calliess/Ruffert/*Ruffert*, EUV/AEUV, 5. Aufl. 2016, Art. 1 AEUV Rn. 22。

93　　（4）"适用优先"即意味着**不允许再适用违反欧盟法的国内法规范**。[164] 成员国的立法者、行政及司法者都必须尊重欧盟法。因此，任何国家机关都应当不再适用违反欧盟法的国内法。受适用优先原则影响的是成员国包括宪法甚至基本权利在内的所有法源。[165]

　　3. 联邦宪法法院第二审判庭的二元论见解：同一性保留及越权审查

94　　（1）在德国，对于欧盟法会影响国内法以及必须为国内法院所适用这一点而言，并没有什么争议。[166] 存有争议的是，针对欧盟之法律，联邦宪法法院是否保有独立的审查及否弃权。这一点，联邦宪法法院自己是承认的。虽然欧盟最高法院强调，成员国在加入《建立欧洲共同体条约》后即已放弃自己的主权（第二章边码53），但联邦宪法法院却主张一种二元**论的观点**——根据该观点，欧盟是一个国家联盟，"它的共同体权力乃源自各个成员国，其在德国的主权领域只有经由德国的法适用命令（Rechtsanwendungsbefehl）才能发生有约束力的效果"[167]。因此，欧盟法只有通过《基本法》第23条规定的"批准法"（Zustimmungsgesetz）这一桥梁才能纳入德国国内法的法秩序。[168]

95　　（2）由此，联邦宪法法院便承担一种"**一体化任务**"（Integrationsverantwortung），因而它拥有如下权限，即审核具体情形（in concreto）是否

---

[164] EuGH, Urt. v. 9. 3. 1978, C-106/77, EU：C：1978：49, Rn. 17/18-Simmenthal II；EuGH, Urt. v. 22. 10. 1998, C-10/97 u. a., EU：C：1998：498, Rn. 21-IN. CO. GE. '90.

[165] EuGH, Urt. v. 17. 12. 1970, C-11/70, EU：C：1970：114, Rn. 3-Internationale Handelsgesellschaft；Calliess/Ruffert/*Ruffert*, EUV/AEUV, 5. Aufl. 2016, Art. 1 AEUV Rn. 19.

[166] BVerfG, Beschl. v. 18. 10. 1967, 1 BvR 248/63 u. a., BVerfGE 22, 293, 296-EWG-Verordnungen；BVerfG, Beschl. v. 9. 6. 1971, 2 BvR 225/69, BVerfGE 31, 145, 173 f. -Milchpulver；BVerfG, Beschl. v. 8. 4. 1987, 2 BvR 687/85, BVerfGE 75, 223, 240 f. -Kloppenburg-Beschluss；BVerfG, Beschl. v. 22. 10. 1986, 2 BvR 197/83, BVerfGE 73, 339, 375-Solange II；BVerwG, Urt. v. 17. 2. 1993, 11 C 47/92, BVerwGE 92, 81, 83, 85 ff. -Rückforderung von rechtswidrigen Beihilfen；BGH, Urt. v. 5. 2. 1998, I ZR 211/95, BGHZ 138, 55, 59 ff. -Vergleichende Werbung.

[167] BVerfG, Urt. v. 12. 10. 1993, 2 BvR 2134/92 u. a., BVerfGE 89, 155, 188, 190-Maastricht；类似观点参见 BVerfG（ebd.）, BVerfGE 73, 339, 367 f. -Solange II。

[168] 有关"桥梁理论"，参见 *P. Kirchhof*, JZ 1998, 965 f.；*ders.*, in：HStR X, 3. Aufl. 2012, § 214 Rn. 158 f。

违反了《基本法》第 23 条等规定的批准法。[169] 联邦宪法法院享有这一独立的审查及否弃权经历了三次更迭：就基本权利的保护而言，联邦宪法法院在"Solange I 号案"中，就对欧盟法之于国内法的效力表示了质疑，并强调要"一直"（德语：solange）审查（欧盟法是否符合德国法的）基本权利，除非欧盟法层面已经存在类似的基本权利之保护。[170] 但此之后，欧盟最高法院承认了基于成员国之宪法传统而存在的"不成文"的基本权利，因而联邦宪法法院不得不在之后的"Solange II 号案"中修正了它之前的判决，并明确放弃了对欧盟基本权利的审查。[171] 国内法的基本权利以及欧盟法的基本权利的这一区分可谓过去几十年来联邦宪法法院判例的典型特征。有学者称其为所谓的"**区分论**"（Trennungsthese）[172]。只有欧盟法例外性地赋予成员国某种"形成权限"时，联邦宪法法院才依照德国法的基本权利进行审查。[173]

（3）在后来的"Maastricht 案"及"Lissabon 案"的判决中，联邦宪法法院强调，即使处在欧盟之内，成员国也保有一些重要的权限。针对这种"**同一性保留**"（Identitätsvorbehalt），联邦宪法法院指出：

> 然而，欧洲各主权国家以条约联盟为基础的结合不得以这样的方式来实现——即成员国不再享有针对其经济、文化和社会生活条件的足够的政策自由。这尤其适用于那些牵涉民众生活情势的事实领域——

---

[169] Deutlich BVerfG, Beschl. v. 14.1.2014, 2 BvR 2728/13 u.a., BVerfGE 134, 366, Rn. 44 ff. –OMT-Beschluss.

[170] BVerfG, Beschl. v. 29.5.1974, 2 BvL 52/71, BVerfGE 37, 271, 285–Solange I.

[171] BVerfG, Beschl. v. 22.10.1986, 2 BvR 197/83, BVerfGE 73, 339, 387–Solange II："只要……共同体法院的判例能够为基本权利提供针对共同体权力的一般性的有效保护，且这种保护与《基本法》所明确赋予的基本权的保护相当……那么，联邦宪法法院可以不再行使其对于'共同体权利'之适用的司法审查权，也即不必再依循《基本法》上基本权利的标准对上述权利进行审查；《基本法》第 100 条第 1 款的相关规定也因而不再有效。"对此，参见 *Stein*, in: FS Zeidler, Bd. 2, 1987, S. 1711 ff.; *Vedder*, NJW 1987, 526 ff.; *Möllers/Redcay*, EuR 2013, 409 ff.

[172] 关于这一概念，参见 *Thym*, JZ 2014, 53, 54 f.; *Wendel*, JZ 2020, 157, 159。

[173] BVerfG, Beschl. v. 13.3.2007, BvF 1/05, BVerfGE 118, 79, 98–Treibhausgas I; BVerfG, Urt. v. 2.3.2010, 1 BvR 256/08 u.a., BVerfGE 125, 260, 306 f. –Vorratsspeicherung I. 参见下文第二章边码 102 及以下。

> 特别是他们为基本权利所保护的、有关自我责任及人格与社会安全的空间,同时也尤其适用于那些尤为依赖文化、历史和语言方面之习惯性理解(本书多处也译为"前理解"——译者注)的、在政治公共领域的"政党及议会主导的空间"中被付诸讨论的政治性判断。民主决策的主要领域包括公民权、民用和军用的武力垄断、包括借贷在内的收入和支出以及与基本权利的实现密切相关的干预构成要件(Eingriffstatbestände)——尤其是诸如刑事司法中的剥夺自由、安置措施等显著的基本权利干预等。有关语言的保留,家庭及教育条件的设计,有关言论、出版及集会自由的规则以及对宗教或世界观问题的处理等。[174]

98   之后,联邦宪法法院第二审判庭又将"身份保留"与"**越权审查理论**"(Ultra-vires-Kontrolle)结合起来。根据该理论,欧盟机构超越条约权限的行为不具约束力。[175] 联邦宪法法院负责审查欧盟部门及机构的法律文件是否可以在德国适用。越权原则在此后的一系列判例中得到了进一步的具体化。[176] 没有越过这一"侵入门槛"的,即属于可宽宥的错误。[177]

99   "PSPP案"中,联邦宪法法院第二审判庭首次认定了这种越权行为,因为欧洲中央银行及欧盟最高法院未能充分说明有价证券的赎买行为是否合比例。越权行为的认定存在一个**特定的干预门槛**(gewisssen Eingriffsschwelle),据此,这种越权行为必须"足够符合其特征"且"显而易见"。联邦宪法法院第二审判庭定义了欧盟机构在何种情况下的行为构成以"特别的侵害方式"违反有限的具体授权原则(第二章边码56)。欧盟最高法院的说理被认为"方法论上不具备可验证性"(第十三章边码115)。这会导致一种不利于成员国的、"结构性的权限变动"。既然成员国才是条约的

---

〔174〕 BVerfG, Urt. v. 30. 6. 2009, 2 BvE 2/08 u. a., BVerfGE 123, 267, 357 f. -Lissabon.

〔175〕 BVerfG, Urt. v. 12. 10. 1993, 2 BvR 2134/92 u. a., BVerfGE 89, 155, 188-Maastricht: "基于宪法之理由,德国的国家机关得阻止这类法律文件适用于德国",关于此,参见 Makowsky, 16 U. Pa. J. Int'l Bus. L. 155 ff. (1995)。

〔176〕 BVerfG, Beschl. v. 6. 7. 2010, 2 BvR 2661/06, BVerfGE 126, 286, 302 ff. -Honeywell; BVerfG, Urt. v. 21. 6. 2016, 2 BvR 2728/13 u. a., BVerfGE 142, 123 Rn. 143 ff. -OMT-Urteil; BVerfG, Urt. 30. 7. 2019, 2 BvR 1685/14, BVerfGE 151, 202 Rn. 151-Europäische Bankenunion.

〔177〕 BVerfG, Beschl. v. 6. 7. 2010, 2 BvR 2661/06, BVerfGE 126, 286, 307-Honeywell.

"主人",它们当然有权进行这方面的审查。

> ……若欧盟的机关、组织或其他机构以特别的损害方式（spezifisch verletzende Art）僭越了其在有限具体授权原则下的权限边界（《基本法》第 23 条第 1 款），换句话说，这种权限的违反足够符合其特征（hinreichend qualifiziert）时，则认定其构成对有限具体授权原则的明显违反。其前提是，欧盟权力机构的越权行为必须显而易见，并在权限的构造上导致了不利于成员国权限的结构性变动（strukturell bedeutsame Verschiebung zulasten mitgliedstaatlicher Kompetenzen）。如果越权行为从有限的具体授权原则及法治国家法律约束的角度来说明显不容忽视，则可谓构成这种不利于成员国权限的结构性变动（vgl. BVerfGE 126, 286 [304]）……
>
> 联邦宪法法院有义务对欧盟机关、组织和机构的越权行为进行有根据地非难，而条约则赋予欧盟最高法院解释适用条约、维护欧盟法统一性与协调性的职责（vgl. Art. 19 I UAbs. 1 S. 2 EUV, Art. 267 AEUV）。这二者之间应当相互调和。如果任由成员国通过自己的法院来裁判欧盟法律文件的效力，无疑会使"适用优先原则"实际落空，并因此损害欧盟法的统一适用。但另一方面，完全要成员国放弃对越权行为的审查，对条约基础的支配将只隶属于欧盟机关——即使后者对法的理解会导致曲解条约或超越权限的结果。鲜有的欧盟机关、组织或其他机构可能涉及越权的边缘性案件中——欧盟法本也采取了一些实质及程序上的预防措施来杜绝这类案件——之所以会出现宪法和欧盟法的方方面面未得到完全一体化的情况，乃是因为，即使在《里斯本条约》生效后，欧盟成员国依旧是条约的主人，它们并未达到一个"联邦国家"的界限（vgl. BVerfGE 123, 267 [370 f.]）。在此建构之下原则上无法避免出现的"张力"理应与欧盟法的一体化思想进行合作性的平衡，并通过彼此相互的尊重而得到纾解。这也是欧盟作为国家、宪法、行政与司法联盟的应有之义（vgl. BVerfGE 140, 317 [338] Rn. 44）。[178]

---

[178] BVerfG, Urt. v. 5.5.2020, 2 BvR 895/15, BVerfGE 154, 17, 90 ff. Rn. 110 ff. –PSPP-Urteil.

101　　　　　这类判例并非没有争议。公认的是，联邦宪法法院有权对"**宪法身份性**（Verfassungsidentität）**不可侵犯的核心要义**"进行审查，毕竟"**永恒性保障**"这一原则被明文规定于《基本法》第23条第1款第3句及第79条。这其中就包括《基本法》规定的德国人民主权（第20条第2款）、联邦国家原则（第20条第1款）以及民主原则。[179] 不过，依第二审判庭的观点，"同一性保留"尚还包括其他的领域（第二章边码94）。这一点虽然存疑，但其终究可以避免《基本法》第79条第3款的"永恒性保障"重蹈纳粹时期野蛮统治的覆辙（第一章边码114），也不会阻碍德国融入欧盟的进程。[180] 此外，也有人认为，一概以"越权理论"为说辞并不妥当，因为这样一来就意味着成员国的法院可以径自宣判欧盟的法律没有约束力。联邦宪法法院自己也意识到这一做法有使"适用优先原则"实际落空之虞。此外，这也可能招致其他国家的宪法法院不再遵循欧盟最高法院的风险。[181] 联邦宪法法院第二审判庭又是否在"PSPP案"中超越了其自身的权限、是否违反了法续造的正当界限，则留待后文详述（第十三章边码114及以下）。

4. 欧盟最高法院对"适用优先性"的进一步发展：成员国在适用欧盟法时的"形成权限"

102　　　（1）近年来，欧盟最高法院对严格的"适用优先性"予以进一步发展。这期间，欧盟最高法院明确承认，它不可能对所有的案件进行裁判，而必须依赖同成员国法院之间的合作。它赋予了成员国法院直接适用欧盟法而无须再交由欧盟最高法院审查的权限。这一点符合欧盟最高法院与成员国之间的"合作关系"（第二章边码94及以下、第十三章边码121及以

---

〔179〕　详见 *Haratsch/Koenig/Pechstein*, Europarecht, 12. Aufl. 2020, Rn. 147 ff。

〔180〕　更尖锐的表达，参见 *Lübbe-Wolff*, im Sondervotum zu BVerfG, Urt. v. 18. 7. 2005, 2 BvR 2236/04, BVerfGE 113, 273, 327, 336–Europäischer Haftbefehl："因为这一规定的意义就在于避免我们的国家重蹈独裁和野蛮统治的覆辙，没有什么能比它更有可能实现使德国融入欧盟的目标。"

〔181〕　有关这一趋势，可见波兰总检察长的论述 *Ziobro in dem Verfahren* K 7/18, EuGRZ 2018, 703, 710；丹麦宪法法院（SCDK），Urt. v. 6. 12. 2016, 15/2014, n. 75 S. 47-Dansk Industri (DI)；意大利宪法法院（ICC），Urt. v. 10. 4. 2018, No. 115/2018-Taricco II，之前已有的论述，进一步参见 Lenaerts, EuR 2015, 3, 17 ff。

下),并兼顾了"辅助原则"(第二章边码58)。通过对"**适用**"和"**解释**"两个概念的区分,欧盟最高法院使成员国保留了它的权限。欧盟最高法院负有解释欧盟法的义务(《欧洲联盟运作方式条约》第19条第1款第2句)。有疑问时,法院应通过前置判决程序将相关问题呈递给欧盟最高法院(第十二章边码115及以下)。如若不存在解释之问题,则应由成员国法院负责对欧盟法的适用。此时,成员国法院就相当于是欧盟之法院(第一章边码29)。在此框架下,欧盟最高法院可谓赋予了成员国法院较为显著的具体化权限。在适用欧盟次级法当中一般条款的情形(第七章边码15、边码32及以下)中,欧盟最高法院早就承认了这一点,适用欧盟法的基本自由时,这也为欧盟最高法院所强调。[182] 不过,对于欧盟法上的基本权利,它也如是指出:

> 如果成员国的法院需要审查,在欧盟法没有对成员国的行为作出完全性的规定时,用于执行《欧盟基本权利宪章》第51条第1款意义上"欧盟法"的内国法的规范或措施是否与(欧盟的)基本权利相符合,那么,成员国的行政机关和法院也有权适用其国内有关基本权利的保护标准,前提是这种适用不会影响《欧盟基本权利宪章》的保护水平——如欧盟最高法院所解释的那样——同时也不会影响欧盟法的优先性、统一性及有效性(vgl. für diesen letzten Aspekt Urt. v. 26. 2. 2013, Melloni, C-399/11, Rn. 60)。[183]

103

(2)不过,成员国的"形成权限"也要受到限制,即不得影响《宪章》的保护水平。[184] 由此即会导致一种基本权利的"平行适用"。

104

---

[182] EuGH, Urt. v. 8. 3. 2001, C-405/98, EU:C:2001:135, Rn. 33, 41 – Schwedisches Werbeverbot für Alkohol.

[183] EuGH, Urt. v. 26. 2. 2013, C-617/10, EU:C:2013:105, Rn. 28 – Åkerberg Fransson; 之前已有的论述,参见 EuGH, Urt. v. 6. 11. 2003, C-101/01, EU:C:2003:596, Rn. 90 – Lindqvist; 参见 *Lenaerts*, EuR 2015, 3, 20 ff.; *Franzius*, ZaöRV 2015, 383, 384 ff.。

[184] 批评性见解,参见 *Britz*, EuGRZ 2015, 275, 279 f.; *Masing*, JZ 2015, 477, 481 ff.; *Ohler*, NVwZ 2013, 1433, 1438。

5. 联邦宪法法院第一审判庭对欧盟基本权利的适用

105 　　与既往的判例一致（第二章边码95、103），在"被遗忘权 I 号案"的判决中，联邦宪法法院第一审判庭强调，联邦宪法法院应当在国内立法者的"形成空间"（Gestaltungsbereich）内对国内法的基本权利进行审查。只不过，对德国法上的基本权利之解释也应当是以"符合宪章的方式"（chartakonform，第十章边码57c）进行的。

106 　　不过，真正有讨论意义的当属"被遗忘权 II 号案"的判决，该案涉及的完全是可适用的欧盟法。不同于"Solange II 号案"所确立的"分离论"，主审法官马辛提出了所谓的"**重叠论**"（Überlappungsthese）[185]，据此，联邦宪法法院和欧盟最高法院将共同审查欧盟的基本权利。国内的所有专门法院都必须适用欧盟基本权利，而其又要由联邦宪法法院予以审查。因采纳了欧盟最高法院对于"解释"和"适用"的区分（第二章边码102），第一审判庭抹消了联邦宪法法院和欧盟最高法院基于身份性审查、越权理论和二者的权限分配而导致的"分离"。其他成员国的宪法法院也理应与欧盟最高法院达成类似合作（第三章脚注223及以下）。对此，第一审判庭指出：

107 　　在这种具体化的适用中，除了向欧盟最高法院呈递，专门法院还需承担一种独特的责任。不如说，欧盟最高法院是将它对于基本权利的解释内嵌于那些需要被适用的、一般化的原则中，从而期待成员国的法院——即使是在其他的情形中——能够心领神会地运用之并以具体化的方式使其落地生根。由此，欧盟最高法院赋予了成员国法院较为显著的具体化权限（vgl. nur EuGH, Urt. v. 6. 11. 2003, Lindqvist, EuGH C-101/01, EU：C：2003：596, Rn. 86 ff., 90；EuGH, Urt. v. 9. 3. 2017, Manni, EuGH C-398/15, EU：C：2017：197, Rn. 62 f.；EuGH, Urt. v. 27. 9. 2017, Puškár, C-73/16, EU：C：2017：725, Rn. 72；

---

[185] 之前已有此主张者，参见 *Bäcker*, EuR 2015, 389, 410 ff. Von „Überlappung" sprechen *Wendel*, JZ 2020, 157, 160；*Kühling*, NJW 2020, 275, 278；还有学者使用的是"结合论"的说法，参见 *Franzius*, ZaöRV 2015, 383, 388。

vgl. auch EuGH, Urt. v. 19. 10. 2016, Breyer, EuGH C-582/14, EU：C：2016：779, Rn. 62)。欧盟最高法院的考量是，即使法的适用遵循的是"欧盟范围内统一性以及整齐划一性"的精神，也应当允许基本权利通过在具体案件事实中个案式的具体化来发挥其个体性的保护能力。这就是成员国专门法院的任务。

作为保障基本权利在国内受到全面保护的机构，联邦宪法法院应就此对专门法院进行监督。这就不仅仅是依《基本法》第 101 条第 1 款第 2 句的标准而进行的监督，同时也要在其审查的标准中纳入对欧盟基本权利的考量。[186]

"被遗忘权 II 号案"：本案中，上诉人希望确保人们在 Google 搜索引擎输入他的名字时，首页不会显示对其进行负面报道的电视节目的链接。针对这一法律问题，《欧盟数据保护条例》作出了"完全协调"意义上的规定。[187] 同时，第一审判庭需审查欧盟的基本权利，并主张其具有第一位的管辖权。与欧盟最高法院的既往判例不同，除《欧盟基本权利宪章》第 16 条的"经营自由"外，联邦宪法法院还讨论了《欧盟基本权利宪章》第 11 条的"言论自由"[188]。欧盟最高法院认定数据保护具有优先性[189]，联邦宪法法院第一审判庭则主张在公众的信息利益和相关人的人格权之间进行充分之衡量，此时也必须注意（报道）首次公开后已经过的时间以及其他的保护措施。[190] 这些见解从其本质而言或许是有说服力的，但这本应属于呈递给欧盟最高法院的问题。[191]

被遗忘权 I、II 号案的判决被认为是判例中的突破性转折：其"不再 109

---

[186] 参见 BVerfG, Beschl. v. 6. 11. 2019, 1 BvR 276/17, BVerfGE 152, 216 Rn. 65 f. – Recht auf Vergessen II 以及下文第十二章边码 119。

[187] EuGH, Urt. v. 29. 7. 2019, C-40/17, EU：C：2019：629 Rn. 54 f. – Fashion ID.

[188] BVerfG (ebd.), BVerfGE 152, 216 Rn. 105 ff. – Recht auf Vergessen II.

[189] EuGH, Urt. v. 24. 9. 2019, C-137/116, EU：C：2019：773, Rn. 66 ff.

[190] BVerfG (ebd.), BVerfGE 152, 216 Rn. 114 ff. – Recht auf Vergessen II.

[191] Kühling, NJW 2020, 275, 278；Thym, JZ 2020, 1017, 1020；verletzt die Vorlagepflicht. **不同观点**，参见 BVerfG, (ebd.), BVerfGE 152, 216 Rn. 137 ff. – Recht auf Vergessen II；关于前置判决程序，参见下文第十二章边码 115 及以下。

是不同法院之间的零和博弈",因为它已然限制了"分离论"以及成员国和欧盟最高法院之间发生冲突的可能。[192] 联邦宪法法院的"首次解释权"（Erstinterpretationsrecht）隐含了某种"表征效力"[193]，乃是要防止联邦宪法法院失去它的意义。[194] 如今由专门法院、宪法法院和欧盟最高法院共同监督基本权利的遵守情况，尤可谓加强了有效的法律保护。而在法续造的领域，还涉及其他方面的考量（第十三章边码127及以下）。

四、"最低程度的一体化"意义上国内法的适用

1. 一体化领域之外国内法的适用

110　　应当对欧盟法作出"独立"之解释（第二章边码70及以下）。对于有着不同规定的国内法而言，欧盟法具有适用优先性（第二章边码85及以下）。必要时，国内法的解释应以"合欧盟法"的方式为之（第十二章边码20及以下）。作为例外情况，这一点也适用于"溢出性"的领域（第十二章边码90及以下）。不过，在指令或条例的适用范围之外，原则上仍应局限于对国内法的适用。若欧盟的立法者明确限制了法的适用领域（比如未对法律问题作出规定，而是留待成员国加以解决），则属于比较容易处理的情况。例如，欧盟《商品买卖指令》（Warenkauf-RL）虽然就商品缺陷的法律救济作出完全一体化的规定，但其同时也对不被一体化的领域作出了定义，从这个意义来说，它恰恰不属于"完全的一体化"。

111　　本指令不影响成员国在一般合同法领域进行规定的自由，例如涉及合同的成立、生效、无效或包括合同终止的后果在内的合同效力等方面的规定（只要本指令在这些方面没有规定）或者有关损害赔偿法的规定。[195]

---

[192] *Wendel*, JZ 2020, 157, 158; *Thym*, JZ 2020, 1017.
[193] 参见 *Thym*, JZ 2020, 1017, 1021, 作者称其为"第一话语"的权力，并指出了其中与裁判相关的心理学的意义，其所援引的文献，参见 *Twersky/Kahnemann*, 30 Science 453 ff. (1981)。
[194] *Thym*, JZ 2020, 1017, 1021.
[195] 《商品买卖指令》第3条第6款。

2. 自主解释的例外：引致条款（Rückverweisungsklausel）

欧盟法的自主解释原则也是存有例外的：若欧盟法**对成员国的法进行了引致**(Verweisung)，则应沿用国内法通行之解释方法。[196] 此类例证多见于欧盟之立法者无法较为有力地推行一体化的情形。[197]《欧盟评级机构条例》（Rating-VO）第 35a 条虽然首次对"评级机构"的责任作出了规定，但其中大部分的构成要件要素都是对国内法的引致。[198] 对于这类情形，欧盟最高法院确认了成员国所享有的解释权限。[199] 可以说，欧盟最高法院是在自主解释的框架下，例外性地认可了成员国的解释权限。[200]

3. 形成空间以及对欧盟指令与条例一体化程度的疑问

具体情形是否属于"最低程度的一体化"？对于这一问题，欧盟的指令或条例时常未置一词。或者说，法律有被解释的必要。[201] 面对欧盟立法者的沉默，即需要立足于各个具体的规范来判断其是否构成封闭性规范，抑或允许成员国作出更严格的规定。[202] 这时应当参照立法理由（第五章边码 16）。若立法理由也不能提供答案，就需要交由欧盟最高法院解决。例如，有观点认为，由于《金融工具市场指令 II》[203] 以及《欧盟反

---

[196] EuGH, Urt. v. 11. 4. 2013, C-443/11, EU：C：2013：224, Rn. 61-Jeltes.

[197] 例如许多有关欧洲股份公司（Societas Europaea）的规范，参见 Artt. 3 Abs. 1, 7 S. 1, 61 Abs. 1, 63 Abs. 1 und generell Art. 9 Abs. 1 lit. c) ii) SE-VO；关于此可参考 *Möllers*, in：Schulze/Janssen/Kadelbach, Europarecht, 4. Aufl. 2020, § 19 Rn. 214; *Hommelhoff*, AG 2001, 279, 285。

[198] Art. 35a Abs. 4 S. 1 Änderungs-RatingVO（EU）Nr. 462/2013 v. 21. 5. 2013, ABl. Nr. L 146, S. 1："本条所提及但并未定义的诸如'损害''故意''重大过失''以合理的方式''应尽的注意''效果''适当''合比例'等概念，应依各自的现行国内法以及相关的国际私法之规定而得解释与适用。"

[199] EuGH, Urt. v. 27. 1. 2005, C-188/03, EU：C：2005：59, Rn. 29-Junk（第二章边码 71）；赞同者，参见 *Riesenhuber*, in：Riesenhuber, Europäische Methodenlehre, 4. Aufl. 2021, § 10 Rn. 6。

[200] EuGH, Urt. v. 6. 2. 2003, C-245/00, EU：C：2003：68, Rn. 34-SENA/NOS；对此例外的批评，参见 *Heinemann*, JZ 2003, 678, 679 f。

[201] 例如上文所列举的《商品买卖指令》第 3 条第 6 款中"只要……没有规定"一句。

[202] *Buchmann*, Umsetzung vollharmonisierter Richtlinien, 2008, S. 66 ff.; *Möllers*, in：Gsell/Herresthal, Vollharmonisierung im Privatrecht, 2009, S. 247, 255 ff.；参见上文第二章边码 66 及以下。

[203] *Mülbert*, WM 2007, 1156："金融工具市场指令是债券的终结"; *ders.*, ZHR 172 (2008), 183; *Herresthal*, ZBB 2009, 348, 351 ff.; *Sethe*, in：FS Nobbe, 2009, S. 769, 786 f。

市场滥用条例》[204]的封闭性特征,实无法成立民法上的责任。反对观点则主张,监督机构只能对公法上的执行进行一体化,成员国因而可以自行实施民法上的规范;这一点既适用于《金融工具市场指令Ⅱ》[205]也适用于《欧盟反市场滥用条例》[206]。支持后一观点的理由,一方面在于欧盟法上的"实际有效原则",另一方面则在于,不能从欧盟立法者的沉默径行得出规范是封闭性的这一结论。[207] 基于此,欧盟最高法院将这一权限交给了成员国。[208]

114　　在没有推行完全的一体化时,若成员国的立法者放弃转化,抑或通过在国内法中逐字照搬指令文本的方式进行转化,则亦属于难以明确之情形。[209] 与此相仿的是依据国内法对未被规定的领域进行解释的情形。[210] 不过,欧盟最高法院过去在解释指令对人及对事的适用范围时,常采较为宽泛的立场:尽管指令中没有相关规定,欧盟最高法院即曾承认劳动岗位上的歧视可招致精神损害赔偿请求权[211],在"另行交付"(Nachlieferung)的情形,欧盟最高法院否认出卖人享有针对使用利益及价值丧失的赔偿请求权。[212] 不过,未予明确的是,出卖人在合同终止的情形是否

---

〔204〕 针对"市场操纵"明确持此主张者,参见 *Schmolke*, NZG 2016, 721, 723;不同观点,参见 *Klöhn*, in: Kalss/Fleischer/Vogt, Gesellschafts-und Kapitalmarktrecht in Deutschland, Österreich und der Schweiz, 2013, S. 220, 246 ff.

〔205〕 OLG Düsseldorf, Urt. v. 16.12.2010, I-6 U 200/09, WM 2011, 399, 400; *Poelzig*, ZGR 2015, 801, 814; Assmann/Schneider/Mülbert/*Koller*, Wertpapierhandelsrecht, 7. Aufl. 2019, § 63 WpHG Rn. 11; Schwark/Zimmer/*Rothenhöfer*, KMRK, 5. Aufl. 2020, § 63 WpHG Rn. 13.

〔206〕 Schwark/Zimmer/*Zimmer/Steinhaueser* (ebd.), §§ 97, 98 WpHG Rn. 7.

〔207〕 SchlA v. 13.12.2001, GA *Geelhoed*, C-253/00, EU: C: 2001: 697, Rn. 55–Muñoz. 有关这一论证模型,详见第十三章边码39及以下。

〔208〕 EuGH, Urt. v. 19.12.2013, C-174/12, EU: C: 2013: 856, Rn. 42 f. –Hirmann(第五章脚注145):民事责任是成员国的事务。

〔209〕 *Vetter*, in: FS Hopt, 2020, S. 1383, 1389, 1398 ff., 作者即举了《股东权指令》的例子(2. Aktionärsrechte-RL 2017/828/EG v. 17.5.2017, ABl. Nr. L Nr. 132, S. 1),并拒绝适用ARAG Ⅱ的最优化的规定(Begr. RegE, BT-Drs. 19/9739, S. 35, 80);类似的分析,参见 *Seibert*, in: FS E. Vetter, 2019, S. 749, 759 f.。

〔210〕 详见 *Vetter*, in: FS Hopt, 2020, S. 1383, 1389, 1398 ff.; 有关"区分解释",参见下文第十二章边码95及以下。

〔211〕 参见第九章脚注248。

〔212〕 EuGH, Urt. v. 17.4.2008, C-404/06, EU: C2008: 231 Rn. 34–Quelle(第十二章边码58及以下)。

享有上述赔偿请求权。[213] 这实际上是隐含了一种"剩余风险"：基于其"自主解释之权限"（第二章边码70及以下），欧盟最高法院对指令或条例的"最低要求"作出一种宽泛的解释。

4. 再论形成空间之内的"分离论"及"重叠论"

饶有趣味的是民法和宪法之间的对比：在民法领域，人们仍坚持主张"分离论"，也即试图从水平角度区分欧盟法的权限、欧盟最高法院的解释权限和成员国的权限。如上文所述，这一做法可能是奏效的（第二章边码113及以下）。对于"最低程度的一体化"框架下的法律漏洞以及未予明确的形成权限而言则不尽然，以至于往往要到欧盟最高法院作出裁判才能使法律问题得到明晰。对于宪法，联邦宪法法院第一审判庭则采纳了另一种路径：它不仅在其形成空间内，同时也在完全一体化的领域内对欧盟的基本权利进行审查。这就导致了一种垂直的权限重叠，因为原则上专门法院、联邦宪法法院和欧盟最高法院都将审查欧盟的基本权利。联邦宪法法院故而为自己保有了相对欧盟最高法院而言的"首次解释权"（第二章边码109）。如果在民法领域也如此为之，成员国的法院就不再仅仅是向欧盟最高法院呈递问题，而是强势到可以尽其所能向后者提供裁判建议的地步。

第四节 国际法影响下当今德国法的层级构造

一、国际法的法源

（1）国际法的规则主要是指**国际强行法**（ius cogens），就此可参见《维也纳条约法公约》（WVRK）第53条、第64条。[214] 当中即包括基础性的人权，如禁止种族屠杀、奴役、刑讯逼供等。[215] 除此之外，国际法也包括**国际习惯法**（参见《国际法院规约》第38条第1款b项）。若能够

---

[213] 参见指令的立法理由 ErwG. 60 Warenkauf-RL，更进一步论述，参见 *Möllers*, in: FS Grunewald, 2021。
[214] BVerfG, Beschl. v. 31. 3. 1987, 2 BvM 2/86, BVerfGE 75, 1, 18 ff., 20-Völkerrecht.
[215] *Wollenschläger*, in: Dreier, GG, 3. Aufl. 2015, Art. 25 Rn. 18.

证明在大多数国家存在着某种承载了法之确信（opinio iuris）的、稳定的通行做法，即可以视之为国际习惯法。[216] 国际法的普遍性规则（allgemeine Regeln）通过《基本法》第25条转化为德国法。此外，诸如"国家协议"之类的**国际法条约**也是国际法的组成部分。国际法条约向德国国内法的转化则应以《基本法》第59条第2款为据，此规定相对于第25条而言属于"特别规范"[217]。

117　（2）根据《基本法》第25条的规定，国际法中被普遍认可的规则属于联邦法的组成部分，并优先于国内的法律（Gesetz）。在国际法领域，适用的是《维也纳条约法公约》，其重点调整的是堪称现代国际法主要渊源的国际条约法。[218] 它同时也规定了一些"单薄的"[219] 解释规则，例如《维也纳条约法公约》第31条第1款规定："应依从通行的、与条约规定的上下文相一致的语词含义，并衡诸条约之目的及宗旨，诚信解释之。"[220] 此外，根据《维也纳条约法公约》第31条第3b款的规定，也应对"判例"予以参酌。不过，这仅仅适用于某一国最高法院被大多数其他缔约国家所认可的判例。[221]

二、国际条约的自主解释

118　（1）自1980年以来，《联合国国际货物买卖合同公约》（UN-Kaufrecht）即被60多个国家用于调整商人之间的跨境买卖合同关系。根据《联合国国际货物买卖合同公约》第7条第1款的规定，成员国的国内法

---

　　[216]　BVerfG, Beschl. v. 30. 10. 1962, 2 BvM 1/60, BVerfGE 15, 25, 34 – Jugoslawische Militärmission; *Wollenschläger*, in: Dreier, GG, 3. Aufl. 2015, Art. 25 Rn. 19.

　　[217]　*Ossenbühl*, in: HStR V, 3. Aufl. 2007, § 100 Rn. 87.

　　[218]　Dahm/*Delbrück*/*Wolfrum*, Völkerrecht, Bd. I/3, 2. Aufl. 2002, vor § 143 S. 512; *Kempen*/*Hillgruber*, Völkerrecht, 2. Aufl. 2012, § 13 Rn. 7.

　　[219]　*Doehring*, Völkerrecht, 2. Aufl. 2004, Rn. 390.

　　[220]　参见 *Stein/von Buttlar*, Völkerrecht, 14. Aufl. 2017, Rn. 81 ff.

　　[221]　BVerfG, Beschl. v. 30. 10. 1962, 2 BvM 1/60, BVerfGE 15, 25, 36 ff. –Jugoslawische Militärmission; BVerfG, Beschl. v. 13. 12. 1977, 2 BvM 1/76, BVerfGE 46, 342, 364 ff. –Philippinische Botschaft.

院在解释条约时必须注意（该条约的）"国际性质"以及统一适用的必要性。[222] 为了不损害"持续性统一"的目的，解释原则上只能在各个法律自身的框架中进行。[223] 因此，在解释这一条约的概念时，原则上应探寻其本身（在条约当中）的意义，而非参照相同概念在国内法的意义。[224] 同欧盟法的状况一样，学说和判例亦将之称作"**自主解释**"（autonome Auslegung）[225]。即使法律使用的表达（例如 dommages-intérêts、breach of contract, good faith 等）在适用者的国内法语境中已然存在特定的固有理解，其解释也必须依循"自主解释"的义务为之。[226] 大部分[227]近年来通过的各种"统一合同公约"也都明确提出了"自主解释"的要求。[228]

欧盟法的统一解释系由欧盟最高法院所保障，然而在《联合国国际货物买卖合同公约》层面却并未设置一个类似的法院。因此，国内法院便不得不对国际法作出终审意义的解释。这就使"自主解释"实际演变为对文义解释的格外强调，因为动辄采用国内法的（其他）解释方法即有可能损及法统一之目的。[229] 此时，只有国际条约的原始文本才能作为文义解释

---

[222] *Schlechtriem/Schroeter*, Internationales UN-Kaufrecht, 6. Aufl. 2016, Rn. 90 ff.; *Magnus*, in: Staudinger, BGB, Neubearb. 2018, Art. 7 CISG Rn. 11 ff.; *G. Schmid*, Einheitliche Anwendung von internationalem Einheitsrecht, 2004, S. 40 ff.

[223] *Honsell*, in: Staudinger, BGB, Neubearb. 2018, Einl. zum BGB Rn. 146；关于《联合国国际货物买卖合同公约》，参见 Schlechtriem/Schwenzer/Schroeter/*Ferrari*, Kommentar zum Einheitlichen UN-Kaufrecht, 7. Aufl. 2019, Art. 7 CISG Rn. 9。

[224] 有关《联合国国际货物买卖合同公约》，参见 *Magnus*, in: Staudinger, BGB, Neubearb. 2018, Art. 7 CISG Rn. 12。

[225] *Bonell*, Convenzione di Vienna sui contratti di vendita internazionale di beni mobili, commento all'Art. 7, Le Nuove leggi civili commentate 12 (1989), 20, 21; *Ferrari*, RIDC 1996, 813, 827; *Honsell*, in: Staudinger, BGB, Neubearb. 2018, Einl. zum BGB Rn. 146; vgl. etwa Trib. Modena, Urt. v. 9. 12. 2005, 4143/2001 R. G. A. C., RDIPP 2007, 387, 390; BGH, Urt. v. 2. 3. 2005, VIII ZR 67/04, CISG-online 999, NJW-RR 2005, 1218, 1219.

[226] Schlechtriem/Schwenzer/Schroeter/*Ferrari* (ebd.), 7. Aufl. 2019, Art. 7 CISG Rn. 10 m. w. Nachw.; s. z. B. BGH, Urt. v. 3. 4. 1996, VIII ZR 51/95, BGHZ 132, 290, 296.

[227] Schlechtriem/Schwenzer/Schroeter/*Ferrari* (ebd.), Are. 7 CISG Rn. 4.

[228] 例如，《联合国国际货物买卖合同公约》第7条第1款规定："在解释公约时，须考虑其国际性质，以及促进统一适用与保护国际贸易之善意的必要性"，参见 BGBl. 1989 II, S. 590。

[229] 根据联邦最高普通法院的观点，偏离文义的解释须有特别的正当性，这只能是基于"严重的、与正义相关的理由"，参见 BGH, Urt. v. 25. 9. 1991, VIII ZR 209/90, NJW 1992, 619, 620。

的基础。若原始文本本身就存在多种译文，那么各种译文就应当受到同样的重视，因而需要相互参照。

120　（2）不过，要注意的是，自主解释义务也存有**例外**。一个普遍的观点是，如果条约规范在立法过程中以某个国家的法律为参照，那么在解释条约时就应当考虑该国国内法对法律的理解。[230] 此外，若管辖法院所在国（Forumstaat）[231] 的冲突规范指向了国内法，亦不得不适用之。[232]

三、国际法的层级构造

121　在国际法领域，存在独立的优先规则。例如，国际法的强行规范（ius cogens）即优先于国际习惯法的一般规则以及《国际法院规约》第38条第1款b、c项提到的所谓被普遍承认的法规则。[233] 国际性的和平保障、自决权、基础性人权以及旨在保护环境的核心规范都属于国际法的强行规则。[234]《维也纳条约法公约》第30条还规定了"新法优于旧法原则"（Lex-posterior-Grundsatz，第四章边码132）。

四、国际法与国内法

1. 国际法与基本法的关系

122　（1）国际法究竟如何影响了欧盟法及德国法，其间所经历的发展过程殊难描述清楚。第三帝国时期，国际法常被视若无物，正是这一经历使《基本法》在二战之后新增了第25条。[235] 由此，国际法毫无争议地居于

---

[230] Schlechtriem/Schwenzer/Schroeter/*Ferrari*, Kommentar zum Einheitlichen UN-Kaufrecht, 7. Aufl. 2019, Art. 7 CISG Rn. 10; *Magnus*, in: Staudinger, BGB, Neubearb. 2018, Art. 7 CISG Rn. 13.

[231] 所谓"管辖法院所在国"，指的是该国家的法院根据一般性的冲突规则对法律争议享有国际性的管辖权。

[232]《联合国国际货物买卖合同公约》中的概念"合同当事人""国际私法"等概念即属此类，参见 Schlechtriem/Schwenzer/Schroeter/*Ferrari*（ebd.），7. Aufl. 2019, Art. 7 CISG Rn. 12 f. m. w. Nachw。

[233] 这一观点已见于凯尔森，参见 *Kelsen*, Reine Rechtslehre, 2. Aufl. 1960, S. 324 f。

[234] BVerfG, Beschl. v. 26. 10. 2004, 2 BvR 955/00 u. a., BVerfGE 112, 1, 27 f. -Bodenreform III.

[235]《基本法》第25条规定："国际法的普遍规则是联邦法的一部分。它优先于法律并直接为联邦领域内的居民创设权利与义务。"

优先于联邦法及州法的地位。[236] 除此之外，有争议的是，根据《维也纳国际法公约》第 53 条而具有普遍约束力的国际强行法，是否也优先于欧盟的基础法[237]及德国的《基本法》，换言之，前者是否不能为后者所取代。有人认为，国际法的普遍规则与宪法处于同一位阶。[238] 还有观点认为国际强行法弱于宪法。[239] 因此，《基本法》第 25 条只明确赋予了国际法之普遍规则优先于"法律"的地位——其中被认为不包括宪法。若非要承认当中囊括了宪法这一位阶，则无异于暗行改易宪法之实，也即违反《基本法》第 79 条第 1 款关于修改宪法条文的规则。不过，《基本法》的解释应当以"亲善国际法"（völkerrechtsfreundlich）的方式为之，这一原则使国际法的强行法实际具备了与宪法同等的地位。[240]

上述这种区分却非为联邦宪法法院[241]所青睐。它指出，"除非国际法符合《基本法》第 23—26 条以及第 1 条第 2 款、第 16 条第 2 款第 2 句所规定的宪法之理念"，否则就不存在"遵照国际法"的义务。不过，联邦宪法法院特意强调道："基本法并未规定德国的法秩序要屈从于国际法的法秩序，也没有规定国际法之于宪法具有绝对的效力优先性。"之所以要作这种相对化处理，同对待与欧盟法的关系如出一辙（第二章边码 95 及以下），联邦宪法法院无非为了不将"德国公共权力保护人类尊严以及基本权利的最后职责"拱手让人。不过，联邦宪法法院似乎至少承认了国际强行法所具有的优先地位。总之，亲善国际法的解释义务明显要弱于合欧盟法的解释义务（第十二章边码 132）。

123

---

[236] BVerfG, Beschl. v. 26. 10. 2004, 2 BvR 955/00 u. a., BVerfGE 112, 1, 24-Bodenreform III.
[237] *Wollenschläger*, in: Dreier, GG, 3. Aufl. 2015, Art. 25 Rn. 8.
[238] 对此的争议参见 Sachs/*Streinz*, GG, 9. Aufl. 2021, Art. 25 Rn. 85 ff.
[239] *Wollenschläger*, in: Dreier, GG, 3. Aufl. 2015, Art. 25 Rn. 30; *Ossenbühl*, in: HStR V, 3. Aufl. 2007, § 100 Rn. 87, 该学者认为，国际强行法优于联邦法，但弱于宪法。另有学者称其为"中间位阶"，参见 *Koenig/König*, in: von Mangoldt/Klein/Starck, GG, 7. Aufl. 2018, Art. 25 Rn. 51 ff。
[240] 完整讨论中的多方观点，可参见 *Wollenschläger*, in: Dreier, GG, 3. Aufl. 2015, Art. 25 Rn. 30 m. w. Nachw。
[241] BVerfG, Beschl. v. 26. 10. 2004, 2 BvR 955/00 u. a., BVerfGE 112, 1, 25 f. -Bodenreform III.

124 (2) 必须经由《基本法》第59条第2款规定的"批准法"才能转化为德国法的**国际法条约**，在位阶上则紧随"联邦法"之后。

2.《欧洲人权公约》与基本法的关系

125 《欧洲人权公约》[242]并不具备《基本法》第25条第2句规定的国际习惯法之特权，德国通说认为其仅仅具有"**联邦法律之位阶**"[243]。然而，奥地利和其他几个国家则赋予了《欧洲人权公约》宪法性的位阶，从而使之优先于国内的普通法。[244] 从教义学的角度看，此处谈论"上下位阶关系"的意义是有限的，理由在于，一方面，"欧洲人权法院"并不能否定联邦宪法法院的判决；另一方面，联邦宪法法院在解释基本权利时又必须同时参酌《欧洲人权公约》的发展状态。德国法院所遵守的即是"亲善国际法的解释原则"（第十二章边码130及以下）[245]。在成员国宪法法院和欧洲人权法院（EGMR）之间将来或许有望形成一种合作关系（第十二章边码136）。

126 上文所描述的金字塔结构（第二章边码43），加上后文即将确定的"自然法"，可以作如下补充：单独视之，不论德国法、欧盟法还是国际法，都有独立的层级位阶。而欧盟法及国际法则对德国法施以影响，有时还反映出不同之层次。由此，欧盟法之所有的层级（左边的金字塔）都在国内法所有层级之上，以至于国内法始终应以欧盟法为参照标准。相反，"普通"国际法（右边的金字塔）则并非完全处于国内法之上。国际习惯法与德国之基本法居于同一层级，而国际条约法则具备普通联邦法之位阶。

---

[242] 相关介绍参见 *Braasch*, JuS 2013, 602 ff。

[243] BVerfG, Urt. v. 4. 5. 2011, 2 BvR 2365/09 u. a., BVerfGE 128, 326, 367 f. – Sicherungsverwahrung IV; *Dreier*, in: Dreier, GG, 3. Aufl. 2013, Vorb. vor Art. 1 Rn. 29.

[244] Art. 2 Nr. 7 Gesetz v. 6. 4. 1964, Österreich, BGBl. 59/1964.; 法律比较层面的概览，参见 *Grabenwarter/Pabel*, EMRK, 7. Aufl. 2021, § 3 Rn. 1 ff. m. w. Nachw。

[245] *Meyer-Ladewig/Nettesheim/von Raumer*, Europäische Menschenrechtskonvention, 4. Aufl. 2017, Einl. Rn. 19.

图 2-3 当今多层系统下的法源位阶

第五节 自然法

一、自然法的意义

1. 自然法的反对者

是否存在"超越法律"的、不受立法者左右的所谓"自然法"？是否还要坚持"法律保留原则"——所有重要的决定必须基于明确的法律而作出？"罪刑法定原则"（第一章边码36）与自然法的关系又如何？有部分观点坚决抵制自然法。法律实证主义即认为，"法"只能由立法者制定。法律实证主义的拥趸信奉所谓的"分离论"（Trennungsthese），即认为规范作为"法"的性质与其道德属性毫无关联。[246] 若要承认"实然"

---

[246] *Hart*, 71 Harv. L. Rev. 593, 616 (1957/58)；就此参见 *Röhl/Röhl*, Allgemeine Rechtslehre, 3. Aufl. 2008, S. 294 ff。

（Sein）与"应然"（Sollen）之区分（第三章边码20及以下），那么"实然"（理性、自然）就不得影响"应然"[247]。立身于经验层面的自然法要得以证明，即必须依赖"善"与"恶"的标准，衡诸人类之本质显然并不能径自得出此等标准；其间的思考便易陷入某种循环论证[248]。若将"人情"（Mitmenschlichkeit）与"怜悯"（Fürsorge）也归入自然法之内容[249]，无异于混淆了"道德"与"法"的界限。有观点亦认为，诸如"正义"之类的法伦理原则过于宽泛，以至于无以适用于具体之情形；因而它们已沦为纯粹的"空洞公式"，对于法之适用而言几无建树[250]。

2. 自然法的历史发展

129 不过，自然法的思潮据信已有2500多年的历史[251]。自然法肇始于柏拉图，他认为存在着独立于世界实际情况的、具有效力的客观价值[252]。亚里士多德则在他的"尼各马可伦理学"之下继续发展了自然法的学说：在他看来，自然法不依赖于常规的法律而普遍存有效力。人类的平等及正义之观念皆被其视为自然法的一部分（第一章边码107及以下）[253]。因此，在西塞罗的著述[254]以及"学说汇纂"[255]中亦不乏自然法的主张。而根据奥古斯丁（Augustinus）确立的"基督宗教—神学的"自然法观念，正义的规则系由上帝所确立，其中包括所有人类的平等位序、人类对于动

---

[247] *Kelsen*, Reine Rechtslehre, 2. Aufl. 1960, S. 409.

[248] *Kelsen*, Reine Rechtslehre, 2. Aufl. 1960, S. 403, 411 f.; 也见于 Bydlinski/*Bydlinski*, Grundzüge der juristischen Methodenlehre, 3. Aufl. 2018, S. 49 ff。

[249] *Starck*, ARSP Beiheft 37 (1990), 47, 56 unter Bezug auf *Dworkin*, Taking Rights Seriously, 1977, S. XV.

[250] 结论上同样持拒绝态度的还有 *Gast*, Juristische Rhetorik, 5. Aufl. 2015, Rn. 1192 f。

[251] *Wieacker*, Privatrechtsgeschichte der Neuzeit, 2. Aufl. 1967, S. 249 ff., 599 ff.; *Schlosser*, Neuere Europäische Rechtsgeschichte, 4. Aufl. 2021, 8. Kap.; 也参见 *Rüthers/Fischer/Birk*, Rechtstheorie, 11. Aufl. 2020, Rn. 417 ff., 445 ff。

[252] *Platon*, Der Staat, 7. Buch, 514a ff.

[253] *Aristoteles*, Nikomachische Ethik, 5. Buch, 1131b ff.; *ders.*, Rhetorik, 1368b.

[254] *Cicero*, De re publica, 3, 12, 8; *ders.*, De legibus, 1, 18; weiterführend *Honsell*, Was ist Gerechtigkeit?, 2019, S. 90 ff.

[255] 参见 D. 1, 1, 1, 3; Paul. D. 1, 1, 11: […] quod semper aqeuum ac bonum est- […]（意指：那些永远正确和公正的……），也参见上文第一章脚注236及以下。

植物的优先权以及关于婚姻、家庭和财产的自然法则。[256] 洛克[257]及卢梭(Rousseau)[258]等人则确立了后来基本权利的基础,这些基本权利相继走进《美利坚合众国宪法》及《法国人权宣言》,从此在世界范围内一路高歌。[259]

3. 中间观点:窄域的自然法、广域的"超法律"的法原则

抛开时代背景而认定某些法规范是否属于"自然法"似乎是值得商榷的。比如,古代的自然法就承认奴隶制的正当性,或者禁止妇女参与政治,这些法规范如今看来都具有时代及文化的局限性。[260] 即便在民主的法秩序当中,对法规范的评价也可能大相迥异,有关死刑是否正当的问题便是一个例证。[261]

针对法与道德可能被混为一谈的批评,人们可以暂且忽视"自然法"的领域,而只谈论"超法律"的法、客观的法或者法原则。不同于自然法,后者的形成经过了几百年的历史,但同样并非没有时代的局限性,而是处于动态的发展中。它们因此也是变动不居的。[262] 不过,倒也存在一些人们不假思索就可以断定为"恶法"的法律。诸如抢劫、强奸、谋杀和故意杀人等明显的"恶"不能也不应为"法"的概念所包容。[263] 因此,实有必要对这样一个"消极的区域"作出定义,以确定"法"何时即构

---

[256] *Augustinus*, De libero arbitrio, 1, 16 ff.; später *von Aquin*, Summa Theologica, 1775, Buch II/1. 托马修斯则最终促成了自然法与神学的分离,参见 *Thomasius*, Fundamenta Juris naturae et Genitum, 4. Aufl. 1718, I. Buch, Kap. VI, § 41。

[257] *Locke*, Two Treatises of Government, Book II (1698), Rn. 95 ff., 123 ff.

[258] *Rousseau*, Du Contrat Social, 1762, S. 16 ff., 39 ff.

[259] 有关其历史发展,参见 *Oestreich*, Geschichte der Menschenrechte und Grundfreiheiten im Umriß, 2. Aufl. 1978; *Dreier*, in: Dreier, GG, 3. Aufl. 2013, Vorb. vor Art. 1 Rn. 1 ff。

[260] 相关的恰当论述参见 *Dreier*, JZ 1997, 421, 429;1954 年,联邦最高普通法院大审判庭仍旧认为:婚外性关系是违反风俗的,其本人是否意识到这一点,在所不问,参见 BGH, Beschl. v. 17. 2. 1954, GSSt 3/53, BGHSt 6, 46, 53 f. -Kuppelei gegenüber Verlobten。

[261] 见上文第一章脚注 256。

[262] *Starck*, ARSP Beiheft 37 (1990), 47, 51 f.; *Coing*, Grundzüge der Rechtsphilosophie, 5. Aufl. 1993, S. 201 ff.; *Radbruch*, in: Schmidt, Eine Feuerbach-Gedenkrede sowie drei Aufsätze aus dem wissenschaftlichen Nachlaß, 1952 (postum), S. 31 ff.

[263] 所谓的"恶法论据"(Unrechtsargument) 参见 *R. Dreier*, NJW 1986, 890, 891; *Hoerster*, ARSP Beiheft 37 (1990), S. 27 ff.; *Hruschka*, JZ 1992, 429, 436。

成违反自然法的"恶法"。拉德布鲁赫在二战之后形成的自然法思想对德国的判例和学说产生了巨大的影响,如今这一思想以"拉德布鲁赫公式"之谓而闻名遐迩。

132   正义与法安定性的冲突应当这样来解决:实在的、受到立法与权力保障的法获有优先地位,即使其在内容上是不正义和不合目的的;除非制定法与正义间的矛盾达到如此不能容忍的地步,以至于作为"非正确法"的制定法必须向正义屈服。在制定法的不法与虽然内容不正确但仍属有效的制定法这两种情形之间划出一条截然分明的界线是不可能的,但最大限度地作明确出另一种划界还是可能的:凡是正义根本不被追求的地方,凡是构成正义之核心的平等在制定实在法时有意被否认的地方,制定法就不再仅仅是"非正确法",毋宁说它压根就缺乏法的性质。因为我们只能把法、也包括实在法,定义为这样一种秩序和规定,依其本义,它注定要为正义服务。按照这个标准衡量,纳粹法的所有部分都从来没有达到过有效法的庄严程度。[264]

二、自然法之于明显"恶法"的优先性(拉德布鲁赫公式)

133   借助拉德布鲁赫公式,实证法中较为严重的恶法也能够被识别出来。这至少适用于明显侵犯人权的情形。要作出这一识别,不必通晓何为正义的内容、何为正当的法以及人权。"非特定地掌握核心之思想"即为已足。[265]

134   例如,根据1941年11月25日颁行的《帝国公民法第11号条例》,犹太裔的移民因其种族问题而被剥夺了德国国籍。联邦宪法法院拒绝遵从凯尔森严格的法律实证主义,而是引用了拉德布鲁赫公式。

135   "法与正义并非全部交由立法者安排。认为'制宪者可以任凭己意规定一切'的那种想法,无异于复辟了无涉价值的法律实证主义的思想,而这一思想早已为法学的理论与实践所扬弃。纳粹德国时期的统

---

[264] *Radbruch*, Süddeutsche JZ 1946, 105, 107;早前类似的观点,参见 *Reichel*, Gesetz und Richterspruch, 1915, S. 142; s. RG, Urt. v. 28. 11. 1923, V 31/23, RGZ 107, 78, 87 ff。

[265] *Kaufmann*, NJW 1995, 81, 86。

治恰恰证明，立法者也是可以作恶的。"（BVerGE 3, 225 [232]）因此，联邦宪法法院主张，剥夺纳粹时期"法"规范作为"法"的效力是完全可能的，"因为它们如此明显地违背正义的基础原则，以至于要适用该规范或者其法律后果的法官宁愿不称其为'法'而称其为'恶法'"（BVefGE 3, 58 [119]; 6, 132 [198]）。

……《帝国公民法第11号条例》便有悖于这些基础性的原则。其对正义之违反已达到不可容忍的程度，以至于它自始就必须被视为无效（Vgl. BGH, RzW 1962, 563; BGHZ 9, 34 [44]; 10, 340 [342]; 16, 350 [354]; 26, 91 [93]）……

这些原则当中的"禁止任意原则"已然规定于《基本法》第3条第1款及（部分规定于）第3条第3款从而被实证法化。……因此，若承认《帝国公民法第11号条例》剥夺国籍之规定的效力，可能（würde）就违反了《基本法》第3条第1、3款。[266]

拉德布鲁赫公式的否定论证功能只能用于极端之情形。[267]联邦最高普通法院并不能直接援用《基本法》第3条，因为这可能会违反"禁止法溯及既往原则"（第一章边码36）。相对于第三帝国时期的法律，《基本法》毕竟属于新制定的法。[268]

136

柏林墙射杀案：民主德国时期，在两德边境共有数百人因为企图离开民主德国的领土而被边境警察射杀。边境警察主张的是《民主德国边境法》第27条第2款第1句[269]，据此规定，在紧急时刻可以使用射击性武器阻止民主德国公民的脱逃行为。自1990年民主德国与联邦德国统一后，联邦最高普通法院需要在案中查明，边境警察G是否应当因为杀人行为受到刑罚（第二章边码44）。当职的刑事审判庭

137

---

[266] BVerfG, Beschl. v. 14. 2. 1968, 2 BvR 557/62, BVerfGE 23, 98, 106 f. –Ausbürgerung I.
[267] 类似的表达参见 BVerfG, Beschl. v. 24. 10. 1996, 2 BvR 1851/94 u. a., BVerfGE 95, 96, 134–Mauerschützen; *Rüthers/Fischer/Birk*, Rechtstheorie, 11. Aufl. 2020, Rn. 267, 971。
[268] 因此 BVerfG 使用了虚拟式："可能"（würde）。
[269] DDR-GrenzG v. 25. 3. 1982, GBl. I, S. 197.

同时考虑了拉德布鲁赫公式,以及民主德国于1966年12月19日签订的《公民及政治权利国际公约》中所规定的"离开国境权",射杀命令因此须以"亲善人权"（menschenrechtsfreundlich）的方式进行解释。如果"国际法共同体中公认的人权被以严重的方式侵害",那么《基本法》第103条第2款规定的"禁止溯及既往原则"就可以存有例外（原文：相对化）。[270]

三、自然法的实证形式

1. 自然法与人类学

138　　如果要为自然法确定一个狭窄的、实证性的领域,则必须在人类学的观念以及一般性的法原则之间作出区分。有一种看似颇有说服力的观点认为,自然法与某些人类与生俱来的行为方式存在关联。人类孜孜以求的是维系自己的生活和子孙的繁衍。由于个人能力之不足,人类唯有身处集体才能最好地维持生活。为了保障群体自身（及其成员）的团结性与生存力,人类必须从一开始就做到善恶分明。基于此理念,哈特（Hart）提出了一系列被认为构成自然法"最低限度内容"的人类学规则。[271] 这当中即包括"人的易受侵害性"并由此延伸出对伤害和杀人行为的禁止。同样归入其中的还有"人类大体上的平等",这使得个人若没有相应的合作为前提,则不可能统驭他人的行为。自然法最低限度的内容还包括：人类"有限的利他主义"——也就是人类使他人的利益仅以有限的程度凌驾于自身利益之上的意愿；"有限的资源"——这就要求承认个人受保护的、即使非为其所必要的最低形式的财产权；以及人类"有限的理解力和意志

---

[270] BVerfG, Urt. v. 24. 10. 1996, 2 BvR 1851/94 u. a., BVerfGE 95, 96, 134 ff. und Ls. 3-Mauerschützen; BGH, Urt. v. 3. 11. 1992, 5 StR 370/92, BGHSt 39, 1, 15 ff. -Mauerschützen. 批评意见则参见 *Dreier*, JZ 1997, 421, 431 f., 作者认同这里违反了《基本法》第103条第2款规定的"禁止溯及既往", 因而只能修改这一规范；类似的批评参见 *Amelung*, JuS 1993, 637, 643；*Hofmann*, Einführung in die Rechts-und Staatsphilosophie, 5. Aufl. 2011, s. 117 f. S. aber unten § 13 Rn. 77 f.

[271] *Hart*, The Concept of Law, 3rd ed. 2012, S. 193 ff.; 赞同者参见 *Bydlinski*, Juristische Methodenlehre und Rechtsbegriff, 2. Aufl. 1991, S. 263 ff.

力"——这导致必须对损害规则的行为施以惩罚。此外，也有人提到了"自我决定的能力"[272]。

2. 法理念与非直接涵摄

上述这些理念或规则当中的很大一部分逐渐以法原则或法规范的形式进入法律，换句话说即"得到了实证法的表达"。德国法中，《基本法》第1—19条规定的基本权利、第20条规定的民主和法治国家原则即为此例。而基于《欧洲联盟条约》第2、6条之规定，欧盟的成员国也要保护基本权利和特定的"价值"（第二章边码59、74）。不过，诸如"法和平"或者"正义"等许多法理念却并不能直接从法律中得出。[273]"正义"亦包括了法益保护以及平等之问题（第一章边码107及以下）。 **139**

通说认为，具体案例之裁判，并不能直接衡诸基本权利或者"正义""法和平"之类的法理念，换言之，它们并不能成为直接性的涵摄前提[274]，不然其将充当纯粹的"空洞公式"（第九章边码10）。为此，亟须对之加以"具体化"，而通常情况下亦须在各种不同的原则之间进行衡量。一般性的法原则此时通常具备"补漏或强化之功能"。有关于此，后文第九、十章将予以详述。 **140**

第六节 第二章小结

（1）"法"整体上可以被描述为由立法者颁行或者至少为立法者承认、或者由法院所适用的，不构成难以容忍之恶、并由国家的强制手段保障实施的法规范。法与道德伦理的区别在于，前者的效力以国家的强制手段为基础。 **141**

（2）"法的层级构造"是存在的，即是说，法存在低阶与高阶之分。

（3）欧盟法当中也存在规范的位阶。依据有限的具体授权原则（《欧洲联盟条约》（第5条第2款第1句），欧盟必须在成员国所赋予它的权限

---

[272] *Starck*, ARSP Beiheft 37 (1990), 47, 54 ff.
[273] 所谓的"原则论据"（Prinzipienargument）参见 *R. Dreier*, NJW 1986, 890, 892。
[274] *Coing*, Grundzüge der Rechtsphilosphie, 5. Aufl. 1993, S. 202.

范围内行事。此外，欧盟法可以享有相对于国内法的优先地位。在次级法中，有些指令和条例旨在实现最低程度或完全的一体化。联邦宪法法院的两个审判庭均使欧盟法的优先性不再绝对，第一审判庭对欧盟的基本权利实行单独的审查（重叠论），第二审判庭则使欧盟的文件存在失去约束力的可能性（越权理论）。

（4）最后，规范的位阶也体现于国际法的领域。而国际法也可能会具备优先于国内法之地位。

（5）自然法的边界究竟在哪里，这一问题仍然存在争议。拉德布鲁赫公式描述了何为"严重的恶法"。若从积极角度定义，则可以将某些人类天生的能力归为自然法的内容。

本章参考文献：

Canaris, *Claus-Wilhelm*, Die Stellung der „UNIDROIT Principles" und der „Principles of European Contract Law" im System der Rechtsquellen, in: Basedow, Jürgen, Europäische Vertragsvereinheitlichung und deutsches Recht, 2000, S. 5–31; *Dreier*, *Horst*, Gustav Radbruch und die Mauerschützen, JZ 1997, 421–434; *Dreier*, *Ralf*, Der Begriff des Rechts, NJW 1986, 890–896; *Everling*, *Ulrich/Roth*, *Wulf-Henning* (Hrsg.), Mindestharmonisierung im Europäischen Binnenmarkt, 1997; *Gsell*, *Beate/Herresthal*, *Carsten* (Hrsg.), Vollharmonisierung im Privatrecht, 2009; *Haack*, *Stefan*, Theorie des öffentlichen Rechts, 2017; *Hart*, *Herbert Lionel Adolphus*, The Concept of Law, 3rd ed. 2012; *Hilbert*, *Patrick*, An welche Normen ist der Richter gebunden?, JZ 2013, 130–136; *Hoerster*, *Norbert*, Zur Verteidigung der rechtspositivistischen Trennungsthese, ARSP Beiheft 37 (1990), S. 27–32; *Hof*, *Hagen*, Rechtsethologie, 1996; *Hruschka*, *Joachim*, Vorpositives Recht als Gegenstand und Aufgabe der Rechtswissenschaft, JZ 1992, 429–438; *Kahl*, *Wolfgang/Schwind*, *Manuel*, Europäische Grundrechte und Grundfreiheiten-Grundbausteine einer Interaktionslehre, EuR 2014, 170–195; *Kaufmann*, *Arthur*, Die Radbruchsche Formel vom gesetzlichen Unrecht und vom übergesetzlichen Recht in der Diskussion um das im Namen der DDR begangene Unrecht, NJW 1995, 81–86; *Kelsen, Hans*, Reine Rechtslehre, 2. Aufl. 1960; *Merkl, Adolf*, Prolegomena einer Theorie des rechtlichen Stufenbaues, in: FS Kelsen, 1931, S. 253–294; *Meyer, Franz C.*, Kompetenzüberschreitung und Letztentscheidung, 2000; *Radbruch, Gustav*, Gesetzliches Unrecht und übergesetzliches Recht, Süddeutsche JZ 1946, 105–108; *Thym, Daniel*, Freundliche Übernahme, oder: die Macht des „ersten Wortes" – „Recht auf Vergessen" als Paradigmenwechsel, JZ 2020, 1017–1027.

第三章 次级法源及法认知源

1　本书第二章介绍了法律和自然法等所谓基础性的法源。接下来则要回答,除此之外究竟还有什么能够被当作法源,换言之,在解决案例时还可以或者说应该考虑什么(第一节)。具体而言,下文会对法院的裁判(第二节)、行政规则和私人规范(第三节)、外国法判例(第四节)以及法学学说(第五节)等"法认知源"进行分析。

第一节　问题的提出:在基础性法源之外是否存在其他的法(认知)源?

2　仅仅将目光投向法律,似乎不足以使人毫无疑虑地对法状况(Rechtslage)作出评判。一般认为,法院在作出裁判时一定程度上也会参酌过往的判例。行政规则也应当发挥其约束力,这对民众的法安定性而言至关重要。而若不重视法学学说,整个法学也就将形同虚设。以上哪些属于法源,哪些不是?法认知源指的又是什么?所有这些问题饱含着激烈的争议。

一、当今的二元论:狭义概念的法源与法认知源

3　(1)当今的法学学说多是从较狭义的角度来定义"法源"的(第二章边码4及以下);据此,法官法、行政规则以及私人创设的规范都不属于法源。一般认为,它们仅有事实上的约束力,因而只属于纯粹的"法认

知源"[1]。法官法被如是对待的理由在于，裁判通常仅对当事人（inter partes）生效，故而法院的裁判原则上并无法律的一般性效力。[2] 联邦宪法法院即指出"最高法院的判决并非法律，因而无从产生类似的法约束力"[3]。有人认为赋予"裁判理由"（ratio decidendi）[4]（哪怕仅仅是）辅助性的约束力于德国法而言也是不被允许的。[5] 上述观点即被称作"二元论"。

二元论确有其合理性，毕竟至今仍存在"法制定"与"法适用"之分。[6] 因而有约束力的"硬法"（hard law）和"软法"（soft law）自不相同。[7] 这种二分法或者说对立范畴的进一步表现，即是法的"有效性"（Rechtsgeltung）与"事实性"（Faktizität）的分立；硬法是有约束力的法，而软法虽在事实上发挥效力，但可能因为缺乏约束力而不被认为具有强制性。

4

（2）如今的通说认为，大陆法系的判决原则上不能对所有人产生约束，首先这一观点是完全值得赞同的。民主及权力分立原则已经足够作为支撑这一论断的依据。[8] 既然无以对所有人产生约束力，其好处便在于，之后的判例可以更容易地限制或者修正之前判决的某些观点（第三章边码

5

---

[1] 关于法官法，参见 *Larenz*, Methodenlehre der Rechtswissenschaft, 6. Aufl. 1991, S. 432; *Picker*, JZ 1988, 62, 72 f.; *Köhler*, JR 1984, 45, 48. 关于行政规则，参见 BVerwG, Urt. v. 6. 11. 1986, 3 C 72/84, BVerwGE 75, 109, 115, 117 f.; BVerwG, Beschl. v. 25. 11. 1993, 5 N 1/92, BVerwGE 94, 335, 340; *Maurer/Waldhoff*, Allgemeines Verwaltungsrecht, 20. Aufl. 2020, § 27 Rn. 6. 关于私人规范，则参见 *Wagner*, in: MünchKomm - BGB, 7. Aufl. 2020, § 823 Rn. 499, 747. Zum Folgenden *Möllers*, in: FS Buchner, 2009, S. 649 ff。

[2] *Vogel*, Juristische Methodik, 1998, S. 84.

[3] BVerfG, Beschl. v. 26. 6. 1991, 1 BvR 779/85, BVerfGE 84, 212, 227-Aussperrung.

[4] 所谓 *Ratio decidendi*, 指的是法院进行裁判时所提供的理由，其在英美法领域对下级法院具有约束力。与之不同的是所谓 *obiter dictum*（附带意见）。法院可以不提供理由即废除这一"附带内容"。因此，它对其他法院并没有约束力，就此可详见下文第七章边码 68。

[5] *Larenz*, Methodenlehre der Rechtswissenschaft, 6. Aufl. 1991, S. 434 f.; *Picker*, JZ 1988, 62, 72 f. und *Köhler*, JR 1984, 45, 48.

[6] *von Bogdandy*, Gubernative Rechtsetzung, 2000, S. 156.

[7] *Kelsen*, ArchSozWiss 39（1915）, S. 839, 842 ff.; *Weber*, Wirtschaft und Gesellschaft, 5. Aufl. 1972, S. 187 f.; *Ehricke*, NJW 1989, 1906 f.; *Köndgen*, AcP 206（2006）, 477, 510. 英美法系的相关著述则可参见 *Austin*, The Province of Jurisprudence Determined, 1832, Lecture 1。

[8] 参见第二章边码 6b，以及 *Picker*, JZ 1988, 62, 72 f。

31及以下）。[9] 故而，（大陆法系的）法状况与英美法系截然不同（第三章边码44）。

6 　　此外，强行法与任意法之间的鸿沟似乎也并非不可逾越。虽然"法认知源"的概念（第二章边码6）带给世人的更多的是困惑而非澄清，然而它也确凿地表明，是否适用迄今为止的判例，全凭法官自行决定。比德林斯基（Bydlinski）不无道理地批评道，传统的方法论使得"援用先例"于不远的过去都始终处于一个"半合法"（halblegitim）的地带。[10] 下级法院通常都会参照上级法院的先例及其自身之前的"法判断"[11]。仅从数据上看，最高法院的判例中，有超过90%的裁判都会引用它自己的先例。[12] 一个合格的法律人，应当擅于检索已有的案例（也即相关的先例），以判断其是否适用于当下的案件。[13] 不知晓相关先例的律师，甚至可能要承担损害赔偿的责任。[14] "法院的威权与职能（autoritas）赋予了判决对法进行言说的效力。这一效力的影响如此之大，以至于为了维护法之和平，不得不认可那些牵强甚至错误的判决。"[15] 宪法以及欧盟法上的"呈递义务"（Vorlagenpflicht，第十二章边码115及以下）也保障了最高法院对法进行统一言说的权限。[16] 此外，如果之前的判例得不到尊重，也会损及

---

〔9〕 有关这一"灵活性论据"，参见 Esser, in: FS Hippel, 1967, S. 95, 121; *Larenz*, Methodenlehre der Rechtswissenschaft, 6. Aufl. 1991, S. 431 f.; *Kramer*, Juristische Methodenlehre, 6. Aufl. 2019, S. 275 f.; *Röhricht*, ZGR 1999, 445, 454 f。

〔10〕 *Bydlinski*, Juristische Methodenlehre und Rechtsbegriff, 2. Aufl. 1991, S. 502.

〔11〕 *Buchner*, in: GS Dietz, 1973, S. 175, 180; *Larenz*, Methodenlehre der Rechtswissenschaft, 6. Aufl. 1995, S. 429.

〔12〕 相关印证参见 *Alexy/R. Dreier*, in: MacCormick/Summers, Interpreting Precedents, 1997, S. 17, 23。

〔13〕 *Bydlinski*, Juristische Methodenlehre und Rechtsbegriff, 2. Aufl. 1991, S. 502.

〔14〕 无知者不免责；人们有权利也有义务去熟悉判例。参见 BGH, Urt. v. 11. 1. 1984, VIII ZR 255/82, BGHZ 89, 296, 302 f.-Ersatzpflicht bei unberechtigter Kündigung; BGH, Urt. v. 14. 6. 1994, XI ZR 210/93, NJW 1994, 2754, 2755; Palandt/*Grüneberg*, BGB, 80. Aufl. 2021, § 280 Rn. 68。

〔15〕 关于那些有可能已然僭越权限的欧盟最高法院的判决，可参见 *Klein*, VVDStRL 50 (1991), 56, 66 f.; *Streinz*, ZEuS 2004, 387, 413 以及下文第十三章边码114及以下。

〔16〕 就此可参见 *Vogel*, Juristische Methodik, 1998, S. 85, 作者重点强调了这一有效性主张（Geltungsanspruch）。

法的安定性。[17] 况且，民众对相应的判例亦存有信赖，否则原告不会提起诉讼、被告也不会拒绝清偿债务了。忽略先前的判决，也非效率之举，人们不得不重新推演整个论证的过程。最后，一概否认先例的约束力，便无从形成条理化、体系化的判例法（Fallrecht）。因此，认为先例只是纯粹的"认知源"而弃之不顾的行为，等于忽略了它的重要价值。

（3）行政规则（Verwaltungsvorschriften）原则上仅仅属于没有约束力的内部事务，其目的在于为行政部门设定行为的准则。然而实践中，它又经常被当作直接的对外法规范。[18] 换言之，其常被视为形式上制定的法。但这一效力却未能在法教义学上得到印证。[19] 此外，即使是私人创设的规范，例如《公司治理准则》（DCGK），也会得到很大程度的遵守[20]，判例也曾对《公司治理准则》加以具体的论述。[21] 昆德根（Köndgen）即公开斥责了"传统法源理论的贫瘠"，认为对法规范的"类型化"处理（numerus clausus）未能足够精准地描述现实的全貌。[22] 7

因此，如今的观点不得不设定早期阶段规定的各种例外情况，从而扩展了法源的概念。就法官法而言，现已承认，其在例外情况下可以获得"习惯法"的强度（第三章边码 23 及以下、边码 36）。行政规则若是"将法规范具体化"（normkonkretisierend），则也可发挥对外之效力。[23] 而若国家赋予了某种私人创设的规范一般性的约束力，则其也将具有法规范之品格（第三章边码 61）。 8

---

[17] *Kriele*, Theorie der Rechtsgewinnung, 2. Aufl. 1976, S. 259.
[18] *Wahl*, in: FG 50 Jahre BVerwG, 2003, S. 571, 582.
[19] *Wahl*, in: FG 50 Jahre BVerwG, 2003, S. 571, 586 Fn. 51; *Maurer*, JZ 2005, 895, 896 f.; *von Bogdandy*, Gubernative Rechtsetzung, 2000, S. 455.
[20] 参见 2010 年以来的年度报告，*Werder/Talaulicar*, DB 2010, 853 ff. und zuletzt *von Werder/Danilov*, DB 2018, 1997 ff。
[21] LG München I, Urt. v. 22. 11. 2007, 5HK O 10614/07, WM 2008, 130 ff. -MAN; OLG Düsseldorf, Urt. v. 14. 12. 2006, 6 U 241/05, NZG 2007, 235, 236; OLG Frankfurt, Urt. v. 17. 7. 2007, 5 U 229/05, WM 2007, 1704, 1706-Deutsche Bank.
[22] *Köndgen*, AcP 206 (2006), 477, 516 f.
[23] 有关环境法或技术法领域，可参见 BVerwG, Urt. v. 19. 12. 1985, 7 C 65/82, BVerwGE 72, 300, 320 f. -Wyhl; BVerwG, Urt. v. 28. 10. 1998, 8 C 16/96, BVerwGE 107, 338, 340 ff.；其他的例外情况可见下文。

二、广义的法源概念——法的层级构造的变体：网状结构

9 （1）学术上有部分观点基于"白板"之认知论（tabula rasa），主张显著扩展法源的概念。这被称作"社会学意义上的法源"[24]。若坚守法的概念只是国家性的规范，就有可能忽视当下法的形成过程中所涌现出的大部分表现形态。[25] 因而，（在他们看来）法官法及其先例也可以像英美法系那样对每个人产生约束效力（第三章边码44及以下）。[26] 越来越多的观点也认为，行政规则可以对民众产生对外的效力。[27] 此外，私人创设的规范也能表现出规范性从而担纲"法"之角色。在世界范围内，这种观点被称为"法多元主义"（Rechtspluralismus）[28]。如若国际性的机构制定了作为全球性"民间宪法"（Zivilverfassung）的标准且后者得以普遍的遵守，此等现象便可被称作"跨国的法多元主义"[29]。在国内法之外也就可以存在独立的法秩序。由此可以顺理成章地认为，判决和私人创设的规范也完全可以如同法律一般对每个人发生约束力。此等现象被称作"并列模式"（Heterarchie，与前文 Hierarchie"层级模式"相对应——译者注）以及

---

[24] *Rüthers/Fischer/Birk*, Rechtstheorie, 11. Aufl. 2020, Rn. 217；*Vesting*, Rechtstheorie, 2. Aufl. 2015, Rn. 185；*Hilbert*, JZ 2013, 130, 132 ff.

[25] *Meder*, in: Calliess, Transnationales Recht, 2014, S. 257, 262.

[26] *Pawlowski*, Methodenlehre für Juristen, 3. Aufl. 1999, Rn. 519 ff., 1020；*Biaggini*, Verfassung und Richterrecht, 1991, S. 381；*Seiler*, Gewaltenteilung, 1994, S. 298 f. 将法官法描述为法源的，参见 *Rüthers/Fischer/Birk*, Rechtstheorie, 11. Aufl. 2020, Rn. 239 ff.

[27] *Ossenbühl*, in: FG 25 Jahre BVerwG, 1978, S. 433 ff.；*ders.*, in: HStR V, 3. Aufl. 2007, § 104 Rn. 48 ff.；*Vogel*, in: FS Thieme, 1993, S. 605, 607 ff.；*Wahl*, in: FG 50 Jahre BVerwG, 2003, S. 571, 595；*Leisner*, JZ 2002, 219 ff.；也参见 VGH Mannheim, Beschl. v. 4. 5. 1990, 6 S 2821/89, NVwZ 1991, 92 f。

[28] *Teubner*, in: FS Esser, 1995, S. 191, 198 ff.；*ders.*, Rechtshistorisches Journal 15 (1996), 255 ff.；*ders.*, in: Teubner, Global Law Without a State, 1997, S. 3, 20 f.；*ders.*, ZaÖRV 63 (2003), 1, 15, 托依布纳将私人规范称为"具有实质品格的规范"；*Ladeur/Augsberg I.*, Rechtstheorie 36 (2005), 143, 165 ff.；*Vesting*, Rechtstheorie, 2. Aufl. 2015, Rn. 183 ff. 英美法系的著述则可参见 *Roberts*, 68 Mod. L. Rev. 16 ff. (2005)；*Backer*, 39 Conn. L. Rev. 1739 ff. (2007)；*Griffiths*, 24 J. Leg. Pluralism & Unofficial L. 1 ff. (1986)；*Zumbansen*, 38 J. L. Soc'y. 50 ff. (2011)。

[29] *Calliess/Zumbansen*, Rough Consensus and Running Code, 2012, S. 258 ff.；*Meder*, Ius non scriptum, 2. Aufl. 2009, S. 112 ff.；*Calliess* (Hrsg.), Transnationales Recht, 2014.

"网络结构"[30]。如此一来,法源就不再如同前面讲述的法的层级构造那般呈现出一个金字塔的形态(第二章边码43),而是如同一个网状的结构(如图3-1)。

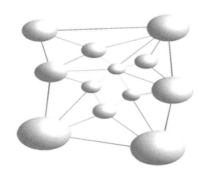

图3-1 网状结构的法[31]

(2)上述学术观点也同时承认,"事实上的约束效力"并不能像"法的约束力"那样可以足够充分地描述判决、行政规则和私人创设的规范的法效力。然而,学术上所主张的这种效力似乎又显得过于漫无边际。判决是对当事人发生效力,故而无法直接与法律相提并论(第二章边码6b)。[32] 如果行政规则无论如何都不会牵涉民众,那么宣称它具有约束效力就同样无从令人信服。[33] 广义的法源概念可谓掩盖了这些差别。[34] 基于法治国家原则[35]而确立的"法律保留"原则,要求国家某些特定的措施必须以议会制定的法律为基础。[36] 联邦宪法法院的判例,也要求基础

---

[30] *Ch. Möllers*, ZaöRV 65 (2005), 351, 380 ff.; *ders.*, in: Oebbecke, Nicht-normative Steuerung in dezentralen Systemen, 2005, S. 285 ff.; *Boehme-Neßler*, Unscharfes Recht, 2008, S. 535 ff.

[31] 这一图示也见于 *Arndt*, Sinn und Unsinn von Soft Law, 2011, S. 205。

[32] 参见上文第三章注释3。

[33] 正确指出这一点的有 *Maurer/Waldhoff*, Allgemeines Verwaltungsrecht, 20. Aufl. 2020, § 24 Rn. 24, 30。

[34] *Canaris*, in: Basedow, Europäische Vertragsrechtsvereinheitlichung und deutsches Recht, 2000, S. 5, 9.

[35] BVerfG, Beschl. v. 10. 5. 1988, 1 BvR 482/84 u. a., BVerfGE 78, 179, 197-Heilpraktikergesetz.

[36] BVerfG, Urt. v. 14. 7. 1998, 1 BvR 1640/97, BVerfGE 98, 218, 251-Rechtschreibreform.

性规范领域中所有的重要性决断只能由立法者自己作出（第十三章边码83及以下）。《基本法》第20条第2款规定的"民主原则"同样要求重要的决定应当经过公开的讨论予以辨明。[37] 如上批判也可以适用于国际法：跨国家的法并非民主性的法，因此，任何国家都承认"公共秩序保留"（Ordre-public-Vorbehalt）原则，即是说，若规则违反了国内法的重要性原则，则其将不再被适用。[38] 因此，法的层级构造的理念仍应得到遵守。[39]

三、中间观点：次级法源理论

12　在"法源二分说"看来，在具有法约束力的法源之外，便是至多仅能有事实上约束力的法认知源。而下文则在这种二分法的基础上补充了第三种类别，即次级法源，这种"三分说"（Trichotomie）可谓一种中间观点。次级法源主要是指判例（第二节），但也包括行政规则和私人创设的规范（第三节）。

1. 参详义务、辅助性的遵从义务以及推定效力

13　学说上已有人将判例称为"辅助性法源"[40]、"弱法源"[41] 或者"间接法源"[42]。下文认为将其称作"次级法源"[43] 似更为妥当，因为借此便可以表明这一法源是与法律——或者至少说是与国家权力——存有

---

[37] BVerfG, Beschl. v. 25. 3. 1992, 1 BvR 1430/88, BVerfGE 85, 386, 403 f. -Fangschaltungen; BVerfG, Urt. v. 8. 4. 1997, 1 BvR 48/94, BVerfGE 95, 267, 307 f. -Altschulden der LPG.

[38] *Röhl/Röhl*, Allgemeine Rechtslehre, 3. Aufl. 2008, S. 528.《民法施行法》（EGBGB）第6条规定："若适用其他国家法规范将导致与德国法的本质原则相冲突的后果，则这一规范不得适用。其适用与基本权利相冲突者，尤其不得适用。"

[39] 详见 *Röhl/Röhl*（ebd.），S. 308 ff.; 也参见下文第三章边码74。

[40] 提出这一见解的已有 *Bydlinski*, Juristische Methodenlehre und Rechtsbegriff, 2. Aufl. 1991, S. 510; *ders.*, in: FG 50 Jahre BGH, 2000, S. 3 ff.; *Kramer*, Juristische Methodenlehre, 6. Aufl. 2019, S. 277; *Canaris*, in: Basedow, Europäische Vertragsrechtsvereinheitlichung und deutsches Recht, 2000, S. 5, 8, 卡纳里斯在文中称其为"附属性的法效力源"。

[41] 弱法源之称，见于 *Caroni*, Einleitungstitel des Zivilgesetzbuches, 1996, S. 173; 而 *Hager* 则称其为"特殊类型法源"，参见氏著 Rechtsmethoden in Europa, 2008, 4. Kap. Rn. 233。

[42] 参见 *Ulmer*, ZHR 166 (2002), 150, 160。

[43] *Meyer-Cording* 使用的也是这一概念，参见氏著 Die Rechtsnormen, 1971, S. 56。

关联的。次级法源的特征，在于其相对于法律的约束效力而言是弱一级的，且并不总是具有普遍约束力，或者说并不能始终对所有人发生效力。其对法院之约束要弱于法律或者法规。然而次级法源却较无约束力的软法更强，前者毕竟还是能够产生一定的法义务。

如今，法学理论中已经形成一种较为稳固的观点，即认为，除了基础性的法源，法官法之效力亦不仅限于事实上的拘束。[44] 为此，法院必须参详先前的相关判决，此即所谓的"**参详义务**"（Befassungspflicht）。

此外，正如克里勒（Kriele）、比德林斯基以及阿列克西等人所主张的，法官负有一种**辅助性的遵从义务**（subsidiäre Befolgungspflicht）：若存在多种解决方案，且它们的说服力相当，此时最高法院判例的约束力即体现于对论证负担的影响；若有人意欲偏离过往之判决，则其应对此专门进行论证。[45] 不过，不同于英美法"遵循先例原则"（stare decisis rule）的是，宣判先例无效（推翻先例，overruling）[46] 基本上是没有必要的（第七章边码 71）。这种辅助性的遵从义务的结果就是默认人们遵从的判例便是"正确的法"（veritas）[47]。其中也可以包括下级法院的裁判，因为此处起决定作用的只是**论证的质量**。[48] 此时所应当做的，是检视当时具体提出的理由并审查其中的说理是否同样适用于当今的情势。若确要施以法之改变（Rechtsänderung），则须证明实质正义是否得到了贯彻。法官仅仅需要阐述，事实上明显更优或者完全占据统治地位的论据构成了对先例的驳斥。[49] 因此，他可以偏离先例，但不必指明迄今为止的判例是错误或

14

15

---

[44]　*Rüthers/Fischer/Birk*, Rechtstheorie, 11. Aufl. 2020, Rn. 244; *Kramer*, Juristische Methodenlehre, 6. Aufl. 2019, S. 271 ff.; *Hilbert*, JZ 2013, 130, 134.

[45]　*Kriele*, Theorie der Rechtsgewinnung, 2. Aufl. 1976, S. 243 ff.; *Bydlinski*, Juristische Methodenlehre und Rechtsbegriff, 2. Aufl. 1991, S. 506 ff. und *Alexy*, Theorie der juristischen Argumentation, 1983, S. 339 f.

[46]　也参见 *Bydlinski*, Juristische Methodenlehre und Rechtsbegriff, 2. Aufl. 1991, S. 508。

[47]　*Pawlowski*, Methodenlehre für Juristen, 3. Aufl. 1999, Rn. 933 ff.; *Streinz*, ZEuS 2004, 387, 413.

[48]　*Bydlinski*, Juristische Methodenlehre und Rechtsbegriff, 2. Aufl. 1991, S. 508.

[49]　*Larenz/Canaris*, Methodenlehre der Rechtswissenschaft, 3. Aufl. 1995, S. 257.

者过时的。[50]

16 如今，较为主流的观点均认可这一辅助性的遵从义务或者说"先例的推定效力"[51]。与辅助性的遵从义务这种说法相近的，是英美法上所谓的"说服性权威"（persuasive authorities，第三章边码 45）。虽然对其正确性存有一定程度的**推定**，但法官只有自认为其内容具有说服力时才会对之予以遵从。起决定作用的仍在于说理的说服力。法院的实践也印证了这一结论，其先例同样不具约束力，违背过往的判例是被允许的，但须加以阐明并为之提供论证（第三章边码 52 及以下）。

17   表 3-1 基础性法源—次级法源—软法

基础性法源	次级法源	软法
普遍约束力	有限的约束效力	没有约束效力
典型如法律、法规	法官法、行政规则、已登记的私人创设的规范	示范性法律，如《统一私法协会国际商事合同通则》（UNIDROIT Principles）；以及《公司治理准则》的部分规则
全面的效力主张（Geltungsanspruch）	（1）参详义务，以及（2）辅助性的遵从义务（2）指示性与推定效果	没有遵从义务
真正/不真正的溯及力原则	有限适用真正/不真正的溯及力原则	不适用信赖保护

18 如果没有通过某种命令为规范文件的正确性建立推定，从而在其之上形成参详、遵从之义务，此等规范文件便构成"软法"这一不具约束力的"法认知源"（第二章边码 6）。国际法的很多领域以及所谓的"**示范性法律**"即属于此。[52] 示范性的法律是没有约束力的规范文件，其作用在于

---

[50] 英美法系相关的前提条件则参见下文第七章边码 71。

[51] *Fikentscher*, in: *Blaurock*, Die Bedeutung von Präjudizien im deutschen und französischen Recht, 1985, S. 11, 19; *Raisch*, Juristische Methoden, 1995, S. 192; *Vogel*, Juristische Methodik, 1998, S. 86; 较详细的论述则参见 *Langenbucher*, Die Entwicklung und Auslegung von Richterrecht, 1996, S. 105 ff.; *Möllers*, Die Rolle des Rechts im Rahmen der europäischen Integration, 1999, S. 70. 卡纳里斯则没有承继拉伦茨的观点，参见 Larenz/*Canaris* (ebd.), S. 256 f.。

[52] *Canaris*, in: Basedow, Europäische Vertragsrechtsvereinheitlichung und deutsches Recht, 2000, S. 5, 11, 卡纳里斯在此文中称 UNIDROIT 原则乃 "法获取源"（Rechtsgewinnungsquelle）spricht von den UNIDROIT Principles als „Rechtsgewinnungsquelle"；也参见 *Arndt*, Sinn und Unsinn von Soft Law, 2011, S. 36 ff.

为各个国家提供自行立法的范例。[53] 由此，基础性法源与次级法源以及软法便得以区别开来。[54]

2. 推定效力的范围

不过，要确立这一推定效力，究竟需要符合什么标准，仍旧是一个不够清楚的问题。卡纳里斯仅试图研究最高法院判例之上的参详义务以及先例的推定效力，而其表达却似乎过于笼统。[55] 从动态体系的角度（第八章边码 2 及以下）来看，则须通盘考虑所有可能支持推定效力的要素，例如**判例的存续时间、接受程度、论证的说服力以及法院的地位**(autoritas)。这些想法将在下文介绍"判例变更"的部分进一步予以讨论（第三章边码 31 及以下）。

四、法律实证主义及自然法学各自的观点

1. *法律实证主义（凯尔森）及方法二元论*

法律实证主义的主要代表人物当属凯尔森，其主要作品即《纯粹法理论》。在他看来，法学所关注的是规范，即"应然"，而非实际发生的事实（"实然"）。这即是所谓的"实然及应然的二分"。据此，他提出一种严格的"方法二元论"[56]。由此以合乎逻辑的方式将应然与实然区分开来。[57]

---

[53] 警察权隶属于各联邦州。因此，联邦只能以建议的形式出台了一部《公共安全与秩序示范法草案》。国际层面的例子则有《贸易法委员会国际商事仲裁示范法》（UNCITRAL），美国法上的典型例子即《统一商法典》（UCC）。

[54] 不同表述参见 *Meder*, in: Calliess, Transnationales Recht, 2014, S. 257, 269，但作者实际上也遵循了本书所主张的观点。

[55] *Larenz/Canaris*, Methodenlehre der Rechtswissenschaft, 3. Aufl. 1995, S. 257; *ebenso Rüthers/Fischer/Birk*, Rechtstheorie, 11. Aufl. 2020, Rn. 239.

[56] 凯尔森指出："实然与应然的区别也不能完全说清。它直接存在于我们的意识当中。不可否认的是，'是什么'这种描述实然事实的表述和'应当是什么'这种描述规范的表述还是有区别的。因此从前者（是什么）并不能推导出'应当是什么'"，参见 *Kelsen*, Reine Rechtslehre, 2. Aufl. 1960, S. 5；更早的类似表述见于其本人的 Archiv für Sozialwissenschaft und Sozialpolitik 39（1915），839, 841；以及 *Hoerster*, ARSP 55（1969），11 ff.；也参见教皇本笃十六世 2011 年 9 月 22 日在联邦议院发表的演讲，载于 Rechtstheorie 42（2011），275 ff.；以及 *Dreier*, JZ 2011, 1151 ff.

[57] 法的纯粹性在于，它应当免受政治学、社会学、心理学或宗教的影响，参见 *Kelsen*, Reine Rechtslehre, 2. Aufl. 1960, S. 1。

据此,规范只要以合乎常态的方式予以制定,即自生效力。[58] 在此之前,休谟[59]和康德[60]都曾区分应然与实然(第二章边码9)。他们同样认为,规则必然存有效力,且为执行之目的而必须辅以惩罚措施(第二章边码11及以下)。不过,实然与应然之间的界限亦屡遭突破(第三章边码21,第十四章边码7及以下、边码109及以下)。

2. 将法源理论扩展为"方法之两极性"

21 狭义的法源概念显得过于褊狭。首先,(这一概念)应当能够排除明显恶法的效力,自然法即借助拉德布鲁赫公式实现了这一点(第二章边码131及以下)。其次,除了基础性的法源,亦应肯定法官法及私人创设的规范等次级法源。再次,事实与法之间亦存一种转换效应,无论是"目光往返流转"的要求,还是"案件事实诠释学",均表明事实与规范总是互为条件的。[61] 最后,生活现实也会对法源(也即"实然"对"应然")发挥影响。对这一点的认识,可谓法社会学的一个贡献(第十四章边码22及以下)。以上这些见解即被人称为"方法之两极性"[62]。

第二节 法官法对于法发现的意义

22 上述争论也对习惯法的概念产生了影响。在至今依旧占据主流地位的"二元论"看来,法官法并不构成"法源"(第三章边码3)。[63] 但若法官法转变为所谓的"习惯法",结论便大不相同——它将如同法律一般对任何人都具有约束力。不过,本文主张的"次级法源理论"则基本上否认了

---

[58] 由此而得到的结论即是"任意内容都可以成为法",参见 Kelsen, Reine Rechtslehre, 2. Aufl. 1960, S. 201。

[59] Hume, A Treatise on Human Nature, Book III, 1740, Part I, Sec. 1, S. 455 ff,;有人称之为"休谟定律"。

[60] Kant, Kritik der reinen Vernunft, 2. Aufl. 1787, 引证自学术版 Bd. III, 1911, S. 371。

[61] 详见第十四章边码11及以下的"案件事实诠释学"。

[62] Kaufmann/von der Pfordten, in: Hassemer/Neumann/Saliger, Einführung in die Rechtsphilosophie und Rechtstheorie der Gegenwart, 9. Aufl. 2016, S. 81 ff.; Fikentscher, Methoden des Rechts, Bd. IV, 1977, S. 388; 进一步论述参见 Vesting, Rechtstheorie, 2. Aufl. 2015, Rn. 42 ff。

[63] 关于法官法历史的富有启发的论述,可参见 Müßig, ZNR 2006, 79 ff。

习惯法作为法制度的地位。与英美法系不同，德国法仅在例外情况下承认先例的约束力。

一、习惯法的地位

当前的通说认为，原则上仅约束诉争当事人的法官法，亦应有被强化为针对任何人都有普遍约束力的法，即所谓"习惯法"之可能。[64] 依现行通说，法律与习惯法乃是同等序列的法源。[65] 早在优士丁尼的《民法大全》即于其"学说汇纂"部分[66]收录了习惯法。[67] 通常而言，这样的发展需要同时具备客观及主观的因素。根据如今之观点，习惯法系指这样一种法规则：一方面，它以**长期持续的实际惯行**（longa inveterata consuetudo）为基础；另一方面，它获得了对其法约束力的普遍确信（opinio necessitatis）。[68] 若缺乏法之确信，则无以形成习惯法。[69] 某些在判例中以法续造的形式发展而来的法制度，诸如缔约过错、积极侵害债权或者对他人具有保护效力的合同（第十章边码82及以下）等，即构成习惯法。立法者可以将习惯法成文法化或者废除。此外，习惯法也可以为判例所废除。[70]

在债法现代化改革时，立法者已将交易基础丧失（《民法典》第313条）、缔约过错（《民法典》第280条第1款、第311条第2款）和积极侵

---

[64] *Flume*, Gewohnheitsrecht und römisches Recht, 1975, S. 8, 38 ff.; Palandt/*Grüneberg*, BGB, 80. Aufl. 2021, Einl. Rn. 22; *Krebs/Becker*, JuS 2013, 97, 98.

[65] Enneccerus/*Nipperdey*, Allgemeiner Teil des Bürgerlichen Rechts, 15. Aufl. 1959, S. 271; 有限承认这一点的，参见 *Röhl/Röhl*, Allgemeine Rechtslehre, 3. Aufl. 2008, S. 556。

[66] 《民法大全》的学说汇纂即收集了许多罗马法学者的著述。参见上文第一章脚注2356。

[67] "习惯是法律最好的诠释者"（Optima legum interpres consuetudo, Paul. D. 1, 3, 37）。

[68] BVerfG, Beschl. v. 28. 6. 1967, 2 BvR 143/61, BVerfGE 22, 114, 121; *Röhl/Röhl*, Allgemeine Rechtslehre, 3. Aufl. 2008, S. 554.

[69] 参见 BVerfG, Beschl. v. 17. 3. 1959, 1 BvR 53/56, BVerfGE 9, 213, 221-Heilmittelwerbeverordnung。

[70] BGH, Beschl. v. 19. 6. 1992, I ZB 10/61, BGHZ 37, 219, 224-Drahtseilverbindung, 据此，只需一个判例就可以使习惯法失效，关于这一问题也参见 BGH, Beschl. v. 25. 11. 1965, I ZB 28/64, BGHZ 44, 346-Batterie。

害债权（《民法典》第280条第1款、第241条第2款）等法制度实证法化。在入典之前，这些法制度普遍被认为是以习惯法的状态发生效力的。[71] 而教师的"体罚权"在50年代尚还被当作习惯法，如今，大部分的联邦州则以法律的形式对其进行了明文禁止。[72]

二、次级法源理论

1. 习惯法的参详与遵从义务以及对习惯法的摒弃

25　（1）基于次级法源理论，法官法之上会产生上述所谓的参详及遵从义务（第三章边码14及以下）。而依照本书的观点，则应当否认将习惯法作为一种论证模型。习惯法得以确立的条件本身就存有很多疑问：何时存在"长期的惯行"以及其又当如何与"持续而稳定的判例"（ständige und gefestigte Rechtsprechung）相区分，这些问题至今未能得到合理的澄清。而"对法约束力的普遍确信"作为区分标准也十分勉强。因此，总是存在一些争议情形，无从确定习惯法是否存在，例如在承认侵害人格权的痛苦抚慰金请求权[73]以及让与担保制度[74]时，都面临过这一问题。

26　更重要的则是宪法上的争议：既然《基本法》第20条第3款规定的权力分立原则要求对民众权利的干预必须以诉诸"法律"之形式（关于"重要性理论"，参见第十三章边码94及以下），且刑法基于《基本法》第103条第2款确立了"罪刑法定原则"（第一章边码36及以下），那么，就上述领域而言，对民众构成负担的习惯法即是不被允许的（第四章边码81及以下）。若由法院而非议会确立对每个人存有约束力的法源，便违反了权力分立原则（第十三章边码83及以下）。同样会在宪法上带来的问题

---

[71] Enneccerus/*Lehmann*, Recht der Schuldverhältnisse, 13. Aufl. 1950, § 43. III., S. 179 ff., und § 55, S. 121 ff.

[72] BayObIG, Beschl. v. 4. 12. 1978, 5 St 194/78, NJW 1979, 1371, 1372-Züchtigungsrecht; Lackner/Kühl/*Kühl*, StGB, 29. Aufl. 2018, § 223 Rn. 11.

[73] 支持习惯法的参见 Larenz/*Canaris*, Methodenlehre der Rechtswissenschaft, 3. Aufl. 1995, S. 259；而如今，因其所包含的矛盾，一些学说已经开始反对习惯法，参见 Rüthers/Fischer/*Birk*, Rechtstheorie, 11. Aufl. 2020, Rn. 238。

[74] 赞同习惯法者：Larenz/*Canaris*, Methodenlehre der Rechtswissenschaft, 3. Aufl. 1995, S. 259；反对者：*Raisch*, Juristische Methoden, 1995, S. 197。

是，为何法院又可以具有废除习惯法之权限。

根据"住所理论"（Sitztheorie），在其他成员国设立并依其法律 27
而具有权利能力之公司，需在德国重新设立，始得依德国法而获得权
利能力。但欧盟最高法院在 Inspire Art 一案的判决中认为住所理论违
反了欧盟法的"居住自由"（Niederlassungsfreiheit）[75]。于是，德国
联邦最高法院便在之后涉及欧盟领域企业迁徙的案例中否弃了住所理
论，（尽管）其之前为习惯法所承认。[76]

原则上否认法官法的法源性质，却承认习惯法的法源地位——这在方 28
法上无以令人信服。视习惯法为法源，而仅将其他的法官法当作法认知
源，如是区别对待并不能自圆其说。同样支持本论点的另一个理由是：在
欧洲层面，实际上并不存在什么习惯法。[77] 更适宜的做法似乎是在所有
的法官法领域都仅仅使用"次级法源"的说法。

拒绝承认习惯法是为一种"法"，便会带来如下两个结果：其一，对民 29
众权利之干预自不能以习惯法为依据。例如，要规定"法庭上必须身着法
袍"这样的职业法，则必须施以法律之形式，因为这属于对《基本法》第
12 条规定之"职业自由"的干预。[78] 其二，习惯法也可以由判例以维护
法安定性或信赖保护之理由而加以更正，因为习惯法毕竟不属于第一位的
法源。马克斯·韦伯（Max Weber）即曾指出，习惯法的真实面貌乃是"法
学家法"（Juristenrecht）[79]。习惯法不过是长期存在而较为稳固的判例。[80]

---

[75] EuGH, Urt. v. 5. 11. 2002, C-208/00, EU：C：2002：632, Rn. 52 ff. - Überseering; EuGH, Urt. v. 30. 9. 2003, C-167/01, EU：C：2003：512, Rn. 97 ff. -Inspire Art.

[76] BGH, Urt. v. 13. 3. 2003, VII ZR 370/98, BGHZ 154, 185-Sitztheorie in der EG; BGH, Urt. v. 5. 7. 2004, II ZR 389/02, NJW-RR 2004, 1618; BGH, Urt. v. 13. 9. 2004, II ZR 276/02, NJW 2004, 2706, 3707.

[77] *Nettesheim*, in：Grabitz/Hilf/Nettesheim, Das Recht der Europäischen Union, 71. EL August 2020, Art. 288 AEUV Rn. 29; Streinz/*W. Schroeder*, EUV/AEUV, 3. Aufl. 2018, Art. 288 AEUV Rn. 18.

[78] BVerfG, Beschl. v. 18. 2. 1970, 1 BvR 226/69, BVerfGE 28, 21, 28-Robenstreit.

[79] *Weber*, Rechtssoziologie, 2. Aufl. 1967, S. 209 ff.

[80] 同样质疑的，可参见 *Rüthers/Fischer/Birk*, Rechtstheorie, 11. Aufl. 2020, Rn. 233。

30　　（2）不过，对于国际法，情况或许有所不同，因为《国际法院规约》第 38 条第 1 款 b）项明确称习惯法为一种法源（第二章边码 116 及以下、边码 121）。在国际法领域，因成文法源常付之阙如，故习惯法承担着重要的补充功能。[82]

依此处主张之观点，即应当否弃将习惯法视为一种论证模型的做法。[81]

2. 判例变更：法安定性及信赖保护与实质正义

31　　（1）论及表征效力（Indizwirkung）及先例推定（Präjudizienvermutung），唯有同时着眼于"硬币的另一面"始有其意义，即回答对判例的更正可在多大程度上损及民众的**信赖**。罪刑法定原则及禁止刑罚的溯及既往可以说构成此处的一个绝对界限（第四章边码 83 及以下）。信赖保护及法安定性之原则，所限制的乃是法律修订（第二章边码 44 及以下）以及法续造（第十三章边码 76）的权限。若法院意欲更正自己的判例，则只能有限地适用法律真正及不真正溯及力的原则。联邦最高普通法院曾如是说道：

32　　就此而言，联邦宪法法院并未确立普遍适用的规则（vgl. BVerfGE 84, 212, 227 f.），而仅止步于具体个案的判决。据此，对溯及力的限制源自法治国家的法安定性原则。这对民众而言首先意味着信赖保护。受法溯及力影响的当事人若曾期待当时的法状况能够延续，且他的这一利益比起合同相对人或者公众的利益而言更具优先性，则法的溯及过往便侵害了他受法保护的权益（BVerfGE 72, 175, 196；BGH, Urt. v. 18. Januar 1996, a. a. O.）。在上述权衡的过程中，尤应注意的是，在法治国家的原则之下，实质正义至少是与法安定性并驾齐驱的一环（vgl. BVerfGE 7, 89, 92；194, 196；22, 322, 329；35, 41, 47；74, 129, 152）。[83]

---

[81] 类似结论，可参见 *Honsell*, in: Staudinger, BGB, Neubearb. 2018, Einl. zum BGB Rn. 233 ff.；*Bydlinski*, in: FG 50 Jahre BGH, Bd. 1, 2000, S. 3, 22.

[82] 详见 Ipsen/Epping/Heintschel von Heinegg, Völkerrecht, 7. Aufl. 2018, § 19.

[83] BGH, Urt. v. 29. 2. 1996, IX ZR 153/95, BGHZ 132, 119, 129 f. -Blanko-Bürgschaft.

因此，基本而言，应当审查的是，对法状况的存续建有信赖之人的利 33
益是否比于实质正义而言更具优先性。但当中的诸多细节问题仍不甚清
楚。此时也同样可以在一个动态体系中衡诸各个要素（第八章边码2及以
下）；原则上说，**力求裁判正义及合理这一目标应当比信赖保护的诉求更
为重要**。[84] 生活现实的改变、正义观的更迭或者对个案正义的追求都可
以是判例变更的缘由。[85]

（2）在法安定性与实质正义二者之间进行衡量时，必须考虑判决的耐 34
久性（Dauerhaftigkeit）、迄今为止的接受程度、法院的地位（autoritas，权
威）及其判决的意义、当事人合理支出的信赖以及第三人的利益等各种因
素。[86] 此外，"权限法"的问题也会构成信赖保护的限制——国内的判例不
得因信赖保护之理由而削弱欧盟判决的效力（第十二章边码36及以下）。[87]

判断当前的判例是否具有耐久性，其标准是变动不居的（第七章边码 35
73及以下）。某个先例若要具备使人信赖之要素，则其判决所依据的必须
是能够被普遍化的（verallgemeinerungsfähig）原理。[88] 若判例富于争议，
则殊难形成相应值得保护的信赖。[89] 就此而言，法院所处的地位便尤为
重要[90]，如若裁判嗣后还有被二审、三审撤销之虞，则对其建立的信赖
只能在有限的条件下得到保护。

另一个标准就是——如同那些被承认为习惯法的判例一样——人们会 36
要求当下的判例必须无可指摘（普遍确信）以至于可称得上"正确"或

---

[84] *Schulze-Fielitz*, in: Dreier, GG, 3. Aufl. 2015, Art. 20（法治国家）Rn. 177；有学者认为瑞士的情况有所不同，参见 *Kramer*, Juristische Methodenlehre, 6. Aufl. 2019, S. 324 ff.。

[85] *Levedag*, in: FS 100 Jahre BFH, 2018, S. 181, 192 ff.

[86] 有学者使用的是"信赖投资"以及"不可期待的困难"的表述，参见 *Langenbucher*, JZ 2003, 1132, 1138。

[87] BAG, Urt. v. 23.3.2006, 2 AZR 343/05, BAGE 117, 281, 286 ff. -Anzeigepflicht bei einer Massenentlassung; BAG, Urt. v. 26.4.2006, 7 AZR 500/04, BAGE 118, 76；就此参见 *Rüthers/Fischer/Birk*, Rechtstheorie, 11. Aufl. 2020, Rn. 249, 253。

[88] *Rüberg*, Vertrauensschutz gegenüber rückwirkender Rechtsprechungsänderung, 1977, S. 168.

[89] 即使司法判例也曾拒绝对到目前为止仍存有争议的法状况适用信赖保护，参见 BGH, Urt. v. 21.12.1972, VII ZR 237/71, NJW 1973, 364："此时经年以来仍旧在司法和学术中存有争议"；*Fikentscher*, Methoden des Rechts, Bd. III, 1976, S. 711 ff.。

[90] 有关欧盟最高法院则参见下文第三章边码41及以下。

"纯粹"(veritas)[91]。既然很难把握究竟何种情况始得构成"一贯的"(ständig)判例,那么上述标准就显得尤为必要。为此,先例是否清楚及明确——也即是否具有"说服力"——就起着决定性的作用。[92]

37 (3)根据联邦最高普通法院的观点,"若存在明显强势或者甚而纯粹是强制性的理由",则必须考虑实质正义的因素。[93] 反对观点则认为,只要存在"更好的论据",即足以作出不同之裁判。联邦宪法法院亦为判例之更正设定了明显更为宽松的条件:"无须证明有关情势或者一般的观念发生了本质性的改变,法院即可以不违反《基本法》第 20 条第 3 款之方式偏离它之前的判例。"[94]

38 (4)总而言之,我们需要在更正判例的需求及当事人值得保护的信赖这二者之间进行**衡量**(Abwägung)。若有人对既有判决存有信赖故而反对更正判决,则其必须论证,为何他的这一信赖值得保护。[95] 通常最高法院判例的更正也会有溯及既往之效果,因其判决所针对的乃是一个已经终结的事实。[96] 这样的溯及既往原则上是被允许的。例外情况是:如果受溯及既往影响的当事人对判例的存续存有信赖,而在其案件中适用新的法律观点对他而言意味着不合理的负担,那就不应允许溯及既往。[97] 若最后

---

[91] *Pawlowski*, Methodenlehre für Juristen, 3. Aufl. 1999, Rn. 933 ff.; *Streinz*, ZEuS 2004, 387, 413;判例中出现错谬认识的例子,可参见 BGH, Urt. v. 7. 12. 1988, IVb ZR 93/87, BGHZ 106, 169, 174-Fingierter Gesamtplanungsvertrag。

[92] *Rüberg* (ebd.), S. 164 f., 167.

[93] BGH, Beschl. v. 4. 10. 1982, GSZ 1/82, BGHZ 85, 64, 66;同样的表述还见于 BGH, Urt. v. 25. 3. 1983, V ZR 268/81, BGHZ 87, 150, 156-falsa demonstratio。

[94] BVerfG, Beschl. v. 26. 1. 1991, 1 BvR 779/85, BVerfGE 84, 212, 227-Aussperrung. 主张更宽宏的标准的,参见 *Kramer*, Juristische Methodenlehre, 6. Aufl. 2019, S. 324 ff.;采较严标准者,参见 *Larenz/Canaris*, Methodenlehre der Rechtswissenschaft, 3. Aufl. 1995, S. 256;明显更好或完全更有分量的论据(deutlich bessere oder ganz überwiegende Argumente)。

[95] 有学者称其为"证明负担",参见 *Langenbucher*, JZ 2003, 1132, 1137。

[96] 刑法中则禁止溯及既往(nullum crimen, nulla poena sine lege praevia),参见第四章边码 83。

[97] BAG, Urt. v. 23. 3. 2006, 2 AZR 343/05, BAGE 117, 281, 292 Rn. 34- Anzeigepflicht bei Massenentlassung; s. auch BGH, Urt. v. 29. 2. 1996, IX ZR 153/95, BGHZ 132, 119-Blanko-Bürgschaft. 在税法中则还要求信赖需要与处置决定相关,并在客观上值得保护,参见 BFH, Beschl. v. 17. 12. 2007, GrS 2/04, BFHE 220, 129, 146 ff. -Vererblichkeit des Verlustabzugs。

的结论是这种信赖尤值保护,那么未予更正的观点在教义学上即被称为"可被原谅的法错误"。

在信赖要素举足轻重之情形,最高法院既可以将判例的更正作为"附带意见"(obiter dictum),也即作为对裁判而言无关宏旨的理由(nicht entscheidungserhebliche Erwägungen,参见第七章边码68)予以**宣告**[98],又可以**限制本案判决既判力的溯及效力**。

39

这涉及的通常是判例变更所影响的公众被提起损害赔偿请求权的情形。例如,在侵权法领域,联邦最高普通法院(在某案中)曾认可了对安全注意义务之违反,却否认被告的过错,原因在于判例不久前刚刚作出了截然相反的裁判。[99]联邦最高普通法院虽然承认某个"民事合伙"(GbR)的合伙人负有外部责任,但它也认同基金的投资人可以保有对于免受"具生存毁灭特性之责任风险"(existenzvernichtende Haftung)的信赖。[100] 而在联邦最高普通法院大审判庭(Großer Senat)对(刑事诉讼法上)"诉讼萎缩"(Rügeverkümmerung)的合法性作出决断之前,联邦最高普通法院的两个审判庭已然宣布要对之前的判例进行更正[101],因此,被告应当能够预计到这一判例变更的行为,也就不再拥有值得保护的信赖利益。

40

3. 欧盟最高法院作出的判例变更、法安定性及信赖保护

同国内法的情形一样,欧盟层面具有负担效果判决的溯及力问题亦引人注目,例如,若要限制某一欧盟判决的溯及效力,就有可能导致(成员

41

---

[98] BAG, Urt. v. 14. 12. 2005, 4 AZR 536/04, BAGE 116, 326-Auslegung zur Gleichstellungsabrede;*Bydlinski*, Methodenlehre und Rechtsbegriff, 2. Aufl. 1991, S. 509 f.; *Kramer*, Juristische Methodenlehre, 6. Aufl. 2019, S. 330 f.; 批评性见解,则参见 *Picker*, JZ 1984, 153 ff。

[99] BGH, Urt. v. 14. 3. 1995, NJW 1995, 2631, 2632-Oberleitung; 就此参见 *Möllers*, VersR 1996, 153, 159; 之前已有的观点,参见 BGH, Urt. v. 23. 10. 1984, VI ZR 85/83, NJW 1985, 620, 621-Schleppliftunternehmer。

[100] BGH, Urt. v. 21. 1. 2002, II ZR 2/00, BGHZ 150, 1, 5-Haftungsbeschränkung; BGH, Urt. v. 7. 4. 2003, II ZR 56/02, BGHZ 154, 370-Haftung für Altverbindlichkeiten; BGH, Urt. v. 12. 12. 2005, II ZR 283/03, NJW 2006, 765, 766-Haftung für Altverbindlichkeiten。

[101] 也即联邦最高普通法院第一、二审判庭的判决, der 1. und 2. Senat, s. BGH, Urt. v. 13. 10. 2005, 1 StR 386/05, NStZ 2006, 181; BGH, Urt. v. 12. 1. 2005, 2 StR 138/04, NStZ 2005, 281; hierzu BVerfGE 122, 248, 277-Rügeverkümmerung (第十三章边码74)。

国）严重的税收逆差。[102] 对于**更正自己的判例**所带来的溯及力及信赖保护之问题，欧盟最高法院迄今为止只发表了含混不清的意见，并曾以法安定性及信赖保护为由限制了其所更正的判例的溯及效力。[103]

42 　　欧盟最高法院裁判的溯及力，可能会因其程序类型的不同而迥异。欧盟最高法院可以根据《欧洲联盟运作方式条约》第264条第1款之规定宣布某一被提起废除的措施无效（此处指"废除诉讼"，原告可向欧盟最高法院提请废除某项由欧盟机构所颁行的措施——译者注），而《欧洲联盟运作方式条约》第264第2款即授权欧盟最高法院可以限制这一无效的效力。为节约成员国或欧盟法之资源，或者是基于信赖保护的理由[104]，欧盟最高法院就可能宣布上述效力仅仅指向嗣后发生的情形（ex nunc）。而《欧洲联盟运作方式条约》第267条的"前置判决程序"就没有规定类似时间效力的限制；此时作出的决断，原则上便是自始发生效力的（ex tunc）。[105] 但其中有个别案例，欧盟最高法院仍然出于信赖保护和法安定性的理由而允许了"自始效力"的例外，从而将《欧洲联盟运作方式条约》第264条第2款类推适用于前置判决程序的情形。[106]

三、严格的先例约束：德国法中的例外

43 　　最后值得一提的是，不仅英美法系存在严格的先例约束，根据《联邦

---

[102] 就此详见 Kokott/Henze，NJW 2006，177 ff。

[103] EuGH, Urt. v. 30. 4. 1996, C-308/93, EU：C：1996：169, Rn. 46 f. -Bestuur van de Sociale Verzekeringsbank.

[104] EuGH, Urt. v. 6. 10. 1982, C-59/81, EU：C：1982：332, Rn. 39-Beamtenbezüge; EuGH, Urt. v. 26. 3. 1987, C - 45/86, EU：C：1987：163, Rn. 23-Zollpräferenzen; EuGH, Urt. v. 16. 7. 1992, C-65/90, EU：C：1992：325, Rn. 23 f. -Güterkraftverkehr.

[105] EuGH, Urt. v. 27. 3. 1980, C-66/79 u. a., EU：C：1980：101, Rn. 9 ff. -Meridionale Industria; EuGH, Urt. v. 26. 4. 1994, C-228/92, EU：C：1994：168, Rn. 25 ff. -Roquette; *Waldhoff*, EuR 2006, 615, 628 f.

[106] EuGH, Urt. v. 27. 2. 1985, C-112/83, EU：C：1985：86, Rn. 17 f. -Société des produits des mais; vorher schon EuGH, Urt. v. 8. 4. 1976, C-43/75, EU：C：1976：56, Rn. 71 ff. -Defrenne; EuGH, Urt. v. 27. 3. 1980, C - 61/79, EU：C：1980：100, Rn. 17 f. -Denkavit; EuGH, Urt. v. 27. 3. 1980, C-66/79 u. a., EU：C：1980：101, Rn. 10 ff. -Meridionale Industria; EuGH, Urt. v. 10. 7. 1980, C-811/79, EU：C：1980：195, Rn. 7-Ariete.

宪法法院法》第 31 条的规定，德国法中联邦宪法法院的裁判也完全如此。此外，裁判也会在各法院之间发挥约束力（《民事诉讼法》第 322 条）。

1. 英美法系的"遵循先例原则"及"说服性权威"

（1）在英美法系，诸多法领域（如合同法、侵权法或财产法）至今仍几无成文法文本。统御这些领域的通常主要是法院的裁判，及所谓"判例法"。根据**"遵循先例原则"**[107]判决，即"先例"，并不仅仅约束当事人，其效力是"对世的"（erga omnes）——也即针对任何人。上级法院的裁判约束下级法院，而同一法院先前的裁判则约束其嗣后之裁判。[108] 遵循先例理论由此确保了较高程度的法安定性。[109] 具有约束力的仅限于**判决理由**（ratio decidendi）。只有例外情况才允许与之相乖违。这一技术的具体内容则在下文介绍"案例对比法"时予以详述（第七章边码 44 及以下）。44

（2）此外还存在所谓的**"说服性权威"**（persuasive authorities），它所指的是虽不具约束力但在寻求裁判时通常会被参酌的那些见解。说服性权威包括（某判决中的）附带意见（obiter dictum）及反对意见（dissenting opinions）、下级法院的裁判及外国法的判例等。[110] 法院有义务注意这些见解并对其加以分析。也就是说，法院必须判断，它是否要遵照这些见解，但若有更优的论据提供支持，它也可以违背此类见解。不同于先例，说服性权威并不构成对法官的约束。唯有法官认为其在内容上有说服力时，始遵从之。45

---

[107] 拉丁法谚语："固守裁判，勿扰其安宁"（Stare decisis et non quieta movere），参见 Zweigert/*Kötz*, Einführung in die Rechtsvergleichung, 3. Aufl. 1996, S. 253 ff。

[108] *Cross/Harris*, Precedent in English Law, 4th ed. 1991, S. 3 ff., 24 ff.; *Radin*, 33 Colum. L. Rev. 199 (1933); *Burnham*, Introduction to the Law and Legal System of the United States, 6th ed. 2006, S. 70; *Hay*, US-Amerikanisches Recht, 7. Aufl. 2020, Rn. 20.

[109] *Payne v. Tennessee*, 501 U. S. 808, 827 (1991); *Kriele*, Theorie der Rechtsgewinnung, 2. Aufl. 1976, S. 259 ff.; *Fikentscher*, in: Blaurock, Die Bedeutung von Präjudizien im deutschen und französischen Recht, 1985, S. 11, 19.

[110] *Bailey/Ching/Taylor*, Smith, Bailey and Gunn on the Modern English Legal System, 5th ed. 2007, S. 512. 此外，若有国家必须继受普通法之传统，例如英联邦国家、苏格兰、美国或以色列等国，则这些国家的判例也可以被予以考虑，参见 *Ingman*, The English Legal Process, 13th ed. 2011, S. 214 ff.; *State v. Southers*, 1988 Ohio App. LEXIS 4648 (Ohio Ct. App., Pickaway County Nov. 23, 1988); *G. Schmid*, Einheitliche Anwendung von internationalem Einheitsrecht, 2004, S. 99 ff。

46 哈里斯（Harris）形象地说道："法官可能仅需将之前的判决作为其据以作出当前判决的一部分材料而加以考虑，或者说可能以先前案例之同样的方式为当下的案例作出裁判，除非他能给出不这样做的充分理由。最后，法官也可能不得不以先前案例之同样的方式裁决当下的案例，即便他能给出不这样做的充分理由。后一情形，即可以说先例是具有'约束力的'。"[111]

2. 联邦宪法法院裁判的约束力

47 《基本法》很多地方与美国的宪法相一致，例如其同样赋予联邦宪法法院重要的地位。[112] 依《联邦宪法法院法》第31条第1款的规定，联邦宪法法院之裁判约束联邦及各州的宪法机关以及所有的法院及政府部门。如若联邦宪法法院宣判某一法规范无效，则该裁判即在特定程序下堪称具有"法律"之效力。[113] 同英美法的先例一样，联邦宪法法院的裁判亦存在这一问题，即其究竟在何等范围内具有效力，必要时又是否可以违反之（第七章边码67及以下）。

3. 法院之间的约束力

48 就上下级法院的关系而言，法院裁判的约束力可能情况各异。在三审（法律审）程序（Revisionsverfahren）中，将程序发回给下级法院的最高法院的意见对该法院具有约束力。[114] 此外也存在一些处理可能性冲突的抽象规则：若高等法院（OLG）作为终审法院而意欲偏离联邦最高普通法院或其他高等法院的判例，则其必须将案件呈递给联邦最高普通法院。[115] 州宪法法院与联邦宪法法院之间也作类似的处理，就此参见《基本法》第100条第3款。

---

[111] Cross/Harris, Precedent in English Law, 4th ed. 1991, S. 4.

[112] Kau, United States Supreme Court und Bundesverfassungsgericht, 2007, S. 29.

[113] 根据《联邦宪法法院法》第31条第2款之规定，这包括抽象的规范审查程序、权限审查程序、具体的规范审查程序、国际法的规范识别程序、基于《基本法》第126条的程序以及宪法诉讼。

[114] 参见《民事诉讼法》第563第2款、《刑事诉讼法》第358条第1款，以及《行政法院法》第144条第3款。

[115] 例如《法院组织法》（GVG）第121条第2款、《家庭案和非讼管辖事项程序法》第70条第2款第2项，都规定了呈递义务"以确保裁判之统一"。

同一等级的各最高法院及其各个审判庭（Senat）之间也会存在约束 **49**
力。某一最高法院的不同审判庭可能会作出彼此相逆的判决。如若某一审
判庭想要偏离其他审判庭的判例，则其必须将法律问题呈递给"大审判
庭"（在联邦宪法法院则是交与"全体法官大会"，德语：Plenum）。[116]
此时，（后者的）裁判即**约束**呈递该问题的审判庭。[117] 此外，有时也会为
了确保判例或法续造之统一而动用大审判庭。

各种最高法院（即联邦最高普通法院、最高劳工法院、最高行政法院 **50**
等——译者注）的判例也可能会相互扞格。为力求判例之统一，若某一法
院意欲违背另一法院的判例，则其必须诉诸"联合审判庭"（Gemeinsamer
Senat）。由于各个审判庭会规避这一程序，因此如何在"判决理由"和
"附带意见"之间进行区分，以及如何进行"区别"（distinguishing），就
成为一个格外重要的"技艺"（第七章边码 67 及以下）。

4. 欧盟最高法院裁判的约束力

（1）欧盟最高法院的判决不仅约束当事人，也约束成员国国内的原审 **51**
法院（Ausgangsgericht）。[118] 然而，国内的法院也可以将仍未澄清的法解
释问题再次呈递上去。[119] 欧盟最高法院的判决若宣判某一欧盟法律文件
无效，则该判决即具有普遍性的约束力，成员国的各个机构就必须承认相
应的措施（即上文的法律文件——译者注）是无效的。[120] 这一对世效力
仅存在于"无效之诉"（Nichtigkeitsklage）的情况。[121]

---

[116] 参见《联邦宪法法院法》第 16 条第 1 款、《法院组织法》第 132 条第 2 款、《行政法院法》第 11 条第 2 款、《劳动法院法》第 45 条第 2 款、《财政法院法》第 11 条第 2 款、《社会诉讼管辖或行为基础干扰情况法》第 41 条第 2 款。

[117] 参见《联邦宪法法院法》第 16 条、《法院组织法》第 138 条第 1 款第 3 句、《行政法院法》第 11 条第 7 款第 3 句、《劳动法院法》第 45 条第 7 款第 3 句、《财政法院法》第 11 条第 7 款第 3 句、《社会诉讼管辖或行为基础干扰情况法》第 41 条第 7 款第 3 句。

[118] EuGH, Urt. v. 3. 2. 1977, C-52/76, EU：C：1977：16, Rn. 26 f.-Benedetti；BAG, Urt. v. 24. 3. 2009, 9 AZR 983/07, BAGE 130, 119, 132 Rn. 47-Urlaubsentgelt.

[119] EuGH, Urt. v. 3. 6. 1992, C-45/90, EU：C：1992：236-Paletta I；EuGH, Urt. v. 2. 5. 1996, C-206/94, EU：C：1996：182-Paletta II.

[120] EuGH, Urt. v. 8. 11. 2007, C-421/06, EU：C：2007：662, Rn. 54-Fratelli Martini.

[121] 关于《欧洲联盟运作方式条约》第 266 条规定的"无效之诉"，可参见 EuGH, Urt. v. 13. 5. 1981, C-66/80, EU：C：1981：102, Rn. 13-International Chemical Corporation。

52 （2）对于其他的诉讼类型，《欧洲联盟运作方式条约》并没有像《联邦宪法法院法》第31条那样明确地规定对任何人的约束力。例如，前置判决程序可能仅仅针对的是某一具体法争议当中的法解释问题，因此，也自当部分性地否决此类判决的对世效力。[122] 也有人持相反意见而承认欧盟最高法院判决具有一种普遍约束的约束力，由此来确保欧盟法得以统一适用。[123]

53 （3）这一"实际有效原则"（第五章边码108以下）与《欧洲联盟条约》第5条第1款规定之"有限的具体授权原则"是相互冲突的（第二章边码56）。然而，呈递义务（Vorlagepflicht）对终审的法院而言本身就意味着间接性的约束力。就此而言，次级法源理论再一次彰显了它的说服力（第三章边码25及以下）：若此时成员国法院想要另行其道，则根据"文义明确性规则"（Acte-clair-Doktrin），其必须将问题重新予以呈递。[124] 欧盟最高法院的判例由此得以较大程度的尊重与执行。[125] 这被称为欧盟最高法院裁判之"事实性的造法效力"[126]。

第三节 行政规则、私人法规范及欧盟机构的建议

一、行政规则

1. 对法规范予以解释及具体化的行政规则

54 （1）除了法规与规章，行政部门亦可颁行指导（Richtlinien）、通告（Verlautbarung）、通知（Bekanntmachung）、公告（Rundschreiben）等各种

---

[122] *Classen*, in：Schulze/Janssen/Kadelbach, Europarecht, 4. Aufl. 2020, § 4 Rn. 79；提出批评意见的也有 *Vogenauer*, ZEuP 2005, 234, 257；*Cross/Harris*, Precedent in English Law, 4th ed. 1991, S. 16.

[123] Streinz/*Ehricke*, EUV/AEUV, 3. Aufl. 2018, Art. 267 AEUV Rn. 69；持此观点但未说明理由者，参见 *Honsell*, in：Staudinger, BGB, Neubearb. 2018, Einl. zum BGB Rn. 228。

[124] 有关"C. I. L. F. I. T. 案"以及"文义明确性规则"参见第十二章边码115及以下。

[125] *Classen*, in：Schulze/Janssen/Kadelbach, Europarecht, 4. Aufl. 2020, § 4 Rn. 79；*Brandner*, in：FS 50 Jahre BGH, 2000, S. 299, 311 ff.

[126] *Bieber/Epiney/Haag/Kotzur*, Die Europäische Union, 14. Aufl. 2021, § 9 Rn. 102；赞同者，参见 Schwarze/*Schwarze/Wunderlich*, EU-Kommentar, 4. Aufl. 2019, Art. 267 AEUV Rn. 72。

文件，可以说是具有万般手段。例如，德国联邦金融监管局（BaFin）即可谓用尽了此类手段。[127] 据当前之通说，那些仅约束行政部门，而不约束民众或法院的行政规则属于"**解释法规范的行政规则**"（norminterpretierende Verwaltungsvorschriften）。在司法程序中，这类规则会经受彻底的审查。[128] 民众也不可对这类规则保有信赖。[129] 这一通说赋予民众的可谓"太少"，因为它全面否认行政规则对于民众的法效力；而相反观点则主张其构成强行性的法规范[130]，这又赋予了民众"太多"，因为法院由此就不得不正面审查行政规则的违法性（Rechtswidrigkeit）。然而仅从权力分立的角度而言，行政不能也不得以其行政规则约束法院的行为。

不过，长远来看，"解释法规范的行政规则"有助于促成行政实践的统一，它所约束的乃行政部门自身（所谓"**行政的自我约束**"）。[131] 若行政部门没有合理理由而作出了违背既有实践之行为，那么在具体个案中就可能会引发针对违反《基本法》第3条第1款之平等原则而提起的诉讼请求。[132]

（2）与此不同，判例认为，所谓"**将法规范具体化的行政规则**"（normkonkretisierende Verwaltungsvorschriften）若规定了"很大程度上成为科学技术专业知识"的标准以及构成一般性的结果衡量（Folgenbewertung），则其也可以被赋予对外效力。《洁净空气技术标准》（TA-Luft）[133] 及《防止噪声污染技术标准》（TA-Lärm）[134] 即属此例。不过，此时法院仍可审

55

56

---

[127] *Schädle*, Exekutive Normsetzung, 2007.
[128] 参见 BGH, Urt. v. 8. 5. 2001, XI ZR 192/00, BGHZ 147, 343, 350-Margin zur Richtlinie nach § 35 WpHG; 也见于 *Köndgen*, ZBB 1996, 361; *Möllers/Ganten*, ZGR 1998, 773, 800 ff。
[129] *Maurer/Waldhoff*, Allgemeines Verwaltungsrecht, 20. Aufl. 2020, § 24 Rn. 24, 30.
[130] *Ossenbühl*, in: FG 25 Jahre BVerwG, 1978, S. 433 ff.; *ders.*, in: HStR V, 3. Aufl. 2007, § 104 Rn. 48 ff.
[131] *Maurer/Waldhoff*（ebd.），§ 24 Rn. 27.
[132] 学界通说可参见 BVerwG, Urt. v. 28. 5. 1958, V C 216/54, BVerwGE 8, 4, 10; BVerwG, Urt. v. 8. 4. 1997, 3 C 6/95, BVerwGE 104, 220, 223; BVerwG, Urt. v. 24. 3. 1977, II C 14/75, BVerwGE 52, 193, 199 f.; *Maurer/Waldhoff*（ebd.），§ 24 Rn. 27; 不同的观点则见于 *Ossenbühl*, in: HStR V, 3. Aufl. 2007, § 104 Rn. 58, 作者不失正确地批评道，如果假定存在"一种可臆想的行政实践"，这种思想就会瓦解整个基于平等原则而确立的自我约束体系。
[133] Technische Anleitung zur Reinhaltung der Luft v. 24. 7. 2002, GMBl. Nr. 25, S. 511.
[134] Technische Anleitung zum Schutz gegen Lärm v. 28. 8. 1998, GMBl. Nr. 26, S. 503.

查,此类标准是否已经因为科学技术知识的进步而变得不合时宜。[135]

2. 行政规则作为次级法源

57　　本书观点认为,行政规则应当被视为一种次级法源。[136] 这也符合"欧洲证券及市场管理局"(EMSA)的公告。行政规则原则上存在一种针对其"正确性"的表征效力(Indizwirkung)。因此,法院也必须对行政规则予以分析。如若德国联邦最高法院的第二审判庭忽视联邦金融监管局发布的《发行人指导手册》(Emittentenleitfaden)并拒绝对其进行实质上的分析[137],则其即违反了上述义务。相反,如果法院认为行政部门的某项具体规则违背立法者意愿从而缺乏相应的权限基础,它也可以拒绝承认这一规范的约束力。[138] 如果在耐久性、接受程度及说服力上面(第三章边码 19)都能站得住脚,则可以推定行政规则在内容上的正确性。

3. 民众的信赖保护

58　　目前学说的主流观点均否认民众可以主张信赖保护。[139] 但若行政机关面向特定的人群,并以类似立法的方式、由相关人群参与听证而发布行政规则,这种观点就很难说有说服力了。[140] 行政部门要求民众对它制定的行政规则要拥有"对待制定法一般的忠诚"(Gesetzestreue),而法院事后却指责相关人群的行为违法,这里的自相矛盾昭然若揭。对判例之上的信赖进行保护时所要考虑的因素如果要用到这里,则也会有进一步的差

---

〔135〕 参见 BVerwG, Beschl. v. 10. 1. 1995, 7 B 112/94, DVBl. 1995, 516, 517-TA-Luft。

〔136〕 参见 *Hupka*, JbJZ 2009, S. 291, 313; *Poelzig*, ZBB 2019, 1, 8 ff.; 认为构成 "说服性权威"的,参见 *Bedkowski*, BB 2009, 394, 400。

〔137〕 BGH 在判决(BGH, Urt. v. 25. 2. 2008, II ZB 9/0, WM 2008, 641 Rn. 24)中简明扼要地指出:"虽然 BaFin 制定的《发行人指导手册》涉及的都是足够可能发生的问题,但它终归不过是对规范予以解释的行政规则而已。"对此的批评参见 *Möllers*, NZG 2008, 330, 331。

〔138〕 此为 BGH 第十一审判庭针对《证券交易法》旧法第 35 条规定的"指导细则"所作裁判中的内容,参见 BGH, Urt. v. 24. 1. 2006, XI ZR 320/04, BGHZ 166, 56, 62. Hierzu *Möllers/Ganten*, ZGR 1998, 773, 803; *Möllers*, in: KK-WpHG, 2007, § 34 Rn. 46。

〔139〕 关于此的学术通说,参见上文脚注 130;其他支持信赖保护的观点则参见 *Klein*, in: FS Forsthoff, 1972, S. 165, 177 ff.; *Stern*, JZ 1960, 557, 559; BVerwG, Urt. v. 17. 4. 1970, VII C 60/68, BVerwGE 35, 159, 161 f。

〔140〕 BaFin 制定的《发行人指导手册》即是此例,手册在邀请相关人员参与听证后才予以公布,可见于 www.bafin.de/DE/Aufsicht/BoersenMaerkte/Emittentenleitfaden/emittentenleitfaden_node.html。

别：法院若意图否弃某一行政规则，除了（它的）耐久性、接受程度以及当事人可能产生的损害赔偿，还需要将那些第三人的利益纳入实质正义和信赖保护之间的衡量当中。[141]

上述见解亦适用于侵权法领域中公法义务及民法义务的关系问题。数年来的判例和学说均承认，公法中的各种标准并非盲目制定，并完全可以为侵权法所接纳，因为就此而言，民法领域适用的是更高程度的标准；民法所负责的是对个案之调控。若有人依循公法标准行事，则并不一定意味着其行为合法；[142] 这样的推定效力并不存在。[143] 行政机关给予的同意也不会影响对过错要件的审查。[144] 为保护法益而设定比公法而言更高要求的义务（民法上的安全注意义务），初步来说是合理的，也是符合宪法的。[145] 但就第二步而言，也应当在实质正义和信赖保护之间进行衡量并考虑上文提及的标准。理由在于，对行政这一国家组成部分的信赖不能一开始就被认定是"与法不相干的"。

二、私人法规范及其与一般交易条款、合同和软法的区别

1. 私人规范向法的转变

学界有部分观点也将合同或一般交易条款视为法源。[146] 反对的理由则在于，它们不具普遍效力，而仅在当事人之间生效（inter partes）。此外，这些规范亦非国家所制定，也即缺乏"更高层次的权威性"。因而，合同所约束的从来只是当事人自己。[147]

不过，如果私人创设的规范被国家宣布为具有普遍约束力，则该私人

---

[141] 进一步参见 *Möllers*, ZEuP 2008, 480, 491 ff。

[142] *Wagner*, in: MünchKomm-BGB, 8. Aufl. 2020, § 823 Rn. 498 f.; **不同观点**，参见 *Marburger*, Regeln der Technik, 1979, S. 439 f。

[143] *Wagner*, in: MünchKomm-BGB, 8. Aufl. 2020, § 823 Rn. 619, 675.

[144] *Wagner*, in: MünchKomm-BGB, 8. Aufl. 2020, § 823 Rn. 505, 675, 711.

[145] *Möllers*, Rechtsgüterschutz im Umwelt- und Haftungsrecht, 1996, S. 142 ff.

[146] *Kelsen*, Reine Rechtslehre, 2. Aufl. 1960, S. 261 ff., 追随者的观点可参见 *Vogel*, Juristische Methodik, 1998, S. 41。

[147] *Buck-Heeb/Dieckmann*, Selbstregulierung im Privatrecht, 2010, S. 256 f., 作者将合同和规范描述为私人规范可以活动的标尺的终点。

规范即获得法规范之品格。这类标准转变为法（Verrechtlichung）的程度迥异。转变为法最激烈的形式莫过于立法者将私人规范制定机构所制定的标准直接"入法"。由此，它们就摇身一变成为基础性的法源。例如，《劳资协议法》（TVG，或译："集体合同法"）第4条第1款就规定[148]，劳资协议中规定劳动关系之内容、缔结和解除的规范对缔结协议的双方具有直接、强行之效力。此外，雇主与企业职工委员会之间签订的"企业职能部门协议"也构成一种法源，因为该协议直接并强制性地影响各个劳动关系（《企业组织法》第77条第2、4款）。[149] 这也适用于《国际财务报告准则》（IFRS），其通常会被转化成为欧盟的指令。[150]

2. 法律上的推定效力

62　　较弱形式的约束力出现于如下情况，即立法者仅仅指涉了相关的私人规范，如使用了需要具体化的一般条款这一形式，或者（对私人规范）予以"引致"[151]。在"会计法"领域，某个私人规范制定机构不久前就被授权制定康采恩账目报告的相关准则（《商法典》第342条第1款第1句）。在引致的情形，立法者通常会规定，为了规范相关人之利益，可对其行为的合法性进行**可被推翻的推定**（widerlegliche Vermutung）：若相关人依循私人规范行事，则足堪以可被推翻的方式推定，其行为是合法的。[152] 而在为了对法规范进行具体化而予以引致的情形，（被引致的）私人规范被认为反映了（科学与）技术的状态，从而可以对其正确性进行可被推翻的推定。[153] 类似的推定效力也存在于欧盟法[154]及国际经

---

　　[148] Tarifvertragsgesetz (TVG) v. 25. 8. 1969, BGBl. I, S. 1323.

　　[149] Brox/*Rüthers/Henssler*, Arbeitsrecht, 20. Aufl. 2020, Rn. 141, 1059 ff.

　　[150] *Möllers*, in: Schulze/Janssen/Kadelbach, Europarecht, 4. Aufl. 2020, § 19 Rn. 90 ff.

　　[151] *Ruffert*, in: Hoffmann-Riem/Schmidt-Aßmann/Voßkuhle, Grundlagen des Verwaltungsrechts, Bd. 1, 2. Aufl. 2012, § 17 Rn. 89.

　　[152] HGB 第342条第2款（关于此参见 *Borges*, ZGR 2003, 508, 519) und 以及《器官移植法》（TPG）第16条第1款，TPG v. 4. 9. 2007, BGBl. I, S. 2206。

　　[153] *Marburger*, Regeln der Technik, 1979, S. 395 ff.; *Ruffert*, in: Hoffmann-Riem/Schmidt-Aßmann/Voßkuhle, Grundlagen des Verwaltungsrechts, Bd. 1, 2. Aufl. 2012, § 17 Rn. 89.

　　[154] 参见《新方案指导细则》，欧盟理事会1985年5月7日关于在技术一体化和标准化领域执行新方案（1985年5月7日版）的决定，附录II, ABl. Nr. C 136, S. 2 f. 对此参见 *Marburger*, in: FS Feldhaus, 1999, S. 387, 390 ff.

济法[155]的领域中。就这样的推定而言,有争议的是,其是否规定了一种证明责任的分配,抑或因为存在更需要保护的价值,故而仅需赋予其部分性的、实体法上的约束力。[156]

3. 说明义务(不遵守就解释)

此外,欧洲的立法者有时也会承担规定次级法源的义务,例如,"公司治理"[《股份公司法》(AktG)第 161 条]领域的"不遵守就解释"规则。部分观点认为《公司治理准则》只是没有法约束力的"软法"[157]。这种观点殊难成立。立法者要求上市公司的董事会及监事会必须向其股东说明,对于《公司治理准则》治理委员会(Regierungskommission)公布的建议,其究竟是完全、部分或者根本没有予以遵守;若没有遵守,则为之提供理由。这一基于"不遵守就解释"原则而产生的"法定说明义务"(Pflicht zur Abgabe einer Entsprechenserklärung,《股份公司法》第 161 条第 1 款[158])即是主权接纳私人规范的一种表现形式。[159] 因此,针对"解除条款"(Ausstiegsklausel)即可以提出有效性的主张(Geltungsanspruch)。[160] 基于"解除条款",企业若认为《公司治理准则》中的具体规定在其看来不符合企业自身的特点,则其有权宣称该规定不适用于自己。[161] 这里的例子无疑

---

[155] 关于 WTO 的法律,可参见欧盟加入时制定的文件,及 Art. 2. 5. S. 2 TBT‐Übereinkommen v. 22. 12. 1994, ABl. Nr. L 336, S. 87。

[156] 关于 HGB 第 342 条第 2 款,参见 *Augsberg*, Rechtsetzung zwischen Staat und Gesellschaft, 2003, S. 192 ff。

[157] *Lutter*, ZGR 2000, 1, 18; *von Werder*, DB 2002, 801; *Borges*, ZGR 2003, 508 ff.; *E. Vetter*, DNotZ 2003, 748, 754; *Kort*, AG 2008, 137, 138; *Linnerz*, BB 2008, 581, 582; 与之一致的观点也见 Grigoleit/*Grigoleit/Zellner*, AktG, 2. Aufl. 2020, § 161 Rn. 4。

[158] AktG 第 161 条第 1 款第 1 句规定:"股份公司的董事会和监事会每年应就其已经遵守以及将会遵守 DCGK 治理委员会的哪些建议,以及哪些建议未被适用或不会被适用以及为何不适用等事项进行说明。"

[159] *Hohl*, Private Standardsetzung im Gesellschafts‐ und Bilanzrecht, 2007, S. 37 ff.; *Möllers/Hailer*, JZ 2012, 841, 843。

[160] *Hüffer/Koch*, AktG, 14. Aufl. 2020, § 161 Rn. 3; *Buck‐Heeb/Dieckmann*, Selbstregulierung im Privatrecht, 2010, S. 101:"为避免被废除而进行的自我约束"(Selbstbindung auf Widerruf)。

[161] 参见 DCGK 的"前言";以及 Schmidt/Lutter/*Spindler*, AktG, 4. Aufl. 2020, § 161 Rn. 35 ff。

再一次丰富了"次级法源理论"[162]。

64 《公司治理准则》：根据《股份公司法》新法第87条第1款的规定，董事会成员所获得的应是"惯行的薪酬"[163]。《公司治理准则》的建议在其第G.2、G.3条对这一不确定性的法概念进行了具体化：此时所需要考虑的，不仅包括行业的惯行（水平比较），还包括公司内部的薪酬结构（垂直比较）。[164]

65 若违反"说明义务"，股东大会上作出的责任减免决议（Entlastungsbeschluss）即可以被撤销。联邦最高普通法院在其判决中这样写道：

> 但这里针对董事会和监事会作出的责任减免决议是可以被宣布无效的，理由在于，根据《股份公司法》旧法第161条第1句作出的说明并没有遵照第5.5.3条的建议（现行法中的第E.1条建议）从而失去了它的妥当性，且这一错误也没有得到纠正。如果作出的说明一开始就在一个并非不重要的点上犯下错误，或者在事后发现违反了《公司治理准则》的建议时未予以及时纠正，则构成违反法律之行为（《股份公司法》第243条第1款），在这一违法行为下作出的责任减免决议也就可被撤销（Senat BGHZ 180, 9 Tz. 19 „Kirch/Deutsche Bank"）。[165]

4. 通过私人规范对一般条款具体化

66 私人规范即使未能转变为法，法院也可能会将私人规范视作支撑性的辅助材料而予以参照，其目的可以是服务于一般条款的具体化。《民法典》第823条第1款的"安全注意义务"或者《民法典》第276条的"必要的

---

[162] 详见 Möllers/Fekonja, ZGR 2012, 777, 803 ff.。
[163] 《董事薪酬适度法》（VorstAG）第一条第1项a）分项，BGBl. I, S. 2509。
[164] 参见 Möllers/Fekonja, ZGR 2012, 777, 805; Kling, DZWiR 2010, 221, 225 f.；此外，准则也以此标准进行解释，这一点也已包含于政府立法建议的理由书中，参见 Beschlussempfehlung und Bericht des Rechtsausschusses（6. Ausschuss），BT-Drs. 16/13433, S. 10；有关历史意图，参见第四章边码146以下。
[165] BGH, Urt. v. 21.9.2009, II ZR 174/08, BGHZ 182, 272 Rn. 16-Umschreibungsstopp；与之相关的判决是 BGH, Urt. v. 16.9.2009, II ZR 185/07, BGHZ 180, 9 Rn. 19-Kirch/Deutsche Bank。

勤勉"（的解释）即属此例。这类私人规范以德国标准化协会制定的"DIN 标准"为典型[166]，另一个例子是"国际滑雪联合会"（FIS）近年来制定和更新的规则。再比如，审计师会对股份公司进行年度审计并出具报告（《商法典》第 322 条第 1 款）。此时，审计师即会参照审计师协会的标准（IDW-标准）。尽管 IDW 不具备法效力[167]，但肯定性的审计结果都会发挥一定的积极效力[168]，例如，其能够证实公司合规管理体系（CMS）的效率。[169]

三、法效果

1. 推定效力及其条件

德国联邦最高法院正确地指出，私人规范并非法源，或者更具体而言，其并非基础性的法源。个案中，尚须判断其是否可以被适用。DIN 标准虽然不是法规范，但其可以对公认的技术规则产生影响。[170] 原告要主张某私人规范的推定效力，则其必须论证相关的条件已成就：就此而言，上文讨论法官法及行政规则的表征、推定效力时所提出的见解可以作为思考的基础。为此，主张私人规范效力的人，除了要考虑上面提出的规则耐久性、接受程度、信赖利益，还须考虑相关组织的类型与方式，以及处理推定效力时所应遵从的法治国家之程序。[171] 这被称为"通过程序上的正

---

[166] *Marburger*, Regeln der Technik, 1979, S. 200 ff.

[167] OLG Stuttgart, Beschl. v. 15.10.2013, 20 W 3/13, ZIP 2013, 2201, 2202；*Fleischer*, NZG 2014, 321, 325; vgl. hierzu *Schülke*, IDW-Standards und Unternehmensrecht-zur Geltung und Wirkung privat gesetzter Regeln, 2014.

[168] Baumbach/Hopt/*Merkt*, HGB, 40. Aufl. 2021, § 323 HGB Rn. 1："说服性的（效力）"，类似表述参见 *Spindler*, in: MünchKomm-AktG, 5. Aufl. 2019, § 91 Rn. 33："信号效力"。

[169] 例如，这一点可能会影响诉讼中法官的自由心证，参见 *Merkt*, DB 2014, 2331, 2334 ff。

[170] BGH, Urt. v. 1.3.1988, VI ZR 190/87, BGHZ 103, 338, 341 f.-Verkehrssicherungspflicht auf Kinderspielplatz; BGH, Urt. v. 14.5.1998, VII ZR 184/97, BGHZ 139, 16, 19 f.-vertraglich geschuldeter Schallschutz.

[171] *Luhmann*, Legitimation durch Verfahren, 2. Aufl. 1975, S. 30 f.; *Eifert*, in: Hoffmann-Riem/Schmidt-Aßmann/Voßkuhle, Grundlagen des Verwaltungsrechts, Bd. 1, 2. Aufl. 2012, § 19 Rn. 67 ff.；*Köndgen*, AcP 206 (2006), 477, 523.

确性来保障质量"。《公司治理准则》即与此符合[172],其他机构制定的规范,如"国际滑雪联合会"的规则或者DIN标准等,也部分性地满足这一点。但是,即使私人规范没有被转变为法,其也优于法院在没有其他任何辅助材料时所自行创设的规则,因为法院对实践知识终究还是缺乏必要的熟悉。[173] 若满足上述标准,那么**相关规则的正确性即存有推定效力**。[174] 此时,反对者若要主张规则不应得到适用,就需要为此提供理由。[175]

68　　**进阶练习——滑雪者案**:滑雪者A与B在斜坡上以45度角相撞。A不幸大腿骨折,其认为,B未能对该区域的状况予以充分注意。B则认为,A滑雪的速度比自己快很多,这才猝不及防地从后面撞上了他。A诉请损害赔偿。是否正当?[176]

2. 法安定性与信赖保护

69　　很少被讨论的是,除了推定效力,私人规范若被更改,是否也会引发相关人的**信赖保护**问题。如上所言,这时同样可以考虑动态体系中的各个要素,以在推定效力、信赖保护和实质正义之间进行衡量(第三章边码31及以下)。例如,私人规范的接受程度、公众对规范的合理信赖等。[177] 此外,判断信赖是否合理也受制于相关组织的类型与方式。同样需要判断的是,究竟应当由相关人受损害赔偿请求权之责难,还是使第三人因有限的溯及效力而无从行使损害赔偿请求权。最后,还需要注意的是权能分配法

---

〔172〕　例如,DCGK就是由联邦司法及消费者保护部(BMJV)每年在电子版的联邦公报上予以公布。不过,有争议的是,DCGK是否会影响由董事会所负责的行为标准,对此表示支持的参见 *Kort*, in: FS K. Schmidt, 2009, S. 945, 959;反对者则参见 *Goette*, in: MünchKomm-AktG, 4. Aufl. 2018, § 161 Rn. 32。

〔173〕　*Bachmann*, Private Ordnung, 2006, S. 340.

〔174〕　*Eifert*, in: Hoffmann-Riem/Schmidt-Aßmann/Voßkuhle, Grundlagen des Verwaltungsrechts, Bd. I, 2. Aufl. 2012, § 19 Rn. 63. Ebenfalls *Borges*, 持相同见解者,参见 ZGR 2003, 508, 520;类似观点也见于 *Buck-Heeb/Dieckmann*, Selbstregulierung im Privatrecht, 2010, S. 272 ff。

〔175〕　*Bachmann*, Private Ordnung, 2006, S. 341.

〔176〕　答案见下文第十五章边码6。

〔177〕　参见 *Lamb*, Kooperative Gesetzeskonkretisierung, 1995, S. 96 f.,作者讨论了私人规则是否可以等同于公认的技术规则。

的相关规则。[178]

一个例子是证券交易所的"场外交易规则"(Freiverkehrsregeln):法兰克福证交所曾试图规定所谓的"仙股"(Penny Stock,即市值跌至1欧元以下的股票)须从"新市场"(Neuer Markt)中强制退市(Delisting),法兰克福高等法院(OLG)即要求其必须为这一新标准的实施提供充分的理由,并顾及证交所相关企业的信赖利益。[179]

70

四、欧盟法上的建议及行政规则

1. 欧盟法建议及行政规则的推定效力

从《欧洲联盟运作方式条约》第288条第5款的文义来看,欧盟机构制定的建议(Empfehlungen)"没有约束力"(第二章边码64)[180]。尽管这一表述看似无可争议,但欧盟最高法院仍然认为欧盟的建议也可以产生特定的法义务。它要求各成员国在解释国内法、实施或者补充欧盟有约束力的法规范时,须对欧盟委员会提出的建议予以参酌。作为欧盟建议的相对方,成员国应当对建议进行认真的考察,并依循其行事,但若充分说明理由,亦可拒绝之。原因即在于《欧洲联盟条约》第4条第3款第2分段所规定的"一般忠实义务"(第一章边码28)[181]。这一"参详及辅助性的遵从义务"同次级法框架下的义务是一致的(第三章边码13以下)。欧盟最高法院如此说道:

71

> 即使"混合委员会"(Gemischter Ausschuss)的建议可能并没有设立个人可向成员国国内法院提起诉讼的权利,但成员国法院在对其系

72

---

[178] *Eifert*, in: Hoffmann-Riem/Schmidt-Aßmann/Voßkuhle, Grundlagen des Verwaltungsrechts, Bd. 1, 2. Aufl. 2012, § 19 Rn. 65.

[179] OLG Frankfurt, Urt. v. 23.4.2002, 5 U 278/01, NJW 2002, 1958-Penny Stock.

[180] 毋宁说,它只能被用于"软性的"、诱导式的调整,参见 *Ruffert*, in: Hoffmann-Riem/Schmidt-Aßmann/Voßkuhle, Grundlagen des Verwaltungsrechts, Bd. 1, 2. Aufl. 2012, § 17 Rn. 37.; 也有人称其为"为了柔和推进一体化"而采纳的"维持(成员国)自治权的行为方式",参见 *Fleischer*, ZGR 2012, 160, 177.

[181] *Nettesheim*, in: Grabitz/Hilf/Nettesheim, Das Recht der Europäischen Union, 71. EL August 2020, Art. 288 AEUV Rn. 206.

> 属的法争议作出裁判时，亦有义务对建议予以参酌，若建议对公约之规定的解释有所助益——正如本案前置程序中的案件事实那样——则更应当如此为之。[182]

2. 参详及遵从义务在法律层面的例证

73　　对于欧盟部门的"公告"——譬如欧洲证券监管委员会（CESR），或者后来取而代之的欧洲证券及市场管理局（ESMA）——次级法源理论就更具说服力了。此类公告就是对欧洲资本市场法的具体化。指导细则和建议虽然没有法的约束力，但"相关的机构和金融市场的参与者都会用尽一切努力，以符合指导细则和建议的要求"[183]。此时，欧洲的立法者也承担了规定次级法源的义务，例如公司治理领域的"不遵守就解释"规则（《股份公司法》第161条，第三章边码63），或者前文介绍的《欧洲联盟运作方式条约》第288条第5款规定的"建议"（第三章边码71）：对于欧洲银行业管理局（EBA）、欧盟证券及市场管理局、欧洲保险和职业养老金管理局（EIOPA）[184]等金融机构制定的建议而言，成员国的国内监管机构必须确认它遵照了这些建议。若要违反建议，则其必须向欧盟的金融监管机构提供理由。[185] 这种情况下它们也构成"次级法源"，因为相关部门应当参酌这些建议且在缺乏更好的理由时必须对其予以遵循。[186]

74　　总结而言：对次级法源而言，"网状结构"（第三章边码9及以下）

---

[182] EuGH, Urt. v. 21.1.1993, C-188/91, EU：C：1993：24, Rn. 18-Shell；vorher schon EuGH, Urt. v. 13.12.1989, C-322/88, EU：C：1989：646, Rn. 18-Grimaldi/Fonds des maladies professionnelles。

[183] 此为《关于设立 ESMA 之规定》（Nr. 1095/2010 v. 24.11.2010）第16条第3款法条原文，参见 ABl. Nr. L 331, S. 84。

[184] 各自全称即 European Banking Authority；European Securities and Markets Authority；European Insurance and Occupational Pensions Authority。

[185] 《关于设立 ESMA 之规定》（Nr. 1095/2010）第16条第3款（第三章脚注183）。

[186] Möllers, NZG 2010, 285, 286；ders., 10 E. B. O. R. 2010, 379, 390 ff.；ihm folgend BVerwG, Urt. v. 24.5.2011, 7 C 6/10, ZIP 2011, 1313 Rn. 26；Spindler/Hupka, in：Möllers, Geltung und Faktizität von Standards, 2009, S. 117, 141；Noack/Zetzsche, in：FS 200 Jahre Carl Heymanns Verlag, 2015, S. 213, 223；Frank, Die Rechtswirkungen der Leitlinien und Empfehlungen der Europäischen Wertpapier- und Marktaufsichtsbehörde, 2012, S. 121 ff., 203；Hänle, Die neue Finanzaufsicht, 2012, S. 127；Veil, in：FS 25 Jahre WpHG, 2020, S. 87, 97；**不同观点则参见** Walla, BKR 2012, 265, 267。

的思想也有一定的说服力，但仅能间接地发挥作用，而且其也只是"具有一半约束力的法"，因为人们并非必须遵守它。其中的《公司治理准则》扩充了董事会和监事会的义务规则。而欧盟层面的建议也不能被人轻易忽视。就此而言，应当在法的层级构造之上将次级法源补充进去，使其在外观上形成一个网状的结构。

第四节 外国法判例对法发现的意义

许多法学方法论的教科书都不怎么讨论法比较，这在当前欧洲一体化和全球化的背景下已经显得不合时宜。[187] 比较法所关注的是，某一法学问题在其他的法秩序中会被如何解决。此时，比起法教义学的分析而言，论证说理更具特殊意义。[188] 如果说法官法所担当的角色已然饱受争议，那么，在法发现的过程是否应当参考外国法的判决，就更是一个扑朔迷离的问题。有人认为，它们没有规范效力，故而只是纯粹的"法认知源"[189]；其他人则认为，法律适用者在作出裁判之前，必须审查外国法判例与当前裁判的关联性。[190] 事实上，人们进行法比较的法源不同，结论就会有所不同。因此，在有些情况下必须参考外国法判例，而在纯粹的国内法语境中，对这种参考即不作强制要求。[191] 本书下文在讨论案例对比法时会涉及如何进行法比较的问题（第七章边码 78 及以下）。

一、欧盟法、国际统一法及国际法中进行比较法解释的义务

在裁判过程中参考国外判例的义务毫无疑问见于如下四个领域：冲突法，以及欧盟法、国际统一法以及国际法的适用。

---

[187] 有关批评见上文第一章脚注 39。
[188] Zweigert/Kötz, Einführung in die Rechtsvergleichung, 3. Aufl. 1996, S. 33 f.
[189] 此类观点参见 Aubin, RabelsZ 34（1970），458, 477；Ranieri, Das Europäische Privatrecht des 19. und 20. Jahrhunderts, 2007, S. 167, 189；"只用来为一个已然达成的结论提供支撑罢了"，但这些观点忽略了国际法的重要性，参见下文第三章边码 94 及以下。
[190] Zweigert, RabelsZ 15（1949/1950），5, 9 ff.
[191] 已有学者指出这一区别，参见 Drobnig, RabelsZ 50（1986），610, 612, 628。

1. 国际私法

77 在**国际私法**（IPR）领域中，如果冲突法对外国的实体法予以引致，那么在这种与外国相关的冲突情形，无疑必须适用外国法。[192] 对此，联邦最高普通法院如此说道：

> 此时德国法官所要承担的义务是——特别是当外国法的规范包括了某种德国法不熟悉的法构造时——理解外国法规范的意义和目的，从外国法的视角探访其含义，并将其与德国法秩序的制度进行比较。唯有以此为基础，它们才符合德国法秩序的概念和界定所确定的、德国冲突规范之特点。[193]

78 若国际私法关涉外国法从而引发后者的适用，则其本质并非法之比较，而实乃外国法的适用问题。

2. 国际统一法（参见《联合国国际货物买卖合同公约》第 7 条）

79 在国际统一法领域，亦须关注外国法判例。严格来说，此处并非不同法秩序之间的法比较，因为不同国家适用的都是统一法。国际协议原则上应当进行**自主**（autonom）解释，正如德国联邦最高法院在解释《华沙公约》[194] 时所强调的："不可盲目采纳国内法的法概念，否则将可能损及法统一化的目的。"[195]

80 不过，《**联合国国际货物买卖合同公约**》第 7 条第 1 款要求在解释公约时必须力保公约的统一适用。为此，也必须对外国法的判决予以参照。[196] 为了确保统一适用，法律适用者也就必须参考其他国家的判例。针对《海牙未成年人

---

[192] 参见《民法施行法》第 3、4 条。

[193] BGH, Urt. v. 19. 12. 1958, IV ZR 87/58, BGHZ 29, 137, 139-Handschuhe; in ähnlicher Formulierung BGH, Urt. v. 22. 3. 1967, IV ZR 148/65, BGHZ 47, 324, 332.

[194] 全称为《关于统一国际航空运输某些规则的华沙公约》（1929 年 10 月 12 日），RGBl. 1933 II, S. 1039 相关版本见于 Protokoll v. 28. 9. 1955, BGBl. 1958 II, S. 291。

[195] BGH, Urt. v. 19. 3. 1976, I ZR 75/74, NJW 1976, 1583, 1584-Art. 12 Abs. 3 Warschauer Übereinkommen; BGH, Urt. v. 2. 5. 1990, I ZR 114/76, NJW 1979, 493, 494-zu Art. 18 Warschauer Übereinkommen.

[196] Schlechtriem/Schwenzer/Schroeter/*Ferrari*, Kommentar zum Einheitlichen UN-Kaufrecht, 7. Aufl. 2019, Art. 7 CISG Rn. 17 ff.

监护公约》(德语简称：MSA)[197] 第3条，联邦最高普通法院曾如此说道：

> 在解释国际协议时，其他缔约国家对条约的理解具有重要的意义。参照其他缔约国的法实践、促进条约内容的统一解释，即是第一要义（Art. 36 EGBGB ［a. F.］ sowie Palandt/Heldrich, aaO, Einleitung vor Art. 3 EGBGB Anm. 2bbb）。[198]

81

3.《欧洲人权公约》中的基本权利

在解释德国法中的基本权利时，必须注意《欧洲人权公约》规定的基本权利。因此，欧洲人权法院的判例也构成"确定基本法所规定的基本权利之内容与范围的解释辅助材料"（第十二章边码132及以下）。

82

4. 国内法官兼为欧盟法官

在解释可溯源至欧盟法的法概念时，国内法的法官亦充当**欧盟法的法官**，从而必须对这些概念进行"独立"解释。若应适用欧盟法，则其优先于国内法（关于"适用优先性"，参见第二章边码39及以下、第十二章边码3及以下）。因此，若有欧盟最高法院的判例宣称某国内法无效，则其必须得到遵循（第三章边码51）。有疑问的是该如何对待欧盟的指令。指令须转化为国内法。转化为国内法的法律文本，在有疑问时，应当以符合指令的方式予以解释。虽然各国的最高法院在涉及欧盟法的解释问题时必须将其在"前置判决程序"中呈递给欧盟最高法院（第十二章边码115及以下），但下级法院并无此义务。若后者不想呈递，则其也必须**在指令本身的语境中对其进行自主解释**(第二章边码70及以下）。

83

若国内法的规范以欧盟指令为基础，那么法官在适用的过程中就需要顾及其他法秩序中同样以该指令为基础的法规范。[199] 这种"横向法比较"

84

---

[197] 全称为《关于未成年人监护的管辖权与法律适用的公约》（1961年10月5日），BGBl. 1971 II, S. 219。

[198] BGH, Beschl. v. 2.5.1990, XII ZB 63/89, BGHZ 111, 199, 209-Amtspflegschaft für nichteheliche Ausländerkinder.

[199] 此观点已见于 *Lutter*, JZ 1992, 593, 604；*Möllers*, Die Rolle des Rechts im Rahmen der europäischen Integration, 1999, S. 74 ff.；*Kötz*, in：FG 50 Jahre BGH, Bd. 2, 2000, S. 825, 831；*Rösler*, Europäische Gerichtsbarkeit auf dem Gebiet des Zivilrechts, 2012, S. 437 ff.；*Gsell*, AcP 214 (2014), 99, 141 ff.；关于这一技术，详见下文第七章边码79及以下。

的义务虽被理论肯定,在实践中却难觅其踪。[200] 如果欧盟层面没有对此予以规定,那么这种法比较的工作就不是强制性的,对其提出要求也仅仅是我们希望如此而已。[201] 对于"如何"进行法比较则将在下文第七章边码78及以下阐述。冯·巴尔(Bar)对此有过非常形象的表述。

85 　　若能这样做则不失为一种进步:欧盟各国家的高等法院被赋予某种类似说服性权威的地位,从而使它们意识到,它们有义务去审查,"它们的"案件是否曾经在欧盟的其他地方交付过裁判,就该案而言是否存在某种"欧洲范围内的法学通说",若本案中基于国内法的当前情势而未遵循通说,则它们有义务为此提供说理论证。如果我们的裁判理由能够经受一种欧盟精神的洗礼,从而越发展现出其活力,我们法律人就越有机会为法学再次掳获国内的知识精英,诚如所有名副其实的"科学"那样,法学也应当向全世界开放。[202]

二、任意法比较的案例类型

86 　　(1)在瑞士、奥地利,以及英国、荷兰、葡萄牙和希腊,法比较在事实上都是非常通行的做法。[203] 奥地利[204]和瑞士[205]之所以会如此,是因

---

[200] 有关批评,可参见 Gsell, AcP 214 (2014), 99, 142;持肯定意见的评论,则可参见: Kamanabrou, Richtlinienkonforme Auslegung im Rechtsvergleich, 2021; Wietfeld, JZ 2020, 485, 492 ff。

[201] Odersky, ZEuP 1994, 1, 2 ff.; von Bar, ZfRV 35 (1994), 221, 230 f.; Möllers, Die Rolle des Rechts im Rahmen der europäischen Integration, 1999, S. 74 ff.; Legeais, R. I. D. C. 1994, 347, 354 ff.; Kramer, in: Assmann/Brüggemeier/Sethe, Unterschiedliche Rechtskulturen, 2001, S. 31, 40 ff.; Vogenauer, ZEuP 2005, 234, 248 ff.; 不同观点,参见 Flessner, JZ 2002, 14, 17 f。

[202] von Bar, ZfRV 35 (1994), 221, 231; 同样的观点,参见 Schwartze, in: Riesenhuber, Europäische Methodenlehre, 4. Aufl. 2021, § 4 Rn. 34。

[203] von Bar, ZfRV 35 (1994), 221, 230; Gelter/Siems, 21 Sup. Ct. Econ. Rev. 1 ff. (2013) 则列举了1430处奥地利、比利时、英国、法国、德国、爱尔兰、意大利、荷兰、西班牙和瑞士等国最高法院对外国判例的引用。

[204] Posch, ZEuP 1998, 521, 522 f.; s. auch Bydlinski, Juristische Methodenlehre und Rechtsbegriff, 2. Aufl. 1991, S. 461。

[205] BGer, Urt. v. 7. 6. 1988, BGE 114 II 131-Picasso; Meier–Hayoz, in: BK-ZGB, 1966, Art. 1 Rn. 356 ff.; Kramer, Juristische Methodenlehre, 6. Aufl. 2019, S. 297 ff.

为当地的法院在本土缺乏相关法律问题的判例时往往也会参考德国的判例。而出于历史原因，英国和英联邦国家及美国均隶属于英美法系。基于共同的语言和共同的法制度，这些国家之间的法比较更易于实施。英国的法院在援引加拿大、澳大利亚和新西兰的判例时，就如同援引自己的判例一般信手拈来，反之也是如此。[206]

例如：在英国，就曾经有判例讨论当时对他们而言仍属陌生的德国法上的"附保护第三人作用的合同"这一制度。[207] 荷兰最高法院亦曾借鉴美国法上的"市场份额责任"[208]。当年澳大利亚首次引入"增值税"（GST）时，法官在描述这一税种时也援引了欧盟最高法院的判决。[209]   87

与此相反，德国的联邦法院很少会援引国外的判决。[210] 原因或许在于，德国法系相对狭窄，或者因为法院和律师对外国法的知识掌握得不够充分。如果在具体程序中外国法对案件有决定性作用，法院则可依据《民事诉讼法》第293条的规定提请专家鉴定。[211] 不过，除了国际私法领域，这一做法很少得到应用。   88

（2）如果案件事实清晰明朗，法官只需借助其他方法论手段就能得到   89

---

[206] "有一种大致等同于……的权威"，参见 *David/Brierley*, Major Legal Systems in the World Today, 1985, S. 8; *Örücü*, in: Drobnig/van Erp, The Use of Comparative Law by Courts, 1999, S. 253, 257; *de Cruz*, Comparative Law in a Changing World, 3rd ed. 2007, S. 258。

[207] *White v. Jones*（H. L.（E.））［1995］2 A. C. 207 at 236 f. per Steyn L. J. mit rechtsvergleichenden Anm. *W. Lorenz*, JZ 1995, 317 ff.; *Zimmermann*, ZEuP 1995, 731, 733. Weitere Entscheidungen finden sich bei *von Bar*, ZfRV 35 (1994), 221, 231.

[208] Hoge Raad, Urt. v. 9. 10. 1992, NL: HR: 1992: ZC0706, Ars Aequi 42 (1993), 123, 124-DES-dochters; hierzu *Koopmans*, 45 Int'l & Comp. L. Q. 545, 551 f. (1996); 一般性的论述，参见 *van Erp*, in: Drobnig/van Erp, The Use of Comparative Law by Courts, 1997, S. 235, 239 ff.

[209] *HP Mercantile Pty. Ltd. v. Commissioner of Taxation* (2005) 143 F. C. R. 553, 557 f.; s. generell *Chen*, in: Drobnig/van Erp (ebd.), S. 25, 32.

[210] 对此的实证研究，可参见 *Drobnig*, in: Drobnig/van Erp (ebd.), S. 127, 129 ff.; 克茨则曾指出，大概只有十几个判例是基于任意性的法比较而作出的，参见 *Kötz*, in: FG 50 Jahre BGH, 2000, S. 825, 832; 关于这一问题的概述，参见 *Bobek*, Comparative Reasoning in European Supreme Courts, 2013。

[211] 这也属于法官知法原则（iura novit curia）的例外，《民事诉讼法》第293条。也参见第七章边码81。

明确的结论，再进行法比较就会显得过于浪费时间与成本。与之相反：对于单从法律的语义无法获得帮助的疑难案件，法比较就显得非常有意义。[212] 如今，将外国法判决纳入考虑的德国法判例可分为如下三种案例类型[213]。

90   首先，最显著的情形莫过于——德国并未对类似的案例进行过裁判，也就是说**国内法缺乏先例**[214]，而恰恰相反，外国的法院对类似的案例作出了裁判，此时就应在裁判当中考虑国外的判决。[215] 着手研究已然存在的论证，相比于费尽心思自行论证而言，在程序上要更为经济。由于美国法总是存在丰富的判例，所以人们总乐意从该国法系入手。通常而言，法学文献中大量比较法的前期研究，可以为法院提供支持。例如，德国法院就曾借鉴过国外法关于"错误生命"（Wrongful Life）的判例，以考虑若医生在母亲怀孕期间对其实施了放射性检查，儿童是否可以享有损害赔偿请求权这一问题。[216]

91   其次，在"**判例变更**"的情形，比较法层面的论证也很有意义：如果法官意欲偏离既往的判例，则其必须为此提供格外优良的论据，因为当事人会对既往的判例存有信赖（第三章边码31及以下）。在民事领域，德国联邦最高法院曾承认原告在人格权损害的情形下享有痛苦抚慰金的请求权，尽管《民法典》旧法第847条并没有对此予以规定（第十一章边码72及以下）。[217] 在刑事领域，未依《刑事诉讼法》第136条第1款第2句

---

[212] *Gamper*, in: *Gamper/Verschraegen*, Rechtsvergleichung als juristische Auslegungsmethode, 2013, S. 163, 180.

[213] 参见 *Drobnig*, RabelsZ 50 (1986), 610, 629, 作者即列举了三种案例类型（未把欧盟法作为第四种类型）。

[214] **不同观点**，参见 *Aubin*, RabelsZ 34 (1970), 458, 467 Fn. 45.

[215] *Kodek*, in: Gamper/Verschraegen, Rechtsvergleichung als juristische Auslegungsmethode, 2013, S. 31, 45 f.

[216] BGH, Urt. v. 18. 1. 1983, VI ZR 114/81, BGHZ 86, 240, 250 f. -Wrongful Life；也参见第七章边码69。

[217] BVerfG, Beschl. 14. 2. 1973, 1 BvR 112/65, BVerfGE 34, 269, 289, 291-Soraya；*Drobnig*, RabelsZ 50 (1986), 610, 627；而早先的判决已经有 BGH, Urt. v. 19. 9. 1961, VI ZR 259/60, BGHZ 35, 363, 369-Ginseng；BGH, Urt. v. 5. 3. 1963, VI ZR 55/62, BGHZ 39, 124, 132-Fernsehansagerin。

的规定履行向被告人的告知义务,亦不会毫无例外地导致"证据利用禁止"(Beweisverwertungsverbot)[218]。上述这些做法也得到了国外经验的印证。

实践中,美国法院不会采纳国外的判例。但若涉及法的续造从而需要向过去的观点揭竿而起时,比较法的思考就完全会派上用场。比如,美国联邦最高法院曾打算推翻之前的判例,而禁止再对精神病患[219]及青少年罪犯[220]适用死刑,为此就援引了其他西方国家的判例。 92

最后,联邦宪法法院在**对基本权利进行具体化**时,也经常会做比较法的工作。这一点并不令人惊讶,毕竟《基本法》第1条就与《世界人权宣言》序章中的价值秩序相关(第一章边码114)。基于其本质之原因,宪法会饱含大量需要具体化的不确定性概念,因此,宪法案件的判决总是"免不了"要向比较法求助。《基本法》自身包含的法规范相对较少,因此,宪法文本对司法裁判几乎不构成什么限制(第十章边码4及以下)。尊重其他国家的宪法例恰恰是民主基本原则的应有之义,更何况德国(当时)还深受各个占领国的影响。[221]如果进行裁判时需要寻访普遍性的宪法原则,或者国内法缺乏足够的经验,那么放眼寰宇就是大有裨益的。[222]在考量基本权利[223]和"程序基本权利"(Verfahrensgrundr- 93

---

[218] BGH, Urt. v. 27. 2. 1992, 5 StR 190/91, BGHSt 38, 214, 228 ff. -Unterbliebene Belehrung unter Aufgabe von BGH, Beschl. v. 7. 6. 1983, 5 StR 409/81, BGHSt 31, 395, 401-Unterbliebene Belehrung.

[219] *Atkins v. Virginia*, 536 U. S. 304, 316 Fn. 21(2002)–Todesstrafe für geistig Behinderte; s. *Gelinsky*, FAZ v. 13. 3. 2006, S. 10.

[220] *Roper v. Simmons*, 543 U. S. 551, 561, 575 ff.(2005)– Todesstrafe für jugendliche straftäter.

[221] *Mössner*, AöR 99(1974), 193, 215.

[222] *Mössner*, AöR 99(1974), 193, 223.

[223] 关于人格尊严,参见 BVerfG, Urt. v. 13. 6. 1952, 1 BvR 137/52, BVerfGE 1, 332, 347(与奥地利法比较); BVerfG, Beschl. v. 26. 1. 1982, 2 BvR 856/81, BVerfGE 59, 280, 283 ff.(与法国、荷兰、瑞士和英国法的判例及奥地利的法律进行比较);关于人格权,则参见第十一章边码71以下;关于新闻自由,参见 BVerfG, Teilurt. v. 5. 8. 1966, 1 BvR 586/62, 610/63 und 512/64, BVerfGE 20, 162, 220 f. -Spiegel(与瑞士法比较)。

echte）[224]时，联邦宪法法院就比较乐于诉诸比较法的思考。借助比较法论证的几个重要判例，包括有关终止妊娠[225]的案例，以及关于德国法体系中欧盟法界限的判决[226]等。"被遗忘权Ⅱ号"案的判决中，为论证其对于欧盟基本权利的专门审查权，联邦宪法法院第一审判庭即明显借助了比较法：

93a 若欧盟法的适用优先性使《基本法》上的基本权利被取代，联邦宪法法院即应当依据欧盟基本权利的标准就德国各部门对基本权利的适用进行监督（对于以宪章为依据而进行的宪法法院的审查，可参见奥地利宪法法院的判决：Erkenntnis v. 14. 3. 2012, U 466/11 u. a., AT：VFGH：2012：U466. 2011, sub. 5. 5；也参见比利时宪法法院的判决：Entscheid v. 15. 3. 2018, Nr. 29/2018, B. 9., B. 10. 5., B. 15. ff.; Conseil Constitutionnel, Urt. v. 26. 7. 2018, Nr. 2018 – 768 DC, Rn. 10, 12, 38; Corte costituzionale, Entscheidung v. 23. 1. 2019, Nr. 20/2019, IT：COST：2019：20, Rn. 2. 1, 2. 3）。[227]

三、外国法判例的法属性：介于说服性权威和纯粹的法认知源之间

94　（1）部分观点认为，外国法判例构成一种"说服性权威"[228]。这里应当区分不同情况：在任意性的法比较之情形，人们可以，但不是必须考虑外国法判例。因此，当事人有义务提供比较法上的论证，也就是说有义

---

[224] 关于"一事不再理"（ne bis in idem）参见 BVerfG, Urt. v. 31. 3. 1987, 2 BvM 2/86, BVerfGE 75, 1, 21 ff.（与美国、印度、日本、哥斯达黎加、加拿大、葡萄牙等国的宪法进行比较）。

[225] BVerfG, Urt. v. 28. 5. 1993, 2 BvF 4/92, BVerfGE 88, 203, 295-Schwangerschaftsabbruch II（与法国法的实践经验进行比较）。

[226] BVerfG, Beschl. v. 8. 4. 1987, 2 BvR 687/85, BVerfGE 75, 223, 239 f.; 就此参见 Drobnig, in: Drobnig/van Erp, The Use of Comparative Law by Courts, 1999, S. 127, 133。

[227] BVerfG, Beschl. v. 6. 12. 2019, 1 BvR 276/17, BVerfGE 152, 216 Rn. 50-Recht auf Vergessen II. 就此可参见 Wendel, JZ 2020, 157, 163 f.。

[228] Gamper, in: Gamper/Verschraegen, Rechtsvergleichung als juristische Auslegungsmethode, 2013, S. 163, 179, 不过作者是从精神心理学上的说服功能来定义"说服性权威"的。有关说服性权威，参见上文第三章边码45。

务解释为什么外国的判例可以在国内法的案例中予以参照（第三章边码89）。外国法院的判决原则上不构成对国内法院的约束，因为每个法院仅在其管辖范围内享有对法进行言说的权限。外国法判例没有约束力，从而只构成纯粹的法认知源。[229] 法比较只能被视为四种经典论证模型之外的另一种论证模型；但它一定程度上比较"接近"目的解释。[230] 就此而言，比较法的方法乃是补充与加强性的。[231] 有关这一点，可参详第七章边码78 及以下的内容。

（2）如果法官不得不考虑外国法，也即进行义务性的法比较时，情况就大不相同。德国法的通说认为，国际统一法领域中的外国法判例拥有等同于德国最高法院判例的地位。据此，法官并非必须遵循外国法判例。但是，只有存在有说服力的理由证明外国法的先例存有错谬时，法官才能利用这种有违外国法判例的自由。[232] 这种附属性的遵从义务（第三章边码 15），即源于国外学术界所称的"说服性权威"（第三章边码45）[233]。

四、法比较对欧盟最高法院及欧洲人权法院的意义

1. 欧盟最高法院法比较的义务

每个欧盟成员国都会向欧盟最高法院指派一名法官，因此，欧盟最高法院目前由 27 名法官组成。每个法官都各自带有完全不同的法文化和法传统背景。可以想见的是，欧盟最高法院在作出裁判前通常都会进行比较

---

[229] *Großfeld*, AcP 184 (1984), 289, 295: "它没有规范力；它不能为裁判提供可资直接利用的知识"，参见 *Canaris*, in: Basedow, Europäische Vertragsrechtsvereinheitlichung und deutsches Recht, 2000, S. 5, 8。

[230] *Häberle*, in: ders., Rechtsvergleichung im Kraftfeld des Verfassungsstaates, 1992, S. 36, 38 f.

[231] *Bydlinski*, Juristische Methodenlehre und Rechtsbegriff, 2. Aufl. 1991, S. 461.

[232] *Kropholler*, Internationales Einheitsrecht, 1975, S. 281 f.; 也参见 *G. Schmid*, Einheitliche Anwendung von internationalem Einheitsrecht, 2004, S. 77 ff.。

[233] 关于这里的观点交锋，详见 Schlechtriem/Schwenzer/Schroeter/*Ferrari*, Kommentar zum Einheitlichen UN-Kaufrecht, 7. Aufl. 2019, Art. 7 CISG Rn. 24。

法的研究；为此，它会先求助于自身设立的研究部门。[234] 如若基础法或者次级法明确**引致**了某一或者某几个成员国的国内法，那么欧盟最高法院就有进行法比较的义务。例如，《欧洲联盟运作方式条约》第 340 条第 2 款就规定，契约之外的责任"应当依据各个成员国的法秩序所共通的普遍性法原则而确定"。由于基础法当中缺乏明确的法基础，欧盟最高法院即以比较法为基础创设了一些欧盟层面的基本权利。《罗马条约》中对基本权利只是零星地提及，因此，在这一问题上主要采用了比较法的论证——它所借鉴的乃是"各个成员国的宪法规范与宪法实践"[235] 以及"各个成员国共同的宪法流变"[236]，也就是说，作为欧盟法文化共同根基的欧盟通行之"法传统"乃是它（创设基本权利）的基础（今《欧洲联盟条约》第 6 条第 3 款）。[237]

2. 欧盟最高法院进行的任意性的法比较

原则上而言，欧盟最高法院对欧盟法进行的是"**自主性**"的解释，换言之，解释不受各成员国固有理解的影响（第二章边码 70 及以下）。[238] 因此，在其判决中鲜见比较法方面的表述[239]，但是在佐审官出具的"最

---

[234] *Iglesias*, NJW 1999, 1, 8 ff.; *Colneric*, ZEuP 2005, 225, 229；关于欧盟的"科研服务及记录处"，参见 https://curia.europa.eu/jcms/jcms/Jo2_11968/direction-de-la-recherche-et-documentation。

[235] EuGH, Urt. v. 13. 12. 1979, C-44/79, EU：C：1979：290, Rn. 20-Hauer.

[236] EuGH, Urt. v. 14. 5. 1974, C-4/73, EU：C：1974：51, Rn. 13-Nold；之前的判决，已见于 EuGH, Urt. v. 17. 12. 1970, C-11/70, EU：C：1970：114, Rn. 4-Internationale Handelsgesellschaft; auf die rechtsvergleichende Gesamtschau abstellend EuGH, Urt. v. 12. 11. 1969, C-29/69, EU：C：1969：57, Rn. 3-Stauder; *Rengeling*, Grundrechtsschutz in der Europäischen Gemeinschaft, 1993, S. 223 ff.; *Grundmann*, in：FS Fikentscher 1998, S. 671, 673 ff.

[237] 次级法有时也会引致成员国法，例如《有关欧盟股份公司章程的规定》（Nr. 2157/2001 v. 8. 10. 2001）的许多规则，参见 ABl. Nr. L 294, 1。欧洲公司（SE）本身是由股份组成股本的公司，故而多被称为"欧盟股份公司"。

[238] EuGH, Urt. v. 18. 10. 2011, C-34/10, EU：C：2011：669, Rn. 27 ff. -Brüstle；关于国家责任请求权，可参见第十二章边码 123 及以下。

[239] 可参见 EuGH, Urt. v. 10. 7. 1957, 7/56 u. a., EU：C：1957：7, S. 91, 118 ff. -Algera; EuGH, Urt. v. 18. 5. 1982, C-155/79, EU：C：1982：157, Rn. 18 ff. -AM & S Europe; s. auch *Kakouris*, in: Drobnig/van Erp, The Use of Comparative Law by Courts, 1999, S. 97, 99 ff.; *Bredimas*, Methods of Interpretation and Community Law, 1978, S. 125 ff。

终提议"中，比较法的表述就更为常见（第七章边码 89 及以下）。[240] 和法比较的工作相比，在欧盟的官方语境下解释某个欧盟法文本，则是完全不同的任务（第四章边码 85 及以下）。就后者而言，其所关涉的乃是同一个具体规则，故而不属于法比较的范畴。[241]

3. 欧洲人权法院进行的法比较

欧洲人权法院对《欧洲人权公约》进行独立的解释，也即仅立足于条约本身[242]；这也符合欧盟最高法院的观点（第二章边码 70 及以下）。但它也会进行比较法层面的衡量[243]，因而在《欧洲人权公约》的相关规范之外也会考虑被诉国家或者其他国家的规范。欧洲人权法院如是说： 98

> 尽管欧洲人权法院认为"民事权利与义务"是需要作自主解释的概念，但这绝不意味着，在这一背景下相关国家的法律毫不重要。某一权利是否可以被视作公约语义范畴下的"民事权利"，取决于权利在相关国家本土法律中的实质内容和影响，而不是取决于它在法律上的分类。在履行其监督职能时，欧洲人权法院也必须同时考虑公约和其他缔约国家本土法律体系的目的与宗旨（see, mutatis mutandis, the above-mentioned Engel and others judgment, p. 35, para. 82）。[244]

99

第五节　法学学说

在数百年前，学者的观点曾拥有规范性的约束效力：譬如罗马法学者帕比尼安（Papinian）、保罗（Paulus）、盖尤斯（Gaius）、乌尔比安 100

---

[240] SchlA v. 12. 6. 1956, GA *Maurice Lagrange*, 8/55, EU：C：1956：8, 234, 267 ff.; SchlA v. 10. 3. 2011, GA *Yves Bot*, C-34/10, EU：C：2011：138, Rn. 65 ff. -Brüstle.

[241] *Schwartze*, in: Riesenhuber, Europäische Methodenlehre, 4. Aufl. 2021, § 4 Rn. 25.

[242] *Grabenwarter/Pabel*, EMRK, 7. Aufl. 2021, § 5 Rn. 9 f.

[243] *Grabenwarter*, in: Gamper/Verschraegen, Rechtsvergleichung als juristische Auslegungsmethode, 2013, S. 95 ff.; *Grabenwarter/Pabel*, EMRK, 7. Aufl. 2021, § 5 Rn. 11.

[244] 欧洲人权法院, Urt. v. 28. 6. 1978, 6232/73, CE：ECHR：1978：0628JUD000623273, Rn. 89-Duration of Proceedings；更多适用示例参见下文第十四章边码 28 及以下。

（Ulpian）等[245]，包括后来的注释法学派和后注释法学派时期[246]，直至19世纪[247]都是如此。而如今的共识则认为，法学学说并不构成法源——即使次级法源也称不上，毋宁说其（仅仅）是一种法认知源。[248] 德国法官经常在判决中引用法学学者的观点（第一章边码 55）。除此之外，如今只有在国际法领域会强调"最权威国际法学者的观点"作为法认知源的重要性。[249]

第六节　第三章小结

101　（1）"硬法"与"软法"的区分已显得不合时宜。不如认为"法"包括了基础性法源、次级法源以及没有约束效力的法认知源。作为基础性法源的法律对每个人构成约束。若没有文件对规范的正确性确立一种推定效力，且未能设定相应的参详及遵从义务，则其可以称得上是一种"软法"或者说没有约束力的法认知源。

（2）原则上说，法官法所约束的不是每个人，而只是当事人自己。但是，作为所谓的"次级法源"，法官法会引起一种参详义务以及附属性的遵从义务，换言之，法官若不能就其他解决路径提供更优的论据，则其必须对判例予以遵循。与法官法不同而对每个人产生效力的"习惯法"之说应当被摒弃。

（3）行政规则与私人规范若被赋予普遍性的约束力（如《劳资协议

---

[245] 关于狄奥多西二世及瓦伦丁尼安三世时期的"引证法"（Zitiergesetz），参见 *Schulz*, Prinzipien des Römischen Rechts, 1954, S. 167。

[246] 关于所谓"博士们的共同意见"（拉丁语：communis opinio doctorum），参见 *Schröder*, in: Baur, Das Eigentum, 1989, S. 143, 149 ff.; *Raisch*, Juristische Methoden, 1995, S. 22。

[247] 例如学者温德沙伊德（Windscheid）的地位，参见 *Bucher*, ZBJV 102 (1966), 274, 284。

[248] *Vogel*, Juristische Methodik, 1998, S. 106. Unklar *Kramer*, Juristische Methodenlehre, 6. Aufl. 2019, S. 285, 作者称说服性权威实为一种"灵感源泉"。

[249] 关于《国际法院规约》（1945 年 6 月 26 日，BGBl. 1973 II, S. 505, 521）第 38 条第 1 款 d) 项，参见 *Verdross/Simma*, Universelles Völkerrecht, 3. Aufl. 1984, S. 10, 395 ff。

法》第4条），或者如同《股份公司法》第161条涉及的《公司治理准则》之"不遵守就解释"规则一般拥有一定程度的约束力，则其也构成一种次级法源。

（4）外国法判例很少会像国际法领域那样被当作法源而予以考虑。其中的例子主要是《联合国国际货物买卖合同公约》以及《欧洲人权公约》。除此之外，则主要是作为法认知源而构成比较法论证的基础。

（5）*法学学说仅充当纯粹的法认知源。*

本章参考文献：

Augsberg, *Stefan*, Rechtsetzung zwischen Staat und Gesellschaft, 2003; *Bachmann*, *Gregor*, Private Ordnung, 2006; *Boehme-Neßler*, *Volker*, Unscharfes Recht, 2008; *Buck-Heeb*, *Petra/Dieckmann*, *Andreas*, Selbstregulierung im Privatrecht, 2010; *Bydlinski*, *Franz*, Richterrecht über Richterrecht, in: FG 50 Jahre BGH, 2000, S. 3-56; *Calliess*, *Gralf-Peter* (*Hrsg.*), Transnationales Recht, 2014; *Calliess*, *Gralf-Peter/Zumbansen*, *Peer*, Rough Consensus and Running Code: A Theory of Transnational Private Law, 2012; *Drobnig*, *Ulrich/van Erp*, *Sjef* (*eds.*), The Use of Comparative Law by Courts, 1997; *Eifert*, *Martin*, Regulierungsstrategien, in: Hoffmann-Riem, Wolfgang/Schmidt-Aßmann, Eberhard/Voßkuhle, Andreas, Grundlagen des Verwaltungsrechts, Bd. 1, 2. Aufl. 2012, § 19; *Kirchhof*, *Ferdinand*, Private Rechtsetzung, 1987; *Leyens*, *Patrick C.*, Selbstbindungen an untergesetzliche Verhaltensregeln, AcP 215 (2015), 611-654; *Köndgen*, *Johannes*, Privatisierung des Rechts, AcP 206 (2006), 477-525; *Meder*, *Stefan*, Ius non scriptum, 2. Aufl. 2009; *Möllers*, *Thomas M. J.*, Sekundäre Rechtsquellen, in: FS Buchner, 2009, S. 649-665; *ders.* (*Hrsg.*), Geltung und Faktizität von Standards, 2009; *ders./Fekonja*, *Benjamin*, Private Rechtsetzung im Schatten des Gesetzes, ZGR 2012, 777-816; *Ruffert*, *Matthias*, Rechtsquellen und Rechtsschichten des Verwaltungsrechts, in: Hoffmann-Riem, Wolfgang/Schmidt-Aßmann, Eberhard/Voßkuhle, Andreas, Grundlagen des Verwaltungsrechts, Bd. 1, 2. Aufl. 2012, § 17.

第二部分

解 释

图 4-1 如何定义"死期将至"

法官：您如何准确地定义"死期将至"？
死神：呵呵，法律人……
来源：Feicke，你们就不能干点什么好事吗？2012, S. 7.

第四章　经典的解释方法：文义、体系与历史

作为法律人，你是否乐于掌握决断权？当死亡以拟人化的死神示人时，人们难免会试图抗争，希望能够通过强有力的论证而摆脱那看似无路可走的境地。上面的漫画不仅反映了进行解释以及寻找论据的魅力，甚至也表明了这样做的必要性。萨维尼的解释学说已经有150多年的历史，不仅得到了诸多法秩序的肯定，也为欧盟最高法院所采纳。下文会简要介绍这一解释学说和它的意义，由此对文法解释（第二节）、体系解释（第三节）和历史解释（第四节）等具体的解释类型加以进一步的探讨；其间会列举各种不同的例子，毕竟弗卢梅（Flume）也说过"只学习原理并不

能掌握解释的'技艺',它只能凭借练习而获得"[1]。第五、六章则会继续介绍目的解释和结果取向的解释,之后也会介绍将宪法(第十一章)及欧盟法(第十二章)作为解释论据的情形。

第一节 解释与涵摄

一、演绎式的三段论与涵摄

1. 作为逻辑推理的涵摄

2 　　法规范通常是一个包含着构成要件、连结词及法效果的命令式(第二章边码7及以下)。**三段论**(Syllogismus)[2]早就为亚里士多德[3]所采用。他将法律适用于具体案例,所谓演绎的推理(deduktiver Schluss)即是从一般性的概念导向更为狭窄的概念,从"上"至"下"乃是一个逻辑上必然的程序,也即从大前提到小前提。

3 　　更为人所知的则是"涵摄"这一概念:与"三段论"相呼应,**涵摄**(Subsumtion)[4]意指将特殊归于一般,所回答的问题是,事实是否符合规范的构成要件。[5]从法逻辑的角度来说,涵摄乃是一个"推理的程序"。它的两个组成部分即大前提与小前提。法律的构成要件是大前提(Obersatz),而事实中关键信息则构成小前提(Untersatz)(见图4-2)。

---

[1] *Flume*, Allgemeiner Teil des Bürgerlichen Rechts, Bd. II, 4. Aufl. 1992, S. 317;这之前萨维尼也表达过这一观点,参见 *Savigny*, System des heutigen römischen Rechts, Bd. 1, 1840, § 32 S. 211。

[2] 源自希腊语:συλλογισμός, syllogismós, 意为"合计"。

[3] *Aristoteles*, Analytica Priora, 2. Buch Kap. 24; *ders.*, Topik, 1. Buch Kap. 1 Rn. 100a 18; hierzu *Gröschner*, in: Gabriel/Gröschner, Subsumtion, 2012, S. 421, 422 ff. Ebenso für das anglo-ameikanische Recht *Vandevelde*, Thinking Like a lawyer, 2nd ed. 2011, S. 93.

[4] *Larenz*, Methodenlehre der Rechtswissenschaft, 6. Aufl. 1991, S. 271.

[5] 康德就曾说过:"若将制定规则的能力称为理解力,则判断力即是涵摄于规则的能力,也即是说需要识别出某事是否可归属于给定的规则(casus datae legis)之下"。参见 *Kant*, Kritik der reinen Vernunft, 2. Aufl. 1787, S. 171。

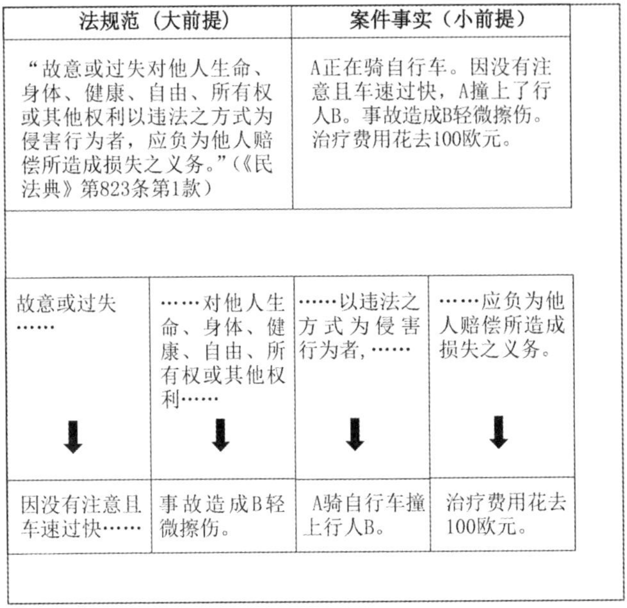

法规范（大前提）	案件事实（小前提）
"故意或过失对他人生命、身体、健康、自由、所有权或其他权利以违法之方式为侵害行为者，应负为他人赔偿所造成损失之义务。"（《民法典》第823条第1款）	A正在骑自行车。因没有注意且车速过快，A撞上了行人B。事故造成B轻微擦伤。治疗费用花去100欧元。

故意或过失……	……对他人生命、身体、健康、自由、所有权或其他权利……	……以违法之方式为侵害行为者，……	……应负为他人赔偿所造成损失之义务。
↓	↓	↓	↓
因没有注意且车速过快……	事故造成B轻微擦伤。	A骑自行车撞上行人B。	治疗费用花去100欧元。

图 4-2 涵摄技术

在涵摄的过程中，需要审查的是，所指称的案件事实是否满足某一规范所有的构成要件要素。可以说，事实被置于规范或者具体的规范构成之下。[6] 由此即形成了导出结论（conclusio）的逻辑基础。若大小前提完全契合，则规范即是相关的规范，其所规定的法效果便得以产生：一个著名的例子是——"所有的人都会死"构成大前提，"苏格拉底是人"构成小前提，由此得出结论"苏格拉底会死"[7]。但凡事实与规范仅在一个具体的节点上相互偏离，法效果即不能发生。若具体的构成要件要素不甚明朗，便需要进行解释。此时，对事实加以精确化也将有所助益。

这一程序从逻辑上必然带来这样一个事实：任何见解都必须有足够充分的理由。[8] 因此，推导的过程乃是必要的；没有推导的中间步骤，结

---

[6] "涵摄"之拉丁语 subsumere 即意为"置于"（sumere）"下方"（sub）。
[7] *Lege*, in: Gabriel/Gröschner, Subsumtion, 2012, S. 259, 260.
[8] *Schnapp*, Logik für Juristen, 7. Aufl. 2016, S. 101 f.

第四章 经典的解释方法：文义、体系与历史　**179**

论就无说服力可言。因此，法的发现务须呈现出有理有据的解决路径。法律适用者也就必须将法律和事实串联起来。涵摄即可谓一个旨在发现或者说创造事实与规范之间关联的思维过程。[9] 这样的工作方式也可以说是出色完成法学闭卷考试的基础。就具体的案件事实而言，法科生应当能够联想到可能与之契合的法规范（请求权基础、犯罪构成要件、法律上的救济方法等），之后再将所指称的具体事实归于相应的构成要件要素或者各个审查的要点之下（也即涵摄），接着再根据法律所规定的结构（检索模式，Prüfschema）在考试中阐述所得到的结论。[10]

2. 砌造技术

通常而言，仅仅基于单一的法律规范，并不足以得出大前提。法律的抽象性，也体现于若不求助于其他的法律规则，某一法律规则时常不够完整或者说难以使人明晰其含义。因此，法规范由一系列的概念所组成；唯有结合许多不特定的法规则，才能形成一个完整的法规范。[11] 这种表现为"砌造技术"（Bausteintechnik）的结合，在民法中常常会形成某种"引致链条"（Verweisungsketten，第四章边码 105 及以下）。刑法中的情形则简单许多，因为《刑法典》的某个具体规范通常就已经囊括了所有的构成要件要素，故而无须借助砌造技术。[12]

《民法典》第 433 条第 1 款第 1 句规定之出卖人的义务，须基于如下规范确定：	
构成要件要素：基于买卖合同[13]　物的出卖人	《民法典》第 90 条及以下
连结词：有义务	
法效果：将物交付于买受人	《民法典》第 854 条及以下
并将物上的所有权	《民法典》第 903 条
转移于他。	《民法典》第 929 条及以下

图 4-3　砌造技术

---

[9] *Gast*, Juristische Rhetorik, 5. Aufl. 2015, Rn. 59 Fn. 1.

[10] *Möllers*, Juristische Arbeitstechnik und wissenschaftliches Arbeiten, 10. Aufl. 2021, § 2.

[11] *Larenz*, Methodenlehre der Rechtswissenschaft, 6. Aufl. 1991, S. 264.

[12] 但在特别刑法中则会存在引证现象，例如《武器法》（11. 10. 2002, BGBl. I, S. 3970），《居留法》（AufenthG v. 25. 2. 2008, BGBl. I, S. 162）等。

[13] 根据《民法典》第 145 条以下条款，这里由两个相对应的意思表示组成。

3. 规范与事实的转换效应——目光的"来回顾盼"及"个案规范理论"

解释不仅是每个涵摄的出发点,也是每次法官在诉讼中确定某一规范的具体含义时所立足的出发点。[14] 所谓"解释"就是释明文本的意义,也即揭示某一法律或规则的思想内涵。"解释"就是要阐明法律所赖以为基础的言语、价值和原则。在其他的人文科学领域也需要对文本进行解释。例如,在历史学中,就需要结合当时的历史背景解释文本来源;而《圣经》即是天主教和新教神学中最为核心的原始文本。[15]

涵摄通常并非一个抽象完成的过程,而是基于"相关的事实是否可归于规范之下"这一问题而展开的。在事实可为涵摄之前,时常需要对大前提予以进一步精确化。在处理案件时,要阐明未知或者说未见(立法)定义的概念,从而使涵摄得以进行,解释可谓最为重要的手段。就此,恩吉施(Engisch)提出了"目光往返流转"的形象说法。"在大前提中,重要的是与具体事实所相关的,而在具体事实中,重要的是与大前提所相关的。"[16] 因此,在事实与构成要件之间来回顾盼就是非常必要的。这种目光的来回顾盼,只是对那些并不能很清楚地查明是否与事实相匹配的构成要件要素来说具有意义。因此,唯有通过解释和具体化的方法来判断事实是否契合规范时,法律人真正的工作才可谓正式开始。"来回顾盼"的结果不能是回到起点(否则就是"循环论证",第五章边码36及以下),而是要使我们的理解提升到一个新的层次。[17]

费肯切尔(Fikentscher)曾将这一过程形象地称为"个案规范理论"(Fallnormtheorie):"在如下情形即形成个案规范——诠释学的循环仅在规

---

[14] *Meyer-Hayoz*, Der Richter als Gesetzgeber, 1951, S. 42.

[15] 法学也因此属于精神科学。参见 *Betti*, Allgemeine Auslegungslehre als Methodik der Geisteswissenschaften, 1967, S. 47, 438 ff。

[16] *Engisch*, Logische Studien zur Gesetzesanwendung, 3. Aufl. 1963, S. 15;赞同者,参见 *Kriele*, Theorie der Rechtsgewinnung, 2. Aufl. 1976, S. 197; *Esser*, Vorverständnis und Methodenwahl, 1970, S. 76 ff; *Bydlinski*, Juristische Methodenlehre und Rechtsbegriff, 2. Aufl. 1991, S. 421 f.; *Patčnik*, Rechtstheorie 39 (2006), 557 ff.; *Mastronardi*, Juristisches Denken, 2. Aufl. 2003, Rn. 677 ff。

[17] *Larenz*, Methodenlehre der Rechtswissenschaft, 6. Aufl. 1991, S. 206.;对这种说法的批评,则参见 *Gröschner*, JZ 2018, 737, 741。

范与事实间'上上下下',而无须再面对这样的诘问,即'是否找到了对案件事实进行评判的正确规范'进行肯定性的回答。"[18] 虽然"有约束力的法不是法律,而是个案规范"这样的论断有些言过其实[19],但是,这一说法正确地指明,直接从法律得出一个逻辑严谨的操作往往是不可能的,很多时候必须在"中间步骤"(Zwischenschritt)中对构成要件要素进行具体化,才能使得涵摄成为可能。[20] 有关这一内容此处不再赘述;而所谓"案件事实诠释学"则将在下文进一步讨论(第十四章边码6及以下)。

12　　故意灌酒案:女大学生苏珊娜(S)的同学康拉德(K)把威士忌倒进了她的橙汁里。她并未察觉橙汁中含有高浓度的酒精,喝下好几杯。第二天早晨,她什么也想不起来了。本案是否成立《刑法典》第223条第1款第2项所规定的"健康损害"?

13　　答:要承认存在健康损害,看起来并非易事。事实上,除了必须借助四种解释方法,还需要通过案例类比,对"健康损害"的构成要件要素加以具体化。被灌酒之后,受害人会进入醉酒状态,从而导致记忆缺失。需要判断的是,这是否就属于故意的损害健康行为。判例上一般认为,招致或者说加剧某种即使是暂时性的病理状态也属于"健康损害"[21]。

14　　由于K的灌酒行为,S出现了暂时性的记忆缺失。第二步就需要判断,醉酒是否属于疾病性的状态。判例的惯习做法并不允许这一涵摄,因为就本来的语言习惯而言,"醉酒"并非一种疾病。然而,受

---

〔18〕 *Fikentscher*, Methoden des Rechts, Bd. IV, 1977, S. 201 f.

〔19〕 其他见解参见 *Fikentscher*(ebd.),S. 323. 对之提出反对的,参见 *Larenz*, Methodenlehre der Rechtswissenschaft, 6. Aufl. 1991, S. 144;*Bydlinski*, Juristische Methodenlehre und Rechtsbegriff, 2. Aufl. 1991, S. 518 f。

〔20〕 也见 *Bydlinski*, Juristische Methodenlehre und Rechtsbegriff, 2. Aufl. 1991, S. 518:"个案规范理论的提出,使得这一理解大概以前所未有的方式得到了强调";其与 *F. Müller* "规范理论"的区别,则参见下文第十四章边码7及以下。

〔21〕 *Fischer*, StGB, 68. Aufl. 2021, § 223 Rn. 8;*Paeffgen/Böse*, in:Kindhäuser/Neumann/Paeffgen, StGB, 5. Aufl. 2017, § 223 Rn. 14.

害人偏离正常状态而进入对自己不利的状态时,也可谓之为"疾病"[22]。S在第二天想不起前一天晚上发生的事情,但在正常的情况下她本应该可以。因此,她的记忆能力——也即身体状态——受到了损害,换言之,她的精神机能降低或丧失了。

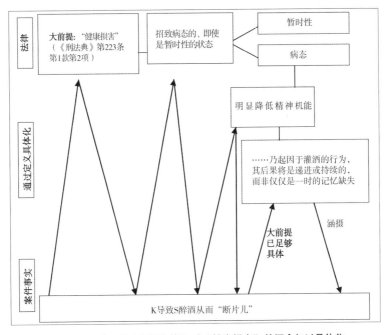

图4-4 通过"目光往返流转"对"健康损害"的概念加以具体化

第三个需要回答的问题是,精神机能的降低必须达到何种程度。就这里的"损害"而言,其存在时间和持续性应当满足一定的"显著性标准"[23]。如果S因醉酒而导致的状态仅仅持续了很短的时间,或者说属于社会上惯习的情况,则这一损害就是非显著性的。[24] 鉴于S陷入醉酒状态且出现明显的记忆缺失,相比于普通的"微醉",K对S已经造成较高

---

[22] *Joecks/Hardtung*, in: MünchKomm-StGB, 3. Aufl. 2017, § 223 Rn. 29.
[23] *Paeffgen/Böse*, in: Kindhäuser/Neumann/Paeffgen, StGB, 5. Aufl. 2017, § 223 Rn. 16.
[24] *Kudlich*, JA 2006, 570.

程度的损害，故而不能再将之称为某种具有"社会相当性"（sozialadäquat）的状态，疾病性的状态已然存在，也即可以承认此时构成了"健康损害"。同样能够支持这里成立"健康损害"的论据是：与本案相类似的案例，亦曾承认单纯的"呕吐"及同时出现的"协调机能丧失"构成健康损害。[25] 这类损害与本案中的记忆缺失的相似之处在于，二者都是对机体完整性产生影响，且都至少导致了机体完整性的缺损。因此，本案成立故意的健康损害行为。

4. 定义的发展：以构成要件要素的具体化为目的

16a 　法科生在第一个学期就已经认识到，法律通常是非常不确定的，以至于很难被适用于案件事实。就涵摄而言，有三个环节至关重要：案件事实、法律的构成要件要素、（一般还会有）一个将构成要件要素具体化的定义。在新型案件中为使法律具体化从而可以直接适用于案件事实的大量中间步骤中，上述案例也只是其中一个初步的例证。在这个被提到的例子里，"健康损害"被进一步具体化为"招致或者说加剧某种即使是暂时性的病理状态"。接着，这一定义又被扩张，因为"饮酒导致的精神机能的显著丧失"也被认为等同于"病理状态"。在本书的第七至十一章我们会看到，定义并非"凭空而来"，而是经过法教义学和法学方法论的长期积累发展而来（第九章边码2及以下）。这种情况下，结合案件事实，定义即能够将构成要件要素具体化。此时，恩吉施提出的案件事实与构成要件要素之间的"来回顾盼"即是一个非常形象的说明（第四章边码10）。

二、四个经典模型

1. 萨维尼解释学说的建立

17 　（1）早在《学说汇纂》当中已经可见零散的法解释理论，只是当时

---

[25] BGH, Urt. v. 4. 3. 1981, 2 StR 734/80, NJW 1983, 462 f.-Alkoholgenuss，本案中联邦最高普通法院即使用了"案例对比法"（第七章边码44及以下），援引了它自己之前的判例。法院指出，过去就曾将饮酒后的醉酒状态导致的意识丧失认定为身体损害。

尚未形成完整的解释学说。[26] 自 16 世纪中叶起，法解释理论即得到体系性的整理和总结。[27] 这当中贡献卓著者，当属托马西乌斯（Thomasius），他在 17 世纪末首次区分了文义论据和逻辑论据，而所有被容许的论证手段则总称为"逻辑论证"。[28] 这一区分方法在 18 世纪初为人所接纳[29]，并在德国迅速收获了众多拥趸。[30]

（2）在我们当今解释学说的发展长流中，萨维尼与耶林一起占据着显著的地位：在德意志神圣罗马帝国末期，萨维尼创建了历史法学派，其主张借助根植于历史的（特别是罗马法的）资源以推动现行法的革新。[31] 这一套学说最先是在萨维尼 1802—1803 年的法学课程[32]及其之后的代表作《当代罗马法体系》[33]中所发展而来。萨维尼重新整合了方法意义上的论证模式，并将其划分为四种法解释的要素。[34] 他如是写道：

---

[26] D. 50, 16: *De verborum significatione*-"通过语词的含义"；D. 50, 17: *De diversis regulis iuris antiqui* - "以旧的法规则为据"。

[27] 参见 *Rogerius*, Tractatus de Iuris Interpretatione, 1549, S. 25, 其区分了 *interpretatio correctiva*, *extensiva*, *restrictiva* 及 *declarativa*, 见于 http://reader.digitale-sammlungen.de/resolve/display/bsb10183018.html。

[28] *Thomasius*, Ausübung der Vernunftlehre, 1691, §58, S. 175, §95, S. 201.

[29] *Boehmer/Boehmer*, Exercitationes ad Pandectas, Bd. III, 1748, S. 29 ff., 见于 http://docnum.unistra.fr/cdm/ref/collection/coll2/id/51909；*Thibaut*, Theorie der logischen Auslegung des römischen Rechts, 2. Aufl. 1806, S. 28 ff。

[30] *Glück*, Ausführliche Erläuterung der Pandekten, Erster Teil, 2. Aufl. 1797, S. 225；*Hufeland*, Lehrbuch des in den deutschen Ländern geltenden gemeinen oder subsidiarischen Civilrechts, Bd. I, 1808, S. 23。

[31] *Schlosser*, Privatrechtsgeschichte, 10. Aufl. 2005, S. 144 ff.; *Meder*, Rechtsgeschichte, 7. Aufl. 2021, S. 299 ff.；有关萨维尼的论述，亦见 *Baldus*, in: Riesenhuber, Europäische Methodenlehre, 4. Aufl. 2021, §3 Rn. 30 ff。

[32] 萨维尼早在他 1802/1803 年的课程中即发展了这一解释学说，雅各布·格林（*Jakob Grimm*）参与撰写了相关内容并使之完善，参见 *Grimm*, in: Wesenberg, von Savigny, Juristische Methodenlehre, 1951, S. 19（但并无体系解释之内容）；关于萨维尼解释学说的生动论述，还可参见 *Rückert*, in: Rückert/Seinecke, Methodik des Zivilrechts-von Savigny bis Teubner, 3. Aufl. 2017, S. 53 ff。

[33] *von Savigny*, System des heutigen Römischen Rechts, Bd. I-VIII, 1840-1849.

[34] 此也被称为"解释标准"或"解释学说"，在其《当代罗马法体系》一书第四章中占据了 124 页的篇幅，而在拉伦茨的著述中则仅少量论及，参见 *Larenz*, Methodenlehre der Rechtswissenschaft, 6. Aufl. 1991, S. 320 ff。

19 　　吾人可将法解释的任务定义为对法律所内含思想的重建过程……为此，应当区分它（法解释）的"四大要素"：文法、逻辑、历史与体系。

　　解释之文法要素以"文义"为对象，此乃将立法者思想引入吾人思想的媒介。其目的故而在于阐明立法者所采纳的语言规则。

　　逻辑要素则关注思想的结构，也即某一思想各环节之间的逻辑关系。

　　历史要素的关切在于，就当前的法律关系而言，法规则在立法之初预设了何种状态。法律必然是以特定的方式介入这一状态，而法律（Gesetz）为法状况（Recht）施加了新影响的介入方式，即应当为这一要素所关注。

　　最后，体系要素事关的乃是"内在的前后关联"（innerer Zusammenhang），其将所有法制度与法规则结合为一个庞博的整体。这种关联性同历史的关联性一起展现于立法者面前，故此，唯有清楚法律与整个法体系存在何种关联，以及法律以何种方式有效地介入了该体系，吾人方能完整领会立法者的思想。

　　经由这四大要素，法律的内容始得为人所彻底理解。[35]

20 　　（3）细观这四个解释步骤可知，其中缺少了"目的解释"。在萨维尼看来，规则的目的已然超越了解释之界限。[36] 有人就此得出结论，认为萨维尼拒绝将（法规范的）精神和目的（Sinn und Zweck）纳入他的考虑范围。[37] 另一种观点则认为，萨维尼仅仅意图在法律精神明确的情形下适用上述解释方法（所谓"法律的健康状态"）；在法律存有缺漏时，目

---

[35] *von Savigny*, System des heutigen Römischen Rechts, Bd. 1, 1840, S. 213 ff.

[36] *von Savigny*（ebd.），S. 216 f.："解释的任务就是使我们意识到法律之内容。故而非属法律内容者，无论其与之有多相近，严格而言均不在解释任务的疆域之内。这就包括对法律基础的理解（ratio legis）。"他更为积极但仍旧十分保守的观点是："在解释法律时诉诸法律之根据，不免招致多种顾虑，对这一做法的允许也须谨慎为之"。(S. 220)

[37] *Larenz*, Methodenlehre der Rechtswissenschaft, 6. Aufl. 1991, S. 12 f.; *Kramer*, Juristische Methodenlehre, 6. Aufl. 2019, S. 66.

的解释于他而言亦是容许的。[38] 萨维尼认为:"法律的内在关联是为第一个辅助手段;法律与其立法基础的关联则是第二个辅助手段;而第三个辅助手段即是解释结果的内在价值。"[39]

(4) 耶林(von Jhering)则更为明确地要求对每个规范的目的加以研究。他生动地指出:"本书的基本思想是:整个法体系被创造的目的,就在于使得任何法律规则都是为了实现某一目的或者说某一实践中的需求而存在。"[40] 在 19 世纪末,"目的考量"已经见于当时黑格尔斯博格(Regelsberger)[41] 或温德沙伊德(Windscheid)[42] 等人的大量著作中。

2. 四种解释类型在当下及欧盟各成员国的意义

"四要素说"(Viererkanon)能够在德语地区广泛传播与发展,主要归因于恩吉施与拉伦茨的贡献。此时,体系解释与逻辑解释被糅合在了一起,理由是逻辑要素亦被包含于文法及体系要素当中(第四章边码 39)。[43] 而目的解释的意义直到利益法学及价值法学(第五章边码 19 及以下)兴起的 20 世纪才开始得到适当的探讨。例如,联邦宪法法院就曾有过如下表述:

> 服务于解释目标的有基于规范文义的解释(文法解释),基于自身关联性的解释(体系解释),基于规范目的的解释(目的解释)以及基于立法材料及立法史的解释(历史解释)。[44]

---

[38] *Rückert*, in: Rückert/Seinecke, Methodik des Zivilrechts-von Savigny bis Teubner, 3. Aufl. 2017, S. 53, 75 f.; *U. Huber*, JZ 2003, 1, 8; *Rüthers/Fischer/Birk*, Rechtstheorie, 11. Aufl. 2020, Rn. 701 f.

[39] *von Savigny*, System des heutigen Römischen Rechts, Bd. 1, 1840, S. 223.

[40] *von Jhering*, Der Zweck im Recht, Bd. 1, 2. Aufl. 1884, S. VIII., 435 ff.;关于此,参见 *Müller-Erzbach*, JhJ 61 (1912), 343, 377 ff。

[41] *Regelsberger*, Pandekten, Bd. 1, 1893, S. 140:"法律解释即旨在探寻法律精神的活动(*interpretatio legis*)。"

[42] *Windscheid*, Lehrbuch des Pandektenrechts, Bd. 1, 7. Aufl. 1891, S. 54:"它(解释)更进一步的任务,是在立法者所欲表达的含义之后探寻其本来的思想。"

[43] *Koller*, Theorie des Rechts, 2. Aufl. 1997, S. 212 f.

[44] BVerfG, Beschl. v. 17. 5. 1960, 2 BvL 11/59 u. a., BVerfGE 11, 126, 130-Nachkonstitutioneller Bestätigungswille;更早之前的类似表述,则见于 BVerfG, Urt. v. 21. 5. 1952, 2 BvH 2/52, BVerfGE 1, 299, 312-Wohnungsbauförderung; s. auch BGH, Urt. v. 30. 6. 1966, K ZR 5/65, BGHZ 46, 74, 76-Preisbindung für Schallplatten。

24 　　此外，这一解释理论也已成为法学中的主流学说；并可见于德国[45]、奥地利[46]和瑞士[47]等国的法学教科书之中。依费肯切尔所言，"四要素说"可谓在整个世界范围内都取得了成功。[48]

25 　　在西班牙，"四要素说"被明确规定于《西班牙民法典》第3条第1项："规范的解释应依照其语词之本身含义，兼考虑法的前后关联、历史以及立法的背景，以及被适用规范所处时代的社会现实而为之，此时应当重点注意该法律的精神与目的。"[49]

26 　　在法国及英美法系，法的文义、体系及目的亦为人所重视。[50] 然而，法国并未接纳萨维尼的四要素说，因为其所继受的乃托马西乌斯，而非萨维尼。因此，人们仅仅区分了文法解释与逻辑解释，而规范的历史、前后关联及目的又都属于逻辑解释之范畴。[51] 过去的英国法也同样只认可文义与体系之分。[52] 不过，这当中似乎已经出现了转变——如今的法学文

---

[45] *Larenz*, Methodenlehre der Rechtswissenschaft, 6. Aufl. 1991, S. 1 f.; *Engisch/Würtenberger/Otto*, Einführung in das juristische Denken, 12. Aufl. 2018, S. 107 ff.; *Zippelius/Würtenberger*, Juristische Methodenlehre, 12. Aufl. 2020, S. 35 ff.; *Koch/Rüßmann*, Juristische Begründungslehre, 1982, S. 166; *Vogel*, Juristische Methodik, 1998, S. 112 ff.; *Raisch*, Juristische Methoden, 1995, S. 105 ff.; 较缓和的观点，则参见 *Fikentscher*, Methoden des Rechts, Bd. IV, 1977, S. 356 ff.; *Vogenauer*, Die Auslegung von Gesetzen in England und auf dem Kontinent, 2001; 也参见 *Palandt/Grüneberg*, BGB, 80. Aufl. 2021, Einl. Rn. 40 ff. 有关公法之内容，则参见 *Morlok*, in: Gabriel/Gröschner, Subsumtion, 2012, S. 179 ff.。

[46] *Bydlinski*, Juristische Methodenlehre und Rechtsbegriff, 2. Aufl. 1991, S. 436 ff.; *Koller*, Theorie des Rechts, 2. Aufl. 1997, S. 211 ff.

[47] *Meier-Hayoz*, in: BK-ZGB, 1966, Art. 1 Rn. 179 ff.; *Kramer*, Juristische Methodenlehre, 6. Aufl. 2019, S. 66 ff.

[48] *Fikentscher*, Methoden des Rechts, Bd. III, 1976, S. 67.

[49] 原文如下："Las normas se interpretarán según el sentido propio des sus palabras, en relación con el contexto, los antecedentes históricos y legislativos, y la realidad social del tiempo en que han de ser aplicadas, atendiendo fundamentalmente al espiritu y finalidad de aquellas."关于为何《民法典》未明确法的续造这一解释规则，则参见上文第一章脚注117及以下。

[50] *Posner*, 50 U. Chi. L. Rev. 800, 818（1983）；*MacCormick*, 6 Ratio Juris, 16, 21（1993），但后者格外强调了历史解释的重要性。

[51] 其在法国法中的继受及在当代的意义，可参见 *Vogenauer*, Die Auslegung von Gesetzen in England und auf dem Kontinent, 2001, S. 234 ff.，441, 1255。

[52] *Vogenauer*, Die Auslegung von Gesetzen in England und auf dem Kontinent, 2001, S. 964 ff.，1255. 单纯对各种不同解释元素的总结，可参见 *Ealing L. B. C. v. Race Relations Board* [1972] A. C. 342 at 361 per Lord Simon (H. L. (E.))。

献也开始明确提及"四种解释方法",并区分了"文义、体系、目的及跨范畴(transcategorical)的论据"[53]。这(在英语中)被称作"canons of instruction"(第六章边码89)。

3. 解释学说对欧盟最高法院的意义

(1)除了加以特定的修正,欧盟最高法院也基本接纳了萨维尼所发展的解释学说并区分了文义、体系和法律目的。其中,文义解释和体系解释被尤为经常地纳入考虑。[54] 近年来,也开始诉诸历史解释的方法。欧盟最高法院曾有如下表述。

> 在审查第一个法律救济依据的第一部分是否存在理由时,需要指出的一点是,根据欧盟最高法院一贯的判例,在解释欧盟法的规范时,不仅需要考察其文义和规范所要追求的目的,也需要对规范的前后关联及整个欧盟法予以考虑(就这一点可参见 Urteil vom 6. Oktober 1982, Cilfit u. a., 283/81, Slg. 1982, 3415, Randnr. 20)。而欧盟法规范的立法史同样也可以为解释提供重要的线索(就此参见 Urteil vom 27. November 2012, Pringle, C-370/12, Randnr. 135)。[55]

(2)虽然萨维尼的解释学说为欧盟法所认可,但后者在文义解释(第四章边码85)、体系解释(第四章边码136及以下)、历史解释(第四章边码172及以下)及目的解释上又都体现出了一些自身的特点。就结果取向的解释而言,各成员国所必须遵照的"实际有效原则"这一论证模型更可谓欧盟法特殊之处(第五章边码108及以下)。此外,在解释时还需要同时考虑多种不同的法源。当中的欧盟法或国际法应当加以"**自主解**

---

[53] *MacCormick*, 6 Ratio Juris 16, 21 (1993),其所主张的跨范畴论据即区别了立法者的主观及客观意图。

[54] *Mayer*, in: Grabitz/Hilf/Nettesheim, Das Recht der Europäischen Union, 71. EL August 2020, Art. 19 EUV Rn. 53 ff.; *Borchardt*, in: Schulze/Janssen/Kadelbach, Europarecht, 4. Aufl. 2020, § 15 Rn. 34 ff.; *Buck*, Über die Auslegungsmethoden des Gerichtshofs der Europäischen Gemeinschaft, 1998, S. 169, 201.

[55] EuGH, Urt. v. 3. 10. 2013, C-583/11P, EU:C:2013:625, Rn. 50-Inuit Tapiriit Kanatami u. a.; 一贯判决,参见 EuGH, Urt. v. 17. 4. 2818, C-414/16, EU:C:2018:257, Rn. 44-Egenberger。

释",也即是说,其解释不应受制于成员国的国内法(第二章边码 70 及以下)。

三、对四种解释方法及涵摄模式的批评

30 尽管萨维尼的解释学说备受推崇且得到了广泛的传播,但解释方法的发展不应就停留于此。现代方法论的新思想、新见识也是必要的:首先,法和事实之间总是相互联系及补充。恩吉施的"来回顾盼"和费肯切尔的个案规范理论,正是在这方面首开先河的重要论断(第四章边码 10 及以下),与这些理论相呼应的则是本书最后专作讨论的"**案件事实诠释学**"(第十四章边码 11 及以下)。

31 其次,借助四种解释类型对法规范进行解释通常也仅仅是"法获取"(Rechtsgewinnung)过程的第一步。有些解释方法可能会失灵,例如,部分情形下探究"文义"并不会提供什么帮助。法获取并非只是"法之认识"(Rechtserkenntnis),其中亦包含了"法之塑造"(Rechtsgestaltung)。例如,在对不确定的法概念或一般条款进行具体化时,第二步的工作——借助案件对比、动态体系或案例类型来实现具体化——就是非常必要的。在法律之外,法原则和判例也应当被纳入评判的视野。因此,本书专辟三分之一的篇幅讨论了法的具体化及建构问题(第七至十章)。但这恰恰也意味着法获取的工作不可恣意为之(第十四章边码 64 及以下)。

32 最后,萨维尼的解释学说尚需得到进一步补充。在这一方面,**目的解释和结果取向解释**就尤为重要(第五章边码 56 及以下)。一系列传统的论证模型即可由此得到修正,甚或是说被目的解释的学说"取而代之"。不过,后者仅仅是说服力有限的"形式论据"。对此,本书将用专门的章节加以说明(第六章)。此外,如果在法的"多层体系"下(第二章边码 52 及以下)讨论法的论证模型,则还必须兼顾**宪法**(第七章)及**欧盟法**(第八章)的影响,在某些特定的案件情形,宪法和欧盟法原则上占据比四种解释方法更为优先的地位。此时,它们即可被称作"优先论据"[56]。

---

〔56〕 参见下文第十四章边码 78 及以下。

总而言之，论证模型所呈现的乃是一个非常有益的结构。比如，在解释法的概念时先行探明文义，明显是最合理的做法。论证模型虽有上述局限性，但克莱默（Kramer）的观点也深值赞同：在法律解释的领域，萨维尼的解释学说经过相应的修正之后依然能够保持完整的生命力。[57]

四、解释、具体化与法续造

1. 同为法创造行为的解释、具体化与法续造

过去通常认为法解释只是纯粹的"认知行为"，规范本身的内涵不会因此发生改变。解释不会改易规范的本质，它不会脱离"法适用"的界限，而只是将本来存在的内容呈现给世人。因此，法律适用者仅仅是单纯的"法的发现者"，他将那些长久以来可能不甚明朗、但已然包含于规范当中的"意义层面"揭露出来。这种拒绝在法解释的框架下混入任何法创造元素的看法，与启蒙运动时期孟德斯鸠（Montesquieu）[58]、贝卡里亚（Beccaria）[59]乃至后来的萨维尼[60]——后者虽提出了很多限制——等人所主张的"法官的机械形象"一脉相承。[61] 这种对法解释的认识也融入了后来概念法学（第四章边码102及以下）的思想中。

---

[57] *Flume*, Allgemeiner Teil des Bürgerlichen Rechts, Bd. II, 4. Aufl. 1992, S. 294; *Kramer*, Juristische Methodenlehre, 6. Aufl. 2019, S. 66 f.; 之前的见解已见于 *Esser*, Grundsatz und Norm 1956, S. 59："100个案例中有99个都能通过传统的解释方法来完成任务。" **不同观点**参见 *Bydlinski*, Juristische Methodenlehre und Rechtsbegriff, 2. Aufl. 1991, S. 437："尽管很多人想要坚守（萨维尼的）解释学说，但这一'学说'已经不合时宜了。"类似观点则参见 *Rüthers/Fischer/Birk*, Rechtstheorie, 11. Aufl. 2020, Rn. 703："认知上的进步毋宁说是微乎其微的。"

[58] *Montesquieu*, De l'esprit des lois, 1768, Liv. XI, Chap. 6（第一章脚注109）。

[59] *Beccaria*, Verbrechen und Strafen, 1778, § 4; 也参见 *Küper*, Die Rechtsidee der Strafprozessordnung und ihre geschichtlichen Grundlagen, 1967, S. 50 ff.

[60] *Grimm*, in: Wesenberg, von Savigny, Juristische Methodenlehre, 1951, S. 15; 萨维尼虽然主张法官"自由的心智活动"，但仅将这一任务限于以已有规范为基础的逻辑推演："如今起决定作用的非为法官的专断，而是法律本身，法官只是识别规则并将其适用于具体事实。"关于此可参见 *Küper*, Die Rechtsidee der Strafprozessordnung und ihre geschichtlichen Grundlagen, 1967, S. 153 ff., 156。

[61] *Krey*, Studien zum Gesetzesvorbehalt im Strafrecht, 1977, S. 61; 对此更进一步的论述, 参见 *Küper*, Die Rechtsidee der Strafprozessordnung und ihre geschichtlichen Grundlagen, 1967, S. 55 ff., 153 ff。

35 　　早在冯·比洛（von Bülow）的著作中就曾见如下表述："人民的权利非为法律所创设，毋宁说是由法律与法官所共同创设。"[62] 在他看来，法官的原始任务，就是继续推进并完成由立法者所开创的事业。[63] 关于法续造的限制，将由下文第十三章予以阐述。这里仅需指出的一点是：肇因于利益法学及价值法学之影响，法官除了受法律之约束，亦被认为也要同时受到立法者价值观念的约束（第五章边码19及以下）。[64] 经法律解释而为的"法发现行为"因而也不过是为了将立法者的价值判断付诸实现。[65] 依此观点，法律解释和法官造法之间即没有本质的区别，二者乃是法发现过程中相互交织的两个层面。[66] 除非仅仅是陈述已知的事实，否则，对文本进行的任何解释，也都同时构成解释者的"创造"（法的续造）行为；解释（狭义）的工作即已意味着解释者独立而创新的贡献，因为文本的含义并非不言自明，而是通过法律适用者的理解而予以传达（也参见第十三章边码13及以下）。[67]

2. 文义射程：法解释与法续造的界限

36 　　通说一般认为，如果（解释）溢出了"可能文义的射程"（Wortlautgrenze），即构成了法续造。[68] 在刑法中，为了避免民众因文义不明而承受预期之外的刑罚，确定所谓文义的射程即尤具正当性（详见第四章边码65及以下）。历史上看，近代早期的人们并不区分法的解释和续造，而只是使用"限缩解释"（interpretatio restrictiva）及"扩张解释"（interpre-

---

[62] *von Bülow*, Gesetz und Richteramt, 1885, S. 48.

[63] *von Bülow*, Gesetz und Richteramt, 1885, S. 3 ff., 28 ff., 45 ff.

[64] *Heck*, Begriffsbildung und Interessenjurisprudenz, 1932, S. 106 f.（第五章边码19及以下）；*Warda*, Dogmatische Grundlagen des richterlichen Ermessens im Strafrecht, 1962, S. 116 ff.

[65] *Rüthers*, Die unbegrenzte Auslegung, 8. Aufl. 2017, S. 435 ff.; *Canaris*, Systemdenken und Systembegriff in der Jurisprudenz, 1983, S. 23；也有学者称之为"对立法者价值判断的执行"，参见 *Roth-Stielow*, Die Auflehnung des Richters gegen das Gesetz, 1963, S. 96.

[66] *Larenz*, Methodenlehre der Rechtswissenschaft, 6. Aufl. 1991, S. 366; *ders.*, in: FS Olivecrona, 1964, S. 384, 385；详见下文第十三章边码21及以下。

[67] *Larenz*（ebd.），S. 367；更深入的探讨，见 *Küper*, Die Rechtsidee der Strafprozessordnung und ihre geschichtlichen Grundlagen, 1967, S. 16 f.

[68] *Larenz*（ebd. S. 366; *Bydlinski*, Juristische Methodenlehre und Rechtsbegriff, 2. Aufl. 1991, S. 467 ff.

tatio extensiva）这类概念，来作为目的性限缩和具体类推的依据。[69] 法国法和英美法也很少区分解释与续造。[70] 欧盟最高法院在适用欧盟法时通常也只使用"解释"（广义，或法语：interprétation，参见第六章边码172）的概念。不过，有些国际性的法律文件也区分了法的解释与续造。[71]

3. 法解释与法续造之间的流动

在这一前提下，如下论断似乎颇有说服力：鉴于这种造法成分的存在，在法解释和法续造之间几无可能确定一条严格的质的界线。事实上，在二者的临界区域，通常仅仅只有程度上的区别。[72] 后文会进一步介绍法续造的各个领域（第六章边码91及以下）。在处理一般条款时，法律适用者常常是要踏足"新的大陆"。尽管此时形式上仍然是在文义的框架下为之，但造法的成分是非常明显的（第七章边码10），故而应归于法续造之范畴。

37

4. 结论：论证负担的增加

尽管区别起来有颇多困难，德国法区分法解释与法续造的做法仍应值得提倡。在适用罪刑法定原则、不得突破文义界限的领域，这一点即是十分必要的（第四章边码65及以下）。即便法续造是在规范的文义界限内为之，上述区分也仍有意义。法律适用者必须为此提供说理论证。一个毋庸置疑的要点是：受方法论指引的法发现无论在何种情况下都必须回溯于"法律"本身。基于罪刑法定及权力分立原则之要求，造法成分越多，意味着法官要承担的论证负担就越高。[73] 在法发现的过程中，法官愈是偏

38

---

[69] *Thomasius*, Ausübung der Vernunftlehre, 3. Hauptstück 1691, §§ 102 f., S. 204. 更多参考文献，则参见 *Vogenauer*, Die Auslegung von Gesetzen in England und auf dem Kontinent, 2001, S. 488 ff.; *Schröder*, Recht als Wissenschaft, 2. Aufl. 2012, S. 76。

[70] *Vogenauer* (ebd.), Die Auslegung von Gesetzen in England und auf dem Kontinent, 2001, S. 1280.

[71] 例如 Art. I. 1：102 DCFR：" Interpretation and development "；*Zimmermann*, RabelsZ 83 (2019), 241, 268。

[72] *Larenz* (ebd.), S. 367.

[73] 得出同一结论的，参见 *Krey*, Studien zum Gesetzesvorbehalt im Strafrecht, 1977, S. 246。

离概念核或者迄今为止的先例，就其为结论提供的说理而言，他就应当愈加严格地审查这一说理是否具有说服力以及方法上的合理性。有关具体的论证规则，则容后文阐述（第十四章边码64及以下）。

第二节 文法解释

一、文法解释：解释程序的开端

39　（1）"文法解释"（grammatische Auslegung）与"文义解释"（Auslegung des Wortlauts）同义，意谓对构成要件要素之文义的解释。立法者将其要表达的意图注入成文的语词当中，故而需要（解释者）"探明"立法者的意图。[74] 立法者"为其语词而负责"[75]。显然，应当先从文义的角度对法律进行解释，因为一般可以认为，立法者对语词之使用所采的即是语词通行的含义。[76] 因此，文义是探明立法精神的基础[77]，或者说是每次解释活动的"出发点"（starting point）[78]。联邦宪法法院（BVerfG）[79] 约有四分之一的判决都是围绕文义而论证的，而这一比例在联邦最高普通法院的刑事[80]及民事判决[81]中更是高达50%以上。

40　　此时，正如州法院的正确做法那样，原则上应当先从文义的角度开始解释的工作（BGHSt 14, 116, 118; 18, 151, 152; 19, 158, 159）。因为文义语言上的可能性或者说"可能的文义"构成了对法律概念进

---

[74] *Morlok*, in: Gabriel/Gröschner, Subsumtion, 2012, S. 179, 184.
[75] *Gern*, VerwArch 80 (1989), 415, 417.
[76] 类似观点，参见 *Larenz*, Methodenlehre der Rechtswissenschaft, 6. Aufl. 1991, S. 320；英美法系持同一主张者，参见 *MacCormick*, 6 Ratio Juris (1993), 16, 22。
[77] *Meier-Hayoz*, Der Richter als Gesetzgeber, 1951, S. 42.
[78] 关于此的形象论述，参见 *Kramer*, Juristische Methodenlehre, 6. Aufl. 2019, S. 67。
[79] *Übelacker*, Die genetische Auslegung in der jüngeren Rechtsprechung des Bundesverfassungsgerichts, 1993, S. 194.
[80] *Kudlich/Christensen*, Die Methodik des BGH in Strafsachen, 2009, S. 25.
[81] *Raisch*, Vom Nutzen der überkommenen Auslegungskanones für die praktische Rechtsanwendung, 1988, S. 91.

> 行解释的疆域及界限（BGHSt 3, 300, 303; Larenz, Methodenlehre der Rechtswissenschaft – 1960 – II. Teil 3. Kapitel Nr. 2a und f, Seiten 241, 258）。[82]

（2）语言哲学中有一个核心的观点，即是说，语词本身并不能传达含义，相反，它必须结合使用语词的表达者所置身的"语境"（Zusammenhang）。维特根斯坦（Wittgenstein）认为，语词的意义在于它在语言中的"使用"[83]。因此，对语词之解读必须是在它系统性的语境中展开（第四章边码92）。对语词的理解会因时代的迁移而改变（第四章边码60）。

41

（3）没有争议的是，在民法中，文义之射程并非法发现的界限，因为法续造容许人们超越文义的射程。而在刑法领域，由于罪刑法定原则（nulla poena sine lege）的存在，文义射程即具备了决定性的意义（第四章边码67及以下）。

42

二、确定文义（单义或多义）的辅助手段

在法学学说中有两种模式之分，文义明确的情形和更为复杂的情形被区分开来。赫克（Heck）即使用了"概念核"（Begriffskern）和"概念晕"（Begriffshof）这一形象的说法。若案件事实没有歧义地归于构成要件要素，则其即处于概念核之中，反之，则处于概念晕。[84] 科赫（Koch）则发展了一种"三领域模型"（Drei-Bereiche-Modell）：他区别了如下不同的概念——有的概念无歧义地肯定争议表达（积极）、有的概念无歧义地否定争议表达（消极），而对于中性的概念，则无法在语言上进行无歧

43

---

[82] BGH, Urt. v. 30. 6. 1966, K ZR 5/65, BGHZ 46, 74, 76-Preisbindung für Schallplatten, zum Begriff „Verlag".

[83] *Wittgenstein*, Philosphophische Untersuchungen, 1953 (posthum), Rn. 43; „Die Bedeutung eines Wortes ist sein Gebrauch in der sprache"; *Roellecke*, in: FS Müller, 1970, S. 323 ff.; *Schünemann*, in: FS Klug, 1983, S. 169 ff.; *Herbert*, Rechtstheorie als Sprachkritik, 1995, S. 52 ff.; *Kuntz*, AcP 215 (2015), 387 ff.

[84] *Heck*, AcP 112 (1914), 1, 173.

义的匹配。[85]

44 例如，对于何为《刑法典》第224条第1款第2项前半部分规定的"武器"这一问题，步枪和手枪就可以被"积极地"归于"武器"的概念之下，而在背后竖起的中指则不能。根据"三领域模型"的概念，动物或者盐酸大概就属于"中性"的作案工具。[86]

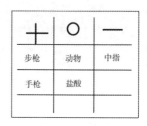

45 图4-5 概念核/概念晕，以"武器"为例的三领域模型

46 以上两种见识对于法解释的初步工作而言大有教益，据此可以判断法律条文是否存在所谓"语言上的显见性"（Sprachevidenz）——也即判断案件事实是否可以毫无争议地被涵摄于构成要件要素之下。[87] 这主要是指概念清楚而没有歧义的情况。数字和期限尤属此类情形。例如，联邦总统必须年满50周岁（《基本法》第54条第1款第2句）[88]；周三不会被视为"本周初"[89]，猫和"跳舞熊"不能被"狗"

---

[85] *H. Koch*, ARSP 61（1975），27，35；*ders./Rüßmann*, Juristische Begründungslehre, 1982, S. 194 ff.；*Alexy*, Theorie der juristischen Argumentation, 1983, S. 289；类似观点，参见 *Jellinek*, Gesetz, Gesetzesanwendung und Zweckmäßigkeitserwägung, 1913, S. 37 f.，作者区分为"积极确定性的情形"及"消极确定性的情形"。

[86] 关于盐酸是否可被认定为武器的进一步介绍，参见第四章边码60。

[87] 赫克的论述在当今学说中亦为人所关注，参见 Engisch/*Würtenberger*/*Otto*, Einführung in das juristische Denken, 12. Aufl. 2018, S. 157 ff.；*Höhn*, Praktische Methodik der Gesetzesauslegung, 1993, S. 189 f.；*Honsell*, in: Staudinger, BGB, Neubearb. 2018, Einl. zum BGB Rn. 158；*Bydlinski*, Juristische Methodenlehre und Rechtsbegriff, 2. Aufl. 1991, S. 118 f.，437 f.（见各自关于赫克的论述部分）。

[88] 见下文第六章边码3及以下。

[89] 按照戏谑的说法，周三对任何活动而言都不是一个合适的开始时间，因为这一天离前后两个周末都相隔很远。

的概念所囊括[90];"母亲和孩子"的概念不能包含"父亲和孩子"的情形(第一章边码4)。此外,还有一些法概念虽然"可以解释"但"无须解释"的适用情形,这是因为构成要件要素的满足相对明确。例如,如果案件事实中的当事人因车祸而全身多处骨折,则不必再煞有介事地对"身体损害"作出定义。[91]

然而,必须意识到的一点是,文义通常并不如表面上看起来那样明确,因此,我们往往不能轻率地作出判断或者不假思索地承认某一构成要件要素的成立。上文讲到的"故意灌酒案"即表明,确认"健康损害"并不是一件简单的事(第四章边码12及以下)。类似地,在处理诸如"可期待的""合比例的""适当的"等不确定的法概念或者判断何谓"暴力"[92] 时,也会面临这一问题。 47

原则而言,可以经由如下三个步骤探明一个法概念的文义:首先应当考察立法者先前确定的法学语言习惯;然后考察法学专业的语言习惯,最后才是考察日常的语言习惯。[93] 在英美法系则有"技术含义和普通含义"[94] 这样非常类似的说法。换言之,立法者的明确规定优于法学的专业概念,而后者又优于普通的语言习惯。与此不同的是,日常的语言习惯在刑法领域则有着决定性的意义(第四章边码73)。 48

1. 立法者的语言习惯:立法定义、推定和拟制

法律通常而言都是"应然规范"(第二章边码7及以下),因此,立法者可以自由创设规范而不必考虑其是否真的会发生,即不必关注其"真假"。因此,立法者可以任意创设立法定义、推定和拟制。**立法定义**(Legaldefinition) 通常见于新法,特别是位置靠前的法律条文中[95],在欧盟 49

---

[90] 同样列举了这一例子的有 *Henkel*, Einführung in die Rechtsphilosophie, 2. Aufl. 1977, S. 201;*Neuner*, Die Rechtsfindung contra legem, 2. Aufl. 2005, S. 102。

[91] *Vogel*, Juristische Methodik, 1998, S. 102.

[92] 见下文第四章边码75。

[93] 有关这一区别,参见 *Vogel*, Juristische Methodik, 1998, S. 114 f。

[94] *MacCormick*, 6 Ratio Juris 16, 21 (1993).

[95] 例如《产品责任法》(ProdHaftG) 第2—4条;《环境责任法》(UmweltHG) 第3条;《一般平等待遇法》第3条;《反不正当竞争法》(UWG) 第2条。

的指令和条例中尤为常见。通过立法定义,立法者为法概念规定了具有约束力的内容。例如,《民法典》第 192 条即定义"月中"为"当月的 15 号"。这在一般情况下是正确的,但对于 2 月份就非如此。尽管如此,法律人也仍然必须受这一规定的约束。如果立法者将婚姻定义为"两个异性或者同性之间的结合"[96],那么,这一法律定义就优先于当前限于"男女之间结合"[97] 的这种文化或基督教上(对婚姻)的理解。[98]

50　　自行另造概念原则上是多余及错误的。然而,并非所有的立法定义都是明确的,因而其本身也需要加以解释。

　　有疑问的是,"雇员"是否可为《民法典》第 13 条"消费者"的概念所囊括。[99] 类似的争议还包括,《反不正当竞争法》第 1 条规定了"保护目的",这是否意味着《反不正当竞争法》的规范属于《民法典》第 823 条第 2 款所称的"保护性法律"(第五章边码 13)。[100] 对于《欧盟反市场滥用条例》第 17 条第 1 款〔《证券交易法》(WpHG)旧法第 15 条〕中的"不迟延地"(unverzüglich)当如何解释,也存有疑问;此时,《民法典》第 121 条大概是不能适用的(第六章边码 23)。

51　　所谓"**可推翻的推定**"系指推定符合请求权构成要件的事实成立,这一事实的证明义务原本是归于原告的。[101] 若被告无以推翻这一推定,则其在诉讼中即处于不利地位。换句话说:被告承担着反证请求权人主张的事实不成立的义务。

52　　例如,《民法典》第 891 条第 1 款推定了"登记簿"的正确性。

---

〔96〕 Neufassung des § 1353 Abs. 1 BGB, eingeführt durch das Gesetz zur Einführung des Rechts auf Eheschließung für Personen gleichen Geschlechts v. 20. 7. 2017, BGBl. I Nr. 52, S. 2787.

〔97〕 就其合宪性问题,参见 *Wollenschläger*, in: Wollenschläger/Coester-Waltjen, Ehe für Alle, 2018, S. 1 ff. 关于这一问题的立法者及法院的法续造,参见下文第十三章边码 94。

〔98〕 有关罗马法,参见 Mod. D. 23, 2, 1;有关基督教的理解,可参见马太福音 19, 5 及以下。

〔99〕 *Micklitz*, in: MünchKomm-BGB, 8. Aufl. 2018, § 13 Rn. 58 ff.

〔100〕《反不正当竞争法》第 1 条第 1 句规定:"本法旨在保护共同竞争者、消费者及其他市场参与者免受不正当商业行为的侵害。"

〔101〕 *Hübner*, Allgemeiner Teil des Bürgerlichen Rechts, 2. Aufl. 1996, Rn. 90;*Möllers*, Juristische Arbeitstechnik und wissenschaftliches Arbeiten, 10. Aufl. 2021, § 6 Rn. 35.

《民法典》第 613 条第 1 句推定"雇员的劳务有疑义时应由本人亲为"。就动物饲养人的责任而言,《民法典》第 834 条第 2 句则推定动物饲养人负有过错。

"不可推翻的推定"则排除了所有免责的可能性。不论事实是否相符,均不影响其效力。

《民法典》第 1566 条第 1 款即是一个不可推翻的推定,即夫妻双方若分居一年且双方均请求离婚或者被请求者同意离婚的,婚姻自告破裂。第 1566 条第 2 款则规定了另一个不可推翻之推定:分居三年者,婚姻即告破裂。上述情形中——除了第 1568 条的"艰难情事条款"(Härteklausel)——婚姻即不能违背离婚意愿而存续。其他例子还有《民法典》第 108 条第 2 款第 2 句、第 119 条第 2 款、第 177 条第 2 款第 2 句、第 812 条第 2 款、第 1923 条第 2 款。

"拟制"(Fiktion)和"不可推翻的推定"的共同之处,在于立法者都规定了强制性的法效果。对相反情况的证明是不被允许的。在"推定"的情形,被推定的事实有可能是存在的,然而立法者在"拟制"之下则是假设了一种与实际并不相符的情况。[102] 通常,立法者会使用"视为"(gilt)这一概念。

根据《民法典》第 892 条第 1 款第 1 句的规定,为保护善意第三人,登记簿的记载内容即使客观上是错误的,也视为正确的规定。——1969 年前的《民法典》第 1589 条第 2 款规定:"非婚生子女视为与其父亲没有亲属关系。"[103] 这在生物学上当然是无稽之谈,因为即使非婚生父亲也始终是孩子的生父。当时立法者这样规定的原因,是为了阻止非婚生子女主张继承的请求权。不过,如今非婚生子女和婚生子女在继承权上已经完全平等了。[104] 原则上,权利能力始于

---

[102] *Prütting*, in: MünchKomm-ZPO, 6. Aufl. 2020, § 292 Rn. 8.
[103] *Müller-Erzbach*, JhJ 61 (1912), 343, 359; *Engisch/Würtenberger/Otto*, Einführung in das juristische Denken, 12. Aufl. 2018, S. 36.
[104] 此举通过《继承权平等法》实现(das Erbrechtsgleichstellungsgesetz ErbGleichG v. 16. 12. 1997, BGBl. I, S. 2968)。

出生（《民法典》第 1 条）。但是，未出生者（即胎儿，拉丁语：nasciturus）也可以继承，对此《民法典》第 1923 条第 2 款规定："继承事由发生时尚未出生但已孕育者，视为在继承事由发生之前已出生。"[105]

2. 规范性概念与描述性概念

56 若立法者未诉诸立法定义、推定及拟制之类的技术，就需要对法概念进行解释。法学学说、判例及相关的论证模型都能为解释提供帮助。一般来说，可以区分"规范性概念"和"描述性概念"。规范性概念指的是涉及价值判断或者其他抽象事物的法学专业表达（termini technici），其与现实层面并无必然关联。[106] 规范性概念通常异于日常的语言习惯，而仅仅承载于法律自身。法学的门外汉通常会搞不清"占有人"（Besitzer）和"所有人"（Eigentümer）的区别或者将二者混为一谈。尽管在法律上成立的是某种保管或租赁的关系，但还是会有"出借费"（Leihgebühr）的说法。

57 例如，同属形成权的各个概念——通知终止（Kündigung）、抵销（Aufrechnung）、解除（Rücktritt）等——均为规范性概念。法学概念"损害"可谓随处可见，对此就有"物质及非物质损害"或者所谓"自然及规范性损害"等说法。[107] 根据《民法典》第 631 条之规定，"承揽人"负有完成工作之义务。每个法律人都知道，"借用"（Leihe）乃无偿之行为（《民法典》第 598 条），而"占有"（《民法典》第 854 条）与"所有"（《民法典》第 903 条）是截然不同的。

58 描述性概念则指向某种"实在事实"（Wirklichkeitssachverhalt）[108]，也即描述了真实的或者类真实的、原则上可为人感知或者经验的客观事物。其含义即体现于概念本身。恩吉施列举了"人、死亡、黑暗、速度"

---

[105] 另一个例子是某公共游泳池的规定——第 1 条：女士更衣室仅限女士进入；第 2 条：游泳池管理员视为第 1 条的女士。参见 Zippelius/*Würtenberger*, Juristische Methodenlehre, 12. Aufl. 2020, S. 29。

[106] *Kramer*, Juristische Methodenlehre, 6. Aufl. 2019, S. 74 f.

[107] 相关的概览，参见 Palandt/*Grüneberg*, BGB, 80. Aufl. 2021, Vorb. vor § 249 Rn. 9 ff.；也参见第七章边码 54 及以下。

[108] *Kramer*, Juristische Methodenlehre, 6. Aufl. 2019, S. 68.

之类的例子。需要判断的则是，法律所使用的是否就是日常的语言习惯。[109] 不过，人们很快就会发现，即使对于这些概念，法学的语境也至关重要，例如，应当如何认定自然人的"死亡"或"出生"（第六章边码17及以下）。夸张地说，任何构成要件要素都是"规范性"的。[110]

3. 构成要件要素的狭窄（限缩）解释或宽宏（扩张）解释

无论是狭窄（限缩）解释还是宽宏（扩张）解释，都仍然处于文义的范围之内。刑法领域适用严格的"类推禁止"，因此，所谓"扩张解释"究竟在什么情况下仍然算得上在文义的疆域内为之，即是一个关键性的问题。此时，虽然不能进行超越文义的类推，但扩张解释依然是被容许的。 **59**

盐酸案：由于《刑法典》生效后的语言使用习惯已发生变化，故而可将盐酸涵摄于《刑法典》第224条第1款第2项前半部分所规定的"武器"的概念之下（第六章边码12）。另一个例子则是对"危险工具"进行扩张解释，使其将"穿了鞋的脚"亦包括在内。[111] **60**

反面例证："静坐示威案"中的静坐行为施加给受害人的仅仅是心理上的暴力，而非身体上的暴力，若仍将其解释为刑法上的"暴力"就不再属于扩张解释的范畴（第四章边码75）。刑法上的类推禁止亦不允许将肾脏当作"身体上的重要部位"[112] 或者将两个人的联合视为《刑法典》第129条的"（犯罪）集团"[113]。 **61**

4. 日常语言习惯

最后一步则是对判例较常援用的"日常语言习惯"的考察。其所关注的乃是非法律专业的规范相对人的理解。[114] 然而，迄今为止仍未明了的 **62**

---

[109] Engisch/*Würtenberger*/*Otto*, Einführung in das juristische Denken, 12. Aufl. 2018, S. 161 f.
[110] *E. Wolf*, Typen der Tatbestandsmäßigkeit, 1931, S. 56 ff.；也参见 Roxin/*Greco*, Strafrecht Allgemeiner Teil, Bd. I, 5. Aufl. 2020, § 10 Rn. 11, 59。
[111] BGH, Urt. v. 11. 2. 1982, 4 StR 689/81, BGHSt 30, 375, 377-beschuhter Fuß, 以及下文第七章边码57。
[112] BGH, Urt. v. 15. 8. 1978, 1 StR 356/78, BGHSt 28, 100, 102-Niere zu § 224 Abs. 1 StGB a. F.："若将体内器官也当作身体'部位'，那就等于突破了文义解释的所允许的界限"。
[113] BGH, Urt. v. 11. 10. 1978, 3 StR 105/78 (S), BGHSt 28, 147, 148-Vereinigung.
[114] BAG, Urt. v. 13. 12. 2007, 6 AZR 145/07, BAGE 125, 208, 212-Vertretungszusatz：日常的、非法学的语言习惯。

问题是,这种日常语言习惯何时才能被确认为特定的法律概念。显然,法官基于自己的专业能力而决定采纳某一特定的日常用语往往是不够的。[115]通常,为了力求客观,法官会使用"杜登词典"或辞源式的词典(例如"格林词典")等工具书进行判断。[116] 旅游合同中设立"瑕疵担保请求权"(Mängelrecht)的目的之一,是为了避免旅游计划中出现让游客恼怒的"插曲"。那么遭遇壁虎算不算"旅游瑕疵",或许就可以借助《布雷姆斯动物百科全书》加以判断。[117] 然而,对此的批评意见指出,标准化工具书虽然反映或者影响了日常用语习惯,但它并不一定就意味着"通用性"[118],或者说并不就等于文义之界限。[119]

62a 此时,实证研究就成为一个可行的方案,例如通过询问大量民众意见而取得的"**民意调查**"。在商标法当中就有这样的例证,例如《商标法》第 8 条第 2 款第 3 项的规定就明确指出评价符号和标识时要参照日常语言习惯(第五章边码 92)。除此之外,人们也可以查询**数据库**。在美国,这样的一次查询即表明,"carries a firearm"(携带武器)在日常用语中的理解是"在身体上携带武器,而不包括将武器放于汽车的置物箱中"[120]。在

---

[115] 正确指出这一点的,参见 OLG Koblenz, Beschl. v. 15. 3. 2006, 1 Ss 341/05, NStZ-RR 2006, 218, 219 f. -„ Zauberpilze":"显见的是,在从民众的视角确定文义时,无论是法官的主观认识,还是法官当前的一般性观念,都不能起到决定作用。"

[116] Vgl. *Hamann*, in: Vogel, Zugänge zur Rechtssemantik, 2015, S. 184 ff.;典型例证,参见 OLG Koblenz, Beschl. v. 15. 3. 2006, 1 Ss 341/05, NStZ-RR 2006, 218 ff-„ Zauberpilze"。

[117] 法兰克福高等法院即援引了《布雷姆斯动物百科全书》:"布雷姆斯百科全书写道:壁虎只会给那些根本不愿意观察其活动的人带来所谓令人厌恶的印象。布雷姆斯将壁虎描述为最广义上的"居家动物",它比老鼠更为可靠,而且怎么说也是一种有益的动物。故而本案最终否认壁虎的出现构成旅游瑕疵。就此参见 LG Frankfurt, Urt. v. 13. 1. 1992, 2/24 S 274/91, NJW-RR 1992, 630, 631-Gecko als Reisemangel。

[118] *Hamann* (ebd.), S. 184, 199 f.,作者作了一个形象的类比:通过看烹饪书也无法得知德国人中午饭实际上吃的到底是什么。

[119] *Lorenz/Pietzcker/Pietzcker*, NStZ 2005, 429, 434.

[120] So die *dissenting opinion* von *Ginsburg u. a.*, in: *Muscarello v. United States*, 524 U. S. 125, 139, 143 (1998) -Beisichtragen einer Waffe; *Mouritsen*, 5 BYU L. Rev. 1915, 1946 ff. (2010);德国的情形,参见 *Lorenz/Pietzcker/Pietzcker*, NStZ 2005, 429 f.; **不同观点则主张采纳对被告作出审判的法官的多数意见**,参见 *Muscarello v. United States*, 524 U. S. 125, 132 ff. (1998) -Beisichtragen einer Waffe。

德国，则可在"德国语言协会德语查询库"[121] 进行查询。但是必须要回答的问题是，这样做的成本是否值得：如果法律的语言习惯优先于日常语言习惯，答案恐怕是否定的；而如果日常语言习惯构成了刑法中解释之界限，这样做则又很可能是值得的（第四章边码73）。联邦最高普通法院就曾将"蘑菇"视为《麻醉剂法》（BtMG）意义上的"植物"。这虽然与生物学上将蘑菇单独分类的做法相悖，但（法院认为）此时起决定作用的乃是日常语言习惯——蘑菇被当作是植物的一种。此案中，联邦最高普通法院即明确援引了互联网的查询结果。[122]

进阶练习——病毒案：在兽医专科学校，会使用一种"钩端螺旋体病毒"做试验。一个女学生感染了这种病毒且病情严重。她想根据《民法典》第833条第1句的规定（动物致害的侵权责任——译者注）请求损害赔偿。可否？[123]

三、作为论证模型的"文义明确性规则"（Acte-clair-Doktrin, literal rule）

文义明确性规则指的是：如果文义明确，则其他解释方法一概不予考虑。这一规则早就见于《学说汇纂》[124] 及近代的一些著述中。[125] 从历史上看，严格的文义解释随着概念法学（第四章边码102）的兴起而进入鼎

---

[121] www.ids-mannheim.de/kl/projekte/korpora.
[122] BGH, Beschl. v. 25. 10. 2006, 1 StR 384/06, NJW 2007, 524, 526-Pflanzenbegriff des Betäubungsmittelrechts；相关论述，参见 *Kudlich/Christensen/ Sokolowski*, in: F. Müller, Politik, [Neue] Medien und die Sprache des Rechts, 2007, S. 119, 124 ff。
[123] 答案见第十五章边码8。
[124] 若文义之下并无歧义，则不得追问（立法者）意图。*Cum in verbis nulla ambiguitas est, non debet admitti voluntatis quaestio*, Paul. D. 32, 25, 1；此外还有规则是 *Interpretatio cessat in claris*，意指"明确性的情形即不再有其他的解释"，参见 *Schott*, in: Schröder, Theorie der Interpretation von Humanismus bis zur Romantik-Rechtswissenschaft, Philosophie, Theologie, 2001, S. 155 ff.；*Honsell*, ZfPW 2016, 106 ff。
[125] 参见 Codex Maximilianeus Bavaricus Civilis, 1756, Cap. I, § 9 S. 1："对于明确的法律和规定，则不必再寻求解释，而必须不加扭曲地使其语词保留于其通行及惯常之含义"。

盛时期。有时，联邦宪法法院[126]或者部分德语法学文献[127]也会对文义明确性规则倍加推崇。其他国家，例如奥地利等，亦承认文义明确性规则。[128] 而在法国，文义明确性规则以"Acte-clair"或"Sens-clair"的说法而为人所知。[129] 英国则早就有所谓"文义规则"（literal rule）抑或"平义规则"（plain meaning rule），即是说概念的本来含义原则上具有优先之地位。在明确之情形，即不再需要做其他进一步的检验。若德国规定联邦总统必须年满40周岁，那么23岁自不可被选为总统（第一章边码66）。此时，基于日常语言习惯亦可明确概念之核心（第四章边码45）。这一推定也不可推翻，因为并无可以支持一个23岁的人当选联邦总统的这一命题的适当论据。结论故而是没有疑问的。不过，下文会进一步指明，文义明确性规则仅是推定规则，借由目的性解释的论证即可将之推翻（第六章边码2及以下）。

64a 更为激进的主张则是在美国颇流行的"文本主义"（textualism）。这一理论不仅要求忠实于文义，还要求依照立法之初日常语言的理解来对概念进行解释。为此，就需要查阅当时的词典。[130] 同时，这一理论也会注重体系性的语境。[131]

---

[126] BVerfG, Beschl. v. 24.4.1952, 1 BvR 36/52, BVerfGE 1, 263, 264-Bezirksschornsteinfeger：" 唯有文义有疑义时，始有解释之空间；而本案非属此类情形。立法者此时乃明确规定了例外性的规则。法院故而必须受其约束。"

[127] *Vogel*, Juristische Methodik, 1998, S. 114 Fn. 6; *Gern*, VerwArch 80 (1989), 415, 436; *Röhl/Röhl*, Allgemeine Rechtslehre, 3. Aufl. 2008, S. 632.

[128] Verfassungsgerichtshof, Erkenntnis v. 17.6.1963, B 44/63, VfSlg. 1963, Nr. 4442, S. 316, 317.

[129] C. C., 23 août 1985, n 85-197 DC: „règles constitutionnelles, claires et précises, qui n'appellent aucune interprétation". 关于 *école de l'exégèse*（强调对文字的忠实义务），参见 *Fikentscher*, Methoden des Rechts, Bd. I, 1975, S. 431 ff.; *Bergel*, Méthodologie juridique, 2e éd. 2016, Nr. 145。

[130] 例如 *Scalia* 及 *Easterbrook* 法官即持此主张，参见 *Scalia/Garner*, Reading Law, 2012, S. 16 ff., Nr. 7; *Easterbrook*, 17 Harv. J. L. &Pub. Pol'y. 61 ff.（1994）; *Eskridge*, Jr., 37 UCLA L. Rev. 621, 623（1990）. 参见下文第六章边码89。

[131] *Easterbrook*, 17 Harv. J. L. &Pub. Pol. 61, 64（1994）.

四、文义射程与类推禁止

1. 罪刑法定原则的四个形态

基于"概念核—概念晕"的模型(第四章边码43)可知,"可能的文义"有两种不同的状态。一方面,文义的射程——形象地说——可以由外部突破,比如将处在概念晕之外的案件事实归于规范之下;另一面,将本身处于概念晕以内的案件事实从规范的适用领域中排除出去,亦构成对文义射程的突破。[132] 上述两种情形均属于对规范语义核心的修正——或是将其扩张,或是将其限缩。[133]

本书一开始就介绍了"罪刑法定"这一重要的原则(第一章边码36及以下)。衡诸《基本法》第103条第2款的文义及其立法精神与目的(该条款规定:行为于其发生前未被法律规定其入罪可能性者,不得处以刑罚——译者注),可以得知罪刑法定原则具体表现为四种紧密相关的形态。[134]"类推禁止"(nulla poena sine lege stricta)及"习惯法适用禁止"(nulla poena sine lege scripta)所关涉的问题在于刑罚"是否"存在形式法律之基础。此二者针对的对象首先是法院。而其他两种形态则主要面向立法者[135]:"确定性原则"(nulla poena lege certa)系对"如何"构造刑法而提出的要求,即是说,它规定了《基本法》第103条第2款所称严格"法律保留"的界限。最后一个要求则是"禁止法的溯及既往"(nulla poena sine lege praevia)。

2. 类推禁止(nullum crimen, nulla poena sine lege stricta)

(1)因适用罪刑法定原则,文义射程在刑法领域具有决定性的意义。若无法律基础,则不得对行为人课以刑罚(nullum crimen, nulla poena sine lege stricta)。将规范以不利于行为人的方式类推适用于未被规定的情形是

---

[132] *Krey*, Studien zum Gesetzesvorbehalt im Strafrecht, 1977, S. 48.
[133] *Krey*, Studien zum Gesetzesvorbehalt im Strafrecht, 1977, S. 47.
[134] 概念问题参见 *Hassemer/Kargl*, in: Kindhäuser/Neumann/Paeffgen, StGB, 5. Aufl. 2017, § 1 Rn. 13。
[135] Roxin/*Greco*, Strafrecht Allgemeiner Teil, Bd. I, 5. Aufl. 2020, § 5 Rn. 7.

不被允许的（第一章边码53）。在纳粹德国，类推禁止被人为修正，以至于事实上不复存在。当时的《刑法典》第2条规定："实行本法所认定的犯罪行为，或者基于刑法之基本思想或健康的国民情感（gesundes Volksempfinden）而应受刑罚者，应被处以刑罚。若对于行为无特定的刑法可直接适用，则行为依据基本思想与之最为契合的法律处以刑罚。"[136]

68 这样一来，"健康的国民情感"就取代法学解释成为最高的指导准则。[137] 从那以后，类推的权利被广为滥用，例如，毒杀闯入私宅的蜂群就曾被认定构成"损害公共财物"（gemeinschädliche Sachbeschädigung）而处以刑罚，尽管《刑法典》第304条明文规定其必须是对"公益之物"的损坏[138]，还有一对男女因为发生了"雅利安人"与犹太人之间的性行为而获罪[139]，尽管二人压根并未接触对方。[140]

69 即使在纳粹帝国覆灭、《刑法典》第1条重新引入严格的类推禁止之后，法院也违反过这一原则。

联邦最高普通法院曾将机动车涵摄于"套车"（bespanntes Fuhrwerk）的概念下，并在其判决中说道："单纯从文义来看，被告人为了实施林木盗窃而使用的机动车并不在规范的适用范围之内，但是基于规范的立法精神则应当如此为之。"[141] 旧《刑法典》第251条规定的是抢劫者"放任地"致人死亡，但联邦最高普通法院亦曾认定故意

---

[136] 参见《刑法典修改法》（v. 28. 6. 1935, RGBl. I Nr. 70, S. 839）修订的第2条。有关其范围及界限，参见 *Kohlrausch*, StGB, 35. Aufl. 1940, Einleitende Bestimmungen Nr. II。

[137] *Bruns*, Die Befreiung des Strafrechts vom zivilistischen Denken, 1938, S. 332.

[138] RG, Urt. v. 12. 11. 1937, 4 D 498/37, RGSt 72, 1, 4-Bienenvolk："对大面积灭杀蜂群之行为，被告人负有责任，衡诸健康的国民情感，其行为理当被处以刑罚，端无争议。"

[139] 参见《血缘及婚姻保护法》[Gesetzes zum Schutz des deutschen Blutes und der deutschen Ehre v. 15. 9. 1935（BlutSchG）, RGBl. I, S. 1146]第2条，以及《第一执行规定》（AusführungsVO v. 14. 11. 1935, RGBl. I, S. 1334）第11条："仅发生性行为的"。

[140] RG, Urt. v. 2. 2. 1939, 2 D 817/38, RGSt 73, 94, 96-"Rassenschande"："无论是考虑到法律语词的使用习惯，抑或法律的目的，均不能认为，犹太人和德国人的通奸行为（专有名词：Rassenschande）必须通过与他人身体的接触才能完成，如果放纵那些替代性的行为免于刑罚，则不符合健康的国民情感以及目的明确的德国种族政策。"对此也参见下文第十四章边码100及以下。

[141] BGH, Urt. v. 13. 9. 1957, 1 StR 338/57, BGHSt 10, 375-Bespanntes Fuhrwerk.

导致他人死亡的行为人构成此罪。[142] 如今，第 251 条已经被修改为要求行为人"至少是放任地"致人死亡。[143] 从火葬场的灰烬中拿走死者金牙残渣的行为，也曾被认定为符合"拿走骨灰"这一构成要件要素，从而构成《刑法典》第 168 条第 1 款规定的"扰乱死者安宁"[144]。

这一现象在其他国家也有发生：在英国，自行车曾被认定为属于"马车"（carriage）[145]。美国上诉法院曾判处了一桩盗窃"机动车"的罪行，作案对象实际上是一架飞机。联邦最高普通法院基于日常的语言习惯撤销了这一判决，因此，法律后来不得不将盗窃飞机的行为扩充进去。[146]

70

（2）通过大量的判决，联邦宪法法院将刑法中的类推禁止进一步具体化。它要求，民众必须能够预见其行为"刑事可罚性"（Strafbarkeit），这与英美法系的说法如出一辙。[147] 在"静坐示威案"的判决中，联邦宪法法院曾有如下论述。

71

> 这也要求立法者必须足够具体地描述入罪的条件，以至于犯罪构成的适用对象和范围可以从文义中得知或者可借由法解释而探明。这一义务乃出于两个目的：一方面，保障规范的受众可以预见哪些行为得为法律禁止及可能受到刑罚；另一方面，确保将行为入罪与否的判

72

---

[142] 尽管法院自己也指出："《刑法典》第 251 条的文义本身并不能支持审判庭的观点"，参见 BGH, Beschl. v. 20.10.1992, GSSt 1/92, BGHSt 39, 100, 103-Vorsätzliche Herbeiführung der Todesfolge。

[143] 由第六次《刑法改革法》所修订（StrRG, v. 26.1.1998, BGBl. I, S. 164）。

[144] BGH, Beschl. v. 30.6.2015, 5 StR 71/15, BGHSt 60, 302 Rn. 5; Krit. hierzu *Becker/Martenson*, JZ 2016, 779 ff.

[145] *Lord Goddard C. J.* in: *Corkery v. Carpenter* [1951] 1. K. B. 102, 105: "显然，'马车'的概念足够宽泛，从其目的而言可囊括自行车"，关于此，参见 *Vogenauer*, Die Auslegung von Gesetzen in England und auf dem Kontinent, Bd. 2, 2001, S. 1045 f。

[146] 例如在 *McBoyle v. U.S.* 一案的判决中，即通过所谓"同类解释规则"（第四章边码 116），将飞机涵摄于"机动车"的概念之下，参见 43 F. 2d. 273, 274（10th Cir. 1930），该判决此后被废止，参见 *McBoyle v. U.S.*, 283 U.S. 25（1931）- Todesstrafe für jugendliche Straftäter。

[147] *United States v. Campos-Serrano*, 404 U.S. 293 at 297（1971）m. w. Nachw.: "其不能构成惩罚之对象，除非法律的语词明确指示之。"

断先行归于立法者之手，而不是嗣后交给行政或司法权力。就此而言，《基本法》第 103 条第 2 款规定了一种严格的**法律保留**，它使得刑事法院的工作**仅限于法律适用**。

不过，这并不是说要排除使用那些一定程度上需要法官阐明含义的概念。在刑法领域，立法者亦必须意识到生活的纷繁复杂。进一步说，基于**刑法规范的一般性和抽象性**，可以想见，在具体情况下某一行为是否满足法律的构成要件可能是存有争议的。但是，无论如何，规范的受众原则上必须能够通过法律的规定预见某一行为是否可能入罪。在那些边缘性的案例，也至少可以由此看到被处刑罚的风险。

法律确定性的这一要求对司法而言即意味着**禁止将类推或习惯法作为入罪之理由**。这里的"类推"不能被理解为狭义的技术性概念；毋宁说，任何超出刑罚法律内容的法律适用都应当被禁止。[148]

73　（3）由于适用类推禁止，**日常的语言习惯**就构成刑法中解释的界限。《基本法》第 103 条第 2 款确保了刑罚对于规范受众的可预见性，因此，这里的界限就应当**从后者的视角**予以确定（第四章边码 62）。[149]《刑法典》中的禁止性规范是穷尽性的，其他未被明文处罚的行为方式即均属于非罪，因此也有人称之为"**刑法的片断性**"（Fragmentarität des Strafrechts）[150]，或者将《刑法典》描述为"**犯罪者的大宪章**"[151]。这可以说是"最后手段"思想（ultima ratio）及比例原则的体现。[152]

---

〔148〕 BVerfG, Beschl. v. 10. 1. 1995, 1 BvR 718/89 u. a., BVerfGE 92, 1, 12-Sitzblockaden II；之前已有的判决，参见 BVerfG, Beschl. v. 23. 10. 1985, 1 BvR 1053/82, BVerfGE 71, 108, 115-Anti-Atomkraftplakette. 拒绝认可习惯法这一法构造的观点，见上文第三章边码 25 及以下。

〔149〕 BVerfG（ebd.）, BVerfGE 92, 1, 12-Sitzblockaden II; vorher schon BVerfG, Beschl. v. 6. 5. 1987, 2 BvL 11/85, BVerfGE 75, 329, 341-Verwaltungsakzessorietät im Umweltstrafrecht; BVerfG, Beschl. v. 20. 12. 1992, 1 BvR 698/89, BVerfGE 87, 209, 224-Tanz der Teufel.

〔150〕 *Binding*, Lehrbuch Besonderer Teil, Bd. I, 2. Aufl. 1902, S. 20 ff.

〔151〕 *von Liszt*, Strafrechtliche Vorträge und Aufsätze, Bd. 2, 1905, S. 80.

〔152〕 *Roxin/Greco*, Strafrecht Allgemeiner Teil, Bd. I, 5. Aufl. 2020, § 2 Rn. 97 ff.; 就此参见 *Kaspar*, Verhältnismäßigkeit und Grundrechtschutz im Präventionsstrafrecht, 2014, S. 243 ff.; *Jahn/Brodowski*, JZ 2017, 969 ff.

刑事法院通常会遵守禁止类推的规定，例如，帝国法院就曾指出偷电的行为不属于"盗窃"，原因在于盗窃的构成要件是"物"，也即有形的对象。[153] 为了填补这一定罪的法律漏洞，立法者后来引入了《刑法典》第248c条。[154] 如果行为人撞击建筑的墙面或地板而导致受害人严重损害，则其并非《刑法典》第224条第1款第2项后半段所称"使用危险工具"的行为。联邦最高普通法院如是指出："出于自然的语言感受，固定的墙、铺好的地板、一座山崖等，都不能被理解为'工具'。"[155]

74

联邦宪法法院在"静坐示威案"中明确指出，将心理上的强制认定为《刑法典》第240条所称的"暴力"是违宪的：游行者的静坐行为施加给受害人的仅仅是精神上的"暴力"，而非身体上的。如此扩张暴力的概念是不被容许的。[156] 滥用支票或信用卡的行为不能构成《刑法典》第263、266条规定的"诈骗"或"背信"而受罚，因为上述情形中既未"导致他人陷入错误"也没有违背"为他人管领财物的义务"。后来，立法者即新规定了《刑法典》第266b条。

75

（4）不过，通说认为，实体刑法上有利于行为人的类推[157]是被允许的，除此之外，程序刑法（特别是《刑事诉讼法》）上不利于行为人的类推也是可以的。[158] 然而，法治国家原则又禁止进行具体个案上的类推。[159]

76

3. 禁止不确定性的刑法（nullum crimen, nulla poena sine lege certa）

出于法安定性的理由，刑事可罚性必须由形式法律"确定"。这一

77

---

[153] RG, Urt. v. 1. 5. 1899, 739/99, RGSt 32, 165, 186 f.

[154] 类似的法状况也存在于奥地利（该国《刑法典》第132条）、瑞士（该国《刑法典》第142条）。

[155] BGH, Urt. v. 6. 9. 1968, 4 StR 320/68, BGHSt 22, 235, 237 f. -Wand zu § 223a Abs. 1 StGB a. F.

[156] BVerfG, Beschl. v. 10. 1. 1995, 1 BvR 718/89 u. a., BVerfGE 92, 1, 17-Sitzblockaden II.

[157] BeckOK-GG/*Radtke*, 45. Ed. 15. 11. 2020, Art. 103 Rn. 39 m. w. Nachw.

[158] St. Rspr., s. BVerfG, Urt. v. 12. 4. 2005, 2 BvR 581/01, BVerfGE 112, 304, 315-Global Positioning System m. w. Nachw.; *Möstl*, in: HStR VIII, 3. Aufl. 2010, § 179 Rn. 56.

[159] Roxin/*Greco*, Strafrecht Allgemeiner Teil, Bd. I, 5. Aufl. 2020, § 5 Rn. 43; *Kudlich*, in: MünchKomm-StPO, 2014, Einl. Rn. 92 ff.; zur Diskussion auch *Jäger*, GA 2006, 615 ff.; *Wolter*, GA 2016, 316 ff.

"确定性要求"（法无明文规定不为罪，nulla poena sine lege certa）有两层含义：一方面，独自确立入罪与否的本质条件，乃议会立法者专有之职责；关于罪名及刑罚的这一基础性决定，不得委任于行政及司法。后者的职责仅限于法律之适用。[160] 因此，《基本法》第 103 条第 2 款所反映的，即是在《基本法》第 20 条第 1、3 款的一般性民主及法治国原则框架下发展而来的"重要性理论"（第十三章边码 84）。"确定性要求"所针对的不仅包括犯罪之构成要件（不为罪 nullum crimen），亦包括罪责后果（不受罚 nulla poena），也即刑罚的方式与程度。[161]

78　　另一方面，立法者必须对可入罪的行为进行足够精确的表达。不确定的刑法是违宪的，因而可以被联邦宪法法院依据《基本法》第 100 条第 1 款的规定判为无效。不过，使用"不确定的法概念"并非必然就会招致"不确定性"。《基本法》第 103 条第 2 款并未禁止不确定的法概念或者一般条款之使用。[162] 理由在于，刑法中也存在对行为模式的构成要件进行抽象表达这一正当的法政策需求，在技术发展日新月异的时代，如此才能避免那些足堪入罪的案件事实逃脱制裁。如果全然禁止使用不确定的法概念，刑事立法程序的漫长将使立法者动辄陷入滞后之境地，其结果便是不公正的"刑事可罚性的漏洞"（Strafbarkeitslücke）。不过，同样需要立法者了然于胸的是，既然要恪守罪刑法定之原则，则其绝无可能囊括所有可能的事实情势。于具体个案而言，"刑事可罚性的漏洞"可能违反了一般性的正义观念，但也不得不为人容受，它仅仅可以构成启动立法改革的事由。

79　　联邦宪法法院已然意识到实质正义与法安定性之间的紧张关系，故而认为，只要满足了所谓"确定可能性"（Bestimmbarkeit）即可谓符合了《基本法》第 103 条第 2 款的要求。据此，"如果通过一般性的解释方法

---

[160] 有关"空白刑法"（Blankettstrafgesetze）这一例外，则参见 Dannecker, in: Leipziger Kommentar StGB, 12. Aufl. 2007, § 1 Rn. 148 ff.; BVerfG, Beschl. v. 25. 7. 1962, 2 BvL 4/62, BVerfGE 14, 245, 252- § 21 StVG a. F。

[161] BVerfG, Beschl. v. 21. 6. 1977, 2 BvR 308/77, BVerfGE 45, 363, 371 f.; Roxin/*Greco* (ebd.), § 5 Rn. 11.

[162] St. Rspr., s. BVerfG, Beschl. v. 15. 3. 1978, 2 BvR 927/76, BVerfGE 48, 48, 56; BVerfG, Beschl. v. 10. 1. 1995, 1 BvR 718/89 u. a., BVerfGE 92, 1, 14-Sitzblockaden II.

（übliche Auslegungsmethoden）——特别是通过考虑同一法律的其他规定以及考虑规范的上下关联——或者基于稳固的判例（gefestigte Rechtsprechung），可以为规范的解释及适用确立可靠的依据，从而使个人能够识别刑法规范所保护的价值及其所禁止的特定行为，并能预见国家可能的反应"，即为已足。[163] 因此，若能通过诸如归纳案例类型之类的方法勾勒出不确定的法概念及一般条款的轮廓，则足可谓满足了这里的"确定可能性"[164]。联邦宪法法院在这里所遵循的乃是如下一种"相关性法则"：可能被处的刑罚越重，对法律确定性的要求就越严格。[165] 最后起决定作用的，则是对具体构成要件的各种规范可能性进行通盘考量。[166] 如果基于待调整事实的特点，对于构成要件所囊括的行为已不存在更为准确的规范方式，则可以说没有损及确定性之要求。[167] 换言之，必须衡量宽泛的表达方式及其解释后果与所要施加的刑罚在具体个案中是否成比例。这些原则在案件的审查中殊难把握，从而使得刑法确定性的评判呈现出一定的"个案特征"（Einzelfallcharakter）。因此，从联邦宪法法院的司法实践来看，在认可不确定性时，其态度明显是非常审慎的。在后文介绍刑法中（一般条款的）"例示规定"（Regelbeispiel）时还将对此进行进一步论述（第七章边码 23 及以下）。《刑法典》第 13 条的"不作为犯罪"[168]、第 185 条的"侮辱"[169]，以及"胡作非为"（grober Unfug）[170] 等犯罪构成

---

[163] BVerfG, Beschl. v. 15.3.1978, 2 BvR 927/76, BVerfGE 48, 48, 56 f.

[164] BVerfG, Beschl. v. 23.10.2010, 2 BvR 2559/08 u. a., BVerfGE 126, 170, 210-Präzisierungsgebot Untreuetatbestand.

[165] BVerfG, Beschl. v. 25.7.1962, 2 BvL 4/62, BVerfGE 14, 245, 251 - § 21 StVG; BVerfG, Beschl. v. 6.5.1987, 2 BvL 11/85, BVerfGE 75, 329, 342-Verwaltungsakzessorietät im Umweltstrafrecht.

[166] BVerfG (ebd.), BVerfGE 126, 170, 196-Präzisierungsgebot Untreuetatbestand.

[167] Vgl. BVerfG, Urt. v. 12.12.2000, 1 BvR 1762/95 u. a., BVerfGE 102, 347, 361-Schockwerbung I Benetton zu § 1 UWG a. F.

[168] BVerfG, Beschl. v. 10.6.1997, 2 BvR 1516/96, BVerfGE 96, 68, 98-DDR Botschafter.

[169] BVerfG, Beschl. v. 10.10.1995, 1 BvR 1476/91 u. a., BVerfGE 93, 266, 291 f. -„Soldaten sind Mörder".

[170] 旧《刑法典》第 360 条第 1 款第 11 项第 2 分项。参见 BVerfG, Beschl. v. 14.5.1969, 2 BvR 238/68, BVerfGE 26, 41, 43-Grober Unfug.

要件均被认为未违反确定性要求。

80　　近年来，联邦宪法法院的判例逐渐趋于严格。早年"静坐示威案"的判决就指出不容"消解概念之界限"。依据这种"禁止消融原则"（Verschleifungsverbot），人们不得将某一构成要件要素的结论推及另一构成要件要素之上。因此，在认定"不忠"（的构成要件）时，从"义务违反"推及"财产损失"[171]，或者在认定"欺诈"时，从"财产处分"推及"财产损害"[172]，均可谓违反了《基本法》第103条第2款所规定的罪刑法定原则。在后文介绍刑法的例示规定时，还将进一步论述"确定性原则"（第七章边码23及以下）。

4. 习惯法之禁止

81　　基于入罪的行为必须由"法律"确定这一要求，除了类推禁止，亦禁止将习惯法作为定罪或加重量刑之依据（法无明文规定不处罚，nulla poena sine lege scripta）。[173] 既然以类推的形式通过法官法"创造"入罪条件是不被允许的，那么这一禁止自然也适用于"已然成形"的法官法。习惯法通常并不明确具有一般性的法确信，故而其不得作为定罪或加重量刑的法源。此外，这两种形式也并非完全一致：类推虽然必然是法官造法的手段，但法官法并不总是由类推形成。[174]

82　　将习惯法作为正当化及免责事由却未违反法无明文规定不处罚之原则，因为其非为定罪或加重量刑服务，而恰恰是为了罪刑之免除。例如，若存在正当化的被害人同意，则不具入罪之可能性。其他典型的例子包括不作为犯罪框架下的所谓正当化的义务冲突[175]、符合规范行为的不可期待性[176]或者所谓"超越法律的、可免责的紧急状态"（也被称作"免责

---

[171] BVerfG（ebd.），BVerfGE 126, 170, 211-Präzisierungsgebot Untreuetatbestand.

[172] BVerfG, Beschl. v. 7. 12. 2011, 2 BvR 2500/09 u. a., BVerfGE 130, 1, 49 ff. -Verwertungsverbot Wohnraumüberwachung. S. *Kuhlen*, in: FS Neumann, 2017, S. 943 ff.; *Saliger*, in: FS Fischer, 2018, S. 523 ff.

[173] BVerfG, Beschl. v. 23. 10. 1991, 1 BvR 850/88, BVerfGE 85, 69, 78-Eilversammlungen; *Schulze-Fielitz*, in: Dreier, GG, 3. Aufl. 2018, Art. 103 II Rn. 29.

[174] 也参见 *Schmitz*, in: MünchKomm-StGB, 3. Aufl. 2017, § 1 Rn. 28。

[175] Roxin/*Greco*, Strafrecht Allgemeiner Teil, Bd. I, 5. Aufl. 2020, § 16 Rn. 115 ff.

[176] Schönke/Schröder/*Sternberg-Lieben*, StGB, 30. Aufl. 2019, Vorbem. § § 32 ff. Rn. 122 ff.

的义务冲突")等。[177]

5. 禁止刑罚的溯及既往（nulla poena sine lege praevia）

根据《基本法》第20条第3款的一般性法治国家原则，对民众构成负担的法律之溯及既往原则上是不被允许的，而禁止刑罚的溯及既往即是它的一个特殊面向。这一禁止在实体刑法中的效力是绝对的[178]，换言之，不需要在国家的修法利益与民众的存续利益之间进行衡量。[179]

83

在联邦宪法法院的判决实践中，"禁止法的溯及既往"仅具次要意义。不过，在"柏林墙射杀案"中，这一原则却尤为引人注目，该案所要澄清的乃是民主德国边境士兵的刑事责任问题。联邦宪法法院在本案中主要以目的解释的方法论证了刑法上的溯及既往禁止并不具有绝对性：柏林墙射击者主张自己免受刑罚乃基于对《民主德国边境法》第27条之信赖，这一信赖并不值得保护，原因在于，《基本法》第103条第2款为这一信赖提供绝对保护的前提在于制定刑法及其免责理由的立法者，必须亦同时致力于维护基本权利及法治国家原则，这于民主德国而言自非如此。禁止溯及既往的效力是有限的，在像本案这样的极端案例中，尽管禁止溯及既往原则上具有严格的形式特征，也必须例外性地让步于实质正义的要求。[180]

84

五、文义对欧盟最高法院的意义

1. 多语种法律文本的文义

欧盟最高法院工作之特点在于"**自主性**"及"**法比较**"（第二章边码70

85

---

[177] 相关细节问题极富争议，参见 Schönke/Schröder/*Sternberg-Lieben*, StGB, 30. Aufl. 2019, Vorbem. § § 32 ff. Rn. 115 ff。

[178] BVerfG, Beschl. v. 23. 3. 1971, 2 BvL 2/66 u. a., BVerfGE 30, 367, 385 f.-Bundesentschädigungsgesetz; BVerfG, Beschl. v. 24. 10. 1996, 2 BvR 1851/94 u. a., BVerfGE 95, 96, 131-Mauerschützen.

[179] BVerfG (ebd.), BVerfGE 95, 96, 131-Mauerschützen; *Dannecker*, in: LK - StGB, 12. Aufl. 2007, § 1 Rn. 363; 也见下文脚注180。

[180] 见上文第二章边码44，以及 BVerfG, Beschl. v. 24. 10. 1996, 2 BvR 1851/94 u. a., BVerfGE 95, 96, 132 f.-Mauerschützen. 批评性观点，则见 *Schulze-Fielitz*, in: Dreier, GG, 3. Aufl. 2018, Art. 103 II Rn. 55 ff. m. w. Nachw.；有关"柏林墙射杀案"中缺乏合理信赖的论述，参见下文第十三章边码77及以下。

及以下、第三章边码96及以下)。在法解释时,文义解释是其最为常用的方法。[181] 特别是在毫无先例存在时,情况尤为如此。[182] 欧盟最高法院通常会在欧盟法源的几个不同的语言版本间进行比较。[183] 根据《欧洲联盟条约》第55条的规定,24种正式语言均为官方性语言,从而应被等量齐观。[184] 尽管欧盟最高法院以法语为工作语言,但各成员国均允许以自己的语言呈递案件。[185] 这一点不会因成员国的大小而有所不同。[186] 非正式的工作语言,比如英语,和法语之间也无二致,否则将损及平等对待之原则。[187] 这里所要求的,毋宁说是衡诸所有的语言版本以完成解释。[188] 如果它们各自之间存有分歧,则应关注规范的意志[189]、体系及目的。[190] 若各版本互相矛盾,欧盟最高法院有时会找寻它们之间的"最小公分母"[191]。

---

[181] 例如对1999年情况的统计,参见 Dederichs, Die Methodik des EuGH, 2004, S. 65 f.: Anteil der Wortlautauslegung liegt bei 70%; **不同观点**参见 Pechstein/Drechsler, in: Riesenhuber, Europäische Methodenlehre, 4. Aufl. 2021, § 7 Rn. 40: "经典的解释方法是等价的"。

[182] 在欧盟劳动法领域支持这一主张的,参见 Rebhahn, in: Riesenhuber (ebd.), § 17 Rn. 24。

[183] EuGH, Urt. v. 16. 3. 1977, C-93/76, EU: C: 1977: 50, Rn. 12/13-Liegeois; EuGH, Urt. v. 6. 10. 1982, C-283/81, EU: C: 1982: 335, Rn. 18-C. I. L. F. I. T.; EuGH, Urt. v. 7. 2. 1985, C-135/83, EU: C: 1985: 55, Rn. 11-Abels; EuGH, Urt. v. 3. 4. 2008, C-306/06, EU: C: 2008: 187, Rn. 24 ff. -01051 Telecom; EuGH, Urt. v. 16. 6. 2011, C-65/09 u. a., EU: C: 2011: 396, Rn. 54-Weber/Putz. 其他的例证,参见 Fenkner, The Court of Justice of the European Union's Approach to Statutory Wording, 2018, S. 93 ff。

[184] 也参见《欧盟基本权利宪章》第22条,其也指出了语言的多样性;参见 Oppermann, NJW 2001, 2663, 2264。

[185] 关于欧盟最高法院的判决书风格,参见上文第一章边码61。

[186] EuGH, Urt. v. 2. 4. 1998, C-296/95, EU: C: 1998: 152, Rn. 36-Queen/Commissioners of Customs and Excise; EuGH, Urt. v. 20. 11. 2003, C-152/01, EU: C: 2003: 623, Rn. 32. -Kyocera.

[187] Stotz, in: Riesenhuber, Europäische Methodenlehre, 4. Aufl. 2021, § 20 Rn. 12; Grundmann/Riesenhuber, JuS 2001, 529, 530; 也见下文第六章边码82及以下。

[188] 一贯的判决,参见诸如 EuGH, Urt. v. 3. 4. 2008, C-187/07, EU: C: 2008: 197, Rn. 23-Dirk Endendijk; EuGH, Urt. v. 30. 5. 2013, C-488/11, EU: C: 2013: 341, Rn. 26-Busse。

[189] EuGH (ebd.), EU: C: 2013: 341, Rn. 26-Busse.

[190] EuGH, Urt. v. 30. 5. 2013, C-604/11, EU: C: 2013: 344, Rn. 38-Genil 48 SL.

[191] EuGH, Urt. v. 30. 9. 1982, C-295/81, EU: C: 1982: 326, Rn. 7 ff.-IFF; EuGH, Urt. v. 7. 2. 1985, C-19/83, EU: C: 1985: 54, Rn. 13-Wendelboe; 也参见 Anweiler, Die Auslegungsmethoden des Gerichtshofs der Europäischen Gemeinschaften, 1997, S. 156。

此外，欧盟最高法院也偶有判决以"文义明确性规则"为依归。[192] 若成员国国内的法官适用欧盟法，则其也须遵守这一对比各个语言版本的规则（第三章边码83）。[193] 不过，这一倚重语言对比的方法论要求自然也有其局限性。[194]

2. 欧盟最高法院对法学语言习惯与日常语言习惯的区分

同德国的法方法类似，欧盟法上也存在立法者采用的法学语言习惯、法学概念及日常语言习惯之间的区别。[195] **86**

（1）部分**立法定义**已然见于《欧洲联盟运作方式条约》及《欧洲联盟条约》的规定中。[196] 不过，立法定义更多时候是出现在作为欧盟次级法的指令与条例最先的两个条款以及解释性的附录中。在解释相应的概念时（原则上是自主解释，第二章边码70及以下），即会参详这些立法定义。[197] **87**

（2）此外，欧盟最高法院亦强调一般性的"**法学语言习惯**"（Rechtssprachgebrauch）或曰"法学语言的规则"，例如"解雇"（Entlassung）的概念[198]，或者税法上"代理"（Vertretung）的相关问题。[199] **88**

最后需要考虑的乃是"**自然的语义**"，例如"野生动物"（Wild）曾被认为是"在自然猎区生活及被捕猎的动物种类"[200]，"混合物"（Gemische）乃"两种或更多种物质结合而成的产物"[201]。为此，就可以求助 **89**

---

[192] EuGH, Urt. v. 9. 3. 1978, C-79/77, EU：C：1978：47, Rn. 6-Kühlhaus Zentrum.
[193] EuGH, Urt. v. 6. 10. 1982, C-283/81, EU：C：1982：335, Rn. 18-C. I. L. F. I. T.
[194] *Möllers*, Die Rolle des Rechts im Rahmen der europäischen Integration, 1999, S. 75 f.; *Weiler*, ZEuP 2010, 862, 867；批评性见解，也参见 *Urban*, 8 Eur. Rev. P. L. 51, 54 (2000)。
[195] 不甚精确的表述，参见 *Pechstein/Drechsler*, in：Riesenhuber, Europäische Methodenlehre, 4. Aufl. 2021, § 7 Rn. 17, 其同样关注的是日常的语言习惯。
[196] 例如 Art. 15 Abs. 2 EUV, Artt. 26 Abs. 2, 28 Abs. 1 AEUV。
[197] EuGH, Urt. v. 8. 5. 1974, C-183/73, EU：C：1974：50, Rn. 5 ff., 12-Osram (für Reflektoren aus Pressglass); EuGH, Urt. v. 13. 12. 1991, C-158/90, EU：C：1991：479, Rn. 4-Nijs (Woche als Zeitraum zwischen Montag 00. 00 Uhr und Sonntag 24. 00 Uhr).
[198] EuGH, Urt. v. 27. 1. 2005, C-188/03, EU：C：2005：59, Rn. 29, 33-Junk.
[199] EuGH, Urt. v. 2. 4. 1998, C-296/95, EU：C：1998：152, Rn. 29 ff. -Queen/Commissioners of Customs and Excise.
[200] EuGH, Urt. v. 12. 12. 1973, C-149/73, EU：C：1973：160, Rn. 3-Witt.
[201] EuGH 27. 9. 1989, C-37/88, EU：C：1989：348, Rn. 13 f. -Rheinkrone Kraftfutterwerk.

于百科全书或专业类书籍。[202]

3. 欧盟最高法院及刑法、税法中的文义射程

90 欧盟最高法院通常不涉足刑法规范，因为这一权限归属于各成员国。[203] 不过，在国内规范应作"合欧盟法解释"的这一框架下，欧盟最高法院明确承认了刑法中的类推禁止（第十二章边码77）。在税法领域，欧盟最高法院也拒绝在事实明显无法归摄于文义的情况下进行类推适用。欧盟最高法院曾发表过如下类似于德国联邦宪法法院（第四章边码72）的见解。

91 > 即使委员会建议的解释符合货币平衡系统的逻辑，但制定合适的法规范终究是共同体立法者的任务。基于法安定性原则的要求，**对纳税义务人构成负担的规范必须清楚而明确**，使其能无疑义地知悉自己的权利与义务，从而可以预先安排自己的行为。[204]

第三节 体系解释

一、意义

1. 无冲突法秩序的理想模型

92 体系解释"乃基于这样的基本认识，即具体的法规范不能孤立解释，而必须置于法律的整个上下关联当中去理解"[205]。夸张而言，每个语词的解释都包含着对整个法秩序的解释。[206] 体系解释的目的，是依据其在体系中的位置及上下关联来揭示争议概念的含义。为此，就应当避免出现价

---

[202] SchlA v. 30. 10. 1962, GA *Roemer*, 2/63 u. a., EU：C：1962：3, 893, 902 f. -Sonderabgabe für Lebkuchen.

[203] 例外是刑事程序法以及针对较严重跨国犯罪的一体化立法，参见《欧洲联盟运作方式条约》第82条等。

[204] EuGH, Urt. v. 9. 7. 1981, C-169/80, EU：C：1981：171, Rn. 17-Gondrand.

[205] *Honsell*, in：Staudinger, BGB, Neubearb. 2018, Einl. zum BGB Rn. 143.

[206] 谚语有云："适用法律某个条款，就等于在适用整部法律"，参见 *Stammler*, Theorie der Rechtswissenschaft, 2. Aufl. 1970, S. 15; Engisch/*Würtenberger/Otto*, Einführung in das juristische Denken, 12. Aufl. 2018, S. 99。

值冲突及相互矛盾的解释。[207] 而其出发点在于，法典化思想下的法律甚或整个法秩序应当被视为一个统一体。[208] 理想情况下，为这一体系作出贡献的不仅包括立法者，亦包括法学学说。法院也同样认为，在规范之间形成实质的协调乃是立法者的意图。联邦宪法法院即指出：

> 体系解释，指的是对立法者置于实质性上下关联当中的具体规范，原则上应当以使其逻辑上相互一致的方式进行解释。原因在于，立法者规定这种实质性关联的目的，就是让整个规范表达出连续性的、易于理解的含义。[209]

93

可以想见，文义解释与体系解释的区别即在于，体系解释通过诉诸其他规范而探访与整个体系的关联性。因此，"法秩序的统一"[210] 以及"例外当严格解释"[211] 等规则即都属于体系解释的范畴。部分观点则将体系解释与逻辑要素联系起来。[212] 关于逻辑要素，则在下文介绍目的解释的部分进行讨论（第五章边码31及以下）。

94

罗马时期的法学家即已提出了体系解释的要求[213]，部分法秩序还将

95

---

[207] *Engisch*, Die Einheit der Rechtsordnung, 1935, S. 67 ff.; *Honsell*, in: Staudinger, BGB, Neubearb. 2018, Einl. zum BGB Rn. 144; *Rüthers/Fischer/Birk*, Rechtstheorie, 11. Aufl. 2020, Rn. 744.

[208] *Engisch*, Die Einheit der Rechtsordnung, 1935, S. 1 ff.; *Kramer*, Juristische Methodenlehre, 6. Aufl. 2019, S. 99 ff.

[209] BVerfG, Beschl. v. 9. 5. 1978, 2 BvR 952/75, BVerfGE 48, 246, 257-Ehrenamtlicher Richter.

[210] *Rüthers/Fischer/Birk*, Rechtstheorie, 11. Aufl. 2020, Rn. 744; **不同观点**参见 *Riesenhuber*, in: ders. , Europäische Methodenlehre, 4. Aufl. 2021, § 10 Rn. 20。

[211] *Horn*, Einführung in die Rechtswissenschaft und Rechtsphilosophie, 6. Aufl. 2016, Rn. 181; *Potacs*, Auslegung im öffentlichen Recht, 1994, S. 79; 支持文义解释的**其他观点**参见 *Vogenauer*, Die Auslegung von Gesetzen in England und auf dem Kontinent, 2001, S. 66; 支持目的解释的**其他观点**参见 *Anweiler*, Auslegungsmethoden des Gerichtshofs der Europäischen Gemeinschaften, 1997, S. 231。

[212] *Bydlinski*, Juristische Methodenlehre und Rechtsbegriff, 2. Aufl. 1991, S. 442; *Kramer*, Juristische Methodenlehre, 6. Aufl. 2019, S. 122 ff.

[213] Cels. D. 1, 3, 24: 不究察整个法律，而只见具体条文，则违反民法审判及调查之要义 - Incivile est nisi tota lege perspecta una aliqua particula eius proposita iudicare. 也见上文第四章脚注26。

之成文法化。[214] 在法国法[215]以及英美法系[216]也有"法体系中的'整全性'理想"（ideal of integrity）这样的说法。体系解释并非法学所独有，其在人文科学的诠释学中亦为人所熟知。[217] 在"特里尔葡萄酒拍卖案"中，体系解释的论证得以清楚呈现。

96　　特里尔葡萄酒拍卖案：史蒂芬·舒尔茨和他的朋友沃纳·温克尔曼相约在葡萄酒拍卖会见面。当舒尔茨看到温克尔曼时，他便向温克尔曼挥手致意。后来他才注意到，在此之前，拍卖官正在喊着"一次、两次"。随着"三次"喊出口，他直接以 2700 欧元的价格拍下来一瓶奥本海默选粒成熟葡萄酒。合同是否生效？[218]

97　　答案：（1）就意思表示的主观要素而言，需要区分行为意思、表示意识及效果意思。对意思表示而言，行为意思是必不可少的，这一点没有争议；相反，效果意思，即实现特定法效果的意思是可以欠缺的。不过，行为人可因错误而撤销。有疑问的是，表示意识是否必要。

98　　（2）根据客观理论或表示主义理论（Erklärungstheorie），表示意识并非意思表示的本质要件，唯如此，法的交易才能得到足够充分的保护。体系上说，客观理论或表示主义理论主要建基于欠缺表示意识和欠缺效果意思（后者即《民法典》第 119 条第 1 款的内容错误及表示错误）这两种情形的对比，并认为这二者本质上是等同的。这一理论认为，两种情形下，表意人均处于自主决定不足的境地。内容错误和表示错误之情形下，自主决定是有瑕疵的，而在欠缺表示意识的情形，则是完全没有自主决定。如果对于"表示了什么"的错误可以导

---

[214]　§ 6 ABGB, Art. 1363 Abs. 1 Codice civile; Art. 3 Abs. 1 span. Código Civil.

[215]　Bergel, Méthodologie juridique, 2ᵉ éd. 2016, Nr. 167.

[216]　MacCormick, 6 Ratio Juris 16, 24 (1993); vorher schon MacCormick, in: Peczenik/Lindahl/Roermund, Theory of Legal Science, 1984, S. 235, 244：„ coherence is a desirable ideal feature of a system of law "; Dworkin, Law's Empire, 1986, S. 211 ff.

[217]　Betti, Allgemeine Auslegungslehre als Methodik der Geisteswissenschaften, 1967, S. 219 ff.

[218]　详见 Möllers, Juristische Arbeitstechnik und wissenschaftliches Arbeiten, 10. Aufl. 2021, § 3 Rn. 11 ff.

致撤销权，那么，对于"是否表示"的错误也自然可以导致撤销权。就结论而言，两种错误的后果可能是同样不幸的。例如，表意人说"25 Gros 的厕纸"指的是"25 大包厕纸"，但客观上 Gros 指的是 12 打，也即意味着预订了 3600 包的厕纸（内容错误，德语中 Gros 这一计量单位与表示"大"的 große 接近——译者注）。[219] 既然客观要件终归是相同的，那么，基于信赖保护或者法安定性的观点，不一致的行为也就无法得到正当化。[220] 法律的价值安排也确认了对上述利益的保护：《民法典》第 116 条规定的"真意保留"即已从体系上揭示了表示主义理论的重要性，根据此规定，内心意图如何乃无关紧要。此外，根据《民法典》第 157 条的规定，合同之解释须斟酌交易习惯。据此，表意人唯有类推适用《民法典》第 119 条第 1 款的撤销权，始得脱离其表意之约束。

（3）根据主观理论或曰意思主义理论（Willenstheorie），表意人通过其行为引起法律后果的意识属于意思表示的生效条件。基于私人自治的要求，个人决定须自主作出。因此，主观理论或意思主义理论拒绝与《民法典》第 119 条第 1 款的意思表示瑕疵进行体系性的对比。在《民法典》第 119 条第 1 款意思表示瑕疵之情形，仍然保有一定的自主决定；而欠缺表示意识时，自主决定完全付之阙如。某人究竟毫无意图，抑或有其他意图，其间极可能存在着决定性的区别。根据私人自治之原则，个人只能为其意欲之事承担义务。从体系上看，法律的一些价值安排同样反映了这一思想：《民法典》第 133 条即规定应当探求表意人的真实意思。意思主义理论也体现于《民法典》第 118 条关于戏谑表示的规定之中。法律为这类缺乏表示意识的情形规定了无效的法效果。依此观点，在欠缺表示意识时，通常也就不成立有效的意思表示[221]；不过，相对人的信赖可以通过类推《民法典》

---

[219] LG Hanau, Urt. v. 30. 6. 1978, 1 O 175/78, NJW 1979, 721.
[220] 相关争鸣，参见 *Armbrüster*, in: MünchKomm-BGB, 8. Aufl. 2018, § 119 Rn. 97 ff.
[221] *Canaris*, NJW 1984, 2281 f.

第 122 条而予以保护。[222]

100 （4）正因为两种观点在《民法典》中都有所体现，所以联邦最高普通法院发展出了另一种中间性的观点，下文将对此予以介绍（第五章边码 30）。

2. 法的层级构造中的体系解释

101 在讨论体系解释的意义时，具有决定性及重要性的是法的层级构造。因此，需要纳入考量的不仅包括国内法，还包括欧盟法及国际法，由此才能避免冲突的出现。部分学说观点故而将合宪解释及合欧洲法解释也视为体系解释的一环。[223] 不过，鉴于合宪解释及合"共同体法"解释的重要意义，在法解释的过程中将这些法层级区分出来并把合宪解释和合"共同体法"解释作为独立的解释类型，似乎更为合理。[224] 因此，这部分将在第十一、十二章予以探讨。若合基础法精神的解释不奏效，则优先考虑较上位的规范。这类优先规则是强制性的（第二章边码 42 及以下）。

3.《民法典》的外部体系——概念法学：概念金字塔—砌造技术—引致

102 （1）体系性决定"问题观"，因此它具有特殊的重要性。赫克[225]、恩吉施[226]和卡纳里斯[227]充实了这一思想：**外部体系**所关涉的乃是法律的形式构造、法律的结构以及次序概念（Ordnungsbegriff）的形成。概念法学将法学理解为一个逻辑体系：法官的司法活动限于演绎，即基于预先表达好的或者说通过"纯粹逻辑"而形成的语句进行推

---

[222] *Singer*, JZ 1989, 1030 ff.，1034 f.

[223] *Säcker*, in：MünchKomm-BGB, 8. Aufl. 2018, Einl. Rn. 141；*Kramer*, Juristische Methodenlehre, 6. Aufl. 2019, S. 101 ff.；Palandt/*Grüneberg*, BGB, 80. Aufl. 2021, Einl. Rn. 42 ff.；*Morlock*，in：Gabriel/Gröschner, Subsumtion, 2012, S. 179, 187.

[224] 同样的观点参见 *Lutter*, JZ 1992, 593, 604 ff.；*Canaris*, in: FS Bydlinski, 2002, S. 47, 79 以及各自关于欧盟法的其他论述。

[225] *Heck*, Begriffsbildung und Interessenjurisprudenz, 1932, S. 139, 142 ff.

[226] *Engisch*, Die Einheit der Rechtsordnung, 1935, S. 2 f.；*ders.*，Studium generale, 1957, S. 173 ff.

[227] *Canaris*, Systemdenken und Systembegriff in der Jurisprudenz, 2. Aufl. 1983, S. 19 ff.；通说即承继了这一观点，参见 *Karpen*, ZG 1986, 5, 31；*Kramer*, Juristische Methodenlehre, 6. Aufl. 2019, S. 99 ff.

论。[228] 耶林在其早期的作品中认为，按照所谓"自然历史"的方法，法学建构（juristische Konstruktion）的本质，即在于将法规范转化为法概念，从而将其升格为一种更高层次的凝聚状态（"精神"）。耶林如是说道："概念是生产性的，它们可以两两组合，呈现出新的姿态。"[229] **潘德克吞法学**[230]将罗马法体系化，故而其亦被称作"历史学派"。法律中明确的结构思想，即严格的概念及概念金字塔的构造，都归因于潘德克吞法学及19世纪的**概念法学**。[231] 就此而言，有着精致外部结构的《民法典》可谓"潘德克吞法学之子"[232]。这种从体系逻辑性的语句中进行严格推导的认识显然已经过时，因为依照如今的观点，法不单单涉及法的认知及获取，亦内含了一定程度的创造性元素（第四章边码34及以下、第十四章边码46及以下）。这在具体化的领域尤为显著。

（2）一部法律的正文可以按照时间顺序排列（如《民事诉讼法》《刑事诉讼法》），也可以按照法制度（如《民法典》）、按照法益（《刑法典》）或者实体法及程序法的顺序（《反限制竞争法》）来安排结构。常规情况会安置在例外情况之前。结尾部分通常会有关于时间和空间效力范围的过渡性规定。一般而言，一部法律会被划分为编、章、节及条。部分规范又可以进一步分为款、分段、句、数字或字母标识的项。[233]

（3）法律通常以"**总则**"为开篇（《民法典》《刑法典》《社会法典》），

---

[228] *Wolff*, Institutiones juris et gentium, 1750, S. 32, § 62；*Puchta*, Cursus der Institutionen, Bd. 1, 1841, S. 100 ff.，作者只是将法的体系认知等同于对法的整体性认知。其他的代表性学者有 *Dernburg* 以及 *Windscheid*。

[229] *von Jhering*, Geist des römischen Rechts, Bd. I, 4. Aufl. 1878, S. 40; Bd. II/2, S. 384 ff., Bd. III, S. 311 ff. Krit. bereits *von Jhering*, Scherz und Ernst in der Jurisprudenz, 1884, S. 245 ff.；*Brütt*, Die Kunst der Rechtsanwendung, 1907, S. 88；也参见 *Schröder*, Recht als Wissenschaft, Bd. 2, 3. Aufl. 2020, S. 258 f。

[230] 优士丁尼大帝《民法大全》对应的希腊语为 Pandekten 或拉丁文 Digesten（lat.）。

[231] 参见 *Wieacker*, Privatrechtsgeschichte der Neuzeit, 2. Aufl. 1967, S. 367 ff.；*Schröder*（ebd.）, S. 252。

[232] 详见 *Koschaker*, Europa und das römische Recht, 1947, S. 258。

[233] 这样的"魔鬼条款"（指体系庞杂的条款——译者注）可参见《证券交易法》第120条（在dtv的"法条汇编"中它占据了多达31页的篇幅）、第34b条，以及税法中《所得税法》（EstG）第2条、第2a条（v. 18. 10. 2009, BGBl. I, S. 3366）。

部分法律当中还会存在多个"总则"（例如《民法典》中就有总则及债法总则）。德国法以大量使用**引证技术**以及著名的"引致链条"（Verweisungsketten）为特征。[234] 这也包括所谓"砌造技术"（第四章边码 7 及以下）。债法改革更是进一步强化了这一趋势。引证的主要优势在于避免重复；同时也能揭示（法条间的）关联性。[235] 然而，引致通常不得不以牺牲可读性为代价。精确性也同时受到损害，毕竟总是需要判断，是否存在某种对法根据或法效果的引致。法根据的引致针对的是被引用规范的构成要件，而在法效果引致之情形，则只能适用被引致规范所规定的法效果。此外，也可能发生跨越不同法律的引致。[236] 在刑法中（如经济刑法、环境刑法），这一技术则可能会导致有关确定性原则的争议问题。[237]

105 《民法典》中的引致链条包括对履行障碍法的引致，如：第 326 条第 5 款，第 346 条及以下；第 323 条，第 346 条及以下；第 433 条，第 434（435）条，第 437 条第 2 项，第 323 条，第 346 条及以下；第 365 条，第 434（435）条，第 437 条及以下；第 990 条第 2 款，第 280 条第 1、2 款，第 286 条；以及对不当得利法的引致：第 951 条、第 812 条或者对所有人、占有人关系法的引致：第 292 条、第 987 条及以下；第 818 条第 4 款，第 819 条、第 292 条、第 987 条及以下。

106 若法律所引致的规范系其他有权限的规范制定者所制定的、生效版本处于可变动状态的规范，这一情形即可被称为"动态引致"。联邦宪法法院认定这类引致原则上是合宪的。[238] 但若立法者未作进一步的预先规定即将立法权限让渡于私人机构，则其做法可能违背法治国家原则及民

---

[234] 参见 *Mußung*, in：Hill, Zustand und Perspektiven der Gesetzgebung, 1989, S. 23 ff., 33, 作者将之描述为"寻宝游戏"（Schnitzeljagd）。

[235] 历史上的范例，可参见 *Mertens*, Gesetzgebungskunst im Zeitalter der Kodifikationen, 2004, S. 477 f。

[236] 例如《反不正当竞争法》第 2 条第 2 款即引致了《民法典》第 13 条及以下之规定。

[237] *Tiedemann*, Wirtschaftsstrafrecht, 5. Aufl. 2017, Rn. 240 ff.；典型例证可参见 BVerfG, Beschl. v. 21. 9. 2016, 2 BvL 1/15, BVerfGE 143, 38 Rn. 30 ff。

[238] BVerfG, Beschl. v. 15. 7. 1969, 2 BvF 1/64, BVerfGE 26, 338, 366 ff.；BVerfG, Beschl. v. 25. 2. 1988, 2 BvL 26/84, BVerfGE 78, 32, 35 f.；其他观点参见 *Ossenbühl*, DVBl. 1967, 401, 402 ff.；*Wegge*, DVBl. 1997, 648, 649 f.：Verstoß gegen das Demokratieprinzip。

主原则。[239] 若引致模糊不清,则这类规定会被宣布无效。[240]

(4) 若概念之上还存在上位概念,即形成所谓的 **"概念金字塔"** (Begriffspyramiden):每个引出的下位概念都包含上文概念的全部特征,并至少拥有一项新的特征;前者即可为后者所包含。[241] 相对于"法律行为","合同"即是一个特殊概念,因其乃是多方的法律行为。允许(Einwilligung)是为事先的同意(《民法典》第183条),而承认(Genehmigung)则为事后的同意(《民法典》第184条)。另一个概念金字塔的例证则是围绕《民法典》第90条的"物"而展开的各组概念。例如,此处就需要区分"可分物"及"不可分物"。

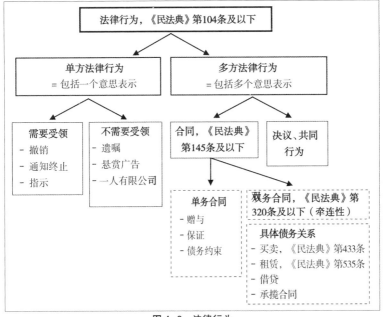

图 4-6 法律行为

---

[239] BVerfG, Beschl. v. 14. 6. 1983, 2 BvR 488/80, BVerfGE 64, 208, 214-Tarifvertragliche Regelung.
[240] BVerfG, Urt. v. 30. 5. 1956, 1 BvF 3/53, BVerfGE 5, 25, 34-Apothekenerrichtung.
[241] *Möllers*, Juristische Arbeitstechnik und wissenschaftliches Arbeiten, 10. Aufl. 2021, § 1 Rn. 83 f.

108a 在19世纪及之后的20世纪,历史学派在全世界都占据着主导地位,其对美国亦产生了巨大影响。[242] 其中的先行者就包括身为哈佛大学法学院院长的朗德尔(Langdell),他引入了苏格拉底式的方法,并将"法"理解为一种法律科学以及由法原则组成的连贯体系。这种被称为"经典法思想"的观点认为,基于"法"进行演绎推理就可以解决未来之案件。[243] 不过,英美法系的主流看法仍然认为法官的工作并非体系性的,而是"由案件到案件的"(第七章边码44)。

4.《民法典》的内在体系及价值安排

109 (1)在体系的参照下(这里指上文所称的"外在体系")解释构成要件要素时,这样的体系解释并非第一位的考虑因素,它通常会被目的论的思考所"取代"并由此得以修正。而**内在体系**则指的是逻辑上没有冲突、目的论上协调一致,其所关涉的乃是一个关于价值判断的连贯体系。体系和目的论的思考故而常常相互交融。"法原则"被视为法秩序的基础价值,并借此实现"相同情况相同对待,不同情况不同对待"。[244] 就此而言,可以说"内在体系"优先于"外在体系"。第六章及之后的内容还将对此予以详述。对概念的解释必须结合各种不同解释方法的这一观点同样适用于英美法系。[245]

110 **合同法与侵权法之分**是《民法典》中的一个重要分类。一般而言,合同法仅涉及双方当事人,而侵权法中潜在的受害人数量可能难以估计。可以想见的例子是,城市中的某个放射性设施会对整个周遭造成污染。合同法中当事人的权利义务由协商确定,而侵权法的义务则依据法律产生。为避免课以过度的责任,侵权法就应当设置比合同法更为严苛的条件。在侵

---

[242] *Riesenfeld*, 37 Am. J. Comp. L. 1 ff.(1989).

[243] S. *Kennedy*, 36 Suffolk U. L. Rev. 631 ff.(2002/03);*Singer*, 76 Calif. L. Rev. 465, 496 f.(1988).

[244] *Canaris*, Systemdenken und Systembegriff in der Jurisprudenz, 2. Aufl. 1983, S. 45 f.;有关"法原则"的详细论述,参见第九章。

[245] *Shapo/Walter/Fajans*, Writing and Analysis in the Law, 6th ed. 2013, S. 99 ff. 不过,除此之外,英美法系就鲜有人关注体系思想了,参见 *Maxeiner*, in: FS Fikentscher, 1998, S. 114, 119 ff.

权法领域，受害人原则上需要证明违法行为和侵害人的过错；而合同法则依据《民法典》第 280 条第 1 款第 2 句的规定适用过错推定。不同于《民法典》第 823 条第 1 款的"小的一般条款"，合同法责任亦包括对经济损失的赔偿。[246] 有关此类问题，容后文继续探讨。[247]

进阶练习——《民法典》体系中的第 253 条：在 2001 年的债法改革中，立法者删除了原《民法典》第 847 条关于痛苦抚慰金之规定，而将痛苦抚慰金纳入了第 249 条等规定的赔偿范围，并重新规定了第 253 条，这会产生什么影响？[248]   111

(2) 在探究法律或法秩序的价值安排，即所谓"内部体系"时，体系解释即具有重要意义，这对法律人而言可谓最艰巨的任务。具体需要判断的是，体系，或者说法秩序，对新价值的"包容"可以达到怎样的程度（第十三章边码 34 及以下）。此时，也需要诉诸目的论的思考。对此，第六章及第九章会进一步论述。例如，德国法中经由《民法典》第 823 条等规定确立的**过错责任原则**（Verschuldensprinzip），已然贯穿整个一般性的责任法。其结果便是，唯有法律明文规定的情形，才有考虑危险责任的余地（第十三章边码 30 及以下）。   112

《民法典》第 254 条乃是有关"矛盾行为"（venire contra factum proprium）的规定：当事人不得就自负过错（或共同过错）的行为主张损害赔偿。[249] 从《民法典》第 254 条可以引申出一个普遍性的法原则：损害赔偿的计算应当依据过错的程度及原因力的大小而确定。作为普遍性的法原则，《民法典》第 254 条不仅适用于过错责任，也适用于《民法典》第 833 条的危险责任，以及第 1004 条的不作为请   113

---

[246] 富有启发的见解，参见 *Hager*, in: Staudinger, BGB, Neubearb. 2017, Vor § 823 Rn. 37。

[247] 关于《民法典》第 831 条的错误设计以及对第三人具保护效力的合同，参见第十章边码 82 以下；对于《民法典》第 844 条第 2 款可进行的类推适用，参见下文第十五章边码 45。

[248] 答案参见第十五章边码 9 及以下。

[249] BGH, Urt. v. 14. 3. 1961, VI ZR 189/59, BGHZ 34, 355, 363 f.; BGH, Urt. v. 18. 4. 1997, V ZR 28/96, BGHZ 135, 235, 240-Tennisplatz.

求权或第 906 条第 2 款第 2 句的补偿请求权。[250]

二、具体的体系论证模型

1. 比较规范的构成要件要素

114　　（1）相邻的概念可能有助于解释待澄清的构成要件要素。此外，依据其在体系中所处的位置，亦可探得构成要件要素之意义。在德国，这一论证模型尚不为人所熟悉。而英美法则有"同类规则"（noscitur a sociis）的说法[251]，意指从待解释概念的上下左右入手来确定其含义。因此，法条标题、序言等都可以纳入解释时的考虑范畴。在德国，这样做的前提是，法条标题必须是官方性质的，也即来源于立法者而非法条的出版商。[252] 此外，凭借体系中的位置可以推导出构成要件要素的含义。

115　　　　生命、身体、健康等人格法益本身形成了一个高低有别的价值序列。这类人格法益又高于所有权或经济损失。此乃基于《民法典》第 823 条第 1 款所规定的顺序而得出的结论（但其保护领域并不包括经济损失）。由此可以认为，法益不同，其保护义务的严格程度也不同。[253]

116　　（2）按照英美法系的"同类解释规则"（Ejusdem-generis-Regel）[254]，一般条款若经由示例规定具体化，则其解释即不能超越所列出示例的范畴。例如，若称"禁止复制书籍、图片、电影、传单或其他同类事物"，

---

[250]　Palandt/*Grüneberg*, BGB, 80. Aufl. 2021, § 254 Rn. 2 f.; 关于"共同过错"，参见第十五章边码 5 介绍的有关 FIS 规则的案例。

[251]　Bailey/*Norbury*, Bennion on Statutory Interpretation, 7th ed. 2017, Sec. 23. 1.

[252]　直到颁行《债法现代化法》之后，立法者才为《民法典》中的法条设定了官方标题，参见 Gesetz zur Modernisierung des Schuldrechts v. 26. 11. 2001, BGBl. I, S. 3138. 官方标题的特征在于，其并不被放于括号之内。

[253]　详见 *Möllers*, Rechtsgüterschutz im Umwelt- und Haftungsrecht, 1996, § 4。

[254]　或称 *eiusdem generis*，同类归属原则，参见 *Quazi v. Quazi* [1980] A. C. 744 at 808 f. per LordDiplock（H. L. （E.）; *Cross/Bell/Engle*, Statutory Interpretation, 3rd ed. 1995, S. 135; Bailey/*Norbury*, Bennion on Statutory Interpretation, 7th ed. 2017, Sec. 23. 2; *Scalia/Garner*, Reading Law, 2012, Nr. 32。

则其仅限于可视化的材料。"其他同类"也就不包括 CD 等听觉媒体。此外，瑞士法当中也有"同类解释规则"的说法。[255] 这一论证模型在德国法当中也同样存在例证，尽管还没有为此形成一个专有的称谓。这一规则将在介绍"案例对比法"时予以详述（第七章边码 44 及以下）。

既然《刑法典》第 224 条第 1 款第 2 项规定危险致人身体损害的要件是使用"武器或者其他危险的工具"，那么在解释"危险工具"这一概念的时候就需要与"武器"进行类比（第四章边码 60）。例如，"墙"就不属于这里的危险工具，因其非为可移动之物（第四章边码 74）。要探寻相关联的概念核，可以考虑多种不同的方法。例如，在解释《刑法典》第 211 条规定的构成"谋杀罪"之要素"低级的行动理由"时，如果了解到这里指的是与其他谋杀的构成要素如嗜杀、满足性欲望、贪财等同一类别的情形，那就可以把握这一要素的含义。这一概念核的判定，就是通过与其他概念的类比而反推出来的。[256] 117

2. 构成要件要素在法律结构之中的位置

要完全理解规范背后立法者的意图，通常必须要理解规范之间的相互关系。[257] 体系解释关注构成要件要素或者说法律条文在法律结构及体系中的位置，并由此得出解释之结论。[258] 118

比如，《民法典》第 854 条"占有"之概念就需要结合《民法典》第 855、868 条的规定来理解。[259] 由于债务关系及物权之间在法典各篇中所呈现出的体系差异，债法总则的规定并不当然地适用于物权法。 119

之所以认为各种法益之间存在一个高低有别的价值序列，一个依据即是，制宪的立法者将人的尊严、生命以及个人自由置于《基本 120

---

[255] *Kramer*, Juristische Methodenlehre, 6. Aufl. 2019, S. 122.
[256] 其他例子可参见 BVerfG, Beschl. v. 10. 1. 1995, 1 BvR 718/89 u. a., BVerfGE 92, 1, 17-Sitzblockaden II。
[257] 关于"砌造技术"，见前述第四章边码 7 及以下。
[258] *Honsell*, in: Staudinger, BGB, Neubearb. 2018, Einl. zum BGB Rn. 145.
[259] *Larenz*, Methodenlehre der Rechtswissenschaft, 6. Aufl. 1991, S. 325.

法》第 1、2 条这样显著的位置，从而使之相比于诸如《基本法》第 14 条规定的所有权之类不那么重要的法益而言更具优先地位。[260]要探明《刑法典》第 228 条关于身体受到伤害时被害人的承诺何时构成"违反善良风俗"，则必须结合《刑法典》第 216 条规定的"受嘱托杀人"（Tötung auf Verlangen）的构成要件来理解，即是说，对违反善良风俗之承认唯在发生危及生命的身体损害或者说最为严重的（通常指不可逆的）损害时才有其正当性。[261]

121 在进行规范的解释时，不仅该规范相邻的规范，包括规范内部的安排，特别是款、句、数字项及字母项的划分，都会对规范的理解产生助益。

122 例如，《刑法典》第 244 条第 1 款第 1 项 b）分项明确提出了"主观使用目的"的要求，而第 1 项 a）分项则没有，这说明在解释《刑法典》第 244 条第 1 款第 1 项 a）分项"危险工具"的概念时，只能依据客观之标准，而不需要考虑主观因素。[262]《民法典》第 254 条的情况则属例外：就体系而言，第 254 条第 2 款第 2 句规定的引致仅涉及第 2 款；如果立法者想要将这一引致同时适用于第 1 款，则其应当另设第 3 款专门作出引致之规定。[263] 然而，通说认为，第 254 条第 2 款第 2 句同样适用于第 1 款，因为就共同过错而言，损害发生或损害减少应得到相同的评价。[264]

3. 不得对例外扩张解释（singularia non sunt extendenda）

123 所谓例外条款（Ausnahmevorschriften），指的是突破成文或不成文原则（它们针对的系常规案例）的法律规则。[265] "例外不得扩张"乃一项

---

[260] *Möllers*, Rechtsgüterschutz im Umwelt- und Haftungsrecht, 1996, S. 144 ff.

[261] Roxin/*Greco*, Strafrecht Allgemeiner Teil, Bd. I, 5. Aufl. 2020, § 13 Rn. 41 ff.

[262] BGH, Beschl. v. 3. 6. 2008, 3 StR 246/07, BGHSt 52, 257, 267; *Fischer*, StGB, 68. Aufl. 2021, § 244 Rn. 18, 22; Schönke/Schröder/*Bosch*, StGB, 30. Aufl. 2019, § 244 Rn. 5a.

[263] Palandt/*Grüneberg*, 80. Aufl. 2021, § 254 Rn. 48.

[264] BGH, Urt. v. 8. 3. 1951, III ZR 65/50, BGHZ 1, 248, 249; *Oetker*, in: MünchKomm-BGB, 8. Aufl. 2019, § 254 Rn. 126.

[265] Enneccerus/*Nipperdey*, Allgemeiner Teil des Bürgerlichen Rechts, 15. Aufl. 1959, S. 295 f.

著名的原则,即是说,例外必须被严格解释。这一规则起源于罗马法[266]并体现于当今罗马法系诸多国家的成文法中。[267] 德国法院也常在判例中援引这一原则。[268] 这在欧盟最高法院更是通行之做法(第四章边码140及以下),英美法中的类似规则被称为,"明示其一,即排除其他"(expressio unius est exclusio alterius)。如若作为例外明确列明了某事项,则未被列明之事项即不能为例外规定所涵盖。[269]

债权合同的形式要件规定[270]或者《民法典》第833、836条等规定中不同于一般过错责任的危险责任(第六章边码156)等,都属于所谓的例外条款。在一般的交通事故中也不能类推适用《民法典》第651f条第2款之规定为生活安宁的丧失主张损害赔偿,因为根据立法者的意图,精神损害赔偿仅得在《民法典》第253条规定的例外情况下适用(第十一章边码72及以下)。[271] 商法则被认为是一种特别法,不得适用于其所针对对象之外的群体。[272]

4. 法秩序的统一及宪法的统一

(1)"法秩序的统一"系指不同法律中的特定概念也须作同一解释,

124

125

---

[266] Paul. D. 1, 3, 14: 若构成对法原则之违反,则不可将之扩张于相应的案例,*Quod vero contra rationem iuris receptum est , non est producendum ad consequentias*。

[267] 例如 Art. 14 der Einleitung des itali. Codice Civile, Art. 4 Abs. 2 span. Código Civil(第一章脚注116), § 11 portug. Código Civil Für Frankreich s. *Bergel*, Méthodologie juridique, 2e éd. 2016, Nr. 156。

[268] RG, Urt. v. 4. 12. 1900, II 238/00, RGZ 47, 356, 360-Überbau; BGH, Urt. v. 6. 11. 1953, I ZR 97/52, BGHZ 11, 135, 143-öffentliche Schallplattenaufführung; BGH, Urt. v. 22. 5. 1989, VIII ZR 192/88, BGHZ 107, 315, 319 f. -Zwischenmieter; BGH, Urt. v. 17. 10. 1995, VI ZR 358/94, NJW 1996, 53, 54-Ausnahmecharakter des § 1664 BGB; BVerwG, Urt. v. 26. 10. 1967, II C 62/67, BVerwGE 28, 174, 177-Beihilferecht.

[269] *Bailey/Norbury*, Bennion on Statutory Interpretation, 7th ed. 2017, Sec. 23. 12; *Scalia/Garner*, Reading Law, 2012, Nr. 10; 但也有观点认为这一法制度并无甚助益,参见 *Posner*, 50 U. Chi. L. Rev. 800, 813(1983); *Cross/Bell/Engle*, Statutory Interpretation, 3rd ed. 1995, S. 140 f.; 相关的例子也参见 *Shapo/Walter/Fajans*, Writing and Analysis in the Law, 6th ed. 2013, S. 261。

[270] Enneccerus/*Nipperdey*, Allgemeiner Teil des Bürgerlichen Rechts, 15. Aufl. 1959, S. 296; *Bork*, Allgemeiner Teil des Bürgerlichen Gesetzbuchs, 4. Aufl. 2016, Rn. 1044.

[271] 其中的问题则参见 *Wagner*, Gutachten A zum 66. DJT, 2006, S. 27 f.

[272] 参见 *Canaris*, Handelsrecht, 24. Aufl. 2006, § 1 Rn. 1 f。

由此法秩序始得保持其统一性。[273] 这一规则的根据即"同一性"的逻辑法则:"任何对象须与其自身保持同一。"[274] 英美法系中也存在类似规则。根据所谓"同一情况规则"(In-pari-materia-Regel),涉及相同对象的概念须作统一的解释。[275]

126 例如,因《民法典》第823条第2款之规定,刑法中的"故意"原则上也就适用于民法。[276]《民法典》第227条第2款及《刑法典》第32条第2款有关正当防卫的"现时不法侵害",均被统一定义为:他人没有正当理由而可能对法律保护的利益所实施的直接诱发或持续的损害。[277]《民法典》第123条第1款的"欺诈"可依《刑法典》第263条第1款的定义进行解释,即通过捏造虚假事实或者歪曲、掩盖真实事实而引起、加强或维持他人的错误。[278]

127 不过,不同法律中的概念要作统一解释,前提是存在所谓的"价值平行性",即不同法律或法规范所赖以为基础的价值必须是一致的。[279] 若考虑到法概念的"相对性",这一形式论据就不再有说服力(第六章边码17及以下)。

128 (2)为了避免解释造成规范之割裂,人们有时亦会援引"**宪法的统一**",此可谓上述思想的变体。[280] 据此,宪法乃是"有关国家共同体政治

---

[273] *Engisch*, Die Einheit der Rechtsordnung, 1935, S. 13; *Engisch/Würtenberger/Otto*, Einführung in das juristische Denken, 12. Aufl. 2018, S. 223 ff.; 也参见 *Larenz*, Methodenlehre der Rechtswissenschaft, 6. Aufl. 1991, S. 166 f.; *Baldus*, Die Einheit der Rechtsordnung, 1995; *Felix*, Einheit der Rechtsordnung, 1998。

[274] *Schnapp*, Logik für Juristen, 7. Aufl. 2016, S. 93 ff.

[275] *Lennon v. Gibson and Howes Ltd* [1919] AC 709, 711 f. per Lord Show (H. L. (E.)), 26 C. L. R. 285; *Shapo/Walter/Fajans*, Writing and Analysis in the Law, 6th ed. 2013, S. 262.

[276] *Erman/Wilhelmi*, BGB, 16. Aufl. 2020, § 823 Rn. 159.

[277] *Palandt/Ellenberger*, BGB, 80. Aufl. 2021, § 227 Rn. 2 ff.; *Erb*, in: MünchKomm-StGB, 3. Aufl. 2017, § 32 Rn. 34 ff.; Schönke/Schröder/*Perron/Eisele*, StGB, 30. Aufl. 2019, § 32 Rn. 3 ff.

[278] *Palandt/Ellenberger*, BGB, 80. Aufl. 2021, § 123 Rn. 2 f.; *Singer/von Finckenstein*, in: Staudinger, BGB, Neubearb. 2017, § 123 Rn. 6.

[279] *Canaris*, Systemdenken und Systembegriff in der Jurisprudenz, 2. Aufl. 1983, S. 122 ff.

[280] 一贯的判例,参见 BVerfG, Urt. v. 23. 10. 1951, 2 BvG 1/51, BVerfGE 1, 14, 32 f. - Südweststaat; BVerfG, Beschl. v. 1. 8. 1978, 2 BvR 1013/77 u. a., BVerfGE 49, 24, 56-Kontaktsperre-Gesetz; *Ehmke*, VVDStRL 20 (1963), 53, 73 ff.; *Hesse*, Grundzüge des Verfassungsrechts der Bundesrepublik Deutschland, 20. Aufl. 1999, Rn. 71 f.; *Sachs/Sachs*, GG, 9. Aufl. 2021, Einf. Rn. 50.; 有关实践中的统一状况,参见下文第十章边码47。

及社会生活的一种统一秩序"[281]。规范逻辑上的矛盾故而应当予以剔除。[282] 依其语义，基本权利原则上不得被设置限制，"除非受相冲突的其他基本权利或其他具有宪法位阶的法价值所限"[283]。例如，《基本法》第4条之宗教自由只能依《魏玛宪法》规范的精神予以解释——后者通过《基本法》第140条的规定被纳入《基本法》——反之亦然（指这些规定的解释也须依循第4条之精神——译者注）。[284] 联邦宪法法院曾如是说：

> 在虑及宪法的统一性及其所保护的整体价值秩序的前提下，唯有与第三人的基本权利以及其他具有宪法位阶的法价值相冲突，始得例外地对原则上不受限的基本权利构成具体情势下的限制。此时，要解决其中产生的冲突，则必须探明，就待裁判的具体问题而言，哪一个宪法规范更具重要性（《联邦宪法法院法》BVerfGE 2, 1 [72 f.]）。只有出于逻辑和体系的需要非为不可时，才能适应较弱等级的规范；其客观上的基本价值内涵在任何情况下都必须得到尊重。[285]

129

三、冲突规则

法秩序统一的思想不仅关乎具体的概念，亦关乎规范之整体。若两个规范同时适用于特定的案件事实，则需要借助冲突规范回答何种规范应当优先考虑并得适用的问题。

130

1. 上位法优于下位法（lex superior derogat legi inferiori）

最为重要的原则莫过于上位法优于下位法。这一原则的拉丁语表述广为人知——lex superior derogat legi inferiori。依此原则，19世纪形成了法的

131

---

[281] BVerfG, Urt. v. 14. 12. 1965, 1 BvR 413/60 u. a., BVerfGE 19, 206, 220-Kirchenbausteuer.
[282] Sachs/*Sachs*, GG, 9. Aufl. 2021, Vor Art. 1 Rn. 123.
[283] BVerfG, Beschl. v. 26. 5. 1970, 1 BvR 83/69 u. a., BVerfGE 28, 243, 261-Dienstpflichtverweigerung; *Dreier*, in: Dreier, GG, 3. Aufl. 2013, Vorb. vor Art. 1 Rn. 139.
[284] BVerfG, Urt. v. 14. 12. 1965, 1 BvR 413/60 u. a., BVerfGE 19, 206, 220-Kirchenbausteuer; BVerfG, Beschl. v. 16. 5. 1991, 1 BvR 1087/91, BVerfGE 93, 1, 21-Kruzifix; *Morlok*, in: Dreier, GG, 3. Aufl. 2013, Art. 4 Rn. 55.
[285] BVerfG, Beschl. v. 26. 5. 1970, 1 BvR 83/69 u. a., BVerfGE 28, 243, 261-Dienstpflichtverweigerung.

层级构造理论。上文已经介绍了"上位法规则"（第二章边码 36 及以下）。法的层级构造使得欧盟法较于成员国国内法，具有广泛的优先性；此即"上位法规则"之体现（第十二章边码 3 及以下）。

2. 新法优于旧法（lex posterior derogat legi priori）

132 新法优先于旧法。这一原则同样起源于罗马法[286]，其对应表达为：**Lex posterior derogat legi qriori**。[287] 该原则背后的思想是：较新颁行的法所反映的乃是当前的立法者意图，可以认为，立法者已然预先考虑了规范冲突的情形。[288]

133 较为典型的例子即是经由《基本法》第 140 条而纳入《基本法》的原《魏玛宪法》关于宗教的规范，相对于这些规范，《基本法》第 4 条的信仰自由更具优先性。[289]

3. 特别法优于一般法（lex specialis derogat legi generali）

134 "lex specialis derogat legi generali"的规则同样发端于罗马法[290]，其含义即"特别法优于一般法"。在法国法[291]和英美法系[292]当中也存在同样的规则：一般性的规定不得取代特殊性的规定（Generalia specialibus non

---

[286] D.1, 4, 4.：较后的规定优于较先的规定（αι μεταγενεστεραι διαταξεις ισχυροτεραι των προ αυτων εισιν）。

[287] 在《学说汇纂》当中（D.9, 2, 1, pr.）即通过援引十二铜表法确立了这一原则："*Lex Aquila omnibus legibus, quae ante se de damno iniuria locutae sunt, derogavit* […]"，巴尔达斯（Baldus）接受了这一原则，并促成了当今关于这一原则的习惯性表述，参见 *Baldus*, Baldi Perusini in Infortiatum, Digestum Novum Commentarii, 1562, S. 170："*posteriores ll.* [= *leges*] *derogaverunt prioribus.*"；也参见 *Medici*, in: Medici/Curtius/Tommai, De legibus, statutis, et consuetudine, 1574, S. 88：„ Lex posterior tollit priorem "。

[288] *Kramer*, Juristische Methodenlehre, 6. Aufl. 2019, S. 131；类似观点参见 *Larenz*, Methodenlehre der Rechtswissenschaft, 6. Aufl. 1991, S. 267。

[289] BVerfG, Urt. v. 14.12.1965, 1 BvR 413/60 u. a., BVerfGE 19, 206, 219 f. -Kirchenbausteuer.

[290] 原文为希腊语，参见 Pap. D. 48, 19, 41：*nec ambigitur in cetero omni iure speciem generi derogare*；也见于 *Medici*, in: Medici/Curtius/Tommai, De legibus, statutis, et consuetudine, 1574, S. 92：*Lex specialis derogat generali*。

[291] *Bergel*, Méthodologie juridique, 2ᵉ éd. 2016, Nr. 113.

[292] 逐字翻译即：一般性的规定不得优先于更特殊的规定，参见 *Bailey/Norbury*, Bennion on Statutory Interpretation, 7ᵗʰ ed. 2017, Sec. 21.4。

derogant）。若为某一请求权的产生规定了更多限制、更为不利的条件，则应肯定特别法优先原则。[293]

例如，特殊过错责任的规定（《民法典》第521、599、690、708条）即优先于第823条第1款[294]。《民法典》第490、543、569、626、723条之规定优先于第314条所规定的常规性的通知终止权[295]，而《民法典》第314条本身又是排除了一般性解除权适用的规定。抢劫犯只能定罪为抢劫（刑罚更高），而不能以强迫或盗窃之名定罪（法条竞合），尽管抢劫的行为完全包含了以上罪名的构成要件要素。[296]

四、欧盟最高法院作出的体系解释

部分观点认为在欧盟法框架下论及体系解释是没有意义的，因为欧盟法层面尚缺乏体系性的法典。[297] 就此可以提出反驳的，是欧盟最高法院数十年来在解决案例时一直都在诉诸体系解释的方法。[298]

1. 体系的作用

有学者认为，在欧盟法（包括欧盟的合同法）中，是可以确定其内在体系的。[299] 事实上，《欧洲联盟运作方式条约》足可构成这一内在体系存在的证明。然而，就次级法而言，欧盟法则很难说呈现出了一个能够与统一法典（Gesamtkodifikation）相提并论的内在体系。此外，作为一体化产

---

[293] 参见 *Kramer*, Juristische Methodenlehre, 6. Aufl. 2019, S. 128, 转引 *Merz*, in: FS Guhl, 1950, S. 87, 94 ff。

[294] *Larenz*, Methodenlehre der Rechtswissenschaft, 6. Aufl. 1991, S. 270.

[295] Begr. AbgeordnetenE, BT-Drs. 14/6040, S. 177.

[296] 《刑法典》第249条，以及第240、242条。参见 *Vogel*, Juristische Methodik, 1998, S. 63。

[297] *Höpfner/Rüthers*, AcP 209（2009），1, 12; sowie die knappen Ausführungen bei *Lutter*, JZ 1992, 593, 603.

[298] 相关证明参见 *Riesenhuber*, in: ders, Europäische Methodenlehre, 4. Aufl. 2021, § 10 Rn. 21 ff.; *Martens*, Methodenlehre des Unionsrechts, 2013, S. 433 ff。

[299] *Grundmann*, Europäisches Schuldvertragsrecht, 1999, S. 27, 104 f.; *Riesenhuber*, System und Prinzipien des Europäischen Vertragsrechts, 2003, S. 52 ff., 62; *ders.*, in: Riesenhuber, Europäische Methodenlehre, 4. Aufl. 2021, § 10 Rn. 22 ff.

物的法显得过于"碎片化",很难如一部统一法典那般关照协调一致的价值安排。因此,合同法中有诸多重要的法领域尚未制定的规则,譬如关于合同成立、错误、未成年人及诉讼时效等方面的规定。[300]

138 然而,这并不是说,不需要将某个构成要件要素或规范置于其与整个指令或条例的关联关系中加以考察。欧盟最高法院即强调:"对共同体法律任何规范加以解释时,必须衡诸其上下关联以及整个共同法律的精神、宗旨及适用相关规范时规范的发展历程。"[301] 而本书的目的也恰是弥合矛盾从而实现一个协调的内在体系。基本自由的审查即是统一为之的(第十章边码62及以下)。[302] 欧盟最高法院通常会参考各个次级法律正文前所列的"立法理由"(第五章边码16)。此外,其也会适用一般性的法原则(第九章边码66及以下)。

2. 冲突规则

139 此外,欧盟最高法院亦注重"上位法优先规则"(第二章边码63)。同时,"新法优先"[303]、"特别法优先"[304] 规则也为其所承认。

3. 例外当作严格解释

140 在欧盟最高法院的判例中,"例外当作严格解释"这一原则可谓一条"金科玉律"[305]。部分观点更认为它本身即构成一种独立的解释规则。[306] 即使在**基础法**(Primärrecht)层面,欧盟最高法院亦认为,基本自由的例

---

[300] 反驳的观点,参见 *Riesenhuber etwa Möllers*, JZ 2004, 1067 f.; krit. auch *Flessner*, JZ 2002, 14, 16; *Vogenauer*, ZEuP 2005, 234, 252 ff。

[301] EuGH, Urt. v. 6. 10. 1982, C-283/81, EU:C:1982:335, Rn. 20-C. I. L. F. I. T.; EuGH, Urt. v. 13. 4. 2000, C-292/97, EU:C:2000:202, Rn. 39-Karlsson;其他判例,参见 *Bengoetxea*, Legal Reasoning, S. 240 ff。

[302] *Oppermann/Classen/Nettesheim*, Europarecht, 9. Aufl. 2021, § 22 Rn. 9; s. SchlA v. 2. 6. 2010, GA *Trstenjak*, C-81/09, EU:C:2010:304, Rn. 74-Idryma Typou.

[303] SchlA v. 29. 4. 2010, GA *Jääskinen*, C-72/09, EU:C:2010:235, Rn. 28-Établissements Rimbaud; SchlA v. 18. 7. 2007, GA *Kokott*, C-275/06, EU:C:2007:454, Rn. 46-Promusicae.

[304] 见上文第四章脚注303,也见第二章边码88。

[305] EuGH, Urt. v. 15. 5. 1986, C-222/84, EU:C:1986:206, Rn. 36-Johnston; EuGH, Urt. v. 17. 10. 1995, C-450/93, EU:C:1995:322, Rn. 21-Kalanke; *Anweiler*, Auslegungsmethoden des Gerichtshofs der Europäischen Gemeinschaften, 1997, S. 231 ff。

[306] *Cremer*, in: Ehlers/Fehling/Pünder, Besonderes Verwaltungsrecht, Bd. 1, 4. Aufl. 2019, § 9 Rn. 37 及该文献所引证的其他判例。

外必须被严格解释。[307] 对此,欧盟最高法院发表过如下论述。

> ……此规定属于"不得对成员国间商品的自由流通造成阻碍"这一基础规则的例外条款,故而必须进行严格解释,因此,不能认为该规定豁免了第30至34条(《欧洲经济共同体条约》,今《欧洲联盟运作方式条约》第34条及以下规定)之外的其他措施。[308]

141

欧盟基础法的宗旨主要是为了建立一个"欧盟内部市场"(Binnenmarkt),此规定于《欧洲联盟条约》第3条第3款以及《欧洲联盟运作方式条约》第26条第2款、第119条第1款等。确保商品、服务、劳工及户籍无限制流通的基本自由,乃是内部市场应有之义。因此,对那些限制此类基本自由的例外性规定进行严格解释,也就顺理成章。同时,基于这一前提,例外本身也必须符合比例原则。

142

啤酒酿造法案:在其关于"啤酒酿造法"的判例中,欧盟最高法院指出,消费者的习惯必然是会发生改变的,否则各个市场将会相互隔绝。因此,欧盟的消费者不能期待,凡是"啤酒"就一定得是依照啤酒酿造法所酿造的。相对于直接禁止而言,要求作出相应的区分标识对其所造成的损害更小,故而是符合比例原则的。[309]

143

公共职务案:必须允许国外的教职候选人在该国之外的其他成员国申请实习教师岗位,因为依据"劳工迁徙自由",《欧洲联盟运作方式条约》第45条第4款的"公共行政"概念必须被严格解释,故而教职候选人不能被归入"公共行政"的概念之下(第二章边码72)。[310]

144

---

[307] EuGH, Urt. v. 14. 12. 1962, 2/62 u. a., EU:C:1962:45, 873, 881-Kommission/Luxemburg und Belgien; EuGH, Urt. v. 10. 12. 1968, 7/68, EU:C:1968:51, 635, 644-Kommission/Italien, s. hierzu *Vogenauer*, Die Auslegung von Gesetzen in England und auf dem Kontinent, 2001, S. 371 ff.

[308] EuGH, Urt. v. 25. 1. 1977, C-46/76, EU:C:1977:6, Rn. 12/15-Bauhuis.

[309] EuGH, Urt. v. 12. 3. 1987, C-178/84, EU:C:1987:126, Rn. 32-Reinheitsgebot für Bier.

[310] EuGH, Urt. v. 3. 7. 1986, C-66/85, EU:C:1986:284, Rn. 26 f.-Lawrie-Blum; EuGH, Urt. v. 2. 7. 1996, C-473/93, EU:C:1996:263, Rn. 33 f.-Kommission/Luxemburg.

4. 其他的论证模型

145 此外，国内法的一些论证模型也可望在欧盟法领域有所建树。例如，同一领域的相同概念，应作相同解释。[311] 欧盟最高法院在进行法解释时总是试图寻找规范与其他法律之间的一致性，并超脱各个法律的视野以分析不同法律当中的概念。例如，在解释《关于法院管辖权及承认和执行民商事领域判例的第 44/2001 号条例》第 15 条第 3 款"包价旅游"（Pauschalreise）的概念时，欧盟最高法院便将其与《关于合同之债法律适用的第 593/2008 号条例（罗马 I）》第 6 条第 4 款第 b）项的同一概念进行类比。并就此得出结论，认为欧盟立法者对"包价旅游"这一概念的使用乃是统一的。[312]

第四节　历史解释

一、广义及狭义的历史解释

1. 历史解释的意义与广义的历史解释

146 在立法之初，立法者的意图究竟是怎样的？研究其当时的意图又是否有必要？在美国，曾有观点认为，（在解释时）考虑历史意图是违反宪法的。[313] 英国以前也有所谓"排除规则"（exclusionary rule），从而禁止对立法材料予以参考，因为立法者被认为在颁布法律之初即已完成了他的职责。[314]

147 然而，这一观点缺乏说服力。只有将立法者当时的意图绝对化的做

---

[311] *Grundmann*, RabelsZ 75 (2011), 882, 894 f.; *Martens*, Methodenlehre des Unionsrechts, 2013, S. 449 f.，作者将之称为"水平体系解释"。

[312] EuGH, Urt. v. 7. 12. 2010, C-585/08 u. a., EU：C：2010：740, Rn. 41 ff. -Pammer u. a.

[313] 关于所谓"原旨主义"（*originalism*），参见 *Scalia*, A Matter of Interpretation: Federal Courts and the Law, 1997, S. 17："在探寻法律含义时，如果不以立法者的表述为依据，反倒去求诸立法者的意图，这样的做法并不符合一个民主政府——或者准确地说——不符合一个公正政府的本意……治理民众的是法律本身，而非立法者的意图"；也参见 *Hager*, Rechtsmethoden in Europa, 2009, 2. Kap. Rn. 176 f.; *Fleischer*, AcP 211 (2011), 317, 342 f.；以及参见下文第六章边码 89 及以下。

[314] *Radin*, 43 Harv. L. Rev. 863, 871 (1929-1930); *Hager*（ebd.），2. Kap. Rn. 139.

法,才算得上违宪,而这一点在德国法上并未有之。相反,后者所关注的,乃是揭示立法之初的价值安排,从而在必要的情况下与之相违。[315] 此外,若弃历史意图于不顾,便等于是放弃了大量的论据。[316] 在其他的"文本科学"中[317],也发展出了诠释学或"接受理论"(Rezeptionstheorie)这样一般性的解释理论[318],其所关注的即是时代变迁中的文本理解问题。[319] 法律人究察"立法者历史意图"的这一职责,同历史学家或哲学家对文献的解释工作相比,在基本特征上可谓异曲同工。[320] 因此,当今的通说认为,在进行裁判时可对立法材料进行参考。[321] 德国法的司法判例也经常如是为之。[322] 法国法同样承认历史意图是一种论证模型。[323] 美国的法学学说则将这种历史谱系的解释称为"意图主义"(intentionalism)。[324] 不同于过往的做法,如今,英国也开始在司法裁判中参考历史文献了。[325]

2. 概念问题

对于历史解释的理解,可以说有多种不同的认识。第一个问题,便是立法者当前以及当时的意图何者更为重要。下文仅关注立法之初的意图,

---

[315] *Rüthers/Fischer/Birk*, Rechtstheorie, 11. Aufl. 2020, Rn. 794,作者将之称作"探寻历史规范目的的宪法义务"。

[316] *Honsell*, in: Staudinger, BGB, Neubearb. 2018, Einl. zum BGB Rn. 137.

[317] 如神学、哲学、历史学及语言学、文学等。

[318] 例如 *Gadamer*, Wahrheit und Methode, 6. Aufl. 1990; *Betti*, Allgemeine Auslegungslehre als Methodik der Geisteswissenschaften, 1967, S. 298 ff。

[319] *Rüthers/Fischer/Birk*, Rechtstheorie, 11. Aufl. 2020, Rn. 156 ff.

[320] *Heck*, AcP 112 (1914), 1, 4.

[321] *Vogenauer*, Die Auslegung von Gesetzen in England und auf dem Kontinent, 2001, S. 1256.

[322] *Rüthers/Fischer/Birk*, Rechtstheorie, 11. Aufl. 2020, Rn. 800.

[323] *Bergel*, Méthodologie juridique, 2e éd. 2016, Nr. 151.

[324] *U. S. v. Hartwell*, 73 U. S. 385, 395 f. (1867):"解释法律的目的在于确定立法者的意图。正是后者使法律得以形成"; *Hamdan v. Rumsfeld*, 548 U. S. 557, 581 Fn. 10 (2006); *Shapo/Walter/Fajans*, Writing and Analysis in the Law, 6th ed. 2013, S. 101 ff.; 美国宪法之父的所谓《联邦党人文集》也经常被引用,参见 *Maggs*, 87 B. U. L. Rev. 801 (2007)。

[325] 转折点起始于 *Pepper (Inspector of Taxes) v. Hart* [1993] A. C. 593, 634 f.; 就此参见 *Kavanagh*, 121 L. Q. Rev. 98, 106 f. (2005); *Brudney*, 85 Wash. U. L. Rev. 1, 2 ff. (2007); *Hager*, Rechtsmethoden in Europa, 2009, 2. Kap. Rn. 140 ff.; *Fleischer*, AcP 211 (2011), S. 317, 336 f。

此可谓"主观解释"。它与立法者当前的意图可能是相矛盾的。具体需要回答的问题是，何等情形下可以忽略历史上立法者的观点，这即属于"客观解释"或"客观说"（第六章边码69及以下）。[326] 此外，历史解释可以是对规范前身（Vorläufernorm）的研究，也可以是对具体规范立法历程的研究。此二者分别被称作狭义的历史解释以及"谱系解释"（genetische Auslegung）。[327] 最后，在诉诸具体的论证模型前，还需审查究竟哪些材料允许被人们使用。

3. 规范前身作为狭义历史解释的辅助材料

149　　历史解释会关注相关法律规范的先行规范，以此探明立法者的历史意图。历史解释虽如同体系解释一样涉及不同规范的对比，但前者所参考的只是已然失效的规范文本。[328] 早在"普通法"（gemeines Recht）时期，优士丁尼之前的旧法即作为规范前身，在解释《民法大全》时被予以考虑，此即相当于狭义上的历史解释。[329]

150　　为了辨明《民法典》中的具体问题，也可以参考相应规范在潘德克吞及罗马法上的起源。[330] 帝国法院即青睐历史解释，特别是在现行法未作规定时，尤将参考旧法之规定。在联邦最高普通法院新近的判决中，1900年之前的法只是偶被提及。[331] 然而，若为弥补法律漏洞之需要，其也会求诸先前的法。

151　　另一个典型的例证是，《民法典》第839条框架下的"一般牺牲

---

[326] 克莱默认为此处存在一种所谓"寻访义务"（Konsultierungs-），而非"遵从义务"（Befolgungspflicht），参见氏著 *Kramer*, Juristische Methodenlehre, 6. Aufl. 2019, S. 162；类似观点见于 *Honsell*, in: Staudinger, BGB, Neubearb. 2018, Einl. zum BGB Rn. 136："历史上立法者的观点……对裁判而言并无约束力"。

[327] 关于二者的区别，参见 *Alexy/R. Dreier*, in MacCormick/Summers, Interpreting Statutes, 1991, S. 73, 86 f.; *F. Müller/Christensen*, Juristische Methodik, Bd. I, 11. Aufl. 2013, Rn. 360; *Kramer*, Juristische Methodenlehre, 6. Aufl. 2019, S. 158 Fn. 376。

[328] *F. Müller/Christensen*, Juristische Methodik, Bd. I, 11. Aufl. 2013, Rn. 360.

[329] *Koschaker*, Europa und das römsiche Recht, 1947, S. 63 ff.

[330] 相应的转述文献，可参见 *Zimmermann*, The Law of Obligations, 1990; Historischer Kommentar zum BGB; *Honsell*, in: Staudinger, BGB, Neubearb. 2018, Einl. zum BGB Rn. 161。

[331] BGH, Urt. v. 11. 3. 1970, 4 ZR 772/68, BGHZ 53, 352, 353；《民法典》第1359条规定的责任标准即被认为起源于普通法及地方特别法（Partikularrechten）。

原则"（Aufopferungsgrundsatz）的前身即《普鲁士普通邦法》"导论"部分第74、75条，其至今仍为判例所援引。[332]

4. 先行规范与当前规范之间的连续性（恒定之法 droit constant）

有一些法构造被用来论证先行规范的重要性。应予注意的是，要查明现行法与旧法规范文本的关联，通常需要揭示其间是存在连续性还是非连续性：在连续性的叙述语境中，立法者将旧的规范文本未作改动地吸收，也就因此承认了之前所主张的内容。这一法构造早在"学说汇纂"时期就得到了承认。[333] 人们又把连续性称为"恒定之法"（droit constant）[334]。法院在解释新的规范时，亦须保障法结构的连续性。[335] 英美法系也认为，新法不会以沉默的方式推翻一部旧法的价值安排，为此必须采取明确的规定。[336] 联邦最高普通法院在探究是否可以结合《民法典》第823条第2款及《证券交易法》旧法第20a条之规定承认对股价操纵行为的损害赔偿请求权时，即参考了相应规范的前身——《证券交易所法》（BörsG）[337] 第88条。[338]

152

雇工采购案：根据《商法典》第56条的规定，商店或仓库的雇工有权进行被认为属于此类商店或仓库通行惯例的销售及收款行为。本案中，联邦最高普通法院需要分析的是，此处"销售"的概念是否亦包含"采购"之行为。

153

---

[332] BGH, Urt. v. 26.9.1957, III ZR 190/56, BGHZ 25, 238, 240-Salvarsanschäden. Vgl. Einl. § 75 Allgemeines Landrecht für die Preußischen Staaten v. 1794：相反，国家应当对为了公共生存利益而不得不牺牲其权利或利益者提供赔偿。

[333] Paul. D. 1, 3, 26: *Non est novum, ut priores leges ad posteriores trahantur.* "旧法移至新法，并非什么稀奇事。"

[334] *Bergel*, Méthodologie juridique, 2e éd. 2016, Nr. 221；*Fuchs/Fleischer*, WpHG, 2. Aufl. 2016, § 20a Rn. 154.

[335] *F. Müller/Christensen*, Juristische Methodik, Bd. I, 11. Aufl. 2013, Rn. 361b.

[336] *Manchester Corporation v. Manchester Palace of Varieties Ltd.* [1955] S. 133, 147 ff.

[337] Börsengesetz（BörsG）v. 16.7.2007, BGBl. I, S. 1330.

[338] BGH, Urt. v. 13.12.2011, XI ZR 51/10, BGHZ 192, 90, 100 Rn. 25-IKB；就此参见 KK-WpHG/*Mock*, 2. Aufl. 2014, § 20a Rn. 475 ff.

154　　衡诸本法的立法史，无以推断立法者存有超越'销售'这一概念字面含义的意图。《商法典》第56条——同其之前的草案一样（参见 § 50 des Entwurfs vom 1895, § 52 des Entwurfs von 1896, § 54 der Bundesratsvorlage, § 55 der Reichstagsvorlage; abgedr. in: Quellen zum HGB von 1897, 1986, S. 232, 360, 484, 605）——乃建基于《一般德国商法典》（ADHGB）[339] 第50条（参见 Denkschrift zum Entwurf von 1895, abgedr. in: Quellen zum HGB von 1897 II, 1987, S. 1, 48），而后者又发端于普鲁士国家《商法典草案》的第54条（参见 Prot. der Kommission zur Berathung eines allgemeinen deutschen HGB, I. Theil, 1858, S. 97）。

以上所有的规范，都一以贯之地使用了"销售"的表达。[340]

5. 宪法传统

155　　上述关于先行规范的论证，在联邦宪法法院的判例中发挥着重要作用，特别是在强调"宪法传统"这一法构造时尤为如此。《基本法》的条款通常是"百年来的宪法发展史在联邦法上短暂的句点"[341]，它与19世纪的自由主义思想传统之间便存有连续性。[342] 联邦宪法法院就曾基于德国的宪法传统，认定将联邦国防军向国外征派属于议会保留之事项（此并未被《基本法》所明文规定）。[343]

---

[339] Allgemeines Deutsches Handelsgesetzbuch (ADHGB) v. 31. 5. 1861, BGBl. des Norddeutschen Bundes, Bd. 1869 Nr. 32, S. 601.

[340] BGH, Urt. v. 4. 5. 1988, VIII ZR 196/87, NJW 1988, 2109-Ankauf durch einen Angestellten (§ 56 HGB); weitere Beispiele BGH, Urt. v. 13. 12. 2011, XI ZR 51/10, BGHZ 192, 90 Rn. 29-IKB; BGH, Urt. v. 5. 11. 2003, 8 ZR 371/02, BGHZ 157, 1, 5 f.; BVerfG, Beschl. v. 13. 10. 1971, 1 BvR 280/66, BVerfGE 32, 54, 69-Betriebsbetretungsrecht.

[341] So *Durner*, in: Maunz/Dürig, GG, 92. EL August 2020, Art. 11 Rn. 1.

[342] *Scholl*, Europas symbolische Verfassung, 2006, S. 95.

[343] BVerfG, Urt. v. 12. 7. 1994, 2 BvE 3/92 u. a., BVerfGE 90, 286, 383-Out-of-area-Einsätze; 对此的批评，参见 *Depenheuer*, in: Maunz/Dürig, GG, 92. EL August 2020, Art. 87a Rn. 142 ff. m. w. Nachw.

二、存在于具体规范相关材料中的立法者意图

1. 谱系解释

"谱系解释"是指参考一部法律的立法历史,并根据立法材料来探究立法者制定规范之初的意图。此时所关注的系立法者的意图或规范意图(normativer Wille)。历史地看,最终成文的法律文本反映的乃是从"数不清的原始文献和故纸堆当中所涌现出的"的"意志之流"(Willensstrom)[344]。早在罗马法当中,"立法时期的情势"便已然是一项稳固的"论题"(Topos)[345]。托马西乌斯(Thomasius)即看重立法者的历史意图。[346] 萨维尼也强调,必须对法律制定之初的情况加以研究(第四章边码20)。谱系解释仅针对具体的立法程序,其在英美法系被称作"原旨主义"[347] 或"目的论进路"(purposive approach)[348]。

所谓"立法材料",系指立法的程序中所积累的、官方公布并可为公众所获取的文件。[349] 其中最为关键的,是从联邦议院或参议院公报等材料中所得知的具体立法委员会的观点。[350] 如今,对一部法律的立法史进行分析,已是广为人所承认的做法。依联邦最高普通法院所言,"传统意义上的官方材料必须予以参考"[351]。

---

[344] *Heck*, AcP 112 (1914), 1, 106.

[345] *Dernburg*, Pandekten, Bd. 1, 4. Aufl. 1894, S. 77.

[346] *Thomasius*, Ausübung der Vernunftlehre, 1691, 3. Hauptstück, § 25, S. 136:"解释(interpretatio)此时无非是清楚地、以尽可能推测的方式揭示他人在写就(法律)时所欲理解的含义,以及揭示那些较难理解或晦涩难懂的含义。"

[347] 关于美国法,参见 *United States v. American Trucking Ass'ns*, 310 U.S. 534, 543 (1940); *Summers*, in: MacCormick/Summers, Interpreting Statutes, 1991, S. 407, 415 ff.

[348] *Kammins Ballrooms Co. Ltd. v. Zenith Investments (Torquay) Ltd.* [1971] A.C. 850, 881 per Lord Diplock (H.L. (E.)); *Vogenauer*, Die Auslegung von Gesetzen in England und auf dem Kontinent, 2001, S. 1115 ff.

[349] *Heck*, AcP 112 (1914), 1, 106.

[350] 有关此类文献资料,参见 *Möllers*, Juristische Arbeitstechnik und wissenschaftliches Arbeiten, 10. Aufl. 2021, § 4 Rn. 30 f., 38 ff.

[351] BGH, Urt. v. 21.10.1954, 4 ZR 171/52, BGHZ 15, 87, 89-Reichsbahnanleihe;关于联邦最高劳动法院(BAG)的实践,则可参见 *Schlachter*, Auslegungsmethoden im Arbeitsrecht-am Beispiel von § 87 Abs. 1 BetrVG, 1987, S. 18。

2. 法律内含的材料：序言及方针式规定

158 如果法律当中本身已有可供谱系解释的材料，则其可被称为"法律内含的材料"。长期以来饱含争议的问题是，《基本法》的**序言**（Präambel）[352] 在法解释时究竟能起到多大的参考作用。部分观点认为，序言并不属于宪法的内容，因其被置于宪法的内容之前，故而并无法律意义。[353] 但如今的通说却认为，序言亦具有法之相关性，其中一个理由是，《基本法》的序言在提及基本法时使用的表述是"本基本法"（diesem）而非"下文中的基本法"（diesem folgenden）。[354]

159 同序言一样，表述为目标规范的"**方针式规定**"（Programmsätze）也应在规范解释时予以考量。[355] 相关的例子是《基本法》第20a条规定的"环境保护"这一国家目标对于立法及司法的意义。表面上看，这一国家目标规范乃对立法以及行政行为的委任。[356] 然而，司法层面亦受到这一国家目标规范的影响。该规范构成法解释及法续造的指南[357]——尤其是对民法的一般条款加以具体化时[358]——同时也构成合宪解释的纲领[359]，以及检验国家行为合宪性的标准。[360]

160 规定了国家目标的《基本法》第20a条乃一项宪法原则，其虽然未赋予个人对遵照这一目标的请求权，却为国家权力设定了在国家行

---

[352] 拉丁语：praeambulat = 在前面。

[353] 相关证明，参见 Häberle, in: FS Broermann, 1982, S. 211, 225。

[354] BVerfG, Urt. v. 17. 8. 1956, 1 BvB 2/51, BVerGE 5, 85, 127; hierzu *Dreier*, in: Dreier, GG, 3. Aufl. 2013, Präambel Rn. 23 ff.

[355] 普通法层面的例子则参见下文第五章边码 12；以及《社会法典》（SGB）第二部第1条：在解释《社会法典》第二部的规范时需要注意，根据第二部第1条这一前置的"方针式规定"，必须加强有工作能力的给付受领权人的自我管理能力（Eigenverantwortung）。

[356] *Bundesminister des Inneren/Bundesminister der Justiz*, Staatszielbestimmungen/Gesetzgebungsaufträge, 1983, S. 100 f.

[357] 这主要针对不确定的法概念，其本身已经内含了衡量之要求；也参见 *Peters*, NVwZ 1995, 555, 557。

[358] *Wienholtz*, AöR 109, 532, 549 f.

[359] *Lücke*, DÖV 1976, 289, 295; *Michel*, NuR 1988, 272, 279; *Stern*, NWVBl. 1988, 1, 6.

[360] 基于《基本法》第20a条的"环境保护"而进行国家干预行为的正当性，参见 *Möllers*, Rechtsgüterschutz im Umwelt- und Haftungsrecht, 1996, S. 245 f。

为的框架下——特别是在解释法律的行为中——注意该方针式规定的义务。[361]《基本法》第 20a 条也并未影响原则上的权力分立。[362] 在环境保护领域，司法同样要受法律与法的约束，若无法律依据，司法不得径自假以环境保护之名。[363] 国家的目标规范仅得发挥一种客观法的效果。[364]

3. 辅助手段：立法程序中的官方材料

究竟存在哪些足以反映立法者意图的材料？就立法程序中的官方材料而言，可分为两种：一种在议会的立法程序开展前已然生成，而另一种则生成于程序实际进行的过程中。[365]

（1）议会的立法程序原则上在提出《基本法》第 76 条第 1 款规定的法律草案后才算得上开始实施。大部分立法提议是由联邦政府以所谓"政府草案"（Regierungsentwurf，《基本法》第 76 条第 1 款第 1 句）的形式提出的。其结果是，此后诞生的法律大部分内容通常都与政府的建议一致。因此，若只关注联邦议院及参议院的论述，殊难有说服力；此时，尤应参考一部政府草案所附的"**官方理由**"（amtliche Begründung）[366]。

（2）通常而言，在提出法律草案之前，尚有一系列"咨询程序"。此时，即需要对**审议记录**（Protokolle）及立法委员会的理由加以考量。[367] 一旦在联邦议院中提起法律草案，则其将不只以"**联邦议院公报**"（Bundestagsdrucksache）的纸面形式提交给议员参详，亦同时供公众浏览。[368] 在联邦议院可依据《基本法》第 77 条第 1 款第 1 句以"决定"的形式公布法

---

[361] *BMI/BMJ*, Staatszielbestimmungen/Gesetzgebungsaufträge, Bericht der Sachverständigenkommission, 1983, Rn. 7; Sachs/*Murswiek*, GG, 9. Aufl. 2021, Art. 20a Rn. 12 f.; *ders.*, NVwZ 1996, 222, 223.
[362] *Gramm*, DÖV 1999, 540, 545.
[363] *Scholz*, in: Maunz/Dürig, GG, 92. EL August 2020, Art. 20a Rn. 53 ff.; BFH, Urt. v. 29. 10. 1997, I R 13/97, BFHE 184, 226, 231.
[364] *Klein*, DVBl. 1991, 729, 733.
[365] *Vogenauer*, Die Auslegung von Gesetzen in England und auf dem Kontinent, 2001, S. 31.
[366] *Wank*, Die Auslegung von Gesetzen, 6. Aufl. 2015, S. 69.
[367] *Larenz*, Methodenlehre der Rechtswissenschaft, 6. Aufl. 1991, S. 329.
[368] 联邦议院及参议院的公报及全会记录都可在"议会程序文档及信息系统"（DIP）自由获取：http://drucksachen.bundestag.de/drucksachen/index.php。

律之前，必须通过"**多次审读**"以审议法律草案，由此才能使议会辩论的审议记录原则上得到重视。[369] 对法律草案内容上的审议通常是在**委员会**（Ausschüss）中进行，并公布于委员会的报告中。[370] 为此通常需要委托专家出具审查意见。在谱系解释时，也应当重视这种专家的审查意见。[371] 修改或通过的提议同委员会的材料一样都会以联邦议院公报的形式记录在案，在解释时也必须对此予以参酌。[372] 通说认为，对于法解释而言，真正的法律编纂者所认识的以及譬如说表述于立法理由当中的法之精神与目的，即是议会本身（立法者）所主张的法之精神与目的。[373]

164 此外，联邦参议院的意见同样也属于可供参酌的立法材料。[374] 其他所有呈递给联邦参议院的审议事项也都会记载于**联邦参议院公报**（Bundesratsdrucksachen）之上，供公众自由获取。而"**全会记录**"（Plenarprotokolle）则会逐字记载全会的发言。以《商法典》第56条为例，若对其进行谱系解释，则可得知该规范并不能囊括"采购"之行为：

165 曾经发生过有关"该规范是否只包括零售式的销售行为，还是也包括大宗销售行为；只包括即时的现金付款销售，抑或包括信用付款的销售"（Entwurf eines HGB für die Preussischen Staaten, II. Theil: Motive, 1857, S. 34）以及怎样的"户外销售场所""销售地点""销售站点"（Prot. S. 97 f.）符合该规范等诸如此类的讨论，再加上甚至还有人讨论

---

[369] *Vogenauer*, Die Auslegung von Gesetzen in England und auf dem Kontinent, 2001, S. 31 m. w. Nachw.; *Geier*, Gesetzesauslegungsmethoden des Reichsgerichts, 1929, S. 11.; *Honsell*, Historische Argumente im Zivilrecht, 1982, S. 90 ff., 139 ff.; *Überlacker*, Die genetische Auslegung in der jüngeren Rechtsprechung des Bundesverfassungsgerichts, 1993, S. 85 ff.

[370] 委员会的报告可访问如下网址：www.bundestag.de/ausschuesse。

[371] BGH, Urt. v. 12.10.2005, IV ZR 162/03, BGHZ 164, 297, 304-Klauselersetzung bei kapitalbildender Lebensversicherung.

[372] BGH, Urt. v. 28.5.1963, V BLw 34/62, BGHZ 39, 299, 303 f. -Grundstückserwerb durch kirchliche Stiftungen.

[373] *Deckert*, JA 1994, 412, 416. 若修改的建议为议会所驳回，则修改建议的目的就不能构成法律解释的依据。参见 *Vogel*, Juristische Methodik, 1998, S. 129 f。

[374] 见第四章边码157。

是否应当将这里的销售限于"现金付款的销售"（Prot. S. 99），足以使我们推知，立法者并无意将"采购"纳入本规范的适用范围。[375]

（3）第三方在立法程序中发表的意见则不属于立法材料。[376] 这通常是指职业协会，如企业家、雇工协会等，发表的意见。 **166**

4. 立法机构的多数人意图与个人意图

上文提及的材料均属于立法机构以书面形式表达的观点，但立法者通常情况下不会形成统一的意图。毕竟，立法程序所牵涉的参与者不仅包括联邦议院的成员，亦包括各部委以及联邦参议院的代表及州代表。 **167**

有观点反对通过对法律编纂者、提案提议者以及议会发言者等进行个人询问以查明立法者意图的做法，理由在于，对抽象、一般性的规范进行解释时，需视相关人士是否尚处于问询机关的身份而定。此外，人的记忆力也是有限的。[377] 参酌个人的意见同时蕴含一种危险，即是说，任意择选的个人意见可能会使共同形成的、看似统一的立法者意图尽失其本来面目，乃至于在实践中沦为可以由人随意附会的空壳。[378] **168**

因此，必须将立法者的意图等同于立法机构——也即参与撰写被公布的法律草案的——多数人的意图。[379] 原则上不应考虑个人的意见。[380] **169**

5. 连续性论据：明确的意图至今有效

连续性这一论据（第四章边码152）不仅适用于历史解释（狭义），也适用于谱系解释。就此而言，历史性的立法者意图可能贯穿至今。有 **170**

---

[375] BGH, Urt. v. 4. 5. 1988, VIII ZR 196/87, NJW 1988, 2109-Ankauf durch einen Angestellten（§ 56 HGB）；weitere Beispiele RG, Urt. v. 18. 4. 1912, IV 429/11, RGZ 79, 246, 249 f. - Ochse als Haustier; BGH, Urt. v. 10. 10. 2005, II ZR 148/03, BGHZ 164, 241, 246-Nutzung genehmigten Kapitals/Informationspflichten.

[376] BGH, Urt. v. 21. 10. 1954, 4 ZR 171/52, BGHZ 15, 87, 89-Reichsbahnanleihe.

[377] *Bydlinski*, Juristische Methodenlehre und Rechtsbegriff, 2. Aufl. 1991, S. 449 f.

[378] *F. Müller/Christensen*, Juristische Methodik, Bd. I, 11. Aufl. 2013, Rn. 361e, unter Verweis auf *Schmitt*, Gesetz und Urteil, 2. Aufl. 1969, S. 25; *Honsell*, Historische Argumente im Zivilrecht, 1982, S. 42 f.; *Fleischer*, in: ders., Mysterium „Gesetzesmaterialien", 2013, S. 1, 14. **A. A.** *Hirte*, in: FS Kayser, 2020, S. 351, 361 ff.

[379] *F. Müller/Christensen*, Juristische Methodik, Bd. I, 11. Aufl. 2013, Rn. 361 f. m. w. Nachw.

[380] BVerfG, Urt. v. 21. 5. 1952, 2 BvH 2/52, BVerfGE 1, 299, 312-Wohnungsbauförderung.

时为了拒绝法的续造行为,亦会援用连续性的论据。关于此的一种理解是:如果动用了其他所有的解释要素后,仍无从以合理的方式得出异于历史上规范立法者意图的其他含义,则即应当从其解释,即使这一理解在当今看来可能已显得陈腐或不妥。[381] 另一种理解则是:法官不得自行填补法律漏洞,因为立法者是有意留有空缺;(依此观点)并不存在什么"计划之外的漏洞"(planwidrige Lücke)。这被认为是权力分立的当然之义。后文在涉及主观解释及客观解释之争(第六章边码60及以下)以及法续造的正当界限(第十三章边码37及以下)时还将讨论这两种论据。

6. 谱系解释中材料的叠加

171 通过考察不同立法材料之间的位阶关系,郝泽尔(Honsell)得出结论认为"立法者意图的连续性,经过立法程序多个不同阶段的更迭之后,实际上已经不再有什么意义"[382]。联邦最高普通法院也没有区别对待不同的立法材料,而是认为,立法理由书(Motiv)和审议记录(Protokoll)两种立法材料应当被结合起来考虑(引用),因为"两个证据总比一个证据更具说服力"[383]。不过,近年来涌现了诸多以立法者意图为主要论证依据的判决。[384] 联邦宪法法院虽然强调,在立法者意图明确的前提下无法对文义进行合宪的限制[385],但这种说法实值商榷:多数情况下,立法者的意图恰恰不甚明确。[386] 即使在立法者意图明确时,能否通过客观解释对其加以修正(第六章边码66及以下),也就是说,合宪的法续造是否可以违背

---

[381] 其他的任何解释都将构成"违法裁判"(contra rationem legis),参见 *Kramer*, Juristische Methodenlehre, 6. Aufl. 2019, S. 163, 262 ff.。

[382] *Honsell*, Historische Argumente im Zivilrecht, 1982, S. 139。

[383] *Honsell*, Historische Argumente im Zivilrecht, 1982, S. 139; vgl. BGH, Urt. v. 24. 4. 1975, III ZR 147/72, BGHZ 64, 278, 286-Legitimationswirkung des Sparbuchs。

[384] 例如,BVerfG, Urt. v. 24. 10. 2002, 2 BvF 1/01, BVerfGE 106, 62, 136 -Altenpflege; BVerfG, Urt. v. 24. 4. 2013, 1 BvR, 1215/07, BVerfGE 133, 277 Rn. 156 ff. -Antiterrordatei 以及下文脚注中引用的判例。

[385] BVerfG, Beschl. v. 27. 1. 2015, 1 BvR 471/10 u. a., BVerfGE 138, 296 Rn. 1323-Kopftuch II:"合宪解释的界限在于其不能与文义以及立法者明显体现出来的意图相冲突。"

[386] 参见法官 *Gaier* 在 BVerfG, Beschl. v. 3. 7. 2012, 2 PBvU 1/11, BVerfGE 132, 1, 24 Rn. 66-Luftsicherheitsgesetz 一案中的不同意见书以及法官 *Schluckebier*、*Hermanns*,在 BVerfG, Beschl. v. 27. 1. 2015, 1 BvR 471/10 u. a., BVerfGE 138, 296, 359 Rn. 23-Kopftuch II 一案中的不同意见书。有关执行指令时立法者历史意图的问题,参见第十二章边码62c。

立法者的历史意图（第十一章边码 75），本身也是一个颇有争议的问题。总之，历史意图这种论据（操作起来）复杂而棘手。由于立法程序旷日持久，而政府提出的草案在各种政治决定中又时常几经更迭，故而，除了从政府草案的官方理由（第四章边码 162）中探寻立法者意图，尚需关注委员会的报告及全会记录（第四章边码 163）。由于这些材料存在于立法程序的收尾阶段，故其能够为问题的讨论提供较有意义的补充。[387] 概言之：同先例一样，立法者意图只能被赋予一种推定效力。人们必须参考立法意图，但若不愿遵循，原则上也都可以推翻之。[388] 论证负担的大小则视具体案件中立法者意图的明显程度而定。[389]

三、立法史对欧盟最高法院的意义

1. **历史解释（广义）对欧盟最高法院的意义**

部分观点认为，历史解释于欧盟最高法院而言几无建树[390]，因为 1958 年的《欧洲经济共同体条约》并没有相应的立法材料。[391] 这一论断难以服人，因为欧盟最高法院如今经常会诉诸历史解释的方法。[392] 这在涉及基础法的情形亦是如此。[393] 如上所述（第四章边码 146 及以下），应当区分狭义的历史解释与谱系解释。而在欧盟法上，存在基础法与次级法的区别。在基础法层面，成员国缔结或修订了《欧洲联盟条约》《欧洲联

---

[387] *Hirte*, in：FS Seibert, 2019, S. 345, 356 f.

[388] *Kramer*, Juristische Methodenlehre, 6. Aufl. 2019, S. 162；*Fleischer*, in：ders., Mysterium „Gesetzesmaterialien", 2013, S. 1, 20. 也参见下文第六章边码 69 及以下。

[389] *Waldhoff*, in：Fleischer, Mysterium „Gesetzesmaterialien", 2013, S. 75, 92, 作者称这构成一种动态体系或动态框架。

[390] 忽视历史解释的观点参见 *Bredimas*, Methods of Interpretation and Community Law, 1978, S. 54 ff., 64 f.；*Bengoetxea*, The Legal Reasoning of the European Court of Justice, 1993, S. 233。

[391] *Vogenauer*, Die Auslegung von Gesetzen in England und auf dem Kontinent, 2001, S. 385 f., 420 ff. 《欧洲经济共同体条约》已经为后文所称的《欧洲联盟运作方式条约》《欧洲联盟条约》及《欧盟基本权利宪章》所取代。

[392] *Lutter*, JZ 1992, 593, 600；*Leisner*, EuR 2007, 689, 697 m. w. Nachw.；*Riesenhuber*, in：ders., Europäische Methodenlehre, 4. Aufl. 2021, § 10 Rn. 32 ff.；*Martens*, Methodenlehre des Unionsrechts, 2013, S. 378 ff.；*F. Müller/Christensen*, Juristische Methodik, Bd. II, 3. Aufl. 2012, Rn. 75.

[393] EuGH, Urt. v. 3. 10. 2013, C-583/11P, EU：C：2013：625, Rn. 50-Inuit Tapiriit Kanatami u. a.；EuGH, Urt. v. 27. 11. 2012, C-370/12, EU：C：2012：756, Rn. 135-Pringle.

盟运作方式条约》以及《欧盟基本权利宪章》（参见《欧洲联盟条约》第54条第1款）。在次级法层面（诸如条例和指令），欧盟之委员会、理事会、议会则各自在其权限范围内制定欧盟法（《欧洲联盟条约》第5条第1款）。在制定基础法时，成员国是为条约的"主人"，而次级法则由欧盟机构负责。因此，在历史解释（广义）时，必然需根据基础法抑或次级法的定性，寻访各自不同的立法材料。

2. 狭义的历史解释：与规范前身的连续性

173 在欧盟法中，依据规范的前身进行解释（狭义历史解释意义上的）也同样有其意义。[394] 就次级法来说，之前施行的条例或指令均可纳入法解释的考量范围。[395] 国内法关于连续性的论证模型在此处完全通用。欧盟最高法院曾这样强调不同规范间的连续性。

174 > 根据一项各个成员国法秩序共通的、起源于罗马法的原则，在立法更替的情形下，若立法者未明确表达相反的意图，则应当优先采用能够保障法律结构连续性的解释方法。[396]

3. 宪法传统：狭义历史解释

175 在欧盟基本权利的发展历程中，欧盟最高法院也会援引各成员国的宪法传统，这已经体现于《欧洲联盟条约》第6条第3款（第二章边码95）。[397]

4. 谱系解释：作为法律内含材料的序言及立法理由

176 （1）如今，通过欧盟的数据库可以查阅到大量立法史的材料。[398] 此

---

[394] EuGH, Urt. v. 22. 6. 1999, C-412/97, EU：C：1999：324, Rn. 16-ED；在有关"布鲁塞尔关税税则"的判例中，欧盟最高法院即将旧法规范的解释套用于新法规范之上，参见Urt. v. 8. 12. 1970, C-14/70, EU：C：1970：102, Rn. 9 f. -Bakels。

[395] 参见 *Lutter*, JZ 1992, 593, 599 f.；*Anweiler*, Die Auslegungsmethoden des Gerichtshofs der Europäischen Gemeinschaften, 1997, S. 252, 255 f.；*F. Müller/Christensen*, Juristische Methodik, Bd. II, 3. Aufl. 2012, Rn. 71；EuGH, Urt. v. 1. 7. 1999, C-14/98, EU：C：1999：343, Rn. 34-Battital。

[396] EuGH, Urt. v. 25. 2. 1969, C-23/68, EU：C：1969：6, Rn. 13-Klomp.

[397] 例如 EuGH, Urt. v. 14. 5. 1974, C-4/73, EU：C：1974：51, Rn. 13-Nold；*Leisner*, EuR 2007, 689, 691 m. w. Nachw。

[398] EURlex, und das elektronische Register des Rates；参见 *Möllers*, Juristische Arbeitstechnik und wissenschaftliches Arbeiten, 10. Aufl. 2021, § 4 Rn. 15, 31。

外,《欧洲联盟条约》第 296 条第 2 款设定了一种说明理由的义务,这使得嗣后法院的审查变得尤为容易(第一章边码 43)。[399] 需要注意的是条约文本中的序言。序言反映了条约缔结方的意图。[400] 根据《维也纳条约法公约》第 31 条第 2 款的规定(其将国际习惯法成文法化),在解释条约时,序言本身构成条约语义的一部分;这适用于《欧洲联盟条约》《欧洲联盟运作方式条约》《欧盟基本权利宪章》等成员国之间的国际法条约中的序言。[401] 因此,在解释时必须将它们纳入考虑。

(2)基于上述说明理由之义务,指令及条例置于前面的"立法理由" **177**(Erwägungsgründe)对其解释而言具有重要意义。[402] 原则上,欧盟最高法院在解释规范时都会对之予以考虑,尽管其通常所反映的并非欧盟立法者的主观看法,而只是用来揭示规范所追求的目标及其体系上的内在关联(第五章边码 16 及以下)。[403]

5. 官方材料:谱系解释的辅助手段

(1)欧盟最高法院在其判决中多次提及"**委员会建议**" **178**(Kommissionsvorschläge)[404]。虽然在立法程序中,该建议经常会在理事会及议会的参与下发生改变,但不可否认其往往仍具有一定的"锚杆作用",因为其后的各个版本都会以这一建议为基础。[405]

在批准法律的程序中,各成员国的政府会向议会提交**官方声明** **179**(amtliche Erklärung),对这一声明该如何处理,尚不明确。虽然欧盟最高

---

[399] *F. Müller/Christensen*, Juristische Methodik, Bd. II, 3. Aufl. 2012, Rn. 75 m. w. Nachw.
[400] Streinz/*Streinz*, EUV/AEUV, 3. Aufl. 2018, EUV Präambel Rn. 18.
[401] Streinz/*Streinz*, EUV/AEUV, 3. Aufl. 2018, EUV Präambel Rn. 17; *Terhechte*, in: Grabitz/Hilf/Nettesheim, Das Recht der Europäischen Union, 71. EL August 2020, EUV Präambel Rn. 10 ff。**不同观点**,则参见 *Schroeder*, JuS 2004, 180, 181。
[402] *Leisner*, EuR 2007, 689, 703 m. w. Nachw.,"可有助于为解释法规范提供启发",持同一论断者,也参见 *Dederichs*, EuR 2004, 345, 358; insgesamt 106 Mal im Jahr 1999; *F. Müller/Christensen*, Juristische Methodik, Bd. II, 3. Aufl. 2012, Rn. 76。
[403] *Borchardt*, in: Schulze/Janssen/Kadelbach, Europarecht, 4. Aufl. 2020, § 15 Rn. 44.
[404] 相关证明,参见 *Martens*, Methodenlehre des Unionsrechts, 2013, Fn. 512。
[405] *Krüper*, JZ 2010, 655; allgemein zum Ankereffekt s. *Wagner*, ZZP 121 (2008), 5, 27 ff.

法院对政府声明的援引已有先例[406]，但更多时候其仍持谨慎态度。欧盟最高法院的谨慎态度一定程度上是合理的，因为政府的声明往往只是纯粹政治性的意见，并无法的约束力。[407]

180　　根据欧盟最高法院的一贯判例，此类单方面的声明不应在解释共同体的法律文件时被予以参酌，理由在于，共同体机关所颁行规范的普遍效力不能因某个成员国的保留或异议而弱化。[408]

181　　这同样适用于理事会及委员会作出的声明。对于此，欧盟最高法院依旧是审慎的。若欧盟机构选择了不具约束力的形式，恰已说明约束力并非其所欲求。没有法律效力的行为自不能影响一部法律的内容。[409]

182　　（2）**白皮书和绿皮书**则只能作为纯粹的法认知源而为人所参酌，它们通常是为推动欧盟层面的立法程序而作的准备。[410]

183　　（3）此外，对次级法的谱系解释而言，考察欧盟立法的**国内法背景**将大有助益，毕竟有很多成员国内的规范成了共同体立法的范例。[411] 然而，切不可将国内法的解释结论径行适用于欧盟法，因为相应的规范通常会在欧盟的立法程序中"欧洲化"[412]。反对借由成员国的已有规范进行法解释的另一个理由是，这一行为不符合将欧盟私法视为一个整体的需

---

[406] EuGH, Urt. v. 16. 12. 1960, 6/60, EU：C：1960：48, 1169, 1194 f. -Humblet; s. *F. Müller/Christensen*, Juristische Methodik, Bd. II, 3. Aufl. 2012, Rn. 73.

[407] 参见 *Nicoll*, 31 JCMS 559, 561（1993），作者指出，声明并无法律上的说服力，而仅能以此管窥作为条约缔结方的成员国的意图；*Martens*, Methodenlehre des Unionsrechts, 2013, S. 400。

[408] EuGH, Urt. v. 30. 1. 1985, C－143/83, EU：C：1985：34, Rn. 13-Kommission/Dänemark.

[409] EuGH, Urt. v. 26. 2. 1991, C－292/89, EU：C：1991：80, Rn. 17 f. -Antonissen; EuGH, Urt. v. 17. 4. 2008, C－404/06, EU：C：2008：231, Rn. 32-Quelle; ausführlich Calliess/Ruffert/*Wegener*, EUV/AEUV, 5. Aufl. 2016, Art. 19 EUV Rn. 14; *Martens*, Methodenlehre des Unionsrechts, 2013, S. 400.

[410] 相关概览，参见 www.eu-info.de/europa-punkt/gesetzgebungsverfahren/weissbuch/。

[411] Calliess/Ruffert/*Wegener*, EUV/AEUV, 5. Aufl. 2016, Art. 19 EUV Rn. 14.

[412] Calliess/Ruffert/*Wegener*, EUV/AEUV, 5. Aufl. 2016, Art. 19 EUV Rn. 14; *Lutter*, JZ 1992, 593, 601 f.

要。[413] 在这一方面，所适用的仍旧是"自主解释"的原则（第二章边码 71 及以下）。[414]

第五节　第四章小结

（1）涵摄是将法律条文适用于案件事实的过程。不确定概念通常必须予以精确化。与这一思路形成补充的是"目光在事实与规范之间来回顾盼"（恩吉施）。萨维尼的解释学说首次确立了四个著名的论证模型：文义、体系、历史与目的。

（2）文法解释追问的乃是语词的法学及日常的使用习惯；必要时，立法定义可提供帮助。

（3）体系解释则探究待解释的概念同其他规范在何种程度上保持一致性。其所关注的是价值判断的协调体系。

（4）狭义的历史解释注重某个规范的前身，而谱系解释则关注待解释的具体规范的立法材料。

本章参考文献：

Bäcker, *Carsten*, Der Syllogismus als Grundstruktur des juristischen Begründens, Rechtstheorie 40（2009），404-424；*Baldus*, *Manfred*, Die Einheit der Rechtsordnung, 1995；*Barczak*, *Tristan*, Normenkonkurrenz und Normenkollision, JuS 2015, 969-976；*Bitter*, *Georg/Rauhut*, *Tilman*, Grundzüge zivilrechtlicher Methodik-Schlüssel zu einer gelungenen Fallbearbeitung, JuS 2009, 289-298；*Brudney*, *James*, *J.*, Below the Surface: Comparing Legislative History Usage by the House of Lords and the Supreme Court, 85 Wash. U. L. Rev. 1-71（2007）；*Buchwald*, *Delf*, Die canones der Auslegung und rationale juris-

---

[413] *Flessner*, JZ 2002, 14, 16.
[414] 欧盟最高法院曾明确指出："除非明确规定，否则，共同体法原则上不会允许依据某个或者某几个成员国的法律来定义它自己的概念。"也参见 *Lutter*, JZ 1992, 593, 601 f.；*Grundmann/Riesenhuber*, JuS 2001, 529。

tische Begründung, ARSP 79 (1993), 16-47; *Canaris, Claus-Wilhelm*, Systemdenken und Systembegriff in der Jurisprudenz, 2. Aufl. 1983; *Deckert, Martina*, Die Methodik der Gesetzesauslegung, JA 1994, 412-419; *Dederichs, Mariele*, Die Methodik des EuGH, 2004; *Engisch, Karl*, Die Einheit der Rechtsordnung, 1935; *ders.*, Logische Studien zur Gesetzesanwendung, 3. Aufl. 1963; *Felix, Dagmar*, Einheit der Rechtsordnung, 1998; *Fleischer, Holger* (Hrsg.), Mysterium „ Gesetzgebungsmaterialien", 2013; *Gabriel, Gottfried/Gröschner, Rolf* (Hrsg.), Subsumtion, 2012; *Grundmann, Stefan*, „ Inter-Instrumental-Interpretation", RabelsZ 75 (2011), 882-932; *Honsell, Thomas*, Historische Argumente im Zivilrecht, 1982; *Huber, Ulrich*, Savignys Lehre von der Auslegung der Gesetze in heutiger Sicht, JZ 2003, 1-17; *Leisner, Walter Georg*, Die subjektiv-historische Auslegung des Gemeinschaftsrechts, Der „ Wille des Gesetzgebers " in der Judikatur des EuGH, EuR 2007, 689-706; *MacCormick, Neil*, Argumentation and Interpretation in Law, 6 Ratio Juris (1993), 16 - 29; *Mertens, Bernd*, Gesetzgebungskunst im Zeitalter der Kodifikationen, 2004; *Schäfers, Dominik*, Einführung in die Methodik der Gesetzesauslegung, JuS 2015, 876-880; *von Savigny, Carl*, System des heutigen Römischen Rechts, Bd. I-VIII, 1840-1849; *Wischmeyer, Thomas*, Der „ Wille des Gesetzgebers", JZ 2015, 957-966.

第五章 目的、逻辑与结果取向的解释

目的解释追问的是规范的精神与目的（Sinn und Zweck），属最重要的论证模型之一。[1] 因此，在进行案例分析时，首先就是要探寻规范所赖以为基础的精神是什么（第一节）。为这一解释方法提供补充的是一些现代的论证模型，例如逻辑论证模型（第二节）、结果取向解释（第三节）以及法的经济分析（第四节）。目的解释的效果还在于取代或修正其他的论证模型（第六章第一节）。对于"客观说"与"主观说"的争议而言，目的解释亦至关重要（第六章第二节）。因此，在进行类推或目的性限缩而对文义加以更正的情形，其亦发挥决定性的意义（第六章第三节）。

第一节 针对"法律目的"的解释（目的解释）

一、法内在的理性

1. 概念

目的解释（teleologische Auslegung）[2] 在于探究法内在的理性（ratio leigs），即探究一部法律的**精神与目的**。立法者意欲通过规则实现什么？其所要保护的是何种法益或利益？规范总是要服务于一种保有理性的目的；故而我们应当摒除全无理性的目标，并确立一种对理性加以判断的标准。[3] 直到19世纪末，目的解释之概念始得成为德国普遍

---

[1] 尽管对其也偶有争议，参见下文第五章边码6及以下。
[2] 希腊语：télos（τέλος）= 目标、精神或目的。
[3] 关于下文之论述，参见 Morlok, in: Gabriel/Gröschner, Subsumtion, 2012, S. 179, 202 f.

化的法律用语。[4] 不过，早在《圣经》[5] 或者罗马法的学说汇纂当中就已经可以看到有关目的解释的论述——"理解法律并非等于拘泥于文义，而是要恪守它的精神与目的。"[6] 虽然彼时腓特烈二世尚还禁止运用目的解释之方法（第一章边码48），耶林至少已经在其后期的作品中开始着手探寻规范的精神及目的（第四章边码21及以下）。

3　　在帝国法院（RG）及联邦最高普通法院的判例中，目的解释已然成为关键的解释方法。[7] 联邦宪法法院同样会求助于目的解释。[8] 联邦最高行政法院（BVerwG）也会使用目的解释的论证方法，这尤其体现于所谓的"保护规范理论"（Schutznormtheorie）：据此，判断公法的某一规范究竟旨在保护公众利益还是也同时保护个人利益，"只能依据相关规范的精神与目的确定"[9]。在其他国家虽未必有"目的解释"之说法，但探究法律目的或者精神的做法在法国[10]、西班牙[11] 或美国[12] 已广为人所认可。英国也承认法内在的理性[13]，不过其早先是依据"除弊规则"（mischief rule），

---

　　[4]　Kohler, GrünhutsZ 13 (1886), 1, 35 Fn. 98："人们总是称其为逻辑解释，但是目的解释才是合适的说法"。

　　[5]　参见《圣经·新约》之保罗书信，格林多后书3，6："文字已死，而精神得到永生。"也见下文第五章脚注13。

　　[6]　Cels. D. 1, 3, 17: *Scire leges noc hoc est verba earum tenere, sed vim ac potestatem.* Weitere Textstellen: Paul. D. 1, 3, 14; Iul. D. 1, 3, 20; Ulp. D. 48, 19, 13; Ulp. D. 50, 16, 6, 1; Cels. D. 1, 3, 18.

　　[7]　*Honsell*, in: Staudinger, BGB, Neubearb. 2018, Einl. zum BGB Rn. 149.

　　[8]　BVerfG, Urt. v. 25. 2. 1975, 1 BvF 1/74 u. a., BVerfGE 39, 1, 37-Schwangerschaftsabbruch I；BVerfG, Urt. v. 24. 5. 2006, 2 BvR 669/04, BVerfGE 116, 24, 44 f.; Sachs/*Sachs*, GG, 9. Aufl. 2021, Einf. Rn. 38, 43; *Stern*, in: ders., Das Staatsrecht der Bundesrepublik Deutschland, Bd. III/2, 1994, S. 1663 m. w. Nachw.

　　[9]　BVerwG, Urt. v. 24. 9. 1998, 4 CN 2/98, BVerwG 107, 215, 220 m. w. Nachw.

　　[10]　*Vogenauer*, Die Auslegung von Gesetzen in England und auf dem Kontinent, 2001, S. 245 f., 286.

　　[11]　《西班牙民法典》第3条第1款："精神与目的"（*espiritu y finalidad*）。

　　[12]　《美国统一商法典》第1-103条a）款："本法案应为宽宏解释，并应促成实现其基本宗旨及政策"；另参见 *MacCormick*, 6 Ratio Juris, 16, 24 ff. (1993); *Carter/Burke*, Reason in Law, 9th ed. 2016, S. 129 ff。

　　[13]　*Blackstone*, Commentaries on the Law of England, Bd. 1, 2nd ed. 1761, S. 61. 丹宁勋爵曾形象地说道："许多杰出的法官都面临着这一古老的冲突：对文义究竟应当采取字面的解释还是自由的解释。我坚持自由解释的立场，要知道，文字虽死，但精神却获得生命。"也见第五章脚注5。

以确定规范当初所要弥补的缺陷是什么。[14] 而如今，人们更习惯提及的说法则是目的路径（purposive approach，第四章边码156）、目的主义（purposivism）[15] 或目的解释（teleological interpretation）[16]。

2. 欧盟基础法及次级法的精神与目的

在欧盟最高法院的判例中，目的解释或者说所谓"目的路径"扮演着极为重要的角色。[17] 欧盟最高法院在援引目的性的论证方法时，使用的是法律的"目的""目标"或"精神"[18] 等概念。[19] 为了揭示法律目的，欧盟最高法院会诉诸相应规范的体系及文义。[20] 此时，《欧洲联盟条约》第1—3条所列举的欧盟基础法的价值与目标，例如建立"欧盟内部市场"等，独具特殊意义：

4

> 国际条约的规范是否有相应的效力，应衡诸该规范的精神、体系及文义而确定。《欧洲经济共同体条约》的目标是建立一个共同的市场，其运行直接关系到共同体成员国中的每一个个体；因此，该条约并非仅仅是在缔约国之间确立相互义务的条约。条约的"序言"也证实了这样的理解，其不只针对各国政府，亦针对各国公民。欧盟机构的设立尤其彰显了这样的理解，那些移转（于欧盟机构）的权力之行使同样关涉着成员国及其国民。……根据前面的立法理由可以得出结论认为，条约的精神、体系及文义均表明第12条应当作如下解释：该规范具有直接效力，且确立了各成员国法院所必须顾及的个人权利。[21]

5

---

[14] *Maunsell v. Olins* [1975] A. C. 373, 393 per Lord Simon.

[15] *Vandevelde*, Thinking like a Lawyer, 2nd ed. 2011, S. 163 f. Hierzu *Hart/Sacks*, The Legal Process, 1994, S. 1377 ff.

[16] *Fitzpatrick v. Sterling Housing Association* [1998] Ch. 304, 336 per Ward L. J.

[17] *Hager*, Rechtsmethoden in Europa, 2009, Kap. 6 Rn. 11；依据一项针对1999年的统计，从数量上说，使用目的解释的判例仅占据第三多的位置，参见 *Dederichs*, EuR 2004, 345, 347。

[18] 英语：spirit；法语：l'esprit；意大利语：spirito。

[19] Vgl. § 5 Fn. 21. *F. Müller/Christensen*, Juristische Methodik, Bd. II, 3. Aufl. 2012, Rn. 88; *Stotz*, in: Riesenhuber, Europäische Methodenlehre, 4. Aufl. 2021, § 20 Rn. 16.

[20] *F. Müller/Christensen*, Juristische Methodik, Bd. II, 3. Aufl. 2012, Rn. 89; *Hager*, Rechtsmethoden in Europa, 2009, Kap. 6 Rn. 11.

[21] EuGH, Urt. v. 5. 2. 1963, 26/62, EU：C：1963：1, 7, 24, 27-van Gend.

3. 目的解释的赘余？

6 学说中有部分观点认为，目的性的论证方法是循环论证，故而实属多余。[22] 例如，霍普夫纳（Höpfner）和魏德士（Rüthers）即认为："不存在目的解释这样的事物。因为规范的目的本来就是任何解释方法的目标。其本身因而并不构成解释之方法。"[23] 果真如此吗？

4. 作为前提的目的

7 （1）规范的规制目标鲜有昭然于世者——对这样的指摘实应赞同。与文法解释、体系解释及历史解释直接从规范及法律本身着手不同，目的解释并没有这样的出发点（Anknüpfungspunkt），而只追问"精神上为规范目的所给定的疆域"[24]。对精神的追寻故而并无独立的、原始的出发点。解释者也不得"发明"规则的目的，以自己的前见取代立法者的意图（第一章边码 70），也不得从客观解释（第六章边码 69）的角度创制一种超然的规则目的。[25] 就此而言，必须警惕诸如"事物本质""公正"（第九章边码 6a 及以下）之类的"文字游戏"。目的之确定总带有一定的主观性，法律适用者对此有着较高程度的自由。[26]

8 目的解释可以说是"两步法"，因为首先需要指明前提（Prämisse），即何为论据所要辩护的目的性命题（Zweckbehauptung），然后再形成解释的结论。[27] 也可以说，是要指明"规范体系的内在目的"（normsystemimmanentes Telos）[28]。

---

[22] 宪法领域的这一见解，已见于 *Forsthoff*, Zur Problematik der Verfassungsauslegung, 1961, S. 39. 一般性的论述，则参见 *Herzberg*, NJW 1990, 2525 ff.; *ders.*, JuS 2005, 1, 3 f.; *Putzke/Putzke*, JuS 2012, 500, 503, 他们认为，目的解释的价值是微乎其微的。

[23] *Höpfner/Rüthers*, AcP 209 (2009), 1, 7 f.; 类似观点，另参见 *Rüthers/Fischer/Birk*, Rechtstheorie, 11. Aufl. 2020, Rn. 725 ff.

[24] *Morlok*, in: Gabriel/Gröschner, Subsumtion, 2012, S. 179, 191; 类似观点参见 Sachs/*Sachs*, GG, 9. Aufl. 2021, Einf. Rn. 43。

[25] 提出这一警示的，参见 *Rückert/Seinecke*, in: dies., Methodik des Zivilrechts-von Savigny bis Teubner, 3. Aufl. 2017, S. 39, 46 f.; 也见下文第六章 73。

[26] *Morlok*, in: Gabriel/Gröschner, Subsumtion, 2012, S. 179, 191 f.

[27] *Morlok*, in: Gabriel/Gröschner (ebd.), S. 179, 204. 一种可能的结论即通过类推或目的性限缩而进行法的虚造，以实现规范之目的。

[28] *Lindner*, Theorie der Grundrechtsdogmatik, 2005, S. 160 ff. Vorher schon *Stern*, in: ders., Das Staatsrecht der Bundesrepublik Deutschland, Bd. III/2, 1994, S. 1663.

如果公共游泳池禁止携带狗入内,那么豹子自然在禁止之列(命题),其目的可能是降低对游泳池顾客的客观危险,保障他们无忧地游泳或者说是为了防御细菌(作为前提的目的)[29](第六章边码127)。如果有顾客想要携带仓鼠或者尖鼠入内,这个看似简单的案例就不再那么明了了。确认抑或否认两种情形之间的可类比性,需衡诸价值判断进行论证。因此,对目的的追寻只是一种前提,或者说仍是需要借助其他的论证模型而予以加强的"**解释目标**"[30]。

(2)无可置疑的是:如果某些情形下,无论文法解释、体系解释还是历史解释,都明确了某种目的,那么,再对此加以否认就有些说不过去了[31];目的解释可以说是为了谋求正当的决断。[32] 若承认规范不过是为了实现目的的手段,那就必须依循该目的来探究规范的意义。[33] 具体而言,不仅要关注历史上立法者的主观意图(第四章边码148及以下),也须关注法律当前的意图。唯有目的性的论证方法,能够使法律与时代融合在一起。[34] 此外,有时可直接从文义或立法史当中得知规范之目的。目的既已昭然若揭,自不需要再费力论证(第五章边码12及以下)。经由对特定问题的探寻以及对特定目的的发掘,通常可使得最后的解决方案具备较高程度的、自然而然的说服力。在求助前三种论证模型及其他论证方法之外,将对规范目的的探寻作为**解释目标**,可提高结论的合理性,从而使其成为"最高诫命"[35]。最后,一系列的论证模型扩张了目的解释的范畴,这将留待第五、六章予以具体讨论。其中尤为重要的是逻辑、利益正

---

[29] *Morlok*, in: Gabriel/Gröschner (ebd.), S. 179, 191 f.; 第一章边码83。

[30] *F. Müller/Christensen*, Juristische Methodik, Bd. II, 3. Aufl. 2012, Rn. 103; *Martens*, Methodenlehre des Unionsrechts, 2013, S. 457, 461.

[31] *Lindner*, Theorie der Grundrechtsdogmatik, 2005, S. 160 f.; *Peine*, Systemgerechtigkeit, 1985, S. 201 f.

[32] *Morlok*, in: Gabriel/Gröschner, Subsumtion, 2012, S. 179, 201.

[33] *Schluep*, in: FS Kramer, 2004, S. 271, 275.

[34] *Schluep*, in: FS Kramer, 2004, S. 271, 296; 有关客观解释,参见第六章边码69以下。

[35] *Rüthers/Fischer/Birk*, Rechtstheorie, 11. Aufl. 2020, Rn. 728; *Grigoleit*, in: FS Canaris, 2017, S. 241, 261:"合目的性是一种理性方法的核心要素。"

当[36]及结果取向等方面的论据。还有另一种关键的解释系指"从法秩序的内在体系进行解释,这一内在体系除了法律规定的价值安排,亦包含了由实证法归纳而得的原则以及一般性的法原则"[37]。

(3) 如果前三种解释类型与目的解释相互矛盾,或者说对目的可以有多种理解时,情况就更为复杂。此时,就必须解决论证模型之间的冲突问题。[38] 后文多处将对此予以具体阐述。[39] 单就结论而言,并不存在所谓循环论证之问题,因为其并非简单地提出命题再加以证明,而是进行包含了命题、前提及论据的完整论证。这一点在通过具体类推、目的性限缩及目的性扩张进行法续造之情形亦尤为明显(第六章边码93及以下、边码112及以下、边码172及以下)。

二、法律目的的确定

1. 内在的法律目的

法律规范乃为实现特定的目的或目标而创设,是为"最终考虑的诫命"(第二章边码7及以下)。通过设定某一构成要件并将其与法效果联结,立法者所表达的是其对如何规制社会特定环节的构想。[40] 此时,立法者实施了一种"规制裁量"(Regelungsermessen):一方面,他要确定所要追求的目的及其界限;另一方面,要确定为实现这一目标而采取的法律手段是否具有适当性(Geeignetheit)及均衡性(Angemessenheit)。[41]

2. 明示或推断的规范目的

(1) 在进行文义解释时,要解释法概念的含义,必须注意立法定义(第四章边码49)。立法者也可能在法律条文中**明示**确定规范之目的。这在近年来颁行的法律中多体现于其"序言"部分或为首的几个法律条

---

[36] 另参见 *E. Ott*, Juristische Methode in der Sackgasse?, 2006, S. 62 ff。
[37] 完整的论述参见第九章;*Höpfner/Rüthers*, AcP 209 (2009), 1, 7 f.,但后者并不认为其归属于目的解释之范畴。
[38] *Martens*, Methodenlehre des Unionsrechts, 2013, S. 460.
[39] 另参见第六章第四节、第十三章等。
[40] *Rüthers/Fischer/Birk*, Rechtstheorie, 11. Aufl. 2020, Rn. 136.
[41] *Zippelius/Würtenberger*, Juristische Methodenlehre, 12. Aufl. 2020, S. 41.

款中。

根据《防止不可量物侵害法》[42]（BImSchG）第1条及《防止危险物法》（ChemG）[43]第1条之规定，该法律应保护人类免受有害的（环境）影响。——依《反不正当竞争法》第1条的规定，法律保护竞争者、消费者及其他市场参与者免受不正当商业行为之害。[44]——《商品买卖指令》第1条将"较高的消费者保护水平"确立为其宗旨。[45]——《证券收购法》（WpÜG）第3条则确定了一般性的基本原则，例如在法律解释时必须遵循的"投资者平等对待原则"等。[46]

13

（2）不过，不明文规定法律目的乃是立法者更为惯常的做法。此时，就必须先从法律内部的规范中以**推断**的方式解读法律的目的。要从多个规范中提炼出一般性的法原则，则不可不谓需要高超的技艺（第九章边码17及以下）。

14

《民法典》第311b条规定的"公证义务"具有警示、催促、证明及教导之功能（第六章边码135及以下）。——《民法典》第766条为保证担保规定的书面要件也被认为是为了警示及催促。商人相较而言不需特殊保护，故而对其保证担保则未规定书面要件（《民法典》第766条及《商法典》第350条）。——侵权法中的损害赔偿具有填平、补偿及预防之功能（第五章边码142）。——不当得利法的目的则在于收回得利者在衡诸整个法秩序后被认为不应得故而不正当的利益。[47]——刑法则是民法最后的补充手段，比如通过对物或者财产

15

---

[42] Bundes-Immissionsschutzgesetz (BImSchG) v. 17. 5. 2013, BGBl. I, S. 1274.
[43] Chemikaliengesetz (ChemG) v. 28. 8. 2013, BGBl. I, S. 3498.
[44] 承认该法律为保护性法律的，参见 *Sack*, GRUR 2004, 625；*Möllers/Heinemann*, The Enforcement of Competition Law in Europe, 2007, S. 278 ff. 不同观点（同时也是通说）则参见 Köhler/Bornkamm/Feddersen/*Köhler*, UWG, 39. Aufl. 2021, § 1 Rn. 39 m. w. Nachw.；*Frank*, Marktordnung durch Haftung, 2016, S. 319 ff。
[45] 不过，这一目标有部分局限性，参见第五章边码18。
[46] 该法第3条的立法理由则称之为立法者"基础性的价值判断"（Begr. RegE, BT-Drs. 14/7034, S. 35 zu § 3），参见 *Versteegen*, in：KK-WpÜG, 2. Aufl. 2010, § 3 Rn. 2。
[47] Palandt/*Sprau*, BGB, 80. Aufl. 2021, Einf. vor § 812 Rn. 1.

的损害施以相应的惩罚，以此保护《民法典》的所有权制度。[48]

3. 立法理由：将规范文本及立法目的精确化

16 在次级法领域，欧盟最高法院也经常会援引各法律文件篇首的立法理由（Erwägungsgründe）[49]，由此将目的解释及历史解释糅合在一起。[50]"立法理由"本身也是指令的组成部分，因而也具有法的约束效力。它能够直接服务于规范的解释，已超越了"立法者历史意图"的范畴。[51] 它可以说是探明指令立法目的及其原则的重要辅助手段。[52] "立法理由"实为指令正文中规范文本的补充。它与欧盟次级法的解释直接相关，故构成自主解释的一环（第二章边码70及以下）。不过，它也会影响成员国国内法。欧盟法自主解释得出的结论，也可对国内法发挥效力（第十二章边码102）。

16a 多次尝试继续履行：《商品买卖指令》第13条第4款第b）项规定，若出卖人"已尝试"恢复至合约状态，则消费者有权终止合同。未臻明确的是，是否一次继续履行的尝试即足以成立这一解除权，抑或其需要以多次尝试为前提。第13条原文及其他语种的文本均是这种一次性的表达。[53] 不过，立法理由则明确使用了"再次尝试"之谓。[54] 其中的关键在于，买受人是否足以信赖出卖人将要使商品恢复到合约状态。而如今，在《民法典》第475d-E条第1款第2句中，德国立法者所使用的表达是"尝试履行"。不同于立法理由的是，立

---

[48] Engisch/Würtenberger/Otto, Einführung in das juristische Denken, 12. Aufl. 2018, S. 118.

[49] 例如，EuGH, Urt. v. 23.3.2000, C-208/98, EU：C：2000：152, Rn. 20-Berliner Kindl；EuGH, Urt. v. 22.12.2008, C-549/07, EU：C：2008：771, Rn. 17-Wallentin-Hermann。

[50] F. Müller/Christensen, Juristische Methodik, Bd. II, 3. Aufl. 2012, Rn. 89；Hager, Rechtsmethoden in Europa, 2009, Kap. 6 Rn. 11 以及上文第四章边码177。

[51] 欧盟最高法院即认为，（立法理由）可以为法规范的解释提供启示，参见EuGH, Urt. v. 13.7.1989, C-215/88, EU：C：1989：331, Rn. 31-Casa Fleischhandel。

[52] 相关例证，参见第六章边码40。

[53] 英语：having attempted, 法语：la tentative, 西班牙语：al intento, 意大利语：il tentativo。

[54] 其他语种的立法理由也使用了同一表述，例如英语文本中的another attempt, 法语的une autre tentative, 西班牙语的vuelva a intenta以及意大利调un altro tentativo, 参见《商品买卖指令》立法理由第52条第1—5句。

法者正确地指明了这里应当采用单数形式。因此,现行《民法典》第440条第2句强调"两次补救尝试"的规定不能再适用于消费品的买卖。[55]

4. 解释的辅助手段:有疑义时唯利自由、唯利消费者或雇员

有时可依据特定的"指导方针"(Leitlinien)来解释具体法律的目的。联邦宪法法院在解释基本权利时都是基于"自由之推定"[56];即所谓"法无禁止皆允许"——有疑义时唯利自由(in dubio pro libertate)。[57] 其结果便是,对基本权利的保护范围将采取宽宏之解释。[58]

17

在欧盟法领域,部分观点强调,在有疑义时,应当以有利于消费者保护的方式解释法律(有疑义时唯利消费者,in dubio pro consumente)[59]。支持此观点的一个论据是,《欧洲联盟运作方式条约》第169条第1款及其他诸多指令均出现了"较高的消费者保护水平"这一表述。[60] 欧盟最高法院就曾在判决中指出:"根据一贯之判例,针对共同体法上消费者保护规则的例外性规定必须予以严格解释。"[61] 而在劳动法领域,欧盟最高法院的判例难免给人一种倾向于保护雇工的印象,比如某案曾判决保护"顶替原孕妇员工职位的"怀孕雇员(Schwangerschaftsvertretung)[62]。这

18

---

[55] § 474d-E Abs. 2 BGB, s. Begr. RegE, BT-Drs. 19/27424, S. 8, 37.

[56] BVerfG, Urt. v. 16. 1. 1957, 1 BvR 253/56, BVerfGE 6, 32, 42:"原则上应推定享有《基本法》第2条第1款之自由";另参见马辛法官的"不同意见书",Masing, in: BVerfG, Beschl. v. 17. 12. 2013, 1 BvL 5/08, BVerfGE 1, 32 Rn. 10。

[57] 这一原则起初是针对奴隶是否可依遗嘱重获自由的问题,参见 Pomp. D. 50, 17, 20。

[58] Höfing, Offene Grundrechtsinterpretationen, 1987, S. 175 ff.;另参见第十章边码29及以下。

[59] EuGH, Urt. v. 17. 3. 1998, C-45/96, EU: C: 1998: 111, Rn. 19 f.-Dietzinger; *Rösler*, JZ 2006, 400 ff.

[60] 例如《消费品买卖指令》立法理由第23条,《商品买卖指令》立法理由第2、3、5、10条及正文第1条。

[61] EuGH, Urt. v. 13. 12. 2001, C-481/99, EU: C: 2001: 684, Rn. 31-Heininger unter Hinweis auf EuGH, Urt. v. 10. 5. 2001, C-203/99, EU: C: 2001: 258, Rn. 15-Veedfald; s. auch SchlA v. 20. 9. 2001, GA *Tizzano*, C-168/00, EU: C: 2001: 476, Rn. 26-Leitner.

[62] EuGH, Urt. v. 14. 7. 1994, C-32/93, EU: C: 1994: 300, Rn. 29-Webb(该案原告本身是为了代理另一休产假的孕妇而受聘,但不久发现自己也怀孕,被告即欲解雇之——译者注),雇工请求休假的案例,则参见 EuGH, Urt. v. 20. 1. 2009, C-350/06 u. a., EU: C: 2009: 18, Rn. 44 ff.-Schultz-Hoff。

一做法可称为"有利于劳动者的解释原则"（favor laboris）[63]。不过这些原则的适用都要受到一些限制（第六章边码40）。

三、利益法学与价值法学

1. 从利益法学到价值法学

19（1）在"忠实于语词"的概念法学（Begriffsjurisprudenz）时代，不得违背法律明确的文义被认为是规范目标的应有之义（第四章边码102）。利益法学（Interessenjurisprudenz）则转向反对技术的概念法学。它发源于耶林后期的作品，并经由赫克[64]、施托尔（Stoll）[65]、吕梅林（Rümelin）[66]等人所完善。在利益法学看来，任何法规范的目的都是平衡相互冲突的利益。法官必须查明这些利益，从而将蕴含于法律当中的有关这一冲突的决断具体化。法律所要求的并非形式逻辑上的推演，毋宁说是通过评价而形成一种诫命。与概念法学不同的是，利益法学的法律适用方法使得法官摆脱了对法律概念语词的服从，取而代之的乃是一种"有思考的服从"（denkender Gehorsam）。在涉及漏洞填补这一**利益法学**的任务时，赫克不失生动地说道：

20 从这一点来说，法官不仅需要填补空白，还需要以符合利益安排的方式补充并进而矫正当前的规定。法官并非纯粹的"涵摄装置"，他不是一个将构成要件和法规范吞下然后再不加自我评判地吐出裁判的"自动售货机"。相反，他本身就是待适用规范的创造者，尽管其从属于立法者，但是他依然担当着后者的助手。[67]

---

[63] *Rebhahn/Franzen*, in: Riesenhuber, Europäische Methodenlehre, 4. Aufl. 2021, § 17 Rn. 18 ff.

[64] *Heck*, AcP 112（1914），1，60；*ders.*, Begriffsbildung und Jurisprudenz, 1932, S. 25 ff.；*ders.*, Grundriß des Schuldrechts, 1929, S. 472："法律规范保护人类共同体之利益，并由此保障其生活条件。"

[65] *Stoll*, in: FS Heck/Rümelin/Schmidt, 1931, S. 60, 67：任何独立的法律条文都"间接包含了对其背后利益矛盾的价值评判"。

[66] *Rümelin*, Erlebte Wandlungen in Wissenschaft und Lehre, 1930, S. 32 ff.

[67] *Heck*, AcP 112 (1914), 1, 22; *ders.*, Grundriß des Schuldrechts, 1929, S. 473. 另参见 *Larenz*, Methodenlehre der Rechtswissenschaft, 6. Aufl. 1991, S. 49 ff.; *Fikentscher*, Methoden des Rechts, Bd. III, 1976, S. 373 ff.; *Petersen*, Von der Interessenjurisprudenz zur Wertungsjurisprudenz, 2001.

彼时，利益法学的观点迅速受到各个法院——特别是帝国法院[68]以及联邦最高普通法院[69]的青睐。

（2）利益法学所面临的批评是，它并未明确指出法官应当注意什么利益。[70]以宪法的价值为基础，科殷（Coing）[71]、尼佩代（Nipperdey）[72]及韦斯特曼（Westermann）等人将利益法学发展为**价值法学**（Wertungsjurisprudenz）。其中，起决定作用的并非法的外在体系（第四章边码102），而是主要对宪法价值持开放态度的法的开放体系。[73]在论及价值法学时，韦斯特曼说道：

> 通常而言，这种利益需求与法律评价利益的标准之间并未被充分地区别开来。譬如，《民法典》第932条的情形中，评价的标准（Bewertungsmaßstäbe）是权利外观（Rechtsschein）、催促功能、交易保护及所有权安全，而并非利益本身。作出这种概念及本质上的区分是必要的，唯此才能正确理解规范及其在具体个案中的适用。[74]

利益法学尚且允许法官单方面地确定利益，而价值法学则要求依据法

---

[68] RG, Urt. v. 7. 6. 1921, III 508/20, RGZ 102, 272, 274："在法之发现的过程中，故而必须首先考虑经济利益，但凡有所可能，法律就必须灵活应变以满足经济利益。唯如此，判决才能实现它真正的目标，也即服务于现实生活、满足生活的需要及愿景。"详见 *Müller-Erzbach*, Wohin führt die Interessenjurisprudenz?, 1932。

[69] BGH, Urt. v. 18. 5. 1955, I ZR 8/54, BGHZ 17, 266, 276-Magnettonaufnahme："任何法律的基础都是利益衡量，后者以特定方式对社会生活发挥着影响。"

[70] *Fikentscher*, Methoden des Rechts, Bd. III, 1976, S. 382.

[71] *Coing*, Grundzüge der Rechtsphilosophie, 1950, S. 109.

[72] *Enneccerus/Nipperdey*, in: Neumann/Nipperdey/Scheuner, Die Grundrechte, 1954, Art. 1; *dies.*, Allgemeiner Teil des Bürgerlichen Rechts, 15. Aufl. 1959, § 33. V.; 就此参见 *Hollstein*, in: Rückert/Seinecke, Methodik des Zivilrechts-von Savigny bis Teubner, 3. Aufl. 2017, S. 203, 209 f.; *Rückert*, ZRG GA 125 (2008), 199 ff.

[73] 参见 *Fikentscher*, Methoden des Rechts, Bd. III, 1976, S. 406 ff.; *Rückert*, in: ders./Seinecke, Methodik des Zivilrechts-von Savigny bis Teubner, 3. Aufl. 2017, S. 541, 568 ff.; 有关宪法对私法的影响，参见第十一章边码4及以下。

[74] *Westermann*, Wesen und Grenzen der richterlichen Streitentscheidung im Zivilrecht, 1955, S. 15; *ders.*, Sachenrecht, 2. Aufl. 1951, S. VII.; 更早的论述则参见 *Stoll*, in: FG Heck/Rümelin/Schmidt, 1931, S. 60, 67, 69。

律本身的价值安排来确定利益。[75] 法律不仅是为利益冲突所确立的规则，也同时意味着对价值的具体化；法秩序亦是价值秩序。韦斯特曼即在其所著的教科书中形象地论述了各种规则须对何种利益加以选择，并应当根据何种原则对这些利益进行评价。

25 若无从把握立法者的主观意图，那么为了填补法律漏洞，就需要诉诸客观的、目的性的思考（第六章边码69及以下）。部分观点认为，价值的来源只能是法律和宪法。[76] 几无争议的是，宪法这一价值秩序影响着所有生活领域，也故而影响着各种不同的法领域（第十一章边码4）。部分观点则不满足于此。拉伦茨即认为："向价值法学的转向很难发挥其全部意义，除非大部分作者认为它与'超法律的'或者说'先实证的'价值或价值标准相关联，后者构成法律规则的基础，并且在法解释及补充时（至少是在特定条件下）必须被考虑。"[77] 而如今，人们已经很少将视线置于自然法，而是更多地关注经过演绎、衡量和创造而来的法教义学、法原则，以及各种指导观念（Leitbild）及中间层级（Zwischenschichten）等（第九章边码17及以下、第十章边码4及以下）。

2. 利益取向的解释与目的解释之区别

26 在解析案例时，可以先探究作为法规范或法律之基础的**利益状况**（Interessenlage）。在任何为特定行为方式规定了特定法效果的法律规范背后，都存在着相互冲突的利益（第五章边码19）。《民法典》第937条规定了动产所有权的时效取得。一面是所有人维持其所有权的利益；另一面则要考虑交易保护及公众对于法安定性的利益。[78] 若占有人善意占有满30年，立法者即认为此时应当（优先）保护法的安定性。最后，如果法律文义本身并不能为法律解释直接提供助益，且需要探明一种"推断的当

---

[75] Hassold, in: FS Larenz, 1983, S. 211, 228 unter Verweis auf *Germann*, Probleme und Methoden der Rechtsfindung, 2. Aufl. 1967, S. 88.

[76] *Westermann*, Wesen und Grenzen der richterlichen Streitentscheidung im Zivilrecht, 1955, S. 14 ff.; *ders.*, Person und Persönlichkeit als Wert im Zivilrecht, 1957, S. 52.

[77] *Larenz*, Methodenlehre der Rechtswissenschaft, 6. Aufl. 1991, S. 122.

[78] 就此可参见 BeckOK-BGB/*Kindl*, 56. Ed. 1. 11. 2020, § 937 Rn. 1.

事人意思"（konkludenter Parteiwille），则应当着重考量当事人的利益。[79]

而价值法学与利益法学的区别就在于，前者不只关注利益，同时还关注作为"目的要素"的法律之价值安排（第五章边码22及以下）。 27

特里尔葡萄酒拍卖案（第四章边码96）：本案中，无论是表意人的利益还是表意相对人的利益（意思主义理论及表示主义理论）在法律中都有所体现。 28

（1）历史上的立法者既没有采纳意思主义理论，也没有采纳表示主义理论。[80] 因此，在利益衡量之外，两种阵营都能援引不同法律规范的价值安排作为自己的论据。法交易的信赖保护以及作为私人自治应有之义的"自我决定"即属于两个各有道理又针锋相对的法原则。 29

（2）联邦最高普通法院则采取了一种中间路径，认为在满足两个限制条件时即成立所谓"过失的意思表示"：据此，表意人自己必须能够意识到，其表示是为意思表示；此外，相对人也必须将其理解为意思表示（信赖理论）。[81] 诺伊纳（Neuner）反对这一结论，因为《民法典》当中并无据以判断这一过失的标准。[82] 与之对立的观点则认为，价值法学可诉诸法律的价值安排与一般性的法原则，而"信赖原则"[83] 以及"法的安定性原则"即体现于《民法典》当中（诸如第157条）。合同的客观规范解释也同样以此为其准则（第六章边码187及以下）。联邦最高普通法院的中间道路更值得肯定，因为其以符合各方利益之方式为各自设定了避免错误行为的勤勉义务。[84] 30

---

[79] 解决方案，参见 *Möllers*，JuS 1991，1028 ff.。
[80] *Schermaier*, in: HKK-BGB, 2003, §§ 116-124 Rn. 7 ff.
[81] BGH, Urt. v. 7. 6. 1984, IX ZR 66/83, BGHZ 91, 324, 330; BGH, Urt. v. 2. 11. 1989, IX ZR 197/88, BGHZ 109, 171, 177 jeweils m. w. Nachw.
[82] *Neuner*, Allgemeiner Teil des Bürgerlichen Rechts, 12. Aufl. 2020, § 32 Rn. 35.
[83] 明确指出这一点的，参见 *Honsell*, ZfPW 2016, 106, 125, 其认为，起决定作用的在于相对人是否信赖意思表示。
[84] 通说认可联邦最高普通法院之做法，参见之前的 *Bydlinski*, JZ 1975, 1 f.; 也见 *Bork*, Allgemeiner Teil des Bürgerlichen Gesetzbuchs, 4. Aufl. 2016, Rn. 596; *Armbrüster*, in: MünchKomm-BGB, 8. Aufl. 2018, § 119 Rn. 96, 104; Palandt/*Ellenberger*, BGB, 80. Aufl. 2021, Einf. vor § 116 Rn. 17。

第二节 具体的逻辑论证模型

一、违背思维规律

31 与之前的论证模型不同,这里所讨论的并不关乎法律文本的解释,毋宁说要抨击一种具体的思考方式。依据"排中律",两个互相矛盾的判决不可能都是错误的,而必然有一个是正确的。第三种可能性是不存在的。例如,"所有"与"并非所有"就是这样的一对矛盾体。[85]

32 诉讼要么是适格的,要么是不适格的;没有第三种选项。合同要么是有效的,要么是无效的;没有第三种选项。[86] 特定的行为要么是合法的,要么是违法的;没有第三种选项。[87] 像"对于这一更正确的意见,……表示支持"这种说法就有两处错误,为什么?[88]

33 不要重复使用同一含义的概念,比如"白色的白马";不然你就会犯下同义反复(Tautologie)[89] 的错误或者说出现冗余的重复。

《民事诉讼法》第 808 条第 1 款涉及的对债务人所管领的"有体物"(körperliche Sache)的扣押。这一法条就出现了同义反复,因为《民法典》第 90 条本来就将"物"(Sache)定义为"有体的客体"。对此可以提供解释的是:《民事诉讼法》公布于 1877 年 1 月 30 日[90],早于《民法典》的出台,而彼时对"客体"这一概念尚未有明确的认识。根据《基本法》第 20a 条的规定,国家"在宪法规则的框架内通过立法,且依据法律与法(Gesetz und Recht)通过行政权力和司法来保护自然的生存基础"这句话就显得赘余,因为《基本法》

---

[85] *Schnapp*, Logik für Juristen, 7. Aufl. 2016, S. 83;*Adomeit/Hähnchen*, Rechtstheorie mit Juristischer Methodenlehre, 7. Aufl. 2018, Rn. 36 ff.

[86] 就算是"效力待定"最终也只能指向两种可能性中的一种。

[87] 比如"无权者禁止踏入"。其中"无权"这一概念已经表达了禁止踏入草坪的含义。

[88] *Möllers*, Juristische Arbeitstechnik und wissenschaftliches Arbeiten, 10. Aufl. 2021, § 10 Rn. 16.

[89] 这也被称为"赘言"(Pleonasmus),希腊语:πλεονασμός, pleonasmós 即"多余"之意。

[90] Zivilprozessordnung v. 30. 1. 1877, RGBl. S. 83 ff.

第20条第3款已经规定了"法律与法"对司法的约束。[91]

联邦最高普通法院将思维规律称作"不成文的法规范"[92]。一般认为,思维错误可构成"上告程序"(Revision)审理的对象。[93] 若判决认为被告在慕尼黑实施了犯罪行为,但被告却有事发时不在场的证明(比如在汉堡),这一判决即违反思维规律。或者:若血型鉴定确定了父子关系,那么用其他证明手段提出的反证都无以成立。[94] 34

二、循环论证(默认论题,petitio principii)

就循环论证而言,有人使用"默认论题"[95] 这一概念,有人则将"循环论证"(Zirkelschluss)一词[96]作为上位概念使用。有些时候,"默认论题"和"循环论证"是被当成同义词来使用的。[97] 围绕"循环论证"展开论述,是一种经常被采用的论证模型。[98] 循环论证被认为违反思维规律,因为作为前提的事物恰恰是需要证明的。[99] 35

1. 默认论题形式的循环论证

(1)以"**默认论题**"[100] 形式展开的循环论证是指某一命题(These)被预设为已经得以证明。[101] 命题得以自证,故而不再需要预设其他的前提 36

---

[91] 称其为"多余条款"者,参见 *Sachs/Murswiek*, GG, 8. Aufl. 2021, Art. 20a Rn. 56;另一个例子是《产品责任法》第4条:"生产者……,即是生产……的人"(参见 *Oechsler*, in: Staudinger, BGB, Neubearb 2018, § 4 ProdHaftG Rn. 8);还有就是《民法典》第14条第2款:"有权利能力的合伙,即有能力取得权利和履行义务的合伙"(参见 *Flume*, ZIP 2000, 1427, 1428)。

[92] BGH, Urt. v. 18. 3. 1954, 3 StR 87/53, BGHSt 6, 70, 72-Beweiswert des Blutgruppengutachtens.

[93] 参见《民事诉讼法》第545条及《刑事诉讼法》第337条;Thomas/Putzo/*Reichold*, ZPO, 41. Aufl. 2020, § 546 Rn. 12;Meyer-Goßner/Schmitt/*Schmitt*, StPO, 63. Aufl. 2020, § 337 Rn. 30。

[94] BGH, Urt. v. 18. 3. 1954, 3 StR 87/53, BGHSt 6, 70, 72-Beweiswert des Blutgruppengutachtens.

[95] *Schnapp*, Logik für Juristen, 7. Aufl. 2016, S. 226, 231.

[96] *Gast*, Juristische Rhetorik, 5. Aufl. 2015, Rn. 996 ff.

[97] *Puppe*, Kleine Schule des juristischen Denkens, 4. Aufl 2019, S. 299.

[98] 在 juris 上面检索会发现有逾1000多个判例使用了这一论证模型。

[99] BGH, Urt. v. 22. 4. 2005, 2 StR 310/04, BGHSt 50, 80, 84;*Niemöller*, StV 1984, 431, 436,作者使用的表达是"Kreisschlüssen"。

[100] 拉丁语原意:乞求起始命题。

[101] *Gast*, Juristische Rhetorik, 5. Aufl. 2015, Rn. 1000.

条件（Prämisse）。[102] "默认论题"构成一种错谬的论证，因为人们将需要被证明的一个命题当成了理所当然。[103] 亚里士多德[104]和康德早就讨论过循环论证的问题。康德曾在某次讲演中说道："默认论题，指的是将待证命题当成一个直接确定的命题，而其本身仍需要加以证明。如果人们把本来该由他证明的命题当成了证明的基础，即可以说是形成了一个证明的循环。"[105]

37　　在歌手尼诺·费雷尔（Nino Ferrer）（演唱的）《罗伯特女士》这首歌中有如下几句歌词："我弟弟不喜欢菠菜，这对我弟弟而言是一件幸事，因为他喜欢什么他才吃什么，而菠菜他是无法忍受的。"[106] 然而，人们却不知道，到底为什么弟弟会不喜欢吃菠菜。法学当中可谓充斥着不恰当的循环论证。仅仅指出"该请求权乃基于第×条"是不恰当的，同样，若既有判例根本不能提供论证的理由，援引既有判例也是不妥的。"通说"也面临类似的问题（第五章边码 103）。有人指出，文义明确时无法进行法解释，这等于是放弃了必要的论证（第六章边码 3 及以下）。目的解释之所以受到抨击，也通常是因为它很容易沦为这样的循环论证。[107] 柏林州劳动法院曾这样说道：

38　　《民法典》第 651a—651k 条只是规定了整体性旅游给付合同中的旅游组织者与旅游者的法律关系（Palandt, 44. Aufl. Einführung 3 vor §§ 651a ff. BGB）。仅依此理由即可知，将《民法典》第 651f 条第 2 款之规定类推适用于本案是不可以的。[108]

39　　若规范的文义没有明确指出这一点（命题），那就不能放弃对它的审

---

[102] *Gast*, Juristische Rhetorik, 5. Aufl. 2015, Rn. 996 mit weiteren Beispielen.

[103] *Schnapp*, Logik für Juristen, 7. Aufl. 2016, S. 227.

[104] *Aristoteles*, Organon, Erste Analytiken oder Lehre vom Schluss, 2. Buch, 5. Kap. S. 107 (hrsg. v. Kirchmann, 1877).

[105] *Jäsche*, Immanuel Kants Logik. Ein Handbuch zu Vorlesungen, 1800, § 92. Petitio principii-circulus in probando.

[106] 出自 1966 年专辑 Je veux être noir，原文是 "Mon frère n'aime pas les épinards, et c'est heureux pour mon frère car, s'il les aimait, il en mangerait et il ne pas les supporter."。

[107] *E. Ott*, Juristische Methode in der Sackgasse?, 2006, S. 67.

[108] LAG Berlin, Urt. v. 20. 6. 1986, 10 Sa 24/86, BB 1987, 470；对此案判决的批评，参见 *W. Müller*, BB 1970, 471; *Gast*, Juristische Rhetorik, 5. Aufl. 2015, Rn. 1004。

查；此时更需要追问的是进行类推的可能性（前提）。若要拒绝类推，则必须为此提供理据。

（2）不过，思维上的错谬通常是隐蔽的。循环论证（circulus vitiosus）[109]不仅出现在前提存有缺陷的情况，如果在某一推导过程中，结论所依据的一系列前提当中已然包含了待推导的命题（即结论本身），则也构成循环论证。[110] 这样的循环论证在形式逻辑上虽无可指摘，但它的缺陷在于，"这一论证从前提中推导一个命题，却未察觉其所要推导的命题恰恰已存在于各种前提当中，故而其根本没有得出什么新的结论"[111]。这种循环论证的典型例子是从证词本身来推断它的可靠性。[112]

居留许可案：外国人A对居留许可的申请被驳回。若外国人不能通过自己的职业活动负担生活费用，则其申请得被驳回。但A已经无法从事职业活动，因为他没有也无法取得工作许可，毕竟居留许可是A获得工作许可的前提。然而，如前所述，A没能获得居留许可。[113]

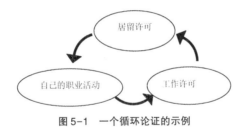

图 5-1　一个循环论证的示例

---

［109］　字面含义："错误的循环"。注意不要将其与"诠释学的循环"相混淆，后者的特点在于，对文本的前理解会对解释施加影响，参见上文第一章脚注163及以下，以及 *Joerden*, Logik im Recht, 3. Aufl. 2018, S. 316。

［110］　有此主张者，参见 *Joerden*, Logik im Recht, 3. Aufl. 2018, S. 316；也见 *Puppe*, Kleine Schule des juristischen Denkens, 4. Aufl. 2019, S. 259。

［111］　*Joerden*, Logik im Recht, 3. Aufl. 2018 S. 316.

［112］　BGH, Urt. v. 8. 12. 2004, 2 StR 441/04, StV 2005, 487, 488："若从口供本身来推断它的可靠性，则构成循环论证"；另参见 Graf/*Wiedner*, StPO, 3. Aufl. 2018, § 337 Rn. 149；*Puppe*, Kleine Schule des juristischen Denkens, 4. Aufl. 2019, S. 259 ff.。后者列举了许多刑法领域的例证。

［113］　*Schmalz*, Methodenlehre für das juristische Studium, 4. Aufl. 1998, Rn. 177；其他例子参见 *Hilgendorf*, NJW 1996, 758, 761 f.; Adomeit/*Hähnchen*, Rechtstheorie mit Juristischer Methodenlehre, 7. Aufl. 2018, Rn. 49.

43 未尽"告知义务":被告人向多个部门举发,称他的战友在二战结束后从某个俄罗斯人那里买到一幅价值连城的凡戴克(van Dyck)的画,这幅画之前被收藏于波茨坦的无忧宫。战友乐意将画作交还,前提是支付其一笔补偿费。被告人被起诉,要求其告知战友的姓名,联邦最高普通法院驳回了这一起诉,理由是不提供姓名的行为本身不构成犯罪行为。法院指出:"若从违反告知义务的事实得出被告人乃犯罪行为'参与犯'结论,那就变成循环论证了,因为是否违反告知义务恰取决于被告人参与犯之身份。"[114]

44 联邦总统的实质审查权:部分观点认为,联邦总统就法律的制定享有一种实质上的审查权(materielle Prüfungsrecht),理由是,在某些情况下,如果联邦总统想要履行其职责,那他就不能再保持中立。[115]否则,他将违背其基于《基本法》第56条所作出的就职誓言:"我宣誓,我将……保护和捍卫基本法以及联邦之法律,认真履行我的职责。"为何说这种观点构成了循环论证?

就职誓言不能作为肯定实质审查权的理由,因为必须先有相应的审查权限和审查义务,(没履行审查权)才称得上是违背了就职誓言。但是,究竟是否有这样的审查权限,仍需要予以证明。[116] 就此而言,上述观点即构成不恰当的循环论证。

同样的道理,那种依据《基本法》第61条的"总统弹劾制度"(该条规定,总统故意违反基本法或其他联邦法律,联邦议院或参议院可向联邦宪法法院弹劾——)而主张总统负有实质审查义务的观点

---

[114] BGH, Urt. v. 22. 1. 1957, VI ZR 334/55, NJW 1957, 669, 670.

[115] *Herzog*, in: Maunz/Dürig, GG, 92. EL August 2020, Art. 54 Rn. 91; *Strauß*, DÖV 1949, 272, 274; *Kniesch*, NJW 1960, 1325, 1327.

[116] *Heun*, in: Dreier, GG, 3. Aufl. 2015, Art. 56 Rn. 6; *Stern*, Das Staatsrecht der Bundesrepublik Deutschland, Bd. II, 1980, S. 208; *Degenhart*, Staatsrecht I Staatsorganisationsrecht, 36. Aufl. 2020, Rn. 810.

也是错误的。[117] 认定"违反基本法"本身就需要先证明存在这种实质审查义务。

2. 默证

循环论证的另一种特殊形式是从"无有"或者说"沉默"当中得出结论（默证，argumentum ex silentio）。从沉默中得出的结论，其观点可能并非总是毫无根据。[118] 然而，从立法者对特定法律问题的沉默并不能得出什么，此时唯有立法材料中较为具体的说明才应被考虑在内。[119] 因此，除非前提得到进一步的论证，否则，那种从沉默当中得出结论的论证模型就不再可靠。就此可参考下文所论及的"有意义的沉默"（beredtes Schweigen，第六章边码67）或者"立法者对司法的默认"（第十三章边码39及以下）。

三、论证跳跃（saltus in concludendo）

康德曾指出："论证或证明中的跳跃（saltus），是指将某一前提与结论相联系，而其他的前提则被略去不提。若被省略的前提很容易为人想见，那么这样的跳跃就是合法的（legitimus）；若涵摄的过程并不明朗，这种跳跃就是非法的（illegitimus）。此时，与事物本质所相联系的乃是一个省去'中间特征'（nota intermedia）的'远距特征'。"[120] 在**论证跳跃**（saltus in concludendo）的情形，证明过程是存在纰漏的，因为大前提和小前提之间未能达到契合。换句话说，即是存在一种因使用无根据的概念所导致的"前提缺陷"[121]。类似那种动辄援引基本权利、而不做必要的具体化论证的舍近求远的做法，也是一种论证跳跃。[122] 想要直接依据《基本

---

[117] *Friauf*, in: FS Carstens, Bd. 2, 1984, S. 545, 550 f.
[118] *Schnapp*, Logik für Juristen, 7. Aufl. 2016, S. 182.
[119] *Gast*, Juristische Rhetorik, 5. Aufl. 2015, Rn. 1020.
[120] *Jäsche*, Immanuel Kants Logik. Ein Handbuch zu Vorlesungen, 1800, § 91. Sprung im Schließen.
[121] *Klug*, Juristische Logik, 4. Aufl. 1982, S. 162 f.; *Haft*, Juristische Rhetorik, 8. Aufl. 2009, S. 141.
[122] *Schnapp*, Logik für Juristen, 7. Aufl. 2016, S. 214.

法》第6条第1款的规定承认分居妻子的请求权[123]、或者依据人格尊严以及《基本法》第20条第1款的"社会国家原则"而主张不得对电视机进行扣押，都是错误的做法。[124]

47　　　　不抽烟者：空姐是否可以依据《民法典》第618条雇主必须保护其免受健康危险的规定，而主张对于无烟机舱的请求权？对于这一问题，联邦劳动最高法院（BAG）的论证理由是，并不存在特别公法规范对被动吸烟予以禁止。法院的想法就是跳跃式的，因为它并没有进一步论证为何民法上的义务标准会等同于公法上的义务标准。其忽略的事实是：根据以往的判例，公法和民法上的义务并不必然等同，相反，民法上的义务比公法规范的要求更为严格。[125]

四、避免规避法律

48　　　（1）这一论证模型意指规范的解释不得造成法律被规避。"法律规避（Gesetzesumgehung），是指虽然没有采取明确被禁止的方式，但使用这种方式会导致法律所反对的后果。"[126] 实质上这属于权利滥用的问题，其原则上可以通过诚实信用原则得到解决（《民法典》第242条）。[127] 有时，这种规避禁止会通过法律以宣告规避行为或类似行为无效的方式予以特别规定。类似的半强制性的规定主要体现于消费者保护，例如《民法典》关于格式条款之第306a条，以及第512条第2句或第475条第1款第2句等规定。

---

[123] 有判决即如是为之，参见 LG Duisburg, Urt. v. 14. 11. 1961, 1 O 272/61, NJW 1962, 1301, 1302, 以及 Dunz 对该案的批评意见。

[124] 有判决即如是为之，参见 BFH, Urt. v. 30. 1. 1990, VII R 97/89, BFHE 159, 421, 422："依当下之观点，扣押禁止是对国家执行权力的强制性公法限制。它是《基本法》第1条（人格尊严）及第2条（人格自由发展）所规定的基本权利的体现，并应当被理解为社会国家原则（《基本法》第20、28条）的具体化"。对此判决的批评意见，参见 Lüke/Beck, JuS 1994, 22, 25："人格尊严（《基本法》第1条）和电视机是否可以被扣押之间没有任何关系。"

[125] BAG, Urt. v. 8. 5. 1996, 5 AZR 971/94, BAGE 83, 95, 100 ff. -Nichtraucherflug. 就此参见 Möllers, JZ 1996, 1050, 1053；有关侵权法的补充功能，参见第六章边码20及以下。

[126] BGH, Beschl. v. 13. 5. 1996, GSSt 1/96, BGHSt 42, 139, 148.

[127] Vgl. Schubert, in: MünchKomm-BGB, 8. Aufl. 2019, § 242 Rn. 157.

为了规避土地交易税，有人会以公证之方式订立一个低于实际金额的土地买卖合同（所谓"公证的阴阳合同"）。其后果将是"双重无效"：公证的合同因构成《民法典》第117条第1款之"虚伪行为"而无效；合意金额的土地买卖合同则因缺乏公证形式而无效（《民法典》第125条第1句）。[128]

（2）不过，即使没有特别的法律规定，禁止规避行为也是一种法原则，并可作为目的解释的一种模型。[129] 一个行为究竟属于被允许的对构成要件的回避，抑或属于被禁止的法律规避，或者说，构成要件的不成就是否瓦解了规范的精神与目的？[130] 要澄清这一问题，探寻法的内在理性（ratio legis）即具有决定性意义。

如若认为"贵族案"（第二章边码21）中的买受人可因缔结合同时的过错主张损害赔偿请求权，则可谓规避了《民法典》第311b条的规定。因为"承担赔偿信赖损失的义务可能会间接地迫使当事人履行房地产的交易，从而违背了《民法典》第313条第1句（今第311b条第1款第1句）的规范目的"[131]。因此，原则上应拒绝成立损害赔偿请求权。——如果A背叛了她的丈夫，则其行为并不能构成"性侮辱"而入罪，因为这样一来等于是复辟了"通奸罪"，该罪名早在60年代末期就已经被立法者废止了。[132]

五、避免规范冲突——规范调适以及获知规范的适用领域

（1）为避免规范冲突，有必要进行规范之调适（Normangleichung）。比如，针对某一限制性规范的限制规定，若寻访前一规范时，发现该限制

---

[128] BGH, Urt. v. 15. 5. 1970, V ZR 20/68, BGHZ 54, 56, 62.
[129] *Teichmann*, Die Gesetzesumgehung, 1962, S. 69; BGH, Urt. v. 5. 1. 1990, II ZR 164/88, BGHZ 110, 47, 64.
[130] *Wank*, Die Auslegung von Gesetzen, 6. Aufl. 2015, S. 73 f.
[131] BGH, Urt. v. 6. 12. 1991, V ZR 311/89, BGHZ 116, 251, 258；也参见 *Ruhwinkel*, in: MünchKomm-BGB, 8. Aufl. 2019, § 311b Rn. 80. 参见第五章边码15以及第六章边码137。
[132] 《刑法典》旧法第172条规定了"通奸罪"。就此参见 Heintschel-Heinegg/*Valerius*, StGB, 3. Aufl. 2018, § 185 Rn. 30。

规定变得空洞无物或者说立法目的落空，这即是规范冲突之表现。法律之解释应当尽可能地没有冲突，此乃一项重要的原则。[133] 其结果便是，某一规范可能会构成特别法规范。[134] 借助某些论证模型，这一观点可以得到进一步的具体化。此类论证模型虽然部分属于体系解释之范畴[135]，细究起来，它们实为目的论的产物。唯有先行确定规范之目的，才能避免规范之冲突。[136] 其基础则在于"同等事物必须被同等对待"[137]。

53 （2）此外，对规范的解释原则上应确保它的**适用领域不会被虚置**。换言之，**不能使规范沦为赘余之物**。因此，那种所谓"限缩解释至零"（teleologische Reduktion auf Null）的做法是不妥当的。这背后的思想是，立法者不会制定多余无用之法。[138] 英美法系当中也可寻得类似的思想。[139] 它称得上是一种在整个法秩序都通用的重要论证模型。它通常被作为一种"归谬法"（argumentum ad absurdum，第五章边码 62 及以下）而得使用。基于同理，解释也不能造成法律被规避的后果。[140]

54 《民法典》第 133 条中的"真意"（wirklicher Wille）所指的不应当是"内心的意思"，否则《民法典》第 119 条就会成为一条多余的规定。第 119 条恰恰表明，内心的意思如何并不会决定法律行为本身，只是可能产生撤销之权利。若不然，"错误法"就没有意义了。[141] 基于《民法典》第 116 条第 1 句亦可得出这一评价，该条指明，内心的真意保留是无足轻

---

[133] 进一步的论述参见 Weiss, Widersprüche im Recht, 2011, S. 70 ff.。
[134] Vogel, Juristische Methodik, 1998, S. 61 ff.
[135] Vogel, Juristische Methodik, 1998, S. 123.
[136] Kramer, Juristische Methodenlehre, 6. Aufl. 2019, S. 179 f.
[137] 关于"法适用的平等性"参见上文第一章边码 42；Neuner, Die Rechtsfindung contra legem, 2. Aufl. 2005, S. 105.。
[138] Bydlinski, Juristische Methodenlehre und Rechtsbegriff, 2. Aufl. 1991, S. 444；Kramer, Juristische Methodenlehre, 6. Aufl. 2019, S. 117 f.
[139] Llewellyn, 3 Vand. L. Rev. 395, 400 (1949/1950)："若法律仅仅宣示无目的或对象的规则，则其堪比空文。"（A statute merely declaring a rule, with no purpose or objective, is nonsense.）
[140] Diederichsen, in: FS Larenz, 1973, S. 155, 177.
[141] Busche, in: MünchKomm-BGB, 8. Aufl. 2018, § 133 Rn. 13. 有关"特里尔葡萄酒拍卖案"，参见第四章边码 96、第五章边码 28 及以下。

重的。《民法典》第123条当中的"恶意欺诈"并不必然意味着构成第138条第1款意义上的背俗行为,若不然,《民法典》第124条的撤销期限就没必要规定。此外,这样一来还会剥夺受欺诈人是否行使撤销的选择权(《民法典》第142条第1款)。[142] 若适用《民法典》第433条等规定的瑕疵担保,则买受人不能再援引《民法典》第119条第2款的因错误所致的撤销权。否则就等于瓦解了出卖人通过修理或重换而要求补正履行的权利,此外,买卖合同法设定了更短的诉讼时效,出卖人故而不必适用《民法典》第121条第2款为撤销权规定的长达10年的期间,这一出卖人的特权也会被虚置。[143] 立法者设置了《招股说明书法》(WpPG)第21条等诸条、《证券交易法》第97、98条以及《证券收购法》第12条等一系列规定,赋予投资者针对公司不当行为的损害赔偿请求权。长久以来争议的问题是,若允许股东作为受损害的投资者而依据这些规定主张损害赔偿,是否有违《股份公司法》第57条规定的资本维持原则(Kapitalerhaltung)。然而,若持肯定结论,上述规定即成多余。因为资本维持原则的优先地位主张这些条款多余,从而要求立法者对其进行重新规定,几乎是不可想象的。[144] 因此,联邦最高普通法院肯定了上述请求权,否认其违背了《股份公司法》第57条的资本维持原则。[145]

六、欧盟最高法院的具体论证模型

循环论证[146]或者法律规避原则的论证模型也同样为欧盟最高法院所采纳。其中,"规范避免"(Normvermeidung)所指的是当事人(包括法人)通过援引欧盟法而规避成员国法律规定的现象。在德国或丹麦等国家,建立有限责任公司(GmbH)需要满足一定的注册资本最低限额(比

---

[142] 与此相反,《民法典》第138条规定的无效则是强制性的,受欺诈人并无选择的自由。
[143] *Beckmann*, in: Staudinger, BGB, Neubearb. 2014, Vor zu §§ 433 ff. Rn. 31.
[144] 围绕这一争议的详细论述,参见 KK-WpHG/*Möllers/Leisch*, 2. Aufl. 2014, §§ 37b, c Rn. 38 ff.
[145] BGH, Urt. v. 9. 5. 2005, II ZR 287/02, NJW 2005, 2450 ff. -EM TV;奥地利法的情况同样如此,参见 OGH, Urt. v. 15. 3. 2012, 6 Ob 28/12d, ÖBA 2012, 548/1828 Ziff. 2. 2. , 9. 3. f。
[146] SchlA v. 15. 9. 2016, GA *Wahl*, C-524/14, EU: C: 2016: 693, Rn. 103.

如20万丹麦克朗[147]）。那么是否可以在不要求最低注册资本的英国，建立一个当地的"私人有限公司"（Ltd.），然后不在英国而在起始国德国进行经营？欧盟最高法院否认其构成不正当的规范避免行为，理由即是（欧盟法上规定的）"营业地自由"（Niederlassungsfreiheit）恰恰针对的就是在国外建立营业场所的行为。[148]

55a 与之相反，欧盟法当中还存在所谓"规范隐匿"（Normerschleichung）之原则。规范隐匿所指的是这样一种现象，即外国人在国外本无特定的请求权，但其意欲在德国主张该请求权而援引欧盟法的规定。[149] 这同样涉及权利滥用的问题（第五章边码48）。比如，如果来自外国的欧盟公民不满足某国奖助学金申请条件，但他可否以基于自己属于《欧洲联盟运作方式条约》意义上的"雇员"而享有的劳工迁徙自由，从而有权申请该国的奖助学金呢？对这一点而言，欧盟最高法院亦倾向于从严把握构成滥用行为的条件。[150]

第三节 结果取向的解释

参考文献：*Bydlinski*, *Franz*, Die Suche nach der Mitte als Daueraufgabe der Privatrechtswissenschaft, AcP 204（2004），309-395；*Deckert*, *Martina*, Folgenorientierung in der Rechtsanwendung, 1995；*Diederichsen*, *Uwe*, Die „Reductio ad absurdum" in der Jurisprudenz, in：FS Larenz, 1973, S. 155-179；*Potacs*, *Michael*, Effet utile als Auslegungsgrundsatz, EuR 2009, 465-487；*Schnur*, *Roman*, Der Begriff der „herrschenden Meinung" in der Rechtsdogmatik, in：FS Forsthoff, 1967, S. 43-64；*Stellhorn*, *Holger*, Das argumen-

---

［147］ 相当于25000欧元。这也是德国法对建立有限责任公司所要求的最低注册资本额，参见《有限责任公司法》（GmbHG）第5条1款。

［148］ 参见EuGH, Urt. v. 9.3.1999, C-212/97, EU：C：1999：126, Rn. 24 ff. -Centros；*Möllers*, in：Schulze/Zuleeg/Kadelbach, Europarecht, 4. Aufl. 2020, § 19 Rn. 204以及第五章边码111。

［149］ 详见*Kamanabrou*, EuZA 2018, 18, 27；*Schön*, in：FS Wiedemann, 2002, S. 1271 ff.。

［150］ EuGH, Urt. v. 21.6.1988, C-39/86, EU：C：1988：322, Rn. 43 ff. -Lair；EuGH, Urt. v. 6.11.2003, C-413/01, EU：C：2003：600, Rn. 44 ff. -Ninni-Orasche。

tum ad absurdum und seine Bedeutung in examensrelevanten Meinungsstreitigkeiten, ZJS 2014, 467–470.

一、结果取向解释的概念及意义

法律当中充斥着各种行为要求,即各种意欲控制人们行为的命令(第二章边码 7 以下)。立法者不得不对法律可能造出的结果作出预估,此时,可能也就需要诉诸经济上的考量。[151] 显然,行政机关[152]和法官也同样必须对其所作裁判的后果予以斟酌。因此,在解释工作最后阶段,即需要分析、衡量解释的结果,若其结果无法令人接受,则应当对结论进行必要的修正。[153] 理想的情况下,要对法官的裁判作出评价,即可以先判断其会产生什么结果(结果预估)、其接受程度会是如何(结果评价)以及如何依循所欲达成的结果而对其加以调整(结果取向的调控,或曰狭义上的结果考量)。[154] 在列举大量罗马法上的例证之后,瓦克(Wacke)言简意赅地指出:"得出一以贯之的结论乃是科学思维的前提,故而,结果考量的学说可谓同法学本身一样源远流长。"[155]

有时,立法者会明文要求法官对其裁判的结果予以考量。例如,《民法典》中即存在有关房屋租金(第 574 条)或离婚(第 1568 条)的"艰难情事条款"(Härteklausel)。依据这样的艰难情事条款,法官必须考虑判处离婚可能造成的结果。比如,为了避免为共同的子女或夫妻另一方造成不合理的困难,可能暂缓离婚的执行。刑法中,依据《刑法典》第 46 条第 1 款第 2 句的规定,在量刑时须考虑刑罚对行为人未来的社会生活所可能产生的影响。在诉讼程序方面,暂时的权利保护(vorläufige Rechtss-

---

[151] *Blum*, 65. DJT, 2004, S. 51 f.; Pflicht zur Gesetzesfolgenabschätzung auf Bundesebene s. § 43 I Nr. 5 GGO (Gemeinsame Geschäftsordnung der Bundesministerien), § 42 Abs. 1 i. V. m. Anlage 3 GGO, § 37 GGO II; hierzu *Seckelmann*, ZRP 2010, 213.

[152] *Hermes*, in: Schmidt-Aßmann/Hoffmann-Riem, Methoden der Verwaltungsrechtswissenschaft, 2004, S. 359 ff.

[153] *Hassemer*, JZ 2008, 1, 7; *Freund*, JZ 1992, 993 ff.

[154] *Sambuc*, Folgenerwägungen im Richterrecht, 1977; *Deckert*, Folgenorientierung in der Rechtsanwendung, 1995.

[155] *Wacke*, in: Mélanges Sturm, Bd. 1, 1999, S. 547, 565 unter Hinweis auf D. 49, 17, 19, 5.

chutz）不能先行取代主程序的实施。此时首先要考虑的结果，是临时性的权利保护措施"是否为预防更严重的损害、为阻止有威胁性的暴力所必需，或者是否出于其他重要理由为保护公共利益而不得不紧急为之"[156]。

二、结果取向解释的限制

58　　如若立法者没有明确要求进行结果衡量的义务，结果取向的解释与经济考量是否可行以及在何种程度上可行，就成为一个有争议的问题。[157] 联邦宪法法院前副主席哈斯默尔曾警告说，人们可能会借结果取向解释之名，行推动法律政策（Rechtspolitik）之实。[158] 同经济分析的情况类似，立法者对对结果的考量作出了明文规定，则任何情况下都必须遵循之（第五章边码57）。除此以外，可以被纳入衡量的只能是法律意图实现或追求的法效果。[159] 最后，结果取向的考量并不具备绝对性，它仅可作为法律价值安排的补充。有关"专家责任"（Sachverständigenhaftung）的判例可谓限制结果取向解释的一个绝佳例证。

59　　　　专家鉴定人责任案：鉴定专家认为某案被告人患有"具有明显疾病特征的、精神病理进程性的'好诉妄想症'（Querulanz）"，后者之后被判处限制自由的刑罚。该法庭鉴定意见乃是因疏忽而作出的错误鉴定。联邦最高普通法院否认鉴定专家需要依据《民法典》第823条第1款的规定为他人的自由剥夺而承担责任，其理由在于，专家不能为一般的过失承担责任。法院认为，这一目的性限缩（第六章边码92及以下）之所以正当，是因为严苛的责任要求会影响法院所任命专家的独立性从而损伤司法。专家应似法官一般具有独立性。此外，若承认专家必须承担责任，恐会引起大量的后续诉讼行为（Folgeprozess）。[160]

[156]　§ 32 Abs. 1 BVerfGG；s. auch §§ 935 ff. ZPO.
[157]　*Deckert*, Folgenorientierung in der Rechtsanwendung, 1995, S. 5 ff.; *Lübbe-Wolff*, Rechtsfolgen und Realfolgen, 1981, S. 139 ff.
[158]　*Hassemer*, JZ 2008, 1, 7, 他将结果取向的解释戏称为"狡黠的、以产出为取向的考量"。
[159]　*Raisch*, Juristische Methoden, 1995, S. 186.
[160]　BGH, Urt. v. 18. 12. 1973, VI ZR 113/71, BGHZ 62, 54, 59 f. -Sachverständigenhaftung.

结局：联邦宪法法院拒绝了这一论证，而承认本案基于《民法典》第823条第1款的规定成立专家责任。[161] 不要求承担责任可能会导致其降低注意义务。[162] 由此即产生了两个相对立的后果论的论据。然而，具有关键意义的是，现行侵权法规定的法定请求权，乃适用于以违法有责的方式损害他人自由的任何人。若专家不承担责任，等于是说，剥夺自由的违法行为将得不到惩治（第十三章边码71及以下）。立法的价值安排当优先于后果论的论证。

三、具体的论证模型

在学说中，大量相关的论证模型被付诸讨论[163]，而在法续造的框架下，结果取向的解释被认为是允许的。具体而言，这些论证模型包括归谬法、避免过度责任、法不干涉琐事原则、确保结论的可用性、事实的规范力、结论的可接受程度等。除这些以外，欧盟法上还独有"实际有效原则"这一构造。

1. 避免荒谬或不切实际的结论（归谬法）

"归谬法"（argumentum ad absurdum）[164] 很早就见于柏拉图[165]以及罗马法[166]的论述中，同时也流行于英美法系[167]及法国法。[168] 但法律适

---

[161] BVerfG, Beschl. v. 11. 10. 1978, 1 BvR 84/74, BVerfGE 49, 304, 321-Sachverständigenhaftung（第十三章边码71）。

[162] *Hopt*, JZ 1974, 551, 555.

[163] *Deckert*, Folgenorientierung in der Rechtsanwendung, 1995, S. 6, Anh. B, S. 252 ff.

[164] 类似的称谓有 *deductio ad absurdum*, *reductio ad absurdum*, *demonstratio ad absurdum* genannt。

[165] *Platon*, Apologie des Sokrates, 27c/27d.

[166] 详见 *Wacke*, in: Mélanges Sturm, Bd. 1, 1999, S. 547, 549 ff.；之前的论述则有 *Schopenhauer*, Eristische Dialektik oder Die Kunst, Recht zu behalten, 1983, S. 22 f（首次出版于1830或1831年）。

[167] *Blackstone*, Commentaries on the Laws of England, 2nd ed. 1776, Bd. 1, S. 60；*MacCormick* Legal Reasoning and Legal Theory, 2nd ed. 1994, S. 108 ff.；关于"结果论证（consequentialist arguments）"的部分。19世纪，人们会诉诸所谓"黄金法则"，从而在出现荒谬的结论时允许偏离法律之文义，参见 *Vogenauer*, Die Auslegung von Gesetzen in England und auf dem Kontinent, 2001, S. 1126。

[168] Trib. Civ. Seine, Urt. v. 24. 4. 1952, J. C. P. 1952. II. 7108.

用中的归谬法究竟是什么,这一点还未得到足够的澄清。有人将其归于"逻辑"[169]、"目的"[170]或"公正"[171]之内涵,有人则轻蔑地斥之为"诡计"[172]。具体而言,可从如下三个方面分述之。

63 (1)作为一种结果取向的论据[173],归谬法[174]并不用于证明命题自身,而是通过揭示明显难以令人接受故而荒谬的结论来证明相反命题的错误性。[175] 归谬法与当然推论以及反面推论(第六章边码93)有一定的近似性,但其关注的乃是法效果。要使归谬法发挥作用,则需要累积式地满足五个**前提条件**:相反命题所展现的结果,①必须是荒谬也即不合情理的,而不能仅仅是违背意愿的;②荒谬的结论必须是由逻辑推演而得,而不能只是宣称的结论;③不能是主张"第三种观点";④命题之荒谬不能只是论者自己的看法;⑤唯有否定相反命题,才能避免荒谬的结果。[176]

64 (2)然而,这五个条件通常都不能成立,因此,相应的论证总是缺乏说服力。若如此,首先要做的即是揭示价值的冲突。此外,在多种可能的解释结论当中,若有一种结论不切实际,那就可以依据归谬法将其排除出去。[177] 这被称为**"不可承受性论据"**(Untragbarkeitsargument)[178]。概言之,其所关注的乃是期待可能性(Zumutbarkeit)的问题。例如,联邦最高普通法院曾正确而清楚地说明,为何同一醉酒汽车司机所引起的两起交

---

[169] *Klug*, Juristische Logik, 4. Aufl. 1982, S. 151.

[170] *Diederichsen*, in: FS Larenz, 1973, S. 155, 161; Enneccerus/*Nipperdey*, Allgemeiner Teil des Bürgerlichen Rechts, 15. Aufl. 1959, S. 344 Anm. 11.

[171] *Canaris*, Systemdenken und Systembegriff in der Jurisprudenz, 2. Aufl. 1983, S. 24 Fn. 26:"归谬法的说服力有多大,并不取决于真相的价值,而是取决于正义。"

[172] *Esser*, Grundsatz und Norm, 1956, S. 128:只是通过不可信的"修辞"技艺"按需"寻找论据。

[173] *Deckert*, Folgenorientierung in der Rechtsanwendung, 1995, S. 84.

[174] *Diederichsen*, in: FS Larenz, 1973, S. 155 ff.; *Schreier*, Die Interpretation der Gesetze und Rechtsgeschäfte, 1927, S. 42; *Horak*, Rationes decidendi, 1969, S. 267 ff.

[175] *Puppe*, Kleine Schule des juristischen Denkens, 4. Aufl. 2019, S. 218.

[176] 为此提供很好的概述的,可参见 *Stellhorn*, ZJS 2014, 467 f.。

[177] *Kramer*, Juristische Methodenlehre, 6. Aufl. 2019, S. 194 f.; *Bydlinski*, Juristische Methodenlehre und Rechtsbegriff, 2. Aufl. 1991, S. 457.

[178] *Diederichsen*, in: FS Larenz, 1973, S. 155, 177; *E. Ott*, Juristische Methode in der Sackgasse?, 2006, S. 64.

通事故，不能一起被评价为一个整体的行为。

> 相反的观点可能会导致一个不可接受的结论：一个醉酒的司机在卡尔斯鲁厄造成交通事故，然后从高速公路逃走，接着又在斯图加特和到达慕尼黑之前造成其他多起事故并逃走，如果他对之前的事故没有意识，最终却可以因为最后一起事故而被判处具有权利能力的话，那么，他也完全可以仅仅因为之前就已进入醉酒而无法开车的状态，而主张不需要再为所有的哪怕是造成人身伤害的犯罪行为负责。这是不合事理的。[179]

例如，有人认为，医生经过绝症患者的同意，可以不为其提供治疗帮助，前提是病人要一直存有意识，如此一来，若该病人之后丧失意识，医生就必须为其提供直接的治疗，否则就得为他致人死亡的不作为承担责任，这一观点的结论即是荒谬或者说难以令人接受的。[180] 向无民事行为能力的孩子进行赠与的情形，《民法典》第181条"自我行为"（Insichgeschäft）的适用范围就应当作目的性限缩，因为适用这一规定会导致有违生活常理的结论（第六章边码104）。如果父亲必须离开"母子车厢"，但却允许他的家人继续坐在那里，这同样是荒谬的（第一章边码73）。

无效买卖时的使用收益偿还[181]：①出卖人（V）将可使用的房屋（bebautes Grundstück）出卖并转让于第三人（D），若其债权合同无效，而物权合同有效，V是否可以要求D支付使用期间的租金？②若V患有不为人所觉察的精神疾病，以致物权行为也无效，结论又是如何？

答案：①V失去了所有权，其可以基于给付不当得利请求权，分别依据《民法典》第812条第1款第1句第1分项以及《民法典》第818条第1款之规定，向D请求返还原物以及偿付租金（收益返还）。②若两种法

---

[179] BGH, Urt. v. 5.11.1969, 4 StR 519/68, BGHSt 23, 141, 148 f. -Trunkenheitsfahrt.
[180] 联邦最高普通法院如今即主张，此时仍继续成立"推定的同意"，参见 BGH, Urt. v. 13.9.1994, 1 StR 357/94, BGHSt 40, 257；*Vogel*, Juristische Methodik, 1998, S. 123.
[181] 相关案情，参见 RG, Urt. v. 30.1.1940, GSZ 3/38 u. a., RGZ 163, 348, 350.

律行为均无效，则二者之间成立所有人及占有人之间的法律关系。在此情形，V作为所有人可基于《民法典》第985条请求返还原物，但他却不得向善意占有人D主张收益之返还，此系《民法典》第993条第1款第2分句所明文规定。

69 　　这样一来，出卖人若丧失所有权，反而比保有所有权时的处境更好。所有人的待遇还不如占有人。这一结论是很难令人接受的；要避免这一荒谬的结果，只能类推适用《民法典》第988条[182]或者优先适用给付不当得利的规定从而舍弃《民法典》第993条第1款第2分句所产生的限制效力。[183]

70 　　（3）上文（1）所列举的归谬法的条件通常是不成立的。[184]而（2）所称的结论通常也没有想象的那般"难以忍受"。总而言之，归谬法不能被滥用，否则可能会用来掩盖思维跳跃（第五章边码46）或者法学之外的、经济或其他方面的考量。

2. 经济考量：避免过度责任或不合理的负担

71 　　（1）立法者通常会赋予人们从事有一定经济风险的行为而又不必为此负责的自由。比如，公司法领域当中就有规定于《股份公司法》第93条第1款第2句的"商业判断规则"（business judgement rule）；经济刑法中，对《刑法典》第266条"不忠实"的构成要件采取的是限缩解释。其结果就是，企业的决策者对于企业事务可以享有一定的自由决策空间，在这一范围内行事，他自不必担忧会引起民法抑或刑法上的责任。[185]避免产生过度的责任或者造成不合理的负担，也是一种结果取向的思想。在英美法

---

[182] RG, Urt. v. 30. 1. 1940, GSZ 3/38 u. a., RGZ 163, 348, 353；BGH, Urt. v. 5. 3. 2010, V ZR 106/09, BGHZ 198, 358 Rn. 21.

[183] *Baur/Stürner*, Sachenrecht, 18. Aufl. 2009, § 11 Rn. 38；*Medicus/Petersen*, Bürgerliches Recht, 27. Aufl. 2019, Rn. 600 m. w. Nachw.

[184] 大量的相关例证，参见 *Puppe*, kleine schule des juristischen Denkens, 4. Aufl. 2019, S. 218 ff.；*Schnapp*, Logik für Juristen, 7. Aufl. 2016, S. 176 ff。

[185] BVerfG, Beschl. v. 23. 6. 2010, 2 BvR 2559/08 u. a., BVerfGE 126, 170, 210 f.：gravierende Pflichtverletzung；参见 *Fischer*, StGB, 68. Aufl. 2021, § 266 Rn. 66 ff.；Satzger/Schluckebier/Widmaier/*Saliger*, StGB, 5. Aufl. 2021, § 266 Rn. 32, 47 ff.；*Tiedemann*, Wirtschaftsstrafrecht, 5. Aufl. 2017, Rn. 262 ff。

系，人们也有所谓"水闸理论"的说法（Dammbruchargument, floodgates principle）。[186] 德国司法对于扩充侵权法中的请求权采取的是非常保守的态度。理由在于，不同于合同法的仅适用于合同当事人，侵权法所适用的人群范围（Personenkreis）原则上是难以估计的。因此，联邦最高普通法院也多次强调，**不得过度扩大义务**[187]，引入相应的损害赔偿请求权——例如在危险责任（第六章边码156）或者资本市场责任的领域——应当是立法者的义务。[188] 其背后的理由是，被告可能会面临**影响深远的经济后果**，或者说判决会对整个经济行业产生"信号效应"（Signalwirkung）。在国家责任领域，对于森林的运营者是否可因酸雨的危害而依据《基本法》第34条及《民法典》第839条向国家主张损害赔偿，联邦最高普通法院曾发表过如下见解。

> 若认可因树木死亡而受到损害的森林占有人享有对国家主张赔偿或补偿的请求权，可能会对国家的财政产生深远的影响。显然，依据权力分立原则和民主原则，是否承认这样的请求权，应交由议会立法者决定。（vgl. BVerfG-Vorprüfungsausschuß-Beschl. vom 14. September 1983-1 BvB 920/83 = NJW 1983, 2931, 2932）。[189]

72

（2）法官通常也会进行一种"**衡平审查**"（Billigkeits- und Ergebniskontrolle）；此时，尤应当注意是否可能对当事人造成不合比例的负担；若有不利于当事人的难以容忍的困难，则必须避免之。法续造的工作通常都是起因于这样的问题——通过法续造能否消除已有的弊端。这时候，上文提

73

---

[186] Spartan Steel & Alloys v. Martin & Co（Contractors）Ltd［1970］S. No. 3104：" if claims for economic loss were permitted for this particular hazard, there would be no end of claims".

[187] Raiser, JZ 1961, 465, 470 f.；有关"收益偿还请求权"，参见下文第七章边码49及以下（毛皮大衣案）。

[188] 例如，联邦最高普通法院多次否定《证券交易法》的规范具有"保护性法律"的性质，对此可参见第十三章边码32a；以及 KK-WpHG/Möllers/Leisch, 2. Aufl. 2014, § § 37b, c Rn. 493 ff.

[189] BGH, Urt. v. 10.12.1987, III ZR 220/86, BGHZ 102, 350, 362-Waldsterben；新近有关"对后代承担的环境保护义务"之判决，参见 BVerfG, Beschl. v. 24.3.2021, 1 BvR 2656/18 u. a., BeckRs 2021, 8946 Rn. 182 ff., 192 - KSG。

到的各种价值和正义之思想（第一章边码105及以下）都会直接被纳入考虑。在此等情形下，"禁止拒绝裁判"的义务也会作为考虑的理由，法官若不想违反这一义务，就不得不对正义与否的问题进行论证（第一章边码52）。这不由使人们再次想起有关"不可容忍的恶法"的拉德布鲁赫公式（第二章边码132）。

74 　此类例证可谓不胜枚举：本书开头提到过信赖保护，其构成反对法律（第二章边码44及以下）以及判决（第三章边码31及以下）溯及既往的理由。保护正当的信赖，乃公正之体现。[190] 对劳动或公司合同的撤销效力进行目的性限缩，亦出于公正的考量（第六章边码134）。"对第三人具有保护效力的合同"这一法律构造也是基于公正性的理由。[191] 在一次关于"企业内部劳务"的判决中，公正方面的理由即发挥了其说服力；根据这一判例，为保护雇工之利益，可以对因共同过错而承担的责任加以限制。[192] 在宪法领域，则会关注公民的"**保护必要性**"（Schutzbedürfnis）。[193] 最后一个例子是：与联邦最高普通法院的观点所不同的是，将《民法典》第656条类推适用于"同性伴侣合同"是"不公正的"。

75 　　　同性伴侣介绍案：原告经营一家"同性伴侣及婚姻介绍所"。时年27岁的被告在原告提供的名为"私密介绍委托"的格式合同上签字，并以填写"居间支票"的形式分期支付1540马克。原告要求被告支付剩余欠款。《民法典》第656条规定的合同乃是少有不具有完全约束力的（即自然债）合同类型之一（婚姻介绍居间合同）：即使成功完成了一方的婚姻介绍，居间人也不能在法院诉请相应费用的

---

[190] 有关信赖这一法原则，参见下文第九章边码17。
[191] RG, Urt. v. 7. 12. 1911, VI 240/11, RGZ 78, 239 ff. -Linoleumrolle; BGH, Urt. v. 28. 1. 1976, VIII ZR 246/74, BGHZ 66, 51 ff. -Gemüseblatt（第十章边码82及以下）。
[192] 详见下文第十三章边码49及以下。
[193] BVerfG, Urt. v. 27. 2. 2008, 1 BvR 370/07 u. a., BVerfGE 120, 274, 306-Online-Durchsuchung："从使用信息技术系统对人格发展的意义以及这种使用可能对人格造成的损害来看，这里存在与基本权利相关的保护必要性。"关于此，参见 *Lepsius*, in: Jestaedt/Lepsius/Ch. Möllers/Schönberger, Das entgrenzte Gericht, 2011, S. 159, 168 ff.; *Hornung*, Grundrechtsinnovationen, 2015, S. 356 f。

支付请求权；但若费用已被支付，则不能再要求返还，因为此时《民法典》第812条第1款第1句第一种情况下的"给付"已有"法律上的原因"。被告则要求返还已支付的费用。本案能否类推适用《民法典》第656条？

答案：联邦最高普通法院认为此处系法律漏洞，并得适用《民法典》第656条之规定。法院认为，该规定将婚姻介绍产生的恢复原状之债设定为不完全债务，就是为了否定婚姻介绍这个"无比令人嫌恶的东西"[194]，原先的这一立法目的至今仍然适用。如果1900年已经出现了非婚同性伴侣关系，那么立法者也会使之适用于《民法典》第656条的规定。此外，通过不允许原告以诉讼之程序行使其报酬请求权，《民法典》第656条也保护了当事人的"私人领域"（Privatsphäre）[195]。

但上述观点实值批评：帝国议会委员会禁止婚姻介绍商业化的这一意愿，乃是建立在将这一行为视为"背俗"的认识上。要是当时的立法者认识到非婚同性伴侣关系，也会将同性伴侣合同纳入《民法典》第656条的适用范围——这一说法的方法论基础是其所假设的1896年立法者的意愿，但这终究是一种"法的回造"（Rechtsrückbildung）[196]，而非"法的续造"（Rechtsfortbildung），因为它所注重的不是当今，而是19世纪的情势。但联邦最高普通法院却认为，当时的目的至今仍得有效。至于规范的第二个"保护目的"（Schutzzweck），即客户的私隐需要，则纯系随意生造，1896年的立法者恐怕并未有此意识[197]。何况，只需禁止庭审公开，就可以充分兼顾这一点[198]。通过剥夺原告提请诉讼的权利来保护对隐私领域的需求，不仅是一种被错误理解

---

[194] 起决定作用的是这样一种认识：无论是为婚姻介绍索取或支付报酬，都不符合"婚姻本身的道德特征"，参见 *Mugdan*, Bd. II, S. 1292 f.
[195] BGH, Urt. v. 11. 7. 1990, IV ZR 160/89, BGHZ 112, 122, 124 ff.
[196] *Gilles*, NJW 1983, 2819, 2820.
[197] *Peters*, NJW 1990, 2552, 2553.
[198] 见《法院组织法》第171b条、第174条第3款以及《刑法典》第353d条第2项，类似批评另参见 *Peters*, NJW 1990, 2552, 2553; *Finger*, FamRZ 2005, 181 ff.; *Compensis/Reiser-er*, BB 1991, 2457, 2460.

的家长作风,从结论上看也是荒谬的。最后,也有必要作一个结果取向的思考:《民法典》第656条第1款第2句的自然债务一经履行,则不得请求返还。而实践中,寻求伴侣的人都会被要求先行支付费用。如此一来,客户就无法在不良给付的情形拒绝支付报酬。——这很难说具有"利益正当性"(interessengerecht)。[199] 因此,不能承认此系法律漏洞,因其非为"违反立法者计划"(planwidrig)的漏洞(第六章边码110)。

78　　**进阶练习**——**交通事故案**:两个生活在德国的土耳其人在土耳其造成了一起严重的交通事故。保险公司想要依照土耳其的法律赔付1000马克;原告则要求依据德国法赔付25000马克(包括10000马克的痛苦抚慰金)。本案应当适用哪国的法律?[200]

3. 法不干涉琐事(de minimis non curat lex)

79　　(1)"法不干涉琐事"[201] 是一条古老的罗马法原则,其同时亦为英美法所肯定。[202] 这一原则包含形式和实质两个面向。**形式**上说,其含义在于"法院不理琐事"。

80　　在刑法领域,若追究某一犯罪行为并无公益之必要,抑或行为人仅负有轻微责任,检察官便可能因其琐细而中止或者说压根就不会启动追诉程序(《刑事诉讼法》第153条)。在民法中,原则上唯在诉讼标的额超过600欧元之情形,才允许上诉(Berufung,《民事诉讼法》第511条)。公法中的宪法诉讼若原本就未达到实质诉由的最低要求,则不予准许。[203]

81　　(2)至关重要的还有其**实质内容**上的面向。很多情况下,法律已然排

---

[199] Peters, NJW 1990, 2552、2553.
[200] 答案见第十五章边码11及以下。
[201] Ulp. D. 4, 3, 9-10;类似的说法是:*Minima non curat praetor*(法官不关心琐事);参见Callistrat. D. 4, 1, 4;早先的相关论述,参见 *Cicero*, De natura deorum 3,§ 86:„ ne in regnis quidem reges omnia minima curant"(一个王国的君主也从来不会关心各种鸡毛蒜皮的事)。关于本部分内容,参见 *Buß*, NJW 1998, 337 ff.
[202] 详见 *Bailey/Norbury*, Bennion on Statutory Interpretation, 7th ed. 2017, Sec. 26. 7; *Veech/Moon*, 45 Mich. L. Rev. 537 ff. (1947).
[203] BVerfG, KBeschl. v. 14. 9. 2010, 1 BvR 2070/10, BeckRS 2010, 53152 Rn. 1;"她还告诉联邦宪法法院,'联邦熊法院'的'熊法官'为联邦宪法法院的判决哭了两天。"

除了对那些不重要的违反义务行为加以追究的必要性。因其无足轻重，故次请求权（Sekundäransprüche）也被排除，例如"债法总则"的相关规定（《民法典》第281条第1款第3句、第323条第5款第2句）。[204]

即使法律没有规定限制，损害较小的情形下，通常也会排除受害人行使请求权的可能性。一般而言，此类情形付诸"构成要件层面"就可得到解决。譬如，每个人都不得不承担"一般的生活风险"（allgemeines Lebensrisiko）。"社会相当性"（Sozialadäquanz）乃是人们所熟知的一种法构造，据此，那些普遍通行的、具有社会相当性的事物，因不具重要性，故而无可非难。[205] 有些情况下，这一限制则是会体现于"正当化层面"（Rechtfertigungsebene）。[206]

在《民法典》的立法理由书（Motive）中，便可觅得人们将"法不干涉琐事"原则适用于买卖合同法的踪迹[207]，例如，《民法典》旧法第459条第1款第2句即否定"并未明显降低买卖物价值或效用"的情形构成瑕疵。虽然债法改革后的《民法典》新法第434条已不再包含这一构成要件，但人们仍一致认为，在只是部分更换了机动车的原装漆层这样的例子里，就其特性而言，仍不影响它构成合格的买卖物。[208] 在旅游合同法中，单纯的不愉悦感是可以被接受的。例如，门兴格拉德巴赫劳动法院曾在某案中驳回当事人因旅游瑕疵而要求赔偿20%价款的请求，理由是，两个分开放置的床不至于影响同房。[209] 在侵权法领域，对精神安宁的干扰，比如短时间的噪声或者

82

83

---

[204] BGH, Urt. v. 28. 5. 2014, VIII ZR 94/13, BGHZ 201, 290.

[205] *Welzel*, ZStW 58 (1939), 491, 514 ff.; BGH, Beschl. v. 4. 3. 1957, GSZ 1/56, BGHZ 24, 21; 反对观点，则参见 Erman/*Wilhelmi*, BGB, 16. Aufl. 2020, § 823 Rn. 8。

[206] 有时会诉诸"推定的同意"这一法构造，例如在体育赛事的情形，就此参见 BGH, Urt. v. 1. 4. 2003, VI ZR 321/02, BGHZ 154, 316, 322 f. -Porscherennen, m. Anm. *Möllers*, JZ 2004, 95 f.

[207] 关于买卖合同法，参见 *Mugdan*, 1986, Bd. II, S. 225。

[208] BGH, Urt. v. 20. 5. 2009, VIII ZR 191/07, BGHZ 181, 170 Rn. 13.

[209] AG Mönchengladbach, Urt. v. 24. 4. 1991, 5a C 106/91, NJW 1995, 884, 885; 其他案例，参见 *Tempel*, NJW 1997, 2206 ff。

轻微的臭味等，都是可以接受的。[210] 通说认为，机动车的堵车或者火车的延误都不至于构成对自由之剥夺。[211] 不动产所有人原则上也应当容忍他人对其不动产所造成的所谓"美观上的侵害"，譬如裸露的邻居或者毗邻而建的妓院等。[212]

84　　刑法及公法领域亦承认"法不干涉琐事"原则。例如，在刑法中，对于邮递员在圣诞期间收受小礼物的情形，即应当对《刑法典》第331条的构成要件作有利于行为人的目的性限缩，因为这一行为并未损及公众对邮递员职业"纯洁性"的信赖。[213] 要构成对基本权利之侵害，亦须满足特定的"相关性门槛"（Erheblichkeitsschwelle）：琐细之事例（Bagatellfälle）从一开始就不在保护范围之内。[214]

4. 避免有害的效果、确保结论的可用性

85　　（1）结果取向的解释试图避免有害的效果超出实现目的所带来的收益。[215] 此外，法律地位的实现**不能完全落空**。这也符合逻辑的法构造，即任何规则都必须有它的适用领域。[216] 必要时还需要审查的是，规定的法效果是否会导致特定的行为虽然合法却可能实际上被禁止。

86　　　损害赔偿请求权只应填平及补救损害，而通常不能产生禁止特定行为的效果。承认某一设计缺陷（Konstruktionsfehler）的存在，将可能导致产品事实上从市场上消亡。因此，联邦最高普通法院通常只会

---

[210] *Möllers*, Rechtsgüterschutz im Umwelt- und Haftungsrecht, 1996, S. 46 f.

[211] 例如 *Wagner*, in：MünchKomm-BGB, 8. Aufl. 2020, § 823 Rn. 240, 其所提供的存有疑虑的理由是，因为汽车司机还能继续行动，故而此处所侵害的应当只是《民法典》第823条第1款的"自由"概念下所保护的意思自由，而非继续行动的自由。

[212] 例如 RG, Urt. v. 8. 11. 1911, V 328/10, RGZ 76, 130, 131; *Raff*, in：MünchKomm-BGB, 8. Aufl. 2020, § 1004 Rn. 156。

[213] Roxin/*Greco*, Strafrecht Allgemeiner Teil, Bd. I, 5. Aufl. 2020, § 10 Rn. 80, 其所批评的即 Welzel 的理论，参见 *Welzel*, ZStW 58 (1939), 491, 514 ff, 后者仅强调"社会相当性"。

[214] *Sachs*, in：Stern, Das Staatsrecht der Bundesrepublik Deutschland, Bd. III/2, 1994, S. 205 ff. Krit. aber *Dreier*, in：Dreier, GG, 3. Aufl. 2013, Vorb. vor Art. 1 Rn. 120 ff.；另参见第十章边码29及以下。

[215] *Puppe*, Kleine Schule des juristischen Denkens, 4. Aufl. 2019, S. 158。

[216] 见上文第五章边码53以及"限缩解释至零"，参见 BGH, Urt. v. 26. 11. 2008, VIII ZR 200/05, BGHZ 179, 27, 36-Quelle（第十二章边码58以下）。

认可"指示缺陷"(Instruktionsfehler)[217]。联邦宪法法院虽然禁止出版毕勒(Biller)的作品《埃斯拉》(Esra),但联邦最高普通法院却以艺术自由的重要意义为由拒绝了出版社的损害赔偿请求(该作品为作者的自传体爱情小说,因披露了大量指向现实人物的事实细节,故而为法院禁止发行——译者注)。[218]刑法中,若行为人没有做任何"实值赞赏的反悔行为"(honorierfähige Umkehrleistung),则不应成立免除刑罚的犯罪中止。[219]

(2)就具体的法律目的而言,那种以效率和可用性为指标的论证模型,则是尽可能以理想化的方式实现立法者的意图。[220]

《民法典》第306条规定了一般交易条款无效时的法律后果:合同原则上有效(第1款),原条款无效的部分则适用法律之规定(第2款)。如若法官在条款本应无效之情形采取了"维持效力的限缩"(geltungserhaltende Reduktion),从而使"条款仍处于可容许的一定限度内",那么一般交易条款的使用者就可以不受责惩地利用无效条款。[221] 然而,《民法典》第306条的目的却在于,"使合同相对方不必等到诉诸民事诉讼程序才能寻求保护,而是确保其在合同缔结过程中免受那些条款对他造成不利——对于这些条款的无效他可能一无所知"[222]。基于这一原因,学界通说[223]及判例[224]均反对进行这种维持效力的限缩,否则,

---

[217] *Möllers*, Rechtsgüterschutz im Umwelt- und Haftungsrecht, 1996, S. 249 ff.
[218] BVerfG, Beschl. v. 13.6.2007, 1 BvR1783/05, BVerfGE 119, 1 ff. -Esra; BGH, Urt. v. 24.11.2009, VI ZR 219/08, BGHZ 183, 227, 232-Esra.
[219] *Puppe*, Kleine Schule des juristischen Denkens, 4. Aufl. 2019, S. 159 ff.; *Roxin*, JZ 1993, 896,后者对最高法院的判决表示反对,相关判决参见 BGH, Beschl. v. 19.5.1993, GS 1/93, BGHSt 39, 221, 231。
[220] *Vogel*, Juristische Methodik, 1998, S. 127; *Wank*, Die Auslegung von Gesetzen, 6. Aufl. 2015, S. 72.
[221] *Mäsch*, in: Staudinger, BGB, Neubearb. 2019, § 306 Rn. 20.
[222] *Mäsch*(ebd.).
[223] *Mäsch*(ebd.);*Basedow*, in: MünchKomm-BGB, 8. Aufl. 2019, § 306 Rn. 12 ff.
[224] 奠基意义的判例,参见 BGH, Urt. v. 17.5.1982, VII ZR 316/81, BGHZ 84, 109, 115 f.; BGH, Urt. v. 16.10.1984, X ZR 97/83, BGHZ 92, 312。

《民法典》第 306 条所追求的保护就无法得到有效的实现。

89　（3）结果取向的解释所关心的最后一个问题在于法续造的结论是否可用（praktikabel）。也即是说，需要考虑将来的法院是否也能够适用（解释结论当中）所提出的标准。

90　联邦最高普通法院曾不得不澄清以下问题：在承租人死亡后，其非婚生活伴侣是否可以继承原来的租赁关系。法院所面临的反对意见是，（未来）类似请求权人的数量可能会因此变得难以估计。正是为了回应这一观点，法院遂为"非婚生活伴侣关系"采取了一种比较狭窄的定义。[225]与此相反，曾有判例认为，"唯有相应的警告不足应对的情况下，始存在生产者的召回义务——这一结论即缺乏可行性。[226]对此，学者们正确地指出，该如何证明警告是否有效，仍属尚待厘清的问题。[227]此外，若由此使得草率行事之人免于承担责任，则无异于作出了错误之激励。[228]

5. 一般的生活经验及实证研究

91　（1）通过在 1913 年提出"活法"（lebendiges Recht）这一概念，欧根·埃利希（Eugen Ehrlich）奠定了法社会学（Rechtssoziologie）之基础。法社会学的基本认识是，从可借助观察而得来的经验中，即可得知人类共同生活的自然法则。[229] 因此，法社会学的任务就是对社会现实的研究。[230] 在

---

[225]　参见 BVerfG, s. BGH, Urt. v. 13. 1. 1993, VIII ARZ 6/92, BGHZ 121, 116, 124："据此，类似婚姻的生活伴侣关系以男人和女人的共同生活为前提，其应当持续一定的时间，并排斥其他人的共同生活，且以能够促成伴侣之间互负尽义务的内部关系为特征，也即是说，不仅限于纯粹的家务或经济上的共同关系。"-Eintritt in Mietverhältnis für nichtehelichen Lebenspartner. （第六章边码 74 及以下）

[226]　BGH, Urt. v. 16. 12. 2008, VI ZR 170/07, BGHZ 179, 157, 163 ff. -Pflegebetten.

[227]　Wagner, JZ 2009, 908, 910："注意到警告的人满足多少才算得上大多数，51%、70%、90%或者甚至说 99%？"

[228]　Wagner, JZ 2009, 908, 910.

[229]　Ehrlich, Grundlegung der Soziologie des Rechts, 1913, S. 68；Raiser, Grundlagen der Rechtssoziologie, 6. Aufl. 2013, S. 71 ff.；Larenz, Methodenlehre der Rechtswissenschaft, 6. Aufl. 1991, S. 63.

[230]　Rehbinder, Rechtssoziologie, 8. Aufl. 2014, Rn. 1.

美国，同一时期诞生了所谓"法律现实主义"（legal realism），它拒绝将法学视为一门价值中立的科学。[231] 相反，其所关注的是立法者的目的[232]，同时，也允许将法官自己的价值判断考虑在内。[233] 因美国联邦最高普通法院大法官奥利弗·温德尔·霍姆斯（Oliver Wendell Holmes Jr.），这一理论产生了巨大的影响。[234]

若立法者援引了商业惯例（如《民法典》第151、157、242条，《商法典》第346条）或善良风俗（《民法典》第138、817、826条，《反不正当竞争法》第1条），则等于是规定了诉诸实证数据的可能性。[235] 为确定事实，法官有时也会求助于他的**一般生活经验**(allgemeine Lebenserfahrung) 或者**民意调查**。例如，在竞争法领域，即会诉诸一般生活经验，或者——当法院自己的专业知识不足以确定客观的交易观念时——亦会诉诸问卷调查。[236] 92

烟花爆竹案：曾有商家将烟花爆竹卖给了8岁的儿童，后者因此受到了严重的伤害。联邦最高普通法院认为，此处不构成违反《民法典》第823条第1款之安全注意义务，从而拒绝认可损害赔偿请求权，原因在于，商家有理由信赖烟花爆竹没有危险，此外，他可以假定儿童能够阅读并理解产品的使用说明书。这一观点似有不妥。恰恰相反，应当由商家负责阅读产品的说明书，而8岁的儿童自可信赖产品没有危险。笔者认为，法院的判决即违背了一般的生活经验。[237] 93

---

[231] 有关"经典法思想"之学说，参见上文第四章边码108a。
[232] 主要的代表人物有奥利弗·温德尔·霍姆斯、罗斯科·庞德、本杰明·N. 卡多佐等，例如，霍姆斯曾言："我们将把精力用于研究所要达到的目标以及渴望它们的理由"，参见 Holmes Jr., 10 Harv. L. Rev. 457, 474 (1896/1897)；另参见 Summers, 66 Cornell L. Rev. 870 ff. (1980/81)。
[233] Singer, 76 Calif. L. Rev. 465, 469 f. (1988).
[234] 例如，在 Lochner v. New York, 198 U. S. 45 (1905) 一案判决的"不同意见书"中，霍姆斯曾说道："普遍性的观点并不会决定具体的案件之裁判。起决定作用的，乃在于个人判断，或者说，比任何明确的大前提而言都更为微妙的直觉。"
[235] Rehbinder, Rechtssoziologie, 8. Aufl. 2014, Rn. 11; Raiser (ebd.), 6. Aufl. 2013, S. 21 ff.
[236] Ströbele/Hacker/Thiering/Hacker, Markengesetz, 13. Aufl. 2021, § 4 Rn. 52-59; Bornkamm, WRP 2000, 830, 833; Gloy, in: FS Erdmann, 2002, S. 811, 823 f.; Eichmann, GRUR 1999, 939, 941 ff.
[237] Möllers, JZ 1999, 24, 27 f. zu BGH, Urt. v. 26. 5. 1998, VI ZR 183/97, BGHZ 139, 43, 50 f.; 另参见 Jansen, AcP 202 (2002), 517 ff.; **不同观点**参见 Wagner, in: MünchKomm-BGB, 8. Aufl. 2020, § 823 Rn. 931。

94　　（2）对于采纳实证研究这一较为罕见的情形，亦可在犯罪学中找到相应的例证。例如，在刑法领域的庭审实践中所做的心理或精神学的鉴定。[238] 由此，通过研究犯罪行为人的人格结构和他到目前为止的行为，即可认定其责任能力，并对他将来可能作出的犯罪行为进行预测。有学者主张，在确定是否尽到"必要的勤勉义务"时应更多地借助实证数据。石勒苏益格-荷尔施泰因州法院曾认定，某自行车骑行者未佩戴头盔，故而构成《民法典》第 254 条意义上"与有过失"，其所占比例为 20%。该法院即被批评并没有充分顾及现有的有关佩戴头盔效率性的实证研究。[239] 倘若实证数据得到了错误之评价，裁判将会留给人攻讦的余地。法律实践中的"案件诠释学"将留待本书收尾时讨论（第十四章边码 6 及以下）。

6. 事实的规范力

95　　除此以外，在方法上比较有意义的法构造是耶利内克（Jellinek）早在 100 多年前就提出的"**事实的规范力**"（normative Kraft des Faktischen）。据此，"法"首先应当为人所关注的在于其实然层面。[240] 习惯法所谓的"长期惯行"，是指某一可被视为规范的、重复的事实。[241] 事实上，"实然"对"应然"的影响并不鲜见。占有人即被赋予了广泛的防御性请求权。对于没有实行占有的相对方而言，要证明自己的所有权，则并非易事。事实的规范力恰也体现于政治领域。在溯及既往事实上无法实现的情形，法院所采纳的可能就是政策性的意见。

96　　时任联邦总理施罗德（Schröder）曾于 2005 年依据《基本法》第 68 条之规定发起一次"不信任投票"，其理由并非认为联邦议院不再

---

[238] *Foerster*, NJW 1983, 2049, 2050; *Steinke*, NStZ 1994, 16.

[239] 详见 *Morell*, AcP 214 (2014), 387 ff. gegen OLG Schleswig-Holstein, Urt. v. 5. 6. 2013, 7 U 11/12, NJOZ 2013, 1494 ff.；商标法中的类似情况，参见第四章边码 62a。

[240] *Jellinek*, Bundesstaat und parlamentarische Regierung, in：ders., Ausgewählte Schriften und Reden, Bd. 2, 1911, S. 439, 441："基于对实然层面的正确认识，亦可使政治家得出对其目标的正确认识"; *ders.*, Allgemeine Staatslehre, 3. Aufl. 1914, S. 338; s. auch *Radbruch*, Grundzüge der Rechtsphilosophie, 1914, S. 163 ff.；*Grimmer*, Die Rechtsfiguren einer „Normativität des Faktischen", 1971, S. 19 f.；*Lepsius*, Besitz und Sachherrschaft im öffentlichen Recht, 2002, S. 178。

[241] *Jellinek*, Allgemeine Staatslehre, 3. Aufl. 1914, S. 338.

对其保有信任,这样做只是为了举行新的选举,从而使自己有望赢得更优的多数席位比例。尽管存有合法性疑虑,联邦宪法法院仍然允许执政党发起不信任投票[242],但却以后的情况设定了更为苛刻的条件,从而避免类似的情形将来再次上演[243]:如今,作为一项不成文的构成要件,不信任投票的发起,必须以政治的不稳定状况("危机状况")为前提。[244]

在欧洲层面,"事实的规范力"这一法构造也已经在欧盟的20多个成员国生根发芽。每隔一段时间,欧盟的各种条约即会被一致同意修改,并嗣后为各成员国所批准。个别宪法法院有可能会误判事实,将此类条约修改一意孤行地宣判为无效。[245] 就政治意义而言,除了同意欧盟的条约修改,联邦宪法法院可以说是别无选择——尽管很多时候并不情愿。[246] 97

"马斯特里赫特案"及"里斯本案"[247]中,欧盟的条约修订虽然都得到了认可,但联邦宪法法院却设定了一系列相当广泛的条件,从而使自己扮演上了"欧盟立法者"的角色。[248] 98

这一法构造通常还与如下一种认识存有关联,即应当赋予裁判者所谓的"**裁判特权**"(Entscheidungsprärogative),这种特权从法律上说不应成为 99

---

[242] 明确指出这一点的,参见 *Ipsen*, NVwZ 2005, 1147:"所有其他的可能性,恐怕只会是'政治'以及'宪法'上的'奇闻'。"

[243] BVerfG, Urt. v. 25. 8. 2005, 2 BvE 4/05 u. a., BVerfGE 114, 121, 160, 174-Bundestagsauflösung III 2005, 判决称其为"联邦总理的'评估特权'"(Einschätzungsprärogative des Bundeskanzlers)。

[244] 单纯的困难情势不足以构成危机状况,参见 BVerfG, Urt. v. 16. 2. 1983, 2 BvE 1/83 u. a., BVerfGE 62, 1, 42 ff. -Bundestagsauflösung I; *Hermes*, in: Dreier, GG, 3. Aufl. 2015, Art. 68 Rn. 12 f。

[245] 例如,联邦宪法法院自己也承认:"如果每个成员国都想利用自己的法院来决定这些法律文件的效力,那么(欧盟法的)'适用优先原则'将成一纸空文,欧盟法的统一适用也会被侵蚀。"参见 BVerfG, Beschl. v. 6. 7. 2010, 2 BvR 2661/06, BVerfGE 126, 286, 303-Honeywell; ebenso BVerfGE 154, 17, Rn. 110ff. -PSPP-urteil(§2 Rn. 100)。

[246] *Calliess*, ZEuS 2009, 559, 564, 582; 不要忘记的一点是,各种条约修改的"批准法"(Zustimmungsgesetz)就是由联邦议院和参议院的政治人物的多数席位所通过的。

[247] BVerfG, Urt. v. 12. 10. 1993, 2 BvR 2134/92 u. a., BVerfGE 89, 155-Maastricht; BVerfG, Urt. v. 30. 6. 2009, 2 BvE 2/08 u. a., BVerfGE 123, 267-Lissabon-Vertrag.

[248] 详见 *Möllers/Redcay*, EuR 2013, 409 ff.; 以及下文第十三章边码112及以下。

法院审查的对象。与此相关的说法是司法的谦抑性（Zurückhaltung），或曰"**司法的自我克制**"（judicial self-restraint，第十三章边码91及以下）。

100 这一法构造同样有其相对性。至少自凯尔森（Kelsen）以来，即有人主张应当严格区分事实层面的"实然"与规范层面的"应然"（即"实然应然二分"，参见第三章边码20）。如果允许从实然导向应然，广为存在的无照驾驶和逃税行为岂非都要免于责罚。与司法的谦抑性所相对应的法构造，即是司法的能动主义（judicial activism，第十三章边码100）。

7. 裁判的可接受度、法学通说

101 （1）法官必须为其裁判提供说理论证（第一章边码38及以下）。如果法院希望通过自己的判决定纷止争，那就理应重视其裁判的可接受度（Akzeptanz）。"可接受度"因此属于论证法续造合理性的一个标准（第十三章边码58及以下）。[249] 恰是在法续造的框架下，法院都会注重（裁判）"取得共识的可能性"（Konsensfähigkeit）。与此类似，法院也会援引"通说"来支撑其特定的法学观点。援引学界和判例通说的理由在于，它能确保以"连贯性"为导向的法之安定性。通说初看起来给人一种正确的印象；故其具备一种推定效力。因此，若有人意欲驳斥通说，则需承担相应的论证负担（第一章边码100）。[250] 最后，为了实现裁判的可接受度，亦可能将外国判例考虑在内（第七章边码81及以下）。[251]

102 联邦最高普通法院和联邦宪法法院相继承认了人格权（第十一章边码72及以下）以及非婚生活伴侣关系（第六章边码74及以下），其中一个理由即是，这一权利及生活方式在实践中早已深受认可。[252]

（2）然而，这里所隐含的一种危险，是裁判者可能放弃说理，而径自

---

[249] Heusinger, Rechtsfindung und Rechtsfortbildung im Spiegel richterlicher Erfahrung, 1975, S. 89 f.; Müller, JuS 1980, 627, 635; Wank, Grenzen richterlicher Rechtsfortbildung, 1978, S. 42 f.; Möllers, in: FS G. Roth, 2011, S. 473, 484.

[250] Gast, Juristische Rhetorik, 5. Aufl. 2015, Rn. 439 ff.; Pawlowski, Methodenlehre für Juristen, 3. Aufl. 1999, Rn. 394; Alexy/R. Dreier, in: MacCormick/Summers, Interpreting Statutes, 1991, S. 73, 97.

[251] 关于欧盟最高法院判决的可接受度，参见 Mangold, Gemeinschaftsrecht und deutsches Recht, 2011, S. 160 ff.

103 [252] Flume, Schlussvortrag zum 46. DJT, 1967, K9.

援引某个本身并不能用于论证的通说。因此，多数学者均主张，"通说"不能被用来作为法学上的论据。一般来说，通说不过是对现有观点的总结。[253] 此外，将"长期惯行"作为确立习惯法的标准，亦缺乏说服力（第三章边码25）。因此，"可得共识的正义观念"乃是一个似是而非的标准，它很容易为人操纵，并且经常难以把握。[254] "基本权利"也总是被用来给少数人提供保护。[255] 相应地，人们也会发现一些反面例证：联邦最高普通法院有时会作出一些非常不受欢迎的判决。

从国民的视角来看，当年联邦宪法法院"十字架案"[256] 或者"不抽烟者案"[257] 的判决都谈不上受人欢迎。欧盟最高法院以法续造的方式创设了不利于成员国的"国家责任请求权"（第十二章边码123及以下），这对成员国而言自然是不讨喜的。为了保护少数人，美国联邦最高法院曾支持黑人上学的权利[258]、支持"纠偏行为"（affirmative action）从而对低贡献者亦予优待[259]、支持妇女的堕胎权[260]或者同性婚姻[261]等。这些判决在部分问题上到现在都仍然极富争议。就美国而言，这一点倒也可以从其最高法院本身的政治角色上得到解释（第十三章边码98）。

---

[253] *Zimmermann*, Die Relevanz einer herrschenden Meinung für Anwendung, Fortbildung und wissenschaftlicher Erforschung des Rechts, 1983, S. 148 ff.; *Martens*, Methodenlehre des Unionsrechts, 2013, S. 272.

[254] *Zippelius/Würtenberger*, Juristische Methodenlehre, 12. Aufl. 2020, S. 13 f.

[255] 详见 BVerfG, Beschl. v. 16. 5. 1995, 1 BvR 1087/91, BVerfGE, 93, 1, 23 f.-Kruzifix; BVerfG, Urt. v. 26. 2. 2020, 2 BvR 2347/15, BVerfGE 153, 182 Rn. 234-Geschäftsmäßige Sterbehilfe: "然而，维护对于价值或道德观念的真实存在或臆想出来的'共识'，可能并非刑法领域立法活动的直接目标。"

[256] 另参见部分法官的不同意见书, *Seidl*, *Söllner*, *Haas* in: BVerfG, Beschl. v. 16. 5. 1995, 1 BvR 1087/91, BVerfGE 93, 1, 25, 27 ff.-Kruzifix; 提出批评意见的还有：*Schulze-Fielitz*, AöR 122（1997），1, 2 f.; *Di Fabio*, Das Recht offener Staaten, 1998, S. 66。

[257] BVerfG, Urt. v. 30. 7. 2008, 1 BvR 3262/07, BVerGE 121, 317.

[258] *Brown v. Board of Education*, 347 U. S. 483（1954），见下文第七章边码65。

[259] *Regents of the University of California v. Bakke*, 438 U. S. 265（1978）.

[260] *Roe v. Wade*, 410 U. S. 113（1973）-Schwangerschaftsabbruch（第一章边码71）。

[261] *Obergefell v. Hodges*, 135 S. Ct. 2584（2015）-Gleichgeschlechtliche Partnerschaft als Ehe.

8. 尝试中间观点

基于对后果的考虑，人们通常会采纳中间性的观点。[262] 与此一致的是避免责任过度之思想（第五章边码71及以下）。特别是在请求权不甚明确、法律规定较为开放之情形——例如因使用了不确定法概念或一般条款故而需要进一步具体化——上述做法尤得青睐。若立法者并未预设价值安排，或者法律中的各种价值应当被等量齐观时，这样的解决方法即可谓妥适。在适用原则（第十章边码4及以下）或动态体系（第八章边码2及以下）时，经常会需要诉诸"衡量"。这种探寻中间道路的做法与孔子使争辩双方均保留颜面的"中庸"思想可谓异曲同工。[263]

立法者并未明确究竟是采意思主义还是表示主义，因此，"过失的意思表示"就成为解决"特里尔葡萄酒拍卖案"时所采纳的中间路径（第五章边码28及以下）。"交易基础丧失"也可谓是介于"有约必守原则"（pacta sunt servanda）与"情事变更原则"（clausula rebus sic stantibus）之间的中间观点（第九章边码55及以下）。一系列"啤酒购买案"（Bierbezugsfälle）中，需回答的问题是，若要求啤酒园的店主必须无时间限制地购买某啤酒厂的啤酒，这种强制购买是否构成《民法典》第138条的背俗行为。这虽然会侵害店主的经济自由，但是这类啤酒园通常是由啤酒厂自己承担费用加以布置，这一花费应当得到补偿。因此，联邦最高普通法院在这类案件中采取了中间道路，即认为10—15年期限的（强制）啤酒购买仍然在合理的范围之内。[264] "母子车厢案"中（第一章边码90），正如主客观解释之间的争议那样（第六章边码77及以下），选取一个中间性的观点也是可行的路径。

---

[262] Bydlinski, AcP 204 (2004), 309, 313 ff.

[263] 有关"中庸之道"（Goldenen Mittelweg），参见 *Yutang*, Mein Land und mein Volk, 1935, S. 142 ff.；*Fiss*, 93 Yale L. J. 1073, 1081 (1984)。

[264] BGH, Urt. v. 18. 5. 1979, V ZR 70/78, BGHZ 74, 293, 298（15 Jahre）；BGH, Urt. v. 25. 4. 2001, VIII ZR 135/00, BGHZ 147, 279, 283（10 Jahre）；就此，参见 *Armbrüster*, in: MünchKomm-BGB, 8. Aufl. 2018, § 138 Rn. 75；参见第八章边码41。

四、欧盟最高法院结果取向的论证

1. 避免荒谬的结论

借助归谬法，可以排除那些不切实际的结论（第五章边码 62 及以下）。[265] 具体而言，欧盟最高法院会以结果无法接受、武断抑或荒谬为由，拒绝某一特定的、通常是由一方当事人所主张的结论。[266]

107

2. 实际有效原则（effet utile）

（1）若某一规范事关较为复杂的现实，或者目的在于推行或遏制特定的措施，则有必要在结果预估的框架下进行"现实性分析"。欧盟最高法院即以预估评价的方式对欧盟条款的实践后果加以考量。[267] 在欧盟这样一个超国家的共同体中，27 个不同的成员国呈现出来的是完全相异的法律文化；为此，欧盟最高法院就不得不竭力确保欧洲法得到尊重。因此，它尤为注重法的执行问题。

108

"实际有效原则"[268] 指的是："条约条款的解释之方向，在于使得条款的目的尽可能地被实现，使条款体现'实际的益处'，并使它的'效益'得以发挥。这一原则也可以被理解为，若某种解释能够最好地发挥规范的效力且能使规范实际的益处最大化，则应优先采纳之。"[269] 实际有效

109

---

[265] *Martens*, Methodenlehre des Unionsrechts, 2013, S. 328; *Donner*, in: FS Kutscher, 1981, S. 123 ff.

[266] EuGH, Urt. v. 9. 6. 2011, C-52/10, EU：C：2011：374, Rn. 33-Eleftheri tileorais und Giannikos; EuGH, Urt. v. 13. 2. 1980, C-77/79, EU：C：1980：42, Rn. 10-Damas/FORMA; EuGH, Urt. v. 24. 10. 1973, C-9/73, EU：C：1973：110, Rn. 17-Schlüter/Hauptzollamt Lörrach; EuGH, Urt. v. 14. 7. 1977, C－1/77, EU：C：1977：130, Rn. 4-Bosch GmbH/Hauptzollamt Hildesheim.

[267] *F. Müller/Christensen*, Juristische Methodik, Bd. II, 3. Aufl. 2012, Rn. 434.

[268] 首次见于 EuGH, Urt. v. 15. 7. 1963, 34/62, EU：C：1963：18, 295, 318-Deutschland/Kommission。

[269] *Kutscher*, in: Gerichtshof der Europäischen Gemeinschaften, Begegnung von Justiz und Hochschule, 1976, S. I-43;关于欧盟最高法院确保条约目的实现的这一义务，参见 *Schockweiler*, EuR 1995, 191, 194。

原则的后果是，解释会在实现条约目的的意义上呈现出动态化。[270]

110 就具体内容而言，实现"欧盟内部市场"乃是判例所要达成的目标之一，这直接体现于基础法（Primärrecht）。欧盟最高法院对作为"限制之禁止"（Beschränkungsverbote）的基本自由采扩张解释（第十章边码63及以下），相反，却对成员国法上基本自由的例外规定采严格解释（第四章边码140及以下），这都是出于效率因素的考量。

111 在公司法领域，欧盟最高法院即多次援引基本自由，以弥补法之漏洞。"Inspire Art"一案判例的目的就在于确保营业的自由，为此，公司一经设立，就可以将其主要营业场所设在其他成员国。[271] "黄金股（Golden share）案"的判决则是为了实现资本流通自由，并避免成员国借助"黄金股"阻碍外国公司对国内公司的收购。[272]

112 （2）这一实际有效原则同时还意味着，**规范的解释必须使规范不至于完全没有意义**。[273] 譬如，若允许成员国禁止国内的企业离开其主权领域，那么"营业地自由原则"就成了一纸空文。[274] 规范必须保有其适用领域——在上文德国法的部分，我们已然熟悉了这一原则（第五章边码53）。

113 （3）作为实际有效原则的"副产品"，欧盟最高法院曾在其一贯的判例中，要求成员国国内法对指令的实施必须**"有效、合比例且有威慑力"**。为使得实际有效原则更为具体化，欧盟最高法院还发展出了"**等价原则**"

---

[270] *Hager*, Rechtsmethoden in Europa, 2009, S. 254; *Pechstein/Drechsler*, in: Riesenhuber, Europäische Methodenlehre, 4. Aufl. 2021, § 7 Rn. 56-61; *Everling*, JZ 2000, 217, 223.

[271] EuGH, Urt. v. 9. 3. 1999, C-212/97, EU：C：1999：126, Rn. 24 ff. -Centros; EuGH, Urt. v. 5. 11. 2002, C-208/00, EU：C：2002：632, Rn. 81-Überseering; EuGH, Urt. v. 12. 7. 2012, C-378/10, EU：C：2012：440, Rn. 36-VALE; EuGH, Urt. v. 30. 9. 2003, C-167/01, EU：C：2003：512, Rn 104 f. -Inspire Art; s. hierzu *Möllers*, in: Schulze/Janssen/Kadelbach, Europarecht, 4. Aufl. 2020, § 19 Rn. 201 ff.

[272] EuGH, Urt. v. 4. 6. 2002, C-503/99, EU：C：2002：328, Rn. 38 ff. -Goldene Aktie Belgien; EuGH, Urt. v. 4. 6. 2002, C-367/98, EU：C：2002：326, Rn. 38 ff. -Goldene Aktie Portugal; s. *Möllers*, in: Schulze/Janssen/Kadelbach, Europarecht, 4. Aufl. 2020, § 19 Rn. 160 ff.

[273] *Kutscher*, in: Gerichtshof der Europäischen Gemeinschaften, Begegnung von Justiz und Hochschule, 1976, S. I-43; *Potacs*, EuR 2009, 465, 468.

[274] EuGH, Urt v. 11. 12. 2007, C-438/05, EU：C：2007：772, Rn. 69-Viking.

(Äquivalenzgrundsatz）以及"**效率原则**"（Effektivitätsgrundsatz）等一般性的法原则。在"Courage Ltd./Crehan案"的判决中，欧盟最高法院指出：

> 在共同体相应的规范付之阙如时，确定管辖权法院以及为诉讼规定程序性的制度安排，即成为成员国国内法的任务；这种制度安排应当保障公民基于共同体法的直接效力而获得的权利，而相较于国内类似的诉讼案件，不得以一种更为不利的方式加以规范（等价原则），亦不得使共同体法秩序所赋予权利之实现，于实际上变得不可能或过度困难（效率原则）。(siehe Urteil vom 10. Juli 1997 in der Rechtssache C-261/95, Palmisani, Slg. 1997, I-4025, Randnr. 27)[275]

114

此外，欧盟最高法院还以法续造的形式创设了大量的法律制度，以确保欧洲法的有效执行、确保基础法及欧盟条例对于相冲突的国内法具有适用优先性（关于适用优先性，参见第二章边码39、边码85及以下，第十二章边码3及以下）。这也包括对国内法进行"合指令解释"的义务（第十二章边码46及以下）。

115

3. 新型法救济手段的发展

欧盟最高法院确立了许多新型的法律救济手段，并以"实际有效原则"（第五章边码108及以下）作为其论据。为了给欧盟公民提供有效的法律保护，欧盟最高法院允许任何人在自己所在的成员国严重损害欧盟法时向其行使"国家责任请求权"（第十二章边码123及以下）。在成员国和欧盟法层面，通常没有相应的损害赔偿请求权，故而欧盟最高法院自行创设了损害赔偿请求权。在一般民法领域中可见这样一种趋势，即欧盟最高法院在法律文本的文义不够明确的情形，通常亦会强化法律的执行（Rechtsdurchsetzung）。例如，《欧洲共同体第76/207/EWG平等待遇指令》第6条只是规定，在歧视的情形应当确保（当事人）"可以诉请法院"（Zugang zu den Gerichten）。但欧盟最高法院却以法续造的形式创设了针对雇主歧视者的与过错无关的损害赔偿请求权（第十二章边码84）。在卡特尔

116/117

---

[275] EuGH, Urt. v. 20. 9. 2001, C-453/99, EU：C：2001：465, Rn. 29-Courage Ltd./Crehan.

法领域，欧盟最高法院第一步先是创设了针对加害人的损害赔偿请求权，以实现相应的民事责任的执行；第二步，基于"具体授权原则"，该请求权的具体条件则依成员国国内法规定。在"Courage Ltd./Crehan案"的判决中，欧盟最高法院具体指出：

118 > 若有人因限制竞争或虚构竞争的合同、或因类似的行为而受到损害，却不能为此损害主张损害赔偿，那么《建立欧洲共同体条约》（EG-Vertrag）第85条（今《欧洲联盟运作方式条约》第101条）的完全有效性——特别是第85条第1款禁止事项的实际有效性——就将受到影响。[276]

119 如今，欧盟的立法者通过颁行《卡特尔损害赔偿指令》一体化了私人针对违反卡特尔行为提起诉讼的问题。[277] 其中最富争议的问题是，《欧盟反市场滥用条例》第12、15、17条等有关"特定事项公开"和市场操纵的规定是否可被解释为保护性法律，从而得以适用《民法典》第823条第2款规定的损害赔偿请求权（第十三章边码32a、93）。反对的观点认为，如果这样做，欧盟最高法院无异于逾越了自己的权限。[278]

4. 欧洲视角下的法不干涉琐事原则

120 欧盟最高法院的判例也承认"法不干涉琐事"原则（第五章边码79）。就内容而言，其指的是，法院不理琐事，若没有损及欧盟内部市场，则否认存有欧盟法上的相关性，比如，逆向歧视之情形（第二章边码89）。此外，对商品流通自由仅构成轻微限制者——例如，成员国只是规

---

[276] EuGH, Urt. v. 20. 9. 2001, C-453/99, EU：C：2001：465, Rn. 26-Courage Ltd./Crehan sowie；EuGH, Urt. v. 13. 7. 2006, C-295/04 u. a., EU：C：2006：461, Rn. 61-Manfredi.

[277] 参见新《反限制竞争法》第33a条等规定；就此参见 *Kersting*, VersR 2017, 581 ff.；*Weitbrecht*, NJW 2017, 1754 ff.；*Drexl*, in：FS Canaris, 2017, S. 1019, 1028 ff.

[278] 赞成构成保护性法律的，参见 *Hellgardt*, AG 2012, 154, 165；*Seibt*, ZGR 177 (2013)，388, 424 f.；反对观点，参见 *Buck-Heeb*, Kapitalmarktrecht, 11. Aufl. 2020, Rn. 679 ff.；*Markworth*, ZHR 183 (2019), 46, 64 ff.；（也有人认为）这一问题的答案是不明确的，因为最终还应留待欧盟最高法院就此作出决断，参见 *Möllers*, in：Derleder/Knops/Bamberger, Deutsches und europäisches Bank- und Kapitalmarktrecht, 3. Aufl. 2017, § 84 Rn. 39；参见下文第十三章边码117及以下。

定了不同的"贩卖标准"（Verkaufsmodalität）——也属于此类情况。[279]在补贴法和卡特尔法领域[280]，亦存在一些"微量例外条款"（De minimis-Schwellen）。

5. 可用的结论

除了结果及正义衡量，欧盟最高法院也会审查，解释的结论是否"理性"及"合目的"[281]。此时，裁判的目的也是确保结论的可用性。

第四节　法的经济分析

参考文献：*Adams*, *Michael*, Ökonomische Analyse der Gefährdungs-und Verschuldenshaftung, 1985；*Akerlof*, *George A.*, The Market for „Lemons": Quality Uncertainty and the Market Mechanism, 84 Q. J. Econ. 488-500 (1970)；*ders.*/*Shiller Robert J.*, Animal Spirits, 2009；*Calabresi*, *Guido*, The Costs of Accidents: A Legal and Economic Analysis, 1977；*Coase*, *Ronald Harry*, The Problem of Social Cost, 3 J. L. & Econ. 1-44 (1960)；*Cooter*, *Robert D.*/*Ulen*, *Thomas*, Law & Economics, 6th ed. 2016；*Eidenmüller*, *Horst*, Effizienz als Rechtsprinzip, 4. Aufl. 2015；*Fama*, *Eugene F.*, Agency Problems and the Theory of the Firm, 88 JPE 288-307 (1980)；*Fleischer*, *Holger*, Informationsasymmetrien im Vertragsrecht, 2001；*Grechenig*, *Kristoffel*/*Gelter*, *Martin*, Divergente Evolution des Rechtsdenkens - Von amerikanischer Rechtsökonomie und deutscher Rechtsdogmatik, RabelsZ 72 (2008), 513-561；*Grundmann*, *Stefan*, Methodenpluralismus als Aufgabe, Zur Legalität von ökonomischen und rechtsethischen Ar-

---

[279] 基础性判决，参见 EuGH, Urt. v. 24.11.1993, C-267/91 u. a., EU：C：1993：905, Rn. 16-Keck und Mithouard。

[280] 有关补贴法，参见 Art. 2 Abs. 2 der D - Minimis - VO (EG) Nr. 1998/2006 v. 15.12.2006, ABl. Nr. L 379, 5.；在卡特尔法中，限制竞争必须达到"明显"之程度，参见 EuGH, Urt. v. 9.7.1969, C-5/69, EU：C：1969：35, Rn. 7-Völk/Vervaecke, 以及欧盟委员会的最低标准公告 [De-minimis-Bekanntmachung der EU - Kommission (2001/368/07)], ABl. 2001 Nr. C 368, S. 13, 即认为市场份额应在 10%～15%之间。

[281] *Vogenauer*, Die Auslegung von Gesetzen in England und auf dem Kontinent, 2001, S. 355.

gumenten in Auslegung und Rechtsanwendung, RabelsZ 61（1997），423-453；*Kirchgässner*, *Gebhard*, Homo Oeconomicus, 4. Aufl. 2013；*Kötz*, *Hein/Schäfer*, *Hans-Bernd*（*Hrsg.*）, Judex oeconomicus, 2003；*Möllers*, *Thomas M. J.*, Effizienz als Maßstab des Kapitalmarktrechts, AcP 208（2008），1-36；*ders.*/ *Kernchen*, *Eva*, Information Overload am Kapitalmarkt, ZGR 2011, 1-26；*Pigou*, *Arthur Cecil*, The Economics of Welfare, 4th ed. 1932；*Posner*, *Richard A.*, Economic Analysis of Law, 9th ed. 2014；*Schäfer*, *Hans-Bernd/Ott*, *Claus*, Lehrbuch der ökonomischen Analyse des Zivilrechts, 6. Aufl. 2020；*Schwartz*, *Gary T.*, 42 Reality in the Economic Analysis of Tort Law: Does Tort Law Really deter?, UCLA L. Rev. 377-444（1994）；*Steinbach*, *Armin/van Aaken*, *Anne*, Ökonomische Analyse des Völker-und Europarechts, 2019；*Towfigh*, *Emanuel V./Petersen*, *Niels*, Ökonomische Methoden im Recht, 2. Aufl. 2017；*Ulen*, *Thomas S.*（*ed.*）, Methodologies of Law and Economis, 2017；*Wagner*, *Gerhard*, Privatrechtsdogmatik und ökonomische Analyse, in: FS Canaris, 2017, S. 281-318.

一、法律经济学的目标与方法

1."经济人假设"与配置效率

亚当·斯密早就对人类受自私驱动的行为进行了描述，这一行为仿佛受"一只看不见的手"指引，并最终促成整体的私人富裕。[282]传统法学首先要回答的是某一行为是否合法，而经济学则关注行为的成本与收益。[283]法律是否应当及必须同时是符合效率的？法的经济分析即是研究法律规则在结果预估（实证分析）及目标实现（规范分析）两个意义上

---

[282] 参见 *Smith*, Wealth of Nations, 9th ed. 1799, Bd. III, Book IV, Chap. II, S. 181："确实，他通常并没有打算要促进公益，或者说也不知道他正在以多大的程度促进公益。由于宁愿支持国内的产业而非国外的产业，他只是盘算着他自己的安全；他管理产业的方式也是为了使其生产的价值最大化，他所盘算的只是他自己的利益。在这些常见的情况下，经过一双看不见的手的指引，他也同时促进了他原先无意达成的目标。"也参见下文第七章边码 30。

[283] *Schmidtchen*, in: Schmidtchen/Weth, Der Effizienz auf der Spur, 1999, S. 9, 14.

的影响。[284] 它也因而被称为"特别敏感的后果理念"[285]。在评价的框架内，经济分析所探究的问题，是法律规则是否有效率以及能否最优地促进整体的幸福（**配置效率**，Allokationseffizienz）。[286] 因此，法必须也能够发挥行为调控之效果（Verhaltenssteuerung）并且尤应注重形成预防性的激励，以避免违法行为的发生。

在美国，法的经济分析——即法律经济学路径——是对"法律现实主义"（第五章边码91）的进一步发展。[287] 法的经济分析曾盛极一时，不仅是因为芝加哥学派的推动，也是因为诸多法官将经济分析作为其判决的基础论证。[288] 法律经济学所假设的是，个体原则上能够理性地行为，能够为实现个人利益最大化的目的而依据成本及收益作出符合自己私利的决定（经济人假设，homo oeconomicus）。[289] 这一"理性选择体系"（Rational-Choice-System）的基本认识是，行为人有清楚定义的目标、有实现这些目标的手段，并且他知道，如何使用这些手段。[290] 在（德国）法学方法论的各种教科书中，总是缺乏对法经济分析的详细论述。[291] 然而，近20年来，法的经济分析在德国亦得到了广泛的认可。

123

---

[284] *Posner*, Economic Analysis of Law, 9th ed. 2014, § 2.2, S. 31 ff.
[285] *Hassemer*, in: FS Coing, Bd. I, 1982, S. 493, 503 Fn. 39.
[286] *Calabresi*, 70 Yale L. J. 499, 500 ff.（1961）；*ders.*, 78 Harv. L. Rev. 713, 722, 734（1965）；*ders.*, The Costs of Accidents, 1977；*Coase*, 3 J. L & Econ. 1, 13（1960）；*Posner*, 1 J. Leg. Stud. 29（1972）；*ders.*, Economic Analysis of Law, 9th ed. 2014, § 2.2., S. 31；*Schäfer/Ott*, Lehrbuch der ökonomischen Analyse des Zivilrechts, 6. Aufl. 2020, S. 14 ff.；*Kirchner*, Ökonomische Theorie des Rechts, 1997, S. 9, 11 ff.
[287] 关于美国及德国法经济学的发展，详见 *Grechenig/Gelter*, RabelsZ 72（2008）513, 524 ff。
[288] 例如勒恩德·汉德、波斯纳、伊斯特布鲁克、布雷耶等法官都青睐用经济学的观点论证其判决，就此参见 *Eidenmüller*, Effizienz als Rechtsprinzip, 4. Aufl. 2015, S. 67 f.
[289] 英美法也将其称为"REMM 假设"（resourceful, evaluating, maximizing man），参见 *Jensen/Meckling*, 7 J. Appl. Corp. Fin. 4（1994）；*Kirchner*, Ökonomische Theorie des Rechts, 1997, S. 12 ff.；*Kirchgässner*, JZ 1991, 104, 106；*Schäfer/Ott*（ebd.）, S. 107 ff。
[290] *Schäfer/Ott*（ebd.）, S. 108.
[291] 例如拉伦茨、恩吉施、阿列克西等人的著作；对法经济学的简单引介，则可见于 *Rüthers/Fischer/Birk*, Rechtstheorie, 11. Aufl. 2020, Rn. 306a, 368 ff。

2. 成本和收益分析与最低防范成本

124 　　经济分析领域得到了各种学者进一步的充实发展。如果没有任何一个人可以在不使他人境况变坏的同时使自己的情况变得更好，那么某一个规则即可谓实现了"**帕累托最优**"（Pareto-optimal），从而应当被优先考虑。[292] 在公法领域，借助经济分析即可识别错误的调控，并能在资源稀缺的情形实现节约之目的。"环境"属于每个人均可自由获取的"公共产品"，因而通常会面临被污染的风险。这种负面的外部效应（社会成本）必须通过适当的措施内部化。[293] 譬如，通过实行可操作的认证，即可为减少污染量的企业提供激励，因为既然需要为诸如以废气污染环境的"权利"付出代价，那这一点就会在企业决定污染程度时被纳入考虑。[294]

125 　　按照"**卡尔多-希克斯定理**"（Kaldor-Hicks-Theorem），若受益者的收益高于受损者的损失，而损失可以通过收益得到补偿，那么相应的规则就是合理的。[295] 而根据"**科斯定理**"（Coase-Theorem），资源总是可以经过私人交易而达到最有效率的配置。[296] 基于以上认识，即可以得出如下结论：若**交易成本**[297]不会高于产权分配的效率利益[298]，那就应当将产权分

---

[292] *Pareto*, Manual of Political Economy, 1897; hierzu *Sen*, Collective Choice and Social Welfare, 1970, S. 21 f. 对于其思想史上的先行者，即功利主义，则参见 *Bentham*, An Introduction to the Principles of Morals and Legislation, 2nd ed. 1823, S. 41: "组成社团的每个个体的幸福，即是目的所在，也是立法者所应当考虑的唯一目的"。

[293] 关于环境法领域外部成本之内部化，参见 *Pigou*, The Economics of Welfare, 4th ed. 1932, S. 101 ff. einerseits und *Coase*, 3 J. L. & Econ. 1-44（1960）；类似的"肇因者原则"（Verursacherprinzip），参见《欧洲联盟运作方式条约》第192条第2款第2句。

[294] *Sacksofsky*, in: Hoffmann-Riem/Schmidt-Aßmann/Voßkuhle, Grundlagen des Verwaltungsrechts, Bd. 2, 2. Aufl. 2012, § 40 Rn. 70.

[295] 这一称谓是以经济学家卡尔多及希克斯二人的名字命名，参见 *Kaldor*, 49 Econ. J. 549（1939）；*Hicks*, 49 Econ. J. 696（1939）。

[296] *Coase*, 3 J. L. & Econ. 1, 6 ff.（1960）；hierzu *Stigler*, The Theory of Price, 1966, S. 113.

[297] 事前的交易成本主要包括获得价格信息的搜寻成本、缔约及协议成本，事后的成本则包括因合同订立、控制、调整或执行所引发的成本；参见 *Coase*, 3 J. L. & Econ. 1, 15（1960）；对概念的介绍参见 *Eidenmüller*, Effizienz als Rechtsprinzip, 4. Aufl. 2015, S. 97 ff。

[298] *Coase*, 3 J. L. & Econ. 1, 15（1960）.

配给能够以最效率的方式使用它的人。[299] 在评价某种风险防范措施时，经济分析则只考虑"成本收益分析"（cost-benefit analysis）。[300] 要对法律问题作出正确决策，就需要同时考虑一个人的加害与受害的可能性[301]，通过成本收益即可计算出效率。据此，谁可以通过最小的花费避免可能的损失，就应当让谁承担相应的成本（用**最低成本防范者**，cheapest cost avoider）。[302] 采纳效率标准的结果即是，若必要的花费高出潜在的损失，或者有第三人可以用更低的花费实现同样的（避免损害之）结果，那么，潜在的加害人将不再负有行为或勤勉注意义务。

早在1947年的一个案例中，美国法官勒恩德·汉德需要裁判的问题是，沉船的船主是否可以主张损害赔偿，又或者是其有义务在船上长期安排一名"驳船导航员"以行监督之责。其问题在于，受损的船主并未采取预防措施，是否意味着具有过失。汉德认为，若（采取避免措施的）负担之花费（B）小于损害发生的概率（P）及所造成损害（L）的乘积，则船主负有过失。

126

> 正如其他类似的情形那样，船主防止损害结果发生的义务，应当由三个变量决定：(1) 驳船脱锚的可能性；(2) 若脱锚，其造成损害的严重性；(3) 采取适当预防措施的负担。要解决这一问题或许可以诉诸如下代数公式：若将可能性称为P，损害称为L，负担称为B；是否成立责任，则取决于B是否小于L与P的乘积（B< PL）。[303]

127

---

[299] *Coase*, 3 J. L. & Econ. 1, 19 ff. (1960); *Calabresi*, 11 J. L. & Econ. 67, 68 (1968); s. auch *Cooter/Marks/Mnookin*, 11 J. Leg. Stud. 225, 242 (1982).

[300] Esser/*Weyers*, Schuldrecht Besonderer Teil, Bd. II/2, 8. Aufl. 2000, S. 172；将成本收益分析用于裁判主要理由的判例，可参见 *Kötz*, in: FS Steindorff, 1990, S. 643, 651。

[301] *Adams*, Ökonomische Analyse der Gefährdungs- und Verschuldenshaftung, 1985, S. 42, 165 ff.

[302] *Calabresi*, The Costs of Accidents, 1977, S. 135 ff.; *Coase*, 3 J. L. & Econ. 1, 6 ff. (1960); *Schäfer/Ott*, Lehrbuch der ökonomischen Analyse des Zivilrechts, 6. Aufl. 2020, S. 279.

[303] 即所谓"汉德公式"，参见 *United States v. Caroll Towing Co.*, 159 F.2d 169 (2d Cir. 1947); 另参见 *Feldmann/Kim*, 7 Am. L. & Econ. Rev. 523 (2005)。

二、经济分析的局限

128 法的经济分析主要面临三方面的争议,即人的有限理性、对非效率价值的忽视以及缺乏实证数据。

1. 人的有限理性（bounded rationality）

129 早在 50 多年前,西蒙（Simon）[304] 即成为最早指出人类在面临选择时具有"有限理性"的学者之一,并质疑"经济人"和"理性人"之说（第五章边码 123）。在他看来,人更多时候只能进行"有限理性"（bounded rationality）的行为;人只能选择"使人满意"或"足够好"的行为模式。他的选择性行为受制于其个人有限的处理能力（有限的认知能力）以及时间和信息上的局限性,故而他会倾向于使用简化的方式或者说简易法则,即所谓"启发式方案"（Heuristik）[305]。这种有限理性也体现于对信息的处理。在研究人的认知能力时,米勒（Miller）发现,人类无法同时记住超过 7（±2）个的有意义的信息单位——即所谓"分块"（chunks）[306]。因此,人类所具有的乃是一种受外部因素（时间、信息）和内部因素（认知能力）所限制的接受能力及处理能力。此外,还有人认为,人类的行为并不总是出于自私,他可能完全是出于利他或者正义之心而作出行为。[307]

129a 另一种研究观点则利用行为经济学的知识,以探讨立法者是否可以虽不禁止某一特定行为模式,但却可以为民众作出某种规定以为此提供"**助推**"（Nudge）,从而影响人们的行为。[308] 例如,如果规定每个人都自动

---

[304] *Simon*, Models of Bounded Rationality, 1982.

[305] *Simon*, 69 Q. J. Econ. 99 ff.（1955）. *Kahneman*, Thinking, Fast and Slow, 2011；德语译本：Schnelles Denken, langsames Denken, 2012。

[306] *Miller*, 63 Psychology Review 81（1956）；*Chase/simon*, 4 Cognitive Psychology 55, 76 (1973)；*Saaty/Ozdemir*, 38 Mathematical and Computer Modelling 233 ff.（2003）；*Simon*, 183 Science 482 ff.（1974）．

[307] *Koller*, Theorie des Rechts, 2. Aufl. 1997, S. 211 ff.；*Eidenmüller*, JZ 2005, 216, 219.

[308] 进一步可参见 *Thaler/Sunstein*, Nudge, 2008, übersetzt als *Thaler/Sunstein*, Wie man kluge Entscheidungen anstößt, 2010；*Sunstein*, 37 J. Consumer Pol'y, 583 ff.（2014）；*Gerg*, Nudging, 2019.

成为"器官捐献者",但不同意者可提出反对(选择性退出机制,opt-out),那么,捐献者的数量就会明显高于规定人们必须用"捐赠允诺书"为器官捐献意愿提供明确声明的情形(选择性进入机制,opt-in)。[309]

近来,人们也意识到,资本市场的参与者并不总是能够做出理性的行为;而市场参与者不严谨的态度,能够从"股市心理学"的各种行为方式上(**行为金融学**)得到解释。[310] 由此带来的疑问是,立法者是否应当保护投资者及消费者,或者说这一保护应当达到何种程度——其是否有必要作出"家长式"的保护?

129b

Wirecard 公司(德国的一家支付服务提供商——译者注)的财务丑闻即是一个鲜活的例证[311]:从心理上说,随大流总要比对抗主流看法容易许多("羊群效应")。[312] 把 Wirecard 公司看作是 SAP 之外另一个新经济公司(金融科技公司)而将其纳入 DAX 蓝筹股指数,可谓是一种过度的乐观("过度自信效应")。[313] 多年以来,资本市场的参与者都忽略了《金融时报》所发出的警告。这即是所谓"选择性知觉"[314]——别除并忽略那些不愿看到的信息。此外,这一点也能从"认知失调"上得到解释:人们会意图回避那些使人不快的冲突[315];

129c

---

[309] *Englerth/Towfigh*, in: Towfigh/Petersen, Ökonomische Methoden im Recht, 2. Aufl. 2017, Rn. 550.

[310] 基础性的见解,参见 Simon 及 Miller 的著述(第五章脚注 305 及以下);*Oehler*, ZBB 1992, 97 ff.; *ders.*, ÖBA 2000, 978; Hirshleifer, 56 J. Fin. 1533 (2001); Shiller, 17 JEP 83 ff. (2003); Kiehling, Börsenpsychologie und Behavioral Finance, 2001; *Thaler*, Advances in Behavioral Finance, Vol. 2, 2005, **不同观点**,即主张"理性人假设"的,参见 *Schäfer/Ott*, Lehrbuch der ökonomischen Analyse des Zivilrechts, 6. Aufl. 2020, S. 107 ff。

[311] 详见 *Möllers*, in: FS 50 Jahre Juristische Fakultät Augsburg, 2021 (im Erscheinen)。

[312] *Keynes*, The General Theory of Employment Interest and Money, 1936, S. 158:"世俗的智慧告诉我们,对名誉而言,合群的失败要好过不合群的成功"; *Löffler*, Der Beitrag von Finanzanalysten zur Informationsverbreitung, 1998, S. 48 ff., 97 ff.; Kiehling (ebd.), S. 143 ff.; *Fleischer*, in: FS Immenga, 2004, S. 575, 583 f.; *Klöhn*, Kapitalmarkt, Spekulation und Behavioral Finance, 2006, S. 125 f。

[313] *Kiehling* (ebd.), 141 ff.; *Klöhn* (ebd.), S. 118 ff.

[314] *Anderson/Jacobson*, JPSP 2 (1965), 531; *Oehler*, ZBB 1992, 97, 100; *Kiehling* (ebd.), S. 53.

[315] *Festinger*, A Theory of Cognitive Dissonance, 1957; *Goldberg/von Nitzsch*, Behavioral Finance, 2004, S. 118 ff.

人们更易于将金融中介当作"锚点"而倚重之("锚定效应")。[316]

2. 宪法观念与立法者的价值安排

130 效率标准所没有回答的问题,是资源的分配是否公正,或者说是否符合伦理及社会观念。[317] 法的经济分析注重纯粹的效率性思考,从而忽略了立法者相关的价值安排。[318] 值得强调的是,对于一个具有民主合法性的立法者而言,遵循宪法的价值导向即是其本职所在。[319] 宪法观念与经济学的思考可能是相互矛盾的。作为一种客观的价值秩序,宪法肩负着"法律家长制"一般的使命,它也因而为国家设置了保护公民利益的义务。这将是本书第十一章有关宪法解释部分的主题之一。比如,上文提及的"排污认证"(第五章边码124)并不总是能够确定一个环境污染的正确标准;从监管角度说,必须避免烟雾区域这类污染热点(hot spots)的形成。[320] 要求每个人进行预防性的基因测试在经济学上可能是十分有益的,因为这可以提早发现疾病因子从而更好地实现健康行业的成本节约,但这类测试可能损害的是基于《基本法》第2条第1款及第1条第1款"一般人格权"所衍生出来的对于"不想知情"的权利。[321]

131 即使其并非有"最低成本防范者",干扰人或损害人有时也有合理理由来采取避免的措施。一般而言:身体和生命这样的法益需要特别的行为义务,纯粹的经济分析并不能为其提供足够的考虑。[322] 若仅仅考虑成本

---

[316] 有关"锚定效应"的基础性论述,参见 *Tversky/Kahneman*, Science 185 (1974), 1124 (1128);也参见下文第五章边码148。

[317] *Kirchgässner*, JZ 1991, 104, 109 f.;另参见 *Horst*, in: Buckel/Christensen/Fischer-Lescano, Neue Theorien des Rechts, 3. Aufl. 2020, S. 301, 315 f.;对此提出尖锐批评的,参见 *Stürner*, Markt und Wettbewerb über alles?, 2007。

[318] *Fezer*, JZ 1986, 817, 823; *ders.*, JZ 1988, 223, 226; Mestmäcker, A Legal Theory Without Law, 2007, S. 48.

[319] *Lindner*, JZ 2008, 957, 963; vorher schon *Ch. Möllers*, in: Hoffmann-Riem/Schmidt-Aßmann/Voßkuhle, Grundlagen des Verwaltungsrechts, Bd. 1, 2. Aufl. 2012, § 3 Rn. 45:效率并不比民主更重要。

[320] *Sacksofsky*, in: Hoffmann-Riem/Schmidt-Aßmann/Voßkuhle, Grundlagen des Verwaltungsrechts, Bd. 2, 2. Aufl. 2012, § 40 Rn. 62, 68;另参见 *Lindner*, JZ 2008, 957, 959。

[321] 这一例子参见 *Linder*, JZ 2008, 957, 963;若病人同意,则情况有所不同。

[322] *Möllers*, Rechtsgüterschutz im Umwelt- und Haftungsrecht, 1996, S. 123 ff.

高低，受害人对于其人格完整性的请求权以及加害人相冲突的行为自由都不能得到充分的评价。[323] 因此，联邦最高普通法院强调，在对身体和生命造成威胁的情形，一概禁止对市场利益的考量。[324]

3. 实证数据之不足

法的经济分析面临的批评，还有法律所引以为目的的积极行为控制，在实证上很难被明确证实。[325] 事实上，只有极少数的研究证实了特定规范的行为控制效果。[326] 不过，对这一点也有人提出驳斥，理由在于，对于类似责任法领域所意图实现的行为调控而言，其恰恰也无法以实证的方式被证伪。[327]

三、对法学方法论的意义

1. 对法适用的意义

经济分析的贡献在于为人们揭示经济上有效率的解决方案。此时，经济学的考量不能违反宪法，并应当与法律的价值安排相一致。因此，在特定的法益面前，即使是那些经济分析的拥趸，也会明确限制效率思想的使用[328]，因为经济分析并不等于这类法益的"基础价值"。[329] 如果立法者自己明确将效率因素作为一项法律目标而纳入了可供适用的法律之中，法

---

[323] *Steffen*, VersR 1980, 409, 411.

[324] BGH, Urt. v. 11. 7. 1972, VI ZR 194/70, NJW 1972, 2217, 2220-Kurznarkosemittel (Estil)；BGH, Urt. v. 29. 11. 1983, ZR 137/82, NJW 1984, 801-Eishockey-Puck（第五章边码 138 及以下）.；类似观点，参见 BVerfG, Urt. v. 30. 7. 2008, 1 BvR 3262/07 u. a., BVerfGE 121, 317, 358 f. - Rauchverbot in Gaststätten。

[325] *Schwartz*, 42 UCLA L. Rev. 377, 381 ff.（1994）.

[326] 相关证据，参见 *Nachweise bei Jansen*, Die Struktur des Haftungsrechts, 2003, S. 171 ff.；*A. Jansen*, Präventive Gewinnabschöpfung, 2017, S. 124 ff。

[327] *Schlobach*, Das Präventionsprinzip im Recht des Schadensersatzes, 2004, S. 291.

[328] *Ott/Schäfer*, JZ 1988, 213, 219：" 为了保护更高价值的法益，容忍一定的效率损失也是必要的"；*Kübler*, in：FS Steindorff, 1990, S. 687, 701 f. ："为了人格尊严和个人自主权而限制效率因素"；详细的内容另参见 *Blaschczok*, Gefährdungshaftung und Risikozuweisung, 1993, S. 255 ff., 346。

[329] *Schiemann*, Argumente und Prinzipien bei der Fortbildung des Schadensrechts, 1981, S. 181；*Larenz/Canaris*, Lehrbuch des Schuldrechts, Besonderer Teil, Bd. II/2, 13. Aufl. 1994, S. 417 für das Rechtsgut Leben.

官在进行法的解释时自然就可以诉诸经济上的考量。[330]

134 在资本市场法领域，立法者经常会在法律草案或立法理由当中明确涉及经济学的考量。[331] 资本市场的"运作能力"（Funktionsfähigkeit）属于任何资本市场法律所共同确立的目标之一。唯此，市场才能发挥其国民经济之功能，并促成资本的有效分配。[332] 使可投资的资本流向最紧迫及最能产生效益的领域，即符合"配置效率"（第五章边码122）。[333] 就法律规定的"信息告知义务"而言，其经济学基础即是效率资本市场假说。它的含义是，为公众所能获取的信息一经公开即体现于市场价格之中。[334]

135 仍有争议的问题是，经济学上的论据究竟是仅可由立法者使用[335]，还是也可以为法律适用者或者说法官在法的解释[336]中所用？若未与法律或宪法的价值相违，实应允许法律适用者诉诸经济学的考量。法的经济分

---

[330] *Kirchner/Koch*, Analyse und Kritik 11（1989），111，115；*Kohl*, in：Jahrbuch Junger Zivilrechtswissenschaftler，1992，S. 29，45；*Taupitz*, AcP 196（1996），114，127，146；*Grundmann*, RabelsZ 61（1997），423，434 ff.

[331] Hierzu *Möllers*, AcP 208（2008），1，5 ff.；*Köndgen*, ZHR Beiheft 74（2008），100；*Sester*, ZGR 2009，310 ff.

[332] Begr. RegE, BT-Drs. 12/6679，S. 48；Beschlussempfehlung und Bericht des Finanzausschusses（7. Ausschuss），BT-Drs. 12/7918，S. 96.；另参见 *Baums*, ZHR 167（2003），139，150；*Möllers*, in：Möllers/Rotter, Ad-hoc-Publizität，2003，§ 3 Rn. 43；*Hopt/Voigt*, in：dies.，Prospekt- und Kapitalmarktinformationshaftung，2005，S. 9，107，113。

[333] 参见以下指令立法理由第1条—— Richtlinie 2004/109/EG zur Harmonisierung der Transparenzanforderungen in Bezug auf Informationen über Emittenten, deren Wertpapiere zum Handel auf einem geregelten Markt zugelassen sind v. 15. 12. 2004，ABl. Nr. L 390，S. 38（Harmonisierungs-RL）。

[334] 关于资本市场的信息效率以及"有效资本市场假说"（ECMH）可参见 *Fama*, 25 J. Fin. 383，384 f.（1970）；*ders.*, 46 J. Fin. 1575，1576（1991）；*Fischel*, 74 Cornell L. Rev. 907（1989）。

[335] *Eidenmüller*, Effizienz als Rechtsprinzip, 4. Aufl. 2015，S. 426 ff.，454 f.，486.

[336] *Horn*, AcP 176（1976），307，320 ff.；*Schäfer/Ott*, Lehrbuch der ökonomischen Analyse des Zivilrechts, 6. Aufl. 2020，S. 4；*Ott*, in：des./Schäfer/, Allokationseffizienz in der Rechtsordnung，1989，S. 25，31 f.；*Kübler*, in：FS Steindorff，1990，S. 687，690 ff.；*Grundmann*, RabelsZ 61（1997），423，443 ff.；*Wagner*, AcP 206（2006），352，425 ff.；*Kötz*, Rechtstheorie 30（1999），130，134 ff.；不同观点*Eidenmüller*（ebd.）。

析有助于实现一般条款（例如"交易中必要的勤勉"）的精确化。[337] 如果卡尔多和希克斯所意指的乃是共同之福利（第五章边码125），那倒也可以在利益衡量时将这一思想纳入考虑。[338] 主张援引这一思想的，则应承担相应的论证负担（第一章边码100）。概言之，法的经济分析并不会替代传统的法教义学，但可以作为后者之补充。[339]

2. 成本收益评价、最低防范成本及责任法

若当地通行的不可量物侵害无法通过"经济上可期待的措施"予以阻止，不动产所有人就必须容忍这一侵害（《民法典》第906条第2款第1句）——类似这样的规定意味着，立法者已经明确为法官设定了进行经济后果考量的义务（成本收益分析）。[340] 在侵权法领域，亦可偶见经济考量的适用之处。联邦最高普通法院审理的"野生动物保护围栏案"在法学学说中颇受瞩目。究竟（本案中）谁拥有最低防范成本？

野生动物保护围栏案：某摩托车司机在联邦公路上撞到了一只野鹿，故其起诉联邦州，因后者没有为联邦公路建造野生动物保护围栏。

答案：联邦最高普通法院驳回其起诉，理由是，野生动物乃无主之物。对国家而言，不能指望其在所有野生动物可能出没的路段都建造围栏以提供保护。此外，道路使用者应能预见危险，因为已有告示牌对野生动物的出没作出了提醒。[341] 有学者批评认为，法院应当审查，究竟谁能够以最小的代价避免损失（最低防范成本）。如果建造围栏的费用小于野生动物所造成的损害，那么当局就有建造此类围栏

---

[337] *Ladeur*, RabelsZ 64（2000），60，91 f.；另参见上文第五章边码125。

[338] *Grundmann*, RabelsZ 61（1997），423，451。

[339] *Taupitz*, AcP 196（1996），114，126；Verzicht auf Universalitätsanspruch；*Schulze-Fielitz*, in：ders. Staatsrechtslehre als Wissenschaft, 2007, S. 11, 24："应当依据法律体系及法学的标准，对经济学的理性模型予以选择性的接受。"

[340] 赞同者，参见 *Wagner*, in：FS Canaris, 2017, S. 281, 298 ff. **不同观点**，参见 *Canaris*, JZ 1993, 377, 384；类似的表达则见于《民法典》第249条第2款、第251条第2款第2句、第439条第3款第1句、第635条第3款以及第651c条第2款第2句。参见 *Röthel*, Normkonkretisierung im Privatrecht, 2004, S. 156 f.。

[341] BGH, Urt. v. 13. 7. 1989, III ZR 122/88, BGHZ 108, 273, 277-Wildschutzzaun.

的义务。[342] 相反的观点认为，要求法院进行这样的经济分析通常是一种苛求——相应地，经济分析乃立法者保有的特权。[343] 与此不同的意见则指出，诸如事故频率、损害程度等经济问题只需求助警察机关或者保险公司就能够被查明。有趣的是——尽管法院并未承认这一义务——这样的野生动物保护围栏如今已经被建造好了。[344]

138 有学者指出，虽然联邦最高普通法院很少专门在论证时使用经济学上的考量，但它事实上经常审查谁可能更好地避免损害。此外，对行为的预防也是保护法益时所考虑的一个重要元素（见下文）。[345] 在"曲棍球比赛案"中，联邦最高普通法院所要审理的问题是，是否应当使用有机玻璃隔层以保护曲棍球比赛的观众不会被飞来的球砸伤，法院指出：

139
> 具体应当采取什么措施，乃取决于赛事活动不同的情况，即主要取决于观众所面临危险的强度与频率，以及活动举办者（以及体育赛场的业主）的经济负担能力，其在衡量期待可能性时具有一定的、尽管较不显著的意义……
>
> 由于曲棍球的体积小、速度极快，且速度快到即使正常的比赛过程中也能从赛场飞到边界之外，因此，观众无法防御它带来伤害的危险，故而必须由保险义务人应对这一危险。[346]

140 本案即采纳了经济学上的考量，其与勒恩德·汉德的思想（第五章边码126及以下）可谓异曲同工。不过，联邦最高普通法院指出活动举办者的"经济能力"可能只具有"并不显著"的意义，这一点实值赞许。就

---

[342] *Kötz/Schäfer*, JZ 1992, 355; *Schäfer/Ott*, Lehrbuch der ökonomischen Analyse des Zivilrechts, 6. Aufl. 2020, S. 236 f.

[343] *Eidenmüller*, Effizienz als Rechtsprinzip, 4. Aufl. 2015, S. 429 f.; *Taupitz*, AcP 196 (1996), 114, 155 ff.; 同样质疑的，参见 *J. Hager*, in: Staudinger, BGB, Neubearb. 2017, Vor § 823 Rn. 17。

[344] *Kötz/Schäfer*, in: Kötz, Judex oeconomicus, 2003, S. 12.

[345] *Wagner*, in: MünchKomm-BGB, 8. Aufl. 2020, vor § 823 Rn. 56; 一般性的论述则已见于 *Möllers*, Rechtsgüterschutz im Umwelt- und Haftungsrecht, 1996, S. 8 ff。

[346] BGH, Urt. v. 29. 11. 1983, ZR 137/82, NJW 1984, 801-Eishockey-Puck.

此而言，目前所做的也只是"最低防范成本"意义上的较为有限的一种经济分析。[347] 近年来，法官勒恩德·汉德的公式也开始见诸判例之中。例如，罗斯托克州高等法院审理过这样一个案件：某农场主喷洒灭草剂，导致邻居家的"有机农田"受损（因为使用灭草剂会导致有机田的作物被禁止出售），农场主是否应当为此负责。州高等法院承认这一责任，理由在于，被告的预防费用要低于可能造成的损失。这可谓对汉德公式的直接适用。[348]

进阶练习——鸡瘟案：联邦最高普通法院推定被告具有过错从而将证明责任转移给被告，由此使原告更易于行使《民法典》第823条第1款的请求权。本案中，尽管原告使用了被告的疫苗给鸡群接种，但仍然死了4000只鸡。本案判决符合帕累托最优吗？[349]   141

3. 责任法与预防

（1）从经济学的角度说，责任法的目标在于确立规则，以发挥行为调控之效，从而避免权利损害的发生，或者对权利损害加以补偿，以增进整个社会的福利。[350] 损害赔偿法，特别是痛苦抚慰金请求权，不仅有抚慰（Genugtuung）功能，亦具有预防（Prävention）功能。[351] 损害赔偿意味着成本，故而也有预防之效。[352] 它应当通过对实行有效率的避免损   142

---

[347] *Eidenmüller*, Effizienz als Rechtsprinzip, 4. Aufl. 2015, S. 471 f.；更乐观的看法，则参见 *Kötz/Schäfer*, in: dies., Judex oeconomicus, 2003, S. 13 f.；*Grundmann*, RabelsZ 61（1997），423, 428；*Wagner*, in: MünchKomm-BGB, 8. Aufl. 2020, § 823 Rn. 475 ff。

[348] OLG Rostock, Urt. v. 20. 7. 2006, 7 U 117/04, NJW 2006, 3650, 3653："此外，将喷洒作业放到晚上这样做的花费毫无疑问明显小于不采取这一预防措施将可能给原告的田地所造成的难以估计程度的损失。"所谓汉德公式，参见 Palandt/*Grüneberger*, BGB, 80. Aufl. 2021, § 276 Rn. 19 f。

[349] BGH, Urt. v. 26. 11. 1968, VI ZR 212/66, BGHZ 51, 91, 105 ff. -Hühnerpest. 答案见第十五章边码 13 及以下。

[350] *Kötz/Wagner*, Deliktsrecht, 14. Aufl. 2021, 4. Kap. Rn. 7。

[351] *Möller*, Das Präventionsprinzip des Schadensrechts, 2006, S. 117 ff.；*Schlobach*, Das Präventionsprinzip im Rechts des Schadensersatzes, 2004, S. 366 ff.；*J. Hager*, in: Staudinger, BGB, Neubearb. 2017, Vor § 823 Rn. 10；*Wagner*, AcP 206（2006），352, 451 ff., 461 f.；*ders.*, in: MünchKomm-BGB, 8. Aufl. 2020, Vor § 823 Rn. 45；一般性的论述已见于 *Möllers*, Rechtsgüterschutz im Umwelt- und Haftungsrecht, 1996, S. 8 ff。

[352] *Koller*, VersR 1980, 1, 3。

害之行为设置积极或消极的激励，以此降低整体的成本。[353] 为达成威慑之效果，在身体伤害的情形，经济分析的代表性学者试图规定比过去德国法院的判决更高的痛苦抚慰金，以在此类案件中充分践行预防思想。[354] 事实上，实证经验表明，近来支付的损害赔偿数额已经高于前几年。对于严重损害，曾被判处赔付50万欧元甚至更高额的痛苦抚慰金。[355] 联邦最高普通法院创设了一系列标准，并且会实施"合比例性审查"，这些例子包括有关虚假采访的案例、损害人格权的案例等。法院曾明确阐述过"阻遏效应"这一预防思想。

143 并不是说，在这类对人格进行粗暴的商业利用之情形，都应当优先适用"获利剥夺"（Gewinnabschöpfung），只是说，从侵权中获取利益这一事实应当作为一种衡量因素在确定金钱赔偿时被纳入考虑。因此，金钱赔偿的数额也可以对这类将人格市场化利用的行为产生真正的阻遏效果。另一个可供考虑的衡量因素是人格权侵害的强度。比如，将虚构的专访予以公开，就可以被认为是较严重的行为。此外，还需要考虑的是，金钱赔偿的额度不能达到不合比例地限制媒体自由的地步。不过，阻止媒体对人格予以粗暴的市场利用——正如本案所争论的事实那样——与最后这一点并没有什么关系。[356]

144 （2）在过去，依据《民法典》第844条的规定，杀人犯往往只需要向死者的近亲属支付丧葬费及扶养费。对于加害人而言，这说得上是"责任法上的幸运事件"，因为最严重的那个损害并未得以补偿。[357] 经济学上，

---

[353] *Mataja*, Das Recht des Schadensersatzes vom Standpunkte der Nationalökonomie, 1888, S. 19 ff.

[354] 例如 *Ott/Schäfer*, JZ 1990, 563, 566; *Kötz/Schäfer*, AcP 189 (1989), 501 ff.; *Eger/Nagel/Weise*, in: Ott/Schäfer, Ökonomische Probleme des Zivilrechts, 1991, S. 18, 32。

[355] 关于"痛苦抚慰金表格"，参见 *Hacks/Wellner/Häcker*, Schmerzensgeldbeträge, 38. Aufl. 2020; www.koerperverletzung.com/schmerzensgeldtabelle/; *Jaeger*, VersR 2009, 159 ff.; *Kötz/Wagner*, Deliktsrecht, 14. Aufl. 2021, 10. Kap. Rn. 53 f。

[356] BGH, Urt. v. 15. 11. 1994, VI ZR 56/94, BGHZ 128, 1, 16-Caroline von Monaco.

[357] *Wagner*, JZ 2004, 319, 325 f.; 类似的，参见 *Taupitz*, AcP 196 (1996), 114, 152, 作者称之为"免费杀人"。

这等于设置了错误的激励,因为若没有这样的损害赔偿义务作为相应的惩戒,加害人将不再会谨慎行事。如今,立法者已对此作出了回应:新引入的《民法典》第844条第3款赋予了在侵害发生时与死者具有特别亲密关系的人,就其受到的精神损害主张适当金钱赔偿的权利。[358] 不过,若无法定的扶养义务,此时能否主张扶养费,仍属法律未竟之漏洞(第十五章边码45及以下)。

(3)美国民法则规定了所谓"惩罚性赔偿"(punitive damages,德语：Strafschadensersatz),此时,民事程序所判处的损害赔偿(远)高于实际遭受的损失,故而可达到预防之效果。与此相关联的是"深口袋原则"(deep pocket doctrine),据此,陪审团[359]针对法人所判处的损害赔偿数额往往高于针对自然人所判处的损害赔偿。[360] 在德国,这类法律制度则招致了法律上的疑虑,并且可能会违反德国法的"公共秩序"(ordre public)[361]。如果"惩罚性赔偿"在某成员国属于惯习之做法,欧盟最高法院也会承认之。[362] 为便于消费者行使其权利,欧盟立法者确立了"集团诉讼"制度,同时它又防止因此而产生美国那样的"诉讼工业"[363]。

4. 信息差距与最低防范成本

(1)经济上不效率的情形有时可能是由信息不足所导致的。因此,信

145

146

---

[358] Art. 1 Gesetz zur Einführung eines Anspruchs auf Hinterbliebenengeld v. 17. 7. 2017, BGBl. I, S. 2421; *Katzenmeier*, JZ 2017, 869 ff.

[359] 陪审团(jury)是由随机选取的美国公民组成的法庭(德语：Geschworenengericht),并对争议的事实问题作出裁判,而法官只负责法律问题。诉请陪审团的权利起源于美国宪法修正案第5—7条。参见 *Hay*, US-Amerikanisches Recht, 7. Aufl. 2020, Rn. 198 f., 724 ff.

[360] *MacCoun*, 30 L. & Soc'y Rev. 121 (1996).

[361] BGH, Urt. v. 4. 6. 1992, IX ZR 149/91, BGHZ 118, 312, 338 ff. -punitive damages；有关美国联邦最高法院对损害数额的限制,则参见 *BMW of North America, Inc. v. Ira Gore, Jr.*, 517 U.S. 559, 574 ff. (1996). 立法论上的进一步阐述,参见 *Wagner*, Gutachten A zum 66. DJT, 2006, S. 68 ff.

[362] EuGH, Urt. v. 13. 7. 2006, C-295/04 u. a., EU：C：2006：461, Rn. 93-Manfredi(第十五章边码30)。

[363] RL(EU)2020/1828 über Verbandsklagen zum Schutz der Kollektivinteressen der Verbraucher v. 25. 11. 2020, ABl. Nr. L 409, 1(即《为保护消费者集体利益的集团诉讼指令》);关于"大众柴油门"以及有关指令草案的论述,详见 *Gsell/Möllers*(eds.), Enforcing Consumer and Capital Market Law in Europe, 2020.

息不对称将会引发市场失灵和非效率的后果。以美国的二手车市场为例，阿克洛夫（Akerlof）形象地描绘了信息不对称的情景：在那里，卖家通常都在出售质量差的二手车（美国俗语："柠檬"），而买方则无法判断汽车的质量。[364]

147 德国法的判例中形成了一系列为保护出卖人而设定的广泛**信息义务**（umfangreiche Informationspflichten）**以及次请求权**（Sekundäransprüche）。[365] 对二手车商人专业性的信赖即构成一个归责理由（第八章边码 3 及以下）；这一义务从经济学上讲亦是符合效率的，因为相对于买家，二手车的商人明显更容易发现汽车的问题。[366] 因此，他就必须要告知他人事故车的存在，而不能对汽车的特征信口开河。[367] 就企业的内部信息而言，上市公司拥有相对于其股东的信息优势（信息不对称）；在此程度上，它可以说是"信息垄断者"[368]。信息披露义务的目的，就是使这类相关的信息抵达市场，从而体现在定价之中（第五章边码 134）。资本市场法的一个原则就是提供信息从而**消除信息不对称**。[369] 就此意义来说，信息乃是为了促进市场参与者的平等。[370] 企业可以更为便利地提供信息（信息传递：Signalling），来解决投资者的信息不足问题；因此，企业拥有最低的防范成本。[371] 比如，《欧盟反市场滥用条例》第 17 条（《证券交易法》旧法第 15 条）规定的"特定事项公开原则"（Ad-hoc-Publizität），其目的就在于

---

[364] Hierzu der berühmte Betrag von *Akerlof*, 84 Q. J. Econ. 488, 494（1970）, der die Gebrauchtwagen als saure zitronen（„Lemons"）bezeichnete, weil der käufer versteckte mängel nicht erkennen kann.

[365] *Palandt/Ellenberger*, BGB, 80. Aufl. 2021, § 123 Rn. 5 ff.

[366] *Schäfer/Ott*, Lehrbuch der ökonomischen Analyse des Zivilrechts, 6. Aufl. 2020, S. 588 ff.；并参见下文第八章边码 21 及以下。

[367] BGH, Urt. v. 7. 6. 2006, VIII ZR 209/05, BGHZ 168, 64 Rn. 13 ff. -Nacherfüllung beim Stückkauf.

[368] 关于此概念，参见 *Möllers/Leisch*, WM 2001, 1648, 1654。

[369] *Fleischer*, Informationsasymmetrie im Vertragsrecht, 2001, S. 550 ff.

[370] 一般性论述，参见 *Fleischer*, Gutachten F zum 64. DJT, 2002, S. 1, 27 f.；关于收购法，则参见《证券收购法》第 3 条第 1 款。

[371] *Zetzsche*, Aktionärsinformation in der börsennotierten Aktiengesellschaft, 2006, S. 37；*Köndgen*, in：FS Druey, 2002, S. 791, 796，后者使用的表达是"最廉价的信息提供者"。

"使得市场参与者及早掌握与市场相关的信息,从而作出恰当的投资决策"[372]。

（2）"行为金融学"（第五章边码129b）表明,人们能够获取的信息有时会显得过于庞大（关键词：信息量）或过于琐碎（关键词：信息复杂性）。对于接受和处理能力有限的信息接收人而言往往意味着过重的负担[373],从而使他不再能够理性地作出决策。信息接收人所面对的是一种"**信息过载**"（information overload）[374] 的状况。此时,立法者只使用少量、简单的信息反而能为消费者或投资者提供助益。

有判例指出,信息必须能够为人所理解。[375] 在《证券交易法》第64条第2款第1句第1项（旧法第31条第3a款）,立法者即规定必须为金融工具提供"简单、易理解的"信息册。《欧盟招股说明书条例》（2017/1129）第7条第3款第2句第a项则要求在制作招股书时应附有"简单而通俗易懂的总结"。[376] 投资者一般不会阅读庞杂的年报,因此,从立法论上说,应当仿效英国法的做法,在德国《证券交易法》第114条（旧法第37v条）之内规定一项"公开简短财务报告"的义务。[377]

148

149

5. 委托—代理问题（Das Principal-Agent-Problem）

委托人（Principal）委托代理人（Agent）执行某一事务。若代理人享有一定的裁量权,那他就有可能追求自身利益,而这不一定与委托人的利益相一致。此外,在缔结合同之后,代理人和委托人之间就代理人工作的

150

---

[372]《欧盟反市场滥用条例》第7条第4款；之前的规定已见于 Begr. RegE, BT-Drs. 14/8017, S. 87; Begr. RegE, BT-Drs. 15/3174, S. 34。

[373] 也参见 Kind, Die Grenzen des Verbraucherschutzes durch Information, 1998, S. 442 ff.; Fleischer, ZEuP 2000, 772, 798。

[374] 或称为 "information overkill"；另参见 Rogers/Agarwala-Rogers, Communications Organisation, 1976, S. 90。

[375] BGH, Urt. v. 22. 3. 2011, XI ZR 33/10, BGHZ 189, 13 Rn. 24 ff. -CMS Spread Ladder Swap。

[376] 更深入的介绍,参见 Möllers/Steinberger, NZG 2015, 329, 332 ff。

[377] 关于这一建议,参见 Möllers/Kernchen, ZGR 2011, 1 ff。

质量问题即存在"信息差距",代理人可能会充分利用这一信息差距,为实现自己的目的而从事损害委托人之事(道德风险问题,英语:Moral Hazard)。[378]

151 为此,立法者通过《民法典》第181条禁止了"自我代理"的行为,并创设了各种说明及报告义务(Aufklärungs-und Rechenschaftspflicht),以消除这种信息差距。[379] 比如,在公司法领域,经理和董事会成员相当于合伙人或股东(所有权人)的"代理人"。具体而言,就需要在激励和监督之间寻得有益的平衡。[380] 许多非法交易的案例类型也因此而出现,例如对经理的"竞业禁止"等。[381] 进一步的忠实义务则禁止董事会为自己的私利而利用公司的交易机会。[382] 上市公司同样也面临"委托—代理问题"。《欧盟反市场滥用条例》第14条(《证券交易法》旧法第14条)所规定的"内幕交易禁止"即是为了防止作为内幕知情人的董事会成员借助其信息优势而获得对于其他投资者而言不公平的利益。基于这一思想,规定相关的"公开规则"——诸如"特定事项公开原则"(第五章边码147)等——也就有了其合理性。[383]

6. 博弈论

152 于法的经济分析而言,博弈论(Spieltheorie)也有一定的重要性。博弈论所关涉的是人们的行为能够彼此影响的情形。通常,人们不得不进行妥协:一方所获得的即是另一方所舍弃的。从博弈论上说,这将导致一种

---

[378] *Fama*, 88 JPE 288 (1980); *Baker/Jensen/Murphy*, 43 J. Fin. 593 (1988).

[379] 例如《股份公司法》第131条,《有限责任公司法》第51a条,《商法典》第166条(针对两合公司)、第118条(针对无限责任公司)。

[380] 关于公司法中的"委托—代理问题",参见 *Easterbrook/Fischel*, The Economic Structure of Corporate Law, 1996, S. 90 ff.

[381] 参见《股份公司法》第88条、《商法典》第112条,有关行为辅助人,则参见《商法典》第60条。

[382] *Mertens/Cahn*, in: KK-AktG, 3. Aufl. 2009, § 88 Rn. 5; *Möllers*, in: Hommelhoff/Hopt/von Werder, Handbuch Corporate Governance, 2. Aufl. 2010, S. 423, 437; *Steffek*, JuS 2010, 295 ff.; Grundsatz 19 S. 2 DCGK; 另参见《股份公司法》第88条第1款第1句。

[383] 详见 *Fleischer*, Informationsasymmetrie im Vertragsrecht, 2001, S. 149, 435, 508; *Möllers/Rotter* (Hrsg.), Ad-hoc-Publizität, 2003。

零和游戏。[384] 具体需要判断的是，依据某种规则，博弈者究竟会进行合作的行为，抑或进行非合作也即自私的行为。

博弈论中最有名的情形是所谓"囚徒困境"（prisoner dilemma）[385]："两个被告人共同从事了某一犯罪行为，现仅需一方证词即可证罪。"此时，所要适用的是一种"皇冠证人规则"。若双方都招认，则同获5年刑期。若仅一方招认，则其可作为皇冠证人而获释，另一方则将获6年刑期。若无人招认，则双方都将被处1年刑期。

刑法（《刑法典》第46b条）及卡特尔法[386]即利用了个人的利己心态，通过确立皇冠证人规则以实现对卡特尔联盟的攻破；据此，若卡特尔的成员向当局举发了卡特尔之存在，则将获得减刑或免刑之回报。

四、欧盟最高法院所作的经济学考量

1. 欧盟卡特尔法领域的经济学问题

经济学的考量同样也已融入欧盟的卡特尔法领域。在"本拉特加油站案"这一卡特尔法的经典案例中，彼时的帝国法院需要审查，目的在于将竞争对手从市场中排挤出去的掠夺性低价行为是否合法。帝国法院认为，这一行为违反了《民法典》第826条规定的"善良风俗"[387]。就现行法而言，与此相关的规定则是《反限制竞争法》第19条及《反不正当竞争法》第3条，其中起决定意义的已非道德因素，而是经济学上的考量。贝伦斯（Behrens）即援引了欧盟最高法院的判例，就《欧洲联盟运作方式

---

[384] Holler/Illing/Napel, Einführung in die Spieltheorie, 8. Aufl. 2019, S. 61.

[385] Luce/Raiffa, Games and Decisions. Introduction and Critical Survey, 1957; Rapoport/Chammah, Prisoner's dilemma, 1965.

[386] 参见 BKA, Bekanntmachung Nr. 9/2006 über den Erlass und die Reduktion von Geldbußen in Kartellsachen-Bonusregelung v. 7. März 2006; Kommission, Mitteilung der Kommission (2006/C 298/11) über den Erlass und die Ermäßigung von Geldbußen in Kartellsachen, ABl. Nr. C 298 v. 8. 12. 2006, S. 17 ff.

[387] RG, Urt. v. 18. 12. 1931, II 514/30, RGZ 134, 3423-Benrather Tankstelle.

条约》第 102 条"滥用市场"之构成要件,法院曾作出如下经济学的考量。[388]

> 156　低于平均可变成本(即随产量的变化而变化的成本),并被占据支配地位的企业用来排除竞争的定价,即可视为滥用行为。实行这样一种价格,对占支配地位的企业而言本没有好处,除非它的目的是排除竞争对手,从而可以利用自己的垄断地位再次提高价格。因为每一次销售行为对企业来说都是其固定成本(即与产量变化无关而保持不变的成本)总额以及生产单位产品时可变成本(至少是部分性)的损失。[389]

2. 欧盟内部市场与有效的法律保护

157　通过这样的考量,欧盟最高法院意图确保市场的正常运作,即确保私主体不会以滥用市场之行为限制竞争。而"基本自由"之制度所要避免的则是来自国家层面的限制,确立基本自由的目的即在于促成欧盟内部市场的形成。欧盟最高法院一贯的判例中,成员国的限制都被视为例外条款故而被严格定义(第四章边码 140 及以下)。在法律一体化的进程中,欧盟最高法院所关注的仍然是欧盟内部市场。在旅游合同法领域,欧盟最高法院亦承认针对精神损害可提起赔偿,其目的就是避免在各成员国之间形成显著的竞争扭曲(Wettbewerbsverzerrung)。[390]

158　此外,欧盟最高法院也格外注重预防效果,为此,它为公民的权利赋予了强有力的保护,从而对那些意图再次从事侵权行为的侵害者起到了威慑作用。与此相关的例子包括赋予私人针对违反卡特尔法行为的请求权(第八章边码 52)、公民对国家的国家责任请求权(第十二章边码 123 及以下)等。

---

[388] 关于其富有启发性的见解,参见 Behrends, in: Kötz/Schäfer, Judex oeconomicus, 2003, S. 96。

[389] EuGH, Urt. v. 3. 7. 1991, C-62/86, EU:C:1991:286, Rn. 71-Akzo Chemie。

[390] 仅从《欧盟旅游合同指令》(90/314/EWG 号)第 5 条并不能当然得出这一结论,参见 EuGH, Urt. v. 12. 3. 2002, C-168/00, EU:C:2002:163, Rn. 21-Leitner/TUI Deutschland。

第五节 第五章小结

（1）有学者质疑目的性的论证方法是循环论证，故而实属多余。如果能够区分作为解释目标（包括阶段性目标）的规范目的和"前提"意义上的作为解释工具的目的解释方法，则可直面上述质疑。必须意识到的一点是，解释目标首先从来都只是工作的"命题"，它本身尚需要通过相关的论证模型予以论证。

（2）目的性的考量并不具有决定性，相反，它只能作为法律价值安排的补充。结果取向的解释包括诸如归谬法、避免责任过度、事实的规范力等论证模型。

（3）作为结果取向解释下的情形之一，法的经济分析有助于为人们揭示符合效率的解决方案。不过，经济学的考量必须与宪法和其他法律的价值相符合。

本章参考文献：

Gast, *Wolfgang*, Juristische Rhetorik, 5. Aufl. 2015; *Heck*, *Philipp*, Gesetzesauslegung und Interessenjurisprudenz, AcP 112 (1914), 1-313; *ders.*, Begriffsbildung und Interessenjurisprudenz, 1932; *Holmes*, *Oliver Wendell*, *Jr.*, The Path of the Law, 10 Harv. L. Rev. 457-478 (1896/1897); *Jäsche*, *Gottlob Benjamin* (Hrsg.), Immanuel Kants Logik. Ein Handbuch zu Vorlesungen, Königsberg 1800; *von Jhering*, *Rudolf*, Der Zweck im Recht, 2 Bde., 2. Aufl. 1884; *Klug*, *Ulrich*, Juristische Logik, 4. Aufl. 1982; *Niemöller*, *Martin*, Die strafrichterliche Beweiswürdigung in der neueren Rechtsprechung des Bundesgerichtshofs, Strafverteidiger 1984, 431-442; *Schluep*, *Walter R.*, Teleologisches Argument: Trivialer Joker, Trumpf-Ass oder gleichgeordnete Stichkarte?, in: FS Kramer, 2004, S. 271-297; *Singer*, *Joseph William*, Legal Realism Now, 76 Calif. L. Rev. 465-544 (1988); *Schnapp*, *Friedrich E.*, Logik für Juristen, 7. Aufl. 2016; *Summers*, *Robert S.*, Pragmatic Instrumentalism in

Twentieth Century American Legal Thought, A Synthesis and Critique of Our Dominant General Theory About Law and its Use, 66 Cornell L. Rev. 870–948 (1980/1981); *Voßkuhle, Andreas*, Der Wandel der Verfassung und seine Grenzen, JuS 2019, 417–423; *Wagner, Gerhard*, Prävention und Verhaltenssteuerung durch Privatrecht, AcP 206 (2006), 352–476; *Weinberger, Ota*, Rechtslogik, 2. Aufl. 1989; *Wischmeyer, Thomas*, Zwecke im Recht des Verfassungsstaates, 2014.

第六章 目的解释的对立模型及法续造的基本形式

如上文所述，目的解释不仅仅是一个独立的解释步骤，它同时也是**解释之目标**（Auslegungsziel），因此，目的解释原则上构成了法发现过程中的第一步（第五章边码 6 及以下）。第五章介绍了许多作为解释方法的法构造。接下来所要揭示的是规范的精神和目的是如何重要，以至于借此可以反驳这些大量的、如今为我们所熟知的论证模型，从而使它们沦为"形式论据"（第一节）。而法学方法论当中的一个主要问题是，现今对规范的理解能否取代立法者当时的意图，也即所谓"客观理论"（第二节）。作为解释目标的规范目的，主要可以为诸如具体类推和目的性限缩这样的法续造的基本形式提供正当性的理由（第三节）。最后所要呈现的则是目的解释的一些吊诡之处：人们总是很难探明"目的"究竟是什么，这使目的解释变得错综复杂（第四节）。

1

第一节 针对形式论据的目的论的对立模型

之前所介绍的论证模型多是从文义、体系抑或历史沿袭而来（第四章）。[1] 通常而言，它们嚆矢于希腊法或罗马法。这些论证模型从一开始就并不总是以通过方法上的手段获取正确的结论为目标，相反，它们只是用来支持己方立场的修辞套路。希腊及罗马的"修辞学"即在于培养法律

2

---

[1] 例如，明确性规则、法秩序的统一性、例外当作严格解释、冲突规则、恒定之法（droit constant）原则、主观意图等。

人通过正、反论据进行论证的能力。因此，各种解释规则之所以常有正反两面（第一章边码63），从传统的修辞学那里也能找到原因。诸多论证模型往往可以被它们的对立模型（Gegenfigure）所反驳，因而它们不过是说服力有限的形式论据。[2] 在美国，认为各种论证模型可以被其对立模型所驳斥的观点亦颇为盛行。[3] 如果对立模型能够与目的性的考量相联系，即可获得比形式论据更大的说服力。

一、文义

1. 对文义明确性规则的摒斥

3 （1）上文介绍过的文义明确性规则——文义明确的情形不需要再对概念强作解释——乃是一项推定规则，可适用于没有争议的情形（第四章边码64）。然而，文义的明确性通常也只是一种臆想，这足以使人们对文义明确性规则产生疑问。因此，目的性的考量即能够反驳这类推定规则。正如体系解释所揭示的那样，各个法律之中的上下关联总是起着决定性的作用（第六章边码17）。

4 譬如，"一小时"并不必然意味着"60分钟"。在大学里，它就仅仅指45分钟（德语中，"小时""课时"都是用"Stunde"一词——译者注）。[4] 根据不同的惯例，一个课时也可能会延迟15分钟才开始，故而达不到完整的一个小时（所谓 cum tempore, c.t.）。再比如，2月份的"月中"也同样是指当月的15号。[5]

5 因此，要判断什么是"明确"的，终归要以解释为前提。那种认为仅

---

[2] *Säcker*, in: MünchKomm-BGB, 8. Aufl. 2018, Einl. Rn. 115, 使用的术语即"Formalargumente"；类似的则参见 *MacCormick*, 6 Ratio Juris, 16, 22 (1993)，则使用了"formalistic"或"legalistic"一词。

[3] *Breyer*, in: Chickasaw Nation v. United States, 534 U.S. 84, 94 (2001): "特定的模型，通常可以被一些相反方向的标准所驳斥"，之前的相关论述则参见 *Llewellyn*, 3 Vand. L. Rev. 395, 401 ff. (1950)。

[4] *Höhn*, Praktische Methodik der Gesetzesauslegung, 1993, S. 189.

[5] 见《民法典》第192条的立法定义。

在文义有歧义的情况才允许进行解释的观点[6],乃建基于一种不正当的"默认论题"[7]。这种观点曾让人们在结论荒谬的情形下依然死守文义。[8] 若只注重臆想中所谓明确的文义,将会剥夺法学中所必要的讨论过程,从而使自己的观点摇身一变成为唯一正确的真理(第一章边码91)。

语言习惯可能会因时而异(第四章边码60)。此外,即使文义明确,立法者行文上的错误也必须能够得到更正(第六章边码46及以下)。如果严格遵循文义明确性规则,那么规避法律的行为也就不会在禁止之列,即便这一行为违反了规范之目的。若不然,就必须为此设置诸如《民法典》第476条第1款第2句、《税费法》(AO)第42条那样明令禁止法律规避的规则(第五章边码48及以下)。立法者通过立法定义使得某一概念具备了假设的明确性。若在其他地方出现同一概念,就不能再毫无保留地适用该立法定义。因此,如果主张文义明确性规则,即会存在这样一种危险:立法定义可能在不考虑其究竟是否适用于新语境的情况下径自被隔离于法律的体系之外(第六章边码17及以下)。

5a

早在学说汇纂当中即可见到乌尔比安的零星论述:"即使裁判官(Prätor)的诏谕十分明确,也不能忽略对它的解释工作。"[9] 虽然也可以见到一些遵循文义明确性规则的判例,但是大部分判例都会拒绝这一规则,(在这类判例中)就可以看到如下表述。

6

---

[6] 有关这一观点,详见上文第四章边码64。

[7] *Dworkin*, Law's Empire, 1986, S. 352:"'不明确'这一描述毋宁说是赫拉克勒斯解释制定法文本之方法的结论,而非其缘起"(The description 'unclear' is the *result* rather than the *occasion* of Herkules' method of interpreting statutory texts)。关于这一法构造,参见上文第五章边码36及以下。另参见 *F. Müller/Christensen*, Juristische Methodik, Bd. I, 11. Aufl. 2013, Rn. 258, 作者称这种做法为"对某种可能的规范含义的解释偏好";而更为明确的观点则参见 *Säcker*, in: MünchKomm-BGB, 8. Aufl. 2018, Einl. Rn. 116:"这种说法……是没有道理的"。

[8] *Lord Esher M. R.*, in: Queen v. Judge of City of London Court [1892] 1 Q. B. 273, 290 per *Lord Esher M. R.*:"如果法案的文义明确,则你必须遵守之,即便这会导致明显的荒谬。"有关美国法上的文本主义,则参见下文第十三章边码98。

[9] Ulp. D. 25, 4, 1, 11, 拉丁原文:"*Quamvis sit manifestissimum edictum praetoris attamen non est neglegenda interpretatio eius.*";主张根据立法精神进行解释,则参见 Cels. D. 1, 3, 17 (第五章脚注6)。

7   > "据此，即使文义没有语言上的歧义，也应当衡诸法律精神与目的予以解释；因为语词往往只是对主要思想的不完整表达。"[10]

8   因此，学术通说均反对适用文义明确性规则。[11] 而在英美法领域，亦存在类似之见解。[12] 毕竟，为了避免出现荒谬的结论，也自应当摒斥文义明确性规则（第五章边码62及以下）。申言之，这一规则常常不过是一种让人逃避实质说理的、**讨巧的形式论据**而已。

9   （2）欧盟最高法院整体上也反对拘泥于文义。它强调，自己"不会满足于文义之解释"。"因此，有必要审查，这一解释能否得到其他角度的佐证，比如条约缔结者的共同意图、法的精神与目的等。"[13] "C. I. L. F. I. T. 案"的判决中，欧盟最高法院几乎已经放弃了"法之明确性原则"（Acte-clair-Doktrin），并强调，有关欧盟法律的解释问题必须呈递给欧盟最高法院（第十二章边码115及以下）。由此一来，无论是国内法还是欧盟法层面，文义即使被假定为明确，其也可以被其他的解释步骤所修正。

2. 法学的语言习惯

10   法学的语言习惯可以对正常的语言习惯加以修改。例如，"拟制"就可能是违背现实的产物。原则上，法学的语言习惯应具有优先于日常语言习惯的地位（第四章边码56）。不过，日常语言习惯构成刑法领域的"文

---

[10] BGH, Urt. v. 23. 5. 1951, 2 ZR 71/50, BGHZ 2, 176, 184-Baugeräte；早先的判决则参见 RG, Urt. v. 17. 10. 1933, II 108/33, RGZ 142, 36, 40 f.; BVerfG, Urt. v. 10. 9. 1952, 1 BvR 379/52, BVerfGE 1, 415, 416 f.; BVerfG, Urt. v. 23. 10. 1958, 1 BvL 45/56, BVerfGE 8, 210, 221-Vaterschaft。

[11] Enneccerus/*Nipperdey*, Allgemeiner Teil des Bürgerlichen Rechts, 15. Aufl. 1959, S. 333；*Säcker*, in：MünchKomm-BGB, 8. Aufl. 2018, Einl. BGB Rn. 116；*Rüthers/Fischer/Birk*, Rechtstheorie, 11. Aufl. 2020, Rn. 733.

[12] *Eskridge*, 101 Colum. L. Rev. 990, 1087 (2001)："正如现在所揭示的，文本主义最根本的知识性错误体现于，它坚持认为，可以脱离规范的语境来探寻文本的原意。"（The deepest intellectual error of textualist theory, as elaborated today, is its assertion that determination of textual plain meaning is segregable from normative context）

[13] EuGH, Urt. v. 16. 12. 1960, 6/60, EU：C：1960：48, 1169, 1194-Humblet; vgl. auch EuGH, Urt. v. 6. 7. 1977, C - 6/77, EU：C：1977：120, Rn. 8/12-Schouten; Urt. v. 20. 3. 1980, C-118/79, EU：C：1980：92, Rn. 5-Knauf; EuGH, Urt. v. 11. 7. 1985, C-107/84, EU：C：1985：332, Rn. 12 ff.-Befreiung der Post von der Mehrwertsteuer; EuGH, Urt. v. 27. 1. 2005, C-188/03, EU：C：2005：59, Rn. 33-Junk.

义射程",故而也应得到重视(第四章边码62、边码65及以下)。因此,总是难免出现一些边缘性的情况,例如,画家的签名或者动物的耳标可能被当作"证书"[14];《刑事诉讼法》第110条第1款授权检察官对"文件"进行搜查——其中或许就可以包括电子数据载体和笔记本电脑。对于这一问题,联邦宪法法院衡诸立法者的意图,并体系性地援引了《刑事诉讼法》第94条,该条使用的术语是"对象"(Gegenstand)而非如《民法典》第90条那样只使用了"物"(Sache)这一表达。此外,《刑事诉讼法》第110条第3款也使用了"电子存储媒体"的概念。[15]

3. 单纯文义解释的不可行性

维特根斯坦早就指出,脱离使用的语境而探寻文义,是不可能实现的事。为此,就需要将历史、体系和目的等多个角度一并纳入考虑(第四章边码41)。人们主张,规范的语义应当取决于现今的语境,所谓"当前生效时期的"(geltungszeitlich)语言习惯对解释起着决定性的作用。[16] 这一语言习惯可能已然迥异于立法者当时的意图和语境。 **11**

> 盐酸案:与帝国法院(RG)的判例不同,联邦最高普通法院认为,将盐酸归类为《刑法典》第224条第1款第2项前半部分规定的"武器"是可行的。对此,关键的一点是,即使在日常用语中,人们也已经熟知了"化学武器"这样的概念,《刑法典》生效之初的日常语言习惯可以说已经发生了变迁。[17] **12**

4. 法的续造

由此表明,文义虽然是解释的出发点,但人们也可以基于法律目的(ratio legis)而偏离文义。这一点将在下文有关法续造的部分(第三节)予以阐明。 **13**

---

[14] RG, Urt. 23. 12. 1914, V. 871/14, DStR 3 (1916), 77-Bierfilz; *Fischer*, StGB, 68. Aufl. 2021, § 267 Rn. 6.
[15] BVerfG, Beschl. v. 12. 4. 2005, 2 BvR 1027/02, BVerfGE 113, 29, 51 f. -Anwaltsdaten.
[16] *Krey*, Studien zum Gesetzesvorbehalt im Strafrecht, 1977, S. 162 f.
[17] BGH, Urt. v. 21. 11. 1950, 4 StR 20/50, BGHSt 1, 1, 3 ff. -Salzsäure.

二、体系解释

1. 构成要素的系统位置的修正

14　　（1）**构成要件要素在法律规范当中的体系位置**(第四章边码 114）固然可以为解释提供初步的帮助，但（由此得出的结论）却可能因为目的性的考量或者上位法的因素而得以更正。这一规则同样适用于英美法系。[18]

15　　一般人格权：《民法典》第 823 条第 1 款保护绝对性的法益和其他权利不受侵害。显然，人格权应被当作第 823 条第 1 款意义上的"其他权利"。依据法律文义及其体系位置，将人格权定性为"其他权利"也是完全可行的。但从历史上看，立法者所意图保护的仅仅是姓名权（《民法典》第 12 条、《商法典》第 17 条）或肖像权（《艺术与摄影作品著作权法》第 22 条[19]）等具体的人格权。与其他法益相比，人格权也不具备社会显著性（soziale Offenkundigkeit）[20]和类似所有权的属性（Eigentumsähnlichkeit）。因此，帝国法院在其一贯的判决中均拒绝将人格权归为这里的"其他权利"。[21] 联邦最高普通法院和联邦宪法法院则必须考虑宪法作为上位法的地位，从而对《民法典》第 823 条进行合宪的法的续造，继而承认人格权为"其他权利"并在人格权侵害的情形成立损害赔偿请求权（第十一章边码 72 及以下）。

16　　（2）即使**同一法律**当中的体系性关联，也可以被目的性的考量所修正。

---

[18] *Quazi v. Quazi* [1980] A. C. 744, 824 per Lord Scarman (H. L. (E.))："如果法律规范的立法目的表明，一系列的法律规定可以作等同的解读，那就可以这样：这一做法是有益的；若情况并非如此，那么，这一做法与其说是符合法律目的，倒不如说是违拗了法律目的。和其他的法律解释方法一样，这种做法可谓'好的奴仆、坏的主人'。"(If the legislative purpose of a statute is such that a statutory series should be read *ejusdem generis*, so be it: the rule is helpful. But, if it is not, the rule is more likely to defeat than to fulfil the purpose of the statute. The rule, like many other rules of statutory interpretation, is a useful servant but a bad master.)

[19] Kunsturheberrechtsgesetz (KUrhG) v. 9. 1. 1907, RGBl. 1907, S. 7.

[20] 因此，作为"框架性权利"，其必须与其他权利进行比较衡量，参见 Larenz/Canaris, Lehrbuch des Schuldrechts, Besonderer Teil, Bd. II/2, 13. Aufl. 1994, S, 491。

[21] RG, Urt. v. 7. 11. 1908, I 638/07, RGZ 69, 401, 403 f. -Nietzsche-Briefe；RG, Urt. v. 12. 5. 1926, I 287/325, RGZ 113, 413, 414；hierzu *Schiemann*, in：FS Deutsch, 2009, S. 895, 897 ff.；ders., in：HKK-BGB, 2013, §§ 823-830, 840, 842-853 Rn. 94；*Schäfer*, in: Staudinger, BGB, 12. Aufl. 1986, § 823 Rn. 196 sowie *Jarass*, NJW 1989, 857, 858.

既可以依表意人的意思对意思表示进行主观解释，也可以从表意相对人的角度对意思表示进行客观解释。依据《民法典》第133条和第157条的规定，原则上应从表意相对人的角度解释意思表示（第五章边码28及以下）；这基本上适用于《民法典》的每个分编。继承法中，则有如下区别：尽管共同遗嘱中相互影响的处分行为、继承合同中约束性的处分行为也应根据《民法典》第133、157条而进行解释，但除此之外则非依循客观的相对人角度，而是按照被继承人的主观意思进行解释，理由在于原则上不必保护第三人之利益（第六章边码184）。另一个理由则在于，《民法典》第157条的标题指明的是"合同"，而第133条的标题则称"意思表示"，这就表明不得将第157条的规定适用于单方的死因处分行为。此外，《民法典》还在第2066条及以下、第2087条及以下规定了特殊的解释规则，其所注重的仅仅是真实的意思。[22] 虽然依据《民法典》第142条的规定，意思表示原则上可以溯及既往地（Ex-tunc-Wirkung）撤销，但这一规则并不适用于劳动法与公司法，尽管这两个领域的合同类型也被规定于债法分则之中。这背后的主要思想是，雇员或公司股东已然完成了自己的工作贡献，故而使得溯及既往的效力不再具有正当性（第六章边码100及以下）。

2. 法概念的相对性及区分解释

（1）从目的解释的角度而言，"法概念的相对性"（Relativität der Rechtsbegriffe）能够修正"法秩序的统一"这一原则（第四章边码125）。[23] 如果立法者试图在不同的法律中赋予某一概念不同的含义，那么对这类法概念的使用就应当是相对性的。由于法概念受制于相应的参照体系，故而存在一种法概念的"多维性"（Mehrdimensionalität）[24]。若不同法律的法原则或价值安排殊异，"法秩序统一"的原则自无适用之余地。此时，并

17

---

[22] Palandt/*Weidlich*, BGB, 80. Aufl. 2021, § 2084 Rn. 1.
[23] 这一理论系由 Müller-Erzbach 于 1912 提出，参见 *Müller-Erzbach*, JhJ 61 (1912), 343 ff.; *Ryu/Silving*, ARSP 59 (1973), 57 ff.; *Engisch/Würtenberger/Otto*, Einführung in das juristische Denken, 12. Aufl. 2018, S. 116 ff.
[24] *Ryu/Silving*, ARSP 59 (1973), 57, 76.

不具备使统一解释正当化的"价值平行性"。在英美法系，也有人主张类似观点。[25] 必要时，即需要通过目的性限缩而对此加以限制。"法秩序的统一"及"法概念的相对性"乃是在逻辑上具有等同权重的法构造，故而必须与目的性的考量相结合，方能体现出各自的说服力。"法秩序的统一"这一论证模型所确立的规则，能够为"法概念的相对性"所反驳。为此，主张"法概念相对性"的人，必须承担相应的说理负担（Begründungslast）。[26]

18　　（2）显然，**不同的法律、（更不用说）不同的法领域**有时会蕴含着相互迥异的价值安排。譬如，民法和公法，特别是民法和刑法，在价值安排上就并不总是一致。民法规定的是私人利益；而公法和刑法规定的则是公民与国家机关之间的关系（第二章边码28及以下）。

19　　根据《民法典》第1条的规定，"人"的概念始于"出生之完成"。而刑法则保护"正处于出生或出生之后"的人。[27] 众所周知，《民法典》中所适用的并非个人主观性的，而是客观性的"过错"标准[28]，并在各种特殊的交往领域（Verkehrskreis）形成了不同的类型。而刑法中，则要同时评价行为人的客观及主观过错。[29] 血液酒精浓度0.3%的司机虽然不必为驾车行为承担刑事责任，但却要为此承担民事责任。授予某人建筑许可，并不等于否认了第三人的权利（如《民法典》第912条第2款规定的请求权）。[30]

---

[25] Cross/Bell/Engle, Statutory Interpretation, 3rd ed. 1995, S. 150 ff.; Shapo/Walter/Fajans, Writing and Analysis in the Law, 6th ed. 2013, S. 263：" 反方律师经常会根据另一套理论而提出相矛盾的解释"；另参见 Llewellyn, 3 Vand. L. Rev. 395（1950）。

[26] 有关各种论证模型之间的关系，参见第十四章边码77及以下。

[27] 起决定作用的是分娩行为的开始，参见 29. 9. 1883, 1143/83, RGSt 9, 131 ff. -Beginn des strafrechtlichen Schutzes；有关《刑法典》旧法第217条，参见 Müller – Erzbach, JhJ 61（1912）, 343, 350 f. zu § 217 StGB a. F.；尽管该条规范已被废除，但通说并未改变；另参见 Fischer, StGB, 68. Aufl. 2021, Vor §§ 211-217 Rn. 5。

[28] 其一贯判决，可参见 BGH, Urt. v. 17. 3. 1981, 6 ZR 191/79, BGHZ 80, 186, 193-Apfelschorf I（Derosal）；Grundmann, in：MünchKomm-BGB, 8. Aufl. 2019, § 276 Rn. 54 ff.。

[29] BGH, Urt. v. 21. 5. 1963, VI ZR 254/62, BGHZ 39, 281, 283; BGH, Urt. v. 11. 4. 2000, X ZR 19/98, NJW 2000, 2812, 2813。

[30] 根据《巴伐利亚州建筑许可规定》第68条第4款，建筑许可之发放应无损于第三人的权利；由此，公法领域的建筑法即间接地影响了私法，参见 Lechner, in：Simon/Busse, Bayerische Bauordnung, 135. EL Dezember 2019, Art. 68 Rn. 73。

通过《民法典》第 906 条第 1 款第 2、3 句之规定,立法者试图在私法和公法的不可量物侵害制度之间构筑一座桥梁(遵守公法规范即意味着不构成"显著妨害")。尽管如此,由于使用了"通常"这一表达,立法者明确允许了例外之存在;法律上的推定(第四章边码51)可为原告所推翻。[31] 民法中,为保护公法之法益,也存在一些独立的、原初性的民法上交往安全义务,若违反之,则可导致《民法典》第 823 条第 1 款所规定的请求权。侵权法因而具备一种重要的"**补充功能**"(Ergänzungsfunktion)。与此相一致,在联邦最高普通法院一贯的判决中,即可见如下表述。

> 即使公法规范允许某一产品无须满足其他条件或限制即可销售,也并不意味着,生产者不再需要承担保护使用者法益的其他义务……为了保护第三人的法益,生产者不应仅限于作出符合法律或法规以及行政许可所要求的说明,而是应该向终端经销商或使用者提供所有其他为了解和处理产品所包含的危险所必要的信息及说明。[32]

(3)并且,即便对于**立法定义**,也不能盲目地从法律文本中认识其含义,而是应当从其语境出发,作出目的性的解释。

"**不迟延地**":根据《民法典》第 121 条之定义,"不迟延地"(unverzüglich)系指行为"不得有可归责于己方的延误"(ohne schuldhaftes Zögern)。《民法典》第 121 条的"不迟延地"是为了给撤销权人留有适当的考虑时间,以考虑是否要撤销自己的意思表示。通常认为,"三天"属于这里的合理期限。[33] 在资本交易市场,根据《欧盟反市场滥用条例》第 17 条第 1 款(《证券交易法》旧法第 15 条第 1 款),对股价有影响的信息也必须"不迟延地"向投资者公布,以

---

[31] Palandt/*Herrler*, BGB, 80. Aufl. 2021, § 906 Rn. 15, 20.
[32] BGH, Urt. v. 9. 6. 1998, VI ZR 238/97, BGHZ 139, 79, 83-Feuerwerkskörper II;之前已有的判决,参见 BGH, Urt. v. 23. 10. 1984, VI ZR 85/83, NJW 1985, 620, 621-Schleppliftunternehmer; BGH, Urt. v. 29. 11. 1983, VI ZR 137/82, NJW 1984, 801, 802-Puck(第五章边码 138及以下); BGH, Urt. v. 7. 10. 1986, VI ZR 187/85, NJW 1987, 372, 373 m. w. Nachw. -Spray。
[33] *Bork*, Allgemeiner Teil des Bürgerlichen Gesetzbuchs, 4. Aufl. 2016, Rn. 913.

此打压内幕交易行为。通说主张《民法典》第121条的立法定义可适用于整个私法及公法领域[34],这种观点过于以偏概全,殊难采信。这里,即应当结合资本市场的特点确定"不迟延"的期限。出于特定报告事项(Ad-hoc-Meldung)对证券市场强大的潜在影响力以及金融市场的动态性,相应的行动就必须更为迅速。公开的期限故而必须适应这种速度,因为"特定事项公开原则"的立法精神和目的就在于通过信赖当前的公开信息来建立、促进以及保护一个富有竞争活力的市场。[35] 虽然在法律交往中,"三天"通常是信息流通的可接受期限,但它对资本市场来说就显得太久了。在欧盟法的语境中,则不考虑迟延是否"可归责于己方",原因在于欧盟法的概念应作独立之解释(第二章边码70及以下)。[36]

24　　进阶练习——于"狗"之上成立"物之损害"案:A踢伤或者毒害了邻居家的狗。此时,《民法典》第90a条是否构成反对适用《刑法典》第303条刑事责任的理由?[37]

25　(4)此外,即使在**同一部法律**当中,概念也可能需要作不同之解释。

26　　例如,《民法典》第90条的"物"仅限于有体物,但《民法典》第119条第2款中的"物"则也将智力成果及土地债务囊括在内,此时就不能再坚持《民法典》第90条的狭窄文义。[38]《刑法典》中,"取走"(Wegnahme)之概念有时也需作不同的解释。《刑法典》第242条的"盗窃罪"中,"取走"之行为乃应通过破坏他人的管领而

---

[34] Palandt/*Ellenberger*, BGB, 80. Aufl. 2021, § 121 Rn. 3; *Neuner*, Allgemeiner Teil des Bürgerlichen Rechts, 12. Aufl. 2020, § 41 Rn. 26.

[35] KK-WpHG/*Klöhn*, 2. Aufl. 2014, § 15 Rn. 5.

[36] 更进一步的论述,参见 *Möllers*, in: FS Horn, 2006, S. 473 ff.; Assmann/Schneider/Mülbert/*Hellgardt*, WpHG, 7. Aufl. 2019, § § 97, 98 Rn. 87; **不同观点**,则参见 *Klöhn*, in: ders., Marktmissbrauchsverordnung, 2018, Art. 17 Rn. 105。

[37] 答案见第十五章边码19。

[38] RG, Urt. v. 22. 11. 1935, V 77/35, RGZ 149, 235, 238-Grundschuld als Sache. 对于计算机软件的出让,法院至少承认可适用《民法典》第433条之下的各个规定,参见 BGH, Urt. v. 9. 11. 1987, VIII 314/86, BGHZ 102, 135, 144 f. -Gewährleistung bei Überlassung von Software。

实现,故而在人和物之间必须有事实性的支配关系。[39] 而在《刑法典》第 289 条规定的"取走抵押物罪"(Pfandkehr)之情形,"取走"则被更为宽泛的解释为"使物脱离抵押债权人的可接触之领域",因此,未为占有的抵押权亦在被保护之列。[40]

(5)最后,甚至可能出现这样一种情况:**同一条法律规范当中的同一概念**(在不同情况下)**也会作出不同的解释**。比如,当某一规范兼具私法及公法、或者兼具私法及刑法之属性时,即需如此为之。虽然在民法领域之中原则上可以没有疑碍地进行类推适用,但其在刑法中的作为却受到很大的局限(第四章边码 67 及以下)。因此,对于课以罚金或自由刑的规范,不得作不利于相对人的类推适用。类似的区别也存在于民法和公法之间。民法领域的诉讼中适用"提出原则"(Beibringungsgrundsatz),而在公法中,由于适用"调查原则"(Untersuchungsgrundsatz),故而必须由法官负责查明事实。仅在例外之情形始得作出不利于公民的推定。若某一规范既适用于私主体之间,又属于行政机关监管之事项,就可能产生所谓"**区分解释**"(gespaltene Auslegung)的现象[41]:在规范适用于私主体之间的关系时,应从私法角度解释之;反之,若应由行政机关或检察官负责查明,则应从公法或刑法的角度对规范予以解释。重点是,刑法上的"确定性原则"(第四章边码 77 及以下)只得适用于刑法,而不适用于民法和公法。如果行政机关的决定能够对民事法院产生约束力——这在卡特尔法[42]和资本市场法以

27

---

[39] Schönke/Schröder/*Bosch*, StGB, 30. Aufl. 2019, § 242 Rn. 23.
[40] *Maier*, in: MünchKomm-StGB, 3. Aufl. 2019, § 289 Rn. 15.
[41] 当某一欧盟法语境的规范只能从国内法、而不能从欧盟法的角度进行解释时,也被称为"区分解释",参见下文第十二章边码 95;**不同的观点则参见**KK-WpHG/*Klöhn*, 2. Aufl. 2014, § 15 Rn. 103。
[42] 参见《关于执行条约第 81 条及第 82 条竞争规则的条例》第 16 条第 1 款 [VO (EG) Nr. 1/2003 des Rates v. 16. 12. 2002 zur Durchführung der in den Artikeln 81 und 82 des Vertrages niedergelegten Wettbewerbsregeln, ABl. Nr. L 1, S. 1] 以及《反限制竞争法》第 33 条第 4 款。就此参见 *Möllers/Pregler*, ZHR 176 (2012), 144, 155 f.; *Wundenberg*, ZGR 2015, 124, 156; *Maume*, ZHR 180 (2016), 358, 365 ff.。

及消费者保护法[43]领域时有发生——则应避免作出上述区分解释。

28 多年以来，围绕卡特尔法领域的如下问题，人们即考虑过所谓的区分解释：同一概念的规范内容是否可同时适用于卡特尔法和卡特尔秩序违反法（Ordnungswidrigkeitenrecht）。其争议在于，在秩序违反法中所适用的类推禁止是否也适用于行政法及民法程序。[44] 通说则试图避免对规范进行区分解释。[45] 资本市场法中一个比较常见的讨论[46]，是证券服务企业在公法上的"说明及建议义务"（Aufklärungs- und Beratungspflicht）是否自动适用于民事关系中的客户。[47]

29 （6）欧盟最高法院也结论性地认为，"法秩序统一原则"（第四章边码125及以下）并非毫无保留地适用，因此，特定的概念在不同的语境下不需要作同一的解释。例如，《欧盟包价旅游指令》）[48] 中"消费者"概念就大于《欧盟消费者权利指令》[49] 中"消费者"概念的外延，因为旅游的消费者不一定必须是"为了私人之目的"[50]。在税法领域的某一判决中，欧盟最高法院即拒绝将民法上几乎完全合法的代理制度适用于税

---

[43] *Gsell/Möllers*, in: Gsell/Möllers, Enforcing Consumer and Capital Markets Law, 2020, S. 465, 490 ff. （第五章脚注 363）。

[44] BGH, Urt. v. 24. 2. 1978, I ZR 79/76, GRUR 1978, 485, 486.

[45] 参见 *Biermann*, in: Immenga/Mestmäcker, Wettbewerbsrecht, 6. Aufl. 2020, vor § 81 GWB Rn. 71 ff. m. w. Nachw.; "规范区分"（Normspaltung）的概念则源自 *Tiedemann*, Wirtschaftsstrafrecht und Wirtschaftskriminalität, Bd. I, 1976, S. 188。

[46] *Cahn*, ZHR 162（1998），1, 8 f.; *Kalss*, in: Riesenhuber, Europäische Methodenlehre, 4. Aufl. 2021, § 18 Rn. 59; *Segna*, ZGR 2015, 84 ff.; *Poelzig*, ZBB 2019, 1 ff.; 反对进行区分解释的，参见 BGH, Urt. v. 19. 7. 2011, II ZR 246/09, BGHZ 190, 291 Rn. 33-Aktienrechtliche Beschlussmängelklage。

[47] KK-WpHG/*Möllers*, 2. Aufl. 2014, § 31 Rn. 22 f.; EuGH, Urt. v. 30. 5. 2013, C-604/11, EU: C: 2013: 344, Rn. 57-Genil 48 SL; BGH, Urt. v. 15. 4. 2010, III ZR 196/09, BGHZ 185, 185 Rn. 14; **不同观点**BGH; Urt. v. 22. 3. 2011, XI ZR 33/10, BGHZ 189, 13 Rn. 32; BGH, Urt. v. 27. 9. 2011, XI ZR 178/10, NJW-RR 2012, 43, 47; *Forschner*, Wechselwirkungen von Aufsichtsrecht und Zivilrecht, 2013。

[48] Richtlinie 90/314/EWG des Rates über Pauschalreisen v. 13. 6. 1990, ABl. Nr. L 158, S. 59.

[49] Richtlinie 2011/83/EU über die Rechte der Verbraucher v. 25. 10. 2011, ABl. Nr. L 304, S. 64.

[50] Art. 2 Nr. 4 Pauschalreise-RL 90/314/EWG im Gegensatz zu Art. 2 Verbraucherrechte-RL 2011/83/EU; s. *Riesenhuber*, in: ders., Europäische Methodenlehre, 4. Aufl. 2021, § 10 Rn. 20.

法。其认为，此时更应当采取的是税法本领域内的目的解释。法院指出：

> 此外，即使人们认为，上述原则为所有成员国所通用，但佐审官需要指明的一点是，这一原则乃是民法——或者更准确地说是——债法之原则，它并不必然要适用于税法，后者尚有自身独立的目标。[51]

30

（7）在体系性的比较中——即在前文介绍的"外在体系"（第四章边码102）的意义上——解释构成要件要素时，体系解释只是除却文义解释之外初步的思考角度，它可以为**目的性的考量**所"超越"从而得以修正。体系和目的两个方面的考量由此相互交融。[52] 又或者如拉伦茨所说："只有注意到规范之目的，法律的意义关联及其赖以为基础的概念体系始得为人所理解。"[53] 这一观点同样适用于英美法系。[54]

31

3. 允许对例外作宽泛解释

（1）"对例外应作严格解释"（第四章边码123及以下）这一规则只不过是法发现过程中的诸多步骤之一；目的性的考量可作为补充，并在必要时对其加以修正。[55] 例外性的规则也可以从宽解释，甚或类推适用。[56] 这一点亦通用于英美法系。[57] 事实上，在判断相关性的大小，也即判断何者为原则何者为例外时，总是难免会面临各种问题。立法者所规定的"例外"可能在实践中已成通行的"原则"。此外，"例外之

32

---

[51] EuGH, Urt. v. 2.4.1998, C-296/95, EU：C：1998：152, Rn. 31-Queen/Commissioners of Customs and Excise.

[52] 这一点对欧盟法也至关重要，参见 *Colneric*, ZEuP 2005, 225, 227。

[53] *Larenz*, Methodenlehre der Rechtswissenschaft, 6. Aufl. 1991, S. 327.

[54] *Cross/Bell/Engle*, Statutory interpretation, 3rd ed. 1995, S. 135 ff.; *Shapo/Walter/Fajans*, Writing and Analysis in the Law, 4th ed. 2003, S. 83.

[55] *Bydlinski*, Juristische Methodenlehre und Rechtsbegriff, 2. Aufl. 1991, S. 440; *Honsell*, in：Staudinger, BGB, Neubearb. 2018, Einl. zum BGB Rn. 147; *Baader*, JZ 1990, 409, 414 ff.; *Bauer*, in FS Ballerstedt, 1975, S. 305, 310 f.

[56] 原则性的承认，参见 RG, Urt. v. 22.12.1939, VII 139/39, RGZ 162, 244, 247 f. - Rückversicherung。

[57] 英国法官 *Jenkins* 即指出："不过，这一原则毕竟只对建构有帮助，就本案来说，对于是否能将'排除其他'的意图作为考虑适用'明示其一'之理由这一问题，这一原则几乎没有什么作用。"参见 Dean v. Wiesengrund [1955] 2 Q. B. 120, at 130 f.；美国的类似判决，参见 *Herman & MacLean v. Huddleston*, 459 U.S. 375, 386 f. (1983)。

例外"如果又变回规则，则似乎也应当对其作宽泛解释。[58]

33　　　尽管公证人认证属于"合同形式自由"（Formfreiheit）之例外，但《民法典》第 311b 条的规定也可类推适用于预约（Vorvertrag），因为只有这样才能确保规范的保护目标不致落空（第六章边码 135 及以下）。虽与《民法典》第 253 条第 2 款的文义不符，但作为合宪的法续造之结果，人格权侵害亦得适用痛苦抚慰金请求权（第七章边码 72 及以下）。

34　　　（2）对"例外应作严格解释"这一法构造的形式化的适用或可归因于概念法学（第四章边码 102），然而，若存在强有力的理由可取而代之，则尤应拒绝其适用。[59] 因此，这一法构造只是形式论据，其地位要弱于目的性考量。不过，若将这一法构造限于"内在体系"（第四章边码 109），从而确保其符合目的性，那么在具体情况下强调"例外不得被一般化"即属正当之举。[60] 若符合此一限制，就可以在说理论证的过程中诉诸这一法构造。[61]

35　　　《民法典》第 823 条等规定为一般责任法确立了过错责任原则。《民法典》第 833、836 条属于严格的例外条款。其结果是，法官不得通过法续造的形式引入新的危险责任之构成要件，此仅为立法者之权限（第六章边码 156）。

36　　　（3）在欧盟层面，欧盟最高法院也不会机械地适用"对例外应作严格解释"这一解释方法。若存在更为重要的价值，欧盟最高法院即会弃置这一解释方法。[62] 同国内法一致，此处也必须分情况对待：这一论证理

---

[58] *Mayer-Maly*, in: Starck, Rangordnung der Gesetze, 1995, S. 123, 141；克莱默则称之为"一个不怀好意的问题"，参见 *Kramer*, Juristische Methodenlehre, 6. Aufl. 2019, S. 243 spricht von einer „maliziösen Frage"。

[59] 例如，赫克早就指出这是"纯粹的概念法学"，参见 *Heck*, AcP 112 (1914), 1, 188。

[60] 类似见解，参见 *Kramer*, Juristische Methodenlehre, 6. Aufl. 2019, S. 243 f。

[61] **不同观点**则参见 *Rütter*, Archiv PT 1993, 283, 作者将此规则斥为"完全的荒谬"，并称之为"解释上的伪论据"。

[62] EuGH, Urt. v. 22.3.1983, C-88/82, EU：C：1983：89, Rn. 10-Amministrazione delle finanze；*Martens*, Methodenlehre des Unionsrechts, 2013, S. 321。

由只有被作为假定封闭的"形式论据"而使用时,始得为人所拒绝。若该论据辅以目的性之考量,且与"内在体系"相关联,则自当承认其说服力。[63]而情况大多时候也恰是如此。

4. 冲突规则:择一原则取代特别法优先原则

"特别法优先原则"(第四章边码134及以下)也有其相对性。它本身并不属于逻辑法则。[64] 要判断两个规范何者"特别",起决定作用的仍旧是目的性考量。[65] 此外,原则上可认为,法官在"择一关系"(Alternativität)的情形,即有权在不同的规范或请求权基础之间作出选择。出于同一原因,英美法系当中的"特别法优先原则"也不再绝对化。[66]

依据《民法典》第314条的规定,出于重大理由,原则上可行使继续性债务关系的"特别终止权"(außerordentliches Kündigungsrecht),而使合同关系向未来消灭,并排除《民法典》第346条等规定的"一般解除权"(Rücktrittsrecht)的适用。但是,若当事人对于返还已履行的给付享有正当利益,即不应再适用上述规则。[67]

5. 新法优先的相对性

法律总是不断被修订,以至于原来的新法经常免不了变成旧法——哪怕只是出于这一原因,"新法优先原则"(第四章边码132)也应当得到批判性的评价。[68] 此外,还有一种可能的情况是,旧法是"特别法",而新法是"普通法",这就与其他的冲突规则相矛盾。[69] 最后,上位的法律必

---

[63] 本质上类似之结论,参见 *Riesenhuber*, in: ders., Europäische Methodenlehre, 4. Aufl. 2021, § 10 Rn. 64。

[64] 克莱默即称之为"伪逻辑"(Pseudologik),参见 *Kramer*, Juristische Methodenlehre, 6. Aufl. 2019, S. 126;本质上持同样观点的,参见 *Vogel*, Juristische Methodik, 1998, S. 63。

[65] *Honsell*, in: Staudinger, BGB, Neubearb. 2018, Einl. zum BGB Rn. 147; *Vogel* (ebd.), S. 63.

[66] S. *R v. Horsham Justices, ex parte Farquharson and another* (1982) 2 All E. R. 269, 274-277.

[67] BGH, Urt. v. 25. 3. 1987, VIII ZR 43/86, NJW 1987, 2004, 2006; BGH, Urt. v. 19. 2. 2002, X ZR 166/99, NJW 2002, 1870 ff.; Palandt/*Grüneberg*, BGB, 80. Aufl. 2021, § 314 Rn. 12.

[68] *Vogel*, Juristische Methodik, 1998, S. 63.

[69] *Bydlinski*, Juristische Methodenlehre und Rechtsbegriff, 2. Aufl. 1991, S. 573.

然能够排除低位阶的法律，即使后者的颁行日期更近。[70] 若非如此，则无异于承认新颁布的普通法可以撼动宪法或者欧盟法之地位。概言之，这一原则的适用总是有其局限性，必要时，需要借助目的性考量对其加以修正。

6. 有疑义时唯利自由、有疑义时唯利消费者或雇员等原则的失灵

40 诸如"有疑义时唯利自由""有疑义时唯利消费者或雇员"等解释规则（第五章边码 17 及以下）则只能适用于解释本身的初步阶段。适用"有疑义时唯利自由"原则将导致基本权利保护范围之扩大，这点已为学界所非议（第十章边码 29 及以下）。[71] 起决定作用的仍在于判断法律及各个规范的立法目的。[72] 例如，《欧盟误导性广告指令》不仅要保护消费者，也要保护交易以及公众对于竞争的利益。[73] 在反不正当竞争法领域，欧盟最高法院就曾经作出过更有利于竞争、而与德国严格的消费者保护格格不入的判决。[74] 其更为看重的乃是"理性"[75] 的消费者，而非"应该保护"的消费者。[76]《商品买卖指令》"较高的消费者保护水平"也有其相对性，除确保经营者的竞争性外，该指令的立法理由尚还强调了合同相对人之间权利和义务的相称关系。[77] 就此而言，基本自由的实现可能会优先于消费者保护（第二章边码 76）。对于"禁止歧视"的例外条款并不总是要作严格解释，因为"禁止歧视"本身也是"合同自由"这一民

---

[70] *Kramer*, Juristische Methodenlehre, 6. Aufl. 2019, S. 131 f.

[71] *Kingreen/Poscher*, Grundrechte Staatsrecht II, 36. Aufl. 2020, Rn. 280 ff.

[72] 在雇员保护领域有此主张的，参见 *Rebhahn/Franzen*, in：Riesenhuber, Europäische Methodenlehre, 4. Aufl. 2021, § 17 Rn. 19；而有人则坚决拒绝在消费者保护领域适用这一法构造，参见 *Riesenhuber*, in：*ders.*（ebd.），§ 10 Rn. 58 ff。

[73] Vgl. Art. 1 Richtlinie 84/450/EWG über irreführende Werbung（第二章边码 115）。

[74] EuGH, Urt. v. 14.1.2010, C-304/08, EU：C：2010：12, Rn. 41-Plus Warenhandelsgesellschaft.

[75] EuGH, Urt. v. 6.7.1995, C-470/93, EU：C：1995：224, Rn. 24-Mars；EuGH, Urt. v. 16.7.1998, C-210/96, EU：C：1998：369, Rn. 31-Gut Springenheide.

[76] 过去德国法认为消费者的主导图像（Verbraucherleitbild）乃是一个"绝对不成熟"（unmündigen）的人，就此参见 *Emmerich*, in：FS Gernhuber, 1993, S. 857, 870；有关德国法和欧盟法的消费者主导图像，参见 *Lettl*, Wettbewerb srecht, 3. Aufl. 2016, S. 39 ff.；*Köhler/Bornkamm/Feddersen/Köhler*, UWG, 39. Aufl. 2021, § 1 Rn. 22 ff.

[77] 参见 ErwG. 2 und 53 Warenkauf-RL；更深入的论述，参见 *Möllers*, in：FS Grunewald, 2021, S. 771, 784 f（待出版）。

法领域核心原则（第九章边码 29 及以下）的例外。[78]

三、历史解释

1. 谱系解释意义下的非连续性：先行规范的主观意图不再有效

若立法者**变更**了规范内容，那么"连续性规则"（第四章边码152）即不再有效，此时恰应作相反之解释，也即是说，这一变更将导致全新的规范解读方式。[79] 例如，针对撤销欧盟公务人员"分居补贴"（Trennungszulage）的问题，欧盟最高法院指出，既然立法者用"距离"一词取代了"附近"一词，说明其已经不再愿意坚持原来的规范含义。[80]

2. 主观意图模糊、多义或自相矛盾（Perplexität）

立法者历史意图的意义常常有其局限性。若立法者持沉默态度（所谓"**漏洞论据**"，德语：Lückenhaftigkeitsargument）或者在立法之初根本没有考虑到相关问题[81]，则很难清楚地把握其历史意图。[82] 有时，立法者的意图则是自相矛盾，以至令人迷惑的（所谓"**不确定性论据**"）。一个具体的例子是，对于因特定事项（《证券交易法》第 97、98 条）的错误公布而导致的损害只能主张股价差价还是可以主张偿还买入价格，迄今仍存有争议。联邦最高普通法院对此也持非常谨慎之态度：

---

[78] 例如，一个颇有争议的问题是，适用《反歧视指令》（也即前文《一般平等对待指令》——译者注）和《一般平等待遇法》是否可以导致强制缔约的法律后果。持肯定意见者，参见 *Thüsing/von Hoff*, NJW 2007, 21; **反对观点**，则参见 *Armbrüster*, NJW 2007, 1494 m. w. Nachw.; 参见第十二章边码 84。

[79] *Potacs*, Auslegung im öffentlichen Recht, 1994, S. 138 f.; *F. Müller/Christensen*, Juristische Methodik, Bd. II, 3. Aufl. 2012, Rn. 66.

[80] EuGH, Urt. v. 1. 6. 1961, 15/60, EU：C：1961：11, 245, 262-Simon.

[81] 已对此表达正确见解的，参见 *Pfaff/Hoffmann*, Commentar zum österreichischen allgemeinen bürgerlichen Gesetzbuche, Bd. 1, 1877, X："相信法典的编纂者对其内容能有最可靠的认识，是错误的"; *Lindner*, Theorie der Grundrechtsdogmatik, 2005, S. 140; 第十三章边码 39 及以下。

[82] 英美法系持同样观点者，参见 *Twining/Miers*, How to Do Things with Rules, 5th ed. 2010, S. 150 ff。

43 > 在确定可赔偿的损害范围时,解释规范时可用的立法材料充其量不过是自相矛盾的。在立法理由书(BT-Drucks. 14/8017)的总则部分,既能找到支持仅限于主张股价差价的表述——"金融市场的一体性及功能性"(第62页)以及"促进资本市场的透明度"(第63页),同时也能体会到立法者要加强投资者保护的意图,后者乃被指责为不够充分的(第62、64、93页)。[83]

44 立法者意图自相矛盾的一种特殊情形则出现于欧盟指令的转化过程中。有时,某特定规范的**具体意图**可能与立法者具体转化欧盟法的**一般意图**相冲突(第十二章边码68)。

3. 规范意图、主观意图的重要性

45 反对采纳历史意图的一个理由是,由于经常存在完全不同的参考依据(Fundstelle),故而难免使其沦为"捡葡萄干"式的论证[84](Rosinenpicken,英语也称 cherry picking,也译作"单方论证",指的是只提出支持论点的理由,而忽略不谈反对的理由——译者注)。因此,人们似乎不应满足于最先接触的那个参考依据。[85] 如此,要探寻《基本法》的历史意图,就必须同时将签署《基本法》的各个州议会的意图考虑在内。但这几乎无法实现。[86] 维特根斯坦已经使人们认识到,语词必须置于其历史的语境当中才能为人所理解;而语境始终处于变迁当中(第四章边码41),要确定立法者的历史意图,也就需要先了解其相应的语境。就此而言,重要的不是某种被解释出来的意图,而是所谓"**规范意图**"(normativer Wille)[87]。由此也可想见,个别人的意见并无意义,有意义的是整个议会的意图(第四章边码171)。[88]

---

[83] BGH, Urt. v. 13. 12. 2011, XI ZR 51/10, BGHZ 192, 90 Rn. 55-IKB.

[84] *Seibert*, in: Fleischer, Mysterium „Gesetzesmaterialien", 2013, S. 111, 116.

[85] *Schluckebier* 和 *Hermanns* 两位宪法法院法官即在某判决的"不同意见书"中对此表达了批评意见,参见 BVerfG, Beschl. v. 17. 1. 2015, 1 BvR 471/10 u. a., BVerfGE 138, 296 Rn. 23-Kopftuch II。

[86] *Heun*, AöR 116 (1991), 185, 200 ff.; krit. vorher schon *Schmitt*, Gesetz und Urteil, 1912, S. 23 ff., 27 f.

[87] *Heck*, AcP 112 (1914), 1, 53 ff.; *Reinicke*, NJW 1952, 1033, 1037; *Kriele*, Theorie der Rechtsgewinnung, 2. Aufl. 1976, S. 174.

[88] So *Wischmeyer*, JZ 2015, 957, 966.

4. 编写疏漏

（1）所谓"编写疏漏"（Redaktionsversehen），指的是立法者在表达其意志时，因对内容或表述产生了误解而导致法律意图与法律文义不相一致的现象。[89] 在每年都会涌现的动辄1000多页的法律文本中，这种错误可能多得远超人们的想象。它们既可能出现于公布的规范文本中，也可能作为刊印错误而出现于之后官方出版的版本中。[90] 如果立法者说的是"梨"，但其本意明显指的是"苹果"，那就应当认为他说的就是"苹果"。根据"误言无害真意"（falsa demonstratio non nocet）原则，起决定作用的在于"意思"。[91] 虽然文义无关紧要、所在乎的只是"意思"，但这也要求人们事后通过解释来确定立法者的明确意图。而如果历史意图无法被查明，这条路就走不通了（第四章边码171）。此外，通过法的解释也可能恰好发现并不存在编写疏漏。[92] 如果解释明白无误地表明，文义并未反映出意图，则有如下三种选择：基于"法明确"之要求，立法者可以在之后的立法程序中自行修改他的错误；或者由立法程序中的主管的联邦政府部门进行修改［《联邦政府部门通用工作准则》（GGO）第61条］。如果迟迟未见这种修改，作为第三种方案，法院可通过解释来"修正"文义。由此，真正的立法意图——而不是疏失的法律表述——即可以得到贯彻。[93]

青少年刑法案：根据《青少年法庭法》（JGG）第105条第1款第1项的规定，判断是否适用青少年刑法的关键在于，通过综合评价青少年的人格，同时考虑环境条件，是否可认为青少年在实施其行为时的道德以及智力的发展水平仍符合"青少年"之标准。在具体的案

---

[89] *Jahr*, in: FS Kaufmann, 1993, S. 141, 142; *Hamann*, AöR 139（2014），446, 450.

[90] 有关二者的区别，详见 *Regelsberger*, Pandekten, 1893, S. 137 ff.; *Staats*, ZRP 1974, 183 f.; *Riedl*, AöR 119（1994），642, 646 f。

[91] *Hucko*, NJW 1998, 3553; *Schubert*, NZV 2011, 369, 372；关于错误的意思表示，参见下文第六章边码186。

[92] 例如，联邦宪法法院就曾拒绝认为"损害"（Beeinträchtigen）的概念属于编写疏漏，参见 BVerfG, Urt. v. 17. 1. 2017, 2 BvB 1/13, BVerfGE 144, 20 Rn. 552 ff. -NPD-Verbotsverfahren。

[93] *Vogenauer*, Die Auslegung von Gesetzen in England und auf dem Kontinent, 2001, S. 86, 1267；克莱默则将这种做法称为"修正解释"（contra verbis legis），参见 *Kramer*, Juristische Methodenlehre, 6. Aufl. 2019, S. 166。

例中,某青少年行为时的身体和智力状况虽然已经超过了青少年的标准,但却被认定"其精神道德能力的培养尚未同步"。就此而言,未能明确的问题是,法律规范是否要求上述两个条件必须同时成就,被告才能主张这一对其有利的规定。联邦最高普通法院试图给出否定答案,其引以为据的即是立法者的"编写疏漏":

48
> 立法史已明确表明,这一问题(《青少年法庭法》的适用性)应得到肯定。该规范的主要目的恰恰在于,使那些虽然身体和智力的成熟状态已经给人一种超出青少年年龄的外在印象,但事实上其内在发展仍不成熟的年轻人,可以受到刑法合理而公正的对待……法律转向了"根据他道德和智力的发展"这一表述,显然是源自之前的规范,……但其似乎忽略了已为1953年版《青少年法庭法》第105条第1款第1项所改变的问题。[94]

49　(2) 与此不同的是,如果刑法中的"编写疏漏"使法律的严苛程度降低,则其即变得无关紧要。[95] 根据"轻罚优先原则"(Lex-mitior-Grundsatz),若法律在犯罪行为之后被修订,则应当优先适用更为宽和的法律。这一原则被确立于《刑法典》第2条第3款、《秩序违反法》(OWiG)等普通法律的条款之中。即使会出现"不受刑罚"(Straflosigkeit)的状态,也应适用"轻罚优先"[96]。处于"轻罚优先原则"保护领域核心的乃是这样一种考虑:究竟适用哪一个法律,不能取决于具有偶然性的进行裁判的时间点;由此也就可以防止对刑事追究的滥用。[97] 若只将"轻

---

[94] BGH, Urt. v. 19. 7. 1956, 1 StR 224/56, NJW 1956, 1408-Anwendung des Jugendstrafrechts auf Heranwachsende; weitere Beispiele: BVerfG, Urt. v. 31. 5. 1960, 2 BvL 4/59, BVerfGE 11, 139, 148 f.; BVerfG, Urt. v. 15. 12. 1965, 1 BvR 513/65, BVerfGE 19, 342, 352 f.

[95] BGH, Beschl. v. 9. 3. 1954, 3 StR 12/54, BGHSt 6, 30, 32; BGH, Urt. v. 8. 1. 1965, 2 StR 49/64, BGHSt 20, 177, 181; 另参见 *Tiedemann*, ZBB 2005, 190, 191:"立法者纯粹的形式错误(未对引致进行调整适应)。"

[96] Satzger/Schluckebier/Widmaier/*Satzger*, StGB, 5. Aufl. 2021, § 2 Rn. 16; *Dannecker/Schuhr*, in: LK-StGB, 13. Aufl. 2020, § 2 Rn. 62.

[97] *Schmitz*, in: MünchKomm-StGB, 4. Aufl. 2020, § 2 Rn. 23; Satzger/Schluckebier/Widmaier/*Satzger*, StGB, 5. Aufl. 2021, § 2 Rn. 15; 有判例将一般性的正义因素置于核心地位,参见 RG, Urt. v. 15. 1. 1891, 3485/90, RGSt 21, 294 f.; 另参见 *Maurach/Zipf*, Strafrecht Allgemeiner Teil, Bd. 1, 8. Aufl. 1992, § 12 Rn. 12; Schönke/Schröder/*Hecker*, StGB, 30. Aufl. 2019, § 2 Rn. 14.

罚优先"限于那些符合自己意愿的法律修订之情形,则与上述考虑背道而驰。在欧盟法层面,《欧盟基本权利宪章》第49条第1款第3句以及《欧洲人权公约》第7条也确立了"轻罚优先原则"[98]。适用"轻罚优先"所形成的法律制裁之漏洞虽然会导致违反欧盟法的状态,但仅以此事实为据尚不足以限制这一原则的效力。[99] 在过去,引致欧盟条例的"空白规范"(Blankettverweis)未能与变化中的欧盟法相适应,从而常常导致国内法上法律制裁漏洞的出现。[100]

《欧盟反市场滥用条例》:德国立法者于2016年7月2日通过《第一次资本市场革新法》(1. FiMaNoG),废除了有关市场滥用的规定(《证券交易法》旧法第15、20a条)。与此同时,立法者在《证券交易法》第119、120条规定了在刑法意义上引致《欧盟反市场滥用条例》的空白规范,后者在2016年7月3日起直接适用于整个欧盟范围。这样一来,《证券交易法》[101] 在这之前的24小时即引致了一部尚未直接生效的条例,有学者因此认为,这一引致无法成为定罪之依据。[102] 基于"轻罚优先原则",2016年7月2日这个不用承担刑罚的日子将引发一场资本市场法领域的"大赦"。然而,联邦最高普通法院却主张,《欧盟反市场滥用条例》可以在这一天被视作德国国内法而适用。[103] 由于无论是法律文义还是立法史都无法为此提供足够

---

[98] EGMR, Urt. v. 17. 9. 2009, 10249/03, CE:ECHR:2009:0917JUD001024903, Rn. 104 ff. - Scoppola v. Italien;unter Aufgabe der früheren Rspr. EGMR, Urt. v. 5. 12. 2000, 35574/97, CE:ECHR:2004:0615JUD003557497-Le Petit v. the United Kingdom;und EGMR, Urt. v. 6. 3. 2003, 41171/98, CE:ECHR:2004:0930JUD004117198-Zaprianov v. Bulgaria.

[99] EuGH, Urt. v. 8. 3. 2007, C-45/06, EU:C:2007:154, Rn. 32-Campina;类似观点,另参见 Satzger/Schluckebier/Widmaier/*Satzger*, StGB, 5. Aufl. 2021, § 2 Rn. 18;有更多的编写疏漏,参见上文第五章边码16a。

[100] 例如,《乘务人员条例》即引致了(EWG)3820/85号指令,因后者被废除,从而使这一引致在长达三个月的时间里沦为空文;富有启发的有关论述,参见 *Sachs*, JuS 2009, 556, 557.;也有人从立法论上主张限制轻罚优先原则的适用,参见 BVerfC, KBeschl. v. 18. 9. 2008, 2 BvR 1817/08, NJW 2008, 3769。

[101] 另参见此时的《证券交易法》旧法第38、39条,Begr. RegE, BT-Drs. 18/7482。

[102] *Rothenfußer/Jäger*, NJW 2016, 2692;*Rossi*, ZIP 2016, 2437, 2442.

[103] BGH, Beschl. v. 10. 1. 2017, 5 StR 532/16, BGHSt 62, 13 Rn. 6 ff. m. Anm. *Möllers/Herz*, WuB 2017, 309.

的论据,这一判决招致了广泛的批评。[104] 更符合目的的做法乃是通过一部新法(lex posterior)将"轻罚优先"这一并不为《基本法》第103条第2款所涵盖的原则废除。[105] 在联邦宪法法院看来,这样的做法并无不妥,因为"禁止溯及既往"只关涉刑罚的追究"从何时开始",而不关涉其"持续多久"。[106]不过,要同时有效地限制《欧盟基本权利宪章》第49条第1款第3句规定的"轻罚优先原则",这里颁布的新法也必须符合《欧盟基本权利宪章》第52条第1款"一般性法律保留"规定的形式和内容要求。

5. 客观理论

51 客观理论认为,立法者立法之初的意图并非必然有效,相反,应当在当下的意义上解释立法者的意图。这其实属于法续造的一种形式,容后文详细介绍(第六章边码60及以下)。

四、目的、结果取向及经济分析

1. 不合逻辑的法

52 "法"不仅要体系化,也要合乎逻辑,例如,循环论证(第五章边码36及以下)即应当被避免。可以说,逻辑论据乃最强有力的论据之一。不过,尽管如此,目的性的考量仍可能占据更重的分量。早在1911年,基普(Kipp)即证明,法律的"不合逻辑"有时也是可以被允许的。所谓"**基普的双重效果理论**"[107]表明,无效的法效果尚可以且必须能够被撤

---

[104] *Möllers/Herz*, JZ 2017, 445, 447 ff.; *Rothenfußer*, AG 2017, 149, 152, *Rossi*, NJW 2017, 969.

[105] *Möllers/Herz*, JZ 2017, 445, 449 ff., mit Verweis auf § 52 WpHG a. F (§ 137 WpHG); *Gaede*, wistra 2017, 41, 46 ff.

[106] 不过迄今为止只是对《秩序违反法》(第4条第3款)作出的判决,参见 BVerfG, Beschl. v. 29. 11. 1989, 2 BvL 1491/87 u. a., BVerfGE 81, 132, 136; BVerfG (ebd.), NJW 2008, 3769, 3770; 反对者,参见 *Rossi*, ZIP 2016, 2437, 2444 ff。

[107] 有关基普的双重效果理论,参见 *Kipp*, in: FS von Martitz, 1911, S. 211 ff.; *Fikentscher*, Methoden des Rechts, Bd. IV, 1977, S. 363; Palandt/*Ellenberger*, BGB, 80. Aufl. 2021, Überbl. vor § 104 Rn. 35; 另参见 *Möllers*, Juristische Arbeitstechnik und wissenschaftliches Arbeiten, 10. Aufl. 2021, § 10 Rn. 3.

销。这初看起来即是不合逻辑的：依据《民法典》第 142 条第 1 款的规定，无效之法律行为本不可以被撤销。既然什么都不存在，则本来也就没有什么需要被"清除"。然而，为了保护撤销权人的利益，允许撤销这类行为却是非常必要的。

基普的双重效果理论：17 岁、对古董一窍不通的 V，从他刚刚过世的祖母那里继承了一个价值 5 万欧元的文艺复兴时期的衣柜。V 将衣柜仅以 4 千欧元的价格卖给了古董商人 K，后者故意向其谎报了衣柜的年代和价值。K 之后又将衣柜卖给了 D。D 对 K 的恶意欺诈行为知情，但并不知 V 系未成年人。

D 或可依据《民法典》第 929、932 条之规定主张善意取得。由于 D 不知 V 为限制民事行为能力人，也就不知道 K 与 V 之间的合同无效，故而其可认为 K 享有所有权，从而原则上具备《民法典》第 932 条所称之"善意"。

依据《民法典》第 142 条第 1 款以及第 123 条的规定，本可对行为主张撤销。而《民法典》第 142 条第 1 款的法效果乃意思表示之无效，若意思表示已无效，则原则上不能再适用第 142 条第 1 款之撤销。不过，《民法典》第 142 条第 2 款又规定，明知或者应知法律行为可撤销的人，在撤销时，应按照其已知或者可知该法律行为无效来处理。《民法典》第 142 条第 2 款的规定等于是说扩大了第 932 条第 2 款意义上的"恶意"之情形。此时，不仅知道对方非为第 932 条第 2 款意义上的所有权人构成"恶意"，明知或应知法律行为可撤销者，亦构成"恶意"。上述案例中，因《民法典》第 142 条第 2 款之规定，D 不能被当作善意，因为他知道 V 的恶意欺诈行为，因而也知道法律行为可撤销。

然而，只有 V 有权向 K 主张撤销时，《民法典》第 142 条第 2 款的规定才得适用。这一撤销从逻辑上看本来是多余之物，因为 V 向 K 的物权转让行为已经因其为未成年人而无效。然而，该未成人实值保护，因此，必须承认他可以进行撤销。

2. 结果取向解释及经济分析的局限

有些结果取向的论证模型存有限制及例外。例如，在"事实"无关紧要的情形（第五章边码 95 及以下）或者多数意见无法提供裁判时（第五章边码 101 及以下），那些模型就可能引发矛盾问题。上文已详细论述了经济分析的局限性，比如来自宪法的限制等（第五章边码 130 及以下）。

58 　　图 6-1 总结了部分论证模型及其各自对立的论证模型。图中带有圆球的直线类似混音器上边的滑块，通过它就可以在具体个案中权衡论证模型和其对立模型。

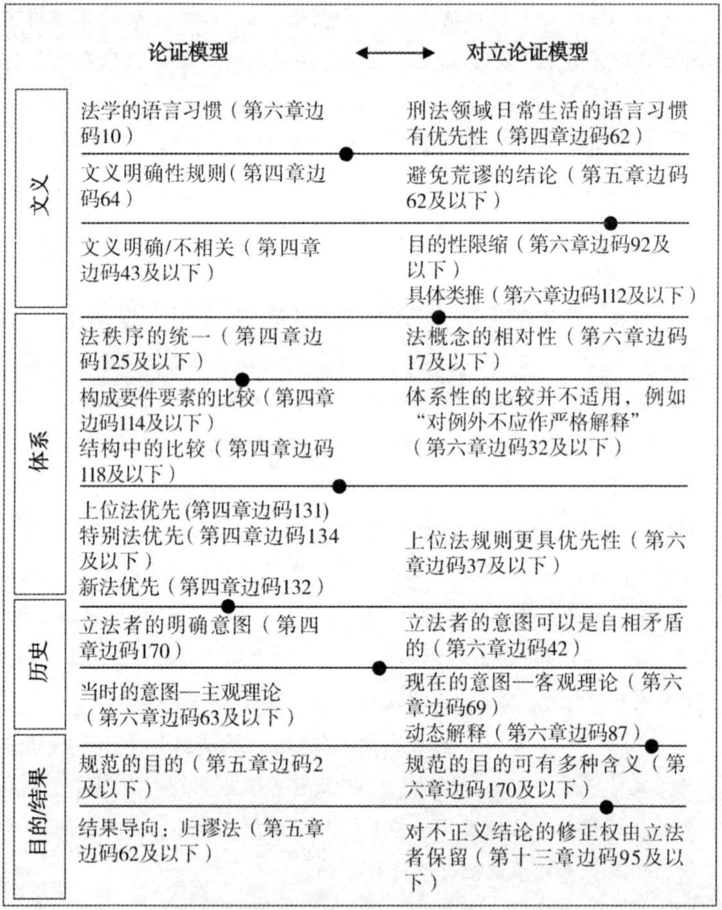

	论证模型	↔	对立论证模型
文义	法学的语言习惯（第六章边码10）		刑法领域日常生活的语言习惯有优先性（第四章边码62）
	文义明确性规则（第四章边码64）		避免荒谬的结论（第五章边码62及以下）
	文义明确/不相关（第四章边码43及以下）		目的性限缩（第六章边码92及以下） 具体类推（第六章边码112及以下）
体系	法秩序的统一（第四章边码125及以下）		法概念的相对性（第六章边码17及以下）
	构成要件要素的比较（第四章边码114及以下） 结构中的比较（第四章边码118及以下）		体系性的比较并不适用，例如"对例外不应作严格解释"（第六章边码32及以下）
	上位法优先(第四章边码131) 特别法优先（第四章边码134及以下） 新法优先（第四章边码132）		上位法规则更具优先性（第六章边码37及以下）
历史	立法者的明确意图（第四章边码170）		立法者的意图可以是自相矛盾的（第六章边码42）
	当时的意图—主观理论（第六章边码63及以下）		现在的意图—客观理论（第六章边码69） 动态解释（第六章边码87）
目的/结果	规范的目的（第五章边码2及以下）		规范的目的可有多种含义（第六章边码170及以下）
	结果导向：归谬法（第五章边码62及以下）		对不正义结论的修正权由立法者保留（第十三章边码95及以下）

图 6-1　部分论证模型及其相反论证模型

第二节 主、客观理论之争

一、法学方法论中旷日持久的争议

多年以前,《法兰克福汇报》曾辟专栏激烈讨论了如下问题,即法官应当被视为解释立法者作品的"演奏家"(Pianist),又或者,是如菲利普·赫克所形容的那样甘当"法律的奴仆"(Diener des Gesetzes)[108]。前联邦最高普通法院主席君特·赫希(Günter Hirsch)即强调法官应当是一个"演奏家"的形象[109],这遭到了严厉的批评:若承认法官的"演奏家"形象,那法官只会经常性地掩饰其法续造的行为,并通过使用法学方法,试图从方法上让自己想要达成的结论"理性化"[110]。客观理论这一构造被一些人讥为"法解释的瞒天过海之策",因为在他们看来,人们从法律当中解读出来的无非都是自己之前强加进去的意思而已。例如,为了符合"时代精神"的意义和利益,通常都可以随意使用"空洞公式"这一工具,这即被认为是存在超实证法的一个依据。[111] 上述批评也与第三帝国的经历有关。黑尔格鲁伯(Hillgruber)即认为客观理论起源于第三帝国法学家的传统,特别是受到了弗莱斯勒(Freisler)等人以及当时刑法允许作不利于被告人的类推等思想的影响。[112] 有观点认为,在第三帝国时期,

---

[108] 这一提法,参见 Heck, AcP 112 (1914), 1, 19 ff.。

[109] Hirsch, ZRP 2006, 161:"在有争论的案件中,法官的裁判将取决于(超实证)法。对法律无条件服从的实证主义已被抛诸脑后。因此,'主仆'的形象已然不能反映我们的宪法实践。非要找个形象来比喻的话,法官与立法者之间的关系在我看来恐怕更接近于演奏家与作曲家之间的关系。他演绎谱子,或多或少带着自己的技艺;他存在灵活的空间,但又不能篡改乐曲。"

[110] 批评意见指出:"方法只是表面",又如被引用的联邦宪法法院前院长 Zeitler 所言:"您知道吗,在我们这里,每个人都有他自己的一套方法",参见 Rüthers, JZ 2006, 53, 54.;有关自由学派的介绍,参见 Kantorowicz (Flavius), Der Kampf und die Rechtswissenschaft, 1906, S. 10 ff.; Isay, Rechtsnorm und Entscheidung, 1929, S. 162 ff.;另参见 Esser, Vorverständnis und Methodenwahl, 1970, S. 7, 139 ff., 149 ff.; Ogorek, in: FG Kübler, 1997, S. 3, 14 ff.:"忠于法律的说法乃是法治国家有着历史原因的自欺欺人的谎言。"

[111] Rüthers, JZ 2003, 995, 997; ders., FAZ v. 27.12.2006, S. 31.; ders., JZ 2006, 53, 57.

[112] Hillgruber, JZ 2008, 745, 749 ff.; s. etwa Gürtner/Freisler, Das neue Strafrecht, 1936, S. 20 ff., 73 ff.;另参见第四章边码 67 及以下、第十四章边码 100 及以下。

正是因为强调所谓的"元首意志"或"健康的国民情感",才使人们得以歪曲《民法典》第 138 条"善良风俗"这一法律概念的含义。[113] 魏德士更是认为客观理论是违宪的。[114] 与我同名的克里斯托夫·默勒斯则最为尖锐地批评道:"在这样的国家,法官简直就是对自由的威胁。"[115]

61　　在解释法规范时,有两个时间点可能至关重要:一是规范诞生的时间点,即立法者公布法律的时间;另一个则是对规范进行适用的具体时间。这两个时间点之间可能相隔很久,在此期间社会的关键要素可能已经发生了根本性的变化。因此,《民法典》在 1900 年施行后又相继在 1918—1919 年、1933 年、1945—1949 年及 1989—1990 年经历了四次来自政治系统的审查,跨越了从威廉二世到德国统一的各个时期。[116] 而在有些法律领域,由于规制主题的动态性,可能在很短的时间即足以发生类似的环境变化。数据保护法就是一个例子,它几乎无法与急速的技术发展相适应。因此,法律究竟应当依据其公布时的主流理解进行主观解释,还是应当依循后来法律适用者的角度进行客观之适用,即成为法学方法论当中最富争议的问题之一。于是也就有了"主客观解释"或"主客观理论"之类的说法。[117]

62　　在判例中,既有遵循主观理论之判决(第六章脚注 131),也不乏采纳客观理论的先例(第六章脚注 148)。[118]

---

〔113〕 *Rüthers*, Die unbegrenzte Auslegung, 8. Aufl. 2017, S. 218 f. sowie *ders.*, JZ 2002, 365, 367; *ders.*, JZ 2006, 53, 56; *ders.*, JZ 2008, 447, 448:"因此,可以说,演奏家的比喻促进了法律解释的任意妄为。"

〔114〕 *Rüthers*, JZ 2006, 53, 60.

〔115〕 *Ch. Möllers*, FAZ v. 26. 10. 2006, S. 37.

〔116〕 Vgl. *Rüthers*, Die unbegrenzte Auslegung, 8. Aufl. 2017, S. 3, 514, 524;另参见上文第一章边码 114。

〔117〕 有关这一持续 100 多年之久的古老争议,详见 Enneccerus/*Nipperdey*, Allgemeiner Teil des Bürgerlichen Rechts, 15. Aufl. 1959, S. 324 ff.; Engisch/*Würtenberger/Otto*, Einführung in das juristische Denken, 12. Aufl. 2018, S. 133 ff.; *Kramer*, Juristische Methodenlehre, 6. Aufl. 2019, S. 135 ff.; *Fikentscher*, Methoden des Rechts, Bd. III, 1976, S. 662 ff.; *Fleischer*, AcP 211 (2011), 318, 321 ff.

〔118〕 关于方法上的多元主义,参见下文第十四章边码 64;对瑞士联邦最高法院(BGE)的批评,参见 *Kramer*, Juristische Methodenlehre, 6. Aufl. 2019, S. 143 ff。

二、主观理论

1. 立法者当时意图的决定性

对主观理论的主张者而言,最为关键的乃是通过分析诫命和规范的目的而探知的立法者意图(也参见第四章边码146及以下)。萨维尼和温德沙伊德等人早就主张采纳立法者的历史意图。[119] 据此,起决定性作用的在于立法者在其历史语境下的动机。无论是在公法[120]抑或私法领域[121],均不乏主观理论的拥趸。这一理论的主要建基于民主学说的观点:重要的只能是立法者的意图,而非当下法律适用者的意图。[122] 如果漠视立法者的意图,则无异于剥夺了它控制制定法内容的权限。[123] 这将有违权力分立原则,并造成议会的权力被让渡于司法。[124] 主观理论的支持者为法续造的可能范围确立了严格的界限:依其主张,但凡"忽略了法律的明确文义、在法律中得不到印证以及立法者未明示或默示同意的"法续造都属不正当之列。[125]

---

[119] *von Savigny*, System des heutigen römischen Rechts, 1840, S. 213: "这需要将思想置于立法者之视角,重复模拟一次立法者的活动,也就是让法律依其本意而重新制定";同样的观点,参见 *Windscheid*, Lehrbuch des Pandektenrechts, Bd. 1, 7. Aufl. 1891, S. 52: "尽可能完整地融入立法者的精神中去思考。"

[120] *Alexy*, Theorie der juristischen Argumentation, 1983, S. 305; *Hillgruber*, JZ 1996, 118, 121.

[121] *Heck*, AcP 112(1914), 1, 59 ff.; Enneccerus/*Nipperdey*, Allgemeiner Teil des Bürgerlichen Rechts, 15. Aufl. 1959, S. 328; *Neuner*, Die Rechtsfindung contra legem, 2. Aufl. 2005, S. 111 ff.; *Rüthers/Fischer/Birk*, Rechtstheorie, 11. Aufl. 2020 Rn. 730c f.; *Höpfner/Rüthers*, AcP 209(2009), 1, 7.

[122] *Rüthers/Fischer/Birk*, Rechtstheorie, 11. Aufl. 2020 Rn. 730c.

[123] *Depenheuer*, DVBl. 1987, 809, 812: "对立法权限的需求"; *Potacs*, Auslegung im öffentlichen Recht, 1994, S. 26 f. m. w. Nachw。

[124] *Looschelders/W. Roth*, Juristische Methodik im Prozeß der Rechtsanwendung, 1996, S. 50 ff.; *Rüthers*, JZ 2006, 53, 58.

[125] BVerfG, Beschl. v. 14.6.2007, 2 BvR 1447/05 u. a., BVerfGE 118, 212, 243; sowie Minderheitsvotum BVerfG, Beschl. v. 15.1.2009, 2 BvR 2044/07, BVerfGE 122, 248, 283- Rügeverkümmerung. S. auch *Neuner*, Die Rechtsfindung contra legem, 2. Aufl. 2005, S. 132. 关于此,可参见下文第十三章边码13及以下。

2. 漏洞不在计划之外：立法者有意义的沉默

64 另一个尤值考虑的法构造是"有意识的漏洞"：法律有时也会表现出**有意识的规则漏洞**，也就是说"待裁判的案件不在规范的范围之内乃是规范的计划使然，即所谓的'合法漏洞'（Lücken praeter legem）"。[126] 立法者没有提及某法律制度或法律后果，可能是因为立法者本欲禁止之；这也被称作"**有意义的沉默**"（德语：beredtes Schweigen，或 qualifiziertes Schweigen），或"**非真正漏洞**"（unechte Lücke）[127]。在此情形，即被认为缺乏类推适用所必要的漏洞之"计划违反性"（Planwidrigkeit，第六章边码 107 及以下）。

65 在编纂《民法典》时，立法者只想规定特殊人格权，而未打算规定一般人格权。根据《民法典》第 1360 条第 1 款及第 1601 条的规定，唯有直系亲属之间才能成立扶养费请求权（Unterhaltsanspruch）。法律这一"有意义的沉默"表明，立法者乃特意决定兄弟姐妹之间不得成立相互的扶养费请求权。《民法典》生效之后，家庭关系甚至变得比以往更为松散，因此，将《民法典》第 1360 条第 1 款及第 1601 条的规定类推适用于兄弟姐妹是不妥的。[128] 另一个例子是，立法者仅在《民法典》第 833、836 条规定了小范围的危险责任，表明其并未打算引入一个一般性的危险责任的构成要件（第六章边码 156）。

3. 对主观理论的批评

66 （1）"主观解释"看似简单的定义就已经足以引起人们的指摘：文义只有在极少数的情况下才是"清楚"而明确的（第六章边码 33 及以下），故而总是免不了循环论证的危险（第五章边码 36 及以下）——此即所谓"不确定性论据"及"漏洞论据"。追问立法者意图的这一做法，体现了

---

[126] *Rehbinder*, Einführung in die Rechtswissenschaft, 8. Aufl. 1995, S. 82.
[127] *Rehbinder*, Einführung in die Rechtswissenschaft, 8. Aufl. 1995, S. 83.
[128] *Schmidt*, VerwArch 97 (2006), 139, 143.

对立法行为"君主专制式"的理解。[129] 倘若人们固守立法者的历史意图，那么法律将就此"石化"，这等于是要推行"解释考古学"。[130] 于是，"逝者对生者的统治"（第六章边码88）在更多时候，则存在忽视历史意图的迫切需要，比如，违反"禁止恣意原则"、规范的情势发生变更、法秩序的价值结构发生转变或者个案正义可能被严重损害等情形。既然不得不面对诸多例外的存在，主观理论也就很难称得上是一项"原则"。[131] 宣称法律乃"封闭体系"的这种体系性角度往往也难以服人。如果将上位法也算在体系之内，那么宪法或欧盟法总是难免要冲击《民法典》的封闭体系，从而将更上位的基本权利扩充为它的内容（详见第十一、十二章）。

（2）"**非真正漏洞**"或者说"**有意义的沉默**"这一论证模型通常只有纯粹形式论据的论证能力，换言之，它仅仅属于未被证明的前提。它构成一种"默证"（第五章边码45）。一方面，表达历史意图的官方陈述常常不如人们所希望的那样明确，更不消说立法意图未得表达的情形。在立法者沉默或无所作为时，人们所得知的无非是"假设的意图"。它可能令人迷惑，甚或自相矛盾（第六章边码42及以下）。在个别情况下，立法者可能是有意留下漏洞，从而完全将漏洞的填补寄托于司法（第十三章边码41）。

同样的考虑也适用于法续造的情形。主张立法者的"默示许可"常常并不怎么奏效，因为立法者的无作为既不能表明其同意某种法律适用的实践方案，亦不能表明它赋予了法官造法之权（第十三章边码39及以下）。[132]

三、客观理论

1. 在法律的时代语境中解释之

客观理论则建基于这样一种认识：法律在被立法者公布之后即与之相

---

[129] *Morlok*, in: Gabriel/Gröschner, Subsumtion, 2012, S. 179, 198.
[130] *Heun*, AöR 116（1991），185, 206；*Eskridge*, Dynamic Statutory Interpretation, 1994, S. 13 ff.; *Kramer*, Juristische Methodenlehre, 6. Aufl. 2019, S. 152 ff.
[131] *P. Bydlinski*, in: Koller, Einheit und Folgerichtigkeit im juristischen Denken, 1998, S. 27, 29 ff., 31；其所反对的观点，参见 *Neuner*, Die Rechtsfindung contra legem, 2. Aufl. 2005, S. 148-178；另参见 Larenz/*Canaris*, Methodenlehre der Rechtswissenschaft, 3. Aufl. 1995, S. 251。
[132] BVerfG, Beschl. v. 15. 1. 2009, 2 BvR 2044/07, BVerfGE 122, 248, 284-Rügeverkümmerung.

独立，立法者的历史意图变得无关紧要。[133] 因此，客观解释的目标不在于寻访立法者历史上的真实意图，而在于探究"法律的意图"。如拉德布鲁赫所言，解释"并非对既有思想的回访，而是对思想的终端认识"[134]。这种做法也不被认为违反权力分立原则，因为解释法律本身即是法院之职责。[135] 法律首要的作为应当是对当前的问题作出回应。[136] 不得不承认的是，法典总是难免成为明日黄花。因此，规范目的的实现应当优于其他所有的论证模型。[137] 联邦宪法法院主张对宪法进行动态解释（第六章边码72），即是采纳了客观理论的立场。

2. 法律比立法者更聪明、法典的过时——原先的规则目的不再适用

70 起决定意义的不是主观意图，而是法律的意图——早在20世纪就已经产生了这样的观点。拉德布鲁赫曾精辟地指出："将法律编纂者从未意识到的意图视作立法者意图是完全可行的。解释者对法律的理解可能比立法者更为出色，法律可能比它的制定者更为聪明——甚至可以说，它必须比它的制定者更为聪明。"[138] 原先的法律目的可能已经不再适应当下的时代。概言之，法律应被"现代化"。要判断是否作这样的更新，必要时尚需诉诸结果取向的考量（第五章边码56及以下）。早在1973年的"索拉娅案"中，联邦宪法法院即指出：

71 这个时候，法官就站在了《民法典》这一生效满70周年的伟大法典的对立面。这有两层含义：一方面，随着"法典的过时"（Kübler,

---

[133] 客观理论的开创者，参见 Binding, Handbuch des Strafrechts, Bd. I, 1885, S. 450 ff. und Kohler, GrünhutsZ 13（1886），1 ff.; Wach, Handbuch des Deutschen Civilprozessrechts, 1885, Bd. I, S. 254 ff.; Larenz, Methodenlehre der Rechtswissenschaft, 6. Aufl. 1991, S. 332; Bydlinski, Juristische Methodenlehre und Rechtsbegriff, 2. Aufl. 1991, S. 562。

[134] Radbruch, Einführung in die Rechtswissenschaft, 12. Aufl. 1969, S. 254。

[135] 参见第一章边码34、边码45及以下。

[136] Larenz（ebd.），S. 318："在当下对法律的解释，就是在法律当中找寻解决现时问题的答案。"

[137] Canaris, Systemdenken und Systembegriff der Jurisprudenz, 2. Aufl. 1983, S. 91 Fn. 23.

[138] von Bülow, Gesetz und Richteramt, 1885, S. 37："法律通常比它的创造者更聪明，法典比立法者更富智慧"; Kohler, GrünhutsZ 13（1886），1, 40 m. w. Nachw.："法律可能比它的制定者更有远见"; Radbruch, Rechtsphilosophie, 8. Aufl. 1973, S. 207。

JZ 1969, S. 645），法律命令与法官个案裁判的时间间隔越来越久，那么法官造法的自由也理应与日俱增。法律规范的解释不能总是停留在其制定之初所赋予的含义上。所须考虑的是，在法规范被适用之时，它究竟可以有何种理性之功能。法律始终身处于社会关系的背景，以及同样也受其影响的社会政治观念之中；其内涵也必须随着它自身所处的环境而发生变迁。更不用说，从法律制定到法律适用这过去的一个世纪里，生活情势和法律观念已经发生了十分深刻的变化。法官不能以法律文义未发生变化为托词来回避法律规范与实质的正义观念之间可能发生的冲突；如果他不想懈怠他对"法"加以言说的职责，那他就不得不对法律规范进行自由的处理。另一方面，经验亦表明，如果立法层面的改革涉及某个影响整个法秩序格局的大型法典的修订——譬如像《民法典》这样私法领域的法典——那就会面临一些特殊的困难与障碍。[139]

3. 宪法的动态解释

作为一种抽象、普遍的规范，法规范蕴含了一种对未来保持开放性的规制要求："应然规范"本身即是对规范的客观化。[140] 宪法因其各种宽泛表达的、抽象普遍性的法条而被称为"开放的"框架性规则（第十章边码 4）。尽管维特根斯坦认为语词必须置于其历史和体系的语境中才得理解（第四章边码 41），但很多人仍然主张视宪法为"活的宪法"（living constitution）[141]，即原则上接受宪法变革之事实（第十一章边码 4b），从而对其进行**动态解释**（dynamische Interpretation）。联邦宪法法院曾在涉及平等权（第十章边码 40）、欧洲一体化（第二章边码 93 及以下）、给付权的具体化（第十三章边码 103 及以下）以及"制度展示"（Institutionelle

---

[139] BVerfG, Beschl. v. 14. 2. 1973, 1 BvR 112/65, BVerfGE 34, 269, 288-Soraya；之前已有的判例，参见 BVerfG, Urt. v. 21. 5. 1952, 2 BvH 2/52, BVerfGE 1, 299, 312-Wohnungsbauförderung。

[140] 类似观点参见 *Waldhoff*, in: Fleischer, Mysterium „Gesetzesmaterialien", 2013, S. 75, 87.

[141] *Strauss*, The Living Constitution, 2010；之前已有的论述，参见 *MacBain*, Living Constitution, 1927。

Manifestation)等领域的判例中承认这种动态因素的存在。[142] 若认为宪法需要依随民众而进行不断更新[143]，那么，以"当前的宪法理解"为形式的解释能力就属必要（第十三章边码99及以下）。在欧盟法（第六章边码87及以下）以及美国法（第六章边码89及以下）中，这种以动态解释为表现的客观解释方法亦为人所承认（第五章边码116）。

4. 对客观理论的批评

73　　（1）"法律比其立法者更聪明"这句话并非无可指摘，因为法律自己并没有什么"智慧"可言。法律适用者所认为的是，他或许比立法者还要聪明。[144] 法典会过时当然是不争的事实。然而，法典的过时并不必然意味着允许对法条的适用要求有所违背。进一步说，这可能会导致法律走向"半衰期"。[145] 即使发现了漏洞，当时的立法意图依然可能有效（第四章边码170）。[146] "从法律制定到法律适用，生活情势和法律观念已经发生了十分深刻的变化"[147] 这种说法，的确是现实。尽管如此，"实然"尚不足以得出"应然"。[148] "禁止拒绝裁判"这一原则的意义仅在于法官必须作出裁判而已：如果因法律漏洞之存在，主张的请求权缺乏法律基础，那么，法官原则上就应当驳回起诉（第一章边码52）。

74　　承租人死亡及非婚生活伴侣关系：是否可以根据《民法典》旧法第569a条允许承租人的非婚生活伴侣在前者死亡后承继其租赁合同关系，即便第569a条只赋予了配偶（第1款第1句）、子女或家庭成员（第2款）这样的权利？

---

[142] *Voßkuhle*, JuS 2019, 417, 418 ff.

[143] *Böckenförde*, Die verfassungsgebende Gewalt des Volkes, 1986, S. 22; *Volkmann*, JZ 2018, 265, 270 f.

[144] 明确指出这一点的，参见 *Engisch/Würtenberger/Otto*, Einführung in das juristische Denken, 12. Aufl. 2018, S. 154: "我注意到，依照客观理论，不光是法律比它的制定者聪明，解释者还要比法律本身更聪明"；*Kramer*, Juristische Methodenlehre, 6. Aufl. 2019, S. 163.

[145] *Hillgruber*, JZ 1996, 118, 121.

[146] *Rüthers/Höpfner*, JZ 2005, 21, 25; *Rüthers/Fischer/Birk*, Rechtstheorie, 11. Aufl. 2020, Rn. 730c f.

[147] 见前文第六章脚注139。

[148] *Hillgruber*, JZ 1996, 118, 121；另参见上文第三章边码20。

联邦最高普通法院认为，依照立法者的主观意图来看，其无意赋予非婚生活伴侣对租赁合同的承继权。然而，法院允许对本条进行类推适用，理由在于起决定性作用的乃是客观意图。1964年的立法者并不能预见，非婚生活伴侣如今会成为广受承认的社会生活现象。同时，如今的立法者在一系列的其他规范中也认可了这一关系（第十三章边码46）。既然立法者已经承认新生儿可享有这样的承继权，那这当然（erst recht）也应当适用于与承租人一起生活多年的非婚生活伴侣。此外，通过对"非婚生活伴侣关系"采取较为狭窄的定义，也能够确保必要的法之安定性。[149]

基于各种理由，这一结论在学界招致了激烈的批评：与"索拉娅案"不同，这里断定法典已经过时并不是那么有说服力，因为法律也不过才制定了30年之久。如果强迫出租人违背其意愿接受新的承租人，则会损害承租人的"自我决定权"这一合同自由的核心内容。此外，既然《基本法》第6条只为婚姻这一法律形式提供了特殊保护，而没有提及非婚生活伴侣关系，那么本案也就很难说存在什么法律漏洞。从结论来看，联邦最高普通法院被认为是在推行有失妥当的法律政策。[150] 然而，这一判决却得到了联邦宪法法院的确认。[151] 立法者也已着手更新法律。[152] 这里，诚如基尔希曼（Kirchmann）所言："立法者改动三个词，整个图书馆顿成废纸。"[153]

（2）可以说，客观"解释"这一表述本身就有误导性，因为其所涉

---

[149] BGH, Urt. v. 13.1.1993, 8 ARZ 6/92, BGHZ 121, 116, 121 ff. - § 569a BGB a. F. analog, zustimmend BVerfG, Beschl. v. 3.4.1990, 1 BvR 1186/89, BVerfGE 82, 6（第十三章边码46）。

[150] *Roellecke*, JZ 1990, 813 f.; *Hillgruber*, JZ 1996, 118, 122; *Rüthers/Fischer/Birk*, Rechtstheorie, 11. Aufl. 2020, Rn. 875.

[151] BVerfG, Beschl. v. 3.4.1990, 1 BvR 1186/89, BVerfGE 82, 6, 15 ff.

[152] 《民法典》旧法第569a条被吸收进新法第563条。继承权已经扩大到了生活伴侣（第1款第1句）以及长期共同操持家务的人（第2款第4句），参见 Gesetz zur Modernisierung des Schuldrechts v. 26.11.2001, BGBl. I, S. 3138；以及下文第十三章边码46、65。

[153] *von Kirchmann*, Die Wertlosigkeit der Jurisprudenz als Wissenschaft, 1848, S. 25.

及的通常并非解释，毋宁说是超越文义的法续造。[154] 此外，因为客观解释是不可证伪的[155]，法官就有可能在它的掩蔽下，求助于空洞公式而违背"方法论上的诚实"（Methodenehrlichkeit）[156]。除了主张漏洞，法典的过时、规范目的已经发生改变等各种客观解释的法构造也都不过只是有待进一步论证的命题而已（第六章边码 110）。自然，它们也就没有什么说服力可言。

四、折中说：主客观理论

77 主观理论所要避免的是随意忽视立法者的意图[157]，避免随意用解释者的意图取而代之。其结果就是与解释者保持距离，防止曲解法律，而强调客观化。[158]

78 目的解释旨在实现正确的裁判，故而"理性"（第五章边码 2 及以下）即是目的解释的追求。在法续造的领域，客观解释同样具有可适用的空间，例如违反禁止任意原则、规范状态（Normsituation）改变、法秩序的价值构造发生更迭或者严重损害个案正义等情形。对此，第十三章将详作论述。

79 两种观点都各有千秋及短板，具体的法构造总是有被攻评的空间，故而它们也只能具备有限的说服力。因此，通说主张，**将主观理论和客观理论结合起来**（所谓"折中说"）[159] 才是明智之举，这样才能确保将两个

---

[154] 同样颇有说服力的批评认为，"主观"和"客观"的说法应当互换一下，因为主观理论其实是在"客观地"探寻立法者的意图，而客观理论则关注解释者的"主观"感受，参见 *Röhl/Röhl*, Allgemeine Rechtslehre, 3. Aufl. 2008, S. 631; *Rüthers/Fischer/Birk*, Rechtstheorie, 11. Aufl. 2020, Rn. 820; *Kramer*, Juristische Methodenlehre, 6. Aufl. 2019, S. 136; *Reimer*, Juristische Methodenlehre, 2. Aufl. 2020, Rn. 258。

[155] *Hassemer*, Rechtstheorie 39 (2008), 1, 11.

[156] *Kramer*, Juristische Methodenlehre, 6. Aufl. 2019, S. 150.

[157] 早就对此提出警告者，参见 *Heck*, AcP 112 (1914), 1, 63。

[158] *Rüthers/Fischer/Birk*, Rechtstheorie, 11. Aufl. 2020, Rn. 996 ff.；从其观点者，参见 *Reimer*（ebd.），Rn. 255。

[159] *Larenz*, Methodenlehre der Rechtswissenschaft, 6. Aufl. 1991, S. 318; *Koch/Rüßmann*, Juristische Begründungslehre, S. 178 ff.; *Honsell*, in: Staudinger, BGB, Neubearb. 2018, Einl. zum BGB Rn. 137; *Kramer*（ebd.），S. 154 f.; *Röhl/Röhl*（ebd.），S. 632; *Riesenhuber*, in: ders., Europäische Methodenlehre, 4. Aufl. 2021, § 10 Rn. 11；不同观点则参见 *Rüthers*, JZ 2006, 53, 60: Verfassungswidrigkeit der objektiven Auslegung。

矛盾观点的论据都考虑进来。这等于是贯彻了"听取他方陈述"（audiatur et altera pars）[160] 的原则。它和"诉诸程序而实现正义"的思想有异曲同工之处（第一章边码 38、边码 98 及以下）。其结果是：主观理论构成一项推定规则（第一章边码 98），在其之上只存在一种参考义务（Konsultationspflicht），而并无遵从义务。[161] 与此相一致，"命题"和"论据"之间必然作出严格的区分。而到了第二步，则需要借助法的价值安排对客观理论进行调整。法律适用者必须公开他的价值判断，并为之提供说理。

五、欧盟法及比较法视角下的对立模型

1. 编写疏漏

欧盟法层面也会有法律文本的文义与委员会、理事会及议会等欧盟法的立法者的意图所不相一致的问题。若通过解释可明确立法者意图，那么，此时就同国内法的情形一样适用该意图而非其表达（第六章边码 46）。《商品买卖指令》中就有一个例子： **80**

> 期限：现行《商品买卖指令》赋予了买受人在出卖人未进行事后补救或替代给付的情况下得请求终止合同的权利。不过，此时是否必要设置宽限期（Nachfrist）以及设置多久的宽限期，《商品买卖指令》第 13 条第 4 款第 a）项第 1 分项的规定对此未置一词。如果不设定宽限期，将会导向荒谬的结果：即使经营者未察觉瑕疵的存在，消费者也能行使解除权。[162] 不过，《商品买卖指令》在其立法理由第 50 项第 2 句规定，出卖人应当在"合理期限内"消除违反合同的事实，可谓是表达了设定宽限期之主张。第 13 条最初的版本也使用了"合理期限"这样的表达。[163] 人们可以认为这里的情况就是一种所谓的 **81**

---

[160] So Schapp, Hauptproblem der juristischen Methodenlehre, 1983, S. 97.
[161] *Kramer*（ebd.），S. 162；这类似于上文介绍的对判例的参详义务，参见上文第三章边码 14 及以下；关于"论证负担"，参见第十四章边码 89。
[162] *Wilke*, BB 2019, 2434, 2442："因其结论荒谬而明显的错误"。
[163] ErwG. 50 S. 2 sowie Art. 9 Abs. 3 lit. b) Vorschlag für eine RL über bestimmte Aspekte des Online-Warenhandels v. 9. 12. 2015, COM（2015），635 final.

"编写疏漏",因为立法者本来有设定宽限期的问题,只不过它没有被体现在《商品买卖指令》第13条的文义中。[164]

2. 编写疏漏的类型:翻译错误

82　　(1) 由于欧盟的法律文件需要以24个成员国的官方语言公布,因此,仅委员会的翻译部门就有4000多名员工。在庞大的翻译量面前,翻译错误可谓在所难免。对这种错误的处理可分为如下三个步骤:第一步是要将这些翻译错误识别出来。这就以比较法的工作方式为前提(第二章边码70及以下、第三章边码96及以下)。第二步则进入实际的工作,即确定欧盟的立法者所意欲使用的概念究竟是什么。由于所有的语言版本具有同等约束力,因此,原则上应当兼顾所有的语言版本。[165] 通常这类错误是比较容易被发现的,比如需要累积适用而非选择性地适用多个构成要件要素[166],或者涉及某一条件是单数还是复数(第五章边码16a)等问题时。下文的判例中,对于究竟是采纳德语版本("或者")还是采纳其他语言版本的问题——后者要求在多地都能够提供招股说明书("并且")——就很难有明确的答案。

83　　原审法院认为,依据本规定的德语版本,基本招股说明书应当在发行人所在地或者金融中介所在地向公众提供,而根据规定的英语和法语的版本,则应在两地共同提供。

　　就此需要指出的是,若因某一规范不同语言版本之间的差异而无法对其文义作出明确而统一的解释,则需要依循规范的目的及整体体系而解释之(vgl. u. a. Urteile Bouchereau, 30/77, EU:C:1977:172, Rn. 14; Borgmann, C 1/02, EU:C:2004:202, Rn. 25)。

---

[164] Möllers, in: FS Grunewald, 2021, S. 771, 777 f. Folglich sieht der Gesetzgeber in § 475d Abs. 1 Nr. 1 BGB-E jetzt auch den Ablauf einer Nachfrist vor, s. Begr. RegE, BT-Drs. 19/27424, S. 8, 34 f.

[165] 参见 Art. 55 Abs. 1 EUV und Art. 22 GRCh. EuGH, Urt. v. 17. 7. 1997, C-219/95, EU:C:1997:375, Rn. 15-Ferriere Nord. **不同观点**则认为"英文的版本具有决定性",参见 Schwark/Zimmer/*Preuße*, KMRK, 5. Aufl. 2020, § 1 WpPG Rn. 25。

[166] 是"并且"(und) 而非"或者"(oder), 例如有关证券交易所条件之规定:Art. 4 Nr. 47 RL 2006/48 v. 14. 6. 2006, ABl. Nr. L 177, S. 1.

基于对欧盟法规范进行统一适用及解释的必要，不得只依照某一语言版本而对其作出孤立的判断，而必须根据起草者的真实意图以及其所要追求的目的——尤其是应当综合各种语言版本之精神——而作出解释（vgl. Internetportal und Marketing, C-569/08, EU：C：2010：311, Rn. 35）。[167]

（2）不过，概念也可能有各种不同而又错误的翻译。[168] 若以国内的语言版本为依据将得出违反欧盟立法者意图的解释，则应在第三步采纳其他（一个或多个）欧盟国家语言版本所得出的解释结论。[169] 对基础法和条例来说，很容易证明这第三步是合理的，因为它们在成员国法的语境中是直接适用的。这要求人们对其作出自主解释（第二章边码70及以下）。也就是说，若法律的本意与德语版本的概念不同，则应从前者。

"不迟延地"：对于《欧盟反市场滥用条例》，人们应当作出独立之解释。同"特定报告事项"（第六章边码23）的情形一样，德语版的法律文本要求人们也必须依《欧盟反市场滥用条例》第18条第4款对"内幕名单""不迟延地"（unverzüglich）更新。比较英语版本（"promptly"）及法语版本（"rapidément"）可知，这一概念并非如《民法典》第121条那样要求"不得有可归责于己方的延误"，而应当对其作出与个人过错无关的客观解释。[170]

（3）作为次级法，指令必须先被转化为国内法，之后必须对德国法的规范文本进行解释（第二章边码63）。这时，原则上虽适用国内法的规范文本，但相应的解释也必须是以符合指令的方式，甚至也会出现使人不得不超越规范的文义而以合指令的方式进行法续造的情况（第十二章边码54及以下）。在上文举的例子（第六章边码83）中，欧盟最高法院认为，原则上应当在不同地点公布招股说明书（"并且"）。《欧盟招股说明书指令》的

---

[167] EuGH, Urt. v. 15. 5. 2014, C-359/12, EU：C：2014：325, Rn. 61 ff. -Timmel/Aviso Zeta.
[168] 例如"配额糖"（Quotenzucker）这一概念，参见 SchlA v. 21. 10. 2010, GA *Trstenjak*, C-365/08, EU：C：2010：27, Rn. 49-Agrana Zucker；SchlA v. 5. 4. 2017, GA *Wathelet*, C-616/15, EU：C：2017：272, Rn. 106 ff.。
[169] *Reimer*, Juristische Methodenlehre, 2. Aufl. 2020, Rn. 609.
[170] Assmann/Schneider/Mülbert/Sethe/*Hellgardt*, WpHG, 7. Aufl. 2019, Art. 18 MAR Rn. 67；Schwark/Zimmer/*Kumpan/Grübler*, KMRK, 5. Aufl. 2020, Art. 18 MAR Rn. 72.

立法者意图便由此得以明确。与此不同，德国法的说法是可以任选一地进行公布。[171] 学说上就有观点主张直接采纳欧盟法的理解，即所谓并列之关系，也就是将"或者"解释为"并且"。[172] 不过这种观点所忽略的是，就指令而言，相关法律的适用必须着眼于国内法的转化规范。如果要得出上述解释结论，除非是国内法的立法者也犯下了同样的编写疏漏。[173]

3. 欧盟最高法院和欧洲人权法院的动态解释

87　　有部分学者则探讨了欧盟最高法院在多大程度上遵循了客观理论抑或主观理论的问题。[174] 事实上，不少判决探讨立法之理由，其所关注的即是立法者的主观意图（第四章边码 177）。然而，主张客观解释的观点也不绝于耳。诸如"实际有效原则"（第五章边码 108 及以下）和动态解释理论等都属于关注当代法律、而不关注立法时意图的论证模型。欧盟法正处于剧烈的变革之中[175]，因此，欧盟法亦早就形成了"**动态解释**"的法构造[176]：据此，解释尤应置于"一体化这一目的论意义上的长远目标"以及"为逐步实现之而确定的近期目标"之下予以考量。[177] 欧盟最高法院将自己定位为"**一体化的发动机**"，即欧盟促进一体化的机构。[178] 可以

---

[171] 参见《招股说明书法》旧法（WpPG, 2008 年 12 月 25 日至 2012 年 6 月 30 日的版本）第 14 条第 2 款第 1 句第 2b）项以及 c）项。

[172] *Buck-Heeb/Diekmann*, LMK 2014, 359156；*Russ*, EuZW 2014, 584, 585。

[173] 对于国内立法者的一般及具体的转化意图，参见下文第十二章边码 68、78；其他的例子，参见 *Köhler/Bornkamm/Feddersen/Köhler*, UWG, 39. Aufl. 2021, § 7 Rn. 99 ff。

[174] *Leisner*, EuR 2007, 689, 698；*Polzin*, in: FS 100 Jahre Walter Schücking Institut, 2014, S. 877, 898。

[175] *Schneider*, DVBl. 1990, 282 ff.；*Leisner*, EuR 2007, 689, 693。

[176] 参见以下文献中的相关论述：*Bleckmann*, NJW 1982, 1177, 1180 f.；*Anweiler*, Die Auslegungsmethoden des Gerichtshofs der Europäischen Gemeinschaften, 1997, S. 127 ff.；*F. Müller/Christensen*, Juristische Methodik, Bd. II, 3. Aufl. 2012, Rn. 79. Zum Teil wird von integrationsdynamischer Auslegung gesprochen, Ráfales, EuR 2018, 498 ff。

[177] *Leisner*, EuR 2007, 689, 693。

[178] 相关判例参见 *Costa/E. N. E. L.*、"范根德案"（第二章边码 83 及以下）、"弗朗科维奇案"（第十二章边码 123 及以下）或"第戎黑加伦案"（第十章边码 68 及以下）等；参见 *Weiler*, 4 CPS 510 ff.（1994）；*Alter/Meunier-Aitsahalia*, 4 CPS 535 ff.（1994）；*Bengoetxea*, The Legal Reasoning of the European Court of Justice, 1993, S. 99 ff.；*Conway*, The Limits of Legal Reasoning and the European Court of Justice, 2012, S. 86；"一体化的加速器"（promoter of integration）；对此的批评，参见 *Streinz/P. Huber*, EUV/AEUV, 3. Aufl. 2018, Art. 19 EUV, Rn. 32 ff。

作为支持动态解释的一个理由是《欧洲联盟条约》第 1 条第 2 款第 1 句的规定,其使用了"越来越紧密的联盟"这一表述,也即意味着欧盟法自身存在着动态性。因此,"动态解释"就可以被用来澄清"实际有效原则"(第五章边码 108 及以下)、"有疑义时唯利自由"(第五章边码 17)以及"有疑义时唯利消费者"[179] 等各种论证模型。与此相冲突的则是"有限的具体授权原则"。[180] 在欧盟法层面,人们总体上也是倾向于适用"结合论"的观点(第六章边码 79)。[181]

在欧洲人权法院对《欧洲人权公约》进行解释时,动态解释也起着重要的作用[182],欧洲人权法院称公约为"活的制度(living instrument),故而必须衡诸当下的情势予以解释"。[183] 德国联邦宪法法院也认可动态解释。如果认为宪法不应该是"逝者对生者的统治"[184],那它就应当与时俱进,以应对各种挑战。

4. 美国法的角度:文本主义、目的主义与活的原旨主义

尽管主客观解释之间的争议在德国绵延了 100 年仍未休,但在美国法中,则是由主观解释占据着主流的地位。不过,在美国联邦最高法院所发生的政治争论比德国激烈得多(第十三章边码 98)。所谓"原旨主义"(originalism)即仅仅注重在规定诞生之初的立法者意图(第四章边码 156)。其被称作"目的主义"(purposivism)抑或"意图主义"(intention-

---

[179] 首先提出这种原则的,参见 *Ipsen/Nicolaysen*, NJW 1964, 339, 342; *Ipsen*, Europäisches Gemeinschaftsrecht, 1972, § 5 Rn. 73 f.; 不同观点,参见 Callies/Ruffert/*Callies*, EUV/AEUV, 5. Aufl. 2016, Art. 3 EUV Rn. 3: "并不存在有疑义时唯利消费者这种法原则"。

[180] 参见第二章边码 56 及以下以及下文第十三章边码 123。有关欧盟功能的深度讨论,参见 Callies/Ruffert/*Callies*, EUV/AEUV, 5. Aufl. 2016, Art. 1 EUV Rn. 9 ff.

[181] *Herresthal*, ZEuP 2009, 600, 606 f.; *Martens*, Methodenlehre des Unionsrechts, 2013, S. 457 ff.; *Riesenhuber*, in: ders., Europäische Methodenlehre, 4. Aufl. 2021, § 10 Rn. 11.

[182] *Hager*, Europäische Methoden, 2009, S. 227; *Manchester/Salter*, Exploring the Law, 4th ed. 2011, Rn. 5-006.

[183] EGMR, Urt. v. 25. 4. 1978, 5856/72, CE:ECHR:1978:0425JUD000585672, Rn. 31-Tyrer v. the United Kingdom; hierzu *Klocke*, EuR 2015, 148 ff.

[184] "逝者无权左右生者",此一法谚来源于杰弗逊 1789 年写给麦迪逊的一封书信中,参见 *Bergh*(*Ed.*), The Writings of Thomas Jefferson, Vol. 7, 1907, S. 454 ff。

alism）（第五章边码3）。[185]"文本主义"（textualism）则更为严格，其不仅严肃对待文义，还倾向于依据立法之初的一般语言习惯来解释文义（第四章边码64a）。相应地，其也拒绝关注规范在当代该如何被理解。就算是立法目的，也不能成为违背法律文义的理由。[186] 据此，"任何人都必须有权持有武器"即使放在今天也依旧正确无误。[187]

90　　客观理论在美国法中同样也引发了争论[188]，有人强调，在主观解释的框架下也要考虑客观因素。[189] 事实上，越来越多的声音开始主张实行一种"活的原旨主义"，主张按照当下对法律的理解来解释法律。[190] 其判断依据是"民众的主流观点"[191]。将宪法理解为"活的宪法"则是这种解读方法的一个面相（第六章边码72）。司法中相应的例子包括允许黑人上学的判决、关于"纠偏行为"（affirmative action）、支持弱者在贡献较低的情况下亦得优待、支持妇女堕胎和同性恋婚姻的判决等（第五章边码104）。就这些做法而言，也有人提出了一些同样曾被德国学者所主张的论据，譬如，"活的宪法"之理论可能漠视了立法者的意图。[192]"活的原旨主义"的支持者则认为，法官必须对有漏洞的法律进行补正。[193] 并且，他们认为，法律的合宪解释义务原则上也要求人们注重当下对于法律的理解。[194] 何况，法官所要解决的终究是当下的问题，正如联邦最高普通法

---

[185] *Washington v. Glucksberg*, 521 U.S. 702 (1997); *Fallon*, 99 Cornell L. Rev. 685 ff. (2014).

[186] *Scalia/Garner*, Reading Law, 2012 Nr. 58："这种错误的观念认为，法律的精神应优先于其文义"；*Easterbrook*, 17 Harv. J. L. &Pub. Pol'y. 61, 68 (1994)。

[187] 参见以下判决的多数意见：*District of Columbia v. Heller*, 554 U.S. 570, 576 ff., 592 (2008)；对此的批评，参见 *Stevens*, Six Amendments, 2014, S. 125 ff。

[188] 参见费肯切尔当时的论证：*Fikentscher*, Methoden des Rechts, Bd. II, 1975, S. 267。

[189] 比如，强调规范的"理想化意图"或者"当下对规范的理解"，英国法上有此主张的例证，参见 *Vogenauer*, Die Auslegung von Gesetzen in England und auf dem Kontinent, S. 1132 ff。

[190] 类似的观点已见于 *Dworkin*, Law's Empire, 1986, S. 338；法官应当"在最佳的整体精神上"解释法律；*Llewellyn*, 3 Vand. L. Rev. 395, 399 (1950)：法律解释务须"合理"；*Sunstein*, 103 Harv. L. Rev. 405, 412 ff. (1989)；*Balkin*, Living Originalism, 2011。

[191] *Balkin*, Living Originalism, 2011, S. 324。

[192] 批判性意见，可参见 *Easterbrook*, 12 Int'l Rev. L. & Econ. 284 (1992)："法律意图之谓，对个人来说是虚无缥缈的；对制度来说，是荒诞不经的。"

[193] *Sunstein*, 103 Harv. L. Rev. 405, 421 ff. (1989).

[194] *Sunstein*, 103 Harv. L. Rev. 405, 457 (1989)，以及第十一章边码65及以下。

院在承认同性恋婚姻的判例中所明确强调的那样。[195]

第三节　法续造的基本形式

　　法律不可能对所有的情形都作出规定，因此，原则上需要法官进行法的续造（第一章边码48及以下）。本节所要介绍的即是一些法续造的简单类型，譬如，文义虽然与案件相关，但有违法之目的，故而需要进行目的性限缩的情形。"具体类推"则较为复杂，因为它要求必须论证法律漏洞确系存在且该漏洞可被填补。要求更高的是"整体类推"，它是从多个规范当中得出一个一般性的法原则，然后再将该原则适用于案件事实。若缺乏有关填补漏洞的"联结点"，要进行"目的性扩张"也非易事。此外，本节也会介绍欧盟最高法院进行法续造的一些基本形式。

一、目的性限缩

1. 方法论基础

　　目的性限缩可谓法续造最简单的形式，因为此时并不需要论证法律漏洞之存在（第六章边码107及以下）。进行目的性限缩的前提是，规范虽然与案件事实相关，但适用之将有违规范的规制目的。为此，就需要对文义进行限制、限缩，使规范之目的在目的论上不至于落空。[196] 此时，人们就需要为这种例外的行为提供说理，说明为何不得适用规范过于宽泛的文义。[197] 采取目的性限缩，即意味着要承担论证负担（第一章边码100）。

---

[195] *Obergefell v. Hodges*, 135 S. Ct. 2584, 2602 (2015) -Gleichgeschlechtliche Partnerschaft als Ehe:"从历史和传统的角度来说，结婚的权利固然是至关重要的。然而，权利不能仅仅来源于古代资源。它们也来自对宪法命令如何定义我们时代所仍紧缺的自由这一问题更为明智的理解当中"；关于此，可参见 *Porter*, 42 ONU L. Rev. 349 ff. (2015); *Kulick*, JZ 2016, 67 ff. 另参见 *Balkin*, Living Originalism, 2011, S. 327, 转引 *Brown v. Board of Education*.；以及下文第十三章边码94。

[196] *Kramer*, Juristische Methodenlehre, 6. Aufl. 2019, S. 251 f.; 作者称之为"依法律之性质"（contra verba sed secundum rationem legis）而进行法的续造。

[197] *Canaris*, Die Feststellung von Lücken im Gesetz, 2. Aufl. 1983, S. 82; *Vogel*, Juristische Methodik, 1998, S. 137.

需要与此相区别的是"限缩解释"（第四章边码 59 及以下），其仍然是在文义的界限之内缩小规范的适用范围。早在亚里士多德[198]和萨维尼[199]等人那里即可看到有关目的性限缩的主张，其在英美法系[200]也同样受到推崇。在瑞士法中，目的性限缩曾在过去引发争议。人们认为，若出现所谓"非真正漏洞"，其原则上就应当只能由立法者加以弥补[201]，即是说，只有在规范将被明显滥用时，才能为了避免出现严重不公平的结果[202]而弥补法律漏洞。不过，瑞士联邦法院近来也承认，如果认定规范真正的精神有得不到正确体现之可能，那么目的性限缩则不仅可行，亦实属必要。[203]

93 此处的"命题"（第一章边码 93）是，规范虽然可解决本案，但在本案中适用规范将有违规范之目的。此时，常规案件与本案之间必须被认为**缺乏类比性**。由于缺乏这种类比性，故而可进行反面论证（argumentum e contrario）。即是说，案件与本来的规范目的之间没有类比性。反面推论和当然推论（第六章边码 113）截然相对。

94 不过，这两种推论从形式逻辑上说效力是等同的。[204] 因此，以上任何一种推论也都不过是原则上必须通过进一步的论据加以论证的"前提"。其中的关键，乃是合理地指明规范的价值安排，并论证为何在规范的文义与案例相关的情况下却不能适用之。作为前提，唯有详加论证为何案件事实与法律规定的常规案例不具类比性，反面推论才有其说服力。于目的性

---

[198] *Aristoteles*, Nikomachische Ethik, 5. Buch, 1137b.

[199] *von Savigny*, System des heutigen Römischen Rechts, Bd. 1, 1840, S. 230 f.：" 既然表达只是纯粹的工具，思想才是其目的，优先考虑思想，并以此更正表达，自是没有疑问的。"

[200] *Blackstone*, Commentaries on the Laws of England, Vol. I, 2nd ed. 1761, S. 61；其他例证，参见 *Vogenauer*, Die Auslegung von Gesetzen in England und auf dem Kontinent, 2001, S. 717 ff.

[201] *Meier-Hayoz*, in: BK-ZGB, 1966, Art. 1 N 271 ff.；关于"漏洞"的概念，参见下文第六章边码 107 及以下。

[202] *Meier-Hayoz*, in: BK-ZGB, 1966, Art. 1 N 271, 296；BGer, Urt. v. 1. 3. 1961, BGE 87 I 10, 16.

[203] BGer, Urt. v. 25. 4. 1995, BGE 121 III 219, 224 f.；*Kramer*, ZSR Beiheft 15（1993），65, 79 ff.；*ders.*, Juristische Methodenlehre, 6. Aufl. 2019, S. 257；同时，也有学者摒弃了"非真正漏洞"这种说法，参见 *Meier-Hayoz*, ZSR Beiheft 15（1993），89, 91.

[204] *Raisch*, Juristische Methoden, 1995, S. 160 f.；*Bydlinski*, Juristische Methodenlehre und Rechtsbegriff, 2. Aufl. 1991, S. 474；法国法方面的论述，参见 *Bergel*, Méthodologie juridique, 2e éd. 2016, Nr. 159.

限缩之情形，反面推论等于是要求"**不同情况不同对待**"。同具体类推一样，这一反面推论也是出于"正义"之要求。[205] 目的性限缩和类推适用的逻辑初步看是一致的，只不过在类推适用的情形所采取是一种当然推论，即"相同情况必须相同对待"。

2. 论证目的性限缩的四个检验步骤

割辫案：行为人 T 用剃须刀将受害人的辫子割了下来。T 是否应当因《刑法典》第 224 条第 1 款第 2 项第 2 分项规定的"危险的身体伤害行为"而承担刑罚？[206]　　95

具体而言，总共有四个检验步骤。　　96

（1）首先，案件事实必须能够涵摄于规范的适用范围之内；它必须为规范所囊括。但就规范目的而言，案件与规范并不相容（命题）。

（2）第二步，则要预设一个前提，即常规案件与本案之间并不具有可类比性。这一不一致性使反面推论成为必要。此时，则要探寻待适用规范的目的。视案件事实的不同，这一前提的明显程度也自不同（第一章边码 101）。

（3）第三步，则需要提供理由，论证为何案件事实与规范目的不相符合。可用的论证模型即那些结果取向的论据，例如，为了避免不公正的结果、"归谬法"等。

（4）第四步，结论表明，案件事实不得涵摄于规范，也即规范的适用范围必须进行目的性的限缩。

答案：（1）T 使用剃须刀割掉他人辫子的行为，从法律文义来说，是满足"危险身体伤害"的定性要件的。但这一规范却不能适用于本案（命题）。　　97

（2）法律所规定情形的规范目的并不符合本案，依反面推论，该规范不得适用于本案（前提）。根据规范之目的，其所涉及的只能是依其客观特征和使用的具体情形能够在具体案例中造成明显伤

---

[205] Canaris, Die Feststellung von Lücken im Gesetz, 2. Aufl. 1983, S. 45.
[206] BGH, Beschl. v. 17. 4. 2008, 4 StR 634/07, NStZ - RR 2009, 50; Roxin/*Greco*, Strafrecht Allgemeiner Teil, Bd. I, 5. Aufl. 2020, § 5 Rn. 29.

害的对象。[207] 之所以要对此加重刑罚，是因为在使用危险工具时，会给受害人的健康造成比一般的身体伤害更高的具体危险。[208] 使用剃须刀只是为了在具体案件中割断他人的头发，这对受害人身体的完整性而言并不意味着更高的危险。因此，"割头发"一案与规范目的不相符合。

98　　（3）行为人只要使用了刀具就要被加重刑罚——这显然违背生活事实，乃是"荒谬"的做法（论据）。

　　（4）因此，案件事实不得涵摄于规范之下。行为人只应当因《刑法典》第223条第1款规定的一般身体伤害行为而承担刑罚。[209]

99　以上内容用图6-2展示，或可更为清楚。

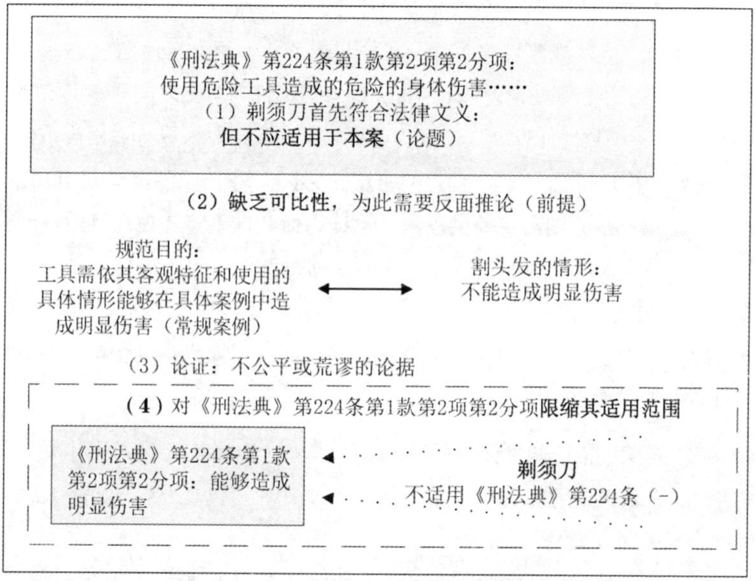

```
┌─────────────────────────────────────────────────────────┐
│         《刑法典》第224条第1款第2项第2分项：              │
│         使用危险工具造成的危险的身体伤害……              │
│       （1）剃须刀首先符合法律文义：                      │
│            但不应适用于本案（论题）                      │
└─────────────────────────────────────────────────────────┘

        （2）缺乏可比性，为此需要反面推论（前提）

   规范目的：
   工具需依其客观特征和使用的                割头发的情形：
   具体情形能够在具体案例中    ←——————→    不能造成明显伤害
   成明显伤害（常规案例）

        （3）论证：不公平或荒谬的论据

   ┌─────────────────────────────────────────────────────┐
   │ （4）对《刑法典》第224条第1款第2项第2分项限缩其适用范围 │
   │                                                       │
   │  《刑法典》第224条第1款                               │
   │  第2项第2分项：能够造成      ◄ . . . .    剃须刀     │
   │  明显伤害                   ◄ . . . . 不适用《刑法典》第224条（-） │
   └─────────────────────────────────────────────────────┘
```

图6-2　目的性限缩

---

[207] BGH, Urt. v. 6. 6. 1952, 1 StR 708/51, BGHSt 3, 105, 109-Züchtigungsrecht; BGH, Urt. v. 26. 2. 1960, 4 StR 582/59, BGHSt, 14, 152, 154- auf Menschen gehetzter Hund als gefährliches Werkzeug（追赶人的狗被视为危险工具），另参见 *Fischer*, StGB, 68. Aufl. 2021, § 224 Rn. 14。

[208] *Fischer*, StGB, 68. Aufl. 2021, § 224 Rn. 2, 9.

[209] 类似参见 BGH, Urt. v. 23. 12. 1986, 1 StR 598/86, NStZ 1987, 174-Setzen einer Arztspritze als gefährliches Werkzeug（医生使用的针头作为危险工具）。

3. 论证模型：不公平、归谬法

（1）就这一论证模型而言，首先要介绍的是结果取向的论据。"**避免不公平的结果**"就是其中一个主要论据。在英美法系，人们也常常以"公正性"为说理依据，用法律目的取代文义之适用。[210] 较为著名的例子是，为了避免出现不公平的结果，限制《民法典》第142条第1款"撤销"的溯及既往之效力。

> 错误的劳动合同或股东合同：在劳动合同和股东合同中也有适用目的性限缩之余地。在表示撤销之前，合同参与人往往已经完成了相当多的给付，其已经很难通过不当得利法得到适当的返还。尽管两种合同类型都受债法分则的调整，而《民法典》总则中第142条第1款的法效果也得适用，但是承认溯及既往的效力显得不公平。撤销人因此不可主张溯及既往之效力，只能主张撤销向未来生效。这表明，未来的给付已经不需要履行，而已完成的给付亦不用返还。通说均认可这一目的性限缩之做法（第六章边码16）。[211]

> 进阶练习——小学副校长K女士在大型经销商G那里订了25 Gros 的厕纸，她误以为Gros是厕纸的牌子，但它其实是计量单位"12打"。合同双方各有什么权利？[212]

（2）若法律从文义看适用于某案件，但其适用将导致荒谬的结论，则可适用"**归谬法**"[213] 进行论证。在上文"结果取向的解释"（第五章边码56及以下）和刚才的"割辫案"中（第六章边码95）也已经提及了这一法构造。通过目的性限缩，即可避免之。

---

[210] 参见上文第六章脚注200。

[211] BAG, Urt. v. 5. 12. 1957, 1 AZR 594/56, NJW 1958, 516-faktischer Arbeitsvertrag; BGH, Urt. v. 4. 10. 1951, II ZR 18/51, BGHZ 3, 285, 291 f. -faktischer Gesellschaftsvertrag; *Neuner*, Allgemeiner Teil des Bürgerlichen Rechts, 12. Aufl. 2020, § 41 Rn. 149;**不同观点**，参见 *Busche*, in: MünchKomm-BGB, 8. Aufl. 2018, § 142 Rn. 17: Gewohnheitsrecht。

[212] 答案见第十五章边码21。

[213] Enneccerus/*Nipperdey*, Allgemeiner Teil des Bürgerlichen Rechts, 15. Aufl. 1959, 作者指出，若如此，法的适用将变得"愚蠢至极"；*Butzer/Epping*, Arbeitstechnik im Öffentlichen Recht, 3. Aufl. 2006, S. 55。

104 玩具火车案：父母可以在圣诞节的时候送给5岁的孩子一个玩具火车吗？或者，这是否违反了《民法典》第181条？

答案：依据《民法典》第1626条第1款、第1629条第1款之规定，作为未成年儿子的法定代理人，在这一赠与合同中，孩子的父母要同时作出要约和承诺，就会产生《民法典》第181条规定的"自我代理"。这就意味着，父母依《民法典》第1629条第2款、第1795条第2款及第181条之规定，无法有效地作出承诺的意思表示，除非再为此雇用一个"辅助人"（Ergänzungspfleger）。如果父母想在圣诞节的时候送5岁的孩子礼物还得雇用辅助人或者诉诸家庭法庭，这显然是荒谬的。[214] 因此，联邦最高普通法院如是说道：

105 《民法典》第107条也规定，对于纯获法律上利益的意思表示，并无保护未成年人之必要。与此相反，从《民法典》第181条的文义解释出发，父母给予无行为能力的孩子礼物时，不能代理其作出有效的承诺。这一明显违反生活事实、实应拒绝之结论，要想通过并不牵强、无伤大雅的理由避免之，那只能一开始就不要适用该规范，因为在纯获法律利益的情形，依行为的一般性质，根本就不会出现值得关心的利益冲突，若适用该规范，那么法律原本想要保护的被代理人，最终却将遭受不利……[215]

106 （3）在第十二章有关欧盟法的部分还将介绍一些联邦最高普通法院针对国内法规范的较宽的文义进行目的性限缩以使其符合欧盟指令的例子（第十二章边码74）。

二、有关"漏洞"概念的争议

1. "漏洞"之说不过是海市蜃楼？

107 若案件不能涵摄于规范之下，法官是否可以扩充法规范？他是否可以

---

[214] 这样的话，每个圣诞树后面都得站个"监管人"，以避免圣诞这天缔结无效的赠与合同。

[215] BGH, Urt. v. 27. 9. 1972, IV ZR 225/69, BGHZ 59, 236, 240-rechtlich nur vorteilhaftes Selbstkontrahieren; 另参见 *Möllers*, Juristische Arbeitstechnik und wissenschaftliches Arbeiten, 10. Aufl. 2021, § 10 Rn. 5。

填补法律规范和构成要件要素？早在1902年齐特尔曼（Zitelmann）发表了他的校长讲话之后，"漏洞"的概念就引发了激烈的争论。一种观点主张，"漏洞"不过是海市蜃楼（fata morgana）。其认为，法官或律师可以宣称存有法律漏洞，然后径自补充之。说得不好听点，人们完全可以援引马太在《新约》中的那句名言："要找总是能找到的。"[216] 这实际上是一种循环论证（第五章边码36及以下）[217]，因为法律适用者引以为前提的，恰是其必须予以证明的。这样的结果就是取代了立法者之地位，因为从立法论上弥补漏洞实乃立法者、而非法官之使命。因此，一开始所要检验的不在于是否存在漏洞，而仅在于确认"法律的矛盾性"（Widersprüchlichkeit des Gesetzes）。[218] 因此，就有一种观点完全摒弃了"漏洞"这一概念。[219]

2. "计划外的漏洞"作为前提

（1）这一观点虽从多个角度看颇有说服力，却实值否定。[220] 首先，**108** 恰是在法续造时，若缺乏联系要素，则往往很难判断某一或某几个规范的规制目的是什么。如果规范可能以多个规制目的为基础，或者原先的规制目的已不再有效，那么目的解释也会遭遇困境（第六章边码61、边码70及以下）。此外，在对法进行具体化的领域，"漏洞"的概念也不再必要。[221]

（2）但若完全摒弃"漏洞"之概念，又显得有违常理，这表现在 **109** 《民法典》第904条第2句：因第三人的紧急避险而容忍其财产损害的所有权人，有权主张损害赔偿。但立法者却忘了规定请求权的相对人，所有权人虽然可提出损害赔偿，但却没有指出向谁主张赔偿。因此，究竟应当由受益者还是财产的损害者承担赔偿，并未被言明。此时，就必须由法律

---

[216] Matt. 7, 7；关于此，详见 *Rüthers/Fischer/Birk*, Rechtstheorie, 11. Aufl. 2020, Rn. 830 und 875。

[217] *Esser*, Vorverständnis und Methodenwahl, 1970, S. 175.

[218] *Pawlowski*, Methodenlehre für Juristen, 3. Aufl. 1999, Rn. 475.

[219] *Röhl/Röhl*, Allgemeine Rechtslehre, 3. Aufl. 2008, S. 635.

[220] 通说可参见 *Larenz*, Methodenlehre der Rechtswissenschaft, 6. Aufl. 1991, S. 370 ff.，*Rüthers/Fischer/Birk*, Rechtstheorie, 10. Aufl. 2018 Rn. 832 ff.；*Kramer*, Juristische Methodenlehre, 6. Aufl. 2019, S. 205 ff。

[221] 明确指出这一点的，参见 *Kriele*, ZRP 2008, 51, 53："（此时）法律漏洞不是例外，而是原则。"

适用者作出选择。[222]

110 有时,"**漏洞的计划违反性**"很容易得到证明,但很难确定的是,法律所未规定的情形是否与规范的目的相容。因此,作为一个"前提",漏洞的计划违反性并非昭然若揭,其必须通过进一步的论据加以证明(第一章边码93)。

为此,法律适用者必须对法规范乃至整个法秩序进行**总体性的评价**,从而详细论证漏洞的计划违反性[223]——此时,不能任由他的"法感"发挥决定性的作用。[224] 是否立法者并无意弥补漏洞?[225] 当时的意图是否还适用于今天[226],或者说它是否产生了变化?[227] 此处的法律问题是否关涉一个"封闭的体系"?[228] 宪法或欧盟法是否扩充了法典原有的体系?[229] 所有这些问题都很难回答,在后文介绍法续造的正当界限时还将对此详加讨论(第十三章)。可能出现的情况是,漏洞虽然存在,但它并不违反立法者的计划,故而应予接受。[230] 因此,在检验的步骤中,只是先行假设漏洞之存在,然后**在具体类推检验即将结束时**再提出漏洞的计划违反性,也是可行之举。[231]

---

[222] 卡纳里斯称之为"拒绝裁判之漏洞"(Rechtsverweigerungslücke),参见 *Canaris*, Die Feststellung von Lücken im Gesetz, 2. Aufl. 1983, S. 60;解决方案见下文第六章边码166及以下。

[223] 赫克称之为"评价性思考的程序",参见 *Heck*, AcP 112 (1914), 1, 161 ff.; *Larenz*, Methodenlehre der Rechtswissenschaft, 6. Aufl. 1991, S. 382:"评价性的思考程序"。

[224] *Canaris*, Die Feststellung von Lücken im Gesetz, 2. Aufl. 1983, S. 73; *Rüthers/Fischer/Birk*, Rechtstheorie, 10. Aufl. 2018, Rn. 834; *Kramer*, Juristische Methodenlehre, 6. Aufl. 2019, S. 215.

[225] 关于"有意义的沉默",参见上文第六章边码64及以下。

[226] 有关《民法典》第656条是否可类推适用于"同性伴侣合同"的争议,参见上文第五章边码75及以下。

[227] 关于客观理论,参见 BVerfG, Beschl. v. 14. 2. 1973, 1 BvR 112/65, BVerfGE 34, 269, 288-Soraya(第六章边码70及以下)。

[228] BVerfG v. 11. 10. 1978, 1 BvR 84/74, BVerfGE 49, 304, 320-Sachverständigenhaftung(第十三章边码71); BGH, Urt. v. 6. 10. 1989, V ZR 152/88, BGHZ 109, 15, 18 f. -Siedlergemeinschaft(第十三章边码57)。

[229] 第十一章边码67及以下,第十二章边码24以下、边码70及以下。

[230] 《民法典》僵化的过错责任原则即属此例,参见第六章边码156及以下、第十三章边码29及以下。

[231] 例如有关《民法典》第844条第2款的类推适用,参见第十五章边码45及以下。

3. 漏洞的不同形式

一般而言,"**漏洞**"的存在都表明法律出现了有悖计划的不完整性。[232] **111**
立法者一开始就没有认识到的问题被称为"**初始漏洞**"（anfängliche Lücke）。例如，立法者未意识到《民法典》第904条第2款并没有规定请求权的相对人。而"**嗣后漏洞**"则是指问题嗣后出现的情形。"**有意漏洞**"（bewusste Lücke）指立法者在颁行法律时有意对某些领域——例如交易基础丧失的问题——不作规定。立法者未料及漏洞之存在，则被称作"**无意漏洞**"（unbewusste Lücke）。[233]

三、具体类推（法律类推）

1. 方法论基础——相似性论据（argumentum a simile）

具体类推和目的性限缩的共通之处在于，规范均不能按照其文义适用于 **112**
案件事实，但规范的目的却与案件事实相关。于此类情形则不得不修正法律之文义，以维护规范之理性。[234] 这里的"命题"（第一章边码93）是：规范不能解决案例，故而必须通过具体类推，对构成要件要素予以补充，由此使得案件事实可涵摄于规范之下。为此要预设两个留待合理论证的"前提"，即存在违反计划的漏洞，且法律未规定的情形与法律规定的情形之间存在相似性。历史上看，具体类推已现身于《学说汇纂》[235] 之中，且已用于《十二铜表法》。[236] 许多国家立法规定了"法续造"的权限，其在德国也几乎没有争议

---

[232] 最早提出这一点的：*Elze*, Lücken im Gesetz, 1916, S. 3; *Canaris*, Die Feststellung von Lücken im Gesetz, 2. Aufl. 1983, S. 39; BGH, Urt. v. 4. 5. 1988, VIII ZR 196/87, NJW 1988, 2109, 2110-Ankauf durch einen Angestellten。

[233] *Zitelmann*, Lücken im Recht, 1903, S. 24 ff.

[234] *Canaris*, in: FS Medicus, 1999, S. 25, 51.

[235] Iul. D. 1, 3, 12: "法律和庭审会决议不可能对任何情形都作出规定；若其对某一情形作出了规定，法官可以将规定用于与之相类似的情形"（*Non possunt omnes articuli singillatim aut legibus, aut senatus consultis comprehendi, set cum in aliqua causa sententia eorum manifesta est, is, qui jurisdictioni praeest, ad simlia procedure atque ita ius dicere debet*），另参见 Iul. D. 1, 3, 10. 关于罗马法中的类推适用，参见 *Honsell*, ZfPW 2016, 106, 116 f。

[236] 早就有将"四蹄动物"的规定类推适用于"两蹄动物"的主张，参见 Paul. D. 9, 1, 4: „non quadrupes, sed aliud animal", s. *Honsell*, in: FS Kramer, 2004, S. 193 ff.；关于类推适用的历史，参见 *Langhein*, Das Prinzip der Analogie als juristische Methode, 1992; *Zimmermann*, 56 (2) C. L. J. 315, 323 f. (1997); *Vogenauer*, Die Auslegung von Gesetzen in England und auf dem Kontinent, 2001, S. 490 ff。

地得到了人们的认可（第一章边码49）。法国法亦承认"类推适用"。[237] 在英美法系，将先例适用于类似案例的法官法可谓众所周知的"类推适用"（第七章边码58）。过去，人们虽然习惯于对成文法的具体类推持谨慎的回避态度，以尽可能不影响由法官法所主导的"普通法"[238]，但近年来，法院已经明显表现出对成文法规范进行类推适用的倾向。[239]

113　　第一个"前提"是：因存在部分的一致性（Teilgleichheit），案件事实与法律规定的情形相类似。这被称作"相似性论据"（argumentum a simile）。[240] 就逻辑而言，这属于一个有待证明的前提（第一章边码94）：一致性并不能得到证明，能够明白无误地肯定的，只是二者之间存在的"相似性"。究竟是适用"当然推论"还是适用与其对立的"反面推论"，则取决于人们是强调二者的共同点还是不同点。[241] 考夫曼形象地指出："女人和男人、熊和狗、飞机和船之间究竟是否相似，仅从逻辑上并不足以得出答案；这取决于人们究竟从哪个角度将二者进行比较。"[242]

114　　不过，要确定存在这种"部分的一致性"，则必须以有理据的方式揭示法律规范背后的价值安排。[243] 此时必须作出的肯定性回答是，法律的价值安排应同时符合两种案件事实；而要作出的否定性判断则是，二者之间的区别无关紧要，以至于它们不会影响法律之价值。若非如此，则更宜进行"反面推论"。[244] 而根据宪法上的平等原则[245]，具体类推不仅正当，

---

[237]　*Bergel*, Méthodologie juridique, 2e éd. 2016, Nr. 155.

[238]　*Langenbucher*, 57 (3) C. L. J. 481, 497 ff. (1998).

[239]　*Vogenauer*, Die Auslegung von Gesetzen in England und auf dem Kontinent, 2001, S. 1014 ff., 1054 ff. m. w. Nachw.

[240]　详见 *Klug*, Juristische Logik, 4. Aufl. 1982, S. 109 ff。

[241]　*Alexy*, ARSP Beiheft 119 (2010), 9, 11 ff.; *Martens*, Methodenlehre des Unionsrechts, 2013, S. 318 f.

[242]　*Kaufmann*, Analogie und „Natur der Sache", 2. Aufl. 1982, S. 36.

[243]　*Bydlinski*, Juristische Methodenlehre und Rechtsbegriff, 2. Aufl. 1991, S. 475 ff.

[244]　*Larenz*, Methodenlehre der Rechtswissenschaft, 6. Aufl. 1991, S. 382. 关于反面推论，见上文第六章边码93及以下。

[245]　关于法适用的平等性，参见第一章边码42。

还是法律适用者的义务。[246]

2. 论证具体类推的四个检验步骤

承揽人之死：某承揽人本来要向被告供应炉灶并为其安装于新宅之中。但是在安装炉灶的过程中，他从新宅尚不安全的楼梯上跌落，遭受了致命事故。他死后，家属基于合同向被告主张事故抚恤金。既然承揽人是为了履行其合同义务不得不踏入定作人的房屋，且因为该房屋之特性而遭受了致命事故，那么，能否将《民法典》第618条第3款的规定适用于该承揽合同呢？

具体而言，应从以下四个步骤予以检验。

（1）第一步，首先要确定的是，具体的案件事实不能涵摄于规范之下，但因为存在违反计划之漏洞，故而可以进行类推适用。漏洞的存在只是一个"前提"，其结论是否如此尚不确定。[247]

（2）要为具体类推提供说理，即意味着承担了论证负担（第一章边码100）。第二步，就必须判定**相似性**（argumentum a simile），相似性乃是将构成要件扩充到法律未规定情形的正当性来源。为此，就需要探寻待适用规范的**目的**，并证明规范之目的亦适用于法律未规定的案件事实。此时，留待揭示的即是法律规定的构成要件要素与其所欠缺的构成要件要素之间所存在的"部分一致性"。这可以是"从特殊到特殊"的推论，也可以是通过比较中项（tertium comparationis）而得出一个一般性的法思想（第六章边码132及以下）。若对（法律的）保护目的存有疑问或其难以明确（第六章边码159及以下），那就必须对类推适用予以更为谨慎的论证。

（3a）两种情形的相似性，必须有论据作为其支撑。为此，第三步可以考虑诉诸"当然推论"（argumentum a fortiori，第六章边码123及以下）。从否定层面说，则必须排除"反面推论"，即要证明规定的案件事实和本案的案件事实之间的区别对于规范和其目的而言根本无关紧要。类推适用

---

[246] 明确揭示这一点的，参见 *Kramer*, Juristische Methodenlehre, 6. Aufl. 2019, S. 231；之前已有此观点者，参见 *Regelsberger*, Pandekten, Bd. 1, 1893, S. 156 f.；*Meyer-Hayoz*, Der Richter als Gesetzgeber, 1951, S. 254。

[247] 这类情形，参见第十五章边码46及以下。

也是要避免产生不公平的结果。

(3b) 必要时还需证明，漏洞乃是违反计划的（第六章边码139）。为此可使用"规避论据"（第六章边码135及以下）。

118 (4) 至此，才可以在第四步开始法律漏洞之填补。目的性限缩是限制法律的适用范围，而在类推适用时，则是将法律的适用范围扩张于其文义
119 之外。最后要强调的一点是，类推适用不得造成违反宪法的后果。[248]

答案：(1)《民法典》第618条第3款仅规定，在劳动义务人受伤或死亡后，其亲属享有请求权。但承揽人却没有类似的请求权。需要判断的是，这一漏洞是否可以通过具体类推的方式加以弥补。

(2) 法律所规定的情形与未规定的情形具有相似性，故而应作"当然推论"。此规范的目的在于，赋予劳动义务人的亲属《民法典》第844条等规定的抚养费请求权，而无须以侵权行为的存在为前提，同时也不能如《民法典》第831条规定的那样可由事务所属人证明自己无责。这一对亲属的保护也应及于承揽人，因为承揽人和劳动义务人的合同义务是相似的。

120 (3) 以诸如可能存在《民法典》第831条规定的免责情形等理由而主张剥夺对亲属的法律保护，是不公平的。[249] 这一漏洞也是违反计划的。

(4) 该漏洞应予填补，即是说，应当允许规范类推适用于承揽人。

121 联邦最高普通法院曾明确从公平的角度出发，论证了《民法典》第618条的规定可以类推适用于承揽合同。

> 若承揽合同的承揽人为完成合同义务，在承揽工作时不得不进入定作人的房间或者不得不使用定作人的设施，并因此面临身体和生命的危险，而定作人或其履行辅助人却并未按照其合同义务尽可能地排

---

[248] 譬如，损害罪刑法定原则或者法律保留原则的结果就必须被避免，参见第一章边码36及以下。

[249] BGH, Beschl. v. 5. 2. 1952, GSZ 4/51, BGHZ 5, 62, 66-Unfallhaftung aus Werkvertrag. 有关《民法典》第831条，可见下文第十章边码86及以下。

除这一危险，以至于承揽人或其履行辅助人遭受致命事故，使其亲属无法再得到扶养，那这一情况与《民法典》第618条第3款所直接规定的事实情况可谓极其相似。构成要件、利益状况以及由此引起的法效果所要实现公平秩序是如此的相似，故而实有必要将《民法典》第618条第3款的规定类推适用于这类承揽合同——当然并非适用于所有类型或者说任何一种承揽合同——因为如果在这样特殊的事实情况下，仅仅适用"承揽合同法"，以及适用《民法典》一般性的合同损害赔偿规范已经无法满足案件的特殊性，从而会导致不公平的结果。[250]

以上内容可以借助图6-3得到更形象的说明。

```
┌─────────────────────────┬─────────────────────────────────┐
│ 劳务合同：雇主违反其义    │ 承揽合同：定作人违反义务造成承揽人 │
│ 务造成雇工死亡时，第三    │ 死亡时，第三人无请求权（《民法典》第│
│ 人享有的请求权（《民      │ 618条第3款）（1）存在计划之外的漏洞 │
│ 典》第618条第3款）        │ （前提），有必要类推适用（论题）    │
└─────────────────────────┴─────────────────────────────────┘
        （2）论证相似性，为此需要当然推论（前提）
              《民法典》第618条第3款的规范目的：
         在雇工因雇主违反义务而死亡时保护其亲属

对比第三项(*)：义务人进入了权利人的房间，而因委托人违反义务死亡

  《民法典》第618条          《民法典》第618条
  第3款：对雇工的权 ────────► 第3款之类推：对承
  利保护                     揽人的权利保护
              （3）论据：规避、不公平

 (4) 对《民法典》第618条第3款扩大适用范围，因为漏洞乃在计划之外
        │  对雇工的权利保护 │─ ─ ─ ─ ─ ─ ─ ─ ─ ─ ─ ─►
```

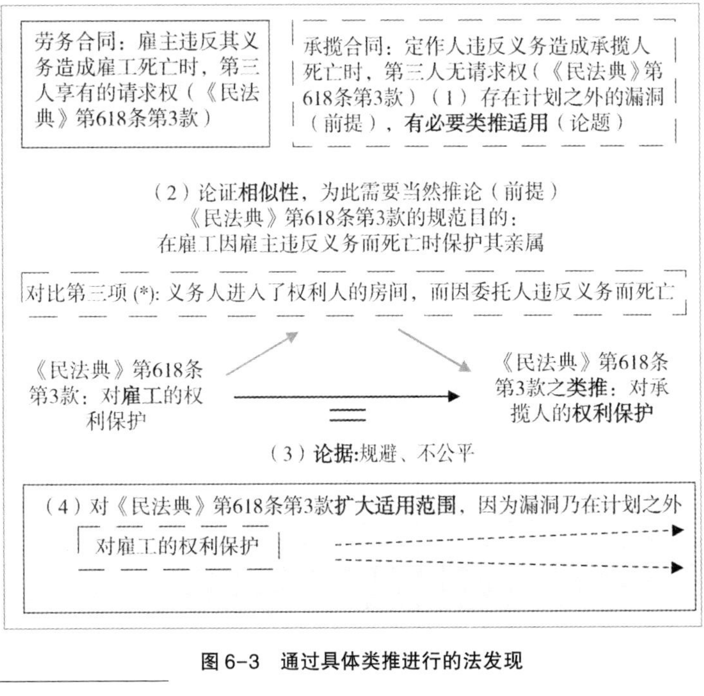

图6-3 通过具体类推进行的法发现

---

[250] BGH, Beschl. v. 5. 2. 1952, GSZ 4/51, BGHZ 5, 62, 66 f. -Unfallhaftung aus Werkvertrag; hierzu *Raisch*, Juristische Methoden, 1995, S. 154 f. 此外，判例也进一步允许在其他领域进行类推适用，但仍不承认总体类推，相关例证，参见 *Wagner*, in：MünchKomm - BGB, 8. Aufl. 2020, § 844 Rn. 11.

3. 当然推论以及将"不公平"作为论证模型

123 （1）"举强以明弱"（argumentum a fortiori）也被称作**当然推论**（故也有人译作"强推论"——译者注）。人们从某一特定法效果与案件事实之间的关联推导出其与其他案件事实的关联，理由是后者的关联比前者更为紧密，即所谓"既然……那么当然也……"[251]。有人则依采取的视角之不同，进一步区分了当然推论的两种类型。[252]

124 在"**举重以明轻**"（以大见小，argumentum a maiori ad minus）的情形，其含义是：既然构成要件 A 会导致法效果 R，而与其相似的构成要件 B 甚至能以更高的程度契合相应规范的精神与目的（ratio legis），那么对构成要件 B 当然也应适用同一法效果。[253] 若重者必然如此，轻者也应如此。[254] 此时，构成要件通常也包括了轻者。

125 若某人须为其（轻）过失担责，那他当然也应为其重大过失担责。[255] 若基于《民法典》第 626 条可出于重大事由不计期限地解除劳动关系，那么符合期限的解约自然是可以的。[256] 若意思表示表明要缔结赠与合同，但表意人却声称自己意在成立无息借款，那么至少应当承认成立了一个无息借款合同。[257]

126 而在"**举轻以明重**"（以小见大，argumentum a minore ad maius）的情形，人们的论点是：若轻者如此，则重者当然更应如此。[258] 此时，就必须将构成要件的文义予以扩张。

127 跳舞熊：在求学时期，拜伦勋爵曾把一只斗牛犬牵进大学校园，

---

[251] *Honsell*, in: Staudinger, BGB, Neubearb. 2018, Einl. zum BGB Rn. 160.
[252] *Klug*, Juristische Logik, 4. Aufl. 1982, S. 147 f.
[253] *Larenz*, Methodenlehre der Rechtswissenschaft, 6. Aufl. 1991, S. 389.
[254] *Rüthers/Fischer/Birk*, Rechtstheorie, 11. Aufl. 2020, Rn. 898.
[255] *Nawiasky*, Allgemeine Rechtslehre als System der rechtlichen Grundbegriffe, 2. Aufl. 1948, S. 148.
[256] BAG, Urt. v. 16. 7. 1959, 1 AZR 193/57, AP BGB Nr. 31 zu § 626 Rn. 23.
[257] *Honsell*, in: Staudinger, BGB, Neubearb. 2018, Einl. zum BGB Rn. 160.
[258] *Klug*, Juristische Logik, 4. Aufl. 1982, S. 147; *Bydlinski*, Juristische Methodenlehre und Rechtsbegriff, 2. Aufl. 1991, S. 479.

但学校的房屋管理规定禁止狗入内。于是，拜伦索性又养了一只被驯服的熊。[259] 如果图书馆禁止携狗进入，那当然也不允许会跳舞的熊入内。若在合法征收时，公民可依《基本法》第14条第3款主张损害赔偿，那么这一请求权当然可以类推适用于非法征收之情形。若《民法典》第904条第2条要求侵害所有权时须承担损害赔偿，那么这一点当然也适用于侵害健康或身体的情形。[260] 在"过失的意思表示"的理论中（第五章边码30），一种观点提出的论据是：若依《民法典》第118条的规定，"欠缺真意"将导致意思表示无效，那么完全没有表示意识时当然也会导致无效；在后一情形，表意人甚至连客观的表示要件都无意成立。[261]

（2）最后，在这一论证模型之下，也可提出结果取向的论据，例如：**为了避免不公平的结果**(第六章边码121)。 **128**

（3）若案件事实不符合规范的规制目的，则可诉诸"**反面推论**"（argumentum e contrario）这一论证模型。因为要否定相似性（第六章边码94），故而也要拒绝进行具体类推。申言之，其所要证明的是法律所规定的情形与案件事实之间的不同之处对于是否可以适用规范而言乃具有决定性意义。仅仅关注规范是否构成"例外规范"（第六章边码32及以下）是不够的。 **129**

雇工采购案（第四章边码153）：《商法典》第56条明确商店之雇工有权进行销售或收款。联邦最高普通法院曾经面临的问题是，这一规范是否可类推适用于"采购"汽车的行为。反对理由是，雇工往 **130**

---

[259] *Eisler*, Byron, 1999, S. 135；类似的例证，参见 *Radbruch*, Einführung in die Rechtswissenschaft, 4. Aufl. 1919, S. 104。

[260] *Canaris*, JZ 1963, 655, 658；Palandt/*Herrler*, BGB, 80. Aufl. 2021, § 904 Rn. 1；Palandt/*Herrler*, BGB, 80. Aufl. 2021, § 904 Rn. 1；*Rüthers/Fischer/Birk*, Rechtstheorie, 11. Aufl. 2020, Rn. 898；**反对观点** 则参见 *Larenz*, Methodenlehre der Rechtswissenschaft, 6. Aufl. 1991, S. 389 以及 *Klug*, Juristische Logik, 4. Aufl. 1982, S. 147, 后者称这样做乃是一种"举重明重"式的推论（a maiori ad maius）。

[261] *Lehmann/Hübner*, Allgemeiner Teil des Bürgerlichen Gesetzbuches, 16. Aufl. 1966, § 34. III. 1. b）。

往只有销售的权限，而没有采购之权限。[262] 其中的关键或在于，对销售的行为而言，由于店主已经预先设定了价格，故在销售之前并不需要作出什么审查，而（本案中）采购二手物品的行为则明显需要当事人拥有更多的知识和经验。由于采购和销售行为二者之间的这种不一致性，联邦最高普通法院采纳了反面推论。最终其否认存在法保护之漏洞，因为对买受人的保护应由别的规范予以规定。法院指出：

131
> 从法律评价所关注的角度，对"销售"和"采购"这两个构成要件作相同的评价……或者说，仅仅把法交易活动中不可避免的需要当作"超越法律（制定法）造法"的前提……从而等同对待这两种行为，都是不妥的。诚然，《商法典》第56条的规定蕴含了对于保护交易安全的法律推定……但是，即便《商法典》第56条所赖以为基础的"小城镇零售行业的社会模式"已经发生了变革，又或者说，在某些情况下，顾客对店里雇工的采购行为所建立的善意信赖虽然确实值得保护，也不足以表明这一规范可以类推适用于采购之行为。顾客也并非得不到保护：且不说，顾客可以根据《民法典》第179条向越权的雇工，或者必要时依据《民法典》第823、831条或结合《民法典》第278条的"行为过错"向店主主张请求权，更重要的是，最高法院通过判例所发展的有关表见代理和容忍代理的各种原则都已经为保护交易的正当利益作出了充分的考虑。[263]

4. 比较相似性的两个角度

132 最后要强调的是，对于究竟什么是法学上类推适用的逻辑基础，仍存有争议：演绎推理是从一般到特殊，归纳推理是从特殊到一般，而通说认为，法学上的类推从形式逻辑上乃是演绎和归纳二者的结合。首先，要从法律规定的特殊情形中抽象出一个一般的思想（归纳）。此一般化的法思

---

[262] 卡纳里斯称之为"缺乏交易的典型性"，参见 Canaris, Handelsrecht, 24. Aufl. 2006, § 14 Rn. 8 spricht von fehlender verkehrstypizität。

[263] BGH, Urt. v. 4.5.1988, VIII ZR 196/87, NJW 1988, 2109, 2110-Ankauf durch einen Angestellten.

想即可谓"比较中项"（tertium comparationis）[264]。随后，再从一般的思想中推导出另一个特殊情形（演绎）。[265]

反对观点则主张类推适用乃是一种"**从特殊到特殊**"的推论，因为被比较的毕竟只是两个构成要素而已。诉诸法的精神与目的不过是一种手段，探寻一般性的法思想并非必须为之。[266] **133**

不过，要为类推适用提供理由，实践中有两种可能性：演绎与归纳之结合[267]存在于整体类推的情形（第六章边码140），同时也见于"案例对比法"（第七章边码44及以下）。除此之外，其用于具体类推的情况尤为鲜见（第六章边码112）。一般情况下，人们是直接通过"从特殊到特殊"的推论进行论证，然后由此表明，依据那些众所周知的法价值标准即可得知，规范直接规定的案例类型与待裁判案件之间的区别并没有什么意义。[268] 同反面推论一样，当然推论本身只是一种"前提"，其成立的条件尚待满足（第一章边码94）。此时，作为前提的相似性论据在说服力上并不如以下介绍当然推论的各种情形。 **134**

5. 漏洞的计划违反性与规避论据

（1）**规避论据**（Umgehungsargument）经常被用来论证存在违反计划的漏洞。若不进行类推，规范之适用将被规避，其保护目的也将落空。与此一致的思想是，规范的解释原则上应当以不使其适用范围落空的方式，也就是说，规范不能变成赘余之物（第五章边码53）。于不动产买卖之情形，《民法典》第311b条第1款第1句的目的就是对交易的缔结作出警 **135**

---

[264] *Mittelstraß*（Hrsg.），Enzyklopädie Philosophie und Wissenschaftstheorie, Bd. 4, 1996, S. 239 f.

[265] 类似见解已见于 *Aristoteles*, Analytica priora et posteriora, II 24; *ders.*, Rhetorik 1. Buch, Rn. 1357b, S. 25 ff.; *Klug*, Juristische Logik, 4. Aufl. 1982, S. 122; *Engisch/Würtenberger/Otto*, Einführung in das juristische Denken, 12. Aufl. 2018, S. 204, 209; *Kramer*, Juristische Methodenlehre, 6. Aufl. 2019, S. 234; *Kaufmann*, Das Verfahren der Rechtsgewinnung, 1999, S. 53 f.; *Martens*, Methodenlehre des Unionsrechts, 2013, S. 320; 有关演绎和归纳，见上文第四章边码2及以下。

[266] *Klug*, Juristische Logik, 4. Aufl. 1982, S. 115; *Schnapp*, Logik für Juristen, 7. Aufl. 2016, S. 150.

[267] 关于演绎与归纳的结合，参见第六章边码122图表中标星的部分。

[268] 赞成这两种路径者，另参见 *Bydlinski*, Juristische Methodenlehre und Rechtsbegriff, 2. Aufl. 1991, S. 475 f。

示,也即防止人们对意义重大的交易操之过急。[269] 此外,交易还必须诉诸公证,当事人应寻求公证的建议。[270]

136 不动产买卖预约:在报纸的周末版上,买受人克劳斯(Klaus)看到慕尼黑一套非常便宜的房子只卖 30 万欧元。周六晚上,他就和出卖人维克多(Victor)见了面,后者立刻把房子卖给了他。在 K 邀请 V 吃晚饭时,二人就书面签订了预约合同。预约合同规定,V 有义务在公证处将房子出卖于 K。当 K 在周一向 V 提出约个时间在公证处见面时,后者拒绝了,因为他在早上找到了一个愿意支付双倍价格购买房子的买主。K 是否可以因 V 违反预约而向其主张损害赔偿?

137 答案:基于预约合同,双方有义务缔结主合同。防止当事人操之过急的警示功能,不仅适用于不动产买卖合同,也适用于为促成不动产买卖合同而缔结的预约合同。若公证处公证之义务不适用于预约合同,《民法典》第 311b 条为不动产买卖合同规定的形式要件就将被规避。[271] 如此,出卖人就要基于预约合同承担与低价转让不动产的经济损失相当的损害赔偿义务。[272] 因此,实有必要将《民法典》第 311b 条第 1 款第 1 句的规定类推适用于预约合同。与此相一致,若(预约合同)未符合形式要件,亦可以进一步类推适用第 311b 条第 1 款第 2 句加以补救。[273]

138 若依通说,上述两种情形均适用的"警示功能"即是二者共同的"比较中项",由此可径自完成"从特殊到特殊"的推论。更煞有其事的

---

[269] 或者用 19 世纪立法者的话来说:"关注形式的必要性,会使得当事人达成有效率的一致性、唤醒他们的法律意识、促使他们进行谨慎的思考、确保所作决策的严肃性",参见 Mot. I, S. 179。

[270] 总结性的论述,参见 *Neuner*, Allgemeiner Teil des Bürgerlichen Rechts, 12. Aufl. 2020, § 44。

[271] 对猎场租赁的预约合同有类似主张的判例,参见 RG, Urt. v. 8. 12. 1925, VI 350/25, RGZ 112, 199, 201-Jagdpachtvorvertrag。

[272] 对猎场租赁的预约合同有类似主张的判例,参见 RG, Urt. v. 8. 12. 1925, VI 350/25, RGZ 112, 199, 201-Jagdpachtvorvertrag。

[273] BGH, Urt. v. 18. 12. 1981, V ZR 233/80, BGHZ 82, 398, 405-Heilung des Vorvertrages。

做法，则是将所有直接或间接以缔结不动产买卖合同为目的的合同当作共同的比较中项。判例曾承认这一警示功能同样适用于猎场租赁的预约合同（《联邦狩猎法》（BJagdG）[274] 第 11 条第 4 款第 1 句）[275] 以及《民法典》第 623 条规定的劳动合同之解除。[276]

（2）如若漏洞并不明显，那就只能主张法律的"矛盾性"（第六章边码 107）。在这类情形，经常引发激烈争议的问题在于，漏洞到底是否存在或者是否有必要填补之。此时，两种案件之间有时会存在部分的一致性，从而构成了初步的前提。譬如，判定婚姻和类似婚姻的生活伴侣关系之间、绝对的法益和一般人格权之间存在部分的一致性，并非难事。然而，在第二步尚需证明第二个前提，即漏洞是否在计划之外故而可由法官以法续造之形式加以弥补（检验步骤 3b）。若这一点答案为否，则虽然存在可类比性，但因不存在计划外的漏洞，故而最终无法进行类推适用。如此，漏洞就只能交由立法者去补充了（第六章边码 155 及以下）。申言之，此时同样有争议的问题是，人格权是否可以被补充于《民法典》第 823 条第 1 款（第六章边码 15），或者非婚生活伴侣关系是否可被补充于《民法典》旧法第 569a 条（第六章边码 74 及以下）。有关法续造正当界限的具体论证模型，则容后文第十三章细述。

四、整体类推（法类推）

1. 方法论基础

比起具体类推，整体类推（Gesamtanalogie）或法类推（Rechtsanalogie）要更为棘手。与具体类推不同，后者以多个具体的法规范为基础。[277] 从形式逻辑上说，其所采取的是归纳推理之方式。先从许多法规范当中抽象出一个一般性的思想，之后再使之形成一项一般性的法律陈述（Rechts-

---

[274] Bundesjagdgesetz v. 29. 9. 1976, BGBl. I, S. 2849.
[275] BGH, Urt. v. 7. 6. 1973, III ZR 71/71, BGHZ 62, 48, 50 f. -Jagdpachtvorvertrag.
[276] BAG, Urt. v. 17. 12. 2009, 6 AZR 242/09, NJW 2010, 1100 Rn. 25.
[277] Enneccerus/*Nipperdey*, Allgemeiner Teil des Bürgerlichen Rechts, 15. Aufl. 1959, S. 339 f.；*Esser*, Vorverständnis und Methodenwahl, 1970, S. 182 ff.；*Bydlinski*, Juristische Methodenlehre und Rechtsbegriff, 2. Aufl. 1991, S. 478 f.

satz），从而即可将其应用于法律所未规定的构成要件上，其理由在于，该构成要件与法律所规定的各种构成要件相比，在价值上具有一致性。此处的一般性法律陈述也被称作"比较中项"（tertium comparationis）[278]。接着，则是向法律未规定的案件进行演绎。[279] 部分观点认为，具体类推也是遵循同一程序（第六章边码112）。整体类推的关键故而在于从诸多法规范当中探寻其整体的精神与目的（ratio legis），也即规范的一般化。[280] 为此，每一次都需要重新检验，这一共同的目的与精神是否真的能够一般化，各种具体的规范是否可能只是集合了诸多互相殊异的构成要件。

141 准否认性的不作为请求权：1902年10月发行了被告所著的一本书，书中包含了可能损害原告信誉、影响其营利的内容。原告是否可以禁止之？

2. 四个检验步骤

142 要论证整体类推，具体而言，需要进行以下四个步骤。

（1）第一步，要确立一个"工作假设"（命题），即案件不能被涵摄于规范之下，而这可以通过整体类推予以补救。主张存在漏洞便是此处的"前提"。

（2）第二步，需要确立的前提则在于：诸多法规范乃是以一个可被一般化的法律陈述为基础。也就是说，从法律已规定情形的规范目的出发，即可得出一个一般性的法律陈述。

（3a）第三步，必须用论据支撑以上前提。为此，可以有理有据地揭示不同情形之间存在可比性，并证明为何可以形成一个一般性的法律陈述。若法律在类似情形规定了法律保护，但本案中却因为漏洞之存在而不予保护，势必造成不公平之后果。在具体类推时需要证明为何必须对法律未规定的情形予以补正；而在整体类推的情况，则要证明，为何能够得到一个一般性的法律陈述。若这一点值得肯定，那么将其用于当前未被法律规定的情形便已无疑碍。

---

[278] Gast, Juristische Rhetorik, 5. Aufl. 2015, Rn. 1054, 1056.
[279] Kramer, Juristische Methodenlehre, 6. Aufl. 2019, S. 234.
[280] Larenz, Methodenlehre der Rechtswissenschaft, 6. Aufl. 1991, S. 386.

（3b）此外还需揭示的一点是，整体类推之所以正当，乃因漏洞在计划之外。填补漏洞可谓符合法律的内在体系（第四章边码109及以下、第六章边码146）。

（4）若以上答案均为肯定，则可以进行第四步整体类推。以"准不作为请求权"为例，图6-4即展示了以上四个步骤。

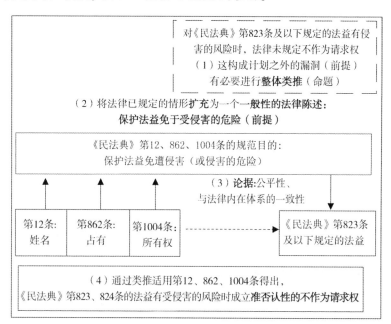

图6-4 通过整体类推进行的法发现

答案：（1）《民法典》仅规定在所有权（第1004条第1款第2句）、占有（第862条第1款第2句）或姓名权（第12条第2句）有被侵害的风险时，当事人享有不作为请求权（Unterlassungsansprüche）。[281] 虽然《民法典》第824条对损害信誉的行为亦规定了损害赔偿请求权，但

---

[281] 其他特别法的请求权，参见 §§ 37 Abs. 2 S. 1 HGB, 8 Abs. 1 UWG, 14 Abs. 5, 15 Abs. 4 MarkenG v. 25. 10. 1994, BGBl. I, S. 3082（Markengesetz）, 97 Abs. 1 UrhG v. 9. 9. 1965, BGBl. I, S. 1273（Urheberrechtsgesetz）, 1-2a UKlaG v. 27. 8. 2002, BGBl. I, S. 3422（Unterlassungsklagengesetz）。

第六章 目的解释的对立模型及法续造的基本形式　383

其并未规定不作为请求权。因此，可认为此处存在计划之外的漏洞（前提）。这一漏洞有可能通过整体类推予以填补（命题）。

145　　（2）通过对《民法典》第12、862、1004条的整体类推，可以认为，对《民法典》第823条第1款保护的所有法益而言，都应承认当事人享有一个"准否认性的不作为请求权"（前提）。法律已规定的情形故而可以扩充为**一个一般性的法律陈述**。

146　　（3）这背后的基本思想是：要一个人必须容忍将要发生的权利损害，唯待损害产生以后再去消除，显然是不公平的。相反，在损害首次发生之时或者损害有重复发生的危险时，就应当允许人们避免损害的发生。此为基于"存续保护"（Bestandsschutz）优先而得出的一般性推论。对所有的绝对性法益而言，这一论据都具有直接的说服力：既然损害会导致赔偿之权利，那么对有可能发生损害的危险当然也必须作出预防。与姓名权、占有权相比，其他的绝对性法益应适用"举轻以明重"的推论（第六章边码126）。此外，判例也已经承认，对于以《民法典》第823条第2款及第824条为依据的"不实陈述"可进行上述整体类推，其主要论据正是出于公平和正义。如今，人们亦承认不实陈述构成人格权侵害。[282] 这一漏洞也是计划之外的；填补该漏洞也符合《民法典》的内在体系。

147　　（4）若承认整体类推，即可以得出所欲求的法效果。因此，针对损害信誉或不实陈述的行为都可主张不作为请求权。对于整体类推，帝国法院曾有如下论述。

148　　对不作为行为的请求权不只限于侵权行为领域。针对任何对法律保护的权利所实施的客观违法侵害，只要存在进一步发生侵害之虞，当事人都有权提起不作为之诉；过错要素对这一诉请而言是无关紧要的，是否为了正当利益，也在所不问……基于公平性之要求，损害赔偿的义务只能在存在过错时成立；但出于正义之要求，即使没有过错，

---

[282] 关于请求权竞合，则参见 Wagner, in: MünchKomm - BGB, 8. Aufl. 2020, § 824 Rn. 5。

> 也实有必要避免那些哪怕只是客观上违法的侵害重复发生，由此才能预防进一步的损害结果，因为如果嗣后证明并无过错，损害将仍然得不到赔偿。对其予以保护的法律基础乃是对《民法典》第12、862、1004条的类推适用，若可能发生进一步的损害，法律保护的法益遭受违法侵害的受害人则应享有"准消极请求权"（actio quasi negatoria）。正如第824条所表明的，《民法典》保护信誉、收益以及人的存续，它们都属于易受侵害的特殊法益。[283]

进阶练习——磁带录音案：A用磁带偷偷录下了和B的谈话。B 是否可以要求其删除磁带录音？如果只是有被录音的风险，则结论何如？[284]

149

3. 为"计划外的漏洞"提供说理的论证模型：法律内在体系的协调性

（1）整体类推不仅要与相似案例相比较能够表现出公平性，它也必须与整部法律相容。为此，漏洞必须在计划之外，而漏洞之填补须与法律的体系相一致。某一法律陈述乃提取自多个同类型的前提性陈述。[285] 此时，人们需要依据法律的内在体系确定一个比较中项。同形成新的法原则一样（第九章边码17及以下），这一能够被一般化的法律陈述必须得到合理的论证，例如，借助公平思想（第六章边码100及以下、边码120及以下）或者"可接受度"思想。有时难以避免的危险是：违反计划的漏洞可能根本就不存在。

150

早在1861年，耶林就提出了缔约过错理论[286]；但其在《民法典》当中一直只适用于个别领域，直到2002年债法改革，《民法典》新法的第311条第2、3款才将这一理论变为成文法的原则。在这以前，人们只能对那些为违反合同缔约义务而设定损害赔偿请求权的规定进行整体类推，以

151

---

[283] RG, Urt. v. 5. 1. 1905, VI 38/04, RGZ 60, 6, 7 f. -Quasi－negatorischer Unterlassungsanspruch.

[284] 答案见第十五章边码23。

[285] *Gast*, Juristische Rhetorik, 5. Aufl. 2015, Rn. 1054, 1056.

[286] *von Jhering*, Jb. f. Dogmatik 4（1861），1 ff.; hierzu *Diederichsen*, in：Behrends, Privatrecht heute und Jherings evolutionäres Rechtsdenken, 1993, S. 37, 68 ff.

此为适用缔约过错理论提供正当性。[287] 积极侵害债权[288]、继续性债务关系中因重大事由而提出的特别解约权等[289]，也是类似的情况。如果这样一个法律陈述得到了人们的承认，那么它很快就会被接纳为"习惯法"[290]。

152 使用权转移合同的时效：被告对原告的叉车很感兴趣，于是二者依《民法典》第454条的规定订立了试用买卖合同。在原告交付叉车以后，被告还未表示同意购买就损坏了叉车。7个月后，原告向被告主张叉车损害的赔偿，但被告则主张请求权已经罹于时效。

153 答案：判例认为，诸多6个月短期时效的规定可整体类推适用于本案。就其目的而言，时效规范不应作狭义解释[291]。虽然没有使用"整体类推"的概念，联邦最高普通法院在将短期时效的规定适用于试用买卖时，提出了如下理由：

154 本判例所秉持的观点在于，如同使用租赁（《民法典》第558条[292]）、用益租赁（《民法典》第581条第2款）、借贷（《民法典》第606条）或用益物权（《民法典》第1057条）一样，在其他使用权

---

[287] 也即从《民法典》第122条、第179条、第523条第1款、第524条第1款、第600条、第663条以及旧法第307条、第309条、第463条第2句等规定进行整体类推，参见 Engisch/*Würtenberger/Otto*, Einführung in das juristische Denken, 12. Aufl. 2018, S. 210；参见现行《民法典》第311条第2、3款。

[288] 开创这一理论者，参见 *Staub*, in: FS 26. DJT, 1902, S. 29 ff.；此处所进行的整体类推，乃源自有关履行不能和履行迟延的规定（如《民法典》旧法第280、286、325、326条），参见 BGH, Urt. v. 13. 11. 1953, 1 ZR 140/52, BGHZ 11, 80, 83；参见现行《民法典》第280条第1款。

[289] 也即从《民法典》第490条、第543条、第569条、第626条、第723条第1款第2句进行整体类推，参见 BGH, Urt. v. 1. 4. 1953, 2 ZR 235/52, BGHZ 9, 157, 161 f.；关于"特许经营合同"（Franchisevertrag），参见 BGH, Urt. v. 26. 9. 1996, I ZR 265/95, BGHZ 133, 316, 320；之前已有的判决，参见 RG, Urt. v. 6. 4. 1933, I 301/32, RGZ 140, 264, 275；参见现行《民法典》第314条。

[290] 赞成缔约过错的，参见 BGH, Urt. v. 11. 5. 1979, V ZR 75/78, NJW 1979, 1983 Rn. 10；赞成积极侵害债权者，参见 BGH, Urt. v. 19. 10. 1977, VIII ZR 42/76, NJW 1978, 260 Rn. 11；赞成准否认性的不作为请求权的，参见 Erman/*Ebbing*, BGB, 16. Aufl. 2020, § 1004 Rn. 10；有关习惯法，参见上文第三章边码23以及以下。

[291] Palandt/*Ellenberger*, BGB, 80. Aufl. 2021, Überbl. vor § 194 Rn. 12.

[292] 今《民法典》第548条第1款第1句。

转移的债务关系中，及时履行可能发生的损害赔偿请求权对维护交易安全而言也值得要求与提倡，因为缔约时转移的对象会迅速辗转于不同人手中，故而随着时间点流逝，判断损害、加害人和损害原因的难度都会增大（也参见 BGHZ 55, 392, 397）。本判例同时也符合立法者的意图（*Prot. II*, S. 177, 194, 275），且亦在学说中得到了广泛的赞同（例如 Staudinger/Mayer-Maly, *BGB* 12. Aufl. § 558 Rdnr. 9, 9 a; Staudinger/Reuter aaO § 606 Rdnr. 1, 5, 7; Erman/Schopp, *BGB* 8. Aufl. § 558 Rdnr. 1, § 606 Rdnr. 1, 2; MünchKomm/Voelskow § 558 Rdnr. 4; MünchKomm/Kollhosser § 606 Rdnr. 1, 5）。[293]

（2）若结论违反法律的内在体系，则不应当进行整体类推。此时，漏洞即非在计划之外。"列举原则"（Enumerationsprinzip）规定了各种具体的构成要件（Einzeltatbestände）。此时，若承认整体类推，就有可能瓦解立法者所规定的具体构成要件体系。在某些情况下，漏洞很可能并不在计划之外（第六章边码64及以下）。 **155**

危险责任：《民法典》中的侵权法以过错责任为原则；危险责任的构成要件仅见于《民法典》第833条及836条。不过，20世纪以来，一系列特别法亦规定了危险责任，如《赔偿责任法》（HaftPflG）[294] 第1条、《道路交通法》第7条、《航空交通法》（LuftVG）[295] 第33条、《产品责任法》第1条、《环境责任法》[296] 第1条、《医药法》（AMG）[297] 第84条、《基因技术法》（GenTG）[298] 第32条、《原子能法》（AtG）[299] 第1条等。作为一种例外，放弃过错要件会 **156**

---

[293] BGH, Urt. v. 24. 6. 1992, VIII ZR 203/91, BGHZ 119, 35, 39-Verjährungsfrist beim Kauf auf Probe.
[294] Haftpflichtgesetz（HaftPflG）v. 4. 1. 1978, BGBl. I, S. 145.
[295] Luftverkehrsgesetz（LuftVG）v. 21. 8. 1936, Österreich, RGBl. I, Nr. 659/1936.
[296] Umwelthaftungsgesetz（UHG）v. 10. 12. 1990, BGBl. S. 2634.
[297] Arzneimittelgesetz（AMG）v. 12. 12. 2005, BGBl. I, S. 3394.
[298] Gentechnikgesetz（GenTG）v. 16. 12. 1993, BGBl. I, S. 2066.
[299] Atomgesetz（AtG）v. 15. 7. 1985, BGBl. I, S. 1565.

造成责任之加重。除了这一点,各种特殊的构成要件在内容的设计上都有差异,这都使这些构成要件很难(类推)适用于未被法律规定的情形,因此,过去一贯的判例都拒绝对法律规定的危险责任构成要件进行整体类推(第六章边码65、第十三章边码30及以下)。[300] 与此类似,《民法典》第521、599、690条为合同外的好意施惠关系规定的责任豁免也不应被一般化,理由在于,上述规定都是具体的、依照各自合同类型所裁选的故而无法被一般化的责任减轻规则。[301]

157 不过,如若存在需要保护的更上位的法益,情况则有所不同,奥地利的法状况就表明了这一点,类似的整体类推[302]或者说至少具体类推[303]得到了奥地利法的认可。

158 (3)在大学生进行法律适用时(如闭卷考试或家庭论文),人们通常不会期待他们能够论证出新的整体类推。确定一般性有效的法律陈述,使其可以适用于大量未知的情形,乃是一个要求甚高的工作,因为人们很难作出预判,将新的法律陈述适用于所有新案件是否真的合理。一个新提出的法律陈述必须与法律的整体体系乃至整个法秩序相融洽。试图仅仅从

---

[300] 早期已有的判例,参见 RG, Urt. v. 11. 1. 1912, VI 86/11, RGZ 78, 171, 172-Zeppelin; BGH, Urt. v. 15. 1. 1971, 3 ZR 208/68, BGHZ 55, 229, 234 ff. -Rohrbruch in gemeindlicher Wasserleitung; zustimmend die h. M. Enneccerus/*Nipperdey*, Allgemeiner Teil des Bürgerlichen Rechts, 15. Aufl. 1959, S. 296; Larenz/*Canaris*, Lehrbuch des Schuldrechts, Besonderer Teil, Bd. II/2, 13. Aufl. 1994, S. 602; 批判性意见,参见 *Bauer*, in: FS Ballerstedt, 1975, S. 305 ff.; Zweigert/*Kötz*, Einführung in die Rechtsvergleichung, 3. Aufl. 1996, S. 663。

[301] BGH, Urt. v. 9. 6. 1992, VI ZR 49/91, NJW 1992, 2474, 2475; *Koch*, in: MünchKomm-BGB, 8. Aufl. 2019, § 521 Rn. 8; 针对德国法主张的**其他观点见**Honsell, ZSR 1997, 297, 300 f。

[302] Zu den EKHG v. 21. 1. 1959, Österreich, BGBl. Nr. 48/1959 (Eisenbahn- und Kraftfahrzeughaftpflichtgesetz), LuftVG, AtomHG v. 10. 11. 1989, Österreich, BGBl. I, Nr. 170/1998 (Atomhaftungsgesetz), RHG v. 1948, Österreich, BGBl. Nr. 144/1928 (Rechnungshofgesetz), s. OGH, Urt. v. 10. 9. 1947, 1 Ob 500/47, SZ 21/46; OGH, Urt. v. 28. 3. 1973, 5 Ob 50/73, SZ 46/36; *Koziol*, in: FS Wilburg, 1975, S. 173 ff.; *Bydlinski*, Juristische Methodenlehre und Rechtsbegriff, 2. Aufl. 1991, S. 479.

[303] 将《铁路与机动车赔偿责任法》第2条第2款具体类推适用于铲雪车的,参见 OGH, Urt. v. 15. 9. 2004, 9 Ob A 49/04b, SZ 2004/138;关于《民法典》第844条第2款的问题,也可参见下文第十五章边码45及以下。

"事物本质"或者某种法观念入手进行整体类推,其论证往往也缺乏说服力。[304] 拉伦茨即认为,法律适用者原则上应当倾向于论证具体类推,而非整体类推。[305]

五、对"法目的"的艰苦探寻

最后要指出的是,目的解释、对规范和法律精神目的的探寻并非绝 **159**
对。若缺乏可供对比的构成要件要素,或者法律的目的存有歧义,对具体类推的论证就会显得颇有难度。

1. 与法律的构成要件要素缺乏相似性时进行目的性扩张

"目的性扩张"迄今为止仍属于一个不甚清楚的法构造。有观点认为 **160**
它是"具体类推"的一种子类型[306],有观点则认为它纯属多余。[307] 此外,还有人认为,只有需要扩张规范的法效果时,才可谓"目的性扩张"。[308] 同具体类推一样,目的性扩张以漏洞的存在为前提,因而起作用的就并非文义。不过,为实现其目的,就必须对规范予以补充。[309] 不仅限于与法律的构成要件缺乏联结的情形,部分学者主张,只要"相似性比较"在他们看来不够有说服力,那就已然可以进行目的性扩张。例如,对于"除了两条腿的是否也要为四条腿的负责"之类的问题,就可以进行目的性扩张。[310] 这种看法实不可取,因为此时本可适用"当然推论"当中的"举轻以明重"(第六章边码126及以下)。[311]

不同于上述前两种观点,在进行目的性扩张时,可能因为规范恰恰缺 **161**

---

[304] 不同观点,参见 *Canaris*, Die Feststellung von Lücken im Gesetz, 2. Aufl. 1983, S. 99 f.;而针对前者的批评,则参见 *F. Müller/Christensen*, Juristische Methodik, Bd. I, 11. Aufl. 2013, Rn. 371。

[305] *Larenz*, Methodenlehre der Rechtswissenschaft, 6. Aufl. 1991, S. 386.

[306] *Rüthers/Fischer/Birk*, Rechtstheorie, 11. Aufl. 2020, Rn. 904.

[307] *Bydlinski*, Juristische Methodenlehre und Rechtsbegriff, 2. Aufl. 1991, S. 475.

[308] *Meier/Jocham*, JuS 2016, 392, 394; *Muthorst*, Grundlagen der Rechtswissenschaft, 2. Aufl. 2019, § 8 Rn. 27.

[309] *Larenz*, Methodenlehre der Rechtswissenschaft, 6. Aufl. 1991, S. 398.

[310] *Rüthers/Fischer/Birk*, Rechtstheorie, 11. Aufl. 2020, Rn. 904.

[311] 参见 *Reimer*, Juristische Methodenlehre, 2. Aufl. 2020, Rn. 623。

乏相应的构成要件要素，故而无法与规范的法定构成要件要素进行相似性比较。因此，目的性扩张实是在构成要件之上补充了某个构成要件要素，而未能进行相似性比较。[312] 帕夫洛夫斯基（Pawlowski）就引用了联邦最高普通法院超越当时《民事诉讼法》第 50 条的文义授予工会"主动诉权"的判例为其例证。[313] 就其方法而言，这里所进行的可以说是"合宪的法续造"。[314] 如果在法效果的层面没有规定无权利能力社团的诉权，那就无法为此进行类推适用。因此，联邦最高普通法院要得出不同的结论，就必须扩张法效果。

162 另有学者主张，"目的性扩张"是指超越法律文义而对法效果予以扩充的情形。不过这一案例类型略显牵强，因为它本质上仍然意味着以比较中项为基础的具体类推的子类型。

163 可以作为例子的是联邦最高普通法院有关《民法典》第 844 条第 2 款的判例：杀死扶养义务人的加害者是否必须在被害人本可期待的寿命期限内向扶养权人支付养老金以维持其生活？若如此，扶养权人在被害人死亡后即能主张原本并不包含在扶养费请求权当中的养老金请求权，应如何看待这一问题？基于规范的精神和目的以及公平性的考量，联邦最高普通法院认可了《民法典》第 844 条第 2 款的适用，因为被害人在活着的时候本可以支付养老金从而为其储备相应的"鳏寡养老金"（Witwenrente）[315]。本案中，事实上似乎无法在法律规定的"扶养费请求权"和超越其以外的有可能储备下来的"养老金"之间进行"特殊与特殊"（第六章边码 133）的对比。[316] 不过，这实属一个较为牵强的例子，因为以归纳的方式寻求"比较中项"的做法仍然可以被归于"具体类推"的范畴。正如狗和狗熊都属于"动物"一样（第六章边码 127），扶养费请求权和法律未予规定

---

[312] 有学者使用的是"目的性添加"之谓，参见 *Röver*, in：FS Reuter, 2021（im Erscheinen）。

[313] *Pawlowski*, Methodenlehre für Juristen, 3. Aufl. 1999, Rn. 499.

[314] BGHZ 42, 210, 216 ff. -aktive Parteifähigkeit von Gewerkschaften（§11 Rn. 78）.

[315] BGH, Urt v. 29. 4. 1960, VI ZR 51/59, BGHZ 32, 246, 249-Rentenanspruch.

[316] *Larenz*, Methodenlehre der Rechtswissenschaft, 6. Aufl. 1991, S. 398；*Meier/Jocham*, JuS 2016, 392, 394；*Muthorst*, Grundlagen der Rechtswissenschaft, 2. Aufl. 2019, §8 Rn. 27.

的有储备功能的养老金请求权也都可以被称作是"对现金流的损害"（Barunterhaltsschäden）。以此为基础，就可以展开具体类推了。[317]

164 对有待填补的漏洞而言，只有缺乏与之相应的"联结点"时，才谈得上应用"目的性扩张"。例如，有关《民法典》第904条第2句"请求相对人"的问题即是如此（见下文）。这一情形下，就无法通过具体类推而填补漏洞，而必须进行目的性扩张。这时就可以借助第四、五章所介绍过的那些论证模型而加以论证。

165 注水案：汉斯（H）的房子位于某个斜坡下。在积雪融化后，房子的地下室很可能被水注满，那里面保存了价值连城的画作和地毯。于是，H叫了消防人员（F），后者挖了沟渠，从而避免地下室灌水。然而，沟渠却把水引到了邻居埃米尔（E）的土地上，使得E尚还只是毛坯房的地下室进了水。E要求赔偿为修缮支付的费用。他应该向谁主张？该依照何种规定确定破产风险（Insolvenzrisiko）？请依据《民法典》第904条的规定分析E、H及F的法律地位——有条件的话，还可和两个同学一起进行角色扮演。

166 答案：《民法典》第904条规定了所谓的"侵害型紧急避险"（agressiver Notstand）。根据第1句之规定，若（他人）有可能发生的损害不合比例地高于对自己的所有物产生的损害，所有权人必须容忍之。此时，必须存在紧急避险的情形和行为以作为请求权成立的条件。根据第2句之规定，E对其遭受的损害享有赔偿请求权。然而，立法者遗漏了有关请求权相对人（即应当向谁主张请求权）的规定，此为法律之漏洞（第六章边码109）。由此也就产生了不同的观点，主张向H或者F提出请求权者有之，主张将二者作为共同债务人提出请求权的亦有之。

167 请求权相对人可以是F，因为F是**侵害实施人**(Einwirkende)。支

---

[317] 关于这一概念，参见 BeckOK - BGB/*Hau*/*Poseck*, 56. Ed. 1. 11. 2020, § 844 Rn. 18. *Larenz* (ebd.); 克莱默也认为这一情形和具体类推极为近似，参见 *Kramer*, Juristische Methodenlehre, 6. Aufl. 2019, S.236 erkennen auch and, dass hier eine deutliche Nähe zur Einzelanalogie besteht.

持这一点的是法律的谱系解释——在原始的立法文本中，还明文规定了侵害实施人为请求权相对人。[318] 就体系而言，这也符合一般的"肇因者原则"（Verursacherprinzip），据此，损害的肇因者负有赔偿之义务。侵害实施人即事件发生的掌控者，因此他可以被当作"行为妨害者"而承担损害赔偿。而侵害实施人本身还可依据《民法典》第662及以下、第677及以下、第812条及以下的规定向受益人追偿。[319] 从结果取向的解释来看，被侵害人就节省了费力寻找受益人的辛苦。而法律的文义也已表明了规范的目的，"侵害的权利和损害赔偿的义务原则上应归于同一人"。[320]

168 同样可供考虑的则是向 H 提出请求权，因为他才是从引水行为中获利的**受益人**。[321] 可以反驳谱系解释的观点是：法律的原始立法文本终究不能代替法律本身。[322] 就体系而言，其与公益牺牲或征收的一致性都能反映这一点，因为在合法征收的情形，即是由受益人承担赔偿义务［如《巴伐利亚州有偿征收法》（BayEG）[323] 第9条第2款第1句］。这样做也符合利益平衡：一方面，受益人的房子免遭损害，他从侵害行为中获利，故而应当由他负责赔偿；另一方面，从结果取向的解释来看，侵害实施人帮助他人的好意应当得到弘扬，而不能使其承担责任之风险。此外，对那些没有侵权能力的帮助者而言，若其按照另一方的观点必须承担《民法典》第904条第2句的义务，则必

---

［318］ 在立法过程中，曾有人建议第904条如此表述："侵害实施人有义务向所有权人为损害赔偿"，参见 *Mugdan*, Bd. I, S. 802。

［319］ Erman/*Wilhelmi*, BGB, 16. Aufl. 2020, § 904 Rn. 10; Palandt/*Herrler*, BGB, 80. Aufl. 2021, § 904 Rn. 5。

［320］ 颇有启发性地指出这一点的，参见 *Baur/Stürner*, Sachenrecht, 18. Aufl. 2009, § 25 Rn. 8。

［321］ *Horn*, JZ 1960, 350, 352; LG Essen, Urt. v. 10. 3. 1998, 13 S 491/97, MDR 1998, 780; *Althammer*, in: Staudinger, BGB, Neubearb. 2020, § 904 Rn. 38; *Esser/Schmidt*, Schuldrecht, Bd. I/1, 8. Aufl. 1995, S. 137。

［322］ 有关之后的论述，参见 *Brückner*, in: MünchKomm-BGB, 8. Aufl. 2020, § 904 Rn. 16。

［323］ Bayerisches Gesetz über die entschädigungspflichtige Enteignung v. 1. 1. 1983, BayRS III, S. 601。

将引起其他的后续问题。[324] 从目的论的角度可提出的论据是，《民法典》第904条第2款正是以"牺牲思想"[325] 为基础，受益人所可能面临的更高程度的损害必须得到阻遏，因此所有权人的妨害防止请求权被剥夺，唯使其可主张赔偿。

然而，两种观点都未对破产风险作出周全之考虑。部分观点认 **169**
为，若由侵害人为受益人的破产承担责任，有失公平。[326] 这一点虽言之有理，却失之片面。若要求所有权人承担侵害实施人或受益人的破产风险，亦难谓公平。既然基于《民法典》第904条第1款的容忍义务，所有权人不得阻止侵害之发生。这符合作为《民法典》第904条基础的"先容忍再结算"（dulde und liquidiere）原则。对受害人而言最为有利的解决方案即是第三种观点，即要求侵害实施人与受益人承担"**连带责任**"。[327] 由此，受益人即可向任意一方主张完整的损害赔偿，而在二者的内部关系中，则由受益人承担责任。

2. 多元的规制目的

规范的目的有时可能难以捉摸，因为规范可能包含多个规制目的。规 **170**
范所保护的可能是完全不同的群体，实质上所要实现的保护目的可能是多种多样的；就"公证人公证"而言，除了记载功能，其亦负有警示和指导功能（第五章边码15）。人们侧重的规制目的不同，对具体类推的态度就可能或支持或否定。"母子车厢案"中，究竟受保护的是母亲、孩子还是也包含了同行的旅行者，可谓并不明确（第一章边码5、73、75）。对婚姻中介合同的保护目的也总是争议不断（第五章边码75及以下）。布鲁格曾于公法领域正确地指出，目的解释使得无论援引宪法的何种价值——诸如自由、平等、尊严、民主、福利等——都变得并非难事。[328]

---

[324] *Neuner*, Allgemeiner Teil des Bürgerlichen Rechts, 12. Aufl. 2020, § 21 Rn. 69.
[325] *Larenz/Canaris*, Lehrbuch des Schuldrechts, Besonderer Teil, Bd. II/2, 13. Aufl. 1994, S. 655 f.
[326] 同上注。
[327] *Wieling*, Sachenrecht, 6. Aufl. 2020, § 8 Rn. 10; *Pawlowski*, Allgemeiner Teil des BGB, 7. Aufl. 2003, Rn. 859; *Wellenhofer*, Sachenrecht, 35. Aufl. 2020, § 24 Rn. 29.
[328] *Brugger*, AöR 191 (1994), 1, 29. zur teleologischen Mehrdimensionalität S. *Reimer*, Juristische Methodenlehre, 2. Aufl. 2020, Rn. 365 ff.

171 　　将有关不动产买卖合同的规范类推适用于预约合同，其理由在于规范的警示功能。但是，如果认为《民法典》第311b条是为了实现记载功能，那这样的类推就有些勉为其难（第六章边码135）。如果书面形式的要求乃基于证明功能，而非警示功能，类推适用也应被拒绝。在资本市场法领域，一般认为，这一点不仅旨在保护市场，亦旨在保护个别的投资者。有争议的是，规范究竟是否以及在何种程度上构成"保护性法律"，或者说是否可根据损害赔偿法要求利益返还（第十三章边码32a）。《反不正当竞争法》第1条虽然保护消费者，但是依通说，消费者并不能独立提起诉讼（第四章边码50、第五章边码13）。

六、欧洲层面法续造的基本形式

1. "Interprétation"的概念

172 　　在进行法续造时，欧盟最高法院不一定全然效仿德国法院所通行的方法。在过去，欧盟最高法院效仿法国法，并不严格区分"法解释"及超越文义界限的法续造。[329] 其是从广义的角度使用"解释"的概念，或者直接使用法语概念"Interprétation"[330]。相应地，欧盟最高法院曾经也不会使用"漏洞"和"类推"之类的概念。

173 　　不过，放弃"法的续造"这一法构造的做法也难谓合理。法的续造意味着更高的论证负担，因为法官必须加以论证，为何他的法解决方案在偏离文义的情况也属正当（第四章边码38）。过去，人们使用"解释"或"Interprétation"这样宽泛的法构造时，常常掩盖了本不被允许的法续造之实（第十三章边码10）。[331] 令人乐见的是，欧盟最高法院近来已然承认

---

[329] *Vogenauer*, Die Auslegung von Gesetzen in England und auf dem Kontinent, 2001, S. 394, 1280 以及上文第四章边码36。

[330] *Schroeder*, in: FS G. Roth, 2011, S. 735, 739; Nach *Borchard*, in: GS Grabitz, 1995, S. 29, 37. 有观点认为，这二者也无法作出严格区分，eine strikte Trennung sei auch nicht möglich。

[331] *Hummer/Obwexer*, EuZW 1997, 295, 296; *Calliess*, NJW 2005, 929, 931 f.; *Hillgruber*, in: Danwitz/Heintzen/Jestaedt/Korioth/Reinhardt, Auf dem Wege zu einer Europäischen Staatlichkeit, 1993, S. 31, 39.

"法的续造"这种方法论,并认为存在某种不正当的法续造(contra legem)的界限。[332]

2. 目的性限缩

欧盟最高法院亦会采取"目的性限缩",尽管其并不会使用这一概念。[333] 在其判例中诉诸这一法构造的做法并不鲜见。

> 多利案:德国的一个名叫多利的法科生控诉认为,仅要求男人履行服兵役的义务违反了《一般平等对待指令》。因为兵役义务使得男人在进入非军事的职业领域时处于不利地位。

3. 具体类推

近年来,不论是在基础法还是次级法层面,欧盟最高法院都进行了大量的类推。这个时候,它也使用过"漏洞"的概念。例如,《欧洲联盟运作方式条约》的前身《建立欧洲共同体条约》仅规定了理事会和委员会的诉权;欧盟最高法院则通过类推适用先是赋予了欧洲议会无效之诉的应诉权[334],其后又将起诉权[335]赋予之。[336] "Krohn案"中,欧盟最高法院针对具体类推发表了如下一般性的论述。

> 正如法院在 1975 年 2 月 20 日,案号 64/74 一案(Reich, Slg. 1975, 261)以及 1978 年 7 月 11 日,案号 6/78(Union française des céréales, Slg. 1978, 1675)一案的判决中所作出的裁判,在特定的例外情形下,也应当作不同之处理。根据上述判决,对条例原本未规定之情形,经营者可主张条例的类推适用,只要其能够说明,一方面,

---

[332] 参见 EuGH, Urt. v. 4. 7. 2006, C-212/04, EU:C:2006:443, Rn. 110 f. -Adeneler,不过本案中,欧盟最高法院使用的是"国内不当的法解释"之说法(第十二章边码 47)。

[333] *Neuner*, in: Riesenhuber, Europäische Methodenlehre, 4. Aufl. 2021, § 12 Rn. 38,其刻意避免使用德国法概念,而是称其为"限缩性的解释"(restriktive Interpretation)。

[334] EuGH, Urt. v. 23. 4. 1986, C-294/83, EU:C:1986:166, Rn. 24 f. -Les Verts/Parlament zu Art. 173 EWG a. F.

[335] EuGH, Urt. v. 22. 5. 1990, C-70/88, EU:C:1990:217, Rn. 12 ff. -Parlament/Rat.;如今,立法者已经将议会的起诉权和应诉权成文法化,参见 Art. 263 AEUV。

[336] 其他欧盟最高法院类推适用的例证,参见 Calliess/Ruffert/*Cremer*, EUV/AEUV, 5. Aufl. 2016, Art. 264 AEUV Rn. 6。

> 其要适用的规范极大地符合所主张类推适用的规范；另一方面，此处存在一个与共同体法律的一般原则所不相容的、故而可由类推适用所填补的漏洞。[337]

178 此时，所谓的漏洞或者说本案的案件事实必须与规范规定的案件事实之间存在相似性。而必须对漏洞进行填补的原因在于：漏洞的存在与欧盟法的一般原则格格不入。从方法上说，此为"从特殊到特殊"的推论。[338]在论证时，欧盟最高法院则援用了"当然推论"（第六章边码 123）[339]。"**一致性论据**"（Gleichheitsargument）也时常为其所采纳。[340] 不甚明确的是，诸如指令和条例等次级法当中的漏洞当如何填补。尽管人们可以从次级法的内在体系着手，但究竟什么时候可以依循国内法而非欧盟法，实难说清道明。[341] 对于侵害类的行为而言，由于适用法治国家所要求的"法律保留原则"，故类推是被禁止的（第一章边码 35 及以下）。

4. 整体类推及新型法律制度的发展

179 欧盟最高法院有时也会判断是否可以进行整体类推。"多利案"（第六章边码 175）中，多利认为，只要求男人而不要求女人履行服兵役义务，乃违反欧盟《一般平等对待指令》。联邦政府认为，公共安全乃是允许例外的构成要件。而基本自由的例外必须被严格解释，因此欧盟最高法院拒绝这一关乎例外性构成要件的整体类推，其指出：

---

[337] EuGH, Urt. v. 12.12.1985, C-165/84, EU：C：1985：507, Rn. 14, 29-Krohn/Balm; s. auch EuGH, Urt. v. 26.10.2006, C-248/04, EU：C：2006：666, Rn. 40-Koninklijke Coöpertie Consun UA; EuGH, Urt. v. 11.7.1978, C-6/78, EU：C：1978：154, Rn. 4-Union françaises de céréales/HZA Hamburg Jonas.

[338] 参见 SchlA v. 4.7.1989, GA *Tesauro*, 30/88, EU：C：1989：285, Rn. 19-Griechenland/Kommission："要进行法学上站得住脚的类推，则需要证明，法律规定所遗漏的特殊案件与法律规定的特殊案件之间存在规范赖以为基础的共同点"，其中所引用的学者观点是：*Engisch*, Einführung in das juristische Denken, 4. Aufl. 1968, S. 143 f。

[339] 明显的例证，可参见 EuGH, Urt. v. 12.5.1957, 7/56 u. a., EU：C：1957：7, 91, 129-Algera。

[340] EuGH, Urt. v. 19.11.2009, C-402/07 u. a., EU：C：2009：716, Rn. 60, s. auch Rn. 48-Sturgeon："飞机乘客在航班取消和延误时所遭受的损失是相称的，因此，航班延误的乘客和航班取消的乘客不能被区别对待，这样才不会违反平等对待的原则。"

[341] *Schön*, in：FS Canaris, 2017, S. 147, 156 ff. S. auch oben § 2 Rn. 113 ff.

> 正如法院已经指明的，《建立欧洲共同体条约》仅在第 30、39、46、58、64、296、297 条规定了基于公共安全原因的例外，它们完全属于个别的特殊情形。从中并不能推导出一个一般性的、条约所蕴含的法律保留，认为任何维护公共安全的措施都可以构成共同体法适用范围的例外。如果可以不计条约规范的特殊构成要件要素何如，即径自承认这样的法律保留，则会损及欧洲共同体法的约束力及统一适用（vgl. Urteile vom 15. Mai 1986 in der Rechtssache 222/84, Johnston, Slg. 1986, 1651, Randnr. 26, Sirdar, Randnr. 16, und Kreil, Randnr. 16）。[342]

180

欧盟最高法院至今则尚未——或者说至少没有明显地——采纳过某种整体类推。不过，尽管有"有限授权原则"之约束，欧盟最高法院依然发展了一系列法律制度。这表现于法执行领域（第五章边码 116/117 及以下），也表现于一般法原则或者基本权利的领域（第十章边码 57 及以下）。

181

第四节　法律行为及合同的解释

参考文献：*Biehl*, *Björn*, Grundsätze der Vertragsauslegung, JuS 2010, 195–200; *Cziupka*, *Johannes*, Die ergänzende Vertragsauslegung, JuS 2009, 103–106; *Ehricke*, *Ulrich*, Zur Bedeutung der Privatautonomie bei der ergänzenden Vertragsauslegung, RabelsZ 60 (1996), 661–690; *Greiner*, *Stefan*, Die Auslegung empfangsbedürftiger Willenserklärungen zwischen „Normativität" und subjektivem Empfängerhorizont, AcP 217 (2017), 492–533; *Henckel*, *Wolfram*, Die ergänzende Vertragsauslegung, AcP 159 (1960/1961), 106–126; *Kötz*, *Hein*, Europäisches Vertragsrecht, 2. Aufl. 2015, § 6; *Lüderitz*, *Alexander*, Auslegung von Rechtsgeschäften, 1966; *Singer*, *Reinhard*, in: Staudinger-BGB, Bearb. 2017, § 133 Rn. 44–76; *Vogenauer*, *Stefan*, in: HKK-BGB, 2003, §§ 133, 157 Rn. 1–122; *Wiedemann*, *Herbert*, Ergänzende Vertragsauslegung-

---

[342] EuGH, Urt. v. 11. 3. 2003, C-186/01, EU: C: 2003: 146, Rn. 31-Dory/BRD.

richterliche Vertragsergänzung, in: FS Canaris, Bd. 1, 2007, S. 1282–1291; *Zimmermann*, *Reinhard*, *Die* Auslegung von Verträgen: Textstufen transnationaler Modellregelungen, in: FS Picker, 2010, S. 1353–1373.

一、法律行为及合同解释的目标

1. 解释原则

182 有观点强调，意思表示或合同的解释与法律的解释有着明显之区别：法律的对象是所有人，故而必须对其进行客观解释。而立法者的意图也并不是总能得到落实（第六章边码 77 及以下）。相反，意思表示及合同的解释被认为"可以且应当"反映当事人的主观意图。[343] 这种区分是合理的。然而，如果就此认为，体系解释全无用处，并进而以合同双方的利益相冲突为由认为合同目的即难以把握[344]，则未免偏激了。即便是在欧盟法领域，人们在解释法律行为或合同时也会用到上文所介绍的萨维尼的相关解释方法及法律漏洞补充的思想（第四至六章），只不过需要结合当事人意思的特点对其进行调整。[345]

2. 表意人的意思及第三人的信赖保护

183 与其他法秩序不同，《民法典》并无有关法律解释的成文法规则（第一章边码 49）。不过，《民法典》当中包含了诸多意思表示及法律行为的解释规则；其中最重要的即第 133 条及第 157 条。[346]《民法典》第 133 条要求探明"真实意思"，第 157 条则要求合同之解释须依循诚实信用原则并考虑交易习惯。这两个规则恰体现了上文所介绍的意思主义及表示主义两种理论间的紧张关系（第四章边码 98 及以下）。一方面，"私人自治"

---

[343] *Kramer*, Juristische Methodenlehre, 6. Aufl. 2019, S. 168.

[344] *Medicus/Petersen*, Allgemeiner Teil des Bürgerlichen Recht, 11. Aufl. 2016, Rn. 307 f.: "除非尽可能谨慎。"

[345] *Müller-Erzbach*, Wohin führt die Interessenjurisprudenz?, 1932, S. 83; *Kramer*, Juristische Methodenlehre, 6. Aufl. 2019, S. 169; *Busche*, in: MünchKomm-BGB, 8. Aufl. 2018, § 133 Rn. 7.

[346] 下文还将提及《民法典》第 116 条第 2 句、第 305b 条、第 2084 条、第 2258 条以及《商法典》第 346 条。

追求的是表示人意思的实现,但意思必须被付诸解释,正如《民法典》第116条第1句所明确的,纯粹内心的意思是无关紧要的[347];另一方面,表意相对人基于对某个意思表示的理解而生出的信赖也值得保护(第四章边码98以下)。在解释意思表示时,其要旨即在于分散因误解而产生的风险。[348] 这种紧张关系的背后则是这样一种目标,即通过传统的解释方法使人们的正义观尽可能地得到满足。[349] 视某一意思表示所属法律行为的不同(第四章边码108),人们也需要调整其相应的解释方法。[350] 首先需要判断的是,究竟是否存在意思表示(第四章边码97及以下)。之后则需要进行如下"三步法"的审查:第一步,先就当事人的主观意思进行简单解释,必要时在第二步考虑客观相对人之视角。[351] 此时,表示与意思之间可存有差异;在德国法上,这种错误往往可通过"撤销"而予以清除。若无从确定当事人的意思,则可考虑实行第三步——"补充解释"。

二、自然解释法

1. 不需要受领的意思表示

依据《民法典》第133条的规定,(解释意思表示时)应探求真实的、实证的意思。这种"自然"的意思本来就并非一种客观的、规范性的意思。对单方的、不需受领的意思表示而言,只需在乎其所欲表达的意思(Gewollte),因为相对人此时并无被保护的需要。典型的例子即遗嘱。由于不必保护潜在的继承人,因此立遗嘱人的意思起着决定性的作用。

部分解释规则不得不予以调整:上文的"文义明确性规则"(第四章

---

[347] *Singer*, in: Staudinger, BGB, Neubearb. 2017, § 133 Rn. 1.
[348] *Betti*, in: FS Rabel, Bd. II, 1954, S. 79, 133; *Singer*, in: Staudinger, BGB, Neubearb. 2017, § 133 Rn. 2.
[349] *Vogenauer*, in: HKK-BGB, 2003, § § 133, 157 Rn. 122 a. E.
[350] 关于单方法律行为、双方法律行为、需要受领及不需要受领的法律行为之间的区别,参见上文第四章边码108。
[351] *Wieser*, JZ 1985, 407, 408; *Kramer*, Juristische Methodenlehre, 6. Aufl. 2019, S. 168. **不同观点**,认为应当先从客观视角出发的,参见 Fikentscher/*Heinemann*, Schuldrecht, 11. Aufl. 2017, Rn. 156。

边码64）这里即不再适用。[352] 此时完全可以对意思表示作出与其明确的文义所不一致的解释。[353] 只要能够识别出一个明确的意思，即使存在多个相冲突的意思表示，亦不影响其解释。[354] 其中起关键作用的是表意人个人的语言习惯及其主观上所要表达的意思，例如，有人可能就是把酒窖称作"图书馆"[355]。在存在多份遗嘱时，即需要体系性的审查，某些遗嘱是否已被当事人撤回，又或者互为补充；就这一点，《民法典》第2258条已作出明确规定。[356]

2. "误言无害真意"

即使是需要受领的意思表示，其中起决定性的也可能非客观的表示，而仍在于所欲表示的意思。若表意相对人知晓表意人所欲求的是什么，那么意思表示的解释就应当从其意思，而非从其表示，因为此时对相对人并无保护之必要。这种解释原则也有其历史渊源，即所谓"误言无害真意"（falsa demonstratio non nocet）[357]。早在1920年，帝国法院就在其著名的判决中强调了这一点：如果双方想要的是"鲸鱼肉"，却都用了不正确的概念——"鲨鱼肉"，那自当从其真意而解释之，即要求其供应"鲸鱼肉"[358]。这一规则也同样存在于法国法及国际货物买卖领域（《联合国国

---

[352] *Singer*, in: Staudinger, BGB. Neubearb. 2017, § 133 Rn. 9; BGH, Urt. v. 19.12.2001, XII ZR 281/99, NJW 2002, 1260, 1261; BGH, Urt. v. 8.12.1982, IVa ZR 94/81, BGHZ 86, 41, 46. **不同观点**，则参见 Palandt/*Ellenberger*, BGB, 80. Aufl. 2021, § 133 Rn. 6。

[353] BGH, Urt. v. 9.4.1981, IVa ZB 6/80, BGHZ 80, 246, 249 f.; BGH, Urt. v. 8.12.1982, IVa ZR 94/81, BGHZ 86, 41, 45 f.

[354] BGH, Urt. v. 23.2.1956, II ZR 207/54, BGHZ 20, 109, 110; **不同观点**，参见 RG, Urt. v. 27.10.1904, VI 601/03, RGZ 59, 217, 219 f。

[355] *Singer*, in: Staudinger, BGB, Neubearb. 2017, § 133 Rn. 39。

[356] BayObLG, Urt. v. 20.8.1980, BReg 1 Z 43/80, Rpfleger 1980, 471, 472; *Otte*, in: Staudinger, BGB, Neubearb. 2019, Vorbem. zu §§ 2064-2086 Rn. 64 ff.

[357] 主张在遗嘱方面适用这一原则的，参见 Marcian D. 35, 1, 33 pr. 有关这一原则在罗马法中的发展，参见 *Bang*, JhJb 66 (1916), 309, 312 ff.; *Vogenauer*, in: HKK-BGB, 2003, §§ 133, 157 Rn. 85。

[358] RG, Urt. v. 2.6.1920, II 549/19, RGZ 99, 147, 148-Haakjöringsköd; s. BGH, Urt. v. 7.12.2001, V ZR 65/01, NJW 2002, 1038, 1039; BGH, Urt. v. 18.1.2008, V ZR 174/06, NJW 2008, 1658, 1659。

际货物买卖合同公约》第 8 条第 1 款)。[359] 涉及一般条款时也适用该规则:若当事人为某一条款赋予了不同于其客观意义的理解,则依《民法典》第 305b 条的规定优先适用这一个人约定。[360] 对于要式法律行为,倘若错误的标记系因疏忽造成,仍得依双方所欲求的意思解释之。[361]

三、客观规范解释法及具体的解释原则

1. 依相对人视角进行解释

对需要受领的意思表示而言,表意相对人原则上都有受保护的必要,因此必须顾及其理解上的各种可能性。不过,《民法典》第 157 条通过引致"诚实信用原则"使这种谨慎标准得到了具体化。因此,从相对人的视角来说,重点在于"依据诚实信用原则及交易习惯,表意人本应如何理解意思表示"。[362] 此时所考量的乃是"规范要素",即"从法律来看应当如何理解当事人所欲求的意思"。[363] 这也符合上文有关错误意思表示的原则(第四章边码 96 及以下)。盲目的信赖不受保护[364],相对人不能随意依其自身的理解而对待意思表示,他必须"探求意思表示的意义"[365]。"客观规范解释"这一概念实际上体现了法官对于解释的影响;但它着眼于当事人所表示的意思,故而仍属于"主观"之范畴。[366] 此时,萨维尼的解释规则只需加以调整就可发挥其作用。对于合同的文义、附属情况(Begleitumstände)及目的,联邦最高普通法院有过如下阐述。

187

"依据《民法典》第 133、157 条的规定,解释意思表示和合同时必须探求表意人的真实意思。此时,自当立足于意思表示的文义(BGH,

188

---

[359] 关于《法国民法典》第 1188 条,参见 *Greiner*, AcP 217 (2017), 492, 504 f.。
[360] BGH, Urt. v. 23. 1. 1991, VIII ZR 122/90, BGHZ 113, 251, 259-Auslegung von AGB.
[361] BGH, Urt. v. 21. 10. 2016, V ZR 78/16, NJW-RR 2017, 712 Rn. 22.
[362] BGH, Urt. v. 16. 10. 2012, X ZR 37/12, BGHZ 195, 126 Rn. 18.
[363] 明确指出的,参见 Medicus/Petersen, Allgemeiner Teil des BGB, 11. Aufl. 2016, Rn. 323, 其转引了 *Flume*, Allgemeiner Teil des Bürgerlichen Gesetzbuchs, Bd. II, 1965, S. 310。
[364] *Singer*, in: Staudinger, BGB, Neubearb. 2017, § 133 Rn. 18.
[365] BGH, Urt. v. 12. 2. 1981, IVa ZR 103/80, NJW 1981, 2295, 2296-Festpreisgarantie des Maklers; BGH, Urt. v. 15. 2. 2017, VIII ZR 59/16, NJW 2017, 1660 Rn. 16-Ebay-Verkaufsauktion.
[366] 详见 *Greiner*, AcP 217 (2017), 492 ff, insb. 530 ff。

> Urteil vom 19. Januar 2000 – VIII ZR 275/98, NJW-RR 2000, 1002 Rn. 20 mwN; MünchKomm. BGB/Busche, 6. Aufl. 2012, § 133 Rn. 56），对文义及由此得出的客观表示的当事人意思加以考虑。不过，在探求意思时，也必须考虑意思表示所追求的目的、当事人的利益状况及其他的附属情况，借此方能澄清双方意思表示的含义（BGH, Urteil vom 16. November 2007 – V ZR 208/06, NJW-RR 2008, 683 Rn. 7 mwN）。[367]

2. 文义、体系解释及"合同订立历史"方面的附随情况

189 与法律解释不同的是，在解释合同规则时，应优先依照日常生活的语言习惯来解释其文义[368]，例如"占有"即可能意指所有权。不过，当事人双方都是商人或法律人，情况自当有所不同。此时，专业性的交易语言习惯优先于日常生活的语言习惯。[369] 对篇幅较长的合同也可以考虑体系解释。在"交付时间"标题之下的"免责条款"理应只适用于该交付，而不适用于未能交付的情形[370]，从"任何人不得放弃其权利"这一经验法则来说，也应该对此进行严格解释。[371] 双方之间的通信往来如果可以被当作合同订立历史的组成部分，则也可以就此进行历史解释。[372] 在使用电子文本编辑的年代，要从时间顺序上识别文本的历次修改版本，也并非难事。[373] 不过，与法律解释不同的是，此时起决定作用的只是需要受领的意思表示发出的时间，之后客观的意思究竟如何则在所不问。

3. 目的解释–规则的利益状况及目的

190 目的解释所关注的即合同订立时合同规则利益状况及其目的。在合同解释的领域，上文所介绍的以当事人的利益为旨归的"利益法学"（第五章边码

---

[367] BGH, Urt. v. 16. 10. 2012, X ZR 37/12, BGHZ 195, 126 Rn. 19.
[368] OLG München, Urt. v. 5. 4. 1995, 15 U 4943/94, NJW-RR 1996, 239-Vermittlungsprovision 以及下文第六章边码 193。
[369] BGH, Urt. v. 23. 6. 1994, VII ZR 163/93, NJW-RR 1994, 1108, 1109: Leistungsbeschreibung für technische Fachleute.
[370] BGH, Urt. v. 19. 3. 1957, VIII ZR 74/56, BGHZ 24, 39 f.
[371] BGH, Urt. v. 20. 10. 1982, IVa ZR 81/81, NJW 1983, 678, 679.
[372] BGH, Urt. v. 10. 10. 1089, VI ZR 78/89, BGHZ 109, 19, 22 f.
[373] Vetter, RabelsZ 82 (2018), 267, 274.

19及以下)也有其用武之地。目的解释的要义在于促使合同双方订立理性规则的"一般性的生活经验",这种理性规则理应符合双方的利益并旨在实现他们所欲求的结果。[374] 不过,目的解释不得与当事人所表示的意思相冲突。[375]

合同上的漏洞可通过具体类推予以填补。同法律的具体类推一样,此时需要进行四个检验步骤。第一步,先只作为"前提"主张漏洞之存在(第六章边码108及以下)。第二步,则需要阐明在合同已作规定和未作规定的情形之间存在相似性。主张存有漏洞的一方即具有证明这一漏洞可被填补的论证负担。为此需要确认,究竟哪些事项属于当事人双方依诚信而言所意欲实现的(第六章边码182及以下)。第三步的关键则是证明"部分共性",即证明,未作规定的情形为何与合同约定的情形之间具有可比性。此时,合同未规定的情形必须与合同的目的相符(第六章边码117)。这里可以用"当然推论"或"规避论据"来佐以论证。第四步,始得主张对漏洞进行补充。上文提到的禁止携狗进入图书馆的案例也完全可以构成一个纯私法的案例——如果这是一个私人图书馆的话。若从上述"当然推论"出发,自然也不难得出禁止携带"会跳舞的熊"进入图书馆的结论(第六章边码127)。[376] 一个至今仍充满争议、有关目的解释的案例是1961年的"玻璃砖墙案"(Glasbausteine-Entscheidung)。

191

玻璃砖墙案:某工厂与一住宅用地相邻。两位邻居通过合同约定,(工厂)不得在界限处安装窗户,并应将厂房墙面涂上灰泥。然而,本案被告却在墙上开口,安装了玻璃砖,这种做法违背了邻居的意愿。那么,禁止安装窗户的约定是否也及于玻璃砖墙?上诉法院认为,安装玻璃砖墙的行为是正当的,因为人们没法透过玻璃砖墙看到里面,而它也不会造成气味或噪声扩散至相邻土地。虽然晚上会存在

192

---

[374] *Singer*, in: Staudinger, BGB, Neubearb. 2017, § 133 Rn. 52; BGH, Urt. v. 7. 3. 2005, II ZR 194/03, NJW 2005, 2618, 2619; BGH, Urt. v. 31. 1. 10. 1995, XI ZR 6/95, BGH 131, 136, 138-Spielsperre durch Spielbank. 关于遗嘱的规定,参见《民法典》第2084条。

[375] BGH, Urt. v. 1. 2. 1984, VIII ZR 54/83, BGHZ 90, 69, 77-Unwirksamkeit der Tagespreisklausel.

[376] *Henckel*, AcP 159 (1960/1961), 106, 118, 作者这里举的是租赁法上禁养犬类的例子, 并通过类推将这一禁令及于猴子和其他类似动物上。

第六章 目的解释的对立模型及法续造的基本形式 403

光线的侵扰,但被告安上黑百叶窗即可避免之。至于是否造成美观上的损害,则无关紧要。[377]

193 联邦最高普通法院则认为,原告可以阻止对方安装玻璃砖墙,因为依日常生活的语言习惯来说,玻璃砖墙也属于"窗户"之范畴。不过,这一论据也不绝对,此时的重点毕竟不在于对概念进行客观解释,而在于合同究竟约定了什么,正所谓"误言无害真意"(第六章边码186)[378]。因此,必须清楚地探明合同之目的,从而确定当事人双方所欲求的究竟是什么。两位邻居所要避免的是工厂和民居之间由于在界限处安装窗户而受到的影响。除了屏蔽视线,夜间的光线侵扰、美观上的损害以及对相邻土地价值的潜在折损等,都属于安装窗户所考虑的事项。若邻居没有诉诸法律手段,其妨害防止及去除请求权将于10年后罹于时效。[379] 这样的合同目的也符合合同双方的真实意思。[380] 本案的关键性观点即是:安装玻璃砖墙和安装窗户之间是具有可比性的。

4. 面向多数人的合同

194 此外,合同的解释也因其对象范围(Personenkreis)而异。合同面向的人数越多,越应当对其予以纯粹客观之解释,即不再关切合同订立者的意思。公众型公司[381]、劳资协议[382]、或一般交易条款[383]等均属此类。

---

[377] 赞同上诉法院观点的,参见 Honsell, in: Staudinger, BGB, Neubearb. 2018, Einl. zum BGB Rn. 5。

[378] Pleyer, JZ 1961, 496.

[379] BGH, Urt. v. 13. 7. 1960, V ZR 90/59, LM § 133 BGB (C) Nr. 17 = JZ 1961, 494, 495 f. -Glasbausteine;赞同法院观点的,参见 Pleyer, JZ 1961, 496;弗卢梅称这是"典范意义上的正确判决",参见 Flume, Allgemeiner Teil des Bürgerlichen Gesetzbuchs, Bd. II, 1965, S. 319; Singer, in: Staudinger, BGB, Neubearb. 2017, § 133 Rn. 54。

[380] 与"假定意思"的区别,则参见下文第六章195。

[381] BGH, Urt. v. 5. 2. 1990, II ZR 94/89, NJW 1990, 2684, 2685-Änderung eines Gesellschaftervertrages; BGH, Urt. v. 17. 7. 2006, II ZR 242/04, NJW 2006, 2854 Rn. 9-Handelsregisteranmeldung.

[382] BAG, Urt. v. 24. 11. 1988, 6 AZR 243/87, NZA 1989, 313, 352-Tarifliche Gratifikation.

[383] BGH, Urt. v. 17. 4. 2013, VIII ZR 225/12, NJW 2013, 1805 Rn. 9-Stromlieferungsvertrag. **不同观点**,参见 Neuner, Allgemeiner Teil des Bürgerlichen Gesetzbuch, 12. Aufl. 2020, § 47 Rn. 46。

四、合同的补充解释

1. 区别

在客观规范解释的框架下,以具体类推为途径即可进行简单的漏洞补充,因为此时可以根据双方当事人的真实意思而探明合同之目的。依合同目的即可对漏洞进行填补(第六章边码191)。而若难以确定合同当事人相应的意思——他们可能根本没有想到特定的法律问题——则对合同进行补充解释(第六章边码199)。在无法确定当事人的真实意思时,判例即会使用"补充解释"之概念。补充解释通过为合同附加一个假定的意思(hypothetischer Wille),来补充合同中出现的"违反计划的漏洞"[384]。合同必须想到从始到终的情况。[385] "补充解释"所追问的,即在于假定合同双方预见到这一未被规定的情况,则其在依诚实信用原则恰当衡量各自利益后将会作出怎样的约定。[386]

部分学者主张完全摒斥"补充解释"的论证模型,理由是借此之名会掩盖那些不正当的法续造行为。[387] 事实上,和通过拟定"客观意图"等方式填补法律漏洞的法续造相类似(第六章边码69及以下),补充解释也是"续造"了当事人的意思,即"假定的意思"。然而,这种批评难谓周全,因为此处已不再关心"作为国家及民主授权机构的立法者是否可为人们所违拗"的问题。与此不同,合同补充的要义乃在于对合同约定的意思作进一步的揣摩。[388] 合同补充解释之所以能够作为一种独立的论证模型,原因在于其所看重的是合同本身以及合同当事人的"立约计划"(Rege-

---

[384] Erman/*Armbrüster*, BGB, 16. Aufl. 2020, § 157 Rn. 15 f.

[385] *Larenz*, Methodenlehre der Rechtswissenschaft, 6. Aufl. 1991, S. 301; *Busche*, in: MünchKomm-BGB, 8. Aufl. 2018, § 157 Rn. 27 f.

[386] BGH, Urt. v. 29.4.1982, III ZR 154/80, BGHZ 84, 1, 7-Anspruch auf Rückübereignung; BGH, Urt. v. 1.2.1984, VII ZR 54/83, BGVHZ 90, 69, 77-Unwirksamkeit der Tagespreisklausel. Oder auch *Ripert/Boulanger*, Traité de Droit Civil, Tome II, 1957, n. 470: *l'art de faire, parler le contrat* "使合同开口说话的技艺"。

[387] *Bierling*, Juristische Prinzipienlehre, Bd. 4, 1911, S. 197 ff.; *Wieacker*, JZ 1967, 385, 390; *Neuner*, Allgemeiner Teil des Bürgerlichen Rechts, 12. Aufl. 2020, § 35 Rn. 68 ff.

[388] Erman/*Armbrüster*, BGB, 16. Aufl. 2020, § 157 Rn. 15.

lungsplan），它与任意法的规定有可能是不相一致的。[389] 这也就是合同的补充解释与法续造的裁判之间的区别所在。[390]

197 最后还要区分合同补充解释与"推断的意思表示"。对推断的意思表示来说，必须存在相应的依据以确保对当事人意思的肯定不至于沦为"拟制"。[391] 英美法也经常将援用"推断的意思表示"作为一种方法。[392]

2. 合同补充解释的条件

198 合同的补充解释需要依循这样一个清楚的检验步骤：①唯有真正的解释也即自然、客观解释无法得出结果时，始得适用之。②此外，必须有漏洞之存在。若某个需要约定的事项未作规定，对其予以补充规定显得"必要而理所当然"，非如此则无法解决实际情况与合同约定之间的冲突时，即可谓存在这种漏洞。[393] 如果不使其恢复完整，则"难以得出正当的、符合各方利益的解决方案"[394]。③不过，如果通过任意法的规则可"符合利益地"（interessengerecht）补充这一漏洞，则应适用任意法的规则。④只有这点可被排除时，始得着手真正意义上的补充解释。

199 （1）如果能够确定合同双方依诚实信用原则而得出的符合其利益的意思，法官即不再需要补充当事人的意思，也即不必对合同予以从始至终的盘量。只有无法确定双方一致的意思时，才有必要作补充解释。因此，补充解释应当是在常规解释之后。上文的"玻璃砖墙案"即是通过客观规范解释证明了当事人相应的真实意思。[395]

200 （2）此外，务必确认漏洞之存在。当事人必须是忽略了某一点，或者

---

[389] *Wiedemann*, in: FS Canaris, Bd. 1, 2007, S. 1281, 1286 ff. 以及第六章边码 201。

[390] *Roth*, in: Staudinger, BGB, Neubearb. 2020, § 157 Rn. 8 a. E. **不同观点**，参见第六章脚注 387 的著述。

[391] BGH, Urt. v. 14. 11. 2002, III ZR 87/02, BGHZ 152, 391, 396.

[392] 参见 *Lüderitz*, Auslegung von Rechtsgeschäften, 1966, S. 386 ff.; *Kötz*, Europäisches Vertragsrecht, 2. Aufl. 2015, S. 150 ff.

[393] BGH, Urt. v. 10. 7. 1969, III ZR 238/68, WM 1969, 1237, 1239.

[394] BGH, Urt. v. 3. 12. 2004, VIII ZR 370/13, NJW 2015, 1167 Rn. 24.

[395] 第六章脚注 379 的著述即持此观点。不同观点，认为本案主要采用了合同补充解释法的，参见 Brox/*Walker*, Allgemeiner Teil des BGB, 48. Aufl. 2020, § 6 Rn. 18。

是误以为其不需要加以约定故而有意将其悬置。[396] 如果当事人有意不愿对某事项进行约定，则不得对合同进行补充解释。

（3）任意法的规定优先于补充解释。[397] 其所依据的思想是：立法者已然通过衡量当事人的利益而实现了一般化的正义。[398] 不过，适用任意法的前提在于其并未违背合同当事人的意思。 **201**

（4）在"金融交易法"（Transaktionsrecht）领域，例如涉及企业的出让时，通常不会选择适用《民法典》中的任意法，因为其中诸如解除或更换等大量法律救济手段均与之格格不入。[399] 此类情形中，法律规范即不符合具体合同的利益状况。如果法律对某一合同类型（如融资租赁合同）未作规定，则也不适用任意法规则。 **202**

> 影子写手合同：对于个人传记的"影子写手合同"而言，《民法典》第 648 条第 2 句即难得适用，因为事关精神活动的合同实无法合理地区分已完成和未完成的部分。有判决对这类合同进行补充解释，认定当事人可享有一半的请求权。[400] 诊所交换合同：有两个医生意欲交换各自的诊所，从其合同中即可解读出"二者在适当期限内都不得在自己之前诊所的附近营业"的约定。[401] 增值税：增值税原则上包含于要约的价格中。如果合同双方错误地以为他们二者之间的交易不需要承担增值税义务，则可以对此进行补充解释。[402] **203**

最后还需阐述一下合同补充解释与交易基础丧失制度的关系：前者具有优先性。不过，若无法确定当事人共同的意思，则可以适用《民法典》 **204**

---

[396] BGH, Urt. v. 4. 12. 2014, VII ZR 4/13, NJW 2015, 955 Rn. 27-Vorfinanzierungsvertrag.
[397] BGH, Urt. v. Urt. v. 1. 6. 1979, V ZR 80/77, BGHZ 74, 370, 374; BGH, Urt. v. 13. 11. 1997, IX ZR 289/96, BGHZ 137, 153, 157.
[398] *Roth*, in: Staudinger, BGB, Neubearb. 2020, § 157 Rn. 23.
[399] *Vetter*, RabelsZ 82 (2018), 267, 273.
[400] OLG Naumburg, Urt. v. 8. 5. 2008, 2 U 9/08, NJW 2009, 779-Kündigung eines Ghostwritervertrages.
[401] BGH, Urt. v. 18. 12. 1954, II ZR 76/54, BGHZ 16, 71, 76-Praxistausch zwischen Ärzten.
[402] BGH, Urt. v. 28. 2. 2002, I ZR 318/99, NJW 2002, 2312.

第313条有关交易基础丧失的原则。[403] 由于这两种法制度均以合同存在"计划外的漏洞"为前提，故二者之间的界限是模糊的。[404] 交易基础并非合同之内容；合同内容的组成部分不能成为交易基础之对象。[405] 如果情事发生的基础性的变化无关乎对当事人意思的评价，则不存在适用补充解释的余地，而应诉诸交易基础丧失制度。[406]

第五节　第六章小结

（1）形式论据不能取代价值安排。若论证符合当事人的利益和法律的价值安排，则形式论据可为思路提供有意义的、可资检验的结构，但其价值不容高估。[407] 在解释和法续造之间应当作出截然区分，因为法的续造而言，意味着更高的论证负担。

（2）作为当前通说的"折中说"同时消除了主观理论及客观理论的弊端，其第一步以立法者意图为重心；而在第二步，若当下对规范的理解与历史意图相矛盾，则可对第一步进行修正。编写疏漏可以得到修正。为确定其是否存在，涉及欧盟法时会先行比较所有的语言版本。

（3）在进行法的续造时，需要论证存在漏洞或者法规范具有非常"宽宏"的文义。法续造的基本形式包括具体类推、整体类推、目的性限缩和目的性扩张。若缺乏与填补漏洞相关的联结点，则可以运用目的性扩张。如果法规范以多个规制目的为基础，则亦很难确定法律的目的。

（4）萨维尼的法解释理论亦能用于合同之解释，只不过需要结合当事人意思的特点对这些论证模型进行调整。对于合同，首先应作常规的解

---

[403]　BGH, Urt. v. 4. 10. 1988, VI ZR 46/88, BGHZ 105, 243, 245-Anpassung des Rentenvergleichs.

[404]　BGH, Urt. v. 28. 5. 2013, II ZR 67/12, BGHZ 197, 212, Rn. 26-Genussschein und Beherrschungsvertrag.

[405]　BGH, Urt. v. 1. 2. 1984, VIII ZR 54/83, BGHZ 90, 69, 74-Unwirksamkeit der Tagespreisklausel.

[406]　BGH（ebd.）, BGHZ 197, 212 Rn. 26-Genussschein und Beherrschungsvertrag.

[407]　*Martens*, Methodenlehre des Unionsrechts, 2013, S. 329.

释，即探求当事人的主观意思；必要时以客观的相对人视角对合同予以解释。若无从确定当事人的意思，则可对合同进行补充解释。

本章参考文献：

Canaris, *Claus-Wilhelm*, Die Feststellung von Lücken im Gesetz, 2. Aufl. 1983; *Fleischer*, *Holger*, Rechtsvergleichende Beobachtungen zur Rolle der Gesetzesmaterialien bei der Gesetzesauslegung, AcP 211 (2011), 318-351; *Grundmann*, *Stefan/Riesenhuber*, *Karl*, Die Auslegung des Europäischen Privat- und Schuldvertragsrechts, JuS 2001, 529-536; *Herzberg*, *Rolf D.*, Kritik der teleologischen Gesetzesauslegung, NJW 1990, 2525-2530; *ders.*, Die ratio legis als Schlüssel zum Gesetzesverständnis? –Eine Skizze und Kritik der überkommenen Auslegungsmethodik, JuS 2005, 1-8; *Heun*, *Werner*, Original Intent und Wille des historischen Gesetzgebers, AöR 116 (1991), 185-209; *Hillgruber*, *Christian*, Richterliche Rechtsfortbildung als Verfassungsproblem, JZ 1996, 118-125; *Langenbucher*, *Katja*, Argument by Analogy in European Law, 57 (3) C.L.J. 481-521 (1998); *Leisner*, *Walter Georg*, Die subjektiv-historische Auslegung des Gemeinschaftsrechts, Der „Wille des Gesetzgebers" in der Judikatur des EuGH, EuR 2007, 689-706; *Manning*, *John F.*, What Divides Textualists from Purposivists?, 106 Columbia L. Rev. 70-111 (2006); *Meier*, *Patrick/Jocham*, *Felix*, Rechtsfortbildung – Methodischer Balanceakt zwischen Gewaltenteilung und materieller Gerechtigkeit, JuS 2016, 392-398; *Müller-Erzbach*, *Rudolf*, Die Relativität der Begriffe und ihre Begrenzung durch den Zweck des Gesetzes, JhJ 61 (1912), 343-384; *Rüthers*, *Bernd*, Fortgesetzter Blindflug oder Methodendämmerung der Justiz? –Zur Auslegungspraxis der obersten Bundesgerichte, JZ 2008, 446-451; *ders./Höpfner*, *Clemens*, Analogieverbot und subjektive Auslegungsmethode, JZ 2005, 21-25; *Ryu*, *Paul K./Silving*, *Helen*, Was bedeutet die sogenannte „Relativität der Rechtsbegriffe"?, ARSP 59 (1973), 57-86; *Würdinger*, *Markus*, Das Ziel der Gesetzesauslegung–ein juristischer Klassiker und Kernstreit der Methodenlehre, JuS 2016, 1-6.

第三部分

具体化及建构

第七章 立法、行政及司法对法的具体化

第一节 法的具体化

一、解释与具体化

1. 解释作为第一个工作步骤

如何应对有着大量不确定性法概念的法律,是法学教育当中的一个核心内容。在第二部分已经介绍了有关解释的内容:这包括萨维尼所发展的理论以及逻辑和结果导向的论证模型(第四至六章)。下文还将涉及宪法和欧盟法背景下的法解释(第十一至十二章)。概念愈是不确定,解释就愈发困难。其中的危险是,人们可能会妄加解释出一些概念所根本没有包含的意义。上文已经介绍了恩吉施有关处理案件事实的方法,即"事实与规范之间的来回顾盼",此即为一种将构成要件要素予以具体化的可能方式(第四章边码10)。通常而言,不确定性概念和一般条款过于模糊,以至于凭借传统的论证模型已然无法确切地完成工作。因此,在传统的解释之外,必须再实施进一步的工作步骤,也即"具体化"。

2. 具体化作为必要的、第二个工作步骤

"具体化"(Konkretisierung)这一概念来源于公法领域,它是处理基本权利问题时的原则。在进行具体化时,解释者所要完成的是"**更为艰巨的展开义务**"(Spezifizierungsleistung)[1],因为此时的文义无法直接予以

---

[1] Morlok, in: Gabriel/Gröschner, Subsumtion, 2012, S. 175, 206.

涵摄。现有的法学方法论教科书鲜有提及"具体化"的概念[2]，而其在民法和刑法中处理一般条款时非常重要，它表明在上文介绍的论证模型之外尚需完成其他方法上的步骤，才能实现案件事实的涵摄。[3] 例如，通过对案例类型相关的归责标准进行抽象一般化的评价来梳理出各种案例类型（第八章边码10及以下）。因此，"具体化"已然超越了解释学的范畴[4]，是解释之后的第二步。从方法上说，比起单纯的解释，具体化提出了更高的要求，毕竟对法律适用者而言，在缺乏可清楚检验的构成要件要素时，要完成令人信赖的检验步骤殊非易事。《民法典》第138条的"背俗行为"和《基本法》第1条第1款的"人格尊严"该如何被具体化，不只是法科生要面对的难题，其中所要完成的进一步的中间步骤，主要还是需要依赖判例之发展。就此而言，法教义学担纲着重要的任务。要完成具体化，即是要创设一些小前提。

3　　部分观点认为，"解释"和"具体化"是相对立的："解释"是确定规范的内容；而"具体化"则是创造性地充实一些原则性的规定。[5] 因此，具体化本身也就包含了一些**创造性的元素**。[6] 若经典的论证模型（例如文义解释或立法史解释等）不再奏效，那么创造性形塑的成分必然明显增加。同时，这又必须以"现状"[7]为基础，也就是说，法学解决方案必须与法律和法秩序的价值安排相一致。如果是创设出脱离法源的新

---

〔2〕 相应的批评，参见 *Zimmermann*, RabelsZ 83 (2019), 241, 281 Fn. 282。

〔3〕 *Hesse*, Grundzüge des Verfassungsrechts der Bundesrepublik Deutschland, 20. Aufl. 1999, Rn. 59.

〔4〕 **不同观点**参见 *Brugger*, AöR 119 (1994), 1, 2, 作者将这两个概念作同义词使用。

〔5〕 主张这一区别的，参见 *Böckenförde*, Staat, Verfassung, Demokratie, 1991, S. 159, 186 f.; *Huber*, ZSR-NF 74 (1955), 173, 201.

〔6〕 *Böckenförde* (ebd.), S. 159, 186 f.; *Hesse*, Grundzüge des Verfassungsrechts, der Bundesrepublik Deutschland, 20. Aufl. 1999, Rn. 60: "创造性行为"（schöpferischer Akt）; *Lerche*, in: Koller u. a., Einheit und Folgerichtigkeit im Juristischen Denken, 1998, S. 7, 16: "创造性形塑"（schöpferische Gestaltung）; *Jestaedt*, Grundrechtsentfaltung im Gesetz, 1999, S. 136: "宪法续造般使宪法形象化"（verfassungschaffende Vergegenwärtigung der Verfassung）; *Reimer*, Juristische Methodenlehre, 2. Aufl. 2020, Rn. 476: "利用活动空间"（Nutzen von Spielräumen）; 详见第十四章边码46及以下。

〔7〕 关于宪法，*Lerche*, in: Koller u. a. (ebd.), S. 7, 15 f.; 否认具体化的可能性的，参见 *Auer*, Materialisierung, Flexibilisierung, Richterfreiheit, 2005。

型的法教义学概念或法制度,则属于(法的)"建构"(Konstruktion,第九章边码7a),由此所要面对的问题即是:法形塑或者说法续造的正当界限究竟在哪里(第十三章)。此外,还应避免法官的决断主义(第十四章边码40及以下)。

本书第三部分专辟四章(第七至十章)讨论"具体化"及"建构"之问题。其涉及的方法论模型包括演绎、归纳及衡量。第七章的主题是立法(第二节)、行政(第三节)和司法(第四节)对一般条款的具体化。对一般条款的方法介绍总是流于表面。[8] 判例通常也只是谈及一些笼统的原理。要费力细究大量的判决,再从中演绎出判例序列、能够一般化的法律陈述或案例丛集,总是显得力有不逮。在介绍司法的具体化活动时,将会论及案例对比法、司法判决的约束力等问题。作为具体化之补充,第八章将探讨动态体系以及案例丛集的工作方法。第九章则介绍法教义学和如何处理一般性法律陈述的问题。最后,第十章将介绍比例原则的衡量方法,其在处理基本权利和欧盟法的基本自由以及民法的原则问题时均能有所作为。

二、一般条款:诅咒抑或祝福?

1. 一般条款与不确定性法概念

不确定性法概念和一般条款的存在会损及法的安定性。[9] 立法者引入那些让法官难以对付的"空洞公式"[10] 或者空白规范,是否纯粹为了省事?[11] 法律当中,充斥着诸如"诚实信用""公平""艰难情事""重大

---

[8] 大部分法学方法论的教科书都不怎么关心一般条款的问题,令人惊喜的例外则参见第七章脚注9之文献。

[9] 也有人称之为"定位安全"(Orientierungssicherheit),参见 *Kramer*, Juristische Methodenlehre, 6. Aufl. 2019, S. 80;比德林斯基则认为,一般条款几乎涉及法学方法论本身的所有问题,参见 *Bydlinski*, in: Behrends/Dießelhorst/R. Dreier, Rechtsdogmatik und praktische Vernunft, 1990, S. 189。

[10] *Bueckling*, ZRP 1983, 190, 191.

[11] 形象的说法,参见 *Hedemann*, Die Flucht in die Generalklauseln, 1933, S. 66:"人们没有时间、精力和兴趣去事无巨细地思考要处理的材料,立法者的思考早就提前终止,转而向着一般条款逃去。"

事由""严重情形""合法利益""公共福祉""公共利益""可期待性""审慎判断"等这样的字眼。[12] 赫德曼（Hedemann）在其1933年发表的著名论文中指出，这是"向一般条款逃逸"（Flucht in die Generalklauseln）[13]。

6　　《民法典》第242条的"诚实信用"或者第138、826条的"善良风俗"究竟是否真的对解决案例有所助益？该如何安排各种判例基于《民法典》第823条第1款所发展而来的"安全注意义务"的结构——只能按照字母顺序排列吗？原则上应当如何处理一般条款的问题？只是满足于个案评价[14]，还是说也可以对其进行能够通用于个案之外其他案例的具体化？下文首先要介绍的即是一般条款的问题。一般条款的具体化可以是立法者（第二节）或行政机关（第三节）的任务，但其主要仍属法院之职责（第四节）。在对待不确定性法概念和一般条款时，第一步同样也是求助于经典的论证模型（第四至六章）。在这之后就需要使用案例对比法等其他辅助手段（第七章边码44及以下）。

7　　作为一种规则，一般条款表达的是一种"命令"，即法律规范所包含的"命令与禁止"（第九章边码12），因此一般条款已绝非某种"法原则"[15]。有判例从反面将一般条款定义为"立法者为满足案件事实的需要所使用的规则，它不再符合那种一经确定即一劳永逸的规范模式"[16]。有学者则将一般条款描述为"在适用时必须依赖法官作出价值判断的构成要件，而（这一价值判断）所依据的标准本身又是需要被具体化或充实的"[17]。为一般条款作出一个形式上的定义似乎更为可取：在文义解释的环节，已然介绍了"概念核"和"概念晕"的区别（第四章边码43及以

---

〔12〕 *Bueckling*, ZRP 1983, 190, 191.

〔13〕 *Hedemann*, Die Flucht in die Generalklauseln, 1933.

〔14〕 *Henkel*, Recht und Individualität, 1958, S. 33: "预先规定好的法律向'不寻常'案件的个性妥协"；遵从这一观点的，参见 *Weber*, AcP 192 (1992), 516, 557。

〔15〕 *Auer*, Materialisierung, Flexibilisierung, Richterfreiheit, 2005, S. 135; **不同观点，参见** *Bydlinski*, in：Behrends/Dießelhorst/R. Dreier, Rechtsdogmatik und praktische Vernunft, 1990, S. 189, 198; *Looschelders/Olzen*, in：Staudinger, BGB, Neubearb. 2019, § 242 Rn. 117。

〔16〕 BGH, Urt. v. 15. 6. 1955, I ZR 71/54, BGHZ 21, 66, 80-Kennzeichnungsschutz.

〔17〕 *Larenz*, Methodenlehre der Rechtswissenschaft, 6. Aufl. 1991, S. 288; *Kramer*, Juristische Methodenlehre, 6. Aufl. 2019, S. 79.

下)。而一般条款即是有着高度抽象性,故而无法明确把握其概念核的概念。因此,将案件事实涵摄于构成要件之下即不再那么轻而易举。[18]

与一般条款不同的是,"**不确定性法概念**"存在概念核,只是其尚需借助方法上的辅助手段予以探究或明确。不确定性法概念可以分为三类:第一类是概念之不确定性取决于不同的案件事实(例如"不必要的噪声"或"可避免的废气污染")。[19] 第二类是指将案件事实的评判付诸价值标准的那些概念,例如"卑劣的动机"(niedrige Beweggründe)。最后一类则是在平均水平之上确定某个门槛标准的概念(如"重大""明显的不合比例"或"合比例"等)。不过,在确定或不确定性法概念以及一般条款之间,实无法作出精确的区分。[20]

2. 一般条款的授权功能、造法功能、弹性功能及接受功能

学者列举了一般条款的各种功能。[21] 第一个功能即所谓"授权功能"(Delegationsfunktion)。一般条款等同于"有着少许开放性的立法"。[22] 一方面,立法者不可能对所有的生活事实作出规定:条文数量多达17000条的《普鲁士一般邦法》已算得上一个骇人的例子(第一章边码48)。1896年原始版本的《反不正当竞争法》因充斥具体规范而不断被修正,故而立法者索性在旧法的第1条引入了一个大的一般条款,这一条款后来被法院使用了近一百年之久。[23] 另一方面,一般条款和不确定性法概念通常不

---

[18] *Ohly*, AcP 201 (2001), 1, 5; *Weber*, AcP 192 (1992), 516, 524.
[19] 例证来自 *Röhl/Röhl*, Allgemeine Rechtslehre, 3. Aufl. 2008, S. 242; 也参见 Engisch/Würtenberger/Otto, Einführung in das juristische Denken, 12. Aufl. 2018, S. 159 ff.
[20] 对此的生动论述,参见 *Hesselink*, in: Hartkamp u. a., Towards a European Civil Code, 4th ed. 2011, S. 639:"每个规范都可谓处在一个从完全开放到完全封闭的范围之内。"(Every norm could be placed on a scale which ranges from totally open to totally closed)
[21] *Teubner*, Standards und Direktiven in Generalklauseln, 1972, S. 60 f.; 其他的例证则参见 *Röthel*, Normkonkretisierung im Privatrecht, 2004, S. 31。
[22] 语出自 *Hedemann*, Die Flucht in die Generalklauseln, 1933, S. 58; *Heck*, Grundriß des Schuldrechts, 1929, S. 11 ff.:"授权规范"(Delegationsnormen); Bydlinski, in: Behrends/Dießelhorst/R. Dreier (ebd.), S. 189, 199。
[23] 《反不正当竞争法》旧法(1909年6月7日版,RGBL 499)第1条规定:"对于在商业活动中为竞争目的从事违反善良风俗活动者,可向其提起停止侵害及损害赔偿请求权。"

过是议会不得不作出的妥协，同时亦是出于对法律的设置过于明确的担心。[24] 由于文义难以确定，一般条款将导致法的不安定性：刑法当中奉行的"罪刑法定原则"（第四章边码 77 及以下）有其正当之理由，违反确定原则将使法律有违宪之虞。[25]

10　　一般条款有着宽泛文义。它使得法律无须立法者介入即能够适应价值流变与技术发展。[26] 一般条款由此为新的状况输出新的规则，法律也就能够弹性地适应新的情势（造法功能、弹性功能，德语：Rechtsfortbildungs-und Flexibilitätsfunktion）。在僵化的法律概念和非典型，也即无法被涵摄的个案发生冲突时，一般条款即充当"缓冲地带"，来避免对法秩序本身以及对民众的"法意识"产生伤害。[27] 从时间的层面来说，"法概念的相对性"（第六章边码 17 及以下）这一模型也能用在具体的一般条款之上。[28]

11　　在 1975 年，将酒店房间租给未婚情侣尚被认为构成《民法典》第 138 条的背俗行为。[29]《产品责任法》第 1 条第 2 款第 5 项的"科学与技术状态"这一表达即非常形象地体现了现行法的弹性。

12　　一般条款可能发挥的第三个功能则是"引致功能"（Verweisungsfunktion）。例如，《商法典》第 346 条即引致了"商业习惯"。此外，一般条款使法律得以向法秩序的一般原则以及超越法律（制定法）的价值观念保持开放（接受功能，德语：Rezeptionsfunktion）。[30] 它成为面向法律赖以

---

　　[24]　参见 *Kramer*, Juristische Methodenlehre, 6. Aufl. 2019, S. 82, 以及上文第七章脚注 11。
　　[25]　例如"静坐示威案"所涉及的对《刑法典》第 240 条"暴力"一词的认定，参见上文第四章边码 75。
　　[26]　典型的例子即涉及《刑事诉讼法》的"干预权限"时对技术发展的处理，参见 *Sieber*, Gutachten C zum 69. DJT, 2012, S. 64 ff., 103 ff。
　　[27]　*Weber*, AcP 192 (1992), 516, 557.
　　[28]　*Teubner*, Standards und Direktiven in Generalklauseln, 1971, S. 62.
　　[29]　AG Emden, Urt. v. 11. 2. 1975, 5 C 788/74, NJW 1975, 1363 f.; 与《民法典》第 138 条有关的道德观念变化问题，参见上文第二章边码 25 及以下。
　　[30]　*Ohly*, AcP 201 (2001), 1, 7.

为基础的社会价值的"窗户"[31]。《民法典》第242条以及第307条第1款为一般交易条款审查所规定的"诚实信用",或者《民法典》第138条第1款、第826条所提及的"善良风俗"恰恰都隐含了对所谓"超越法律(制定法)的标准"的征引。[32] 通过接受社会价值,即可显著提高法的社会认可度。[33] 那些社会伦理观念,时常经过百年的传统积淀而深植于普遍法意识之中,由此即转化为法伦理的尺度与标准。[34] 对此,也有学者使用了诸如"社会价值""社会风范""社会信条"等称谓。[35]

一个在学界颇受争议的问题是:是否可以借助超越法律(制定法)的规范来源(außerrechtliche Normquellen)对一般条款予以进一步的精确化。[36] 即便特定的超越法律(制定法)的规范已然在社会形成共识,亦不能当然地认为,这些价值标准可被赋予规范含义。在第三帝国时期,帝国法院把《民法典》第138条的"善良风俗"和所谓的"国民情感"画上了等号,而后者又被等同于"国家民族社会主义(纳粹)的世界观"[37]。由此,"实然"即被错误地导向了"应然"(第三章边码20)。要在一般条款的框架下赋予这些行为标准普遍性的效力,仅仅因为其被实际遵循是不够的[38],毕竟法与道德之间原则上还是泾渭分明(第二章边码20)。

13

广受赞同的观点则认为,法律(制定法)内的标准,即法律的价值和

14

---

[31] 关于这种"开放性结构"(open texture),参见 *Kramer*, Juristische Methodenlehre, 6. Aufl. 2019, S. 83。

[32] 有关"善良风俗"的概念,参见 *Meyer-Cording*, JZ 1964, 273 ff.; *Sack*, NJW 1985, 761 ff.; *Mayer-Maly*, AcP 194 (1994), 105 ff.; *Lindacher*, AcP 173 (1973), 124 ff.

[33] *Kramer*, Juristische Methodenlehre, 6. Aufl. 2019, S. 83 f.

[34] *Looschelders/Olzen*, in: Staudinger, BGB, Neubearb. 2019, § 242 Rn. 150.

[35] *Schubert*, in: MünchKomm-BGB, 8. Aufl. 2019, § 242 Rn. 29.

[36] 关于这一争议,参见 *Auer*, Materialisierung, Flexibilisierung, Richterfreiheit, 2005, S. 144 ff.

[37] RG, Urt. v. 13. 3. 1936, V 184/35, RGZ 150, 1, 4:"《民法典》第138条及第826条所称'违反善良风俗',究其本质,乃意味着对主流国民情感的伤害,也即国家民族社会主义的世界观";对此,可详见 *Rüthers*, Die unbegrenzte Auslegung, 8. Aufl. 2017, S. 216 ff.

[38] *Arzt*, Ansicht aller billig und gerecht Denkenden, 1962, S. 58 ff.; *Teubner*, Standards und Direktiven in Generalklauseln, 1971, S. 36 f.; *Auer*, Materialisierung, Flexibilisierung, Richterfreiheit, 2005, S. 149.

宪法原则都可以在一般条款的具体化过程中予以考虑。[39] 联邦宪法法院即尤为强调一般条款作为基本权利"遁入通道"（Einbruchstelle）的特性（第十一章边码 11 及以下）。而基本权利可谓这个多元社会中价值观层面的"最低共识"（Minimalkonsens）。[40]

3. 欧盟法中的一般条款

15　　欧盟法当中亦充斥着大量的一般条款。在这一多层体系中，尤需探讨的是，在欧盟的立法者未予具体化时，成员国或者说欧盟机构是否拥有针对欧盟法一般条款进行裁判的权限。原则而言，一般条款的具体化属于欧盟最高法院之职责。除了欧盟最高法院，成员国的法院是否亦拥有对这类授权规范予以裁判的权限？这一问题在《欧盟一般交易条款指令》（AGB-Richtlinie）的领域引发了激烈讨论。[41] 原则上，欧盟法由欧盟最高法院解释，而成员国法官则是适用欧盟法（第十二章边码 118 及以下）。欧盟最高法院起初主张自己拥有"最终的具体化权限"[42]，在其后来的判决中则只主张自己保有确立"普遍标准"的权利。尽管欧盟最高法院负责解释欧盟法，但这类标准在具体个案中的适用则仍由成员国法院完成。[43] 因此，欧盟最高法院一定程度上赋予了成员国较大的"具体化裁量空间"（第二章边码 102）。

---

[39] *Bydlinski*, in: Behrends/Dießelhorst/R. Dreier, Rechtsdogmatik und praktische Vernunft, 1990, S. 189, 203; *Schubert*, in: MünchKomm-BGB, 8. Aufl. 2019, § 242 Rn. 52 ff., 64 ff., 69 ff.

[40] *Ohly*, AcP 201 (2001), 1, 14.

[41] 对此参见 *Möllers*, ZEuP 2008, 480, 500 ff.; *Möslein/Röthel*, in: Riesenhuber, Europäische Methodenlehre, 4. Aufl. 2021, § 11 Rn. 20 ff.

[42] EuGH, Urt. v. 27.6.2000, C-240/98 u. a., EU: C: 2000: 346-Océano Grupo.

[43] EuGH, Urt. v. 1.4.2004, C-237/02, EU: C: 2004: 209, Rn. 23-Freiburger Kommunalbauten; EuGH, Urt. v. 26.4.2012, C-472/10, EU: C: 2012: 242-Invitel; EuGH, Urt. v. 14.3.2013, C-415/11, EU: C: 2013: 164-Aziz.

第二节 立法对法的具体化

一、德国法中的一般条款与例示规定

1. 体系及目的解释

对于一般条款而言,经典的解释方法总是难当重任。由于不存在概念核,文法解释无法奏效,一般条款的"授权功能"亦使历史解释鲜有用武之地。[44] 在立法理由中,立法者将《民法典》第138、826条的"善良风俗"描述为"所有秉承公平和正义之思想者的礼仪观念"[45]。这一表述虽为判例所采纳[46],实则并无大用。[47] 因此,体系解释和目的解释应当更有意义。[48] 立法者若在一般条款或不确定性法概念之外引入了立法定义(第四章边码49及以下)或者法律上的例示规定,则可为"具体化"工作提供体系上的助益。

2. 民法上的一般条款与例示规定

(1)所谓"例示规定"(Regelbeispiele)即对一般条款适用情形的列举。它符合一般条款的基本思想,并由此反映了一般条款的价值安排("彰显功能",德语:erhellende Funktion)。

《民法典》第138条第1款的"违反善良风俗"即经由第2款关于"乘人之危行为"的例示规定而得以具体化。《民法典》第249条第1款之"损害"(Schaden)的定义则经由第249条第2款至第253条的规定而被进一步地具体化。《民法典》第308条等规定列举的

---

[44] Röthel, Normkonkretisierung im Privatrecht, 2004, S. 136.

[45] Mot. II, S. 727.

[46] RG, Urt. v. 11. 4. 1901, VI 443/00, RGZ 48, 114, 124 – Illoyale Handlungen; BGH, Urt. v. 6. 2. 2009, V ZR 130/08, NJW 2009, 1346 Rn. 10.

[47] Heldrich, AcP 186 (1986), 74, 94; Palandt/Ellenberger, BGB, 80. Aufl. 2021, § 138 Rn. 2:"对实质的精确化而言,作用甚微"(trägt zur inhaltlichen Präzisierung wenig bei)**不同观点参见** Neuner, Allgemeiner Teil des Bürgerlichen Rechts, 12. Aufl. 2020, § 46 Rn. 8:"为法官作出正当的自我评判提供的重要指引。"

[48] Bydlinski, Juristische Methodenlehre und Rechtsbegriff, 2. Aufl. 1991, S. 583 f.

"禁止性条款"（Klauselverbot）可谓具体化了第307条所规定的一般交易条款之控制。在竞争法领域，2004年的修法[49]将1909年《反不正当竞争法》旧法第1条的"大一般条款"[50]替换为现法第3条的"小一般条款"，并在第4—7条规定了将一般条款具体化的各种构成要件。

19 （2）对于例示规定，需注意如下要点：例示规定优先于一般条款，在这一意义上构成"特别法"（leges speciales，第四章边码134及以下）。例如，在考察《民法典》第308条之前，应先考察第309条，而这二者又优先于第307条第2款，以上所有规定又优先于第307条第1款。[51]《反不正当竞争法》第3条第2款、第3-7款优先于第3条第1款而得适用。[52]在考察《民法典》第249条之前，首先要确定是否成立第252条对"所失利益"的请求权。

20 （3）若满足例示规定的条件，则通常（只能）可被推翻地推定不确定性法概念之成立。有些时候，立法者可能已经明文规定了这一推定效力，例如，《民法典》第307条第2款的"不合理的不利益"（"有疑义时"），或者《反不正当竞争法》第5条第4款有关"声称降价的误导性广告"之规定（"推定"）。

21 （4）接下来需要注意的是，例示规定究竟只是列举性，即"说明性的"（illustrativ），还是穷尽性的。如果规范当中使用了"特别是"（insbesondere）这样的语词，则表明例示规定乃是非穷尽性的，此时立法者的意图在于允许判例在法律文义之外发展出其他的例示规定。[53]但若不存在类似的语词，则不能反过来认为，例示规定就一定是穷尽性的。此时，就需要通过解释予以探明：是处于法安定性的原因承认例示规定的封闭性、

---

[49] Gesetz gegen den unlauteren Wettbewerb (UWG) v. 3. 7. 2004, BGBl. I, S. 1414.

[50] 第七章脚注23。

[51] Erman/*Roloff/Looschelders*，BGB，16. Aufl. 2020，§ 307 Rn. 2；Palandt/*Grüneberg*，BGB，80. Aufl. 2021，§ 307 Rn. 2.

[52] Köhler/Bornkamm/Feddersen/*Köhler*，UWG，39. Aufl. 2021，§ 3 Rn. 2. 21.

[53] 或可参见 § 308 BGB；§ 4，§ 7 Abs. 1 S. 2 UWG；Art. 101 f. AEUV。

使一般条款之适用仅限于例示规定,还是认可规范的弹性,从而允许法官创设新的类型。[54]

(5)法解释的过程中,一般条款和例示规定相互关联[55],并由此形成一个"结构上的统一体"。仍需追问的是,若例示规定不得成立,判例是否还可以援用一般条款。一般认为,除了符合《民法典》第138条第2款主观条件的"暴利行为"(Wucher),其他情形亦可能满足第138条第1款的构成要件(即构成所谓"类似暴利的法律行为",第八章边码41)。理由在于,第138条第2款只是立法者所作出的唯一一个例示规定。相反,若立法者试图通过详细的类型清单来囊括各种相关的情形——例如新修订的《反不正当竞争法》——那么,对一般条款的援用即会变得更为罕见。[56]《反不正当竞争法》新法第3条第1款的适用范围就明显小于旧法第1条。[57]

二、刑法中的一般条款与例示规定

立法者不可能通过确定的构成要件涵括所有的案件事实——这一问题同样存在于刑法领域。

1. 构成要件中的不确定性概念

刑法领域的立法者亦会**在构成要件的层面**采用一般条款和不确定性概念的技术,这类不确定性概念并不当然违宪。[58] 然而,需要审查的是,这类概念是否会违反确定性原则以及禁止类推原则(第四章边码65及以下)。符合"确定性要求"(Bestimmtheitsgebot)的一个典型例子即"纠缠罪"(Nachstellung)的构成要件(《刑法典》第238条)。衡诸文义可知,该罪名最为显著的行为即未经允许的、持久的"纠缠";而该条文在第1—4项又通过穷尽列举的构成要件类型将这一上位概念进一步精确化

---

[54] 有关瑞士法的情况,参见 *Krämer*, Juristische Methodenlehre, 6. Aufl. 2019, S. 87。
[55] *Schünemann*, JZ 2005, 271, 273.
[56] *Schünemann*, JZ 2005, 271, 276, 278.
[57] Begr. RegE, BT-Drs. 15/1487, S. 16.
[58] BVerfG, Beschl. v. 21.7.1977, 2 BvR 308/77, BVerfGE 45, 363, 371 f. zum Landesverrat.

("以持续的……方式"),由此明确了可追究刑事责任的各种纠缠行为的形态(保持联络、预订商品或服务、威胁等)。

25 与确定性原则密切相关的即"禁止类推"。在此意义上,过于宽泛的"堵截构成要件"(Auffangtatbestand)本身会带来宪法层面的问题。此处所应强调的是所谓"宪法上正当的、法律所规定的构成要件内部的类推",这也是立法者自己在《刑法典》第 238 条第 1 款第 5 项立法理由中的表述。[59] 然而,这一类推若要与《基本法》第 103 条第 2 款相符,待涵摄于宽泛截堵构成要件的行为方式就必须一方面符合上位概念的(宽泛)文义,另一方面与法律所规定的类型在价值尺度上趋同。[60] 上位概念本身经由各种行为模式而得以具体化,故而其已然意味着堵截构成要件的界限。法律适用者的涵摄工作若未脱离这一框架,则不会招致"禁止类推"方面的问题。真正的问题更多地体现于上位概念本身的确定性,特别是上位概念和承担具体化任务的类型之间的统一性。[61]

26 《刑法典》第 315b 条第 1 款中的上位概念"危害交通安全"被细分为第 315b 条第 1 款第 1、2 项的两种情形(毁损运输工具、制造障碍物),且二者均应是来自街道交通参与人之外的外部侵害(verkehrsfremder Außeneingriff)——经此规定,这一上位概念即被充分地精确化。以此为基础,也就能进一步精确地把握《刑法典》第 315b 条第 1 款第 3 项"类似的、同样危险之侵害"的含义。例如,若行为人驾驶途中拔掉车钥匙,从而激活了方向盘锁使车子不再可控,即属于上述之情形。[62]

27 不同的是,在未经允许对他人进行纠缠的情形,《刑法典》第 238 条第 1 款第 5 项规定"其他类似行为"亦可入罪,则可能引发宪法上的疑虑。《刑法典》第 238 条的问题在于,"生活状态之自由"这一法

---

[59] Beschlussempfehlung und Bericht des Rechtsausschusses (6. Ausschuss), BT‑Drs. 16/3641, S. 14.

[60] Schönke/Schröder/*Eisele*, StGB, 30. Aufl. 2019, § 238 Rn. 23a; *ders.*, Die Regelbeispielsmethode im Strafrecht, 2004, S. 405.

[61] *Krey*, Studien zum Gesetzesvorbehalt im Strafrecht, 1977, S. 223 f.; *Eisele*, Die Regelbeispielsmethode im Strafrecht, 2004, S. 405.

[62] OLG Karlsruhe, urt. v. 19. 1. 1978, 1 Ss 329/77, NJW 1978, 1391.

益模糊不清,以至于很难由此明确社会相当性的界限,从而确定何为可归责的"纠缠"。先从行为到后果,再反过来从后果认定行为,实属循环论证之举。[63]《刑法典》第238条第1款第1—4项列举的各种行为实在过于芜杂,以至于除了"持久性"很难把握其他"类似行为"所必须具备的共通要件。对法律适用者而言,也就并不能明白无误地判断何时存在"相似性",因为从规范当中根本无法得知各种行为在犯罪方式和不正当性之上存在何种容易识别的、有约束力的共同元素。[64]

2. 法效果层面的例示规定

在法效果层面,立法者也经常使用例示规定,以使较重情形(besonders schwerer Fall)具体化[65];这主要涉及帮助法官适当量刑的"量刑规则"(Strafzumessungsregeln)。若满足例示规定的条件,继而得适用确定的规则:依据《刑法典》第243条第1款第1句的规定,对于较重情形的盗窃罪将判处3个月到10年的自由刑。立法者接在第2句列举了七种情形("通常指如下情形……")。其结果即是可推翻地推定成立"较重情形"。若不存在相符之处,则不必再检验是否得适用较高之量刑。[66]然而,这一推定可以被推翻:某些情形即被立法者明确排除于例示规定之外,例如《刑法典》第243条第2款规定的"对低价值物品的盗窃"。相反,例示规定亦具备"反推效力"(Gegenschlusswirkung):即使行为不属于例示规定之情形,要提高量刑也必须参照例示规定。据此,待裁判的事项必须在违法及可责的程度上与已列明的事项在价值尺度上一致,此时,才可承认其构成较重情形。[67]

---

[63] Fischer, StGB, 67. Aufl. 2021, § 238 Rn. 17a.

[64] 相应的批评意见,参见 Schönke/Schröder/*Eisele*, StGB, 30. Aufl. 2019, § 238 Rn. 23a; Fischer, StGB, 68. Aufl. 2021, § 238 Rn. 5, 17 f.; *Greco*, GA 2012, 452, 466。

[65] Eisele, Die Regelbeispielsmethode im Strafrecht, 2004, S. 1;在少数情形,立法者则会就较重情形再行使用例示规定而进一步地精确化;典型的例子是《刑法典》第243条第1款第2句关于盗窃罪以及第263条第3款第2句关于诈骗罪的严重情形。

[66] BGH, Urt. v. 31. 3. 2004, 2 StR 482/03, NJW 2004, 2394, 2395; BGH, Urt. v. 11. 9. 2003, 4 StR 193/03, NStZ 2004, 265, 266; Schönke/Schröder/*Bosch*, StGB, 30. Aufl. 2019, § 243 Rn. 1.

[67] Fischer, StGB, 68. Aufl. 2021, § 46 Rn. 94.

29 与其字面含义不同的是,《基本法》第 103 条第 2 款的"确定性要求"不只涉及"是否"定罪(nullum crimen sine lege)的问题,亦涉及"如何"定罪(nulla poena sine lege)的问题。[68] 因此,刑罚的方式和程度也必须足够确定,此亦是量刑方面例示规定的要义。[69] 若具体情形未被法律列为例示规定,但其又与某个例示规定相似,则可将其涵摄于"较重情形"的一般条款之下,从而承认其为"**无名的较重情形**"(unbekannter schwerer Fall)。此时,即可通过有名的例示规定将一般条款具体化——这与构成要件层面的方式相一致。依联邦最高普通法院之见解,不论与成文的例示规定是否相似,只要整体之状况在严重程度上与例示规定相符,亦得承认其为较重情形。[70] 其认为此时起决定性的包括侵害的强度、被盗物品的珍贵价值,以及行为人的公职身份等。[71] 联邦宪法法院同样认为,"较重情形"这一概念只要符合如下条件即可免除《基本法》第 103 条第 2 款层面的疑虑:"通过一般性的解释方法,尤其是参酌同一法律的其他规定,兼及规范的上下关联或者基于稳固的判例能够获知规范解释和规范适用的可靠依据,从而使得个人明了刑法规范所保护的价值以及禁止特定行为方式的意义,并能由此预测国家的反应行为。"[72]

三、欧盟立法者对一般条款的具体化

1. 立法定义与例示规定

30 欧盟的立法者在立法定义之外也会动用例示规定这一手段,来实现一般条款的具体化。欧盟基础法领域最为典型的例子莫过于竞争法的规则。

---

[68] Roxin/*Greco*, Strafrecht Allgemeiner Teil, Bd. I, 5. Aufl. 2020, § 5 Rn. 4; Sachs/*Degenhart*, GG, 9. Aufl. 2021, Art. 103 Rn. 61;就这一点,《刑法典》第 1 条有着更为精确的表述。

[69] BVerfG, Urt. v. 20. 3. 2002, 2 BvR 794/95, BVerfGE 105, 135, 156 f. -Vermögensstrafe; *Schulze-Fielitz*, in: Dreier, GG, 3. Aufl. 2018, Art. 103 II Rn. 24.

[70] BGH, Urt. v. 29. 11. 1989, 2 StR 319/89, NJW 1990, 1489 Rn. 13; Schönke/Schröder/*Kinzig*, StGB, 30. Aufl. 2019, Vorbem. § § 38 ff. Rn. 50.

[71] BGH, Urt. v. 17. 9. 1980, 2 StR 355/80, BGHSt 29, 319, 322; Satzger/Schluckebier/Widmaier/*Kudlich*, StGB, 5. Aufl. 2021, § 243 Rn. 34.

[72] BVerfG, Beschl. v. 21. 6. 1977, 2 BvR 308/77, BVerfGE 45, 363, 370 f.;也参见上文第四章边码 72。

例如,以卡特尔的手段"限制竞争之行为"即通过5个例示规定("特别是……")而得到了具体化——《欧洲联盟运作方式条约》第101条第1款;类似的例示规定还有《欧洲联盟运作方式条约》第102条第2分款关于滥用市场支配地位之规定。不过,这里也有一些特殊之处:由于此例示规定仅关涉限制竞争行为的"适格性"(Eignung)判断,故其不属"特别法",除此之外也就尚需审查其他条件。[73] 同德国法一样,例示规定并非穷尽性的,而只是说明性的。[74] 例如《欧洲联盟运作方式条约》第102条第2分款除规定了"榨取滥用"(Ausbeutungsmissbrauch)之外,亦包括了"阻碍滥用"(Behinderungsmissbrauch)的情形,如低于进价销售以将竞争者排挤出市场的行为。[75]

2. 附件

为将不确定性法概念具体化,欧盟的次级法当中亦会用到"附件"这种形式,其中包括消费者保护法、竞争法和资本市场法。在《欧盟金融工具市场指令 II》的附件 II 中即解释了何为指令所称的"专业性客户"(professioneller Kunde)。

31

3. 法律具体化的封闭或开放性

对指令和条例等次级法而言,所需要回答的问题是,此等一体化的法究竟有多大程度的封闭性,或者说是否允许成员国进行更为严格的立法。一种可行的观点是,附件仅仅是"**一体化的最低标准**",其有意允许成员国进行更严格的立法。若附件提供了有关法解释的辅助,那么在解决法律问题时即可以参照之。除此之外,国内法可以承担填补漏洞之任务。

32

一般交易条款:欧盟最高法院强调,《欧盟一般交易条款指令》第3条第3款所援引的附件仅具备指引功能,其并非要为"滥用条

33

---

[73] Calliess/Ruffert/*Weiß*, EUV/AEUV, 5. Aufl. 2016, Art. 101 AEUV Rn. 45.

[74] *Bechtold/Bosch/Brinker*, EU - Kartellrecht, 3. Aufl. 2014, Art. 101 AEUV Rn. 88, Art. 102 AEUV Rn. 33.

[75] EuGH, Urt. v. 3. 7. 1991, 62/86, EU:C:1991:286, Rn. 71 f. -Akzo; Streinz/*Eilmannsberger/Kruis*, EUV/AEUV, 3. Aufl. 2018, Art. 102 AEUV Rn. 112 ff.

款"提供一个封闭的清单。欧盟最高法院曾试图拒绝某一条款[76]，但后来还是撤回了自己的审查权限，转而将案件事实的全面审查交付于国内法院。例如，有承揽合同的条款规定"建筑物的定做人无论施工进度如何均应支付总价"，由于承揽合同法并未被欧盟法一体化，故而缺乏判断相应一般交易条款的欧盟标准，这一条款的审查就理应交由成员国国内法院的法官。[77]

34 若附件旨在实现欧盟法"**封闭式的完全一体化**"（abschließende Vollharmonisierung），那么其适用范围内的情形即属于穷尽性的列举。对其他情形的类推是不被允许的。其中起决定作用的乃在于欧盟指令推动法律统一或法律平衡的规范目的。

第三节 行政或私人创设规范对法的具体化

一、德国法

35 在法官试图将不确定性的法概念具体化之前，他首先要做的是找寻相应法律中的立法定义和例示规定（见上文第二节）。下一步则是要审查，立法者究竟在多大程度上允许行政机关通过在特定领域制定法规命令（Rechtsordnung）来实现具体化（1）。除此之外，行政规则和私人创设规范亦可能与此相关（2）。

1. 法律与法规命令

36 若符合《基本法》第80条第1款第2句的条件，联邦的立法者即可将其立法权限委托于行政（第二章边码33及以下）。由此而来的法规命令存在于民法和经济法的多个领域。其中一个例子即《道路交通法规则》对《道路交通法》的具体化。

37 　　　自行车事故：车主H把汽车借给了女朋友F。当安东（A）骑着

---

[76] EuGH, Urt. v. 27. 6. 2000, C-240/98 u. a.，EU：C：2000：346, Rn. 22-Océano Grupo.
[77] EuGH Urt. v. 1. 4. 2004, C-237/02, EU：C：2004：209, Rn. 20 ff. -Freiburger Kommunalbauten, s. *Möllers*，ZEuP 2008, 480, 500；不同观点，参见 *Wittwer*，E. L. Rep. 2004, 380, 384 f。

自行车在不到一米的距离之外路过停靠在一旁的汽车时,F突然打开了车门。A来不及躲开而撞上了车门。F认为,A骑自行车经过时理应与汽车保持更远的距离。

F并非机动车车主,因此不适用《道路交通法》第7条。即便如此,若驾驶者的行为有违交通之正义,亦应依据《道路交通法》第18条第1款之规定承担损害赔偿的责任。按照《道路交通法》第6条第1款第2项s)分项之规定,车主在其名下汽车活动期间产生的权利和义务可由法规命令予以明确。《道路交通法规则》第14条第1款规定,机动车上下车的行为不得危及其他交通参与人。若下车的行为与交通事故之间在地点和时间上存在直接联系,则可初步证明,上下车的人违反了法定的注意义务。不过,在衡量骑车人是否与停靠的汽车之间保持安全距离,是否遵守了《道路交通法规则》第2条第2款的"靠右行驶义务"之后亦可考虑认定骑车人存在与有过失。[78]

2. 行政规则

联邦政府有权在其自身权限范围内制定"行政规则"(第三章边码54及以下,《基本法》第84条第2款、第85条第2款第1句、第86条第1句)。在税法领域,《基本法》第108条第7款赋予了联邦政府制定一般性行政规则的权限。在语言习惯上,联邦政府所制定的是"方针"(Richtlinien),各部委则制定"公告"(Erlasse)与"通知"(Schreiben)。为了保障税收平等、缓解行政官员压力以及促进法的安定性,财政部及各州财政局(Oberfinanzdirektionen)每年都会出台数以千计的行政规则。[79]

3. 私人创设规范

在对法进行具体化时,私人创设的规范同样值得被考虑。在部分情况下,存在一种立法者承认的推定规则:典型的例子是专业性的"房租标准表"(Mietspiegel),它所反映的是当地通行的租金水平(Vergleichsmiete)。

---

[78] OLG Köln, Beschl. v. 10. 7. 2014, 19 U 57/14, BeckRS 2015, 01551, Rn. 8.
[79] *Englisch*, in: Tipke/Lang, Steuerrecht, 23. Aufl. 2021, Rn. 5. 32.

只要符合《民法典》第558d条第2款的规定,即可推定认为,"房租标准表"所呈现的金额符合当地的租金水平(《民法典》第558d条第3款)。然而,这一推定可在庭审中推翻。[80]若法律没有规定这样的推定规则,则必须具体判断,这类私人规范在何种程度上可作为次级法源而发挥约束效力,以及在何种程度上赋予其可推翻的推定效力(第三章边码62):若二者答案皆为肯定,即可将私人创设的规范纳入考虑。在建筑法领域判断"物的瑕疵"时,经常需要确定"当前的技术水平",与此相关的即是DIN标准[81](第三章边码66)。这等于是说要求助于静力学及建筑学的专业知识。在判定是否违反《民法典》第823条第1款的注意义务时,亦会参考所谓FIS规则。[82]同样引发讨论的问题是,在对《股份公司法》第93、116条"一般注意义务"这一概念进行具体化时,是否可以参考《公司治理准则》当中的意见。[83]

二、欧盟法

41 在策动指令和条例的过程中,欧盟委员会经常需要就不确定性法概念的问题向各事务委员会及专家咨询。此外,欧盟的立法者还可在"行政或专家委员会程序"(Komitologieverfahren)的框架下将实施的权限转移于欧盟委员会(第二章边码65)。[84]在资本市场法领域,还存在一种特殊的、也即更为快捷的"行政或专家委员会程序"。此时,法律审查所要考虑的

---

[80] BGH, Urt. v. 4. 5. 2011, VIII ZR 227/10, NZM 2011, 511 Rn. 12.

[81] 即德国标准化协会(DIN)制定的试图统一实质与非实质事项的自愿性标准。

[82] 所谓FIS规则即"国际滑雪联合会"(Fédération Internationale de Ski)制定的一般性规则,参见 Palandt/*Sprau*, BGB, 80. Aufl. 2021, § 823 Rn. 196 m. Hinweisen zur Rechtsprechung。

[83] 赞成者,参见 Lutter, ZHR 166 (2002), 523, 540; Borges, ZGR 2003, 508, 521; Seidel, ZIP 2004, 285, 290; BGH, Urt. v. 16. 2. 2004, II ZR 316/02, BGHZ 158, 122, 127; Kort, in: FS K. Schmidt, 2009, S. 945, 958 ff.; **不同观点**,参见 Ulmer, ZHR 166 (2002), 150, 157; Spindler, NZG 2011, 1007, 1010;更深入的探讨,参见 Möllers/Fekonja, ZGR 2012, 777, 811 ff. 以及上文第三章边码62、66。

[84] Verordnung (EU) Nr. 182/2011 v. 26. 2. 2011, ABl. Nr. L 55, S. 13;之前已有的相关规定即 Komitologie-Beschl. 1999/468/EG v. 28. 6. 1999, ABl. Nr. L 184, S. 23。

涉及三个不同的层面。依据改革后的"拉姆法卢西程序",[85]欧盟委员会、理事会、议会先在第一层面制定诸如指令或条例等基础性质的法律文件。之后在第二层面,由委员会制定实施性质的法律文件及授权性的法律文件,以将上述文件具体化(《欧洲联盟运作方式条约》第290条等)。相关的欧盟监管机构则会出台技术性的规制及实施标准。[86] 第三层面,指的则是监管机构制定的指导细则(Leitlinien)和指导意见(Empfehlungen),它们并不只是发挥事实上约束力,而是充当次级法源,因为在其之上存在一种正确性的推定:成员国若意图违反指导细则,则必须加以解释和论证(第三章边码71及以下)。[87]

施伦普:戴姆勒公司的首席执行官施伦普(Schrempp)在公司 **42** 2005年4月6日的股东大会之后即逐渐打算提前终止其本到2008年结束的任期。2005年5月17日起,他开始和监事会主席科珀及其他监事会成员讨论这一想法。2005年7月28日,监事会通过了解职施伦普的决议。之后,戴姆勒公司依《欧盟反市场滥用条例》第17条(《证券交易法》旧法第15条)之规定进行了"特定事项公开"。这在时间上是否过于延迟?

根据欧盟最高法院的观点,这种在时间上延续的案件事实同样也 **43** 会阶段性地产生公开义务,只要相关状况的产生有足够的可能性。[88] 佐审官蒙国兹(Mengozzi)在其"最终提议"中则明确援引了被认为

---

[85] 也有学者称之为"拉姆法卢西 II 号程序",可参见:*Lutter/Bayer/J. Schmidt*, Europäisches Unternehmens- und Kapitalmarktrecht, 6. Aufl. 2018, § 14 Rn. 47;所谓"拉姆法卢西程序"肇始于欧盟货币管理局前主席亚历山大·拉姆法卢西(Alexandre Lamfalussy)男爵为有效推进欧盟立法而提出的一个模型。这一模型包含了制定规范的四个层次,各个层次规范的具体化程度由低到高,这类似于法律—法规命令—行政规则之间的关系。参见 *Möllers*, ZEuP, 2008, 480 ff.; *ders.* ZEuP 2016, 325 ff.

[86] Art. 10 ESMA - VO (EU) Nr. 1095/2010 (v. 24. 11. 2010 zur Errichtung einer Europäischen Bankenaufsichtsbehörde (ESMA), ABl. Nr. L 331, S. 84) i. V. m. Art. 290 AEUV bzw. Art. 15 ESMA-VO i. V. m. 291 AEUV.

[87] 有关德国和欧盟资本市场法领域共计六个审查层次,参见 *Möllers*, NZG 2010, 285。

[88] EuGH, Urt. v. 28. 6. 2012, C-19/11, EU: C: 2012: 397, Rn. 38 ff. -Geltl/Daimler AG; hierzu *Möllers/Seidenschwann*, NJW 2012, 2762 ff.; vorher schon *Möllers*, NZG 2008, 330 ff.

不具约束力的《欧洲证券监管委员会指导细则》(CESR)[89]。[90]

第四节 法院对法的具体化：案例对比法

参考文献：*von Bar, Christian*, Vereinheitlichung und Angleichung von Deliktsrecht in der Europäischen Union, ZfRV 35 (1994), 221-232; *Bobek, Michal*, Comparative Reasoning in European Supreme Courts, 2013; *Coendet, Thomas*, Rechtsvergleichende Argumentation, 2012; *Drobnig, Ulrich/van Erp, Sjef* (eds.), The Use of Comparative Law by Courts, 1997; *Kötz, Hein*, Der Bundesgerichtshof und die Rechtsvergleichung, in: FG 50 Jahre BGH, 2000, S. 825-843; *Gamper, Anna/Verschraegen, Bea* (Hrsg.), Rechtsvergleichung als juristische Auslegungsmethode, 2013; *Klein, Oliver*, Zur Frage der Bindung höchster Gerichte an ihre Rechtsprechung, JZ 2018, 64-70; *Michaels, Ralf*, The Functional Method of Comparative Law, in: Reimann, Mathias/Zimmermann, Reinhard, The Oxford Handbook of Comparative Law, 2nd ed. 2019, Chap. 13, S. 346-389; *Rosenau, Henning*, Plea bargaining in deutschen Strafgerichtssälen: Die Rechtsvergleichung als Auslegungshilfe am Beispiel der Absprachen im Strafverfahren betrachtet, in: FS Puppe, 2011, S. 1597-1628; *Smits, Jan M.*, Comparative Law and its Influence on National Legal Systems, in: Reimann, Mathias/Zimmermann, Reinhard, The Oxford Handbook of Comparative Law, 2nd ed. 2019, Chap. 18, S. 502-523; *Summers, Robert S.*, Precedent in the United States (New York State), in: MacCormick, Neil/Summers, Robert S., Interpreting Precedents, 1997, S. 355-406.

---

[89] Committee of European Securities Regulator (CESR)，即欧洲证券监管委员会，今欧洲证券及市场管理局（European Securities and Markets Authority, ESMA）的前身。

[90] SchlA v. 21.3.2012, GA *Mengozzi*, C-19/11, EU：C：2012：153, Rn. 55-Geltl/DaimlerAG："欧洲证券监管委员会即在其关于适用2007（9）7月的2003/6号指令的指导细则第1.6项中指出，若信息涉及的是一个延续多个阶段的进程，那么这一进程的每个阶段本身均可以和整个阶段一样，构成一个精确的信息。"

一、具体类推与案例对比法的相似性

1. 英美法中的案例对比法

如若法律的文义难以捉摸，那么考察迄今为止的判例——也即研究相类似的案件——似乎便是一种尤为合适的解决方法。考夫曼认为，法学方法整体上乃是"以英美法的特质为内核，即'案件比较'（Fallvergleich）的特质"[91]。若案件事实无法轻易地涵摄于不确定性法概念或一般条款之下，这种做法即具有教义学上的意义。支持这种工作方法的另一个理由在于，既往的判例可以被理解为一种次级法源，故可推定其具备正确性（第三章边码 13 及以下）。同时，研究过往的判例本身也是出于"法适用平等性"的要求（第一章边码 42），对于曾经以某种方式作出的某种裁判，原则上也不应反其道而行之。故此，法院自己都会引证其以往的判例，并以此为基础进行裁判。在欠缺法典的英美法系，这一工作方法尤被用于普通法（common law）。此即所谓**"由案件到案件的推理"**（reasoning from case to case），这在结构上与"体系性的思维"（第四章边码 102 及以下）截然不同。德国法则还未形成针对这种做法的固定概念。[92] 本书称其为"案例对比法"（Vergleichsfallmethode）。[93] 最高法院的判例中，也会明确将既往的判例引为其论据。[94]

2. "由案件到案件"的思想（从特殊导向特殊）

早在罗马法之中即可见得案例对比法的雏形。[95] 它是一种从特殊导

---

[91] *Kaufmann*, Das Verfahren der Rechtsgewinnung, 1999, S. 6.

[92] 关于"由案件到案件的推理"这一概念，参见 *Levi*, An Introduction to Legal Reasoning, 1950, S. 1.；*Bydlinski* 使用的是"类型对比"（Typenvergleich）的说法，Haft 和 Schmalz 则称其为"案件对比技术"（Vergleichsfalltechnik），Zippelius 使用的则是"案件比较"（Fallvergleichung）之谓，Shapp 则称其为"案件对比"（Fallvergleich），以上均参见第七章脚注 96。

[93] 继承法中有诸多采用这一方法的例证，参见 *Würdinger*, JuS 2020, 97 ff.

[94] BGH, Urt. v. 22. 1. 2015, I ZR 127/13, NJW 2015, 1608 Rn. 13："因此本案不具有可类比性"；BFH, Urt. v. 16. 12. 2015, XI R 52/13, BFHE 252, 479 Rn. 40 以及下文第七章脚注 102。

[95] Iul. D. 1, 3, 12: *Is qui iurisdictioni praeest ad similia proecedere atque ita ius dicere debet.* 由此，为判例负责之人，即须努力构某类型的规则，从而对法进行言说。对罗马法中案件比较的一般性介绍，也参见 *Wacke*, in: Mélanges Sturm, Bd. 1, 1999, S. 550, 563。

向特殊的方法。在解释和具体化的框架下,它试图揭示案件彼此之间的关联(第七章边码48)。[96] 实践中,两个完全匹配的案件是罕见的。在案件之间存在部分共性的情形,案例对比法从方法上而言即接近具体类推,只不过前者并不涉及法律层面,而仅涉及案件事实层面。[97] 颇为有趣的是,英美法是用"类推"的概念表示案例对比法[98],而德国法中的"类推"则被用来指称一种填补法律漏洞的方式(第六章边码112及以下)。不存在共性时,案例对比法就类似于缩小适用范围的"目的性限缩"。[99] 同具体类推、目的性限缩一样,此时所要回答的问题是,待裁判的案件事实和当前的法状况之间是否存在**部分共性**(Teilgleichheit)抑或是全无共性。其要义在于,实质相同的案件相同处理,实质不同的案件不同处理。[100] 为此,一方面需要比较事实,另一方面,则还需要比较价值。[101] 值得一提的是所谓"常规案件法"(Normfallmethode):即回答哪些案件通常属于规范之对象。具体来说,也可以寻找已决案件和新案件之间的共性。首先,需要探明参照案件体现了哪些两个案件所共通的价值。两个案件的**事实和利益状况**(Sach- und Interessenlage)在价值角度上应当相互一致。[102] 就此意义而言,这种做法也可以被称作"**先例的类推适用**"。[103]

---

[96] *Bydlinski*, Juristische Methodenlehre und Rechtsbegriff, 2. Aufl. 1991, S. 548 ff.; *Schapp*, Hauptprobleme der juristischen Methodenlehre, 1983, S. 64 f.; *Zippelius/Würtenberger*, Juristische Methodenlehre, 12. Aufl. 2020, S. 59 ff.; *Vogel*, Juristische Methodik, 1998, S. 160 ff.; *Haft*, Juristische Rhetorik, 8. Aufl. 2009, S. 89 ff.; 之前已有的论述,参见 *Larenz*, in: FS Nikisch 1958, S. 275, 292 ff。

[97] *Ohly*, AcP 201 (2001), 1, 43。

[98] 例如 *Vandevelde*, Thinking Like a Lawyer, 2nd ed. 2011, S. 116。

[99] *Ohly*, AcP 201 (2001), 1, 43;类似观点:*Langenbucher*, Die Entwicklung und Auslegung von Richterrecht, 1996, S. 99。

[100] *Zippelius/Würtenberger*, Juristische Methodenlehre, 12. Aufl. 2020, S. 59。

[101] *Vogel*, Juristische Methodik, 1998, S. 166。

[102] *Ohly*, AcP 201 (2001), 1, 43;富有启发的判例,参见 BGH, Urt. v. 9. 2. 2018, V ZR 311/16, NJW 2018, 1542 Rn. 7-Nachbarrechtlicher Ausgleichsanspruch:"情况是否如此,不能单凭概念来判断,而必须在案件与案件之间进行评价性的考量。"

[103] 参见 *Ohly*, Richterrecht und Generalklausel im Recht des unlauteren Wettbewerbs, 1997, S. 110; *Vogel*, Juristische Methodik, 1998, S. 167;后者使用的表达是"反向区别"(umgekehrten distinguishing)。

若出现相反情形,则表明进入了"偏离"之范畴("区别"distinguishing,第七章边码70)。在英美法系的课堂乃至法院的审理过程中,除了参考已决的案件外,为了论证之需要,人们也习惯于构造各种"假想案件"。[104]

部分观点亦认为,案例对比法并非从特殊导向特殊,而是必然以某个 **46**
"比较中项"(Vergleichsmoment, tertium comparationis)、某个可以一般化的规则为前提条件。[105] 因此,首先要做的其实是从某个"特殊"当中——也即已决的案件当中——抽象出一个一般性的思想(**归纳**)。然后,再从这个一般的思想中推导出适用于另一个"特殊"(即待裁判的新案件)的结论(**演绎**)。

就法律层面的具体类推而言,人们已经争论过,究竟是可以直接从特 **47**
殊导向特殊,还是需要寻找一个"比较中项"。但这其实是个"伪命题"。对此,两个解决路径可以考虑(第六章边码132及以下)。这同样也适用于案例对比法:第一步,人们只需要将两个案件相互比较。对这一点来说,从特殊导向特殊之谓颇有说服力。第二步,才有机会考虑多个案件并对其进行比较,继而求得某个比较中项或某个可一般化的法律陈述。若能如此,以后的案件将比从前更容易得到解决,因为这样一来就不再需要论证相似性,而只需证明,新的案件可适用一般性的法律陈述(第七章边码52及以下)。

3. 案例对比法的论据

用来论证具体类推的那些重要的标准(第六章边码123及以下、边码 **48**
135页以下),也都可以用于论证案例对比法。要论证新案件与之前案件的"部分共性",即可以考虑**相似性论据**、**当然推论**、**规避论据**;而要论证不存在共性,则可考虑**反面推论**和**归谬法**。最后还需要确认,其他的不

---

[104] *Vandevelde*, Thinking like a Lawyer, 2nd ed. 2011, S. 302.
[105] *Vandevelde* (ebd.), S. 93 ff.; vorher auch *Langenbucher*, Die Entwicklung und Auslegung von Richterrecht, 1996, S. 76 unter Berufung auf *Allen*, Law in the Making, 7th ed. 1964, S. 270, 也参见 *Knatchbull v. Hallett* (1880) 13 Ch. D. 696 at p. 712:"权威或者说已决案件的唯一用处,就是确定了一些法官可以在裁判当前的案件时所能遵循的原则(The only use of authorities, or decided cases, is the establishment of some principle which the Judge can follow out in deciding the case before him)。"

同之处是否不至于成为区别对待的正当化理由（第六章边码114及以下）。

49　　游泳池：联邦最高普通法院在其一贯的判例中认为，若机动车受损后不能被使用，这种不利益即可被视为"财产损害"（Vermögensschaden）。[106] 使用机会的丧失由此被商品化（Kommerzialisierung）为一种财产损害。但是，对于损坏他人毛皮大衣所造成的使用利益丧失，却不应主张商品化的损害赔偿。[107] 那么，如果某人不能再使用自己的游泳池，他是否可以对此主张损害赔偿？联邦最高普通法院拒绝了为丧失使用私人游泳池的机会所主张的损害赔偿请求权，通过使用"案例对比法"，将这一"业余爱好"和使用住宅、房屋、租用的汽车或者互联网连接被人切断等情形[108]区别开来。

50　　
> 在评估价值时，重点一般仅在于住宅或房屋是否还能被使用，其他特殊的设施能否被使用则并非重点。至少到目前为止，一般交往观念尚不认为游泳池的可使用性能够在其固有价值之外形成"独立的"使用价值。依当下的交往概念，游泳池仍不过是一种"业余爱好"。同毛皮大衣一样，它能够增进生活体验。但由此产生的损失仅仅在于精神层面，故而不具备可由金钱偿还的价值。如果游泳池专供个人使用，那么对于暂时的闲置或借给他人使用的行为之金钱价值，则实无公认的评判标准，从而认可其构成独立的经济损失（vgl. BGHZ 63, 393, 397）。这一点尤不能按照通行的租金来计算；因为，和租用的汽车不同，游泳池通常不会用于出租。[109]

51　　烟花爆竹案：商家是否可以卖给儿童烟花爆竹，在回答这一问题时，即需注意，多年前的判例已肯定将火柴[110]和飞镖[111]卖给儿童的

---

[106] BGH, Urt. v. 30. 9. 1963, III ZR 137/62, BGHZ 40, 345, 348 ff.
[107] BGH, Urt. v. 12. 2. 1975, VIII ZR 131/73, BGHZ 63, 393, 398-Pelzmantel.
[108] BGH, Urt. v. 24. 1. 2013, III ZR 98/12, BGHZ 196, 101 Rn. 9 ff. -Internetzugang.
[109] BGH, Urt. v. 28. 2. 1980, VII ZR 183/79, BGHZ 76, 179, 187-Schwimmbad；也见下文第七章边码53及以下。
[110] OLG Stuttgart, Urt. v. 8. 6. 1983, 4 U 185/82, NJW 1984, 182.
[111] BGH, Urt. v. 23. 10. 1962, VI ZR 26/62, NJW 1963, 101.

商家应承担责任。既然飞镖或火柴都不得出售，依举轻明重的当然推论，则理应禁止售卖更为危险的烟花爆竹。儿童酿成的烟花爆炸要比把玩火柴更为危险。"中国炮仗"2000多度的高温可能造成的伤害却不如使用飞镖或火柴那样能让使用者明显地感受到。[112]

4. 通过结合归纳与演绎而形成一般性的法律陈述

同整体类推（第六章边码140及以下）的情形一样，通过归纳和演绎的结合，可以导出一个一般性的法律陈述，这已经不再局限于和其他案件的直接比较。即使存在不同方向的"**判例路线**"（Rechtsprechungslinie），但倘若它们能够实现一定程度的抽象化（归纳），反倒更易于寻得这种比较中项，以充当一般性的规则。若存有大量结论迥异的"判例线"，则首先要进行具体化之工作。[113] 此时，即有必要对判例进行某种"体系解释"，这不仅应当囊括"线性"的裁判链条，原则上也必须考虑整个有所关联的判例。[114] 不确定的法概念由此被具体化为一般性的法律陈述。在它之上即可以主张法的效力，从而使涵摄成为可能，并为之提供论证。[115] 这在英美法中可谓为人熟知的工作程序。在那里，法官通常也会尝试从多个判例当中提取出一个一般性的法律陈述（general rule），以用于解决未来的案件。[116]

作为"比较中项"的一般性法律陈述通常都能在判决书开始的"裁判要旨"中找到。对于物受损害后什么情况下可就使用机会的丧失主张财产损害这一问题，联邦最高普通法院即回顾了过往大量的判例。通常，一般性法律陈述乃是由"大审判庭"作出，以帮助裁判当下尚未澄清的案件。

使用机会丧失被认定为损害：在某个具体的案件中，原告无法再

52

53

54

---

[112] Möllers, JZ 1999, 24, 27 f. gegen BGH, Urt. v. 26. 5. 1998, VI ZR 183/97, BGHZ 139, 43-Feuerwerkskörper I; 关于"烟花爆竹案"，参见上文第五章边码93。

[113] Fikentscher, Methoden des Rechts, Bd. II, 1975, S. 101, 作者称之为"先例链条"以及"两种权威角度之间的抉择"。

[114] Vogel, Juristische Methodik, 1998, S. 164.

[115] Vogel, Juristische Methodik, 1998, S. 162.

[116] Vandevelde, Thinking Like a Lawyer, 2nd ed. 2011, S. 127 f.; Kischel, Rechtsvergleichung, 2015, § 5 Rn. 5 ff.

使用自己的房屋,故而为此要求损害赔偿。大审判庭对这种基于使用机会丧失的请求权作出了限制,并以如下一个一般性的法律陈述为要求,即受损的财产必须对生活具有一般的、核心的意义,以至于受损人需持续依赖该物以维持其私人生活(eigenwirtschaftliche Lebenshaltung)。[117]

55 到了接下来这一步,人们即可以为新案件作出裁判了。有时,一般性的法律陈述足以应付解决新型案件。比如,曾经即有案件需要裁判,断开他人网络连接之人,是否有义务为他人使用机会的丧失承担损害赔偿。[118] 但是,很多时候判例还需要将法律陈述进一步精确化(第八章边码29)。下图即对此作出了说明。

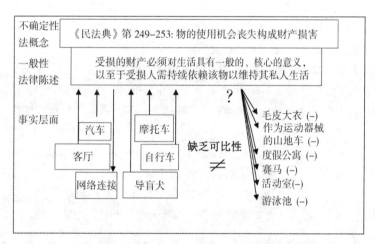

56 图7-1 通过案例对比法进行的法发现

57 进阶练习——"穿着鞋的脚"案:行为人用鞋踢了受害人的头,是否构成"危险的身体伤害"?[119]

---

[117] BGH, Beschl. v. 9.7.1986, GSZ 1/86, BGHZ 98, 212, 220 ff. -Nutzungsentschädigung.
[118] 法院持赞成之结论,参见BGH, Urt. v. 24.1.2013, III ZR 98/12, BGHZ 196, 101 Rn. 9 f。
[119] 答案见第十五章边码25及以下。

二、法院裁判的约束效力

1. 英美法：立论性的判决理由（ratio decidendi）、附带意见（obiter dictum）、区分和推翻

具体而言，法院有义务研究过往判决的判决理由。从"裁判链条"中可梳理出具体的原则和规则。之后则需要回答，先例和待裁判案件之间究竟有多大的相似性（第七章边码45）。因奉行"遵循先例原则"，故判决具备针对任何人的约束效力（第三章边码44）。不过，这一约束效力可存在如下三个重要的限制或例外。

（1）具有约束效力的只是**立论性的判决理由**（tragende Gründe，ratio decidendi）[120]，而不包括附带的、非立论性的理由（附带意见：obiter dictum，复数：obiter dicta）。立论性的理由是指为抽象的规范和具体的裁判之间建立有逻辑的、价值上有说服力的推理关联所必须的法原则——换句话说，要形成这种关联，就必然绕不开这些理由。相反，附带意见则超越了具体要裁判的案件本身，非由案例催生，与案例并无关联。[121] 因此，即便有法院研究某个附带意见且因信服其中的论据而遵循之[122]，但其毕竟没有约束效力，故而其他法院或者该法院本身均可随时偏离这一附带意见。[123] 英美法系中的附带意见故而属于"次级法源"。

（2）当前的案件事实亦可能存有其他不同之状况，正好使得过往判决的判决理由不能被适用。这种"**偏离**"（Abweichen）即被称为"**区别**"（distinguishing）。[124] 若存在这种区分，即可偏离之前自身或其他法院判决

---

[120] *Hay*, US-amerikanisches Recht, 7. Aufl. 2020, Rn. 22; **不同观点**，参见 *Mehren/Murray*, Das Recht in den Vereinigten Staaten von Amerika, 2008, S. 14 f., 该作者认为，仅判决本身具有约束力。

[121] *Cross/Harris*, Precedent in English Law, 4th ed. 1991, S. 3-10, 24-39; *Schlüter*, Das obiter dictum, 1973, S. 5.

[122] *Vandevelde*, Thinking like a Lawyer, 2nd ed. 2011, S. 107.

[123] *Bodenheimer*, AcP 160 (1961), 1, 4 f.; *Langenbucher*, Die Entwicklung und Auslegung von Richterrecht, 1996, S. 66 f.

[124] *Summers*, in: MacCormick/Summers, Interpreting Precedents, 1997, S. 355, 390; *Fikentscher*, Methoden des Rechts, Bd. II, 1975, S. 95 ff.

第七章 立法、行政及司法对法的具体化

的判决理由。

61 　　　　惊吓损害案：在英国，有个父亲和他的三个孩子遭遇了一起交通事故，事故造成最小的孩子身亡。事发时不在场的母亲急忙赶往医院，当她看到重伤的一家人时，受到了惊吓。这种惊吓是可以预见的，因而可主张赔偿。[125] 相反，有观众在电视直播中看到，人满为患的足球场造成多人死亡，且这位观众正好有亲属去了这座足球场，这也造成了惊吓，但它和事故的发生不存在空间和时间上的联系。[126] 在这种情况下，即有理由进行"偏离"（区分）。

62 　　（3）法院也可能会完全摒弃它之前的判例。但若允许法院毫无保留地偏离先例，势必造成极大的法之不确定性。[127] 如果法院要偏离某个先例，则其必须为之提供详细的说理。[128] 仅最高法院有权作出这种"**推翻**"（overruling）[129]，且只发生在极为有限的情形下。[130] 譬如，在出现技术革新或者社会变革时[131]，即需要偏离过往的判例。不过，还有一种情况是，之前判决有可能是不公正的、错误的判决，故而现在选择的解决方案或许具备更为适当的理由。[132] 此时，就必须将那些全新的、之前尚未被考虑到的理由（特殊正当化事由，英文：special justification）另行列明。[133] 法续造若能比现行法创造更多的正义、信赖保护、法安定性与连续性，便可

---

[125]　*McLoughlin v. O'Brian* [1983] 1 A.C. 410 at 422 per Lord Wilberforce.

[126]　*Alcock v. Chief Constable of South Yorkshire* [1992] 1 A.C. 310 at 405 per Lord Ackner, at 417 per Lord Aylmerton, at 423 per Lord Tullichettle.

[127]　House of Lords Practice Statement [1966] 1 W.L.R. 1234.

[128]　*Llewellyn*, The case law system in America, 1989, S. 62 ff.

[129]　*Summers*, in: MacCormick/Summers, Interpreting Precedents, 1997, S. 355, 396.

[130]　*Reg. v. Shivpuri* [1987] A.C. 1 at 8 f.

[131]　*Planned Parenthood v. Casey*, 505 U.S. 833, 855 (1992).

[132]　*The Propeller Genesee Chief v. Fitzhugh*, 53 U.S. 443, 459 (1851)："之前的判例被发现是错误的" (the former decision was founded in error); *Payne v. Tennessee*, 501 U.S. 808, 830 (1991)："这些判决……实属错误判决，理应被推翻"(these decisions [...] were wrongly decided and should be, and now are, overruled); 有关联邦最高普通法院在"FRoSTA案"中摒弃先例做法的争议，参见下文第十五章边码57及以下。

[133]　*Payne v. Tennessee*, 501 U.S. 808, 849 (1991)："因此，本院从未在没有特殊事由的情况下偏离先例" (Consequently, this Court has never departed from precedent without 'special justification').

谓续造了更好的"法"[134]。美国联邦最高法院在"Kimble v. Marvel Entertainment"一案的多数意见即表明了其自身对于"推翻"的理解。其认为,唯有错误的判决才可以被更正,因为法院在进行法续造时必须保持克制(司法自制原则,英文:judicial self-restraint),而立法者则有权更正法律或判例。[135] 但部分法官则在"不同意见书"中认为,当前已有的其他理由也应当被允许采纳为"特殊正当化事由",并应当将其与上述理由置于一起相权衡。[136]

这种说理负担的存在免不了会催生一些隐蔽性的推翻,即判决没有明显地把对先例的推翻展露出来。这一做法被称作"**默示推翻**"(overruling sub silentio)。[137] 判例也有可能只是对**例外**进行说理,以论证为何当前有效的一般性法律陈述不适合本案。[138] 著名大法官卡多佐(Cardozo)即是通过这种类型的默示推翻在"麦克弗森诉别克汽车公司案"(Mac Pherson v. Buick Motor Company)一案[139]中发展出了产品责任的规则。

62a

麦克弗森诉别克汽车公司案:原告从经销商那里买了一辆别克汽车,却因该车轮胎木料的瑕疵而遭遇事故。汽车生产商在生产汽车时能够谨慎检查,则本可发现这一瑕疵。在这之前,对于他人因过错而违反义务的请求权只能基于合同提出。但在买受人和作为第三人的汽

63

---

[134] House of Lords Practice Statement [1966] 1 W. L. R. 1234; *Patterson v. McLean Credit Union*, 491 U.S. 164 at. 173; s. auch C. (*A Minor*) *v. D. P. P.* [1996] A. C. 1, 28 per Lord Lowry (H. L. (E.));零星提及此部分内容的,参见 *Langenbucher, Die Entwicklung und Auslegung von Richterrecht*, 1996, S. 130; *Vogenauer, Die Auslegung von Gesetzen in England und auf dem Kontinent* 2001, S. 1241,也见下文第十三章边码 58 及以下。

[135] *Kimble v. Marvel Entertainment LLC*, 135 S. Ct. 2401, 2405 ff., 2409 (2015) -Overruling 以及下文第十三章边码 38、边码 92 及以下。

[136] 例如,阿利托、罗伯茨、托马斯等大法官在该案中的不同意见书中即持此见解,参见 *Kimble v. Marvel Entertainment LLC*, 135 S. Ct. 2401, 2415 ff. (2015) -Overruling;相关内容,参见 *Klein*, JZ 2018, 64, 69。

[137] *Vandevelde*, Thinking Like a Lawyer, 2nd ed. 2011, S. 132 f.; *Gerhardt*, The Power of Precedent, 2008, S. 35.

[138] *Vandevelde* (ebd.), S. 133 f.

[139] *MacPherson v. Buick Motor Co.*, 111 N. E. 1050 (N. Y. 1916) -Gefährdungshaftung für Kfz-Hersteller.

车生产商之间却无以产生合同请求权（所谓合同的相对性规则，英文：privity rule）。现在的问题是，汽车生产商是否应向第三人买受人承担因过失（negligence）而导致的侵权责任，即他是否不仅只对合同的相对人经销商，同时也要向任意第三人尽注意义务。在为判决提供说理时，卡多佐援引了一系列承认"危险产品"（固有危险：inherently dangerous）可因其过失产生直接损害赔偿请求权的判例：曾被视为危险产品的包括因过失而被误称为药品的毒药[140]、没有妥善搭置的90英尺高的脚手架（坍塌后将脚手架主人雇佣的粉刷匠砸死）[141]、爆炸了的蒸汽咖啡机等。[142] 相反，机器中一个因缺陷而炸裂的小轮子虽伤及第三人却不被认为构成危险产品[143]，另有一锅炉虽发生爆炸，但因为买受人已测试锅炉且反馈给了生产者，故而不被当作危险产品。[144] 在毒药、脚手架和蒸汽咖啡机的情形，生产者都能够预见到，其产品特性将可能为使用者带来危险。

摆在卡多佐面前的基本上有两种解决办法：要么选择更为狭义的"危险产品"概念，其将限于依其独特特性已然可造成危险的产品（即所谓固有危险：inherently dangerous），例如毒药；要么，他可以采较广义的"危险产品"概念，认为产品因生产之过失能够给任何人（亦包括未作检验即使用之人）的生命和身体健康带来危险即为已足。最后，他决定扩大责任范围，其主要理由乃在于技术的进步与发展。[145] 这样做的结果便是摒弃也即"推翻"过往的判例——产品责

---

[140] *Thomas v. Winchester*, 6 N.Y. 397 at 409 f. (N.Y. 1852).
[141] *Devlin v. Smith*, 89 N.Y. 470 at 478 (N.Y. 1882).
[142] *Statler v. Ray Mfg. Co.*, 88 N.E. 1063 at 1064 f. (N.Y. 1909).
[143] *Loop v. Litchfield*, 42 N.Y. 351 at 359 f. (N.Y. 1870).
[144] *Losee v. Clute*, 51 N.Y. 494 (N.Y. 1873).
[145] *MacPherson v. Buick Motor Co.*, 111 N.E. 1050 at 1053 (N.Y. 1916) - Gefährdungshaftung für Kfz-Hersteller："我们认为，Thomas v. Winchester 一案的原则不仅限于毒药、炸药和类似性质的物品，还包括在其正常运行中具有破坏力的物品。如果某物的性质足以使人疏忽地将生命和身体置于危险之中，则其构成危险之物。"

任的范围被扩大到了依其特性并无明显危险的产品之上。[146]

有关种族歧视的"布朗诉教育局案"（Brown v. Board of Education）可谓美国联邦最高法院最负盛名的判决之一。与先例不同，最高法院认为，当前种族隔离的做法实属违宪之举，从而明确摒弃了它之前所奉行的"隔离但平等原则"（Separate-but-equal-Doktrin）。该原则仅要求平等对待种族内部的具体个人。推翻这一先例背后的考量是，学校教育如今对公民修养、社会融合和职业资质等都发挥着至关重要的作用，因此，相关宪法规范[147]的解释必须依照当前的理解、而非依照1787年、1868年或1896年的历史意图。[148] **65**

在澳大利亚，"马伯诉昆士兰案"之所以有里程碑的意义，就在于其推翻了原先认定待殖民地乃是无主地（terra nullius）的规则。澳大利亚原住民对未殖民地的所有权首次得到了承认。[149] **66**

2. 德国法：立论性的判决理由（ratio decidendi）、附带意见（obiter dictum）、区别和推翻

（1）与英美法不同，德国法院的判决仅对当事人有效（inter partes），并不及于任意第三人（erga omnes）。因此，其效力弱于法律，但作为次级法源，判决亦可引发"参详与遵从义务"（第三章边码14及以下）。一个重要的例外是：联邦宪法法院的判决对所有的国家权力均具备约束力 **67**

---

[146] 明确指出这一点的，参见 *Summers*, in: MacCormick/Summers, Interpreting Precedents, 1997, S. 355, 402 f.; *Hager*, Rechtsmethoden in Europa, 2009, 4. Kp. Rn. 129 f.; **不同观点**，参见 *Langenbucher*, Die Entwicklung und Auslegung von Richterrecht, 1996, S. 88: "对判决理由的解释"。

[147] 美国宪法第十四修正案第1款的"平等保护条款"即禁止各州"拒绝给予任何人平等的法律保护"，参见 *Brugger*, Einführung in das öffentliche Recht der USA, 2. Aufl. 2001, S. 129 f。

[148] *Brown v. Board of Education*, 347 U. S. 483 at 495 (1954) -Gleichberechtigung der Rassen：„The 'separate but equal' doctrine aclopted in" *Plessy v. Ferguson*, 163 U. S. 537 (1896) 一案中确立的'隔离但平等原则'在公共教育的领域无法适用"；之前，哈伦法官在 Plessy v. Ferguson, 163 U. S. 537 at 552 f. (1896) 一案的不同意见书中也已经表达了上述观点。类似的推翻也包括有关堕胎合法化的判例，参见 *Roe v. Wade*, 410 U. S. 113 (1973) -Schwangerschaftsabbruch。

[149] *Mabo v. Queensland* [No. 2] (1992) 175 C. L. R. 1 at 42："如果有一种政策能使那种认为原住民在土地上没有权益的谎言正当化，那么这一政策在这个国家的当代法律中是没有地位。"该判决最后以4：3的票数通过；关于这一判决的介绍，参见 *Butt/Eagleson/Lane*, Mabo, Wik & Native Title, 4th ed. 2001。

———《联邦宪法法院法》第 31 条（第三章边码 47）。

68 不过，德国法上亦存在**立论性判决理由**和**附带意见**之分。[150] 联邦宪法法院在堕胎案的判决中即指出，胎儿不能被定性为法学意义上的"损害"。[151] 联邦最高普通法院却没有遵从这一判决，而是将该判决的相关部分视为法律上不具约束力的"附带意见"。对这种偏离宪法法院判决的做法，联邦最高普通法院同样作出了实质性的论证。它指出：

69 > 不过，联邦宪法法院第二审判庭在判决（Urteil vom 28. Mai 1993-BvF 2/90 u. a. -NJW 1993, 1751 ff. in Leitsatz 14 sowie unter D V 6 der Gründe）中也就这一点表达了对当值审判庭判例的疑虑。尽管其中的论述并无约束效力，并且当值审判庭已多次就其判例进行了批判性的检验（Vgl. z. B. Senatsurteile BGHZ 76, 249, 252 sowie vom 19. Juni 1984 -a. a. O.），但仍有必要对法状况重新进行一次深入的审查。
>
> 联邦宪法法院认为，基于宪法（《基本法》第 1 条第 1 款）之考量，不宜将胎儿的存活定性为损害源。其认为，国家权力有义务尊重每个人依自我的意志生存——这里援引的是同一判决段落的 I 1 a 部分——这就禁止将生养孩子的义务理解为一种损害。故民事法院为医生咨询错误或者错误堕胎设定责任的判决有必要接受审查。
>
> 不过，本法院认为，联邦宪法法院的说明并非本案拒绝将生养孩子的花费定性为损害的理由。[152]

70 （2）需要考察的是，在案件事实相异时，德国最高法院究竟在多大程度上可以偏离它自己之前或者其他法院之前的判决。在一系列不同的案例中，联邦最高普通法院确立了一些有关在何种情形可以作出如此偏离的标准。《法院组织法》第 121 条第 2 款即规定，如果要作出的判决所主张的法观点（Rechtsansicht）与联邦最高普通法院或其他州高等法院的判决不

---

[150] *Schlüter*, Das obiter dictum, 1973, S. 7 ff.; *Payandeh*, Judikative Rechtserzeugung, 2017, S. 452 ff.

[151] BVerfG, Urt. v. 28. 5. 1993, 2 BvF 2/90, BVerfGE 88, 203, 296 und Leitsatz 14-Schwangerschaftsabbruch II.

[152] BGH, Urt. v. 16. 11. 1993, VI ZR 105/92, BGHZ 124, 128, 136 ff. -Wrongful Life.

相一致,则法院应负"呈递义务"(Vorlagepflicht)[153]。《联邦宪法法院法》第16条也是类似规定。[154] 而纯粹的、没有法约束力的建议和说明则不在此列。[155] 即使"落脚在裁判引以为基础的裁判理由部分,如果该表述除了裁判案件也能一般性地适用于其他案件,则其亦无约束力可言"[156]。若案件事实大相迥异,以至于所涉及的只是超越裁判案件本身的一般性的法律观点时,呈递义务也无从谈起。[157] 此外,唯有偏离判决的实质理由时,始负呈递义务,单纯偏离公开的裁判要旨(Leitsatz)则尚不足以引发呈递义务。[158]

(3)最后需要讨论的则是"**先例推翻**"(偏离已有判例)之问题。联邦宪法法院裁判的约束力(第三章边码47)并不及于联邦宪法法院自身。[159] 与英美法相类似的是,联邦宪法法院亦曾表明其有权摒弃自己以往的先例。有时,同英美法的情形一样(第七章边码62),这种判例变更需要满足特殊的理由,"这主要是指重要的事实或法律上的状况抑或作为其基础的观念发生了本质之变化"。[160] 有时,联邦宪法法院可能表现得更

---

[153] BGH, Beschl. v. 15. 10. 1952, 5 StR 763/52, BGHZ 3, 234-Vorlegungspflicht. 更深入的见解,参见 *Klein*, JZ 2018, 64 ff。

[154] 在"被遗忘权II号"案中,第一审判庭不厌其烦地指明,为何它作出了不同于第二审判庭"Solange II号案"的判决。依其观点,"Solange II号案"只涉及欧盟法的有效性或效力,而本案则是要对"欧盟基本权利如何被清楚或明确地适用"作出裁判(BVerfGE 152, 216 Rn. 90-Recht auf Vergessen II (第二章边码106);对此的批评,参见第二章边码108。

[155] BGH, Beschl. v. 4. 12. 1962, 5 StR 440/62, BGHSt 18, 156, 159-Preisüberhöhung; BGH, Beschl. v. 28. 6. 1977, 5 StR 30/77, NJW 1977, 1459; BGH, Beschl. v. 6. 11. 1985, IVa ZB 5/85, BGHZ 96, 198, 201-Wiederverheiratungsklausel.

[156] BGH, Beschl. v. 9. 4. 1963, 5 StR 50/63, NJW 1963, 1214; OLG Köln, Beschl. v. 18. 9. 1973, Ss (OWi) 174/73, NJW 1974, 377, 378.

[157] BGH, Beschl. v. 31. 10. 1978, 5 StR 432/78, BGHSt 28, 165, 166.

[158] BayObLG, Urt. v. 30. 9. 1971, RReg. 4 St 50/71, NJW 1972, 302; 关于对裁判要旨不加批判的适用,参见 *Fleischer*, ZIP 2018, 605 ff。

[159] BVerfG, Urt. v. 11. 8. 1954, 2 BvK 2/54, BVerfGE 4, 31, 38; BVerfG, Beschl. v. 19. 11. 1991, 1 BvR 1425/90, BVerfGE 85, 117, 121.

[160] BVerfG, Urt. v. 15. 7. 1997, 1 BvL 20/94, BVerfGE 96, 260, 263-Normwiederholung; BVerfG, Beschl. v. 4. 7. 2000, 1 BvL 15/99, BVerfGE 102, 127, 141 f.; *Sachs/Detterbeck*, GG, 9. Aufl. 2021, Art. 94 Rn. 13. 关于具体的案例丛集,参见 *Kähler*, Strukturen und Methoden der Rechtsprechungsänderung, 2. Aufl. 2011, S. 82 ff.; *Payandeh*, Judikative Rechtserzeugung, 2017, S. 474 ff。

为恣意而不作上述要求。[161] 但此时仍然需要为判例变更提供说理[162]；此外，法院还须维护信赖保护之原则。[163] 因此，默示推翻实属违反了"方法论的诚实性要求"（Gebot der Methodenehrlichkeit）。[164]

三、欧盟最高法院的案例对比法

72　　案例对比法同样也是为欧盟最高法院所采纳的一种论证方法：例如，经由一系列"裁判链条"，欧盟最高法院先是确认在成员国议会不转化指令时将招致国家责任，之后又将国家责任扩大于成员国行政或法院不尊重欧盟法的情形（第十二章边码 123 及以下）。这类案件中，欧盟最高法院即是在具体类推的框架下将议会的角色与理事会以及委员会进行了比较（第六章边码 176）。[165] 相比于德国联邦宪法法院，欧盟最高法院能够更随意地更正自身的裁判，因为在欧盟法当中并无类似《联邦宪法法院法》第 31 条这样的规则（第三章边码 41 及以下）。[166]

四、法官法的具体论证模型

1. 论证模型：原则性裁判、稳固判例

73　　法学方法论的实践中，对过往判例的援引有极重要的意义，不过法院通常都是援引自己的判例。与之相关的考量是，法院乃是及于其自身的权威对法进行言说（关于"auctoritas"，参见第三章边码 19）。在大量的裁判当中，最重要的那些被称作"**原则性判决**"（Grundsatzurteil，英文：lead-

---

[161] BVerfG, Beschl. v. 15. 1. 2009, 2 BvR 2044/07, BVerfGE 122, 248, 277: "不需要证明情况或一般观念发生了本质变化。"

[162] BVerfG, KBeschl. v. 4. 8. 2004, 1 BvR 1557/01, NVwZ 2005, 81, 82-Zusatzversorgungssysteme der DDR; Sachs/*Nußberger*, GG, 9. Aufl. 2021, Art. 3 Rn. 129; BVerfG, Beschl. v. 6. 12. 2019, 1 BvR 276/17, BVerfGE 152, 216 Rn. 67- Recht auf Vergessen II：由此加强了对民众的法律保护（参见第二章边码 109）。

[163] 第三章边码 31 及以下，也参见 *Klein*, JZ 2018, 64, 67 f.

[164] 已然有此见解者，参见 *Fikentscher*, Methoden des Rechts, Bd. IV, 1977, S. 243；英美法的相关论述即第七章边码 62a。

[165] EuGH, Urt. v. 4. 10. 1991, C-70/88, EU：C：1991：373, Rn. 22 ff. -Parlament/Rat.

[166] S. EuGH, Urt. v. 24. 11. 1993, C-267/91 u. a., EU：C：1993：905, Rn. 16-Keck.

ing cases)。它们构成整个裁判链条的开端。若法院重复按照某一特定的意旨进行裁判,所形成的判决或先例链条即被联邦宪法法院称为"**持续的判例**"(ständige Rechtsprechung)。[167] 而联邦最高普通法院使用的称谓则是"**稳固的判例**"(gefestigte Rechtsprechung)[168]。稳固判例历时越久,其说服力也就越强(longa inveterata consuetudo)。当前的通说认为,这样的稳固判例即可演变为习惯法,而新的观点则主张只使用"稳固判例"的说法(即不提倡习惯法之谓——译者注,参见第三章边码29)。

不过,援引既有判例的前提是,人们需确信判例构成了"正确的法"(有关 veritas,参见第三章边码15)。换言之,对裁判链条的援用并不能取代论证说理。过往的原则性判决中必须真的包含了实质性的论证,对它的援引才有说服力。[169] 有时,以前的判例当中并未提供说理,那么这样的引证也就没有意义。[170] 此外,过去相关的考量可能在当今的语境中已面目全非。因此,具体个案下必须始终检验,所引证的既有判例是否还具备一定程度的耐久性、权威性以及说服力。而要对判例进行更正,则必须就过往判例当中的论据展开论述。

74

2. 有关法官法位阶的论证模型

(1)各个判例之间也存在相互关系。如果不同的先例均与案件相关,判例的相互关系即尤为重要。[171] 裁判的重要性因法院层级(例如地区法院、州高等法院、最高法院)的不同而不同。高级法院作出的先例比低一级法院作出的先例更为重要(judicium superius derogat judicio inferiori)。[172]

75

---

[167] S. BVerfG, Beschl. v. 24. 1. 1995, 1 BvR 1229/94, BVerfGE 92, 122, 123.
[168] BGH, Beschl. v. 9. 10. 1982, GSZ 1/82, BGHZ 85, 64, 66-Prozessvergleich; BGH, Urt. v. 25. 2. 1994, V ZR 63/93, BGHZ 125, 218, 222.;有学者则认为,"既定的判例"比"固定的判例"更持久,参见 *Alexy/R. Dreier*, in: MacCormick/Summers, Interpreting Precedents, 1997, S. 17, 50 f. ist die gefestigte Rechtsprechung langandauernder als die ständige Rechtsprechung。
[169] 有关说理义务,参见第一章边码39及以下。
[170] 关于错误引证的问题,可参见 *Möllers*, Juristische Arbeitstechnik und wissenschaftliches Arbeiten, 10. Aufl. 2021, § 5 Rn. 28。
[171] 也参见 *Alexy/R. Dreier*, in: MacCormick/Summers, Interpreting Precedents, 1997, S. 17, 59。
[172] *Vogel*, Juristische Methodik, 1998, S. 88.

不同的是，联邦宪法法院的裁判则具有严格的约束效力（《联邦宪法法院组织法》第 31 条）；因此，它可以使其他法院的裁判归于无效。[173] 即便宪法法院判决中的相关部分有可能因不包含立论性的理由而不具约束力，最高级的联邦法院也会就宪法法院的判决展开论述（第七章边码 68 及以下）。而最高法院的裁判本身又从属于各自的"大审判庭"（Großer Senat）以及联邦各最高法院"联合审判庭"（Gemeinsamer Senat）的裁判（第三章边码 48 及以下）。

76　　（2）时间较近的先例比久远的先例更为重要（judicium posterius derogat judicio priori）。[174] 一个例子是，联邦最高普通法院即会更多地参考它自己的裁判，而很少涉及帝国法院的裁判。如果就相关的问题存在新近作出的裁判，那么相应的"稳固判例"就更有说服力，因为这种情况下即不必大费周章地证明案件情势是否没有发生变化（第三章边码 14 以下）。

77　　（3）此外，特别性的判决又优先于一般性的判决（judicium speciale derogat judicio generali）。[175] 因此，那些包含了特别的、专门性法律陈述从而适用于待对比案件（第七章边码 45 及以下）的裁判，就比仅仅是作出一般性论证的裁判更为重要。

五、法比较之方法："如何"

78　　在法源理论的部分，我们主要探讨了何种情况下必须或者自愿地参考外国法院的裁判（"是否"）。在适用国际统一法、或者国内法以欧盟法（例如指令）为基础的情形，国内的法官即必须就外国法判决进行比较法的工作（第三章边码 83 及以下）。若外国法或欧盟法在德国没有效力，那么，外国法的判决就仅仅可以充当法认知源（第三章边码 94），从而可被自愿地纳为考虑的根据。下文进一步讨论的则是"如何"参考外国法判例的问题。

---

[173]　参见第三章边码 47。
[174]　*Vogel*, Juristische Methodik, 1998, S. 89.
[175]　*Vogel*, Juristische Methodik, 1998, S. 90.

1. 义务性的法比较：以统一法及欧盟法为例

为实现《联合国国际货物买卖合同公约》的统一适用，国内法院必须注重外国法的裁判（第三章边码 79 及以下）。可能带来问题的是，判决有时是用外语书写或者说难以被人理解。不过，如今已经有很多数据库方便人们查阅外国法的裁判。[176] 若认定其构成"说服性权威"，则意味着参详义务及附属性的遵从义务（第三章边码 95）。

有时，法比较的目的在于探明欧盟法的根基，这种水平的法比较显得更为棘手。在这方面，数据库的建设工作才刚刚开始。[177] 就具体的条例而言，（数据库的建设）则较为完备。[178] 一般情况下，人们也可以援用学术上的比较法研究。[179]

2. 任意性的法比较

（1）任意性的法比较则有着明显更缺乏可靠性的结构。这种情况下，外国法裁判并无任何约束效力。传统的见解认为，比较法的工作乃是以问题为导向地，**功能性**地探寻同一事实问题在其他法秩序中的解决方案。外国法当中能够实现国内法同一功能的事物即是可供比较之对象。[180] "法系理论"（Rechtskreislehre）依照历史发展、法学风格、法制度和法源等因素，将不同国家划归为同一法风格或法系（例如罗马法系、德意志法系、英美法系、北欧法系等），即是试图由此简化法比较之工作。[181] 人们在具有可比性的社会情况当中找寻共同的规则任务，而

---

[176] *Bergsten*, in: Janssen/Meyer, CISG Methodology, 2009, S. 5, 30 f.; *De Ly*, in: Ferrari, The 1980 Uniform Sales Law, 2003, S. 335 ff.; Schlechtriem/Schwenzer/Schroeter/*Ferrari*, Kommentar zum Einheitlichen UN – Kaufrecht, 7. Aufl. 2019, Art. 7 CISG Rn. 18 ff.; 相关网址包括 www.unilex.info; www.cisg-online.ch/index.cfm? pageID=94 等。

[177] 例如 www.network-presidents.eu 以及 https://beta.e-justice.europa.eu/。

[178] 参见 www.unalex.eu（需付费）。

[179] 关于 DCFR 及 CESL 可参见下文第八章边码 25、第九章边码 69。

[180] 关于"功能性原则"，参见 *Kötz*, RabelsZ 54（1990），203, 209 f.; Zweigert/*Kötz*, Einführung in die Rechtsvergleichung, 3. Aufl. 1996, S. 11, 33; *Esser*, Grundsatz und Norm, 1956, S. 31 ff., 349 f.; *Junker*, JZ 1994, 921, 922。

[181] 关于这种法系理由的优点与不足，参见 Zweigert/*Kötz*（ebd.），S. 62 ff.; *Pargendler*, 60 Am. J. Comp. L. 1043 ff.（2012）; David/*Jauffret-Spinosi*/Goré, Les grand systèmes de droit contemporains, 12e éd. 2016, S. 348; Kischel, Rechtsvergleichung, 2015, § 4 Rn. 1 ff.

无意于发现某个或另一个体系有何孤立的本质特征。因此，某一问题在教义学上的定位（dogmatische Einordnung）就不再那么重要。"功能"也即成为这里的"比较中项"[182]。法院虽然通常不会配备从事法比较的专业人员，但它却可以寻求相应的专家意见。[183] 此外，当事人在庭审过程中也可以援引外国法的判决，由此通过比较法的论据来强化特定的法律观点。"法官知法原则"（iura novit curia）——这一原则系指具体个案的当事人不必阐释或证明与自己的主张相关的法律——在这里的作用只是有限的。

82　　"从功能上说，法国法、英美法都通过侵权法实现了对亲属之保护。德国侵权法却没有为亲属提供充分之保护（《民法典》第 831 条的免责可能性、第 823 条有偿还能力的债务人问题等），因此实有必要援用'对第三人有保护效力的合同'。"[184] 其他的法秩序里，不正当竞争法主要并非规定于诸如德国《反不正当竞争法》这样的专门性法律里，而是通过侵权法的一般条款予以解决。[185]

83　　"功能性法比较"所受到的批评是：这样做可能会脱离明确的方法准则。法比较隐含的危险是，它可能过分执着于一些本不存在的"共同点"，而进行法比较的人总是带着来自国内法的"前理解"。[186] 针对这一点的反驳在笔者看来则实属合理：案件事实和法规则的比较，已经同"法类推"（第六章边码 140 及以下）以及"案例对比法"（第七章边码第 44 及以

---

[182]　*de Cruz*, Comparative Law in a Changing World, 2nd ed. 1999, S. 230 ff.; *Michaels*, in: Reimann/Zimmermann, The Oxford Handbook of Comparative Law, 2nd ed. 2019, S. 346, 351, 386 f.

[183]　《民事诉讼法》第 293 条；参见第三章边码 88。

[184]　Zweigert/*Kötz*, Einführung in die Rechtsvergleichung, 3. Aufl. 1996, S. 459；有关对第三人有保护效力的合同，详见下文第十章边码 82 及以下。

[185]　参见 Möllers/Heinemann（eds.），The Enforcement of Competition Law in Europe, 2007, S. 58。

[186]　有关争议，参见 *Curran*, 46 Am. J. Comp. L. 43, 67 ff.（1998）；*Husa*, RabelsZ 67（2003），419 ff.；*Piek*, ZEuP 2013, 60 ff.；*Michaels*, in: Reimann/Zimmermann（ebd.），S. 346 ff.；*Kischel*, Rechtsvergleichung, 2015, § 3 Rn. 6 ff.

下)一样成了法律人的家常便饭。[187] 此外,功能性法比较的魅力恰恰在于,它并不局限于法规则本身的比较,而同时亦将社会现实考虑在内。[188] 与此类似,"法人类学"也要求区分具体文化中各有异同的思考方式("modes of thought")。[189]

(2)更富争议的问题则在于,在进行法比较的工作时,人们应当如何进行选择,即应当或者必须考虑**哪些法秩序**。是否只有在其他多个不同的法秩序当中都发生过某一先例时,才值得考虑比较法的结论?又或者,人们可以挑选那个最好的结论,即便这种做法只存在于某个具体的法秩序中?[190] 若所有的法秩序均采同一结论,那么这一法解决方案也足堪被认同为最有说服力的方案。这种情况下即可作出所谓"类似性推定"(praesumtio similitudinis)——推定实际的解决方案与之存有类似性。[191] 另有学者则强调,法比较应以"共同的价值"为前提。[192] 尽管英国已经于2021年1月1日脱离欧盟,但英国法院的论据仍可继续作为"法认知源"而提供助益。[193]

不同国家的法解决方案常常大相迥异。在这一情形,法院容易"捡葡萄干"(Rosinenpicken)一般只选取它最中意的方案。[194] 若意识到外国法

---

[187] 已经提出这一见解的,参见 *von Kues*, De docta ignorantia, 1440, liber I cap. I: „Comparativa igitur est omnis inquisitio." (任何研究都是一种比较)。

[188] *Zweigert/Kötz* (ebd.), S. 45; *Michaels*, in: Reimann/Zimmermann (ebd.), S. 345, 386; *Kischel*, Rechtsvergleichung, 2015, § 3 Rn. 6 ff.; *Rosenau*, in: FS Puppe, 2001, S. 1597, 1608 f.

[189] 基础性的论述,参见 *Fikentscher*, Modes of Thoughts, 2nd ed. 2004; *ders.*, Law and Anthropology, 2nd ed. 2016。

[190] 未给这一问题明确答案的,可参见 *Zweigert/Kötz*, Einführung in die Rechtsvergleichung, 3. Aufl. 1996, S. 17。

[191] *Zweigert/Kötz* (ebd.), S. 39; *de Cruz*, Comparative Law in a Changing World, 2nd ed. 1999, S. 232.

[192] *Zweigert*, in: FS Schmitthoff, 1973, S. 403, 404 ff.; *de Cruz*, Comparative Law in a Changing World, 2nd ed. 1999, S. 235; *Mehren/Murray*, Das Recht in den Vereinigten Staaten von Amerika, 2008, S. 100 f.; *Rosenau*, in: FS Puppe, 2011, S. 1597, 1610.

[193] 有关合指令的法续造,参见 *Parkwood Leisure Ltd v. Alemo-Herron* (第十二章脚注149)。

[194] 同样的观点,参见 Comparative Reasoning in European Supreme Courts, 2013, S. 240: "cherry-picking"(挑拣最好的/做最适宜的选择);参见 BGH, Urt. v. 27. 2. 1992, 5 StR 190/91, BGHSt 38, 214, 230 f. -Unterbliebene Belehrung (第三章边码91)。

判决原则上只构成法认知源,从而并非"说服性权威"(第三章边码94),那么,进行所谓**评价性的法比较工作**(wertende rechtsvergleichende Arbeit)也是可行之举。其目标即在于**增强判决的说服力**:参考外国法裁判的理由并非在于结论,而主要在于论证过程。之所以将外国法判决考虑为论据,是因为其在具体案件中具有说服力。[195] 同法的经济分析框架下的经济学考量一样,外国法的情况只是被用来为裁判提供额外的支撑。[196] 其并不能成为作出裁判的唯一理由,毕竟外国法不能适用于德国。通过反驳外国法的解决方案——例如指明社会学上的区别——同样也能体现国内法解决方案的说服力。[197] 当中的关键在于就外国法裁判的论据展开实质性的论述。[198] 由此,方能避免盲从于外国法的解决方案。[199]

86 一个典型的例子即美国侵权法上金额极高的"惩罚性赔偿"(punitive damages,德文:Strafschaden)。其所确定的精神损害赔偿要远高于德国法。在美国,受害人往往需要支付其他的高额费用,原因在于医疗保险之缺失,也在于律师通常会收取30%~40%的胜诉酬金(风险代理费,contingency fee)。与德国法的不同之处还在于,惩罚性赔偿具有惩罚之特性。因此,其作为一种法解决方案并不能当然地适用于德国(第五章边码145)。[200]

---

[195] *Smits*, in:Reimann/Zimmermann, The Oxford Handbook of Comparative Law, 2nd ed. 2019, S. 502, 522:"因其本性"(because of its inherent quality)。

[196] *Kodek*, in:Gamper/Verschraegen, Rechtsvergleichung als juristische Auslegungsmethode, 2013, S. 23, 47 或也参见 *Gamper*, in:Gamper/Verschraegen (ebd.), S. 163, 178。

[197] *Kötz*, in:FG 50 Jahre BGH, 2000, S. 825, 835 f.;Zweigert/*Kötz*, Einführung in die Rechtsvergleichung, 3. Aufl. 1996, S. 43 ff.

[198] *de Cruz*, Comparative Law in a Changing World, 2nd ed. 1999, S. 280, 287;类似的见解,参见*Kötz*, in:FG 50 Jahre BGH, 2000, S. 825, 835 f.:对外国判决进行批判性的阐述,是否能够"显著提升本质性、生动性及说服力";*Bobek*, Comparative Reasoning in European Supreme Courts, 2013, S. 247:"(追求的是)质量而非数量。"

[199] 对这一危险作出警示者,参见 *Bydlinski*, Juristische Methodenlehre und Rechtsbegriff, 2. Aufl. 1991, S. 462。

[200] *Großfeld*, AcP 184 (1984), 289, 309 f.;也参见 BGH, Urt. v. 4. 6. 1992, IX ZR 149/91, BGHZ 118, 312, 338 ff.

3. 欧盟最高法院及欧洲人权法院的法比较

(1) 法比较也存在于欧盟最高法院的实践中（第三章边码 96 及以下）。[201] 为此，欧盟最高法院会雇用相当多的科研人员。[202] 欧盟最高法院进行法比较的对象不限于外国法院的裁判，它也会直接研讨外国法的法源。此时，法比较所谋求的并不必然是那个"大多数解决方案"[203]，为了寻求案件之解决，法院会考虑理论上最完美的那个结论——即便它可能仅适用于某一个法秩序。[204] 这种**评价性法比较**意义上的"捡葡萄干"行为和成员国法的法比较工作是一致的（第七章边码 85）。对成员国法的"垂直进口"能够有助于实现彼此间的"忠实"，既然能促进欧盟法和成员国法之间的协调一致，这种做法自然是被允许的。[205]

在对《欧洲联盟条约》第 4 条第 3 款规定的"团结原则"（Solidaritätsprinzip，第一章边码 28）进行具体化时，欧盟最高法院即采纳了德国宪法所确立的"忠于联邦义务"（Bundestreue）[206]；"比例原则"同样也是其通过比较法的工作从德国法借鉴而来的。[207] 在推导"欧盟基本权利"时，欧盟最高法院亦明确援引了成员国共同的法传统（第三章边码96）。为了确定"损害"之概念，欧盟最高法院

---

[201] *Iglesias*, NJW 1999, 1, 8 ff.; vorher schon *Bleckmann*, ZGR 1992, 364, 365 f.; *Lutter*, JZ 1992, 593, 603; *Bredimas*, Methods of Interpretation and Community Law, 1978, S. 124.

[202] 科研人员的任务是依欧盟最高法院、欧盟普通法院（EuG）和欧盟公务员法庭（EuGöD）之请求向其出具所谓"研究笔记"（法文: note de recherche），该笔记就某一法律问题描述各成员国的法律状况，参见 *Obwexer*, in: Gamper/Verschraegen, Rechtsvergleichung als juristische Auslegungsmethode, 2013, S. 115, 137。

[203] 这样做的案例，可参见 EuGH, Urt. v. 10.7.1957, 7/56 u. a., EU: C: 1957: 7, S. 91, 118 f. -Algera。

[204] *Zweigert*, RabelsZ 28 (1964), 601, 610 f.: „wertende Rechtsvergleichung"; 就此也参见 Oppermann/*Classen*/*Nettesheim*, Europarecht, 9. Aufl. 2021, § 9 Rn. 33; 赞同者，参见 *Rieckhoff*, Der Vorbehalt des Gesetzes im Europarecht, 2007, S. 188。

[205] *Gsell*, AcP 214 (2014), 99, 127.

[206] *Koopmans*, 39 Am. J. Comp. L. 493, 502 (1991); *Kakouris*, in: Drobnig/van Erp, The Use of Comparative Law by Courts, 1999, S. 97, 106.

[207] *Schockweiler*, EuR 1995, 191, 200; der Verhältnismäßigkeitsgrundsatz findet sich in EuGH, Urt. v. 13.4.2000, C-292/97, EU: C: 2000: 202, Rn. 45; EuGH, Urt v. 13.7.1989, 5/88, EU: C: 1989: 321, Rn. 18-Wachauf; *Craig/de Búrca*, EU Law, 7th ed. 2020, S. 583.

还借鉴了《蒙特利尔公约》。[208]

89　　形式上，只有"佐审官"才会作出这些有关不同成员国国内法的比较法考量。欧盟最高法院的判决通常不会专门诉诸比较法的思考，因为它更青睐于对条约进行纯粹的自主解释。[209] 这不可不谓一种遗憾：如果待裁判的法律问题在各个成员国有着内容统一的解决方案，那么比较法的论述不仅能够为具体成员国的法律问题作出裁判，还能为其他成员国将来要面对的法解释问题提供助益。这样一来就可以一定程度上省去进一步的程序。欧盟最高法院可以在其判决中揭示"相同之处"，继而将待裁判的法律问题与成员国的法传统联系起来。或者，它也可以合理地说明，为何某一法秩序的法可以优先被考虑为欧盟之标准。凭借类似比较法的论述，欧盟的法院不仅可以提升欧洲法的被接受程度，同时也能为成员国法院发挥某种示范功能。为解决相应的案件，佐审官和欧盟最高法院本应该比现在更为充分地利用各成员国的有关争论这一比较法的资源。[210]

90　　（2）对欧洲人权法院而言，法比较同样是家常便饭。这涵盖了基本权利的整个审查步骤，例如保护范围、基本权利的限制等，在基本权利干预的"合比例"审查中尤甚。[211] 例如，在对《欧洲人权公约》第 7 条 "刑罚"（无法律不得处以刑罚）的概念进行自主解释时，为了回答德国法上的"保安监禁"（Sicherheitsverwahrung）是否构成《欧洲人权公约》第 7 条意义上的"刑罚"这一问题，欧洲人权法院在作出裁判时即参照了比利时和法国的判决。[212]

---

[208] EuGH, Urt. v. 6. 5. 2010, C-63/09, EU：C：2010：251, Rn. 24-Axel Walz/Clickair.

[209] 参见第二章边码 70 及以下、第三章边码 96 及以下。

[210] S. *Remien*, RabelsZ 60 (1996), 1, 28; *Möllers*, Die Rolle des Rechts im Rahmen der europäischen Integration, 1999, S. 58 f.; *Martens*, Methodenlehre des Unionsrechts, 2013, S. 496; *Gsell*, AcP 214 (2014), 99, 127.

[211] *Grabenwarter*, in：Gamper/Verschraegen, Rechtsvergleichung als juristische Auslegungsmethode, 2013, S. 95, 102.

[212] EGMR, Urt. v. 17. 12. 2009, 19359/04, CE：ECHR：2009：1217JUD001935904, Rn. 126-Rückwirkende Verlängerung der Sicherheitsverwahrung; 也参见 EGMR, Urt. v. 1. 7. 2014, 43835/11, CE：ECHR：2014：0701JUD004383511, Rn. 147-S. A. S. v. France（第十四章边码 28 及以下，法国的波卡禁令）。

第五节　第七章小结

(1) 一般条款是指无法准确把握其概念核的概念。不确定性法概念虽具备概念核，但其却需要被进一步地精确化。不确定性法概念和一般条款之间的界限是模糊的。它们具备授权功能、造法功能、弹性功能和接受功能。

(2) 立法者可以通过例示规定而实现对一般条款的具体化。在具体情况下，则需要判断其是否为穷尽性的一般条款。

(3) 一般条款也可由行政予以具体化，例如通过制定法规、命令等。私人创设的规范若具备约束力，则亦可承担具体化之任务。

(4) 法院则借助案例对比法来完成对法的具体化。同具体类推的情形一样，此时必须通过各种论据证明相似案件之间的可比性。唯有联邦宪法法院的裁判具备约束效力。这里需要区分立论性的判决理由和附带意见。

法比较通常具有任意之性质，只构成"法认知源"。此时，必须予以证明的是，在解决法律问题时为何可以参考外国法判例中的论证。

本章参考文献：

Auer, *Marietta*, Materialisierung, Flexibilisierung, Richterfreiheit, 2005; *Bydlinski*, *Franz*, Möglichkeiten und Grenzen der Präzisierung aktueller Generalklauseln, in: Behrends, Okko/Dießelhorst, Malte/Dreier, Ralf, Rechtsdogmatik und praktische Vernunft, 1990, S. 189-230; *Bueckling*, *Adrian*, Der Fluch der Generalklausel, ZRP 1983, 190-194; *Engisch*, *Karl*, Die Idee der Konkretisierung in Recht und Rechtswissenschaft in unserer Zeit, 2. Aufl. 1968; *Gerhardt*, *Michael J.*, The Power of Precedent, 2008; *Hedemann*, *Justus Wilhelm*, Die Flucht in die Generalklauseln, 1933; *Ohly*, *Ansgar*, Generalklausel und Richterrecht, AcP 201 (2001), 1-47; *Kähler*, *Lorenz*, Strukturen und Methoden der Rechtsprechungsänderung, 2. Aufl. 2011; *Payandeh*, *Mehrdad*, Judikative Rechtserzeugung, 2017; *Röthel*, *Anne*, Normkonkretisierung im Privatrecht, 2004; *Schünemann*, *Wolfgang B.*, Generalklausel und Regelbeispiele, JZ 2005, 271-279.

第八章　动态体系、案例类型，以及作为具体化方法的案例类型比较

1　　一般条款的具体化绝非易事。不过，借助例示规定或案例对比法，不确定性法概念和一般条款已经可以被初步地具体化。案例对比法将两个案件相互比较，或者从多个案件中觅求一个"比较中项"。在理想的情况下，判例会通过一系列链条一般的裁判（裁判链条）形成某个一般性的法律陈述（第七章边码52及以下）。在本章，将进一步介绍法的具体化。动态体系能够创设一系列的"比较中项"，即所谓"归责标准"（Zurechnungskriterium），以检验具体案件（第一节）。而案例类型之梳理则又更进了一步（第二节）。为实现法的具体化，这一做法尝试在法原则和构成要件要素之间构建一种方法意义上的"中间阶段"。有关法原则之内容，则留待第九、十章详述。

第一节　动态体系

一、基础

1. 动态体系论的提出者

2　　上文已经介绍了"案例对比法"，它通过将新案件与已裁判的案件相对比，从而实现案件之解决（第七章边码44及以下）。理想状况下，从已决的案件当中即可提炼出某种一般性的法律陈述。不过，下文所要揭示的一点是：法官法的形成乃是一个缓慢、逐步、常常带着摸索又不时加以修正的过程。

在1950年瓦尔特·维尔贝格（Walter Wilburg）出任格拉茨大学校长的就职言说中，动态体系论首次得到了精确的表述。针对损害赔偿法，他指出：

> 相反，我试图以这样的认识为基础来找寻损害赔偿法的内在秩序：责任成立与否并非取决于某个统一的思想，而是取决于多个角度的共同作用，这些不同角度在学术或法律上可以被称作"要素"，而我则倾向于称其为"动态力量"。
>
> 这些角度包括：
>
> （1）与损害之发生存有因果关系的、行为人方面的瑕疵（Mangel）。这种瑕疵因情况不同而严重程度不一，其或许是归于行为人之过错，或许归咎于其辅助人，又或许无过错可言，例如机器出现了明显的材料上的瑕疵。
>
> （2）损害人因其行为或对物之占有所造成的、能够引起损害产生的危险。
>
> （3）导致责任成立的原因与所发生损害之间因果关系的紧密程度。
>
> （4）对受害人和加害人财产状况的社会考量。
>
> 依据这些角度，每个具体的案件都会呈现出各自之殊相，因为各种力量的相互作用和程度都不尽相同。这些力量并不具备绝对或固定的意义，起决定作用的乃是它们通过变幻莫测的博弈所产生的合力（Gesamtwirkung ihres variablen Spiels）。
>
> 若某一要素表现出特殊之强度，其自身即足以使损害赔偿责任得以成立。[1]

维尔贝格动态体系论当中的"要素"乃是其从法（包括法官法、法学学说及比较法）当中归纳而来。[2] 法律人所习惯的是，若所有的构成

---

［1］ *Wilburg*, Entwicklung eines Beweglichen Systems im Bürgerlichen Recht, 1950, S. 12 f.; 之前其本人已有的相关著述，参见 *ders.*, Die Elemente des Schadensrechts, 1941, S. 26 ff., 283 ff.; *ders.*, AcP 163 (1964), 346 ff.

［2］ *Bydlinski*, Juristische Methodenlehre und Rechtsbegriff, 2. Aufl. 1991, S. 532; 关于其历史发展，参见 *Paas*, Das bewegliche System, 2021。

要件要素都成立，某个法律规定的构成要件也就得以符合，由此得出相应的法效果；然而，维尔贝格的系统却是"动态的"，与传统的构成要件不同的是，其不要求所有的要素均得满足。它们属于可能使特定行为与法律发生关联的"**归责标准**"。摒弃了僵化的构成要件模式之后，即可对各种要素进行权衡，较强的要素可与较弱的要素相互抵消。因此，各要素之间乃是一种**比较性**的关系：某一要素强度**越**大，也就**越**容易产生它的法效果。[3] 它们不仅可以共同产生合力，同时也可以彼此发生**抵消式**的替代效果。[4] 此外，这些标准或要素的数量原则上应当是固定的。[5]

2. 对动态体系论重要性的争议

5 首先，动态体系论难免会表现出如下缺点：各要素呈"越……就越……"的比较性关系，即便某一要素不成立，也会产生法效果，仅此一点即有损于法之安定性。[6] 其次，如损害赔偿法（第八章边码3）或者信息义务（第八章边码22及以下）所表现的情况一样，归责要素往往不够精确，这同样会带来不安定性。最后，各要素可能会遮蔽原本的责任基础，从而显得难以捉摸。例如，损害赔偿法原本的归责基础乃在于法益保护——即保护个人法益免受侵害[7]，而很难说在于加害人的财产状况。[8] 此外，为何仅仅固守于某两三个要素，这一点也很难令人信服。[9]

6 不过，这些论点并不尽然成立。维尔贝格的动态体系终究还是有精确

---

[3] *Otte*, Jahrbuch für Rechtssoziologie und Rechtstheorie 2 (1972), S. 301, 318; *Steininger* (S. 1, 13) und *Bydlinski* (S. 21, 28) in: Bydlinski/Krejci/Schilcher/Steininger, Das Bewegliche System im geltenden und künftigen Recht, 1986; Larenz/*Canaris*, Lehrbuch des Schuldrechts, Besonderer Teil, Bd. II/2, 13. Aufl. 1994, S. 412.

[4] *Wilburg*, Die Elemente des Schadensrechts, 1941, S. 106; *Jansen*, Die Struktur des Haftungsrechts, 2003, S. 595 f.

[5] *Canaris*, in: Bydlinski/Krejci/Schilcher/Steininger, Das Bewegliche System im geltenden und künftigen Recht, 1986, S. 103, 104："一个相对较小的、不能被临时扩张的领域。"

[6] *Reinhardt*, AcP 148 (1943), 147, 167 ff., 186："极大风格的法之不确定性"；*Esser*, RabelsZ 18 (1953), 156, 166 f.; *Klang*, JBl. 1946, 326, 330; *Pawlowski*, Methodenlehre für Juristen, 3. Aufl. 1999, Rn. 230："任意专断。"

[7] *Möllers*, Rechtsgüterschutz im Umwelt- und Haftungsrecht, 1996, S. 142 ff.

[8] 但维尔贝格却持此主张，见上文第八章脚注1。

[9] *Jansen*, Die Struktur des Haftungsrechts, 2003, S. 601.

性可言的。[10] 动态体系是在具体一般条款的微观层面（Mikroebene）形成归责标准，从而将作为构成要件要素的不确定性法概念予以具体化。这一点本身就是相对于不确定一般条款的优势，同时这也使得动态体系和"论题目录"（Topoi-Katalog）的罗列区别开来（第十四章边码50及以下）。[11]

3. 总结性评价

动态体系尤能使人们对以"个案化"（kasuistisch）为首要特点的司法活动形成一种有序的理解。[12] 它好过于对案件[13]或案例类型[14]非体系性或者纯粹按字母顺序进行的罗列。标准数量之固定使其区别于单纯的公平责任。[15] 具体的归责要素比起"个案的整体情况"终归要更为精确。[16] 同时，规范的构成要件要素也不会为动态体系论所虚置。《民法典》第823条"过错"的构成要件要素即不容被回避。动态体系论并不会触动立法者作出的决断，例如，德国法已然确立的过错责任与危险责任的二分模式便不会为其所左右。[17]

---

[10] 明显的批评，参见 *Jansen*, Die Struktur des Haftungsrechts, 2003, S. 594 ff.。

[11] *Canaris*, Systemdenken und Systembegriff in der Jurisprudenz, 2. Aufl. 1983, S. 76 ff.; *Bydlinski*, Juristische Methodenlehre und Rechtsbegriff, 2. Aufl. 1991, S. 533；**不同观点，参见**Viehweg, Topik und Jurisprudenz, 5. Aufl. 1974, S. 105 ff.。

[12] *Mayer-Maly*, in: Bydlinski/Krejci/Schilcher/Steininger, Das Bewegliche System im geltenden und künftigen Recht, 1986, S. 117, 126.

[13] 对具体案件按字母顺序进行排列的例子，参见 Palandt/*Ellenberger*, BGB, 80. Aufl. 2021, § 138 Rn. 77 ff.。

[14] 对案例类型按字母顺序进行排列的例子，参见 Palandt/*Grüneberg*, BGB, 80. Aufl. 2021, § 313 Rn. 44 ff. 或者 Palandt/*Sprau*, BGB, 80. Aufl. 2021, § 826 Rn. 19 ff.。

[15] 已有此见解者，参见 *Wilburg*, Entwicklung eines Beweglichen Systems im Bürgerlichen Recht, 1950, S. 22；支持性论述，参见 *Bydlinski*, in: Bydlinski/Krejci/Schilcher/Steininger, Das Bewegliche System im geltenden und künftigen Recht, 1986, S. 21, 32 f.。

[16] 在《民法典》第138条时主张"视个案情况而定"的，参见 *Bork*, Allgemeiner Teil des Bürgerlichen Gesetzbuchs, 4. Aufl. 2016, Rn. 1183; zu Aufklärungspflichten s. BGH, Urt. v. 23. 10. 2007, XI ZR 167/05, NJW 2008, 640, 641 f.。

[17] 第六章边码65、156。不同见解，则参见（不过可能主要是针对奥地利法学而言）：*Wilburg*, Entwicklung eines Beweglichen Systems im Bürgerlichen Recht, 1950, S. 12 f.; *Koziol*, in: Bydlinski/Krejci/Schilcher/Steininger, Das Bewegliche System im geltenden und künftigen Recht, 1986, S. 51 f.。

8　　　动态体系论有着大量的拥趸。[18] 就连联邦最高普通法院也在依《民法典》第138条的规定判断法律行为无效时使用了"动态体系"的说法,即所谓"动态要素的共同作用"(第八章边码19)。不过,在德国法的话语空间中,这一点鲜为人所接受。原则上,构成要件之类的审查应当优先于动态体系,如此才能确保法之安定性。[19] 此时,不同于"越……就越……"模式,构成要件要素必须得到累积式的满足,始得成立相应的法效果。

二、德国法中的适用情形

1. 对《民法典》第823条"安全注意义务"进行具体化的归责标准

9　　　在侵权法领域,动态体系论深受赞同。[20] 维尔贝格认为,要成立契约外之责任,需要在一动态体系中衡诸如下四个标准:瑕疵、行为或物之占有所造成的危险、因果关系、财产状况或对财产状况的社会考量(第八章脚注1)。后来,对行为利弊的综合评价又被其采纳为第五个标准。[21]

10　　　为了更好地平衡受害人与行为人各自的利益,冯·巴尔(von Bar)又以此为基础提出了动态体系的四个标准:其包括(1)在引发或**保持危险**(**源**)时,对危险进行控制的义务;(2)**控制危险**的可期待性;(3)危险源所带来的利益;(4)相关人的**信赖保护**[22],或危险的**明显性**[23]。这属于类似构成要件的、能够证立或排除可责性及责任的"归责理由"[24]。与之截然不

---

[18] 可参见论文集 *Bydlinski/Krejci/Schilcher/Steininger* (*Hrsg.*), Das Bewegliche System im geltenden und künftigen Recht, 1986; *Westerhoff*, Die Elemente des Beweglichen Systems, 1991; *Göpfert*, JuS 1993, 655 ff.;也参见第八章脚注20、22、41的文献。

[19] 参见 *Grundmann*, in: MünchKomm-BGB, 8. Aufl. 2019, § 276 Rn. 119 ff.。

[20] *Mertens*, VersR 1980, 397, 402; *Assmann*, Prospekthaftung, 1985, S. 265; *Deutsch* (S. 43 ff.), *Koziol* (S. 51 ff.); *von Bar* (S. 63, 72), in: Bydlinski/Krejci/Schilcher/Steininger (ebd.); *Larenz/Canaris*, Lehrbuch des Schuldrechts, Besonderer Teil, Bd. II/2, 13. Aufl. 1994, S. 412 ff.

[21] *Wilburg*, AcP 163 (1964), 346.

[22] *von Bar*, in: Bydlinski/Krejci/Schilcher/Steininger (ebd.), S. 63, 69;更早的类似论述,参见 *ders.*, Verkehrspflichten, 1980, S. 113 ff. 对其进一步的精确,参见 *Larenz/Canaris* (ebd.), S. 412 ff.

[23] 也参见 *Möllers*, Rechtsgüterschutz im Umwelt- und Haftungsrecht, 1996, S. 293。

[24] *Larenz/Canaris* (ebd.), S. 412.

同的是尚需通过一系列中间步骤进一步予以具体化的"法原则"[25]。

将动态体系比作带砝码的秤,即可以形象地描述这些要素的共同作用:各种标准由左到右滑动,形成"越……就越……"之效果。要使责任成立,各归责标准必须总体处在肯定(+)的区域。[26]《民法典》第823条第1款"安全注意义务"(Verkehrspflicht)的归责标准可以如下图所示。在具体案件中,各标准的强度会各有不同。

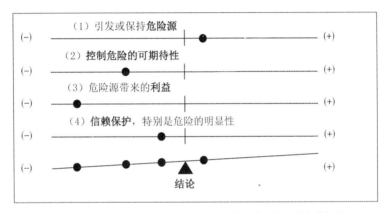

图 8-1 《民法典》第 823 条第 1 款 "安全注意义务" 的归责标准

撒盐义务(Streupflicht):到了晚上 10 点,房屋的所有人是否还有义务清扫其门前的积雪,并且在必要时撒融雪盐?(1)恶劣天气和降雪属于不可抗力,它并非房屋所有人或承租人引发的危险。(2)晚上还要求其通过铲雪来控制这种危险,乃是不可期待的。(3)此外,这一危险也不会为其带来利益。(4)而行人也没理由信赖晚上的道路没有积雪;对行人而言,在雪地滑倒的危险无疑也是显而易见的。因此,房屋的所有人没必要在晚上的时候清扫积雪。因此,其并未违

---

[25] 详见下文第九章边码 23 及以下、第十章边码 4 及以下。**不同意见**,则参见 Bydlinski/Krejci/Schilcher/Steininger, Das Bewegliche System im geltenden und künftigen Recht, 1986, S. 63, 69; *Petersen*, Unternehmenssteuerrecht und bewegliches System, 1999, S. 30。

[26] *Jansen*, Die Struktur des Haftungsrechts, 2003, S. 599 Fn. 279, 作者在这里则使用了"门槛"之说法,据此,各种标准的强度必须越过某一特定"门槛"。

14　　　　　白天的情况则截然不同：标准（1）和（3）的结论是一致的，但标准（2）和（4）则有所区别。对房屋所有人或承租人而言，危险能够以可期待的方式得到控制（2）。而第三人，比如邮递员，则有理由相信，他所要进入的土地不会对其身体和生命造成什么危险（4）据此，房屋所有人或承租人需要在白天承担一定的安全注意义务。

15　　　　　进阶练习——酒馆店主案：在酒馆卫生间旁的地下室门后有一陡峭的楼梯，店主是否必须为地下室门做好安保措施？若顾客从该楼梯摔下，其是否可主张损害赔偿？[27]

2.《民法典》第138、826条"背俗"的归责标准

16　　　（1）法律行为构成"背俗"，或是因其内容，即所谓"内容背俗"（Inhaltssittenwidrigkeit，第八章边码41），或是因特殊的情状，即所谓"情状背俗"（Umstandssittenwidrigkeit）[28]。判例历来认可的一个原则是，判断是否构成《民法典》第138条第1款的"背俗"，需要对法律行为作出一个整体性评价。其中起决定作用的被认为是"综合考察**内容、动机和目的**而得出的客观及主观层面的**整体特征**"[29]。

17　　　学者则是用动态体系论来描述《民法典》第138条"背俗"之判断。[30]法律行为的内容、动机或目的均可单独被视为违背善良风俗。某一个具体的、但强有力的要素即足以导致"背俗"的成立。例如，给付和对待给付的严重不对等就足以证立其违背善良风俗，从而导致行为无效。[31]

---

〔27〕依据BGH, Urt. v. 9. 2. 1988, VI ZR 48/87, NJW 1988, 1588 f.；答案参见下文第十五章边码28。

〔28〕参见BGH Urt. v. 2. 2. 2012, III ZR 60/11, WM 2012, 458-Treuhandabrede（第八章边码19）。

〔29〕已有见解，参见RG, Urt. v. 14. 12. 1903, II 185/03, RGZ 56, 229, 231；BGH, Urt. v. 21. 12. 1960, VIII ZR 1/60, BGHZ 34, 169, 176-Umgehung amerikanischer Embargo-Bestimmungen；也参见第八章脚注37。

〔30〕*Mayer-Maly*, in: Bydlinski/Krejci/Schilcher/Steininger, Das Bewegliche System im geltenden und künftigen Recht, 1986, S. 117, 123；*Armbrüster*, in: MünchKomm-BGB, 8. Aufl. 2018, § 138 Rn. 27 ff.；*Sack/Fischinger*, in: Staudinger, BGB, Neubearb. 2017, § 138 Rn. 117 ff.

〔31〕*Mayer-Maly*, in: Bydlinski/Krejci/Schilcher/Steininger（ebd.）, S. 117, 125。

迄今为止，联邦最高普通法院并未采纳这一做法，而是要求行为人在主观上亦必须存有"可责难的意图"（verwerfliche Gesinnung）[32]。即使受益者没有意识到价格的不对等关系，原则上也不妨碍推定其具有可责难的意图。[33]有批评不无道理地指出，这一拟制之做法几无说服力可言[34]，在方法上实应诉诸动态体系从而基本上忽略主观要素。[35]《民法典》的立法理由书亦早就有先见之明地放弃了主观标准。[36]不过，联邦最高普通法院第三审判庭已表达了对动态体系论的认可。

> 不能仅从法律行为的内容或其他特别出现的情况就直接认定法律行为是否背俗（vgl. Staudinger/Sack/Fischinger, BGB, Bearb. September 2011，§ 138 Rn. 5; BGB-RGRK/Krüger-Nieland/Zöller, 12. Aufl.，§ 138 Rn. 25 ff.）。唯因当事人之间存在信托协议，后者才应被考虑。而这种'情状背俗'是否存在，需要综合考量与合同密切相关的所有情况而作出判断，包括合同订立的客观情况、合同的影响、所追求的目的和行为动机等主观要素等。也即，综合考察内容、动机和目的而得出的合同（内容上的）整体特征（vgl. BGH, Urteile vom 7. Juni 1988-BGH Az. IX ZR 285/86, NJW 1988, 2602; vom 10. Oktober 1997-BGH Az. V ZR 74/96, NJW-RR 1998, 590, 591; vom 6. Februar 2009-BGH Az. V ZR 130/08, NJW 2009, 1346 Rn. 10; Staudinger/Sack/Fischinger, aaO Rn. 6; Soergel/Hefermehl, BGB, 13. Aufl.，§ 138 Rn. 19; BGB-RGRK/Krüger-Nieland/Zöller, aaO Rn. 27）。这一点实属"动态要素的共同作用"；若某一要素尤其明显，则这一要素本身即足以证立背俗行为（vgl. Münch-KommBGB/Armbrüster, 6. Aufl.，§ 138 Rn. 27 ff.; Soergel/

---

[32] 已有此见解的判决，参见 BGH, Urt. v. 9.7.1953, IV ZR 242/52, BGHZ 10, 228, 232; BGH, Urt. v. 9.10.2009, V ZR 178/08, NJW 2010, 363 Rn. 6。

[33] BGH, urt. v. 19.1.2001, V ZR 437/99, BGHZ 146, 298, 302 ff. -Sittenwidriges Grundstücksgeschäft.

[34] Armbrüster, in: MünchKomm-BGB, 8. Aufl. 2018, § 138 Rn. 117.

[35] *Mayer-Maly*, in: Bydlinski/Krejci/Schilcher/Steininger (ebd.), S. 117, 125; 持同样结论的作者，可见第八章脚注30。

[36] Mot. I, S. 211.

Hefermehl, aaO; vgl. auch BGH, Urteil vom 9. Juli 1953-BGH Az. IV ZR 242/52, BGHZ 10, 228, 232 f.）。[37]

20 　　（2）比较特殊的是《民法典》第138条第2款，除了要求符合"暴利"的构成要件，其还明确将适用范围限于各种影响"决定自由"的情形。部分观点主张所谓"沙堆理论"（Sandhaufentheorem），其认为，基于规范之目的，某一个构成要件若得充分满足，即可抵销其他构成要件之不足，从而成立法效果。[38] 这种摒弃《民法典》第138条第2款具体构成要件的做法实属不当，其无异于忽略了立法者的意图。[39] 不过，就暴利行为而言，除了《民法典》第138条第2款，该条第1款亦有适用之余地（第八章边码41）。

3. 先合同及基于合同的说明义务

21 　　因违反说明或指导义务而产生的请求权通常都是基于合同缔约时的过错（《民法典》第311条第2款、第241条第1款）。这里同样欠缺确定某一方在何种情况下即应负说明义务的构成要件要素。一般情况下，合同各方当事人应当自己负责获取对其有利的信息。[40] 例外情况下才是由另一方当事人承担说明和指导义务。通说认为，在先合同的磋商过程中，是否产生说明义务，乃取决于三个条件，它们可以被理解为一个动态体系的要素。[41]

　　（1）对说明义务的相对人（例如银行客户）而言，**信息必须是紧要的**。这主要包括那些可能使合同目的落空或难以实现的情况。

---

[37] BGH, Urt. v. 2. 2. 2012, III ZR 60/11, WM 2012, 458 Rn. 20-Treuhandabrede.

[38] OLG Stuttgart, Urt. v. 24. 4. 1979, 6 U 169/78, NJW 1979, 2409, 2412；也参见 *Bender*, in: GS Rödig, 1978, S. 38 ff。

[39] BGH, Urt. v. 12. 3. 1981, III ZR 92/79, BGHZ 80, 153, 159 f.; *Canaris*, ZIP 1980, 709, 717.

[40] 这起源于：Ulp. D. 15, 3, 39: *Curiosus igitur debet esse creditor, quo vertatur*. 债权人必须注意借款人有何用途。后来又发展为 *emptor curiosus esse debet*（亦称"买者自慎原则"）。买者必须有"好奇心"，特别是要打探对其而言必要的信息。关于此，参见 BGH, Urt. v. 15. 4. 1997, IX ZR 112/96, NJW 1997, 3230, 3231; BGH, Urt. v. 24. 3. 2010, VIII ZR 122/08, WM 2010, 1283, 1284; *Emmerich*, in: MünchKomm-BGB, 8. Aufl. 2019, § 311 Rn. 66。

[41] *Hopt*, Kapitalanlegerschutz im Recht der Banken, 1975, S. 414 ff.; *ders.*, in: FS Gernhuber, 1993, S. 169, 186; *Breidenbach*, Die Voraussetzungen von Informationspflichten beim Vertragsschluss, 1989, § 13; 详见 *Fleischer*, Informationsasymmetrien im Vertragsrecht, 2001, S. 985 ff.; *Grigoleit*, in: Bankrechtstag 2012, 2013, S. 25, 35; *Bachmann*, in: MünchKomm - BGB, 8. Aufl. 2019, § 241 Rn. 127 ff。

（2）**说明义务人必须能够比相对人明显更容易地接触到信息**。这样规定在经济学上是符合效率的，因为说明义务人的信息成本低于相对人（第五章边码147）。

（3）对说明义务人而言（例如投资业务中的银行），说明之作出必须是**可期待的**(zumutbar)。这种情况下，第三个标准可以说有特殊意义：说明义务的产生往往是基于说明义务人的特殊专业知识或者说"专业技能"。说明义务的相对人能够相信，说明义务人熟知相关信息并会向自己转达。有判例即指出："基于诚实信用且考虑交易观念，合同另一方有理由期待对方会将那些对其意思表示的形成明显具有决定意义的事实转告自己。"[42]

学说中则有观点反对诉诸这一动态体系，理由在于，人们尚能勾画出信息义务的构成要件：为此，金融机构要成立说明义务须满足（1）存在明显的说明需要，(2) 对说明对象有现成的知识[43]以及（3）未作合同上的保留。[44]

二手车经销商：二手车的经销商是否必须向没有技术经验的购买者说明，汽车的发动机已经不能满负荷运转？对汽车的买卖而言，发动机功率是一项非常重要的指标。相比于买者，二手车的经销商具有更多的专业知识（信息不对称）。买者通常也会期待，在销售之前，二手车商已对汽车进行过检查。因此，车商必须告知其掌握的信息，或者向对方说明清楚，其并没有进行过检查。[45]

不过，信息义务也带来了诸如信息过量或者信息的非理性加工等风险（第五章边码148）。此外，信息义务人本身也很难完全阻止这种义务变成一种自担责任的行为。联邦最高普通法院第九审判庭有关"银行客户必须

---

[42] BGH, Urt. v. 11. 8. 2010, XII ZR 192/08, NJW 2010, 3362, 3363-Thor Steinar; ähnlich schon RG, Urt. v. 7. 7. 1925, II 494/24, RGZ 111, 233, 234-Arglistige Täuschung; BGH, Urt. v. 28. 6. 2006, XII ZR 50/04, BGHZ 168, 168 Rn. 15.

[43] 或者说，客观的第三人能够期待金融机构能够具备专业知识即为已足。

[44] 参见 *Grundmann*, in: MünchKomm-BGB, 8. Aufl. 2019, § 276 Rn. 119 ff.；其观点明显不同于第八章脚注41所列的各个学者的，但却缺乏进一步的深度论述。

[45] 参见 BGH, Urt. v. 21. 1. 1975, VIII ZR 101/73, BGHZ 63, 382, 386 – Gebrauchtwagenkauf；更多论证，参见 Palandt/*Ellenberger*, BGB, 80. Aufl. 2021, § 123 Rn. 5 ff.；关于二手车经销商及"柠檬理论"，参见上文第五章边码146及以下。

有和银行一样的知识水平"的这种说法实在过于极端且容易使人误解。[46]因为银行也不可能将银行集团及其金融从业人员的全部知识都向客户和盘托出。[47]立法者则已将这一家长式的信息义务进一步发展为一般性的照顾义务。在发放贷款后，银行必须注意合同存续期间出现的诸如失业、丧失劳动能力、离婚、解除生活伴侣关系或者贷款人死亡等情形。[48]这一几乎无法实现的家长主义殊难发挥什么价值。

三、欧盟法的适用情形

25　　动态体系论亦得到了欧盟法的支持。[49]《欧洲民法典共同参考框架草案》侵权法部分（"致他人损害的非合同责任"）[50]的多个领域即符合动态体系论。[51]

第二节　对一般条款的具体化：案例类型

一、案例类型

1. 案例类型的目标

26　　一般条款和不确定性法概念过于模糊，以至于很难将案件不假思索地

---

〔46〕 BGH, Urt. v. 22. 3. 2011, XI ZR 33/10, BGHZ 189, 13 Rn. 29-Spread–Ladder–Swap："作出的说明必须保证客户就其交易的风险而言能够原则上具备和向其提供咨询业务的银行一样的专业和知识水平。"

〔47〕 对这一判决的批评，可参见 *Köndgen*, BKR 2011, 283；*Lehmann*, JZ 2011, 749, 750；*Grigoleit*, ZHR 177 (2013), 264, 283 ff.；*Grundmann*, WM 2012, 1745, 1752；*Möllers*, ZEuP 2016, 325, 346。

〔48〕 § 4 Abs. 3 S. 2 Immobiliar–Kreditwürdigkeitsprüfungsleitlinien–Verordnung v. 24. 4. 2018, BGBl. I S. 529, 这属于对 RL 2014/17/EU über Wohnimmobilienkreditverträge für Verbraucher v. 4. 2. 2014, ABl. Nr. L 60 这一指令的过度转化，故而遭到批评，参见 *Binder*, ZIP 2018, 1201, 1208；*Buck–Heeb/Siedler*, BKR 2018, 269, 273。

〔49〕 *Flessner*, JZ 2002, 14, 18 ff.；*Röthel*, in: Riesenhuber, Europäische Methodenlehre, 3. Aufl. 2015, § 11 Rn. 42, 作者列举的例子是："欧盟法的信赖原则"。

〔50〕 Study Group on a European Civil Code, Principles, Definitions and Model Rules of European Private Law, Draft Common Frame of Reference (DCFR), 2008.

〔51〕 *von Bar*, ZEuP 2001, 515, 518；*Schmidt–Kessel*, Reform des Schadensersatzrechts, Bd. I, 2006, S. 193；*Schilcher*, in: FS Canaris, Bd. II, 2007, S. 1299, 1301 ff.

涵摄于其范围之内；因此，它们必须被具体化。而这一点主要通过判例实现，在时间的长河中也就难免会充斥着大量的、难以捉摸的个案式论证（Kasuistik）。案例类型（Fallgruppe）即为法官处理这类规范提供了粗略的指导范例。[52] 形成案例类型的目的就在于使一般条款和不确定性概念转化为可涵摄的规范。[53] 要形成某个具体的案例类型，可以求助于"案例对比法"，即是说，一方面先将判例已决的案件进行系统性的整理，另一方面则提炼出当中与价值有关的标准并剔除其与具体情形的关联，从而对其加以类型化的处理。[54] 这样总结出来的各个判决所构成的"类型"即可以作为待裁判案件的先例。[55] 案例类型即旨在从大量主题相关的具体裁判中"萃取"出一般性的法律陈述，并依据特定的归类标准将之体系化。[56] 因此，案例类型的形成可以说是案例对比法进一步发展的当然结果（第八章边码42及以下）。其中起指导作用的，即是所有的个案裁判所共同依赖的价值。[57]

2. 案例类型类似构成要件的条件

（1）理想的情况下，可以形成所谓"**案例类型规范**"（Fallgruppennormen）[58]，它一方面有足够的弹性，故而具有个案性；另一方面，它又足够具体，从而可以适用于具体之案件。[59] 借助这一方法，对一般条款及不确定性法概念所适用的一般性的、抽象的生活领域当中的各种生活情况都能确定某些具体的条件——满足之，即表明符合某一案例类型。不同于各要素和归责标准呈比较性关系的动态体系论（第八章边码4），这里的所有条件都

---

[52] *Larenz*, JZ 1962, 105, 106; *Haubelt*, Die Konkretisierung von Generalklauseln, 1978, S. 100 ff.; *Weber*, AcP 192（1992），516, 527 以及第八章脚注65。

[53] *Weber*, AcP 192（1992），516, 535.

[54] *Schubert*, in: MünchKomm-BGB, 8. Aufl. 2019, § 242 Rn. 43.

[55] *Ohly*, AcP 201（2001），1, 39.

[56] *Schubert*, in: MünchKomm-BGB, 8. Aufl. 2019, § 242 Rn. 41 ff.; *Olzen/Looschelders*, in: Staudinger, BGB, Neubearb. 2019, § 242 Rn. 210 ff.

[57] *Leenen*, Typus und Rechtsfindung, 1971, S. 70.

[58] *Ohly*, AcP 201（2001），1, 40.

[59] 关于《民法典》第242条，参见 *Schubert*, in: MünchKomm-BGB, 8. Aufl. 2019, § 242 Rn. 41 ff.

必须累积性地得到满足。案例类型的形成是一个艰苦的过程。比如，1900年的立法者还没有胆量将交易基础丧失这一法律制度引入《民法典》，因为在当时，这一制度的条件尚不明确，直至发生大量的相关判例，才促使立法者在2001年的债法改革中设置《民法典》第313条从而将该制度成文法化。[60] 2010年《反不正当竞争法》修订将原第1条的"大一般条款"替换为第3、7条的各种案例类型，则是另一个典型的例证（第七章边码18）。

28　　（2）若判例发展出一系列类似构成要件的，即是说为了适用法规范所必须满足的条件，案例类型即可转变为案例类型规范。

29　　　　将使用机会的丧失认定为损害：前文已简单介绍过，判例认为，在机动车、自行车或住房等物受损的情形，唯有"受损的财产必须对生活具有一般的、核心的意义，以至于受损人必须持续依赖该物以维持其私人生活"时（第七章边码54），始得将使用机会的丧失认定为损害。近年来，这一案例类型被进一步地细化和限制，因为依据《民法典》第252条立法者的价值安排，唯有例外情形才能将使用机会丧失认定为非财产损害。[61] 因此，除上述条件外，判例还同时要求这种使用利益的丧失对物的所有人而言必须是"可感知的"。如果所有人在物不能被使用的期间本来就不打算或者不可能使用之，即不符合这一条件。[62]

30　　　　无财产亲属的担保案：对亲属的担保这一案例类型来源于对《民法典》第138条的合宪解释（第十一章边码58及以下）。联邦最高普通法院为其发展出了一系列类似构成要件的条件："亲属"的概念已经和"对担保人的苛求"一样得到了精确化。[63]

---

[60] 奠基性的论述，参见 *Windscheid*, Die Lehre des römischen Rechts von der Voraussetzung, 1850; *Oertmann*, Die Geschäftsgrundlage, 1921; 关于此的历史梳理，参见 *Meyer-Pritzl*, in: HKK-BGB, 2007, §§ 313-314 Rn. 7 ff.; 参见下文第十四章边码48。

[61] BGH, Urt. v. 10. 6. 2008, VI ZR 248/07, NJW-RR 2008, 1198 Rn. 7.

[62] BGH, Urt. v. 15. 4. 1966, VI ZR 271/64, BGHZ 45, 212, 219; 例如，判例即曾否认生病期间发生的使用机会丧失，参见 BGH, Urt. v. 18. 5. 1971, VI ZR 52/70, BGHZ 56, 214, 216。

[63] 相关的总结，参见 Palandt/*Ellenberger*, BGB, 80. Aufl. 2020, § 138 Rn. 38 ff.

3. 机会与风险

具体化有着显而易见的优点:通过各种案例,判例逐步发展出一般条款或不确定性法概念得以适用所需要符合的条件。案例类型规范因为有着类似构成要件的条件,故而能够实现法的安定性;这一点比案例对比法所得出的比较中项(第七章边码 52 及以下)以及维尔贝格的比较性体系(第八章边码 2 及以下)而言尤甚。

然而,盲目地信赖案例类型或案例类型规范亦同样意味着风险:就法理而言,案例类型规范本来就并非对任何人均有约束力的"法"。法官的论述充其量只算得上"规范的草案"[64]。因此,称其为"辅助性法源"(subsidiäre Rechtsquelle)似更为妥当,这类似于英美法上的"说服性权威"(第三章边码 45)。个案判决的数量越多,也就越能对判决的正确性作出推定。此外,若判例找到更好的论据,它也可以偏离之前的先例(第三章边码 15)。在内容上,案例类型也不像法规范那样,总是能够列举出一些类似构成要件的条件,以在其被满足时才适用构成要件和其法效果。相反,其通常所列举的条件都是不确定的。并且,只举一个案例类型是不够的。法官必须彻查判例迄今为止所发展而来的各种条件。除此之外,法官还应避免过早地"敲定"案例类型,而是要乐于检阅法学文献相关的批评。[65] 而在涵摄的过程中,又必须再次依赖案件比较的方法。[66]

二、欧盟法中的案例类型规范

在欧盟法层面,法官法同样也导向法的具体化,亦发展出许多条件越来越精确的新的法律制度。《欧洲联盟条约》第 4 条第 3 款第 1 分项规定了联盟和成员国之间互负"忠实义务"。这一义务在第 2、3 分项被进一步精确描述为:成员国必须尽可能采取所有的措施以完成条约所规定的任

---

[64] 这一形象的表达,源自 *Ohly*, AcP 201 (2001), 1, 31。
[65] 对联邦最高普通法院第十一审判庭、银行业务审判庭息于审阅学术文献的批评,参见 *Herresthal*, in: FS Canaris, 2017, S. 869, 877 ff.;关于判例变更的可能性,则参见第三章边码 31 及以下。
[66] 只强调案件比较的,参见 *Ohly*, AcP 201 (2001), 1, 31。

务。学者则将欧盟最高法院的各种法律制度——譬如欧盟法的适用优先（第二章边码85及以下）或者国家责任请求权（第十二章边码123及以下）——视为是忠实义务的具体化类型。[67]

34 　　《欧洲联盟条约》第5条第3款规定了"辅助原则"（第二章边码58）。很久以来的争议在于，该如何对这一原则的内容予以具体化。[68] 这一争论的结果就是在《欧洲联盟运作方式条约》第2—6条引入了一个"有管辖权的事务清单"。如今，《里斯本条约》已经在程序上完成了对辅助原则的具体化：在其关于《欧洲联盟运作方式条约》的"审议记录"中载明了成员国议会的各种广泛的参与权限。[69] 而在内容上，辅助原则与贯彻"欧盟内部市场"之间则应有着（比当前所认识的）更为紧密之关联。[70]

第三节　不同案例类型归责标准的体系化

35 　　一般条款具有弹性功能，它需要回应社会之发展；并最好能够适于开展法的续造（第七章边码10）。正因为如此，《民法典》第138条[71]和第826条的框架下才发展出了越来越多新的案例类型。这当中不断发生着"旧的去，新的来"[72]。在教义学上，基本权利之类的上位法可以为这些新的案例类型——例如刚刚提及的"无财产亲属的担保案"（第十一章边码58及以下）——提供论证之理由。不过，通过探寻比较中项或者说当前案例类型已有的规则标准，亦可能为新的案例类型提供论证。这算是一种"子原则"（Unterprinzip）。那这种比较中项是否存在？

---

〔67〕 Streinz/*ders.*, EUV/AEUV, 3. Aufl. 2018, Art. 4 EUV Rn. 31 ff.

〔68〕 参见上文第二章边码96联邦宪法法院有关"马斯特里赫特案"的判决；也参见Calliess/Ruffert/*Calliess*, EUV/AEUV, 5. Aufl. 2016, Art. 5 EUV Rn. 69 ff。

〔69〕 Protokoll Nr. 2 zum Lissabon-Vertrag über die Anwendung der Grundsätze der Subsidiarität und der Verhältnismäßigkeit v. 13. 12. 2007, ABl. Nr. C 306, S. 150.

〔70〕 更深入的论述，参见 *Möllers*, in: FS 25 Jahre WpHG, 2019, S. 17, 34 ff。

〔71〕 有关"无财产亲属的担保案"这一案例类型，参见下文第八章边码40。

〔72〕 生动的论述，参见 Erman/*Wilhelmi*, BGB, 16. Aufl. 2020, § 826 Rn. 27。

一、作为动态体系的不同案例类型的归责标准

（1）对于涵摄而言，《民法典》第138条[73]及第826条[74]的内容、动机和目的总是显得过于抽象。此外，也有观点认为，《民法典》第138条案例类型的划分不够同一（异质化）：例如，判例列举了针对交易对象或针对第三人的行为[75]，另有人区分了针对本人、针对交易对象和针对公众的背俗行为。[76] 科殷则将滥用支配权力、交易中的欺诈、损害伦理价值等作为这里最首要的类型。[77] 其他学者则又列举了其他不同的案例类型。[78] 总而言之，不无遗憾的是，就案例类型的划分而言并不存在一个公认的标准。[79]

36

（2）动态体系可以为某个规范的构成要件要素或条件提供归责标准，例如《民法典》第823条第1款的安全注意义务（微观层面）。同时，它也有助于形成超越案例类型的、能够将各种不同案例类型的价值整合在一起的法思想（宏观层面）。在此意义上，其可谓贯穿一般条款与具体构成要件要素之间的"中间层面"。[80]《民法典》第138条及第826条框架下案例类型的发展即揭示了这一点。迈尔-马利（Mayer-Maly）[81] 即认为《民法典》第138条"或多或少"必须满足的法思想包括保障公认的秩序，

37

---

[73] 见上文第八章脚注29。

[74] 见下文第八章脚注99。

[75] BGH, Urt. v. 21. 12. 1960, VIII ZR 1/60, BGHZ 34, 169, 176-Umgehung amerikanischer Embargo-Bestimmungen；也参见 Palandt/*Ellenberger*, BGB, 80. Aufl. 2021, § 138 Rn. 24 ff., 40 ff.。

[76] *Neuner*, Allgemeiner Teil des Bürgerlichen Rechts, 12. Aufl. 2020, § 46 Rn. 29 ff.

[77] *Coing*, NJW 1947/48, 213 ff.

[78] 参见 *Flume*, Allgemeiner Teil des Bürgerlichen Rechts, Bd. II, 4. Aufl. 1992, § 18; *Schiemann*, in: Staudinger, BGB, Eckpfeiler des Zivilrechts, Neubearb. 2018, Rn. C 177。

[79] Palandt/*Ellenberger*, BGB, 80. Aufl. 2021, § 138 Rn. 24; *Armbrüster*, in: MünchKomm-BGB, 8. Aufl. 2018, § 138 Rn. 31.

[80] *Canaris*, Systemdenken und Systembegriff in der Jurisprudenz, 2. Aufl. 1983, S. 82; 持同样结论的，参见 *Jansen*, Die Struktur des Haftungsrechts, 2003, S. 601, 604, 635 f.，作者提出了一个责任法的立法建议。

[81] *Mayer-Maly*, in: MünchKomm-BGB, 1978, § 138 Rn. 27 ff. bis zur 3. Aufl., im Anschluss daran *Armbrüster*, in: MünchKomm-BGB, 8. Aufl. 2018, § 138 Rn. 33 ff.

防止限制自由[82]，防止滥用权力地位，防止损害第三人，防止严重损害等价原则，防止卑劣的思想横行，防止不道德的商品化、追求低下的目的等。

38　　宏观层面的法思想并不会否定其他的归责标准。不过，当人们认识到各种不同的案例类型所明显共同依据的法思想后，《民法典》第138条并不够体系化的案例类型即能得到更好的解释。理想状况下，法思想能够为当前或者新型的案例类型提供更好的论证理由。[83]

39　　这部分内容借助图8-2所示如下。

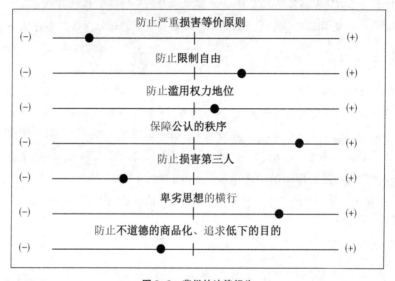

图8-2　背俗的法律行为

40　　无财产亲属的担保案：本案要审查的是，若亲属的财力长期受限，银行仍向其主张履行担保，是否违背善良风俗。联邦宪法法院是从"公认的秩序"这一角度审查《基本法》第2条第1款一般性的行

---

〔82〕这里通常会称为"对债权人的苛求"。

〔83〕*Armbrüster*, in: MünchKomm-BGB, 8. Aufl. 2018, § 138 Rn. 31；持赞同意见者，参见 *Maurer*, Das Bewegliche System zur Konkretisierung der Sittenwidrigkeit bei § 826 BGB, 2017, S. 149 ff.

动自由这一基本权利（第十一章边码58及以下）。联邦最高普通法院则是对"亲属"和"对担保人的苛求"这两个概念进行了精确化（第八章边码30）。此外，也可以进一步考虑将限制自由乃至滥用权力地位作为这里加强论证的归责标准。

损害等价原则：原则上，联邦最高普通法院不会审查物的价格是否妥当，而是交由市场决定。（罗马法上的）"非常损失规则"（laesio enormis）——即审给付和对待给付是否相称——原则上并非《民法典》的要求（第九章边码35、边码52及以下）。若给付和对待给付存在"明显"[84]或曰"特别严重"[85]的失衡，则可构成所谓的"内容背俗"（第八章边码16）。起初，联邦最高普通法院承认高于市场价100%的交易行为构成《民法典》第138条第2款"暴利"构成要件下的给付与对待给付的明显失衡。不过，除此之外，即使不符合《民法典》第138条第2款之条件，联邦最高普通法院亦会审查对等价原则的严重损害是否构成第138条第1款的背俗行为。对此问题，联邦最高普通法院通常会在如下情形下持肯定意见：合同约定的利息两倍于市场价[86]、不动产的售价高于市场价值的90%[87]、租金高于当地租金基准的50%[88]或者工资低于通行劳资协议确定工资的三分之二。[89]若给付和对待给付存在特别严重的失衡，判例即推定成立

41

---

[84] BGH, Urt. v. 24.3.1988, III ZR 30/87, BGHZ 104, 102, 105-Ratenkreditvertrag; BGH, Urt. v. 10.2.2012, V ZR 51/11, NJW 2012, 1570 Rn. 8 f.

[85] BGH, Urt. v. 2.7.2004, V ZR 213/03, BGHZ 160, 8, 16 f.-Vergleichswertmethode.

[86] BGH, Urt. v. 24.3.1988, III ZR 30/87, BGHZ 104, 102, 105.

[87] BGH, Urt. v. 24.1.2014, V ZR 249/12, NJW 2014, 1652 Rn. 8.

[88] 居住型住房租金超过当地租金基准的50%（BGH, Urt. v. 8.12.1981, 1 StR 416/81, NJW 1982, 896），商业型住房租金超过100%（BGH, Urt v. 14.7.2004, XII ZR 352/00, NZM 2004, 907），此外还适用《经济刑法典》v. 3.6.1975, BGBl. I, S. 1313（Wirtschaftsstrafgesetz）eingreifen第5条。

[89] BAG, Urt. v. 22.4.2009, 5 AZR 436/08, BAGE 130, 338 Rn. 13本案判决引述了"分期支付案"（Ratenkreditrechtsprechung）；还有判例则以《基本法》第2条第1款的一般行动自由以及第20条第1款的"社会国家原则"作为论据，参见BAG, Urt. v. 24.3.2004, 5 AZR 303/03, BAGE 110, 79, 85 f.；不过，自《最低工资法》（MiLoG, v. 11.8.2014, BGBl. I, S. 1348）公布后，这一案例类型不再有意义。

《民法典》第138条第1款背俗构成要件中的"可责难的意图"[90]。这样即不必满足《民法典》第138条第2款所设置的较严格的主观条件,其要求存在"榨取之意图"及"客观的急迫形势"[91]。可作为"非常损失规则"归责理由的包括:严重损害等价性、权利滥用、违反某个公认的秩序,不过其中最重要的理由还是限制自由——因为债务人最核心的生活希望可能就此剥夺(关键词:"当代的赎罪塔",指关押债务人使其抵债的囚牢——译者注)。[92] 必要时亦可结合《民法典》第134条和《刑法典》第291条参考刑法上的"暴利"行为认定。这一主题容后文再行论述(第九章边码52及以下)。

二、发展新的案例类型:旧的去、新的来(ein Kommen und Gehen)

42 通过找寻具有可比性的归责理由,即可以发展出新的案例类型。例如,学说和判例即发展出了"对投资人的信息责任",这已经见于所有重要的《民法典》法律评注之中。[93] 为此,首先要阐述的问题是,《民法典》第826条的责任规定究竟是否能够适用于资本市场法。若新的案件与当前的案例类型具有可比性,则可以如是为之。

43 Infomatec案:奥格斯堡的公司Infometec在2001年5月依据"特定事项公开原则"对公司历史上最大额的一次交易活动进行了公告,但很快又作了更正。公司最终破产,投资者的股票变得一文不值,其损失高达9万马克。这样的行为是否违法或者说违反善良风俗?[94]

44 (1) 首先要回答的是,本案是否可以适用《民法典》第826条,

---

[90] BGH, Urt. v. 10. 7. 1986, III ZR 133/85, BGHZ 98, 174, 178; BGH, Urt. v. 19. 1. 2001, V ZR 437/99, BGHZ 146, 298, 302.

[91] *Armbrüster*, in: MünchKomm-BGB, 8. Aufl. 2018, § 138 Rn. 154.

[92] 第十一章边码57及以下。

[93] *Möllers/Leisch*, WM 2001, 1648 ff.; KK-WpHG/*dies.*, 2. Aufl. 2014, §§ 37b, c Rn. 436 ff.; Palandt/*Sprau*, BGB, 80. Aufl. 2021, § 826 Rn. 35a; *Wagner*, in: MünchKomm-BGB, 8. Aufl. 2020, § 826 Rn. 113 ff.

[94] 将这一问题设计为考试题而加以介绍的,可参见 *Grunewald/Schlitt*, Einführung in das Kapitalmarktrecht, 4. Aufl. 2019, S. 318 ff.

因为在2001年尚不存在后来才被立法的《证券交易法》旧法第37c条（现行法第98条）这一特别规范。

不过，并非任何违法的行为都属于背俗的行为。无论行为人违反法律禁令抑或行为导致他人财产损害之事实，都不足以表明其违背善良风俗。唯有行为的内容或整体特征违反了"所有秉承公平和正义之思想者的礼仪观念"时，才构成违背善良风俗。[95] 这就要求行为具有"特别的可责难性"，它需要视（行为人）所追求的目标、所使用的方法、所表露出来的思想和导致的后果而判定。[96] 有学者即主张诉诸动态体系论来解决这一问题（第八章边码17）。

（2）判例和与之相关的法学学说的体系化工作促成了《民法典》第826条一般条款的具体化，也由此形成了各种案例类型。就错误提供信息而言，已发展出"有意的错误告知"和"因疏忽而误导第三人"这两种案例类型。二者的共同之处在于，第三人均比较信赖他人告知的信息，譬如（错误的）工作证明、（错误的）信用记录等。"特定事项公开"即是将企业与股价有关的信息公之于众。投资者公众一般会比较信赖董事会信息的正确性。因此，这样的案件和当前的其他案件具有可比性。[97] 联邦最高普通法院关于特定事项错误公开时董事会责任的判例是在之前"判例线"的基础上顺理成章的发展；鉴于资本市场法的特殊性，实有必要为资本市场错误信息的责任创设一个新的案例类型，这已经通过一系列的判例链条（Infomatec、EM. TV、Comrod、IKB等案）而逐渐成形。[98]

45

就《民法典》第826条而言，行为是否背俗以及具有"特别的可责难

46

---

[95] 参见 Mot. II, S. 727; *Oechsler*, in: Staudinger, BGB, Neubearb. 2018, § 826 Rn. 4 ff., 31. 以前还曾使用过"法律同胞"的说法，参见 BGH, Urt. v. 2. 6. 1981, VI ZR 28/80, NJW 1981, 2184, 2185。

[96] BGH, Urt. v. 19. 7. 2004, II ZR 402/02, BGHZ 160, 149, 157-Infomatec.

[97] 对此详见 *Möllers/Leisch*, WM 2001, 1648 ff; *Hellgardt*, in: FS 25 Jahre WpHG, 2019, S. 701 ff。

[98] KK-WpHG/*Möllers/Leisch*, 2. Aufl. 2014, § § 37b, c Rn. 443; *Fuchs/Fuchs*, WpHG, 2. Aufl. 2016, vor § § 37b, 37c Rn. 31 f.

性"，需要视（行为人）**所追求的目标**、**所使用的方法**、所表露出来的思想和导致的后果而定。[99] 不同于《民法典》第 138 条的是，第 826 条不能放弃"故意"这一要素。背俗和故意乃是《民法典》第 826 条最为基础的构成要件要素，毕竟，德国侵权法中这一较为苛刻的要求在例外情况下也可以被用来保护财产。[100] 学说中，也有人主张借助动态体系来判断《民法典》第 826 条的"背俗"行为。[101] 这一点在"Infomatec 案"和"IKB 案"的对比中得到了充分的反映。

47　　（1）正如已有的案例类型那样，评价是否背俗的基础在于信息对于投资者群体的特别意义。联邦最高普通法院有关"重大错误"的表述即说明了这一点。在"Infomatec 案"中，责任人也清楚所公开的"特定事项"信息的意义，因为这种情况下公开的信息本来也只能是那些有着重要意义的信息。[102] 评价是否背俗的另一个要素是方法的可责难性。联邦最高普通法院认为，滥用"特定事项公开"制度即表明，责任人明显会不择手段地促使潜在的投资者对其企业的价值产生积极之印象。[103]

48　　在针对"Infomatec 案"的三个基础性判决中，第二民事审判庭指出，如果在特定事项的公开中借助重大错误的信息直接故意地对次级市场的公众产生不正当之影响，即已经表明其行为的可责难性，也即违背善良风俗。这等于是将故意的（错误的）特定信息公开推定为背俗行为。这样的

---

〔99〕 BGH, Urt. v. 19. 7. 2004, II ZR 402/02, BGHZ 164, 149, 157-Infomatec；BGH, Urt. v. 13. 12. 2011, XI ZR 51/10, BGHZ 192, 90 Rn. 28-IKB.

〔100〕 明确指出这一点的，参见 Oechsler, in：Staudinger, BGB, Neubearb. 2018, § 826 Rn. 1；Larenz/*Canaris*, Lehrbuch des Schuldrechts, Besonderer Teil, Bd. II/2, 13. Aufl. 1994, S. 454 f。

〔101〕 Erman/*Wilhelmi*, BGB, 16. Aufl. 2020, § 826 Rn. 5；Larenz/*Canaris*（ebd.），S. 453；*Hönn*, in：Soergel, BGB, 13. Aufl. 2005, § 823 Rn. 22；*Maurer*, Das Bewegliche System zur Konkretisierung der Sittenwidrigkeit bei § 826 BGB, 2017；*Mertens*, in：MünchKomm – BGB, 3. Aufl. 1997, § 826 Rn. 7；未遵从这一观点的，则参见 *Wagner*（ebd.）ab 4. Aufl. 2004。

〔102〕 BGH, Urt. v. 19. 7. 2004, II ZR 402/02, BGHZ 160, 149, 156-Infomatec；BGH, Urt. v. 19. 7. 2004, II ZR 217/03, NJW 2004, 2668, 2670-Infomatec, jeweils in Bezug auf das Vorsatzerfordernis.

〔103〕 BGH, Urt. v. 19. 7. 2004, II ZR 402/02, BGHZ 160, 149, 157 f. -Infomatec；BGH, Urt. v. 19. 7. 2004, II ZR 217/03, NJW 2004, 2668, 2670 f. -Infomatec；vgl. bereits *Möllers/Leisch*, WM 2001, 1648, 1654；*Krause*, ZGR 2002, 799, 821；*Fuchs/Dühn*, BKR 2002, 1063, 1068.

做法违背了资本市场交易的最低要求,故而似有必要对具体市场参与者的财产损失予以补偿。[104] 因此,其所追求的目的是否在客观上具有不正当性,已**不再**是必须考虑的要素。[105]

(2)"IKB 案"中,董事会主席明明更熟悉莱曼兄弟的情况,却声称投资的钱是安全的。第二民事审判庭先是承认了"特定事项公开"的这种表征效力,而伪造的资产负债表即属于"重大错误的企业数据"[106]。如今,第九审判庭则在"IKB 案"中要求,行为是否具有特别的可责难性,应视行为人所追求的目标、所使用的方法、所表露的思想及造成的后果而定,并且还要进行"整体衡量"(Gesamtabwägung)[107]。作出这样更为严格的要求也是合理的:在资本市场领域,相对于特定事项公开和年中财报而言,IKB 的新闻公告算不上那么重要的信息媒介。因此,在动态体系的意义上,要判定新闻公告是否背俗,尚需考虑其思想动机与后果,这样做才是符合利益衡量的。[108]

三、欧盟法上新案例类型的形成

在欧盟法上,欧盟最高法院也会采用通过与之前的先例相对比,然后锤炼各种条件,从而发展出新案例类型的方法。

国家责任请求权:在"弗朗科维奇案"中,欧盟最高法院确立了"国家责任请求权",其前提是成员国未及时转化欧盟指令从而造成公民的损失——若及时转化指令,他或许就能主张某一权利。欧盟最高法院引入这一法律制度起初只是针对成员国立法者忽视欧盟法的情形,后来又将这一原则适用于成员国的行政机关与法院(第十二章边

---

[104] BGH, Urt. v. 19.7.2004, II ZR 402/02, BGHZ 160, 149, 157-Infomatec; BGH, Urt. v. 19.7.2004, II ZR 217/03, NJW 2004, 2668, 2670 f.-Infomatec; zustimmend *Möllers*, JZ 2005, 75, 76.
[105] 正确指出这一点的,参见 *Wagner*, in: MünchKomm-BGB, 8. Aufl. 2020, § 826 Rn. 117。
[106] BGH, Urt v. 7.1.2008, II ZR 68/06, WM 2008, 398 Rn. 10-Comroad VII.
[107] BGH, Urt. v. 13.12.2011, XI ZR 51/10, BGHZ 192, 90 Rn. 28-IKB.
[108] KK-WpHG/*Möllers/Leisch*, 2. Aufl. 2014, §§ 37b, c Rn. 463.

码 123 及以下）。为此，它通过一系列判例逐步明确了国家责任请求权的条件。

52   **进阶练习**——"卡特尔之诉"案：在违反欧盟卡特尔法的情形，私主体是否有权起诉？[109]

第四节　第八章小结

53　（1）维尔贝格的动态体系论主张采纳动态的归责标准来解决一般条款或法原则的适用问题。一方面，可以为规范的构成要件要素或条件——例如《民法典》第 823 条第 1 款的安全注意义务——确立某些归责标准（微观层面）。另一方面，动态体系也有助于形成超越具体案例类型的、能够将各种不同案例类型的价值整合在一起的法思想（宏观层面）。

（2）判例或学说若将案例类型具体化为有着类似构成要件条件的案例类型规范，则其可以有助于简化应对一般条款的工作。

（3）多种不同的案例类型可能具备共同的归责标准，新案例类型的形成此时就变得相对容易。

本章参考文献：

Beater, *Axel*, Generalklauseln und Fallgruppen, AcP 194（1994），82-89；*Breidenbach*, *Stefan*, Die Voraussetzungen von Informationspflichten beim Vertragsschluss, 1989；*Bydlinski*, *Franz*, Das bewegliche System und die Notwendigkeit einer Makrodogmatik, JBl. 1996, 683-698；*Bydlinski*, *Franz/Krejci*, *Heinz/Schilcher*, *Bernd/Steininger*, *Viktor*（Hrsg.），Das Bewegliche System im geltenden und künftigen Recht, 1986；*Mayer-Maly*, *Theo*, Die guten Sitten, des Bundesgerichtshofs, in：FG 50 Jahre BGH, Bd. 1, 2000, S. 69-79；*Ohly*, *Ans-*

---

[109] EuGH, Urt. v. 20.9.2001, C-453/99, EU：C：2001：465, Rn. 24-Courage Ltd./Crehan；EuGH, Urt. v. 13.7.2006, C-295/04 u. a., EU：C：2006：461, Rn. 61-Manfredi；答案见第十五章边码 30。

gar, Generalklausel und Richterrecht, AcP 201 (2001), 1 – 47; *Schilcher, Bernd*, Das Bewegliche System wird Gesetz, in: FS Canaris, 2007, Bd. II S. 1299–1329; *Weber, Ralph*, Einige Gedanken zur Konkretisierung von Generalklauseln durch Fallgruppen, AcP 192 (1992), 516 – 567 sowie AcP 194 (1994), 90–104; *Wieacker, Franz*, Zur rechtstheoretischen Präzisierung des § 242 BGB, 1956; *Wilburg, Walter*, Die Elemente des Schadensrechts, 1941; ders., Entwicklung eines Beweglichen Systems im Bürgerlichen Recht, Grazer Rektoratsrede 1950.

第九章　法教义学和一般的法原则

1　　前文已经介绍了颇为复杂的一般条款问题（第七、八章）。接下来要讨论的"法原则"问题则更为复杂。如何从"法"当中提取出法原则？法原则究竟是什么？法原则与法制度（Rechtsinstitut）是怎样的关系？基本权利可谓成文法上的法原则，有关基本权利的问题已然表明，要适用基本权利，尚需完成进一步的具体化工作，因为它们本身无法直接进行涵摄。由于《基本法》并未提供具体的标准且欠缺可涵摄的构成要件要素，因此，在回答诸如"婚姻契约是否违反《基本法》第2条第1款"之类的问题时，仅仅依赖萨维尼的经典解释学说已显得力有不逮。[1] 第九章将探讨法原则的生成、法原则与法制度、法理念（Rechtsidee）之间的关系等问题。这之前首先要搞清楚的则是法教义学的作用，近年来，特别是在公法领域，这一问题已然引发了激烈的争论。法律的价值安排可以充当法原则的论证理由，但后者仍需要被进一步地具体化。为此，区分法理念、法原则和法陈述即大有裨益（第一节）。法原则的方法问题亦尚未得到充分之认识（第二节）。合同自由可谓民法领域最重要的法原则。诸如强制缔约、价格审查或交易基础的破坏等都是合同自由的例外（第三节）。但作为私人自治一部分的"自我决定原则"则可为上述法制度提供解释（第四节）。最后，本章将讨论欧盟法的法原则（第五节）。之后的第十章则会介绍法原则之间的衡量问题。

---

〔1〕　BVerfG, Urt. v. 6. 2. 2001, 1 BvR 12/92, BVerfGE 103, 89, 100 ff. -Unterhaltsverzichtsvertrag；也参见第十一章脚注161。

第一节 一般的法原则与法教义学

一、法教义学对法学方法论的助益

1. 法教义学的要素、目标与概念

（1）"法教义学"是一个尚待人们廓清的概念。[2] 法教义学包含三个本质要素：第一，它可以被描述为有着规范内容的话语系统（如定义、原则等）。第二，它又同时表现出与实定法及判例的关联，但又不一定等同于后者。对价值评判加以理性论证的义务即属于其规范之维度。[3] 第三，法教义学是对学说和判例所提出的法律陈述加以证立和商讨。[4] 因此，法教义学远非法律文本。人们可以将其与语法相对比：语言——这里指法规范——若不依赖语法知识，则无法得到理解或应用。[5] 教义学则通过各种原则的遵守（Prinzipientreue），从而使"法"拥有一定的结构和内在的融贯性。

（2）正如本书开篇所言，法教义学（Rechtsdogmatik）通过探寻某一法律以何种价值为基础来实现概念、体系及原则之建构（第一章边码6）。其追求的目标有三：其一，在经验的维度上，法教义学旨在收集和整理各种法材料（Rechtsstoff）；其二，在分析的维度上，法教义学试图实现法材

---

[2] *Lepsius*, in: Jestaedt/Lepsius, Rechtswissenschaftstheorie, 2008, S. 1, 4; *G. Kirchhof/Magen*, in: G. Kirchhof/Magen/K. Schneider, Was weiß Dogmatik?, 2012, S. 151, 153; 不同的定义角度，则参见 *Lennartz*, Dogmatik als Methode, 2017, S. 150 ff.。

[3] *Alexy*, Theorie der Grundrechte, 1986, S. 25; ausführlich *Larenz*, Methodenlehre der Rechtswissenschaft, 6. Aufl. 1991, S. 224 ff.：法教义学是价值导向的思维活动（Rechtsdogmatik als wertorientiertes Denken）。

[4] 类似观点：*Voßkuhle*, in: Hoffmann-Riem/Schmidt-Aßmann/Voßkuhle, Grundlagen des Verwaltungsrechts, Bd. 1, 2. Aufl. 2012, § 1 Rn. 6; 有关不同的概念称谓，则参见 *Waldhoff*, in: G. Kirchhof/Magen/K. Schneider, Was weiß Dogmatik?, 2012, S. 17, 22 ff.; *Ch. Möllers*, in: Hoffmann-Riem/Schmidt-Aßmann/Voßkuhle, Grundlagen des Verwaltungsrechts, Bd. 1, 2. Aufl. 2012, § 3 Rn. 35 ff.。

[5] *Herberger*, Dogmatik, 1981, S. 37 f., 74 ff., 119, 257 ff. mit umfangreichen Nachweisen zum römischen Recht; *Jansen*, ZEuP 2005, 750, 754.

料概念上的体系化；其三，它要从规范及法伦理的维度，维护同实践理性之间的关联。[6] 因此，它也被用于处理"学习材料"（Lernstoff）[7]。故而，其以实定法符合"正确性宣称"（Richtigkeitsanspruch）为前提。[8] 在法教义学当中，会形成凌驾于大量具体法律规范之上的新的概念、原理和中间层级（Zwischenschichten）。[9] 诸多相互关联的目的性概念、原理、分类、构造、指导思想和结构性思想共同形成了法秩序的这一深层次的结构，并形塑了我们对于"法"以及具体法规范含义的理解。[10] 同时，法教义学之中亦会发展出一些诸如基本权利"四步审查法"（第十章边码54）这样的"检验模式"（Prüfprogramm）[11]。因此，法教义学也具备一种在制定法之外进行法续造（extra legem intra ius）的"造法功能"[12]（第十三章边码25）。

3a 结合以上观点，可将"法教义学"描述为判例和学说对"法"加以具体化、为解决具体的法问题而确立的各种规则所构成之整体。由于这些规则与法律的文义之间通常不再存在直接的关联，因而需要借助法学方法论（第九章边码7及以下）实现其与"法"之间的"重新勾连"（Rückanbindung）。

2. "实用教义学"的风险

4 对于法教义学至少有三种批评意见。首先，法教义学被斥为"为艺术而艺术"（l'art pour l'art）[13]，它所生成的教义学结构可能是某种有着无尽

---

[6] 参见 *R. Dreier*, in: ders., Recht-Staat-Vernunft, 1991, S. 211, 217；支持 *Alexy*, Theorie der Grundrechte, 1986, S. 22 ff.; *Stürner*, JZ 2012, 10 f。

[7] *Alexy*, Theorie der juristischen Argumentation, 1983, S. 330 f.

[8] *Bumke*, JZ 2014, 641, 647.

[9] *Jansen*, ZEuP 2005, 750, 755；*Stürner*, AcP 214 (2014), 7, 11.

[10] *Bumke*, Der Grundrechtsvorbehalt, 1998, S. 26.

[11] *Dreier*, in: ders., Rechtswissenschaft als Beruf, 2018, S. 1, 41 ff.

[12] *Voßkuhle*, in: Hoffmann-Riem/Schmidt-Aßmann/Voßkuhle, Grundlagen des Verwaltungsrechts, Bd. 1, 2. Aufl. 2012, § 1 Rn. 6；赞同者，参见 *Lepsius*, in: Jestaedt/Lepsius, Rechtswissenschaftstheorie, 2008, S. 1, 18。

[13] 意指艺术就是为了艺术本身，而无其他目的。

分叉的"精密系统",正如基本权利[14]或不当得利法[15](的教义学)那样,其被认为过于抽象,以至于无法满足生活现实的需要。[16] 沃尔克曼即要人们警惕一种"过度的教义化":判决变得过于冗长、复杂,无法适用于课堂教学,而这主要以灵活性和发展的开放性为代价。[17]

其次,德国的法教义学被认为深植于德国的现行法,从而与外国法的思想格格不入。[18] 欧盟法就几乎不存在这样的法教义学[19],因为在欧盟法层面,人们要么只是就事论事地澄清某个法律问题,要么就是仅仅为了回答一些技术性的问题而动用大量规范。[20] 美国法亦不承认法教义学,其判例法的立场仍可以应付自如。[21]

5

最后,若私法学说不再受核心基础价值的制约,法教义学就可能带来"体系自足"(systematische Selbstgenügsamkeit)的风险。[22] 更为严重的情形是:虽然创设了概念,却没有足够精确地确定其内容。[23] 最为重要的批评在于,在个案的涵摄过程中,法院发展而来的、充当精密系统中间层级的概念在被逐一审查的同时,那些一般性的基础规则却可能被忽视了。

6

---

[14] 赞成基本权利教义学的,参见 *Schwabe*, JZ 2007, 135:"关于基本权利教义学当中的基本义务神话、抽象主义和生产过剩",以及参见埃卡特(Ekardt)的辩词及卡里斯(Calliess)的总结陈述;参见 *Lindner*, JZ 2015, 589, 590:"在经过数十年费心培育和打磨的'基本权利的教义学'中,似乎已经找不出一根不分叉的头发了。"也参见第十二章边码80及以下。

[15] 反对在民法中推行个案式案例解决技术的论述,参见 *Großfeld*, JZ 1992, 22, 23 ff。

[16] Roxin/*Greco*, Strafrecht Allgemeiner Teil, Bd. I, 5. Aufl. 2020, § 7 Rn. 51.

[17] *Volkmann*, JZ 2020, 965, 972 ff. mit zahlreichen Entscheidungen des BVerfG;形象的说法,参见 *Braun*, JZ 2020, 353, 354:"从来没有什么能像基本权利的教义学那样,将'给秃子扎卷发'的技艺发挥到这种地步。"

[18] *Voßkuhle*, in: G. Kirchhof/Magen/K. Schneider, Was weiß Dogmatik?, 2012, S. 111, 113;*Jestaedt*, JZ 2014, 1, 3;也参见 der Wissenschaftsrat, Perspektiven der Rechtswissenschaft in Deutschland, 2012, S. 70;相关的讨论,参见 *Grundmann*, JZ 2013, 693-714。

[19] 就此参见 *Stürner*, AcP 214 (2014), 7, 22 f. 以及下文第九章边码63及以下。

[20] *Möllers*, ZEuP 2016, 325, 330 ff.; *ders.*, ZEuP 2008, 480, 483 ff.

[21] 参见 *Fikentscher*, Methoden des Rechts, Bd. II, 1975, S. 462 ff.; *Somek*, JZ 2016, 481, 482 ff. 以及下文第十三章边码99;关于"法律现实主义"参见上文第五章边码91。

[22] *Stürner*, AcP 214 (2014), 7, 18.

[23] 参见 *Lindner*, Rechtswissenschaft als Metaphysik, 2017,作者列举的概念有:"宪法多元主义"(原著第65页及以下、第109页);"治理"(原著第96页)或"生存保障"(原著第113页及以下)。也参见下文第十章边码18。

这种"实用教义学"（Gebrauchsdogmatik）[24] 即可谓缺乏与法律之间的"重新勾连"（Rückbindung an das Gesetz）[25]。诸如交易基础障碍、主观公权利或者行政行为等所有的法律制度都是先由学说发展而来的（第十四章边码48），再由判例及立法所接受。各种法律制度或法概念可能都有一个共同点，即它们的生成过程都独立于法规范。[26] 如是观之，"决断主义"（Dezisionismus）的批评也有其道理——其认为，法院的裁判乃依其权威作出，而缺乏对法律的关照（第一章边码6）。事实上，人们也确实诉诸"四步审查法"来考察基本权利，但这种审查步骤本身并未反映在《基本法》的文本中。因此，当前的方法论被认为不能解释这些法教义学的形态，尽管它必须做到这一点。[27]

3. 表面的理由：事物的本质

6a 原则上需要警惕的一种现象是：在进行（法的）具体化时创造一些概念，但却没有对这些概念作出定义或者未赋予其法教义学上的稳固性。[28]"事物本质"（Natur der Sache）这一概念系登伯格（Dernburg）所创。他指出："生活之情势，尽管或多或少会有所发展，但它总是自有其尺度和章法。事物所内含的章法即可以被称作事物之本质。若缺乏实证之规范，或者其规定得不完整或不清楚，则进行思考的法律人就必须求助于事物之本质。"[29]"事物的本质"之谓有时亦得到学界[30]或判例的接受。其主

---

〔24〕 语出自 *Stürner*, JZ 2012, 10, 11 f.; *ders.*, AcP 214（2014）, 7, 13。

〔25〕 有关这一批评，参见 *Jestaedt*, JZ 2014, 1, 11; *Dreier*, in: ders., Rechtswissenschaft als Beruf, 2018, S. 54 ff。

〔26〕 有关主观公权利、基本权利审查等例证，可参见 *Lennartz*, Dogmatik als Methode, 2017, S. 137 ff.，157 ff。

〔27〕 *Lennartz*, Dogmatik als Methode, 2017, S. 2："方法论也必须是教义学的理论。"（Methodenlehre muss auch Theorie der Dogmatik sein）

〔28〕 *Lindner*, Rechtswissenschaft als Metaphysik, 2017, 作者称其为"自我赋权的概念"（原著第66页）或"一厢情愿的概念"（原著第109页）。

〔29〕 *Dernburg*, Pandekten, Bd. 1, 7. Aufl. 1902, S. 84; *ders.*, System des römischen Rechts, Bd. 1, 8. Aufl. 1911, S. 64; *von Thur*, Allgemeiner Teil des Bürgerlichen Rechts, Bd. 1, 1910, S. 42.

〔30〕 详见 *Kaufmann*, Analogie und „Natur der Sache", 2. Aufl. 1982; *F. Müller*, Normstruktur und Normativität, 1966, S. 94 ff.; *Larenz*, Methodenlehre der Rechtswissenschaft, 6. Aufl. 1991, S. 417 ff. m. w. Nachw.; *Canaris*, Die Feststellung von Lücken im Gesetz, 2. Aufl. 1983, S. 100.

要作为，乃在于实现法续造的正当化。它也被视为"客观的目的性解释标准"[31]。据此，无论是通过生活事实，还是依据事实逻辑的结构，都能够从中推知出所需补缺的规范。如此一来，联邦甚至也可以从"事物的本质"出发来主张某个宪法并未明确规定，但又必须只能归其所有的立法权限。[32] 对此，联邦宪法法院通常持否定之立场。[33]

因此，"事物之本质"的适用范围比设想的通常要狭窄得多。一般而言，其只能被作为缺乏进一步论据所支撑的"前提"来使用。贝克尔（Bekker）早就警示道："这一表达最糟糕的地方在于，它并不必然能够促使人们进行深刻的思考，也正因为此，它时常被用来代替思考。"[34] 若缺乏理据，"事物的本质"这一概念则不过是应当遭到摒弃的"空洞公式"而已。[35]

6b

二、法教义学与法学方法论

1. 法教义学与法学方法论的关联

到目前为止，人们尚未怎么尝试将法教义学和法学方法论联系在一起。[36] 有观点主张，法学方法论仅限于解释、适用以及法的续造；其对法教义学的概念形成而言并无太大作用。[37] 与此相反，早在几十年前，埃塞尔就已经批评了理论与实践之间所有的这种隔阂，并强调"我们的方

7

---

[31] Larenz/*Canaris*, Methodenlehre der Rechtswissenschaft, 3. Aufl. 1995, S. 238.
[32] *Uhle*, in: Maunz/Dürig, GG, 92. El August 2020, Art. 70 Rn. 75.
[33] BVerfG, Urt. v. 20. 2. 1952, 1 BvF 2/51, BVerfGE 1, 117, 131；BVerfG, Urt. v. 28. 2. 1961, 2 BvG 1/60 u. a., BVerfGE 12, 205, 251.
[34] *Bekker*, Ernst und Scherz über unsere Wissenschaft, 1892, S. 147.
[35] 同样的观点，参见 *R. Dreier*, Zum Begriff der „ Natur der Sache"，1965, S. 127 f.；*Röhl/Röhl*, Allgemeine Rechtslehre, 3. Aufl. 2008, S. 74："显然，本质或者说事物的本质这类说法，在任何时候都不能算得上提供了什么新的论据"；*Raisch*, Juristische Methoden, 1995, S. 178；*Rüthers/Fischer/Birk*, Rechtstheorie, 11. Aufl. 2020, Rn. 926："为了不受约束地进行法官造法而操起的多功能武器。"
[36] 有的论述即缺乏相关思考，例如 *Stürner*, AcP 214 (2014), 7 ff.
[37] *Bumke*, JZ 2014, 641, 642；更激进的看法，参见 *Jestaedt*, JZ 2014, 1, 5 Fn. 37: Juristische Methodenlehre umfasse nur die Auslegung。

法论对法官而言既谈不上什么帮助,也无法控制其行为"。[38] 不过,这种看法又显得过于绝对。法学方法论试图在体系解释的框架下找寻法律的内在体系,即意义上的关联(第四章边码109及以下)。而在一般条款的具体化领域,动态体系论在微观和宏观层面考察各种体系性的归责标准(第八章边码37)。法学方法论可谓是提供了使法教义学上的原则能够被理性确立并正当化的论证模型。[39] 若涉及了一般性的法原则,法学方法论即可**利用法教义学**(第九章边码23及以下)。此外,诸如基本权利和基本自由之类的法原则,也可以借助包含着大量中间步骤或审查步骤的"衡量理论"而得以具体化或者建构(第十章边码4及以下)。

2. 将法教义学嵌入法学方法论的论证模型:具体化和建构

7a 为此需要先阐述"具体化"(Konkretisierung)与"建构"(Konstruktion)的概念。于一般条款及不确定性法概念之情形,法律的文义常常无所作为,这一点我们已然明确。此时,法律就需要借助案例对比法或案例类型的创设来得到具体化(第七章等)。除此之外,**建构**则是法学方法论的另一种机制,它所描述的是那些与法源没有直接关联的法概念的形成过程。[40] 这里所要明确的一点是,法学建构并不意味着允许那些非回应性的、机械性的案件解决方案,而是要人们能够对复杂的价值问题进行理性的讨论。[41] 就此而言,法学方法论担纲着两个使命:若其意图为法教义学提供解释,则首先要将法教义学得来的构造还原至法源层面。法教义学(仅仅是)法认知源。[42] 法学方法论以跨越法律部门的方式描述**生成与论证法教义学概念**的方法,以及**与法源重新建立关联**的方法。由此,即可以为如何从判例当中归纳和演绎出新型的法律制度(诸如交易基础障碍等)

---

[38] *Esser*, Vorverständnis und Methodenwahl, 1970, S. 7.
[39] 有学者称这是"元层面的方法论",参见 *Grigoleit*, in: FS Canaris, 2017, S. 241, 261。
[40] 参见 *Lennartz*(ebd.), S. 171 f., 176;历史上早有此主张者,参见 *Jhering*, Geist des römischen Rechts, Bd. II/2, 8. Aufl. 1954, S. 357 ff.; *Laband*, Staatsrecht des Deutschen Reiches, Bd. 1., 2. Aufl. 1888, Vorwort S. XI: "某个特定实定法的教义学的任务一方面在于建构法律制度,从具体的法律陈述中导出一般性的概念,另一方面则在于从这些概念中推导出结论。"
[41] *Jansen*, JZ 2020, 213, 221;相关例证,参见下文第九章边码33及以下、第十章边码82及以下。
[42] *R. Schmidt*, in: FS Canaris, 2017, S. 131. 133.

提供方法（第九章边码 55 及以下）。基本权利的衡量模型不仅昭示了比例原则，同时也发展出了新的维度、层次和范例，并强化了具体的概念——例如，将人格权区分为社会领域、私人领域和私密领域（第十章边码 17 及以下）。

"建构"的概念表明，法律适用者除了解释或具体化某个概念，也会创造类似案例对比法之外的其他标准。这尤其表现在创设新型法律制度的情形（第九章边码 14）。不过，这一概念和"具体化"之间并不总是能得到精确的区分，因为在一般条款的领域，也会创设具备类似构成要件条件的案例类型（第八章边码 26 及以下）。不过，"建构"之谓本身已经向"找法者"表明，这一做法纯属法续造之领域，故而需要特别论证建构为何正当以及是否逾越了法续造的正当界限（第十三章）。在规范的适用过程中，建构的元素越明显，相应的论证负担也就越大。建构可谓在法教义学和法学方法论之间建立关联的方法论工具。[43] 对联邦宪法法院来说，这种形式的具体化和建构就标准的适用而言存在其合理性（第十四章边码 31）。 **7b**

经典的解释学说可为法教义学服务。[44] "刨根问底"的工作本身就是法教义学的方法层面。[45] 总之，"方法"同时也是法教义学的生产与应用。法学方法论的核心即在于找寻抽象和一般性的程序——例如作为论证基础的"论题学"（第十四章边码 50 及以下）——也即找寻通往现行法的正确道路[46]，而法教义学所涉及的也恰恰就是这一工作所获得的结果（如概念、原则等）。耶林即认为，法教义学是法的内容而非法的形式。[47] **7c**

---

[43] 详见 *Lennartz*（ebd.），S. 174 ff.；关于此，参见 *Möllers*，JZ 2019，86 f.。

[44] *Volkmann*，JZ 2005，261，262. Deutlich auch *Waldhoff*，in：G. Kirchhof/Magen/K. Schneider, Was weiß Dogmatik?, 2012, S. 17, 31：" 教义学引导的法学才算得上有着特定法学方法论的法。"

[45] *Kaiser*，DVBl. 2014, 1102, 1103, 也参见上文提及的 *Esser*，JZ 1955, 555（第一章边码 8）。

[46] *Vesting*, Rechtstheorie, 2. Aufl. 2015, Rn. 23.

[47] *von Jhering*, Geist des römischen Rechts, Bd. 1, 4. Aufl. 1878, S. 19, 这一点和萨维尼的观点有所分歧，参见 *Fikentscher*, Methoden des Rechts, Bd. III, 1976, S. 165 f.。

可以说，法教义学和法学方法论是两个相互交织的领域。[48]

3. 将法学方法论与法教义学联系起来的优点

7d　　（1）"法获取"应当是基于"法"之整体的一个"**理性上可被理解的工作过程**"。若法官创造了新的概念或完整的法律制度，那就必须竭其所能地利用其所掌握的各种论证模型为之提供说理，从而使这一说理经得起理性的考验。这一工作过程亦会体现于"判决理由"的部分，它应当注重论证法续造所要符合的各种严格要求。此处同样明确的一点是：法官的法发现当中的创造成分越是显著，他就越有必要检验其法发现结论与整个体系之间在教义学上的融贯性和适应性（第十四章边码 75）。若结论能够与法秩序的结构相容、实现与法律的重新勾连，那么具体化乃至作为法续造的建构就不会再遭到有关其任意性——即认为其不过是纯粹的"衡平裁判"（Billigkeitsentscheidung）——的指责。

7e　　（2）即使有不一致性，也不能使体系性的基础（原文：roter Faden）丧失殆尽，使体系沦为个案裁判的集合。夸张和过度烦琐的分叉实应避免。[49] 要与现行法的价值安排重新建立关联，不仅需要好的法教义学，也需要好的法律。它不仅制约法官，亦制约立法者。制定优质的法律可谓国内和欧盟立法者长久的任务。[50] 法教义学为如何处理规范的"裁量空间"确立规则（这一规则针对规范的各种适用情形而与具体的案件无关），从而为"法律保留"保驾护航（第十三章边码 83）。[51]

7f　　对法教义学的一个错误理解是强加在它身上的"绝对性"，即认为它可以全面地、在教义上毫无纰漏地统摄所有的法领域。技术或社会的变革

---

[48] 形象地指出这一点的，参见 *Bankowksi/MacCormick/Summers/Wróblewski*, in：MacCormick/Summers, Interpreting Statutes, 1991, S. 9, 21："在对法律的有效解释中，使法律推理（或曰'论证'）的公共权威性实践得到理性的重构"；*G. Kirchhof/Magen*, in：G. Kirchhof/Magen/K. Schneider, Was weiß Dogmatik？, 2012, S. 151, 156；有学者称二者之间是"不能再紧密的联系"（aufs engste verzahnt），参见 *Braun*, Deduktion und Invention, 2016, S. 18；aufs engste verzahnt；另参见 *Lobinger*, AcP 216（2016），28, 33：Methode als integrierender Bestandteil der Rechtsdogmatik。

[49] 就此而言，林德纳的观点值得赞同，参见第十章边码 18a。

[50] 对欧盟资本市场法的现状，参见 *Möllers*, ZEuP 2016, 325 ff.。

[51] *Hassemer/Kargl*, in：Kindhäuser/Neumann/Paeffgen, StGB, 5. Aufl. 2017, §1 Rn. 103.

可能会促使人们反思法教义学,从而实现其在不同方向上的进一步发展[52],同时也对外国法的解决方案保持开放性。[53]

(3) 通过对现有法材料的整理和体系化,法教义学才能创造出一种"区分"之可能,它使判例可以为迄今为止尚未被解决的问题找寻新的、同时又符合体系的解决方案。[54] 这主要有两个优点:一方面,由于具有推定效力(第十四章边码84),当法官在具体案件中动用法原则以及对概念或类似构成要件的条件加以具体化或建构时,它即可减轻法官的(论证)负担。[55] 由于其具备持久的"化繁为简"功能,法律案件的解决要比没有相应的法教义学时更为快捷。[56] 这同时也是关乎"效率"的问题。

8

另一方面,法教义学也为"正义"服务,因为它将问题与已有的判例联系起来,凭借如此宽宏的视野,即可望得出公正的解决方案。法教义学对实现正义的贡献在于,"平等""不平等"抑或"相似"及其各自相应的操作过程都会展露无遗。[57] 因其"理性上的要求",法教义学可用来实现法适用的平等性(第一章边码42)。[58] 这么说来,法学方法论和法教

8a

---

[52] 已有此见解者,参见 *Jhering*, Geist des römischen Rechts, Bd. I, 4. Aufl. 1878, S. 14;"通过罗马法超越罗马法";关于此,参见 *Fikentscher*, Methoden des Rechts, Bd. III, 1976, S. 165;有学者主张法教义学应具备必要的弹性,参见 *Brohm*, VVDStRL 30 (1972), 245, 249; *Volkmann*, JZ 2005, 261, 262 f.; *Gusy*, JZ 1991, 213, 214。

[53] 关于其他法秩序中的法教义学,参见 *Wahl*, in: Stürner, Die Bedeutung der Rechtsdogmatik für die Rechtsentwicklung, 2010, S. 121, 132 ff.;有关"宪法理论"(constitutional theory) 的关联功能,参见 *Lepsius*, in: Jestaedt/Lepsius, Rechtswissenschaftstheorie, 2008, S. 1, 13;对比较法方法的介绍,参见第三章边码76及以下、第七章边码78及以下。

[54] *Rüthers/Fischer/Birk*, Rechtstheorie, 11. Aufl. 2020, Rn. 326.

[55] *Esser*, Vorverständnis und Methodenwahl, 1970, S. 88 f.; *Brohm*, VVDStRL 30 (1972), 245, 247; *Vesting*, Rechtstheorie, 2. Aufl. 2015, Rn. 21.

[56] *Kramer*, Juristische Methodenlehre, 6. Aufl. 2019, S. 193;人常说,在美国,法律案件的解决要花费比欧洲四倍多的时间,参见 *Llewellyn*, 5 Law and Contemporary Problems, 104, 118 (1938)。

[57] *Stürner*, JZ 2012, 10, 11.

[58] 明确指出这一点的,参见 *Stürner*, AcP 214 (2014), 7, 11:"如此看来,法教义学可谓不依赖法文化的、对人类正义理性之探讨的可靠表达。"之前已有的论述,参见 *Alexy*, Theorie der juristischen Argumentation, 2. Aufl. 1991, S. 332; *Wieacker*, in: FS Gadamer, Bd. 2, 1970, S. 311, 335。

义学未在美国法得到充分之发展，实属憾事。[59] 个中原因可能是受"个案思考"的影响，美国的法律人很少接受有关如何处理法典这一抽象系统的训练，其信奉的格言是"船到桥头自然直"[60]。相反，跨学科的工作方法，例如法的经济学分析，则在课堂上占据较大的比重（第五章边码 122 及以下）。而德国法教义学能够在诸多不同的法文化中赢得赞叹和接受，也非偶然之事。[61] 法教义学具备稳定、理性化以及减轻负担之功能。[62] 诚如语法是语言的基石一样，法教义学无疑就是法学的核心与基础。[63]

三、法理念、法原则和法制度的区别

9　　这里首先要介绍的是法理念、法原则和法制度的区别。之后则需探讨如何论证原则以及如何将法原则具体化为法陈述（第二节）。

1. 作为价值的法理念

10　　在导论部分，本节已经介绍了诸如正义、合目的性和法和平之类的"法理念"（第一章边码 107 及以下）。[64] 亚里士多德所提出的正义的特定形式亦被描述为"自然法"。它们构成"法"的终极目的。[65] 换句话说：它们为表达命令和禁令的规范提供理由。[66] 总的来说，法理念比法

---

〔59〕 即使在法学教育中，人们也只是强调学习"法律研究和法律写作"的技能（skills），参见 *Somek*, JZ 2016, 481, 482 f。

〔60〕 Zweigert/Kötz, Einführung in die Rechtsvergleichung, 3. Aufl. 1996, S. 69；有关"由案件到案件的推理"，参见前文第七章边码 44 及以下。

〔61〕 例如德国、法国和亚洲法系中的许多国家，参见 *Bu*, JZ 2016, 382 ff.; *Möllers/Li*, (eds.), The General Principles of Chinese Civil Law, 2018。

〔62〕 *Brohm*, VVDStRL 30 (1972), 245, 247 ff.; *Alexy*, Theorie der juristischen Argumentation, 1983, S. 326 ff.

〔63〕 *R. Dreier*, Rechtstheorie 2 (1971), 37, 41; "核心"（Kernstück）; *Schoch*, in: Schulze-Fielitz, Staatsrechtslehre als Wissenschaft, 2007, S. 177, 209; 赞成此观点的，参见 *Bumke*, JZ 2014, 641, 649 f.: "明显的支配地位。"（starke Dominanz）

〔64〕 已有论述：*Radbruch*, Grundzüge der Rechtsphilosophie, 8. Aufl. 1973, § 9, S. 164 ff.; *Larenz*, Richtiges Recht, 1979, S. 31 ff.; *Kaufmann*, Rechtsphilosophie, 2. Aufl. 1997, S. 191 ff.

〔65〕 语出自 *Larenz*, Richtiges Recht, 1979, S. 33。

〔66〕 *Mahlmann*, Rechtsphilosophie und Rechtstheorie, 6. Aufl. 2021, § 29 Rn. 14; **不同观点**则认为自然法并无适用之空间，参见 *Wank*, Juristische Methodenlehre, 2020, § 5 Rn. 444: für die Anwendung des Naturrechts kein Raum。

原则要"更高一层"。这些法理念——有时也被称作"价值"[67]——具有很大的抽象性,因此通常无法被直接用于案件之解决。因此,类似"正义"这样的法理念必须被进一步具体化,才能构成可理解的、有说服力的思路和理由。否则,概念即有沦为"空洞公式"之危险。像"事物本质"这样的概念尤其如此(第九章边码6a及以下)。

2. 法原则

(1)"法原则"(Rechtsprinzip)或与其同义的"一般性法原则"(allgemeiner Rechtsgrundsatz)尚未有一个清楚的定义。拉伦茨试图从实质上进行定义,将"原则"描述为"对法规范加以校正的标准",因其自身具备的说服力,故而可作为裁判的正当化理由。[68] 比德林斯基认为"原则"即"法规范的指导思想及正当化理由,但并非实证的法规范本身"。[69] 然而,这些说法流于空泛,也未道明法原则同法理念、法陈述之间的区别。

(2)德沃金则从形式上将"原则"定义为"不构成规则的、可为个人权利提供论证理由的标准"。[70] 以德沃金和埃塞尔[71]为基础,阿列克西提出了"基本权利理论"。[72] 他严格区分了"原则"与"规则"。[73] **规则**,或说规范,要么得到满足,要么未得满足,总归需要对此作出一个决断。[74] 而**原则**却并不必然要求作出某种决断,因为人们是要在各种原则之间进行"衡量"。[75] 因此,原则(仅仅)是"最佳化命令"(Optim-

11

12

---

[67] *Fikentscher*, Methoden des Rechts, Bd. IV, 1977, S. 394 ff.
[68] *Larenz*, Methodenlehre der Rechtswissenschaft, 6. Aufl. 1991, S. 421.
[69] *Bydlinski*, Juristische Methodenlehre und Rechtsbegriff, 2. Aufl. 1991, S. 132.
[70] *Dworkin*, Taking Rights Seriously, 1977, S. 90.
[71] *Esser*, Grundsatz und Norm, 1956, S. 39 ff., 87 ff.
[72] 但阿列克西并不赞同德沃金所信奉的"唯一正解论"(第一章边码64及以下),参见 *Alexy*, ARSP Beiheft 25 (1985), 13, 28 eine solche ab。
[73] 所谓"区分说",参见 *Alexy*, ARSP Beiheft 25 (1985), 13, 15 ff.。
[74] *Dworkin*, Taking Rights Seriously, 1977, S. 24 f. (德语:Bürgerrechte ernst genommen, 1984);*Alexy*, Theorie der Grundrechte, 1986, S. 76;(英语:Theory of Constitutional Rights, 2002);*ders.*, ARSP Beiheft 25 (1985), 13, 20。
[75] *Dworkin*, Taking Rights Seriously, 2. Aufl. 1977, S. 26.

ierungsgebot),它可以得到不同程度之满足,并由此贯穿于裁判之中。[76] 原则无法被涵摄,故而需要被具体化。[77] 作为最佳化命令,原则尚不足以用于裁判之解决,它只能充当裁判的辅助手段。[78] 卡纳里斯也有类似之见解:"唯有在相互补充和限制的共同演绎下,各种法原则才能彰显出它本质的含义"[79]。然而,这种将原则和规则之间的区分绝对化的理论遭到了诸多学者的批评。[80] 单是在基本法领域,原则和规则的二分就有些差强人意。[81] 原则和规则的区分常常只是秘而不宣的。[82] 因此,某一规范何时属于规则,何时属于原则,实难有定论。[83]

13   (3)"法原则"定义应当包含如下三个元素:首先,只有部分法原则(原文将 Rechtsprinzip 及 Rechtsgrundsatz 作为近义词使用,均可译作"法原则"——译者注)会被规范化(例如《民法典》第 242 条的"诚实信用原则"),大部分原则并不会被法律成文法化。它来源于不成文及成文的法规范所整体构成的法秩序,故而比法理念更为具体。其次,它可以实现一定程度的一般化。[84] 法原则构成了"法的深层结构"[85]。它通常具备

---

[76] *Alexy*, ARSP Beiheft 25 (1985), 13, 19; *ders.*, Theorie der Grundrechte, 1986, S. 75 ff.; *ders.*, Rechtstheorie 18 (1987), 405, 407;表示赞同者,参见 *Larenz*, Methodenlehre der Rechtswissenschaft, 6. Aufl. 1991, S. 475; *Jansen*, Die Struktur der Gerechtigkeit, 1998, S. 106 ff., *Röthel*, Normkonkretisierung im Privatrecht, 2004, S. 146 ff., 225 ff.

[77] *Kramer*, Juristische Methodenlehre, 6. Aufl. 2019, S. 295 f.

[78] 生动地指出这一点的,参见 *D. Merten*, HdB GR, Bd. III, 2009, § 68 Rn. 25;之前已有的论述,参见 *Alexy*, Rechtstheorie, Beiheft 25, 1985, 13, 15 f.; *Larenz*, Methodenlehre der Rechtswissenschaft, 6. Aufl. 1991, S. 474.

[79] *Canaris*, Systemdenken und Systembegriff in der Jurisprudenz, 2. Aufl. 1983, S. 52 f.

[80] 参见 *Di Fabio*, Das Recht offener Staaten, 1998, S. 69; *Lindner*, Theorie der Grundrechtsdogmatik, 2005, S. 54:"规范理论的学说未得实现"; *Klement*, JZ 2008, 756 ff.; *ders.*, JZ 2009, 560 ff.;以及后文脚注中各作者的文献。

[81] *Lindner*, Theorie der Grundrechtsdogmatik, 2005, S. 54.

[82] *Auer*, Materialisierung, Flexibilisierung, Richterfreiheit, 2005, S. 48, 135.

[83] *Sachs*, in: Stern, Das Staatsrecht der Bundesrepublik Deutschland, Bd. III/1, 1988, S. 502; *Jestaedt*, Grundrechtsentfaltung im Gesetz, 1999, S. 214; *ders.*, in: FS Isensee, 2007, S. 253, 261; *Klement*, JZ 2008, 756, 760.

[84] *Basedow*, AcP 200 (2000), 446, 453;详细论述,也可参见 *Canaris*, Die Feststellung von Lücken im Gesetz, 2. Aufl. 1983, S. 47 ff.

[85] *Röhl/Röhl*, Allgemeine Rechtslehre, 3. Aufl. 2008, S. 283.

规范力,故可发挥一定的推定效力。[86] 最后,法原则通常不能用于涵摄。概言之:法原则实为从"法"之中获取的具有约束力的、指导性的标准,唯有被进一步地具体化,才可以用于涵摄。这种具体化的途径即包括"演绎"及"衡量"(第九章边码 24 及以下)。

3. 作为法陈述的法制度

要适用于具体案件,尚需对法原则进一步地具体化。一个法陈述可能体现在判例所创设的诸如强制缔约这样的法制度之中。如此一来,在被适用时,法制度即已构成阿列克西所称的"规则"或者比德林斯基所称的"实证(实在)规整"(positive Regelung)。通过设定可理解的、能够直接进行涵摄的构成要件要素,被具体化的法制度也由此具备了约束性。例如,"权利表见责任"这一法原则即是基于《民法典》第 171、173、405 条所确立。这一原则后来又被进一步发展为容忍代理[87]和表见代理[88]等"法制度"。

第二节　解决案件时对法原则的处理:法原则的论证和建构

如何创设和发展一项法原则,可谓与法原则有关的工作中最为艰难的部分。通常,新的法原则和法制度的演变要经历数十年之久。[89] 若法原则是基于某个或某几个规范而得,情况则相对容易一些,但这鲜有发生。在法原则并非直接基于具体规范而来的情形,要发展新的法原则,则必须研究法律以及其所体现的法的价值安排。[90] 在方法上,处理一般法原则的工作需要经历两个工作步骤:第一步先是基于"法"而论证法原则,第二步则是对一般性的法原则进行具体化。

---

[86] *Röhl/Röhl* (ebd.), S. 284;详见下文第十四章边码 85。
[87] BGH, Urt. v. 15. 10. 1987, III ZR 235/86, BGHZ 102, 60, 64;未作教义学梳理者,参见:BGH, Urt. v. 11. 5. 2011, VIII ZR 289/09, BGHZ 189, 346 Rn. 15-Nutzung eines fremden eBay-Mitgliedskontos。
[88] BGH, Urt. v. 20. 1. 1983, VII ZR 32/82, BGHZ 86, 273, 274 ff. -Anscheinsvollmacht。
[89] 关于其又如何发展为习惯法,参见上文第三章边码 23 及以下。
[90] 有关价值法学,参见上文第五章边码 22 及以下。

一、第一步：对法原则的论证——诉诸法律或归纳

1. 从历史中推导出法原则

16 　　法原则应当被如何确立或论证，这一问题广受争议。学说上，有观点主张从历史中推导法原则。[91] 诚然，诸多法原则都有着近百年的传统——有些法原则甚至已历经千年。[92] 然而，如果在构造新的法原则时仅仅着眼于过去，那就很难保障法原则必要的弹性。[93] 细究起来，不难发现有很多法原则经过了数百年，已然不能被适用，或者说，唯有对其加以修正才能被适用。例如，禁止"非常损失"（laesio enormis）规则或"情势变更理论"（clausula rebus sic stantibus）等论证模型，如今已无用武之地，或者说只能得到有限之适用。它们只能在论证当代的法原则和法规则时，提供初步的启示（第九章边码37及以下）。

2. 具体类推和整体类推

17 　　依卡纳里斯之见解，法原则乃是由多个法律规则所衍生而来。[94] 部分观点认为，"原则"可以自具体类推[95]或整体类推[96]而得。例如，**信赖保护**原则就是从各种公示登记规范当中提炼而来的，这包括不动产登记簿（《民法典》第891条）、占有的权利外观规范（《民法典》第932、

---

[91] 参见如下论述中的例证 Esser, Grundsatz und Norm, 1956, S. 317 ff.; Rückert, in: HKK-BGB, 2003, vor § 1 Rn. 80 ff. 以及 Zimmermann, The Law of Obligations, 1992; ders., JZ 1992, 8 ff.; ders., AcP 193 (1993), 121 ff. （作者主张推行欧盟层面的"共同法"）。

[92] 除了第九章脚注91的文献，也参见第一章边码105（正义）、边码36（罪刑法定）、第九章边码31（有约必守）、边码35（非常损失）、边码37（情势变更），第十章边码87（勿害他人）。

[93] 对 Zimmermann （第九章脚注91）的批评，参见 Simon, Rechtshist. J. 11 (1992), 574, 577 ff.; Wiegand, Rechtshist. J. 12 (1993), 277 ff.; Kübler, Rechtshist. J. 12 (1993), 307, 310 ff.。

[94] Canaris, Die Feststellung von Lücken im Gesetz, 2. Aufl. 1983, S. 97 f：“从诸多法律规则当中可以提炼出一个共同的法思想，它即具备一般性法原则之性质。”同样的观点，参见 MacCormick, Legal Reasoning and Legal Theory, 2nd ed. 1994, S. 153 f., 232 f。

[95] 关于《民法典》第254条，参见 Palandt/Grüneberg, BGB, 80. Aufl. 2021, § 254 Rn. 3。

[96] Kramer, in: FS Bydlinski, 2002, S. 197, 208; Metzger, Extra legem, intra ius: Allgemeine Rechtsgrundsätze im Europäischen Privatrecht, 2009, S. 20, 161 ff.

1006条等)、财产登记簿(《民法典》第1412条)、继承证书(《民法典》第2366条等)或商事登记(《商法典》第15条)等各方面的规范。[97] 然而,这种认为"法原则可由具体类推或整体类推形成"的观点并无说服力。作为一种论证模型,具体类推通常是从特殊导向特殊,故而并不适宜用来提炼原则。它是将待裁判但未被法律规定的情形与法律规定的情形相对比(将"未知"和"已知"相比较),从而弥补构成要件要素之缺失(第六章边码112及以下)。

一般性的法原则则是从特殊"**归纳**"出一般[98],它有点类似于(整体)类推框架下的"比较中项"(第六章边码140)。因此,一般性的法原则比起其所溯源的法规则而言要更为宽泛。不过,法的精神和目的只是整体类推为演绎方法之目的所借助的手段;相反,对于法原则的确立而言,提炼一般性的法思想即是目的本身。[99] "平等性"可谓整体类推的唯一动因,而一般性的法原则尚可以其他的标准为依据。[100] "原则"并非为具体的案件而设,而是抽象地着眼于整个法秩序。 **18**

3. 论证法原则的不同路径

一般性法原则的系统化确立,至少可经由如下三个路径:最为简单的情形,莫过于从单个的法律规定当中提炼出法原则。[101] 基于《民法典》第242条确立的"诚实信用原则"即属此例。[102] 基本权利也构成法原则,其恰恰也是以单个的法律规定为来源(第九章边码12)。 **19**

与之相区别的情形是,规范的适用范围可能过窄,故而尚不足以体现某个原则,但规范却可以适用于常规案件之外的情况。一般认为,《民法典》第254条有关损害赔偿法领域"与有过失"的规定可被视为一个法原则,对"与有过失"的概念所采纳的即是一个非技术性的理解。若对于加 **20**

---

[97] *Neuner*, Allgemeiner Teil des Bürgerlichen Rechts, 12. Aufl. 2020, § 10 Rn. 82.
[98] 明确指出这一点的,参见 *Canaris* (ebd.), S. 98。
[99] *Canaris* (ebd.), S. 98.
[100] *Canaris* (ebd.), S. 98. ff.
[101] S. *Meyer-Hayoz*, BK-ZGB Einleitung zu Art. 1-10 ZGB, 1962, Art. 1 Rn. 406:"人们通常会将那些适用范围非常宽泛的法律规范称作法原则。"
[102] *Neuner*, Allgemeiner Teil des Bürgerlichen Rechts, 12. Aufl. 2020, § 4 Rn. 49.

害人造成的法益损失，其本人亦未尽必要的注意义务，即可谓未履行某种"不真正义务"（Obliegenheit）。对于这种"针对自己的过失"，其本人也难辞其咎，这种情况下还要求完全的损害赔偿未免不公。[103] 这一规定亦适用于危险责任的情形，尽管其并不以过错为要件。[104] 甚至在损害赔偿法之外的领域，例如《民法典》第906条第2款第2句基于相邻关系的补偿请求权[105]、第1004条的排除妨害请求权等，都与《民法典》第254条的思想有莫大关联。[106] 这一原则更是可适用于公法领域。[107]

21　　不同于近代的其他法典，《民法典》总体上并没有原则或原理之类的规定，而是索性将其作为已知的前提。这即属于未被明确法典化的法原则：诸如合同自由、合同约束力（有约必守原则）、抽象原则或法官造法的权限等，均未被德国的立法者规定于民法或基本法，这些都是不言自明的前提。[108]《民法典》第903条第1句对所有权的定义，即"对物任意支配的权利"，是为数不多的被明文规定的原则之一。[109] 因此，从特殊到一般的"**归纳**"是为确立法原则的第三个可能路径（第九章边码17及以下）。[110] 有一些法原则即仅仅只是间接来源于法律。法原则的这一确立途径可谓最为复杂的法发现类型。因此，诸如"有约必守"（pacta sunt ser-

---

[103]　BGH, Urt. v. 18. 4. 1997, V ZR 28/96, BGHZ 135, 235, 240-Wurzeln im Tennisplatz.

[104]　BGH, Urt. v. 23. 6. 1952, III 297/51, BGHZ 6, 319, 320-Ausgleichspflicht zwischen Kraftfahrern; BGH, Urt. v. 13. 4. 1956, VI 347/54, BGHZ 20, 259, 263 ff. -Betriebsgefahr.

[105]　BGH, Urt. v. 18. 9. 1987, V ZR 219/85, NJW-RR 1988, 136, 138.

[106]　BGH, Urt. v. 18. 4. 1997, V ZR 28/96, BGHZ 135, 235, 239 ff. -Wurzeln im Tennisplatz.

[107]　参见 BGH, Urt. v. 29. 3. 1971, III ZR 98/69, BGHZ 56, 57, 63，即提及了"《民法典》第254条所包含的法思想"。

[108]　有关造法权限的主张，参见第一章边码49，有关合同约束力的论述，参见第九章边码31。

[109]　主张删掉这一原理的提议遭到了否决，参见 Kommissionsbericht, S. 4, in：Mudgan, Bd. III, S. 997; 毕竟，所有权的定义早就见于《巴伐利亚民法典》之中（Codex Maximilianeus Bavaricus Civilis, 1759, 2. Kap. 2. Teil § 1），关于所有权的概念，详见 Auer, Der privatrechtliche Diskurs der Moderne, 2014。

[110]　详见 Aristoteles, Aristoteles' Erste Analytiken oder：Lehre vom Schluss, 23. Kap., S. 142 (Ausgabe Kirchmann, 1877); Bacon, Novum Organum, 1620, Book I, Aphorismus CIV, S. 82. 也参见 Canaris, Die Feststellung von Lücken im Gesetz, 2. Aufl. 1983, S. 97。

vanda）这样的原则必须得到更进一步的论证（见下文）。

在确立法原则时，下文介绍的"法学创新"（第十四章边码 46 及以下），亦扮演着重要角色。耶林即"发现"了当时法律并未规定的缔约过错原则（culpa in contrahendo）。

二、不可或缺的第二步：法原则的具体化

在原则可为涵摄之前，尚需将其进一步具体化。强调规则层次对于原则层次的优先性，实属正确。[111] 但这一正确的法思想仍需予以深化。法理念是抽象，若不对法理念进一步精确化，则其不过是冠冕堂皇的理由或曰"空洞公式"，几乎不能对其进行直接的涵摄。与此类似，法原则同样也不能被直接用于说理，其巨大的不确定性使得涵摄难以实现（第九章边码 12）。[112] 因此，在法原则被用于案件解决之前，必然还需经过一系列的中间步骤。找到可以直接涵摄的规则，才是最终的目标。演绎和衡量即属于两个可资考虑的手段。

1. 将法原则具体化为法陈述或法制度

第二步即需要将一般性的法原则精确化。新的法陈述可通过从一般到特殊的"演绎"而得来。在理想情况下，还可发展出有着类似构成要件条件的独立的法制度。法原则也可在法续造的范畴下演变为这样一种全新的法制度。这可谓一种"垂直"的具体化：从法原则的层面到法制度的层面。一般情况下，法陈述只用于描述一个请求权[113]，法制度则不限于此，因为它通常与多种思想相关联。[114] 后文有关强制缔约、价格审查和交易基础障碍的例子即说明了这一点。而这样发展而来的新型法制度又留待判

---

[111] *Neuner*, Allgemeiner Teil des Bürgerlichen Rechts, 12. Aufl. 2020, § 4 Rn. 51.
[112] 有学者要求严格区分"法之认识"（Rechtserkenntnis）和"法之生成"（Rechtserzeugung），参见 *Jestaedt*, Das mag in der Theorie richtig sein ⋯, 2006, S. 59 f.; 有学者主张一般性法原则的确立过程必须遵守"方法论上的诚实"，参见 *Kramer*, Juristische Methodenlehre, 6. Aufl. 2019, S. 296。
[113] 关于作为命令的法陈述，参见第二章边码 7 及以下。
[114] 例如，私人自治即包含自我决定、自我负责和信赖保护等层面，参见 *Canaris*, Systemdenken und Systembegriff in der Jurisprudenz, 2. Aufl. 1983, S. 50 f。

例通过创设案例类型并为之匹配类似构成要件的条件而得到精确化。它已非简单的"法官法",故而也不能由判例所废除。

2. 通过"衡量"而实现具体化

25 原则所必须进行的精确化亦可通过"衡量"而实现。基本权利本身就是原则。[115] 为使基本权利的审查具体化,判例即发展出了大量的**中间步骤**(第十章边码 4 及以下)。这通常都是关乎各种相互矛盾的基本权利,以及与之相冲突的原则之间在实践中应当如何调和的问题。这种情形下的具体化即是"水平"的,因为各种原则是在同一层次上被斟酌衡量。有关"衡量"的内容还留待第十章详述。

26 之后,则通过形成案例类型、创设类似构成要件的条件来实现演绎——也即从一般到特殊的推导过程。法理念、法原则、法制度之间的关系,可如图 9-1 所示。

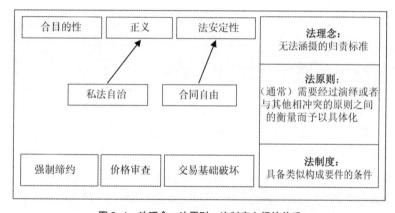

27 图 9-1 法理念、法原则、法制度之间的关系

第三节 民法中的法原则:私人自治的确立及具体化

28 民法领域的法律文本通常比宪法更为具体,对法原则的需要亦不是那

---

[115] *Alexy*, Theorie der Grundrechte, 1986, S. 104.

么迫切。但民法中也不乏一些需要进一步具体化的原则——这被称作需通过子原则和具体价值安排（Einzelwertungen）而予以具体化的法原则。[116] 而公法中的原则的具体化则是通过中间层级、检验步骤、指导观念（Leitbild）等实现（第十章边码 17 及以下）。私人自治被认为是一个自由的法秩序和宪法秩序所不可或缺的基础价值。[117] 合同法的各种原则——包括意思原则、信赖原则、给付和对待给付相称的合同正义[118]以及"有约必守原则"等——保持着一种"精妙的合作"（subtiles Zusammenspiel）[119]。合同自由则是私人自治的外在形式，其中的很多都不甚精确。

一、通过归纳确立"有约必守"原则

1. 意思自由的表现：合同自由

私人自治包括合同自由、所有权自由（《民法典》第 903 条）、婚姻自由（《民法典》第 1297 条）和遗产自由（即自由处分其身后财产的权利，《民法典》第 1937 条）等内容。[120] 而合同自由又包括缔约自由、选择相对人的自由、合同内容自由，原则上还包括形式自由、更正和终止自由。[121] "合同自由"的概念直至 19 世纪中叶才产生。[122] 合同自由以当事人的意思为基础。[123] 只要不违反法律规定，当事人可以按照自己的判断决定他们的法关系。

---

[116] *Canaris*, Systemdenken und Systembegriff in der Jurisprudenz, 2. Aufl. 1983, S. 57 f.
[117] Palandt/*Ellenberger*, BGB, 80. Aufl. 2021, Überbl. vor § 104 Rn. 1.
[118] 关于亚里士多德的"矫正正义"，参见上文第一章边码 107。
[119] 语出自 *Kramer*, Juristische Methodenlehre, 6. Aufl. 2019, S. 112。
[120] Mot. II, S. 2.
[121] *Bork*, Allgemeiner Teil des Bürgerlichen Gesetzbuchs, 4. Aufl. 2016, Rn. 661; *Neuner*, Allgemeiner Teil des Bürgerlichen Rechts, 12. Aufl. 2020, § 10 Rn. 33 ff.; *Möllers*, JuS 1999, 1191, 1192.
[122] *von Savigny*, Das Obligationenrecht als Theil des römischen Rechts, Bd. 2, 1853, §§ 72-78; *Windscheid*, Lehrbuch des Pandektenrechts, Bd. II, 8. Aufl. 1900, § 312 Fn. 5 m. w. Nachw. ; s. *Scherrer*, Die geschichtliche Entwicklung des Prinzips der Vertragsfreiheit, 1948, S. 33 ff.; *Rückert*, in: Klippel, Naturrecht im 19. Jahrhundert: Kontinuität, Inhalt, Funktion, Wirkung, 1997, S. 135, 145 ff.
[123] Mot. I, S. 126:"本草案意义上的法律行为，是指旨在产生某个法效果的个人意思表示，法秩序之所以允许该后果产生，是因为它是行为人所欲求的。"

30　　　　原则上,当事人应当自行负责,约定合同的必备要素(essentialia negotii),如买卖标的、价格等。当事人也有权订立**不理性的合同**。[124] 这也符合亚当·斯密的自由观,他将市场描述为可以自行决定供需关系的"看不见的手"。[125] 其背后的思想是,当事人双方的利益冲突可以通过合同而导向一个适当的结果;这被称作谈判磋商的"正确性保障"(Richtigkeitsgewähr)。[126] 霍布斯早就正确地强调,唯有当事人自己才能最好地确定物的价值。[127] 这一思想亦为《民法典》所采纳。例如,要满足《民法典》第138条第2款的"暴利行为"之构成要件,除了给付和对待给付明显失衡,尚需存在对他人决定自由的影响,例如利用他人的紧迫情形。许多其他的法秩序也是如此。[128] 通过避免错误或欺诈(《民法典》第119条、第123条及以下、第142条及以下),其所保障的只是一种**程序正义**,即一种程序保障(Verfahrensgewährleistung)。[129]

　　2. 合同的约束力原则(有约必守)的确立

31　　　　与合同自由相对应的是**合同的约束力原则**(Vertragsbindung)或曰合同信守原则(Vertragstreue)。合同的约束力原则并无罗马法的渊源[130],历

---

〔124〕 OLG Köln, Urt. v. 8.12.2006, 19 U 109/06, MMR 2007, 446, 448: 该案中,价值6万欧元的甜菜挖掘机在 ebay 上被以51欧元的价格拍走。赞同者,参见 *Weller*, Die Vertragstreue, 2009, S. 170。

〔125〕 *Smith*, Wealth of Nations, 9th ed. 1799, Bd. III, Book IV, Chap. II, Of Restraints upon the Importation from foreign Countries of such Goods as can be produced at Home, S. 181 (参见第五章边码122)。

〔126〕 *Schmidt-Rimpler*, AcP 147 (1941), 130, 149 ff.; *ders.*, in: FS Raiser, 1974, S. 3, 5 f.; *Lieb*, AcP 178 (1978), 196, 206.

〔127〕 明确表示这一观点的,参见 *Hobbes*, Leviathan, 1651, Part I, Chap. 15, S. 74: "The value of all things contracted for, is measured by the appetite of the contractors: and therefore the just value is that which they be contented to give." 见: https://archive.org/details/leviathan00hobba/page/74/mode/2up。

〔128〕 《瑞士债法》(OR Schweiz)第21条、《葡萄牙民法典》第282条(portugiesischer código civil)、《波兰民法典》(1964年4月23日, polnisches Zivilgesetzbuch)第388条。

〔129〕 关于程序正义的观念,参见 *Zweigert/Kötz*, Einführung in die Rechtsvergleichung, 3. Aufl. 1996, S. 320 ff。

〔130〕 罗马法尚未承认为合同义务争讼的一般可能性。详见 *Kegel*, Vertrag und Delikt, 2002, S. 3 ff.

经教会法、晚期的经院法和自然法[131]以及德国法源[132]的发展，才成为各种合同类型均适用的原则。虽然《民法典》的立法理由[133]明确提及了这一原则，但其并未体现于《民法典》本身，理由在于，一致的意思表示具备合同上的约束力——这在第二委员会看来属于已无争议的前提，故在立法中被删除。[134]

由于合同的约束力原则并未被直接规定于法律中，因此，这一原则必须从法律规定间接地归纳而来：向他人为缔结合同之要约者，"即受其要约之约束"（《民法典》第 145 条）。若对要约作出承诺之意思表示，合同即告成立，并由此产生合同之约束。意思与表示不一致的"错误"不会影响这一约束效力。在错误之情形，合同仍然生效，只不过可依据《民法典》第 119、142 条行使撤销权。[135] 具体合同类型中对待给付性（synallagmatisch）的履行义务[136]、关于给付期限（《民法典》第 271 条）、留置权利（《民法典》第 273 条）和履行不能（《民法典》第 275 条）的一般性履行义务均体现了合同的约束力原则。此外，诚实信用原则（《民法典》第 242 条）也可以作为合同信守义务的理由之一。[137] 在 2001 年的债法改革后，《民法典》第 241 条、第 311 条第 1 款也构成了合同自由和合

---

[131] S. *Wolff*, Grundsätze des Natur- und Völkerrechts, 1754, § 438："两个或几个人共同作出一个或多个允诺，即构成'合同'（pactum 或 pactio）"；参见 *Nanz*, Die Entstehung des allgemeinen Vertragsbegriffs im 16.-18. Jahrhundert, 1985, S. 149 ff.；*Coing*, Europäisches Privatrecht, Bd. 1, 1985, S. 397 ff.；详见 *Kegel*, Vertrag und Delikt, 2002, S. 3 ff.。

[132] Sachsenspiegel, Leipziger Ausgabe 1595, 1. Buch, 7. Art.："有约必守"；*Glück*, Ausführliche Erläuterungen der Pandekten, nach Hellfeld-ein Kommentar für meine Zuhörer, Bd. IV, 1786, S. 279 ff., 此处作者即援引了一句德语的法谚："只看承诺不看人"（Ein Wort, ein Wort, ein Mann, ein Mann）；也参见 *von Savigny*, System des heutigen Römischen Rechts, 1840, Bd. III, S. 309。

[133] § 77 Entwurf eines Bürgerliches Gesetzbuches für das Deutsche Reich, 1888.

[134] Mugdan, Bd. I, S. 688. Anders die eindeutigen Regen in Art. 19 schweiz. OR, Art. 353 poln. ZGB, Art. 1134 S. 1 cc.

[135] *Hofer*, in：HKK-BGB, 2003, vor § 145 Rn. 10.；《民法典》第 116 条第 1 句也可以作为依据。

[136] 例如买卖合同（《民法典》第 433 条）、租赁合同（第 535 条）、承揽（第 631 条）或服务合同（第 611 条）。

[137] BGH, Urt. v. 17. 12. 1982, V ZR 306/81, BGHZ 86, 167, 171-Erhöhung eines Erbbauzinses bei Fehlen vertraglicher Anpassungsklausel.

同的约束力原则的依据。[138] 对以上这些规范加以归纳,即可提炼出"合同的约束力原则"。

二、合同自由以及可能与其相冲突的原则

1. 强制缔约在法教义学上富有争议的确立

33　（1）合同自由一般也意味着"缔约自由"（Abschlussfreiheit），意指每个人可以自行选择他的合同相对人。尽管如此，人们也承认在某些情形下，即使违背合同某一方的意志，亦必须订立合同。如果唯一的药店就是不卖给病人维系生命的药品，那该如何是好？[139] 或者，是否必须准许剧评家光临剧院，即使担心他会对表演发表负面的评价？[140] 立法者则为某些情形（例如针对垄断者）专门作出了规定。[141] 卡特尔法中也不乏禁止权利滥用和禁止卡特尔歧视的规定。[142] 此外，对缔结合同的请求权也曾引发争论。若并无其他可期待的办法、顾客对给付存有依赖或者拒绝履行没有客观之理由时，实应支持强制缔约。

34　（2）在法教义学及法学方法论上，这部分内容颇富争议。起初，判例是以《民法典》第826条作为强制缔约的依据，因为在此类情况下，拒绝缔约意味着违背善良风俗。[143] 然而，这种做法并无说服力，因为即使不

---

[138] *Thier*, in: HKK-BGB, 2007, § 311 I Rn. 1; *Weller*, Die Vertragstreue, 2009, S. 170.

[139] *Bork*, Allgemeiner Teil des Bürgerlichen Gesetzbuchs, 4. Aufl. 2016, Rn. 666.

[140] 帝国法院曾拒绝在这种情况下适用强制缔约，参见 RG, Urt. v. 7. 11. 1931, V 106/31, RGZ 133, 388, 392-Theaterkritiker。

[141] §§ 48 ff. Bundesrechtsanwaltsordnung (BRAO) v. 1. 8. 1959, BGBl. I, S. 565, §§ 1, 5 Abs. 2 PflVG, § 21 Abs. 2 LuftVG, § 22 Personenbeförderungsgesetz (PBefG) v. 8. 8. 1990, BGBl. I, S. 1690; § 4 Abs. 1 S. 1 Erneuerbare-Energien-Gesetz (EEG) v. 21. 7. 2014, BGBl. I, S. 1066, § 6 Abs. 1 S. Energiewirtschaftsgesetz (EnWG) v. 7. 7. 2005, BGBl. I, S. 1970; S. Erman/*Armbrüster*, BGB, 16. Aufl. 2020, Vor § 145 Rn. 28.

[142] S. § 20 Ads. 6 GWB sowie §§ 33 i. V. m. § 20 Abs. 1, 2 GWB.

[143] 除帝国法院的判决（第九章脚注140）以外，联邦最高普通法院也曾有类似做法，参见 Urt. v. 2. 12. 1974, II ZR 78/72, BGHZ 63, 282, 285-Aufnahmezwang eines Monopolverbandes; zustimmend Fikentscher/*Heinemann*, Schuldrecht, 11. Aufl. 2017, Rn. 113; 持此观点者，也参见 *Bydlinski*, AcP 180 (1980), 1, 42 f。

符合故意或背俗之要件，也不应妨碍成立针对缔结合同的请求权。[144] 以《基本法》第1条第1款及第20条第1款为依据进行"整体类推"是为另一种可行的路径。[145] 还有观点主张对法律已有的关于强制缔约的专门规定进行整体类推，并与《基本法》第20条第1款相结合。[146] 这种整体类推的主张也难谓合理，因为滥用垄断地位或公法上的考量并非总是确立强制缔约的决定性理由。[147] 最近则有观点主张类推适用《民法典》第1004条与过错无关的"准否认性的不作为（排除妨害）请求权"，以此为支持强制缔约的理由。[148] 此处的"不作为"针对的是缔结合同上的"不作为"[149]，但这一观点亦未赋予强制缔约在教义学上的足够支撑。而正义或者法安定性之类的法理念，则显得过于宽泛，也难以构成强制缔约之渊源。[150] 此部分内容还容后文详述（第九章边码39及以下）。

2. 有关合同价格审查的争议——"非常损失"

（1）有关给付和对待给付的相称尚可溯源至亚里士多德的"交换正义"（iustitia commutativa，第一章边码107），罗马法上亦存在类似的见解[151]，中世纪时期则产生了要求给付和对待给付相称所谓"等价原

---

[144] *Busche*, in: MünchKomm-BGB, 8. Aufl. 2018, vor § 145 Rn. 21; Erman/*Armbrüster*, BGB, 16. Aufl. 2020, Vor § 145 Rn. 29.

[145] *Neuner*, Allgemeiner Teil des Bürgerlichen Rechts, 12. Aufl. 2020, § 48 Rn. 13, § 10 Rn. 45.

[146] Palandt/*Ellenberger*, BGB, 80. Aufl. 2021, Einf. vor § 145 Rn. 10.

[147] *Bork*, Allgemeiner Teil des Bürgerlichen Gesetzbuchs, 4. Aufl. 2016, Rn. 671.

[148] 持同一见解者，参见 BGH, Urt. v. 25. 2. 1959, K ZR 2/58, BGHZ 29, 344, 351 f. - Anspruch auf Aufnahme in einen Wirtschaftsverband; OLG Karlsruhe, Urt. v. 12. 3. 1980, 6 U 223/77, WRP 1980, 348, 353; *K. Schmidt*, DRiZ 1977, 97, 98; *Bork*, in: Staudinger, BGB, Neubearb. 2020, Vor § § 145-156 Rn. 20, 27; *Busche*, in: MünchKomm-BGB, 8. Aufl. 2018, vor § 145 Rn. 21; Erman/*Armbrüster*, BGB, 16. Aufl. 2020, Vor § 145 Rn. 29;有关这一请求权，参见第六章边码145及以下。

[149] **不同观点**，参见 *Neuner*, Privatrecht und Sozialstaat, 1999, S. 287, 作者斥之为"双重否定的伎俩"

[150] *Busche*, Privatautonomie und Kontrahierungszwang, 1999, S. 126. **不同观点**，则参见 *Raiser*, ZHR 111 (1948), 75, 93 f.: "实质性的正义原则。"

[151] C. 4. 44. 2; hierzu *Becker*, Die Lehre von der laesio enormis in der Sicht der heutigen Wucherproblematik, 1993, S. 10 ff.; *Zimmermann*, The Law of Obligations, 1990, S. 259 ff.

则"（Äquivalenzprinzip）[152]。基于"非常损失"之禁止，若约定的价格低于真实价值的一半（iustum pretium）以上，则可解除合同。[153] 对非常损失的禁止可谓一种家长制的立法，因为它忽视了合同双方的意志。因此，当代的法典并未采纳"禁止非常损失"之规定。[154]《民法典》未规定一般性的价格审查，在《民法典》第138条第2款的"暴利行为"的构成要件之下尚还要求影响他人的决定自由。

36 （2）联邦最高普通法院亦主张给付和对待给付的严重失衡构成"内容背俗"（第八章边码41）。例如，有合同以8万马克的价格成交了一台价值3万马克的投币游戏机，该合同即被法院以《民法典》第138条第1款为依据认定为"内容背俗"。[155] 在联邦最高普通法院的另一判决中，某律师所要的酬金即被判处无效，因其高出法定酬劳的五倍之多。[156] 因此，部分学者称这种做法为"非常损失的复辟"[157]，以及在给付和对待给付"等价性"这一意义上的合同正义。[158] 以上观点与上文所提及的合同约束及私人自治原则的关系如何，不无疑问（第九章边码52）。

---

[152] *Decretales Gregorii P.IX.*, Lib. III, Tit. XVII, Chap. III.; *Azo*, In ius civile summa, 1564, Tit. de rescindenda venditione Nr.4, S. 114: *Venditor vel emptor quando censeatur deceptus ultra dimidiam iusti pretij*-Der Verkäufer oder Käufer, wann er um über die Hälfte des gerechten Preises betrogen betrachtet werden soll; *Glück*, Ausführliche Erläuterungen der Pandekten, Vol. 17, 1815, S. 35 ff.

[153] 在以前的各种法典中，已有这一规定，例如《巴伐利亚马克西米利斯民法典》（Codex Maximilianeus bavaricus civilis, 缩写为 CMBC）第4部分第3章第19条及以下，《普鲁士普通邦法》第1部分第59、69条；《奥地利民法典》（ABGB）第934条以及《法国民法典》（cc）第1674条及以下等都规定不动产买卖合同的这一比例为3/7；关于此，参见 Zweigert/*Kötz*, Einführung in die Rechtsvergleichung, 3. Aufl. 1996, S. 320。

[154] 立法理由即明确指出了这一点，"基于所谓非常损失之禁止而解除买卖合同之做法，本草案不予采纳"。

[155] BGH, Urt. v. 26.11.1997, VIII ZR 322/96, BB 1998, 393-Spielautomat.

[156] BGH, Urt. v. 10.11.2016, IX ZR 119/14, ZIP 2017, 2479 Rn. 19 ff. -Sittenwidrigkeit einer Honorarvereinbarung, 有学者质疑本案为何认为"五倍"即构成背俗，参见 *Römermann*, EWiR 2017, 45 f. 。

[157] *Mayer-Maly*, in: FS Larenz, 1983, S. 395, 398 ff.; *Finkenauer*, in: FS Westermann, 2008, S. 183 ff.

[158] *Säcker*, in: MünchKomm-BGB, 8. Aufl. 2018, Einl. BGB Rn. 39: "笔者看来，这一判决等于承认，若高于相关市场商品或服务具体通行价格的一倍以上，即可依第138条第1款主张其无效。"见下文第九章边码39。

3. 交易基础障碍及情势变更

(1) "情势变更理论"亦是一个与合同约束(有约必守)原则相冲突的法律制度,它指的是,唯有合同订立时起决定作用的情势未发生本质性的变化,合同始得保有约束力。[159] 及至近代,这一原则更是得到了蓬勃发展。[160] 不过,由于"情势变更理论"的不确定性,立法者有意未将其纳入《民法典》。[161] 而第一次世界大战后发生大规模的货币贬值,因此判例也允许对当事的合同作出修正。起初,判例尚需要借助履行不能[162]或"经济上的履行不能"[163]等制度,之后则明确接纳了厄尔特曼(Oertmann)[164] 所提出的交易基础丧失理论[165],并援引了诚实信用原则。[166] 英美法的判例则以"合同受挫原则"(doctrine of frustration of the contract)[167] 回应这一问题,意大利、荷兰和希腊则只能由立法者就此作出

---

[159] 已见于《巴伐利亚马克西米利斯民法典》《普鲁士普通邦法》及其他法典之中,《巴伐利亚马克西米利斯民法典》第4部分第15章第12条即规定:"应以默示之方式情势变更原则",以及 Erster Teil, Fünfter Titel, § § 377-380 ALR; Art. 24 Abs. 1 Ziff. 4 und 373 OR und Art. 357 des poln. ZGB。

[160] *Leyser*, Meditationes ad Pandectas, 3. Aufl. 1741, Vol. 1, specimen 40 IV., S. 411: „Omne pactum, omnis promissio, rebus sic stantibus, intelligenda est"; *Zimmermann*, The Law of Obligations, 1992, S. 579 ff. ; 温德沙伊德亦发展了这一理论(Die Lehre des römischen Rechts von der Voraussetzung, 1850)。

[161] Mot. I, S. 249: "目前,其尚未得到充分的发展和承认。"

[162] RG, Urt. v. 6. 7. 1898, I 174/98, RGZ 42, 114, 116 f.

[163] RG, Urt. v. 23. 2. 1904, II 398/03, RGZ 57, 116, 118 ff.

[164] *Oertmann*, Die Geschäftsgrundlage, 1921; vorher schon *ders.*, AcP 117 (1919), 275 ff.

[165] RG, Urt. v. 3. 2. 1922, II 640/21, RGZ 103, 328, 332-Vigognespinnerei; RG, Urt. v. 6. 8. 1923, II 215/23, RGZ 106, 422, 424 f.; hierzu *Luig*, in: Zimmermann, Rechtsgeschichte und Privatrechtsdogmatik, 1990, S. 171, 185 f.; *Meyer-Pritzl*, in: HKK-BGB, 2007, § § 313-314 Rn. 18 ff.

[166] 新近的判决也有如是为之者,参见 BGH, Urt. v. 25. 2. 1993, VII 24/92, BGHZ 121, 378, 391; Begr. AbgeordnetenE, BT-Drs. 14/6040, S. 174; 相应的批评,则参见 *Flume*, Allgemeiner Teil des Bürgerlichen Rechts, Bd. II, 4. Aufl. 1992, S. 500: "事实上,援用诚实信用原则并无大用。"

[167] 参见 *Taylor v. Caldwell* (1863) 3 B. & S. 826, 122 E. R. 309, 312 [833] 以及著名的"加冕游行案"(Krönungszugfall); 英国、美国的立法者则先后以《合同受挫法案》(1942) 和 § 2-615 (a) UCC 作出回应。更谨慎的观点,参见 *Markesinis/Unberath/Johnston*, The German Law of Contract, 2nd ed. 2006, S. 333: "比起英国的'受挫法案'而言,德国法上的'合同受挫原则'更接近于英国衡平法上对于错误订立合同情形的合同更正原则。"

规定。[168]

38 （2）近年来，学说和判例已然创设了诸如破坏等价性、破坏合同目的、共同的动机错误等案例类型，并为《民法典》第242条的案例类型确立了类似构成要件的条件：首先，交易基础必须是发生实质性的变更。其次，风险不能仅由一方当事人承担。[169] 为此，即需要区分当事人的风险领域（Risikosphäre）。最后，交易基础的变更应当非为相关当事人所能期待。[170] 这些要素逐渐发展为构成要件要素，由此才有了2002年引入《民法典》的第313条。[171] 不过，交易基础障碍又该如何获得教义学上的正当性？其与"有约必守"原则的矛盾是显而易见的。[172]

第四节 自我决定权：各种法制度的正当化理由

一、学说中的观点

1. 私人自治和合同正义

39 施密特-李普乐（Schmidt-Rimpler）认为，通过合同双方对合同主要内容的谈判磋商，即足以实现合同"正确性保障"[173]。不过，总体看来，

---

[168] 参见《意大利民法典》（1942年4月4日）第1467条及以下；在法国，过去只有针对特定问题的特别规范，参见 Ferid/*Sonnenberger*, Das Französische Zivilrecht, Bd. 1, 2. Aufl. 1994, Rn. 1 F 770, S. 568 f.；如今，这类规定还包括《希腊民法典》第388条、《荷兰新民法典》（Nieuw Burgerlijk Wetboek）第6部第258条、《法国民法典》第1195条。也参见《欧洲民法典共同示范参考草案》（DCFR）第III–1：110条："情势的变更。"

[169] 基础性见解，参见 *Fikentscher*, Die Geschäftsgrundlage als Frage des Vertragsrisikos, 1971, S. 31 ff., 107 ff.；之前已有的论述：*Rabel*, Das Recht des Warenkaufs, Bd. 1, 1936, S. 357；*Flume*, in：FS 100 Jahre DJT, Bd. I, 1960, S. 135, 208. S. BGH, Urt. v. 25. 2. 1993, VII 24/92, BGHZ 121, 378, 392；详见 *Meyer-Pritzl*, in：HKK–BGB, 2007, §§ 313-314 Rn. 61 ff.

[170] *Larenz*, Geschäftsgrundlage und Vertragserfüllung, die Bedeutung „veränderter Umstände" im Zivilrecht, 3. Aufl. 1963；*Finkenauer*, in：MünchKomm–BGB, 8. Aufl. 2019, § 313 Rn. 56；*Köhler*, in：FG BGH, Bd. 1, 2000, S. 295, 297 ff. **不同观点**，参见 *Flume*, Allgemeiner Teil des Bürgerlichen Rechts, Bd. II, 4. Aufl. 1992, S. 520, 弗卢梅认为，就破坏等价性的情形而言，只能留待立法者的作为。

[171] Gesetz zur Modernisierung des Schuldrechts v. 26. 11. 2001, BGBl. I, S. 3138.

[172] Fikentscher/*Heinemann*, Schuldrecht, 11. Aufl. 2017, Rn. 224.

[173] *Schmidt-Rimpler*, AcP 147 (1941), 130, 132 ff., 152 ff.；*ders*., in：FS Raiser, 1974, S. 3, 6 ff.；*Lieb*, AcP 178 (1978), 196, 206.

这种观点的说服力有限,因为在当事人力量不对等的情况下,实难说有自我决定权可言。[174] 因此,在《民法典》诞生之初,即有许多对于其漠视弱者保护的批评。[175] 相应地,有观点即主张,应当为消费者这一弱势群体提供原则性的保护。[176] 合同正义(Vertragsgerechtigkeit)被认为是合同法的实质性功能原则。[177] 那些审查价格并依据价格的高低来判断合同正当性的判例,亦可谓对这一观点的发展(第九章边码36)。联邦宪法法院"担保案"的判例[178]之所以受到批评,就是因为诸如"受损的合同平等性""不平等的状况"等概念并未能揭示,究竟在何种程度下可以进行这样的"合同审查"(Vertragskontrolle)。[179] 既然《民法典》当中并未规定一般性的合同内容审查,这样的"合同正义"也就实难得到赞同(第九章边码35)。[180] 因此,(当事人)不平等的地位尚不足以构成进行价格审查的正当性理由。

2. 作为最佳化命令的社会原则及"私人自治"

有观点认为,私人自治不过是一种"最佳化命令",因此同其他的法原则一样,它也会受到其他法原则的限制。[181]"社会原则"(Prinzip des Sozialen)即旨在限制合同自由,除了强制缔约,信息义务(如《民法典》

---

[174] 反对施密特-李普乐者,参见 *Flume*, in: FS 100 Jahre DJT, Bd. 1, 1960, S. 135, 142 f. *Canaris*, Die Bedeutung der iustitia distributiva im deutschen Vertragsrecht, 1997, S. 49:"只不过是有正确的机会";*Fastrich*, Richterliche Inhaltskontrolle im Privatrecht, 1992, S. 52 ff。

[175] *Gierke*, Die soziale Aufgabe des Privatrechts, 1889, S. 13: in unser Privatrecht müsse „ ein Tropfen sozialistischen Oeles durchsickern"; ders., Der Entwurf des Bürgerlichen Gesetzbuchs und das deutsche Recht, 1889, S. 192; *Wagner*, Grundlegung der politischen Ökonomie, 2. Teil, 3. Aufl. 1894, S. 99 ff.; *Menger*, Das bürgerliche Recht und die besitzlosen Volksklassen, 1886, S. 26, 153 f.

[176] *Atiyah*, 35 U. Toronto L. J. 1, 14 ff. (1981); *Smith*, Atiyah's Introduction to the Law of Contract, 6th ed. 2005, S. 297 以及 *Säcker*, in: MünchKomm-BGB, 8. Aufl. 2018, Einl. Rn. 39.

[177] *Zweigert/Kötz*, Einführung in die Rechtsvergleichung, Bd. II, 2. Aufl. 1984, S. 7 ff.

[178] BVerfG, Beschl. v. 19.10.1993, 1 BvR 567/89 u. a., BVerfGE 89, 214, 231 ff. - Bürgschaftsverträge.

[179] 批评意见,参见 *Zöllner*, AcP 196 (1996); 1, 26 ff., 30; *Coester-Waltjen*, AcP 190 (1990), 1, 23(第十一章边码58及以下)。

[180] *Drexl*, Die wirtschaftliche Selbstbestimmung des Verbrauchers, 1998, S. 208; *Ritgen*, JZ 2002, 114, 119; *Hofer*, Vertragsfreiheit am Scheideweg, 2006, S. 23.

[181] *Neuner*, Allgemeiner Teil des Bürgerlichen Rechts, 12. Aufl. 2020, § 10 Rn. 30.

第 355 条第 2 款之撤回通知）或避免陷入生活绝望（Perspektivlosigkeit）等，均属这一原则的内容。[182] 数十年来，立法者和判例已然将市场经济发展为"社会市场经济"[183] 或"环境社会市场经济"[184]，即为上述思想提供了印证；只要想想劳动法、租赁法和消费者保护法领域的各种立法，这一点就再清楚不过。

41 对于这一理念，却存在如下两种反对意见：社会性原则并非对合同自由的"斟酌"，毋宁说它是实现当事人最低程度的合同自由。"斟酌"之谓即表明，同公法领域需要将基本权利和其他权利置于一起衡量的情形一样，"合同自由"也需要（和其他原则）进行合比例的、实践性的调适。但在民法中，这种衡量的理念原则上只有有限的适用余地（第十章边码 23 及以下）。一般而言，国家必须在这一领域保持谦抑，这也符合《民法典》自由化的基本思想。只要合同尚在可忍受的范围内，国家就不应进行操纵性的干预。唯有不正义的程度超过这一界限时，当事人的决定权才应转移于国家。此外，基本权利只能在当事人之间发挥间接之效应，例如，剧评家享有言论和出版之自由。[185] 唯在种族歧视的情形，才能直接考虑《基本法》规定的"人格尊严"（第十一章边码 16），但拒绝载客到机场却不在此列。[186] 就请求权的成立而言，基本法通常不具备足够的确定性。[187] 若无法律根据，而动用"人格尊严"或"社会国家原则"去支持乘车到机场、请求银行开户之类的请求，实可谓"用大炮打麻雀"。[188] 社

---

[182] *Raiser*, JZ 1958, 1, 6, 8；*Neuner*（ebd.），§ 10 Rn. 42 ff.

[183] *Möllers*, JuS 1999, 1191, 1192 f.

[184] 语出自 *Fikentscher*, Die umweltsoziale Marktwirtschaft, 1991。

[185] 参见下文第十一章边码 11 及以下；*Bork*, in: Staudinger, BGB, Neubearb. 2020, Vor §§ 145-156 Rn. 23；**不同观点**，则参见 RG, Urt. v. 7. 11. 1931, V 106/31, RGZ 133, 388, 392-Theaterkritiker（第九章脚注 140）。

[186] 并非所有的不公对待都是歧视的，也参见 *Bork*, Allgemeiner Teil des Bürgerlichen Gesetzbuchs, 4. Aufl. 2016, Rn. 671。

[187] 对诺伊纳的批评意见，可参见 *Rückert*, in: HKK-BGB, 2003, vor § 1 Rn. 107 Fn. 375："把自由和社会性都当作原则，是不可实现的努力"；同样反对援用社会市场经济原则的观点，参见 *Bartholomeyczik*, AcP 166 (1966), 30, 49。

[188] 但也可参见 *Neuner*, Allgemeiner Teil des Bürgerlichen Rechts, 12. Aufl. 2020, § 48 Rn. 15, § 10 Rn. 45；Palandt/*Ellenberger*, BGB, 80. Aufl. 2021, Einf. vor § 145 Rn. 10。

会性原则虽深受期待,但却难以实现"保障正义"之重任,它只能用来阻遏过分的不正义(第九章脚注205)。因此,法制度的确立首先还是需要直接依赖民法而非宪法的法原则。[189]

3. 其他有关"私人自治"的观点

学说上将私人自治进一步划分为自我决定、自我负责和信赖保护。[190] 若作为归责标准,则其足以构成一个动态体系。何为私人自治当中起决定作用的要素,这一点仍未臻明确。吕克特(Rückert)认为,(具有决定性的)应当是"平等的法律上的自由原则"[191]。诚然,摆脱19世纪的"身份社会"不可不谓一次重大的进步。但这一原则总体来说更像是一种"法理念",而非"法原则"。学说中还有观点将私人自治等同于合同自由[192],这一点就上述情况而言更没有什么说服力。

二、私人自治的体现:合同双方的自我决定

1. 个人及双方的自我决定

(1)上文介绍的法制度大多着眼于合同自由,而忽略了"自我决定"的层面。自我决定乃是合同自由的前提,在《民法典》的立法理由中可见到如下表述:"法秩序不得允许他人以违法之方式损害他人在法律行为领域作出自我决定的自由。"[193] 弗卢梅(Flume)在其著作《法律行为论》开篇的第一句即指出:"所谓私人自治,即个人依其意志自我决定法律关系的原则。"[194] 之后他又指出:"在自我决定可涉及的范围内,并无他人

---

[189] 支持"担保案"的论述,则参见第十一章边码62。

[190] *Canaris*, Systemdenken und Systembegriff in der Jurisprudenz, 2. Aufl. 1983, S. 50 f.

[191] *Rückert*, in: HKK-BGB, 2003, vor § 1 Rn. 39 ff., 47, 86 ff.

[192] 参见 *Flume*, Allgemeiner Teil des Bürgerlichen Rechts, Bd. II, 4. Aufl. 1992, S. 12; *Lorenz*, Der Schutz vor dem unerwünschten Vertrag, 1997, S. 17; *Busche*, Privatautonomie und Kontrahierungszwang, 1999, S. 13。

[193] Mot. I, S. 204.

[194] *Flume*, Allgemeiner Teil des Bürgerlichen Rechts, Bd. II, 4 Aufl. 1992, S. 1; 之前已有的论述,参见 *ders.*, in: FS 100 Jahre DJT, Bd. 1, 1960, S. 135, 136 ff., 143; 赞同者,参见 *Canaris*, AcP 200 (2000), 273, 277; *Bork*, Allgemeiner Teil des Bürgerlichen Gesetzbuchs, 4. Aufl. 2016, Rn. 99; *Rückert*, in: HKK-BGB, 2003, vor § 1 Rn. 108 (作者称之为"醍醐灌顶");也参见 BVerfG, Beschl. v. 13.5.1986, 1 BvR 1542/84, BVerfGE 72, 155, 170。

作决定的余地。人们有意作出的决定之所以有效力,就是因为它是人们所欲求的结果,而个人的相关意志需要得到尊重。只要为法律所认可,那么私人自治的决定除了符合个人的意志即无须其他的正当化理由。"[195]

44　　(2)通常,自我决定只涉及一方当事人。[196] 不过,毫无疑问的是,当事人双方均适用自我决定原则。**双方的自我决定**也可以称作**对他人决定的排除**。[197] 弗卢梅正确地道明,合同需要双方当事人作出自我决定,不平等的权力地位或事实上的垄断将导致一方当事人作出非自我的决定。这种将双方的自我决定视作私人自治一部分内容的理念广受赞同。[198] 早在1960年,弗卢梅即指出:

45　　若我们的法秩序允许个人以双方自我决定之方式——也即通过合同——来确定法律关系,则其前提即在于,个人在面对对方时均具备自我决定的权力,而不会以单方的权力代替双方的自我决定从而造成一方作出非自我的决定。强迫和私人自治是格格不入的。然而,私人自治难以摆脱的困境即在于,它会因为权力分配的不平等而不断遭到质疑。[199]

2. 从《民法典》和宪法当中衍生出自我决定原则

46　　从基本权利的"间接第三人效力"中也可以解读出这一原则。在关于"无财产亲属的担保案"的裁判中,联邦宪法法院即强调,作为私人自治的组成部分,《基本法》第2条第1款所保障的即"个人在法律生活中的自我决定的自由"[200],在"谈判力量存在结构性不平等"或"合同平等

---

[195] *Flume*, in: FS 100 Jahre DJT, Bd. 1, 1960, S. 135, 141.

[196] 参见 *Busche*, in: MünchKomm-BGB, 8. Aufl. 2018, vor § 145 Rn. 6 以及第十二章脚注180之文献;*Neuner*, Allgemeiner Teil des Bürgerlichen Rechts, 12. Aufl. 2020, § 10 Rn. 30。

[197] *Reich*, JZ 1997, 609.

[198] *Säcker*, in: MünchKomm-BGB, 8. Aufl. 2018, Einl. BGB Rn. 38.

[199] *Flume*, in: FS 100 Jahre DJT, Bd. 1, 1960, S. 135, 143;同样的观点,参见 *Larenz*, Lehrbuch des Schuldrechts, Allgemeiner Teil, Bd. 1, 14. Aufl. 1987, S. 41:"缔约双方的每个人都有自由的自我决定权。"

[200] BVerfG, Beschl. v. 19. 10. 1993, 1 BvR 567/89 u. a., BVerfGE 89, 214, 231-Bürgschaftsverträge, 判例援引了 Erichsen 的论述,而后者又在其脚注195、197中援引了弗卢梅的观点(第九章脚注189),参见 *Erichsen*, in: HStR VI, 1989, § 152 Rn. 58 ff。

性受损"的诸多案例中,联邦宪法法院均主张延续这一对于私人自治的理解。[201] 从以宪法为导向(或宪法加持)的解释这一角度而言,上述做法并无什么争议(第十一章边码 38 及以下)。

不过,承认自我决定原则是私人自治的组成部分,从而将其解释为一种民法原则,才是更有说服力的做法。这一原则在《民法典》中体现为 19 世纪的"意思主义理论"(第四章边码 99),并被规定于第 133 条("探寻真意")及各种有关"错误"的规则中(第 119 条及以下)。家庭法和继承法也保护自我决定之自由。[202] 从历史上看,《民法典》亦曾意图在自由之外引入消除人之区别的"平等的法律上的自由"[203]。因欧盟法而补充的"撤回权"(《民法典》第 312 条)则加强了消费者的自我决定权(第九章边码 58)。平等的法律上的自由即意味着所有人都具有平等利用自由的权利。

3. 修正合同的具体化标准:自我决定(限制自由的)限制

(1)原则上,合同自由各方面的内容均不会受到干涉(第九章边码 29 及以下)。既然双方都应具有自我决定之自由,那么,若出现非自我决定的情形,即需要对此加以修正。这一点首先也是基于"**程序上的武器平等**"(即指意思形成的程序)的要求。[204] 因此,"自我决定"以避免程序上的瑕疵(如欺诈或威胁)为前提(第九章边码 30)。

(2)因此,"自我决定权"不仅是支撑合同约束性的原则,一般情况下也可被用于修正合同的约束力。若当事人因自我决定而受合同之约束,对合同加以修正就要面对较大的阻力。从结果正义的角度进行(嗣后的)正当性审查恰是不可行(见下文)。作为指导方针的原则应当是:

47

48

49

---

[201] 此外,它也曾援用"社会国家原则"(《基本法》第 20 条第 1 款、第 28 条第 1 款第 1 句),参见 BVerfG(ebd.),231 ff. - Bürgschaftsverträge(第十一章边码 58 及以下)。

[202] 《民法典》第 1821、1822、1643 条,第 1901 条第 1 款第 2 句,第 2064 条。

[203] 有学者称之为"平等的法律自由原则",参见 Rückert, in: HKK-BGB, 2003, vor § 1 Rn. 43 ff., der von einem Prinzip gleicher rechtlicher Freiheit spricht;赞同者,参见 Hofer, Vertragsfreiheit am Scheideweg, 2006, S. 11。

[204] 在"担保案"判决(BVerfGE 89, 214, 232,见第九章脚注 200)的"裁判要旨"部分即已经提及"不平等的谈判实力"这一概念。

"恶"，而非"善"，**才是法律干涉的依据**。[205] 这一点不由使人回想起审查法和法律的拉德布鲁赫公式（第二章边码133及以下）。用联邦宪法法院的话来说，对弱势的一方而言，所造成的结果必须构成"不寻常的负担"（ungewöhnlich belastend）[206] 故而明显"偏颇"（einseitig）[207]。这种以弗卢梅及联邦宪法法院的"自我决定"理念为依归，主张"实质化"合同自由的理论，并非对私人社会的威胁，毋宁说，它是一种理所应当的发展和完善。[208]

50　　（3）其中起决定作用的是：自我决定具有（在一定程度上）限制自由的效果。这一点也可以作为对三种法律制度予以进一步具体化的依据。

三、不同制度的法教义学确立：欠缺自我决定权

1. 强制缔约与欠缺自我决定权

51　　"私人自治"本身即可作为强制缔约之依据：初步看来，强制缔约似与合同自由相悖，因为一方丧失了上文所称的缔约自由（第九章边码29及以下）。[209] 除非片面地看重拒绝承诺的合同相对方时，这一点才成立。然而，合同自由乃是一种"有条件的自由"，其目的是实现双方的利益。若认为合同自由包含了"双方的自我决定"（第九章边码44及以下），那么，合同订立的自由以及特定条件下允许强迫他人订立合同的权利，也都属于私人自治的应有之义。没有选择自由可谓损害了合同自由。[210] 在强

---

[205] *Canaris*, in: FS Lerche, 1993, S. 873, 883 f.; *Neuner*, Allgemeiner Teil des Bürgerlichen Rechts, 12. Aufl. 2020, § 10 Rn. 30.

[206] BVerfG, Beschl. v. 19.10.1993, 1 BvR 567/89 u. a., BVerfGE 89, 214, 232-Bürgschaftsverträge（第十一章边码58及以下）。

[207] *Ritgen*, JZ 2002, 114, 119; *Hofer*, Vertragsfreiheit am Scheideweg, 2006, S. 23.

[208] *Drexl*, Die wirtschaftliche Selbstbestimmung des Verbrauchers, 1998, S. 208, 296；弗卢梅的论述见第九章脚注199，联邦宪法法院的论述见第九章脚注178。**不同观点**，则详见 *Zöllner*, AcP 196 (1996), 1, 24 ff。

[209] *Flume*, Allgemeiner Teil des Bürgerlichen Rechts, Bd. II, 4. Aufl. 1992, S. 611；*Neuner*, Privatrecht und Sozialstaat, 1999, S. 287："此处可谓自我决定法效果的对立面。"

[210] 已有论述，参见 *Kohler*, Lehrbuch der Rechtsphilosophie, 1909, S. 96；有作者在法律保护的利益之外，亦提及了要约者的依赖性，参见 *Busche*, Privatautonomie und Kontrahierungszwang, 1999, S. 125 ff。

制缔约的情形下[211],一方对(他人)给付的依赖即表明其欠缺自我决定权。对强制缔约有需求的一方因为不存在其他选择性,故其自我决定权受到限制,正因为如此,另一方的自我决定权也应例外性地受到限制。强制缔约所形成的即属于一种法律上的债务关系,其包含了一种作出订立合同之意思表示的义务。[212] 基本权利的直接或间接第三人效力也可作为这里的强化理由(第十一章边码11及以下)。

2. 依《民法典》第138条第1款对明显限制当事人自我决定个人生活之自由的合同予以价格审查

(1)在给付和对待给付明显失衡的情形,对"可责难意图"的推定充其量只是一种"表面的理由"[213]和"拟制"[214],仅凭这一点,即可认为,上文所提及的有关合同价格审查的判决(第九章脚注155及以下)在形式上缺乏说服力。而从内容上说,这些判决也难得赞同,因为它们与《民法典》的规定并不一致。依《民法典》第138条第2款之文义,其除了要求"明显失衡",还要求滥用他人的急迫情势,因此,它并未作出一个一般性的价格审查规定。决定合同必备要素(essentialia negotii)的内容和程度、确定标的价格故而原则上应属合同当事人之自由(第九章边码30)。此外,如若违法的胁迫或欺诈"只是"导致撤销权成立,而给付的"明显失衡"却可依《民法典》第138条当然地导致无效,这在体系上也难谓融贯。[215]并且,任由每个人依赖法官进行价格审查,也可能会事与愿违:其后果将会是大量的合同被轻率地订立。[216] 52

(2)对普通的买卖或服务合同而言,本书认为,不应当依《民法典》第138条的规定进行背俗审查及价格审查。[217] 虽不对其是否背俗进行审查, 53

---

[211] *Fastrich*, Richterliche Inhaltskontrolle im Privatrecht, 1992, S. 232 ff, 作者则称之为"事关生存的依赖性"。关于这一依赖性,参见 *Schmidt-Rimpler*, AcP 147 (1941), 130, 157 Fn. 34.

[212] Erman/*Armbrüster*, BGB, 16. Aufl. 2020, Vor § 145 Rn. 31.

[213] *Koziol*, AcP 188 (1988), 183, 207.

[214] *Mayer-Maly*, Das Bewußtsein der Sittenwidrigkeit, 1971, S. 12; *ders.*, in: FS Larenz, 1983, S. 395, 400, 404, *Finkenauer*, in: FS Westermann, 2008, S. 183, 193.

[215] *Maaß*, NJW 2001, 3467, 3468; *Finkenauer*, in: FS Westermann, 2008, S. 183, 205.

[216] *Bartholomeyczik*, AcP 166 (1966), 30, 62.

[217] 同样反对者,参见 *Mayer-Maly*, in: FS Larenz, 1983, S. 395, 398 ff., *Finkenauer*, in: FS Westermann, 2008, S. 183 ff., *Rückert*, in: HKK-BGB, 2003, vor § 1 Rn. 112.

但这类案件中却可能出现违背说明义务[218]或存在缔约过错（culpa in contrahendo）的情形。[219] 曾有案例的买受人以 2 万马克购得纪念币，这些纪念币却只能以 2250 马克的价格售出，联邦最高普通法院即正确地认为本案不构成违背善良风俗。[220] 原则上应当由市场而非法官判断价格是否适当。

54 （3）唯有后果造成了不寻常的负担，从而过度影响当事人的自我决定时，这种失衡的状态才需要被重视。[221] 若合同有**明显限制自由**之效果，则其即限制了当事人**自我决定生活方式**的自由。"恶"，而非"善"，才是衡量法律是否应当干预的标准（第九章边码 49）。利用权力地位或限制自由被认为是《民法典》第 138 条这一一般条款的框架下可考虑的归责根据（第十章边码 96 及以下）。合同订立导致生活陷入绝望[222]，或者限制了事关生存的自由，均属于此类情形。[223] 对此，判例已确立了相应的案例类型。若交易行为具有事关生存之意义，则可例外地进行价格审查。诸如房屋租赁、不动产买卖或关于工资的合同即属此例（第八章边码 41）。可以说，"自我决定权"不仅针对意思表示之作出，亦关乎"对生活方式的自我决定"，例如工资原则上应能够满足生活的需要，租赁权当使承租人保有自己的社会空间，以背俗而昂贵的价格销售的不动产不应使买受人囚困于"当代的债务塔"之中（第十一章边码 59）。

54a 有许多特殊规则优先于《民法典》第 138 条。[224] 例如（有关）劳动薪酬的"最低工资"、租金的"最高额"等制度。此外，在适用"价格规制"的领域，原则上也不能对酬金进行约定，如律师、医生、建筑师或工

---

[218] 有学者反对 BGH Sammlermünze 一案（第九章脚注 219）中的主张，参见 *Singer*, JZ 2001, 195, 197。

[219] BGH, Urt. v. 22. 12. 1999, VIII ZR 111/99, NJW 2000, 1254, 1255-Sammlermünze.

[220] BGH (ebd.), NJW 2000, 1254, 1255-Sammlermünze; 以原价值 250% 的价格出租台球桌，也不被认为构成背俗，参见 BGH, Urt. v. 24. 1. 1979, VIII ZR 16/78, WM 1979, 491, 492；也参见上文第八章边码 41。

[221] BVerfG, Beschl. v. 19. 10. 1993, 1 BvR 567/89 u. a., BVerfGE 89, 214, 232-Bürgschaftsverträge（第十一章边码 58 及以下）。

[222] **不同意见**，参见 *Neuner*, Allgemeiner Teil des Bürgerlichen Rechts, 12. Aufl. 2020, § 10 Rn. 55 ff.，作者则将之理解为"基于社会原则的观念上的保护性权利"。

[223] *Enderlein*, Rechtspaternalismus und Vertragsrecht, 1996, S. 293 ff.

[224] 此部分参见 *Moes*, Vertragsgestaltung, 2020, Rn. 223 ff。

程师等自由职业中即存在相应的规定。有时，价格规制乃是出于经济或政治的原因，例如药品的价格规制。

3. 损害"等价性"而限制自由——交易基础障碍

历经80年之发展，人们才归纳出了交易基础障碍的条件和案例类型。其中，有两方面至关重要：一方面，其背后的思想仍在于，在交易基础障碍之情形，法院原则上不应也无法进行针对等价性的审查（第九章边码38）。另一方面，唯在当事人订立合同之初未觉察而严重影响合同平等性的极端情形，始得对合同予以调整。[225] 由此，"正义"的法理念即得到了"自我决定原则"的精确化。这使得交易基础障碍的条件更为具体了。弗卢梅即指出：55

> 若认为合同是以自我决定和自我负责为基础，对法律关系进行私人创设的手段，那么对"交易基础"相关案件的规则而言，即需要以合同本身为依归。这就需要始终追问"什么才是合同事实上的真正意图"?[226]

56

交易基础的障碍不能只归于合同一方的风险领域（第九章边码38）。对等价性的破坏的结果，应当是导致**自由空间受到事关生存的影响**，这属于极端违背法与正义之情形。[227] 因此，等价性的破坏必须明显高于市场价的50%[228]并有明显限制自由之效果。

57

进阶练习——撤回权：债法改革[229]之后，原本规定于特别法当中、以欧盟的消费者保护指令为渊源的消费者保护方面的规定被整合到了《民法典》中（第305条及以下）。并且引入了之前《民法典》并未有过的新的形成权（撤回权）。[230] 这赋予消费者一定期限内无须

58

---

[225] Begr. AbgeordnetenE, BT-Drs. 14/6040, S. 176: "与债权人给付利益相比严重失衡", Canaris, JZ 2001, 499, 502. S. BGH, Urt. v. 25. 2. 1993, VII 24/92, BGHZ 121, 378, 393: "若涉及的是具有决定性的变化，以至于遵照原规定将导致无法忍受的、与法和正义相悖的结果以及遵照原合同规定将超出相关当事人的期待……" 同样的见解，参见 Weller, Die Vertragstreue, 2009, S. 298 f。

[226] Flume, in: FS 100 Jahre DJT, Bd. I, 1960, S. 135, 215.

[227] 语出自 Eidenmüller, Jura 2001, 824, 829；也见上文第九章脚注205。

[228] 贬值幅度须大于60%，参见 BGH, Urt. v. 18. 9. 1992, V 116/91, BGHZ 119, 220, 222-Erhöhung des Erbbauzinses；关于这一案例类型，参见 Kötz, Vertragsrecht, 2. Aufl. 2012, Rn. 1014 ff.。

[229] Gesetz zur Modernisierung des Schuldrechts v. 26. 11. 2001, BGBl. I, S. 3138.

[230] 见《民法典》旧法第361a条，新法第355、312g、495、510条。

表明理由即可撤回合同——也即单方面使生效合同嗣后解除——的权利。这一撤回权能否与《民法典》的体系相容?[231]

四、法原则对法制度的具体化和确立

59 上文所列举的法制度均可通过"自我决定"的原则而得到法教义学上的解释。换言之,尽管由判例发展而来的这些法制度表面上与合同自由和合同约束的原则相违背,但自我决定之原则却可以成为它们正当化的理由。

60 第一步,这一法原则可通过归纳法而得以确立。第二步,自我决定原则又可以演绎之方式(第九章边码24),实现法制度的精确化。[232] 价格审查的界限、交易基础障碍等法制度均属此例。第三步,在对法制度各项条件予以精确化时,亦可求助于诸如"正义"这样的法理念。

自我决定原则的上述作用可如图9-2所示。

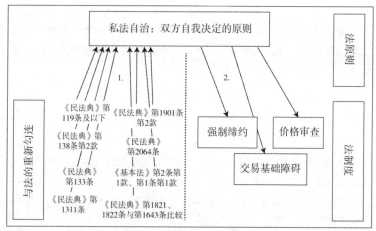

60a 图9-2 自我决定原则和法制度

---

[231] 答案见下文第十五章边码32及以下。

[232] 不过,通常而言,法发现的过程并不会如此简单。此时,法制度或许还能为法原则的具体化提供帮助。宗旨、法原则和法制度之间存在一种相互的助力。因此,恩吉施提出的"目光往返流转"(第四章边码10)同样也适用于法制度和法原则之间的关系。

第五节 欧盟层面的法原则

参考文献：*Basedow*, *Jürgen*, The Court System and Private Law: Vacillations, General Principles and the Architecture of the European Judiciary, 18 Eur. Rev. Priv. L. 443-474（2010）; *Grundmann*, *Stefan*, Systembildung und Systemlücken in Kerngebieten des europäischen Privatrechts, 2000; *ders.*, in: Riesenhuber, Karl, Europäische Methodenlehre, 4. Aufl. 2021, S. 243-284; *Riesenhuber*, *Karl*, System und Prinzipien des Europäischen Vertragsrechts, 2003, § 18; *Metzger*, *Axel*, Extra legem, intra ius: Allgemeine Rechtsgrundsätze im Europäischen Privatrecht, 2009; *Möllers*, *Thomas M. J.*, Die Rolle des Rechts im Rahmen der Europäischen Integration, 1999; *Reich*, *Norbert*, General Principles of EU Civil Law, 2014; *Schulze*, *Reiner/Ajani*, *Gianmaria*（Hrsg.）, Gemeinsame Prinzipien des Europäischen Privatrechts, 2003; *Stürner*, *Michael*, Europäisches Vertragsrecht 2021; *Vogenauer*, *Stefan/Weatherill*, *Stephen*（eds.）, General Principles of Law. European and Comparative Perspectives, 2017.

一、欧盟法确立法原则的挑战

1. 欧盟层面的困难

若试图从欧盟的基础法和次级法中提炼一般性的法原则，欧盟法的各种缺点就会显露无遗。首先，大量的原则并未被规范化；其次，欧盟的整个法域均表现为零散之规定；[233] 再次，在欧盟确立法原则时，存在越权之虞，即有违反"有限的具体授权原则"之危险（《欧洲联盟条约》第5条第2款，第二章边码56及以下）[234]；最后，（在这一过程中）欧盟法可能得不到自主解释（第二章边码70及以下），取而代之的则是自己（国内

---

[233] *Ritter*, JZ 1995, 849, 851："成员国国内法这一海洋上的各个岛屿"；之前已有的论述，参见 *Kötz*, RabelsZ 50（1996）1, 5："点状特征"；*Möllers*, JZ 2004, 1067 f.。

[234] 批评意见，参见 *Schmidt - Kessel*, in: Riesenhuber, Europäische Methodenlehre, 3. Aufl. 2015, § 17 Rn. 43。

法）的"前理解"。此时，欧盟法的目标和成员国的目标可能并不一致（见下文）。

2. 基础法与次级法之别

62　　要找寻欧盟法层面的原则，即需要区分"原则上优先于国内法原则的基础法的一般性原则"（第十二章边码 21 及以下）和"作为次级法的欧盟民法的基本原则"——后者并不具备优先效力，且只能在目的性考量的框架下被予以考虑。[235]

二、欧盟法上的一般性法原则

1. 欧盟法原则罕见的成文法化

63　　在欧盟条约的阿姆斯特丹版本中，欧盟立法者曾提及几种具体的基本权利，并涉及 1950 年的《欧洲人权公约》。再后来，《欧盟基本权利宪章》（第十章边码 57 及以下）即告生效。除此以外——同《民法典》的情况类似——欧盟法的条约中鲜有法原则（Rechtsprinzipien, General Principles of Law）之规定。原因在于，大部分的原则在被法律规定之前，均是经由欧盟最高法院确立。例如，《欧洲联盟条约》即规定了有限授权原则（第 5 条第 1 款）、辅助原则（第 5 条第 3 款，第二章边码 58）以及民主原则（第 2 条）。欧盟最高法院可谓比较钟情于一般性法原则。[236]《欧洲联盟条约》第 4 条第 3 款之"忠实原则"[237]、实际有效原则（第五章边码 108 及以下）常常成为法续造的依据。

2. 对成员国一般性法原则及宪法传统的援用

64　　（1）欧盟法有时会援引成员国法，即"各成员国法秩序所共通的一般性的法原则"。例如，这样的引致即可见于有关欧盟责任的规定中（《欧洲联盟运作方式条约》第 340 条第 2 款）。通过援引成员国的国内法

---

[235] *Heiderhoff*, Europäisches Privatrecht, 5. Aufl. 2020, Rn. 234.

[236] 参见 *Möllers*, Die Rolle des Rechts im Rahmen der europäischen Integration, 1999, S. 29 ff.；*Vogenauer*, Die Auslegung von Gesetzen in England und auf dem Kontinent, 2001, S. 387。

[237] 参见 *Schill/Krenn*, in：Grabitz/Hilf/Nettesheim, Das Recht der Europäischen Union, 71. EL August 2020, Art. 4 EUV Rn. 65, 59 ff. m. w. Nachw.

规定，欧盟最高法院可从多种不同的规则中归纳出一般性的规则（第九章边码18及以下）。[238] 欧盟层面的基本权利即是欧盟最高法院通过援引"成员国共同的宪法传统"所发展而来的[239]，其如今已被规定于《欧洲联盟条约》第6条第3款（第十章边码57及以下）。[240] 欧盟最高法院还以类似方式确立了针对成员国的欧盟法的国家责任请求权（第十二章边码123及以下）。对于这种借助一般性的法原则所实现的法续造任务，欧盟最高法院也曾如此强调：

> 若条约未对成员国违反共同体法律的后果作出明确之规定，法院要履行条约第164条（今《欧洲联盟条约》第19条第1款第2句）所要求的"通过解释和适用法律而维护欧盟法"之职责，就必须依据公认的解释方式对此类问题作出裁判，其方法主要包括援用共同体法秩序的基本原则，乃至援用各成员国法秩序所共通的一般性法原则。
>
> 第215条所确立的共同体非合同责任的原则只是各成员国法秩序所适用的一般性法原则——"违法的作为或不作为将导致损害赔偿义务的产生"——的一种体现。[241]

65

（2）本书有关法源的部分已然介绍过这一进行比较法作业的义务（第三章边码76及以下）。值得注意的是，欧盟最高法院对法漏洞的填补并非意在寻找成员国法秩序的"最小分母"，相反，它是在"评价性法比较"的意义上探寻成员国法上有迹可循的"最优方案"[242]。如今，欧盟最高法院已承认了欧盟层面的言论自由、所有权[243]或"住所不受侵

66

---

[238] 针对欧盟法的论述，参见 *Metzger*, Extra legem, intra ius: Allgemeine Rechtsgrundsätze im europäischen Privatrecht, 2009, S. 25 f.; *Basedow*, in: FS Hopt, 2010, S. 27, 35。
[239] EuGH, Urt. v. 14. 5. 1974, C-4/73, EU: C: 1974: 51, Rn. 13-Nold（参见第二章边码95）。
[240] 不过，近年来，GRCh 和 EMRK 也是确立基本权利的依据（见第十章边码57）。
[241] EuGH, Urt. v. 5. 3. 1996, C - 46/93 u. a., EU: C: 1996: 79, Rn. 29-Brasserie du Pêcheur; hierzu *Schroeder*, JuS 2004, 180, 183 f.
[242] 对下文之论述，参见 *Möllers*, Die Rolle des Rechts im Rahmen der europäischen Integration, 1999, S. 22 ff.; 有关"捡葡萄干式的论证"，参见上文第七章边码85。
[243] EuGH, Urt. v. 14. 5. 1974, 4/73, EU: C: 1974: 51, Rn. 13 f. -Nold; EuGH, Urt. v. 13. 12. 1979, C-44/79, EU: C: 1979: 290, Rn. 17 ff. -Hauer.

害权"[244]。此外,欧盟最高法院亦确立了诸如法安定性[245]、信赖保护[246]、有效的法律保护[247]、实际有效(第五章边码108及以下)和比例原则等一般性的法原则(第十章边码70及以下)。[248]

67　　(3)近年来,欧盟最高法院又不断扩充上文所提及的欧盟基本权利和一般性的法原则。它有时会赋予民众比各成员国的基本权利更强的法律保护。例如,欧盟最高法院即强化了平等权和妇女之权利,这一点已超越了德国法院的判例。这体现在工资请求权的数额、获得或保持工作岗位等各方面。[249]　在程序上,"有效法律保护原则"要求成员国必须确保当事人能够有效地获得庭审机会。[250]　对获得及时的法律保护而言,欧洲人权法院也规定了比德国法院更高的要求,从而认定迁延多年的程序是为违法之举。[251]

　　3. 欧盟民法上的其他原则

68　　在法学学说中,有人主张,即便不援用成员国法,也可从欧盟法当中

---

[244] 关于这类判决,参见 Lenz, EuGRZ 1993, 585 ff.; Weber, JZ 1989, 965 ff.; Pernice, NJW 1990, 2409 ff.; Iglesias, 1 Colum. J. Eur. L. 169 ff. (1995); Möllers, EuR 1998, 20, 31 m. w. Nachw。

[245] EuGH, Urt. v. 21. 09. 1983, C-205/85 u. a., EU: C: 1983: 233, Rn. 30-Milchkontor; EuGH, Urt. v. 13. 02. 1996, C-143/93, EU: C: 1996: 45, Rn. 27-Van Es Douane Agenten; EuGH, Urt. v. 21. 2. 2006, C-255/02, EU: C: 2006: 121, Rn. 72-Halifax. 法安定性原则要求,确立公民权利和义务的法规则必须没有歧义,参见第十二章边码104及以下。

[246] EuGH, Urt. v. 5. 7. 1973, 1/73, EU: C: 1973: 78, Rn. 6-Westzucker; EuGH, Urt. v. 10. 9. 2009, C-201/08, EU: C: 2009: 539, Rn. 46-Plantanol。

[247] EuGH, Urt. v. 15. 5. 1986, 222/84, EU: C: 1986: 206, Rn. 18-Johnston; 确认其为固有原则的判例,参见 EuGH, Urt. v. 13. 3. 2007, C-432/05, EU: C: 2007: 163, Rn. 37 ff. -Unibet。

[248] 关于一般性法原则与欧盟法判例相结合的概述,参见 Häberle, EuGRZ 1991, 261, 269 ff.; Müller-Graff/Riedel (Hrsg.), Gemeinsames Verfassungsrecht in der Europäischen Union, 1998。

[249] EuGH, Urt. v. 14. 12. 1995, C-317/93, EU: C: 1995: 438, Rn. 28-Nolte; EuGH, Urt. v. 11. 11. 1997, C-409/95, EU: C: 1997: 533, Rn. 31-Marschall, m. zustimmender Anm. Lenz, NJW 1998, 1619; Prechal, 20 L. I. E. E. I., 81 ff. (1993); 有关欧盟最高法院对联邦劳动法院在有关孕妇问题的影响,参见 EuGH, Urt. v. 8. 11. 1990 C-177/88, EU: C: 1990: 383, Rn. 24 f. -Dekker, s. BAG, Urt. v. 15. 10. 1992, 2 AZR 227/92, BAGE 71, 252, 255。

[250] EuGH, Urt. v. 15. 10. 1987, C-222/86, EU: C: 1987: 442, Rn. 14-Heylens; EuGH, Urt. v. 13. 12. 1991, C-18/88, EU: C: 1991: 474, Rn. 34-GB-Inno-BM。

[251] Frowein/Peukert/Frowein, EMRK, 3. Aufl. 2009, Art. 6 Rn. 248 ff. m. w. Nachw; 关于"有效法律保护"这一共同的宪法传统,参见 EuGH, Urt. v. 13. 3. 2007, C-432/05, EU: C: 2007: 163, Rn. 37 ff. -Unibet; 另参见下文第十二章边码131。

提炼出一般性的法原则[252],例如合同自由或合同信守原则。[253] 这并非易事,因为无论欧盟各条约抑或《欧盟基本权利宪章》均未直接规定合同自由。《欧盟基本权利宪章》第 16 条规定的"经营自由"也包含了对交易对象的选择,亦属"合同自由"之范畴。[254] "合同自由"也可在欧盟法层面寻得间接之依据:欧盟奉行所谓"自由竞争的开放市场经济原则"(《欧洲联盟运作方式条约》第 119 条第 1 款、第 120 条第 1 款第 2 句),这显然以合同自由为前提。[255] 基本自由和竞争法之规定均旨在通过消除区别性的法规范以强化欧盟内部市场;没有合同自由的竞争规则是不可想象的,因此,这类规则从功能上说都保障了合同自由。[256] 此外,欧盟法领域也有关于"公平原则"的讨论,其目的则是在于限制合同自由。[257]

为支持欧盟最高法院对欧盟法的解释工作,确实亟须确立其他的法原则。[258] 其中不乏一些推行"欧洲民法典"的努力,例如《欧洲民法典共同示范参考草案》(DCFR)[259] 或(已被驳回的)《欧洲共同买卖法

---

[252] *Grundmann*, in: ders. , Systembildung und Systemlücken in Kerngebieten des europäischen Privatrechts, 2000, S. 1 ff.; *Riesenhuber*, System und Prinzipien des Europäischen Vertragsrechts, 2003, § 18; generell: *Jansen*, ZEuP 2005, 750 ff.; *Metzger*, Extra legem, intra ius: Allgemeine Rechtsgrundsätze im Europäischen Privatrecht, 2009; *Reich*, General Principles of EU Civil Law, 2014.

[253] 参见 *Riesenhuber*, in: GS Wolf, 2011, S. 123, 130 m. w. Nachw.; *Heiderhoff*, Europäisches Privatrecht, 5. Aufl. 2020, Rn. 234 ff。

[254] EuGH, Urt. v. 22. 1. 2013, C-283/11, EU: C: 2013: 28, Rn. 42 ff. -Sky Österreich/ORF m. w. Nachw.

[255] *Schmidt-Leithoff*, in: FS Rittner, 1991, S. 597, 604; *Mülbert*, ZHR 159 (1995), 2, 8; s. auch Art. II. 1: 101-II. 1: 103 DCFR.

[256] *Basedow*, Von der deutschen zur europäischen Wirtschaftsverfassung, 1992, S. 52; *Canaris*, in: FS Lerche, 1993, S. 873, 890.

[257] EuGH, Urt. v. 15. 4. 2010, C-215/08, EU: C: 2010: 186, Rn. 48-Friz: vernünftiger Ausgleich und gerechte Risikoverteilung; vertiefend *Caruso*, in: Vogenauer/Weatherill, General Principles of Law, 2017, S. 329 ff.; *Reich*, General Principles of EU Civil Law, 2014, S. 1 ff.

[258] *Basedow*, 18 Eur. Rev. Priv. L. 443, 451 ff. (2010).

[259] *von Bar/Clive/Schulte-Nölke*, *Principles*, Definition and Model Rule of European Private Law (Draft Common Frame of Reference-DCFR), hierzu *Schmidt-Kessel*, in: Riesenhuber, Europäische Methodenlehre, 3. Aufl. 2015, § 17 Rn. 47 ff.; *Eidenmüller/Faust/Grigoleit/Jansen/Wagner/Zimmermann*, JZ 2008, 530 ff.; *Ernst*, AcP 208 (2008), 248 ff.; *Grundmann*, 4 ERCL 225 ff. (2008).

草案》（CESL）。[260] 上文所讨论的部分原则和规则也都被纳入了这些欧盟法的草案。[261] 不过，这些草案并无法律约束力。

4. 欧盟法原则对成员国法的影响

70　　成员国法可影响欧盟法。不过，成员国法在法教义学上也会受到欧盟法的"浸染"；"实际有效原则"即属此例。为确保卡特尔法的完全有效，欧盟最高法院在"Courage Ltd./Crehan案"中指出，任何人均可就限制竞争为其造成的损失而主张赔偿。[262] 德国的立法者也曾在诸多草案中主张依欧盟法的规定在《反限制竞争法》中引入私人的损害赔偿请求权。[263] 在《反限制竞争法》第七次修正中，受损害者的地位得到了提高，因为立法者删掉了第33条第1款有关保护性法律的要求。[264]

第六节　第九章小结

71　　（1）法教义学可以被描述为判例和学说对"法"加以具体化，为解决具体的法问题而确立的各种规则所构成之整体。由于这些规则与法律的文义之间通常不再存在直接的关联，因而需要借助法学方法论实现其与"法"之间的"重新勾连"。

法原则应当与法理念、法陈述相区别。诸如正义、合目的性和法安定性这样的法理念具备高度抽象性，故而在案件的解决中只能充当（并不必要的）空洞公式。

只有部分法原则被规范化。一般而言，法原则具备规范力，故可对其

---

[260]　Vorschlag für eine Verordnung des Europäischen Parlaments und des Rates über ein Gemeinsames Europäisches Kaufrecht vom 11.10.2011, KOM (2011) 635 endg.; 就此可参见"民法学者特别会议"上相关的论文，载于 AcP 212 (2012), 467-852。

[261]　参见第九章脚注168。

[262]　EuGH, Urt. v. 20.9.2001, C-453/99, EU：C：2001：465, Rn. 25 f. -Courage Ltd./Crehan（第五章边码117及以下）。

[263]　《反限制竞争法》第33条及以下。进一步论述，参见 *Janssen*, Präventive Gewinnabschöpfung, 2017。

[264]　参见 Beschlussempfehlung und Bericht des Ausschusses für Wirtschaft und Arbeit, BT-Drs. 15/5049, S. 49, 该法理由即援引了欧盟最高法院"Courage Ltd./Crehan案"的判决。

主张推定效力。法原则实为从"法"之中获取故而具有约束力、指导性的标准,唯有被进一步地具体化,才可以用于涵摄。这种具体化的途径即包括"演绎"及"衡量"。

法制度则是有着类似构成要件条件的规则。

(2)在第一步,法原则可自现行法而确立。而在第二步,法原则则需要被具体化为规则。这通常需要归纳和演绎的工作。

(3)民法中一项重要的法原则是合同自由原则,它可自《民法典》的规则间接提炼而来。诸如强制缔约、价格审查或交易基础障碍等法制度,似均与该原则相冲突。

(4)无论正确性审查、社会性原则还是宪法之影响,均无法为强制缔约、价格审查和交易基础障碍等法律制度提供解释。这些法制度更多的是以自我决定权原则为依据,其为私人自治的组成部分。

(5)欧盟最高法院通常以法比较之方式从条约当中初步确立法原则,然后需对之进行独立之解释。其中即包括欧盟基本权利、国家责任请求权或实际有效原则。学说上也不乏对欧盟法原则的总结(《欧洲民法典共同示范参考草案》《欧洲共同买卖法草案》)。

本章参考文献:

Bumke, *Christian*, in: ders., Richterrecht zwischen Gesetzesrecht und Rechtsgestaltung, 2012, S. 1–31; *ders.*, Rechtsdogmatik. Überlegungen zur Entwicklung und zu den Formen einer Denk-und Arbeitsweise der deutschen Rechtswissenschaft, JZ 2014, 641–650; ders., Rechtsdogmatik, 2017; *Canaris*, *Claus-Wilhelm*, Systemdenken und Systembegriff in der Jurisprudenz, 2. Aufl. 1983; *ders.*, Verfassungs-und europarechtliche Aspekte der Vertragsfreiheit in der Privatgesellschaft, in: FS Lerche, 1993, S. 873–891; *Dreier*, *Horst* (Hrsg.), Rechtswissenschaft als Beruf, 2018; *Flume*, *Werner*, Rechtsgeschäft und Privatautonomie, in: FS 100 Jahre DJT, Bd. 1, 1960, S. 135–238; *Grigoleit*, *Hans Christoph*, Dogmatik-Methodik-Teleologik, in: FS Canaris, 2017, S. 241–279; *Jestaedt*, *Matthias*, Wissenschaft im Recht, JZ 2014, 1–12; *Kirchhof*, *Gregor/Magen*, *Stefan/Schnei-*

der, *Karsten*, Was weiß Dogmatik?, 2012; *Lassahn*, *Philipp/Steenbreker*, *Thomas*, Gedanken zur Rechtsdogmatik, JR 2015, 553–560; *Lennartz*, *Jannis*, Dogmatik als Methode, 2017; *Metzger*, *Axel*, Extra legem, intra ius: Allgemeine Rechtsgrundsätze im Europäischen Privatrecht, 2009; *Möllers*, *Thomas M. J.*, Europäische Richtlinien zum Bürgerlichen Recht, JZ 2002, 121–134; *ders.*, Zur methodischen Arbeit mit allgemeinen Rechtsprinzipien-aufgezeigt am europäischen Kapitalmarktrecht, in: FS Baums, 2017, S. 805–826; *Neuner*, *Jörg*, Allgemeiner Teil des Bürgerlichen Rechts, 12. Aufl. 2020, § 10; *Rückert*, *Joachim*, Das BGB und seine Prinzipien: Aufgabe, Lösung, Erfolg, in: HKK-BGB, 2003, vor § 1 Rn. 1–117; *Stürner*, *Rolf*, Das Zivilrecht in der Moderne und die Bedeutung der Rechtsdogmatik, JZ 2014, 10–24; *ders.*, Die Zivilrechtswissenschaft in ihre Methodik-zu rechtsanwendungsbezogen und zu wenig grundlagenorientiert?, AcP 124 (2014), 7–54; *Volkmann*, *Uwe*, Die Dogmatisierung des Verfassungsrechts, JZ 2020, 965–975.

第十章　建构意义上的衡量

"所谓'衡量'乃是一种可操作的正义,是行动中的正义。"[1]"衡量"之目的在于平衡相冲突的利益和需求。其在程序上的体现即"听取他方陈述原则"以及法官公正裁量各方论据的义务(第一章边码39)。拉丁语的法谚"论据不在多,而在有多少道理"(argumenta non sunt numeranda, sed ponderanda)[2]与正义女神蒙着眼睛,手持天平的形象不谋而合。关于论据之衡量留待本书结尾部分论述(第十四章边码77及以下)。下文所讨论的"衡量"则主要针对法律以明示或默示之方式将衡量之事宜委托于法官的情况(Abwägungsauftrag)。第九章已经介绍了一般性法原则的提取(以归纳之方式)以及各个法原则以演绎之方式向规则(例如"法制度")的具体化。下文则表明,法的具体化亦可通过"衡量"之过程而得以实现。这在公法中较为人所熟知,民法领域中也不乏其例证。

第一节　公法中的衡量

除了以归纳之方式生成,法原则也可通过"衡量"而予以具体化。在公法领域即存在一些相关的、众所周知的结构(第一节)。基本权利也可被理解为经由立法表达的"原则"(第九章边码12)。围绕基本权利的法教义学在德国法上尤为成熟:它发展出了一系列可用于衡量各种基本权利

---

[1] *Reimer*, Juristische Methodenlehre, 2. Aufl. 2020, Rn. 484; 持赞同意见者, *Gröschner*, JZ 2018, 737, 745。

[2] 或译"论据不可计量,只可衡量",参见 *Liebs*, Lateinische Rechtsregeln und Rechtssprichwörter, 7. Aufl. 2007, S. 37。

和宪法价值并能实现其具体化的"检验步骤"（Prüfungsschritte）。在解决案件时，具体确定基本权利的适用边界，对法学考试而言十分重要（第二节）。欧盟法上基本权利和基本自由的情况也与此类似（第三节）。民法究其本质而言则未为衡量提供足够之空间。因此，仅有少数观点认为，在民法领域亦存在适用衡量及比例原则的可能性（第四节）。

一、建构意义上的衡量

3　　在上文关于利益取向[3]（第五章边码 19 及以下）及结果取向解释（第五章边码 56 及以下）的部分，已介绍过"衡量"的操作过程。这在公法、民法乃至刑法[4]之中均有体现。有时，法律也会明文规定对于衡量的要求，例如，《民法典》第 228、904 条，《刑法典》第 34 条等有关紧急避险的规则即规定了法益之衡量，《建筑法典》（BauGB）第 1 条第 6、7 款及第 2 条第 3 款亦规定，在制定建筑规划时应对各方的不同利益进行衡量。[5]

1. "开放性"宪法规范的建构

4　　通说认为，萨维尼的解释学说也适用于宪法领域。[6] 宪法规范大多有意采用较宽泛之表达，从而为动态解释以及相应的宪法变迁留有余地（第六章边码 72）。这种有着"开放性"宪法规范的宪法可以被视为一种"框架秩序"（Rahmenordnung）[7]。然而，传统的四种解释方法时常难以奏效；例如，对于诸如是否应当公开联邦议院议员的副业收入、是否可以

---

[3]　关于"利益说"和衡量之间的联系，参见 *Rückert*, JZ 2011, 913, 919 ff.; *Röhl/Röhl*, Allgemeine Rechtslehre, 3. Aufl. 2008, S. 653。

[4]　例如，对《刑法典》第 34 条之紧急避险规则中"违法性"的审查，也见下文第十章边码 10。

[5]　参见 BVerwG, Urt. v. 12. 12. 1969, IV C 105/66, BVerwGE 34, 301, 304 ff.。

[6]　关于联邦宪法法院，参见上文第四章脚注 44；另参见 *Brugger*, AöR 119 (1994), 1, 21 ff.; *Herdegen*, JZ 2004, 873, 875; *Starck*, in: HStR XII, 3. Aufl. 2014, § 271 Rn. 19, 25, 45; Sachs/*Sachs*, GG, 9. Aufl. 2021, Einf. Rn. 38; *Morlok*, in: Gabriel/Gröschner, Subsumtion, 2012, S. 179, 204 ff.。

[7]　*Isensee*, in: HStR XII, 3. Aufl. 2014, § 268 Rn. 55 ff., 62 ff.。

使用计算机投票等问题，《基本法》未置一词。[8] 由于《基本法》的表达尤具宽泛及纲领性特质，故而必须对其再加以具体化。前文称"具体化"为一种超越解释范畴、需要完成额外"展开义务"（Spezifizierungsleistung）的工作。对这种"具体化法学"（Konkretisierungsjurisprudenz）[9] 而言，必要的并非经典的法解释，而是创造性的展开与论证（第十四章边码46及以下）。在涉及《基本法》第68条的"信任问题"时，联邦宪法法院如是说道：

> 不过，《基本法》第68条第1款第1句究其文义，可谓一种"开放性规范"。要窥知其精神，尚需依据其自身所蕴含的体系性以及其在整个宪法框架中的位置和价值所表现出来的意义关联；要揭示这种意义关联，也需要衡诸该规范制定之初的宪法史背景，并参考《基本法》生效后最高宪法机关对其一贯的应对方法。
>
> 参考最高宪法机关在确定宪法规范含义时做法的这一要求，不仅彰显了宪法本身所蕴含的"呈现权力分配关系"的法价值，也更多地表明，宪法因其所调整事实的特性，故而时常表现出较高的一般性，唯须对其加以具体化，始得将规范适用于具体案件，这一情形在法秩序的其他领域也不鲜见。显然，在这一具体化的过程中，宪法已有的价值安排、基础判断、原则和规范都应当得以保障。[10]

2. 衡量：对相冲突的法原则予以具体化的过程

（1）在进行必要的具体化时，往往也伴随着对各种相互冲突的利益或原则的衡量。面对相互对立的基本权利或宪法原则，必须进行"调适式的宪法具体化"。[11] 然而，就这一过程而言并非没有争议。有观点认为，

---

[8] 富有启示的见解，参见 Volkmann, in: Krüper/Merten/Morlok, An den Grenzen der Rechtsdogmatik, 2010, S. 77, 79。

[9] 语出自 Jestaedt, in: Engel/Schön, Das Proprium der Rechtswissenschaft, 2007, S. 241, 254 f。

[10] BVerfG, Urt. v. 16. 2. 1983, 2 BvE 1/83 u. a., BVerfGE 62, 1, 38 f.-Bundestagsauflösung I.

[11] Lerche, in: Koller/Hager/Junker/Singer/Neuner, Einheit und Folgerichtigkeit im Juristischen Denken, 1998, S. 7, 20。

"衡量"同"三段论"[12]一样,不过是没有独立说理价值的形式工具。[13]联邦宪法法院主张(基本权利)有宽泛的保护与干预范围——这被认为其反对必要的具体化和涵摄,而宽泛的干预范围某种程度上等于"拒绝定义"[14],因为"具体化"仅仅发生于第三和第四阶段。有人认为,衡量模式难堪大用,理由在于,无法在一个统一的标准上测量和比较具体的法益、价值、原则和权利,例如,一般人格权和言论出版自由之间的衡量即是如此(第十章边码48及以下)。也有人将之称为"不可通约之物"(Inkommensurablen)。[15]宪法的"比例原则"即被斥为"抹杀或者软化宪法标准的大型装置"。[16]此外,联邦宪法法院也被认为受到了"个案化衡量思想"的左右。[17]有观点认为,法官不同于立法者,其并无衡量之自由,而必须证明其裁判能够最为恰当地契合法体系。[18]因此,对各种原则的衡量乃是"必然的恣意行为"。[19]这当中起作用的不过是"审判者的主观能动性"。[20]衡量式的裁判被认为未摆脱"决断"(Dezision)——也即"政治性"的特征。[21]

---

[12] "三段论"即主张通过将案件事实的元素涵摄于具体的构成要件要素,从而将法律适用于具体的案件(第四章边码2及以下)。

[13] *Martens*, Methodenlehre des Unionsrechts, 2013, S. 317.

[14] *Lennartz*, Dogmatik als Methode, 2017, S. 167.

[15] 源自拉丁语的"尺度"(mensura)一词,可译作"没有共通的尺度",如同是将梨和苹果进行比较。参见 *Leisner*, Der Abwägungsstaat, 1997, S. 72 ff.;美国联邦最高法院保守派大法官曾有过生动的比喻:"某一条线是否比某块岩石的重量长?"参见 *Scalia*, in: Bendix Autolite Corp. v. Midwesco Enterprises, Inc., 486 U. S. 888, 897 (1988);对此的批评,也参见 *Weber*, 23 Can. J. L. &Juris 179, 195 f. (2010)。

[16] *Ossenbühl*, VVDStRL 39 (1981), 147, 189.

[17] *Ladeur*, Rechtstheorie 31 (2000), 67, 88 ff.; s. auch *Jestaedt*, Grundrechtsentfaltung im Gesetz, 1999, S. 241 ff.

[18] *Martens*, Methodenlehre des Unionsrechts, 2013, S. 316.

[19] *Martens*(ebd.), S. 315.

[20] *Schlink*, EuGRZ 1984, 457, 462; *ders.*, in: FS 50 Jahre BVerfG, Bd. II, 2001, S. 445, 460 ff.; *Kingreen/Poscher*, Grundrechte Staatsrecht II, 36. Aufl. 2020, Rn. 344, 350;类似表述,参见 *Ladeur*, Rechtstheorie 31 (2000), 67, 97:"法官依据自己口味作出的判决";*Böckenförde*, Der Staat 42 (2003), 165, 190:"所谓适当性、合比例性,不过是全无标准的衡量论题";*Raue*, AöR 131 (2006), 79, 85:"法感"。

[21] *Camilo de Oliveira*, Zur Kritik der Abwägung in der Grundrechtsdogmatik, 2013, S. 216; *Hillgruber*, in: HStR IX, 3. Aufl. 2011, § 201 Rn. 80;有关"决断",参见下文第十四章边码41。

（2）有些针对联邦宪法法院个案化裁判的批评不乏正确性。比如，有关其可能变为"超级上诉法院"（Superrevisionsinstanz）的批评（第十三章边码110及以下）。不过，有的批评则显得言过其实。毕竟，在部分领域，联邦宪法法院也需要定义概念，或将某些权利侵害定性为具有社会相当性的"干扰"从而将其排除在保护范围之外（第十章边码19、34）。而如果难以进行令人信服的涵摄，则需要适用"衡量"，因为即便处于劣势地位的利益也会有一定的价值。[22] 在某一基本权利的保护范围之内顾及各种具体的利益，也能使裁判更容易受到认可（第五章边码101）。诚然，具体的衡量步骤总是离不了各种价值判断。在确定"干预强度"的问题上即是如此。[23] 对法官衡量的授权，无异于宣示了这样一种信赖，即法官可以在一种比涵摄更为自由的程序中进行裁判。[24] 为此，人们不得不创设了一系列的"检验步骤"以**安排论据的结构从而提高其说服力**。[25] 到目前为止，针对如何就原则之间的冲突进行裁判这一问题，还没有其他同等有效的解决方案。对基本权利的"合比例性审查"往往也会导向合理的结论（第十章边码42及以下）。因此，联邦宪法法院在其判例中总是免不了动用"衡量"，也是不无理由的。[26]

二、衡量的结构

1. 衡量授权及衡量角度的择取

在学说中，已有人提出了诸多不同的"衡量模型"。[27] 衡量的前提在

---

[22] *Lennartz*, Dogmatik als Methode, 2017, S. 165.

[23] 批评性意见即可参见 *Hillgruber*, in: HStR IX, 3. Aufl. 2011, § 201, Rn. 80 mit Hinweis auf BVerfG, Urt. v. 2. 3. 2010, 1 BvR 256/08 u. a., BVerfGE 125, 260, 320 f. -Vorratsdatenspeicherung 以及 *Schluckebier* 法官在"不同意见书"中的观点（BVerfGE 125, 260, 364 ff.）。

[24] *Reimer*, Juristische Methodenlehre, 2. Aufl. 2020, Rn. 488.

[25] *da Silva*, in: Klatt, Prinzipientheorie und Theorie der Abwägung, 2013, S. 236, 254 ff.（engl.: 31 O. J. L. S. 273 ff. (2001)）.

[26] 针对联邦宪法法院在判例中动用"衡量"的统计，参见 *Rückert*, JZ 2011, 913, 915; *Petersen*, Verhältnismäßigkeit als Rationalitätskontrolle, 2015, S. 136 ff.

[27] *Alexy*, ARSP Beiheft 25 (1985), 13, 24 ff.; *ders.*, VVDStRL 61 (2002), 7, 19 f; *Martens* (ebd.), S. 314; *Reimer* (ebd.), Rn. 489; *Riehm*, Abwägungsentscheidungen in der praktischen Rechtsanwendung, 2006, S. 57 ff.; *Röhl/Röhl*, Allgemeine Rechtslehre, 3. Aufl. 2008, S. 654; Roxin/*Greco*, Strafrecht Allgemeiner Teil, Bd. I, 5. Aufl. 2020, § 16 Rn. 26 ff.（对《刑法典》第34条之正当紧急避险的论述）; *Vogel*, Juristische Methodik, 1998, S. 152 ff.

于一个针对衡量的授权(Abwägungsauftrag)。这可以是来自规范的明文授权，例如，依《刑法典》第 46 条第 2 款第 1 句的规定，在量刑时即需要衡量各种有利或不利于行为人的情况。建筑法领域也明文列举了各种需要予以考量的利益。不过，针对衡量的授权也可以间接来自一般条款和不确定性法概念的适用（第七章边码 5 及以下）——这可能要求法官进行具体化以及处理原则（如基本权利）的工作，而在原则之间不存在何者优先时，即需要对原则进行衡量。[28]

8a 另外，衡量活动还要受到"针对任意性的限制"（Willkürgrenze）。基于"**衡量完整性**"（Abwägungsvollständigkeit）[29] 的要求，所有对当事人而言具有重要意义，并且保护目的与衡量活动相关的原则都应当纳入考量。对衡量角度（Abwägungsgesichtspunkt）的择取不能任意为之，不可失当或带有歧视。[30] 除原则之外，各种价值[31]、利益和需求也是影响衡量的参数。宪法领域衡量活动的特点则在于，除了当事人的利益，尚需考虑具有宪法意义的公共利益。[32]

9 而不值得保护的利益则应予**排除**，例如皮条客经营妓院的利益。[33] 此外，还需注意那些"禁止衡量"的领域。通说认为，人格尊严的保护是绝对的，故而不得与其他基本权利相衡量。[34] 因此，任何对人格尊严的干预都无疑是违反宪法的。[35] 实际上，衡量乃是从"正当性"层面转移

---

[28] *Röthel*, Normkonkretisierung im Privatrecht, 2004, S. 146 f.

[29] *Vogel*, Juristische Methodik, 1998, S. 153.

[30] *Riehm*, Abwägungsentscheidungen in der praktischen Rechtsanwendung, 2006, S. 57、59.

[31] 参见 *Alexy*, ARSP Beiheft 25（1985），13、24，*ders.*，Rechtstheorie 18（1987），405、409；阿列克西认为，解决原则冲突的目标在于寻找"应为"规范，而解决价值冲突的目标则是为了寻找"更好"的结果。

[32] *Röhl/Röhl*, Allgemeine Rechtslehre, 3. Aufl. 2008, S. 654；参见下文第十章边码 38。

[33] 参见 *Vogel*, Juristische Methodik, 1998, S. 154，作者只片面地提及了规范的保护目的，然而，一些未被成文法化的价值也构成了某些"原则"。

[34] H. M., BVerfG, Beschl. v. 3. 6. 1987, 1 BvR 313/85, BVerfGE 75, 369, 380："绝无利益平衡之可能性"；BVerfG, Beschl. v. 10. 10. 1995, 1 BvR 1476/91 u. a., BVerfGE 93, 266, 293："人格尊严乃所有基本权利的根据，故而不得与具体的基本权利相衡量"；Sachs/*Höfling*, GG, 9. Aufl. 2021, Art. 1 Rn. 11；*von Bernstorff*, JZ 2013, 905 ff.；**不同观点**，参见 *Baldus*, AöR 136 (2011), 529 ff.

[35] H. M., *Dreier*, in：Dreier, GG, 3. Aufl. 2013, Art. 1 I Rn. 46 m. w. Nachw.

到了"保护范围"层面。

出于营救目的的刑讯逼供（Rettungsfolter，"雅各布·冯·梅茨勒案"）曾引发激烈讨论的问题：法兰克福副警长达斯纳（Daschner）对绑架案的行为人实施刑讯逼供并迫使其交代出被绑架的11岁少年雅各布·冯·梅茨勒下落的这一做法是否正当。达斯纳恐吓行为人本是为了避免孩子死亡。有观点正确地指出，行为人不被国家权力刑讯的尊严[36]和受害人受到国家保护的尊严之间并不能被相互比较。[37]防御性的请求权和保护义务（第十一章边码3及以下）具有绝对性，故而不可避免地产生对立。但《基本法》第1条第1款所保护的人格尊严使得任何形式的刑讯都应得到禁止。[38] 权利有其边界[39]，在宪法上，存在某种"不得裁量的区域"（rechtswertungsfreier Raum）。[40]最后，行为人因其所遭受的刑讯逼供获得了3000欧元的赔偿。[41] **10**

2. 对衡量角度的抽象权衡

第一步，应当对"干预"（Eingriff）和"正当化"（Rechtfertigung）两个层面所相对立的各种价值先予抽象的权衡。这一点也不无争议，有观点即认为，所有的基本权利、公益和国家目标都是同一位阶的，因此，在任何时候都只能作出个案化的裁判。[42] 诚然，抽象的权衡只能构成诸多标准中的一个，但它至少构成了衡量判断的第一步。施特恩（Stern）即坦言，比起仅具备普通法位阶的法益，宪法位阶的法益理应被赋予更高的 **11**

---

[36] 关于刑讯之禁止，参见 Art. 104 Abs. 1 S. 2 GG；Art. 3 EMRK；Art 4 GRCh。

[37] *Erb*, Jura 2005, 24, 27.

[38] 明确作出此规定的，参见 Art. 3 EMRK 及 Art. 4 GRCh。

[39] 有关这一不可避免的悲剧，参见 *Dreier*, in: Dreier, GG, 3. Aufl. 2013, Art. 1 I Rn. 133；*Isensee*, in: HStR IX, 3. Aufl. 2011, § 191 Rn. 314；观点略有保留者，则参见 Roxin/*Greco*, Strafrecht Allgemeiner Teil, Bd. I, 5. Aufl. 2020, § 16 Rn. 99，其认为，保护义务仅在合法的界限内存在。

[40] *Lindner*, DÖV 2006, 577, 587 f.

[41] OLG Frankfurt a. M., Urt. v. 10. 12. 2012, 1 U 201/11, NJW 2003, 75-Entschädigung wegen Verletzung der Menschenwürde durch Androhung „erheblicher Schmerzen"（对因受到"严重伤害"之威吓而受到的人格尊严损害进行的赔偿）。

[42] *Stern*, in: ders., (ebd.), 1994, S. 828 f.："基本权利的同阶性"（Gleichrangigkeit aller Grundrechte）。

权重。[43]《基本法》为各种法益所规定的体系性顺序已然表明，专属个人的人格法益（höchstpersönliche Rechtsgüter）即要比财产性利益具有更高之价值（第四章边码 120）。比起其他人格或超个人的法益而言，对身体和生命的保护则又承载了更高的利益。[44] 这种对生命的保护即是国家之义务（第十一章边码 5 及以下）。在新型冠状病毒肺炎（以下简称"新冠肺炎"——译者注）带来的这场危机中，立法者和行政机关为保护生命而规定的各种限制，可谓生动地体现了这一点。再比如，刑法中，为了避免感染梅毒[45]或艾滋病[46]而违反医师的沉默义务的行为可予以免责，因为这样做是为了防止严重的健康损害。

3. 个案中的具体权衡

12 第二步，则需要判断具体案件中干预的强度。与此同时，也需判断**具体个案是否存在保护的必要性**（Schutzwürdigkeit），也即判断干预的严重性。例如，某人是否通过合同承担了风险，风险是否系其本人所造成或是由其教唆引起。[47] 这样做即可以对抽象权衡的结果加以修正。在某些情况下，当事人是否存在正当的期待也可发挥决定性的作用。为了完成这种与个案情形密切相关的具体权衡，有时还需要进行"结果考量"。在"新冠肺炎"疫情流行期间，为保护人的生命，立法者和行政机关极大地限制了民众的基本权利。然而，对生命这一法益的保护不是绝对的，它并非一种"超级基本权利"（Supergrundrecht）[48]，而必须结合具体的风险或危险状况与其他基本权利进行衡量。这类基本权利包括一般性的行动自由、

---

[43] *Stern*, in: ders., (ebd.), S. 828; 就此详见 BVerfG, Beschl. v. 26. 5. 1970, 1 BvR 83/69 u. a., BVerfGE 28, 243, 261。

[44] Roxin/*Greco*, Strafrecht Allgemeiner Teil, Bd. I, 5. Aufl. 2020, § 16 Rn. 29.

[45] RG, Urt. v. 16. 5. 1905, 370/05, RGSt 38, 62, 65 f.

[46] OLG Frankfurt, Urt. v. 5. 10. 1999, 8 U 67/99, NStZ 2001, 149, 150.

[47] 相关例证，参见"莱巴赫案"，第十章边码 48 及以下。

[48] *Heinig/Kingreen/Lepsius/Ch. Möllers/Volkmann/Wißmann*, JZ 2020, 861, 864: "基于对人的生命的保护义务，国家被赋予了广泛的行动空间，正因为如此，在这一危机中或许就会出现这样一种谬论，即认为这一宽宏的行为空间就意味着在侵犯其他权利时也享有一样宽宏的实质性的自由空间"；另参见 Katzenmeier, MedR 2020, 461 ff. Zu BVerfGE 46, 160-Schleyer s. § 11 Rn. 8a。

宗教自由、集会自由、职业自由和财产权保障。向联邦宪法法院就集会自由[49]或宗教自由[50]而提起"紧急申请"（Eilanträge），被证明是一种行之有效的手段。民法中，"风险分配"常常构成起决定作用的标准，适用交易基础障碍制度时即是如此（第九章边码37）。

4. 个案中的衡量过程

第三步，才开始了真正的衡量过程，即对各种衡量角度加以权衡。[51] **13** 此时，人们所要判断的是所谓"正当化理由的具体重要性"。[52] 因此，在基本权利的检验程序中，就需要将"干预"和"正当化"二者相对比，也即确定"干预的严重程度和侵害的正当化理由的强度之间的相对关系"。[53] 某一原则所要实现的目标越重要，受害人承担的不利后果就可谓越为严重。此时，一方面要考量受害人所遭受的不利后果，另一方面还要考量具体公益福利的增进或者说判断其是否符合效率。[54]

一个例子即《行政程序法》第48条第2款关于撤回（Rücknahme） **14** 行政行为之规定。依《行政程序法》第48条第2款第1句的规定，人们应当在受益人对行政行为存续的信赖和撤回行政行为所带来的公共利益（即公益福利的增加[55]）这二者之间进行衡量。而在第48条第2款第2、3句，立法者还就某些衡量的情形规定了推定效力，这些情形下，受益人不得主张对其信赖予以保护。

---

[49] BVerfG, KBeschl. v. 15. 4. 2020, 1 BvR 828/20, NJW 2020, 1426 Rn. 13 ff. -Versammlung während Corona-Pandemie.

[50] BVerfG, KBeschl. v. 29. 4. 2020, 1 BvQ 44/20, NVwZ 2020, 783 Rn. 14 ff. -Religionsausübung während Corona-Pandemie; 有关不确定情形下的裁判问题，参见下文第十四章边码21a 及以下。

[51] *Alexy*, VVDStRL 61 (2002), 7, 19 f.; *Voßkuhle*, JuS 2007, 429, 430.

[52] *Alexy*, VVDStRL 61 (2002), 7, 20.

[53] BVerfG, Beschl. v. 15. 12. 1999, 1 BvR 1904/95 u. a., BVerfGE 101, 331, 350- Berufsbetreuer.

[54] Sachs/*Sachs*. GG, 9. Aufl. 2021, Art. 20 Rn. 157; 赞同者，参见 *Kluckert*, JuS 2015, 116, 119 f.

[55] 根据《行政程序法》第49a条，于行政行为撤回之情形，受益者有义务返还由公共资金所支付的利益。

15 如果存在两个以上相冲突的利益,则应将各种利益置于整体的权衡之中。判例称这种做法为"结算性的考察方式"(bilanzierende Betrachtungsweise)[56],尽管其所涉及的是指向未来、而非事关过去的评价。[57]

16 建筑法中关于制定建筑规划的规定可谓完整展现公法领域衡量过程的一个经典例证。《建筑法》第1条第7款要求必须对所有的公共和私人利益予以通盘衡量,这即需要适用上文所介绍的步骤。依《建筑法》第2条第3款的规定:首先,需要确定相关者所有值得考虑的需求及利益。这里的利益相关者即包括公众以及工作领域可能受到建筑规划影响的其他行政部门(《建筑法》第3、4条)。由此,如动物、自然和环境保护等不同领域的公共利益,邻居免受噪声或不可量物侵害的私法利益等,都可纳入衡量之范畴。此外还需考虑城市建设的基础方案和发展规划以及安全法方面的因素。其次,需要对这些利益进行权衡(《建筑法》第1条第7款、第2条第3款)。此时,无论私人利益还是公共利益都不必然具备某种优先性。[58] 最后,则需要进行整体衡量,即是说将具体个案涉及的所有利益予以"合理之衡量"(gerechte Abwägung)[59]而实现利益之平衡。[60] 在商业用地和纯粹的住宅用地之间以"混合用地"作为过渡(参见《防止不可量物侵害法》第50条)或在工业用地上设立"平衡区"(Ausgleichsfläche,《建筑法》第1a条第3款)等,都可谓实现合理平衡的举措。

16a 在涉及大面积规划或执行重大项目(Großprojekt)时,相应的衡量程序就要更为棘手,因为此时往往需要平衡大量的、时常相互冲突的利益。在这类情形中,自然也是先要适用上文介绍的衡量规则。不过,法律和判例为行政机关的"规划权"还是作出了进一步的调整与

---

[56] BVerwG, Urt. v. 27.10.2000, 4 A 18/99, BVerwGE 112, 140, 164; BVerwG, Urt. v. 12.6.2019, 9 A 2/18, BeckRS 2019, 20641 Rn. 88-Westumfahrung Halle.

[57] *Hofmann*, Abwägung im Recht, 2007, S. 268 Fn. 702.

[58] BVerwG, Urt. v. 1.11.1974, IV C 38/71, BVerwGE 47, 144, 148.

[59] 就此可参见 *Jarass/Kment*, BauGB, 2. Aufl. 2017, § 1 Rn. 39 ff.; Battis/Krautzberger/Löhr/*Battis*, BauGB, 14. Aufl. 2019, § 1 Rn. 102 ff.

[60] BVerwG, Urt. v. 12.12.1969, IV C 105/66, BVerwGE 34, 301, 309.

限制。[61]

重大项目:针对规划审批程序,联邦行政法院确立了如下四个在制定规划时需要考量的"合法性要件"。[62]第一,要遵守已有的规划级别。例如,建造一段联邦长途公路时,即需要符合《长途公路法》第16条之"线路规定"(Linienbestimmung)。[63]此外,国家的土地规划目标亦必须得到尊重。[64]第二,规划须具有正当理由。这往往是基于公众对于规划事项的需求。[65]例如,就长途公路的规划而言,若有形式上的法律将其纳入"需求计划"之内,则可认定存在这种需求。[66]第三,要遵守"强制性的实体法规定"。[67]这通常是指那些不容衡量的特别法、专门法上的要求。[68]比如,长途公路的建造不得对欧盟的"Natura-2000"生物保护网造成明显侵害[69],对自然和环境造成的可避免的破坏也都必须予以禁止。[70]

16b

第四,才可谓进入真正的"衡量"。此时应依照上文介绍的标准:首先,应当假定各种利益在抽象的层面具有同等价值。[71]不过,作

16c

---

[61] *Kloepfer*, Umweltrecht, 4. Aufl. 2016, § 11 Rn. 421.

[62] BVerwG, Urt. v. 14. 2. 1975, IV C 21. 74, BVerwGE 48, 59 ff. -Neubau B42; *Sanden*, in: Koch/Hofmann/Reese(Hrsg.), HdB Umweltrecht, 5. Aufl. 2018, § 13 Rn. 157.

[63] *Sanden*(ebd.), § 13 Rn. 158.

[64] § § 3 Abs. 1 Nr. 2, 4 Abs. 1 S. 1 ROG. *Sanden*(ebd.), § 13 Rn. 159;其在涉及联邦层面的规划时可能具有较弱的约束力,参见§ 5 ROG。

[65] BVerwG, Urt. v. 14. 2. 1975, IV C 21. 74, BVerwGE 48, 56, 60 f. -Neubau B42; *Sanden*(ebd.), § 13 Rn. 161.

[66] § 1 Abs. 1, 2 FStrAbG, BVerwG, Beschl. v. 21. 12. 1995, 11 VR 6/95, NVwZ 1996, 896, 898.

[67] *Kloepfer*, Umweltrecht, 4. Aufl. 2016, § 11 Rn. 421;之前被称为所谓的"规划原则"(Planungsleitsätze),参见 *Kloepfer*(ebd.), § 11 Rn. 396; BVerwG, Urt. v. 14. 2. 1975, IV C 21. 74, BVerwGE 48, 56, 59, 61-Neubau B42。

[68] *Sanden*, in: Koch/Hofmann/Reese(Hrsg.), HdB Umweltrecht, 5. Aufl. 2018, § 13 Rn. 160.

[69] 《联邦自然保护法》(BNatSchG)第34条第2款。另参见 *Kloepfer*, Umweltrecht, 4. Aufl. 2016, § 11 Rn. 406;满足《联邦自然保护法》第34条第3款之极为严格的条件时才可有例外。

[70] 《联邦自然保护法》第15条第1款。另参见 *Kloepfer*(ebd.), § 11 Rn. 409。

[71] *Sanden*, in: Koch/Hofmann/Reese(Hrsg.), HdB Umweltrecht, 5. Aufl. 2018, § 13 Rn. 164.

为例外情况，判例有时也会确立一些所谓的"衡量方针"（Abwägungsdirektive），这些方针固然具有更高之权重。[72] 如果要作出不利于该类方针之决定，则需存在更高权重的利益作为这样做的正当理由[73]；这即意味着一种更高的论证及说理义务。[74] 这种衡量方针的典型例子即《防止不可量物侵害法》第 50 条所规定的"分离原则"（Trennungsgebot）。通过制定详细的技术性的损害及补偿结算方案（Bilanz）来评价自然保护法的利益，也不失为一种使这种衡量更为具体化的方法。[75]

三、衡量所得的法教义学结论

1. 中间层级、阶段和指导观念

17　　勒切（Lerche）即强调指出，经由大量之判例，联邦宪法法院通过各种**中间层级**（Zwischenschichten）和辅助性概念实现了基本权利的具体化。[76] 这构成了法教义学的一部分（第九章边码 2 及以下）。上文已然介绍了某些宪法领域的法教义学观点及相关的法学方法论上的法构造。基本权利是否可以构成"价值秩序"、是否可以"在私主体之间产生间接的第三人效力"及"保护义务"，宪法并未对此作出明确之规定（第十一章边码 5 及以下）。这本身意味着"基本权利的革新"（Grundrechtsinnovation）。[77] 就基本权利之审查，人们已然确立了"保护范围侵害、侵害的

---

[72] BVerwG, Urt. v. 22. 3. 1985, 4 C 73/82, BVerwGE 71, 163, 165-Neubau B16；之前都称其为所谓的"最佳化命令"（Optimierungsgebote），*Kloepfer*, Umweltrecht, 4. Aufl. 2016, § 11 Rn. 264 f。

[73] BVerwG, Urt. v. 16. 3. 2006, 4 A 1075/04, BVerwGE 125, 116 Rn. 164, *Kloepfer* (ebd.), § 11 Rn. 264.

[74] *Kloepfer* (ebd.), § 11 Rn. 265.

[75] 例如 BVerwG, Urt. v. 9. 2. 2017, 7 A 2/15 u. a., BVerwGE 158, 1 Rn. 233 ff. -Elbvertiefung; Flächenbilanz: BVerwG, Urt. v. 9. 6. 2004, 9 A 11. 03, BVerwGE 121, 72 Rn. 133 ff.; Stickstoffbilanz: BVerwG, Urt. v. 6. 11. 2012, 9 A 17/11, BVerwGE 145, 40 Rn. 62 ff。

[76] *Lerche*, in: Koller/Hager/Junker/Singer/Neuner, Einheit und Folgerichtigkeit im Juristischen Denken, 1998, S. 7, 15; *ders*. in: 50 Jahre FS BVerfG, Bd. I, 2001, S. 333, 343.

[77] 有人称之为"基础性革新"（Basisinnovationen），参见 *Hornung*, Grundrechtsinnovationen, 2015, S. 220 ff.；另参见第十四章边码 47。

正当化、限制之限制"这样固定的审查顺序,从而有助于按部就班地检验各种具体的论据(第十章边码26及以下)。

"衡量"则又能使基本权利得到更进一步的精确,这主要是将基本权利的保护范围予以进一步的具体化:各种基本权利呈现出了更为细分的结构,诸如"创作领域"(Werkbereich)和"效果领域"(Wirkbereich)的艺术自由[78]、"职业选择"和"职业活动"上的职业自由等分类。[79] 此外,作为法原则的基本权利也可通过确立"典范"的方式得以精确化。各种"指导观念"(Leitbild)试图将人们的目光导向规范的背后。[80] 它们赋予原则"血肉与骨骼"。[81] "指导观念"即传递社会正义观的图景式的目标导向;它是用来指导裁判的、具体化和弹性化的机制。例如,为保障《基本法》第2条第1款的私人自治[82],即形成了所谓"代议"[83]、"防卫性民主"(streitbare Demokratie)[84]、"对合同不对等的调整"(Ausgleich gestörter Vertragsparität)[85] 等观念。[86]

18

不过,在"具体化"的活动中,人们总是难免使用那些似是而非的"伪概念"(Scheinbegriff)。因此,林德纳(Lindner)试图完全摒弃那些中等抽象程度的法教义学概念。[87] 然而,这样做无异于是"把孩子和洗澡

18a

---

[78] *Müller*, Die Freiheit der Kunst als Problem der Grundrechtsdogmatik 1969, S. 97 ff., 103 ff.; BVerfG, Beschl. v. 24. 2. 1971, 1 BvR 435/68, BVerfGE 30, 173, 189.

[79] BVerfG, Urt. v. 11. 6. 1958, 1 BvR 596/56, BVerfGE 7, 377, 400 ff. -Apotheken-Urteil;强烈反对这一做法的**不同观点**,则参见 *Lindner*, Rechtswissenschaft als Metaphysik, 2017, S. 112。

[80] *Franzius*, in: Hoffmann-Riem/Schmidt-Aßmann/Voßkuhle, Grundlagen des Verwaltungsrechts, Bd. 1, 2. Aufl. 2012, § 4 Rn. 25.

[81] *Volkmann*, in: Krüper/Merten/Morlok, An den Grenzen der Rechtsdogmatik, 2010, S. 77, 85.

[82] 有关不同的概念元素,参见 *Braun*, Leitbilder im Recht, 2015, S. 209, 211, 213。

[83] BVerfG, Urt. v. 4. 7. 2007, 2 BvE 1/06 u. a., BVerfGE 118, 277, 327 ff.

[84] BVerfG, Urt. v. 17. 8. 1956, 1 BvB 2/51, BVerfGE 5, 85, 139-KPD-Verbot;之前已有的论述,参见 *Verfassungsausschuss*, 1948, S. 22:"不消说,任何全然忽视这一点的民主,都有自掘坟墓的风险。"

[85] BVerfG, KBeschl. v. 29. 3. 2001, 1 BvR 1766/92, NJW 2001, 2248-Inhaltskontrolle von Eheverträgen;也参见下文第十一章边码57。

[86] *Volkmann*, in: Krüper/Merten/Morlok (ebd.), S. 77, 81;对"宪法身份性"(Verfassungsidentität)这一概念的批评,参见 *Polzin*, Der Staat 53 (2014), 61, 91。

[87] *Lindner*, Rechtswissenschaft als Metaphysik, 2017, S. 178.

水一起倒掉"。要实现法的进一步具体化，"中间步骤"是不可或缺的。而要避免林德纳所担忧的法教义学上的兜圈子，势必要付出足够的努力和耐心，以确保所有的新概念都能够融入当前的法教义学体系，而不是使它们陷入"自说自话"的境地。[88] 此外，法构造和法制度也需要进一步发展，且应当得到灵活的处理。[89]

2. 强制性的优先规则

19 "衡量"之目的在于从原则中提取规则，从而实现符合理性的论证。这不仅需要完成有说服力的检验步骤，还需要作出合理的价值判断。一般人格权即被称作一种"框架权"（Rahmenrecht）[90]，其依保护必要性的高低，而存在"社会领域""私人领域"和"私密领域"之区分。私密领域为最隐私之领域，私人领域是针对非公共的领域而言，而社会领域则存在于公共生活之中。[91] 这一所谓的"领域理论"使得私密领域成为不可触犯的核心领域，对其施加的各种侵害均得禁止。由此即产生了一种强制性的优先规则（第一章边码97）。因此，一种侵害得到正当化的前提在于其没有触及这一核心领域。在涉及对犯罪行为进行"私人记录"（如日记等——译者注）的问题时，联邦宪法法院曾指出：

20 不过，联邦宪法法院承认在私人生活之中存在某种始终不可侵犯的领域，它全然不受公权力的制约（vgl. BVerfGE 6, 32 [41]；389 [435]；54, 143 [146]；st. Rspr.）。即使紧要的公共利益亦不能使这一领域的侵害行为正当化；依照比例原则而进行的衡量在这里是不能适

---

[88] *Braun*, Leitbilder im Recht, 2015, S. 166 ff.; *Lindner* (ebd.), S. 112.

[89] 类似观点，参见 *Lindner* (ebd.), S. 143 und *Braun*, Deduktion und Invention, 2016, S. 184：法教义学的目标在于实现"一个为法官提供可信赖的支持的体系，而不是为了给我们一个无法逃脱的束缚，不是为了杜绝所有未曾有过的思想，因此，只要有足够合理的理由，我们完全可以任意地另辟蹊径。"

[90] 通说可见 Fikentscher/*Heinemann*, Schuldrecht, 11. Aufl. 2017, Rn. 1571, 1584 ff.; 有关其发展，则可参见 *Hufen*, in: FS 50 Jahre Verfassungsgericht, Bd. 2, 2001, S. 105 ff。

[91] BGH, Urt. v. 20. 1. 1981, VI ZR 163/79, NJW 1981, 1366; *Bumke/Voßkuhle*, Casebook Verfassungsrecht, 8. Aufl. 2020, Rn. 379; Palandt/*Sprau*, BGB, 80. Aufl. 2021, § 823 Rn. 87; 不同观点，参见 *Canaris*, JuS 1989, 161, 167 ff.，卡纳里斯虽然原则上也使用了"违法干预"（rechtswidrigen Eingriff）的说法，但其并未对各种不同的领域作出区分。

用的（*BVerfGE* 34, 238［245］）。一方面，这是出于对基本权利本质内容（*Wesensgehalt*）的保障（《基本法》第19条第2款）；另一方面也是因为"人格尊严不可侵犯"所保护的就是人格的核心……

若类似私人记录披露了将要实施犯罪行为的计划，或者记录了对已实施犯罪行为的供认，也即是说，这一记录与具体的犯罪行为存在直接关联，则其并不属于私人生活不可触犯的领域。由此也可认为，在刑事犯罪的调查中，翻阅各种笔记来确定其中有无与诉讼相关的信息这样的做法，亦不存在什么固有的宪法上的障碍。不过，此时要确保最大可能的谨慎；这可以通过各种适当的措施来实现。值得深思的是，《刑事诉讼法》旧法第110条第1款对于私人文件之审查所作出的"法官保留"（*Richtervorbehalt*）之规定已于1974年被废除。

若私人记录未涉及受绝对保护的核心领域，则其被用于刑事程序就需要有重要的公共利益作为正当化理由。[92]

3. 推定及论证负担规则

除此之外，人们还在"原则与例外关系"（Regel-Ausnahme-Verhältnis）的意义上为各种不同的基本权利（第一章边码98）设定了一些"**推定规则**"。[93] 一般情况下，需要予以正当化的并非基本权自由的行使，而是对其加以限制的各种尝试。[94] 例如，"抵制运动"（Boykottaufruf）无论如何也不会当然违法：若其旨在为公众所迫切关心的问题实现思想上的观念抗争，那么作为《基本法》第5条第1款"言论自由"之体现，应当推定这种自由的言论具备正当性。[95] 联邦宪法法院在"莱巴赫案"的判决中即曾提出这一所谓的"初步证明式"的推定规则：刑事程序中，相较于嫌疑人要求不公开的权利，新闻报道的权利原则上具有优先

21

---

[92] BVerfG, Beschl. v. 14. 9. 1989, 2 BvR 1062/87, BVerfGE 80, 367, 373 ff. -Tagebuch.

[93] 阿列克西则称之为"相对的优先规则"，参见 *Alexy*, ARSP Beiheft 25 (1985), 13, 25 f.

[94] *Volkmann*, JZ 2005, 261, 263；参见下文第十四章边码21a 及以下。

[95] BVerfG, Urt. v. 15. 1. 1958, 1 BvR 400/51, BVerfGE 7, 198, 216 ff. -Lüth; BGH, Urt. v. 21. 6. 1966, VI ZR 261/64, BGHZ 45, 296, 308-Höllenfeuer.

性（第十章边码 48 及以下）。[96]

22　　与此不同的则是"**论证负担规则**"：若试图使干预行为正当化，则必须为此提供论据，以推翻已有的推定（第一章边码 100）。[97] 唯有以保护重要的公共利益为前提，检察官才可以查扣私人记录。[98]"衡量"活动也可能会导致"**比较性的优先规则**"。较重要的干预理由可使程度较轻的干预得以正当化[99]，这一规则存在于公法领域。要求在烟草产品上标注警示的义务是对（烟草厂商）职业自由的轻度干预，该干预则有着"避免健康风险"这一重要的理由。[100] 刑法中也有同样的例证：尽管有关堕胎的规则干预了母亲的人格权，但这一规则却能防止未出世的生命遭到扼杀。[101] 同理，为避免较大的财产损失而暂时剥夺自由亦不违法。[102]

4. 衡量规则与比例原则

23　　若不存在针对某一基本权利的推定，那么进行合比例性的审查则始终是"最优的选择"。如果相关的基本权利均无原则上的优先性，则必须对这些基本权利进行实际性的"协调"（第十章边码 47）。阿列克西即主张这样的"衡量法则"：对某一原则的干预程度愈甚，满足另一原则的重要性就必须愈强。[103] 因此，起决定作用的乃在于具体案件中各个权利的"保护必要性"。[104] 此时即得适用某一衡量规则（第一章边码 99）。

---

[96]　BVerfG, Urt. v. 5. 6. 1973, 1 BvR 536/72, BVerfGE 35, 202, 231-Lebach；就此可参见 *Alexy*, ARSP Beiheft 25 (1985), 13, 26。

[97]　*Podlech*, Gehalt und Funktionen des allgemeinen verfassungsrechtlichen Gleichheitssatzes, 1971, S. 85 f.; *Schlink*, Abwägung im Verfassungsrecht, 1976, S. 196 ff.; *Riehm*, Abwägungsentscheidungen in der praktischen Rechtsanwendung, 2006, S. 122 ff., 155 ff.

[98]　BVerfG, Beschl. v. 14. 9. 1989, 2 BvR 1062/87, BVerfGE 80, 367, 373 ff. -Tagebuch.

[99]　*Alexy*, VVDStRL 61 (2002), 7, 20.

[100]　联邦宪法法院指出这一点是"显而易见的"，参见 BVerfG, Beschl. v. 22. 1. 1997, 2 BvR 1915/91, BVerfGE 95, 173, 187; *Alexy*, VVDStRL 61 (2002), 7, 20。

[101]　BVerfG, Urt. v. 25. 2. 1975, 1 BvF 1/74 u. a., BVerfGE 39, 1, 43-Schwangerschaftsabbruch I; *Vogel*, Juristische Methodik, 1998, S. 155；也参见上文第七章边码 68 及以下。

[102]　Roxin/*Greco*, Strafrecht Allgemeiner Teil, Bd. I, 5. Aufl. 2020, § 16 Rn. 32.

[103]　*Alexy*, Theorie der Grundrechte, 8. Aufl. 2018, S. 146; *ders.*, VVDStRL 61 (2002), 7, 19.

[104]　Roxin/*Greco*, Strafrecht Allgemeiner Teil, Bd. I, 5. Aufl. 2020, § 16 Rn. 62; *Vogel* (ebd.), S. 155.

四、法之建构的实现：基本权利的审查

宪法优先于普通法，本书将在第十一章对基本权利进行介绍：基本权利构成客观的价值秩序，并主要充当个人针对国家的防御性权利。此外，其也以国家的保护义务为内容：国家在作出各种决断时，必须始终注意其行为既不可"过度"也不可"不足"（第十一章边码 9 及以下）。有一种对联邦宪法法院的批评意见认为，由于缺乏理性和有约束力的标准，法院所热衷的比例原则审查不过是"花拳绣腿"。[105] 在判断是否存在基本权利侵害而对侵害行为的合比例性进行四步审查时，其所得出的结论被认为并非源自具体的规范；这种法教义学的创造形式在法学方法论上似乎无法得到解释。[106]

上述批评未免过于偏激。基本权利的这种审查更多地体现了学说和实务在法教义学上创设各种中间步骤和审查阶段的努力——通过将本为空白规范的基本权利具体化，并建构各种检验的步骤，始得保障较高程度的理性。况且，这样做至少在一定程度上促进了法适用的统一，避免了民众受到不平等之待遇（第一章边码 42）。此外，尽管《基本法》未曾明确提及"比例原则"，但其仍旧以法源（也即基本权利本身）为依归，故而具备其正当性。在其一贯的判例中，联邦宪法法院指出：

> 比例原则在联邦德国具备宪法性的地位。此不仅是法治国家原则之要求，同时也符合基本权利的本质：作为民众免受国家侵犯其自由的请求权，唯有出于保护公共利益之必需时，基本权利始得受到公权力的严重侵害。对人格自由的基本权利而言，这一结论的正当性还体现在：该基本权利的特殊意义在于其是为民众具备一般性权利地位以及人格发展可能性的基础，且《基本法》第 2 条第 2 款已明确指出人的自由"不可侵犯"。[107]

---

[105] *Kingreen/Poscher*, Grundrechte Staatsrecht II, 36. Aufl. 2020, Rn. 344；也参见前文第十章边码 6。

[106] *Lennartz*, Dogmatik als Methode, 2017, S. 2, 157 ff.，以及上文第九章边码 5。

[107] BVerfG, Beschl. v. 15.12.1965, 1 BvR 513/65, BVerfGE 19, 342, 348 f.-Untersuchungshaft；fortführend BVerfG, Beschl. v. 12.5.1987, 2 BvR 1226/83 u. a., BVerfGE 76, 1, 50 f.-Familiennachzug.

25b 　下文并不会完整地介绍基本权利的审查模式，而仅涉及其中与方法论相关的特点。尽管部分细节问题仍有争议，将基本权利的审查分为"保护范围"（第二节，一）、"对基本权利的干预"（第二节，二）、"正当性"（第二节，三），以及"限制之限制"（第二节，四）这四个步骤已是当前法教义学的共识。[108] 而在每个层面，对"自由权"（Freiheitsrecht）的干预、因不作为而违反保护义务、侵犯"平等权"（Gleichheitsgrundrecht）这三者又有着各自不同的具体化方法。其中最重要的当属各种为分配正当化之负担而服务的**推定规则及论证负担规则**（第十章边码 21 及以下）。

本节参考文献：

Alexy, *Robert*, Rechtsregeln und Rechtsprinzipien, ARSP Beiheft 25（1985），13-29; ders., Verfassungsrecht und einfaches Recht-Verfassungsgerichtsbarkeit und Fachgerichtsbarkeit, VVDStRL 61（2002），7-33; *Böckenförde*, *Ernst-Wolfgang*, Die Methoden der Verfassungsinterpretation–Bestandsaufnahme und Kritik, NJW 1976, 2089-2099; *Braun*, *Johanna*, Leitbilder im Recht, 2015; *Brugger*, *Winfried*, Konkretisierung und Auslegung der Gesetze, AöR 119（1995），1-34; *Hoffmann*, *Ekkehard*, Abwägung im Recht, 2007; *Engel*, *Christoph/Schön*, *Wolfgang*, Das Proprium der Rechtswissenschaft, 2007; *Jestaedt*, *Matthias*, Die Abwägungsregel–ihre Stärken und Schwächen, in: FS Isensee, 2007, S. 253-275; *Kriele*, *Martin*, Theorie der Rechtsgewinnung, 2. Aufl. 1976, S. 114-156; *Lerche*, *Peter*, Facetten der „Konkretisierung" von Verfassungsrecht, in: Koller, Ingo u. a., Einheit und Folgerichtigkeit im Juristischen Denken, 1998, S. 7-26; ders., Stil und Methode der verfassungsrechtlichen Entscheidungspraxis, in: FS 50 Jahre BVerfG, Bd. I, 2001, S. 333-361; *Petersen*, *Niels*, Verhältnismäßigkeit als Rationalitätskontrolle, 2015; *Schlink*, *Bernhard*, Abwägung im Verfassungsrecht, 1976; *Viehweg*, *Theodor*, Topik und Jurisprudenz, 5. Aufl. 1974; *Volkmann*, *Uwe*, Leitbildorientierte Verfassungsanwendung, AöR 134（2009），158-196; ders., Rechtsgewinnung aus Bildern, in:

---

[108]　S. *Böckenförde*, Der Staat 42（2003），167, 174 ff.; 以及下文第十章边码 29 及以下的讨论。

Krüper, Julian/Merten, Heike/Morlok, Martin, An den Grenzen der Rechtsdogmatik, 2010, S. 77–91.

第二节 基本权利的衡量

相比于公法领域一般性的衡量,基本权利的衡量有着自身特殊的规则,这主要产生于判例经久以来所形成的法教义学(第十章边码24及以下)。下文即介绍这一公认的基本权利的审查结构。

一、基本权利的保护范围(适用事项)

(1)"自由权"的保护范围通常包括对人格的自由发展、财产权、新闻自由等方面的保护或曰"保障"。例外情况下,也会涉及"平等权"以及(或者)诸如自由新闻等方面的制度性保障、婚姻及家庭或合同自由等法制度或法原则。作为"程序基本权利"(Prozessgrundrecht)的基本权利实为行为方式与保障诉讼权(《基本法》第19条第4款)或《基本法》第103条第2款规定之罪刑法定原则(第四章边码65及以下)等制度要素的结合。[109]

"保护范围"与生活现实相关,除了涉及防御性权利,有时亦会涉及给付权(第十一章边码3及以下)。基本权利的文义本身就包含了一些具体的限制性要件,例如"集会自由"即仅限于"和平性"的集会(《基本法》第8条第1款)。基本权利有积极和消极两个层面的含义。[110] 在**积极**层面,特定的基本权利意味着"去做"某事的自由;而**消极**层面则是指"不受"某事影响之自由。例如,表达自己观点的权利从另一方面来说也意指不受他人言论影响的自由。[111]

---

[109] Stern, in: FS 50 Jahre BVerfG, Bd. II, 2001, S. 1, 5 f.
[110] Dreier, in: Dreier, GG, 3. Aufl. 2013, Vorb. vor Art. 1 Rn. 87.
[111] 有关这种"保持清静权",可参见 Fikentscher/Möllers, NJW 1996, 1337, 1340 ff.; 赞同者,参见 Dörr, HdB GR, Bd. IV, 2011, § 103 Rn. 63 ff.; Wittreck, in: Dreier, GG, 3. Aufl. 2013, Art. 5 III (Kunst) Rn. 48。

29　　（2）公法学界目前饶有争议的问题，是就其"保障性的权利内容"（Gewährleistungsgehalt）而言，基本权利的保护范围究竟应当采较宽还是较严之解释。有观点主张，应当以普通的法学解释方法来确定基本权利的外延。[112] 有人认为，联邦宪法法院总体上还是从较为宽宏的角度来定义基本权利的——例如，（法院曾主张）"财产权"即保护所有有财产价值的法益[113]，或者认为"商业区域"亦满足"住宅"之定义[114]等——这种观点未免过于以偏概全。若已然以"保障性的权利内容"为依据来从严确定并限制基本权利的保护范围[115]，则可带来如下优势，即可以减轻在"正当化"层面的衡量负担，而仅在"保护范围"层面就可完成必要的合理性论证。[116] 在其诸多判例中，联邦宪法法院均采纳了这一严格解释的观点：

30　　联邦宪法法院即曾认为柏林举办的"爱的大游行"并不属于《基本法》第8条第1款规定的"集会自由"的保护范围，因为后者以"参与了言论的形成"（Teilhabe an der Meinungsbildung）为前提，而纯粹的歌舞娱乐活动则不在此列。[117] "二甘醇案"中，联邦健康部公布了被检测出二甘醇的葡萄酒生产商名单。联邦宪法法院认为这并未侵及"职业自由"的保护范围，理由在于，若向公众发布信息为国家之任务，而信息准确、客观并遵守了相关的权限规则，那么，这一做法即未触及"基本权利的保障性内容"。[118] "苏黎世喷雾器案"

---

〔112〕 *Hoffmann-Riem*, Der Staat 43（2004），203，229；*Kingreen/Poscher*, Grundrechte Staatsrecht II, 36. Aufl. 2020, Rn. 284.

〔113〕 BVerfG, Urt. v. 7. 8. 1962, 1 BvL 16/60, BVerfGE 14, 263, 276 f.

〔114〕 BVerfG, Beschl. v. 13. 10. 1971, 1 BvR 280/66, BVerfGE 32, 54, 68 ff.

〔115〕 *Sachs*, in: Stern, Das Staatsrecht der Bundesrepublik Deutschland, Bd. III/2, 1994, S. 10 ff.，31 ff.；*Hoffmann-Riem*, Der Staat 43（2004），203，226 f.；*Böckenförde*, Der Staat 42（2003），165，178 ff.，186 ff.

〔116〕 *Volkmann*, JZ 2005，261，267.

〔117〕 BVerfG, KBeschl. v. 12. 7. 2001，1 BvQ 28/01 u. a.，NJW 2001，2459，2460 f.-Love Parade；同样的观点，参见 BVerfG, Beschl. v. 24. 10. 2001，1 BvR 1190/90 u. a.，BVerfGE 104，92，104 f.-Sitzblockade III。

〔118〕 BVerfG, Beschl. v. 26. 6. 2002，1 BvR 558/91 u. a.，BVerfGE 105，252，268-Glykol。

中，联邦宪法法院拒绝了喷雾器先生（即瑞士艺术家哈拉尔德·内格利，因擅长在墙上涂鸦作画，人送绰号"苏黎世喷雾器"——译者注）有关其"职业自由"的主张，因为从事艺术活动不能罔顾他人的财产权。[119]

（3）另一种持自由主义的相反观点则拒绝从严确定权利的保护范围，而主张基本权利应当有较宽的适用范围。例如，有观点即认为，若国家不需要在"正当化"层面对艺术自由的限制加以论证，那么基本权利所欲实现的自由保障将成为空谈。[120] 某一行为原则上是否有宪法上的保护必要性，或许可以取决于普通法的价值安排。但这样做被认为违反了规范之位阶：确定某一行为违法的法律，其本身也并非没有违宪的可能。[121] 放弃正当化和衡量，意味着"将损害法学论证的理性、一体性和透明度"。[122] 有观点指出，"苏黎世喷雾器案"的结论虽无不当，但应当先认可（艺术自由的）保护范围，尔后再于正当化层面进行衡量，而不是这样轻易地从方法论上回避事关衡量和价值判断的问题。[123]

31

（4）如此，"折中说"似乎更具说服力：若从一开始就将特定的行为方式排除于某一基本权利的保护范围之外，则不免轻率地搁置了其与其他基本权利以及利益之间的衡量。[124] 要将行为排除在某基本权利的范围之外，就必须能够用已有的解释方法加以论证使这种做法具备足够的说服力。例如，将"集会"的概念局限于"公共言论形成"的做法就难以成立（第十章脚注117），因为无论是文义解释、体系解释抑或立法史解释，

32

---

[119] BVerfG, KBeschl. v. 19. 3. 1984, 2 BvR 1/84, NJW 1984, 1293, 1294 f. -Sprayer von Zürich.

[120] *Dreier*, in: Dreier, GG, 3. Aufl. 2013, Vorb. vor Art. 1 Rn. 122；明确指出这一点的，也参见 BVerfG, Beschl. v. 25. 3. 1992, 1 BvR 1430/88, BVerfGE 85, 386, 397："就保护范围的确定而言，着眼于权利侵害的观点实无用处。"

[121] *Bumke/Voßkuhle*, Casebook Verfassungsrecht, 8. Aufl. 2020, Rn. 60.

[122] *Kahl*, Der Staat 43 (2004), 167, 194 ff., 199 ff.；*ders.*, AöR 131 (2006), 579, 606 f.

[123] *von Arnauld*, in: HStR VII, 3. Aufl. 2009, § 167 Rn. 43 ff.；*Wittreck*, in: Dreier, GG, 3. Aufl. 2013, Art. 5 III (Kunst) Rn. 49.

[124] *Kahl*, Der Staat 43 (2004), 167, 190 ff.

都无从使这种"目的性限缩"获得正当性。[125] 近年来的判决中,联邦宪法法院即承认了基本权利的保护范围受到侵害,然后才在"正当化"的阶段对艺术自由和一般人格权进行了衡量。[126]

二、干预与干扰

33 （1）"自由权"原则上针对的是国家的"**防御权**"（Abwehrrecht，第十一章边码3）。若保护范围所涵盖的为或不为受到阻碍或者无法实现,即属于"干预"（Eingriff）了基本权利之保护范围,不论其属于行政行为或法院判决导致的个人干预,还是来自法律的一般性干预。以法律形式的命令或强制而实现的直接的、有目的性的侵害可谓"经典干预"。[127] 近年来,"干预"之概念正不断被"现代化"。基本权利本身也意味着一种客观的价值秩序,故此,各种"干扰"（Beeinträchtigung）,包括可归咎于国家的间接或事实上的干扰,亦被进一步定义为同属"干预"之内涵。[128] 对于国家所作出的警告和建议,是否构成干扰则着眼于其目的性或者可预计的后果。[129]

34 需要区分的则是尚不构成干预的纯粹的"负担"（Belästigung）,例如,警方安检所导致的交通拥堵（第五章边码83）。有观点认为,轻微的空气污染或噪声所造成的负担不构成干预。[130] 这一看法殊难成立,它其实是逃避了为正当化所必要的论证义务（Darlegungslast）。[131]

---

[125] *Sachs*, in: Stern, Das Staatsrecht der Bundesrepublik Deutschland, Bd. IV/1, 2006, S. 1201 ff. unter Hinweis auf Art. 123 WRV; *Schulze-Fielitz*, in: Dreier, GG, 3. Aufl. 2013, Art. 8 Rn. 28; Sachs/*Höfling*, GG, 9. Aufl. 2021, Art. 8 Rn. 18; *Michael/Morlok*, Grundrechte, 7. Aufl. 2020, Rn. 266, 272; *Kingreen/Poscher*, Grundrechte Staatsrecht II, 36. Aufl. 2020, Rn. 811 f.

[126] BVerfG, Urt. v. 13.6.2007, 1 BvR 1783/05, BVerfGE 119, 1, 23, 27-Esra.

[127] BVerfG, Beschl. v. 26.6.2002, 1 BvR 670/91, BVerfGE 105, 279, 300.

[128] *Kingreen/Poscher*, Grundrechte Staatsrecht II, 36. Aufl. 2020, Rn. 293 f..

[129] S. P. *Huber*, JZ 2003, 290, 293; *Dreier*, in: Dreier, GG, 3. Aufl. 2013, Vorb. vor Art. 1 Rn. 127 f., 后者批评了联邦宪法法院在如下案例中不够准确的审查做法,参见 BVerfG, Beschl. v. 26.6.2002, 1 BvR 558/91 u. a., BVerfGE 105, 252, 268-Glykol。

[130] BVerwG, Beschl. v. 25.7.1972, I WB 127/72, BVerwGE 46, 1, 7-Haartracht; BVerwG, Urt. v. 29.7.1977, IV C 51/375, BVerwGE 54, 211, 223.

[131] *Möllers*, Rechtsgüterschutz im Umwelt- und Haftungsrecht, 1996, S. 43 ff.; Sachs/*Rixen*, GG, 9. Aufl. 2021, Art. 2 Rn. 163.

（2）除了经典的干预，若国家负有从事某种行为的**保护义务**（Schutzpflicht）而没有为之，则也构成一种可受苛责的做法（第十一章边码 5 及以下）。通常这涉及的是私主体第三人而非国家本身所做出的损害或危险性行为。例如，不可量物对健康之干扰[132]、因言论或艺术创作[133]或者设置过度的合同义务而对一般人格权的干扰等（第十一章边码 58 及以下）。如果"保护义务"被论证成立，国家在"禁止不足"意义上的"**不作为**"即应当受到苛责。由于国家在履行其保护义务时具有较大的裁量自由，因此人民尚需说明公权力确乎未有采取（或未能采取适当的）措施。[134]

35

（3）与"自由权"不同的是"**平等权**"，因为后者涉及了与其他第三人的关系问题。[135] 法律面前，人人平等（《基本法》第 3 条第 1 款）；这一原则仅仅是描述性的，而非规范性的。具体而言，其不仅包括性别平等（《基本法》第 3 条第 2 款），亦涵盖了诸如出身、种族、语言等各方面的歧视元素（《基本法》第 3 条第 3 款）。[136] 这并非要求一味地同等对待，可以说是"相同的，相同对待；不同的，依其特点而区别对待"。[137] 要认定存在与法律相关的不平等对待，须以具备某一共同特点（即"比较中项"）的两组人群为前提。[138] 进行这种比较，往往比想象中还要棘手，这世界上恐怕没有哪两件事在任何方面都无相同，两件相似的事也不可能

36

---

[132] BVerfG, Beschl. v. 14. 1. 1981, 1 BvR 612/72, BVerfGE 56, 54, 78 ff. -Fluglärm.

[133] BVerfG, Beschl. v. 13. 6. 2007, 1 BvR 1783/05, BVerfGE 119, 1, 27 ff. - Esra; BVerfG, Beschl. v. 26. 2. 2008, 1 BvR 1602/07 u. a., BVerfGE 120, 180, 211 ff. -Caroline von Hannover III.

[134] BVerfG, Beschl. v. 29. 10. 1987, 2 BvR 624/83 u. a., BVerfGE 77, 170, 215-Lagerung chemischer Waffen.

[135] *Heun*, in: Dreier, GG, 3. Aufl. 2013, Art. 3 Rn. 19; *Schwabe*, Probleme der Grundrechtsdogmatik, 1977, S. 23 ff.; 有学者即使用了"关系基本权"（relationales Grundrecht）之概念，参见 *Volkmann*, Staatsrecht II Grundrechte, 3. Aufl. 2020, § 19 Rn. 26。

[136] 欧盟法上并不突出的"国民歧视"问题也可依据《基本法》第 3 条第 1 款予以评判（参见第二章边码 91）。

[137] BVerfG, Urt. v. 17. 12. 1953, 1 BvR 147/52, BVerfGE 3, 58, 135 f.; *H. H. Rupp*, in: FG BVerfG, Bd. II, 1976, S. 364 ff.

[138] Sachs/*Nußberger*, GG, 9. Aufl. 2021, Art. 3 Rn. 1, 80 ff.; 在上文介绍具体类推和整体类推（第六章边码 112、140）以及案例对比法（第七章边码 46）的部分已论及该一般性的思想。

全无不同。[139] 例如，工人和职员似乎有所不同[140]，但另一方面，他们又都是"雇员"。[141] 因此，在这一阶段也只能尽量避免荒谬的对比，而把审查重点放在"正当化"的步骤上（第十章边码39及以下）。[142]

三、干预的正当化（限制）

37 　　（1）显而易见的是，基本权利并非没有边界。这一点难免会导致许多无法调和的冲突。有一种形象的说法："挥拳的权利止于他人的鼻尖。"[143] 因此，对不同权利人的基本权利必须加以权衡，同时尚需注意公共利益。就其历史而言，基本权利旨在限制国家的权力与任意。因此，《法国人权宣言》即要求，唯有"人民之代表"所决议的法律才能对基本权利进行限制。[144]《基本法》当中也存在诸多对侵害的授权，即所谓可对基本权利加以限制的明示的**法律保留**"。[145]《基本法》第2条第1款在"不损及他人权利"或"不违反宪法秩序或善良风俗"的前提下，授权任何人得"自由发展其人格"。

38 　　（2）不过，有些基本权利则并未被规定法律保留，例如《基本法》第5条第3款之艺术或科研自由。联邦宪法法院认为，唯有"**相冲突的基本权利**"或不成文的具有宪法序列的法律价值可构成权利限制。[146] 所谓"具有宪法序列的法律价值"乃是经由一系列判决而得到了

---

[139] Volkmann, Staatsrecht II Grundrechte, 3. Aufl. 2020, § 19 Rn. 38.

[140] 所谓"职员"（Angestellte）多指从事办公室工作、销售工作或者其他高端的非销售的工作；而"工人"（Arbeiter）则通常指从事体力劳动的人。

[141] 联邦宪法法院判决认为，为工人和职员确立不同的解约期限，乃违背平等原则，参见 BVerfG, Beschl. v. 30. 5. 1990, 1 BvL 2/83 u. a., BVerfGE 82, 126, 149 ff.

[142] Volkmann, Staatsrecht II Grundrechte, 2. Aufl. 2011, § 19 Rn. 35.

[143] Chafee, 32 Harv. L. Rev. 932, 957 (1919)；也参见《法国人权宣言》（1789年8月26日）第4条："自由即谓做任何不伤害他人之事。"

[144]《法国人权宣言》（1789年8月26日）第5条（第一章脚注261）："唯法律有权禁止那些对社会有害之行为。"

[145] Vgl. Artt. 2 Abs. 1, Abs. 2 S. 3; 5 Abs. 2; 10 Abs. 2; 13 Abs. 3; 14 Abs. 1 S. 2 GG.

[146] BVerfG, Beschl. v. 26. 5. 1970, 1 BvR 83/69 u. a., BVerfGE 28, 243, 261-Dienstpflichtverweigerung.

具体化。[147] 对这些判例的批评意见认为，此类法律价值未能在宪法的文本中得到体现，（比如）宪法虽然以国家的运作为前提，但它并非必须要保障这一点。[148] 若宪法的基础性判决主张确保国防的有效性，并由此与《基本法》第4条第3款规定的"拒服兵役权"相冲突，那么此类基本权利就会被相对化。[149] 对于这些没有保留地受到保障的基本权利，宪法既然并未对其侵害作出专门规定，那么对这类基本权利的侵害就理应限于例外之情况。[150] 这表明，相比于集体利益，个人的权利具有"初步推定的优先性"。[151]

（3）审查是否存在对平等权这一基本权利的侵害，通常需要经过两个步骤：首先，应当确认存在不平等对待；其次，应考虑这一侵害是否可能被正当化。[152] 有些差别对待的做法已然被规定于宪法之中。[153]

在以前，联邦宪法法院仅对"任意性"进行审查，即"不得对本质上相同者任意地进行不同对待；也不得对本质上不同者任意地进行相同对待"。[154] 一种判断构成平等损害的新公式是："与其他规范受众相比，某一规范受众群体受到了不同对待，尽管这两个群体之间不存在某种方式或

---

[147] 其中包括确保国家的存续及运作，以及诸如国防、司法、医疗保障、能源供应、国民健康以及自然生存基础（《基本法》第20a条）等公益，相关概述，参见 Stern, in: FS 50 Jahre BVerfG, Bd. II, 2001, S. 1, 15 f.

[148] Maus, Rechtstheorie 20 (1989), 191, 196.

[149] 参见 BVerfG, Urt. v. 24. 4. 1985, 2 BvF 2/83 u. a., BVerfGE 69, 1, 57, 63-Dienstpflichtverweigerung 一案中法官 Böckenförde 及 Mahrenholz 的不同意见书。

[150] Kingreen/Poscher, Grundrechte Staatsrecht II, 36. Aufl. 2020, Rn. 387.

[151] 例如，在德沃金看来，"基本权利"乃是"原则"，而"公益"不过是"政策"，参见 Dworkin, Taking Rights Seriously, 1977, S. 92 ff.；赞同者，参见 Alexy, Recht, Vernunft, Diskurs, 1995, S. 225 ff.; ders., Theorie der Grundrechte, 8. Aufl. 2018, S. 517; Röhl/Röhl, Allgemeine Rechtslehre, 3. Aufl. 2008, S. 665。

[152] Heun, in: Dreier, GG, 3. Aufl. 2013, Art. 3 Rn. 26; Dreier (ebd.), Vorb. vor Art. 1 Rn. 151.

[153] 例如，对婚姻和家庭的保护（《基本法》第6条第1款）、对母亲的保护（《基本法》第6条第4款）、对信仰自由的保护（《基本法》第4条第1款）或者终身制公务员的特殊角色（《基本法》第33条第5款）等。

[154] 参见 BVerfG, Urt. v. 16. 3. 1955, 2 BvK 1/54, BVerfGE 4, 144, 155-Abgeordneten-Entschädigung；这一做法或可溯源于以下文献：Leibholz, Die Gleichheit vor dem Gesetz, 2. Aufl. 1959, S. 72 ff。

某种程度上的区别能够使这种不平等对待正当化。"[155] 如今，联邦宪法法院整合了上述两种做法。[156] 所要审查的做法对平等性的损害愈是严重，其所需要的正当化理由就愈强——这可以说是当前适用的主要法则。[157] 在适用比例原则时，还需要审查体系融洽性、逻辑连贯性及合乎事理性。[158] 这主要在税法领域产生了巨大之影响。[159] 此一做法还被人赞誉为"强有效率的审查程序"。[160]

四、限制之限制，特别是"比例原则"

41 （1）若宪法允许对基本权利加以限制，则这些限制本身也要受到限制。"限制之限制"（Schranken-Schranken）这一概念即描述了各种基本权利限制所应注意的一般性要求。[161] 例如，《基本法》第104条第1款第2句即规定，被逮捕人不得受到精神或身体上的虐待。《基本法》第2条第2款第3句所规定的法律保留即指出，对人的生命、身体完整性和自由的限制只能通过法律作出，此即构成一种限制。基本权利本身、议会保留、比例原则、本质内容保障（Wesensgehaltsgarantie）、禁止进行限制性的个案立法（Einzelfallgesetz）、强制引用条文（Zitiergebot）、确定性要求以及禁止溯及既往等，均属此类"限制之限制"。[162]

42 （2）最为重要的"限制之限制"即**比例原则**。比例原则也被称作"禁止过度原则"（Übermaßverbot）[163]，因其禁止对基本权利的侵害超出

---

[155] BVerfG, Beschl. v. 7. 10. 1980, 1 BvL 50/79 u. a., BVerfGE 55, 72, 88; BVerfG, Beschl. v. 21. 6. 2011, 1 BvR 2035/07, BVerfGE 129, 49, 69.

[156] BVerfG, Beschl. v. 26. 1. 1993, 1 BvL 38/92 u. a., BVerfGE 88, 87, 96 f.; zustimmend *Volkmann*, Staatsrecht II Grundrechte, 3. Aufl. 2020, § 19 Rn. 44; *Sachs/Nußberger*, GG, 9. Aufl. 2021, Art. 3 Rn. 30.

[157] 类似观点，参见 *Volkmann*, Staatsrecht II Grundrechte, 3. Aufl. 2020, § 19 Rn. 33。

[158] *Sachs/Nußberger*, GG, 9. Aufl. 2021, Art. 3 Rn. 18, 98 ff.

[159] *Sachs/Nußberger*, GG, 9. Aufl. 2021, Art. 3 Rn. 142 ff.

[160] *Volkmann*, Staatsrecht II Grundrechte, 3. Aufl. 2020, § 19 Rn. 33.

[161] 这一概念可能起源于 *Bettermann*, Grenzen der Grundrechte, 1968, S. 5；参见 *Stern*, in: ders., Das Staatsrecht der Bundesrepublik Deutschland, Bd. III/2, 1994, S. 693; *Sachs/Sachs* (ebd.), Vor Art. 1 Rn. 134。

[162] *Kingreen/Poscher*, Grundrechte Staatsrecht II, 36. Aufl. 2020, Rn. 326 ff.

[163] *Lerche*, Übermaß und Verfassungsrecht, 1961.

必要之限度。此一原则背后的思想是，国家行为对基本权利的侵害必须是在非为之不可的范围内，因为相对于所保障的自由，作为"例外"的侵害始终需要辅以正当化之理由。[164] 由于不同案例类型将对基本权利所保护和不保护的行为作出截然不同的区分，若不进行比例原则的审查，这种难以捉摸的个案论证势必造成对基本权利保护范围的认识大相径庭。[165] 从方法论上说，"比例原则"也可以从"法"当中寻得印证。例如，《普鲁士警察法》即早有相应内容[166]，现行的《巴伐利亚警察法》第 4 条也明确规定之。之所以要在《巴伐利亚警察法》第 4 条对此原则进行明确的、普通法层面的宣示，或许是因为警察法上的侵害有最为激烈之特征，而其相关的基本权利亦尤具保护必要。如今，"比例原则"既可以被认为是一般性的法思想，也可以说是源自"超实证法"[167] 抑或宪法本身。[168] 在欧盟法领域，比例原则被明确规定于《欧盟基本权利宪章》第 52 条（第十章边码 57）。

比例原则服务于"合理性审查"（Rationalitätskontrolle）。[169] 几乎所有裁判中都有比例原则的用武之地，故其对基本权利的审查有着十分重要之意义[170]，它可以说是德国法的"热门出口商品"[171]。比如，在欧盟法领域基本自由的审查中亦认可比例原则（第十章边码 70 及以下）。尽管偶有

42a

---

[164] *Alexy*, Theorie der Grundrechte, 8. Aufl. 2018, S. 100 ff.; *von Arnauld*, JZ 2000, 276, 279; *Schlink*, in: FS 50 Jahre BVerfG, Bd. II, 2001. S. 445, 448. 不同观点则仅将比例原则视为解释宪法的一种手段，参见 *Medicus*, AcP 192 (1992), 35, 53 f。

[165] *Lepsius*, in: Jestaedt/Lepsisus, Verhältnismäßigkeit, 2015, S. 1, 4.

[166] 例如，已有论述指出："国家公法的首要原则即是：唯出于必要，国家始得限制个人之自由，如此才能保障自由与安全"，参见 *Svarez*, in: Conrad/Kleinheyer, Vorträge über Recht und Staat, 1960, 485, 486 f; 也参见 PrOVG, Urt. v. 13. 2. 1884, C 190/83, PrOVGE 10, 322, 326; PrOVG, Urt. v. 18. 9. 1896, B 40/96, PrOVGE 31, 409, 410; 更深入的论述，则参见 *Schoch*, Der Staat 2004, 347 ff。

[167] *Köhler*, GRUR 1996, 82.

[168] 类似观点，参见 BVerfG, Beschl. v. 15. 12. 1965, 1 BvR 513/65, BVerfGE 19, 342, 349-Untersuchungshaft: "源自法治国家原则，本质上乃是基于基本权利自身之本质。"

[169] *Petersen*, Verhältnismäßigkeit als Rationalitätskontrolle, 2015, S. 161 ff.

[170] *Dreier*, in: Dreier, GG, 3. Aufl. 2013, Vorb. vor Art. 1 Rn. 145.

[171] *Sweet/Mathews*, 47 Colum. J. Transnat'l L. 73, 74, 97 ff.，113 ff. (2008); *Barak*, Proportionality. Constitutional Rights and their Limitations, 2012, S. 181 ff.; *Saurer*, Der Staat 51 (2012), 3, 4 ff.

偏差（第十章边码52b），但是联邦宪法法院的裁判大体上都能得出公正的结论。比例原则要求相应的措施应当具备正当目的，且符合合目的性、必要性以及均衡性。

43　　①侵害首先必须是为了某个**正当目的**（legitimer Zweck）。唯有此目的为前提，才能展开比例原则的审查。[172] 不过，立法者的目的通常都是正当的。只有立法者通过其措施，意图实现某个《基本法》完全不保护的法益时，这种目的才可能丧失正当性。

44　　②所谓"**合目的性**"（Geeignetheit），即指国家所选择的手段必须是针对目的之实现。目的有可能实现或者至少可得到促进[173]，即为已足。此时，立法者保有一定的"预测裁量空间"。[174] 例如，尽管狩猎不会用到武器，却规定要取得"狩猎许可证"必须具备与武器相关的技术及法律知识，这一规定即可谓"不合目的性"。[175]

45　　③所采取的措施还应当是"**必要的**"（erforderlich）；若存在同样符合目的却更为温和的手段——即对基本权利的侵害可以更小——则该措施就非必要。这种情况实则要求对各种不同的合目的的措施进行比较。此可谓"帕累托最优"之思想（第五章边码124）：一方的利益可得改善，而不致另一方的情况恶化。[176] 这就需要审查，在保护相互冲突的基本权利或集体利益不打折扣的情况下，能否使侵害之强度尽可能降低。[177] 为此，立法者同样被赋予了一定的"评判或预测的裁量空间"。如果爆米花成分的复活节兔子和巧克力成分的兔子被混在了一起，那么将这些兔子造型的食品标记为"爆米花大量混合巧克力酱"即足以保护消费者，相比于禁止销

---

[172] *Dreier*, in: Dreier, GG, 3. Aufl. 2013, Vorb. vor Art. 1 Rn. 146.

[173] *Grzeszick*, in: Maunz/Dürig, GG, 92. EL August 2020, Art. 20 VII. Rn. 112.

[174] 不同论述，参见 BVerfG, Urt. v. 1. 3. 1979, 1 BvR 532/77 u. a., BVerfGE 50, 290, 332 f. -Mitbestimmung。

[175] BVerfG, Beschl. v. 5. 11. 1980, 1 BvR 290/78, BVerfGE 55, 159, 166-Falknerjagdschein.

[176] *Alexy*, 16 Ratio Juris 131, 135 (2003)："一方地位得以增进，而无损另一方"。

[177] *Sieckmann*, Regelmodelle und Prinzipienmodelle des Rechtssystems, 1990, S. 224 f.; *van Aaken*, "Rational Choice" in der Rechtswissenschaft, 2003, S. 329；有关法的经济分析领域的类似情况，参见第十五章边码13及以下。

售而言，要求作出这样的标记即可谓更为温和的手段。[178]

④"**均衡性**"（Angemessenheit）亦被称为相称性、可期待性抑或狭义的比例性。[179] 相应措施所采取的手段必须是"可期待的"，即不能超越所要达成后果或目的的相称程度。[180] 此时，就需要将相关人所受到的影响同与其对立的公共利益或他人的基本权利进行整体衡量。这就可以参考上文所展开的有关衡量的思想（第十章边码11及以下）。 46

如果针对某一基本权利的抽象衡量不具优先性或推定效力（第十章边码23），就需要进行"实际性的协调"（praktische Konkordanz），也即使得具体个案中相冲突的基本权利实现最优之效用、达致最完善之平衡。[181] 对《基本法》第5条第1款"言论自由"的解释可谓上述"相互作用说"（Wechselwirkungslehre）的一个典型例证。不同基本权利如何进行实际性的协调，在"莱巴赫案"中得到了生动诠释。本案中，联邦宪法法院即建构了两种相对立的推定规则，并分别为之规定了例外情况： 47

> 莱巴赫案：在莱巴赫（Lebach，联邦国防军驻地——译者注）曾有多名士兵被杀害，凶犯被判处6年监禁。事发2年后，德国第二电视台（ZDF）想要拍摄一部关于莱巴赫的纪录片，其中将会展示凶犯的名字及照片。民事法院判决要求停止拍摄，这一判决被联邦宪法法院废除。 48
>
> 联邦宪法法院先是从抽象层面讨论了基本权利的相关性问题。之后便将基本权利适用于具体案例，并认为公共获取信息的利益以及媒体依《基本法》第5条第1款的规定公开这类信息的自由原则上优先于囚犯要求不予公开的权利，这构成"第一个推定规则"。[182] 不过，与之相对的则是"第二个推定规则"：信息的公开意味着对相关主体 49

---

[178] BVerfG, Beschl. v. 16. 1. 1980, 1 BvR 249/79, BVerfGE 53, 135, 145 f. -Schokoladenosterhase；与欧盟基本自由相关之内容，参见第十章边码72。

[179] Stern, in: FS 50 Jahre BVerfG, Bd. II, 2001, S. 1, 33 f.

[180] Röhl/Röhl, Allgemeine Rechtslehre, 3. Aufl. 2008, S. 656："不可用大炮打麻雀。"

[181] Lerche, Übermaß und Verfassungsrecht, 1961, S. 152 f.; Hesse, Grundzüge des Verfassungsrechts der Bundesrepublik Deutschland, 20. Aufl. 1999, Rn. 72, 318; BVerfG, Beschl. v. 27. 1. 1998, 1 BvL 15/87, BVerfGE 97, 169, 176-Kleinbetriebsklausel I："这些相冲突的基本权利可发挥相互之作用，这种限制使得它们对所有的相关者都能尽可能地发挥其效用。"

[182] 关于优先规则，可参见第十章脚注96。

第十章 建构意义上的衡量

人格权（《基本法》第2条第1款）的严重侵害。因此，到了一定程度——比如，当犯罪行为人重返社会的权利被侵害时——公众的信息利益就应让位于犯罪行为人隐私利益。

50 这两个推定规则都存在一种"例外条款"：新闻报道要受到比例原则审查的严格限制，它本可以隐匿行为人的身份特征。对于（行为人）在适当的时间间隔后有权"重返社会"的推定，若考虑特殊的历史利益，则也不能成立。[183] 联邦宪法法院如是说：

51 > 若将"在电视上接受相关新闻报道的特定信息利益"与随之必然带来的"对犯罪行为人人格领域的侵犯"进行一般性的衡量，那么，对犯罪行为的实时报道来说，信息利益原则上具有优先性。不过，信息利益的这一优先性并非全无限制。人格权的核心宪法意义不仅在于最私密的生活领域不得侵犯（vgl. BVerfGE 32, 373 [379] mit weiteren Nachweise），同时也体现在对比例原则的严格遵循上：对人格领域之侵犯不得超过适当满足信息利益所必要的程度，对行为人造成的不利必须与其行为的严重程度或这种不利对公众的意义之间呈相称的关系。因此，指名道姓、展示肖像或其他能够使人识别行为人身份的做法并非总是正当……
>
> 总体而言，对严重犯罪行为的电视报道若可重复播放而不限于满足实时的信息利益，那么如果行为人重返社会的机会受到影响，这种报道即不再具有正当性。行为人重新融入自由社会的机会（这与他的社会存在息息相关）以及公众对于其重返社会的利益，原则上优先于围绕其犯罪行为进一步展开讨论的利益。此处是否有例外以及有多大程度的例外——例如，为了较为重要的历史利益、为了制作面向特定观众群体的学术节目或其他类型的节目等——这些情况在本案中均不存在，故无须予以审查。[184]

---

[183] 对此参见 *Alexy*, Theorie der Grundrechte, 8. Aufl. 2018, S. 84 ff., 139 f., 150 f.; *ders.*, ARSP Beiheft 25（1985），13，25 ff.; *Bumke/Voßkuhle*, Casebook Verfassungsrecht, 8. Aufl. 2020, Rn. 147 ff.

[184] BVerfG, Urt. v. 5. 6. 1973, 1 BvR 536/72, BVerfGE 35, 202, 237 f. -Lebach.

在行为的方式和手段上,国家有一定的裁量自由(例如在履行**保护义务**时)。因此,国家只需要确保某种特定保护水平的保障义务("是否"),并不涉及"如何"执行。[185] 在审查国家的不作为是否适当时,联邦宪法法院起初只进行"明显性审查",即判断立法者的预估是否"显著疏失"。[186] 如今,联邦宪法法院已经丰富了相关的法教义学,转而进行判断立法者是否顾及并穷尽相关认识源的"合理性审查"(Vertretbarkeitskontrolle)。[187]

"十字架案"中,巴伐利亚州的某个小学教室里悬挂了十字架,有孩子的父母即要求将之移除,并为此诉至法院。联邦宪法法院认可原告的权利,理由在于,《基本法》第4条第1款规定的积极之信仰自由以及《基本法》第7条第1款规定的国家的教育使命应当让位于消极之信仰自由。十字架会完全地压制异教徒的情感,况且,"宽容"本来也是基督教的要义。[188]

这一判决在公众当中引发了激烈的争议(第五章边码104),因为它忽略了宗教符号同样也可以是文化符号的事实,集体的文化自觉原本也应当被纳入衡量。[189] 此外,少数群体(所未表现出)的"宽容"又是否可以过分到强迫拆除十字架的地步。[190] 总之,法院对政治目标的把握显得比较牵强。[191] 该判决也确实算是一次"偏差判决"(Ausreißer)。[192]

52

52a

52b

---

[185] Hesse, Grundzüge des Verfassungsrechts der Bundesrepublik Deutschland, 20. Aufl. 1999, Rn. 72, 350; BVerfG, Beschl. v. 24. 3. 2021, 1 BvR 2656/18 u. a., BeckRS 2021, 8946 Rn. 182 ff., 192 – KSG. S. unten § 11 Rn. 9 f.

[186] BVerfG, KBeschl. v. 26. 5. 1998, 1 BvR 180/88; NJW 1998, 3264, 3266-Waldsterben. 之前即有判决拒绝进行法续造,参见 BGH, Urt. v. 10. 12. 1987, III ZR 220/86, BGHZ 102, 350, 365-Waldsterben。

[187] BVerfG, Urt. v. 1. 3. 1979, 1 BvR 532/77 u. a., BVerfGE, 50, 290, 332 f. -Mitbestimmung.

[188] BVerfG, Beschl. v. 16. 5. 1995, 1 BvR 1087/91, BVerfGE 93, 1, 23 f. -Kruzifix.

[189] Heckel, DVBl. 1996, 453, 482; Höffe, Der Staat 38 (1999), 171, 191;有关衡量完整性之要求,参见上文第十章边码 8a。

[190] 参见法官 Seidl, Söllner 及 Haas 在本案(BVerfG, Beschl. v. 16. 5. 1995, 1 BvR 1087/91, BVerfGE 93, 1, 25, 28-Kruzifix)不同意见书中的论述:"他(立法者)还可以认为,教室所悬挂的十字架会因为它对于超宗教派别的、西方基督教文化价值的符号意义同样受到那些大部分远离教堂的人群的欢迎或者至少因此得到他们的尊重。"

[191] 例如,不同于联邦宪法法院,欧盟法的判决即认为这样做并不侵害宗教自由,参见 EGMR, Urt. v. 18. 3. 2011, 30814/06, CE: ECHR: 2011: 0318JUD003081406, Rn. 77-Lautsi u. a. v. Italy。

[192] Petersen, Verhältnismäßigkeit als Rationalitätskontrolle, 2015, S. 159 f.

53   **进阶练习——击落民航飞机案**：《航空安全法》第14条第3款规定，为保护他人生命，可击落被劫持的民航飞机。这一法律是否违宪？[193]

54   表10-1 基本权利的审查[194]

（1）保护范围	①适用事项（sachlich）：保护范围或保障性内容（争议） ②适用主体：受益者（自然人或法人）
（2）对保护范围的干预	①国家的经典干预或实际干预 ②不作为＝违反保护义务、基本权利的第三人效力（第十一章边码5及以下）
（3）干预的正当化（权利限制）	①法律保留 ②宪法的内在限制：相冲突的基本权利或具有宪法序列的法价值
（4）限制之限制，特别是比例原则	①正当目的 ②合目的性：有手段可以实现目标 ③必要性：没有其他同等效果但更为温和的手段 ④损害与目标的均衡性

本节参考文献：

Barak, *Aharon*, Proportionality. Constitutional Rights and their Limitations, 2012; *Bumke*, *Christian/Voßkuhle*, *Andreas*, Casebook Verfassungsrecht, 8. Aufl. 2020; *Kluckert*, *Sebastian*, Die Gewichtung von öffentlichen Interessen im Rahmen der Verhältnismäßigkeitsprüfung, JuS 2015, 116-121; *Lepsius*, *Oliver*, Die Chancen und Grenzen des Grundsatzes der Verhältnismäßigkeit, in: Jestaedt, Matthias/Lepsius, Oliver, Verhältnismäßigkeit, 2015, S. 1-41; *Lerche*, *Peter*, Übermaß und Verfassungsrecht, 1961; *Reimer*, *Philipp*, Verhältnismäßigkeit im Verfassungsrecht, ein heterogenes Konzept, in: Jestaedt, Matthias/Lepsius, Oliver, Verhältnismäßigkeit, 2015, S. 60-76; *Schlink*, *Bernhard*, Der Grundsatz der Verhältnismäßigkeit, in: FS 50 Jahre BVerfG, Bd. II, 2001, S. 445-465; *Sweet*,

---

[193] 参见下文第十五章边码34。
[194] 这一审查模式可见于：Kingreen/Poscher, Grundrechte Staatsrecht II, 36. Aufl. 2020, Rn. 401 ff., 597; *Volkmann*, Staatsrecht II Grundrechte, 3. Aufl. 2020, §4, 20; *Gallwas*, Grundrechte, 2. Aufl. 1995, Anh., S. 168 ff.; *Borowski*, Grundrechte als Rechtsprinzipien, 3. Aufl. 2018, S. 366 f., 415 ff., 531 f。

Alec Stone/Mathews, *Jud*, Proportionality Balancing and Global Constitutionalism, 47 Colum. J. Transnat'l L. 73-164（2008）；*Volkmann*, *Uwe*, Veränderungen der Grundrechtsdogmatik, JZ 2005, 261-271 sowie die Literatur bei I.

第三节 欧盟法上基本权利和基本自由的衡量

一、基本权利和基本自由具体化的对比

因文义表达非常有限，欧盟法上的基本权利和基本自由同样需要予以具体化，由此也发展出了许多不同的审查步骤，这很大程度上是效仿德国基本权利的审查。同德国法的基本权利一样，欧盟法上的基本权利也适用某种审查模式，只不过它是被分为适用性、保护范围、干预和正当化四步。[195] 此时进行比较法的研究（第七章边码78及以下）无疑大有助益。

此外，二者之间亦不乏区别：在欧盟法基本权利的审查中，"均衡性"并不是比例原则之下的独立要点（第十章边码73）。更重要的一点或在于：德国联邦宪法法院对基本权利的审查乃主要聚焦于议会制定法律的权力。这种"司法能动主义"取代了"司法自我克制"（第十三章边码100）。[196] 与此不同，欧盟最高法院（第十章边码57b）及欧洲人权法院（第十三章边码120）有时会授予成员国自行评判特定的行为是否违法的衡量权。这里就需要区分欧盟法的解释与适用（第十二章边码118）。

---

[195] *Ehlers*, in：ders., Europäische Grundrechte und Grundfreiheiten, 4. Aufl. 2014, § 14 Rn. 87 ff.；Calliess/Ruffert/*Kingreen*, EUV/AEUV, 5. Aufl. 2016, Art. 52 GRCh Rn. 45 ff.

[196] 参见联邦宪法法院如下判决：BVerfG, Urt. v. 26. 2. 2014, 2 BvE 2/13 u. a., BVerfGE 135, 259-Drei-Prozent-Sperrklausel EuWG；BVerfG, Beschl. v. 7. 7. 2009, 1 BvR 1164/07, BVerfGE 124, 199-Hinterbliebenenrente für Lebenspartner（第十一章边码63）；BVerfG, Urt v. 2. 3. 2010, 1 BvR 256/08 u. a., BVerfGE 125, 260, 320 ff.-Vorratsdatenspeicherung；与欧盟最高法院观点之不同，参见下文第十章边码61。

二、欧盟法的基本权利

1. 欧盟基本权利的法源

57　　（1）欧洲联盟被视为一种"价值共同体"。[197] 除了和平理念及经济理念，欧盟亦是"法的联盟"[198] 以及"政治的联盟"。[199] 起初，《罗马条约》（EWGV）并无基本权利的相关内容，其在欧盟层面的确立是基于德国联邦宪法法院的要求（第二章边码95）。由于历史原因，成员国共同的宪法传统、《欧洲人权公约》《欧盟基本权利宪章》以及《欧洲联盟条约》第6条第1、3款均构成当今欧盟基本权利的法源。由欧盟最高法院审查的《欧盟基本权利宪章》中的基本权利只对执行或适用欧盟法的欧盟机构或成员国生效（《欧盟基本权利宪章》第51条第1款）。不同于德国的基本权利，《欧盟基本权利宪章》本身并未对基本权利明文规定限制。由于基本权利不可能不受限制，因此《欧盟基本权利宪章》第52条第1款也明确指明了基本权利可能受到的限制以及比例原则。就此而言，欧盟法与美国法有所不同，后者并未承认这一形式的比例原则。[200]《欧盟基本权利宪章》第52条第3款第1句虽然确立了《欧盟基本权利宪章》的基本权利和《欧洲人权公约》相符合的原则，但第2句又明确地否定了这种调和：欧盟对《欧盟基本权利宪章》基本权利的自主性定义要比《欧洲人权公约》更为宽泛。[201]

57a　　不过，除了解释《欧盟基本权利宪章》，欧盟最高法院也会援引《欧

---

[197] Möllers, Die Rolle des Rechts im Rahmen der europäischen Integration, 1999, S. 4 ff.; Calliess, JZ 2004, 1033 ff.; s. Art. 2, 7, 49 EUV.

[198] 有关"法共同体"的理念，参见 Hallstein, in: Oppermann, Europäische Reden, 1979, S. 341 ff.; 明确指出这一点的，参见 Oppermann/Classen/Nettesheim, Europarecht, 7. Aufl. 2016, § 3 Rn. 26："要实现欧盟的理念，欧盟法的法治是不可或缺的"；赞同者，参见 Voßkuhle, JZ 2016, 161, 168。

[199] ErwG. 13 der Präambel des EUV："建立欧洲人民逐渐更为紧密之联盟。"

[200] 有关惩罚性赔偿领域适用的可能性，参见上文第五章边码145及第七章边码86。

[201] 这也是欧盟最高法院已然践行的路径，参见 EuGH, Urt. v. 21. 12. 2016, C-203/15 u. a., EU: C: 2016: 970, Rn. 126 ff. -Tele2 Sverige; 有学者称这是基本权利的"提升"（Anhebung），参见 Streinz/Streinz/Michl, EUV/AEUV, 3. Aufl. 2018, Art. 52 GRCh Rn. 30 f。

洲联盟条约》第 2 条的价值条款，后者已经被视为欧盟法上的"永恒性条款"。[202] 此外，佐审官坦切夫（Tanchev）还列举了一些欧盟法上特别重要的"元原则"，诸如制裁程序（《欧洲联盟条约》第 7 条）、反歧视条款（《欧洲联盟运作方式条约》第 10 条）、维护成员国的个体性及多样性（《欧盟基本权利宪章》第 22 条），尤其是《欧盟基本权利宪章》第 47 条规定的"法律救济保障"等。[203] 为贯彻这些原则，欧盟委员会可向成员国提起违反条约的诉讼程序。例如，波兰曾试图降低法官的退休年龄，即遭到了上述诉讼。[204] 在有关欧盟与加拿大贸易及投资协议（CETA）的"审查意见"（编号：1/17）中，欧盟最高法院即充分描述了欧盟价值的核心内容：

> 欧盟法秩序的自主性体现在：欧盟享有它独立的宪法框架。这包括《欧洲联盟条约》第 2 条所提及的"欧盟赖以为基础的价值"，比如"尊重人格尊严、自由、民主、平等、法治国家、保护人权"、欧盟法的一般原则、《欧盟基本权利宪章》的规定以及《欧洲联盟条约》及《欧洲联盟运作方式条约》的规定，后者尤指关于权限转移与分配的规定、关于欧盟机构及法院系统工作方式的规定以及各个特别领域的基础规则等，这些规则均被用来实现《欧洲联盟条约》第 1 条第 2 款意义上的一体化进程（vgl. in diesem Sinne Gutachten 2/13 [Beitritt der Union zur EMRK] vom 18. 12. 2014, EU：C：2014：2454, Rn. 158）。[205]

57b

不过，欧盟最高法院有时也承认，特定的基本权利在不同的成员国可能会有不同的解释。例如，"杀戮游戏"在德国是被禁止的，而其他成员

57c

---

[202] *Schorkopf*, JZ 2020, 477, 482.
[203] SchlA v. 9. 11. 2017, GA *Tanchev*, C-416/16, EU：C：2017：851, Rn. 93-Egenberger.
[204] EuGH, Urt. v. 11. 7. 2019, C-619, EU：C：2019：531, Rn. 47, 96 – Kommission/Polen. S. auch EuGH, Urt. v. 18. 6. 2020, C-78/18, EU：C：2020：476, Rn. 143 – Kommission/Ungarn. Umfangreich *Ch. Möllers/Schneider*, Demokratiesicherung in der Europäischen Union, 2018, S. 40 ff.
[205] EuGH, Gutachten 1/17 v. 30. 4. 2019, EU：C：2019：341, Rn. 110. Zur Idee der dynamischen Integration des 13. ErwG. der Präambel des EUV; 另参见第十三章边码 119。

第十章 建构意义上的衡量　559

国则可能对人格尊严的适用范围采更为狭窄的定义。[206] 这种价值的多元化同适用国内法基本权利时的"形成空间"是相近似的（第二章边码102及以下）。

57d 此外，一个有争议的具体问题是，成员国国内法和欧盟法的基本权利能否加以区分[207]，这是否会导致国内法及欧盟法基本权利的双重效力[208]，以及既然《欧洲人权公约》和《欧盟基本权利宪章》的意义日渐突出，是否有必要解除国内法和欧盟法基本权利之间的联系。[209] 同样饱受争议的是欧盟基本权利在私主体之间的"间接第三人效力"问题（第十二章边码10及以下）。尽管，在欧盟法的适用上，欧盟最高法院赋予了成员国法院一定程度的形成空间，但这并不意味着它就不会在成员国的形成空间内对基本权利进行审查。而联邦宪法法院第一审判庭则在其具有开创意义的"被遗忘权"Ⅰ号及Ⅱ号案的判决中强调，联邦宪法法院如今也要审查欧盟法的基本权利（第二章边码95及以下）。在成员国所享有的形成空间之内可推定德国法的基本权利覆盖了欧盟法的基本权利，因此，原则上，基本权利的解释应当以"**符合宪章之方式**"[210] 进行：

57e 　　主要适用《基本法》上的基本权利，并非意味着全然不考虑宪章上的基本权利。《基本法》以及宪章都共同构成了欧盟法的基本权利传统，因此《基本法》的基本权利也应当依宪章的精神而得解释。[211]

58 　　（2）欧洲人权法院仅负审查《欧洲人权公约》之义务。《欧洲人权公

---

[206] EuGH, Urt. v. 14. 10. 2004, C-36/02, EU：C：2004：614, Rn. 37-Omega.

[207] 主张区分的意见主要来自联邦宪法法院的法官们，参见 BVerfG, Urt. v. 24. 4. 2013, 1 BvR 1215/07, BVerfGE 133, 277 Rn. 91；*Masing*, JZ 2015, 477, 481 ff.；*Voßkuhle*, JZ 2016, 161, 164.

[208] EuGH, Urt. v. 26. 2. 2013, C-617/10, EU：C：2013：105, Rn. 28-Åkerberg Fransson；*Britz*, EUGRZ 2015, 275 ff.

[209] *Thym*, JZ 2015, 53, 57 ff.；已有的一般性论述，参见 *Häberle*, Europäische Rechtskultur, 1997, S. 9 ff。

[210] 对这一作业提出有益见解的，参见 Dörr/Grote/Marauhn（Hrsg.），EMRK/GG, 2. Bde, 3. Aufl. 2021.

[211] BVerfG, Beschl. v. 6. 11. 2019, 1 BvR 16/13, BVerfGE 152, 152 Rn. 56, 60-Recht auf Vergessen II.

约》亦认可比例原则。[212] 不过,《欧洲人权公约》并未与国内法划清界限。因此,对于各成员国机构之措施,《欧洲人权公约》亦得适用,这样一来将导致双重审查(Doppelprüfung)。[213] 此时即应适用"亲善国际法(völkerrechtsfreundliche)的解释原则"(第十二章边码130及以下)。

2. 侵害的正当化(限制)及比例原则

与德国法一样,在欧盟基本权利的审查中,承担正当化职责的比例原则亦可谓审查的核心内容。[214] 有关措施同样也要合目的、必要且均衡。[215] 如今,欧盟最高法院逐渐开始向欧洲人权法院的判例靠拢。"Open-Door案"即可谓一个关于应当如何衡量言论自由与国家的道德观念的重要的基础性判例:

59

> Open-Door案:爱尔兰宪法曾禁止堕胎;但孕妇却可以赴国外合法地进行堕胎。某学生组织向大家发布可在一家荷兰医院合法堕胎的信息,继而遭到爱尔兰当局禁止。该学生组织诉至欧洲人权法院,主张《欧洲人权公约》第10条第1款之言论自由。爱尔兰政府则指出,其侵害行为的正当理由在于社会的道德观念及《欧洲人权公约》第10条第2款规定的"健康保护"。欧洲人权法院即着重审查了这一禁令的"合比例性"(proportionality test)[216]:首先,这一禁令被认为并非必要(necessity),因为言论自由亦保护不讨喜的、令人震惊的言论;而爱尔兰的妇女可以在国外合法地堕胎,这一禁令的适用又因不区分孕妇的年龄和健康状况而显得绝对化。其次,该学生组织也只是进行宣传,本身并没有为堕胎做广告。况且,在爱尔兰,人们要得知

60

---

[212] 参见 *Sweet/Mathews*, 47 Colum. J. Transnat'l L. 73, 145 ff.(2008)以及上文第十章边码42a。

[213] 关于法国的波卡案(Burka-Fall EGMR - S. A. S. v. France),参见下文第十四章边码28及以下。

[214] Calliess/Ruffert/*Kingreen*, EUV/AEUV, 5. Aufl. 2016, Art. 52 GRCh Rn. 27; *Craig/de Búrca*, EU Law, 7th ed. 2020, S. 583 ff.

[215] S. Calliess/Ruffert/*Kingreen*, EUV/AEUV, 5. Aufl. 2016, Art. 52 GRCh Rn. 65 ff.; Streinz/Streinz/*Michl*, EUV/AEUV, 3. Aufl. 2018, Art. 52 GRCh Rn. 16 ff.

[216] EGMR, Urt. v. 29. 10. 1992, 14234/88 u. a., CE:ECHR:1992:1029JUD001423488, Rn. 70-77-Open Door Counselling Ltd and Dublin Well Woman Centre v. Ireland.

国外流产医院的信息也并非难事。最后，这一禁令也不合目的（ineffective），因为它并不能阻止爱尔兰的妇女出国堕胎。唯有禁止孕妇去国外堕胎，才能实现这一目的。

61 **进阶练习——数据保留案**[217]：《欧盟数据保存指令》（2006/24/EG）[218] 允许为犯罪调查及反恐之目的保存数据而无须提供理由。这是否正当？

三、欧盟的基本自由：与德国法的区别

1. 基本自由的理念

62 德国和欧盟基本权利的审查通常是围绕人民和国家之间的紧张关系，而"基本自由"的审查则是关乎欧盟开放的内部市场与某成员国的限制之间的关系。此类限制可能具备特殊的正当化理由。不过，基本自由也需要得到具体化。同《基本法》和《欧盟基本权利宪章》的基本权利一样，有些基本自由的文义同样模糊，对法的适用而言实难发挥什么用处。因此，各种不同的审查步骤也应运而生，其很大程度上亦是取道于德国对基本权利的审查。如今，欧盟最高法院的判例已为基本自由确立了统一的审查结构。[219] 除了适用范围，对基本自由的限制及其正当化同样是审查内容。紧随其后的则是单独的比例原则审查。[220]

---

[217] EuGH, Urt. v. 8.4.2014, C-293/12 und C-594/12, EU：C：2014：238, Rn. 32 ff. -Vorratsdatenspeicherung；答案参见下文第十五章边码 37。

[218] 参见 Richtlinie 2006/24/EG des Europäischen Parlaments und des Rates über die Vorratsspeicherung von Daten, die bei der Bereitstellung öffentlich zugänglicher elektronischer Kommunikationsdienste oder öffentlicher Kommunikationsnetze erzeugt oder verarbeitet werden v. 15.3.2006, ABl. Nr. L 105（即《欧盟数据保存指令》）, S. 54。

[219] *Leible/T. Streinz*, in：Grabitz/Hilf/Nettesheim, Das Recht der Europäischen Union, 71. EL August 2020, Art. 34 AEUV Rn. 15；*Haratsch/Koenig/Pechstein*, Europarecht, 12. Aufl. 2020, Rn. 866："特定的协调。"（gewisse Konvergenz）

[220] "三步审查模式"，参见 *Ehlers*, in：ders., Europäische Grundrechte und Grundfreiheiten, 4. Aufl. 2014, § 7 Rn. 67 ff., 136；*Haratsch/Koenig/Pechstein*, Europarecht, 12. Aufl. 2020, Rn. 892. 部分学者则主张两步审查模式（*Streinz*, Europarecht, 11. Aufl. 2019, Rn. 937, 968, 982）或四步审查模式（*Haratsch/Koenig/Pechstein*, Europarecht, 12. Aufl. 2020, Rn. 892；*Schütz*, Jura 1998, 631, 641）。

2. 基本自由的限制及其正当化

德国基本权利的审查和欧盟基本自由的审查之间有诸多不同。例如，在"侵害"（欧盟法的语境则称之为"限制"，德语：Beschränkung）方面即是如此。德国法在基本权利"经典的"侵害之外引入了现代化的侵害概念（第十章边码 33 及以下）。而基本自由的"限制"则需要经过"三步法"进行不同的判定。此外，各成员国的特殊性亦可作为正当化的事由（第十章边码 69）。

63

（1）《欧洲联盟运作方式条约》第 18 条 1 款禁止针对国籍的歧视。这一原则适用于各种基本自由。[221] 首先，基于国籍而进行**直接（公然或直率）的歧视**[222]为基本自由所禁止。[223] 唯有"公共秩序保留"（Ordre-public-Vorbehalt）可构成这一歧视的正当化理由。针对劳动者迁徙自由的公共秩序保留即规定于《欧洲联盟运作方式条约》第 45 条第 3 款。[224] 出于公共秩序、安全和健康之理由，即可对这一自由进行例外性地限制。

64

（2）其次，基本自由亦禁止**间接（隐蔽或含蓄）的歧视**，例如，将在国内有住所作为享有某些权利的前提条件等。[225] 这样做的目的就在于确保基本自由所适用地区的规则能够无差别地对待本国和外国公民。这被称为"目的地原则"（Bestimmungslandprinzip）。[226]

65

公共秩序保留同样也可以使间接歧视正当化。《欧洲联盟运作方式条约》虽将一些正当化理由成文法化，但欧盟最高法院却对此采保守解释之立场。为此，欧盟最高法院即需要为基本自由续造其他的限制。[227] 例如，针对所谓"第戎黑加仑案准则"（第十章边码 68）[228] 所保护的商品流通

66

---

[221] 因此，《欧洲联盟运作方式条约》第 37 条第 1 款、第 45 条第 2 款都明确禁止歧视。
[222] 对这一概念的表述各有不同，均可作同义使用。
[223] EuGH, Urt. v. 4. 6. 2002, C-367/98, EU：C：2002：326, Rn. 40 ff. -Goldene Aktie Portugal.
[224] 其同样适用于其他基本自由：例如，商品流通自由（《欧洲联盟运作方式条约》第 36 条）、居留自由（《欧洲联盟运作方式条约》第 52 条第 1 款）及服务自由（《欧洲联盟运作方式条约》第 62 条及第 52 条第 1 款）。
[225] EuGH, Urt. v. 8. 7. 1998, C-203/98, EU：C：1999：380, Rn. 13, 15.
[226] 英语：principle of destination。
[227] *Streinz*, Europarecht, 11. Aufl. 2019, Rn. 870.
[228] EuGH, Urt. v. 20. 2. 1979, 120/78, EU：C：1979：42, Rn. 8, 14-Cassis de Dijon.

自由，欧盟最高法院即确立了"强制性要求"（mandatory requirements）这一未被成文法化的正当化理由。[229] 若成员国的措施符合所谓的强制性要求且其符合比例原则，那么其对基本自由之限制即可以被正当化。此外，基本自由的限制也可源于《欧洲人权公约》及《欧盟基本权利宪章》中所规定的基本权利，后者依《欧洲联盟条约》第6条第2、3款的规定构成欧盟法的组成部分（第二章边码63及以下）。[230]

67　　（3）"达森维尔案"（Dassonville）中，欧盟最高法院对《欧洲联盟运作方式条约》第34条商品流通自由规定中的"同等效果的措施"采纳了相当宽泛的定义，并在第三步续造了"一般性的限制措施"的概念。这包括"成员国所有能够间接或直接、实际或潜在地损及共同体贸易流通的贸易规定"。[231] 商品的出口目的地国家所制定的更为严格的规定即为此例。因此，除了歧视，各种限制同样也应予以禁止。[232] 当前欧盟法所适用的"起始国标准"即是以此理论为基础[233]：目的地国须采纳起始国的法律标准，这实际是变相地实现了法的同一化。[234] 而这种一般性的限制本身也必须被正当化。在著名的"第戎黑加仑案"中，欧盟最高法院即需要对上述"达森维尔案准则"作出审查：

68　　　　第戎黑加仑案：德国 Rewe 公司打算将法国利口酒第戎黑加仑（Cassis de Dijon）引进德国。在法国，20%以下酒精含量的利口酒可以自由售卖。德国联邦白兰地专卖局指出，法国的利口酒不得在德国销售，因为德国《白兰地专卖法》（Branntweinmonopolgesetz）规定利

---

[229] 欧盟最高法院也将"强制性要求"这一事由适用于其他的基本自由，例如服务自由、居留自由，参见 EuGH, Urt. v. 31. 03. 1993, C-19/92, EU：C：1993：125, Rn. 32-Kraus。

[230] EuGH, Urt. v. 12. 6. 2003, C-112/00, EU：C：2003：333, Rn. 77 ff. -Brennerblockade。

[231] EuGH, Urt. v. 11. 7. 1974, 8/74, EU：1974：82, Rn. 5-Dassonville。

[232] 《欧洲联盟运作方式条约》第34条、第49条第1款、第56条第1款及第63条第1款等使用的均为"限制"（Beschränkung）这一概念。

[233] 英语：principle of origin，参见 Haratsch/Koenig/Pechstein, Europarecht, 12. Aufl. 2020, Rn. 881。

[234] 关于"相互承认原则"（mutual recognition），参见 Gormley, 19 E. L. Rev. 644, 652 f.（1994）；Mortelmans, in：Kapteyn/van Themaat, The Law of the European Union and the European Communities, 4th ed. 2008, S. 581 f。

口酒的酒精含量必须达到32%。

本案中,欧盟最高法院需要审查,这一禁令是否侵入了商品流通自由的保护范围。德国联邦政府指出,此案不应适用法国法,否则会导致欧盟范围均适用这一最低的标准。[235] 欧盟最高法院反对上述看法,理由在于,德国白兰地法律有关较高酒精含量的规定对利口酒在德国的销售而言构成贸易障碍,而利口酒在法国是合法售出。[236] 不过,法院却允许德国为这一贸易障碍提供正当化理由。[237]

3. 比例原则

比例原则发端于普通法[238],并主要为德国(第十章边码42a)以及欧盟各成员国所采纳。[239] 作为欧盟法一项固定的基本原则,比例原则已由《欧洲联盟条约》第5条第1款第2句及第4款所成文法化。[240] 通常而言,比例原则实为审查之核心,在这一阶段,对于基本自由和基本自由限制的各种正、反论据都将得到充分的衡量。不过,欧盟最高法院倾向于进行"两步法"的审查:成员国所提供的正当化理由必须合目的且必要。[241] 这一点和

---

[235] EuGH, Urt. v. 20. 2. 1979, 120/78, EU: C: 1979: 42, 650, 657-Cassis de Dijon.

[236] EuGH (ebd.), Rn. 14-Cassis de Dijon.

[237] EuGH (ebd.), Rn. 9-Cassis de Dijon.

[238] *Blackstone*, Commentaries on the Law of England, 2nd ed. 1766, S. 124 ff.

[239] 例如奥地利、法国、意大利、波兰、乌克兰,也包括英国,参见 *Nußberger*, NVwZ-Beilage 2013, 36 ff.; *Saurer*, Der Staat 2012, 3 ff.; *Klatt/Meister*, Der Staat 2012, 159, 160 f.; *Tridimas*, in: Schütze/ders., Oxford Principles of European Union Law, 2018, S. 243。

[240] EuGH, Urt. v. 16. 7. 1956, 8/55, EU: C: 1956: 11, 302, 311-Fédération Charbonnière; *Craig/de Búrca*, EU Law, 7th ed. 2020, S. 583 ff.; *Kischel*, EuR 2000, 380 ff.; *Koch*, Der Grundsatz der Verhältnismäßigkeit in der Rechtsprechung des Gerichtshofs der Europäischen Gemeinschaften, 2003; *Frowein*, in: FS Maihofer, 1988, 149, 151; *Kokott/Sobotta*, in: Vogenauer/Weatherill, General Principles of Law, 2017, S. 167 ff.; 有关权限分配法方面的比例原则,则参见《欧洲联盟条约》第5条第4款。

[241] EuGH, Urt. v. 30. 11. 1995, C-55/94, EU: C: 1995: 411, Rn. 37-Gebhard: "它必须合目的,即能够促成所追求目标的实现;同时,它又不能超出为实现目标所必要的限度",类似表述,参见 *Costa/Peers*, Steiner&Woods EU Law, 14th ed. 2020, S. 405: "适当性审查和必要性审查"(suitability test and necessity test); EUGH, Urt. v. 10. 5. 1995, C-384/93, EU: C: 1995: 126, Rn. 45-Alpine; **主张三步法的不同观点**,参见 Schwarze/*Becker*, EU-Kommentar, 4. Aufl. 2019, Art. 36 AEUV Rn. 64 ff.; 也有人主张包含了"正当目的"这一步骤的"四步法",参见 Calliess/Ruffert/*Kingreen*, EUV/AEUV, 5. Aufl. 2016, Art. 34-Art. 36 AEUV Rn. 89 ff.。

德国法稍有不同。[242]

71　（1）成员国的措施若属于事实上能够实现其所追求目标的可用手段，则可谓"合目的"（suitability test）。若措施与目标相反，或者不能对目标的实现产生影响，这一点即不能成立。[243]

72　（2）比例原则审查的要点通常在于措施的"必要性"（necessity test），即判断是否存在对基本自由较低程度的侵害可同样实现成员国所要追求的目标。如果起始国已经做了健康检疫检查，那么目的地国再推行这样的措施就难谓必要。正因为此，"双重审查"为欧盟法所禁止。[244]

73　"均衡性"原则要求成员国的规定与其要达成的目标之间必须呈均衡关系。[245] 虽然欧盟最高法院也认可这一标准，但与德国法不同的是，欧盟最高法院是在"必要性"的框架下审查"均衡性"，而联邦宪法法院则将"必要性"作为德国基本权利审查的独立标准（第十章边码46）。[246] 为此，欧盟最高法院会进行利益衡量。例如，受保护的相关法益的抽象价值、具体威胁的程度等，均在衡量之列。

74　啤酒纯度要求案（第二章边码91）：根据当时《啤酒税法》第10条的规定，酿造品必须按照一定的纯度要求生产，才能以"啤酒"之名流通。"健康风险"也是联邦政府为自己主张的理由，因为酒精添加剂对人体的长期作用尚不明确。此外，消费者会认为"德国的啤酒就是按照这一纯度要求酿造的"，消费者的这一期待也会受到伤害。[247]

75　在比例原则的审查中，欧盟最高法院对上述两个正当化理由均予

---

[242] 联邦宪法法院在"PSPP案"中进行的比例原则审查，可参见下文第十三章边码114及以下。

[243] EuGH, Urt. v. 20. 2. 1979, C-120/78, EU：C：1979：42, Rn. 10 f. -Cassis de Dijon.

[244] EuGH, Urt. v. 18. 11. 1979, C-251/78, EU：C：1979：252, Rn. 22 ff. -Denkavit Futtermittel.

[245] EuGH, Urt. v. 12. 3. 1987, C-178/84, EU：C：1987：126, Rn. 28-Reinheitsgebot für Bier；EuGH, Urt. v. 20. 9. 1988, C-302/86, EU：C：1988：421, Rn. 6-Dänische Pfandflaschen.

[246] Streinz/W. Schroeder, EUV/AEUV, 3. Aufl. 2018, Art. 36 AEUV Rn. 56.

[247] 此部分内容，参见 EuGH, Urt. v. 12. 3. 1987, C-178/84, EU：C：1987：126, Rn. 26 ff. -Reinheitsgebot für Bier。

以驳斥：添加剂对健康的潜在风险之谓并不具备合目的性，因为德国政府本来也允许其他饮料使用添加剂。依据起始国原则（Herkunftslandprinzip），在其他国家投入市场的添加剂，在目的地国也应当以较易实现的、必要时可受法律保护的程序而得到许可。虽然"消费者的期待"似乎是更有说服力的正当化理由，但是欧盟市场的消费者也应当有乐于学习的精神，否则无异于是让"消费者的期待"封杀了具体的市场领域。欧盟最高法院等于是假设了消费者乃具有理性和学习能力的。[248] 此外，相比于禁止销售，要求作出相应标记可谓更为温和的手段。

第四节　民法中冲突原则的衡量

一、民法中相互矛盾的原则

相比于公法领域，"衡量"在民法中受到的认可要少得多。它要求人们履行以法律为指引的结构化的程式（第十章边码 7）。下文将介绍原则的优先性、在原则冲突时如何确立类似构成要件的条件以及比例原则。 **76**

1. 某一原则对另一原则的优先性

在不同原则相冲突时，若某一原则具备优先性，冲突自可轻易得到解决。[249] 依"特别法优先原则"，特别法规范优先于普通法规范（第四章边码 134 及以下）。不过，特别法优先原则只是针对两个法规范之间的冲突，法原则间的冲突要比之更为复杂，因为同一个法原则可能反映于诸多法规范之中，甚至全无相应的法律规范。很多时候，立法者即已经解决了这类冲突：相比于奥地利及瑞士法，德国《民法典》对因错误（如表示错误、内容错误）而撤销合同的规定显得更为宽泛。[250] 于此情形，立法 **76a**

---

[248] EuGH, Urt. v. 16. 7. 1998, C-210/96, EU：C：1998：369, Rn. 31, 37-Gut Springenheide; Köhler/Bornkamm/Feddersen/*Köhler*, UWG, 39. Aufl. 2021, § 1 Rn. 22.

[249] *Alexy*, Rechtstheorie Beiheft 1 (1979), 75 ff.; *Koch/Rüßmann*, Juristische Begründungslehre, 1982, S. 97 ff.

[250] Zweigert/*Kötz*, Einführung in die Rechtsvergleichung, 3. Aufl. 1996, S. 411.

者赋予了"意思原则"优先于"信赖原则"的地位。作为信赖损失的补偿，合同相对人可依《民法典》第122条主张消极利益。若合同相对人了解真实的法律状况，则上文所介绍的"信赖保护原则"（第九章边码17）即不再适用，因为信赖者已无受保护之必要。[251]

77 不过，不同原则间的冲突也可交由法官解决，法官可以赋予某一法原则以优先性。例如，判例即曾解决了公司法和继承法原则之间的冲突问题。

78 具体涉及的问题是：《民法典》第1922条规定的"概括继承原则"（Universalsukzession）是否应当让位于"公司的行为能力原则"。

（1）实践中通常会适用所谓"特定继承条款"（qualifizierte Nachfolgeklauseln）[252]，以确保股东死后能够由一个其选择的人接手，而不使其他股东的股份增加（《民法典》第738条第1款、《商法典》第105条第3款）。如果股东合同在特定继承条款中规定，只能由股东选定的某个继承人继承，即会出现公司法与继承法的冲突。

79 （2）依照联邦最高普通法院的"继承法解决思路"，股份的继承也应当按照继承法而为之。[253] 若被选定承继股份的继承人不是（继承法上）唯一继承人，那么股份应当首先归为全体继承人的共同财产（《民法典》第2032条）。其结果就是，在完成遗产分配前，是由全体继承人承继股东之角色，要作出公司决议，即需全体继承人一致的意

---

[251] 严格来说，此处并没有什么信赖。参见§ 892 Abs. 1 S. 1 BGB, 15 Abs. 1 HGB.；有时，过失之行为即足以导致信赖不再成立，§§ 122 Abs. 2, 932 BGB；参见 *Neuner*, Allgemeiner Teil des Bürgerlichen Rechts, 12. Aufl. 2020, § 10 Rn. 82。

[252] 合伙人死后的法律后果应当是将合伙份额转于其他合伙人，而使继承人获得补偿请求权（《民法典》第738条第1款及《商法典》第105条第3款）。不过，合伙合同却可以利用继承条款而作出不同规定。若规定所有的继承人可依照其比例继承合伙份额，则构成"普通继承条款"。与此不同，"特定继承条款"则只允许特定的继承人继承并加入合伙。参见 *Koch*, Gesellschaftsrecht, 10. Aufl. 2017, § 19 Rn. 2 ff。

[253] 此为联邦最高普通法院1956年以来的一贯判决，参见：BGH, Urt. v. 22. 11. 1956, II ZR 222/55, BGHZ 22, 186, 191；BGH, Urt. v. 10. 2. 1977, II ZR 120/75, BGHZ 68, 225, 229；**不同观点**，即所谓"公司法的解决思路"则认为，继承仅应依据私法的合伙合同而为之。参见 *Flume*, Die Personengesellschaft, 1977, S. 387 f。

见(《民法典》第2038条及以下)。[254] 继承法上的流程乃是必须遵循的,这就产生了与公司法的冲突:公司的经济活动依赖各种快速作出的决议(公司的行为能力原则)。全体继承人的多元利益与人合公司的目标有着本质区别。若对遗产之处分适用严格的否决权,将损害公司的行为能力。[255]

(3) 联邦最高普通法院以倾向于公司法的态度解决了这一冲突:只有公司合同中所提及的继承人才能继承被继承人在公司中的股份(个别继承)。[256] 若仅有一个继承人从特定继承条款中获益,股东份额全然转移于此人(完全继承原则)。[257] 由此,人合公司的利益就得到了保障。其他继承人的利益则可如此得到兼顾:若公司股份的价值超过了受益人的继承份额,其他继承人可向承继股份的继承人主张补偿请求权。[258] 可见,本案冲突的解决之道在于确立了"公司行为能力原则"对"继承法概括继承原则"的优先性。[259]

2. 民法中冲突法益的衡量

若不存在某个原则具有优先性的事实,则必须使相冲突的原则实现一种平衡。[260] 法原则冲突的解决也需要被进一步地具体化。公法领域中扮演此角色的即所谓的"中间步骤"(第九章边码23及以下)。民法中,(具体化的工作)则由各种案例类型、子原则和类似构成要件的要素来实

---

[254] 想想那句在法律人中流传的谚语"你们是再互相了解一下,还是说已经继承完了?"就知道,要在(通常是互不待见的)继承人之间达成一致意见,实在是艰难费力。

[255] *Gergen*, in: MünchKomm-BGB, 8. Aufl. 2020, § 2040 Rn. 1, der auf das striket Vetorecht bei verfügungen über den Nachlass verweist.

[256] 一贯判决,参见 BGH, Urt. v. 22. 11. 1956, II ZR 222/55, BGHZ 22, 186, 192 ff.; BGH, Urt. v. 10. 2. 1977, II ZR 120/75, BGHZ 68, 225, 237; Baumbach/Hopt/*Roth*, HGB, 40. Aufl. 2021, § 139 Rn. 14。

[257] BGH, Urt. v. 10. 2. 1977, II ZR 120/75, BGHZ 68, 225, 237; Baumbach/Hopt/*Roth*, HGB, 40. Aufl. 2021, § 139 Rn. 17。

[258] BGH, Urt. v. 22. 11. 1956, II ZR 222/55, BGHZ 22, 186, 197; BGH, Urt. v. 10. 2. 1977, II ZR 120/75, BGHZ 68, 225, 238。

[259] 关于公司法原则及资本市场法原则的冲突,则可参见 *Möllers*, in: FS Baums, 2017, S. 805, 817 ff。

[260] *Canaris*, Systemdenken und Systembegriff in der Jurisprudenz, 2. Aufl. 1983, S. 115。

现。其程序类似于动态体系的宏观层面（如《民法典》第138条或第826条的例子）。上文已介绍过这类归责元素的衡量（第八章边码9及以下）。"对第三人具有保护效力的合同"这一法制度即包含了合同自由及禁止伤害他人（Nichtstörungsgebot）两方面的类似构成要件的条件。

二、法原则的衡量：以"对第三人具有保护效力的合同"这一融合了冲突法原则的法制度为例

1. 判例确立的类似构成要件的条件

82 有些法续造而来的法制度也可能是对各种不同的、相互冲突的法原则的平衡。就"对第三人具有保护效力的合同"而言，其法教义学理据仍未被充分厘清。

83 1930年，帝国法院要审理如下一个案件：某装配工在安装煤气表时，未正确安装一个螺丝，保姆用点燃的火柴测试漏气部位，导致煤气爆炸。尽管装配工仅同房屋的承租人订立了承揽合同，帝国法院仍认可保姆向装配工提起合同请求权。[261] 有孩子陪母亲购物，却被卷起的地毯绊倒而受伤[262]；还有小孩因生菜叶子而滑倒。[263]

84 联邦最高普通法院在其一贯的判例中依循拉伦茨的理论发展出了"对第三人具有保护效力的合同"这一法制度，并为之确立了多种案例类型。被纳入考虑的不仅包括第三人的法益，也包括了纯粹财产损害。[264] 如今，判例已为此确立了如下类似构成要件的条件：与合同履行具有密切关系（Leistungsnähe）、被纳入合同的利益（Einbeziehungsinteresse）、对债务人而言的可辨认性以及保护第三人之必要性。[265] 有学者

---

[261] RG, Urt. v. 10. 2. 1930, VI 270/29, RGZ 127, 218, 221-Gasuhr；对此富有启发的见解，参见 Kötz, Europäisches Vertragsrecht, 2. Aufl. 2015, S. 478。

[262] RG, Urt. v. 7. 11. 1911, VI 240/11, RGZ 78, 239, 240 f.-Linoleumteppich；另参见 Thiessen, in：FS Canaris, 2017, S. 51 ff。

[263] BGH, Urt. v. 28. 1. 1976, VIII ZR 246/74, BGHZ 66, 51, 56 ff. -Gemüseblatt。

[264] Kötz, Vertragsrecht, 2. Aufl. 2012, Rn. 517, 520；对案例类型依字母排列的介绍，参见 Gottwald, in：MünchKomm-BGB, 8. Aufl. 2019, § 328 Rn. 210-254。

[265] Palandt/Grüneberg, BGB, 80. Aufl. 2021, § 328 Rn. 17 ff。

批评这些条件过于模糊。[266] 过去，若债权人对第三人"福与祸"负有责任，即认定满足"被纳入合同的利益"这一条件[267]；如今，联邦最高普通法院认为，若第三人以明示或默示之方式被纳入合同之保护范围，亦属此例。[268]

2. 法教义学的论证尝试

这一制度的法教义学理据引发了激烈争议[269]：《民法典》第328条关于有利于第三人的合同之规定[270]此处不适用，因为债务人并不负有针对第三人的"主给付义务"（Hauptleistungspflicht）。[271] 假设合同相对人有此意图[272]的做法并无说服力，因为债务人本不会愿意为第三人负责。[273] 认为不能假设订立合同之意图，即是主张依客观标准对合同进行解释。[274] 援引《民法典》第242条诚实信用条款的做法[275]也不可取，因为针对债权人的不当行为并不存在。[276] "信赖保护原则"[277] 同样无甚说服力，第三人在购物时或者在居住时并没有从事法律行为的意图[278]，对

---

[266] *Vogenauer*, in: HKK-BGB, 2007, §§ 328-335 Rn. 124.

[267] BGH, Urt. v. 26.11.1968, VI ZR 212/66, BGHZ 51, 91, 96-Hühnerpest; BGH, Urt. v. 28.1.1976, VIII ZR 246/74, BGHZ 66, 51, 57-Gemüseblatt.

[268] BGH, Urt. v. 14.6.2012, IX ZR 145/11, BGHZ 193, 297 Rn. 15 ff. -Vertrag zwischen GmbH und Steuerberater; BGH, Urt. v. 24.4.2014, III ZR 156/13, NJW 2014, 2345 Rn. 12 ff. - Fehlerhaftes Testat eines Wirtschaftsprüfers.

[269] *Zenner*, NJW 2009, 1030 ff.; *Klumpp*, in: Staudinger, Neubearb. 2020, § 328 Rn. 96 ff.

[270] RG, Urt. v. 10.2.1930, VI 270/29, RGZ 127, 218, 221-Gasuhr.

[271] *Larenz*, NJW 1956, 1193; *ders.*, NJW 1960, 78, 79.

[272] 参见判例：BGH, Urt. v. 15.6.1971, VI ZR 262/69, BGHZ 56, 269, 273; BGH, Urt. v. 24.4.2014, III ZR 156/13, NJW 2014, 2345 Rn. 13-Fehlerhaftes Testat eines Wirtschaftsprüfers; 赞同者，参见 Palandt/*Grüneberg*, BGB, 80. Aufl. 2021, § 328 Rn. 14。

[273] *Gernhuber*, in: FS Nikisch, 1958, S. 249, 261; *Honsell*, JZ 1985, 952, 953; *Vogenauer*, in: HKK-BGB, 2007, §§ 328-335 Rn. 123.

[274] *Fikentscher/Heinemann*, Schuldrecht, 11. Aufl. 2017, Rn. 158, 305.

[275] BGH, Urt. v. 28.1.1976, VIII ZR 246/74, BGHZ 66, 51, 57-Gemüseblatt; *Zenner*, NJW 2009, 1030, 1034; *Fikentscher/Heinemann*, Schuldrecht, 11. Aufl. 2017, Rn. 305.

[276] *Neuner*, JZ 1999, 126, 128.

[277] *Canaris*, JZ 1965, 475, 478; *ders.*, in: GK-HGB, Bankvertragsrecht, 4. Aufl. 2005, Rn. 21 ff.

[278] *Neuner*, JZ 1999, 126, 128.

合同完全可以一无所知。[279] 适用习惯法[280]的做法也难成立，因为"习惯法"究竟应当满足什么条件仍属争议问题（第三章边码 23 及以下）。最后，"社会国家原则"及"社会原则"也被拿来作为论证之理由。[281] 这些关于对第三人有保护效力之合同的观点促生了债法改革后的《民法典》第 241、311 条，然而这些规范本身被认为并不能顺理成章地推导出"对第三人具有保护效力的合同"这一法制度。

3. "禁止伤害他人"及"合同自由"原则的平衡

86 引入"对第三人具有保护效力的合同"虽有违合同自由之原则。然而，这一原则却可以同"禁止伤害他人"等其他原则进行衡量。此即可为"对第三人具有保护效力的合同"这一法制度提供论证理由，而该制度的构成要件要素恰也反映了各种相冲突利益之间的平衡。有两个角度与合同法上的归责相关：一者是源自"自负其责"的"禁止伤害他人原则"，二者是作为合同自由一部分的"缔约自由"。

87 （1）基于人可能受到伤害之特点，罗马法上早已有一般性的"禁止伤害原则"（勿害他人：alterum non laedere）[282]。保护第三人法益的这一案例类型实以"自负其责"原则为基础，即对他人法益的损害有过错的，应为之负责。[283] 对此还有"为后果负责"（Erfolgsverantwortlichkeit）[284]、

---

[279] *Klumpp*, in: Staudinger, Neubearb. 2020, § 328 Rn. 104.

[280] 参见 *Gernhuber*, in: FS Nikisch, 1958, S. 249, 269 ff.; **不同观点**，则参见 *Hadding*, in: Soergel, BGB, 13. Aufl. 2010, Anh. § 328 Rn. 8; 反对考虑财产损失者，参见 *Klumpp*, in: Staudinger, Neubearb. 2020, § 328 Rn. 97。

[281] *Neuner*, JZ 1999, 126, 128; 参见第九章边码 40。

[282] 关于一般性的禁止伤害原则，参见 Ulp. D. 1, 1, 10, 1.: *Juris praecepta sunt haec: honeste vivere, alterum non laedere, suum cuique tribuere* （法的原则在于诚实生活、勿害他人、各得其所）；也参见 *Schiemann*, JuS 1989, 345 ff.; *Picker*, JZ 1987, 1041, 1048 ff.: *Schiemann*, JuS 1989, 345 ff.; 关于"法益保护"这一原则，参见 *Möllers*, Rechtsgüterschutz im Umwelt- und Haftungsrecht, 1996, § 5。

[283] *Mayer-Maly*, Jahrbuch für Rechtssoziologie und Rechtstheorie 14 (1989), 268, 278 ff.; *Canaris*, Die Vertrauenshaftung im deutschen Privatrecht, 1971, S. 422.

[284] *Honoré*, Responsibility and Luck, 104 L. Q. Rev. 530 ff. (1988); *Jansen*, Die Struktur des Haftungsrechts, 2003, S. 119 ff.

"不法责任"(Unrechtshaftung)[285]或"自己负责原则"(Prinzip personaler Verantwortung)[286]等各种说法。

即使有事务辅助人的参与,任何人的"**自负其责**"也都不受影响。判例所确立的两个构成要件要素"被纳入合同的利益"以及"保护第三人的必要性"均体现了加害人的这一责任。其背后的思想是,德国的侵权法存在种种漏洞,例如,事务所属人(Geschäftsherr)可依《民法典》第831条第1款第2句免责、侵权法原则上不适用于财产损失、没有规定合同法上的举证责任减轻制度等。[287] 确立这样的义务也是出于"结果导向"的论据:这样做可以避免当事人承受不公平的负担(第五章边码73及以下)。[288] 对第三人具有保护效力的合同这一法制度故而可谓超越立法的法续造(见下文)。而在其他国家的法秩序中,则并无此类侵权法上的漏洞。[289] 例如,欧盟法即也承认"雇主负责原则"(respondeat superior)。[290]

(2) 相反,将第三人纳入合同关系又违背了合同自由原则之下的"**缔约自由**"(第九章边码29),因此才有了与合同履行的密切关系,以及义务对债务人的明显性这样的限制性条件。原则上,任何一方不能强迫他人:强制缔约以及法律规定的合同继受情形(如《民法典》第613a条、第566条或第563条)即属其例外。

88

89

---

[285] *Larenz*, Allgemeiner Teil des deutschen Bürgerlichen Rechts, 5. Aufl. 1980, S. 33 ff.; *Deutsch*, Haftungsrecht, 1976, S. 3.

[286] *Larenz/Canaris*, Lehrbuch des Schuldrechts, Besonderer Teil, Bd. II/2, 13. Aufl. 1994, S. 608. **不同观点**,参见 *Hager*, Strukturen des Privatrechts in Europa, 2012, S. 9,这些学者认为"互利原则"才是侵权法的核心原则。不过,上述观点并不相互排斥。

[287] *Gottwald*, in: MünchKomm-BGB, 8. Aufl. 2019, § 328 Rn. 166.

[288] 有学者也强调对"社会"利益及公平性的考量,参见 *Gottwald*, in: MünchKomm-BGB, 8. Aufl. 2019, § 328 Rn. 166。

[289] 参见 *Kötz*, Europäisches Vertragsrecht, 2. Aufl. 2015, S. 480 Fn. 23,作者列举了《瑞士债法》(OR)第58条、《意大利民法典》第2051条以及《法国民法典》第1384条。

[290] 拉丁文原意"让高级别的人来回答",参见 *Kötz/Wagner*, Deliktsrecht, 14. Aufl. 2021, 6. Kap. Rn. 49; *ders.*, in: MünchKomm-BGB, 8. Aufl. 2020, § 831 Rn. 6,其援引了《欧洲民法典共同示范参考草案》(DCFR)第 VI-3:201 条。

90　　　（3）诚然，就事务辅助人的责任而言，对《民法典》第831条第1款第2句进行目的性限缩即不必再费力找寻诸如"对第三人具有保护效力的合同"这样的出路。除了可适用《民法典》第280条第1款第2句的举证责任倒置，这一解决路径亦会导致依据《民法典》第278条第1句而适用无免责可能性的责任。克茨和瓦格纳（Kötz/Wagner）不无讽刺地说道："任何人，只要不是有眼无珠，面对为了避免侵权的案件解决思路而急于踏上合同法高地所仓促构造的这些桥梁，都难免不会感到一定程度的惊异"。[291] 无论当时的立法者[292]抑或现在的立法者，从解释论上说都反对这样的目的性限缩，因为当时删除《民法典》第831条第1款第2句的建议均未被立法者采纳。[293] 如果因为侵权法的封闭体系而拒绝进行目的性限缩（第十三章边码29及以下），那么侵权法对《民法典》第831条的修订，也只能依赖立法论来确立事务所属人的担保义务。[294]

91　　　帝国法院和之后的联邦最高普通法院都无法直接修正《民法典》第831条第1款第2句，故而只能从合同法上寻找出路：这样做的优势在于不必违反《民法典》第831条的文义即能够为这一超越法律（制定法）的造法提供论证；此外，由此也可避免陷入侵权法责任泛滥的危险，毕竟合同法原则上只涉及两人之间的关系（第四章边码110）。合同自由乃是以"*法安定性*"的法理念为基础，而"*禁止伤害原则*"则是源于"*正义*"的法理念。

---

[291]　Kötz/*Wagner*, Deliktsrecht, 14. Aufl. 2021, 6. Kap. Rn. 48.

[292]　参见立法理由（Prot. II, S. 603）："不过，这些提议也有其合理成分，其背后的思想是，从事务中受益的人也应当为第三人由此受到的损害负责。然而，这一思想在《民法典》的框架下并没有立足之地，而必须通过特别立法的方式解决する……"

[293]　RefE eines Gesetzes zur Änderung und Ergänzung schadensatzrechtlicher Vorschriften, Bd. 2, 1967, S. 77 ff., 94 ff.; *von Bar*, in: BMJ, Gutachten und Vorschläge zur Überarbeitung des Schuldrechts, Bd. 2, 1981, S. 1681, 1758 f., 1762, 1776 f.

[294]　从立法论上主张废除《民法典》第831条第1款第2句者，参见 Kötz/*Wagner*, Deliktsrecht, 14. Aufl. 2021, 6. Kap. Rn. 49; *ders.*, in: MünchKomm–BGB, 8. Aufl. 2020, § 831 Rn. 3 ff.

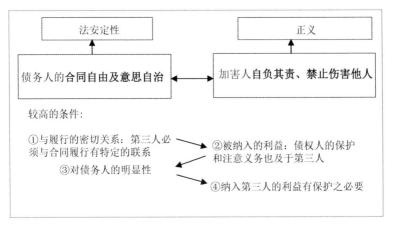

图10-1 冲突的法原则、对第三人具有保护效力的合同制度所适用条件的具体化

三、民法中的比例原则

1. 支持意见

有时,个案的审查也难免需要进行衡量。[295] 与此不同的问题是,比例原则是否也可以适用于民法。这一点在联邦宪法法院的某些判决中得到了肯定,例如合同自由、言论自由及职业自由等领域。联邦最高普通法院更是称比例原则为"统领整个民法领域的原则"[296],联邦最高劳动法院(BAG)甚至称其为"私法的一项至高原则"。[297] 部分学者也认为比例原则可全面适用于民法领域。[298] 有观点认为,既然民法的立法活动亦受宪

---

[295] 例如,如何确定是否存在《民法典》第275条第2款的"明显失衡",参见 *Riehm*, RW 2013, 1 ff.。

[296] BGH, Urt. v. 11. 2. 1987, IVa ZR 194/85, BGHZ 100, 60, 64-§ 71 VVG; s. auch BGH, Urt. v. 6. 12. 1989, IVa ZR 249/88, BGHZ 109, 306, 312-schwere Pietätsverletzung.

[297] BAG, Urt. v. 10. 6. 1980, 1 AZR 822/79, BAGE 33, 140, 176-Arbeitskampfrecht.

[298] *Hanau*, Der Grundsatz der Verhältnismäßigkeit als Schranke privater Geltungsmacht, 2004, S. 121 f.; *M. Stürner*, Der Grundsatz der Verhältnismäßigkeit im Schuldvertragsrecht, 2010, S. 442; *Neuner*, NJW 2000, 1822, 1824 für den nichtrechtsgeschäftlichen Bereich; *Schulze-Fielitz*, in: Dreier, GG, 3. Aufl. 2015, Art. 20 (Rechtsstaat) Rn. 197 aus Sicht des öffentlichen Rechts.

法秩序的约束（《基本法》第1条第3款），那么比例原则自在此之列。[299]这同样适用于民法领域的判例。[300] 此外，《民法典》中还存在要求一方当事人以"合比例的方式"行使其权利的规定：例如，对于《民法典》第227条第1款之"正当防卫权"，第2款即规定其必须限于"必要"之限度。[301] 根据《民法典》第1020条第1句的规定，地役权人应当"尽可能地维护"所有权人的利益。[302] 方法论上，有观点试图将《民法典》第242条作为比例原则之根据。[303] 针对某少年将博物馆名贵艺术品损坏一案，卡纳里斯认为，仅以现行法为依据，即足以否定价格高昂的损害赔偿，因为这一请求权将损害一般性的行为自由，同时也有违民法领域所适用的禁止过度原则。[304]

2. 原则上的反对意见

反对意见则对比例原则的整体适用持批评态度。[305] 这种观点强调民法的独特性：首先，立法者通常已然对各种利益进行了完美的衡量。[306] 其次，比例原则只能用于抵御公权力的侵害，而不适用于私主体之间，因为双方当事人本可以诉求基本权利之保护。[307] 最后，这样做恐怕会使联邦宪法法院动辄以"超级上诉法院"的姿态出现（第十三章边码110及

---

[299] Neuner, Allgemeiner Teil des Bürgerlichen Rechts, 12. Aufl. 2020, § 2 Rn. 2.

[300] Canaris, JuS 1989, 161, 162.

[301] 例如第228条第1句（"必要"），第230条第1款（"必要"）以及第904条第1句（"必需""不合比例"）等也有此类表述。

[302] 其他例证，参见《民法典》第281条第1款第3句"不显著的"、第320条第2款"合比例的轻微性"、第343条第1款第1句"不合比例的高程度"、第655条第1句"不合比例的高"、第948条第2款"不合比例的费用"、第950条第1款第1句"显著轻的"。

[303] Köhler, GRUR 1996, 82; Looschelders/Olzen, in: Staudinger, BGB, Neubearb. 2019, § 242 Rn. 277 ff.

[304] Canaris, JZ 1987, 993, 1001 f.; ders., JZ 1988, 494, 497.

[305] Medicus, AcP 192 (1992), 35, 69 f.; Merten, in: FS Schambeck, 1994, S. 349, 364 f.; Palandt/Grüneberg, BGB, 80. Aufl. 2021, § 242 Rn. 54; Bieder, Das ungeschriebene Verhältnismäßigkeitsprinzip als Schranke privater Rechtsausübung, 2007, S. 27 ff.; Köhler, in: Jestaedt/Lepsius, Verhältnismäßigkeit, 2015, S. 210, 212 ff.; 对公法领域的见解，参见 D. Merten, HdB GR, Bd. III, 2009, § 68 Rn. 22.

[306] Medicus, AcP 192 (1992), 35, 37; Preis, in: FS Dieterich, 1999, S. 429, 433 以及上文第十章边码1。

[307] Medicus, AcP 192 (1992), 35, 59; Preis, in: FS Dieterich, 1999, S. 429, 435, 438.

以下）。[308] 因此，这种观点认为，比例原则不能适用，或者说只能非常有限地适用：作为"自我决定原则"之体现，当事人原则上可以自由确定合同内容。此处本不适用客观的等价原则。《民法典》有意摒斥了价格审查，仅在例外情况才适用"非常损失规则"（第九章边码 52 及以下）。[309] 而在物权法领域，所有人可依《民法典》第 903 条任意处置其所有权。[310] 所有人完全可以不受妨碍地损坏自己的物。[311] 基于"遗嘱自由"，配偶或亲属可被剥夺继承权；此时仅对特留份的请求权予以保护（《民法典》第 2303 条）。

3. 折中意见：比例原则在《民法典》中的有限适用

第一种观点虽值赞同——基本权利在民法领域亦可发挥间接之效力（第十一章边码 11 及以下），民法的立法者同样也受到基本权利及禁止过度原则的约束——但由此并不能认为基本权利可直接适用于民法。此外，前文所提及的规范亦不能被一般化[312]，它们通常都只涉及权利保护或权利行使层面。强调《民法典》第 242 条也难谓合理，因为这一根植于罗马法"善意诚实"（bonas fides）[313] 传统的规范本来只是针对债权债务关系中的特定义务，而并非要对所有相关的利益进行衡量。[314] 对比例原则规范的任意修改可能会超越法续造的正当界限：故意损害名贵画作的"艺术破坏分子"就应当对全部损失负责，因为受害人的所有权乃是明确无误的事实。[315]

---

[308] *Medicus*, AcP 192（1992），35，69；*Diederichsen*, AcP 198（1998），171，209 ff.

[309] 同样的观点，参见 *Raiser*, in：FS DJT, Bd. 1，1960，S. 101，129 ff.；*Wieacker*, Zur rechtstheoretischen Präzisierung des § 242 BGB, 1956, S. 38；*D. Merten*, HdB GR, Bd. III, 2009, § 68 Rn. 22；*Kähler*, in：Jestaedt/Lepsius（ebd.），S. 210，225；与此不同的是《行政程序法》第 56 条第 1 款第 2 句之规定："对待给付须依整体情势而言具有适当性，且与机构的合同给付存在实质联系。"

[310] 这一原则已有上百年的历史，参见上文第九章脚注 109。

[311] *Kähler*, in：Jestaedt/Lepsius, Verhältnismäßigkeit, 2015, S. 210，227。

[312] *D. Merten*, HdB GR, Bd. III, 2009, § 68 Rn. 22；*Kähler*, in：Jestaedt/Lepsius, Verhältnismäßigkeit, 2015, S. 210，217 ff.

[313] *Schermaier*, in：Zimmermann/Whittacker, Good Faith in European Contract Law, 2000, S. 63，66.

[314] *Kähler*, in：Jestaedt/Lepsius, Verhältnismäßigkeit, 2015, S. 210，221.

[315] 对于侵害第三人基本权利的不正当法续造，则参见下文第十三章边码 70 及以下。

破产法已然可以为行为人提供足够的保护。[316]

96　　（1）实现利益平衡原则上本是立法者的任务。[317] 相比于法院作出的比例原则审查，立法者无疑能够对利益作出更完善的平衡。[318] 以合目的性、必要性和狭义比例性为要素的比例原则审查（第十章边码42及以下）将会以违反体系的代价而限制私人自治。[319] 诸如买卖、服务或承揽等双务合同，已内含了如下一种利益法则：一方想要低价索取，另一方则想要高价出售。可口可乐的瓶子究竟该卖50欧分还是50欧元，全由市场决定[320]，法官基本上对此没有兴趣。因此，对合同相对方而言，另一方原则上不必勤恳地为了他人利益的最大化而安排自己的行为，相反，他只需要追逐自身的利益。因此，民法允许人们在《民法典》第138条和第242条的限制下享有一种"无须节制的权利"（Recht auf Maßlosigkeit），它恰恰未规定内容审查（第九章边码30）。因此，从推定规则的角度来说，应当推定私人自治下协议具备有效性（可推翻）。[321]

97　　（2）不过，那种认为民法应当全然摒斥比例原则的法律观点则又过于偏激。[322] 除了上文提及的具体情形，若一方基于其"形成权力"而制定的一般交易条款损害了另一方的自我决定权，亦应适用立法者所规定的比例原则审查：依据《民法典》第307条第1款的规定，给另一方造成"不适当的不利益"的条款无效。[323] 此外，诸如解约等形成权也应当以合比

---

[316]　反对卡纳里斯观点（第十章脚注304）的，参见 Ramm, JZ 1988, 489, 491 f.; Medicus, AcP 192 (1992), 35, 66 f.; Preis, in: FS Dieterich, 1999, S. 429, 460; Looschelders/Olzen, in: Staudinger, BGB, Neubearb. 2019, § 242 Rn. 280; Kähler, in: Jestaedt/Lepsius (ebd.), S. 210, 215。

[317]　Stern, in: ders., Das Staatsrecht der Bundesrepublik Deutschland, Bd. III/1, 1988, S. 1578; Hesse, Grundzüge des Verfassungsrechts der Bundesrepublik Deutschland, 20. Aufl. 1999, Rn. 355.

[318]　Preis, in: FS Dieterich, 1999, S. 429, 448.

[319]　Bieder, Das ungeschriebene Verhältnismäßigkeitsprinzip als Schranke privater Rechtsausübung, 2007, S. 39 ff.

[320]　关于亚当·斯密"看不见的手"的理论，参见上文第五章边码122，例外则参见第九章边码54a。

[321]　Preis, in: FS Dieterich, 1999, S. 429, 440.

[322]　明确指出者，参见 Kähler, in: Jestaedt/Lepsius, Verhältnismäßigkeit, 2015, S. 210, 212 ff.

[323]　Preis, in: FS Dieterich, 1999, S. 429, 440.

例的方式行使。[324] 此时即适用《民法典》第 242 条关于禁止权利滥用的规定。为避免流于表面的理由，**衡量必须依照一定的结构**（第十章边码 76），从而实现其理性。为此，需要注意如下三点：其一，人们必须注重法律的价值安排，而不能以自己的价值替代之。其二，不确定的法概念必须借助归责标准（第八章边码 4）或指导观念（第十章边码 17 及以下）来实现进一步的具体化。其三，这些服务于具体化的标准应当被置于某种类似构成要件的检验顺序中，而免于使用"越……就越……"这样的比较性语句。[325]

（3）若宪法间接地在民法中发挥效力，则尤其应当注意宪法及比例原则之审查。"吕特案"（Lüth-Urteil）（第十一章边码 12 及以下）及上文介绍的"莱巴赫案"的判决已然明确，民法上的不作为请求权及损害赔偿请求权都要受到特定条件的限制。例如，国家的保护义务所针对的一般人格权也应当得到民法之保护（第十一章边码 71 及以下）。然而，言论自由却可能与之相冲突，为此即需要进行充分的衡量。[326] 相反，上文的"艺术破坏分子"既然自主地造成了损害，那么他就不能主张损害赔偿义务会长期影响他的生活规划。仅是因为损害金额高昂，就可以使故意损害者免责，这显然是荒谬的。[327] 因此，比例原则只是"辅助性冲突解决办法"意义上的"最后手段"。[328]

本节参考文献：

Bieder, *Marcus*, Das ungeschriebene Verhältnismäßigkeitsprinzip als Schranke privater Rechtsausübung, 2007; *Canaris*, *Claus-Wilhelm*, Grundrechtswirkungen

---

[324] 参见有关《商法典》第 140 条的判决，BGH, Urt. v. 17.2.1955, II ZR 316/53, BGHZ 16, 317, 322 ff.; 对也参见《商法典》第 133 条第 2 款；针对联邦劳动法院"解约保护法"的批评，参见 *Preis*, Prinzipien des Kündigungsrechts bei Arbeitsverhältnissen, 1987, S. 261. Ascheid/Preis/Schmidt/*Preis*, Kündigungsschutzrecht, 5. Aufl. 2017, Grundlagen H. Rn. 21; *Stückmann/Kohlepp*, RdA 2000, 331, 332。

[325] 关于动态体系论的缺陷，参见上文第八章边码 8。

[326] BGH, Urt. v. 26.10.1951, I ZR 8/51, BGHZ 3, 270, 280 ff. -Constanze I; BGH, Urt. v. 21.6.1966, VI ZR 261/64, BGHZ 45, 296, 307 ff. -Höllenfeuer; *Schiemann*, in: HKK-BGB, 2013, §§ 823, 830, 840, 842-853 Rn. 122; Palandt/*Sprau*, BGB, 80. Aufl. 2021, § 823 Rn. 95 ff.

[327] **不同观点**，则参见 *Canaris*（第十章脚注 304）。

[328] *Preis*, in: FS Dieterich, 1999, S. 429, 447; 之前已有的论述，参见 *Metzner*, Das Verbot der Unverhältnismäßigkeit im Privatrecht, 1970, S. 40 ff., 74, 109 f。

und Verhältnismäßigkeitsprinzip in der richterlichen Anwendung und Fortbildung des Privatrechts, JuS 1989, 161-172; *Kähler*, *Ludwig*, Raum für Maßlosigkeit. Zu den Grenzen des Verhältnismäßigkeitsgrundsatzes im Privatrecht, in: Jestaedt, Matthias/Lepsius, Oliver, Verhältnismäßigkeit, 2015, S. 210-233; *Medicus*, *Dieter*, Der Grundsatz der Verhältnismäßigkeit im Privatrecht, AcP 192 (1992), 35-70; *Preis*, *Ulrich*, Prinzipien des Kündigungsrechts bei Arbeitsverhältnissen, 1987; *ders*., Verhältnismäßigkeit und Privatrechtsordnung, in: FS Dieterich, 1999, S. 429-462; *Riehm*, *Thomas*, Abwägungsentscheidungen in der praktischen Rechtsanwendung, 2006; *Rückert*, *Joachim*, Abwägung – die juristische Karriere eines unjuristischen Begriffs, JZ 2011, 913-923; *Schneider*, *Egon*, Rechtspraxis und Rechtswissenschaft. Gedanken zur Methodenlehre, MDR 1967, 6-12.

第五节 第十章小结

99　　（1）在对原则进行具体化时，亦会涉及原则之冲突问题。此时，人们即可求助于有着不同程序步骤的衡量。"衡量"的结果不仅包括具体的中间步骤、优先规则、推定规则及衡量负担规则，必要时也会催生新的原则或法制度。

（2）当前已臻成熟的法教义学将基本权利的审查划分为保护范围、干预、正当化及限制之限制四个阶段，尽管当中的细节问题仍存有争议。其中之重点在于论证负担和正当化负担的分配：原则上，需要予以正当化的并非行使基本权利之自由，而是对其加以限制的企图。

（3）欧盟法层面的基本权利和基本自由采纳的审查模式与德国法的基本权利颇为类似。欧盟最高法院也会审查非一体化领域内的基本权利，而联邦宪法法院也会审查欧盟的基本权利。

（4）民法领域中也存在法原则的冲突问题，这可以通过适用优先规则或诉诸"衡量"得到解决。此处的衡量同样可展开为具体化的中间步骤。比例原则只能在民法领域中得到有限的适用。

第四部分

宪法及欧盟法所致的优先性

第十一章 作为上位法的宪法

本书开篇的"母子车厢案"中,《基本法》第 3 条第 1 款的"平等权"这一基本权利即被引作一个论据(第一章边码 73),并已指出,宪法和欧盟法具有比普通法(einfaches Recht)更高的位阶(第二章边码 82 及以下)。世界上诸多国家均具备一部宪法。本章所要揭示的是,德国法上的基本权利会如何影响民法、刑法及公法,在法学考试或家庭作业中适用现行法时,又应当以何种形式援用宪法。其中不仅涉及基本权利在私主体之间发挥何等效力的问题,亦关涉宪法应当得到多大程度注意的问题(第一节)。宪法规定的注意义务可表现为不同的强度:认定为违宪的情形,将导致违法乃至规范之无效(第二节);所谓"宪法导向的解释"中,宪法规定只作为衡量之标准(第三节);另一情形则是优先于普通法的"合宪解释"(第四节);必要时,则还需进行超越普通法文义的"合宪的法续造"(第五节)。

第一节 宪法的各种功能

基本权利属于"主观性权利"(subjektive Rechte),并可进一步区分为防御权(Abwehrrecht)、给付权(Leistungsrecht)、保护权(Schutzrecht)和分享权(Teilhaberecht)等(不同功能)。[1] 此外,基本权利亦具有

---

[1] 关于"消极地位"(status negativus)及"积极地位"(status positivus)之理论,参见 *Jellinek*, System der subjektiven öffentlichen Rechte, 1892, S. 82 f.。

"客观法"(objektiv-rechtlich)之内容[2],其影响了诸如财产或婚姻制度之类的法秩序及社会秩序。

一、作为客观价值秩序的基本权利与基本法

1. 针对国家的防御权

3　　历史上看,基本权利作为民众对抗国家的典型防御权,已有两百年之久。[3] 诚如耶利内克100年前所言:"正是因为个体承受了各种压迫性的限制,历史上才有了对特定的自由权予以承认的呼声。而宗教迫害和审查则催生了宗教自由及新闻自由之理念,警察的侵害和禁令则孕育了家主权(Hausrecht)、通信秘密、结社及集会权等自由权。"[4] 将基本权利视为防御权的这一理解也恰恰肇因于纳粹的威权统治。[5] 就此而言,宗教自由、通信秘密权、保护家宅不受侵害权等(《基本法》第4条、第10条第1款、第13条第1款)无疑均属于"防御权"。不过,其他基本权利亦可被视为针对国家权力的防御权。[6] 这也同样是美国对基本权利的传统理解。[7]

2. 作为价值秩序的《基本法》

4　　作为自然法的组成部分,"人权"乃是从形式及实质上所确立的一种

---

[2] BVerfG, Urt. v. 1. 3. 1979, 1 BvR 532/77 u. a., BVerfGE 50, 290, 337-Mitbestimmung.

[3] 关于基本权利的历史,参见 Zippelius, Allgemeine Staatslehre, 17. Aufl. 2017, S. 269 ff.; 比较法的论述,则参见 Goldsworthy (Ed.), Interpreting Constitutions, 2006。

[4] Jellinek, Allgemeine Staatslehre, 3. Aufl. 1914, S. 419.

[5] von Mangoldt, Entwurf des Grundgesetzes, Anlage zum stenographischen Bericht der 9. Sitzung des Parlamentarischen Rates v. 6. 5. 1949, S. 5:"基本权利部分应就个人与国家间的关系作出规定、为国家的绝对权力设定限制,以此使人格尊严复归于保障。"

[6] 例如艺术自由(《基本法》第5条第3款第1项),参见 BVerfG, Beschl. v. 13. 6. 2007, 1 BvR 1783/05, BVerfGE 119, 1, 20 ff. -Esra;关于《基本法》第5条第3款第2项的学术自由,则参见 BVerfG, Beschl. v. 1. 3. 1978, 1 BvR 333/75 u. a., BVerfGE 47, 327, 367-Hessisches Universitätsgesetz(第十一章边码53)。

[7] 例如,《美国宪法第一修正案》(第一章脚注158):"国会不得制定如下法律……"(Congress shall make no law);相关讨论参见波斯纳法官的论述,参见 Jackson v. City of Joliet, 715 F. 2d 1200, 1203 (7th Cir. 1983):"宪法是消极自由而非积极自由的宪章(the Constitution is a charter of negative rather than positive liberties)。"

超越法律的基本秩序（Grundordnung）（相关争议，参见上文第二章边码128及以下）。"吕特案"的判决中，联邦宪法法院不再仅仅将基本权利视为"防御权"，首次将其描述为"客观的价值秩序"。保护人格尊严、保护自由、保护社会利益均属实质性的基本秩序。这些"原则"也可予以进一步具体化。[8] 对宪法的这种"再造"会引发深远之影响。此即构成一种"宪法续造"（Verfassungsrechtsfortbildung，第十三章边码67）。在"吕特案"中，联邦宪法法院有如下具体阐述：

> 毫无疑问，基本权利首先是为保护个人的自由领域免受公权力的侵害而设；其是谓针对国家的"防御权"。衡诸基本权理念的思想史，以及各国将基本权利纳入宪法的历史，即可得出这一结论。《基本法》中的基本权利同样具有这一含义，"基本权利"这一部分被置于前面，正是为了强调人格尊严之于国家权力的优先性。与此一致，立法者为这类权利所设定的特别救济手段——宪法诉愿——亦仅仅是针对公权力的行为。
>
> 不过，同样应承认的是，《基本法》也并无意成为一种价值中立的秩序（BVerfGE 2, 1 [12]；5, 85 [134 ff., 197 ff.]；6, 32 [40 f.]），其基本权利的部分亦确立了一种客观的价值秩序，而这恰恰体现了从原则上强化基本权利规范效力（Geltungskraft）之义（参见Klein-v. Mangoldt, Das Bonner Grundgesetz, Vorbem. B III 4 vor Art. 1 S. 93）。这一价值体系——其核心即是于社会共同体之内自由发展的人格及人格尊严——必定是对任何法领域均有效力的基础宪法命题；立法、行政及司法即能从中得到各种规则与指引。它自然也会影响民法领域；任何民法规则均不得与之相抵牾，任何规则均必须依其精神而予以解释。[9]

4a

将宪法描述为"价值秩序"可以说是专门为了与魏玛时期的"价值 **4b**

---

[8] Hesse, Grundzüge des Verfassungsrechts der Bundesrepublik Deutschland, 20. Aufl. 1999, Rn. 60 ff. 参见上文第七章边码2以及第十章边码4。

[9] BVerfG, Urt. v. 15. 1. 1958, 1 BvR 400/51, BVerfGE 7, 198, 204 f. -Lüth.

相对主义"相区分。[10] 价值秩序可以成为宪法续造的理由（第十三章边码94及以下）。价值不是"法"，而是一种"道德"，因此其并不属于"应然"的范畴，而是一种"善"。[11] 如果在裁判中将"人格尊严"引为论据，这一点即是显而易见的。[12] 宪法使得联邦宪法法院拥有了"处置社会正义观念"的可能性。[13] 因此，伯肯弗德（Böckenförde）才会有"基于现实科学的宪法解释"这种说法。[14] 宪法的动态解释（第六章边码72）即是允许人们关注当时社会的道德观念。有关"商业性安乐死"的判决就是相关的例证（第十一章边码8b）。为此就需要仔细判断，哪个主题需要由立法者自己作出裁判，哪个主题可以由法院作出裁判（第十三章边码97及以下）。[15]

3. 基本权利：国家对民众的保护义务

5 此外，基本权利也可理解为国家需要向民众履行的"保护义务"（Schutzpflicht）。在《基本法》第1条第1款第2句关于"人格尊严"的规定中，立法者已然明文强调了基本权利的这一保护特征。[16] 此外，《基本法》第6条第4款赋予母亲请求社会照顾的权利、第19条第4款规定通过法院程序和法院裁判提供权利保护等，也都体现了这种保护义务。借由警察和军队保护民众免遭第三人侵害，可谓国家的传统职责。针对民众，国家负有保障其身体完整性的保护义务。这即体现于基本权利的客观价值[17]以及国家保护民众安全的义务之

---

[10] BVerfG, Urt. v. 17. 8. 1956, 1 BvB 2/51, BVerfGE 5, 85, 138 f.-KPD.

[11] 参见 *Alexy*, Theorie der Grundrechte, 1986, S. 125 ff.; *Volkmann*, Grundzüge einer Verfassungslehre der Bundesrepublik Deutschland, 2013, S. 134 f.; *ders.*, JZ 2020, 965, 967。

[12] 参见上文第一章边码112及以下，第十章边码8及以下。

[13] 语出自 *Volkmann*（ebd.），S. 167 ff.，177 ff.

[14] *Böckenförde*, Staat, Verfassung, Demokratie, 1991, S. 53, 70 ff.；类似表述，参见 *Forsthoff*, Der Staat als Industriegesellschaft, 1971, S. 137:"自然科学的方法。"

[15] 对基本权利发展为客观价值秩序的批评，参见 *Böckenförde*（ebd.），S. 159, 191 ff.

[16] "人格尊严不可触犯。尊重并保护之，是所有国家权力的义务。"对此，参见 *Dürig*, AöR 81（1956），117 ff.

[17] BVerfG, Urt. v. 25. 2. 1975, 1 BvF 1/74 u. a., BVerfGE 39, 1, 41-Schwangerschaftsabbruch I.

上。[18] 国家由此保障了"一般性的禁止伤害原则"(第一章边码110)。

当民众受到自然灾害或第三人的威胁时,国家也应承担保护义务。[19] 因此,国家不仅要尊重自由领域,还要保护自由领域;基本权利由此构成向国家作出的主动性的行为命令(Handlungsgebot)。[20] 国家必须制定必要的法律以保护基本权利,并保障这些法律的实施。[21] 刑法及较为谦抑的民法即由此承担了保护生命健康之任务。[22] 民法中,有多处体现了这种保护义务。《基本法》第2条第2款所保护的身体完整性,除了《刑法典》第211条等规定,亦通过《民法典》第823条等规定予以保障。立法者正是通过这些规范来履行其保护民众的义务。[23] 与此不同,美国法对基本权利的理解明显更为狭窄;其一般不会认为从宪法中可以得出针对民众的独立的保护义务。[24]

"保护义务说"实为一种宪法续造[25],乃由联邦宪法法院在"堕胎Ⅰ号案"中发展而来。本案关注的问题是,《刑法第五修正法案》所谓的"堕胎期限规定"——即受孕后前12周内堕胎可在特定条件下免于刑罚——是否符合《基本法》之规定。彼时,联邦宪法法院主张,即便有国家的堕胎期限规定(以及有保护母亲权利的需要),也应保护未出生生命的

---

[18] *Isensee*, Das Grundrecht auf Sicherheit, 1983, S. 3 ff.; *Hermes*, Das Grundrecht auf Schutz von Leben und Gesundheit, 1987, S. 148 ff.; *Dietlein*, Die Lehre von den grundrechtlichen Schutzpflichten, 1992, S. 21 ff.; *Möllers*, Rechtsgüterschutz im Umwelt- und Haftungsrecht, 1996, S. 148 f.; 之前已有的论述,参见 *Hobbes*, Leviathan, 1651, Part 2, Chap. 17, S. 87 f.:"和平与共同防御。"(Peace and Common Defence)

[19] *Isensee*, in: HStR IX, 3. Aufl. 2011, § 191 Rn. 1.

[20] 参见 *Neuner*, Allgemeiner Teil des Bürgerlichen Rechts, 12. Aufl. 2020, § 5 Rn. 15,作者称之为"侵害禁令"(Eingriffsverboten)。

[21] 明确指出这一点的,参见 *Canaris*, AcP 184 (1984), 201, 213, 227。

[22] *Müller-Terpitz*, in: HStR VII, 3. Aufl. 2009, § 147 Rn. 95; *Starck*, in: von Mangoldt/Klein/Starck, GG, 7. Aufl. 2018, Art. 2 Abs. 2 Rn. 236; *Canaris*, AcP 184 (1984), 201, 227; *Möllers*, Rechtsgüterschutz im Umwelt- und Haftungsrecht, 1996, S. 148 ff.

[23] *Canaris*, AcP 184 (1984), 201, 229 ff., 也参见下文第十一章边码17及以下。

[24] *DeShaney v. Winnebago County Department of Social Services*, 489 U.S. 189, 190 (1989) 以及上文第十一章脚注7;也参见 *Roe v. Wade* 案(第一章边码71)。

[25] *Starck*, in: HStR XII, 3. Aufl. 2014, § 271 Rn. 65。参见下文第十四章边码46及以下。

权利。对此，联邦宪法法院指出：

8 > 国家的保护义务是全面的。它不仅禁止国家对正在孕育的生命施加直接的侵害（这一点理所当然），同时也要求国家为这一生命提供保护和促进，最重要的，是要保护其免受其他人的非法侵害。法秩序的各个具体领域，均应视其自身目的之不同而满足这一要求。所争论的《基本法》价值秩序中的法益位阶越高，国家的保护义务越应当得到重视。无须额外论证即可知，在基本法的秩序中，人的生命具有最高之价值；此为关乎人之尊严能否存在的基础，也是其他所有基本权利的前提。
>
> 国家对孕育中的生命进行保护的义务，原则上也可对抗母亲本人。[26]

8a 有疑问的是，在诉讼中可以对这一保护义务提出多大程度的要求：一方面，在"新冠肺炎"疫情期间，联邦宪法法院赋予了立法者宽泛的估量、评价及形成空间，唯有相关的规定及措施明显不当或显著偏离保护目标时，才认为其超越了上述空间。[27] 不过，联邦宪法法院通常会否定立法者或行政机关为保护民众而追加制定的措施，例如"红军派"（RAF）绑架雇主协会主席施莱尔案[28]、对是否有足够多的"武器法"这一问题的讨论[29]、"新冠肺炎"疫情期间的措施[30]等。另一方面，这里涉及的不仅

---

[26] BVerfG, Urt. v. 25.2.1975, 1 BvF 1/74 u.a., BVerfGE 39, 1, 42-Schwangerschaftsabbruch I und BVerfG, Urt. v. 28.5.1993, 2 BvF 2/90 u.a., BVerfGE 88, 203, 254-Schwangerschaftsabbruch II；**不同观点**则参见法官 *Rupp-von Brünek* 及 *Simon* 的不同意见书，其认为"这样做恰使基本权利走向了它的反面"，参见 BVerfG, Urt. v. 25.2.1975, 1 BvF 1/74 u.a., BVerfGE 39, 1, 68, 73；以及美国法（*Roe v. Wade*），以及上文第一章边码71。

[27] BVerfG, Beschl. v. 14.1.1981, 1 BvR 612/71, BVerfGE 56, 54, 80 f. -Flugverbot und die folgenden Fußnoten；有关法官的自我限制，参见第十三章边码92及以下。

[28] BVerfG, Urt. v. 16.10.1977, 1 BvQ 5/77, BVerfGE 46, 160, 164 f. -Schleyer（第十五章脚注96）。

[29] BVerfG, KBeschl. v. 23.1.2013, 2 BvR 1645/10, BayVBl. 2013, 334 Rn. 5-Waffengesetze。

[30] BVerfG, KBeschl. v. 12.5.2020, 1 BvR 1027/20, NvWZ 2020, 1823 Rn. 7-Corona-Pandemie；有关不同基本权利之间的衡量，参见上文第十章边码12。

是"明显性审查",同时也涉及"合理性审查"(第十章边码52)。

商业性安乐死:近来,第二审判庭认为,《刑法典》第217条对"商业性安乐死"的禁止属无效规定,理由在于,《基本法》第1条第1句以及第2条第1款之"人格尊严"包含了自我决定死亡也即自杀的权利。这也意味着应当允许人们寻求第三人的帮助。《基本法》的保护义务即是要避免诸如《刑法典》第217条这样的限制。[31] 具体而言,联邦宪法法院也注意到了立法者所面对的一方面要尊重自杀意愿者的自我决定权一方面又要保护生命这一崇高法益的"紧张关系"。[32] 不过,本案中,这要求人们确实有接受"自愿提供的安乐死"的途径。[33] 联邦宪法法院为此提供的理由在于:就这一紧张关系而言,至少在具体个案中存在事实上行使这些基本权利的可能性。 8b

> 如果立法者指明了某种已存在的替代方案,而排除了特定的行使自由的形式,那么,这些仍被保留的实现基本权利的行为选项就必须具有事实上的适当性。这种对"实际可行性"的要求尤其适用于自杀权。[34]

4. 禁止过度与禁止不足

将基本权利理解为针对国家的防御权以及国家对民众的保护义务,将会导致两个结果:既然为"防御权",国家在侵及基本权利时就应遵照"禁止过度"原则,其采取的行为必须是"合比例的",唯有存在理由且符合比例原则时,始得损害民众的自由空间(第十章边码42及以下)。而就"保护义务"而言,则适用"禁止不足",其所履行的义务必须确保符合一定的最低标准。[35] 国家必须保护民众的自由空间(第十一章边码5 9

---

[31] BVerfG, Urt. v. 26. 2. 2020, 2 BvR 2347/15, BVerfGE 153, 182 Rn. 210 ff. , 213-Geschäftsmäßige Sterbehilfe.

[32] BVerfG (ebd.), Rn. 223 f. -Geschäftsmäßige Sterbehilfe.

[33] BVerfG (ebd.), Rn. 284-Geschäftsmäßige Sterbehilfe.

[34] BVerfG (ebd.), Rn. 283-Geschäftsmäßige Sterbehilfe.

[35] 首次使用这一概念者,参见 BFH, Urt. v. 15. 1. 1969, VII R 13/67, BFHE 95, 67, 83; *Schuppert*, Funktionell-rechtliche Grenzen der Verfassungsinterpretation, 1980, S. 15; *Canaris*, AcP 184 (1984), 201, 228; BVerfG, Urt. v. 28. 5. 1993, 2 BvF 2/90 u. a. , BVerfGE 88, 203, 254-Schwangerschaftsabbruch II.

及以下）。在"防御权"的意义上，基本权利是用来禁止某一特定的国家行为，而"保护义务"原则上则是不确定的。[36]

10　若从宪法视角论及民法领域法定的"立法权限"（Regelungsspielraum），则应区分如下三个层次，即保护命令层次、形成层次及防御层次。[37]"保护命令层次"（Schutzgebotsschicht）从狭义上理解，即是要求立法者和法院应主动保护民众的基本权利（第十一章边码5及以下）。若有第三人侵入这一领域，国家必须提供保护，防止侵害。就这一层次而言，立法者的权限仅在于"如何"规定，而无权决定"是否"规定。另一个极端则是"防御层次"（Abwehrschicht），即民众可防御国家为保护他人的基本权利[38]而对其造成的侵害（第十一章边码3）。这涉及的乃是国家不得侵入的领域。而在较为折中的层次——即所谓"形成层次"（Gestaltungsschicht），立法者则可在合法的目的范围内自由构造为任意一方设定负担的私人法律关系，或者也可以毫无作为，将该领域完全置于私人自治的规则之下。依民主原则，这一"形成自由"原则上应隶属于立法者，而非法院。之所以会有如上层次之分，乃是因为个人的自由和安全总是互为条件。

二、基本权利对私主体的效力

1. 间接第三人说

11　基本自由的"间接第三人效力"理论是由杜立希（Dürig）[39]所确立的，并为联邦宪法法院所接受。据此，作为客观的价值秩序（第十一章边码4），基本权利能够辐射于整个法秩序，从而间接地在包括民法在内的法领域中发挥效力，而其起作用的"通道"主要是民法中的一般条款

---

[36] BVerfG, Beschl. v. 24.3.2021, 1 BvR 2656/18 u.a., BeckRs 2021, 8946 Rn. 152 - KSG.

[37] 就此可参见已有论述：*Möllers*, in: Bottke/Möllers/R. Schmidt, Recht in Europa, FG 30 Jahre Juristische Fakultät, 2003, S. 189, 200 f.

[38] 例如球场运营商的基本权利（第十一章边码16a）、出租人的基本权利（第六章边码74及以下）。

[39] *Dürig*, in: FS Nawiasky, 1956, S. 157, 176 ff；之前已有的类似见解，参见 *Hueck*, Die Bedeutung des Art. 3 des Bonner Grundgesetzes für die Lohn - und Arbeitsbedingungen der Frauen, 1951, S. 27。

（如《民法典》第138、242、823、826条）以及各种民法原则。

吕特案：因在第三帝国时期拍摄《犹太人苏斯》等电影而备受争议的导演哈尔兰在战后拍摄了一部电影。彼时德国媒体局局长吕特呼吁对电影的制片方及发行方进行抵制。州法院认为这一行为构成《民法典》第826条意义上的违法、背俗损害。而吕特则提起宪法诉愿，主张在私主体之间亦应保护其"言论自由"。

联邦宪法法院即以基本权利在私主体之间的"间接第三人效力说"为依据支持了吕特之主张，并指出：

> 因此，将民法的一般条款称作基本权利的"切入通道"（Dürig in Neumann-Nipperdey-Scheuner, Die Grundrechte, Band II S. 525），实属正确。
>
> 基于宪法之要求，法官必须审查，其所要适用的民法规范是否以上述方式而受到了基本权利的影响。若如此，则其在解释和适用这些规范时，就必须注意由此给私法带来的调整。这也是民法受基本权利约束的本义（《基本法》第1条第3款）；若罔顾这一准则，忽略宪法对民法规范的影响而进行裁判，则法官不仅等于是错误理解基本权利规范（客观规范）故而违反了客观的宪法，同时，作为公权力的行使者，法官也通过其判决侵害了民众的基本权利，后者可就此提起宪法请求权，要求司法权力尊重其基本权利……而宪法法院仅仅是审查基本权利对于民法的所谓"辐射效力"，并由此使宪法条文的价值内容得以实现。[40]

不过，从方法论上看，"间接第三人效力说"也并非无可指摘。难谓

---

[40] BVerfG, Urt. v. 15. 1. 1958, 1 BvR 400/51, BVerfGE 7, 198, 206 f. -Lüth. Deutlich auch BVerfG, Beschl. v. 11. 6. 1991, 1 BvR 239/90, BVerfGE 84, 192, 195-Offenbarung der Entmündigung: "基于宪法之要求，法官须审查，其民法规范之适用是否会触及基本权利。若如此，则其必须依基本权利之精神解释并适用这些规范。" 另参见 BVerfG, Beschl. v. 19. 10. 1993, 1 BvR 567/89 u. a., BVerfGE 89, 214, 229 f. -Bürgschaftsverträge（第十一章边码58）。

合理的是，为何基本权利偏偏仅能通过一般条款和不确定性法概念而发挥效力。事实上，对于人格权侵害的情形能否适用痛苦抚慰金这一问题，判例即主张超越具体的文义进行法续造。此即适用于《民法典》第253条及旧法第853条（第十一章边码72及以下）。基本权利究竟以何种程度作用于私主体之间，即如何发挥"辐射"之效力，也属于不甚明确的问题。[41]

2. 直接第三人效力说

15　（1）虽然基本权利确实也能对第三人发挥效力，但是基本权利之约束首先仍是针对国家而言的，也即作为防御权和保护义务而垂直发挥效力，而依"直接第三人效力说"，基本权利也可在民众之间发挥水平之效力。不过，私主体应在何种程度上注意基本权利之效力，尚属有争议的问题。在联邦德国成立初期，联邦劳动法院曾主张基本权利可直接在民众间产生效力，并以基本权利的"意义转向"为其依据。[42] 这具体包括言论自由、婚姻和家庭保护以及《基本法》第1、2条的直接第三人效力。此一立场曾提出的论据是，探究"当时立法者的原意"可知，《基本法》第1条第1款除约束国家权力外，亦约束私法之行为。[43] 劳动法上的结社权（《基本法》第9条第3款第2句）、抵抗权（《基本法》第20条第4款）及选举权（《基本法》第38条第1款第1句及第48条第2款）等均被认为可具直接第三人效力。

16　（2）认为《基本法》第1条第1款之"人格尊严"可直接对任何人产生效力的观点，固然具有一定的说服力。因此，联邦宪法法院认为贝纳

---

[41] 有学者认为，形象地使用这一口语化表达（辐射）不过是权宜之计，参见 *Lerche*, in: FS Odersky, 1996, S. 215, 216 f., 223, 225 f.; *Canaris*, Grundrechte und Privatrecht, 1999, S. 16, 30. 还有人将"辐射效力"讥讽为"探照灯理论"（Scheinwerfertheorie），参见 *Friedrich*, in: Umbach/Clemens/Dollinger, BVerfGG-Mitarbeiterkommentar, 2. Aufl. 2005, S. 93, 104 Fn. 55；*Wagner*, in: Blaurock/Hager, Obligationenrecht im 21. Jahrhundert, 2010, S. 13, 65 f。

[42] "直接第三人效力说"主要由 Nipperdey 确立，参见 *Nipperdey*, RdA 1950, 121, 125; *ders.*, Allgemeiner Teil des Bürgerlichen Rechts, Bd. 1, 15. Aufl. 1959, S. 93 ff.；联邦劳动法院即遵从这一理论，参见 BAG, Urt. v. 3. 12. 1954, 1 AzR 150/54, BAGE 1, Rn. 25；不过，之后联邦劳动法院否认《基本法》第1、2条可产生一般人格权的"直接第三人效力"。参见 BAG, Beschl. v. 27. 2. 1985, GS 1/84, BAGE 48, 122, Rn. 45-Weiterbeschäftigungsanspruch。

[43] 参见 *Verfassungsausschuss*, 1948, S. 21："第一条也应约束私人主体"。

通"HIV阳性"的那则广告应当依《反不正当竞争法》旧法第1条而被禁止，因为人格尊严应优先得到尊重。[44] 不过，除了适才提到的规范，主流学说均否认基本权利在私主体之间具有直接之效力。就《基本法》第1条第3款之"文义及体系"而言，基本权利"作为直接生效的法只是约束立法、行政及司法"，此处并未提及私主体。[45] 历史上，在《基本法》诞生之初，基本权利均被理解为针对国家的防御权（第十一章边码3）。就目的解释而言，若总是需要在私主体之间进行基本权利审查，势必极大地限制自由权（如合同自由原则）。[46] 在民法领域，法院即不审查合同的"实质正确性"，而仅仅审查其是否构成《基本法》第138条第1款意义上的背俗行为。[47]

不过，联邦宪法法院的一系列判决使得上述观点表现出了越来越明显 **16a** 的局限性。例如，（有判决即认定）法兰克福机场运营者的"家主权"（Hausrecht）应当受到游行示威者的限制。[48] 若有人以整个足球协会的名义发出联邦范围内生效的"球场禁入令"，则其必须提供这样做的正当理由，以确保《基本法》第3条第1款的平等原则得到尊重。据此，在"特殊情况下"私人可与公共机构处于平等之地位。相关的考量标准包括"情况的别无选择性、双方地位的不平等性、给付的社会意义以及合同一方的社会优势地位"等。[49] 若某种给付向大面积的公众提供，而这种提供与个人特点无关，并"极大地影响社会生活的参与"，则其本身就意味着一

---

[44] BVerfG, Urt. 12. 12. 2000, 1 BvR 1762/95 u. a., BVerfGE 102, 347, 366 f.-Schockwerbung I, Benetton mit Anm. *Möllers*, WuB V B § 1 UWG 3. 01; BGH, Urt. v. 6. 12. 2001, I ZR 284/00, BGHZ 149, 247, 258-„HIV Positive" II.

[45] 关于这一反面论证，参见 *Canaris*, AcP 184 (1984), 201, 203 f.; *Neuner*, Privatrecht und Sozialstaat, 1999, S. 157。

[46] *Kingreen/Poscher*, Grundrechte Staatsrecht II, 36. Aufl. 2020, Rn. 238.

[47] *Neuner*, Allgemeiner Teil des Bürgerlichen Rechts, 12. Aufl. 2020, § 5 Rn. 12; 详见第九章边码51及以下和第十章边码93及以下。

[48] BVerfG, Urt. v. 22. 2. 2011, 1 BvR 699/06, BVerfGE 128, 226, 248 Rn. 56-Fraport; 也参见 BGH, KBeschl. v. 18. 7. 2015, 1 BvQ 25/15, NJW 2015, 2485 Rn. 6-Bierdosen-Flashmob。

[49] BVerfG, Beschl. v. 11. 4. 2018, 1 BvR 3080/09, BVerfGE 148, 267 Rn. 33-Stadionverbot（本案主审法官为马辛法官）；将此案件设计为法学考试题的，参见 *Herresthal/Weiß*, Fälle zur Methodenlehre, 2020, Fall 6。

种自我约束。[50]

16b 在"担保案"(第十一章边码58)之后,"球场禁入令案"如今也遭到了明显的批评。始终有疑问的是,究竟何时可以承认"私主体在情景上同国家一样受到基本权利的约束"(situativ staatsgleiche Grundrechtsbindung)。[51] 有人担忧,以后其他在经济上有市场差距的供应商也将遭到某种基本权利的审查。[52] 总之,法院将会对那些本应由立法者保留的事项作出裁判。[53]

16c 这一批评实值赞同。如果在基本权利直接造成私主体之负担时,不谈及直接第三人效力,而只谈及间接第三人效力,势必有损"方法上的透明性"(第十四章边码125)。[54] 而在法续造的领域,恰需要谨慎论证为何是法院有相应权限,而不是立法者(第十三章边码91及以下)。若损害一方的自我决定权,使其受制于另一方的给付,此时认定侵害合同自由也完全是合理的(第九章边码51)。

3. 作为保护义务的基本权利

17 (1) 上述"国家对民众的保护义务"(第十一章边码5及以下)之说法亦由联邦宪法法院适用于民法领域。为此,若谈判方的力量在结构上不平等,则必须对其结果加以修正。这曾涉及商业代理人[55]、亲属的

---

[50] BVerfG, Beschl. v. 11. 4. 2018, 1 BvR 3080/09, BVerfGE 148, 267 Rn. 41-Stadionverbot.

[51] *Michl*, JZ 2018, 910, 918.

[52] BVerfG, Urt. v. 22. 2. 2011, 1 BvR 699/06, BVerfGE 128, 226, 252 Rn. 68-Fraport: Einkaufszentren, Gaststätten etc.; BVerfG, KBeschl. v. 22. 5. 2019, 1 BvQ 42/19, NJW 2019, 1935 Rn. 19-Facebook;; *Jobst*, NJW 2020, 11, 13 ff.: Schufa, Plattformbetreiber; *Raue*, JZ 2018, 961, 965 f.: Facebook, Twitter, Instagram.

[53] *Michl*, JZ 2018, 910, 918, 作者指出, 银行开户的强制缔约义务即是由法院判决所确立。

[54] *Hellgardt*, JZ 2018, 901, 904; *Michl*, JZ 2018, 910, 911; *Jobst*, NJW 2020, 11, 12 ff.; *Neuner*, NJW 2020, 1851, 1853 ff.; 参见 BVerfG, Urt. v. 22. 2. 2011, 1 BvR 699/06, BVerfGE 128, 226, 248-Fraport: "私主体……也会因基本权利的存在而承担相当大程度的义务,特别是当他在实际层面上具备与传统上的国家一般的义务人或保证人的地位时";类似观点,参见法官的不同意见书: *Schluckebier*, BVerfG (ebd.), BVerfGE 128, 226, 275-Fraport: "私人所有权人所承担的这一义务,就仿佛《基本法》第8条直接对其生效一般。"

[55] BVerfG, Beschl. v. 7. 2. 1990, 1 BvR 26/84, BVerfGE 81, 242, 254-Handelsvertreter.

担保[56]、婚姻合同[57]、保险合同[58]等。《基本法》第 3 条第 2 款对于免受性别歧视的规定同样也可构成一种保护义务。[59] 如今，这一保护义务已通过《一般平等待遇法》而得到具体化，若有人遭到符合《一般平等待遇法》规范要件的歧视，则可主张损害赔偿请求权。[60] 联邦宪法法院具体阐述道：

> 在私法交往中，基本权利作为宪法的价值判断发挥其效力，其媒介乃是直接凌驾于各个法领域的规范，特别是民法上的一般条款规范（vgl. BVerfGE 7, 198 [205 f.]; 42, 143 [148]）。国家由此保护个人的基本权利并使其免受他人的侵害。[61]

18

（2）在个案中主张国家保护义务的做法固然合理，但把这一点作为通例就不无疑问了。在违反保护义务的情形，国家乃是因它的不作为而受苛责。和防御侵害的情形不同的是，国家在不作为时，往往是具备立法者所规定的"形成权限"（Gestaltungsspielraum）的。[62] 另外，基本权利并不总是具有优先于其他法益的宪法序列；通常，它们只是充当纯粹的"衡量标准"（第十一章边码 39 及以下）。[63] 或者更形象地说：双方都可以主张（国家对其负有）"保护义务"，例如，非婚生子女有权知道其生父的身份，而母亲则有权决定是否以及向谁披露自己的个人状况（第十三章边码 72）。

19

---

[56]　BVerfG, Beschl. v. 19. 10. 1993, 1 BvR 567/89 u. a., BVerfGE 89, 214, 231 ff. - Bürgschaftsverträge（第十一章边码 58）。

[57]　BVerfG, Urt. v. 6. 2. 2001, 1 BvR 12/92, BVerfGE 103, 89, 100 ff. -Unterhaltsverzichtsvertrag.

[58]　BVerfG, Urt. v. 26. 7. 2005, 1 BvR 782/94 u. a., BVerfGE 114, 1, 33.

[59]　BVerfG, Beschl. v. 16. 11. 1993, 1 BvR 258/86, BVerfGE 89, 276, 286- § 611a BGB a. F. Krit. aber *Dreier*, in: Dreier, GG, 3. Aufl. 2013, Vorb. Rn. 104.

[60]　关于《一般平等待遇法》第 15 条，参见第十二章边码 84。

[61]　BVerfG, Urt. v. 6. 2. 2001, 1 BvR 12/92, BVerfGE 103, 89, 100-Unterhaltsverzichtsvertrag.

[62]　同样持此观点者，参见 das BVerfG, Urt. 15. 2. 2006, 1 BvR 357/05, BVerfGE 115, 118, 159 f. -Luftsicherheitsgesetz I。

[63]　明确这一点的，参见 *Hermes*, VVDStRL 61 (2002), 119, 134：一方基本权利的侵害防止请求权与另一方的基本权利保护请求权呈三极关系。

19a 如何在法教义学中定位第三人效力和保护义务学说，仍属有争议的问题。事实上，纯粹反映国家与民众关系的第三人效力问题完全可以纳入纯粹的防御法或保护法之范畴[64]，毕竟法官在处理民法的诉争时，也都因《基本法》第 1 条第 3 款之规定而受到基本权利的约束。[65] 不过，"国家的侵害"和私人自治领域中的自我及他人决定之间仍旧存在区别，基本权利的约束也自有所不同。[66] 因此，在处理基本权利不同相关性的问题时，"三角关系"初步来说仍不失为一种有用的模型。以上不同观点可用图 11-1 表示：

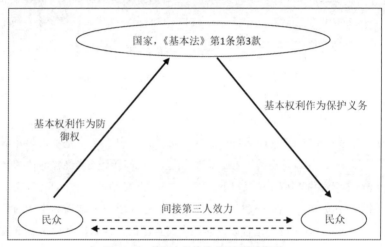

20 图 11-1 第三人保护效力及保护义务说

三、宪法对判例的影响

1. 充当宪法法院的专业法院

21 正因为基本权利具有"辐射效力"（第十一章边码 13），因此提倡各

---

[64] *Koch*, Der Grundrechtsschutz der Drittbetroffenen, 2000, S. 304 ff.; *Poscher*, Grundrechte als Abwehrrechte, 2003, S. 315 ff.; *Ruffert*, Vorrang der Verfassung und Eigenständigkeit des Privatrechts, 2001, S. 141 ff.

[65] *Schwabe*, Die sogenannte Drittwirkung von Grundrechten, 1971.

[66] *Dreier*, in: Dreier, GG, 3. Aufl. 2013, Vorb. Rn. 98, 100; 也参见 *Alexy*, Theorie der Grundrechte, 1986, S. 416 ff.

专业法院在其相应的专业领域之外亦应顾及《基本法》,以避免作出违宪之判决。在此意义上,专业法院等于是要充当宪法法院之责,整个德国即可谓有成千上万个"宪法法院"。[67] 联邦宪法法院对"合宪解释"这一概念的运用模糊不清,处理宪法问题对各专业法院而言也就并非易事。一方面,"合宪解释"不过只限于"以宪法为导向的解释",它并不具备什么优先性,毋宁说只是一种衡量标准(第十一章边码39)。[68] 另一方面,究竟何时不允许进行合宪解释,以及在何种程度上允许合宪的法续造,均属未臻明确的问题。[69] 因此,强调各专业法院的这一职责难免会有过度之嫌。[70]

退市I号案:本案中,联邦最高普通法院需审查,股东在企业从交易所退出时具有哪些权利。"Macrotron案"中,联邦最高普通法院认为,从交易所退出将损害股票的流通性继而侵害股东在《基本法》第14条第1款意义上的"财产权"。[71] 为保护少数股东的利益,法院以法续造的方式设立了如下要件,即公司就少数股东股票的赎买作出股东会决议并发出股份公司的强制收购要约(Pflichtangebot)。联邦宪法法院虽然原则上认可联邦最高普通法院具有法续造的权利[72],但却否定了后者在本案中以损害《基本法》第14条第1款之"所有权自由"为依据而进行法续造的具体做法,理由在于,股票的流通性只是纯粹的财产价值,这不影响股票财产的实质。[73] 在之后的

22

---

[67] Schlaich/*Korioth*, Das Bundesverfassungsgericht, 11. Aufl. 2018, Rn. 441:"进行合宪解释乃每个法官的义务。"

[68] 有学者称(合宪解释具有)"变动不居的界限",参见 *Kuhlen*, Die verfassungskonforme Auslegung von Strafgesetzen, 2006, S. 3; 也参见 *Zippelius/Würtenberger*, Juristische Methodenlehre, 12. Aufl. 2020, S. 33 f。

[69] Schulze-Fielitz, in: Dreier, GG, 3. Aufl. 2015, Art. 20 (Rechtsstaat) Rn. 87.

[70] Schlaich/*Korioth*, Das Bundesverfassungsgericht, 11. Aufl. 2018, Rn. 145; *Wieland*, in: Dreier, GG, 3. Aufl. 2018, Art. 100 Rn. 24; *Ruffert*, JZ 2009, 389, 397 f. zur Beurteilung der Rechtsprechung des BAG.

[71] BGH, Urt. v. 25.11.2002, II ZR 133/01, BGHZ 153, 47, 55-Macrotron.

[72] BVerfG, Urt. v. 11.7.2012, 1 BvR 3142/07 u. a., BVerfGE 132, 99 Rn. 77 ff. -MVS/Lindner.

[73] BVerfG (ebd.), BVerfGE 132, 99 Rn. 56 ff. -MVS/Lindner.

"FRoSTA 案"中,联邦最高普通法院则以 180 度的转弯摒弃了其在"Macrotron 案"中的法续造,并否定了这种法续造的可能性。[74] 后来,立法者不得不就此作出回应,细化了《证券交易所法》第 39 条第 2 款关于退市的条件。[75]

2. 对司法的审查

23　（1）联邦宪法法院负责监督对基本权利"射程范围"的解释。"主观的防御权"所针对的是对行政和司法权的审查。比例原则之审查由此具有个案化的维度。若已穷尽其他法律途径,任何人均得向联邦宪法法院就其基本权利的侵害而提起宪法诉愿。依《基本法》第 20 条第 3 款的规定,法院受"法与法律"及"法适用平等原则"之约束(第一章边码 46),因此,任何错误的判决原则上都可以交由联邦宪法法院进行审查。

24　联邦宪法法院仅审查"具体宪法"(spezifisches Verfassungsrecht)是否遭到违反的议题。[76] 它明确自己并非修正其他最高法院的终审法院,也即是说,它不是什么"**超级上诉法院**"。不过,联邦宪法法院亦被斥责经常不遵守自己的规则而通过宪法诉愿审查普通法,纵容了"基本权利的平庸化"(Banalisierung)。这一点在后文介绍法续造的正当界限时还将被论及(第十三章边码 103 及以下)。

25　（2）在如下四个不同领域,联邦宪法法院可自行作出裁判从而有权对专业法院的裁判进行宪法审查[77]:联邦宪法法院调查作为法院裁判之根据的法解释是否符合基本权利之含义(所谓"赫克公式",德语:Heck'sche Formel)。基本权利受到损害越甚,对专业法院裁判的审查也就

---

[74]　BGH, Beschl. v. 8. 10. 2013, II ZB 26/12, NJW 2014, 146, 147-FRoSTA.

[75]　对"FRoSTA 案"的批评,参见下文第十四章边码 16a。

[76]　BVerfG, Beschl. v. 10. 6. 1964, 1 BvR 37/63, BVerfGE 18, 85, 92; BVerfG, Beschl. v. 19. 10. 1993, 1 BvR 567/89 u. a., BVerfGE 89, 214, 230-Bürgschaftsverträge; 也参见 BVerfG (ebd.), BVerfGE 132, 99 Rn. 76-MVS/Lindner。

[77]　富有启发的见解,参见 *Röhl/Röhl*, Allgemeine Rechtslehre, 3. Aufl. 2008, S. 668 ff.; 更进一步论述,参见 *Neuner*, Privatrecht und Sozialstaat, 1999, S. 49 ff., 作者认为这里也审查"合法性原则"(Gesetzmäßigkeit)。

越为细致。[78] 此外，违反请求法定法官审判之权等"司法人权"（Justizgrundrecht）及违反一事不再理原则（ne bis in idem）以及任意擅权（Willkür）[79] 等，均属可受（宪法法院）责难之情状。最后，若专业法院适用了形式或实质上违反宪法的法律，也属于违反了"具体宪法"。

3. 依《基本法》第 100 条第 1 款对立法者的审查

（1）依据《基本法》第 100 条第 1 款的规定，若法院认为某个与其具体裁判相关的在宪法成立之后订立的（nachkonstitutionell）规范有违宪之嫌，则其负有向联邦宪法法院呈递案件的义务（具体规范审查程序）。此外，依据《基本法》第 93 条第 1 款第 2 项提起抽象的规范审查申请或者依据《基本法》第 93 条第 1 款第 4 项第 a）分项提起宪法诉愿，均可触发联邦宪法法院对法律是否违宪的审查。经由基本权利的客观维度、第三人效力及保护义务理论，联邦宪法法院实际上已将整个立法置于自身的审查之下了。[80] 法院由此卷入了"政治领域"，而向"第一权力"发起了挑战。[81] 不过，从"司法自我克制"的角度来说，联邦宪法法院也必须承认议会应享有范围较广的"形成层面"（Gestaltungsebene，第十三章边码 91 及以下）。[82]

因此，就《基本法》第 100 条具体规范审查的条件而言，联邦宪法法院提出了较高的要求。法院必须是先行考虑了合宪解释的可能性，然后再笃定违宪事实之存在。[83] 若能够进行合宪解释，即排除了规范无效的可能性（第十一章边码 47）。

（2）有观点反对上述做法，其主张：若法官认为某规范违宪，则不应

---

[78] BVerfG, Beschl. v. 27. 11. 1990, 1 BvR 402/87, BVerfGE 89, 130, 145 m. w. Nachw.; *Schulze-Fielitz*, AöR 122 (1997), 1, 13.
[79] 参见 BVerfG, Beschl. v. 1. 7. 1954, 1 BvR 361/52, BVerfGE 4, 1, 7, 该判决即认为任意擅权违反了《基本法》第 3 条第 1 款。
[80] *Rüfner*, in: HStR IX, 3. Aufl. 2011, § 197 Rn. 119.
[81] 对此的批评，参见 *Lepsius*, in: Jestaedt/Lepsius, Verhältnismäßigkeit, 2015, S. 1, 11。
[82] 质疑者，参见 *Oeter*, AöR 119 (1994), 529, 557。
[83] BVerfG, Beschl. v. 21. 4. 1993, 1 BvL 1/90, BVerfGE 88, 187, 194- § 1696 Abs. 2 BGB.

对规范进行合宪解释，而是必须直接申请联邦宪法法院启动具体规范审查程序。不论是侵害第三人基本权利、法律保留，还是给付行政之领域，均不得进行法续造，因为立法者对此保有较为宽泛的衡量空间。[84] 由此，立法者的"第一管辖权"才能得到保障。[85] 如果必要的法律付之阙如，则应通过"不作为之诉"课以立法者制定法律的义务。[86]

29　　如果联邦宪法法院在对法律存疑时都要判定其是否违宪，这样做固然有使法律更为明确之优点，但不切实际。司法领域进行超越法律文义的合宪的法续造，实已历经多年的实践（第十一章边码64及以下）。通过不作为之诉而促使立法者作出反应，也有些脱离现实。

第二节　违宪及宪法的论证模式

一、法律因违宪而无效

30　　若法律形式上与宪法相抵牾，例如立法程序明显缺失[87]或违反权限规范等[88]，法律将构成违宪。此外，法律也可实质违反宪法。例如，在税法领域就经常有因违背"税收平等原则"而受责难的情形，其依据即《基本法》第3条第1款的平等原则。[89] 这类违宪的法律通常都应被联邦宪法法院宣判为无效（《联邦宪法法院法》第78条第1句、第95条第3款第1句）。这类裁判具有普遍性的约束效力——在多数情况甚至具有法律之效力——且应当在联邦法律公报上予以公布（《联邦宪法法院法》第31条）。

---

[84] *Hillgruber*, JZ 1996, 118, 124.
[85] 关于这一论据，可参见 BVerfG, Urt. v. 11. 11. 1999, 2 BvF 2/98 u. a., BVerfGE 101, 158, 217 f。
[86] *Hillgruber*, JZ 1996, 118, 124.
[87] BVerfG, Beschl. v. 8. 12. 2009, 2 BvR 758/07, BVerfGE 125, 104, 132-Vermittlungsausschuss III.
[88] BVerfG, Urt. v. 15. 2. 2006, 1 BvR 357/05, BVerfGE 115, 118, 165-Luftsicherheitsgesetz I.
[89] BVerfG, Beschl. v. 7. 11. 2006, 1 BvL 10/02, BVerfGE 117, 1 = BGBl. I 2007 I, S. 194-Erbschaftsteuer I; BVerfG, Urt. v. 17. 12. 2014, 1 BvL 21/12, BVerfGE 138, 136-Erbschaftsteuer II.

姓名权：1890年版《民法典》第1355条规定，妇女在结婚后从其夫姓。1957年6月18日所公布的《平权法》[90]将这一规定改为，妇女有权在夫妻共同的姓氏中加入自己的娘家姓。联邦宪法法院认为该条规定违反了《基本法》第3条第2款第1句之平等原则，因为《民法典》旧法第1355条终究还是偏护了丈夫一方的姓氏。夫妻双方均从妻子娘家姓的可能性并不存在。[91]

二、无效的例外

1. 宣告与《基本法》不符，确定违宪的规范在一定期限内继续有效

除了宣告法律无效，联邦宪法法院也可以仅仅宣告法律与《基本法》不符。[92]有争议是，这种"与宪法不符之宣告"（Unvereinbarkeitserklärung）是否会导致违宪的法律自始无效。[93]在宣告与宪法不符的同时，联邦宪法法院往往还会作出确定违宪规范在一定期限内继续有效的命令。如果有问题的规范立即无效将损害更上位的公共利益，而与相关的基本权利相权衡后认为违宪规范在过渡期间内继续生效属于可接受的结果，那么就可以考虑作出上述命令。[94]这类上位的公共利益包括民众的法益、国家稳定的财政及预算计划等。[95]此外，为维护法安定性和法明确性，作出与宪法不符的宣告并允许规范在一定期限内继续有效，也是更值得考虑

---

[90] BGBl. I, S. 609.
[91] BVerfG, Beschl. v. 31. 5. 1978, 1 BvR 683/77, BVerfGE 48, 327, 331-Ehenamen I.
[92] §§ 31 Abs. 2 S. 2 Alt. 2, S. 3, 79 Abs. 1 BVerfGG.
[93] 持赞同意见者，参见 BVerfG, Beschl. v. 21. 5. 1974, 1 BvL 22/71 u. a., BVerfGE 37, 217, 262："无论法院宣告法律无效，或仅宣告与宪法不符，都对未来和过去具有同等之效力"，也参见 *Meyer*, JZ 2012, 434, 439. **不同观点**(一定程度上也是通说)则主张此时违宪的法律继续生效，参见 *Schulze-Fielitz*, in: Dreier, GG, 3. Aufl. 2015, Art. 20（Rechtsstaat）Rn. 89; BVerfG, Beschl. v. 12. 10. 2010, 2 BvF 1/07, BVerfGE 127, 293, 334-Legehennenhaltung："违宪并不导致《联邦宪法法院法》第78条第1句所称的规范无效之法效果。判定其与宪法不符，但其在2012年3月31前仍得有效。"
[94] BVerfG, Urt. v. 10. 2. 2004, 2 BvR 834/02 u. a., BVerfGE 109, 190, 235-Sicherungsverwahrung III.
[95] BVerfG, Beschl. v. 8. 12. 2009, 2 BvR 758/07, BVerfGE 125, 104, 136-Vermittlungsausschuss III.

做法。[96] 此外，联邦宪法法院还可基于法律作出独立的过渡性规定，以确定违宪的法律在立法者作出新规定前得如何继续适用。[97]

33　《巴伐利亚州刑犯安置法》：联邦宪法法院之所以仅仅宣告《巴伐利亚州刑犯安置法》的规范与宪法不一致且规定其在一定期限内继续生效，就是为了避免不得不释放以这些规范为依据而关押的犯人。[98]

34　继承税法：联邦宪法法院曾多次判定《继承与赠与税法》（ErbStG）[99] 违宪。在这些情形中，联邦宪法法院均规定法律在一定的过渡期间内继续有效，以避免造成税收损失。[100]

2. 合宪解释的义务

35　确定某规范违宪及无效属于"最后手段"。原则上，合宪解释应优先于宣告无效的手段。[101] 换言之：这样做不会导致形式上"废除规范"，而是实现了"保留规范"（Normerhaltung）。[102] 解释的负担由此加倍了，因为除了普通法，还需要审查宪法。[103] 如果某个规范可以得出多个不同的解释结论——或者违反宪法，或者符合宪法——则可以认为这一规范是合宪的，并应采符合宪法的解释方式。[104] 因此，规范可以被重新解释

---

[96] BVerfG, Beschl. v. 12. 10. 2010, 2 BvF 1/07, BVerfGE 127, 293, 334-Legehennenhaltung.

[97] BVerfG, Beschl. v. 21. 7. 2010, 1 BvR 420/09, BVerfGE 127, 132, 164-Sorgerecht nichtehelicher Väter.

[98] BVerfG, Urt. v. 10. 2. 2004, 2 BvR 834/02 u. a., BVerfGE 109, 190, 239-Sicherungsverwahrung III.

[99] ErbStG v. 27. 2. 1997, BGBl. I, S. 378.

[100] BVerfG, Beschl. v. 7. 11. 2006, 1 BvL 10/02, BVerfGE 117, 1, 70-Erbschaftsteuer I; BVerfG, Urt. v. 17. 12. 2014, 1 BvL 21/12, BVerfGE 138, 136 Rn. 288 ff. -Erbschaftsteuer II.

[101] 参见联邦宪法法院一贯之判决：BVerfG, Urt. v. 4. 5. 2011, 2 BvR 2365/09 u. a., BVerfGE 128, 326, 400-Sicherungsverwahrung IV. S. vorher bereits BVerfG, Beschl. v. 7. 5. 1953, 1 BvL 104/52, BVerfGE 2, 266, 282; BVerfG, Beschl. v. 3. 6. 1992, 2 BvR 1041/88 u. a., BVerfGE 86, 288, 320-Strafaussetzung bei lebenslanger Freiheitsstrafe。

[102] *Dreier*, in: Dreier, GG, 3. Aufl. 2013, Art. 1 III Rn. 85.

[103] *Reimer*, Juristische Methodenlehre, 2. Aufl. 2020, Rn. 641.

[104] BVerfG, Beschl. v. 15. 6. 1983, 1 BvR 1025/79, BVerfGE 64, 229, 242.

(Umdeutung)[105],以排除不合宪的结论。[106] 英美法上也存在类似要求解释规范以避免其违反宪法的义务。[107] 不过,也存在一些合宪解释或法续造的正当界限(第十一章边码 64 及以下、边码 79 及以下)。

合宪解释义务的背后是各种不同的思想。那种认为原则上应当推定法律合宪的说法显得较为牵强。[108] 这种说法乃是典型的"默认论题"(第五章边码 36 及以下)。法官恰恰负有审查法律是否违反《基本法》的义务,并可以通过合宪解释而予以补救。[109] 并且,基于"法秩序统一"的思想,人们也有义务尊重宪法。[110] 而在法的位阶中,宪法优先于普通法,故而要受到"上位法优先原则"之约束(第四章边码 131)。[111] 此外,保留规范不变也符合法的连续性及避免出现法律真空的思想。最后,通过合宪解释维持法律而非使其无效,也是对立法权的尊重。[112] 以上即所谓"**维护规范原则**"(favor legis)。[113]

35a

---

[105] *Hesse*, Grundzüge des Verfassungsrechts der Bundesrepublik Deutschland, 20. Aufl. 1999, Rn. 80；法律内容的重新解释；*Reimer*, Juristische Methodenlehre, 2. Aufl. 2020, Rn. 633。

[106] *Canaris*, in：FS Kramer 2004, S. 141, 145 f.

[107] *Crowell v. Benson*, 285 U. S. 22, 62 (1932) -verfassungskonforme Auslegung："当国会法案的有效性受到质疑时——即使这是对其合宪性提出的严重怀疑——一个基本原则仍在于,本法院应首先明确对制定法进行解释的可能性,以避免该问题",见 *Commodity Futures Trading Comm'n v. Schor*, 478 U. S. 833, 841 (1986)；*Posner*, Statutory Interpretation, 50 U. Chi. L. Rev. 800, 815 (1983)；*Summers*, in：MacCormick/ders., Interpreting Statutes, 1991, S. 407, 443, 451。

[108] BVerfG, Beschl. v. 7. 5. 1953, 1 BvL 104/52, BVerfGE 2, 266, 282-Notaufnahme.

[109] 反对这一所谓拟制的,参见 *Göldner*, Verfassungsprinzip und Privatrechtsnorm in der verfassungskonformen Auslegung und Rechtsfortbildung, 1969, S. 45；*Bettermann*, Die verfassungskonforme Auslegung, 1986, S. 24 f.；*Auer*, in：Neuner, Grundrechte und Privatrecht aus rechtsvergleichender Sicht, 2007, S. 27, 32 f。

[110] *Hesse*（ebd.）, Rn. 80。

[111] *Kelsen*, Reine Rechtslehre, 2. Aufl. 1960, S. 228 ff.；*Rüthers/Fischer/Birk*, Rechtstheorie, 11. Aufl. 2020, Rn. 272 ff.；*Bydlinski*, Juristische Methodenlehre und Rechtsbegriff, 2. Aufl. 1991, S. 201；*Kramer*, Juristische Methodenlehre, 6. Aufl. 2019, S. 103；也有学者以法秩序的统一为论据,参见 *Hesse*, Grundzüge des Verfassungsrechts der Bundesrepublik Deutschland, 20. Aufl. 1999, Rn. 80。

[112] 一贯判决,见第十一章脚注 100, 并参见 *Dederer*, in：Maunz/Dürig, GG, 92. EL August 2020, Art. 100 Rn. 16, 22 f。

[113] *Bogs*, Die verfassungskonforme Auslegung von Gesetzen, 1966, S. 21 f.；Schlaich/*Korioth*, Das Bundesverfassungsgericht, 11. Aufl. 2018, Rn. 442 f.；*Canaris*, in：FS Kramer, 2004, S. 141, 149；*Dannecker/Schuhr*, in：LK-StGB, 13. Aufl. 2020, § 1 Rn. 326.

三、有争议的宪法论证模式

1. 联邦宪法法院对合宪解释的不准确运用

36 "合宪解释的义务"多年以前就已得到承认,不过,即便在一些严格看来与此概念不相符合的情形,法院也会使用这一概念。许多案件中,联邦宪法法院明明是进行了"合宪的法续造",但却并未如是称之。[114] 有时则是用"合宪适用"(verfassungskonforme Interpretation)的概念相取代。[115] 此外,联邦宪法法院也没有使用过"宪法导向的解释"这一已然在学说中存在已久的概念。[116] 有时则只是不甚准确地述及"基本权利的辐射效力"之谓(第十一章边码 13 及以下)。

2. 宪法导向的解释、合宪解释、合宪的法续造三个概念的区分

37 依本书观点,应按照对普通法影响程度由低到高的次序,区分如下三种方法论构造:概念上仍不够精确的"宪法导向的解释"(第三节)、众所周知的"合宪解释"(第四节)以及与前二者不同的"合宪的法续造"(第五节)。一方面,宪法是解释普通法的标准;另一方面,宪法本身也是可作解释以及需要解释的规范。[117] 且不谈这些似是而非的表述,需明确的一点是,作为抽象之基础,宪法为普通法律的解释预留了空间,它首先具有"限制性"之功能(合宪解释),其次是作为最后手段赋予司法"造法之权"(合宪的法续造),最后还可以扮演并无优先效力的"衡量角色"(宪法导向的解释)。在参加法学考试或研讨课的学生里,熟悉以上不同法构造的人无疑是当中的佼佼者。

---

[114] 参见第十一章边码 64 及以下。

[115] BVerfG, Urt. v. 4. 5. 2011, 2 BvR 2365/09 u. a., BVerfGE 128, 326, 400-Sicherungsverwahrung IV.

[116] 参见 Dreier, Die Verwaltung 36 (2003), 105, 111 Fn. 43;宪法判例集则使用过这一概念,参见 Bumke/Voßkuhle, Casebook Verfassungsrecht, 7. Aufl. 2015, Rn. 161, 669。

[117] Zippelius, in: FG 25 Jahre BVerfG, Bd. II, 1976, S. 108, 112.

第三节 宪法导向的解释

一、作为解释方法的宪法导向的解释

1. 学说争论

"宪法导向的解释"属于概念较为模糊的法构造之一。联邦宪法法院迄今为止都没有使用过这一概念,只是会论及"辐射效力"或将基本权利描述为"价值秩序"。有学说观点认为,在"宪法导向的解释"和"合宪解释"之间很难作出精确之区分。[118] 有学者甚至认为,宪法导向的解释与合宪解释实为殊途同归。[119] 宪法导向的解释这一构造在其看来即属多余。[120] 另有观点主张,宪法导向的解释可由任何人为之,而合宪解释只能由联邦宪法法院进行。[121] 但这种依对象不同而区分处理的做法并无宪法上的根据。[122] 还有观点认为,合宪解释是在第一步排除文义、历史和目的解释所得出的与宪法相冲突的结论。第二步则是宪法导向的解释,其目的是从合宪解释的结论中摘选与宪法及宪法的保护属性最为贴近者。[123] 这与欧盟法上的"实际有效原则"(第五章边码108及以下)颇为类似。[124] 认为宪法导向的解释是将基本权利纳入衡量,也即作为"原则"而对待(第九章边码11及以下),可谓此观点的可取之处。但在合宪解释之后的第二步才如是处理,则未免失于偏狭。在宪法并未强制规定何者优先时,本也可以适用宪法导向的解释,因为这样做完全不会导致违反宪法之结论。此外,即使合宪解释,也已蕴含了"最佳化命令"(Optimierungs-

---

[118] *Dannecker/Schuhr*, in: LK-StGB, 13. Aufl. 2020, § 1 Rn. 333; *Kuhlen*, Die verfassungskonforme Auslegung von Strafgesetzen, 2006, S. 2: "界限是模糊不定的。"

[119] *Lembke*, Einheit aus Erkenntnis?, 2009, S. 247; *Reimer*, Juristische Methodenlehre, 2. Aufl. 2020, Rn. 400 f.

[120] 例如 *Canaris*, in: FS Kramer, 2004, S. 141, 154。

[121] *Simon*, EuGRZ 1974, 85, 87; *Stern*, Das Staatsrecht der Bundesrepublik Deutschland, Bd. I, 2. Aufl. 1984, S. 136.

[122] *Wendt*, in: FS Würtenberger, 2013, S. 123, 126.

[123] *Wendt*, in: FS Würtenberger, 2013, S. 123, 130.

[124] *Armbrüster*, NJW 2007, 1494, 1496.

gebot）的意味。[125] 由此而言，宪法导向的解释实应优先于合宪解释。[126]

2. 纯粹作为论证模式的宪法导向的解释

39 依本书之见解，若基本权利只是充当普通的论证模式，其与其他论证模式（只是）处于同一位阶，就可以进行宪法导向的解释。宪法此时对普通法的影响是如此微弱，以至于其不仅没有优先性，甚至可能在与其他构造相冲突时被弃而不用。下文只介绍基本权利在民法及刑法领域的辐射效力。基本权利的具体化及不同基本权利的衡量问题则在第十章予以具体阐述。

40 可从如下三个角度区分宪法导向的解释与合宪解释：

首先，宪法导向的解释仅要求参照宪法并将其纳入衡量。[127] 而合宪解释要求则更高：法官必须在多个可能的解释结论中优先选用合宪的结论（第十一章边码47及以下）。

41 其次，宪法导向的解释只是诸多解释模式中的一种标准。因此，它只是普通位阶的论证模型，并无优先性[128]；相反，合宪解释要排斥违宪的解释结论，恰体现了其优先性。因此，宪法导向的解释只是没有任何推定效力的**衡量规则**。库德里希（Kudlich）形象地描述了宪法导向的解释和合宪解释之间的"转折点"："如果法适用构成违宪，那么相应的论证就应转向合宪解释，后者至少必然能排除某一特定的结论。"[129] 如果说合宪解释是为一种规则，那么宪法导向的解释充其量只是一种原则[130]，在进行衡量时应予以考虑。[131] 因此，基本权利虽然可以用作对抗普通法的论

---

[125] *Reimer*, Juristische Methodenlehre, 2. Aufl. 2020, Rn. 400. **不同意见**，参见 *Wendt*（ebd.），S. 123, 130。

[126] *Höpfner*, Die systemkonforme Auslegung, 2008, S. 180.

[127] *Burmeister*, Verfassungsorientierung, 1966, S. 14 ff.；*Simon*, EuGRZ 1974, 85, 86 f.；*Stern*, Das Staatsrecht der Bundesrepublik Deutschland, Bd. I, 2. Aufl. 1984, S. 136；Schlaich/Korioth, Das Bundesverfassungsgericht, 11. Aufl. 2018, Rn. 448；*Kudlich*, JZ 2003, 127, 130.

[128] *Höpfner*, Die systemkonforme Auslegung, 2008, S. 180；之前已萌芽的类似见解，参见 *Skouris*, Teilnichtigkeit von Gesetzen, 1973, S. 115。

[129] *Kudlich*, JZ 2003, 127, 130 Fn. 33.

[130] 关于规则和原则的概念，见上文第九章边码11及以下。

[131] *Dannecker/Schuhr*, in: LK-StGB, 13. Aufl. 2020, § 1 Rn. 332；*Kuhlen*, Die verfassungskonforme Auslegung von Strafgesetzen, 2006, S. 2.

据，但并非一定要遵从之。另外，双方的基本权利有可能都被涉及，故而需对其加以衡量。这一点尤与"辐射效力"（第十一章边码13）相关，即基本权利的展开及实现问题。在劳动法领域所应注意的言论自由、结社自由、职业自由等，即属于其中典型的适用情形。

最后，合宪解释的目的在于"保留规范"[132]，宪法导向的解释的目的则是"斟酌规范"（Normoptimierung）[133]，而不在意规范是否有违宪之虞。所谓"斟酌规范"可以理解为在常规的解释标准外将宪法层面的因素纳入权衡，但后者在确定结论时又不必然具备优先地位。

42

二、宪法导向的解释：民法领域中的一般衡量规则

1. 出租人的财产自由与承租人的权利

依旧法，承租人死亡后，只得由其配偶或亲属承继其租赁合同（《民法典》旧法第569a条，今第563条）。联邦宪法法院肯定了联邦最高普通法院将《民法典》第569a条类推适用于非婚生活伴侣的法续造[134]，其理由之一，是立法者和司法判例早已在其他法律中认可了非婚生活伴侣关系（第十三章边码46）。这一做法被认为不当侵害了受《基本法》第2条第1款之一般行为自由所保护的合同自由以及《基本法》第14条的财产权，故而遭到了学界的广泛批判。[135]

43

对此可以提出的反驳意见是：立法者近十年来已然大幅限制了出租人的合同自由及财产权。[136] 这背后的思想在于为承租人提供社会领域的特殊保护。[137] 承认非婚生活伴侣关系在承继问题上与婚姻的相似性，可谓理所当然。也就是说，基本权利并不具备优先性。承租人基于《基本法》

44

---

[132] Dreier, in: Dreier, GG, 3. Aufl. 2013, Art. 1 III Rn. 85 ff.；参见上文第十一章边码35。
[133] Reimer, Juristische Methodenlehre, 2. Aufl. 2020, Rn. 398.
[134] BVerfG, Beschl. v. 3. 4. 1990, 1 BvR 1186/8, BVerfGE 82, 6, 15 f. -Tod des Mieters und nichteheliche Lebensgemeinschaft.
[135] Roellecke, JZ 1990, 813；Hillgruber, JZ 1996, 118, 119, 122；Diederichsen, Jura 1997, 57, 62 ff.；Rüthers/Fischer/Birk, Rechtstheorie, 11. Aufl. 2020, Rn. 875.
[136] 参见第十三章边码45及以下。
[137] BVerfG, Beschl. v. 3. 4. 1990, 1 BvR 1186/8, BVerfGE 82, 6, 16 f.

第14条的权利虽然被纳入考量,但其并没有发挥作用,只是充当了衡量因素。此即宪法导向的解释的一个典型例证。

2. 对企业的侵害与言论自由

45 (1) "吕特案"中,联邦宪法法院将宪法的影响延伸于民法领域("是否")。呼吁抵制的行为被民事法院认为构成《民法典》第826条的背俗行为,并依《民法典》第823条第1款认定其侵害了营业权(第十一章边码12)。不过,呼吁抵制本身也属于《基本法》第5条第1款所规定的言论自由。对《民法典》第826条的解释不能仅遵循《民法典》的价值判断(那将使任何呼吁抵制的行为都归于违法),作为价值秩序的《基本法》及基本权利(此处为言论自由)的辐射效力同样应得到重视。若基于合宪解释之要求,则应否定呼吁抵制行为的违法性,并依宪法的精神解释之。"间接第三人效力"的说法在这里似颇有说服力。联邦宪法法院并未立即进行法益衡量,而是将言论自由(《基本法》第5条)和职业自由(《基本法》第12条)、财产自由(《基本法》第14条)之间的冲突进一步具体化:其中起决定意义的是言论表达的动机、目标与目的——若涉及的是与公共密切相关的问题,并为其精神上的观点争锋作出贡献(Beitrag zum geistigen Meinungskampf),则可推定自由言论的合法性。[138] 此处即可谓由宪法导向的解释转向了合宪解释,因为基本权利得以实现,并修正了普通法律上的结论。[139]

46 (2) 不过,基本权利有可能只充当普通的**衡量规则**(Abwägungsregel),从而无法为结论作出预判。例如,若对抵制的呼吁已非特定的言论表达,而是侵入了特定市场竞争者的经济竞争这一个人领域——不对其予以追究将导致他人经济上损害[140],那么言论自由表达的权利和公共的信息利益将成为谋求私人竞争利益的手段。这一情形下,就应当承认被抵制者的利

---

[138] BVerfG, Urt. v. 15.1.1958, 1 BvR 400/51, BVerfGE 7, 198, 216 ff. -Lüth; BGH, Urt. v. 21.6.1966, VI ZR 261/64, BGHZ 45, 296, 308-Höllenfeuer.

[139] 从比例原则的角度上说,抵制的呼吁者在其作出呼吁前应当先与被抵制者进行对话,参见 Möllers, NJW 1996, 1374, 1376 f.

[140] BVerfG, Urt. v. 26.2.1969, 1 BvR 619/63, BVerfGE 25, 256, 264 f. -Blinkfüer.

益原则上具有优先性。[141] 呼吁抵制者的言论自由不过是诸多论据之一；其言论自由并未得到落实，也因而不具优先地位。此时未进行合宪解释[142]，而仍属宪法导向的解释之范畴。

第四节　合宪解释

一、关于合宪解释的原则性问题

1. 联邦宪法法院的定义

若规范的多种解释可能性中只有一种符合宪法，则必须依此对规范进行符合宪法之解释。不过，大部分情况下都会有多种符合宪法的解释。与此相反，违反宪法的解释结论则是绝不可取的。[143] 因此，合宪解释具有一种"过滤功能"。在此意义上，宪法不仅是认知规范（Erkenntnisnorm），同时也是审查规范（Kontrollnorm）。[144] 若在合宪解释后未得到任何符合宪法的解释结论，原则上即应斥该规范为违宪，除非有进行合宪的法续造的余地。依联邦宪法法院之见解，若法的某种解释违背法律的文义以及立法者通过法律所要明确追求的目的，则可谓僭越了合宪解释的正当界限。联邦宪法法院具体表示：

47

> 基于合宪解释之要求，若多种可能的规范含义中有的违反宪法，有的符合宪法，则应优先选取符合《基本法》的解释（vgl. BVerfGE 32, 373 [383 f.]; st. Rspr）。只有穷尽已知的解释原则仍无法求得与宪法相符的解释时，始得宣告某一规范无效。若揆诸相关规范的文义、立法史和整体体系可得出多种含义，而其中有一种可以导向合宪之结

48

---

[141] BGH, Urt. v. 2. 2. 1984, I ZR 4/82, NJW 1985, 60, 62-Röster Uhren.
[142] 不同观点，则参见 *Wendt*, in: FS Würtenberger, 2013, S. 123, 130, 其认为，宪法导向的解释应在合宪解释之后进行。
[143] *Bogs*, Die verfassungskonforme Auslegung von Gesetzen, 1966, S. 94 f.; *Zippelius*, in: FG 25 Jahre BVerfG, Bd. II, 1976, S. 108, 111.
[144] *Wank*, Grenzen richterlicher Rechtsfortbildung, 1978, S. 97 ff.; *Voßkuhle*, AöR 125 (2000), 177, 181.

> 论，则应当采纳之（BVerfGE 88, 145 [166]）。
>
> 即使经由合宪的法适用（verfassungskonforme Interpretation），也不能重新确定法律的规范内涵（vgl. BVerfGE 8, 71 [78 f.]）。因此，为避免无效之诉而作出的法解释也必须是符合已有解释原则的解释（BVerfGE 69, 1 [55]）。**因此，原则上说，正当运用已有的解释方法即是合宪解释的界限。**而出于对立法权的尊重（《基本法》第20条第2款），在宪法的界限内，应当尽最大可能地维护立法者的所求。因此，规范的某种合宪解释必须符合法律的文义并维护立法者的原则性目的（BVerfGE 86, 288 [320]）。（所解释出的）含义不得导致立法者的目标遭到显著地落空或曲解（vgl. BVerfGE 8, 28 [34]；54, 277 [299 f.] m. w. Nachw.）。[145]

49 合宪解释必须在法律文义的界限内为之，在一般条款及不确定性法概念的情形，尤有其用武之地。

2. 宪法作为自主论证模型的优先性

50 主流观点认为合宪解释实为体系解释的一种[146]，另有观点主张其为某种"体系目的解释"[147]。如果认为法的层级构造乃法的"外在体系"（第二章边码36及以下），这一看法自是无可指摘。不过，目的解释通常只是探究某个法典内或者至少是某个法域内（如民法领域）具体规范的目的，而合宪解释则"看得更远"，规则在整个规范序列中的位置以及宪法的崇高地位均被纳入解释的考虑范畴。

51 不过，宪法本身意味着独立的价值秩序，其凌驾于民法、刑法原则之上，并可以修正仅仅基于普通法而得出的解释结论。以上观点未能注意到

---

[145] BVerfG, Beschl. v. 19. 9. 2007, 2 BvF 3/02, BVerfGE 119, 247, 274-Obligatorische Teilzeitbeschäftigung von Beamten.

[146] *F. Müller/Christensen*, Juristische Methodik, Bd. I, 11. Aufl. 2013, Rn. 100；*Röhl/Röhl*, Allgemeine Rechtslehre, 3. Aufl. 2008, S. 623；*Raisch*, Juristische Methoden, 1995, S. 180；*Rüthers/Fischer/Birk*, Rechtstheorie, 11. Aufl. 2020, Rn. 759，作者在其后文则又称之为"符合体系的解释"（Rn. 762a）；Palandt/*Grüneberg*, BGB, 80. Aufl. 2021, Einl. Rn. 42。

[147] *Bydlinski*, Juristische Methodenlehre und Rechtsbegriff, 2. Aufl. 1991, S. 455.

的是，宪法一方面可以作为衡量之标准（第十一章边码 39 及以下），一方面又可以优先于普通法，因为在诸多解释结论中应优先选择合宪的解释（第十一章脚注 100），这可谓一种优先规则。[148] 合宪解释本身是一种独立的论证模型。[149] 因此，在面对法律案件时，人们应当进行"两步"检验：在普通法的结论之后，于第二步再考虑宪法之因素。

二、公法领域中的合宪解释

在公法领域，联邦宪法法院作出了诸多要求对法规范进行合宪解释的判决，以保障相关人的基本权利能够得到适当的尊重。此时，比例原则亦扮演着重要角色。 52

科研自由：1974 年的《黑森州大学法》（HessUnivG）[150] 第 6 条规定，大学科研人员必须兼顾社会后果，对有危险的研究成果有上报的义务。为保护《基本法》第 5 条第 3 款规定的"科研自由"，联邦宪法法院将"这一兼顾义务局限于受宪法保护的集体利益遭到严重后果的情形，且在个案衡量中，依《基本法》的价值秩序可认定这种影响比科研人员的职责更为重要。因此，一开始就应当排除那些一般性的社会政治因素及党派政治因素"。[151] 53

集会自由：根据《集会法》（VersammlG）[152] 第 14 条第 1 款，露天场合的公共集会经登记后始得举办。若危害公共安全或秩序，则可依《集会法》第 15 条第 1 款禁止集会举办。联邦宪法法院曾对此作出诸多合宪解释，结果是使其文义得到限缩之解释，以侧重《基本 54

---

[148] *Canaris*, in: FS Kramer, 2004, 141, 143 ff.; *Höpfner*, Die systemkonforme Auslegung, 2008, S. 183; *Reimer*, Juristische Methodenlehre, 2. Aufl. 2020, Rn. 632: "优选规则"（Vorzugsregel）；关于优先规则，参见第一章边码 97。

[149] *Auer*, in: Neuner, Grundrechte und Privatrecht aus rechtsvergleichender Sicht, 2007, S. 27, 31; *Reimer*, Juristische Methodenlehre, 2. Aufl. 2020, Rn. 630.

[150] Gesetz über die Universitäten des Landes Hessen v. 6. 12. 1974, GVBl. I, S. 603.

[151] BVerfG, Beschl. v. 1. 3. 1978, 1 BvR 333/75 u. a., BVerfGE 47, 327, 380-Hessisches Universitätsgesetz.

[152] Gesetz über Versammlungen und Aufzüge in der Fassung der Bekanntmachung v. 15. 11. 1978, BGBl. I, S. 1789, zuletzt geändert durch Gesetz v. 8. 12. 2008, BGBl. I, S. 2366.

法》第8条第1款的"集会自由"。纯粹损害公共秩序尚不足以作出上述禁止,除非是为保护重大法益。[153] 因此,这种禁止只是最后手段。作出禁止之前尚可规定某些附加条件(Auflagen);原则上,交通技术方面的原因不能作为禁止令的正当化事由。[154] 此外还应当允许不经登记而举办偶发性的集会(Spontanversammlung)[155],这也属于限缩解释,因为只有人们"有意计划"(beabsichtigt)举办集会时才负有登记义务。[156]

三、民法领域中的合宪解释

55 作为例证,以下介绍民法领域中司法运用合宪解释这一手段的两种情况。其一是保护义务的证立,尤其针对健康权及一般人格权;其二是有限地允许合同设定限制以保护自我决定权。

1. 保护法益

56 针对"医疗侵害"(Heileingriff)情形中"患者自我决定说明"(Selbstbestimmungsaufklärung),之前尚欠缺明确的法律依据。联邦最高普通法院认为,未向患者作出说明且获得其有效同意而实施的医疗侵害乃非法行为。[157] 通过对《民法典》第823条第1款"违法性"这一构成要件进行如上合宪解释,法院使医师承担了说明之义务。要求对诊断性、预防性和治疗性的侵害手段作出知情同意的根据即是《基本法》第2条第2款之"保护身体完整权"以及第1条、第2条第1款的"人格尊严"。[158] 如

---

[153] BVerfG, Beschl. v. 14. 5. 1985, 1 BvR 233/81 u. a., BVerfGE 69, 315, 353-Brokdorf.
[154] Ebd.
[155] BVerfG, Beschl. v. 14. 5. 1985, 1 BvR 233/81 u. a., BVerfGE 69, 315, 350 f. -Brokdorf.
[156] *Canaris*, in: FS Kramer, 2004, S. 141, 150.
[157] RG, Urt. v. 31. 5. 1894, 1406/94, RGSt 25, 375, 377 ff.; RG, Urt. v. 27. 5. 1908, VI 484/07, RGZ 68, 432, 434; BGH, Urt. v. 9. 12. 1958, VI ZR 203/57, BGHZ 29, 46, 49, 54 f. -Elektroschock II; BGH, Urt. v. 14. 2. 1989, VI ZR 65/88, BGHZ 106, 291, 397 f. -Arzthaftung für nicht aufklärungsbedürftiges Eingriffsrisiko; BGH, Urt. v. 28. 11. 1957, 4 StR 525/57, BGHSt 11, 111, 114-Myom.
[158] 参见法官的不同意见书,*Hirsch*, *Niebler* und *Steinberger*, in: BVerfG, Beschl. v. 25. 7. 1979, 2 BvR 878/74, BVerfGE 52, 131, 173-Arzthaftungsprozess;**不同观点**,则参见该案的多数意见,BVerfGE 52, 131, 168 f.

今，这一判例已被立法者成文法化（《民法典》第630d、630e条）。

2. 防止过度限制自由

这类情形与其说是合宪解释，毋宁说是对合同约定的限制。若合同相对人的自由受到过度影响，判例即会限制其合同约定。例如，通过合同约定确定住所地[159]、约定服用避孕药的义务[160]等，均被认为构成非法或者说《民法典》第138条意义上的背俗行为。此外，利用他人弱势地位，迫使其无法依自我决定而行为，亦属不当。[161] 在婚姻合同方面，类似情形即逼迫未婚先孕的妇女要么将来独立照顾孩子，要么订立一个排除自己离婚后抚养费请求权的婚姻合同。[162] 如若在经济上对一方提出严苛要求，则也构成过度的自由限制。

57

无财产亲属的担保案：某21岁女子为其父亲10万马克的借款提供担保，该女子未经职业培训且曾长期失业，作出担保声明时在一鱼类加工厂打工，每月净收入1150马克。直至20世纪90年代，判例仍认为，已成年的年轻家庭成员任何时候均得不受限制地提供担保，理由在于成年人原则上已然能够预估风险。该观点认为，担保本身是《民法典》所明确允许的风险行为。基于《基本法》第20条第3款"法与法律之约束"，即使嗣后未能符合债务人的期待和愿景，也不得就此认定这类风险行为属于草率之举继而豁免当中的义务。此外，《民事诉讼法》第859条等规定的"不得扣押的财产限额"（Pfändungsfreigrenze）本已为担保人提供了充分之保护。[163]

58

上述判例招致了激烈的批评，理由在于，此种使人终身负债的做法将

59

---

[159] BGH, Urt v. 26. 4. 1972, IV ZR 18/71, NJW 1972, 1414, 1415，判例认为此系违反《基本法》第11条第1款之迁徙自由的基本权。

[160] BGH, Urt v. 17. 4. 1986, IX ZR 200/85, BGHZ 97, 372, 379-Abrede über Gebrauch empfängnisverhütender Mittel.

[161] 关于自我决定原则，详见第九章边码43及以下。

[162] BVerfG, Urt. v. 6. 2. 2001, 1 BvR 12/92, BVerfGE 103, 89, 100 ff. -Unterhaltsverzichtsvertrag；违反了《基本法》第2条第1款以及第6条第4、2款。

[163] 有关早期判例，参见 BGH, Urt. v. 9. 1. 1989, IX ZR 124/88, BGHZ 106, 269, 272; BGH, Urt. v. 24. 11. 1992, XI ZR 98/92, BGHZ 120, 272 ff.; Larenz/Canaris, Lehrbuch des Schuldrechts, Besonderer Teil, Bd. II/2, 13. Aufl. 1994, S. 9 f。

侵害其追求幸福这一不可剥夺的人权。[164] 赫泽尔认为,"萌发于19世纪的私人自治的冷漠风气"恐怕就是催生这一判例的原因。[165] 在中世纪,债务人被扔进"债务塔",[166] 而如今,因担保造成的终身负债无异于筑起了一座"当代的债务塔"。[167] 学说的观点得到了联邦宪法法院的肯定,其认为,联邦最高普通法院忽视了最基础的人权。尽管《基本法》第2条第1款所保障的私人自治亦涵盖"风险行为",但其乃以"自我决定权"为前提,这一点在"合同失衡"(gestörte Vertragsparität)之情形(此为联邦宪法法院所创设的概念)则并不成立。若因一方的强势导致另一方无法作出自我负责的决定,则实有对此加以修正之必要。联邦宪法法院具体指出:

60 根据联邦宪法法院一贯之判例,个人依其意志形塑法律关系也属于一般行为自由的应有之义(vgl. BVerfGE 8, 274 [328]; 72, 155 [170])。《基本法》第2条第1款确保的是"个人在法律生活中自我决定的"私人自治。

对民事法院而言,即意味着其在解释和适用一般条款时,必须注意不能使合同沦为"他主决定"(Fremdbestimmung)的手段。如果合同相对人是就其意愿作出约定,那么通常就不必再费周折对合同进行内容审查。如果合同的内容对一方而言造成重大负担,从利益平衡的角度说构成明显不当,那么法院就不能再满足于"合同就是合同"这样简单的判断。相反,法院必须澄清,合同约定的规则是否源于双方谈判力量在结构上的不对等。必要时,就需要以现行民法的一般条款为框架加以补救干预。应如何操作以及会导向什么结论,都只是普通法层面的问题,宪法已为其预留了较大的余地。而若全然无视合同失

---

[164] OLG Stuttgart, Urt. v. 12. 1. 1988, 6 U 86/87, NJW 1988, 833, 835.

[165] *Honsell*, JZ 1989, 495 zu BGHZ 106, 269(第十一章脚注162);同样提出批评意见者,参见 *Reinicke/Tiedtke*, ZIP 1989, 613, 615。

[166] 直至中世纪后期,"债务塔"(Schuldturm)被用于囚禁那些不能履行自己金钱债务的人,起初为私人性质,后亦发展为公共囚牢,参见 *Breßler*, Schuldknechtschaft und Schuldturm, 2004, S. 88, 115 f。

[167] 这一概念也被用于贷款利息过高之情形。"消费者破产制度"可谓逃离这一困境的一种途径,参见 *Vallender*, VuR 1997, 155 ff。

> 衡的问题或者尝试通过不当手段解决这一问题，则可能违反宪法对于私人自治之保障。[168]

联邦最高普通法院如今的判例以及联邦宪法法院的做法并不会导致任何合同都要经受适当性审查。通过严格适用《民法典》第138条第1款即能体系融贯地实现这一点。在适用《民法典》第138条时，与个案相关的所有情状经常被纳入"整体衡量"。[169] 此类判例也构成了"自我决定原则"的基础（第九章边码43及以下）。 **61**

无财产亲属的担保案：判断亲属的担保无效，本也可以不动用基本权利，而直接从民法中求得根据。赫泽尔即主张先判断是否存在某一方欠缺行为能力或者构成《民法典》第138条第1款"背俗行为"等情况。他将本案与某些"啤酒供应合同"相类比——它们均因为设定了过度苛刻的负担，导致他人丧失经济上的行为自由而被认定为违背善良风俗。[170] 此外，也可以对《民法典》第138条第2款"无经验"或"利用他人困境"等构成要件作宽泛之解释。[171] **62**

进阶练习——生活伴侣的遗属养老金：企业养老制度并不支持为已登记的伴侣支付遗属养老金。这是否违背平等原则？[172] **63**

第五节 合宪的法续造

一、联邦宪法法院自相矛盾的判例

有学者反对"合宪的法续造"这一法构造，认为若违反法的明确 **64**

---

[168] BVerfG, Beschl. v. 19. 10. 1993, 1 BvR 567/89 u. a., BVerfGE 89, 214, 231 ff. - Bürgschaftsverträge.

[169] Palandt/*Ellenberger*, BGB, 80. Aufl. 2021, § 138 Rn. 37 ff.

[170] *Honsell*, JZ 1989, 495, 496; 批评意见也参见 *Neuner*, JöR 59 (2011), S. 29, 57. 有关《民法典》第138条第1款"背俗行为"的案例类型比较，参见第八章边码36及以下。

[171] 参见 *Reinicke/Tiedtke*, ZIP 1989, 613, 615。

[172] BVerfG, Beschl. v. 7. 7. 2009, 1 BvR 1164/07, BVerfGE 124, 199-Hinterbliebenenrente für Lebenspartner. 相关解析，参见第十五章边码39。

文义[173]或立法者的主观意图[174]，则不得进行法续造。联邦宪法法院也有类似观点，认为"合宪解释"的界限在于"立法者所明确表达的意图"，否则宪法法院即是在取代民主选举的立法者。[175] 而在其他判决中，联邦宪法法院则主张为法续造确立更为宽宏的正当界限，并明确允许偏离文义。[176]

二、作为一种法构造的合宪的法续造

65 尽管联邦宪法法院只使用了"合宪适用"（verfassungskonforme Interpretation，第十一章脚注 114）之概念，形式上似不赞同合宪的法续造，但其在诸多判例中均认可了超越文义界限进行合宪的法续造的做法。部分判决甚至明确摒斥立法者当初之意图，主张采"客观理论"而依从当前对规范的理解。[177] 联邦宪法法院的判例可谓是自相矛盾的。对这一法构造，新近的学说观点仍旧持肯定态度。[178] 不过，究竟什么条件下可以进行这种法续造，各审判庭对此还存在争议（第十一章边码 79 及以下）。

66 原则上，立法者的意图应当得到重视，这本身就是对立法权应有的尊重（第十一章脚注 100）。联邦宪法法院不能以"代理立法者"自居。[179]

---

[173] *Zippelius*, in: FG 25 Jahre BVerfG, Bd. II, 1976, S. 108, 115 f.

[174] *Stern*, NJW 1958, 1435; *Neuner*, Privatrecht und Sozialstaat, 1999, S. 47 f.; *Voßkuhle*, AöR 125 (2000), 177, 197 f.

[175] BVerfG, Beschl. v. 14. 10. 2008, 1 BvR 2310/06, BVerfGE 122, 39, 60 f. -Beratungshilfegesetz： "即使是通过合宪解释，也无法支持与立法者明确体现的意图所相违背的规范理解方式"，unter Hinweis auf „BVerfGE 54, 277 [299 f.]; 71, 81 [105]; 90, 263 [275]; 95, 64 [93]; 98, 17 [45]; 99, 341 [358]; 101, 54 [86, 88] sowie 312 [329]; 112, 164 [183]"; 也参见第十一章脚注 100。

[176] BVerfG, Beschl. v. 19. 6. 1973, 1 BvL 39/69 u. a.; BVerfGE 35, 263, 278 f.："法官不需要拘泥于文义"; BVerfG Beschl. v. 27. 1. 1998, 1 BvL 22/93, BVerfGE 97, 186, 196："并非必然排斥违背规范文义的解释……"

[177] BVerfG, Beschl. v. 14. 2. 1973, 1 BvR 112/65, BVerfGE 34, 269, 288-Soraya（第六章边码 70 及以下）。

[178] 例如 *Canaris*, in: FS Kramer, 2004, S. 141, 155 ff.; *Auer*, in: Neuner, Grundrechte und Privatrecht aus rechtsvergleichender Sicht, 2007, S. 27, 30 ff.; *Lembke*, Einheit aus Erkenntnis?, 2009, S. 250 ff.

[179] *Voßkuhle*, AöR 125 (2000), 177, 198：详见第十三章边码 91 及以下。

各专业法院也保有合宪的法续造的权限。《基本法》第 100 条则将"非难权限"（Verwerfungskompetenz）集中收归于联邦宪法法院（第十一章边码26）。若法院在试图进行合宪解释后而不得不认定某形式上低于宪法位阶的联邦法律违宪，则其必须依《基本法》第 100 条第 1 款之规定申请联邦宪法法院启动"具体规范审查"，民众则可以提起宪法诉愿。[180] 联邦宪法法院可以认定规范违宪继而宣告其无效。如果允许在较大程度上进行与法律文义相抵触的合宪的法续造，无疑会掩盖现行法的漏洞，并抹杀通过形式法律填补漏洞的可能性。[181] 例如，联邦宪法法院对人格权的承认，即导致立法者至今都认为没有必要为这一实践中如此重要的法制度确立法律依据（第十一章边码 72 及以下）。

因此，唯有在上述界限之内才能作出正当的法续造。下文介绍的案例类型中，若明确无误地侵害了基本权利，那么有违文义、体系、历史意图和规范目的法续造（在例外情况下）就是正当的（第十一章边码 71 及以下）。相反，如果法续造严重侵害了第三人的基本权利，则合宪的法续造就会丧失其正当性，从而构成反于法律的法续造（第十一章边码 86 及以下）。本书最后还会介绍其他有关不正当法续造的界限（第十三章）。

三、正当合宪的法续造的案例类型

1. 目的性限缩

在刑法及公法领域，合宪的法续造通常被认为是"基本权利防御权维度"的应有之义，因为此时国家侵害了相关民众的基本权利益。若超越规范文义的法续造构成某种目的性限缩，则最容易论证其正当性。不同情况不同对待，以此实现规范之目的，才是符合正义的做法（第六章边码 93 及以下）。[182] 因此，为相关民众之利益进行目的性限缩的这种宪法续造是可行且无甚疑问的。其中最为重要的即《基本法》第 2 条第 1 款之"人格的自由发展权"以及《基本法》第 101、103 条规定的"司法基本权"。

---

[180] *Hillgruber*, JZ 1996, 118, 122.
[181] *Hermes*, VVDStRL 61 (2002), 119, 140.
[182] *Kramer*, Juristische Methodenlehre, 6. Aufl. 2019, S. 251 f.

此时尤应注意比例原则（第十章边码41及以下）之适用。[183]

69　　限制谋杀罪的终身监禁罚：联邦宪法法院曾对抗明确的文义和立法者的意图[184]，主张对《刑法典》第211条为谋杀罪判处终身监禁的规定作出有利于行为人的目的性限缩（第六章边码92及以下）。为保护人格尊严，即使是被判处终身监禁的谋杀犯也应当有机会在服刑一定时间后重获自由。[185] "阴险"的构成要件：对《刑法典》第211条之"阴险"（Heimtücke）构成要件得作出有利于行为人的如下限缩性解释：除了法律之文义，还要求行为人必须存在"敌对的意思指向"（feindliche Willensrichtung）。[186]

70　　另一个例子是"集会权"。在紧急举办集会的情形，对《集会法》第14条有关禁止集会的规定即可进行脱离文义的限缩解释，以尊重集会自由。[187] 与偶发性的集会不同，紧急集会虽然也是蓄意为之，但也无法及时予以登记。为此，就可以违反《集会法》第14条的文义不再遵守"48小时期限"。登记应尽可能及时地进行，这通常指作出举办集会的决定之时，最迟也应当是在公布之时。[188] 这一形式的合宪的法续造实则维护了规范目的，就此而言也无不当[189]；它本身还是为了维护规范（第十一章边码35a）。[190]

---

[183] 关于这一点的较好概括，参见 Kuhlen, Die verfassungskonforme Auslegung von Strafgesetzen, 2006; Dannecker/Schuhr, in LK-StGB, 13. Aufl. 2020, § 1 Rn. 326 ff, 336 ff。

[184] 赞同终身监禁的意见，参见 BVerfG, Urt. v. 21. 6. 1977, 1 BvL 14/76, BVerfGE 45, 187, 194 ff. -Lebenslange Freiheitsstrafe。

[185] BVerfG (ebd.), BVerfGE 45, 187, 258- Lebenslange Freiheitsstrafe. 对此，立法者已通过《刑法典》第57a、57b条作出了回应。

[186] BGH, Beschl. v. 22. 9. 1956, GSSt 1/56, BGHSt 9, 385, 390-Heimtücke.

[187] Canaris, in: FS Kramer, 2004, S. 141, 150.

[188] BVerfG, Beschl. v. 23. 10. 1991, 1 BvR 850/88, BVerfGE 85, 69, 75 f. -Eilversammlungen; 判决三次使用了"合宪适用"的概念。

[189] Geis, NVwZ 1992, 1025, 1029; Koch/Rüßmann, Juristische Begründungslehre, 1982, S. 267, 270; Larenz, Methodenlehre der Rechtswissenschaft, 6. Aufl. 1991, S. 341.

[190] Herresthal, JuS 2014, 289, 297; 同时这也未超出立法者的目的，参见 Koch/Rüßmann (ebd.), S. 267, 270。

2. 避免明显侵害相关人的基本权利

（1）如果想脱离立法者当初的（主观）意图进行合宪的法续造，问题就变得复杂许多。从上文提到的联邦宪法法院的说法看[191]，其似乎否认这样做的正当性。但事实却绝非如此，联邦宪法法院本身就在许多判例中违拗了立法者意图。合宪的法续造最为典型的例子莫过于联邦最高普通法院有关人格权损害适用痛苦抚慰金请求权的判例，与法律文义和立法者意图不同的是，联邦最高普通法院承认人格权损害也可成立痛苦抚慰金请求权。有学者斥责这一判例属于不正当（违法）的法续造，而主张理应由联邦宪法法院处理待审查的规范。[192] 事实上，这一问题的本质仍是主观解释与客观解释之争（第六章边码60及以下）；"索拉娅案"中，联邦宪法法院明确认为相关规范已发生了价值变化，从而需要改变之前对它的理解。[193]

71

> 人格权侵害的痛苦抚慰金请求权："骑手案"（Herrenreiter-Fall）中，有人未经同意在性药广告上使用了奥运冠军内克曼的肖像；"电视台女播音案"中（Fernsehansagerin-Urteil），有名女播音被人辱作"挤奶的山羊"；"索拉娅案"则是有人捏造了索拉娅公主的采访。这些案件的受害人均以人格权侵害为理由诉请了痛苦抚慰金。

72

尽管立法者在制定《民法典》之初并不意图通过第823条第1款保护"绝对的人格权"[194]，但在第二次世界大战以后，联邦最高普通法院即初

73

---

[191] 参见上文第十一章脚注100；此外还参见 BVerfG, Beschl. v. 11. 6. 1980, 1 PBvU 1/79, BVerfGE 54, 277, 299: "根据联邦宪法法院的判例，对文义和立法精神明确无误的法律而言，不得赋予其与之相反的精神，不得重新确定待解释规范的规范内涵，也不能使立法者的目标显著落空。"

[192] 始终对合宪的法续造持批评意见的，参见 *Larenz*（ebd.），S. 426 ff.；*Canaris*, Die Feststellung von Lücken im Gesetz, 2. Aufl. 1983, S. 187 f.；*Hillgruber*, JZ 1996, 118, 119 ff.；*Hermes*, VVDStRL 61（2002），119, 131 f.；*Neuner*, Die Rechtsfindung contra legem, 2. Aufl. 2005, S. 130 f.；*Diederichsen*, Jura 1997, 57, 59 ff。

[193] BVerfG, Beschl. v. 14. 2. 1973, 1 BvR 112/65, BVerfGE 34, 269, 288-Soraya（第六章边码70及以下）。

[194] 参见立法理由 Prot. II, S. 573 f., 640 f.；这不同于《民法典草案》第704条第2款第1句之规定；另参见 RG, Urt. v. 7. 11. 1908, I 638/07, RGZ 69, 401, 403-Nietzsche-Briefe: "现行民法并不承认一般性的主观人格权"，富有启发的见解，参见 *Kötz/Wagner*, Deliktsrecht, 14. Aufl. 2021, 7. Kap. Rn. 5 ff.

步认可了这一权利。[195] 尽管痛苦抚慰金请求权仅限于在法律规定情形适用（《民法典》旧法第847条），联邦最高普通法院又进一步认为损害人格权亦可引发民法上的痛苦抚慰金请求权，并以《基本法》第2条第1款及第1条的"人格权"为其依据。[196] 联邦宪法法院对这一"合宪解释"持肯定态度。[197] 然而，其实质乃是明确无疑的合宪的"法续造"，因为无论《民法典》的文义、意图还是体系和目的均不能为之提供支持。

74 有趣的是，直到今天仍然会引述上述依据[198]：尽管立法者已于2001年删除了《民法典》旧法第847条，但在其新规定的第253条中仍未将一般人格权引入构成要件。立法者在联邦议院的记录中指出，一般人格权已然得到判例之认可，而现时仍无能力对人格权作出全面的法律规定。[199]

75 （2）仅仅是价值观念的转变[200]尚不足以证立什么，否则无异于为法官个人的主观"前理解"（第一章边码70）打开了方便之门。唯有**权利诉求者的基本权利遭到格外明显的损害，从而使法律保护的漏洞尤为突出**时，始得进行违背立法者原意的法续造。在与人格尊严有密切联系的"人身权"（personale Rechte）领域尤强调这一保护[201]，成文法出现的法律保护漏洞即可以通过法续造得以填补。在人格权损害[202]、人口普

---

[195] BGH, Urt. v. 25.5.1954, I ZR 211/53, BGHZ 13, 334, 338-Schachtbrief.

[196] BGH, Urt. v. 14.2.1958, I ZR 151/56, BGHZ 26, 349, 354-Herrenreiter; BGH, Urt. v. 5.3.1963, VI ZR 55/62, BGHZ 39, 124, 130 ff. -Fernsehansagerin. 持同样结论者，参见 Larenz/*Canaris*, Lehrbuch des Schuldrechts, Besonderer Teil, Bd. II/2, 13. Aufl. 1994, S. 494。

[197] BVerfG, Beschl. v. 14.2.1973, 1 BvR 112/65, BVerfGE 34, 269, 289 ff. -Soraya.

[198] BGH, Urt. v. 17.12.2013, VI ZR 211/12, BGHZ 199, 237 Rn. 40: "来自《基本法》第1条及第2条第1款的保护要求。"-Geldentschädigung wegen Internetveröffentlichung; Palandt/*Grüneberg*, BGB, 80. Aufl. 2021, § 253 Rn. 10.

[199] Begr. RegE, BT-Drs. 14/7752, S. 25; 有关立法者的历史意图，参见上文第四章边码146及以下。

[200] BVerfG, Beschl. v. 14.2.1973, 1 BvR 112/65, BVerfGE 34, 269, 288-Soraya（第六章边码70及以下）。

[201] *Neuner*, JöR 59 (2011), 29, 38.

[202] BVerfG, Beschl. v. 14.2.1973, 1 BvR 112/65, BVerfGE 34, 269, 281-Soraya: "一般人格权的法构造弥补了人格权保护的漏洞，尽管已经承认了部分具体人格权，这一漏洞仍然存在，并基于各种原因而愈发显得明显。"

查[203]以及在线搜查（Online-Durchsuchung）[204]等案件中，联邦宪法法院均曾认定存在"保护漏洞"。[205]对于生命、身体、健康等其他法益也应适用这一保护。[206]在这类极端情形中，以"国家的保护义务"[207]甚或"基本权利的间接第三人效力"为依据保护相关人免受权利损害或者至少确保其得到补偿，似也是合理之举。通过法续造，司法也由此履行了其对民众的宪法义务。

《基本法》第 2 条第 1 款及第 1 条所规定的必要的基本权利保护同样也足以作为承认人格权的依据。联邦宪法法院在确认联邦最高普通法院的做法时，有如下表述：

> 联邦宪法法院并无缘由从宪法层面反对联邦最高普通法院的这一判决。基本权利的价值体系乃是以社会共同体中自由发展的人格及尊严为核心（BVerfGE 6, 32 [41]；7, 198 [205]）。它们值得所有国家权力加以重视与保护（《基本法》第 1 条、第 2 条第 1 款）。个人的私人领域——即独自置身其中、可自负其责地作出决定、企盼能够免除各种形式侵扰的领域——尤应得到此等保护（BVerfGE 27, 1 [6]）。在私法领域，一般人格权的法构造正是为服务于这一保护目的；它弥补了人格权保护方面的漏洞，尽管已经承认了部分具体人格权，这一漏洞仍然存在，并出于各种原因而显得愈发明显。因此，民事法院在其判例中承认一般人格权的做法从未受到过联邦宪法法院的指责。[208]

---

[203] BVerfG, Urt. v. 15. 12. 1983, 1 BvR 209/83 u. a., BVerfGE 65, 1, 42 f. -Volkszählung: "以未曾有过的方式扩大了监察和干预的手段，即便是因为公权力的参与而形成的心理压力亦足以影响个人的行为。"

[204] BVerfG, Urt. v. 27. 2. 2008, 1 BvR 370/07 u. a., BVerfGE 120, 274, 303 ff. -Online-Durchsuchung: "为了应对因科技进步和生存环境的变化所引起的新型损害，实有必要（通过一般人格权制度）填补法律漏洞。"（vgl. BVerfGE 54, 148 [153]；65, 1 [41]；118, 168 [183]）

[205] 有关分析参见 *Hornung*, Grundrechtsinnovationen, 2015, S. 355 ff。

[206] 参见下文第十三章边码 67 及以下。

[207] 第十一章脚注 197。

[208] BVerfG, Beschl. v. 14. 2. 1973, 1 BvR 112/65, BVerfGE 34, 269, 281 f. -Soraya. **不同观点**，参见 *Bruns*, JZ 2014, 162, 165, 作者认为，即使在基本权利没有保护必要时，联邦宪法法院也会纵容法续造。

3. 对其他基本权利的保护

78 　　各最高法院的合宪的法续造并不只限于人身属性的基本权利和法益。例如，联邦最高普通法院曾不顾《民事诉讼法》旧法第50条[209]的明确文义及其立法者原意而认可了工会的诉讼权，其根据是《基本法》第9条第1款。与此案不同的是，未经注册的协会不享有诉讼权，其不得主张《基本法》第9条第1款（第十三章边码57）。

四、侵害第三人基本权利的合宪的法续造的界限：宪法审判庭的争论

79 　　第十三章论及，文义或立法意图等解释方法、宪法上的权力分立原则构成了法续造的一般界限（《基本法》第20条第3款）。这里所讨论的问题是，第三人的基本权利是否可以阻止法续造。捏造采访的情形下，认可当事人的痛苦抚慰金请求权虽然保护了其人格权，但却损及了新闻自由。保护一方的基本权利，通常都会影响其他人的基本权利。[210] 若涉及第三人（即谋求保护的一方之外的人——译者注）的法益及基本权利，究竟在何种程度下可进行法续造，这一问题在联邦宪法法院的两大审判庭之间仍存有分歧。对此有如下三种观点：

1. 第二审判庭：法续造不受第三人基本权利的影响

80 　　在有关"上诉萎缩"（Rügeverkümmerung）[211] 的判例中，联邦宪法法院第二审判庭即在其多数意见中指出，无论解释结论是有利于还是不利于相关个人，都不影响法续造的界限问题。[212] 第二审判庭的多数派观点认为，就法续造的正当界限的问题而言，基本权利完全无关紧要，这一观点

---

[209]　BGH, Urt. v. 6. 10. 1964, VI ZR 176/63, BGHZ 42, 210, 216 ff. – aktive Parteifähigkeit von Gewerkschaften; BGH, Urt. v. 11. 7. 1968, VII ZR 63/66, BGHZ 50, 325, 334; 赞同者，参见 Scholz, DB 1972, 1771, 1779。

[210]　BVerfG, Beschl. v. 24. 2. 2015, 1 BvR 472/14, BVerfGE 138, 377 Rn. 42- Aufklärungsanspruch des Scheinvaters.

[211]　所谓"上诉萎缩"，是指上诉审所针对的程序上的形式错误虽被记载于笔录，但嗣后通过修正笔录而被删除，从而导致上诉不再具有正当性（参见第十三章边码74及以下）。

[212]　BVerfG, Beschl. v. 15. 1. 2009, 2 BvR 2044/07, BVerfGE 122, 248, 286-Rügeverkümmerung: "无论解释结论有利于或不利于相关个人，都不会扩大或限缩《基本法》第20条第2款第2句及第3款为普通法的法官解释所确立的限制。"

显得过于狭隘。如果允许谋求保护的一方援引基本权利来对抗传统的论证模型，那么另一方也应当有权如是为之。换言之：法续造的根据必须是基本权利受到明确无误的损害，由此才能对抗普通法的文义而进行合宪的法续造。与此一致，如果第三人的基本权利遭到严重之侵害，则足可认为合宪的法续造不再具有正当性。

因此，若将鉴定人的侵权责任限制于重大过失之情形，这一法续造即属失当，因为错误的鉴定可能会导致囚犯不能从精神病院释放，而这种对自由的剥夺将严重侵害人权。不同于"索拉娅案"（第十一章边码72及以下），此等法续造不仅不会改善所涉及的另一方（囚犯）的权益，反而会造成明显之不利。[213] 作为回应，立法者引入了《民法典》第839a条[214]，该条虽扩大了财产损害责任，但却将其限于重大过失及故意的情形。联邦宪法法院指出：

> 法官造法的权限究竟有何界限——对这一决定性的问题而言，其关键在于，针对任何以违法及有责之方式侵害他人个人自由的人，现行侵权法均确立了法定的请求权。若这一请求权的法定要件得以成就，那么法官不得将《民法典》第823条第1款为特定人利益所确立的"普世责任"仅限于故意之情形，这种对法律的修正是不被允许的。即便这种脱离法律规定的责任限制存在值得考虑的理由，受到"法律与法"约束的法官也不得以法续造的方式限缩这种法律为了满足《基本法》第2条第2款之基础决定所规定的责任请求权。而法官若不能对此有所作为，则只能交由立法者——例如通过扩大国家责任等途径——来弥补这种责任漏洞。[215]

---

[213] 尽管这种法续造有利于援引《基本法》第12条第1款的鉴定人的利益，这种看法却不能起主导作用（也参见上文第五章边码59）。

[214] Begr. RegE, BT-Drs. 13/10435, S. 18; Begr. RegE, BT-Drs. 14/7752, S. 28.

[215] BVerfG Beschl. v. 11.10.1978, 1 BvR 84/74, BVerfGE 49, 304, 320-Sachverständigenhaftung. **不同观点**还可参见 BGH, Urt. v. 8.5.1956, VI ZR 113/71, BGHZ 62, 54, 56-Sachverständigenhaftung（见上文第五章边码59）。

2. 第一审判庭：在侵及第三人基本权利时应对法续造提出更高要求

83 （1）在本案的不同意见书中，有三名法官提出了截然相反的见解：若不存在宪法上理由而造成民众法律处境恶化，则尤应注意法官造法的界限。[216] 一般而言，在支持合宪权利时应放宽其界限，而在缩减法益时则应从严把握。[217] 如今，第一审判庭采纳了该不同意见书的观点，并进一步细化之。审判庭提出了如下抽象之规则：

84 > 如果民事法院通过法续造为某人设定了义务，则其往往是为了强化另一方的法益。被强化的法益所蕴含的宪法内涵越重要，越是表明宪法已然默许了法院可像立法者一样作出如此处理，法院通过法续造而保护这一法益的权限也就越大——即使这样做会对相对立但更弱的法益造成负担（so etwa BVerfGE 96, 56 [62 ff.]）。与之相反：遭受负担者在宪法上越是重要，要保护的相对利益所具有的宪法内涵越弱，那么法续造的界限就越严，民事法院的法发现工作就必须愈加严格地恪守已有法律之界限。若民众法律处境之恶化并无宪法上的理由，则尤应注意法官造法的界限（BVerfGE 122, 248 [301] -abw. M.）。如果普通法上难以找到足够的"连接点"，那么一般条款就很难构成为当事人具有重要宪法意义的法益设定负担的依据（vgl. Röthel, Normkonkretisierung im Privatrecht, 2004, S. 120 f.）。[218]

85 （2）第一审判庭以及第二审判庭不同意见书当中这种认为在双方当事人之间必须始终进行基本权利衡量的观点（第十一章脚注215及以下），又未免过于偏激。如果任何民法利益的冲突都无一例外地"背负"宪法意义，联邦宪法法院就将沦为"超级上诉法院"。没有疑问的是，对于实质

---

[216] Sondervotum *Voßkuhle*, *Osterloh*, *Di Fabio*: BVerfG, Beschl. v. 15.1.2009, 2 BvR 2044/07, BVerfGE 122, 248, 282, 301-Rügeverkümmerung.

[217] 参见如下法官的不同意见书 *Voßkuhle*, *Osterloh*, *Di Fabio*: BVerfG (ebd.), BVerfGE 122, 248, 282, 286-Rügeverkümmerung；赞同者，参见 BVerfG, Beschl. v. 24.2.2015, 1 BvR 472/14, BVerfGE 138, 377 Rn. 41-Aufklärungsanspruch des Scheinvaters。

[218] BVerfG, Beschl. v. 24.2.2015, 1 BvR 472/14, BVerfGE 138, 377 Rn. 42 ff.-Aufklärungsanspruch des Scheinvaters.

问题，专业法院往往能作出更好的专业判断（第十三章边码110及以下）。值得注意的是，第一审判庭在形式上使用了"越……越……"这种形容比较级的表述。同动态体系论一样，这类表述缺乏明确性，易损害法之安定性。[219] 在内容上，这种基本权利的审查使人联想到宪法导向的解释——其无法得出明确之结论，而只能提供衡量的一种论据。此外，《基本法》显然也没有为侵害第三人基本权利的法续造确定其正当性边界。既然双方都享有基本权利，要在当中确定合理的界限，也绝非易事。[220]

3. 本书观点：法续造仅在严重侵害第三人基本权利时构成违法失当

在"疑似父亲"（Scheinvater）向孩子母亲主张知情请求权（Auskunftsanspruch）的案例中，联邦宪法法院第一审判庭曾讨论这一问题。 86

> 疑似父亲的知情请求权：民事法院认定疑似父亲得依《民法典》第242条向孩子母亲提出知情请求权，以避免其代替孩子真实的父亲支付多年的抚养费用。[221] 87

> 然而，联邦宪法法院第一审判庭认为这一法续造属违法失当之举：知情请求权将侵害母亲和生父的人格权，因为后者不得不坦白他们的性交往历史。[222] 联邦宪法法院认为，母亲的利益要高于疑似父亲纯粹的"普通法上的补偿请求权"。[223] 88

> 联邦宪法法院第一审判庭的判例遭到了激烈批评。抽象地认定母亲的利益就高于疑似父亲的利益这一点本身就最值商榷。《基本法》第6条第1款对婚姻的保护足以支持疑似父亲之利益，这一点全然为联邦宪法法院所忽略。[224] 若拒绝其知情请求权，疑似父亲对 89

---

[219] Ähnlich auch *Neuner*, JZ 2016, 435, 439：„äuBerst subtile und höchst schwierige verfassungsrechtliche Erwägungen seitens der zivilgerchte. "

[220] *Neuner*, JZ 2016, 435, 439.

[221] BGH, Urt. v. 9. 11. 2011, XII ZR 136/09, BGHZ 191, 259-Auskunftsanspruch des Scheinvaters; BGH, Urt. v. 20. 2. 2013, XII ZB 412/11, BGHZ 196, 207-Auskunftsanspruch des Scheinvaters.

[222] *Rauscher*, JZ 2015, 624, 625.

[223] BVerfG, Beschl. v. 24. 2. 2015, 1 BvR 472/14, BVerfGE 138, 377 Rn. 46-Auskunftsanspruch des Scheinvaters.

[224] 这一批评意见参见 *Forschner*, FuR 2015, 451, 453。

于生父的补偿请求权也会成为一纸空文；疑似父亲将处于全无保护的境地。[225] 既然认为孩子毫无疑问地享有受宪法保护的、对其生父的知情请求权[226]，那就理应同样承认疑似父亲的这一请求权，两种情形应被等量齐观。[227] 如果否定该请求权，孩子就会被牵涉其中，因为疑似父亲会转而迫使孩子向其告知生父的身份。[228] 这种影响孩子福祉的后果诚应避免。

90 　　此外，有疑问的是，母亲对于她可以隐瞒生父身份的这种信赖是否值得保护，她此时是否得援引一般人格权。母亲可以向疑似父亲隐瞒生父身份，迫使其负担本该由生父支付的抚养费吗？足可反对这一点的事实是，孩子系其与第三人所生，而向疑似父亲请求支付抚养费即造成了后者的财产负担。[229] 其自身的不忠行为是支付抚养费的缘由；她本可以在确定抚养费请求权之前，向疑似父亲澄清第三人是生父的事实。[230] 相对于母亲，疑似父亲乃置身于结构上的弱势处境[231]，因为从生物学上说不会存在"疑似母亲"之问题，而唯有母亲知晓生父身份。不忠的母亲可以让"戴绿帽的人"（Gehörnte）支付孩子的抚养费而保护孩子的生父——联邦宪法法院的这一做法难谓符合利益公平。[232] 笔者认为，此处即已构成法律保护之漏洞。

91 　　因此，不同于第一审判庭的观点，并非任何对第三人的基本权利侵害都会阻止法官造法。唯有**第三人的基本权利遭到明显而严重的侵害**时，联

---

[225] *Preuß*, NJW 2015, 1509, 1510, *Muckel*, JA 2015, 953, 954.

[226] BVerfG, Beschl. v. 6. 5. 1997, 1 BvR 409/90, BVerfGE 96, 56, 61 f. -Vaterschaftsauskunft：''州法院依《民法典》第1618a条承认（孩子）针对母亲知情请求权之做法，并未超越法续造的正当界限。''

[227] *Neuner*, JZ 2016, 435, 438.

[228] *Löhnig*, NZFam 2015, 359.

[229] *Sachs*, JuS 2015, 860, 861.

[230] *Rauscher*, JZ 2015, 624, 626.

[231] *Rauscher*（ebd.）.

[232] 明确指出这一点的，参见 *Löhnig*；NZFam 2015, 359：''这取决于母亲是愿意将生父'扔进火坑'还是想保护他。''类似批评，也参见 *Wagner*, in: Dreier, Rechtswissenschaft als Beruf, 2018, S. 67, 127 ff.

邦宪法法院始得对法续造进行宪法上的审查。

宪法导向的解释、合宪解释及合宪的法续造"三分法"可通过图 11-2 得到直观的表示：

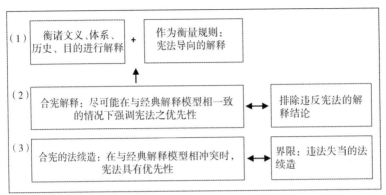

图 11-2　宪法导向的解释、合宪解释、合宪的法续造的"三分法"

第六节　第十一章小结

（1）宪法是一种价值秩序。基本权利既是民众的防御权，同时也课以国家相应的保护义务。基本权利亦可在私主体之间发挥间接效力。

（2）违反宪法的法律无效，仅在例外情况下可被宣告为"与宪法不符"。合宪解释及法续造应优先于法律的无效。

（3）除了解释方法上的四种经典模型，宪法可以在"宪法导向的解释"中充当另一种同等效力的衡量标准。宪法的"辐射效力"已然可以作为理解规范时的"认知渊源"，并从宪法意义上实现对规范的斟酌。

（4）合宪解释中，与宪法不相符合的结论都应当被剔除。此时，宪法可谓具有相对于普通法的优先效力。

（5）若在上述两个步骤后仍无法得出合宪之结论，原则上应由联邦宪法法院斥其为无效规范。例外情形下，若非如此则不能阻止相关人承受严重的基本权利侵害，联邦宪法法院即可作出违拗法律文义、立法者历史意图及其体系目的的合宪的法续造。这一解释目标也有其限制：法续造的正当界限在于不使第三人的基本权利因此而遭到严重侵害。

本章参考文献:

Alexy, Robert, Theorie der Grundrechte, 1985; *Auer, Marietta*, Die primärrechtskonforme Auslegung, in: Neuner, Jörg, Grundrechte und Privatrecht, 2007, S. 27–54; *Canaris, Claus-Wilhelm*, Die verfassungskonforme Auslegung und Rechtsfortbildung im System der juristischen Methodenlehre, in: FS Kramer, 2004, S. 141–159; *ders.*, Grundrechte und Privatrecht, AcP 184 (1984), 201–246; *Dreier, Horst*, in: Dreier, Horst, GG, 3. Aufl. 2013, Vorbem. Rn. 63–104; *Hellgardt, Alexander*, Wer hat Angst vor der unmittelbaren Drittwirkung?, JZ 2018, 901–910; *Hermes, Georg*, Verfassungsrecht und einfaches Recht-Verfassungsgerichtsbarkeit und Fachgerichtsbarkeit, VVDStRL 61 (2002), 119–150; *Hillgruber, Christian*, Richterliche Rechtsfortbildung als Verfassungsproblem, JZ 1996, 118–125; *Isensee, Josef*, Das Grundrecht als Abwehrrecht und staatliche Schutzpflicht, in: HStR IX, 3. Aufl. 2011, § 191; *Möllers, Thomas M. J.*, Ein Vierstufen-System zur Rationalisierung der Grenze zulässiger Rechtsfortbildung, in: FS G. Roth, 2011, S. 473–496; *ders.*, Die Trias von verfassungsorientierter und verfassungskonformer Auslegung sowie der verfassungskonformen Rechtsfortbildung-Ein Beitrag zu mehr Methodenehrlichkeit beim Streit zwischen den beiden Senaten des BVerfG, in: FS Vedder, 2017, S. 721–749; *Poscher, Ralf*, Grundrechte als Abwehrrechte, 2003; *Ruffert, Matthias*, Vorrang der Verfassung und Eigenständigkeit des Privatrechts, 2001; *Schmidt, Reiner*, Der verfassungsrechtliche Hintergrund der Privatrechtsdogmatik, in: FS Canaris, 2017, S. 131–146; *Ulber, Daniel*, Die Rechtsprechung des Bundesverfassungsgerichts zur Zulässigkeit und Grenzen richterlicher Rechtsfortbildung im Zivilrecht, EuGRZ 2012, 365–377; *Volkmann, Uwe*, Grundzüge einer Verfassungslehre der Bundesrepublik Deutschland, 2013; *Wendt, Rudolf*, Verfassungsorientierte Gesetzesauslegung, in: FS Würtenberger, 2013, S. 123–135; *Zippelius, Reinhold*, Verfassungskonforme Auslegung von Gesetzen, in: FG 25 Jahre BVerfG, Bd. II, 1976, S. 108–124.

第十二章　欧盟法及国际法的优先性

第一节　适用优先性的条件：直接适用性

如今，国内法的诸多领域都受到了来自欧盟法及国际法的影响。就连《民法典》近来都经历了相当程度的"欧洲化"。[1]因此，国家法学考试的闭卷试题部分愈来愈重视欧盟法的问题。第二章已经介绍了法的"层级结构"。第十一章则以宪法对普通法的特定优先效力为主题——这涉及通过合宪解释及法续造而进行的衡量以及规范的违宪审查等。欧盟法对国内法的效力与此相似，但也有所不同。

为便于理解下文的论述，首先需要对一些概念进行定义，例如直接适用性及直接效力、基础法在私主体间的第三人效力等概念即需要予以澄清（第一节）。在适用国内法之前，或可借助**合欧盟法的解释**（unionrechtskonforme Auslegung）使其得以适用，而这又区分为"合基础法解释"（第二节）及"合次级法解释"（第三节）。欧盟的基础法及条例具有对成员国法的"适用优先性"，而指令的效力则相对较弱，因为此时国内法规范是与民众联系最为密切的法源。除了第三人效力，这里也会论及"合指令"的法解释及法续造。就欧盟法的执行而言，除直接的适用性及第三人效力外，还存在具体的"转化义务"、前置判决程序及必要情况下引发的国家责任等问题（第四节）。最后还将简要介绍一些国际法的原则（第五节）。

---

[1] *Möllers*, JZ 2002, 121 ff.

一、直接适用性、适用优先性及合欧盟法解释之间的关系

3 欧盟的基础法及次级法是为成员国法的"上位法"。[2]这一"上位性"将导致如下后果：欧盟法在成员国中发挥**直接效力**，这也包括转化期限尚未到期但已然发挥"预先效力"（Vorwirkung）的指令（第十二章边码86）。法律人须分清四个概念（即：直接效力、适用优先性、直接有效、间接效果——译者注）：与"直接效力"不同的是"**适用优先性**"（primacy）[3]的概念——其指的是（与欧盟法）相冲突的国内法即不得适用的情形（第二章边码85及以下）。不过，只有当欧盟规范**直接有效**（直接效果：direct effect）时，才能被民众用于维护其利益。此外，在必要时，还需要对违反欧盟法的国内法规定进行**合欧盟法**的解释（间接效果：indirect effect）。若这样做能够奏效，则无须以适用优先性为前提。对此，下文将予以详细阐述。

二、欧盟法的直接适用性、直接效果

1. 直接效力的条件

4 欧盟法规范的效力体现在同成员国的关系中。这种"直接效力"不同于欧盟法规范的"直接有效"，而"直接有效"及"直接适用性"则是两个被作为同义词使用的概念。[4]这种语言上的细微差别起源于"主观权利"的思想。欧盟最高法院承认条约具有"直接适用性"的主要理由在于，条约也赋予了个人各种权利，而欧盟最高法院正是在这一意义上充当

---

[2] 有关"上位法原则"，详见 Costa/Peers, Steiner&Woods EU Law, 14th ed. 2020, S. 90 ff., 不过不同于本书，作者是将"supremacy"及"primacy"作为同义词使用。

[3] EuGH, Urt. v. 15.7.1964, 6/64, EU：C：1964：66, 1259, 1269 ff. -Costa/E. N. E. L.; EuGH, Urt. v. 9.3.1978, C-106/77, EU：C：1978：49, Rn. 14-18-Simmenthal II; *Tuori*, European Constitutionalism, 2015, S. 70f.

[4] 例如 *Jarass/Beljin*, JZ 2003, 768 f.; *Streinz*, Europarecht, 11. Aufl. 2019, Rn. 495; *Wiedmann*, in：Gebauer/Wiedmann, Zivilrecht unter europäischem Einfluss, 2. Aufl. 2010, Kap. 2 Rn. 11 ff.; Calliess/Ruffert/*Ruffert*, EUV/AEUV, 5. Aufl. 2016, Art. 1 AEUV Rn. 25 f.; 主张区分这两个概念的，则参见 Streinz/*Schröder*, EUV/AEUV, 3. Aufl. 2018, Art. 288 AEUV Rn. 89; *Costa/Peers*, Steiner&Woods EU Law, 14th ed. 2020, S. 117 f.

着欧盟法的"看门人"。早在"范根德（Van Gend）案"的判决中，法院就指出：

> 《欧洲经济共同体条约》第12条（今《欧洲联盟运作方式条约》第30条）的文义包含了一个明确而无限制的禁令，一个要求"不做"而非"做"某事的义务。此外，这一义务也不受成员国保留的限制，即不得使该义务的履行依赖于成员国国内的立法行为。究其本质而言，第12条的禁令主要是为了在成员国及受其法律制约的个人之间的法律关系上发挥直接效力。[5]

耶林[6]也指出："为自己主张权利的人，也是在维护权利（法律）本身"（德语原文Recht有权利和法律两重含义——译者注）。为个人权利谋求保护的同时，也完善了整体之法律。如果欧盟法能直接被个人适用于维护其利益（直接有效），如此也就能更好地维护欧盟法本身，这样可以确保成员国在欧盟法的遵守上实现统一。如耶林所言，此时个人保护的不只是他自己的权利，同时也保护了法律本身——欧盟法。

某一规范若符合如下两个条件[7]，则可直接适用或曰直接有效[8]：

（1）规范的适用不以成员国的实质性法律文件为条件，从而**在内容上具有无条件性**（inhaltlich unbedingt）；

（2）规范具备诸如为成员国设定某一作为或不作为义务这样清楚而明确的内容，从而具备**足够的确定性**（hinreichend bestimmt）。直接适用性并不以欧盟法的规范是否赋予民众主观权利为前提。[9]

是否满足以上条件，首先应从规范之文义，继而衡诸规范的精神与目

---

[5] EuGH, Urt. v. 5. 2. 1963, 26/62, EU：C：1963：1, 7, 25 f. -van Gend zum Verbot von Zöllen nach Art. 12 EWG.

[6] *von Jhering*, Der Kampf um's Recht, 8. Auflage 1886, S. 49.

[7] *Craig/de Búrca*, EU Law, 7th ed. 2020, S. 218 f.; ausführlich *Costa/Peers*, Steiner&Woods EU Law, 14th ed. 2020, S. 117 ff.

[8] *Jarass/Beljin*, JZ 2003, 768, 770; *Kruis*, Der Anwendungsvorrang des Eu-Rechts in Theorie und Praxis, 2013, S. 109 ff.

[9] *Jarass/Beljin*, JZ 2003, 768, 771；关于欧盟指令的专门论述，则参见 Streinz/ *W. Schroeder*, EUV/AEUV, 3. Aufl. 2018, Art. 288 AEUV Rn. 95。

的而进行法的解释。[10] 对这种"直接有效",并不存在某种推定。[11] 诸如欧盟基本权利和基本自由之规范即属于直接有效的规范,而《欧洲联盟运作方式条约》第 2 条等规定的"权限清单"则非属此类。这一点适用于基础法以及条例等次级法,而就指令而言,则存在更为复杂的细节问题。例如,若指令未得到恰当之转化,则其必须已过"转化期限"(第十二章边码 38)。

2. 适用优先性:直接有效的后果

9 　　若欧盟法符合上述条件而得直接适用、直接有效,则其具备"适用优先性"。这将导致违反欧盟法的成员国国内法不再得以适用。成员国国内的所有国家机构都必须遵照这一适用优先性。若有机构违反适用优先性,将引发国家责任请求权,违背"法定法官原则"(第十二章边码 117)。此时适用的是一种强制性的优先规则。而在接受这一适用优先性所导致的后果之前,总是需要先行审查国内法的规范能否通过合欧盟法的解释来避免产生这样的规范冲突。这一点将在下文予以考察(第十二章边码 24 及以下)。

三、基础法在私主体之间的第三人效力

1. 针对私主体产生直接第三人效力的例子

10 　　欧盟法的规范可以直接生效并直接适用,从而直接为私主体赋予其针对成员国的权利。同国内的宪法一样(第十一章边码 11),欧盟法领域也存在类似问题,即基础法能否赋予民众针对其他私主体的权利和请求权。这也被称作第三人效力或水平效力[12],毕竟,诸如基本自由等规范原则上只为成员国设定义务,而不针对"第三人"——私主体。除了基础法,次级法也存在这种围绕第三人效力的争论,例如"指令"的效力(第十二章边码 36 及以下)。"**直接**"即意味着基础法可以直接适用于私主体之间。[13]

---

[10] EuGH, Urt. v. 4. 12. 1974, C-41/74, EU:C:1974:133, Rn. 12-van Duyn.

[11] Streinz/*W. Schroeder*, EUV/AEUV, 3. Aufl. 2018, Art. 288 AEUV Rn. 91.

[12] *Köndgen/Mörsdorf*, in: Riesenhuber, Europäische Methodenlehre, 4. Aufl. 2021, § 6 Rn. 35, 48.

[13] *Ganten*, Die Drittwirkung der Grundfreiheiten, 2000, S. 27; *Langbucher*, in: dies., Europäisches Privat- und Wirtschaftsrecht, 4. Aufl. 2017, § 1 Rn. 33.

没有争议的是,《欧洲联盟运作方式条约》第 101 条等竞争法规范乃 11
适用于私主体。其文义明确禁止"企业间的协议"。对于侵害人始终可以
提起请求权;而欧盟最高法院在其近来的判决中才承认私主体的"损害赔
偿请求权"[14],《欧洲联盟运作方式条约》第 157 条关于男女薪酬平等的
规定也无疑及于私主体。[15] 此外,《欧洲联盟运作方式条约》第 18 条禁
止国籍歧视的规定也属这一情形。[16]

2. 直接和间接第三人效力及保护义务

不过,其他基本自由能否直接或者只是间接地为私主体设定义务,则 12
属于至今仍饱受争议的问题。"**间接**"效力意味着只能影响私主体之间的
法律关系,而不会对私主体造成直接之约束。[17]

博斯曼案:本案所涉及的是欧洲足球协会联盟(UEFA)制定的两 13
项规则。[18] 根据该规则,一个甲级联赛的俱乐部最多允许有三名外国
籍的球员为其效力;此外,球员要想离开俱乐部,必须支付一定的转
会费。欧盟最高法院认为,上述"外国人条款"是对《建立欧洲共同
体条约》第 39 条(今《欧洲联盟运作方式条约》第 45 条)"劳工迁徙
自由"的直接歧视,而"转会费条款"则构成一种不正当的限制。[19]

在"博斯曼案"及"维京案"(Viking)中,欧盟最高法院认为,若 14
一方私主体具备某种实际上的权力地位(faktische Machtstellung),而另一
方受到歧视,则可承认直接的第三人效力——这可谓是第二种观点。[20]
而在后来的诸多判决中,欧盟最高法院进一步扩充了私主体间欧盟基本权

---

〔14〕 EuGH, Urt. v. 20. 9. 2001, C-453/99, EU:C:2001:465, Rn. 29-Courage Ltd. / Crehan.
〔15〕 EuGH, Urt. v. 8. 4. 1976, C-43/75, EU:C:1976:56, Rn. 40-Defrenne II; EuGH, Urt. v. 4. 2. 1988, C-157/86, EU:C:1988:62, Rn. 11-Morphy/Telecom.
〔16〕 *von Bogdandy*, in: Grabitz/Hilf/Nettesheim, Das Recht der Europäischen Union, 71. EL August 2020, Art. 18 AEUV Rn. 25 ff.
〔17〕 *Streinz/Leible*, EuZW 2000, 459, 465.
〔18〕 欧洲足球协会联盟(全称 Union of European Football Associations)属于《瑞士民法典》意义上的公益协会,故属私法主体。
〔19〕 EuGH, Urt. v. 15. 12. 1995, C-415/93, EU:C:1995:463, Rn. 92 ff. -Bosman.
〔20〕 除博斯曼案之外,参见 EuGH, Urt. v. 11. 12. 2007, C-438/05, EU:C:2007:772, Rn. 33 ff. -Viking。

利发挥直接第三人效力的情形，例如，禁止年龄歧视即被认可为欧盟基本权利的一般性法原则[21]；基于《欧盟基本权利宪章》第21条第2款之一般性的禁止歧视规定，可就基督教的节假日主张薪酬请求权等。[22] 这里的争论与国内宪法的情形相类似。部分观点肯定基本自由在私主体间的直接效力[23]，并将其与宪法相对比：欧盟的基础法及基本自由所关涉的并非针对国家的防御权，而是主要由条约所实现的市场自由。[24] 要主张直接第三人效力，必须为此提供充分的正当化理由。反对直接第三人效力的观点则认为，任何私主体间的合同关系都必须经受严格的比例原则审查。[25] 对于宪法中基本权利的直接第三人效力理论，也可谓是应者寥寥。[26] 此外，欧盟最高法院若创造基本权利（第二章边码105及以下）或通过欧盟基本权利的适用而避开指令的详尽规则，则无异于是超越了自身的权限。[27] 第三种观点则只认同基本自由的间接第三人效力，而承认国家的保护义务。[28] 欧盟最高法院即已多次承认成员国的这种保护义务，诸如法国警察未阻止法国农民毁坏西班牙农民的草莓[29]或者奥地利警察未阻止卡车对布伦纳高速的道路封锁（以进行示威游行——译者注）等案件。[30]

3. 结合说

15 同宪法领域围绕私主体第三人效力范围的争论一样，将上述不同观点

---

[21] EuGH, Urt. v. 22. 12. 2005, C-144/04, EU：C：2005：709, Rn. 75 ff. -Mangold.

[22] EuGH, Urt. v. 22. 1. 2019, C-193/17, EU：C：2019：43, Rn. 78 ff. -Creso.

[23] *Köndgen/Mörsdorf*, in：Riesenhuber, Europäische Methodenlehre, 4. Aufl. 2021, § 6 Rn. 35 ff.

[24] Ebd.

[25] *Mülbert*, ZHR 159 (1995), 2, 10 f.

[26] 参见第十一章边码16；详见 *Langenbucher*, in：dies., Europäisches Privat- und Wirtschaftsrecht, 4. Aufl. 2017, § 1 Rn. 38.

[27] *Wank*, RdA 2020, 1, 8 ff. m. w. Nachw.

[28] So *Canaris*, in：Bauer/Czybulka/Kahl/Voßkuhle, Umwelt, Wirtschaft und Recht, 2002, S. 29, 49 f.；*Langenbucher*, in：dies., Europäisches Privat- und Wirtschaftsrecht, 4. Aufl. 2017, § 1 Rn. 42 ff.；*Herresthal*, in：ebd., § 2 Rn. 81 ff.

[29] 法国政府故而被认为违反了《欧洲联盟运作方式条约》第3条第2分款及第28条意义上的"忠实义务"，参见EuGH, Urt. v. 9. 12. 1997, C-265/95, EU：C：1997：595, Rn. 65-Erdbeerkrieg.

[30] 不过，由于示威游行自由的重要意义，欧盟最高法院拒绝在本案成立国家责任，参见EuGH, Urt. v. 12. 6. 2003, C-112/00, EU：C：2003：333, Rn. 65 ff. -Schmidberger.

相结合的做法似更为合理：欧盟的基本权利仅在有限的领域可发挥直接效力。"保护义务"也可用于定义这一领域，例如法国警察所负有的保护其他欧盟成员国公民的财产免遭法国公民毁损的义务。此外，同宪法一样，也存在一些能够支持在私主体之间适用基本自由的强化性要素，例如足以使对方无法安排自己权益的"权力地位"等。诸如欧洲足球协会联盟等体育协会的成员即受制于协会的规章制度，故而协会可能会阻碍基本自由的行使（例如跨境的转会）。协会能够限制其成员的基本自由，因而具有类似"高权主体"（Hoheitsträger）的权力地位。[31] 上述见解同宪法领域关于直接第三人效力的观点是一致的（第十一章边码15及以下）。

第二节 适用优先性与合欧盟法解释的义务

在认定欧盟法规范具有适用优先性，继而不再适用违反欧盟法的国内法规范之前，必须先尝试通过法的解释使国内法规范与基础法及次级法的规范相一致。此时即需要弄清楚，欧盟法究竟对国内法有着怎样的影响。依规范之位阶，这里先讨论最重要的法源，即欧盟基础法。后文则进一步讨论次级法当中"条例"。

16

一、欧盟法上的概念问题

欧盟法在各种概念的用法上可谓莫衷一是。[32] 欧盟最高法院从较宽泛的意义上使用解释之概念——它并不严格区分法的解释和续造[33]，例如广义的"合指令解释"从德国教义学的角度来看实则包括了狭义的法解释和法续造两个方面。[34] 欧盟最高法院这里使用的是"Interprétation"一

17

---

[31] *Pießkalla*, NZA 2007, 1144, 1146；同样的观点，参见 *Heiderhoff*, Europäisches Privatrecht, 5. Aufl. 2020, Rn. 79。

[32] *W. R. Roth*, EWS 2005, 385, 386；*Walter*, Rechtsfortbildung durch den EuGH, 2009, S. 55 ff.

[33] *Babusiaux*, Die richtlinienkonforme Auslegung im deutschen und französischen Zivilrecht, 2007, S. 137 f.；*Heiderhoff*, Europäisches Privatrecht, 5. Aufl. 2020, Rn. 108；*Möllers*, EuR 1998, 20, 44；*Canaris*, in: FS Bydlinski, 2002, S. 47, 81；s. auch BGH, Urt. v. 26. 11. 2008, VIII ZR 200/05, BGHZ 179, 27, Rn. 21-Quelle.

[34] *Möllers*, JZ 2009, 405.

词（第六章边码172）。为避免与解释的概念造成误解，可称之为"法适用"（Interpretation）或"广义的法解释"。

18 "合欧共体法的解释"是一种较为通行的说法。不过，自欧共体为欧盟所取代后，似更应使用"合欧洲法"或"合欧盟法"的解释这样的上位概念。更准确地说，人们还应区分"合基础法"及"合次级法"的解释。[35] 依内容不同，基础法的解释还可进一步分为"合基本自由"及"合基本权利"的解释（第二章边码79）。[36] 合次级法的解释又可分为"合条例"及"合指令"的解释。

19 图12-1 合欧盟法的解释（概念）[37]

二、合基础法解释的"两步法"

1. 次级欧盟法的合基础法解释

20 "合基础法的解释"既是针对欧盟法，也说针对国内法。从法的层级构造来说，整个欧盟法都应包括在内（第二章边码76）。此时，法的解释和续造的权限仅归于欧盟最高法院（参见《欧洲联盟运作方式条约》第267条第1款第a项）。

2. 国内法的合基础法解释

21 国内法官以欧盟的基础法——特别是《欧洲联盟运作方式条约》——为依据对国内法进行了超越文义界限的法续造，即谓"合基础法的法续

---

[35] 关于基础法及次级法，参见上文第二章边码74及以下。
[36] *Leible/Domröse*, in: Riesenhuber, Europäische Methodenlehre, 4. Aufl. 2021, § 8 Rn. 9 ff.
[37] 本图表并不声明完整性。例如，在进行合基础法的解释时，尚需注意《欧洲联盟运作方式条约》第11条（有关环境保护要求）的"横跨性条款"（Querschnittsklausel）。

造"。对于广义上的合基础法解释，欧盟最高法院指出：

> 国内法院的职责在于，充分利用国内法赋予其的衡量权限，对内国的法律进行符合共同体法要求的解释与适用；如果无法实行这种"合共同体法的解释"（今：广义的合欧盟法的解释），则不得适用（与共同体法）相冲突的内国法规范。[38]

22

"合基础法的适用"这一概念则就包括了狭义上的解释与续造。对合基础法的解释而言，国内法律文义、立法目的或历史意图是否有不同之意，实无关紧要。合基础法解释的这一义务也不能归因于国内立法者的适用（欧盟法的）意图。不过，合基础法解释的根据却在于"适用优先性"（Anwendungsvorrang）。[39] 唯有无法进行合基础法的适用时，才能基于这种适用优先性将国内法规范弃之不用。[40]

23

三、优先适用与符合联盟的解释的关系

1. 合基础法的适用情况下未明确的法续造的界限

仍未明确的则是合基础法解释的界限。一方面，遗憾的是，联邦宪法法院或欧盟最高法院并无权决定法续造的条件，国内法的规范是不得适用还是说可以对其文义进行合基础法的解释，全由法官自己来判断。[41] 这无疑将导致法的不安定性。

24

另一方面，解释和适用优先之间是何种关系，亦是一个有待澄清的问题。[42] 同样不明确的是合基础法续造的正当界限。有学说认为，国内法的解释方法即是合基础法解释的界限所在。[43] 但这种说法未免令人困惑：

25

---

[38] EuGH, Urt. v. 4. 2. 1988, C-157/86, EU：C：1988：62, Rn. 11-Murphy/Telecom.

[39] *Ehricke*, RabelsZ 59（1995），598，630；*Franzen*, Privatrechtsangleichung durch die Europäische Gemeinschaft, 1999, S. 300.

[40] 也参见 *Kruis*, Der Anwendungsvorrang des EU-Rechts in Theorie und Praxis, 2013, S. 94 f。

[41] 有学者故而对此提出批评，参见 *Kruis*（ebd.），S. 467 ff。

[42] 也参见 *Jarass/Beljin*, JZ 2003, 768, 776："要么解释，要么直接适用，欧共体法显然没有为这两种可能性中的任意一种赋予优先地位。"

[43] *Metzger*, Extra legem, intra ius: Allgemeine Rechtsgrundsätze im europäischen Privatrecht, 2009, S. 456；关于刑法中的文义界限，参见 *Safferling*, Internationales Strafrecht, 2011, § 11 Rn. 17；有关合指令解释框架下的文义界限问题，见第十二章边码 67。

既然欧盟法有优先效力，那么，是否存在国内法的合基础法解释权限的问题，从一开始就无关紧要。[44] 由于这种强制性的适用优先性，相比于合指令的法续造，这里的法续造似乎更容易获得正当性（第十二章边码76及以下）。国内法的方法论是否应当有更宽宏的界限？立法者的"违法的裁判"是否为其所容许？[45] 若拒绝之，则必须直接诉诸欧盟法的规范。如果进一步拓宽国内法的方法论——既然认为只有欧盟法重要——那就或将忽略体系性的思考或国内立法者的意图。在明确的优先规则面前，并无与其他论证模型进行衡量的余地。[46] **"维护规范原则"**（Prinzip der Normerhaltung，favor legis）也是支持进一步发展国内法方法的理由。[47] 结果上，这将导致违反欧盟法的特定构成要件要素被取代而遭"弃用"。

2. 关于合基础法续造的国内法判例

26 （1）有关合基础法续造的国内法判例，可以介绍如下三个情形。第一个例子依《民法典》第239条的文义，对适格的保证人而言，其审判管辖权应属本国法院。《民事诉讼法》旧法第917条第2款间接地将是否在"本国"作为判定"临时扣押理由"（Arrestgrund）的主要标准。[48] 这些规范是否违背欧盟法？《民法典》第239条、《民事诉讼法》旧法第108条、第116条第1句第2项、第917条第2款等规定有违《欧洲联盟运作方式条约》第18条关于禁止歧视的规定，故而这些国内法的规范不能依其本来的文义而得适用。若《民法典》第239条仅将本国具有一般审判管

---

[44] *Höpfner*, Die systemkonforme Auslegung, 2008, S. 240; *Metallinos*, Die europarechtskonforme Auslegung, 1994, S. 174.

[45] 对此有疑问的，参见 *Auer*, in: Neuner, Grundrechte und Privatrecht aus rechtsvergleichender Sicht, 2007, S. 27, 51 f.; 赞同者：*Leible/Domröse*, in: Riesenhuber, Europäische Methodenlehre, 4. Aufl. 2021, § 8 Rn. 59.

[46] *Leible/Domröse*, in: Riesenhuber, Europäische Methodenlehre, 4. Aufl. 2021, § 8 Rn. 27.

[47] *Leible/Domröse*, in: Riesenhuber (ebd.), § 8 Rn. 50; 宪法领域的这一做法参见第十一章边码35a。

[48] 《民事诉讼法》旧法第917条规定："（1）若担心非如此将无法执行判决或使判决的执行陷入困难，则应对物进行临时扣押。（2）若判决必须在国外执行，则可视为足够的临时扣押之事由。"欧盟最高法院认为这构成潜在的歧视，参见 EuGH, Urt. v. 10.2.1994, C-398/92, EU: C: 1994: 52, Rn. 15 ff. -Mund & Fester。

辖权的人作为适格保证人,则应对这一规定进行合基础法续造,将"本国"这一概念目的性限缩为"除德国外亦包括其他欧盟成员国"。[49] 近来类似的争论还涉及只归"德国人"享有的基本权利在多大程度上能够及于欧盟公民的问题。例如,《基本法》第8、9、11、12条规定的集会自由、结社自由、迁徙自由及职业自由等。有观点认为这类"德国人基本权"也可以适用于欧盟公民[50],反对观点则因为法律明确的文义而主张只能通过《基本法》第2条第1款的"一般性行动自由"来为之提供类似及同等的保护。[51]

（2）第二个重要的例子关于欧盟法执行的1997年欧盟最高法院审判的"加铝（Alcan）案"。

27

加铝案:加铝德国有限责任公司（以下简称"加铝公司"）于1983年得到了莱茵兰法尔兹州800万马克的补助,以避免其位于路德维希港的铝冶炼厂遭致停业。依委员会之观点[52],这一补助违反欧盟法,理由是其有违《建立欧洲共同体条约》第93条第3款（今《欧洲联盟运作方式条约》第108条）。联邦州于1989年收回了其许可裁决并要求返还补助。加铝公司则对此提起了撤销之诉。

28

本案的焦点即欧盟法与国内法的关系。由于资助决定系由德国机构作出,故而适用行政程序法的规则。其撤回之依据即《行政程序法》第48条。联邦行政法院将本案呈递给欧盟最高法院后,欧盟最高法院判决

29

---

[49] 详见 Ehricke, EWS 1994, 259 ff.; OLG Koblenz, Beschl. v. 29.3.1995, 2 W 105/95, RIW 1995, 775-Österreich; OLG Hamburg, Beschl. v. 4.5.1995, 5 U 118/93, NJW 1995, 2859, 2860-Schweden; Leible/Domröse, in: Riesenhuber, Europäische Methodenlehre, 4 Aufl. 2021, § 8 Rn. 58 m. w. Nachw.

[50] OVG Nordrhein-Westfalen, Beschl. v. 23.8.1994, 13 C 129/94, NWVBl. 1995, 18; Ehlers, JZ 1996, 776, 781; BeckOK-GG/Ruffert, 45. Ed. 15.8.2020, Art. 12 Rn. 37; Breuer, in: HStR VIII, 3. Aufl. 2010, § 170 Rn. 43.

[51] Bauer/Kahl, JZ 1995, 1077, 1085; Scholz, in: Maunz/Dürig, GG, 92. EL August 2020, Art. 12 Rn. 104; Dreier, in: Dreier, GG, 3. Aufl. 2013, Vorb. vor Art. 1 Rn. 116; ausdrücklich offen gelassen von BVerfG, KBeschl. v. 4.11.2015, 2 BvR 282/13 u. a., NJW 2016, 1436 Rn. 8 ff. -Preisregulierung bei Arzneimitteln aus dem Ausland.

[52] Art. 1 der Entscheidung 86/60/EWG der Kommission v. 14.12.1985 über die Beihilfe des Bundeslandes Rheinland-Pfalz an einen Primäraluminiumhersteller in Ludwigshafen, ABl. Nr. L 72, S. 30, 33.

指出:

> 30 呈递法院首先希望澄清的问题是,委员会认为有关机构所授予的补助有违共同市场之原则,故而应当返还该补助,在委员会作出这一持久有效的决定后,有关机构是否有义务撤回这一违法补助的许可裁决,即使国内法为保护法安定性而设置的除斥期限已过。
>
> 由于德国机构无裁量之权限,只要委员会已作出有关补助有违共同市场原则而要求其返还的决定,违法补助的相对人即不再处于不确定之中。
>
> 因此,即使德国机构迟延履行了要求退还补助的决定,也不能以法安定原则为由拒绝退还补助。否则,违法支付的款项实际上将不再有被返还的可能,有关国家补助的共同体规范也将丧失其实际效力。[53]

31 欧盟最高法院的判决再一次表明了欧盟法对于国内法所能发挥的巨大影响力。违反欧盟法的补助必须予以退还,《行政程序法》第 48 条第 4 款第 1 句为维护效率而设定的 1 年之期限已无法再被适用。[54] 基于欧盟法的"实际有效原则",国内法规范的构成要件要素有被弃置之可能。《行政程序法》第 48 条要被限制的不只是第 4 款的除斥期限规定。诸如"补助已经被消费"(《行政程序法》第 48 条第 2 款第 1 句及第 2 句)以及"相对人未从中得利"(《行政程序法》第 49a 第 2 款)等抗辩也必须让位于"实际有效原则"。

32 (3) 第三个例子则是后文(第十二章边码 123 及以下)还将进一步予以阐述的欧盟法上的国家责任请求权。这里仅讨论该请求权的适用问题:依通说,这一请求权属于独立的、欧盟法上的特别(sui gene-

---

[53] EuGH, Urt. v. 20. 3. 1997, C-24/95, EU: C: 1997: 163, Rn. 27, 36 f. -Alcan.

[54] BVerwG, Urt. v. 17. 2. 1993, 11 C 47/92, BVerwGE 92, 81, 85 f. -Rückforderung von rechtswidrigen Beihilfen; BVerwG, Urt. v. 23. 4. 1998, 3 C 15/97, BVerwGE 106, 328, 333; BVerfG, Beschl. v. 17. 2. 2000, 2 BvR 1210/98, NJW 2000, 2015, 2016-Alcan.

ris）请求权。[55] 反对观点虽然承认欧盟法可构成这一请求权的基础，但是认为其细节仍在于国内法之规定。[56] 理由在于，"忠于欧盟原则"尤要求人们在进行法续造时，对成员国法体系的干涉应当尽可能温和。[57] 因而，《民法典》第839条的规定被认为应当予以合欧盟法的适用，从而让位于《欧洲联盟条约》第4条第3款之"实际有效原则"。[58] 若依此观点，即必须对《民法典》第839条第1款的诸多构成要件要素进行符合欧盟法的目的性限缩；有些特定的构成要件要素也将被技术性地忽略。例如，若"过错"要件取决于是否构成对欧盟规范的"特别违反"（qualifizierter Verstoß），则在此范围内即不适用《民法典》第839条第1款"第三人的职务义务"（Amtspflicht）；此外，《民法典》第839条第1款第2句"辅助条款"（Subsidiaritätsklausel）及第839条第2款第1句"法官特权"（Richterprivileg）的适用也都要受到限制。[59] 此时已不仅是对构成要件要素的限缩，由于适用完全不同的构成要件，故已可谓对规范的"扭曲"。

第三节 次级法：条例、指令、建议

一、条例的优先效力及"合条例的解释"

条例（Verordnungen）也具有"适用优先性"。这里所用的说法即"合条例的解释"。[60] 其主要原则是：违反条例的国内法不得适用。

---

[55] BGH, Urt. v. 24.10.1996, III ZR 127/91, BGHZ 134, 30, 37-Brasserie du Pêcheur; BGH, Urt. v. 14.12.2000, III ZR 151/99, BGHZ 146, 153, 158 f.-Fleischuntersuchungsgebühren; *Wöstmann*, in: Staudinger, BGB, Neubearb. 2020, § 839 Rn. 524.

[56] EuGH, Urt. v. 19.11.1991, C-6/90 u. a., EU: C: 1991: 428, Rn. 43-Francovich; EuGH, Urt. v. 5.3.1996, C-46/93 u. a., EU: C: 1996: 79, Rn. 67-Brasserie du Pêcheur.

[57] *van Gerven*, in: Liber Amicorum Slynn, 2000, S. 433, 438 f.; *Martens*, Methodenlehre des Unionsrechts, 2013, S. 494.

[58] *Ehlers*, JZ 1996, 776, 777 f.; *Papier/Shirvani*, in: MünchKomm-BGB, 8. Aufl. 2020, § 839 Rn. 150, 159; Palandt/*Sprau*, BGB, 80. Aufl. 2021, § 839 Rn. 5 ff.

[59] EuGH, Urt. v. 13.6.2006, C-173/03, EU: C: 2006: 391, Rn. 46-Traghetti.

[60] BGH, Urt. v. 13.11.2001, X ZR 134/00, BGHZ 149, 165, 173; EuGH, Urt. v. 5.10.2004, C-397/01 u. a., EU: C: 2004: 584, Rn. 114-Deutsches Rotes Kreuz; EuGH, Urt. v. 13.3.2008, C-383/06 u. a., EU: C: 2008: 165, Rn. 29 Nr. 7.

34　　　依据关于跨境支付的《第 2560/2001 号条例》第 3 条第 2 款之规定，境外汇款的资费不得高于境内汇款。若有银行收取更高的费用，用户可拒绝支付并直接援引该条例第 3 条第 2 款。[61]

二、指令的优先效力及狭义的"合指令的解释"

35　　　基础法以及条例和决定时常可直接适用，与此不同，依据《欧洲联盟运作方式条约》第 288 条第 3 款的规定，指令往往需要经由成员国转化（第二章边码 63）。[62] 除非现行国内法已然完全实现了指令之目标，才不需要进行转化。

1. 指令的垂直效力

36　　　(1) 自欧盟最高法院认可欧盟基础法及条例的直接效力及第三人效力以来（第十二章边码 3 及以下），仍存有争议的问题是，指令能否未经转化为国内法即直接适用于成员国国内。有待澄清的是，民众在多大程度上可以援引指令上的权利以对抗国家（垂直效力）或对抗其他人（水平效力）。就其与成员国的关系而论，欧盟法的规范乃是直接产生效力。[63]

37　　　反对垂直效力的理由在于，成员国必须通过出台"转化法"将指令转化为内国法。不过，从文义来说，指令乃"对任一成员国……均具有约束力"。此外，若成员国未对指令进行转化，却能以疏失为由逃避其义务[64]，则实属违反忠诚的行为。[65] 此外，欧盟法因实际有效原则（第五

---

[61] *Langenbucher*, in: dies., Europäisches Privat- und Wirtschaftsrecht, 4. Aufl. 2017, § 1 Rn. 56.

[62] EuGH, Urt. v. 18. 1. 2001, C-162/99, EU: C: 2001: 35, Rn. 22-Kommission/Italien; neben den zitierten Entscheidungen vorher bereits auch EuGH, Urt. v. 23. 5. 1985, C-29/84, EU: C: 1985: 229, Rn. 22 f.-Kommission/Deutschland; Calliess/Ruffert/*Ruffert*, EUV/AEUV, 5. Aufl. 2016, Art. 288 AEUV Rn. 20, 23.

[63] 《欧洲联盟运作方式条约》第 288 条第 2 款规定："条例具有一般效力。其全部内容均具约束力，并直接在各个成员国内产生效力。"

[64] 在这一点上，英美法系承认"禁反言原则"（estoppel）的论证模型。

[65] EuGH, Urt. v. 19. 1. 1982, C-8/81, EU: C: 1982: 7, Rn. 23 f.-Becker; EuGH, Urt. v. 26. 2. 1986, C-152/84, EU: C: 1986: 84, Rn. 49-Marshall I; EuGH, Urt. v. 14. 7. 1994, C-91/92, EU: C: 1994: 292, Rn. 22 f.-Faccini Dori.

章边码108及以下）而应当具有足够之效力。[66] 因此，欧盟最高法院以法续造的方式承认了指令可被民众用于对抗国家的这一垂直效力。

据此，指令无须国内的转化即生效力（直接效力）。但要对其直接适用并发生对私主体有利的直接效果，则还必须满足一定的特别条件： **38**

①指令的转化期限必须已届满或指令未得到准确之转化。

②相关的指令规范——同基础法直接有效的情形一样——应当在内容上具有无条件性（第十二章边码7）。

③具有足够的确定性（第十二章边码7）。

④有争议的是，援引指令者是否必须从中受益。这种受益可以来源于个人权利。[67] 在满足以上条件时，成员国必须依职权遵照指令，即使其未被转化。[68]

（2）由于欧盟最高法院对"国家"这一概念采较宽泛的解释，因此垂直第三人效力同样也涉及私法上的"国家合同"。[69] 对第三人造成负担的"反射效力"是可以被容许的。[70] 若其直接有效，合指令的解释也可优先于宪法。[71] **39**

休假请求权：与之前联邦劳动法院的判例（所谓"代偿判例"：Surrogatsrechtsprechung）不同，若因罹患连续性的疾病，公职人员无法在《联邦休假法》（BUrlG）第7条第3款第3句规定的期限内（即本年度内）主张休假请求权，则其仍得在比之更长的期限内提出休假请求。此一做法即根源于《劳动时间指令》（2003/88/EG）的直接性 **40**

---

[66] EuGH, Urt. v. 4. 12. 1974, C-41/74, EU：C：1974：133, Rn. 12-van Duyn; EuGH, Urt. v. 5. 4. 1979, C-148/78, EU：C：1979：110, Rn. 21-Ratti.

[67] 整体性的介绍，参见 *Nettesheim*, in：Grabitz/Hilf/Nettesheim, Das Recht der Europäischen Union, 71. EL August 2020, Art. 288 AEUV Rn. 142 ff.; Streinz/*W. Schroeder*, EUV/AEUV, 3. Aufl. 2018, Art. 288 AEUV Rn. 91 ff.

[68] EuGH, Urt. v. 11. 7. 1991, C-87/90 u. a., EU：C：1991：314, Rn. 15-Verholen.

[69] EuGH, Urt. v. 26. 2. 1986, C-152/84, EU：C：1986：84, Rn. 48 ff.-Marshall I; EuGH, Urt. v. 12. 7. 1990, C-188/89, EU：C：1990：313, Rn. 20-Foster.

[70] EuGH, Urt. v. 26. 9. 2000, C-443/98, EU：C：2000：496, Rn. 50 f. -Unilever.

[71] *Lutter*, JZ 1992, 593, 605 f.; *Brechmann*, Die richtlinienkonforme Auslegung, 1994, S. 263; *Canaris*, in：FS Bydlinski, 2002, S. 47, 80.

的垂直第三人效力。[72]

41　　　**坦贾·克雷尔案**：坦贾·克雷尔（Tanja Kreil）想自愿加入联邦军队服兵役，却（女性服兵役——译者注）为《基本法》旧法第12a条第4款第2句所禁止。本案中，欧盟指令即可以优先于《基本法》。欧盟最高法院认为这一规定违反了《一般平等对待指令》中的平等原则。[73] 德国立法者紧急修订了基本法[74]，从而允许了女性自愿服兵役。

　　2. 指令缺乏水平的第三人效力

42　　欧盟最高法院既然已承认基础法、条例直接有效并认可了指令对抗国家的垂直效力，那么只要成员国没有及时或准确地转化指令，以效率为由也承认指令在私主体间的水平效力似乎也是顺理成章的。虽有学者持这一主张[75]，但欧盟最高法院却拒绝了这一或许称得上是维护"法执行高效率"的最后一座堡垒：

43　　　**法奇尼·多里案**：本案涉及的问题是，女性消费者法奇尼·多里（Faccini Dori）签订一份远程教育的合同后，在意大利尚未完成这一指令的转化的情况下，是否可依《欧盟上门消费撤销权指令》旧法第5条[76] 而向私人企业主张合同的解除权。[77]

44　　这种承认水平的第三人效力的法续造本就不符合《欧洲联盟运作方式条约》第288条第3款（第二章边码62）的文义，有义务转化指令的是

---

[72] Zu Art. 7 der Richtlinie 2003/88/EG über bestimmte Aspekte der Arbeitszeitgestaltung v. 4. 11. 2003, ABl. Nr. L 299, S. 9, s. EuGH, Urt. v. 20. 1. 2009, C-350/06 u. a., EU: C: 2009: 18, Rn. 49-Schultz-Hoff; hierzu *Bauer/Arnold*, NJW 2009, 631, 633.

[73] EuGH, Urt. v. 11. 1. 2000, C-285/98, EU: C: 2000: 2, Rn. 15 ff. -Tanja Kreil.

[74] Gesetz zur Änderung des GG v. 19. 12. 2000, BGBl. I, S. 1755.

[75] 例如 *Bach*, JZ 1990, 1108, 1115; *Langenfeld*, DÖV 1992, 955, 959 ff.; umfassend SchlA v. 9. 2. 1994, GA *Lenz*, C-91/92, EU: C: 1994: 45, Rn. 51 ff. - Faccini Dori。

[76] Richtlinie 85/577/EWG betreffend den Verbraucherschutz im Falle von außerhalb von Geschäftsräumen geschlossenen Verträgen v. 20. 12. 1985, ABl. Nr. L 372, S. 31.

[77] EuGH, Urt. v. 14. 7. 1994, C-91/92, EU: C: 1994: 292, Rn. 22 ff.-Faccini Dori; 也参见 EuGH, Urt. v. 5. 10. 2004, C-397/01 u. a., EU: C: 2004: 584, Rn. 108-Pfeiffer. 如今，《欧盟上门消费撤销权指令》已被《欧盟消费者权利指令》所替代。

"成员国"而不是民众。体系上说，这种做法也模糊了指令与《欧洲联盟运作方式条约》第288条第2款所称"条例"的区别，后者不同于指令而具有"一般性的效力"。从目的解释的角度而言，"成员国不得从其未作转化的行为中获利并因此违反其忠实义务"这一"禁止反言"的论据[78]，也不能适用于私主体之间。正如欧盟最高法院所强调的，依"法定原则"，对私主体权利的干涉必须有法律上的根据。[79] 不过，缺乏水平的第三人效力这种"漏洞"也可以得到限制，欧盟最高法院即通过对"国家"这一概念的宽泛解释扩充了垂直效力（第十二章脚注69），成员国的法院被其赋予了"合指令的解释及续造"的义务（见下文），在必要时，未转化或未正确转化指令的国家将承担欧盟法上的国家责任（第十二章边码123及以下）。如图12-2所示：

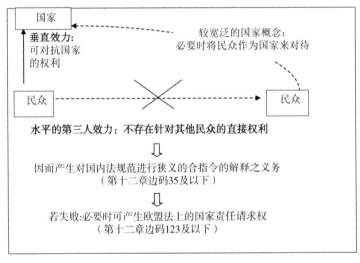

图 12-2　未适当转化时指令的垂直及水平效力

---

[78] EuGH, Urt. v. 14. 7. 1994, C-91/92, EU：C：1994：292, Rn. 24-Faccini Dori；有关禁止反言论据，详见 *Wade*, Administrative Law, 1982, S. 231 ff。

[79] 对此的精到总结，参见 Streinz/*W. Schroeder*, EUV/AEUV, 3. Aufl. 2018, Art. 288 AEUV Rn. 101。

三、水平的合指令的解释（狭义）

1. 解释目标及推定规则：合指令的解释

46 （1）在拒绝承认指令的水平的第三人效力后，欧盟最高法院又同时确立了所谓对国内法依欧盟指令之规定进行"合指令的解释"的义务（principle of indirect effect：间接效力原则）。在英语中，除 principle of indirect effect 外还有 principle of harmonious interpretation（一体化解释原则）这样的说法。[80]"合指令的解释"意味着有义务对国内法尽可能地作出有助于实现指令目标的解释。这一义务涵盖了全部国内法，而不仅限于使指令得以转化的规范。[81] 合指令的解释乃是一种独立的法构造，而并非仅仅是体系解释的组成部分。其独立的效力根据、独立的目标和独立的生效方式都足以论证这一点。[82] 同目的解释一样，合指令的解释本身也是一种"解释目标"，因而它在位阶上要高于其他的论证模型。[83] 与合宪的法续造的情形一样，这里也需要判断，其他普通的论证模型是否能够符合这一目标；若有疑问，就必须忽略这些论证模型（第十一章边码69、73）。"阿德纳勒（Adeneler）案"中，欧盟最高法院如是指出：

47 　　国内法官在解释内国法的相应规范时所负有的这种参照指令内容的义务，虽然要受到一般性法原则（特别是法安定原则和禁止溯及既往原则）的限制；同时，这一义务也不能成为对国内法进行"违法"解释的依据（参见以类推为途径的判决，Urteil vom 16. Juni 2005 in der

---

[80] Craig/de Búrca, EU Law, 7th ed. 2020, S. 244 ff.；也有作者称之为"连续性解释原则"（principle of consistent interpretation），参见 Costa/peers, Steiner&Woods EU Law, 14th ed. 2020, S. 136 ff。

[81] EuGH, Urt. v. 13. 11. 1990, C-106/89, EU：C：1990：395, Rn. 8-Marleasing；也参见 EuGH, Urt. v. 14. 7. 1994, C-91/92, EU：C：1994：292, Rn. 26-Faccini Dori。

[82] Lutter, JZ 1992, 593, 604 Fn. 133；Canaris, in：FS Bydlinski, 2002, S. 47, 79；**不同观点**，参见 Hommelhoff, in：FG 50 Jahre BGH, Bd. 2, 2000, S. 889, 891；Ehricke, RabelsZ 59 (1995), 598, 622 f.；Franzen, Privatrechtsangleichung durch die Europäische Gemeinschaft, 1999, S. 347。

[83] 已有论述，参见 Möllers, Juristische Methodenlehre, 2017, § 8 Rn. 65；Wietfeld, JZ 2020, 485, 491, 不过后者在脚注74作了不恰当的引用。

> Rechtssache C-105/03, Pupino, Slg. 2005, I-5285, Randnrn. 44 und 47)。
> 不过,合共同体解释原则(更好的说法:合指令解释原则)要求国内法院在考虑其全部国内法及适用其解释方法时,应当尽其权限之所能,确保相关指令的完全效力,达致与指令所要实现的目标相一致的结果(vgl. Urteil Pfeiffer u. a., Randnrn. 115, 116, 118 und 119)。[84]

(2) 由于欧盟最高法院不承认指令的水平的第三人效力(horizontale Drittwirkung),对在私主体之间生效的规范所进行的合指令的解释即无法具备同基础法或条例一般严格的适用优先性(第十二章边码 24 及以下)。[85] 合指令解释的义务构成一种客观法的命令,指向的是成员国的国家权力。解释的基本目标在于实现国内法与其上位法的一致性。对私主体的权利最终所造成的限制原本并非解释之目的。因此,这并不意味着开放式地探明某个概念的含义,而是要确定解释能否实现"使相关概念的理解符合指令的规定"这一目标。[86] **48**

若置于国内法解释学说的框架下,(这一义务)则可谓具有一种"**初步证明**"**意义上的推定**(第一章边码 98)。因此,若法官意图另作解释,则其必须驳斥对于合指令解释的那种偏向性(Vorzug)。[87] 在涉及《欧洲人权公约》的问题时,联邦宪法法院也表达过类似见解:"若在现有方法论标准的框架下存在解释及衡量之空间,那么德国法院即有义务优先采纳符合条约的解释。"[88] **49**

---

[84] EuGH, Urt. v. 4. 7. 2006, C-212/04, EU:C:2006:443, Rn. 110 f. -Adeneler.
[85] *W. H. Roth*, EWS 2005, 385, 386.
[86] *Wietfeld*, JZ 2020, 485, 490.
[87] *Ehricke*, RabelsZ 59 (1995), 598, 616; *W. H. Roth/Jopen*, in: Riesenhuber, Europäische Methodenlehre, 3. Aufl. 2015, § 13 Rn. 46 ff.; *Langenbucher*, in: dies., Europäisches Privat- und Wirtschaftsrecht, 4. Aufl. 2017, § 1 Rn. 91 ff.; **不同观点**,参见 *Canaris*, in: FS Bydlinski, 2002, S. 47, 69 ff., 作者使用的概念是解释上的"优先规则"(Vorrangregel)。不过,"偏向规则"(Vorzugsregel) 的说法似更为可取,如此可以同基础法那种起着替代作用(derogativen)的"优先性"更好地区分开来。
[88] BVerfG, Urt. v. 14. 10. 2004, 2 BvR 1481/04, BVerfGE 111, 307, 329-Görgülü.

50 (3) 具体而言,合指令解释具有如下三种效力[89]:第一,概念或规范之解释应当符合指令的目标。为此,国内法的其他规范也应当被纳入考量(**修正效力**:Korrekturwirkung)。第二,即便是国内法所允许的解释结论,若其与指令相冲突,亦应当拒绝(**阻断效力**:Sperrwirkung)。这一点和阻遏违宪解释结论的合宪解释具有相似性(第十一章边码 35)。第三,指令还可发挥一种"**预先效力**"(第十二章边码 86)。同垂直的第三人效力的情形一样,水平的合指令的解释亦能造成私主体之负担,例如"马利斯(Marleasing)案"中,私主体即不能再依西班牙法而信赖公司之无效。必要时,为保护第三人,法安定性及信赖保护原则亦有适用之可能(第十二章边码 47)。

51 **信息获取权**:对于在规范文义范围内所进行合指令的法解释——例如不确定法概念及一般条款之情形——自不存在任何疑问。根据《环境信息法》(UIG)[90] 第 3 条第 1 款的规定,任何人都有权获取政府机构所掌握的有关环境之信息。依相应之申请,政府可发布公告、允许文档查阅或以提供其他方式的信息媒介。联邦行政法院强调,政府机构在选择上的裁量自由(Auswahlermessen)应符合《环境信息指令》(90/313/EWG,今 2003/4/EG)[91] 之目的并受其限制。[92]

2. 语言习惯的变化

52 若不能再用国内法当前通用的概念去解释待解释之概念,则必须依欧盟指令的精神予以其全新解释,这亦属于合指令的解释的情形。基于解释之目的,法之概念呈现出相对性:"法概念的相对性"这一法构造能够促

---

[89] 使用其他说法的,参见 E. Klein, in: FS Everling, Bd. 1, 1995, S. 641, 643 ff.; Langenbucher, in: dies., Europäisches Privat- und Wirtschaftsrecht, 4. Aufl. 2017, § 1 Rn. 82 ff.

[90] Umweltinformationsgesetz (UIG) v. 27.10.2014, BGBl. I, S. 1643.

[91] Richtlinie 2003/4/EG über den Zugang der Öffentlichkeit zu Umweltinformationen v. 28.1.2003, ABl. Nr. L 41, S. 26.

[92] BVerwG, Urt. v. 6.12.1996, 7 C 64/95, BVerwGE 102, 282, 287 f. -Ermessensgebundener Umweltinformationsanspruch zu § 4 UIG a. F.

成概念的统一适用（第六章边码 17 及以下）。

身体虚弱：若商业代理人因年龄或疾病原因而难胜任其职责，则其依《商法典》第 89b 条第 2 款第 1 项而享有"求偿请求权"（Ausgleichsanspruch）。"疾病"不仅包括健康状态的损害，亦应涵盖《商业代理人指令》第 18 条第 b）项意义上的"身体虚弱"（Gebrechlichkeit），例如因意外导致的履职障碍。[93]

四、合指令的法续造

1. 欧盟最高法院关于合指令的法续造的规定

欧盟最高法院本来只有权解释、构造欧盟法（《欧洲联盟条约》第 19 条第 1 款第 2 句）。然而，这并未阻止它在其多个判决中强调合指令解释的义务，并围绕立法意图、体系及目的进行阐述。总体而言，何时构成"违法"（contralegem）以及"违法"的边界何如，仍充满极大的不确定性。[94] 不得不说的是，对合指令解释的扩大适用实际上已经能够在私主体之间产生水平的第三人效力。

德国法则主张保护依指令而享有权利的人。尚待明确的问题是，合指令的法续造究竟在何等程度上可以违反法律的文义或国内立法者的意图。若突破了某一规范的文义，则构成德国法意义上的"法续造"，法官即尤有义务论证其法续造的正当性、论证其未作出违法之裁判（第十三章边码 20 及以下）。具体而言，越来越多的德国及奥地利的法院倾向于对合指令的解释予以（极其）宽泛的理解，并允许作出违反（明确）文义的合指令的法续造。下文即表明，德国的判例及学说已然放宽了"违法"的界限（第十二章边码 62 及以下）。由于德国、奥地利和英国有着平行的法发展进程，相关的讨论也格外具有吸引力。在著名的原则性案例"科尔森和卡曼（von Colson und Kamann）案"中，欧盟最高法院强调，成员国在其国

---

[93] Baumbach/Hopt/*Hopt*, HGB, 40. Aufl. 2021, § 89b Rn. 62.
[94] *Craig/de Búrca*, EU Law, 7th ed. 2020, S. 250："很难预测任何诉讼的结果，因为一体化的解释义务要求国内法院在确定是否能与指令相符时须将全部国内法纳入考虑。"

内法所赋予的"判断余地"(Beurteilungsspielraum,本书有时也译作裁量空间——译者注)内,应当依"指令之精神"解释国内法规范。法院指出:

56 > 不过,必须明确的是,成员国源于指令的、满足其目标的义务,以及成员国基于《欧洲经济共同体条约》第5条(今《欧洲联盟条约》第4条第3款第2分款)采取一切为履行上述义务所需的常规及特殊方式措施的义务,乃归于成员国所有的公权机构——在法院的权限范围内,此等义务亦归于法院。因此,国内法院在适用国内法——特别是适用专为执行76/207号指令而制定的法律时,必须依循指令的文义及目的解释这一国内法,由此才能实现《欧洲经济共同体条约》第189条第3款(今《欧洲联盟运作方式条约》第288条第3款)所称的目标。[95]

57 此外,欧盟最高法院还认为,成员国在转化指令时乃"具有完全履行指令所规定义务的意图"。[96]并且,欧盟最高法院也开始首次使用"合共同体法"(合欧盟法)解释这种称谓。不过,欧盟最高法院明显限制了这类做法:成员国必须充分利用国内法所赋予的判断余地。[97]为此,成员国法院必须决定,是否不适用相关的国内法规范。[98]另外,"阿德纳勒案"中,欧盟最高法院还明确,国内法官有义务作出不"违法"的法解释(第十二章边码48)。

58 Quelle案[99]:2002年8月,Quelle公司将一台烤箱交付给布吕宁女士供其私用。2004年年初,布吕宁女士发现该机器存在问题。由于

---

[95] EuGH, Urt. v. 10.4.1984, C-14/83, EU:C:1984:153, Rn. 26-von Colson und Kamann.

[96] EuGH, Urt. v. 16.12.1993, C-334/92, EU:C:1993:945, Rn. 20-Wagner Miret;类似表达,参见EuGH, Urt. v. 5.10.2004, C-397/01 u. a., EU:C:2004:584, Rn. 112-Pfeiffer。

[97] EuGH, Urt. v. 10.4.1984, C-14/83, EU:C:1984:153, Rn. 28-von Colson und Kamann.

[98] EuGH, Urt. v. 19.4.2016, C-441/14, EU:C:2016:278, Rn. 37-Dansk Industri.

[99] EuGH, Urt. v. 17.4.2008, C-404/06, EU:C:2008:231-Quelle; BGH, Urt. v. 26.11.2008, VIII ZR 200/05, BGHZ 179, 27-Quelle.

无法进行修理,她将机器退给 Quelle 公司,后者为其更换了新机器。Quelle 公司要求布吕宁女士支付 69.97 欧元,以代偿其因使用原先交付的机器而获取的利益。布吕宁女士是否应当依《民法典》第 346 条第 1 款、第 2 款第 1 项及旧法第 439 条第 4 款的规定(现《民法典草案》第 439 条第 6 款)而支付其代偿金额?

本案所要回答的问题是,在无法行使修补请求权(Nachbesserung)时,买受人是否得无须支付其他费用而解除合同,或应当依据《民法典》第 346 条第 1 款、第 2 款第 1 项及《民法典草案》第 439 条第 6 款的规定为其已经使用过但存有瑕疵的物支付"使用赔偿"。对于这一实践中十分重要的问题,欧盟最高法院作出了有利消费者之裁判,反对出卖人享有针对消费者的使用赔偿请求权,理由在于,依《消费品买卖指令》第 3 条的规定,瑕疵担保属无偿之请求权。[100] 为此,即需要判断,在因物的瑕疵而解除合同时,是否应对《民法典草案》第 439 条第 6 款的援引予以目的性限缩,以排除解除权所带来的使用赔偿请求权。

2. 有关合指令的法续造的争论

就历史意图这一方面而言,则存在着诸多细节上的争议。"Quelle 案"中,联邦最高普通法院认为,对指令的正确转化来说,把握立法者的主观意图是必不可少的,并承认(本案)存在使法续造正当化的法律"漏洞"。[101] 虽然一般可以认为成员国具有正确转化指令的意图[102],但具体的转化意图通常仍然难以确定。[103] 立法者在转化指令时也难免会犯错,这类错误的法律意义殊难予以定性。因此,第一种观点指出,联邦最高普通法院[104]仅仅是将立法者"以符合指令的方式转化指令"的意图作为法

---

[100] EuGH, Urt. v. 17.4.2008, C-404/06, EU:C:2008:231, Rn. 31 ff. -Quelle.

[101] BGH, Urt. v. 26.11.2008, VIII ZR 200/05, BGHZ 179, 27, 38 f. -Quelle. Vorher schon *Grundmann*, ZEuP 1996, 399, 420;类似见解,参见 *Herresthal*, WM 2007, 1354, 1356 f.; *Dänzer-Vanotti*, StVj 1991, 1, 5 ff。

[102] 参见第十二章脚注 96; *Beyer/Möllers*, JZ 1991, 24, 29 f.; *Grundmann*, ZEuP 1996, 399, 420; *Möllers*, EuR 1998, 20, 45。

[103] 对此的批评意见,也参见 *Gsell*, JZ 2009, 522, 523:"但缺乏有关实质说服力的标准。"

[104] S. BGH, Urt. v. 26.11.2008, VIII ZR 200/05, BGHZ 179, 27, 38 f. -Quelle.

续造的正当理由。[105]

61 第二种观点则从国内法和指令所组成的整个法秩序的语境来看待德国法规范。[106] 针对于此,有批判观点认为,指令乃是独立的规范构造,并不直接适用于德国的任何人(第十二章边码3)。若依循这一体系性思想,无异于将内国法的"规范命令"(Normbefehl)退化为某种对欧盟最高法院所主张指令内容的动态援引。[107] 此外,这种解释也有违信赖保护原则,尤其是违背了关于规范明确性、规范确定性的要求。[108]

62 第三种观点主张合指令的法续造应当有极为严格的界限。在这种观点看来:欧盟最高法院的论述纯粹只是"任意性"的辅助资源。[109] 其认为,起关键作用的仅仅是国内法的价值安排。[110] 唯有国内法赋予其一定的判断余地时,法官才有权进行合指令的法续造。[111] "Quelle案"中,依据所有德国国内法的解释标准(包括德国立法者的明确意图),消费者都应承担相应之义务,此时即不得作出合指令的法续造。[112] 指令不能被直接适用,因此,法官在超越文义续造法律时,即意味着干预了国内立法者的形成权。国内立法者对于正确转化指令的一般性意图不能被理解为他要修正错误,要事后确定欧盟最高法院解释结论的正当性;指明这种假定的国内立法者意图被认为只是一种纯粹的"拟制"。[113] 合指令的法续造

---

[105] 提出这一批评者,参见 *Herresthal*, JuS 2014, 289, 295。

[106] *Auer*, NJW 2007, 1106, 1108; *Pfeiffer*, NJW 2009, 412 f.; *Herrler/Tomasic*, BB 2008, 1245, 1248; *Mörsdorf*, ZIP 2008, 1409, 1415.

[107] *Herdegen*, WM 2005, 1921, 1928 f.; *Schürnbrand*, JZ 2007, 910, 913; *Lorenz*, in: MünchKomm-BGB, 8. Aufl. 2019, Vor § 474 Rn. 5; *Schulze*, GPR 2008, 128, 131.

[108] *Herdegen*, WM 2005, 1921, 1929; *Schürnbrand*, JZ 2007, 910, 916; *Franzen*, JZ 2003, 321, 327.

[109] 这种提法,参见 *Hayden*, ZfRV 2016, 244, 249。

[110] *Baldus/Becker*, ZEuP, 1997, 874, 882; *Höpfner*, JbJZ 2009, S. 73, 85; *Rüthers/Fischer/Birk*, Rechtstheorie, 11. Aufl. 2020, Rn. 912e: "合指令解释是否正当,端赖国内法的价值安排而定。"类似观点,也参见 *Gsell*, JZ 2009, 522, 525。

[111] *Höpfner*, JbJZ 2009, S. 73, 85 f.

[112] *Lorenz*, in: MünchKomm-BGB, 8. Aufl. 2019, Vor § 474 Rn. 3.

[113] *Franzen*, JZ 2003, 321, 324, 328; *Schürnbrand*, JZ 2007, 910, 916 f.; *Höpfner*, JZ 2009, 403, 404 f.; *Herdegen*, Europarecht, 22. Aufl. 2020, § 8 Rn. 58; *Kamanabrou*, Richtlinienkonforme Auslegung im Rechtsvergleich, 2021, S. 139 f.

不能取代[114]或曰"扭曲"[115]法律；与此一致，"目的性限缩至零"（teleologische Reduktion auf Null）的做法也属于违法的不正当的法续造[116]，如此一来，法续造无异于不当创设了水平的第三人效力。[117]

许多观点则主张采纳**传统意义上所理解的较为狭窄的"违法界限"** **62a**（Contra-legem-Grenze）：上文所提的论证方法乍看起来在方法上可谓无可指摘，毕竟《欧洲联盟运作方式条约》第288条第3款已允许指令转化为国内法，通过法学方法探明意义的活动理应仅仅归于国内法层面。[118] 重要的是，法官可以基于国内法的立场驳回欧盟最高法院令人意外的"爆炸性解释结论"（ausbrechendes Auslegungsergebnis）[119]，而不必考虑该如何将其以法续造的方式融入国内法。最后，国内立法者具体的实质性决断可优先于国内立法者"依指令行事"的这种"一般性"的转化意图（第十二章边码78及以下）。

3. 本书的另一种观点：合指令的法续造是国内法学方法论的组成部分

（1）欧盟多层体系下的权力分立

本书开篇将法学方法论描述为限制法官针对议会及民众权力的"正当 **62b**化学说"（Legitimationslehre，第一章边码45及以下）。法官无须审查，法律规定是不是最符合目的、最理想或最公正的方案（第十三章边码95）。不过，有疑问的是，将法续造权限这一问题视作法官针对议会或民众的"正当性问题"在这里是否真的合适。因为这里所关系的并不是国内法官擅自行使议会权限，使自己充当"立法法官"的问题。在成员国与欧盟这一多层体系的关系上，国内法官所面对的同样也是多种层次的机构：第一，在欧盟层面上，委员会、理事会及议会制定可声明其效力的指令并在成员国层面生效（第二章边码82）。第二，国内的立法者必须完成欧盟指

---

[114] *Canaris*, in：FS Bydlinski, 2002, S. 47, 94.
[115] *Heß*, JZ 1995, 150, 151；*Canaris*, in：FS Bydlinski, 2002, S. 47, 97.
[116] 例如OLG München, Urt. v. 20. 6. 2013, 14 U 103/13, VersR 2013, 1025, 1028-Widerruf von Lebensversicherung；奥地利法上有此主张的，参见 *Klamert*, JBl. 2011, 738, 741。
[117] *Zöckler*, JbJZ, 1992, S. 141, 157.
[118] *Baldus/Becker*, ZEuP 1997, 874, 882.
[119] 语出自OGH, Urt. v. 25. 3. 2014, 9Ob64/13x, Rn. 4. 10。

令之转化。国内法官要受到转化规定的约束。第三，国内法官在前置判决程序中将欧盟指令的解释问题呈递给欧盟最高法院，后者由此对作为依据的欧盟法予以具体化。[120] 第四，法官之后还需要决定，他应当如何解决这种多极的紧张关系，他究竟能否依符合指令的方式遵循欧盟最高法院的规定，或是否认它，而将转化的任务托付于国内的议会。这并非法官作出的有损立法权的法创造，法官只是尽可能地保持自己满足所有三个"主人"的形象。[121]

(2) 国内立法者的意图

62c 合指令的法续造首先要符合国内议会的意图。若国内议会在指令的转化过程中出现失误，则可由判例更正其纰漏。若承认存在**较大程度上的合指令的法续造权限**，成员国在错误转化指令时依欧盟法的国家责任请求权而承担责任的风险即更低（第十二章边码 123 及以下）。因为合指令的法续造意味着容许国内法官作出修正。成员国的议会可充分利用其裁量空间，使得指令的转化尽可能不造成摒弃国内教义学的后果。[122]《消费品买卖指令》的案例即最为恰当地反映了这一点。倘若反其道而行之剥夺成员国法官的这一功能，使成员国议会面临承担国家责任的风险，国内的议会可能会完全放弃将欧盟法转化为国内法的裁量自由。这样一来，任何形成自由都不复存在；那种认为指令带给国内法的干涉比条例更弱，指令依《欧洲联盟运作方式条约》第 288 条第 3 款的规定赋予成员国机构"形式和方法"的选择自由的思想也将成为空谈。此外，法院也只是暂时干预了立法者的权限，因为基于欧盟最高法院近来所确立的"透明性要求"，不适当的成员国法律必须得到事后的补正（第十二章边码 104 及以下）。并且，立法者也随时有权修正法院的解决方案或为之提供补救。这也就是真

---

[120] 这可谓是他必须"侍奉"的三个主人。关于法官作为"演奏家"及立法者"仆人"的这种说法，可参见 Hirsch, ZRP 2006, 161; Heck, AcP 112 (1914), 1, 19 ff. 以及上文第六章边码 60 及以下所介绍的争论。

[121] 更进一步论述，参见 Möllers, in: FS Siekmann, 2019, S. 167, 178 ff.

[122] 参见已有论述：Möllers, Die Rolle des Rechts im Rahmen der europäischen Integration, 1999, S. 72。

正意义上的"权力分立"。[123]

(3) 目的导向的考量

欧盟最高法院判决中确立的规定约束其当事人及呈递法院（第三章边码 51）。若成员国法院拒绝进行合指令的法续造，将给原告造成其忽视欧盟最高法院规定的印象。合指令的法续造使得人们能够比国内的立法者更快地对欧盟最高法院的规定做出反应，而避免承担国家责任的风险。通过法续造，成员国法院对事实作出积极的裁判，从而可促成法的进一步发展。法院也可由此实现法的安定性。[124] 此外，被告的利益也会得到兼顾，毕竟，作为对法续造的限制，禁止溯及既往原则及信赖保护原则已经明确得到了人们的肯定（第十二章边码 77）。

62d

(4) 检验顺序

从教义学上说，指令与国内法规范相一致乃是解释之目标，在确定国内法的规范内容时就应当考虑这一点。因此，有必要判断，传统的论证模型能否支撑作为**解释目标**的"合指令的法续造"（第十二章边码 48）。为此就应当结合国内法及欧盟法各自语境中的历史、体系及目的性的论据进行判断。因此，本书观点认为，对国内法构造的进一步发展不仅是可行的，甚至可以说是必要的。[125]

63

①从教义学上说，国内立法者的意图并非唯一的解释方法（如第一种观点，第十二章边码 60），而只是诸多解释方法之一。

64

②就体系而言，欧盟法的优先性不能构成法续造的依据（如第二种观点，第十二章边码 61），不过法续造也不能受到一种较狭窄意义上所理解的"违法界限"的限制（如第三种观点，第十二章边码 62）。指令的直接效力本身就足以构成要求人们进行合指令的解释（狭义）的理由（第二章边码 82 及以下），毕竟《欧洲联盟运作方式条约》第 288 条第 3 款即规

---

[123] 参见第十五章边码 40 及以下的例子。
[124] 关于这一论题，参见下文第十三章边码 63。
[125] 详见 *Möllers*, in: FS Siekmann, 2019, S. 167, 192 ff.; 也参见下文第十四章边码 137 及以下。

定了指令对全体成员国均具有"约束力"。[126]

③就目的而言，则应判断国内法能否依欧盟法之精神而得到解释。合指令的法续造并不仅仅拘泥于国内法的价值安排从而受制于严格的"违法界限"（第三种观点），也不意味着强迫国内法对指令作出某种解释结论（第二种观点）。就此而言，需要判断的是，指令的价值决定是否也能以不完全的形式重现于国内法中。[127] 为此，即可以援用"目光的来回顾盼"这一方法（第四章边码10）。

65　　合指令的法续造在法教义学层面上是无可指摘的：一方面，它符合合宪的法续造的要求[128]；另一方面，它也契合欧盟法上从"以指令为导向的解释"到"合基础法续造"的"三叠纪"（Trias）。[129] 同时，它也远非"以指令为导向的解释"，因为指令的适用领域必须由成员国转化；而在溢出适用领域时则恰非如此（第十二章边码90及以下）。另外，合指令的解释在方法上要弱于适用优先性及合基础法的解释，因为在后二者的情况下，欧盟法必须被直接适用（第十二章边码24及以下）。不过，若完全违反国内法的文义或体系，则无法再进行法续造（见下文）。本书观点亦不认同指令具有同条例一般的效力。[130]

66　　因此即需要审查诸如文义、体系、历史、目的等各种为人熟知的解释方法，它们构成动态体系（第八章边码2及以下）中呈比较关系的、有待斟酌衡量的要素。

67　　①在超越文义的情形，对结论是否符合指令的说理负担即高于一般条款之情形。在法教义学上，文义界限虽然是确定说理负担的重要"风向标"。但

---

[126]　*W. H. Roth/Jopen*, in: Riesenhuber, Europäische Methodenlehre, 4. Aufl. 2021, § 13 Rn. 43.

[127]　已有论述，参见 *Möllers*, EuR 1998, 20, 45; *ders.*, Die Rolle des Rechts im Rahmen der europäischen Integration, 1999, S. 72; *ders./Möhring*, JZ 2008, 919, 921 ff.; 赞同者，参见 *Schnorbus*, AcP 201 (2001), 860, 896; *W. H. Roth/Jopen*, in: Riesenhuber (ebd.), § 13 Rn. 63 f; 类似观点，参见 *Herresthal*, EuZW 2007, 396, 400; *ders.*, JuS 2014, 289, 292。

[128]　BVerfG, Beschl. v. 14. 2. 1973, 1 BvR 112/65, BVerfGE 34, 269, 287-Soraya（第十一章边码72及以下）。

[129]　EuGH, Urt. v. 10. 4. 1984, C-14/83, EU: C: 1984: 153, Rn. 26-von Colson und Kamann（第十二章边码56）。

[130]　但也可参见 *Gsell*, AcP 214 (2014), 99, 138。

依据欧盟最高法院对于方法论之理解[131]，文义界限并不能作为唯一的重点[132]——不如说重点是在欧盟法及国内法的解释方法之间所进行的衡量。

②值得关注的是立法者所表达出来的用具体规范准确转化欧盟指令的意图。如果不存在这种具体表达出来的意图，只要立法者是因为对指令的错误理解而无意地作出偏离指令的规定，那么立法者一般性的转化意图（genereller Umsetzungswille）就优先于这种具体的立法意图。[133]

Quelle 案：德国立法者对于《消费品买卖指令》的错误理解可类比于文义和立法者意图不相一致的"编写疏漏"；或者可以强调这是具体转化意图与一般转化意图的矛盾[134]；或者如联邦最高普通法院所表明的[135]，矛盾本身已存在于具体的转化意图之中：一方面认可使用赔偿，另一方面又意图对指令进行具体转化。[136]

③由于通常难以把握立法者之意图，故主要以体系及目的上的考量作为支撑法续造的理由。既然指令有效力，那么即使其不一定具有优先效力（第十二章边码3），也应尊重其内容。这里起决定作用的"前提"仍在于：此时欧盟的指令规定与国内法的目的及体系应当是兼容的。

对于有利于出卖人的"使用赔偿请求权"，在债法改革前是无可争议的。[137] 在《消费品买卖指令》转化为《民法典》的规定后，围绕旧法的看法发生了改变：此时即需要判断，当前的体系是否容许这

68

69

70

71

---

[131] 参见上文 EuGH, Urt. v. 10. 4. 1984, C-14/83, EU：C：1984：153, Rn. 26-von Colson und Kamann（第十二章边码 56）。

[132] **不同观点**，参见 Canaris, in：FS Bydlinski, 2002, S. 47, 70 ff.；但其主张的优先规则将带来的只是表面上的确定性，其所使用的较宽泛的"漏洞"概念也将导致有违"方法论诚实"（Methodenehrlichkeit）的复杂性。

[133] 此即不适用于国内法立法者有意违反指令规定的情形，就此参见下文第十二章边码 78 及以下。

[134] *Schmidt*, ZGS 2006, 408, 410；*Möllers/Möhring*, JZ 2008, 919, 922.

[135] BGH, Urt. v. 26. 11. 2008, VIII ZR 200/05, BGHZ 179, 27, 36-Quelle；**不同观点**认为其构成违法的不当法续造的，参见 *Lorenz*, in：MünchKomm-BGB, 8. Aufl. 2019, Vor § 474 Rn. 5。

[136] Begr. AbgeordnetenE, BT-Drs. 14/6040, S. 233："这种消费者（买受人）的义务是与消费品买卖指令相符的。"

[137] 《民法典》旧法第 480 条第 1 款第 2 句、第 467 条第 1 句、第 346 条。

种改变，能否通过法续造而填补漏洞。"Quelle 案"的要旨在于，依指令的文义和立法目的，瑕疵担保请求权的提请应当是"无偿"的，否则，消费者可能会忌于行使他的这一请求权。这样的规则目的是完全符合德国债法的。欧盟最高法院在本案中提出了如下决定性的论据：由于自始至终都没有得到无瑕疵的物，买受人也就没有从中获利，故而不应为其使用行为支付费用。[138]

4. 判例对合指令的法续造的承认

72　　曾经只是被个别学者推崇的"合指令的法续造"[139]，如今已然得到了判例的承认。为符合指令之规定，各个最高法院都出现了以法续造的方式突破法律文义的先例。

73　　哈尔茨（Harz）案：本案中，联邦劳动法院认为对求职者的性别歧视构成人格权侵害。[140] 数十年来，判例已然承认了因人格权侵害而产生的痛苦抚慰金请求权。[141] 虽然人格权是一种"框架性权利"，在权益损害的个案中原则上应当进行一种利益衡量。[142] 不过，若能同名誉损害侵权行为相类比——例如关于种族、宗教或党籍的消极意见——则毫无疑问可确定歧视行为的"违法性"。[143] 承认损害赔偿请求权也符合德国法之体系。因此，联邦劳动法院的法续造是正当的。[144]

---

[138]　EuGH, Urt. v. 17.4.2008, C-404/06, EU：C：2008：231, Rn. 40 f. -Quelle. 得出同一结论者，参见 *Gsell*, JZ 2009, 522, 525, 但作者纯粹是从"国内法"的角度引出了这一请求权。

[139]　*Beyer/Möllers*, JZ 1991, 24, 29 f.; *Grundmann*, ZEuP 1996, 399, 420; *Möllers*, EuR 1998, 20, 45.

[140]　BAG, Urt. v. 14.3.1989, 8 AZR 447/87, BAGE 61, 209, 212 ff. -Harz.

[141]　BVerfG, Beschl. v. 14.2.1973, 1 BvR 112/65, BVerfGE 34, 269, 281 ff. -Soraya（第十一章边码 72 及以下）。

[142]　*Fikentscher/Heinemann*, Schuldrecht, 11. Aufl. 2017, Rn. 1584 ff.

[143]　*Beyer/Möllers*, JZ 1991, 24, 28; **不同观点**则参见 Larenz/*Canaris*, Lehrbuch des Schuldrechts, Besonderer Teil, Bd. II/2, 13. Aufl. 1994, S. 502, 作者认为这只构成"不公对待"，而算不上"贬损人格"。

[144]　*Beyer/Möllers*, JZ 1991, 24, 28 ff.; *Brechmann*, Die richtlinienkonforme Auslegung, 1994, S. 270; wohl auch *Langenbucher*, in: dies., Europäisches Privat- und Wirtschaftsrecht, 4. Aufl. 2017, § 1 Rn. 99; a. A. noch *Wiese*, JuS 1990, 357, 362; *Canaris*, in: FS Bydliski, 2002, S. 47, 97 f.; *Franzen*, Privatrechtsangleichung durch die europäische Gemeinschaft, 1999, S. 409 ff. *Heß* JZ 1995, 150, 151 f.

"Quelle 案"中,联邦最高普通法院对《民法典》旧法第 439 条第 4 款(今《民法典草案》第 439 条第 6 款)进行了**目的性限缩**,以此来排除使用赔偿请求权。法院指出:

> 通过限制《民法典》第 439 条第 4 款对消费品买卖情形(《民法典》第 474 条第 1 款第 1 句)的适用,即可填补新法制定之前存在的**隐匿性的规则漏洞**。这类情形下,规则的适用必须作出如下限制,即相关规则只涉及瑕疵物的返还,而不适用于出卖人要求返还使用利益的请求权或者说不适用于对瑕疵物使用的价值补偿。[145]

如今,通过新规定的《民法典》第 475 条第 3 款,立法者已明确排除了消费品买卖的使用赔偿请求权(第十二章边码 110)。

令人乐见的是,如今各个最高法院——尽管还带着一些试探和谨慎的态度——已经采纳了学者 20 多年前所提出的观点。[146] 联邦宪法法院[147]、奥地利最高法院(OGH)[148] 以及英国的最高法院[149]均明确认可了合指令的法续造。[150] 联邦行政法院、联邦最高普通法院等最高法院指出:"计划外的规则漏洞并不仅仅存在于两个国内法规范之间有价值冲突的情形"[151]。更清楚的说法是:"指令也是判断漏洞存在以及填补漏洞的依据"[152]。并表示:"如果立法者意图完成符合指令的转化,那么这一

---

[145] BGH, Urt. v. 26. 11. 2008, VIII ZR 200/05, BGHZ 179, 27, Rn. 26-Quelle。
[146] 参见上文第十二章脚注 144。
[147] BVerfG, KBeschl. v. 26. 9. 2011, 2 BvR 2216/06 u. a., NJW 2012, 669 Rn. 49 ff. - § 5 HWiG; BVerfG, KBeschl. v. 17. 1. 2013, 1 BvR 121/11 u. a., ZIP 2013, 924 Rn. 33- § 264 Abs. 3 HGB。
[148] 例如 OGH, Urt. v. 19. 3. 2013, 4Ob15/13d unter 1. 5. -Ausverkauf。
[149] *Parkwood Leisure Ltd v. Alemo-Herron and others* [2011] UKSC 26,[2011] 4 All ER 800 Rn. 20 per Lord Hope; s. auch *Hervey/Sheldon*, in: Neergaard/Nielsen/Roseberry (eds.), European Legal Method-Paradoxes and Revitalisation, 2011, S. 327, 369;关于(英国法院判决的)意义,参见第七章边码 84。
[150] 参见如下比较法的论述:*Möllers*, in: Torggler, Richterliche Rechtsfortbildung und ihre Grenzen, 2019, S. 77, 82 ff。
[151] BGH, Urt. v. 7. 5. 2014, IV ZR 76/11, BGHZ 201, 101 Rn. 23-Widerruf von Lebensversicherungen。
[152] BGH (ebd.);赞同者,参见 BVerwG, Urt. v. 31. 1. 2017, 6 C 2/16, BVerwGE 157, 249 Rn. 26-Preisanpassung TKG。

目的——即使可能没有完全得到实现——也优先于具体规范所要追求的目标"[153]。此时所需要回答的问题即在于，究竟在多大程度上可依据指令的价值安排对国内法进行"转换解释"或"重新解释"。因此，国内立法者未能充分转化欧盟法即可导致法律之漏洞。[154]

5. 合指令的法续造的边界——"违法界限"

76　　有待明确的是合指令的法续造的正当性边界问题。部分观点认为，合指令的法续造不能造成法律被"取代"[155] 或曰"扭曲"[156] 的后果；同样有疑问的是，究竟在何等程度上可以重新确立构成要件要素。[157] 总体而言，对法续造予以如此苛刻的限制未免显得偏颇。[158] 与其如此，不如作出如下区分：在违反法不溯及既往或信赖保护原则、违背立法者明确意图、造成体系破裂、背离国内法明确的价值安排等情形，始得承认构成违法的不当法续造。

77　　(1)"阿德纳勒案"中，欧盟最高法院还主张禁止溯及既往原则及信赖保护原则构成法续造是否正当的界限（第十二章边码47）。在刑法领域则需要遵照"禁止类推原则"，因此起决定性作用的只能是国内法规范，而不能是指令。[159] 在某个针对爱尔兰法的案例中，欧盟最高法院判定不

---

[153] BGH, Urt. v. 7. 5. 2014, IV ZR 76/11, BGHZ 201, 101 Rn. 26-Widerruf von Lebensversicherungen；之前已有的判决，参见 BGH, Urt. v. 21. 12. 2011, VIII ZR 70/08, BGHZ 192, 148 Rn. 34-Weber (Fliesen); BAG, Urt. v. 24. 3. 2009, 9 AZR 983/07, BAGE 130, 119 Rn. 67: "因此，从《联邦休假法》的立法史来看，并不能得出线索认为德国立法者的目标与指令的目标相违背。"

[154] Herresthal, Rechtsfortbildung im europarechtlichen Bezugsrahmen, 2006, S. 225; Drexler, Die richtlinienkonforme Interpretation in Deutschland und Frankreich, 2012, S. 181 ff.

[155] Canaris, in: FS Bydlinski, 2002, S. 47, 94.

[156] Heß, JZ 1995, 150, 151; Canaris, in: FS Bydlinski, 2002, S. 47, 97.

[157] 提及这一点的，参见 Staudinger, ZJS 2008, 309, 310, 作者区分了"请求权的积极确立"及"指令对国内法的排除"。

[158] Möllers, Die Rolle des Rechts im Rahmen der Europäischen Integration, 1999, S. 72 ff.; Grundmann ZEuP 1996, 399, 422; W. H. Roth/Jopen, in: Riesenhuber, Europäische Methodenlehre, 4. Aufl. 2021, § 13 Rn. 66; Herresthal (ebd.), S. 321 ff.

[159] 明确指出者，参见 EuGH, Urt. v. 7. 1. 2004, C-60/02, EU: C: 2004: 10, Rn. 61; Hecker, JuS 2014, 385, 389.

得进行为民众设定负担的溯及既往。[160] 出于**信赖保护原则**，法院可能会提前表明其更正自己判例的立场，或者声明其判决只具有"指向未来"的效力（第三章边码39及以下）。

（2）其他观点即体现于上文所介绍的争论（第十二章边码68及以下）。依本书观点，立法者的错误可构成法续造的正当性来源。不过，若立法者是有意忽视欧盟法，则不得进行合指令的法续造，因为此时具有优先性的乃是具体的转化意图。[161] 虽然成员国的立法者罕有这种违拗之意图，但也并非全无可能。 **78**

指定宽限期：依目前的德国法，合同解除权及减价权（Minderung）之行使须以未在宽限期内完成补救履行（Nacherfüllung）为前提（《民法典》第323条第1款，必要时结合第441条第1款）。然而，《消费品买卖指令》第3条第5款第3分项则规定，若出卖人没有以不会给买受人造成明显不便的方式提供补救，则可成立减价和解除权。由此即存在一个不合体系的规则缺陷，法之状况违反了欧盟指令。[162] 这一情形已并非（立法者的）错误或某种编写疏漏。毋宁说是德国立法者故意背离了指令的条文。[163] **79**

在此类情形中，承认欧盟法上国家责任请求权也并无不当，因为国内的立法者违抗了民主合法性的欧盟立法者，并且其故意的行为也构成了对转化 **80**

---

［160］ EuGH, Urt. v. 5. 4. 2008, C-268/06, EU：2008：223 Rn. 102 f. -Impact. Zu einer umfangreichen Diskussion des Vertrauensschutzes s. BAG, Urt. v. 24. 3. 2009, 9 AZR 983/07, BAGE 130, 119 Rn. 71 ff. -Urlaubsentgelt.

［161］ BAG, Urt. v. 23. 3. 2006, 2 AZR 343/05, BAGE 117, 281, 289-Junk；*Canaris*, in：FS Bydlinski, 2002, S. 47, 85；*Möllers/Möhring*, JZ 2008, 919, 923；*W. H. Roth/Jopen*, in：Riesenhuber, Europäische Methodenlehre, 3. Aufl. 2015, § 13 Rn. 56.

［162］ *Pfeiffer*, ZGS 2002, 390 ff.；*Schulte-Nölke*, in：Schulze/Janssen/Kadelbach, Europarecht, 4. Aufl. 2020, § 24 Rn. 167；*Herresthal*, WM 2007, 1354, 1357 ff., *ders.*, in：Langenbucher, Europäisches Privat- und Wirtschaftsrecht, 4. Aufl. 2017, § 2 Rn. 176；*Ernst*, in：MünchKomm-BGB, 8. Aufl. 2019, § 323 Rn. 51.

［163］ 参见立法理由：Begr. AbgeordnetenE, BT-Drs. 14/6040, S. 223："这一点是不正确地，也并非指令所要欲求的"；*Weiss*, NJW 2014, 1212, 1213；在《商品买卖指令》被转化后，这一问题得到了一定程度的解决：依据《民法典草案》第475d条，就消费品买卖而言，若在期限到期后仍未消除瑕疵，设定的期限即不再具有意义（第二章边码81）。

义务的严重违反。[164] 在近来的决定性案例中，欧盟最高法院认为，德国法赋予燃气公司的改价权违反了指令的"透明性要求"。[165] 第八审判庭考虑拒绝法续造，理由在于立法者自己并不确立透明性规则，而是将这一规则委任于条例的制定者。[166] 又或者说，既然德国的立法者迄今为止仍有意不区分责任期间和时效期限，即意味着不存在合指令的法续造的可能性。[167]

81　　（3）如果转化欧盟法的意图不能作为价值决定重现于国内法律之中，合指令的法续造将在国内法中造成**体系破裂**（Systembruch），则不能进行合指令的法续造。

82　　自联邦劳动法院依《民法典》第823条第1款承认人格权侵害的痛苦抚慰金以后[168]，人们不禁要追问，《民法典》第823条第1款的过错要素是否也可以被摒弃，而这一点为联邦劳动法院所明确拒绝。[169] 如此做法也是合理的，否则即意味着违法的不正当法续造，因为《民法典》并不承认作为一般条款的一般性危险责任要件。[170] 因此，删除过错要素将突破法之体系，瓦解《民法典》的责任制度设计（Haftungsregime）。

83　　另一个极有争议的问题是，能否通过合指令的法续造对《民法

---

[164] *Herresthal*, in: Langenbucher (ebd.), § 2 Fn. 577; *Möllers/Möhring*, JZ 2008, 919, 923.

[165] EuGH, Urt. v. 23. 10. 2014, C-359/11 u. a., EU: C: 2014: 2317, Rn. 53-Schulz/Technische Werke Schussental GmbH.

[166] 通过对合同作出补充解释，法院也还是作出了同一结论，参见 BGH, Urt. v. 28. 10. 2015, VIII ZR 158/11, BGHZ 207, 209 Rn. 44-Kostensteigerung des Energieversorgers; 赞同者，参见 BVerfG, KBeschl. v. 17. 11. 2017, 2 BvR 1131/16, NJW-RR 2018, 305 Rn. 38-Preisanpassung TKG.

[167] BGH, Urt. v. 18. 11. 2020, VIII ZR 78/20, NJW 2021, 1008 Rn. 32 ff. - Unionswidrige Verjährungsfrist für Gewährleistungsansprüche.

[168] BAG, Urt. v. 14. 3. 1989, 8 AZR 447/87, BAGE 61, 209, 212 ff. -Harz（第十二章边码73）。

[169] BAG, Urt. v. 5. 3. 1996, 1 AZR 590/92, BAGE 82, 211, 230 - Kalanke (Bremer Frauenquote)："对《民法典》第823、847条（今第823条及第253条第1款）进行共同体法的解释从而使歧视类的案件放弃过错要件的做法，是不可行的。"

[170] RG, Urt. v. 11. 1. 1912, VI 86/11, RGZ 78, 171, 172-Luftschiffer; BGH, Urt. v. 29. 4. 1960, VI ZR 113/59, NJW 1960, 1345, 1346-Schlepplift（本案反对类推适用《责任法》，缩写：HaftPflG）；*Larenz/Canaris*, Lehrbuch des Schuldrechts, Besonderer Teil, Bd. II/2, 13. Aufl. 1994, S. 602; *Wagner*, in: MünchKomm-BGB, 8. Aufl. 2020, vor § 823 Rn. 25 f。

典》旧法第611a条第1款的"过错"构成要件要素进行目的性限缩。支持者的论据在于，立法者已明确表达了其一般性的转化意图。[171]

"德莱姆帕尔（Draehmpaehl）案"与《一般平等待遇法》：在欧盟最高法院作出"德莱姆帕尔案"的判决后，德国立法者于《民法典》旧法第611a条引入了无过错的损害赔偿请求权。[172] 不过，《一般平等待遇法》却废止了《民法典》旧法第611a条。《一般平等待遇法》第15条[173]要求该条第1款的物质损害赔偿权应以"过错"为前提。该条第2款的非物质损害赔偿则不以过错为要件。第1款对过错的要求既违反了欧盟最高法院的规定，也违反了相关的指令。[174] 对此，欧盟委员会即发起了两项关于违反条约的诉讼程序（Vertragsverletzungsverfahren）。究竟能否摒弃这一构成要件要素，或者说是否可以对构成要件要素进行目的性限缩？这一问题引发了激烈争论：部分观点持否定态度，理由在于，德国立法者已然明确并故意要背离《平等对待指令》（76/207/EWG）。[175] 其他观点则主张不以过错为条件的请求权[176]，其根据在于以往的法状况；除此以外，《一般平等待遇法》的目的是"预防"。[177] 而这里不外乎又是立法者的一个经典错

---

[171] 赞同限缩者，参见 *Möllers*, EuR 1998, 20, 45 f.; **不同观点**，则参见 *Hergenröder* in: FS Zöllner, 1998, S. 1139, 1145 ff.; *Canaris*, in: FS Bydlinski, 2002, S. 47, 102 f。

[172] 《民法典》旧法第611a条第2款规定："若雇主在成立劳动关系时违反了第1款禁止歧视之规定，则受不公正对待的求职者可要求一定金额的适当补偿；但其并无要求成立劳动关系的请求权"，BGBl. 2002 I, S. 42, 156。

[173] Allgemeines Gleichbehandlungsgesetz（AGG）v. 14. 8. 2006, BGBl. I, S. 1897.

[174] EuGH, Urt. v. 8. 11. 1990, C-177/88, EU：C：1990：383, Rn. 22-Dekker; EuGH, Urt. v. 22. 4. 1997, C-180/95, EU：C：1997：208, Rn. 16 ff. -Draehmpaehl. S. *Wagner/Potsch*, JZ 2006, 1085, 1091; *Thüsing*, in: MünchKomm-BGB, 8. Aufl. 2018, § 15 AGG Rn. 33; **不同观点**, 参见 *Bauer/Krieger/Günther*, AGG und EntgTranspG, 5. Aufl. 2018, § 15 AGG Rn. 15。

[175] *Wagner/Potsch*, JZ 2006, 1085, 1091; *Stoffels*, RdA 2009, 204, 210; *Drexler*, Die richtlinienkonforme Interpretation in Deutschland und Frankreich, 2012, S. 213.

[176] *Meinel*, in: Meinel/Heyn/Herms, AGG Kommentar, 2. Aufl. 2010, § 15 Rn. 35; *Oetker*, in: Münchener HdB zum Arbeitsrecht, 5. Aufl. 2021, § 17 Rn. 60; *Treber*, in: KR-Gemeinschaftskommentar zum Kündigungsschutzgesetz und zu sonstigen kündigungsschutzrechtlichen Vorschriften, 12. Aufl. 2019, § 15 AGG Rn. 11.

[177] Begr. RegE, BT-Drs. 16/1780, S. 2; Meinel, in: Meinel/Heyn/Herms（ebd.）, § 1 Rn. 5; Däubler/Bertzbach/Däubler, AGG, 4. Aufl. 2018, § 1 Rn. 1 f.

误：其以为，无过错的非物质损害赔偿能够补足以过错为要件的物质损害赔偿。[178]

85　应如何总结性地比较正当及不正当法续造的情形？正当的法续造乃是基于国内立法者一般性的转化意图及国内法的原则而对法的进一步发展；不正当的法续造则违背了国内立法者基础的价值安排（例如侵权法的过错责任）。

五、指令的其他转化问题

1. 预先效力

86　（1）指令的预先效力（Vorwirkung）包含了欧盟法及国内法的元素。指令必须被转化为国内法。对此，成员国通常会有 1 到 2 年的期限。[179]原则上，在转化期限届满前，成员国的立法者没有转化指令的义务，国内法院也没有进行合指令解释的义务。[180] 然而，基于《欧洲联盟条约》第 4 条第 3 款的"忠实义务"以及已生效指令的约束力，在转化期限到期前，成员国亦不得使指令的目标有落空的疑虑。即是说，它不得制定违反待转化指令内容的法律。[181]

87　（2）在国内法层面，成员国具有如下选择：立法者可以在转化期限届满前通过法律或法规命令将指令转化。继而在转化期限到期前，对指令转化的相关规范予以合指令的解释。此外，若指令与国内法的法教义学一

---

[178]　参见立法理由 Begr. RegE, BT-Drs. 16/1780, S. 38 zu § 15 Abs. 2 AGG："在雇主违反禁止歧视的规定而造成损害时，对损害赔偿的请求权符合指令以及欧盟最高法院判例在'有效而与过错无关的惩戒'这一方面所提出的要求。"

[179]　指令最后通常是以有关转化期限的规定。

[180]　EuGH, Urt. v. 4. 7. 2006, C-212/04, EU：C：2006：443, Rn. 115-Adeneler; BGH, Urt. v. 5. 2. 1998, I ZR 211/95, BGHZ 138, 55, 61-Vergleichende Werbung.

[181]　EuGH, Urt. v. 18. 12. 1997, C-129/96, EU：C：1997：628, Rn. 48-Inter-Environnement; EuGH (ebd.), Rn. 121-Adeneler; hierzu Streinz/*W. Schroeder*, EUV/AEUV, 3. Aufl. 2018, Art. 288 AEUV Rn. 68 f.

致,法院也可以发挥指令之效力。[182] 在一般条款的情形尤是如此。[183]

比较广告:有名的案例是联邦最高普通法院"竞争法审判庭"于 1998 年 2 月 5 日作出的有关比较广告的一个判决。直接或(至少是)间接指向共同竞争者或其商品、服务的广告即构成比较广告(vergleichende Werbung)。不同于以往判例,联邦最高普通法院认为比较广告原则上都是正当的,作出此判决的依据即是已颁布但尚未被转化的有关比较广告的欧盟指令。[184] **88**

尽管法院在未到转化期限时就已经要参照指令之内容,转化指令的义务原则上仍然归于立法者(第十二章边码 104 及以下)。未及时转化将面临承担国家责任之风险(第十二章边码 123 及以下)。 **89**

2. 溢出性的转化:以指令为导向的解释与区分解释

(1)在转化指令时,德国立法者曾经惯用的做法是将国内法扩张于指令所涉领域之外的情形。通常,立法者不只会以 1∶1 的比例转化指令对人或对事的适用范围,而是予以"溢出性"的转化。例如,《迟延支付指令》第 1、2 条只针对商人,但德国立法者却也将其引入了《民法典》。这一规范从而可适用于任何人,包括非商人甚至消费者。《民法典》第 286 条第 2 款第 1 至 3 项关于无催告即陷入迟延的规定就属于溢出性(überschießende)的转化。《消费品买卖指令》只适用于经营者与消费者之间的关系(B2C),立法者却将指令的规定引入《民法典》一般性的买卖法及给付障碍法中。指令第 2 条针对《民法典》"物的瑕疵"的概念,第 3 条对应《民法典》第 437 条第 1 项及第 2 项、第 439 条的法律救济手段,第 5 条对应《民法典》第 438 条关于瑕疵所引起请求权的诉讼时效的规定。[185] 这些规定即也适用于消费者(C2C)或经营者 **90**

---

[182] *Lutter*, JZ 1992, 593, 605; *W. H. Roth*, ZIP 1992, 1054, 1056 f.; *Sack*, WRP 1998, 241, 242 ff.; *Leible/Sosnitza*, NJW 1998, 2507.

[183] BGH, Urt. v. 5. 2. 1998, I ZR 211/95, BGHZ 138, 55, 61 ff. -Vergleichende Werbung.

[184] BGH (ebd.), BGHZ 138, 55, 60 ff. -Vergleichende Werbung. 现行法则参见《反不正当竞争法》第 6 条。

[185] *Büdenbender*, ZEuP 2004, 36, 37.

(B2B)。

91　　（2）由此带来的问题是，对于国内立法者溢出欧盟指令的规范，欧盟指令可在多大程度上发挥其影响。欧盟最高法院的主张是：若成员国法院认为具体案件中有澄清欧盟法解释问题的必要，那么即使对于指令直接适用领域之外的事项，在程序法上亦得依《欧洲联盟运作方式条约》第267条的规定启动前置判决程序。[186] 不过，欧盟最高法院也同时强调，在欧盟法的适用范围之外，国内法并无必须作出合指令的解释的义务。[187]

92　　（3）需要区分的则是实体法上的问题，即对于国内法是否存在一种溢出性解释，或是说"区分解释"（gespaltene Auslegung）的义务。所谓溢出性解释，即是说对不以欧盟法为直接依据的国内法亦得以指令为导向进行解释。反之，则仅依循国内法而不参照指令精神对其予以"区分解释"。

93　　部分观点主张，若国内立法者意欲如此，即可承认指令对溢出性国内法的辐射效力。[188] 这种立法者的意图就将导致一种**以指令为导向的解释**（richtlinienorientierte Auslegung）。[189] 指令此时即通过国内立法者的意图这一"桥梁"而发挥其效力。[190] 不过，这种意图并不总是能清楚地得到确认。可以说，溢出的领域与指令规范内容的关联越是紧密，越应考虑以指令为解释的导向。[191] 这类情形下，有学者认为存在一种支持以指令为导

---

[186] EuGH, Urt. v. 18. 10. 1990, C-297/88 u. a., EU：C：1990：360, Rn. 36 ff. -Dzodzi; krit. *Habersack/Mayer*, JZ 1999, 913, 919 f.

[187] EuGH, Urt. v. 17. 7. 1997, C-28/95, EU：C：1997：369, Rn. 33-Leur-Bloem; deutlich Schl A v. 3. 7. 1990, GA *Darmon*, C-297/88 u. a., EU：C：1990：274, Rn. 11-Dzodzi："在共同体法的适用范围之外则无共同体法。"

[188] *W. H. Roth*, in：Grundmann/Medicus/Rolland, Europäisches Kaufgewährleistungsrecht, 2000, S. 113, 128 f.; *Grundmann*, ZGR 1999 (Sonderheft 15), Rn. 156.

[189] *Jäger*, Überschießende EG-Richtlinienumsetzung im Privatrecht, 2006, S. 107；追随前者观点的，参见 *Riehm*, in：Langenbucher, Europäisches Privat- und Wirtschaftsrecht, 4. Aufl. 2017, § 4 Rn. 49; *Gsell*, GPR 2008, 165。

[190] *Riehm*, in：Langenbucher (ebd.), § 4 Rn. 49；类似观点，*Langenbucher*, in：Langenbucher (ebd.), § 1 Rn. 118。

[191] 有学者称其为"符合体系的适用"，参见 *Riehm*, in：Langenbucher (ebd.), § 4 Rn. 49。

向的、统一解释的"推定效力"。[192]

因此,《民法典》第 434 条的"瑕疵"之概念即应当统一地适用于消费品买卖及其他买卖。[193] 向消费者支付金钱的"准时性"也应依《迟延支付指令》(2011/7/EU)的规定而判定。[194] "海宁格(Heininger)案"中,联邦最高普通法院也认可了这种"以指令为导向"的解释。[195]

相反,历史意图本身不足以构成决定性的因素。[196] 如果历史意图、体系、目的等诸要素均支持进行**区分解释**,以指令为导向的解释就要退居次席。若被扩大的适用领域中存在指令适用领域之外的其他价值安排及利益状况,则尤应考虑进行区分解释。[197]

因此,《民法典》第 439 条第 1 款补救履行请求权框架下的拆除及安装费用之赔偿,原则上也适用于 B2C,但不适用于 B2B 或 C2C,因为联邦最高普通法院意图将较为苛刻的拆除及安装义务限制于 B2C 的情形。[198] 如今,立法者也对这一判例作出了回应,并已着手修订《民法典》第 439 条第 3 款(第十五章边码 44)。

六、建议的参详义务及附随性的遵从义务

在公司法领域,欧盟立法者因政治原因无法制定欧盟层面的条例或指

---

[192] *Remien*, in: Schulze/Zuleeg/Kadelbach, Europarecht, 3. Aufl. 2015, § 14 Rn. 35; *Habersack/Meyer*, in: Riesenhuber, Europäische Methodenlehre, 3. Aufl. 2015, § 14 Rn. 41; *Koch*, JZ 2006, 277, 284.

[193] Palandt/*Grüneberg*, BGB, 80. Aufl. 2021, Einl. Rn. 44; *Lorenz*, in: MünchKomm – BGB, 8. Aufl. 2019, vor § 474 Rn. 4; **不同观点**,参见 *Hommelhoff*, in: FG 50 Jahre BGH, Bd. 2, 2000, S. 889, 914。

[194] *Gsell*, GPR 2008, 165, 169 ff.; Palandt/*Grüneberg*, BGB, 80. Aufl. 2021, Einl. Rn. 44.

[195] BGH, Urt. v. 9. 4. 2002, XI ZR 91/99, BGHZ 150, 248, 261 f. -Heininger; ebenso BGH, Urt. v. 18. 10. 2004, II ZR 352/02, NJW-RR 2005, 180, 182-Beitritt zu Anlagegesellschaften in Haustürsituationen, m. Anm. *Möllers*, LMK 2005, 34 f.

[196] *Herresthal*, JuS 2014, 289, 295.

[197] Palandt/*Grüneberg*, BGB, 80. Aufl. 2021, Einl. Rn. 44; *Habersack/Mayer*, in: Riesenhuber (ebd.), § 14 Rn. 45 ff.

[198] BGH, Urt. v. 17. 10. 2012, VIII ZR 226/11, BGHZ 195, 135, 139 ff. -Aus- und Einbaukosten bei Kaufverträgen zwischen Unternehmern.

令时，即会采纳"建议"（Empfehlung）的形式。[199]

98 例如，欧盟即有一项建议规定，首席执行官5年内不在公司任职，才能转入监事会任职。[200] 德国立法者在未回应欧盟建议的情况下，将这一"冷却期"缩短为2年。故立法者违反了欧盟最高法院之判决。[201]

99 依《欧洲联盟运作方式条约》第288条第5款之文义，欧盟机构的建议"不具约束力"（第二章边码62）。[202] 不过，欧盟最高法院也要求成员国在解释国内法律、转化法律或者为有约束力的共同体法律规范提供补充时，顾及委员会的建议。这种参详义务及附随性的遵从义务同次级法源框架下的义务是一致的（详见第三章边码71及以下）。

七、总结

100 人们不得不在垂直层面顾及各种不同的规范，这可能使得法学呈现出错综复杂的态势。宪法和普通法的关系已涉及了这一点（第十一章）。若在解决案件时涉及欧盟法，其法的发现过程便可依据"四个垂直步骤"而展开审查。前两步关乎欧盟法：上文已介绍了欧盟法上独立存在以及比较法意义上的各种解释方法[203]；同时也介绍了欧盟法的规范位阶。[204] 而在国内法层面则需判断，是否存在"适用优先性"，或者是否必须对国内法进行合基础法、合条例或合指令的解释；最后则需回答，应如何适用所谓

---

[199] 例如 Empfehlung 2008/362/EG zur externen Qualitätssicherung bei Abschlussprüfern und Prüfungsgesellschaften v. 6. 5. 2008, ABl. Nr. L 120, S. 20; Empfehlung 2008/473/EG zur Beschränkung der zivilrechtlichen Haftung von Abschlussprüfern und Prüfungsgesellschaften v. 5. 6. 2008, ABl. Nr. L 162, S. 139。

[200] Empfehlung 2005/162/EG zu den Aufgaben von nicht geschäftsführenden Direktoren/Aufsichtsratsmitgliedern börsennotierter Gesellschaften sowie zu den Ausschüssen des Verwaltungs-/Aufsichtsrats v. 15. 2. 2005, ABl. Nr. L 52, S. 51, Anhang II Ziffer 1. a).

[201] 由此引起的批评意见，参见 *Möllers/Christ*, ZIP 2009, 2278, 2279 ff。

[202] 如说说它只能被用来实现"软性的"、只是发挥影响的控制，参见 *Ruffert*, in: Hoffmann-Riem/Schmidt-Aßmann/Voßkuhle, Grundlagen des Verwaltungsrechts, Bd. 1, 2. Aufl. 2012, § 17 Rn. 37；还有人将其称作为实现"平缓一体化"而采用的"谨慎维护自治的行为方式"，参见 *Fleischer*, ZGR 2012, 160, 177。

[203] 第二章边码70及以下和第三章边码76及以下。

[204] 欧盟最高法院需要兼顾各种不同的语言版本，有时也以比较法为其工作方法，并运用萨维尼的解释原理，详见第七章边码87及以下。

的"溢出性"法律。

消费品买卖：第一步，欧盟最高法院须对《消费品买卖指令》进行解释（第十二章边码59）。第二步，有些情况下可能需要依循基础法之精神对次级法进行解释（第二章边码76及以下）。第三步，需要审视国内法——即德国法规范。基于前两步所得的结论，是否可认为国内法与欧盟法之间存在冲突？此时又是否存在适用的优先性？可以对国内法作出违背其文义但符合指令的适用吗？第四步，如果涉及了溢出于指令适用范围的领域，当如何处理私主体或经营者之间的关系？以上步骤可由图12-3直观地展示：

图12-3 法发现的四个垂直步骤[205]

第四节 其他执行欧盟法的手段

欧盟法承认基础法的适用优先性和指令的垂直效力，此外还适用实际

---

[205] 另有学者提出更为简易的审查步骤，参见 Kühling, JuS 2014, 481, 486。

有效原则。为确保在成员国之中真正实现法的一体化，指令就必须得到明确而有效的转化。前置判决程序须遵守解释之方法。有些情况下即存在启动国家责任请求权的可能。

一、欧盟法的明确转化义务

1. 透明性要求：指令的明确转化义务

104　　（1）与基础法及条例不同，指令必须被转化为国内法。欧盟最高法院经过其一贯的判例确立了"明确"转化欧盟指令的义务：

105　　为确保共同体法的完全适用，成员国不仅必须要使国内法与共同体法保持一致，还必须创造出一个确定、明确及透明的状态，以使个人能够充分认识到自己的权利从而诉请国内法院保护。[206]

106　　指令的转化可通过制定一部**议会法**（Parlamentsgesetz）来实现。如果"引致"不能确保相关主体了解到他所享有的权利，那么仅通过引致（来完成这种转化）是不够的。[207] 转化也可以借助国内法的法规（Verordnung）。不过，此时必须要注意《基本法》第80条第1款第2句的规定（第二章边码33及以下）。

107　　（2）基于透明性及法安定性，仅仅通过某种行政上的实践[208]或制定内容的行政规则（Verwaltungsvorschrift）[209]来转化指令内容是不够的。原则上，指令也可以通过法官法而得转化：司法判决只足以用来对不确定的法概念进行具体化。[210] 为更正文义与指令相冲突的规范而通过判例进行

---

[206] EuGH, Urt. v. 18. 1. 2001, C-162/99, EU：C：2001：35, Rn. 22-Kommission/Italien；除引用的这一判例外，之前也已有相关判例，参见 EuGH, Urt. v. 23. 5. 1985, C-29/84, EU：C：1985：229, Rn. 23-Kommission/Deutschland。

[207] EuGH, Urt. v. 20. 3. 1997, C-96/95, EU：C：1997：165, Rn. 36-Kommission/Deutschland.

[208] EuGH, Urt. v. 6. 5. 1980, C-102/79, EU：C：1980：120, Rn. 11-Kommission/Belgien.

[209] EuGH, Urt. v. 30. 5. 1991, C-361/88, EU：C：1991：224, Rn. 15 ff. -TA-Luft.

[210] EuGH, Urt. v. 29. 5. 1997, C-300/95, EU：C：1997：255, Rn. 37 f. -Befreiung von der Haftung für fehlerhafte Produkte.

的合指令的法续造，还不能达到这一要求。[211] 这点之所以令人信服，理由不外乎是：法续造超越了法律之文义，这恰使得民众难以识别出自己的权利。

对主给付义务的透明性要求：同德国法一样，荷兰民法也规定，原则上只有在一般交易条款违反法律规定时，才对其进行内容审查，故给付与价格的审查不是一般交易条款审查的对象。然而，依《一般交易条款指令》第4条第2款的规定，这一点不适用于条款不透明的情况：这种透明性要求同样也审查关于价格或给付的合同基本条款（essentialia negotii），但却没有被转化为荷兰国内法。欧盟最高法院即对此予以斥责。[212] 德国法对这一透明要求的转化亦为时过晚，直至2002年1月1日的债法改革才完成，其被转化为语言上晦涩难懂[213]的《民法典》第307条第1款第2句。

2. 对违反欧盟法之国内法律的调整义务

违反欧盟规定的国内法必须得以调整。与此一致，欧盟法的判决也会导致人们不得不修订其国内法的法律文本。

Quelle案：联邦最高普通法院的"Quelle案"促使立法者排除了消费品买卖时出卖人的使用赔偿请求权。[214] 因此新制定的《民法典》第475条第3款第1句规定："在对本分节所规定的买卖合同适用第439条第6款（草案）时，不得要求消费者返还使用利益或对其价值予以赔偿。"[215]

---

[211] 明确指出这一点者，参见 SchlA v. 23.1.2001, GA *Tizzano*, C-144/99, EU：C：2001：50, Rn. 35 f.-Transparenzgebot in AGB-RL; EuGH, Urt. v. 19.12.2013, C-281/11, EU：C：2013：855, Rn. 105-genetisch veränderte Mikroorganismen。

[212] EuGH, Urt. v. 10.5.2001, C-144/99, EU：C：2001：257, Rn. 21-Transparenzgebot in-AGB-RL; 对此参见 *Micklitz*, EWS 2001, 486, 487; zur deutschen Rechtslage, *Leible*, EuZW 2001, 438 f。

[213] 对此的批评，参见 *Möllers*, Juristische Arbeitstechnik und wissenschaftliches Arbeiten, 10. Aufl. 2021, § 10 Rn. 15。

[214] Begr. RegE, BT-Drs. 18/8486; 之前已见于 Beschlussempfehlung und Bericht des Rechtsausschusses (6. Ausschuss), BT-Drs. 16/10607, S. 5 f。

[215] "瓷砖案"亦促成了对国内法的一次修订（第十五章边码44）。

111　　基础法的优先效力只是要求不得适用基础法适用范围之内[216]的国内法。当国内法与欧盟法不相符时,出于法明确性、法统一性及一致性的原因,就必须对国内法予以调整。[217] 欧盟最高法院为指令确立了转化义务(第十二章边码 104)。这在多大程度上也适用于违反基础法之情形,则尚未明确。

112　　在欧盟最高法院确认国内法违反欧盟法之后不久,德国立法者即修订了《民事诉讼法》旧法第 917 条第 2 款[218]、《基础法》旧法第 12a 条第 4 款第 2 句[219],以确保新法不会再违反欧盟法。不过,也存在一些反例:《民法典》第 239、839 条或《行政程序法》第 48 条仍违反欧盟法,至今依旧未被德国立法者按照符合欧盟法的方式予以修正。

113　　**进阶练习——瓷砖案**:维特默先生与韦伯兄弟公司以 1382 欧元的价格订立了抛光瓷砖的买卖合同。在差不多已经铺好 2/3 的瓷砖后,维特默先生发现,瓷砖表面存在肉眼可见的阴影。由于无法清除这一瑕疵,维特默先生要求对方提供完好的瓷砖,并赔付拆除旧瓷砖、安装新瓷砖所需的费用总计 5830 欧元。衡诸 2005 年有效的《民法典》第 439 条之规定,韦伯兄弟公司是否应当支付瓷砖的拆除及安装费用?[220] 本案的解决意味着立法者应承担何种义务?[221]

3. 有效转化指令的义务

114　　在转化指令时,欧盟成员国享有一定的裁量自由,因《欧洲联盟运作方式条约》第 288 条第 3 款赋予其选择方式和手段的权利。不过,这一裁

---

[216] EuGH, Urt. v. 16. 7. 1998, C-264/96, EU: C: 1998:370, Rn. 34 f. -ICI.

[217] Herresthal, Rechtsfortbildung im europarechtlichen Bezugsrahmen, 2006, S. 243.

[218] 参见上文第十二章边码 26,以及《司法类法律及其他法律第三修订法案》(1998 年 8 月 6 日版,BGBl. I, S. 2033)第 2 条 c)项。

[219] 参见上文第十二章脚注 74。

[220] 彼时《民法典》第 439 条规定:"第 1 款:出卖人可选择消除瑕疵或交付无瑕疵的物以作为补救履行手段……第 2 款:不计第 275 条第 2、3 款之规定,若买受人选择的补救履行方式只能以不合比例的费用实现,出卖人得拒绝之。此时尤应考虑无瑕疵状态下物的价值、瑕疵的重要性,并考虑是否存在其他不会对买受人造成明显不利益的补救履行方式。在这一情形,买受人的请求权仅限于其他补救履行的方式;第 1 句赋予出卖人的拒绝权不受影响。"

[221] 答案见第 15 章边码 41 及以下。

量也受到限制：成员国必须为违反指令义务的行为规定惩罚手段。依一贯之判例，这类惩罚手段必须"有效、存有威慑性并且合比例"，简言之即必须"高效"，并且，同在方法和严重程度上相等同的违反国内法的行为相比，二者的惩罚手段要相一致（第五章边码108及以下）。

二、前置判决程序及《欧洲联盟运作方式条约》第267条规定的呈递义务

1. 呈递义务及法之明确性原则

若法院无法确定规范是否违背欧盟法，则其可依《欧洲联盟运作方式条约》第267条第2款启动"前置判决程序"，从而让欧盟最高法院就欧盟法的解释问题作出裁判。当对于国内法的判决已无法律救济手段，即已涉及成员国的最高法院时，这种呈递就是强制性的（《欧洲联盟运作方式条约》第267条第3款）。[222] 具体则要视成员国"法律救济法"有关审级的规定而定。[223] 因此，负有呈递义务的不仅仅是联邦法院（如联邦最高普通法院和联邦财政法院、联邦劳动法院），个别情况下也包括地方法院，比如因《民事诉讼法》第511条第2款第1项规定无法提请上诉，也无其他可考虑的许可理由时。为确保欧盟内判例的统一性[224]，欧盟最高法院要求在欧盟法有被侵蚀之虞时向其呈递案件。就呈递义务而言，成员国法院不存在裁量之余地。过去可能出现的情况是，成员国法院不满于欧盟最高法院的判决，于是进行了第二次呈递。[225] "C.I.L.F.I.T.案"的判决中，欧盟最高法院非常明确地阐述了"文义明确性规则"。对于何时能够因为案件明显必须予以裁判而例外性地忽视前置判决程序，欧盟最高法院

115

---

[222] 关于呈递申请的形式和内容，参见 Empfehlungen an die nationalen Gerichte bezüglich der Vorlage von Vorabentscheidungsersuchen（2012/C 338/01）v. 6. 11. 2012, ABl. Nr. C 338, S. 1；对此，参见 *Gsell*, AcP 214（2014），99，133。

[223] EuGH, Urt. v. 15. 9. 2005, C‑495/03, EU：C：2005：552, Rn. 30‑Intermodal Transports；*Karpenstein*, in：Grabitz/Hilf/Nettesheim, Das Recht der Europäischen Union, 71. EL August 2020, Art. 267 AEUV Rn. 51 f.; Streinz/*Ehricke*, EUV/AEUV, 3. Aufl. 2018, Art. 267 AEUV Rn. 41.

[224] EuGH, Urt. v. 22. 10. 1987, C‑314/85, EU：C：1987：452, Rn. 15‑Foto‑Frost.

[225] 例如意大利宪法法院（ICC）的做法，Beschl. v. 5. 12. 2017, No. 24/2017‑Taricco II 以及第十三章脚注251。

对此问题作出了极严格之限制。例如，在欧盟法院已存有相关的稳固判例时，即是如此。[226] 此外还需注意：

116 　　对共同体法的正确适用可能是如此之明显，以至于没有对相关问题的裁判提出任何理性怀疑的余地。不过，国内法院要认为存在这种情况，则其必须相信，这一点在其他成员国的法院和本法院看来都将具有同样的确定性。唯有符合这一条件时，成员国才可不将相关问题呈递给本法院，从而自负其责地解决该问题。[227]

2. 不遵守呈递义务的法效果

117 　　于呈递义务未被遵守之情形，因其违反了《欧洲联盟条约》第4条第3款"忠于欧盟"之义务（第十二章边码122），欧盟委员会即可依《欧洲联盟运作方式条约》第258条等规定启动"违反条约之诉"（Vertragsverletzungsverfahren）。此外，也可以考虑对司法上的不当行为课以某种国家责任。不过，这以明显的错误裁判为前提（见下文）。[228] 依德国法，违反呈递义务还将损害《基本法》第101条第1款第2句类似基本权利的"法定法官保障权"（Recht auf den gesetzlichen Richter）。因此，当国内终审法院未向欧盟最高法院履行呈递义务时，个人也可就此对法院提起宪法诉愿。联邦宪法法院曾经认为，国内法院误解或忽视欧盟法即可导致其构成一种任意性的"不呈递"（Nichtvorlage）。[229] 如今，即使国内法院自行采纳了不以欧盟最高法院当前判例为依据甚或违反明确法状况的解决法案，其"不呈递"的做法也不见得就应受到斥责。[230] 最后，若不呈递的行为乃出于任意，还将损害《欧洲人权公约》第6条第1款规定的"公平程序权"（Recht auf ein faires Verfahren），此时即可就这一未尽呈递

---

[226] EuGH, Urt. v. 6.10.1982, C-283/81, EU: C: 1982: 335, Rn. 14-C. I. L. F. I. T.
[227] EuGH (ebd.), Rn. 16-C. I. L. F. I. T.
[228] 这一点存有争议，参见 Streinz/*Ehricke*, EUV/AEUV, 3. Aufl. 2018, Art. 267 AEUV Rn. 50。
[229] BVerfG, Beschl. v. 31.5.1990, 2 BvL 12/88 u. a., BVerfGE 82, 159, 194 ff.
[230] BVerfG, KBeschl. v. 25.2.2010, 1 BvR 230/09, NJW 2010, 1268 Rn. 21；*Michael*, JZ 2012, 870, 874 f.；*Calliess*, NJW 2013, 1905, 1909 f.；关于此，参见 Calliess/Ruffert/*Ruffert*, EUV/AEUV, 5. Aufl. 2016, Art. 267 AEUV Rn. 36。

义务的判决诉至欧洲人权法院。[231] 而相关人还可以向委员会提起违反条约之诉。

"被遗忘权Ⅱ号案"的判决中,联邦宪法法院第一审判庭强调了欧盟法"解释"及"适用"的区别(第二章边码106及以下),并指明了联邦宪法法院同欧盟最高法院的合作关系。对于欧盟法基本权利之适用,第一审判庭指出,基于呈递义务,有疑虑的问题应当被呈递给欧盟最高法院,并预计这种情形在以后会更频繁地出现。法院如是说道:

> 若联邦宪法法院将人权宪章的基本权利作为审查标准,则其是在同欧盟最高法院的紧密合作的意义上履行其审查之责。
>
> 依《欧洲联盟条约》第19条第1款第1分款第2句及《欧洲联盟运作方式条约》第267条的规定,对欧盟法的最终解释权归欧盟最高法院。这也包括宪章中基本权利的解释以及就基本权利适用原则的发展。与此不同,联邦宪法法院的审查权限针对的是欧盟基本权利的适用。就此而言,它构成《欧洲联盟运作方式条约》第267条第3款意义上国内法的终审法院,故也负有呈递之义务(vgl. EuGH, Urt. v. 6. 10. 1982, Cilfit, C-283/81, EU:C:1982:335, Rn. 21)。
>
> 因此,唯有欧盟法院已经澄清其解释问题或所要适用的解释原则比较明显时,才轮到考虑欧盟基本权利的适用问题——例如,欧洲人权法院的在具体个案确定宪章内容的相关判例(参见《欧盟基本权利宪章》第52条第3、4款)即可构成其基础。否则,即应将相关问题呈递给欧盟最高法院。由于此处的解释问题原则上都具有直接的裁判上的重要性(entscheidungserheblich),相比于除了《基本法》也能适用《宪章》(vgl. BVerfG, Beschluss des Ersten Senats vom selben Tag - 1 BvR 16/13-, 1 Rn. 43 f.),但联邦宪法法院(就像它迄今为止的做法那

---

[231] EGMR, Urt. v. 8. 12. 2009, 54193/07, CE:ECHR:2009:1208DEC005419307, Rn. 2-Herma/Deutschland; *Schilling*, EuGRZ 2012, 133, 136 ff.; Oppermann/*Classen*/*Nettesheim*, Europarecht, 9. Aufl. 2021, § 13 Rn. 86.

样)仍依据德国法上基本权利的标准进行审查的那些情形而言,呈递的问题尤应得到更大程度的考虑(vgl. a. a. O., Rn. 45 ff., 154)。[232]

119a 不过,在具体的诉讼程序中,第一审判庭并未进行这样的呈递,尽管欧盟最高法院至今仍未澄清该问题,且第一审判庭一定程度上反对欧盟最高法院的判例(第二章边码108)。总之,那种"积极向欧盟最高法院呈递"的意愿听起来未免有些口是心非。[233] 唯有联邦宪法法院确实有意愿将有待明确的解释和适用问题呈递给欧盟最高法院时,那种允许联邦宪法法院审查欧盟基本权利的"重叠说"才能真正促使联邦宪法法院和欧盟最高法院建立起和谐的合作关系。[234]

三、《欧洲联盟运作方式条约》第258条等规定的"违反条约的诉讼程序"

120 欧盟的存续依赖于欧盟法的适用。作为法之共同体或曰"法的联盟"(第十章边码57、第十三章边码122),欧盟的法律不能只是"书本里的法"。前置判决程序及违反条约的诉讼程序可谓确保欧盟法统一适用的两个手段。此外,欧盟最高法院也通过法续造确立了一些不成文的法原则用以执行欧盟法,如欧盟法的适用优先性(第二章边码85及以下)、实际有效原则(第五章边码108及以下)以及欧盟法上的国家责任请求权(第十二章边码123及以下)。违反条约的诉讼程序乃由"条约的守护人"——欧盟委员会所执行(《欧洲联盟条约》第17条)。不过,其他成员国以及欧盟之公民也都可以启动这一程序。[235] 这一程序只要作出"成员国违反欧盟法"的判断即告结束。由于没有进一步的惩罚手段,这样的判决在以

---

[232] BVerfG, Beschl. v. 6. 11. 2019, 1-BVR 276/17, BVerfGE 152, 216 Rn. 68 ff. -Recht auf Vergessen II.

[233] *Wendel*, JZ 2020, 157, 166; *Kühling*, NJW 2020, 275, 278; *Thym*, JZ 2020, 1017, 1020; verletzt die Vorlagepflicht.

[234] *Thym*(ebd.);*Kühling*(ebd.);*Kämmerer/Kotzur*, NVwZ 2020, 177, 183 以及下文第十三章边码124及以下。

[235] Streinz/*Ehricke*, EUV/AEUV, 3. Aufl. 2018, Art. 258 AEUV Rn. 2.

前很难给任何一方成员国留下什么深刻印象。这也是欧盟最高法院要确立欧盟法上国家责任请求权的原因（第十二章边码123及以下）。若成员国对违法之事无动于衷，也可以再次启动违反条约之诉。在《马斯赫里特条约》对原条约进行修订之后，违反条约的行为将受到支付一笔总额罚款或每日日结罚款的惩罚（《欧洲联盟运作方式条约》第260条第3款第2分款）。如今法律已经具备令人印象深刻的威慑力了。

这种程序是一种合作程序（Kooperationsverfahren）。它也有助于辨明各种不同的观点：在向欧盟最高法院提起真正的诉讼之前所先完成的预先程序包括了委员会的警告信、成员国的反驳以及委员会提出的合理意见等（《欧洲联盟运作方式条约》第258条第1、2款）。这样的预先程序目的不仅在于交换不同的论据，理想状况下，也能促使成员国消除其违法行为，委员会也就不必再费力发起真正的诉讼。由于法律中未规定相应的期限，委员会也享有究竟是否发起诉讼的裁量自由。 **121**

不同于由成员国法院启动的前置判决程序，违反条约之诉的程序系委员会或其他成员国所发起的，且同对违法行为的责难相联系。因此，其中的政治意味是比较明显的。这一程序大部分情况下都是诸如未转化或错误转化指令等明确的案例。[236] 除此之外，则并无要求委员会介入的权利。正如法律文义所指明的，委员会更多的是具有一种裁量权（依委员会之观点）。[237] 在法院违反欧盟法时，是否得因其独立性而持谨慎之态度，仍属有争议之问题。[238] 过去，委员会忌于对违反呈递义务的行为发起违反条约之诉。在成员国法院宣称欧盟最高法院的判决是不具约束力的"越权行为"时（第十三章边码114及以下），这一点是否仍然成立，则仍待后续观察。 **122**

---

[236] 其与国家责任请求权的相似性，参见下文第十二章边码128。
[237] 但没有赋予民众要求委员会介入的请求权，参见 EuGH, Urt. 6. 12. 1989, C-329/88, EU：C：1989：618, Ls. 2-Kommission/Griechenland; nur pflichtgemäßes Ermessen。
[238] EuGH, Urt. v. 9. 12. 2003, C-129/00, EU：C：2003：656, Rn. 29-Kommission/Italien; 相关讨论，参见 Streinz/*Ehricke*, EUV/AEUV, 3. Aufl. 2018, Art. 258 AEUV Rn. 9。

四、欧盟法的国家责任请求权

1. 源起及适用性

123 "弗朗科维奇案"中，因相关指令没有足够之确定性且成员国具有转化指令的裁量权，故而不得被直接适用。[239] 为保护民众之利益，1991年，欧盟最高法院于案中首次确立了成员国未转化指令时的责任。在这种欧盟法的国家责任请求权出现后的前几年，还有学者认为它是违法的、不正当的法续造，而如今，这一请求权已为世人所认可。[240] 欧盟最高法院乃是以《建立欧洲共同体条约》（现《欧洲联盟运作方式条约》）为依据而确立国家责任请求权的，由此来确保民众的权利能够得到有效保护。此外，《欧洲联盟条约》第4条第3款规定的成员国的"忠于欧盟之义务"也是其所考虑的理由。[241] 法院还强调了规定于《欧洲联盟运作方式条约》第340条第2款的公权力机构应当为其职务行为所造成的损害承担责任的原则。[242] 不过，《欧洲联盟运作方式条约》第340条不能被直接援用，因其只规定了欧盟自己的责任，而未提及具体成员国的责任。这一规范却表明，欧盟法领域也可以存在"职务责任"（Amtshaftung），而这一思想也可转用于成员国责任上。

124 数年后，欧盟最高法院又面临如下问题：在成员国错误适用基础法时，是否也需要承担责任。[243] 其最后还要审查，成员国"法院"在违反欧盟法时，是否也当为此承担责任。欧盟最高法院原则上承认这一点[244]，

---

[239] EuGH, Urt. v. 19.11.1991, C-6/90 u.a., EU：C：1991：428, Rn. 11, 16 ff. -Francovich.

[240] Calliess/Ruffert/*Ruffert*, EUV/AEUV, 5. Aufl. 2016, Art. 340 AEUV Rn. 36 ff.；有关欧盟法国家责任区这一欧盟最高法院的法续造问题，详见 *Möllers*, EuR 1998, 20 ff.。

[241] EuGH, Urt. v. 19.11.1991, C-6/90 u.a., EU：C：1991：428, Rn. 32 ff. -Francovich.

[242] EuGH, Urt. v. 5.3.1996, C-46/93 u.a., EU：C：1996：79, Rn. 28 f. -Brasserie du Pêcheur.

[243] 本案原告为法国啤酒制造商 Brasserie du Pêcheur，起因是法国啤酒不符合德国啤酒纯度要求故而不得在德国销售。"纯度要求"之规定即违反了商品流通自由，参见 EuGH, Urt. v. 12.3.1987, C-178/84, EU：C：1987：126-Reinheitsgebot für Bier（第二章边码91）。

[244] EuGH, Urt. v. 30.9.2003, C-224/01, EU：C：2003：513, Rn. 33 f. -Köbler；EuGH, Urt. v. 13.6.2006, C-173/03, EU：C：2006：391, Rn. 31 ff. -Traghetti.

并拒绝法官享有优先权。总之，在成员国的立法、行政或司法违反欧盟法时，欧盟最高法院均承认民众享有欧盟法上的国家责任请求权。

2. 条件及法效果

符合如下三个条件，得成立欧盟法的国家责任请求权：其一，必须违 **125**
反了欧盟法的保护性规范。该规范之目的应当是赋予私人权利且权利内容
足够确定及无条件。其二，成员国机构必须足够典型地（hinreichend qualifiziert）违反了欧盟法规范。其三，这一违反行为必须造成损害，且损害
的产生与违反行为之间存在因果关系。[245]

其中有决定意义的通常是，成员国何时属足够典型地违反了欧盟法。 **126**
明显罔顾欧盟最高法院的规定可谓一种足够典型的违反行为。欧盟最高法
院还确立了一系列判断"足够典型违反"的具体化标准。这可以被视为一
个动态体系（第八章边码 2）。"渔夫啤酒厂（Brasserie du Pêcheur）案"
中，欧盟最高法院指出：

> 不论对《建立欧洲共同体条约》第 215 条（今《欧洲联盟运作方 **127**
> 式条约》第 340 条）的共同体责任，还是对成员国因违反共同体法而
> 承担的责任而言，判断第二个条件——即对共同体的违反是否足够典
> 型——的关键标准均在于，成员国或共同体机构是否明显及严重逾越
> 了其裁量的界限。
>
> 就此而言，当值法院可能需要考虑的要素包括：被违反的规范的
> 清楚及准确程度；被违反的规范赋予成员国或共同体机构裁量空间的
> 大小；违反行为是否系故意为之；损害后果是否系故意引起；可能出
> 现的法错误是否可原谅；欧共体机构的行为方式是否可能导致国内的
> 措施或实践操作以违反欧共体法的方式被搁置、启动或维持。[246]

若成员国罔顾明确的转化期限未将指令转化为国内法，则也构成"足 **128**

---

[245] EuGH, Urt. v. 5. 3. 1996, C-46/93 u. a., EU：C：1996：79, Rn. 51-Brasserie du Pêcheur.

[246] EuGH（ebd.）, Rn. 55 f. -Brasserie du Pêcheur.

够的违反行为"。[247] 相反，成员国若主张一些可能存在的正当化事由——例如"渔夫啤酒厂案"中所主张的"德国消费者期待啤酒乃是依德国纯度要求酿造的"（第十章边码 75）——则可认为成员国的行为是可以被原谅的。[248] 成员国法院的情况也与此类似：若欧盟法律或欧盟最高法院缺乏明确性的规定，即足以认为成员国法院的裁判是可被原谅的。[249]

129　　欧盟法上构造的"损害赔偿请求权"乃旨在实现与损害相称、确保受害人权利得到有效保护之目的。[250] 不过，联邦最高普通法院至今仍在许多判例中主张，若缺乏足够严重的侵害行为或缺乏因果关系，则不得支持损害赔偿请求权。[251] 通说认为，这一请求权乃欧盟法上独立的特别请求权，反对观点则认为国内法是该请求权的根据。上文已详细讨论了这一点（第十二章边码 32）。

第五节　国际法

一、亲善国际法的解释原则

130　　国际法条约由联邦总统与其他国家签订。不过，它首先带来的是纯粹的义务，且在议会通过所谓"转化性法律"加以确认时始得生效（《基本法》第 59 条第 2 款）。这不由令人联想到欧盟的指令。此外，也不乏一些德国违反国际法的情形。德国法院遵循一种"亲善国际法的解释原则"：德国法之解释必须以尽可能符合国际法之方式。[252] 若德国法的基本权利的解释必须依循《欧洲人权公约》之精神，则应当也认可该公约具有宪法

---

[247] EuGH（ebd.）, Rn. 56-Brasserie du Pêcheur.
[248] EuGH（ebd.）, Rn. 59-Brasserie du Pêcheur.
[249] EuGH, Urt. v. 30. 9. 2003, C-224/01, EU：C：2003：513, Rn. 122 f. -Köbler.
[250] "所失利益"（entgangener Gewinn）也属于"损害"，参见 EuGH（ebd.）, Rn. 82, 86 f. -Brasserie du Pêcheur。
[251] 参见第十二章脚注 55, 以及 BGH, Urt. v. 20. 1. 2005, III ZR 48/01, BGHZ 162, 49, 52-Einlagensicherung；BGH, Beschl. v. 24. 11. 2005, III ZR 4/05, NJW 2006, 690, 691-Offenlegung von Jahresabschlüssen；BGH, Beschl. v. 18. 10. 2012, III ZR 197/11, NJW 2013, 168-Glücksspiel。
[252] Meyer – Ladewig/Nettesheim/von Raumer, Europäische Menschenrechtskonvention, 4. Aufl. 2017, Einl. Rn. 19.

之位阶[253],这一点如今在其他国家已是既成事实(第二章边码125)。

二、共同点与区别

(1)初看起来,国际法与欧盟法在适用上似有许多共通之处。与"合欧盟法的解释"相似,联邦宪法法院也确立了国际法领域的"亲善国际法的解释原则"。近来颇受舆论关注的是违反《欧洲人权公约》的案件。基于《欧洲人权公约》第6条之"欧盟的公平要求"(Fairnessgebot),过于冗长的程序构成对公约的违背。[254] 由此即产生了"对合理期限内完成程序的请求权",而这一点多次为德国法所违背。[255] 立法者遂专门出台法律回应了这一批评。如今,若程序持续的时间不合理,当事人可就此主张补偿。[256] 联邦宪法法院对《基本法》一般人格权的解释也违反了《欧洲人权公约》,比起联邦宪法法院对《基本法》第1、2条人格权的解释来说,欧洲人权法院对《欧洲人权公约》第8条设定的保护标准要更为宽泛。[257] 因此可以说,欧洲人权法院的判例比国内宪法法院的判例走得更远。[258]

131

---

[253] S. *Bleckmann*, EuGRZ 1994, 149; *Hoffmeister*, Der Staat 40 (2001), 349, 364 ff.

[254] 对此,参见 Sachs/*Degenhart*, GG, 9. Aufl. 2021, Art. 103 Rn. 52。

[255] EGMR, Urt. v. 8.6.2006, 75529/01, CE: ECHR: 2006: 0608JUD007552901-Sürmeli/Deutschland; EGMR, Urt. v. 2.9.2010, 46344/06, CE: ECHR: 2010: 0902JUD004634406-Rumpf/Deutschland. 此外,《基本法》第2条第1款及第20条第3款也构成"对合理期限内完成裁判的请求权"之依据,参见 BVerfG, Beschl. v. 20.4.1982, 2 BvL 26/81, BVerfGE 60, 253, 269; BVerfG, Beschl. v. 2.3.1993, 1 BvR 249/92, BVerfGE 88, 118, 124; BVerfG, KBeschl. v. 20.7.2000, 1 BvR 352/00, NJW 2001, 214, 215; vgl. auch *Möllers/Weichert*, NJW 2005, 2737。

[256] 参见《法院组织法》第198条等规定,引入这一条的法律是《长时间法庭诉讼及刑事调查中的法律保护法》(Gesetz über den Rechtsschutz bei überlangen Gerichtsverfahren und strafrechtlichen Ermittlungsverfahren v. 24.11.2011, BGBl. I, S. 2302); 另参见 BGH, Urt. v. 26.11.2020, III ZR 61/20, NJW 2021, 859-Entschädigungsanspruch für überlange Verfahrensdauer。

[257] 在具体个案中,汉诺威王妃卡罗琳本可阻止狗仔队对其的拍摄,这一权利却为联邦宪法法院所拒绝,参见 EGMR, Urt. v. 24.6.2004, 59320/00, CE: ECHR: 2004: 0624JUD005932000, Rn. 54 ff.-Caroline von Hannover/Deutschland; BVerfG, Urt. v. 15.12.1999, 1 BvR 653/96, BVerfGE 101, 361, 391 ff.-Caroline von Hannover II。

[258] *Nußberger*, in: HStR X, 3. Aufl. 2012, § 209 Rn. 38; 就人格权的论述,参见 *Marauhn/Thorn*, in: Dörr/Grote/Marauhn, EMRK/GG Konkordanzkommentar, 2. Aufl. 2013, Kap. 18 Rn. 111。

132　（2）除此之外，二者之间即以**区别**为主。虽然适用"亲善国际法的解释原则"，但《欧洲人权公约》中的基本权利规范并未就内国法保护基本权利的方式方法作出规定；成员国有权自由决定如何履行国际条约上的义务。[259] 这即被称作"软性"的规范效力。[260] 依联邦宪法法院之见解，不同于欧盟法，《欧洲人权公约》不具备对于国内法的优先性。在规范位阶中，其与普通的联邦法处于同一层级（《基本法》第59条第2款，参见第二章边码125及以下）。[261] 国内法院并不是要简单地遵循欧洲人权法院的判决，而是需要从中识别出有关公约基础价值安排的论述，并参详之。普通联邦法的不同规定即是"亲善国际法解释"的界限所在。[262] 因此，相比于合欧盟法（第十二章边码24及以下）及合指令（第十二章边码76及以下）的法续造，此时法续造的正当界限更易于被逾越。在某一针对公务员法上禁止罢工规定的判决中，联邦宪法法院再次明确强调：

133　> 首先可以看到的是，不同于欧盟法（vgl. BVerfGE 75, 223［244 f.］），《欧洲人权公约》因缺乏相应的内国法适用命令，而不具有相对于国内法的适用优先性。公约的权利没有优先于德国宪法规定之地位，其意义更多地在于为基本法提供解释的参考标准，因此，对仅是在当事人双方之间发挥效力（inter-partes-Wirkung）的欧洲人权法院判例的参照也就不外乎是：识别出其中关于公约基本价值安排的论述，并参详之〔vgl. Kaiser, AöR 142 (2017), S. 417［432］〕。与公约基本价值安排的冲突应尽可能避免。承认某种导向或指导功能的前提在于可比性。在参照欧洲人权法院的判决时，须通盘考虑待裁判案件的事实及其（法文化上的）背景，以及德国法秩序可能存在的特殊之处，后者可能会阻止这种纯粹"概念对比"意义上的无差别的移植……

[259] *Ruffert*, EuGRZ 2007, 245, 246.
[260] *Ruffert*, EuGRZ 2007, 245, 247；*Grabenwarter*, in：HdB GR, Bd. VI/2, 2009, § 169 Rn. 53 f.
[261] BVerfG, Beschl. v. 14. 10. 2004, 2 BvR 1481/04, BVerfGE 111, 307, 317 m. w. Nachw. -Görgülü.
[262] BVerfG（ebd.）, BVerfGE 111, 307, 323, 329-Görgülü.

> 若在现有的方法论框架下存有解释或衡量之余地，德国法院即有义务优先采纳符合公约的法解释。唯有遵照欧洲人权法院的判决因事实基础的变化将导致违反明确作出不同规定的法律条文或德国的宪法规定、甚或违反第三人的基本权利时，始得另行处置（vgl. BVerfGE 111, 307 [329]）。如果立法者例外性地不顾及国际条约法，实是因为不这样做将无以避免违反宪法之原则，即难谓违反了"亲善国际法"之目标（vgl. BVerfGE 111, 307 [319]）。[263]

由于不存在适用优先性，比起直接获得优先性的欧盟法，《欧洲人权公约》在德国的执行存在更多困难。欧洲人权法院对违反公约情形的认定可构成《刑事诉讼法》第359条第6项或《民事诉讼法》第578条第1款意义上的重审理由（Wiederaufnahmegrund）。[264] 不过，一个抽象性的内国法程序的重审义务是并不存在的。为此，违反《欧洲人权公约》的判决仍可能持续具有法效力。[265] 若国内的机构忽视欧洲人权法院的判决，则可能有违法治国家原则，当事人得就此提起宪法诉愿。[266]

三、评论

联邦宪法法院的判例并非无可挑剔。如果允许国内普通法违反《欧洲人权公约》基本权利规范的转化与适用，那么公约第1条的"转化义务"就不再有什么存在的意义。[267] 在与欧盟法的关系上，也会存在一些体系上的裂痕，因为欧盟最高法院也会求助于欧洲人权法院（第十章边码59及以下），但欧盟法却约束成员国法院且具优先地位。因此，若欧盟最高法院适用了《欧洲人权公约》，公约将具备适用优先性；可是，当欧洲人

---

[263] BVerfG, Urt. v. 12.6.2018, 2 BvR 1738/12 u. a., BVerGE 148, 296 Rn. 132 f. -Beamtenrechtliches Streikverbot.
[264] 若判决已生效，但存在重新启动程序之正当理由时，可对其予以重审。
[265] 因此有人主张在《联邦宪法法院法》中予以相应规定，参见 *Hein*, GPR 2004, 252, 256。
[266] BVerfG, Beschl. v. 14.10.2004, 2 BvR 1481/04, BVerfGE 111, 307, 330 ff. -Görgülü.
[267] 不无正确地提出这一批评的，参见 *Ruffert*, EuGRZ 2007, 245, 248。

权法院认定德国违反《欧洲人权公约》时，公约却不具备适用优先性。[268]这未免难以令人信服。

136 理想状况下，应进一步完善成员国宪法法院同欧洲人权法院的关系。联邦宪法法院和欧盟最高法院的那种合作关系也是存在的（第二章边码100），这可以表现为：在审查基本权利国内法上的特别事项时，欧洲人权法院也可以赋予成员国一定程度的"判断余地"。[269]

第六节　第十二章小结

137　（1）基于欧盟法的适用优先性，规范得直接有效、直接适用。为此，其必须具备内容上的无条件性和足够的确定性。

（2）在优先适用欧盟规范前，须对国内法规范进行合基础法的解释。合基础法的法续造的正当界限则仍待明确。

（3）指令具有垂直的第三人效力，不具有水平的第三人效力。它的内容就是解释国内法的"解释目标"。

对于同指令相冲突的国内法规范，应以合指令的方式解释之，必要时可对其予以违反其文义的、合指令的法续造。此时须注意"违法界限"。

若国内立法者在转化指令时扩充了其适用领域，则需审查，对这一溢出的部分的解释应当是依符合指令的方式还是只依循国内法而为之。

（4）"建议"可产生参详义务以及一定情况下的附随性的遵从义务。

（5）其他执行欧盟法的机制包括国内立法者明确转化欧盟法的义务、向欧盟最高法院的呈递义务、违反条约的诉讼程序以及欧盟法上的国家责任请求权。

（6）若国内法违反条约法，则应以亲善国际法的方式解释之。若欧盟

---

[268] 有关教义学的问题，参阅 Oeter, VVDStRL 66 (2007), 361 ff.; Masing, JZ 2015, 477 ff.
[269] 对此参见 Jacobs/Payandeh, JZ 2019, 19, 24; Bogdandy/Hering, JZ 2020, 53, 61 ff.; 有关法国的"布尔卡禁令"，参见下文第十四章边码 28。

最高法院适用《欧洲人权公约》,则赋予其适用优先性;若只是欧洲人权法院自己作出的裁判,则不能如此——联邦宪法法院的这种看法实令人难以信服。

本章参考文献:

Baldauf, *Nicole*, Richtlinienverstoß und Verschiebung der Contra-legem-Grenze im Privatrechtsverhältnis, 2013; *Canaris*, *Claus Wilhelm*, Die richtlinienkonforme Auslegung und Rechtsfortbildung im System der juristischen Methodenlehre, in: FS Bydlinski, 2002, S. 47-103; *Colneric*, *Ninon*, Auslegung des Gemeinschaftsrechts und gemeinschaftsrechtskonforme Auslegung, ZEuP 2005, 225-233; *Grundmann*, *Stefan*, Richtlinienkonforme Auslegung im Bereich des Privatrechts-insbesondere: der Kanon der nationalen Auslegungsgesetze als Grenze?, ZEuP 1996, 399-424; *Herresthal*, *Carsten*, Rechtsfortbildung im europarechtlichen Bezugsrahmen, 2006; *Höpfner*, *Clemens/Rüthers*, *Bernd*, Grundlagen einer europäischen Methodenlehre, AcP 209 (2009), 1-36; *Jarass*, *Hans D./Beljin*, *Saða*, Unmittelbare Anwendung des EG-Rechts und EG-rechtskonforme Auslegung, JZ 2003, 768-777; *Langenbucher*, *Katja* (Hrsg.), Europäisches Privat- und Wirtschaftsrecht, 4. Aufl. 2017; *Lutter*, *Marcus*, Die Auslegung angeglichenen Rechts, JZ 1992, 593-607; *Martens*, *Sebastian A. E.*, Methodenlehre des Unionsrechts, 2013; *Möllers*, *Thomas M. J.*, Doppelte Rechtsfortbildung contra legem?, EuR 1998, 20-46; *ders.*, Die Rolle des Rechts im Rahmen der Europäischen Integration, 1999; *ders. /Möhring*, *Alexandra*, Recht und Pflicht zur richtlinienkonformen Rechtsfortbildung bei generellem Umsetzungswillen des Gesetzgebers, JZ 2008, 919-924; *ders.*, Richtlinienkonforme Rechtsfortbildung als Teil einer modernen Methodenlehre, in: FS Siekmann, 2019, S. 167-197; *Perner*, *Stefan*, EU-Richtlinien und Privatrecht, 2012; *Riesenhuber*, *Karl* (Hrsg.), Europäische Methodenlehre, 4. Aufl. 2021; *Schnorbus*, *York*, Die richtlinienkonforme Rechtsfortbildung, AcP 201 (2001), 860-901; *Vogenauer*, *Stefan*, Eine gemeineuropäische Methodenlehre des Rechts-Plädoyer und Programm, ZEuP 2005, 234–263; *Wank*, *Rolf*, Die unmittelbare Wirkung von Unionsrecht unter Privaten im Arbeitsrecht, RdA 2020, 1–12; *Wietfeld*, *Anne Christin*, Die richtlinienkonforme Auslegung – Auslegungsmethode oder Zielvorgabe?, JZ 2020, 485–494.

第五部分

法的和平性与安定性：
法学方法论的目标

第十三章　法续造的界限

本书第三、四部分已分别介绍了"解释"与"具体化"（原文加此，为作者笔误，应为本书第二、三部分——译者注）。最后一部分（第五部分）旨在表明，法学方法论可在很大程度上服务于法的和平性及法的安定性。其中，第十三章探讨的问题是，在何种情况下将逾越法续造的正当界限。而第十四章的重点则在于：尽管法学方法论招致了后现代的质疑，它仍可借助许多资源来实现法律解决方案的理性化。

围绕法续造正当界限的争论可谓同法学方法论本身一样古老。由于其中有诸多疑窦，通过概念之定义或许可得到初步的整理。此外，经由"五个审查步骤"判定法续造的界限，可利于实现法的安定性及理性（第一节）。为此需要区别经典的解释方法（第二节）、目的导向（第三节）以及宪法（第四节）和欧盟法（第五节）等上位法之问题。最后，本章还将讨论司法、行政和立法权之间的权限边界问题，同时也会涉及不同法院之间的权限界限；此外，也会论述具体化领域之问题（第六节）。

除这一审查顺序外，还应依据优先规则、推定规则、论证负担规则、衡量规则等，对各种作为实质要素的论据进行权衡（第七节）。在第十四章讨论"整体衡量"时，还将再次整合这些审查步骤并确立各种论证模型的位阶。

第一节　法续造正当性的模糊界限

一、法学方法论的长久争论：法续造的正当界限

法官可在多大程度上忽略法律之文义及其精神？在什么时候，他就可

以从社会政治的角度如同立法者一般行为？魏德士曾批评：这种方法上的实践违反了"议会民主"以及法治国家权力分立的宪法原则，并强调人们要警惕"精英式法官国"（oligarchischer Richterstaat）。[1] 什么情况下将达到法发现的界限？法官何时构成违反法律，其法发现的过程何时将构成"违法的"不正当的法续造？法律所允许的法续造的界限究竟在哪里，这一问题所引发的激烈争论已有150年之久[2]，围绕其上的讨论甚可谓历久弥新。其中尤引人关注的是"主观理论"及"客观理论"的争锋：法律是否可以比其原先的立法者更为"聪明"？法官充当的是"奴仆"还是"演奏者"之角色（第六章边码60及以下）？在何种情况下，他就会变成"精英式法官国"意义上的"作为立法者的法官"？

5 　　如今，"法续造"不时为人们所提及。法官原则上有权通过法续造填补法律的漏洞，前文已强调了这一点（第一章边码48及以下）。第四章则探讨了刑法领域中文义界限构成正当法续造之绝对限制的问题（第四章边码65及以下），并介绍了诸如类推及目的性限缩等法续造的基本形式。在介绍上位法的第三部分，也已经讨论了诸如合宪法的法续造（第十一章边码79及以下），以及欧盟法领域中合基础法的法续造（第十二章边码24及以下）或合指令法的法续造（第十二章边码54及以下）等情形下的法续造的界限问题。而"原则"的具体化也必须以合理的方式进行，不能仅仅通过自己的"前理解"来创设原则（第九章边码15及以下）。

6 　　法学方法论中，没有哪个领域能够比法续造的界限问题引发更为激烈的讨论，这一讨论究竟呈现出什么特征？有关法续造正当界限的一种观点常常同"对真理的要求"相联系；反对观点则被认为是错谬的。[3] 此外，这种界限的确定往往伴随着政治动机，它已不仅仅是方法问题或宪法问

---

〔1〕 参见开篇的引注，以及 *Rüthers*, JZ 2006, 53, 60; 之前的论述，参见 *Brohm*, NJW 2001, 1 ff.; 另参见第十三章边码95及以下各学者的论述。

〔2〕 就此参见 *Möllers*, in: FS G. Roth, 2011, S. 473 ff.; *Foerste*, JZ 2007, 122 ff.; *Fischer*, Topoi verdeckter Rechtsfortbildungen im Zivilrecht, 2007, S. 74 ff.; *Kramer*, Juristische Methodenlehre, 6. Aufl. 2019, S. 148 ff.

〔3〕 这种"对绝对性的要求"使人联想起德沃金的"唯一正解论"，参见 *Dworkin*, Taking Rights Seriously, 1977, S. 279; 上文第一章边码64及以下。

题,而是权力问题。[4] 它是一场"真刀真枪"的斗争,而非耍花枪。[5]就权力分立的角度来说,显而易见的问题是,法官究竟能在多大程度上代替议会行事。[6]

联邦宪法法院的各审判庭之间也存在分歧。例如,某案中,联邦宪法法院第二审判庭明确刑事大审判庭就某个刑事诉讼程序问题的法续造符合宪法[7];而"不同意见书"则斥审判庭的多数人判决为违法的不正当法续造。[8] 该案之裁定被称为"索拉娅案"后法学方法论上最重要的判决也是不无原因的。[9] 后文还将对此予以论述(第十三章边码58及以下)。

二、正当或不正当法续造的后果

法官必须作出裁判,他负有"禁止拒绝裁判"的义务(第一章边码52)。法官所要考虑的后果是非常重要的,他时常陷于"斯库拉和卡律布狄斯"之间[10]的两难境地。如果他承认法续造,那么他难免面临越界的指责,例如,他可能会损害刑法中的文义界限以及由宪法所确保的罪刑法定原则或擅自行使了议会的立法权限(第十三章边码91及以下);但若非如此裁判,也可能极为不妥:立法者的不作为可构成明显的、使当事人遭

7

8

---

〔4〕 形象地表述,参见 Rüthers, JZ 2003, 995, 996:"方法问题即是权力问题与宪法问题", ders., JZ 2008, 446, 447。

〔5〕 Hassemer, Rechtstheorie 39 (2008), 1, 13, 作者即强调,双方阵营都会怜惜对方。

〔6〕 在美国的判例中,可见如下论述:"没有对目前在本管辖区适用的纯粹比较过失(相对于比较过失)的优劣做出判断,(因为)我们认为,立法机关是最有能力采纳上诉人变更意见的机构",参见 Vincent v. Pabst Brewing Co., 177 N. W. 2d 513, 517 (Wis. 1970);英国法官也有类似说法:"司法者的立法不是英国法官的可为选项",参见 Western Bank Ltd. v. Schindler, [1977] Ch. 1。

〔7〕 BVerfG, Beschl. v. 15.1.2009, 2 BvR 2044/07, BVerfGE 122, 248 Rn. 60 ff. - Rügeverkümmerung(第十一章边码80)。

〔8〕 参见 BVerfG, Beschl. v. 15.1.2009, 2 BvR 2044/07, BVerfGE 122, 248, 282 ff. - Rügeverkümmerung(第十一章边码83及以下)一案判决中 Voßkuhle, Osterloh 及 Di Fabio 等法官的不同意见书。

〔9〕 Ch. Möllers, JZ 2009, 668.

〔10〕 斯库拉(Skylla)和卡律布狄斯(Charybdis)都是希腊神话中的女妖:海峡一侧的卡律布狄斯每天会吸三次海水并制造漩涡,而(另一侧的)斯库拉则用她长长的触手捕捉水手,参见 Homer, Odyssee, 12, 101 ff., 235 ff。

遇严重不公的法律漏洞。法官如果拒绝法续造，意味着法官容忍了原告因无法为其损害主张赔偿而承受这一不公的事实（第十三章边码 48 及以下）。

三、方法上的"盲飞"

1. 反对隐蔽性的法续造

9　　在 2019 年之前，《帕兰特（Palandt）法典评注》仍主张，法官在面临新问题时，通常不知道也不需要知道他应当诉诸"法的解释"抑或是"法续造"来解决问题。其还进一步指出："即使没有具体证据指向法律漏洞，法官也可以衡诸法的内在理性及《基本法》的价值判断对法律进行鉴别及补充。"〔11〕若如此，法律人无论是承认附保护第三人作用的合同还是限制劳动及公司合同的无效情形，都无须论证漏洞的存在。〔12〕

10　　令人欣慰的是，在同作者进行沟通后，格吕内贝格（Grüneberg）删掉了其中一些备受争议的段落。不过，格吕内贝格仍保留了如下表述——在例外情况下"是否应当诉诸法解释或法续造来解决问题，可能是没有定论的"（隐蔽性的法续造）。〔13〕然而，这种隐蔽性的法续造（verdeckte Rechtsfortbildung）〔14〕实应被拒绝。如果对客观解释论"前理解"的批评 50 年来仍不绝于耳——它仅仅通过空洞公式使某一结论正当化——或者不乏有判决仅以正义或法安定性之类的法理念或"事物的本质"（第九章边码 6a）为依据，那么，学者对这种隐蔽性法续造的批评〔15〕自也是情理之中。

---

〔11〕 在帕兰特这本精简版的法典评注（语言常为缩略语）中，其原文表述为："Der vor neue Fragen gestellte Richter *weiß* häuf nicht u braucht auch nicht zu wissen，ob das Problem dch Auslegg od dch RFortbildg zu lösen ist. […] Der Richter darf das Gesetz iR der ratio legis u der WertEntsch des GG auch ohne konkreten Nachw einer Lücke ausdifferenzieren u ergänzen"，参见 Palandt/*Grüneberg*，BGB，78. Aufl. 2019，Einl. Rn. 56 f.

〔12〕 Palandt/*Grüneberg*，BGB，78. Aufl. 2019，Einl. Rn. 57.

〔13〕 Palandt/*Grüneberg*，BGB，80. Aufl. 2021，Einl. Rn. 56.

〔14〕 例如，有文献即在其标题中提及隐蔽性的法续造，参见 *Foerste*，Verdeckte Rechtsfortbildung in der Zivilgerichtsbarkeit，JZ 2007，122 ff.；*Fischer*，Topoi verdeckter Rechtsfortbildung im Zivilrecht，2007；之前已有的论述，参见 *Esser*，Vorverständnis und Methodenwahl，1970，S. 7，177；*Hillgruber*，JZ 1996，118 ff.；详见下文第十四章边码 625 及以下。

〔15〕 *Rüthers/Fischer/Birk*，Rechtstheorie，11. Aufl. 2020，Rn. 826 ff.

本书开篇已详细介绍了法官负有为其裁判提供说理之义务，这一点自然也及于法续造，特别是在法官远离法律的文义时。早在60多年前，瑞士法学家梅耶尔-哈约兹（Meier-Hayoz）就指明了法官造法的"强制证立"（Begründungszwang）。[16] 近来，联邦宪法法院也要求，为在方法上实现法续造的说理，法官应为此提供更为详细的阐述（第十一章边码80及以下、第十三章边码103及以下）。仅从法治国家的角度来说，隐蔽性的法续造就不能为人所接受（第一章边码39及以下）。原则上，应当审查各种支持或反对法续造的论证模型（见下文）。对格吕内贝格观点的批判，故也是在理的。[17]

区分法续造的不同形式是有益的，因为它们各自意味着不同程度的论证负担（第六章边码97及以下）。法律人应当警惕诉诸"空洞公式"的做法，尤须注意正当法续造的界限，也即不得进行违法之行为。权力分立和民众的合理信赖这两项重要原则即构成法续造的正当界限。 **11**

2. 尚待明确的具体问题

诺伊纳认为，若忽略历史立法者的规则目的，法续造即构成失当。[18] **12**
不过，他也承认这可以存在许多例外情况（第十三章边码18）。认为主观解释应占主导地位的观点显得过于狭隘（第六章边码66及以下）。维德曼（Wiedemann）主张法续造的前提条件是存在以上位法为依据的规则需求或出现了因生活情势的变化而不得不对法律进行修订的情形。[19] 他同时强调，他所列举的上述条件并不是穷尽性的，也暂未将欧盟法考虑在内。[20] 这些观点只能说是零星地涉及了有关法续造正当界限的法学论据。由于没有对可能的反对论据予以驳斥，这些观点总是可待商榷的。

---

[16] *Meier-Hayoz*, in: BK-ZGB, 1962, Art. 1 N 155.
[17] 1993年，帕兰特评注就曾被人讥为"欧洲酸柠檬奖"（Euro-Zitrone）的获得者，意指为那些严重忽视欧盟法的作品所颁发的讽刺奖，参见 *Basedow*, ZEuP 1993, 656. 如此说来，从2017年开始，它还可以获颁"方法上的酸柠檬奖"。
[18] *Neuner*, Die Rechtsfindung contra legem, 2. Aufl. 2005, S. 139 ff., 187 ff.
[19] *Wiedemann*, NJW 2014, 2407, 2412 unter Hinweis auf *Hager*, Rechtsmethoden in Europa, 2009, S. 195 ff.; *Larenz*, Methodenlehre der Rechtswissenschaft, 6. Aufl. 1991, S. 413 ff.; *Kramer*, Juristische Methodenlehre, 6. Aufl. 2019, S. 267 ff. （这里，作者是以瑞士法为例）。
[20] *Wiedemann*, NJW 2014, 2407, 2412.

四、"法续造正当界限"的定义

1. 现有的概念：法律（制定法）内的法续造、超越法律（制定法）的法续造及反于法律的法续造

13 我们首先应当厘清各种有关法续造的概念。拉伦茨已有的贡献可以作为这里讨论的基础：他明确了法续造在方法上的区别；此外，法续造的结论也各有不同。还需表明的一点是，"法续造"这一概念本身也应得到进一步的发展。

14 （1）拉伦茨指出，若法续造是在制定法规则原有计划的框架内进行，且符合制定法规则本身之目的，则构成所谓"法律（制定法）内"（gesetzesimmanente，拉丁文：intra legem）的法续造［法律（制定法）内的造法］。[21] 此时，法续造仍未脱离于法典之外。因此，法律（制定法）内的法续造通常都是着眼于整部法律而进行的法律补充。典型的适用情形即类推及目的性限缩。既然法律已作规定和未作规定的案件事实之间在价值上相一致，基于宪法上的"平等原则"[22]，二者也理应得到同等的对待（第六章边码94、114）。[23]

15 （2）若法律人超越相应法律的意旨、依赖法律自身目的之外的价值安排填补法律漏洞——也即形成新的法思想时——即构成拉伦茨所称的"超越法律（制定法）"（gesetzesübersteigende，拉丁文：praeter legem）[24] 的法续造［超越法律（制定法）的造法］。这一概念的有益之处在于：它表明人们已经背离法典文义的事实，从而被要求从法的整体当中寻求价值基础。这可以来源于宪法或欧盟法，但也包括成员国法的普通法规范。[25] 拉伦茨认为，这里的价值基础包括法律交易的需要、事物的本质、平等原则、法

---

[21] *Larenz*（ebd.）S. 366, 426.
[22] 关于"法适用的平等性"，参见上文第一章边码42。
[23] 有学者则认为，这根本就不属于法续造，参见 *Buchwald*，ARSP 79（1993），16, 46。
[24] 使用这一拉丁文表达的学者，参见 *Kramer*，Juristische Methodenlehre, 6. Aufl. 2019, S. 205。
[25] *Larenz*（ebd.），S. 366, 413 f.；在美国，也有学者提到宪法的价值秩序，参见 *Breyer*, in：McDonald v. City of Chicago, 561 U. S. 742, 916（2010）（反对意见）；也有人称之为"超越法律的法外造法"（gesetzesübersteigender Rechtsfortbildung extra legem sed intra ius），参见 *Kramer*（ebd.），S. 206 ff.；**不同观点**，参见 *Meier/Jocham*，JuS 2016, 392, 394；人为 künstliche Abgrenzung。

伦理原则及法学上的发现等。[26] 此外，也可援用各种法原则。[27] 毕竟，若依客观解释理论，立法者的主观意图就算不上是法续造不可克服的障碍（第六章边码 66 及以下）。与此类似，联邦宪法法院要求宪法领域的法续造必须向人们揭示法律不完善的价值之所在。它指出：

> 识别并表达立法者的决定并非法官工作的全部。司法的任务也尤其体现于，通过评价性的识别行为——其中难免有一些任意的成分——将内含于宪法秩序，但在成文法的文本中没有或者说没有完整地得到体现的价值观念揭示出来，并使其实现于裁判之中。此时，法官应尽可能避免恣意妄为；其裁判必须以理性的论证为基础。必须使人们认识到，成文法未实现其解决法律问题的功能。此时，司法裁判即借助实践理性以及"共同体的基础性一般正义观念"对法律漏洞进行填补（BVerfGE 9, 338 [349]）。
>
> 法官的这种"创造性法发现"的职责和权限——至少在《基本法》的效力范围内——原则上是没有什么争议的。[28]

16

超越法律（制定法）造法也可能导致法律被取代。法续造由此超越了法律及其原有的界限。不过，有待商榷的是，是否可以如拉伦茨那样将"事物的本质"也作为超越法律（制定法）造法的正当化理由（第九章边码 6a）。

17

拉伦茨认为，唯在超越法律（制定法）造法无法以特别的法律上的理由作为依据时，始构成所谓"违法的"的法续造。[29] 不过，他认为，明显重要的（法律上的）理由也能使这样的法续造正当化。[30] 诺伊纳则进一

18

---

[26] *Larenz*（ebd.）S. 366, 426.

[27] *Bruns*, JZ 2014, 162, 163；详见第九章及第十章。

[28] BVerfG, Beschl. v. 14. 2. 1973, 1 BvR 112/65, BVerfGE 34, 269, 287-Soraya（第一章边码 51）；BGH, Urt. v. 19. 9. 1989, VI ZR 349/88, BGHZ 108, 309-Haftung für gefahrgeneigte Arbeit gegenüber Dritten。

[29] *Larenz*, Methodenlehre der Rechtswissenschaft, 6. Aufl. 1991, S. 427；也参见 Larenz/*Canaris*, Methodenlehre der Rechtswissenschaft, 3. Aufl. 1995, S. 251。

[30] *Larenz*（ebd.）, S. 367, 427 f.；*Neuner*, Die Rechtsfindung contra legem, 2. Aufl. 2005, S. 139 ff., 187 ff. Fn. 31 更谨慎的表述，则参见 Larenz/*Canaris*（ebd.）, S. 188 f.；若因立法者失灵而有可能出现法的紧急事态，这种违法造法也是正当的。

步扩充了正当"违法造法"的事由；其认为，在出现"法的紧急事态"（Rechtsnotstand）[31]、可能违反禁止任意原则、规范情势发生改变、法秩序的价值构造经历更迭或者将对个案正义造成严重损害等情形时，法续造此时亦不失其正当性。[32]

2. 填补漏洞、具体化法律、代表法律及修正法律的法官法

19 学说中还将"法官法"进一步作出如下区分：法续造的结果各不相同。填补漏洞的法官法是正当的，在一般条款及不确定法概念的情形进行的使法律具体化的法官法也是如此。[33] 在立法者不作为的情况还可以实施**代表法律**的法官法。[34] 法官因技术或社会之发展等原因修正法律时，则构成所谓**修正法律**的法官法（contra verba legis）。[35]

3. 重新定义：法续造与反于法律的法续造

20 欧盟最高法院所使用的"interprétation"一词既用来指称法解释，也用来指称法续造，而没有严格区分二者（第六章边码172）。欧盟最高法院有时也会使用"法续造"的概念（第十二章边码47）。德国法学原则上区分法的"解释"与"续造"。这种区分有必要延续下去，因为这样才能使法律适用者明确地意识到，法续造意味着更高的论证负担。

21 与法续造的定义有关的不仅是文义之界限，还应涉及如下三个领域：

（1）**法续造**通常意味着超越了文义界限。法解释是文义界限之内的工作，而法续造的结论则**不再为规范的文义所涵盖**。刑法中，这一界限尤具实际意义（第四章边码365及以下）。

22 （2）严格而言，对现行法做出进一步发展的新型判决均称得上是"法

---

[31] Larenz/*Canaris*（ebd.），S. 251.

[32] *Neuner*, Die Rechtsfindung contra legem, 2. Aufl. 2005, S. 148 ff.

[33] *Ossenbühl*, in: HStR, 3. Aufl. 2007, § 100 Rn. 52.; 此外还有学者提到"与法律竞合的法官法"，参见 *Stern*, in: ders., Das Staatsrecht der Bundesrepublik Deutschland, Bd. III/2, 1994, S. 1670。

[34] *Ipsen*, in: Achterberg, Rechtsprechungslehre, 1986, S. 435, 437 ff.; *Ossenbühl*, in: HStR, 3. Aufl. 2007, § 100 Rn. 53.

[35] *Ipsen*, in: Achterberg（ebd.），S. 435, 440; *Ossenbühl*, in: HStR, 3. Aufl. 2007, § 100 Rn. 54.

续造"。[36] 这种看法略显偏激，因为如此一来，任何解释都可谓法续造，解释与续造的区分即成赘余。[37] 因此，对"具体化"的领域而言，实不应使用"法续造"之谓，因为"具体化"本身仍属法律人在文义界限之内的活动。法的具体化乃限于文义的框架之中，只是后者本身难以为人所确定（第七章边码 2）。

不过，在具体化的框架内，若法律人进行创造性（第十四章边码 46 及以下）的活动并发展出新的案例类型（第八章边码 42），则亦会例外性地使用"法续造"的概念。如此，法续造也可能在文义界限内进行。在"**建构**"领域（第九章边码 7a），借助中间步骤或法原则而进行的工作尤为常见（第九章边码 24 及以下、第十章边码 17 及以下）。[38] 22a

（3）**判例变更**则是法续造的另一个典型例证。因当事人可能对既有判例存有信赖，故法官需要面对更高的论证负担（第三章边码 31 及以下）。 22b

（4）"**反于法律的法续造**"（Rechtsfortbildung contra legem）这一概念应得到重新的定义。先称其为"反于法律的法续造"，然后在例外情况下主张其正当性，这种做法难免令人迷惑。确定某种"反于法律"的界限后，又承认其存在许多"例外"，以至于"原则"也变得名不符实，这在思维逻辑上就是不通的：如此自然无助于提升方法的明确性和诚实性。[39] 因此，不同于拉伦茨及诺伊纳的做法，唯**法续造无一例外地丧失其正当性**时，才应称其为"**反于法律的法续造**"。[40] 23

---

[36] 或持此观点者，参见 *Koch/Rüßmann*, Juristische Begründungslehre, 1982, S. 247 ff.：任何没有被既成法律规定、而是被其豁免或禁止的裁判。类似观点，参见 *Lindner*, Rechtswissenschaft als Metaphysik, 2017, S. 87："任何法的解释本质上都是一种续造"，也参见第四章边码 67。

[37] **不同观点**，参见 *Martens*, ZEuP 2018, 724, 725。

[38] 其他学者则称其为"法获取"（Rechtsgewinnung），参见 *Jestaedt*, Grundrechtsentfaltung im Gesetz, 1999, S. 287 ff.；或曰"司法的法创制"（judikativeRechtserzeugung），参见 *Payandeh*, Judikative Rechtserzeugung, 2017, S. 25 ff。

[39] 提出批评并加以进一步论证者，参见 *Bydlinski*, in：Koller u. a.，Einheit und Folgerichtigkeit im juristischen Denken, 1998, S. 27, 32。

[40] 例如比德林斯基的定义，参见 *Bydlinski*, in：Koller u. a.，Einheit und Folgerichtigkeit im Juristischen Denken, 1998, S. 27, 28；*Möllers*, EuR 1998, 20, 42 ff.；*ders.*, in：FS G. Roth, 2011, S. 473, 478；*Schwacke*, Juristische Methodik, 5. Aufl. 2011, S. 123；*Meier/Jocham*, JuS 2016, 392, 394；或可参见 EuGH, Urt. v. 4. 7. 2006, C-212/04, EU：C：2006：443, Rn. 110 f. -Adeneler（第十二章边码 46 及以下）；赞同者，参见 *Wank*, Juristische Methodenlehre, 2020, § 15 Rn. 48。

五、避免不正当法续造的论证模型

24　　不同于上文提及的观点,本书主张形构法续造的正当界限。这或可分为两个部分。有学者正确地强调,超越文义界限对法院而言即意味着更高的论证负担。[41] 这一点可以具体展开为:反对法续造正当性的论据越是充分翔实,要使法续造正当化、驳斥相反立场的论证负担就越高。[42]

25　　下文所要介绍的一种"五步法体系",会在其第一部分将相关的论证模型进行体系化的统合并按一定的顺序整理之。这种五步法不同于法律构成要件那种通常具有强制性的检验步骤。其目的主要在于,通盘思考各种与解决法律问题相关的论据,继而提出这些相关的论据并对其进行衡量。[43] 换言之:通过掩盖某些显现出来的论据来降低应有的说理水平是不当的做法。具体则须区分法的解释、法效果的导向、作为上位法的宪法及欧盟法以及权限界限等问题(见下文第二节至第四节)。即人们不得对眼前的论据视而不见继而忽略必要的论证要求。就论证法续造的正当性而言,"五步法"有助于提供论证的理性。

26　　之后,在第二部分则应对所收集的论据进行权衡。这时会看到,有些具体的论证模型明显强于其他论据模型,从而使结论呼之欲出(第七节)。就此可见本章末尾的图 13-1(第十三章边码 132)。

第二节　第一步:经典的论证模型

27　　法官首先会试图通过解释的手段解决法律问题。为此,他需要检验所有各种相关的解释方法,特别是萨维尼的解释原理。若他认定无法通过解释获得符合各方利益的结论,则需进一步判断,他可以在多大程度上为法续造提供依据。这里,他仍然需要以萨维尼的解释方法为开端。在具体类

---

[41] *Neuner*, Allgemeiner Teil des Bürgerlichen Rechts, 12. Aufl. 2020, § 4 Rn. 74.
[42] 相关论述参见本章边码 87。
[43] 关于按照一般性检验步骤解决法律问题的义务,参见下文第十四章边码 69 及以下。

推之情形,主要的着眼点即在于,对规范的如此适用是否符合法律之目的。[44] 之后即应遵循此处所要介绍的六个步骤。

一、文义的明确性与开放性

超越文义即谓"法续造"。在刑法领域,"罪刑法定原则"禁止人们超越文义界限,为行为人设定负担的法续造是绝对不允许的,无一例外。不过,这里也需要先考虑所有相关的解释方法,以确保解释结论仍处于文义的框架之内(第四章边码65及以下)。对"文义"而言:法律的文义规定得越具体,法续造的阻力就越大,也就意味着更高的论证负担(第十三章边码10)。不过,文义明确的情形相当鲜见,"明确性规则"实难奏效。因此,反过来说也不无道理:文义越是不确定、越是开放,法续造的可能性就越大。不确定性法概念或一般条款的情形下,立法者已将具体化的权限让渡于法院(第七章边码9及以下)。不过,即使在这类情形,法续造仍有其界限。

二、体系上的工作:漏洞及封闭体系

1. 封闭体系、对立法者基本理念的不当修改

若认为不存在漏洞,或者说漏洞至少不在"计划之外",因而无法进行具体类推,那么这种体系性的论据就可以构成反对法续造的理由。所谓"封闭体系"(geschlossenes System)的这种主张与法续造可谓格格不入。不同于个案决疑式的法官法,德国法就其基本结构而言被认为构成一个封闭的体系。[45] 法律人须阐明,"法"究竟是具有法续造的开放性,还是构成封闭之体系从而阻却法续造的可能。通常,《基本法》第20条第1款的"社会国家原则"尚不足以被用于推翻立法者的决定。例如,《破产规定》(KO)第61条对破产程序中的债权人顺序作出了穷尽性的规定,此时即

---

[44] 在方法上堪称典范的判例,参见 BGH, Urt. v. 4. 5. 1988, VIII ZR 196/87, NJW 1988, 2109, 2110-Ankauf durch einen Angestellten(第四章边码153及以下、第六章边码130及以下)。

[45] Canaris, Systemdenken und Systembegriff in der Jurisprudenz, 2. Aufl. 1983, S. 61.

不能通过法续造对这一规定作出有利于雇员的改变。[46] 侵权法及合同法领域亦不乏此类例证。

30　　（1）典型的例子是德国法中过错责任和危险责任的双轨制。立法者在《民法典》中将与过错无关的危险责任规定为侵权法过错原则之例外，并主要在特别法中进行规制（第六章边码156及以下）。这一体系即不得为司法判例所规避。因此，联邦最高普通法院即反对通过整体类推建立危险责任的一般性构成要件。联邦最高普通法院指出：

31　　吾人法秩序中的危险责任乃被发展为过错责任之例外，如前所述，其只体现于法律中的特别之规定，匹以具体而有限的构成要件。基于这一危险责任至今仍赖以为基础的列举原则（Enumerationsprinzip），若法律对本案所关注类型的构成要件尚未确立危险责任，法官也不得认为其构成亟待填补的漏洞，而只能对其适用统摄损害赔偿法领域的过错原则。受法律约束的法官，无论如何不得自行引入完全新型的、与法律已规定的情形大相迥异而无法为其所涵盖的某种危险责任的构成要件。否则，法官将超越宪法赋予其的权限，篡夺本来由宪法保留于立法者并理应由后者独自担负的权责。[47]

32　　（2）这样做的依据在于，尽管损害赔偿法历经多次修订[48]，对于引入一般性危险责任构成要件的建议[49]，立法者始终未予采纳。[50] 由于这方面的判例始终持拒绝法续造的立场，立法者也不得不引入大量法定的危

---

[46] BVerfG, Beschl. v. 19. 10. 1983, 2 BvR 485/80 u. a., BVerfGE 65, 182, 191 ff. -Sozialplan: "并不存在一个法律漏洞可以允许法官在《破产规定》第61条第1款第1项这一构成封闭体系的顺序规定之外赋予特定债权优先性"，该判例所推翻的判决，参见 BAG, Urt. v. 19. 12. 1979, 5 AZR 743/75, BAGE 29, 188 und BAG, Urt. v. 19. 12. 1979, 5 AZR 96/76, ZIP 1980, 238.

[47] BGH, Urt. v. 25. 1. 1971, III ZR 208/68, BGHZ 55, 229, 234-Wasserrohrbruch；也参见上文第六章边码256及以下。

[48] 也参见上文第十一章脚注198。

[49] Kötz, AcP 170 (1970), 1 ff.; ders., in: BMJ, Gutachten und Vorschläge zur Überarbeitung des Schuldrechts, 1981, S. 1779 ff.; von Caemmerer, Reform der Gefährdungshaftung, 1971.

[50] 关于立法者的历史意图，参见第六章边码156、第十三章边码40。

险责任的具体构成要件。[51] 有趣的是，这种"向特别条款的逃逸"[52] 与英国法官的做法[53]以及欧盟法层面的观点可谓不谋而合。[54]

进阶练习——资本市场法领域内的保护性法律：在资本市场法领域，类似的观点也被用于否认具体规范的"保护性特征"继而拒绝原告可基于《民法典》第 823 条第 2 款主张损害赔偿：判例认为，只有确立个人的损害赔偿请求权有其意义并符合责任法的整个体系之精神时，才得承认某部法律构成"保护性法律"。[55] 这等于是要求人们注重体系性的思考。只有符合《民法典》第 826 条的限制性条件时才赋予财产保护的立法者决定不能成为空文。[56] 因此，若认为《欧盟反市场滥用条例》第 15 条（《证券交易法》旧法第 20 条第 1 款第 1 句第 1 项）有关证券价格操纵的规定不包括主观性的构成要件要素，而《民法典》第 826 条却还要求具有损害之"故意"，则实在难谓合理。此外，近年来，立法者对损害"特定事项公开原则"之情形也只是引入了《证券交易法》第 97 条等规定（旧法第 37b、37c 条）的特别法上的责任。[57] **32a**

同样的理由也可以构成合同法领域内法续造正当与否的界限，例如，"社会典型行为"（sozialtypisches Verhalten）这一法构造即属此例。以豪普 **33**

---

[51] 例如 § 7 StVG，§ 1 HaftPlG，§ 1 AtG，§ 84 AMG，§ 1 ProdHaftG，§ 1 UmweltHG，§ 32 GenTG；参见第六章边码 156。

[52] 语出自 Kötz/Wagner, Deliktsrecht, 14. Aufl. 2021, 8. Kap. Rn. 23。

[53] *Cambridge Water Co. v. Eastern Countries Leather Plc.*（1994）A. C. 264, 484, per *Lord Goff of Chieveley*："我倾向于认为，作为一般规则，相比于法院，由议会确立高风险业务的严格责任更为合适。如果由法律确立这样的责任，相关的行为就可以被明确，而相关主体也能知晓他的处境。此外，法规可以在适当的情况下制定明确的标准来确定此类责任的程度和范围。"

[54] S. Art. VI. –3；202 ff. DCFR.

[55] BGH, Urt. v. 22. 6. 2010, VI ZR 212/09, BHGZ 186, 58, 68 f. Rn. 29-Phoenix（zu § 34a WpHG a. F.）; BGH, Urt. v. 19. 2. 2008, XI ZR 170/07, BGHZ 175, 276, 281 Rn. 18 zu § 32 WpHG a. F.; BGH, Urt. v. 13. 12. 2011, XI ZR 51/10, BHGZ 192, 90, 98 f. Rn. 21-IKB（zu § 20a WpHG a. F.）.

[56] BGH, Urt. v. 19. 2. 2008, XI ZR 170/07, BGHZ 175, 276, 281 f. Rn. 20; BGH, Urt. v. 13. 12. 2011, XI ZR 51/10, BGHZ 192, 90, 101 Rn. 26-IKB.

[57] KK-WpHG/*Möllers/Leisch*, 2. Aufl. 2014, § § 37b, c Rn. 501 ff. Zu Art. 15 MAR; 也参见上文第五章边码 119。

特（Haupt）及拉伦茨的学说为依据，判例曾认为，对于汽车司机使用停车位而拒付使用费之情形，即使缺乏意思表示，亦应认为合同成立，理由在于这构成社会典型行为。[58] 不过，若没有受法律约束的意思，纯粹的社会典型行为应被认为尚不足以导致合同之成立，因为《民法典》明确规定合同的成立以要约与承诺为前提。这类情形下，通说拒绝承认社会典型行为理论以及与之相关的"事实合同理论"，理由在于，这一做法有违私人自治的基本原则。[59] 仅以社会典型行为作为意思表示之依据，违背了个人的自我决定权（第九章边码43及以下）。合同基于意思表示而订立之原则仍未动摇。[60] 此外，通说认为，由于很多情形下依《民法典》的一般规则即足以认定合同成立，故社会典型行为的理论也是多余的，恰说明不存在支持法续造的法律漏洞。此时或可符合"推定的意思表示"之情形。[61]

2. 开放体系下被允许的续造

（1）不过，对封闭体系的改动必须谨慎为之。被视为"开放体系"的法秩序，其特点即在于人们可以对其进行发展。[62] 不过，除此以外还须证明，法律也容许这种发展。为此，发生改变的生活情势也须能够在法律中找到依归，这样才能避免盲目地依据法官的"前理解"来进行裁判。[63] 非婚生活伴侣关系的法律定性即清楚地表明了这一问题（第六章

---

[58] *Haupt*, Über faktische Vertragsverhältnisse, 1943, S. 11; *Larenz*, Lehrbuch des Schuldrechts, Bd. I, 1953, S. 41 f.; BGH, Urt. v. 14. 7. 1956, V ZR 223/54, BGHZ 21, 319, 334 f. - Parkplatz.

[59] 可参见 Palandt/*Ellenberger*, BGB, 80. Aufl. 2021, Einf. vor § 145 Rn. 25 ff.; 不过，近来联邦最高普通法院（第十三章脚注58）以及拉伦茨（参见 *Larenz*, Allgemeiner Teil des deutschen Bürgerlichen Rechts, 5. Aufl. 1980, S. 493 f.）又摒弃了这一理论。

[60] 有关意思表示错误，参见第四章边码96及以下、第五章边码28及以下。

[61] *Armbrüster*, in: MünchKomm - BGB, 8. Aufl. 2018, vor § 116, Rn. 10; *Busche*, in: MünchKomm-BGB, 8. Aufl. 2018, vor § 145 Rn. 44; Palandt/*Ellenberger*, BGB, 80. Aufl. 2021, Einf. vor § 145 Rn. 25 f.

[62] 关于开放体系，参见 *Flume*, Allgemeiner Teil des Bürgerlichen Rechts, Bd. II, 4. Aufl. 1992, S. 295 ff.; *Kriele*, Theorie der Rechtsgewinnung, 2. Aufl. 1976, S. 122, 145, 150; *Canaris*, Systemdenken und Systembegriff in der Jurisprudenz, 2. Aufl. 1983, § 3.

[63] 参见上文第六章边码69及以下介绍的客观理论。

边码74及以下）。此外，为填补法律之漏洞，人们也可以援用法原则。在介绍法学创新及论题学时，还将论及这一问题的其他方面（第十四章边码49及以下）。

如今，过错责任和危险责任之间，也不再只是一种排他性的对立。人们确立了诸多减轻举证责任（Beweiserleichterung）的规则，以使受害人便于行使其请求权。以侵害人"自我负责"为依据的"勿害他人"原则，可以构成诸多判例的说理依据，这种情况下，过错责任与危险责任的"双轨制"（第十三章边码30）也已然名不符实。不如说，责任法呈现出一种"多轨制"的态势。[64] 例如，"鸡瘟案"的判决中，联邦最高普通法院即主张适用举证责任以及过错要件的"减轻"（第五章边码141）。此外，在医疗责任法领域，判例亦引入了许多举证责任减轻的情形，并已被成文法化（《民法典》第630h条）。[65]

（2）因此，主张"封闭体系"这种法构造只能具备有限的说服力。此外，法律人不能只关注法典本身，在"找法"的过程中还应同时着眼于"法"的整体：除了法官法，主要还包括原则上具有优先地位的上位法，例如宪法或欧盟法（第十三章边码66及以下）。宪法和欧盟法的价值判断即可构成法典（例如《民法典》）的补充。《民法典》既然也必须兼顾上位法，那它自然只能是"开放性"的。考虑到宪法所保护的人格权，违背立法者的意图以及《民法典》的体系而确立痛苦抚慰金请求权，也就不失其正当性（第十一章边码72及以下）。

三、立法者的意图、能在法律中重新找到依归的生活情势的改变（客观理论）

1. 主观意图的重要性

若规范明确无疑义且至今仍然有效，立法者在颁布规范之初的主观意图即可谓尤为强烈。法律如果刚刚颁布不久，即可推定立法者的意图仍然

---

[64] 关于责任法的多轨制，参见 Möllers, Rechtsgüterschutz im Umwelt- und Haftungsrecht, 1996, S. 159 ff.

[65] 参见 Patientenrechtegesetz v. 20. 02. 2013, BGBl. I, S. 278 f.

有效。相反，倘若无法从立法材料中（明确）探知立法者的意图，其处于模糊不清的状态（第六章边码 42 及以下），那么它就只能作为较弱的论据。第六章已详细介绍了主观解释和客观解释两种理论，并强调应当将二者结合，即先进行主观解释，之后再列出客观解释之理由。这等于是说可以更正立法者的意图（第六章边码 69 及以下）。其前提条件是，已发生变化的情势也能在法的价值安排中得到反映（第十三章边码 44）。

2. 立法者对判例的回应

38　　若立法者对当前判例作出了回应，事情就简单许多：司法如果通过一系列的判例链条实现了法续造，立法者即可能为之进行积极的背书——例如赋予这类判例以法律的形式——2002 年的债法改革中即不乏这样的例证。[66] 若既有判例被毫发无损地接纳，也就没必要再维持当前法续造的做法。人们意愿中的法律解决方案如今已经直接以法律为依据。与此相反，立法者也可能通过不同的明文规定否认判决的效力。[67] 此时，立法者即为未来设定了限制，因为司法已经不能再延续"原有的"法续造。

3. 立法者沉默时的适用可能性

39　　（1）部分观点认为，立法者沉默不能作为支持或否定法续造正当性的论据。[68] 在某次判决的不同意见书中，联邦宪法法院第二审判庭的几个法官指出："若立法者在规范制定后不再有所作为，从这种情况中不能推断出他接受了某个特定或者说当下的规范适用实践……同时，也不能认为，他已经放弃了他的立法权限……而将实质问题交付给司法解决。"[69]

---

〔66〕 缔约过错，参见第六章边码 151；交易基础丧失，参见第九章边码 37 及以下。其他例证包括《民法典》第 563 条第 2 款第 4 句承认了非婚生活伴侣关系在租赁法中的地位（第十三章边码 46）；以及《民事诉讼法》第 50 条第 2 款承认了无权利能力组织作为原告的当事人资格（第十三章边码 57）。

〔67〕 Herzog, in: FS Simon, 1987, S. 103, 111；Hergenröder, Zivilprozessuale Grundlagen richterlicher Rechtsfortbildung, 1995, S. 198；也参见有关《投资公司法》的内容（第二章边码 49 及以下）。

〔68〕 法官 Voßkuhle, Osterloh 及 Di Fabio 的不同意见书，参见 BVerfG, Beschl. v. 15. 1. 2009, 2 BvR 2044/07, BVerfGE 122, 248, 282, 284-Rügeverkümmerung；之前已有的相关判例，参见 BVerfG, Beschl. v. 9. 2. 1988, 1 BvL 23/86, BVerfGE 78, 20, 25。

〔69〕 法官 Voßkuhle, Osterloh 及 Di Fabio 的不同意见书，参见 BVerfG（ebd.），BVerfGE 122, 248, 282, 284-Rügeverkümmerung。

(2)然而,这种将立法者的沉默视为"**无关紧要**"(nullum)的做法 **40**
实值怀疑。对这种沉默,理应视其情况的不同而作出不同之解释。它可能
具有三种不同的意义:其一,若立法者有意不采纳具体的立法建议,那
么,立法者的沉默即意味着**反对漏洞的存在**(第十三章边码 46)。这被称
作"有意的沉默"。这种沉默即可阻却法续造。[70]

其二,若立法者历经多年仍对特定的、持续性的判例保持沉默,则可 **41**
以认为,他**宽宥了法院的法续造并给予了认可**。此即构成"代表法律的法
官法"(第十三章边码 19)的经典情形。例如,立法者即曾这样明确地认
可了人格权法[71]、劳工罢工法[72]、或公司与合伙法[73]等领域的判例。
这样解释的理由在于,特定的判例之上已经建立了相应的信赖。对这类判
例进行更改已经不再是轻而易举的事情(第三章边码 33 及以下)。此外,
对立法者而言,通过制定不同意旨的法律来推翻这类判例,本来也并非什
么难事。

其三,唯当没有明显的情况存在时,"沉默"才对法续造毫无用处。 **42**
此时,"沉默"就称得上是"无关紧要"。

四、"目的"作为法续造的正当化理由

1. 规范目的作为法续造的根据

本书第六章已表明,诸多论证模型都有其对应的"相反模型",因此, **43**
相反的论据或相反的论证模型即可用来驳斥论据。例如,对明确文义的主
张可沦为循环论证,依精神与目的进行的目的性限缩可能要求限制规范之
文义。在具体类推的情形,规范的文义可能与案件事实不相匹配,而**规范
目的**则可能与案件事实相符。此时,即必须对规范之文义进行更正,以顾

---

[70] 相关案例,参见上文第六章边码 65;关于"定居者协会"的案例,参见第十三章
边码 57。
[71] 参见 Begr. RegE, BT-Drs. 14/7752, S. 25(第十一章边码 72 及以下)。
[72] 参见第十三章边码 53、89。更多例证则涉及强制缔约(第九章边码 33 及以下)、
附保护第三人作用的合同(第十章边码 82 及以下)。在欧盟法领域,成员国也认可了欧盟法
上的国家责任请求权(第十二章边码 123 及以下)。
[73] 有关"Macrotron 案"及"Delisting 案",参见第十一章边码 22。

第十三章 法续造的界限 705

及规范的理性（第六章边码112）。

2. 生活情势的改变对于判例的意义

44 当法官意图以"生活情势发生改变"为由背离立法者的主观意图时，即意味着如下风险：他可能滥用其所以为的"客观解释"，其解决法律问题的依据或只是他的个人观念。若持此主张，则其必须证明，这种变化了的生活情势也能在法律或现有的判例中得到反映。法律人若能提供这种证明，即意味着法的体系是开放的，从而原则上容许对其进行法续造。联邦宪法法院更倾向于以"宪法变革"为依据认可客观解释的正当性（第六章边码72）。

45 在承认非婚生活伴侣关系的租赁承继权的判决中，联邦最高普通法院即充分阐述了非婚生活伴侣关系在哪些法律当中已经得到反映，继而为人们所承认。这是为具体类推提供说理的一个强有力的论据。联邦宪法法院也是以同样的方式将同性伴侣与婚姻关系等同起来的。联邦最高普通法院如是指出：

46 > 判例已多次考虑了这一点。因此，基于对《民法典》第1093条第2款的类推适用，如果二者未婚且其关系长久存续，那么物权性居住权的权利人有权在其住所中接纳其非婚生活伴侣关系中的伴侣，(BGHZ 84, 36)。依租赁法之规定，若符合《民法典》旧法第549条（新法第540、553条）的条件，出租人即应容忍非婚伴侣在租房中长期居住（BGHZ 92, 213）。即使在租住权之外的其他领域，判例（例如关于《民事诉讼法》第181条"补充送达"的判例，vgl. BGHZ 111, 1）及立法者也都承认非婚生活伴侣关系是男女共同生活的一种形式，并为这种关系的存续确立了相应的法效果〔参见《联邦社会救助法》（BSHG）第122条（现规定于《社会法典》第十二部第20条）、《劳工补助法》（AFG）第137条第2a款（现规定于《社会法典》第三部）〕。[74]

---

[74] BGH, Urt. v. 13. 1. 1993, 8 ARZ 6/92, BGHZ 121, 116, 121 ff. - § 569a BGB a. F. analog（第六章边码74及以下）。

第三节　第二步：将目光投向法效果

一、法续造的结果导向思想

在进行法解释时，以法效果为导向的观点即已经可以被用于补强解释之结论（第五章边码56及以下）。而在法续造的领域，这种思想则不仅是有益的，甚至是不可或缺的。由于法律人在造法时乃是踏足"新大陆"，那么，他就应当像制定法律的立法者那样，注重他的行为所将导致的法律及事实上的后果。[75] 这里需要区分如下两个方面：若法律的文义导致不当的法效果——比如造成不合理的负担时——法院会倾向于进行法续造；与此相关的是，人们还应当注重法续造所带来的法效果，即是说，法律人应当比较法续造的"为与不为"所各自导致的法效果。[76]

二、明显的法律保护漏洞（不合理的负担）、立法者的不作为

1. 明显的法律保护漏洞

（1）通过法续造是否可以消除现有的弊端——这一问题通常是法续造的诱因。早在1862年，耶林就对"错误的人是否可以不向对方承担损害赔偿"这一问题发表论述，当时的罗马法对此持否定态度，他指出："这样做的结果显然是不公平的，且会造成实践中的绝望。"这也促使他创立了"缔约过错责任"（culpa in contrahendo）这一法制度。[77] 这令人联想起有关"难以忍受的恶法"的拉德布鲁赫公式（第二章边码131及以下）。此时应避免造成明显的不合理的负担（第五章边码71及以下）。欧盟最高

---

[75]　瑞士《民法典》第1条第2款即明确指出："无法从本法得出相应规定时，法官应依据习惯法裁判；若无习惯法，则应依假设自己是立法者时所制定的规则裁判。"

[76]　*G. Roth*, JuS 1975, 617, 619; *Schubert*, in: MünchKomm-BGB, 8. Aufl. 2019, § 242 Rn. 33 ff.; *Hemke*, Methodik der Analogiebildung im öffentlichen Recht, 2006, S. 371: "如果有人发现对于未被法律规定的情形来说，进行法续造将导致在他看来不合适不恰当的法效果，那么他就不会再有类推适用的想法了。"

[77]　*von Jhering*, Culpa in contrahendo, in: Jb. f. Dogmatik 4 (1861), 1, 2；也参见下文第十四章边码48。

法院关于实际有效原则（第五章边码108及以下）的判例也属于"消除弊端"之列。

49 在关于"限制雇工责任"（企业内的损害补偿）的判例中，这种围绕合理性的论据即明显发挥了主导作用。联邦劳动法院指出：

> 在这种情形下依法律规范要求雇工承担责任，对其意味着不合理的负担，因为这种过错所造成的损害可能往往与雇主的劳动收入不成比例。雇工是否以及需要承担多大金额的损害补偿，应当依如下事项而定：工作之中所存在的风险之高低、雇主所计算的或者能为保险所覆盖的风险、雇工在企业中的地位、劳动报酬的高低（其中可能已经包括了雇工的风险津贴）、损害的大小，特别是雇工的过错程度以及雇工的个人情况（例如过去在企业工作的时间、年龄、家庭关系、他目前表现出的行为等）。
>
> 对雇工的责任如此限制的依据即是在劳动关系中占主导地位的"忠实及照顾义务"之思想（Treue-und Fürsorgepflichtgedanke）。若雇主要求雇工为其基于其受托工作之特别风险或特殊性质所产生的损害负担赔偿，而这本来属于雇工所应承担的典型的企业风险，则难谓符合上述这种思想，即使该损害在具体个案中是因雇工的过错而引起。[78]

50 及至后来，联邦劳动法院将这一原本只针对"危险特性工作"的原则扩大适用于所有"企业委托的活动"（betrieblich veranlasste Tätigkeiten）。除合理性论据外，联邦劳动法院还以雇工责任领域的法律漏洞、（判决的）接受度以及基本权利为其论据。对雇主而言，即使不存在适用《民法典》第254条意义上的"过错"，也可以考虑将"企业风险"作为一种损害归责事由（Schadenszurechnungsgrund）。[79] "危险特性"如今也只是衡量《民法典》第254条意义上的过错程度时所要考虑的诸多因素之一。[80]

---

[78] BAG, Beschl. v. 25. 9. 1957, GS 4/56 u. a., BAGE 5, 1, 7 f. -gefahrgeneigte Arbeit.

[79] BAG, Beschl. v. 27. 9. 1994, GS 1/89 (A), BAGE 78, 56, 63 ff. -Haftung des Arbeitnehmers für Arbeitsschäden.

[80] BAG (ebd.), BAGE 78, 56, 67-Haftung des Arbeitnehmers für Arbeitsschäden.

与此问题相关的例证还有许多：对于严重的人格权侵害之情形，法律当中存在着明显的保护真空，这一点是清晰无误的。[81] 因此，联邦最高普通法院有权创立"痛苦抚慰金请求权"，并将威慑要素考虑在内。在这里，那种认为侵权法不具有一般性威慑效力的观点，即不得不退居次席。对于交易基础丧失之情形，原告因第一次世界大战造成的货币贬值而面临的法律保护真空也是明显的。[82]这也包括担保人需要终身负债的保证类案件（Bürgschaftsfälle）。[83]《民法典》第 823 条第 1 款框架下的证明责任减轻规则也体现了法律保护的真空（第十一章边码 56）。《民法典》第 904 条第 2 句未提及请求权的相对人，这显然是需要填补的漏洞；就此否认相关所有权人的诉讼，自然是极不公正的（第六章边码 165 及以下）。对第三人有保护效力的合同这一法构造也是以合理性论据为基础的（第十章边码 82 及以下），尽管这会规避立法者对于免责可能性的决定（《民法典》第 831 条第 2 句），其还是被誉为"成功的法续造"。[84]

（2）若价值观念发生改变，而价值观念又能在法律中找到依归，则其必须被纳入考量。[85]"索拉娅案"即满足这一条件（第十一章边码 72 及以下），因为一般人格权受宪法之保护。此外，如果观点能够得到通说的支持、法续造可以提高法的确定性，也是一种有益的局面（第十三章边码 58 及以下）。

2. 立法者的不作为

有时，立法者难免会不堪其负或者说根本无意通过在议会的立法程序中制定法律规范来解决相关问题。目前，劳动法的规范在《民法典》中也只是得到了初步的确立。近来虽不乏针对制定"劳动法典"的倡议，但它

---

[81] BVerfG, Beschl. v. 14. 2. 1973, 1 BvR 112/65, BVerfGE 34, 269, 289 ff. -Soraya；参见第十一章边码 72 及以下。

[82] 同样指出这一点的，参见 Larenz/*Canaris*, Methodenlehre der Rechtswissenschaft, 3. Aufl. 1995, S. 252，不过，作者则按照自己的学说认为其构成作为"反于法律的法续造"之例外的正当情形，不过，也同时以等价原则为依据将这一点归于"超越法律（制定法）的造法"。

[83] *Honsell*, JZ 1989, 495 f.；"19 世纪私人自治的寒风。"（参见第十一章边码 59）

[84] *Kötz*, Vertragsrecht, 2. Aufl. 2012, Rn. 514.

[85] 关于价值法学，参见第五章边码 22 及以下。

们无一不是无疾而终，因此，到现在也还没有一部"劳动法典"，劳工罢工法至今仍未转化为法律规定（第十三章边码89及以下）。[86] 显而易见的是，没有哪个政治势力能够通过议会实现雇工和雇主之间的利益平衡。

54 　　迄今为止，德国立法者在《民法典》中既没有规定人格权，也没有规定相应的痛苦抚慰金请求权（第十一章边码72及以下）。起草《民法典》时，立法者已然认识到缔约过错、企业内劳动关系中的损害赔偿（第十三章边码49及以下）或者交易基础障碍（第九章边码37及以下）等问题，但都没有提出制定相应法律规定的建议。直到2002年，这些法构造才通过债法改革（部分性地）得以成文法化（第六章边码151）。刑事诉讼程序中的"认罪协商"（Absprache）也属于类似情况：实践亟需这一法制度，而判例也作出了回应。但直至2009年，《刑事诉讼法》才引入第257c条的新规定（第十三章边码73）。

55 　　即使立法者始终无所作为，法院在例外情况下也有权进行法续造。在这种情况，为避免造成不合理的负担（第十三章边码48及以下）和保护基本权利（第十三章边码67及以下），代表法律甚或修正法律的法官法（第十三章边码19）都是被允许的。立法者的主观意图即不再重要。上文所提及的"禁止拒绝裁判"原则也是可考虑的因素（第一章边码52）。恰因为没有类似法律的约束效力，法院判决就可以循序渐进地探究并解决具体的争议问题，以至多年后，能够通过形成一系列的"裁判链条"而确立"类似构成要件之条件"的规则（第七章边码52及以下）。

3. 不存在其他方式的法律保护

56 　　相反，若存在其他可以为原告提供适当法律保护的方式，则就不能主张法律漏洞并进行法续造。此时，再以缺乏法律保护为由而将司法权限延伸于法续造就难谓正当。

57 　　对商店的雇工采购商品的行为，是否可以对《商法典》第56条进行类推适用而认定其具有"行为代理权"（Handlungsvollmacht）？这一问题的

---

[86] 对此参见 *Söllner*, ZG 1995, 1, 4 ff.

答案应当是否定的,因为顾客也可以依据表见代理和容忍代理的原则而得到保护,这些原则早已由联邦最高普通法院以法官造法的方式所确立(第六章边码 130 及以下)。应否认无权利能力的社团具有积极的当事人能力(aktive Parteifähigkeit),理由在于,所有成员本可以作为合手共有(Gesamthand)提起诉讼。[87] 不过,对体量较大的组织而言,似乎也可以不同对待,因为此时法律保护的实现明显更为困难。[88] 如今,立法者已经通过《民事诉讼法》第 50 条第 2 款以法律形式承认了无权利能力社团的当事人能力(第十一章边码 78)。

三、共识、比较法的确认、提高法的安定性

1. 共识及一般性的法确信

最后,也应考虑那些支持或否定法续造的以结果为导向的论据。偶有学者会主张,将法观点能够取得较大程度的共识作为法续造的一个标准。[89] 如此就需要判断,从"当前社会秩序的可接受程度"的角度来说,结论是否妥当。[90] 早在"索拉娅案"中,联邦宪法法院就将学术和判例的"通说"作为参考的论证模型:已然形成的通说恰是支持这种法续造的。[91] 曾多次召开的"德国法学家大会"即是为了鼓吹某个特定的法学观点。若缺乏所谓一般性的法确信,则殊难进行法续造。联邦最高普通法院指出:

---

[87] BGH, Urt. v. 6. 10. 1989, V ZR 152/88, BGHZ 109, 15, 18-Parteifähigkeit einer Siedlergemeinschaft:"原告的成员所受到的法律保护既不会被剥夺,也不会以不可期待的方式变得更加困难。他们仍享有共同提起诉讼的可能性。鉴于原告的成员数量相对较少,在诉讼程序中考虑成员的个性也不会有太大的困难。"

[88] BGH, Urt. v. 6. 10. 1989, V ZR 152/88, BGHZ 109, 15, 18-Parteifähigkeit einer Siedlergemeinschaft.

[89] *Heusinger*, Rechtsfindung und Rechtsfortbildung im Spiegel richterlicher Erfahrung, 1975, S. 89 f.; *Müller*, JuS 1980, 627, 635; *Kramer*, Juristische Methodenlehre, 6. Aufl. 2019, S. 337 f.; *Wank*, Grenzen richterlicher Rechtsfortbildung, 1978, S. 42 f.

[90] *Esser*, Vorverständnis und Methodenwahl, 1970, S. 123.

[91] BVerfG, Beschl. v. 14. 2. 1973, 1 BvR 112/65, BVerfGE 34, 269, 272 ff. -Soraya;参见第五章边码 101.; BGH, Urt. v. 13. 1. 1993, VIII ARZ 6/92, BGHZ 121, 116, 122- § 569a BGB a. F. analog;也参见第六章边码 74 及以下。

59　　鉴于缺乏其他合适的支撑要素，如果扩大适用有关危险特性工作的判例，与劳动合同的订立基础松绑——即使雇工在通常情形下或者说至少在危险特性的工作中免于承担责任或只是有限地承担责任（例如只在故意或重大过失时）——（的这种做法）能够获得一种稳固的法确信，那么上诉法院所进行的法续造无论如何都是值得考虑的。然而，这种方式的一般性法确信明显并不存在。[92]

60　　不过，这一点终究不是决定性的。原则上，法院有时也不得不作出不受欢迎的裁判，例如涉及保护少数人的基本权利时（第五章边码103）。

2. 外国法判例的确认

61　　外国法的判例虽然没有约束效力（第三章边码94），但是如果结论之间具有可比性，即可以从比较法的角度将外国法判例视为一种"法认知源"。若德国法的法教义中存在的漏洞可以通过其他法秩序的解决思路予以填补，或者说法院意图偏离它现有的判例，那么外国法的判例就能服务于国内法续造。[93]恰是在法续造的场景，最高法院也乐于援用外国法的判例来支持其论证，例如，"索拉娅案"为人格权侵害确立痛苦抚慰金的做法多年以前就已经为其他法秩序所承认。[94]另一个著名的例子即联邦最高普通法院的"'错误生命'案"。

62　　"错误生命"案：医生在孕妇妊娠早期的诊断错误，导致胎儿受到严重损害且孕妇无法再进行正当堕胎，此时婴儿是否对医生享有赔偿请求权？正是以英美法系有关"'错误生命'案"为依据，这一问题得到了否定回答。依据联邦最高普通法院之观点，人的生命——包括胎儿（Nasciturus）的生命——乃是最高位阶的法益，应受到绝对保护。任何人不得请求他人阻止或消灭他的生命。不过，对于这种诊

---

[92] BGH, Urt. v. 19. 9. 1989, VI ZR 349/88, BGHZ 108, 305, 311-Haftung des Arbeitnehmers gegenüber Dritten bei gefahrgeneigter Arbeit; 也参见 BVerfG, Beschl. v. 11. 10. 1978, 1 BvR 84/174, BVerfGE 49, 304, 322-Sachverständigenhaftung.

[93] 上文详细介绍了"是否"（第三章边码76及以下）以及"如何"（第七章边码78及以下）进行比较法论证。

[94] BVerfG, Beschl. v. 14. 2. 1973, 1 BvR 112/65, BVerfGE 34, 269, 289 f. -Soraya.

断错误，父母可以就其为此额外增加的花费主张损害赔偿请求权。[95]

3. 可用性及法的安定性

法续造是对文义的偏离，或是在一般条款的框架下创设新法，这有损于法的安定性。在决定是否通过法官造法续造新的规定之前，法院终归要先衡量，是为实现实质正义从而在一定范围及一定时间内[96]限制法的安定性，还是说留待立法者去创立相应的规则？[97] 在进行法续造时，法官必须竭力避免出现"法不确定性"的状态。因此，正常情况下，法院不仅要续造法制度，还应尝试为其确立具体的类似构成要件的条件。上文已详细讨论了从"法原则"到"法制度"的这一工作程序（第九章边码23及以下）。[98] 通常而言，法院会通过"先例链条"使必要的条件得到逐步的精确化。这一点在处理一般条款的时候尤为明显，例如，在《民法典》第826条的框架下即续造了"欠缺有关资本市场的信息"这一全新的案例类型（第八章边码43及以下），欧盟的国家责任请求权也属此例（第十二章边码123及以下）。条件越是足够具体及精确，法的安定性就越能得到保障。

此外还要回答的问题是，新发展的解决方案是否具有可用性（praktikabel），若可能导致不明确的结论，则不具可用性。例如，如果父母在送给其五岁的孩子圣诞节礼物时还必须将此事委任于监护人或监护人法庭，显然是荒谬的。因此，必须对《民法典》第181条进行目的性限缩（第六章边码104及以下）。除商品销售外，对于能否将《商法典》第56条类推适用于商品采购之问题，需要考虑的是，商人究竟想要采购什么商品，往往并非是不言自明的。因此，这样的法续造就无法确保其可用性，从结论来说即应拒绝类推适用（第六章边码130及以下）。若要保护非婚生活伴侣，则必须确保这样做不会导致潜在的请求权人"泛滥成灾"。在其有关非婚生活伴侣关系的判决中，联邦最高普通法院即试图确保权利人的数量不会多到无法

---

[95] BGH, Urt. v. 18.1.1983, VI ZR 114/8, BGHZ 86, 240, 250 ff. -Wrongful Life；也参见第七章边码69。
[96] BVerfG, Urt. v. 18.12.1953, 1 BvL 106/53, BVerfGE 3, 225, 238.
[97] 参见 Wank, Grenzen richterlicher Rechtsfortbildung, 1978, S. 204。
[98] 关于附保护第三人作用的合同，参见第十章边码82及以下。

控制。为此，联邦最高普通法院明确援引了联邦宪法法院的强制性规定：

65
> 必须与其他婚姻外的伴侣关系作出区分——这种区分可能存在的不确定性不足以构成反对本案类推适用的有效顾虑。若将对象局限于类似婚姻的共同体中的伴侣，那么类推适用《民法典》第569a条第2款第1句所带来的介入权的权利人范围就是足够具体的。虽未以进一步描述，立法者已然使用了"类似婚姻共同体"的概念（《联邦社会救助法》第122条、《劳工补助法》第137a条第2款），表明这一概念已为人熟知，或者至少是可以确定的。而"不确定法概念"的解释——如往常那样——本来就是专业法院的任务。此外，联邦宪法法院于1992年11月17日所作出的一项裁决中（见前文）即适用了这一概念，并从保障法安定性的角度作出了对法实践而言可操作的定义。据此，构成类似婚姻的共同体的前提条件是：男女之间长久地组成一个生活共同体，其不允许其他方式的生活共同体存在，并以内部的约束为特征，这种约束使伴侣双方能够相互为对方负责，而超越了纯粹的家事及经济共同体关系。同性伴侣关系或者依其特性只是短暂存续的关系，从一开始就被排除在外了。
>
> 具体个案中，这一为成立《民法典》第569a条第2款之"介入权"所同样需要的条件是否得到满足，可依各种（非穷尽列举的）因素来判断，其中有意义的因素包括：共同生活的长久性、共同承担照看孩子或亲属的家事、支配收入与伴侣财产的权限等（联邦宪法法院判例，见前文）。此时，可能涉及私密领域的令人难以忍受的调查是不被提倡的（联邦最高普通法院判例，见前文）。此外，援引"介入权"，从而应当为条件的成就承担释明及举证责任的人，也必须提供为确认类似婚姻共同体关系所必要的信息，这样做似也并无不合理之处。[99]

---

[99] BGH, Urt. v. 13. 1. 1993, 8 ARZ 6/92, BGHZ 121, 116, 124- § 569a BGB a. F. analog für nichtehelichen Lebenspartner, jetzt geregelt in § 563 Abs. 2 S. 3 BGB（第六章边码74及以下）；也参见之前的判决：BVerfG, Urt. v. 17. 11. 1992, 1 BVL 8/87, BVerfGE 87, 234, 264-Einkommensanrechnung。

第四节 第三步：作为上位法的宪法

宪法和欧盟法是普通法的上位法（第二章边码116及以下）。不过，在个案中需要判断的是，宪法的影响究竟有多大，是否应当进行宪法导向的、合宪的解释抑或作出合宪的法续造（第十一章边码65及以下）？根据人们考虑的不同点解释方法，宪法既可能发挥较强的优先效力，也可能使法续造不得不为之或排除法续造的可能。

一、对受害人基本权利的保护、对第三人基本权利的影响

（1）通过将基本权利理解为客观的价值秩序，并借助"保护义务说"、基本权利的第三人效力理论等，联邦宪法法院赋予了基本权利广泛的内涵。它所理解的宪法适用故而是"动态"的（第六章边码72）。若权利人的基本权利受到明显侵害，那么对民法规则进行合宪的法续造即尤其容易获得其依据。上文已详细介绍了诸多相关的案例（第十一章边码56及以下）。这类情形下，法律保护的漏洞是显而易见的。

进阶练习——非婚伴侣的死亡是否得类推适用《民法典》第844条第2款？阿弗雷德（A）和贝塔（B）已经有十年之久的非婚姻生活伴侣关系。他们在一起生养了四个孩子。在一次滑雪事故中，克劳斯（C）因过错引发化学事故，并造成B死亡。A是否有权要求C承担扶养费用？[100]

（2）不过，在民事诉讼中，双方往往都可以各自诉请基本权利的保护。对第三人基本权利的影响或可构成反对法续造的理由。上文已详细介绍了联邦宪法法院各审判庭之间的争论（第十一章边码79及以下）。不同于第一审判庭观点的是，应当认为，并非任何对第三人基本权利的侵害都可以阻却法续造。毋宁说，唯有第三人的基本权利遭到明显及严重的侵害

---

[100] 答案参见下文第十五章边码45及以下。

时，才应对其他法院的裁判进行宪法审查（第十一章边码86及以下）。

二、基本权利侵害及值得保护的信赖

70　　（1）除基本权利侵害的严重程度外，另一个对审查而言重要的注意事项是：在对双方的基本权利进行上述利益衡量时，尚需查看，基本权利的被侵害人是否值得保护。在形式上虽然可能触及基本权利，但这些基本权利可能是次要的，或者说相关人没有被保护的必要。为此就需要判断，是否存在值得保护的信赖。侵权法理应避免损害或者至少要实现对已发生损害的补偿。人们有理由对这一点存有信赖。

71　　若鉴定人因自己的过失，造成他人自由被剥夺，则其应为此承担责任。为此，联邦宪法法院认定，对于被强制关入精神病医院并因此被剥夺自由的受害人，如果造成他无法提起损害赔偿请求权，那么联邦最高普通法院将鉴定人的侵权责任限于"故意"情形的做法即是不正当的。被剥夺自由的人有理由信赖，他有权向侵害人行使侵权法上的损害赔偿请求权。[101] 企业内部的损害补偿原则对雇工责任的限制（第十三章边码49）并不适用于法益受到侵害的第三人。同理，第三人也有理由信赖，企业内部的损害补偿原则（第十三章边码49及以下）只存在于同雇主的关系中，而非针对第三人，因此第三人理应可以向雇工行使损害赔偿请求权。[102]

72　　（2）反之，有些情形下，第三人的信赖可能不值得保护。疑似父亲向母亲主张知情请求权的例子就生动地表现了这一点。母亲拒绝指认孩子的父亲，目的只是为了干扰疑似父亲的补偿权，这算不上是值得保护的利益（第十一章边码90）。

---

[101] BVerfG, Beschl. v. 11.10.1978, 1 BvR 84/74, BVerfGE 49, 304, 321- Sachverständigenhaftung gegen BGH, Urt. v. 8.5.1956, VI ZR 113/71, BGHZ 62, 54, 56- Sachverständigenhaftung. 通过引入《民法典》第839a条，立法者对此作出了回应，并将责任的适用扩大于财产损害，但仍限于重大过失和故意之情形。

[102] BGH, Urt. v. 19.9.1989, VI ZR 349/88, BGHZ 108, 305, 309 ff.-keine Haftungsbeschränkung bei Arbeitnehmern gegenüber Dritten; 对此判例的确认，参见 BGH, Urt. v. 21.12.1993, VI ZR 103/93, NJW 1994, 852, 855。

(3) 最后，有些案件可能是极富争议的。刑事诉讼法中关于认罪协商的判例即存有疑问。[103] 学者们指责这一案例构成"违法的不当法续造"，因为它涉及的都是最严重的基本权利侵害。[104] 争论最多的问题是，被告人究竟可以在多大程度上信赖他的刑事诉讼权不会发生改变。原则上，这里并不适用罪刑法定原则。[105] 不过，这些权利理应保护诉讼中的被告人。

73

上诉萎缩：上诉萎缩这一概念指的是刑事上告法（Revisionsrecht）中可能发生的一种现象。《刑事诉讼法》第 274 条规定了"庭审记录"（Protokoll）的证明力。若嗣后对庭审记录进行了更正，而已经提出的、具有诉由的"程序异议之诉"（Verfahrensrüge）恰是以庭审记录被更正的部分为依据来证明程序瑕疵的存在，那么这一诉讼即事后性地失去了其正当性（所谓"萎缩"）。由于庭审记录（《刑事诉讼法》第 274 条）已经涉及新增补的内容，上告诉讼也就无法得到支持。[106] 在其大审判庭的判决中，联邦最高普通法院修改了它延续百年之久的判例。[107] 如今，即使已经开启上告程序，也可以修正庭审笔录。联邦宪法法院第二审判庭的多数意见亦赞同这一判决（第十一章边码 80 及以下）。[108]

74

或许可以批评说，被告人的辩护权将因此受到限制。[109] 此外，加速

75

---

[103] BGH, Urt. v. 28. 8. 1997, 4 StR 240/97, BGHSt 43, 195-Verständigung im Strafverfahren; BGH, Beschl. v. 3. 3. 2005, GSSt 1/04, BGHSt 50, 40-Urteilsabsprache und Rechtsmittelverzicht.

[104] 参见 Roxin/*Schünemann*, Strafverfahrensrecht, 29. Aufl. 2017, § 17 Rn. 7, 10 ff., 作者为此总结地列举了调查原则、公开原则、直接原则、罪责原则、不自证己罪原则（Nemo-Tenetur-Grundsatz）、听证权、公平程序权等。立法者对此作出的回应即新引入的《刑事诉讼法》第 257 条。

[105] *Fischer*, StGB, 68. Aufl. 2021, § 1 Rn. 30; Roxin/*Greco*, Strafrecht Allgemeiner Teil, Bd. I, 5. Aufl. 2020, § 5 Rn. 43; *Schmitz*, in: MünchKomm-StGB, 4. Aufl. 2020, § 1 Rn. 22.

[106] *Valerius*, in: MünchKomm-StPO, 2016, § 274 Rn. 42 ff.

[107] *Dehne-Niemann*, ZStW 121 (2009), 321, 322 ff.

[108] BGH, Beschl. v. 23. 4. 2007, GSSt 1/06, BGHSt 51, 298-Rügeverkümmerung; BVerfG, Beschl. v. 15. 1. 2009, 2 BvR 2044/07, BVerfGE 122, 248-Rügeverkümmerung.

[109] 参见本案 *Voßkuhle*, *Osterloh* 及 *Di Fabio* 的不同意见, in: BVerfG (ebd.), BVerfGE 122, 248, 282, 301- Rügeverkümmerung; 类似见解，参见 Beulke/*Swoboda*, Strafprozessrecht, 14. Aufl. 2018, Rn. 564 unter Betonung des Vertrauensschutzes des Beschwerdeführers。

原则（Beschleunigungsgrundsatz）及程序的效率性似乎都是不甚重要的因素。[110] 并且，程序和实体的真相还可能存有差异。[111] 有意见认为，一般情况下，律师会竭尽所能地发起上告之诉，争取改判无罪；若他确信其委托人无罪，那他就会提起程序异议之诉，即使他明确知道，这种程序异议之诉与事实不符。[112] 然而，人们不得不追问的是，如果程序异议之诉不符合真相，那么被告人的信赖是否真的值得保护？[113]

三、判例变更情形的信赖保护

76　　原则上，法院可以更正其判例。作为例外情况的是：受判例溯及力影响的相关人可能对判例的存续存有信赖，将新观点适用于其案件将会对他造成不可期待的负担。不过，这时还是需要注意第三人的利益（第三章边码33及以下）。

四、罪刑法定原则：民众合理信赖的表达

77　　罪刑法定原则旨在确保任何刑罚都必须以法律为依据。罪刑法定原则被视为一般性法治国家原则（《基本法》第20条第3款）的具体化，其在刑法领域对法律保留、法的适用范围、确定性及溯及力等都提出了特别要求。联邦宪法法院指出，民众必须能够预测哪些行为被禁止以及可能会受到刑罚。即使面对一个抽象表达的规范，他也必须能够识别出刑罚之风险（第四章边码77及以下）。这本质上是对于"没有法律依据即不存在刑罚"的信赖。既然信赖构成一种决定性的因素，那么即使损害了罪刑法定原则，倘若相关人的信赖不值得保护，这种损害也可能是无关紧要的。联

---

[110] Kudlich/Christensen, JZ 2009, 943, 948；同样持拒绝态度者，参见 Roxin/Schünemann, Strafverfahrensrecht, 29. Aufl. 2017, § 51 Rn. 11；*Dehne-Niemann*, ZStW 121 (2009), 321, 337 f.；*E. Müller*, NJW 2009, 3745。

[111] *Schumann*, JZ 2007, 927, 933；*Bertheau*, NJW 2010, 973, 975。

[112] 关于"律师伦理的改变"这一论题，可参见 BGH, Beschl. v. 23.4.2007, GSSt 1/06, BGHSt 51, 298, Rn. 48 ff. -Rügeverkümmerung；也可参见 *Schumann*, JZ 2007, 927, 934；*Bertheau*, NJW 2010, 973, 976。

[113] BVerfG, Beschl. v. 15.1.2009, 2 BvR 2044/07, BVerfGE 122, 248, 273 ff. -Rügeverkümmerung。

邦宪法法院肯定了联邦最高普通法院在"柏林墙射杀案"中的判决（第二章边码137），并强调，对最严重的犯罪行为而言，那种特别性的信赖基础是可以被忽略的。法院如是说道：

> 如其所述，就《基本法》第103条第2款严格的禁止溯及既往之规定而言，其法治国家的正当性在于特别性的信赖基础，由受基本权利约束的、民主的立法者制定的刑事法律即赖于此。若别的国家（如第三帝国——译者注）虽然为最严重的刑事恶行规定了刑罚构成要件，但却在其他领域规定了某些可以免于刑罚的正当性理由——例如它在成文法的文义之外要求人们做出这种恶行，并为其开了绿灯继而以严重的方式漠视国际法所公认的人权，那么这种特别性的信赖基础就不复存在了。[114]

78

第五节 第四步：上位的欧盟法及国内法

一、合基础法及合条例的法续造

欧盟法是德国法的上位法，它可以构成法续造的正当界限。国内的法律人必须尊重欧盟法，国内法法官要充当"欧盟法的法官"（第一章边码28及以下）。基础法及条例直接生效，并由此产生针对国内法的适用优先性（第二章边码85及以下）。在这一点上至关重要的是，国内的法续造明显将受到更多的限制。由于欧盟法具有明确的优先性，具有决定性意义的是欧盟法的法规范，而不再是国内法体系的规定。相关的例子包括补助法上未能顾及权利人信赖及一年期限的"返还请求权"，以及不以过错为要件的国家责任请求权等。有争议的是，人们是直接从国内法的规范中得出的这一结论，并（以法续造的形式）目的性地取代各种不同的构成要件要素，还是说结论乃是直接从欧盟法中获得（第十二章边码26及以下）。

79

---

[114] BVerfG, Urt. v. 24. 10. 1996, 2 BvR 1851/94 u. a., BVerfGE 95, 96, 133-Mauerschützen.

二、国内法的合指令续造及其界限

80　　欧盟的次级法——特别是指令——也会影响国内的法续造。当指令尚未转化为国内法时,法院则有义务穷尽各种方法上的可能性以确保与欧盟立法者的意图相一致。上文已介绍了合指令的解释(第十二章边码46及以下)。若法的解释尚不足以得出符合指令的结论,国内法官即被提倡进行合指令的法续造。同合指令的解释一样,这一义务同样来源于"实际有效原则"。"Quelle案"即是一个生动的例证。[115] 不过,立法者的明确意图以及(法的)"封闭体系"在这里也构成不可突破的界限。反于法律的法续造无一例外都是不正当的(第十二章边码76)。

三、个人信赖作为法续造的正当界限

81　　在"阿德纳勒案"中,欧盟最高法院强调,禁止溯及既往原则及信赖保护原则可以作为阻却法续造的事由。[116]　例如,这种信赖之保护可阻止人们以法续造的方式肯定指令的水平性第三人效力,[117]在合指令的法续造的框架下应对此予以考虑。不过,正如"加铝案"所表明的,民众的信赖有时可能不值得保护。若国内的行政机构未在一年的期限内撤回其违法的补助,受益人在这一期间后仍须返还其违法获得的补助。[118]

第六节　第五步:权限界限

82　　法院作出裁判的同时也会进行"立法",这可能损及议会制定法律的

---

〔115〕 BGH, Urt. v. 26. 11. 2008, VIII ZR 200/05, BGHZ 179, 27, 36-Quelle(第十二章边码58及以下)。

〔116〕 EuGH, Urt. v. 4. 7. 2006, C-212/04, EU:C:2006:443, Rn. 110 f. -Adeneler(第十二章边码47)。

〔117〕 EuGH, Urt. v. 8. 10. 1987, 80/86, EU:C:1987:431, Rn. 10-Kolpinghuis;也参见第十二章边码24及以下。

〔118〕 EuGH, Urt. v. 20. 3. 1997, C-24/95, EU:C:1997:163, Rn. 37 f., 48 f. -Alcan; BVerfG, KBeschl. v. 17. 2. 2000, 2 BVR 1210/98, NJW 2000, 2015, 2016;也参见上文第十二章边码27及以下论证。

权力。此时需要注意的是法律保留原则及重要性理论。法院有可能极大程度地、不当地侵犯议会的领地。因此，实有必要揭示避免作出违法程序上的界限。此外，同其他法院的关系而言，法院也会破坏它的权限界限，从而实施违法的不正当法续造。

一、法律保留和议会的权限

1. 作为立法者负担的一般性法律保留及重要性理论

（1）"权力分立原则"发端于近代洛克、孟德斯鸠及其他"国家理论学者"的思想（第一章边码34），如今体现于《基本法》第20条第2款第2句。立法、行政和司法机关相互监督并钳制。[119] 任一权力都不得踏足其他权力的核心领域。[120] 以法治国家原则为基石[121]但未明确列举于《基本法》第20条第3款的"法律保留原则"要求任何——主要指针对民众（但不限于此）的——国家行为都必须有法律依据，也即以形式或实质法律为基础。议会保留和重要性理论则对这种法律依据的质量及确定性程度提出了更高要求。基于议会之保留，重要性的决定必须由议会自行作出[122]；缺乏必要基础的行政措施是违法的。[123] 这一原则的特别法形态则规定于《基本法》第28条第2款第1句、第59条第2款第1句、第80条第1款第2句。《基本法》第20条第2款的"民主原则"同样也可被考虑为支撑法律保留原则的一个理由：基于此，重要的决定必须付诸公共讨论予以辨明。[124]

---

[119] *Schmidt-Aßmann*, in: HStR II, 3. Aufl. 2004, § 26 Rn. 49.

[120] BVerfG, Urt. v. 27. 4. 1959, 2 BvF 2/58, BVerfGE 9, 268, 279 f. -Bremer Personalvertretung; *Schulze-Fielitz*, in: Dreier, GG, 3. Aufl. 2015, Art. 20 (Rechtsstaat), Rn. 71 m. w. Nachw.

[121] BVerfG, Beschl. v. 10. 5. 1988, 1 BvR 482/84 u. a., BVerfGE 78, 179, 197-Heilpraktikergesetz.

[122] BVerfG, Urt. v. 14. 7. 1998, 1 BvR 1640/97, BVerfGE 98, 218, 251-Rechtschreibreform.

[123] BVerfG, Beschl. v. 27. 1. 1976, 1 BvR 2325/73, BVerfGE 41, 251, 265 f. -Speyer-Kolleg; BVerfG, Beschl. v. 13. 6. 1979, 1 BvR 699/77, BVerfGE 51, 268, 287-Vorläufiger Rechtsschutz bei Schulorganisationsakten.

[124] BVerfG, Beschl. v. 25. 3. 1992, 1 BvR 1430/88, BVerfGE 85, 386, 403 f. -Fangschaltungen; BVerfG, Urt. v. 8. 4. 1997, 1 BvR 48/94, BVerfGE 95, 267, 307 f. -Altschulden der LPG.

84　　（2）依《基本法》第80条第1款第2句的规定，内容、目的和程度（所谓"确定性三要素"）必须由形式法律自行规定。联邦议院不得通过对行政的"空白授权"来摆脱自己的立法责任并由此放弃自己的权力。[125]这一规定却未指明，究竟在什么情况下规范才属于"重要的"。[126] 而**"重要性理论"**则要求，对基本权利的实现至关重要的规定本质上应由立法者自己作出。这一理论乃是由联邦宪法法院在所谓"特别权力关系"的框架下所确立，例如，刑罚执行领域[127]及教育领域[128]即存在这种关系。"重要"的事项不仅包括对基本权利的侵害，也包括同等价值的、与基本权利相关的行为，以及对民众而言具有重大意义的其他问题。唯经议会制定的法律授权，行政部门才能在较广泛的领域活动。对基本权利自由空间的侵害而言，国家必须遵守"法律保留"。税法领域即是如此，同刑法的"禁止类推"相一致，这里适用的原则是"无法律则无捐贡"（nullum tributum sine lege）。[129] 重要性理论也同时影响着"规范之密度"（Regelungsdichte），即是说，是否以及在多大程度上有必要制定某个法律规定的问题。[130] 与基本权利的关系越是紧密，法律的规定就越要准确、细致。[131]

85　　在"卡尔卡尔（Kalkar）案"中，联邦宪法法院要求，关于和平利用核能源的决定，包括相应的审批方式必须由法律作出规定。[132]

---

[125] 明确指出这一点的，参见 BVerfG, Urt. v. 19. 9. 2018, 2 BvF 1/15 u. a., BVerfGE 150, 1 Rn. 199-Volkszählung II。

[126] *Schulze-Fielitz*, in: Dreier, GG, 3. Aufl. 2015, Art. 20（Rechtsstaat）, Rn. 120.

[127] BVerfG, Beschl. v. 14. 3. 1972, 2 BvR 41/71, BVerfGE 33, 1, 15 ff. -Strafgefangene.

[128] BVerfG, Urt. v. 14. 3. 1972, 2 BvR 41/71, BVerfGE 33, 303 Ls. 4-Numerus clausus I; BVerfG, Beschl. v. 27. 1. 1976, 1 BvR 2325/73, BVerfGE 41, 251, 259; BVerfG, Beschl. v. 21. 12. 1977, 1 BvL 1/75 u. a., BVerfGE 47, 46, 78 ff. -Sexualkundeunterricht.

[129] 即没有法律依据则没有缴付义务，参见 *Vogenauer*, Die Auslegung von Gesetzen in England und auf dem Kontinent, 2001, S. 191. Die herrschende Ansicht lehnt aber ein striktes Analogieverbot ab, s. *Musil*, in: FS 100 Jahre BFH, 2018, S. 151, 166 f. m. w. Nachw。

[130] BVerfG, Beschl. v. 27. 11. 1990, 1 BvR 402/87, BVerfGE 83, 130, 152-Josephine Mutzenbacher.

[131] BVerfG, Beschl. v. 24. 11. 1981, 2 BvL 4/80, BVerfGE 59, 104, 114; *Maurer*, Staatsrecht I, 6. Aufl. 2010, § 8 Rn. 21 f.

[132] BVerfG, Beschl. v. 8. 8. 1978, 2 BvL 8/77, BVerfGE 49, 89, 128 f. -Kalkar I.

第二步则要审查，规范是否足够确定，即规范本身是否已经明定了重要事项。联邦宪法法院认为《原子能法》是符合这一点的。[133] 在境外武装部署联邦国防军，必须经过议会的同意。[134] 依据"税收的构成要件符合性"（Tatbestandsmäßigkeit der Besteuerung）之原则，不得对税收减免规定作出违反宪法的从严解释。[135] 引发激烈争议的是，《传染病防治法》（IfSG）旧法第5条第2款第1句第3项是否不恰当地向行政部门发出了"空白授权"。该规定允许行政部门"为维持卫生事业的运转及对人民的照顾"而违反《传染病防治法》的规定。如今，第3项的规定已被彻底删除。[136]

不过，并不存在一个针对所有政治决定的"完全保留"（Totalvorbehalt）。[137] 例如，正字法改革就不属于所谓的重要事项。[138] 此外，"重要性理论"仍具有一定的模糊性，要使司法替代议会立法者而获得最终决定的权限，这构成一种"论证的论题"。[139]

2. 不存在作为立法者负担的法律保留

（1）学说中有部分观点认为，"法律保留"不仅针对立法与行政之间的关系，也针对民众之间的关系。据此观点，法院只能赋予原告形式法律或实体法律所明定的请求权。行政机关适用的限制同样也应适用于法院。其理由在于，既然法院是国家的组成部分，那么国家向民众承担的保护义

86

87

---

[133] BVerfG (ebd.), BVerfGE 49, 89, 129 f. -Kalkar I.
[134] BVerfG, Urt. v. 12. 7. 1994, 2 BvE 3/92 u. a., BVerfGE 90, 286, 381, 387-Out-of-area -Einsätze.
[135] BVerfG, KBeschl. v. 31. 10. 2016, 1 BvR 871/13 u. a., NVwZ 2017, 617, 618.
[136] 认为违反了《基本法》第80条第1款第2句的，参见 Rixen, NJW 2020, 1097, 1102 f.; 批评态度的观点，也参见 Meinel/Ch. Möllers, FAZ v. 20. 3. 2020, S. 9; Gärditz/Meinel, FAZ v. 26. 3. 2020, S. 6; Heinig/Kingreen/Lepsius/Ch. Möllers/Volkmann/Wißmann, JZ 2020, 861, 868; Katzenmeier, MedR 2020, 461, 462; **不同观点**，则参见 Hase, JZ 2020, 697, 700。
[137] BVerfG, Urt. v. 18. 12. 1984, 2 BvE 13/83, BVerfGE 68, 1, 108 f. -Atomwaffenstationierung.
[138] BVerfG, Urt. v. 14. 7. 1998, 1 BvR 1640/97, BVerfGE 98, 218, 251-Rechtschreibreform; **不同观点**则参见 Kopke, JZ 1995, 875 ff。
[139] 对此的批评，即参见 Lerche, in: HdB GR, Bd. III, 2009, § 62 Rn. 69 f。

务也应当约束法院。[140] 布伦斯（Bruns）主张，法续造的界限问题应当依法律关系是双方还是多方而不同对待：对于双方的法律关系，法的创制"往往是正当的"；而对于多方的法律关系，则应"推定"法续造不具正当性。[141] 这种观点的方向也是正确的，因为它兼顾了第三人的基本权利。然而，它又必定存在多种例外：在双方关系中，基本权利也可以构成反对法续造的事由，例如"鉴定人责任"的情形；相反，多方法律关系有时也会有法续造之需要，例如附保护第三人作用的合同或强制退市等制度即表明了这一点。[142]

88　（2）不过，那种试图也在民法领域确立法律保留原则的主张，实应予以拒绝。[143] 如果作出这种法律保留的要求，对于严重侵害基本权利的情形就可能缺失法律保护。[144] 若此，当存在法律保护漏洞时，侵害人就无须承担责任，因为受害人在没有法律依据或者没有法续造时即无法维护自己的利益；"准否认性的不作为请求权"（quasi-negatorischer Unterlassungsanspruch）即清楚地表明了这一点。[145] 公法中的"重要性理论"也不是放之四海皆准，而只是针对于严重的基本权利侵害（第十三章边码 84）。与此一致的思想是：只有对第三人基本权利的严重侵害才构成阻却法续造的限制（第十三章边码 69）。因此，私法领域中法续造的正当界限可以比公法或刑事诉讼法领域更为宽泛。[146]

---

[140] *Ossenbühl*, in: HStR V, 3. Aufl. 2007, § 101 Rn. 60 ff.; *Hillgruber*, JZ 1996, 118, 123; *Hermes*, VVDStRL 61 (2002), 119, 137 ff.; *Pieroth/Aubel*, JZ 2003, 504, 509; *Ruffert*, Vorrang der Verfassung und Eigenständigkeit des Privatrechts, 2001, S. 132; 作出区分者，参见 *Classen*, JZ 2003, 693, 699; *Mayer/Ch. Möllers*, Die Verwaltung 30 (1997), 61 ff.

[141] *Bruns*, JZ 2014, 162, 169 f.

[142] 尽管学者多赞同进行法续造，但联邦最高普通法院自己却反对，参见 BGH, Beschl. v. 8.10.2013, II ZB 26/12, NJW 2014, 146 Rn. 5 ff. -FRoSTA, 详见下文第十四章边码 16a。

[143] 已有观点，参见 *Herzog*, in: FS Simon, 1987, S. 103, 109; *Söllner*, ZG 1995, 1, 3。

[144] 德国立法者至今都没有在民法典中将人格权规定为一种受保护的法益，也没有规定相应的痛苦抚慰金请求权，参见上文第十一章边码 72 及以下。**不同观点**，可参见 *Hillgruber*, JZ 1996, 118, 123; *Röthel*, Normkonkretisierung im Privatrecht, 2004, S. 68 Fn. 138，这些学者现在还坚持主张为人格权侵害确立痛苦抚慰金请求权是不正确的。

[145] *Schwarze*, JuS 1994, 653, 659; *Neuner*, Allgemeiner Teil des Bürgerlichen Rechts, 12. Aufl. 2020, § 2 Rn. 12.

[146] *Ch. Möllers*, JZ 2009, 668, 672.

故此，即使没有法律依据，司法也可以填补保护漏洞，例如，缔约过错责任、交易基础丧失等制度即发挥了这一功能。在有关劳工罢工法的多个基础性判决中，尽管这里涉及了私主体间的第三人的基本权利，联邦宪法法院仍然肯定了法续造的权利。法院指出：

> 若斗争双方的关系是同一位阶的基本权利主体之间的关系，那么这种形式就并不必须以法律规定为依据。劳工罢工法在法律上仍是未被规定的状态。为此，劳动法院被诉请就劳资协议双方围绕劳工罢工措施的合法性争议进行裁判。在欠缺法律规定时，法院就不得不借助通行的法发现的方法，从适用于民众或私人组织之间的、对相关法律关系而言具有关键意义的一般性的法律依据中推导出相应的实体权利。如果因宪法的保护义务而有必要确立相应的法律规定时，尤是如此（BVerfGE 84, 212 [226 f.]）。[147]

二、权力分立和议会的权限

1. 权力分立、法律优先及法官的自我克制

（1）法官受到法律之约束（《基本法》第20条第3款、第97条第1款）。对法官及行政机关而言，法律具有优先性（法律优先）。[148] 正是在这一框架下产生了"立法者的第一管辖权"的命题。这应该也同样适用于宪法解释。[149] 在法院与立法的关系中，法官应本着谦抑之态度。立法者具有这种优先性是不无原因的：对前景不明确的风险性的决定而言，行政机关和立法者往往更有优势。法院通常缺乏诸如专家委员会之类的必要机

---

[147] BVerfG, Beschl. v. 2. 3. 1993, 1 BvR 1213/85, BVerfGE 88, 103, 115 f.-Streikeinsatz von Beamten; 之前已有论述，参见 BVerfG, Beschl. v. 26. 6. 1991, 1 BvR 779/85, BVerfGE 84, 212, 225 f.-Aussperrung; 赞同者，参见 *Söllner*, ZG 1995, 1, 7 ff.; 批评意见，参见 *Scholz*, in: Maunz/Dürig, GG, 92. EL August 2020, Art. 9 Rn. 312; *Jaestaedt*, Grundrechtsentfaltung im Gesetz, 1999, S. 152.

[148] *Schulze-Fielitz*, in: Dreier, GG, 3. Aufl. 2015, Art. 20 (Rechtsstaat), Rn. 101 m. w. Nachw.

[149] BVerfG, Urt. v. 11. 11. 1999, 2 BvF 2/98 u. a., BVerfGE 101, 158, 217 f.; *Hermes*, VVDStRL 61 (2002), 119, 129.

制,也缺乏处理及考虑超越法律(制定法)的因素的远见卓识。[150] 它恰恰无法制定抽象一般性的规则,而只能就具体的个案进行裁判。[151]

92　　(2)要排除法庭中的政治因素,可诉诸多种论证模型:"**司法自我克制**"的思想乃起源于美国法。[152] 其含义是:在其裁判的过程中,法官应本着**自我限制**的谦抑态度,重要的政治问题应留给民主授权的立法者衡量,因此,在有疑问时,应驳回起诉。[153] 立法者的衡量自由既体现于规则目标的选取上,也体现于为实现目标所应采取的行动上。因此,判例原则上不得插足有关目标或目的的考量。[154] 此外,美国法还奉行所谓"政治问题原则"(political question doctrine),意指特定的决定应当交由议会作出。[155] 联邦宪法法院也强调了立法者的"评估空间"(Einschätzungsspielraum),其指出:"就介入风险及给预算立法者的行为自由带来何种后果的问题,立法者享有广阔的评估空间,宪法法院原则上应尊重。"[156]

93　　另一个这种自我限制的例子是拒绝在侵权法中以法续造的方式引入一般性危险责任要件的判例(第十三章边码30及以下)。或者:在资本市场法中,判例拒绝赋予特定规范"保护性法律"的性质,否认了原告具有《民法典》第823条第2款的请求权,这样做是为了不致使《民法典》第826条设置的条件成为空文(第十三章边码32a)。

---

[150] 参见 F. Baur, JZ 1957, 195, 196,作者指出:"法官代替立法者行事时,会缺乏相应的辅助手段,或者无法将其判决纳入一个类似法律那样的决策程序中";参见 Picker, JZ 1988, 62, 72; Kramer, Juristische Methodenlehre, 6. Aufl. 2019, S. 336。

[151] 可参见 Meier - Hayoz, JZ 1981, 417, 422; Kramer, Juristische Methodenlehre, 6. Aufl. 2019, S. 336 f。

[152] U. S. v. Butler, 297 U. S. 1, 79 (1936);非常生动的论述,参见 Cox, 47 Md. L. Rev. 118 ff. (1987); Posner, 100 Calif. L. Rev. 519 (2012); Ribble, 26 Va. L. Rev. 981, 984 (1940)。

[153] BVerfG, Urt. v. 31. 7. 1973, 2 BvF 1/73, BVerfGE 36, 1, 14 f. und Ls. 2-Grundlagenvertrag; Rau, Selbst entwickelte Grenzen in der Rechtsprechung des United States Supreme Court und des Bundesverfassungsgerichts, 1996, S. 125 ff.; Rupp, 21 Ohio St. L. J. 503 (1960); Schuppert, DVBl. 1988, 1191 ff.

[154] Zippelius, in: FG 25 Jahre BVerfG, Bd. II, 1976, S. 108, 117 ff.

[155] Baker v. Carr, 369 U. S. 186, 210 ff. (1962).

[156] 或可参见 BVerfG, Urt. v. 12. 9. 2012, 2 BvE 6/12 u. a., BVerfGE 132, 195 Rn. 113- ESM- und Fiskalvertrag e. A.

当各种论证模型相互冲突时,实难确定法续造是否正当(第十三章边码 132)。例如,同性伴侣关系是否可被视为宪法意义上的婚姻的问题就反映了这一点。社会变革(第十三章边码 44)是调整法律的诱因,尤其在出现法律保护之漏洞时(第十三章边码 67)。若社会问题存有争议,那么**观点争锋理应在议会而非法院进行**(第十三章边码 83 及以下)。这样做的基础即权力分立原则以及上文提到的"政治问题应交由政治程序决定"之原则。在德国,同性伴侣关系是否可视为婚姻的问题是由立法者解决的(第四章边码 49)。而在奥地利[157]和美国,同性婚姻则是经由最高法院的判决而得到认可,美国联邦最高法院以 5∶4 的判决确立了同性婚姻。[158]个中原因或也在于,相比于德国宪法,美国宪法更不易发生变动。总之,民主授权的议会的多数决终归比最高法院的多数决更容易为人接受。[159]

(3) 原则上,**决定法律或规范的具体目标乃是议会的任务**。[160] 法官不必审查立法的解决方案是否合目的、理想或足够公正。[161] 因此,若法官擅自作出主动的"社会型构"(Sozialgestaltung),则会越过法续造的正当界限。[162] 他会由此转变为"立法的法官"。法官忽略并摒除立法者明确的基本理念,即可谓触及法续造的正当界限。[163] "上诉萎缩案"的不同意见书中,法官正确地指出,若罔顾立法者在作出相关规定时所秉持的基本决断,取而代之的是忽然转向实质正义的一般性价值判断,那么这种判例的发展必须要有正当化的理由。[164] 合宪的解释或续造终归不能成为"无

---

[157] VfGH, Urt. v. 4. 12. 2017, G 258-259/2017-9, Rn. 5. 2 ff. -Gleichgeschlechtliche Partnerschaft als Ehe.

[158] *Obergefell v. Hodges*, 135 S. Ct. 2584 (2015) -Gleichgeschlechtliche Partnerschaft als Ehe (第五章边码 104)。

[159] 在德国,人们也频繁地将政治问题交由联邦宪法法院裁判,对此的批评,参见 *Brugger*, Demokratie, Freiheit, Gleichheit-Studien zum Verfassungsrecht der USA, 2002, S. 153。

[160] *Flume*, 46. DJT, 1967, K 18.

[161] 一贯的判决,参见 BVerfG, Urt. v. 17. 12. 1953, 1 BvR 323/51 u. a. , BVerfGE 3, 162, 182; BVerfG, Beschl. v. 26. 3. 1980, 1 BvR 121/76 u. a. , BVerfGE 54, 11, 26。

[162] 语出自 *Rüthers*, JZ 2008, 446, 448; *Picker*, JZ 1988, 62, 71: Sozialgestaltung zu betreiben。

[163] *Scholz*, ZG 2012, 105 ff.

[164] BVerfG, Beschl. v. 15. 1. 2009, 2 BvR 2044/07, BVerfGE 122, 248, 300- Rügeverkümmerung.

限制的解释"。[165] 法官这样做是实施了本属议会权限的、违法的不正当的造法行为，即所谓"社会工程"（social engineering）或"司法能动主义"（judicial activism）。在联邦宪法法院早期的不同意见书中，可见如下表述：

> 法官自我限制这一要求可谓联邦宪法法院判例的"长生不老药"。若涉及的不是对国家权力滥用的防御，而是如下情形——宪法法院的审查将会代人民直接授权的立法者制定有关"社会秩序的积极形成"之规则——则尤应适用法官的自我限制。此时，联邦宪法法院不得勉为其难地履行其作为审查机构的职责，它不应从长远角度损害宪法法院的管辖权。[166]

2. 作为补充立法者的法官、作为政策性法院的联邦宪法法院

在地方法院或州法院，法官惯于采用具体类推或目的性限缩等法律（制定法）内造法的基本形式。超越法律（制定法）造法一般而言并非地方法院或州法院法官的"家常便饭"，不如说只在例外情况发生。[167] 不过，如若出于宪法（第十一章边码 68 及以下）或欧盟法（第一章边码 28 及以下）之要求，法官就有义务进行法续造。事实上，补充法律和修正法律的法续造通常也只是发生在最高法院。这并不奇怪，因为德国立法者明确赋予了联邦法院大审判庭法续造的权限（第一章脚注 119）。法官由此构成"补充立法者"（Ersatzgesetzgeber）。[168] 鉴于法续造通常是在最高法院［例如联邦最高普通法院（通常作为大审判庭）、联邦宪法法院、欧盟最高法院］进行，在这一层次上显然也免不了作出**政策性**的裁判。[169] 此外，联邦宪法法院在很大程度上赞同

---

[165] Dederer, in: Maunz/Dürig, GG, 92. EL August 2020, Art. 100 Rn. 134; Hillgruber/Goos, Verfassungsprozessrecht, 5. Aufl. 2020, Rn. 785; Zierlein, in: FS Benda, 1995, S. 457, 474; 关于维护立法决定的呈递义务，参见 Wieland, in: Dreier, GG, 3. Aufl. 2018, Art. 100 Rn. 11。

[166] Sondervotum von Rupp-von Brünneck und Simon, in: BVerfG, Urt. v. 25. 2. 1975, 1 BvF 1-6/74, BVerfGE 39, 1, 68 ff. -Schwangerschaftsabbruch I.

[167] Adomeit, JZ 2008, 299, 300; weiter Fischer, Topoi verdeckter Rechtsfortbildung im Zivilrecht, 2007, S. 560.

[168] 有文章即以此为标题，参见 Steiner, NJW 2001, 2919; 更形象者则称其为"立法的法官"，参见 Rupert, ZG 2012, 105: gesetzgebende Richter。

[169] Adomeit, JZ 2008, 299, 300; Vesting, Rechtstheorie, 2. Aufl. 2015, Rn. 223.

在发生宪法变革的情况下进行客观解释（第六章边码72）。同时，不难想见的一种困境是，联邦宪法法院和欧盟最高法院对其适用作出解释性的裁判，而它们各自的裁判都不再会受到进一步的审查。[170] 美国联邦最高法院大法官休斯（Hughes）曾形象地说道："我们都受宪法约束，但宪法是什么，法官说了算。"[171] 因此，"事实的规范效力"（第五章边码95及以下）或经典的"委托-代理问题"（第五章边码150）都有适用之可能。

在美国的选举体制中，候选人要当选须获得国会或参（众）议院的多数选票。这种多数原则促成了民主党和共和党的"两党制"。这种两极化也体现在最高法院中：候选人各自通过参议院多数的选票获得终身任命；因此，每个法官一定程度上也是在推行政治。共和党人习惯于严格定义法续造的角色，常援引当时的语言习惯或立法者的原始意图（文本主义、目的主义，参见第六章边码89）。因此，社会问题应当交由立法者而不是法院来解决。[172] 反之，民主党则更为进步，认为最高法院的任务在于为当下的问题创制解决方案，例如，加强保护少数群体的权利（活的原旨主义，第六章边码90及以下）。故此，哪个党派掌握了最高法院9人中的多数，乃具有决定之意义。[173] 德国的政治版图则不似这般割裂。其原因一方面在于选举法：一半的选票适用"比例选举制"，由此即形成一种多党制，因为即使某个党派在个别选举圈中没有得到多数选票，亦可能在联邦议会中获得席次。另一方面，对于联邦宪法法院任职期限达12年的16名大法官而言，由于选举以议会党团周期性的建议权为基础，故而其政治化明显不如美国那样严重。[174]

---

[170] *Heun*, AöR 116 (1991), 185, 207; *Hegenbarth*, Juristische Hermeneutik und linguistische Pragmatik, 1982, S. 197.

[171] *Hughes/Schurman*, Addresses and Papers of Charles Evans Hughes. Governor of New York1906-1908, 1908, S. 139; 早在1717年，霍德利主教即曾向英国国王这样生动地说道："无论是谁拥有解释书面或口头法律的绝对权力，他都是所有意图和宗旨上真正的立法者，而不是首先向他们写下或说出法律的那些人"，参见 *Thayer*, 7 Harv. L. Rev. 129, 152 (1893)。

[172] 例如有关持有武器权（第六章边码89）及死刑正当性（第一章脚注256）的判决。

[173] 关于此争议，参见 *Carter/Burke*, Reason in Law, 9th ed. 2016, S. 139 ff.; 新近的研究则指明了这种对立的相对性，参见 *Gluck/Posner*, 131 Harv. L. Rev 1298 ff. (2018)。

[174] 参见 *Pieper*, Verfassungsrichterwahlen, 1998, S. 22 ff。

99 若是法官处于普通法（Common law）的领域，那就不存在约束他的法律或立法者意图。故此，他明显可以更为自由地依实践、政治或伦理的观念进行裁判[175]，只不过要受到先例的约束（第七章边码44及以下）。诚如霍姆斯法官所言："法律的生命不是逻辑，而是经验。"[176] 联邦宪法法院对宪法进行的"动态解释"就反映了这一点：通过将基本权利发展为一种客观的价值秩序，法院提升了基本权利对于民众日常生活的意义。此外，基本权利还被赋予"第三人效力"，国家则被课以保障基本权利的"保护义务"（第十章边码4及以下）。[177] 沃尔克曼将联邦宪法法院生动地描述为"卷入当前政治和社会争论的演员"（第十一章边码4b）。[178] 社会争论也能通过法官的"不同意见书"而公之于众。[179] 因其家长式的特征，立法及司法正在越来越多地限制20世纪以来"自由个人"的形象。[180] 由立法者在议会对各种政策挑战进行讨论并为之制定法律的这种范式总是时不时地为人忽视，其中一个原因也在于，求助宪法法院似乎是更轻松的方式。

3. 针对立法者的不当造法（司法能动主义）

100 部分学者批评认为，联邦宪法法院总是习惯于忽略立法者的法律特权，也即忽视"司法的自我克制"义务（第十三章边码91及以下）。近来，联邦宪法法院多次就"遗产税法"作出判决，每次都针对为何认定遗

---

[175] 参见 *Radbruch*, Geist des englischen Rechts, 2. Aufl. 1947, S. 11; *Coing*, Juristische Methodenlehre, 1972, S. 24; *Fikentscher*, Methoden des Rechts, Bd. II, 1975, S. 258, 作者强调了美国的开放性法思想。参见上文第七章边码44及以下以及 *Mac Pherson v. Buick Motor Company* - Gefährdungshaftung für Kfz-Hersteller（第七章边码62及以下）。

[176] *Holmes Jr.*, The Common Law, 1881, S. 1.

[177] 批评性意见，参见 *Böckenförde*, Staat, Verfassung, Demokratie, 1991, S. 159, 189 f.; 与美国法进行对比的，参见 *Brugger*, Demokratie, Freiheit, Gleichheit-Studien zum Verfassungsrecht der USA 2002, S. 153; *Kulick*, JZ 2016, 67, 70 ff.。

[178] *Volkmann*, Grundzüge einer Verfassungslehre der Bundesrepublik Deutschland, 2013, S. 177 ff.：联邦宪法法院是以表现为法院形态的、政治程序中的制度化的组成部分。

[179] *Häberle*, JZ 1975, 297, 302 ff.; Schulze-Fielitz, AöR 122 (1997), 1, 15; 关于不同意见书，参见第一章边码54。

[180] 详见 *Hellgardt*, Regulierung und Privatrecht, 2016；关于消费者保护法对《民法典》的影响，参见 *Möllers*, JZ 2002, 121 ff.; ders., JuS 1999, 1191 ff.。

产税法违反宪法这一问题制定了详细的指南。[181] 这方面的例子还有许多，例如联邦宪法法院曾就监狱牢房的平方米大小或广播费是否应增加88美分等事项作出裁判。[182] 在某次关于欧盟选举法的判决中，法官以5∶3的多数认定"3%的选举门槛"（3%-Sperrklausel）构成对政党选举平等及机会平等权的严重侵害。[183] 在某次判决的反对意见书中，法官 P. 穆勒（P. Müller）别具特色地指出："通过自己合理的决断替代立法者合理的决断，并非联邦宪法法院的分内之事。"[184] P. 穆勒所主张的亦不外乎是"司法的自我克制"，他因此认为应当驳回起诉。

三、具体化及法续造

1. 法的具体化之方法：法学方法论、法教义学

对法律人而言，处理法原则及协调不同规范的工作可谓一种要求更高的活动。由于不确定性法概念或法原则将具体化的工作委任于法官，它本身也就成为一种创造性的工作。[185] 部分观点称之为"决断主义"或对法的"发明创造"。下文将论及这一点（第十四章边码41）。此处则仅介绍三种思想：

其一，上文提到的五个审查步骤也适用于具体化领域，即是说，在这一领域，人们也要审查可以适用上文介绍的哪个论证模型。其二，其

---

[181]　例如 BVerfG, Beschl. v. 22. 6. 1995, 2 BvR 552/91, BVerfGE 93, 165, 172 ff.; BVerfG, Beschl v. 7. 11. 2006, 1 BvL 10/02, BVerfGE 117, 1, 30 ff.; BVerfG, Urt v. 17. 12. 2014, 1 BvL 21/12, BVerfGE 138, 136, 179 ff. Rn. 118 ff。

[182]　BVerfG, KBeschl. v. 27. 2. 2002, 2 BvR 553/01, NJW 2002, 2699-Menschenunwürdige Unterbringung von Strafgefangenen; BVerfG, Urt. v. 11. 9. 2007, 1 BvR 2270/05 u. a., BVerfGE 119, 181, 229 ff. -Rundfunkfinanzierungsstaatsvertrag；其他例证参见下文第十三章边码110及以下。对此的批评，参见 Brohm, NJW 2001, 1, 9 ff.; Schulze-Fielitz, in: Dreier, Macht und Ohnmacht des Grundgesetzes, 2009, S. 9, 22 ff. 以及第十三章边码95及以下所列学者的论述。

[183]　BVerfG, Urt. v. 26. 2. 2014, 2 BvE 2/13 u. a., BVerfGE 135, 259 Rn. 61-Drei-Prozent-Sperrklausel EuWG. 有关饱受争议的 Kruzifix 案，参见上文第十章边码52a及以下。

[184]　Sondervotum P. Müller, in: BVerfG, Urt. v. 26. 2. 2014, 2 BvE 2/13 u. a., BVerfGE 135, 259, 299 Rn. 9-Drei-Prozent-Sperrklausel EuWG. 对其他违反议会形成自由做法的描述，参见 Risse, JZ 2018, 71 ff。

[185]　参见 Ossenbühl, in: HStR V, 3. Aufl. 2007, § 100 Rn. 50："创造性元素"（schöpferische Komponente）。

他的论证模型也可考虑。通过借助中间步骤而实现法发现过程的理性及可操作性，法学方法论以及法教义学为必要的创造"拴上缰绳"。第四部分已介绍了这种借助案例对比法、动态体系论、案例类型比较、归纳或衡量得出的法原则而进行的"法的具体化"工作。其三，就使法律具体化的法续造而言，只依赖"空洞公式"（第六章边码 72）或者放弃必要的中间步骤（第十章边码 17 及以下）的做法在形式上即构成不正当的法续造。

2. 复归于立法者之要求

103 借助一定的论证模型，即可以避免使联邦宪法法院沦为"补充立法者"的危险：对此，有学者提出了"复归于议会"（Rückverweisung an das Parlament）的要求。这一优先规则会促使人们在政治程序中寻求具体的解决方案，限制法院的家长式倾向。[186] 若违反上文提及的规则，使法律具体化的法续造也会在内容上构成"违法"的法续造。针对个人究竟在多大程度上可基于《基本法》第 1 条第 1 款、第 20 条第 1 款之规定主张获得"为维护其尊严而必要的最低生活收入"这一问题，联邦宪法法院指出：

104 > 为使这一请求权得以具体化，立法者应当在一种透明及公正的程序中依实际之需求（也即符合事实地）考量所有为生活所必需的花费（vgl. BVerfGE 66, 214 [223]; 68, 143 [153]; 82, 60 [88]; 99, 246 [260]; 112, 268 [280]; 120, 125 [155]）。为此，立法者必须首先确定需求的不同种类以及各自所需要花费的费用，在这一基础上，再确定总体需求的费用。《基本法》并没有为此规定某种特定的方法（针对基本权利的保护义务也是如此，vgl. BVerfGE 46, 160 [164]; 96, 56 [64]; 115, 118 [160]）；因此，它可以在适合及公正的框架内自行选择相应的方法。如若偏离其所选取的方法，则需要为此提供客观性的正当理由。

---

[186] *Volkmann*, AöR 134（2009），157, 193; *ders.*, Grundzüge einer Verfassungslehre der Bundesrepublik Deutschland, 2013, S. 199 f.; *Schulze-Fielitz*, in: Dreier, Macht und Ohnmacht des Grundgesetzes, 2009, S. 9, 23.

不过，以上得出的结论尚需不断予以检视及进一步发展，因为一个人的基本生活需要的满足往往只限于他所在的当下（vgl. BVerfGK 5, 237 [241]）。因此，立法者必须采取一些预防措施，从而对经济上的框架性条件所发生的变化——例如物价上涨、消费税的提高等——作出及时的反应，以保障当前的需要随时能够得到满足，特别是当立法者作出诸如《社会法典》第二部第 20 条第 2 款关于"固定资费"的规定时。

①与立法者确定最低生活收入的形成自由相一致，联邦宪法法院应对普通法的规定作出一种谦抑性的审查。由于《基本法》本身并未允许对这一请求权规定明确的数额，那么基于这一结论的实体性审查就应当限于"给付是否明显不足"的这一问题上（vgl. BVerfGE 82, 60 [91 f.]）。

②在这一明显性审查所预留的实体性空间内，"保障有尊严的最低生活收入"的基本权利不可提供量化的操作标准。不过，对基础依据和给付衡量方法的审查乃着眼于其是否符合基本权利目标的这一问题上。由于在基本权利的标准之下只能有限制地进行结果审查，基本权利的保护故而也对确定最低收入的程序产生着影响。[187]

联邦宪法法院作出结论认为，依《社会法典》旧法第二部第 20 条第 2 款第 1 分句确定的 345 欧元的定期补助（Regelleistung）已难谓符合宪法之方式，因为它在不具备客观理由的情况下偏离了统计模型的结构原理——而这本身也是立法者自己选择的、衡量为保障人格尊严所必须的最低生活收入的基础依据。[188] "法院是如何得出这样的结论的？"克里斯托夫·默勒斯质问道。[189] 联邦宪法法院被指行使的不是司法权，而是"制定标准"之权。[190] 压缩评价和估量空间的做法导致"第一权力被莫名其

---

[187] BVerfG, Urt. v. 9. 2. 2010, 1 BvR 1/09 u. a., BVerfGE 125, 175, 225 f. -Hartz IV.
[188] BVerfG, Urt. v. 9. 2. 2010, 1 BvR 1/09 u. a., BVerfGE 125, 175, 238-Hartz IV.
[189] 语出自 *Ch. Möllers*, in：Jestaedt/Lepsius/Ch. Möllers/Schönberger, Das entgrenzte Gericht, 2011, S. 281, 384。
[190] *Lepsius*, in：Jestaedt/Lepsius/Ch. Möllers/Schönberger, (ebd.) S. 159, 167 f.

妙地降格"[191]，因为联邦宪法法院是用对待行政机关的方法对待立法者。[192]

106　纵观联邦宪法法院关于税法、社会政策法"合宪性"的判例，不难发现，联邦宪法法院时常作出足够精确的规定，来指导未来法律的制定。在这一背景下，立法者"第一权力"的角色（第十三章边码 91 及以下）可谓岌岌可危。不过，那种认为"议会由此沦为执行秘书"的批评则显得言过其实。原则上，诚如联邦宪法法院强调的，立法者具有相当大的形成自由。不过，为保障宪法赋予的给付请求权不至于徒有其名，要求联邦宪法法院进行一种明显性审查——尤其是推行一种**理性的、可事后检验的程序**——可谓非常在理。类似的要求也适用于公务员法领域中的"扶养原则"（Alimentationsprinzip，第十章边码 52）。[193] 联邦宪法法院在四个领域实行理性审查："财政负担的分配"——这通常对联邦国家很有意义、"手段与目标之间的相称程度""衡量中的连贯性之审查"以及"对艰难情事的修正"。[194] 为司法裁判所必需的说理义务之履行（第一章边码 39），也成了立法者加之于联邦宪法法院的要求；法教义学上，这属于对基本权利的具体化。[195] 通过具体的中间步骤，这种"建构"的形式则进一步实现了基本权利之发展。如果将决定权交还给了议会，也即考虑了"复归于立法者"的要求，那这样的裁判也是值得认同的。[196]

3. 补充法律及修正法律之法续造的正当性

107　在"上诉萎缩案"的不同意见书中（第十一章边码 83 及以下），部

---

[191] *Lepsius*, in: Jestaedt/Lepsius, Verhältnismäßigkeit, 2015, S. 1, 11.
[192] *Ch. Möllers*, in: Jestaedt/Lepsius/Ch. Möllers/Schönberger (ebd.), S. 281, 385:"在民主理论上存在争论。"
[193] BVerfG, Urt. v. 14. 2. 2012, 2 BVL 4/10, BVerfGE 103, 263, 301 f. -W-Besoldung.
[194] 这种区分，参见 *Petersen*, Verhältnismäßigkeit als Rationalitätskontrolle, 2015, S. 148 ff。
[195] 批评意见，参见 *Risse*, JZ 2019, 71, 74；*Schwartz/Bravior*, JZ 2011, 653, 658 f。
[196] 之前已有的判决，参见 BVerfG, Beschl. v. 11. 12. 2001, 1 BvF 1/96 u. a., BVerfGE 104, 305, 307 ff. -LER- Schlichtungsvorschlag; BVerfG, Urt. v. 11. 11. 1999, 2 BvF 2/98 u. a., BVerfGE 101, 158, 238 ff. -Finanzausgleich III.；同样作出积极评价的，参见 Positive Bewertung auch bei *Hassemer*, Erscheinungsformen des modernen Rechts, 2007, S. 169 ff.；*Volkmann*, AöR 134 (2009), 157, 193。

分法官提及法续造的正当界限时指出:"任何情况下法官的法发现都不能实质性地损害或曲解规范的立法目标,或以自己的理念取代立法者的规制理念。"[197] 然而,这种表述过于片面:当立法者始终无所作为、存有法律保护的漏洞之虞时,即可例外性地进行补充法律或修正法律的续造。立法者基于其保护义务原本就有作出法律规定的必要时,尤应如此(第十三章边码85)。

发展新的法律制度,例如交易基础丧失或强制缔约(第九章边码33及以下)也属于法的建构。不过,只要法续造的宗旨在于避免对基本权利的保护造成危害(第十一章边码56及以下、第十三章边码67及以下),那它就构成支持法续造正当性的一个重要标准。相应地,在严重的基本权利侵害情形,联邦宪法法院也会为保护相关人而作出程序性规则的要求,例如**不成文的法律保留**[198]以及要求独立的、不受任何命令约束的国家机构参与审查。[199]

四、法院之间的权限冲突

若法院擅自行使同其他法院相比而言所不具备的权限,则其可能构成违法的不正当的法续造。这里所损害的即不再是立法和司法之间而是法院之间的权力分立。

1. 联邦宪法法院:专业法院的"超级上诉法院"

这种问题即存在于专业法院及联邦宪法法院之间,后者被冠以"超级上诉法院"之谓正是这一问题的生动体现。对法官谦抑性的要求也适用于宪法法院同普通法院之间的关系上。唯有违反"特别宪法"时,联邦宪法法院才有进行修正的权利与必要(第十一章边码24及以下)。不过,联邦宪法法院可以自行确定"审查之密度"——只要在这一概念的范围内即可。因此,如果宪法法院要以"超级上诉法院"的身份行事,试图将具体专业

---

[197] 参见法官 *Voßkuhle*, *Osterloh* 以及 *Di Fabio* 的不同意见书, in: BVerfG, Beschl. v. 15. 1. 2009, 2 BvR 2044/07, BVerfGE 122, 248, 282 f. -Rügeverkümmerung。

[198] BVerfG, Urt. v. 2. 3. 2010, 1 BvR 256/08 u. a., BVerfGE 125, 260, 337 f. -Vorratsdatenspeicherung。

[199] BVerfG, Urt. v. 14. 7. 1999, 1 BvR 2226/94 u. a., BVerfGE 100, 313, 361-Handyüberwachung。

法律的问题以宪法的手段予以解决，而本身不存在这种违反宪法的情况，即会带来诸多问题。联邦宪法法院所面临的指责是，它时常不遵守自己的规则，而是在宪法诉愿的框架下对普通法进行审查，从而造成"基本权利的平庸化"（Banalisierung der Grundrechte）。[200] 租赁法上的"因自住而终止"（Eigenbedarfskündigung）很大程度上即是由联邦宪法法院的判例确立的。[201]

111 考虑到普通法通常具备明显更为精确的规范用来实现各方利益的平衡,[202] 而作为原则的基本权利尚需予以进一步的具体化（第九章边码25）且通常要付诸充分的衡量，（要求宪法法院）表示出一定程度的"谦抑"也是情理之中。此外，相比于联邦宪法法院，对于争议案件事实的裁判而言，各专业法院在其专业领域自然有更多的专业知识。[203] 最后，宪法可能"超负荷"运行：如果所有的问题都归于宪法层面，人们就无从把握究竟哪些问题真的重要、真的需要宪法之保护。[204] "简单来说，宪法并不会囊括全部的法秩序。"[205] 因此，对于动用宪法修正普通法解释结论的这种做法，实应保持审慎之态度。

2. 联邦宪法法院在"法院对话"中的作用

112 若联邦宪法法院变身为针对欧盟法律问题的专业法院，对"法官谦抑性"的违反即可谓更甚。这在一定程度上也达到或者说超越了法续造的正当界限。上文已介绍了与此相关的"Solange Ⅰ号案""Maastricht案"等判

---

[200] 富有启发意义，参见法官 *Grimm* 的不同意见书，in: BVerfG, Beschl. v. 6. 6. 1989, 1 BvR 921/85, BVerfGE 80, 137, 164 ff. -Reiten im Walde；也参见 *Schönberger*, VVDStR 71 (2012) 296, 327。

[201] 批评性意见，参见 Palandt/*Weidenkaff*, BGB, 80. Aufl. 2021, § 573 Rn. 23；或认为承租人的占有权属于《基本法》第 14 条第 1 款之所有权保护的范畴，参见 BVerfG, Beschl. v. 26. 5. 1993, 1 BvR 208/93, BVerfGE 89, 1, 6 ff.；也参见 *Ruffert*, JZ 2009, 389, 394 f.；相关争论，参见 *Sendler*, NJW 1994, 1518, 1519, 作者称为"特别针对出租人因自住需要所提起诉讼的最高级的地方法院"。

[202] 形象地指出这一点的，参见 *Rüfner*, in: HStR IX, 3. Aufl. 2011, § 197 Rn. 112: "一般化的基本权利规范无法代替民法及民法解释的精密工作"，也参见 *Lerche*, in: FS Odersky, 1996, S. 215, 232。

[203] *Neuner*, in: Diederichsen/Sellert, Das BGB im Wandel der Epochen, 2002, S. 131, 150.

[204] 明确指出者，参见 *Röhl/Röhl*, Allgemeine Rechtslehre, 3. Aufl. 2008, S. 673。

[205] 这一中肯见解，出自 *Wahl*, NVwZ 1984, 401, 409。

例（第二章边码 95）。[206] "Lissabon 案"中，联邦宪法法院第二审判庭即明确了哪些权限不得转移于欧盟层面。相对而言，这包括刑法、财政、议会的预算法[207]、家庭以及学校和教育体系[208]等。若依联邦宪法法院之要求，是否将某个权限长期转让给欧盟须交付全民公决[209]，那么这种前提论述将缺乏必要的法教义学保障。此无异于让德国人民充当《基本法》之上的"威权"来作出决定——尽管迄今为止德国人民还未曾被允许就宪法举行表决。[210] 形式上，联邦宪法法院并不审查欧盟法，而只是审查《基本法》第 23 条第 1 款及第 79 条第 3 款。

学者斥这种做法为"明白无误的越权"。[211] 问题一方面在于——这在国内法层面也是如此——像联邦宪法法院这样未经民主合法化的机关是否可以作出类似立法者的决定？如果这种情况与议会作出的某个多数决相关，而宪法法院又不总是能够注意到立法者的衡量权限（尽管被多次引用）[212]，这一问题就尤为突出了。因此，民众是否可以基于《基本法》第 38 条赋予的选举权享有针对欧盟的法律文件提出宪法诉愿的权利——在立法者没有规定这种直接诉讼，而相关者因根本没有参与程序因而无法保护自己权益的情况下——这一问题是充满疑问的。[213] 另一方面，置于

---

[206] 相关见 *Möllers/Redcay*, EuR 2013, 409 ff.。

[207] BVerfG, Urt. v. 12. 9. 2012, 2 BvE 6/12 u. a., BVerfGE 132, 195, 240 Rn. 109-ESM-und Fiskalvertrag e. A.

[208] BVerfG, Urt. v. 30. 6. 2009, 2 BvE 2/08 u. a., BVerfGE 123, 267, 359-Lissabon.

[209] BVerfG (ebd.), BVerfGE 123, 267, 348-Lissabon.

[210] 提出批评者，参见 *Ukrow*, ZEuS 2009, 717, 725; *Calliess*, ZEuS 2009, 559, 574 f.; *Härtel*, in: ders., Handbuch Föderalismus, Bd. I, 2012, § 16 Rn. 139, 关于"领土变更"（Gebietsveränderung）的例外，见《基本法》第 29 条。

[211] *von Münch*, NJW 1998, 2571 ff.; *Scholz*, ZG 2012, 105, 114; *Schroeder*, in: FS G. Roth, 2011, S. 735, 745; *Götz/Schneider*, DVGl. 2012, 145 ff.; *Möllers/Redcay*, EuR 2013, 409, 419 ff.

[212] BVerfG, Urt. v. 12. 9. 2012, 2 BvE 6/12 u. a., BVerfGE 132, 195 Rn. 113-ESM - und Fiskalvertrag e. A.

[213] 参见 Sondervoten von *Lübbe-Wolff* und *Gerhard*, in: BVerfGE, Beschl. v. 14. 1. 2014, 2 BvE 13/13 u. a., BVerfGE 134, 366 Rn. 105 ff. und Rn. 133 ff. -OMT; *Pernice*, EuZW 2020, 508, 509 ff., *Kottmann/Sangi*, Verfassungsblog v. 6. 5. 2020（abrufbar unter www. verfassungsblog. de）; *Barley*, EuZW 2020, 489: "提出这种诉讼可谓无理取闹"; *Schnichels* u. a., EuZW 2020, 525, 526: "难以找到其根据。"

欧盟语境下,这一问题还将引发新的焦点:成员国的法院能否以这样的程度左右欧盟的政策和法律,从而也左右所有其他成员国的法律?格哈德(Gerhard)即在某案的不同意见书中斥之为不正当的越权行为。当欧盟机构破坏自身的权限时,应当由联邦政府而不是联邦宪法法院采取法律上的措施。[214] 该案具体涉及的问题是,欧洲中央银行(EZB)在多大程度上有权购买政府债券。联邦宪法法院认为这构成不当的越权行为,不过却破天荒地通过前置判决程序将这一问题呈递给欧盟最高法院。[215] 欧盟最高法院认为欧洲中央银行的决定是合法的,只是为其附加了一些未来应当注意的条件,而并没有进一步深究联邦宪法法院的论证。[216] 在其最后的判决中,联邦宪法法院要求联邦政府及德国联邦议院以《基本法》第 23 条第 1a 款赋予的"一体化责任"为依据,向欧盟机构这种典型的越权行为发难。[217] 在"OMT 案"的最终判决中,联邦宪法法院不再染指法律审查。其认为,欧盟最高法院的判决虽然不当,但它不至于构成"越权理论"意义上的典型违法行为。[218] 后者乃是要求出现足够典型的越权行为,而这就必须存在《欧洲联盟条约》第 48 条意义上的"条约变更"。[219] 由于这一条件非常苛刻,"越权行为"的说法到当时为止也仍然只具有理论意义。

114 当联邦宪法法院第二审判庭在"PSPP 案"的判决中首次认定"越权行为"并认为欧盟最高法院的判决和欧洲中央银行的决定不具法律约束力时,无异于平地响起一声惊雷。

---

[214] 特别表决见 Gerhard, in: BVerfG (ebd.) -OMT-Beschluss。

[215] BVerfG, Beschl. v. 14. 1. 2014, 2 BvE 13/13 u. a., BVerfGE 134, 366 Rn. 69-OMT-Beschluss.

[216] EuGH, Urt. v. 16. 6. 2015, C-62/14, EU: C: 2015: 400, Rn. 68, 106, 117 ff. -Gauweiler/OMT; 对此提出的批评,参见 Klement, JZ 2015, 754 ff.; Kronberger Kreis, Das entgrenzte Mandat der EZB, 2016, S. 18 ff。

[217] BVerfG, Urt. v. 21. 6. 2016, 2 BvR 2728/13 u. a., BVerfGE 142, 123 Rn. 142, 163 ff. - OMT-Urteil mit umfangreichen rechtsvergleichenden Hinweisen.

[218] BVerfG (ebd.), BVerfGE 142, 123 Rn. 181 ff. -OMT-Urteil; 关于越权审查,参见上文第二章边码 96 及以下。

[219] BVerfG, Beschl. v. 18. 7. 2017, 2 BvR 859/15, BVerfGE 146, 216 Rn. 62 ff. -PSPP-Beschluss; Heide, JZ 2019, 305, 309; 参见上文第二章边码 101。

联邦宪法法院的"PSPP案":本案具体关注的是欧洲中央银行在"公共领域购买计划"(Public Sector Purchase Programme,简称PSPP)框架下作出的各种决定。在这一框架下,欧洲中央银行有权在二级市场中购入公共领域的有价证券,以保障通货膨胀率达到2%的水平。它曾依据这一权限动用了多达20亿欧元的资产。在被提起宪法诉愿后,联邦宪法法院将这一问题呈递给欧盟最高法院[220],后者认为,欧洲中央银行的决定是合比例的、合法的。[221] 联邦宪法法院则要审查,欧盟最高法院、欧洲中央银行和德国机构的行为是否合法:

①在其关于"PSPP案"的判决中,欧盟最高法院放弃了比例原则的审查,因为它赋予了欧洲中央银行较大程度的裁量自由。然而,这种对法官审查密度的限制使得"有限的具体授权原则"形同空文。这在客观上已经难谓合理,故而应被定性为"越权行为"。[222]

②由于认定欧盟最高法院的判决是越权行为,联邦宪法法院第二审判庭即自行审查欧洲中央银行的决定。既然欧洲中央银行在作出决定时未能充分说明购买计划造成的经济政策影响是否合比例,欧洲中央银行的衡量活动即可谓存在缺失,因此,其决定被认为不合比例,构成越权之行为。[223] 为此,欧洲中央银行理事会须在3个月内补交其相应的理由。若未履行,联邦银行则不得再执行这些决定。

③只有结合上述理由,人们才能判断,联邦政府和联邦议院是否没有充分采取对抗欧盟机构违法行为的措施。[224] 基于《欧洲联盟运作方式条约》第123条禁止货币预算融资之规定,联邦宪法法院认为欧盟最高法院的见解虽充满疑点,但也有其合理性。[225] 与欧盟最高法院一致,联邦法

---

[220] EZB, s. BVerfG, Beschl. v. 18. 7. 2017, 2 BvR 859/15, BVerfGE 146, 216 Rn. 100 ff. -PSPP-Beschluss.

[221] EuGH, Urt. v. 11. 12. 2018, C - 493/17, EU:C:2018:1000 Rn. 53- Weiss/PSPP; Herde, JZ 2019, 305.

[222] BVerfG, Urt. v. 5. 5. 2020, 2 BvR 859/15, BVerfGE 154, 17, 109 Rn. 139 f. -PSPP-Urteil.

[223] BVerfG (ebd.), BVerfGE 154, 17, 126 Rn. 177 f. -PSPP-Urteil.

[224] BVerfG (ebd.), BVerfGE 154, 17, 127 Rn. 179 ff. -PSPP-Urteil.

[225] BVerfG (ebd.), BVerfGE 154, 17, 128 Rn. 184-197-PSPP-Urteil.

院也认定欧洲中央银行没有作出违反《欧洲联盟运作方式条约》第 123 条的行为。[226] 联邦宪法法院第二审判庭如是指出：

115
> 在区分货币政策和经济政策（《欧洲联盟条约》第 5 条第 1 款第 2 项、第 5 款）时援用比例原则，即意味着，计划所造成的影响有可能不合比例……即使通过货币政策工具，欧洲中央银行也不得推行经济和社会政策，但这并不排除，从《欧洲联盟条约》第 5 条第 1 款第 2 项、第 5 款的角度造成影响（例如 PSPP 对国债、储蓄、养老金、不动产价格以及经济上濒临倒闭企业的重新振兴等都能产生影响）并在评价性整体衡量之框架下使这种影响同所要追求及所能实现的货币政策目标关联起来……
>
> 尽管经济政策和货币政策可存在交织，但欧盟最高法院认为，能够用来阻止归入货币政策的那些指标并不重要，对这种区分（vgl. BVerfGE 134, 366 [416 f.] Rn. 99 f.; BVerfGE 142, 123 [218 f.] Rn. 183）进行一种评价性的整体衡量从一开始就被排除在外，由此一来，法院等于是放弃了对欧洲中央银行的权限进行有效之审查。在估量和评价这样做的后果及重要性时（相比于购买计划的目标），欧洲中央银行诚然具备一定的判断余地。但是，不论是基于欧洲中央银行系统所确立的目标，还是从比例原则的框架出发，欧盟最高法院一概否认债权购买计划各种后果的法律意义，从方法上而言是站不住脚的。[227]

116 可以说，第二审判庭 "PSPP 案" 的判决为联邦宪法法院和欧盟最高法院越发复杂的合作关系（第二章边码 94 及以下）增加了新的 "物料"。判决的内容引来了多个角度的批评：依据《欧洲联盟运作方式条约》第 127 条，价格稳定是欧洲中央银行的首要目标。如果欧洲中央银行必须对经济政策的目标进行综合的衡量，可能影响上述目标的优先地位。换言

---

[226] BVerfG (ebd.), BVerfGE 154, 17, 143 Rn. 213 ff. -PSPP-Urteil.
[227] 联邦宪法法院称 "这在客观上是任意妄为的做法"（objektiv willkürlich），参见 BVerfG (ebd.), BVerfGE 154, 17 Rn. 139, 141-PSPP-Urteil. Ls. 2.

之:联邦宪法法院第二审判庭的决定将迫使欧洲中央银行不正当地扩充其权限。欧盟最高法院的保守态度在法律上被认为是妥当的。[228] 要求欧洲中央银行承担全面的说理及衡量义务,将损害《欧洲联盟运作方式条约》第130条赋予它的独立性。[229] 假若欧洲中央银行的决定是合法的,只是在说理的强度上有所欠缺,那么联邦宪法法院的做法无异于是"用大炮打麻雀"。[230] 如果把欧盟最高法院的判决描述为"不合理"或"客观上的任意妄为"(第一章边码88及以下、第十三章边码115),实是为欧盟的反对者及民粹主义者大开方便之门。[231] 在发表看法之前,不应忽视欧盟最高法院的角色定位。

3. 欧盟最高法院在法续造时的权限边界:制度平衡原则

欧盟最高法院认为自己面临着"双重不正当"法续造的风险:一方面,它不能超越相对于欧盟立法者(即理事会、议会)的权限。基于制度平衡原则(Prinzip des institutionellen Gleichgewichts),欧盟的各个机关必须在其职责范围内行事。该原则经欧盟最高法院确立,现已规定于《欧洲联盟条约》第13条第2款,与权力分立原则(第一章边码34)可谓颇为相似。[232] 另一方面,它也要受到《欧洲联盟条约》第5条第1款"有限的具体授权原则"的约束,因而不得超越欧盟相对于成员国的权限(第二章边码56)。

---

[228] *M. Müller*, Föderalist v. 7. 5. 2020 (abrufbar unter www.foederalist.eu); *Schmiding*, FAZ v. 14. 5. 2020, S. 16.

[229] *Pernice*, EuZW 2020, 508, 510; 联邦议院议员Hirte在电视节目"Aktuelle Stunde"中对联邦宪法法院欧洲中央银行债券购买案的判决所发表的谈话中也持这一观点(BT-Plenarprotokoll 19/158 v. 7. 5. 2020, S. 19615 f.); *Bofinger/Hellwig/Schnitzer/Wolff*, FAZ v. 29. 5. 2020, S. 18。

[230] *Barley*, EuZW 2020, 489; *M. Müller*, Föderalist v. 7. 5. 2020.

[231] *Schuller*, FAZ v. 10. 5. 2020, S. 8; „maßlose Polemik und Sprache der Populishten"; *M. Müller*, Föderalist v. 7. 5. 2020.

[232] EuGH, Urt. v. 6. 5. 2008, C-133/06, EU:C:2008:257, Rn. 56 f.-Parlament/Rat; EuGH, Urt. v. 22. 5. 1990, C-70/88, EU:C:1990:217, Rn. 21 ff.-Parlament/Rat: Klagebefugnis des Parlaments(第六章脚注335); Calliess/Ruffert/*Callies*, EUV/AEUV, 5. Aufl. 2016, Art. 4 EUV Rn. 34 ff.; Calliess/Ruffert/*Calliess*, EUV/AEUV, 5. Aufl. 2016, Art. 13 EUV Rn. 10 ff.; Streinz/*Streinz*, EUV/AEUV, 3. Aufl. 2018, Art. 13 EUV Rn. 23 f.; *Conway*, The Limits of Legal Reasoning and the European Court of Justice, 2012, S. 194 ff。

118　有观点认为欧盟最高法院的全部判例都是不正当的，因为它不会——同国际法的情形一样——顾及条约"主人"即作为立法者的成员国在订立欧盟条约时的意图，而只会忽视之。[233] 在"Costa v. ENEL案"（第二章边码82及以下）及"范根德案"（第十二章边码4）的判决中，即可谓篡夺了对条约的解释之权。在过去的60年里，"一体化"的进程已不再是通过欧盟理事会或者借助条约的更改来完成，而是全由欧盟最高法院的判例担此大任。不过，这种途径是非政治性的，并被认为正在悄然瓦解欧盟的合法性。[234] 欧盟最高法院自视为"一体化的发动机"，即促进欧盟一体化的机关（第六章边码87）。关于此的原则性讨论恐怕值得再写一本书。[235] 欧盟最高法院经常受到有关其司法越权的批评，例如，在劳动法领域，它过度地扩大了雇工的权利[236]，还创设了诸如"禁止年龄歧视"[237]（第十二章边码14）、私主体在卡特尔法上的请求权（第五章边码116/117及以下）或欧盟法上的国家责任请求权（第十二章边码123及以下）这类全新的法律制度。

119　欧盟最高法院确立诸如适用优先性（第二章边码85及以下）、国家责任请求权或卡特尔法领域的民法上的请求权等新制度，并以"实际有效原则"作为其依据（第五章边码116/117），实属于"法学创新"的范畴。同联邦宪法法院的情况一样，实践中所面临的问题是，"宪法之上只有蓝天"，原则上不能对其再作审查（第十三章脚注171、175）。对这种形式的"动态适用"来说，《欧洲联盟条约》第1条第2款第1句可以算得上

---

[233]　前联邦宪法法院法官格里姆（Grimm）即提出尖锐之批评，参见 *Grimm*, Europa ja-aber welches?, 3. Aufl. 2016, S. 35 f.; *von Arnim*, Das Europa-Komplott. Wie EU-Funktionäre unsere Demokratie verscherbeln, 2006, S. 212 f。

[234]　*Grimm*, Europa ja-aber welches?, 3. Aufl. 2016, S. 12 ff.; *ders.*, ZSE 2017, 3, 8 f.

[235]　主张在欧盟层面建立"附属法院"的观点，参见 *Sinn*, Der schwarze Juni, 2016, S. 339。

[236]　例如，*Junker*, NJW 1994, 2527 f。

[237]　EuGH, Urt. v. 22. 11. 2005, C-144/04, EU：C：2005：709, Rn. 75-Mangold；批评见 *Jans*, 34 L. I. E. E. I. 53, 65 (2007); *Basedow*, in：FS Hopt, 2010, S. 27, 34; *ders.*, JZ 2016, 269, 275 f.; 进一步评论见 *Danwitz*, in：Grabenwarter, Enzyklopädie Europarecht, Bd. 2, Europäischer Grundrechtsschutz, 2014, 6. Kap. Rn. 61 ff。

一个依据，它提到了一个"越来越紧密的欧盟"，从这个角度来说，欧盟法本身就具有动态性（第六章边码87及以下）。

对于欧盟最高法院在欧盟层面发展基本权利（第二章边码95）以及欧盟立法者将附属原则具体化（第七章边码34）的做法，联邦宪法法院的判决也可谓始作俑者。[238] 此外，欧盟最高法院也试图反驳有关它不正当法续造的批评：在创设新的法律制度时，它会援引欧盟法的原则或在法比较的基础上援引成员国的法传统（第七章边码64及以下）。欧洲人权法院也是类似的做法（第七章边码90）。在法续造之领域，例如欧盟法上的国家责任、卡特尔法当中私主体的起诉可能性等案例中，欧盟最高法院均强调从成员国的国内法之中确立这些请求权的适用条件（第五章边码114）。毕竟，它并不会对所有的案件进行实质性的裁判，偶尔也会将之返回成员国法院，在这一框架下，它都明确承认成员国的法院具有更熟悉相关领域的审判权限。例如，一般条款的具体化就是如此（第七章边码15）。欧洲人权法院有时也会以成员国具有一定的衡量空间为由否认成立基本权侵害。[239] 况且，有些案件中，欧盟最高法院会明确否认欧盟机关具有制定某法律文件的权限。[240]

4. 合作关系、越权行为审查、走出死胡同的方法

（1）就在联邦宪法法院第二审判庭作出"PSPP案"的判决之后，欧洲中央银行行长拉加德及欧盟委员会主席冯德莱恩均强调，只有欧盟最高法院有权审查欧洲中央银行，欧盟委员会还作出了可能启动违反条约之诉的声明。[241] 相反，波兰总理莫拉维茨基则明确表示了对判决的欢迎。[242]

---

[238]　详见 *Möllers/Redcay*, EuR 2013, 409 ff.

[239]　例如欧洲人权法院关于意大利学校悬挂十字架一案的判决，参见 EGMR, Urt. v. 18. 3. 2011, 30814/06, CE：ECHR：2011：0318JUD003081406, Rn. 70 ff. -Lautsi u. a. v. Italy; 有关法国的布尔卡禁令，参见第十四章边码27及以下；也参见第十二章边码132及以下。

[240]　EuGH, Urt. v. 13. 6. 1958, Rs. 9/56 u. a., EU：C：1958：8, Rn. 11, 53-Meroni; EuGH, Urt. v. 5. 10. 2000, C – 376/98, EU：C：2000：544, Rn. 115-Tabakrichtlinie; EuGH, Urt. v. 22. 1. 2014, C-270/12, EU：C：2014：18, Rn. 41 ff. -ESMA. 也参见 *Ruffert*, in：FS Scheuing, 2011, 399, 404 ff.

[241]　*Siedenbiedel u. a.*, FAZ v. 7. 5. 2020, S. 7; *Mussler u. a.*, FAZ v. 8. 5. 2020, S. 15.

[242]　FAS v. 10. 5. 2020, S. 1："欧盟历史上最重要的判决之一。"

联邦议院议长朔伊布勒则称判决"不可避免,但蕴含危险"。[243] 什么才是可以考虑的方案?争论双方该如何在法律以及政治上作出明智的行为?

122　　(2) 联想到欧盟"促进同一性"的思想,或有助于这一问题的解决:欧盟不仅是和平联盟、经济联盟,同时也是政治联盟、法律联盟。作为"法律联盟"(Rechtsunion),它依赖于各成员国对欧盟法的承认和遵循(第十章边码 57)。不承认欧盟法、破坏这一要求的做法必将加速法律联盟的瓦解,促使欧盟出现倾颓之势。[244] "法"是针对特定作为或不作为而发出的命令(第二章边码 7)。不过,这一点很容易被人遗忘,或者可以说:如果欧盟是法律的联盟,那么欧盟机构和成员国都必须严肃对待欧盟法。法律不能屈从于"政治至上"的理念。[245] "货币联盟"的症结也在于,法律规范没有得到严肃之对待。《稳定协定》(Stabilitätspakt)本已为欧元区创设了能够减少成员国犯错机会的参考指标。[246] 然而,多年来,它却时常遭到违反。到目前为止,这还未造成严重的法律后果。[247]

123　　(3) 对上文提到的**合作关系**(第二章边码94 及以下)而言,它理应得到进一步的积极发展,因为《欧洲联盟条约》第 4 条第 3 款第 1 分项的"忠实义务"(第一章边码 28 及以下)乃适用于所有的参与主体。通过如下三种走出死胡同的办法,或有助于让彼此重拾尊重[248]:第一,在欧盟层面,欧洲中央银行首先可以补交联邦宪法法院所要求提供的理由,这涉及的是购买计划的经济政策影响。对于行政机关的行为,欧盟最高法院强调,说理必须足够清楚而明确,从而使当值法院能够履行其审查之责(第

---

[243] FAZ v. 8. 5. 2020, S. 4.

[244] 同样的观点,参见 *Mayer*, JZ 2020, 725, 734。

[245] *Möllers*, in: Möllers/Zeitler, Europa als Rechtsgemeinschaft-Währungsunion und Schuldenkrise, 2013, S. 1, 8 ff.; 在具体情形中,有学者强调了法共同体的重要性,参见 *Pernice*, EuZW 2020, 508 ff。

[246] 参见《欧洲联盟运作方式条约》第 126 条第 2 款以及 Protokoll (Nr. 12) über das Verfahren bei einem übermäßigen Defizit v. 7. 2. 1992, ABl Nr. C 191, S. 84: 年度赤字率为3%以及占国内生产总值 60%的负债率; 另参见 *Waigel*, in: Möllers/Zeitler, Europa als Rechtsgemeinschaft-Währungsunion und Schuldenkrise, 2013, S. 71, 74 ff。

[247] 详见 *Möllers/Zeitler* (ebd.)。

[248] 这部分内容,参见 *Möllers*, EuZW 2020, 503 ff.; s. auch *Gärditz*, EuZW 2020, 505, 507 f。

一章边码43及以下）。因其独立性，欧洲中央银行免受民主合法授权的议会成员的直接审查，因此，依《基本法》第20条第1、2款之民主原则及人民主权原则，实应对其进行更为严格的司法审查。[249] 如今，联邦议院也认可了欧洲中央银行的理由。[250] 第二，成员国，特别是联邦宪法法院也应有所作为。在互相尊重的、合作性的司法联盟（第二章边码100）中，人们本该避免争论——各方应当"自食其果"（第一章边码88）。因此，联邦宪法法院应当对"越权行为"的概念作出严格的定义，即局限于对《基本法》23条第1款第3句、第79条第3款"永恒性保障"的狭义理解上。既然联邦宪法法院第二审判庭强调"比例原则"构成成员国和欧盟之间的权限边界（第十三章边码115），那么联邦宪法法院在认定越权行为之前先就同一法律问题再次向欧盟最高法院申请启动前置判决程序，恰是（比例原则意义上的）所谓"更温和的手段"。[251] 第三，成员国是条约的主人。有限授权原则及"权限清单"规定即是为了避免不经意间剥夺成员国的权限（第二章边码56及以下）。不过，欧元区的成员国可以通过"条约变更程序"共同作出有关扩大权限的约定，使货币联盟也成长为一种经济联盟。[252] 此时，欧盟理事会可谓对欧盟未来以及欧盟及成员国之间的权限分配作出裁判的适格机构。

---

[249] BVerfG, Urt. v. 21.6.2016, 2 BvR 2728/13 u. a., BVerfGE 142, 123 Rn. 188 f. -OMT-Urteil；之前的判决，参见 *Hinarejos*, 11 EuConst 563, 571 ff.（2015）。

[250] Antrag der Fraktionen CDU/CSU, SPD, FDP und BÜNDNIS 90/DIE GRÜNEN, BT-Drs. 19/20621；有关包含各种组成部分的理由（正在进行的战略审查），参见 *Siekmann/Wieland*, The Ruling of the Federal Constitutional Court concerning the Public Sector Purchase Program: A Practical Way Forward, IMFS Working Paper 2020, Nr. 140, S. 1, 10 ff。

[251] 在PSPP程序中就可以这样做，参见 *Siekmann*, EuZW 2020, 491, 498.; *Callies*, EuZW 2020, 508, 511; *Meier-Beck*, EuZW 2020, 519, 523; *Schichels* u. a., EuZW 2020, 525, 529; *Mayer*, JZ 2020, 725, 731："本来可以重新呈递"；在"PSPP案"的判决后，第二审判庭认为相关人对"合比例性"的理由是充分的，因而可以说是作出了某种退让，参见 BVerfG, Beschl. v. 29.4.2021, 2 BvR 1651/15 u. a., Rn. 95 ff. -Vollstreckungsbeschluss PSPP，可访问 www.bundesverfassungsgericht.de。

[252] *Nettesheim*, NJW 2020, 1631, 1632; *Schorkopf*, JZ 2020, 734, 739；有关《欧洲联盟条约》第48条参见上文第二章边码56；相关建议，参见 *Möllers*, in: Möllers/Zeitler, Europa als Rechtsgemeinschaft-Währungsunion und Schuldenkrise, 2013, S. 1, 10 ff. m. w. Nachw。

124 第一审判庭的第四条路径表明：就与欧盟最高法院的关系而言，两个审判庭之间存在着显著区别："PSPP案"中，第二审判庭明显是在寻求对质，而第一审判庭"被遗忘权案"的两次判决则是在避免这一点。两个审判庭都是为了实现"权力的维持"：第二审判庭强调"同一性保留"（第二章边码96及以下），第一审判庭则以"重叠论"为依据介入对欧盟基本权利的审查（第二章边码106及以下），由此确保联邦宪法法院不会失去其意义。此外，任何公民也都可以通过提起宪法诉愿来要求其履行这一权限。第一审判庭的合作路径被证明是"明智的分工理念"。[253] "被遗忘权案"的两个判决有望打破欧洲人权法院、欧盟最高法院、联邦宪法法院和专门法院之间混乱合作的"戈耳狄俄斯之结"。[254]

125 不过，第一审判庭的路径也蕴含着不可忽略的风险[255]：就结果而言，它其实变相引入了一种审查欧盟基本权利的国内法上的违宪诉讼，而这并未得到欧盟法自身的承认。[256] 如此，联邦宪法法院即有可能不在前置判决程序中将争议问题呈递给欧盟最高法院。[257] 而其他成员国的宪法法院又必须在很大程度上有进行此类呈递的意愿。[258] 否则，欧盟的基本权利将被边缘化。[259]

126 总之，自《马斯特里赫特条约》就体现于各种欧盟条约中的统一性和多样性之间的张力仍然存在：既要实现《欧洲联盟条约》第1条第2款意义上越来越紧密的联盟，同时又要尊重文化的多样性（《欧盟基本权利宪章》第22条）。[260] 欧盟最高法院前院长莱纳茨（Lenaerts）即强调欧盟最高法院和成员国宪法法院之间是"复杂的多层次联盟中适当的责任分配关

---

[253] *Kühling*, NJW 2020, 275, 277, 280.

[254] *Kühling* (ebd.)；类似观点，参见 *Thym*, JZ 2020, 1017, 1019, 1027：比第二审判庭针对越权行为的威胁而言更为成功。

[255] *Kämmerer/Kotzur*, NVwZ 2020, 177, 184：有着不确定结局的危险策略。

[256] *Muckel*, JZ 2020, 237, 239.

[257] 参见第二章边码108以及第十二章边码119。

[258] 有关比利时、丹麦、法国、意大利、奥地利和波兰宪法法院的情况，参见第二章脚注182以及第三章边码93a；另参见 *Spieker*, EuZW 2020, 854, 858：危险的先例。

[259] *Wendel*, JZ 2020, 157, 165 以及第十章边码57及以下。

[260] 有关有限的具体授权原则以及辅助原则，参见上文第二章边码56及以下。

系":不仅要注意成员国的宪法身份性,还要意识到,欧盟最高法院不单是面对一个宪法法院或者一个宪法身份,而是要同时面对 27 个。[261] 此外,在实质层面还涉及的问题是,欧盟最高法院可以在多大程度上作为宪法法院而具体化或者说进一步地发展欧盟基本权利。要达致巧妙的平衡,欧盟最高法院一方面需要注意法治国家的最低标准,在其受到威胁时,也要坚持向成员国贯彻之。正如《欧洲联盟条约》第 7 条所规定的,这属于欧盟身份认同的核心要义(第十章边码 57a)。另一方面,同欧洲人权法院一样[262],它也必须在"欧盟价值多元主义"的意义上容许成员国的特点,从而使得基本权利亦能反映成员国的社会发展(第十章边码 57 及以下)[263] —— 这也是尊重欧盟的那句格言:"在多元中统一。"(In Vielfalt geeint)

第七节 在法续造的框架下对各种论证模型进行衡量

一、优先规则、推定规则、论证负担规则

"五步法体系"中的第一步是收集各种论证模型。为此,即要保障在案件的审查中将所有相关的论证方法都考虑在内。而在第二步,则需要对它们进行权衡。若能明确地认识到各种论据不同的强度,审查即非难事。依是否适用优先规则、推定规则或论证负担规则,各论证模型可以具有不同的权重。主张进行法续造的人,自应承受相应的论证负担(第一章边码 100)。不过,优先规则(第一章边码 97)总是有其适用空间,从而阻却衡量。这类优先性论据包括合宪的法续造(第十一章边码 68 及以下)、欧盟法上的"合基础法续造"(第十二章边码 26 及以下)。相反,刑法领域中的罪刑法定原则禁止进行不利于行为人的法续造(第四章边码 65 及以下)。此外,还存在针对某种特定法律解决路径的推定规则(第一章边码

---

[261] Lenaerts, EuR 2015, 3, 25, 其援引了 Voßkuhle 的观点。
[262] 关于法国的波卡案(EGMR-S. A. S. v. France),参见第十四章边码 28 及以下。
[263] Ch. Möllers/Schneider, Demokratiesicherung in der Europäischen Union, 2018, S. 105 f., 126; Schorkopf, JZ 2020, 477, 484 f.

98）。如果法律人可以援引这些规则，证立抑或驳斥法续造都会更为容易。在这种前提下，权衡所导向的乃是一种质的要素。

二、衡量规则

128 许多形式论据有着同等位阶，彼此之间不具有优先性。动态体系论的特征即在于收集各种同等位阶的要素并对其加以衡量。纯粹从量上说，罗列论据的清单类似于动态体系论。就本书推崇的五步法而言，形式论据之间也适用"越……就越……"的比较性原则（第八章边码5及以下）。在这一框架下，"衡量规则"的概念可谓非常切题（第一章边码99）。至于如何衡量论证模型，则容后文予以阐述（第十四章边码77及以下）。

三、五步法体系与衡量规则的关系

129 眼下要思考的问题是，法律人是否有必要总是依循完整的检索模式？若存在明确的优先论据，这样做恐怕是低效的。此时，或可中止检验步骤。在非常明确的案件中，作为一种例外，上述观点可谓正确。刑法领域中，超越文义界限即意味着审查的终结；再考虑其他论据，已没有什么意义，因为超越文义界限的问题无法通过其他论证模型而得到补救。

130 然而，总体而言，强有力的优先性论据只是偶尔出现。通常来说，是否存在某种优先论据，一开始并不明显。若涉及的只是一种以宪法为导向的解释，宪法就不能对抗其他的论据（第十一章边码39及以下）。这类情形下，恪守五步法对法律人来说即比较重要，因为这样做才能避免他遗忘某个论据，从而不留给反对者攻讦的余地。因此，此时仍应按照收集论据、权衡论据之规则。在超越法律或修正法律的法续造那类并不完全简单的案件中，法律人必须准备好一整套的论据，为法续造提供有说服力的说理。因此，通常而言，法续造对论据的数量都有较高之要求。

131 关于法续造的正当界限，用一张图表可以作出清楚的说明。用"带有砝码的秤"可以恰如其分地形容各种论据间的共同作用，各种标准由左到右滑动，形成"越……就越……"之效果。在具体个案中可罗列出支持或反对某一观点的论据，并按照萨维尼的解释原理、目的导向的解释以及宪法和欧盟法的考量对它们进行分类。砝码（图中圆球）的大小即反映了各种论据模型不同的权重。

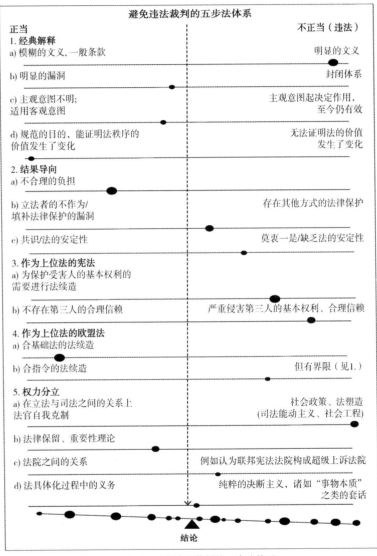

图 13-1　避免违法裁判的五步法体系

第八节　第十三章小结

133　（1）法续造的正当界限可谓法学方法论最富争议的问题之一，因为法官不仅侵及议会的原始立法权限，同时也影响民众对于"法"或法律文义的信赖。在支持或反对法官造法的论证中时常只是列举一些具体的论据，本书则主张将支持或反对法续造的相关论据嵌入"五步法体系"之中，由此避免造成反于法律的法续造。需要区分的是衡量规则、推定规则、论证负担规则和优先规则。

（2）审查应当从萨维尼的解释方法开始。法院若取代立法者意图和立法计划，即可能触及法续造的正当界限。

（3）结果导向的思想可构成法续造的正当理由，例如法律漏洞造成的不合理负担、立法者的不作为等。共识、比较法的确认、提高安定性等则可作为进一步的论据。

（4）确定违法界限的关键通常在于上位法。受害人的基本权利可以作为违背立法者文义和意图而进行合宪的法续造的理由。相反，相关人的合理信赖则可能阻却法续造。这种值得保护的信赖也可体现于罪刑法定原则或判决的溯及力上。

合基础法的解释或续造是欧盟法领域的一项优先规则，法续造或者适用优先可能是其必然之后果。

（5）法律保留原则及重要性理论保障了立法者相对于行政部门的权限领域。基于权力分立原则，"主动型构社会秩序"应始终属于议会之权限，法官不得转变为"立法的法官"。与此相关的法构造即"法官的自我限制"及"政治问题原则"，这赋予了议会在其立法框架内的一种衡量自由。法学方法和法教义学可以使法的具体化和建构理性化。联邦宪法法院可以要求法律呈现出理性之特征；有疑问时，应将权力复归于立法者。

此外，还应注意法院之间的权限边界问题：联邦宪法法院不能跃居为"超级上诉法院"或终审的欧盟法院。值得提倡的是在欧盟各法院之间形成一种合作关系。"PSPP案"中，第二审判庭明显是在寻求对质，而第一审判庭"被遗忘权案"的两次判决则是在避免这一点。如果联邦宪法法院能保有将争议问题呈递给欧盟最高法院的意愿,那么,第一审判庭重视合作的路径就不失为一种明智的分工理念。此外,欧盟最高法院一方面需要注意法治国家的最低标准,另一方面也要容许成员国特点的存在,唯如此才能实现精妙的平衡,从而使基本权利能够映射某一成员国社会的发展。

本章参考文献:

Brohm, Winfried, Die Funktion des BVerfG-Oligarchie in der Demokratie?, NJW 2001, 1 - 10; Bruns, Alexander, Zivilrechtliche Rechtsschöpfung und Gewaltenteilung, JZ 2014, 162-171; von Dücker, Hans-Gerd, Der Richter als Ersatzgesetzgeber, in: FS Maurer, 2001, S. 49-66; Foerste, Ulrich, Verdeckte Rechtsfortbildung in der Zivilgerichtsbarkeit, JZ 2007, 122-135; Heun, Werner, Original Intent und Wille des historischen Verfassungsgebers, AöR 116 (1991), 185-208; Hillgruber, Christian, Richterliche Rechtsfortbildung als Verfassungsproblem, JZ 1996, 118-125; Jestaedt, Matthias/Lepsius, Oliver/Möllers, Christoph/Schönberger, Christoph, Das entgrenzte Gericht-Eine kritische Bilanz nach sechzig Jahren Bundesverfassungsgericht, 2011; Meier-Hayoz, Arthur, Strategische und taktische Aspekte der Fortbildung des Rechts, JZ 1981, 417-423; Morlok, Martin, Die vier Auslegungsarten-was sonst?, in: Gabriel, Gottfried/Gröschner, Rolf, Subsumtion, 2012, S. 189 - 214; Möllers, Christoph, Nachvollzug ohne Maßstabbildung: richterliche Rechtsfortbildung in der Rechtsprechung des Bundesverfassungsgerichts, JZ 2009, 668-673; Möllers, Thomas M. J., Ein Vierstufen-System zur Rationalisierung der Grenze zulässiger Rechtsfortbildung, in: FS G. Roth, 2011, S. 473 - 496; ders., Die Rolle des Rechts im Rahmen der Währungsunion und Schuldenkrise, in: Möllers, Thomas M. J./Zeitler, Franz-Christoph, Europa als Rechtsgemeinschaft-Währungsunion und Schuldenkrise, 2013, S. 1 - 18; ders./Redcay, Katharina, Das Bundesverfassungsgericht als europäischer Gesetzgeber oder als Motor der Union?, EuR 2013, 409 - 431; Pieroth, Bodo/Aubel, Tobias, Die Rechtsprechung des Bundesverfassungsgerichts zu den Grenzen richterlicher Rechtsfindung, JZ 2003, 504-510; *Risse, Horst*, Rechtsprechung und Parlamentsfreiheit – Versuch einer Vermessung der geschützten parlamentarischen Gestaltungs-und Entscheidungsspielräume, JZ 2018, 71 – 79; *Rüthers, Bernd*, Fortgesetzter Blindflug oder Methodendämmerung der Justiz? Zur Auslegungspraxis der obersten Bundesgerichte, JZ 2008, 446 – 451; *Rüthers, Bernd/Höpfner, Clemens*, Analogieverbot und subjektive Auslegungsmethode, JZ 2005, 21-25; *Scholz, Rupert*, Der gesetzgebende Richter, ZG 2012, 105-120; *Söllner, Alfred*, Der Richter als Ersatzgesetzgeber, ZG 1995, 1-16; *Torggler, Ulrich (Hrsg.)*, Richterliche Rechtsfortbildung und ihre Grenzen, 2019.

> 解释是新鲜而恣意的；你若解释不出什么，那就创造些什么。
> ——约翰·沃尔夫冈·冯·歌德：《温和的警句》，第二节，1821年

第十四章 现代法学方法论

第一节 走向现代法学方法论

一、经典法学方法论与后现代法学方法论

法学方法论的实质颇具争议。20世纪以来，经典的法学方法论虽然对萨维尼的论证模型予以了精确化，但它仍被一些人视为明日黄花。他们认为：论证模型并没有太大意义（第四章边码30及以下），而所谓"目的"（第五章边码6及以下）以及"漏洞"（第六章边码107）纯粹只是一种断言，客观解释也往往只是法官的主观看法（第六章边码73及以下）。

这种所谓的"后现代的法学方法论"备受批评。[1] 其对传统法学方法论的指摘是：涵摄的思想、通过演绎进行的法的发现（第四章边码2及以下）只不过是为了"维持表面的美观"[2]；法律陈述从一般到具体的推演[3]被认为是一种虚构。由于规范的不确定性，适用及涵摄的模型被

---

[1] 详见 Röhl/Röhl, Allgemeine Rechtslehre, 3. Aufl. 2008, S. 327 ff.; *Vesting*, Rechtstheorie, 2. Aufl. 2015, Rn. 228 ff。

[2] *Hegenbarth*, Juristische Hermeneutik und linguistische Pragmatik, 1982, S. 195 und 199："一个新的方法论必须以这样的认识为出发点：不同于普遍认识的是，通过文本科学的解释方法很难为司法裁判提供理由。"同样的观点，参见 *Neumann*, Rechtstheorie 32 (2001), 239, 242。

[3] 就此参见第六章边码140的"整体类推"，第九章边码17及以下的"法原则的确立"。

指已然过时。[4] 其他的诸多指责还包括:"法源"的概念已跟不上时代(第三章边码9),"法的发现"实为一种陈旧的思想,恰如本章开始所引用的歌德之语:在虚无之地,也只能发现虚无。取而代之的,人们应当认识到裁判法官创造性的意志行为,而转向**"法的创制"**(Rechtsschöpfung)这一概念。法官或是依其职责,或是依其理解而进行裁判。法学方法论被认为无助于澄清法教义学(第九章边码6)。为人们所通用的实为一种"实用的方法多元主义",也就是说,法官只是撷取那个正中其下怀的论证模型(第十四章边码64)。倘若法官是自由地"发明"法律,西蒙不禁问道,当前状态的法学方法论对法的实践甚至法的教育而言是否本就毫无意义?[5]

二、现代的法学方法论

3　　当"法"不够明确或者完全保持沉默时,我们该如何确立一种恰当的法解决方案?它究竟应当是相关法律利益和价值基础的"深思熟虑"(Zu-Ende-Denken)[6],还是法秩序当中各种法原则的争论取舍?[7] 法的解决方案是否应当具备论证上的理性?还是说,法官就是依其权威以法创制的方式进行裁判?不论是经典的还是后现代的法学方法论,都各有优缺点。经典的法学方法论在具体化及建构的领域是失灵的;这些领域中存在较大程度的、难以说清道明的法官的创造性活动。而在公法领域,萨维尼的学说尚有很多的用武之地(第十章边码4)。相反,后现代的法学方法论若

---

[4] *Vesting*, Rechtstheorie, 2. Aufl. 2015, Rn. 195, 201 f.;明确指出者,参见 *Laudenklos/Rohls/Wolf*, in: Rückert/Seinecke, Methodik des Zivilrechts-von Savigny bis Teubner, 3. Aufl. 2017, S. 609, 611:"认为法和法的体系没有漏洞的这种教义已然被瓦解。"

[5] *Simon*, Zur Wertlosigkeit juristischer Methodenlehre, S. 1, 9, Vortrag vor der Juristischen Fakultät Potsdam v. 23. 6. 2016, abrufbar unter https://mediaup.uni-potsdam.de/Player/5256; Manuskript: http://docplayer.org/28590820-Herr-dekan-liebe-kolleginnen-und-kollegen-meine-damen-und-herren.html;之前已有的论述,参见 *Krawietz/Morlok* (Hrsg.), Sonderheft Rechtstheorie 32 (2003), 135-371,并非偶然的是,作者借鉴了 Kirchmann 著作的书名,参见 *Kirchmann*, Die Wertlosigkeit der Jurisprudenz als Wissenschaft, 1848(也参见第六章脚注153)。

[6] 关于利益法学和价值法学,参见上文第五章边码19及以下。

[7] 有关原则之间的衡量,参见上文第十章。

只是为任意妄为、自由造法张目,则很多情况下都会偏离其本来的目标。因此,结合两种观点、各取其长的做法似乎较为妥当:一种现代的法学方法论乃是以经典的方法论为基础,并补充以现代的论证模型,并兼顾上位法,且不会忽略法的具体化及构造这一重要、同时也棘手的领域的方法论。而这也恰恰是本书的结构。因此,本书汇总了法律人解决法律问题时可以使用的众多论证模型。[8]

本书的目标在于通过法学方法论及法教义学而使法的解决方案理性化。针对认为法学方法论多余或随意的那种批评,下文将予以进一步的驳斥。最后还将分四个领域介绍如何使裁判的说理理性化,从而使法律人的工作方式变得有章可循。需要深入探讨的是,案件事实和法之间可以如何互为条件。唯有对案件事实的每个棱角都了如指掌,才能得出某种法的解决方案。这种所谓的"案件诠释学"虽属实践工作者的日常操作,但它却并不为法科生所熟悉。它关涉的是对案件事实以及规范领域的处理(第二节)。针对明显偏离法律的法院的法创制行为以及法官决断主义的批评,也是之后要讨论的内容。这里将引出通过"论题学"等其他论证模型而进行法学创新的重要性(第三节)。同时,那种认为法官可能以及被允许随心所欲适用具体论证模型的批评,也值得予以回击。围绕所谓"方法多元主义"的争论实属法学方法论的长期性问题。借助"元方法"之原理,或可回应这一争议(第四节)。这将表明,相邻学科领域的诸多论证模型都可以被纳入考量,并在案件解决的过程中发挥额外的重要作用(第五节)。最后,如果法官能够用法学方法论和法教义学约束自己的法学思维,那么有关法官决断主义的批评也将难以为继(第六节)。

第二节 对法学方法论的扩展:案件诠释学

若将案件事实与法之间的转换效应作为保障案件解决的必要步骤,法学方法论即可回应来自法学理论的争议。这在法律实践的工作方式中表现

---

[8] 见附录。

得尤为明显；要为法律问题找到决断，对案件事实的充分把握也是必不可少的，"波卡案"即表明了这一点。

一、案件事实与法规范之间的转换效应

1. 已有的观点（恩吉施、费肯切尔）

6　　案件事实与法解决方案之间的"在法学上的转换作用"乃是为裁判提供理性论证的必要条件。前文已介绍了恩吉施的"目光往返流转"之说（第四章边码10）。对各个案件事实的认识也有助于细化并扩展与法律相关的表述。就此而言，这种方法论上的观点已得到了广泛的认可（第四章边码10）。此外，本书也介绍了费肯切尔的"个案规范理论"。此处令人信服的一点是：在法规范能够被适用之前，往往必须先对其予以具体化。据此，成文法和法官法都意味着造就"客观法"（个案规范）的法源（第四章边码11）。[9] 不过，构成决定性法源的从来都只能是规范，而不能是事实。[10] 定好不变的案件事实只是法学教育中才有的独一无二的产物，之后的实践大不相同。

2. F. 穆勒的规范领域说

7　　在公法领域，人们曾尝试为"案件事实诠释学"确立更加细致的结构，区分了所谓"问题解决领域"（Problemlösungsbereich）、"规范程式领域"（Normprogrammbereich）和"决定领域"（Entscheidungsbereich）。[11] 依 F. 穆勒之观点，规范也并不必然能够适用于案件事实：文本和案件事实应当先交融在一起构成某个法规范，然后再将其适用于案件事实。他如是指出：

---

[9] *Fikentscher*, Methoden des Rechts, Bd. IV, 1977, S. 323.

[10] 参见第四章脚注 19 学者的观点；*Metzger*, Extra legem, intra ius: Allgemeine Rechtsgrundsätze im Europäischen Privatrecht, 2009, S. 81。

[11] 此外还有后果效应领域、控制领域、学习领域，参见 *Hoffmann-Riem*, in: Schmidt-Aßmann/ders., Methoden der Verwaltungsrechtswissenschaft, 2004, S. 11, 31 ff.；*Voßkuhle*, in: Bauer/Czybulka/Kahl/Voßkuhle, Umwelt, Wirtschaft und Recht, 2002, S. 171, 188 ff.；后者提出了一种"七步模型"，区分了动机、案件事实、存续性、选择方案和框架，之后才是后果分析基础上的说理部分。

要对案件进行裁判的法律人，乃是从案件事实出发，选择出依他自己的固有理解看起来"相关的"规范文本。借此，那些被视为适格的法规范之中的各种事实性要素即进入工作的视野（"事实领域"，Sachbereich），正常情况下，出于工作效率的缘由，会依据案件事实的独特性将上述要素进一步限于"个案领域"（Fallbereich）。通过各种方法论上的已知手段对所有语言资料进行解释（文本解释）而得出的结果即"规范程式"（Normprogramm）。借其帮助，作为裁判者的法律人就能从事实领域及个案领域中选取出对案件结论同样具有规范意义的事实的子集——"规范领域"（Normbereich）；它所涵盖的即各种能够恰当地、一起作为裁判依据的事实资料（Realdaten）。

　　规范程式和规范领域共同组成付诸抽象一般表达的（裁判要旨意义上的）"法规范"（"此类情形下，应当……"）。在其工作的最后阶段，法律人需要再赋予这种法规范独特性，使其转变为"裁判规范"（判决主文，Entscheidungsformel, Urteilstenor）；这最后一步即进入方法上较为简单的推论过程——（只有！）在此意义上，它实为之前所得出的法规范之下的涵摄行为（诸如"由于存在这种情形，故应驳回起诉"等）。[12]

　　即是说，人们需要判断，事实及个案领域中有哪些部分可为"规范程式"所涵盖。此外，规范领域包括的是各种事实资料，它们实际上可以构成裁判之依据。由此即形成这里所称的"转换作用"（Wechselspiel），因为此时不只是作出解释，同时也要兼顾社会之现实。为此就需要斟酌，"实际上"究竟有哪些要素可归于规范之下。不过，这一理论也被指缺乏确定性[13]，有观点批判其是从"实然"导向"应然"[14]，并可能忽略实

---

[12] *F. Müller/Christensen*, Juristische Methodik, Bd. I, 11. Aufl. 2013, Rn. 16; zustimmend Hesse, Grundzüge des Verfassungsrechts der Bundesrepublik Deutschland, 20. Aufl. 1999, Rn. 60 ff.; *Hoffmann-Riem*, in: Schmidt-Aßmann/ders., Methoden der Verwaltungsrechtswissenschaft, 2004, S. 11, 26 ff., 53 f.; *G. Kirchhof*, Grundrechte und Wirklichkeit, 2007, S. 11, 15; *Laudenklos*, in: Rückert/Seinecke, Methodik des Zivilrechts-von Savigny bis Teubner, 3. Aufl. 2017, S. 424, 435.

[13] *Koch/Rüßmann*, Juristische Begründungslehre, 1982, S. 172.

[14] *Röhl/Röhl*, Allgemeine Rechtslehre, 3. Aufl. 2008, S. 608 f.

质性的价值安排，而经验性的资料本不能取代价值安排。[15] 此外，针对客观理论的那些批判（第六章边码 73 及以下）在这里也同样适用，即是说，人们过分地偏离了法律本身。下文将使大家熟悉这一方法论，并按照"个案领域"及"规范领域"分别予以论述。

二、用来确定个案领域的案件事实诠释学

1. 专门确立案件事实诠释学的必要性

11 （1）第一次国家考试之前的法学教育的重点仅在于回答案件问题并且尽可能地不忽视既定案件事实的任何一个部分。[16] 这虽然听起来有些陈词滥调，但是人们为此必须始终注意不得改动闭卷考试中列明的案件事实。那些为了适用相应的规范而不惜"歪曲"案件事实的法科生，即被斥为所谓的"案件事实的加工机"（Sachverhaltsquetsche）。这种做法是严重的法学技术失误。[17] 与此不同，第二次国家考试有时则会要求通过"举证"来查明案件事实。法学方法论通常也只是限于法的适用；它关注的是"法与法律"，故而是一种"法适用的方法论"。因此即有批判观点认为，当前的经典方法论不过是纯粹的文本诠释学，也即有关如何理解法律文本或法官法的技艺。[18]

12 （2）法学的实践则不限于此。律师、法官、行政官员乃至联邦宪法法院的法官都必须先在第一步查究案件事实。实践中，**查明案件事实**（Ermittlung des Sachverhalts）乃是法的发现过程中的关键性步骤。此时，法律适用者不得扭曲案件事实。[19] 因此律师不能只知晓法律（第三章边码 6），从事实的角度而言，他也不能止步于委托人所提供的信息。联邦最高普通

---

[15] 对 F. 穆勒规范领域说的批评，也参见 *von Arnim/Brink*, Methodik der Rechtsbildung unter dem Grundgesetz, 2001, S. 253 ff。

[16] 对这种片面教育的激烈批评，可参见 *J. Wolf*, in：FS Schnapp, 2008, S. 873 ff．

[17] *Möllers*, Juristische Arbeitstechnik und wissenschaftliches Arbeiten, 10. Aufl. 2021, § 2 Rn. 8.

[18] "诠释学"（Hermeneutik，希腊语：ἑρμηνεύειν, hermeneúein），指的是"意义理解——即对人之表达的理解——的科学或技艺"。参见 *Schapp*, Hauptprobleme der juristischen Methodenlehre, 1983, S. 21："法学方法论本身并不能反映出案件的重大意义。"

[19] "你无法改变事实，因此，你必须总是根据事实来采用法律"，出自 *Peter Wendel* "法与经济学"这门课的授课语录。

法院就此指出：

> 律师要通过诉讼实现其委托人的请求权，他的职责即在于尽可能全面地展示有利于当事人的事实及法律上的要素，以使法院在作出裁判时能够考虑之……他不能当然地满足于委托人所提供的信息，而是必须尽力弄清其他事项——倘若依具体情况，为了作出恰当的法律定性而有必要知晓其他事实，而这一事实的意义并不为委托人所清楚的话，则理应如此。[20]

13

除此之外，检察官（《刑事诉讼法》第152条第2款）也负有这种查明义务，公法领域的相关规定有《行政法院法》（VwGO）第86条第1款，税法领域则有《税收规则》（AO）第88条第1款。

14

可以说，法学必须注重"实际后果"（Realfolge），在此意义上，它也是一种"实际科学"。[21] 这要求人们做出更多跨学科的工作。[22] 最为紧要的即是发展出确立事实的方法以及案件诠释学[23]，从而使法律人也有能力对情况、事件和陈述作出解释。[24] 基于法律和法院判决而进行的法发现也只是确立案件解决方案的第二步。一种恰当的案件事实，总是能使法的适用变得更为容易。[25]

15

2. 从原始案件事实到案件事实：调查义务及访谈

（1）唯有案件事实的本貌才能使涵摄成为可能，那么，人们又该如何确定原本的案件事实？在进行真正的涵摄之前，还需要经历诸多工作步

16

---

[20] BGH, Urt. v. 13. 6. 2013, IX ZR 155/11, NJW 2013, 2965 Rn. 8- Rechtsanwaltspflichten.；也参见《民事诉讼法》第137条第2款第2分句；另参见 BGH, Urt. v. 10. 12. 2015, IX ZR 272/14, NJW 2016, 957 Rn. 6 ff。

[21] *Eidenmüller*, JZ 1999, 53, 55 ff.

[22] *Ch. Möllers*, in: Hoffmann-Riem/Schmidt-Aßmann/Voßkuhle, Grundlagen des Verwaltungsrechts, Bd. 1, 2. Aufl. 2012, § 3 Rn. 42 ff.; *Voßkuhle*, in: Bauer/Czybulka/Kahl/Voßkuhle, Umwelt, Wirtschaft und Recht, 2002, S. 171, 194；关于德国科学与人文委员会（Wissenschaftsrat）的见解，参见上文第九章脚注18。

[23] 行政法上提出这种要求的，参见 *Ch. Möllers*, in: Hoffmann-Riem/Schmidt-Aßmann/Voßkuhle (ebd.), § 3 Rn. 34。

[24] *Reimer*, Juristische Methodenlehre, 2. Aufl. 2020, Rn. 67 ff。

[25] 建议从这一角度对法学教育进行完善的，可参见 *Möllers*, ZfPW 2019, 94 ff。

骤，这些步骤通常占据了日常工作的一半（乃至以上）：案件事实的准备是决定性的工作。[26] 一开始，人们通常需要先从非法律人的角度"报告"或阐述案件事实，这即构成所谓的"原始案件事实"（Rohsachverhalt）。[27] 法律人需要与他的委托人进行访谈，补充缺失的信息并鉴别哪些信息有说服力、哪些信息必要时能够在诉讼程序中得到证实、哪些信息又是不足采信的。很多时候，人们都必须为此进行详尽的调查（Recherche）。[28] 在作出法学评价时，学者[29]或法官往往也需要先应对复杂的案件事实。在这一阶段，律师所做的是类似鉴定人的工作，同法科生一样，他要依据自己对案件事实的初步印象联想到特定的法规范，继而围绕该规范的构成要件要素来查问他的委托人。法律人对案件事实的调查以及之后在庭审中对案件事实的呈现都已经被局限在同其关注的法规范所相关的事项上（通常是请求权基础）。这里也可以考虑利用实证数据（第五章边码 92 及以下）。若对其作出了错误之权量，将会使裁判陷入为人攻讦的境地。

16a　　　　**进阶练习——FRoSTA 案（退市 II 号案）**："Macrotron 案"中，联邦最高普通法院以法续造的方式规定了企业退出证券交易所时所应采取的一系列针对投资者的保护措施。但"FRoSTA 案"中，联邦最高普通法院又以 180 度的转弯推翻了它之前的法续造（第十一章边码 22）。它拒绝整体类推的理由在于：从实证角度，不能确定公开告知从证券交易所退出的事项是否确实会导致投资者的股价损失。[30] 这

---

[26] 一种俚俗式的说法是：50kg 的事实问题＋16g 的法律问题，参见 *Jauernig/Hess*, Zivilprozessrecht, 30. Aufl. 2011, § 23. I. Rn. 5。

[27] *Larenz*, Methodenlehre der Rechtswissenschaft, 6. Aufl 1991, S. 279 ff.；赞同者，参见 *Bydlinski*, Juristische Methodenlehre und Rechtsbegriff, 2. Aufl. 1991, S. 421 ff.；*Upmeier*, Fakten im Recht, 2010, S. 28。

[28] 部分学者称此为"穷尽已有基础资源原则""背景调查原则"，可参见 *Reimer*, Juristische Methodenlehre, 2. Aufl. 2020, Rn. 94 f。

[29] "经济法"领域的例证，参见 *Möllers*, NZG 2014, 361 ff.：Porsche-VW-Übernahme；*ders.*, NZG 2018, 649 ff.：Short-Sell-Attacken；*ders.*, in：FS 50 Jahre Juristische Fakultät, 2021 (im Erscheinen)：Wirecard。

[30] BGH, Beschl. v. 8. 10. 2013, II ZB 26/12, NJW 2014, 146 Rn. 13 f.-FRoSTA，其援引了如下研究 Heldt/Royé, AG 2012, 660, 667 f。

种看法是否有其道理?[31]

(2) 如果案件事实之中出现了其他元素,那就可能立即改变相应的法律评价。此外,专家鉴定人也不时被牵涉进来,例如在确定工程缺陷或医生出现医疗失误时即是如此。[32] 通常,关键的一个问题,在于是否存在某种法律保护的保险(Rechtsschutzversicherung)来承担诉讼的风险和由此带来的费用。鉴别案件事实哪些部分没有争议,哪些部分存有争议,乃是这里的目标所在。[33] 下文的"狗咬案"即表明,案件事实当中一个小小的细节就可能改变诸如是否成立损害赔偿请求权这样的法律评价。

狗咬案:某女子想要摸邻居家的狗,被狗咬了一口。[34] 此时,就需要充实案件事实:该女子是否因此承受了收入损失?她具体受到了怎样的损害?相反,如果由保险公司承担治疗费用并由其事后行使追索请求权,那么该女子即可谓没有承受损失,她相应的请求权也就不再有意义。此外,结论还可能随时发生变化:女子是否知道这只狗嗜好咬人,情况也会大有不同,因为此时她可能构成与有过失(《民法典》第254条)。这条狗还有可能是一只导盲犬,即构成"实用动物"(Nutztier),此时行为人即可根据《民法典》第833条第2句的规定而免责。而如果涉案的狗是一条"斗犬",则还可能关系到公法规范,例如当地的斗犬管理条例等;邻居或需要获得饲养斗犬的许可,依规定,斗犬可能必须拴绳甚至穿戴口套。

(3) 在法学教育的"请求权结构"中,人们还必须确定请求权相对人。[35]

---

[31] 答案见下文第十五章边码56及以下。
[32] 富有启发的论述,参见 *Bender/Häcker/Schwarz*, Tatsachenfeststellung vor Gericht, 5. Aufl. 2021。
[33] *Baußmann/Wettner*, in: Reimer, Juristische Methodenlehre aus dem Geist der Praxis?, 2016, S. 143, 147.
[34] 出自 *Larenz*, Methodenlehre der Rechtswissenschaft, 6. Aufl. 1991, S. 279 ff.;雷默也在其著作中引用了这一案例,参见 *Reimer* (ebd.), Rn. 93 ff.;本书这里则进一步补充了拉伦茨所设计的案件事实。
[35] "谁得向谁以何依据主张什么",参见 *Möllers*, Juristische Arbeitstechnik und wissenschaftliches Arbeiten, 10. Aufl. 2021, § 2 Rn. 13。

若请求权相对人已告破产，请求权在经济上即毫无价值。同时起诉多人，或能降低这种破产风险。[36] 通常而言，企业比私主体更有支付能力。[37] 有时，同时向行为人[38]提起请求权可能会比较有利。

20 永不妥协（*Erin Brockovich*）：在电影《永不妥协》中，朱莉娅·罗伯茨饰演了一名律师助理。经过仔细的调查，她认定"太平洋瓦电公司"（PG&E）应当赔付其所在地附近加利福尼亚州辛克利镇居民的医疗账单，因为它使地下水受到了危害健康的六价铬重金属离子污染，造成当地居民严重的健康损害。[39] 损害赔偿的金额大小取决于公司的营业额。因此，原告若能证明，除辛克利的公司外，财力明显更为雄厚、位于旧金山的母公司也知晓饮用水污染的事实，即具有决定性的意义。

21 （4）对相关事实的调查不能局限于搜集使对方承担罪责的材料。一个优秀的法律人，也应当从"听取他方陈述"[40] 的角度试着理解对方的立场，并思索存在哪些可以减轻其罪责的因素。作为律师，不仅要了解支持请求权的因素，也要了解可能否定或阻却请求权的因素，唯有如此，才能为当事人提供恰当的咨询建议。此外，第三人的利益也理应得到兼顾。例如，建筑法领域就可能牵涉考古利益、文物、动物及自然保护等问题。在"母子车厢案"中，除了其他母亲的利益，值得关注的还有其余乘客对于安静乘车的需求（第一章边码 73）。

21a （5）新冠肺炎的大流行迫使行政部门依据不确定的因素而作出决定。此时，是否可以赋予行政部门广阔的评判及衡量空间，从而为其"大开绿

---

[36] 有关"注水案"所涉及的《民法典》第 904 条第 2 句意义上"状态妨害者"及"行为妨害者"之关系，参见第六章边码 165 及以下。

[37] 有关弥补侵权法缺陷的"附保护第三人作用的合同"这一制度，参见第十章边码 82 及以下。

[38] 在资本市场法领域，《民法典》第 826 条即针对行为人，而《证券交易法》第 97、98 条则针对企业，参见第八章边码 44 及以下。

[39] 史蒂芬·索德伯格导演的这部电影教科书般地展示了美国司法体系的诸多特点，且是基于真实事件改编：1996 年，针对 PG&E 的诉讼以赔付 3.33 亿美元的和解协议告终。朱莉娅·罗伯茨因这部电影斩获了 2001 年奥斯卡最佳女主角奖。

[40] 关于这一原则，参见上文第一章边码 38 及以下、第六章边码 79 及以下。

灯"？支持这样做的理由是，在涉及生死存亡的情形，国家必须立即作出反应。[41] 此外，也有观点认为，由于缺乏衡量所必要的知识，因而不可能进行基本权利的衡量。[42] 此观点实难令人赞同。如果影响决定的核心因素不甚清楚，那就不应当赋予某些具体的基本权利绝对的优先性。即使在充满不确定性的时期，基本权利的衡量也仍然是不可或缺的（第十章边码 12）。[43] 近来，曼海姆行政法院审理的一则案件即说明了这一点，该案涉及对养老院住户的限制：

> 梅勒赫夫养老院案：由于养老院所有的住户都已接种疫苗，因此，养老院的管理者想为已接种疫苗的员工和住户重新开放食堂。主管当局则拒绝了开放食堂的申请，理由在于，已接种疫苗者即使自己没有患病，也仍然有传染给第三人的风险。曼海姆行政法院认可了上述决定。[44] 本案中，法院即绝对化了第三人会被感染的这一理论上存在的剩余风险，而没有将这一点与养老院住户基本权利所受到的严重影响相衡量：据管理者称，旷日持久的封闭生活已经导致年老住户生理和心理上的各种损害，并增加了自杀之风险。[45] 在诉讼程序结束以后，罗伯特·科赫研究所就指出，被已接种疫苗者感染新冠肺炎的风险不是绝对的。[46]

21b

3. 提出原则与调查原则

（1）在诉讼程序中，"举证"占据着核心地位——然而，这一程序阶段却时常为法学方法论所忽视。[47] 从专家鉴定人的选择到特定证明手

22

---

[41] *Hase*，JZ 2020，1107.

[42] *Hase*，JZ 2020，697，699；*ders.*，JZ 2020，1107，1108.

[43] *Heinig/Kingreen/Lepsius/Ch. Möllers/Volkmann/Wißmann*，JZ 2020，861，866.

[44] VGH Mannheim，Beschl. v. 18. 3. 2021，1 S 774/21，BeckRS 2021，5184-Betreutes Wohnen im Mühlehof.

[45] 他的原话是"养老院住户生理及心理的崩塌"，参见 *van Lijnden*，FAS v. 27. 3. 2021，S. 8。

[46] 不过，双方后来达成了和解，而允许了食堂开放，参见 VGH Mannheim，Beschl. v. 13. 4. 2021，1 S 1008/21，https：//verwaltungsgerichtshof-baden-wuerttemberg.justiz-bw.de/pb/，Lde/9137864。

[47] *W. Wolf*，in：Reimer，Juristische Methodenlehre aus dem Geist der Praxis？，2016，S. 75，81.

段的说服力,"举证"环节事关诸多方面。案件事实究竟如何,也取决于能够在诉讼中证明什么。民事诉讼领域一般奉行"辩论原则"(Verhandlungsgrundsatz)或"**提出原则**"(谁主张谁举证),例如《民事诉讼法》第 282 条之规定。[48] 据此原则,当事人得自由决定在诉讼程序中主张、争论或承认哪些事实。不过,在德国法中,这一罗马法上的古老原则[49]明显要受到《民事诉讼法》第 139 条第 4 款之"法官照顾义务"的限制,根据此义务,法官"原则上应在口头辩论之前尽早将他看来对裁判而言有关键意义,但却为相关当事人所明显忽视的情况告知当事人,以保障其在诉讼程序中能有应对这些情况的机会"。[50]

23 不同于美国法的是,原告原则上不得请求获取对方的信息。[51] 唯在例外情况下,可援用有关举证责任减轻或获取信息请求权的法律规定或判例。[52] 基于"提出原则",当事人不得不自行证明所有对其有利的请求权条件,因此民事判决中的案件事实时常被认为不够完备,而只能局限于实质性之内容;此外,依《民事诉讼法》第 313 条的规定,诉讼文书和笔录也是可以被援引的对象。

24 (2)"提出原则"的对立面即"**调查原则**":据此,法院须依职权注意当事人未主张的事实并提出证明。例如,在刑事诉讼、行政诉讼以及"亲子关系案件"(Kindschaftssache)中,澄清案件事实即承载着某种公共利益。

---

[48] Rosenberg/Schwab/*Gottwald*, Zivilprozessrecht, 18. Aufl. 2018, § 77 Rn. 8 ff.
[49] *Da mihi facta, dabo tibi jus*-给我事实,我就能给你权利,参见 Dekretalen, 2, 1, 6。
[50] BGH, Urt. v. 15. 10. 2009, VII ZR 2/09, ZfBR 2010, 130 f.
[51] 判例拒绝采纳美国法上的"审前披露程序"(*pre-trial-discovery-verfahren*),其被指是一种非法的调查。详见 *Stürner*, Die Aufklärungspflicht der Parteien des Zivilprozesses, 1976; *Chudoba*, Der ausforschende Beweisantrag, 1993。
[52] *Möllers*, Rechtsgüterschutz im Umwelt- und Haftungsrecht, 1996, S. 363 f.; 详见 *R. Koch*, Mitwirkungsverantwortung im Zivilprozess, 2013; 批评意见,参见 *Stürner*, in: FS Vollkommer, 2006, S. 201, 210, 作者指责德国法已然落伍于国际之发展。相关建议,则参见 *Gottwald*, Gutachten A zum 66. DJT, 1996, S. 16 ff.; 有关多种理论背景下的跨领域之冲突,参见 *Brand*, NJW 2012, 1116 ff.; 另参见第十一章边码 87 及以下。

三、规范领域

1. 调查原则与规范领域

调查原则对联邦宪法法院而言也至关重要,后者总是非常详尽地阐述案件事实。[53] 它赋予包括经济组织和团体在内的当事人发表意见的机会。此外,联邦宪法法院也会利用专业文献及现有的数据。[54] 这样详细地展现事实,即可实现(当事人的)"武器对等"(Waffengleichheit),确保了他们的听审权,也由此保障了裁判的可接受性。通常而言,联邦宪法法院并不援引诉讼文书和证明材料。[55] 它会列明相应的法规范(以 A.I. 为编码)、诉讼历史(A.II.)、当事人的法律阐述(A.III.),必要时还包括取证以及其他有权发表观点者所得出的结论(A.IV.)。[56] 例如,在"头巾案"中,联邦宪法法院即介绍了德国阿列维团会、土耳其伊斯兰宗教机构联盟(简称 DITIB——译者注)以及犹太人中央委员会对于头巾问题的意见。[57] "十字架案"所争论的问题则主要在于十字架究竟有何解释价值。[58] 为此,人们时常需要长篇累牍地阐述案件事实。[59] 案件的"政治性"越强,案件事实就越需详尽。

详细阐述案件事实的另一个类似缘由则来自欧盟最高法院[60]和欧洲人权法院。[61] 欧盟法院在程序上的问题是,成员国的法官并不熟知其他

---

[53] 《联邦宪法法院法》第 26 条第 1 款。
[54] Bryde, in: FS 50 Jahre BVerfG, 2001, Bd. 1, S. 533, 536 f.
[55] Klein/Bethge, in: Maunz, u. a., Bundesverfassungsgerichtsgesetz, 60. EL Juli 2020, § 30 Rn. 18.
[56] Benda/Klein, E., Verfassungsprozessrecht, 4. Aufl. 2020, Rn. 380;例如 BVerfG, Beschl. v. 27. 1. 2015, 1 BvR 471/10 u. a., BVerfGE 138, 296-Kopftuch II。
[57] BVerfG(ebd.), Rn. 68, 74 f. -Kopftuch II.
[58] BVerfG, Beschl. v. 16. 5. 1995, 1 BvR 1087/91, BVerfGE, 93, 1, 18 ff. -Kruzifix. 有关此,详见 Heckel, DVBl. 1996, 453 ff。
[59] BVerfG, Beschl. v. 10. 10. 1995, 1 BvR 1476/91 u. a., BVerfGE 93, 266- "Soldaten sind Mörder"一案有 20 页篇幅(用于描述案件事实),Urteil Kopftuch II 案中则有 25 页的篇幅(第十四章脚注 56)。
[60] Art. 25 der Satzung des EuGH, s. Protokoll über die Satzung des EuGH v. 26. 2. 2001, ABl. Nr. C 80, S. 53.
[61] Rule 19 Abs. 2 der Rules of the Court v. 1. 1. 2020, 可访问 www.echr.coe.int/Documents/Rules_ Court_ ENG. pdf.

成员国的国内法规范。因此，在案件事实中逐字介绍法的规范即能有助于提升对跨境判决的理解。此外，所要记述的不仅包括相关成员国的法律观点，还包括未直接参与程序的其他成员国的意见。[62] 欧洲人权法院的判决则尤为详尽，主要原因在于它负责解释欧盟法上的基本权利，而其解释通常异于或宽于成员国国内法的基本权利。对案件事实的描述常常需要付诸较长的篇幅，法院希望借此列明所有相关的论据并使其得到倾听。[63]

2. 案件诠释学：以可能的波卡禁令为例

27 有关在公共场合一般性地禁止穿戴波卡（即穆斯林妇女使用的一种遮盖全身、只在眼部留有网格的罩袍——译者注）这一问题的讨论即清楚地表明，确定规范领域是一件何其棘手的事情。基于基本权利的不确定性，要确立一般性波卡禁令的规范领域，势必要颇费周章。首先，人们需要确定这涉及哪些基本权利利益。其次，应当从法律事实的角度，审查相关的宗教当中有何具体的着装规定以及是否存在其他可替代的着装形式。最后，才是关于宗教自由及表达自由范围（积极方面和消极方面）的法教义学讨论。

28 波卡禁令：是否可以禁止在公共场合穿戴波卡？

（1）《基本法》第4条第1款的"宗教自由"

在德国，人们曾讨论妇女能否在公共场合穿戴波卡或者说国家能否禁止之。尽管《基本法》在其第4条第1款规定了宗教自由，但法律文义几乎无法作为解决问题的依据，因为宗教自由的保护范围和程度取决于宗教的自我认识，或者说是以各个宗教团体的知识渊源以及"圣书"为依据。

29 （2）结合法社会学的因素，可将"原始案件事实"补充为"案件事实"。

---

[62] 有关"诉争辅助"（Streithilfe）的可能性，参见 Art. 129 ff. VerfO Gerichtshof. S. etwa EuGH, Urt. v. 5. 3. 1996, C-46/93 u. a.，EU：C：1996：79, Rn. 18-Brasserie du Pêcheur。

[63] 例如，"波卡禁令"案的判决即用了多达40页的篇幅（第十四章脚注69）。

①在从法律方面审查"宗教自由"的范围之前，需要先补充案件事实。（穆斯林的）面部遮掩物有多种，包括裸露面部的希贾布、阿米拉、喜玛尔、卡多尔，以及只露出眼部的尼卡伯和连眼部都要用网格遮掩的波卡。或许人们可以从实证角度统计各个联邦州有多少波卡的穿戴者，判定有关波卡禁令的民意是如何。《古兰经》对蒙面的态度是什么？显然，《古兰经》并未规定妇女必须要穿戴波卡。《古兰经》只提及了"喜玛尔"（chimâr）[64]，而这究竟是否指的就是面纱，还存有争议。[65] 在基督教修道院中，僧侣和尼姑也会穿着某些遮盖了头发的宗教服装。

②另外，次级的法源和法认知源也应同时被纳入考虑。此时，人们会搜寻类似案件之前的判决，即先例（如之前校园或法院内十字架或头巾的案件）[66]，继而用"案例对比法"进行论证。比较法上，法国从 2010 年开始就已经一般性地禁止人们在公共场合穿戴完全蒙面的波卡，而欧洲人权法院必须对这一法律的合法性作出裁决（见下文）。

（3）真正意义上的基本权利审查

①到这一步，才开始进入法律方面的论述，即上文所介绍过的基本权利审查：穿戴者可以主张《基本法》第 4 条第 1 款的宗教自由、第 5 条第 1 款的表达自由以及第 2 条第 1 款及第 6 条第 1 款对私人及家庭生活的尊重，禁止其穿戴波卡，可能侵害以上基本权利。由于《古兰经》并未明确规定穿戴波卡，因此禁令也可能没有触及权利的保护范围。而德国第三帝国时期对犹太人的迫害也从历史和文化上影响了当代人对于宗教自由的理解：一般情况下，宗教自由的保护范围

---

[64] 《古兰经》第三节第 24：31 节写道：女信徒，要低下自己的容颜，保持羞耻（furûg），除非外面有什么，否则不要表现出自己的魅力（zinat）。她们要把她们的喜玛尔置于胸前，只向配偶展示自己的魅力。

[65] 例如，有观点即强调，《古兰经》的相关章节并没有明确提到头发，而妇女可以自己决定，什么才是必要的，相关讨论，也可参见 https://www.tagesschau.de/ausland/burka-interview-101.html。

[66] 参见第十四章脚注 57 及以下及脚注 80。

都会得到宽泛的解释。如果对宗教自由采较宽泛之定义,则可以认为波卡禁令侵害了基本权利。

②唯有基于宪法上的原因(如第三人的基本权利、宪法位阶的社会价值等),才能使对基本权利的侵害正当化。这里可以考虑的原因包括国家的世界观中立义务。[67] 消极的信仰自由,即不被其他宗教的仪式或符号影响的权利。[68] 此外,还可能存在其他可以限制宗教自由的"解释目标"(Interpretationsziel):确认人的身份也是为了维护国家安全之必需。依欧洲人权法院之观点,只有存在其他支持这样做的情况时,"影响公共安全"才能被考虑为一种(基本权利的)限制。[69] 欧盟最高法院认为,对那类需要接触顾客的职员来说,如果有必要向顾客保障政治、人生观及宗教上的中立性,那么禁止职员穿戴头巾即是正当之举。[70] 最后,禁止蒙面的规定可以被视为是"和睦共处"(gedeihliches Zusammenleben)的最低要求,它是民主原则或公共秩序的一种表达。欧洲人权法院即将"对社会生活最低要求的尊重"视作禁止蒙面的正当目标,因为唯有以脸示人,才能参与社会性的交流。[71]

在欧洲人权法院判决的"不同意见书"中,有两名法官反对适用上述理由,因为在他们看来,隐私权也必定包含了"不用在公共场合中沟通"的权利。[72] 他们指出,即使是为了沟通,也不一定非要向

---

〔67〕 Artt. 4 Abs. 1, 3 Abs. 3, 33 Abs. 3 GG sowie Art. 136 Abs. 1 und 4, 137 WRV i. V. m. Art. 140 GG.

〔68〕 BVerfG, Beschl. v. 16. 5. 1995, 1 BvR 1087/91, BVerfGE 93, 1, 7-Kruzifix.

〔69〕 EGMR, Urt. v. 1. 7. 2014, 43835/11, CE:ECHR:2014:0701JUD00438 3111, Rn. 118-S. A. S. v. France.

〔70〕 EuGH, Urt. v. 14. 3. 2017, C-157/15, EU:C:2017:203, Rn. 35 ff. -G4S Secure Solutions.

〔71〕 EGMR (ebd.), Rn. 121 f.-S. A. S. v. France:"尊重社会生活的最低要求,与保护他人权利和自由的正当目标是相关的……法院考虑了被告成员国的观点,即认为面孔在社会互动的过程中发挥重要作用。可以理解这样一种观点:在对任何人都开放的场合中,每个人都不希望在那里看到一些可能从根本上动摇人际关系可能性的做法与态度,而基于已有的共识,这种人际关系的可能性已然成为当前社会的社区生活所不可或缺的一部分。"

〔72〕 Sondervotum Nußberger, Jäderblom, in:EGMR (ebd.), Rn. 8-S. A. S. v. France.

对方展示面目，例如驾驶摩托车、滑雪以及狂欢节的装扮等场景就说明了这一点。[73] 将"和睦共处的最低要求"作为一种正当化理由，实为一种空中楼阁般的抽象公式，殊难把握其轮廓。[74] 最为关键的是，基本权利不能是某个群体的随便哪种主观观念；相反，它更多的是要求多数人宽容少数人的观念[75]（第五章边码103），因而也应当允许人们行使那些在具体案例中使人感到冒犯或不安的基本权利。[76] 因此，基本权利应当回归它的实质，而不能为实证数据所左右。若从结果导向的思想出发，则可以说，这样的禁令难以执行，并且使相应的团结背上污名。[77] 依此观点，只有在那些必须进行沟通的场合，波卡禁令才是正当的，例如法庭、中小学、大学等——如果这里要求人们必须表露身份并公开交流的话。[78]

③与此同时，这一限制必须是合比例的。不同于头巾的是，波卡将使穿戴者的身份难以被识别。欧洲人权法院也认为波卡禁令符合比例原则，因为穿戴波卡的人仅是面临最多150欧元的罚款。[79] 在这一点上，"不同意见书"也持相反观点，其认为，禁令并非解放妇女的"适当"手段，而相应的惩罚是"不合比例的"。如果存在足够具

---

[73] Sondervotum Nußberger, Jäderblom, in: EGMR (ebd.), Rn. 9-S. A. S. v. France；关于案例对比法，参见上文第七章边码44及以下。

[74] 批评性的意见也参见 Grabenwerter/Struth, EuGRZ 2015, 1, 3；Edenharter, JZ 2018, 971, 973。

[75] 无论是联邦内政部还是统计局都未统计过德国境内波卡穿戴者的数量。媒体通常估计有300名妇女穿戴波卡。关于这一数据是如何得来的，也参见 Löffelholz, Die Zeit v. 15. 9. 2016, S. 8。

[76] Sondervotum Nußberger und Jäderblom, in: EGMR (ebd.), Rn. 7-S. A. S. v. France："即使针对这种完全蒙面的解释是正确的，也必须强调，不存在一种免受其他文化模型或宗教身份滋扰或冒犯的权利，即便它们与法国和欧洲的传统生活方式相去甚远。" 同样支持表达自由的，参见 BVerfG, Urt. v. 12. 12. 2000, 1 BvR 1762/95 u. a., BVerfGE 102, 347, 363 f. -Schockwerbung I。

[77] 参见 Steinberg, FAZ v. 18. 9. 2016, S. 10, 作者指出，在法国推行波卡禁令后，波卡穿戴者的数量反而增加了。

[78] Steinberg, FAZ v. 18. 9. 2016, S. 10。

[79] EGMR (ebd.), Rn. 152-S. A. S. v. France。

体的危害[80]或足够抽象的危险情势,则可认为符合狭义的比例原则[81],例如火车站或机场,或者诸如法院及学院等为沟通所需之场合。[82]

3. 联邦宪法法院判决中的"标准生成"

31 在就案件进行涵摄之前,需要先将规范具体化。在联邦宪法法院的判决中,偶尔可见先确立规范领域、定义各种标准然后再进行真正意义上的涵摄之做法。这些案件中,联邦宪法法院区分了"合法性"(Zulässigkeit,标为 B.)及"有理由性"(Begründetheit,标为 C.)两个不同的法律评价阶段,此外还进一步区分了"标准部分"(Maßstäbeteil,通常标为 C. I.)以及"涵摄部分"(Subsumtionssteil, C. II.)。"标准部分"[83]是以抽象的方式确定宪法规范的实质内容,而不涉及具体的案件特征。[84]基于既有判例而形成的具体基本权利规范的法教义学可谓教科书式的典范。[85]因此,"规范程式"即包括了其他法规范以及法教义学发展而来的法构造,诸如"法原则"(第九章边码 15 及以下)或"指导观念"(第十章边码 17 及以下)等。此外,这里还应顾及次级法源以及法认知源,例如德国法院的先例、外国法的判决、法学学说等。通过这种"标准生成"(Maßstabbildung),判例即承担了必要的法教义学及法学方法论上的论证

---

[80] BVerfG, Beschl. v. 27. 1. 2015, 1 BvR 471/10 u. a., BVerfGE 138, 296-Kopftuch II; EGMR (ebd.), Rn. 116-S. A. S. v. France;**不同观点**,则参见 *Schluckebier* 及 *Hermanns* 两位法官的见解, in: BVerfG (ebd.), BVerfGE 138, 296, 359-Kopftuch II: 抽象的危险足矣; BVerfG, Beschl. v. 14. 1. 2020, 2 BvR 1333/17, BVerfGE 153, 1 Rn. 87 ff. und 91 ff. - Kopftuchverbot für Rechtsreferendare: 国家的世界观中立义务及运作功能乃是正当化理由。

[81] EGMR (ebd.), Rn. 139-S. A. S. v. France.

[82] 石勒苏益格州即计划禁止人们在学校蒙面。即便是在马拉西亚这样的穆斯林国家,学校的教育也是更为优先的,故而不得在学校穿戴面纱。就此可参见 *Lindsey/Steiner*, Islam, Law and the State in Southeast Asia, Vol. II: Singapore, 2012, S. 251 ff.

[83] "标准部分"对应的德语词有多种不同的写法,例如 Maßstabteil、Maßstabsteil 以及 Maßstäbeteil 等,它们在意义上没有什么不同。

[84] BVerfG, Urt v. 15. 2. 2006, 1 BvR 357/05, BVerfGE 115, 118, 139 f. -Luftsicherheitsgesetz I; BVerfG, Beschl. v. 7. 11. 2006, 1 BvL 10/02, BVerfGE 117, 1, 30 ff. -Erbschaftsteuer I; *Lepsius*, in: Scholz u. a., Realitätsprägung durch Verfassungsrecht, 2008, S. 103, 111 f.

[85] *Jaestadt*, in: Jaestadt/Lepsius/Ch. Möllers/Schönberger, Das entgrenzte Gericht, 2011, S. 77, 110 ff., 135 ff.

负担,此已在上文介绍"具体化及建构"这一方法论的概念时所述及(第九章边码 7a 及以下)。这样的标准生成也避免了"任意妄为"。[86]

在第一步,联邦宪法法院需判断规范程式是否为封闭性的;第二步,描述需要保护的现实。这通常会以汇总规范程式和规范领域的方式来实现。例如,《基本法》第 5 条第 1 款第 2 句的"广播"一词即由此得到了精确化。联邦宪法法院强调了改变对"广播"概念之理解的必要性,因为外部环境正当经历急速的技术变革。它指出:

> 对《基本法》第 5 条第 1 款第 2 句所使用的"广播"这一概念来说,实无法给出一种一劳永逸的定义。宪法概念的内容和范围(也)取决于其**规范领域**;随着这一领域的变化,其意义也会发生变迁(vgl. BVerfGE 73, 118 [154])。广播的概念也是如此。如果还指望"广播自由"在变迁的未来继续发挥其规范效力,那么仍拘泥于旧时代的技术、将基本权利的保护限于与此类技术相关的案件事实,并因此使基本权利的保护落空——针对新的技术可能性它本来完全可以发挥其功能——则难谓恰当之做法。[87]

4. 观点

(1) 规范之外的实证数据难以被赋予"法"的特性,从这一角度对 F. 穆勒和联邦宪法法院提出的批评可谓中肯。在有约束力的法规范和其他实证论据、先例论据、教义学论据及其他论据之间实应作出区分。[88] 与法的经济分析相类似,社会学可以被用来加强某种法的解决方案的说服力,但它不能取代法的地位。**实证数据和社会学**或许可以更好地描述社会现实、揭示价值问题,但其本身并不能提供法律问题的解决方案。[89] 基

---

[86] *Lübbe-Wolff*, in: Schürmann/von Plato, Rechtsästhetik in rechtsphilosophischer Absicht, 2020, S. 17, 39.

[87] BVerfG, Beschl. v. 24. 3. 1987, 1 BvR 147, 478/86, BVerfGE 74, 297, 350 f. - 5. Rundfunkentscheidung; *Vesting*, Rechtstheorie, 2. Aufl. 2015, Rn. 222; *F. Müller/Christensen*, Juristische Methodik, Bd. 1, 11. Aufl. 2013, Rn. 237; 也参见 BVerfG, Urt. v. 27. 2. 2008, 1 BvR 370/07 u. a., BVerfGE 120, 274, 306-Online-Durchsuchung。

[88] *Alexy*, Theorie der Grundrechte, 1986, S. 68.

[89] *Lepsius*, JZ 2005, 1, 12; ebenso *Hofmann*, JZ 2009, 1, 10.

础法源、次级法源和法认知源之间应作出截然的区分（详见上文第三章）。否则，人们将很容易陷入不正当的法政策之境地（第十三章边码97及以下）。

35　　　**布朗诉教育局案**：1954年的"布朗诉教育局案"中，美国联邦最高法院需判定，公立学校的种族隔离规定是否违反了《美国宪法第十四修正案》的平等原则。在裁判中，联邦最高普通法院主要讨论的问题是，种族隔离是否会导致黑人学生遭受实际的歧视。对此而言，至关重要的一点是，学校的种族隔离已被证实可导致儿童未来的就业机会降低、对其造成心理的不良影响，因为他们会觉得自己低人一等。基于这一社会学上的缘由，联邦最高普通法院认定学校的种族隔离非法。[90] 对此，有批评指出，联邦最高普通法院的论证本应当直接以宪法为依据。这样做完全可行，因为就在《美国宪法第十四修正案》公布之后，立法者所表达出的意图已表明，公共学校里的种族隔离构成了违宪行为。[91] 法院本该诉诸这一历史角度的论据，而不应考虑实证性的数据。[92] 本书认为，上述两种论据不妨结合起来使用。

36　　　换言之：除非**能够从法律本身得出法律适用者可以直接援用社会学的线索**，否则，社会现实方面的论述或社会的认可程度等论据都只能发挥加强论证等效果。具体来说，人们应当准确地论证，究竟在什么情况下可以考虑运用超越法律（制定法）的资源来谋求法律问题的解决。若法律直接要求利用实证数据，这样做无疑正当，例如，在避难程序中需判断是否存在"安全的来源国"以及遣返决定什么情况下合法的问题，即属此例。[93] 法律问题必须摆在现实面前。对法律作出某种文化学的分析，乃是基于案件事实的要求。[94]

---

〔90〕 *Brown v. Board of Education*, 347 U. S. 483, 493 ff. (1954) -Gleichberechtigung der Rassen, 见上文第七章边码65。

〔91〕 McConnel, 81 Va. L. Rev. 947, 1092 ff. (1995); *Yudof*, 42 L. & Contemp. Probs. 57, 70 (1978); *Bickel*, 69 Harv. L. Rev. 1, 64 f. (1955); *Lepsius*, JZ 2005, 1, 9.

〔92〕 McConnel, 81 Va. L. Rev. 947, 1093 (1995); *Yudof*, 42 L. & Contemp. Probs. 57, 70 (1978)。

〔93〕 可参见 BVerfG, Urt. v. 14. 5. 1996, 2 BvR 1507/93, BVerfGE 94, 115-Sichere Herkunftsstaaten。

〔94〕 关于社会学对法学的意义，可参见 *Lepsius*, JZ 2005, 1 ff.; 详细论述，还可参见 *Krüper*, in: ders., Grundlagen des Rechts, 4. Aufl. 2021, § 15。

不过，众所周知的是，很多时候"法"都是开放的，即便没有明确的规定，其也必须对社会问题作出回答。[95] 虽未提及对法之约束力的要求，费肯切尔的个案规范说和 F. 穆勒的规范领域说都形象地描述了法官事实上的工作方式。它们已然超越了恩吉施提出的"目光的来回顾盼"，因为除了规范本身，其还着眼于**其他适合于解决问题的规范以及与之相关的案件事实**。[96] 在此意义上，法律人同时也是"*法的创造者*"（Rechtserzeuger）。[97]

上文所介绍的实然和应然的严格区分（二分法，第三章边码 20），在这里可以说得到了部分性的突破。[98] 另外，与法律相关但没有强制性约束效力的因素也被纳入具体化的考虑之中。生活现实不能视而不见，但也不能将其看作是有约束力的法规范，此处的出发点始终都应当是有待具体化的规范（见下文）。

（2）在民法领域，也有学者主张利用 F. 穆勒的规范领域说。[99]

例如，借助规范领域说，或可解决联邦最高普通法院的"水道案"（Fleet-Fall）。该案涉及的问题是，船运公司的船因水道[100]道路的倒塌而无法通行，其是否可因所有权的侵害而主张损害赔偿?[101] 该案中，法律人即可以确定规范领域：他不仅要审查是否有"物的损害"构成《民法典》第 823 条第 1 款的"所有权侵害"，而且还应当考虑《民法典》第

---

[95] 参见 *Volkmann*, VVDStRL 67 (2008), 57, 82 ff., 88, 作者称这一点是"动态性"以及"宪法拼图"。

[96] *Hoffmann-Riem*, in: Schmidt-Aßmann/ders., Methoden der Verwaltungsrechtswissenschaft, 2004, S. 11, 34.

[97] *F. Müller/Christensen*, Juristische Methodik, Bd. I, 11. Aufl. 2013, Rn. 232; 类似表述，参见 *Fikentscher*, Methoden des Rechts, Bd. IV, 1977, S. 313: "法的新创"（Rechtsneubildung）。

[98] *F. Müller/Christensen*, Juristische Methodik, Bd. I, 11. Aufl. 2013, Rn. 84; *Grimm*, in Hassemer/Hofmann-Riem/Christensen, Grundrechte und soziale Wirklichkeit, 1982, S. 39, 43 f.: "可以说，只有实然为鉴才能表达应然，并就此将实然的因素采纳在内"; *G. Kirchhof*, Grundrechte und Wirklichkeit, 2007, S. 10; diese Durchbrechung ablehnend aber *Röhl/Röhl*, Allgemeine Rechtslehre, 3. Aufl. 2008, S. 608 f.

[99] *Laudenklos/Rohls/Wolf*, in: Rückert/Seinecke, Methodik des Zivilrechts-von Savigny bis Teubner, 3. Aufl. 2017, S. 609, 617.

[100] 德语 Fleet 一词（此处译作"水道"）乃特指北德地区一种自然形成的河道。

[101] 列举这一例证的，参见 *Laudenklos*, in: Rückert/Seinecke (ebd.), S. 424, 432 ff。

903条的问题。如果限制了船只的使用能力，则可谓损害了第903条规定的所有权。这里的关键在于，涉案船只并非某种游览船，而是一种"运输船"。由此，人们就从"事实资料"中筛选出了与待裁判案件相关的事实。毕竟，规范领域所涵盖的事实资料，乃是对规范程式而言具有约束力的事实资料。法的规范就此得到了动态的具体化。[102] 在此之后，法的规范始得被归摄为裁判规范。

本节参考文献：

Bender, *Rolf*/*Häcker*, *Robert*/*Schwarz*, *Volker*, Tatsachenfeststellung vor Gericht, 5. Aufl. 2021; *Bryde*, *Brun-Otto*, Tatsachenfeststellungen und soziale Wirklichkeit in der Rechtsprechung des Bundesverfassungsgerichts, in: FS 50 Jahre BVerfG, Bd. 1, 2001, S. 533-561; *Fikentscher*, *Wolfgang*, Eine Theorie der Fallnorm als Grundlage von Kodex-und Fallrecht (code law und case law), ZfRV 1980, 161-174; *Hoffmann-Riem*, *Wolfgang*, Methoden einer anwendungsorientierten Verwaltungsrechtswissenschaft, in: Schmidt-Aßmann, Eberhard/ders., Methoden der Verwaltungsrechtswissenschaft, 2004, S. 9-72; *Kirchhof*, *Gregor*, Grundrechte und Wirklichkeit, 2007; *Laudenklos*, *Frank*, „Juristische Methodik" bei F. Müller (geb. 1938), in: Rückert, Joachim/Seinecke, Ralf, Methodik des Zivilrechts-von Savigny bis Teubner, 3. Aufl. 2017, S. 424-446; *Lerche*, *Peter*, Stil und Methode der verfassungsrechtlichen Entscheidungspraxis, in: FS 50 Jahre BVerfG, Bd. 1, 2001, S. 333-361; *Möllers*, *Christoph*, in: Hoffmann-Riem, Wolfgang/Schmidt-Aßmann, Eberhard/Voßkuhle, Andreas, Grundlagen des Verwaltungsrechts, Bd. 1, 2. Aufl. 2012, § 3; *Müller*, *Friedrich*/*Christensen*, *Ralph*, Juristische Methodik, Bd. 1, 11. Aufl. 2013, Rn. 230-238; *Reimer*, *Franz*, Juristische Methodenlehre, 2. Aufl. 2020, Rn. 67-156; *Strauch*, *Hans-Joachim*, Methodenlehre des gerichtlichen Erkenntnisverfahrens, 2017, Teil C; *Upmeier*, *Arne*,

---

[102] *F. Müller*, Normstruktur und Normativität, 1966, S. 168 ff.; 追随这一观点的，参见 *Christensen*, in: F. Müller, Untersuchungen zur Rechtslinguistik, 1989, S. 47, 87。

Fakten im Recht, 2010; *Voßkuhle*, *Andreas*, Methode und Pragmatik im Öffentlichen Recht, in: Bauer, Hartmut, u. a. , Umwelt, Wirtschaft und Recht, 2002, S. 171-195.

第三节　法官的决断主义及法学创新

一、法官的决断主义

1. 决断主义与裁判的悖论

尼佩代和拉伦茨早就强调，在穷尽所有的解释可能性后，对立法者的价值安排仍可能存有疑虑[103]，唯有通过法官创造性的活动，这种疑虑才能被清除。因此，"法"在很大程度上也具备"法的创造性"。若不存在能实质性左右裁判的规范性评价，判决的依据即被认为是法官的决断主义（richterliche Dezision）。[104] 格吕内贝格认为，这类情形下，裁判的过程已非科学，而只是在寻求"公平与正义"（ars aequi et boni）。[105]

1931 年，卡尔·施密特（Carl Schmitt）首创了"**决断主义**"[106]的概念：任何一个法院的裁判都包含某种"非源于规范内容的、纯粹只是决断范畴的因素……（裁判的）本质不是以理服人的论证，而只是通过权威来消除疑虑"[107]。假如可以通过法的解释为裁判提供理据，唯一正确的答案就是那个更有说服力的答案，那么法官将只是涵摄的机器。[108] 在他看来，实际情况绝非如此，因为只有那些无法轻易得到裁判的问题，才能由法官

---

[103]　Enneccerus/*Nipperdey*, Allgemeiner Teil des Bürgerlichen Rechts, 15. Aufl. 1959, S. 337; *Larenz*, Methodenlehre der Rechtswissenschaft, 1960, S. 6: "存在一定'裁判衡量'的空间，在此空间内，起决定作用的只能是法官个人的价值观念。"

[104]　*Säcker*, in: MünchKomm-BGB, 8. Aufl. 2018, Einl. Rn. 106.

[105]　Palandt/*Grüneberg*, BGB, 80. Aufl. 2021, Einl. Rn. 46, 原文是："Der hier fragl EntschProz ist aber in Wahrh nicht mehr Wissensch, sond ars aequi et boni." 有关塞尔苏斯的这句拉丁语名言，参见上文第一章边码 105。

[106]　拉丁文 decidere 一词从字面上直译为"切断"之意，意译则为"决定、决断"。

[107]　*Schmitt*, Der Hüter der Verfassung, 1931, S. 45 f.; 同意这一观点的，可参见 *Fischer-Lescano*/*Christensen*, Der Staat 44 (2005), 213 ff。

[108]　*Vesting*, Rechtstheorie, 2. Aufl. 2015, Rn. 226.

作出裁判。[109] 法官可以说是在"荒地"之中作出裁判。[110]《基本法》未置一词而法官创造性地续造法律时,就属于这类情形[111],"法官决断主义"之实。[112] 由此不难看到一种裁判的悖论:任何裁判都是决断主义的,也即只能依赖法院而作出,但它又不应如此,因为任意为之的、不受法律约束的裁判是违反宪法的。[113]

2. 发现的过程和正当化的过程

对这一思想的描述起源于数学家及哲学家赖兴巴赫(Reichenbach),他首创了"发现的脉络"(context of discovery)及事后"**证立的脉络**"(context of justification)这一区分。[114] 拉德布鲁赫就曾指责法律人常常只是借助法学方法论来事后论证本已得出的结论。[115] 诸多法律人用这种"发现的过程"及"正当化的过程"的区分来描述法学裁判。[116] 如若承认立法者不可能在其规范文本中涵盖所有可以想见的问题,那么诚如维斯汀(Vesting)所言,法官就应当扮演"改进体系的发起者以及促进法律持

---

[109] 参见 *von Foerster*, 1 Cybernetics & Human Knowing 9, 14 (1992):只有原则上无法决定的问题,我们才能决定。(Only those questions that are in principle undecidable, we can decide)

[110] *Creatio ex nihilo*-eine Schöpfung aus dem Nichts, 参见 *Fischer-Lescano/Christensen*, Der Staat 44 (2005), 213, 222 ff.。

[111] 这类案件可谓数不胜数,例如波卡案(第十四章边码 27 及以下)、关于最低生活收入的问题等(第十三章边码 103 及以下),也参见第十三章边码 88 及以下。

[112] *Böckenförde*, Staat, Verfassung, Demokratie, 1991, S. 115, 133;也参见第十章脚注 20 的论述。

[113] 参见 *Ladeur/Augsberg*, Rechtstheorie 36 (2005), 143, 157. 作者得出的结论认为,任何裁判都包含了未知的、神秘性(?)的元素;*Luhmann*, VerwArch 84 (1993), 287, 288;之前已有的类似见解,参见 *Benjamin*, Archiv für Sozialwissenschaft und Sozialpolitik 47 (1921), 809, 832。

[114] *Reichenbach*, Experience and Prediction, 1938, S. 6 f.

[115] *Radbruch*, Einführung in die Rechtswissenschaft, 4. Aufl. 1919, S. 105:"所谓的解释方法实际上只是事后被用来以文本为依据论证结论,而那些结论其实是在对文本进行创造性的补充时所得出的。"

[116] *Wasserstrom*, The Judicial Decision, 1961, S. 26 ff.; *Hoffmann-Riem*, in: Schmidt-Aßmann/ders., Methoden der Verwaltungsrechtswissenschaft, 2004, S. 9, 20 ff.; *Hassemer*, in: G. Kirchhof/Magen/Schneider, Was weiß Dogmatik?, 2012, S. 3, 6; *Bumke*, Der Grundrechtsvorbehalt, 1998, S. 26; *Reimer*, Juristische Methodenlehre, 2. Aufl. 2020, Rn. 12. 早年前,Isay 就已经诉诸"法感"来为裁判提供说理,参见第一章脚注 161。

续更新的引擎"之角色。[117] 法院的裁判因而常被人归于"法政策"的范畴。[118]

事实上，法续造的诸多领域都是创新性的，有些时候甚至是具有革新意义的，因而也就产生了诸如论题学和类型学之类的方法论观点。一般都认为占主导位置的乃是裁判正当化的过程，而非法学裁判的诱因。[119] 所谓"发现"之说与"前理解"的理论（第一章边码 70 及以下）存在一些共通之处。即使是裁判的诱因，也必须根植于"法"。因此，对于那种认为法官可以脱离法律任意裁判的法官决断主义的观点，很大程度上都应予以驳斥。为此，可展开如下论述。

二、法学革新、法学创新

1. 体系—演绎式裁判说理及衡量的局限

有关具体化领域以及法续造限制的论述已表明，成文法常常不能或者说很难为具体案件的解决提供助益。**体系—演绎式的**（systematisch-deduktiv）裁判说理方法由此失灵（第四章边码 2 及以下、边码 30 及以下）。有批判认为，"法的发现"或"法的认识"的概念是不恰当的，因为其前提是得有什么东西能让人"发现"或"认识"。[120] 然而，法官可能极大程度地参与法的生成与创制。[121] 在宪法领域，法律漏洞可以说不是例外，而是常态[122]，"漏洞"之概念也因而显得有失精准（第六章边码 107 及以下）。具体化和建构乃是常规操作。因此，面对婚姻合同是否有违《基本

---

[117] *Vesting*, Rechtstheorie, 2. Aufl. 2015, Rn. 223；之前已有的论述，参见 *Esser*, Vorverständnis und Methodenwahl, 1970, S. 177。

[118] *Säcker*, in: MünchKomm—BGB, 8. Aufl. 2018, Einl. Rn. 104.

[119] 详见 *Braun*, Deduktion und Invention, 2016, S. 114 ff.；有关联邦宪法法院的裁判作出的过程，参见 *Schulze-Fielitz*, in: FS Wahl, 2011, S. 405, 413。

[120] 围绕法律漏洞问题的相关讨论（"只要找，就能找到"），参见上文第六章边码 107 及以下。

[121] *Böckenförde*, Staat, Verfassung, Demokratie, 1991, S. 159, 186；*Gärditz*, Der Staat 47 (2008), 381, 392；*Albers*, VVDStRL 71 (2012), 257, 262；bereits *Kelsen*, Reine Rechtslehre, 2. Aufl. 1960, S. 244.

[122] *Kriele*, ZRP 2008, 51, 53.

法》第 2 条第 1 款的规定、是否应当公开联邦议院议员的副业收入、是否可以使用计算机投票（第十章边码 4）以及有尊严的最低收入应为多少（第十三章边码 103 及以下），势必要诉诸大量的中间步骤，才能完成相应的说理。如果对规范的目的可以有多种解读（第六章边码 170 及以下），仅仅通过传统的解释规则进行演绎也是难以奏效的。

45 不过，具体化所利用的"**衡量模式**"也曾遭到尖锐的批判。有观点认为，由于无法在统一的尺度上权量和比较具体的利益、价值、原则和权利，衡量模式注定是失败的。例如，一般人格权和言论出版自由之间的衡量即是如此。也有人将它们称为"不可通约之物"（Inkommensurablen）。对各种原则的衡量因而乃是"必然的恣意行为"（第十章边码 6）。

2. 革新及法学上的发现

46 法律人是否可有创新性？[123] 作家如果写下标新立异的文句，将得到世人的褒扬与称赞；然而，对法律人而言，出乎意料的结论实令人左右为难。[124] 法律人，特别是法官，总是宁可收敛起他的创造性——尽管这对联邦宪法法院与欧盟最高法院来说实属常规。如果将文义的超越、利用新型法教义学中间步骤进行的具体化或者判例变更均归于法续造之范畴，那么法官很容易被证实从事了所谓法创造的活动。[125] 联邦宪法法院主张通过创造性的"具体化"对个别"开放性"的宪法规范以及被视为"活的宪法"的整个宪法进行动态性的续造（第六章边码 72、第十章边码 4、第十三章边码 99 及以下）。在使人印象深刻的"吕特案"中，联邦宪法法院指出，作为防御权的基本权利乃是客观价值秩序的一部分，为整个法秩序提供标准与方向，继而承认了基本权利对第三人的辐射效力及其保护义务之特征（第十一章边码 5 及以下、边码 13 及以下）。此外，衡量框架下的中间步骤以及具体化的步骤（第十章边码 17 及以下）或者联邦宪法法院对欧盟一体化的审查（第十三章边码 112 及以下）等也均属于基本权利领

---

[123] 相关讨论，参见 *Vultejus*, ZRP 1999, 509 ff.; *Schwöbbermeyer*, ZRP 2001, 571 ff.; *Börsch*, ZRP 2002, 276; *Abel*, ZRP 2002, 419 ff.

[124] *Morlok*, in: Gabriel/Gröscher, Subsumtion, 2012, S. 207.

[125] 关于"法续造"的概念，参见第十三章边码 13 及以下。

域的革新。[126]

联邦宪法法院同时也是一种政策性的法院，它必须就与社会相关的发展作出裁判（第十三章边码 97 及以下）。通过法的续造创设新型基本权利的做法也属于"基本权利领域的革新"[127]，例如"保障有尊严的最低生活收入的请求权"[128]、"信息自决权"[129] 或"保障信息技术系统私密及完整权"[130] 等。事实上，除了以《基本法》第 2 条第 1 款为依据承认人格权的自由发展为一种成文的基本权利，同时因此承认一般人格权的全面保护[131]是一种无名的（unbekanntes）[132] 基本权利，也可谓一种新的创造或曰"建构"。如今的《基本法》所包含的基本权利已远不只是能够从其文本当中解读出来的基本权利。[133]

与解决一个新型案件同样重要的是发展出（新的）法之原则与制度。民法领域可以想到的例子就有史韬伯（Staub）的积极侵害债权说[134]、耶林的缔约过错责任说（第六章边码 151）[135]、厄尔特曼的交易

---

[126] 有将联邦宪法法院有关被遗忘权的两则判例描述为"根本性调整"的，参见 *Karpenstein/Kottmann*, EuZW 2020, 185, 188；还有人称这是进入"新纪元"，参见 *Wendel*, JZ 2020, 157。

[127] *Hornung*, Grundrechtsinnovationen, 2015, S. 253 ff.；*Volkmann*, JZ 2018, 265, 269. 关于"创设"，参见之前已有的论述 *Voßkuhle*, JZ 2009, 917, 920。

[128] BVerfG, Urt. v. 9. 2. 2010, 1 BvL 1/09 u. a., BVerfGE 125, 175, 224-Hartz IV（第十三章边码 103 及以下）；*Volkmann*, JZ 2018, 265, 269。

[129] BVerfG, Urt. v. 15. 12. 1983, 1 BvR 209/83 u. a., BVerfGE 65, 1, 41 ff. -Volkszählung. Vorher *Podlech*, in：Perels, Grundrechte als Fundament der Demokratie, 1979, S. 50 ff.、55.

[130] BVerfG, Urt. v. 27. 2. 2008, 1 BvR 370/07, 595/07, BVerfGE 120, 274, 313 f. -Online-Durchsuchung.

[131] 先驱性的判决，参见 BGH, Urt. v. 25. 5. 1954. I ZR 211/53, BGHZ 13, 334, 337-Schachtbrief；BGH, Urt. v. 8. 10. 1964, VI ZR 201/63, NJW 1965, 685-Soraya；赞同联邦最高普通法院判决的，参见 BVerfG, Beschl. v. 16. 7. 1969, 1 BvL 19/63, BVerfGE 27, 1, 6 f. -Mikrozensus. 关于"领域理论"，参见上文第十章边码 19。

[132] BVerfG, Beschl. v. 3. 6. 1980, 1 BvR 185/77, BVerfGE 54, 148, 153-Eppler：" 作为一种无名的自由权，它是那些特别的（有名）自由权的补充，后者——诸如良心自由及言论自由——同样是人格权的本质性要素。"

[133] *Volkmann*, JZ 2018, 265, 269.

[134] *Staub*, Die positiven Vertragsverletzungen und ihre Rechtsfolgen, in：FS 26. DJT 1902, S. 29 ff.（第六章边码 151）。

[135] *von Jhering*, Culpa in contrahendo, in：Jb. f. Dogmatik 4（1861）, 1 ff.

基础丧失说[136]或者人格权的承认。[137] 所有的这些都属于"法学上的发现"(juristische Entdeckungen)。[138] 上文已经将强制缔约、价格审查以及交易基础丧失作为"革新性的法制度"而予以介绍(第九章边码 51 及以下)。联邦宪法法院也如是指出:"法官具有进行'创造性法发现'的权限——只要是在《基本法》的效力之内——这一点殆无争议。"[139] 早在 100 多年前,美国法官卡多佐就曾说过:"我逐渐意识到,法律的过程归根到底不是发现,而是创造。"[140] 毋庸置疑的是,法学上的革新是无法被忽视的事实,或者说,人们不能假借"空洞公式"来逃避法学的革新。

三、论题学及法学创新

49 脱离演绎和体系的思考方式具有悠久传统,因此并不罕见。同时,借助论题学和类型学,亦能培养法学上的创新性。

1. 解决问题的出发点:论题学

50 论题学(Topik)是"**获取有意义的假设**"的一种程序。[141] 作为论题学的子集,"论题"(Topoi)[142] 即论证在**修辞上的出发点**。[143] 它是法律人在头脑风暴中所涌现的灵感,之后才被用在论证之中。"法"通常展现

---

[136] Oertmann, Die Geschäftsgrundlage, 1921; vorher schon ders., AcP 117 (1919), 275 ff. (第九章边码 37)。

[137] 在联邦最高普通法院的判决(BGH Urt. v. 25. 5. 1954, I ZR 211/53, BGHZ 13, 334, 338-Schachtbrief))中即引述了以下著作:Enneccerus/Nipperdey, Allgemeiner Teil des Bürgerlichen Rechts, 14. Aufl. 1952, § 78 I 2; Enneccerus/Lehmann, Recht der Schuldverhältnisse, 14. Aufl. 1954, § 233. 2. c); Coing, SJZ 1947, 641, 642 (第十一章边码 73、边码 76 及以下)。

[138] 就此详见 Dölle, 42. DJT, 1957, B1 ff.;关于缔约过错责任,可参见 Wieacker, ZRG RA 86 (1969), 1, 19 f.;费肯切尔也使用了"新发现"之谓,参见 Fikentscher, Methoden des Rechts, Bd. III, 1976, S. 170。

[139] BVerfG, Beschl. v. 14. 2. 1973, 1 BvR 112/65, BVerfGE 34, 269, 287-Soraya (第一章边码 151)。

[140] Cardozo, The Nature of the Judicial Process, 1921, S. 166 f.;其还指出:"怀疑和疑虑,希望和恐惧,都属于心智劳苦、生死之苦,正是在这样的痛苦中,服务于他们旧时代的原则被淘汰,而新的原则应运而生。"

[141] Kriele, Theorie der Rechtsgewinnung, 1967, S. 148。

[142] Topik(希腊语 τόπος, tópos = 地点)的字面含义即"当地知识"(Ortskunde)。

[143] 参见 Viehweg, Topik und Jurisprudenz, 5. Aufl. 1974, S. 111;同时期的修辞学论证学说,可参见 Esser, Grundsatz und Norm, 1956, S. 44 ff。

于讨论的过程，例如庭审时的口头辩论、对正反观点的探讨等。[144] 因此，各种论题之目录（Topoi-Kataloge）是有助于汇总各种**与裁判相关的论据**。[145]

因此，论题学本身即意味着体系性思维的对立面，后者试图借助演绎的体系将概念和语句纳入某种统一的定义和说理语境中（第四章边码 2 及以下）。论题学为案件的构造赋予了相当程度的**法学上的创新性**，而并不是由体系的连贯性所得出的结论。[146] 论题学也使得人们可以对法律（制定法）内以及超越法律（制定法）的因素——特别是裁判的后果以及所有相关人的利益——进行一种"归纳—启发式"（induktiv-heuristisch）[147] 的衡量。[148]

51

论题学的思想已有逾千年的历史：论题学的程序是一种"思考（以及解决）问题的技术"（Techne des Problemdenkens）[149]，乃是由亚里士多德[150]及西塞罗[151]所创立。在近代早期，亦诞生了大量的论题目录——所谓 loci argumentorum（意指证明所在之地）。[152] 其目的在于，汇总所有

52

---

[144] *E. Schneider*, MDR 1963, 653; *ders.*, MDR 1967, 6, 8 ff.; *Kramer*, Juristische Methodenlehre, 6. Aufl. 2019, S. 318 f.: "对源自法律之内和法律之外的问题解决角度进行归纳—启发式的衡量"; *Rüthers/Fischer/Birk*, Rechtstheorie, 11. Aufl. 2020, Rn. 613; **不同观点**，则参见 *Canaris*, Systemdenken und Systembegriff in der Jurisprudenz, 2. Aufl. 1983, S. 143。

[145] *Kriele*, Theorie der Rechtsgewinnung, 1976, S. 147.

[146] *Kramer*, Juristische Methodenlehre, 6. Aufl. 2019, S. 320: "创造式的沟通"; *Bengoetxea*, The Legal Reasoning of the European Court of Justice, S. 114 ff.: "发现的语境"（context of discovery）; **不同观点**，则参见 *Zippelius*, Recht und Gerechtigkeit in der offenen Gesellschaft, 2. Aufl. 1996, S. 407: "不能自由地设计与创造。"

[147] 启发学（Heuristik, 希腊语 εὑρίσκειν, heurískein = 偶遇）指一种利用有限的知识寻求最可能的结论或实用的解决路径的方法。典型的例子即所谓"试错"（trial and error）。

[148] *Kramer*, Juristische Methodenlehre, 6. Aufl. 2019, S. 319 f.

[149] *Viehweg*, Topik und Jurisprudenz, 5. Aufl. 1974, S. 31; 希腊语. τέχνη, téchne 指"工艺、技巧"。

[150] *Aristoteles*, Topik, I. Kap 1, Abs. 5 S. 3, 不过，亚里士多德还结合了辩证推理及修辞元素，参见 *Kriele*, Theorie der Rechtsgewinnung, 1967, S. 133 ff。

[151] *Cicero*, Topica, 2. 7. 关于近代论题学的更多论述，则参见 *Schröder*, Recht als Wissenschaft, Bd. 1, 3. Aufl. 2020, S. 25 ff。

[152] 有关 16、17 世纪论题目录的历史梳理，可参见 *Everardus a Middelburg*, Loci argumentorum legales, 1579, 详见 *Schröder*（ebd.）, S. 25 ff.; 也参见 *Gast*, Juristische Rhetorik, 5. Aufl. 2015, Rn. 300。

与裁判相关的论据。20世纪，菲韦格（Viehweg）使这一学说再度流行起来[153]，并收获了诸多拥趸。[154]

2. 论题与法学创新

53　　有观点对论题学提出了尖锐的批评，斥论题目录为一种毫无结构的混乱。[155] 究竟哪个论题与案件相关、各种论题之间该如何衡量，都属于未予明确的问题。[156] 人们总是免不了基于前理解而将法律之外的论题纳入考虑。[157] 此外，刑法中的"类推禁止"也使得论题学的思考无法取代来自法源的约束。[158]

54　　无结构的混乱不一定意味着缺陷。在某个头脑风暴的过程中不加选择地收集各种闪现的灵感，恰能确保不会遗漏任何想法和论据。上述"酒馆案"即表明了这一点。动态体系论（第八章边码2及以下）是这种论题、归纳式思考的典型例证。

55　　顾客从没有被关好的地下室门后的石阶摔下，酒馆店主是否应当承担责任（第十五章边码27及以下）？对这一问题的裁判不应依赖于纯粹主观的公平考量。地方法院的法官此时可以检索以字母顺序排列的安全注意义务的目录（这在许多法典评注中都能找到）并希望已经发生过类似案件的裁判。不过，论题式的思考或许还能促使他创造性地确立某些可用来支持或否定相关责任的归责标准。可供考虑的就有：因卖酒行为而造成的风险、锁好地下室的门属于一种可期待的阻止危险源产生的行为，或者顾客期待他不会承受这样的风险等（第十五章边码28）。

---

[153] *Viehweg*, Topik und Jurisprudenz, 5. Aufl. 1974; s. auch *Kriele*, Theorie der Rechtsgewinnung, 1976, S. 114 ff.; *Canaris*, Systemdenken und Systembegriff in der Jurisprudenz, 2. Aufl. 1983, S. 135 ff.; *Pawlowski*, Einführung in die juristische Methodenlehre, 2. Aufl. 2000, Rn. 132 ff.

[154] 例如 *Coing*, ARSP 431 (1954/55), 436, 442 ff.; *Esser*, Grundsatz und Norm, 1956, S. 44 ff., 218 ff.; *E. Schneider*, MDR 1967, 6 ff.; *Horn*, NJW 1967, 601 ff.; *Wieacker*, Privatrechtsgeschichte der Neuzeit, 2. Aufl. 1967, S. 596 f.; *Struck*, Topische Jurisprudenz, 1971, S. 20 ff.; *Grasnik*, ZRph 2005, 19, 24 ff.; *Launhardt*, Topik und Rhetorische Rechtstheorie, 2005.

[155] *Martens*, Methodenlehre des Unionsrechts, 2013, S. 17.

[156] *Alexy*, Theorie der juristischen Argumentation, 2. Aufl. 1991, S. 42.

[157] *Böckenförde*, NJW 1976, 2089, 2093; *Hwang*, Rechtstheorie 40 (2009), 43, 67.

[158] *Roxin/Greco*, Strafrecht Allgemeiner Teil, Bd. I, 5. Aufl. 2020, § 7 Rn. 56.

一些法学上的标准论据（Standardargumente）即属于论题之列[159]，例如"相似之处"（locus a simili）以及相似性推论：相似情形，应得相似之对待（第六章边码97）。此外，也有人将论题描述为实质正义层面的实用性观念（所谓"常识"）或法政策之目标。[160] 诸如基本权利的第三人效力、信赖思想或社会国家性等需要重视的观念即构成论题。[161] "宪法统一"（第四章边码128）[162] 以及"有疑义时唯利自由"（第五章边码17）等原则同样也被人称作论题。[163] "指导观念"（第十章边码18）也堪称为论题。联邦宪法法院从一系列的宪法规范中提炼出了"人的形象"（Menschenbild）这一论题，即所谓"在社会共同体内发展的、依赖沟通的人格"。[164] 欧盟层面上，人们还会提到"内部市场"[165] 或"消费者的主导图像"（第六章边码40）等论题。

3. 论题、法教义学和法学方法论

应予拒绝的则是那种脱离任何规范性的约束而进行论题学论证的做法。[166] 若如此，无异于陷入玩弄"事物的本质"[167] 或"法官的前理解"等空洞词藻的境地。因此，**论题学的程序必须匹以规范性的约束**。[168] 在具体化的领域，人们总归是要尽可能地尊重法律[169]和整个法秩序[170]的价

---

[159] *Struck*, Topische Jurisprudenz, 1971, S. 20.
[160] *Esser*, Grundsatz und Norm, 1956, S. 44 ff.
[161] *Kriele*, Theorie der Rechtsgewinnung, 1967, S. 147.
[162] *Hesse*, Grundzüge des Verfassungsrechts der Bundesrepublik Deutschland, 20. Aufl. 1999, Rn. 71.
[163] *Ossenbühl*, DÖV 1965, 649, 654 ff.
[164] BVerfG, Urt. v. 20. 7. 1954, 1 BvR 459/52, BVerfGE 4, 7, 15 f. -Investitionshilfe; BVerfG, Urt. v. 15. 12. 1983, 1 BvR 209/83 u. a.，BVerfGE 65, 1, 44-Volkszählung；批评的意见，则参见 *Lerche*, Werbung und Verfassung, 1967, S. 139。
[165] Streinz/*Schröder*, EUV/AEUV, 3. Aufl. 2018, Art. 26 AEUV Rn. 17.
[166] 参见 *Viehweg*, Topik und Jurisprudenz, 5. Aufl. 1974, S. 41；赞同者，参见 *Kramer*, Juristische Methodenlehre, 6. Aufl. 2019, S. 320："原则上无法论证这类论题目录的规范约束力。"
[167] 相应的批评，参见 *Fischer*, Topoi verdeckter Rechtsfortbildung im Zivilrecht, 2007, S. 298 f。
[168] *Hesse*, Grundzüge des Verfassungsrechts der Bundesrepublik Deutschland, 20. Aufl. 1999, Rn. 67 ff.；类似观点，参见 *Lindner*, Theorie der Grundrechtsdogmatik, 2005, S. 165 f.，区别于 *Viehweg*，作者主张一种在方法上无可挑剔的程序。
[169] 关于价值法学，参见上文第五章边码22及以下。
[170] 关于内在体系，参见上文第四章边码109及以下。

值安排。[171]

58　　论题学负责选出检验步骤，法教义学则负责将检验步骤投入实际应用。第一步，可以将"宪法统一"或者"有疑义时唯利自由"等概念视为论题。不过，这些论题作为论证模型时能有多大的说服力，在论证的什么位置可以使用之，都属于有待明确的问题。第二步，法教义学进一步将论题发展为某个规范的检验体系、一种全新的法概念或某个新型的法制度（第九章边码28及以下）。

59　　间接第三人效力学说即是一次成功的例证（第十一章边码11及以下）。类似交易基础丧失（第九章边码37及以下）或附保护第三人作用的合同（第十章边码82及以下）等法制度均属于第一步意义上所成功获得的"灵感闪现"。缔约过错责任的发现非常清楚地表明，正是因为罗马法当中只有两个有限的适用情形，所以演绎式的推理几乎难以实现。彼时，耶林就已意识到了这一点。[172] 而在第二步，则必须将上述灵感闪现整合于现行的法体系之内。这一正当性的条件也是成立的，因为这一制度弥补了现有的给付障碍法。[173] 故体系和论题并未相互排斥，论题和开放的体系**能够实现彼此之间的联结**。[174]

---

[171] *Canaris*, Systemdenken und Systembegriff in der Jurisprudenz, 2. Aufl. 1983, S. 152："尽可能通过清楚的价值安排取代不确定的论题，也即使解决路径体系化。"

[172] *von Jhering*, Jb. f. Dogmatik 4 (1861), 1, 52："如果有人想当然地以为，用诠释学的光芒照亮法律中的黑暗角落就是法学的使命所在，那他或许会反驳我所有的理论，其理由无非是——在整个法学的语料库中都寻不见'缔约过错'之谓"（Wer freilich den Beruf der Jurisprudenz in nichts anderen findet, als mit Hülfe der hermeneutischen Leuchte dunkle Gesetzesstellen zu erklären, möge immerhin meine ganze Theorie mit dem einfachen Einwande abtun, daß der Ausdruck culpa in contrahendo im ganzen corpus juris nicht vorkomme）；另参见 *Fikentscher*, Methoden des Rechts, Bd. III, 1976, S. 171.

[173] Stoll进一步实现了"缔约过错责任"的精确化，参见 *Stoll*, Leipziger Zeitschrift für deutsches Recht 1923, 532 ff.；就此参见 *Larenz*, Methodenlehre der Rechtswissenschaft, 6. Aufl. 1991, S. 422 f.

[174] *Wieacker*, Privatrechtsgeschichte der Neuzeit, 2. Aufl. 1967, S. 597 Fn. 48；*Neumann*, in: Hassemer/Neumann/Saliger, Einführung in die Rechtsphilosophie und Rechtstheorie der Gegenwart, 9. Aufl. 2016, S. 282；*Canaris*, Die Feststellung von Lücken im Gesetz, 2. Aufl. 1983, S. 107 Fn. 172；*Braun*, Deduktion und Invention, 2016, S. 179.

4. 类型学

类型学属于问题相关式思考及论题学思考的一个分支。"类型"（Typus）之概念乃由耶利内克及马克斯·韦伯所创。耶利内克指出，除"概念"之外还存在所谓"类型"，其所指向的是在某些特定的评价标准下凸显出来的真实之现象。[175] 卡纳里斯表示："将某种生活过程归入某一类型或某个有待满足的标准的意义范围，不是涵摄，而是评价性的分门别类。"[176] 类型产生于抽象之思维，也可被视为是"案例类型法"的进一步发展。与动态体系论类似（第八章边码2及以下），相关的元素有时可能比较明显，有时可能不够明显。[177]

有些情形可能无法被归于任何一种法定的合同类型。为此，人们必须注意事实情况，尽可能地将具体的组成部分归摄于规范之下［例如对"餐饮招待合同"（德语：Bewirtungsvertrag）而言，即可将食物、饮料、服务和座位等分别归于买卖合同、服务合同或租赁合同］。由此即产生了一种"混合合同"。依据事实上存在的各种义务，可得知其涉及哪些法定的合同类型。通过总结多样的生活事实，人们由此确立了一种全新的法构造。

通过对买卖合同、服务合同、租赁合同和承揽合同等规定的具体类推，只能勉为其难地解决"观剧合同"（Theaterbesuchsvertrag）之问题。[178] 从服务合同和承揽合同的"目的"的角度来说，二者尚难谓妥当，因为剧院的"座位请求权"必然还涉及租赁法上的因素。因此，人们必须从各种合同关系中遍寻适于"观剧合同"这一合同类型

---

[175] *Jellinek*, Allgemeine Staatslehre, 3. Aufl. 1914, S. 30-42.
[176] *Larenz*, Methodenlehre der Rechtswissenschaft, 6. Aufl. 1991, S. 275.
[177] *M. Weber*, Die „Objektivität" sozialwissenschaftlicher und sozialpolitischer Erkenntnis, 1904, S. 29; *Larenz*, Methodenlehre der Rechtswissenschaft, 6. Aufl. 1991, S. 464："动态标准"；*Strache*, Das Denken in Standards, 1968, S. 22；关于类型学的一般性论述，参见 *Engisch*, Die Idee der Konkretisierung in Recht und Rechtswissenschaft unserer Zeit, 2. Aufl. 1968, S. 237 ff.; *Leenen*, Typus und Rechtsfindung, 1971; *Hassemer*, Tatbestand und Typus, 1968。
[178] 有关此部分内容的生动论述，参见 *Schröder*, Recht als Wissenschaft, Bd. 1, 3. Aufl. 2020, S. 415。

之功能的合同法规则。

63 实际上，案件事实与法律陈述可相互结合而形成新的法之类型。案例类型法（第八章边码 26 及以下）重视的是汇总起来的各种案件的多样性，类型学则更进一步，强调基础性法思想的统一性。[179] 从这一角度来说，"实然"和"应然"之间不再泾渭分明。[180]

第四节　元方法的构造：检验步骤与权衡

一、方法上的多元主义

1. 实用的方法多元主义与方法上的无秩序状态

64 （1）另有批判观点认为，法律人有权任意地选取在他看来合适的论证模型，以服务于其结论的说理。围绕"各个论证模型的权重"这一问题的讨论已有数百年历史，可谓法学方法论的经典命题。[181] 越来越受推崇的观点是：解释方法不存在位阶关系和"元理论"，解释方式之间是一种互相竞争的关系。[182] 主张这一观点者也会援引萨维尼的学说，他认为论证模型乃是"时而此一更重要更明显，时而彼一更重要更明显"的

---

[179] Haubelt, Die Konkretisierung von Generalklauseln, 1978, S. 104; R. Weber, AcP 192 (1992), 516, 533.

[180] 因这一点而拒绝区分实然应然的，参见 Rüthers/Fischer/Birk, Rechtstheorie, 11. Aufl. 2020, Rn. 932 f。

[181] Alexy/R. Dreier, in: MacCormick/Summers, Interpreting Statutes, 1991, S. 73, 92 ff.; Bydlinski, Juristische Methodenlehre und Rechtsbegriff, 2. Aufl. 1991, S. 553 ff.; Larenz, Methodenlehre der Rechtswissenschaft, 6. Aufl. 1991, S. 343 ff.; Fikentscher, Methoden des Rechts, Bd. III, 1976, S. 684; Kramer, Juristische Methodenlehre, 6. Aufl. 2019, S. 201 ff.; Martens, Methodenlehre des Unionsrechts, 2013, S. 499 ff. 卡纳里斯则称其为"法学方法论当中最为不清楚的问题领域"，参见 Canaris, in: FS Medicus, 1999, S. 25, 32 spricht von den am wenigsten geklärten Problemkreisen der Juristischen Methodenlehre。

[182] Kriele, Theorie der Rechtsgewinnung, 2. Aufl. 1976, S. 85 ff.; Engisch/Würtenberger/Otto, Einführung in das juristische Denken, 12. Aufl. 2018, S. 121 ff.; Bydlinski, Juristische Methodenlehre und Rechtsbegriff, 2. Aufl. 1991, S. 553 ff.; Zippelius/Würtenberger, Juristische Methodenlehre, 12. Aufl. 2020, S. 51; Fikentscher, Methoden des Rechts, Bd. III, 1976, S. 684; Vogel, Juristische Methodik, 1998, S. 120; Sachs/Sachs, GG, 9. Aufl. 2021, Einf. Rn. 39; Esser, Vorverständnis und Methodenwahl, 1970, S. 123; Hassemer, Rechtstheorie 39 (2008), 1, 8 f., 12 f.

"各种不同之活动"。[183] 例如，拉伦茨和卡纳里斯即否认论证模型之间存在"固定的位阶关系"，在他们看来，不同标准的权重"尤其取决于它们在具体个案中能有何等贡献"。[184] 布鲁格则提出了"弹性论证框架"（flexiblen Argumentationsgerüst）之谓，试图将法之目标、解释目标和解释方法结合起来。[185] 这种方法上的多元主义（Methodenpluralismus）也体现在联邦宪法法院的判例中，其指出，在法解释的过程中"所有传统的解释方法都可发挥一致的作用。在它们中间，不存在某一解释方法相对于其他解释方法的必然的优先性"。[186] 瑞士的联邦法院更是明确提及**"实用的方法多元主义"**。[187] 这样做是否会导致"方法上的无秩序状态"（Methodenchaos）[188] 或曰"方法上的混乱"（Methodenwirrwarr）[189]？

伽达默尔及埃塞尔后来又引入了"诠释学循环"的概念：据此，法律人乃是依循他的前理解来解决案件。埃塞尔指责法官们"乃是从结论出发，然后再有针对性地选择历史、文义、体系抑或目的解释等要素"[190]，从而"为符合其法律和事实理解的裁判提供技术层面的说理"（第一章边码70）。[191]

（2）反对观点可以说是时而偏好某个论证模型，时而偏好另一个论证模型。故它们常常是流于片面的：因此，部分观点即强调案件诠释学，并主张在

---

[183] *von Savigny*, System des heutigen Römischen Rechts, Bd. 1, 1840, S. 215.
[184] *Larenz*（ebd.），S. 345；同样观点，参见 *Kriele*, Theorie der Rechtsgewinnung, 1967, S. 93；*Looschelders/W. Roth*, Juristische Methodik in der Rechtsanwendung, 1996, S. 196；*Martens*, Methodenlehre des Unionsrechts, 2013, S. 500 f.；结论上与此一致的，参见 *Zimmermann*, RabelsZ 83（2019），242, 266。
[185] *Brugger*, AöR 116（1994），1, 30 f.；更为激烈地主张，参见 *Hassemer*, in: Hassemer/Neumann/Saliger, Einführung in die Rechtsphilosophie und Rechtstheorie der Gegenwart, 9. Aufl. 2016, S. 237: "在方法上，法官可以自由选择解释规则。"
[186] BVerfG, Urt. v. 20. 3. 2002, 2 BvR 794/95, BVerfGE 105, 135, 157- Vermögensstrafe.
[187] 明确提出这一说法的，可参见 BGer, Urt. v. 7. 9. 2012, BGE 138 II 440, 453。
[188] *Ehmke*, VVDStRL 20（1963），53, 59.
[189] *Forsthoff*, Der Staat 8（1969），523.
[190] *Esser*, Vorverständnis und Methodenwahl, 1970, S. 123.
[191] *Esser*（ebd.），1970, S. 7.

此框架下确立各种检验之步骤。[192] 还有人则主张文义及体系解释的优先性，其认为，唯有如此才能最好地实现民主参与、平等及法的安定性。[193] 对于主客观理论，人们也是各有青睐（相关争论，参见第六章边码 60 及以下）。有学者试图将论证模型视作纯粹的"衡量标准"（Abwägungsgebot）[194] 或者只是描述性地赋予它们各自一种"初步证明"意义上的优先性。[195]

2. 对法学思维"理性要求"的回应：元方法

方法多元主义或可追溯至罗马修辞学的渊源，后者将各种论证模型视为彼此对立的论据（第六章边码 2）。然而，作为论辩学说和说理学说的法学方法论不能止步于此。如果优先选用的解释规则时而有变，一切均取决于具体之问题，那么解释的过程将不过是一种循环论证，因为（选择什么样的）解释方法完全只受具体问题的左右。[196] 这种做法被斥为只是依着纯粹的决断主义或前理解来裁判，继而对自觉公平的结论进行事后的正当化；法解释的工作由此不再具备客观性的控制功能。[197] 如果法学方法论想要被用来提升裁判的理性，上述不受控制的方法多元主义即理应为人所拒绝。总之，人们严重忽略了"运用方法的方法"，也即所谓"元方法"（Metamethodik）。[198] 在法学文献中，人们也只是偶有提及那些十分有益的检索顺序。[199]

---

[192] 主张检验步骤"七步法"的，参见 Voßkuhle, in: Bauer/Czybulka/Kahl/Voßkuhle, Umwelt, Wirtschaft und Recht, 2002, S. 171, 188 ff.; 主张检验步骤"三步法"的，参见 Hoffmann-Riem, in: Schmidt-Aßmann/ders., Methoden der Verwaltungsrechtswissenschaft, 2004, S. 11, 54 ff.。

[193] von Arnim/Brink, Methodik der Rechtsbildung unter dem Grundgesetz, 2001, S. 262 ff., 272.

[194] Canaris, in: FS Medicus, 1999, S. 25, 58 f.

[195] Vogenauer, Die Auslegung von Gesetzen in England und auf dem Kontinent, 2001, S. 1282.

[196] Schünemann, in: FS Klug, 1993, S. 169, 172; zustimmend Kramer, Juristische Methodenlehre, 6. Aufl. 2019, S. 144 Fn. 335; Pichonnaz/Vogenauer, AJP/PJA 1999, 417, 424.

[197] 这一批评，参见 Kramer, Juristische Methodenlehre, 6. Aufl. 2019, S. 144。

[198] Rüthers/Fischer/Birk, Rechtstheorie, 11. Aufl. 2020, Rn. 704 ff.; Lindner, NJW 2019, 279, 282.

[199] Rückert/Seinecke, in: dies., Methodik des Zivilrechts-von Savigny bis Teubner, 3. Aufl. 2017, S. 39 ff.; Kramer (ebd.), S. 201 ff.; Reimer, Juristische Methodenlehre, 2. Aufl. 2020, Rn. 415; Röhl/Röhl, Allgemeine Rechtslehre, 3. Aufl. 2008, S. 631 f.; s. auch Looschelders/W. Roth, Juristische Methodik in der Rechtsanwendung, 1996, S. 193: "从属性的层级顺序。"

为此，下文将初步论述一种元方法的构造。各种具体的论证模型总体上可依法学论证的说理深度及理性由低到高进行排序。元方法是法学思维的组成部分（第十四章边码 127 及以下）。与不受控制的方法多元主义相比，它有如下两个方面的不同认识：各种论证模型不是任意的，而是同基本权利一样，至少在抽象层面已具备不同的权重。此外，在确定法的解决方案时，宜遵守一定的检验顺序，以确保人们不会忽略那些最重要的论证模型。当解决某个案件并疑惑应当如何采用论证模型时，人们应当将相关的论证模型置于某种检索顺序之中，继而在具体的案件中对其进行权衡。

二、为法的解决方案进行说理的检索顺序

1. 第一步：案件事实诠释学

这里要介绍的，是每次在解决法律问题时都应当在脑海中充分考虑且原则上应全部付诸检查的六个**检验步骤**。检验应当以案件事实诠释学为开始，因为只有以完整的案件事实为基础，才能开展法律问题之解决。这要求在案件事实与规范之间"来回顾盼"。这也涉及了规范领域说以及其他值得考虑的因素（第十四章边码 7 及以下）。[200]

2. 第二步：演绎——萨维尼的解释学说及结果导向的解释

诉诸萨维尼的解释学说开展法发现的过程，可谓经典的做法，特别是在文义能够为人所确定的情形下[201]，这一点也适于公法领域（第十章边码 4）。规范的文义是解释之开端（第四章边码 39）。即使是被认为明确的文义也不能直接导出结论，为此还需要借助其他论证模型。[202] 有时，体系解释可用来佐证文义解释所得来的结论，而分析主观意图也有助于澄清规范之内涵。规范目的之确定须依赖上述解释方法，而不可依赖法律之外的方法。"探寻立法者的目的及客观意图，需揆诸规范的文义、其前后文

---

[200] 将案件事实诠释学纳入检索模式的，参见 *Voßkuhle*, in: Bauer/Czybulka/Kahl/Voßkuhle, Umwelt, Wirtschaft und Recht, 2002, S. 171, 188 ff.（七步法）; *Hoffmann-Riem*, in: Schmidt-Aßmann/ders., Methoden der Verwaltungsrechtswissenschaft, 2004, S. 11, 54 ff.（三步法）。

[201] 关于其重要性及意义，参见上文第四章边码 39 及以下。

[202] 关于明确性规则，则参见第四章边码 64。

语境、立法材料及立法史而定。"[203] 此外，上文也详尽讨论了结果导向的解释（第四至六章）。

3. 第三步：具体化与建构

71　萨维尼的解释学说并非总是奏效，例如在一般条款的情形下（如《民法典》第 138 条以及第 826 条之"善良风俗"）。恰是在四种经典的论证模型无法导向明确的结论时，才应当展现、厘清、选择并权衡各种不同的目标及价值理念。[204] 此时，借助先例积累以及案例对比法，诉诸已有的判例也能发挥一定的作用。此外，法教义学以及法学方法论有助于使正义问题变得可操作化。[205] 对"开放"规范的具体化需要按照中间步骤进行（第九章边码 23）。上文第七至十章已详细论述了动态体系论以及诉诸案例类型、一般性法原则、指导观念及法概念的作用，同时还介绍了"衡量"之内容。

4. 第四步：上位法的审查

72　法的层级构造表明，在检验的过程中，人们必须考虑"上位法"，且在必要时赋予其优先性。它可以用来确认当前所得出的结论，也可以对其进行更正。这里可联想到强制的适用优先性以及"加铝案"（第十二章边码 27 及以下）。第十一、十二章已介绍了宪法和欧盟法的问题，并确立了不同强度的推定及优先规则，在后文介绍论证模型的权重时还将涉及这一点（第十四章边码 77 及以下）。

5. 第五步：法续造及其界限

73　此外，人们还应注意法续造之界限。法律问题之解决应避免出现反于法律的不正当法续造，因此这一解释的目标理应贯穿至检验的结尾。反于法律的法续造无一例外是不正当的，这一界限是绝对的。[206] 一次正当的

---

[203] 参见 BGH, Urt. v. 8. 11. 1967, I ZR 135/65, BGHZ 49, 221, 223-Haftung des Güternahverkehrsunternehmers 以及第四章脚注 44 的文献。

[204] Gern, VerwArch 80 (1989), 415, 419.

[205] 与教义学相关的论述，可参见 Esser, AcP 172 (1972), 97, 113（参见第一章边码 113）。

[206] 也参见 Schünemann, in: FS Klug, 1983, S. 169, 185, 其主张在第四步检验"违法的法获取"（Rechtsgewinnung contra legem），但未就此展开详细论述。

法续造可以取代文义及历史意图。绕开文义或立法意图，即意味着更高的说理负担，因为法官不得以立法者自居。除了声称存在漏洞，人们还须谨慎地论证。如果环境条件发生了变化，而从立法者的沉默中不能得出其不愿意作出改变的结论，那么客观理论即可替代主观理论（第十三章边码39及以下）。任何情况下，法官都不能用他自己的意愿替代立法者的意愿。在这一框架下，法律的价值安排以及结果导向的思想都具有一定的重要性。"信赖保护"方面的理由既可能用于论证法续造，也可能构成后者的限制。用图示可以形象地展现相关的检验步骤（第十三章边码132）。

6. 第六步：公平性审查及正确性保障

公平、正义不能也不得代替实际的论证；否则，它们将沦为"空洞公式"（第九章边码10）。但是，如果已经对上述论证模型进行了累积式的通盘审查，那么在审查结束之时也可以诉诸公平和正义之类的思想。这里所涉及的原理是：法学上的裁判不可能得到毫无保留的确信，人们只能"从方法上为其保驾护航"。[207] 为此需要满足如下指标：形式上，裁判需要付诸说理[208]；学说上，有人主张理性的说理应符合某些"最低标准"，例如从演绎到最终理由的完整公开、推理的可信度、与规范导向的一致性等。[209] 此外，人们还应阐述法续造的界限，并确立某种检验顺序以及各个论证模型的权重（第十四章边码69及以下）。在建构以及革新这种进行法学创造的、不够明确的领域，尤应如此（第十四章边码46及以下）。

对具体案件的解决而言，规范越是不确定或不清楚，说理的负担就越重（第一章边码87）。从实质内容上说，即是要求人们避免明显不公的、损害当事人信赖的裁判。检验的过程应当以"正确性审查"为终点。[210]

---

[207] 关于有说服力但并非唯一正解的裁判，参见第一章边码64及以下，以及 *Laudenklos/Rohls/Wolf*, in: Rückert/Seinecke, Methodik des Zivilrechts-von Savigny bis Teubner, 3. Aufl. 2017, S. 609, 627。

[208] *Fischer-Lescano/Christensen*, Der Staat 44 (2005), 213, 224；详见第一章边码39及以下。

[209] *Herdegen*, JZ 2004, 873, 877.

[210] *Esser*, Vorverständnis und Methodenwahl, 1970, S. 142 ff., 145；*Rückert/Seinecke*, in: dies., Methodik des Zivilrechts-von Savigny bis Teubner, 3. Aufl. 2017, S. 39, 50 f. Rn. 73. 类似观点，参见 *Morlok*, in: Gabriel/Gröschner, Subsumtion, 2012, S. 189, 207 f.："法官的裁判应符合'规范意义上的正确性期待'（normativen Richtigkeitserwartung）。"

由于法学方法可能为人滥用——第三帝国的恶法之治即明确说明了这一点（第十四章边码100）——因此，法学方法论必须以正确及正义为旨归（第一章边码105及以下）。[211] 如哈贝马斯所言："'正确性'意指理性的、用适当理由支撑的可接受性。"[212] 此时，也可以诉诸"法感"或者经训练而养成的判断力。[213] 有关正义性的问题必须通过法学方法论而得到理性之保障，也即获得"法学上的可操作性"（juristisch operational）。[214] 此处涉及的是一种边界领域：价值法学和其他方法论的流派必须意识到，在别的领域中，检验的过程**最终也要诉诸法律之外的价值标准**。[215] 避免不公正的结论必须是其目标之所在（第十四章边码114）。

76　　依本书之观点，这一检验步骤是合乎逻辑的。它很好地贴合了本书的结构。其优势在于建立一个固定的结构，而非一开始就随意地将某一论证模型凌驾于另一模型之上。不过，如果法律问题在法教义学上没有疑虑，可轻易展开涵摄（第一章边码65及以下），那么从经济角度来说，在判决中罗列所有的论据即非效率的选择。[216] 因此，部分观点主张一种"停止规则"（Stoppregel）：在文义明确（第四章边码64）或能够确定法的目的时，即中断检验步骤。[217] 这一观点难谓妥当，因为其蕴含了循环论证的

---

[211] 参见 *Gadamer*, Wahrheit und Methode, 2. Aufl. 1965, S. 312；齐佩利乌斯即指出，在选择解释论据时应尽可能实现公正的法律解决方案，参见 *Zippelius*, Juristische Methodenlehre, 12. Aufl. 2020, S. 48，51；比德林斯基则有些语焉不详地要求人们依据法理念的标准进行一种"附随审查"（Begleitkontrolle），参见 *Bydlinski*, Juristische Methodenlehre und Rechtsbegriff, 2. Aufl. 1991, S. 565；不同观点，则参见 *Rüthers/Fischer/Birk*, Rechtstheorie, 11. Aufl. 2020, Rn. 992 f.（也见第一章边码105），作者认为，方法论本身并不包含区分良法与恶法的标准（第一章边码105、边码112及以下）。

[212] *Habermas*, Faktizität und Geltung, 1992, S. 277.

[213] 就此参见 *Di Fabio*, Das Recht offener Staaten, 1998, S. 150，以及上文第一章边码72。

[214] 参见埃塞尔针对法教义学的论述：*Esser*, AcP 172（1972），97, 113 zur Rechtsdogmatik（第一章边码113）。

[215] *Laudenklos/Rohls/Wolf*, in：Rückert/Seinecke, Methodik des Zivilrechts-von Savigny bis Teubner, 3. Aufl. 2017, S. 609, 618, 625.

[216] 比德林斯基正确地强调了"合目的性的考量"，其在实践中常使得人们不必究立法者的意图，参见 *Bydlinski*, Juristische Methodenlehre und Rechtsbegriff, 2. Aufl. 1991, S. 557。

[217] *Bydlinski*（ebd.），S. 560 ff.；*Reimer*, Juristische Methodenlehre, 2. Aufl. 2020, Rn. 415；*Looschelders/Roth*, Juristische Methodik im Prozeß der Rechtsanwendung, 1996, S. 193.

风险。所有的检验步骤都至少应当在脑海进行一遍完整的检验（而不见得要将其写于纸上），因为只有对相关论据进行这样的整体考虑、按照上文所述累积式地运用各种方法（kumulativer Methodeneinssatz），才能对规范建立起正确的理解（第十四章边码124及以下）。

三、论证模型的权衡

各种论证模型之间是何关系、应如何对其进行权衡，仍旧是学界通说未能厘清的问题（第十四章边码64）。将权衡始终着眼于具体个案，无疑是正确的做法。然而，在具体个案中，尚需区分抽象之位阶与具体之权衡。在法益和基本权利等领域即存在这种不同："生命"这种法益比职业自由、宗教自由或集会自由等更为重要（第十章边码11）。因此，赋予论证模型抽象的结构并对其加以权衡，似也是有益之举。本书介绍的法学方法论已多次表明，各种论证模型可以有不同的权重，并存在优先规则、推定规则、衡量规则及论证负担规则之分。法官始终要遵照强制性的优先规则，他可以认为，某些论据比其他论据更为重要，从而作出这一"推定"。唯有作为辅助手段，他才可以在衡量的意义上收集各种论证模型，并在必要时对其进行比较乃至补充。[218] 最后，特定的论证模型（如法的续造）乃以说理为前提；这被称作"论证负担规则"。这种论据的位阶关系影响了检验的过程。原则上，对于最强有力的论证模型，即应当予以特别的、详尽的论证。

1. *严格的优先规则*

如前文所述，在任何论证模型的冲突情形下均得适用规则即"优先规则"。依本书之理解，"优先论据"导向的是某一明确的法效果，并造成某种特定的结论。此时，即例外性地适用"唯一正解论"：只有一种答案是正确的——与之相反的观点是错误、不合理的（第一章边码64及以下）。在面对法续造的问题时，即可涉及"优先规则"。优先规则可强制

---

[218] 卡纳里斯只是区分了"衡量"和"优先规则"，而未提及"论证负担规则"这一第三种类型，参见 Canaris, in: FS Medicus, 1999, S. 25, 59。

地阻却某种正当的法续造；反之，它也可能强制性地要求人们作出某种法的续造。

79　　　**进阶练习——树根越界案**：所有权人可依"自力救济"之方式自行移除邻近土地越界生长的树根（《民法典》第910条）。那么，所有权人是否也可请求邻居移除越界生长的树根？[219]

80　　　（1）**阻却法续造**的优先规则，其主要依据是相关人的信赖保护。必然使法续造构成违法的不当法续造的一个典型例子即罪刑法定原则，也即"无成文法即无罪"原则下的刑法之文义界限。[220] 上文已详细论及，在诸多法秩序中，该原则均得无例外地适用（第一章边码36）。

81　　　若法续造导致相关人的基本权利受到严重侵害，也构成违法的不正当法续造。"专家鉴定人案"中，联邦最高普通法院通过法续造排除了针对专家鉴定人的损害赔偿权，尽管其违反义务的行为导致了他人被剥夺自由（第十三章边码71）。联邦宪法法院驳斥了这种做法，理由在于，唯有立法者（而非法官）有权如此显著地限制基本权利。[221]

82　　　民众的合理信赖是罪刑法定原则的根基，它可构成判例变更行为的限制（第十三章边码76）。[222]

83　　　（2）相反，优先规则也可能**迫使人们作出法的续造**。欧盟法导致的合基础法的法续造即属此例。这将导致具体的构成要件要素被取代或弃置，或者导致欧盟基础法具备直接的适用优先性，从而使成员国国内法在此范围内为其所替代（第十二章边码3、9）。[223] 合宪解释也有类似效果：人们不得不排除违反宪法的解释结论，在进一步的法发现过程中只能注重合宪的解释结论，在此意义上，合宪解释具有优先效力（第十一章边码50

---

[219] 答案见第十五章边码60及以下。
[220] 将这称作强制优先的，参见 Alexy/R. Dreier, in：Statutory Interpretation, 1991, S. 73, 95；Möllers, in：FS Roth, 2011, S. 473, 487。
[221] BVerfG, Beschl. v. 11. 10. 1978, 1 BvR 84/74, BVerfGE 49, 304, 320-Sachverständigenhaftung；另参见上文第十一章边码81及以下、第十三章边码71。
[222] BVerfG, Urt. v. 24. 10. 1996, 2 BvR 1851/94 u. a., BVerfGE 95, 96, 133-Mauerschützen.
[223] **不同观点**，则参见 Martens, Methodenlehre des Unionsrechts, 2013, S. 500。

及以下)。[224] 依本书之观点，法学方法论亦允许人们作出一种合宪的法续造，其是以正当之方式更正法律的文义。为保护相关人的基本权利而作出的法续造即属于这类情形（第十一章边码 68 及以下）。

2. 推定规则

推定规则是指从初步证明推定某种法律解决方案的合理性。若法官试图违背这一规则，则必须为之提供理由。他因而需要承担论证或说理负担（第一章边码 98）。原则上，可以推定认为，规范的文义也反映了立法者的意图。不过，文义必须明确清楚，而这种情况是鲜见的（第六章边码 3 及以下）。合指令的解释和合指令的法续造即具备一种推定效力。它们没有强制的优先性，因为这类构造尚须受到国内界限的限制（第十二章边码 76 及以下）。[225] 借助法原则及指导观念等，法教义学实现了法的具体化。即使没有重新给出理由，也可以适用相应的教义学。这即是一种推定规则[226]，若违背之，人们必须提供反驳的理由（第九章边码 8）。

同样不可低估的是既有判例，即所谓"先例"的重要性，先例也具备一种推定效力。本书一开始所论证的"遵从义务"乃是次级法源的应有之义（第三章边码 15）。其背后所依据的思想是《基本法》第 3 条第 1 款意义上的"法适用的平等性"（第一章边码 42）。先例之间没有冲突可谓法发现过程的"出发点"。[227] 诚如克里勒所言："以先例为导向可以同时实现法的安定性、平等原则，继而实现裁判的不偏不倚，保障每个案件不会受到某一方施加的影响，并由此促进'法'逐步走向正义，使人们不再对

---

[224] *Canaris*, in: FS Medicus, 1999, S. 25, 52; *ders.*, in: FS Bydlinski, 2002, S. 47, 66 ff.

[225] **不同意见**，参见 *Canaris*, in: FS Kramer, 2004, S. 141, 145; *ders.*, in: FS Bydlinski, 2002, S. 47, 66 ff.; 赞同者 *Langenbucher*, in: dies., Europäisches Privat- und Wirtschaftsrecht, 4. Aufl. 2017, § 1 Rn. 93 ff.

[226] *Brohm*, VVDStRL 30 (1972), 245, 248; *Alexy*, Theorie der Juristischen Argumentation, 1983, S. 327; *Koch/Rüßmann*, Juristische Begründungslehre, 1982, S. 185; *Reimer*, Juristische Methodenlehre, 2. Aufl. 2020, Rn. 701; *Rüthers/Fischer/Birk*, Rechtstheorie, 11. Aufl. 2020, Rn. 324; *Dreier*, in: ders., Rechtswissenschaft als Beruf, 2018, S. 1, 30.

[227] *Braun*, Deduktion und Invention, 2016, S. 263, 作者称其为"以不同于法律解释的规则所进行的法发现之'起点'"。

遵守法律有所怀疑。"[228]

86　　此外，立法者的历史意图原则上具有优先之地位。[229] 最后，人们尤应重视文义、体系和立法者意图的共同作用。这一解释方法是直接求诸立法者，而其他的法构造——如比较法论据或实证论据——则不一定立足于立法者的角度。[230] 结果导向的思想——如避免出现不合理的法效果，或归谬法——也具备较强的表征效力。若要偏离共识或通说（第五章边码101及以下），则也要承担相应的证明负担。[231]

3. 动态体系的衡量规则

87　　若不存在推定规则、论证负担规则或优先规则的适用余地，那么论证模型就只能充当纯粹的"衡量标准"。萨维尼的四种解释要素有其正当性，并因而得到了举世之重视（第四章边码24）。上文已介绍了大量的论证模型，例如文义、体系和历史解释（第四章）。尤值一提的是明确性规则、法秩序的统一、例外当严格解释、冲突规则、恒定之法以及主观意图。不过，对这些标准论据而言，至少还存在同等权重的相反论据。这些论据的说服力因而相对较弱。目的性论据可被用来反驳这类作为衡量规则的"形式论据"（第六章边码17及以下）。[232] 即使看似符合逻辑的论据，若选用了文不对题的基准，则同样会失去说服力。[233]

4. 论证负担规则

88　　谁主张适用某一特定的论证模型，谁即应当承担相应的论证之负担（第一章边码98）。例如，外国法的判决即适用这一论证负担规则。由于

---

[228] Kriele, Grundprobleme der Rechtsphilosophie, 2. Aufl. 2004, S. 52.
[229] 参见 Alexy, Theorie der Grundrechte, 1978, S. 305；Koch/Rüßmann, Juristische Begründungslehre, 1982, S. 176 ff.；Würdinger, JuS 2016, 1, 6；**不同观点**，参见 Heun, AöR 116 (1991), 185, 206. 有关主观理论，参见上文第六章边码79。
[230] Lindner, Theorie der Grundrechtsdogmatik, 2005, S. 158.
[231] Gast, Juristische Rhetorik, 5. Aufl. 2015, Rn. 439 ff.；Alexy/R. Dreier, in：MacCormick/Summers, Statutory Interpretation, 1991, S. 73, 97.
[232] "形式论据"（Formalargumente）之谓，参见 Säcker, in：MünchKomm - BGB, 8. Aufl. 2018, Einl. Rn. 115；类似表述，参见 MacCormick, 6 Ratio Juris, 16, 22（1993）：formalistic 或 legalistic（第六章脚注2）。
[233] 个中关键在于，规范以何种规制目的为基础。例如，"母子车厢案"中适用的当然推论和反面推论即说明了这一点（第一章边码73）。

外国法判决在德国没有法的效力，因而其原则上仅是（纯粹的）法认知源。不过，如果有人仍要援引外国法的判决进行论证，则其必须说明，为何相关的观点也能适用于德国法以及为何这一解决方案原则上优于其他解决方案（第七章边码 85 及以下）。[234]

89　　一方若主张适用推定规则，另一方则应承担推翻这一推定的论证负担。主张偏离明确的文义而进行法续造者，应承担论证负担。[235] 他需要阐述法律漏洞之存在。漏洞的填补应符合法律的价值安排。在情势发生变化或者立法者无所作为的情况下，主观意图即不再重要（第六章边码 69 及以下）。[236] 意图诉诸"公平正义"理念的，则必须将之具体化，并承担相应的证明负担，这样做的目的可以是对立法者不作为的回应（第十三章边码 53 及以下）或是为了避免造成不合理的负担（第十三章边码 48 及以下）。对代表法律或修正法律的法官法而言，论证负担是显而易见的。

90　　"具体化"的领域之中亦存在论证负担规则。针对《民法典》第 138 条及 826 条而进行的案例类型化即是例证。具有法续造特征的典型案例可参见"担保案"（第十一章边码 58、62）及"Infomatec 案"（第八章边码 43 及以下）。在这类案件中，作为"造法者"的法官应承担相应的论证负担。

91　　目的解释并非一种独立的解释步骤。它是法解释的目标，在此意义上，它可谓法发现过程的"上层步骤"。其重要之处在于，如果衡诸规范的精神和目的能够更有说服力地得出不同之结论，既有的论证模型将失去其意义。目的解释分为两步：在用论据为所主张的目的进行辩护之后，才开始确立解释的结论（第五章边码 8）。[237] 对目的的确立而言，法官应承

---

[234] *Voßkuhle*, in：Bauer/Czybulka/Kahl/Voßkuhle, Umwelt, Wirtschaft und Recht, 2002, S. 171, 193.

[235] *Neuner*, Allgemeiner Teil des Bürgerlichen Rechts, 12. Aufl. 2020, § 4 Rn. 74；*Braun*, Deduktion und Invention, 2016, S. 169.

[236] *Röhl/Röhl*, Allgemeine Rechtslehre, 3. Aufl. 2008, S. 632.

[237] *Morlok*, in：Gabriel/Gröschner, Subsumtion, 2012, S. 179, 204. 可以得出的一个推论是，通过类推或目的性限缩进行的法续造正是为了实现规范之目的。

担证明之负担。

5. 法学论据的不同权重

92　　（1）概言之：有些论证模型强制性地优先于其他解释规则，这类论证模型即非常强势。论证模型是否具有推定效力，或者适用论证负担规则，这一基本问题也具有特别之意义。假若规范的精神和目的并非昭然若揭，法官就必须论证规范的目的（第五章边码 7 及以下）——法官若能意识到这一点，势必大有助益。同样的，了解到法续造意味着说理负担从而避免进行隐蔽性的法续造（第十三章边码 10），也是如此。

93　　（2）若能在第一步论证规则之目的，在第二步，即可以借助目的性的论据反驳诸多其他的论据（见下文）。如果已作出证明，论证负担和推定规则即告"反转"。正如扑克牌游戏一样，一方亮出大牌后，就只待另一方作出回应。

94　　目的性解释的论证模型包括：拒绝明确性规则，法概念的相对性，区分解释，例外也可宽泛解释，特别法优先、新法优先及上位法优先等原则的相对化、历史意图的矛盾或者编写疏漏等。具体类推和目的性限缩即"目的对抗文义"的例证。第四至六章已详细介绍了这一结构。[238]

95　　（3）总之，人们应当区分**一种论证模型的抽象权重**和其**在具体个案中的权重**。起决定作用的乃是具体案件中的权重。[239] 因此，有些时候，文义的论据可能强于目的性的论据，而有些时候，则可能相反（第一章边码 99）。如果表达明确，文义论据即更强——若案件事实处于构成要件要素的"概念核"，则可推定该构成要件要素成立（第四章边码 45）。这里可以联想一下上文提到的 23 岁的公民能否参选联邦总统的问题（第一章边码 66）。相反，若规范不确定或表达模糊（例如一般条款，第七章边码 5

---

〔238〕 参见第六章边码 59 之图 6-1 "部分论证模型及其相反论证模型"。
〔239〕 Vgl. bereits *Looschelders/Roth*, Juristische Methodik im Prozeß der Rechtsanwendung, 1996, S. 194；明显强调两步法的，参见 *Christensen/Kudlich*, Theorie richterlichen Begründens, 2001, S. 378。

及以下），文义论据也即较弱的论据。[240] 宪法和欧盟法也并非总能发挥其效力。例如，除了优先适用的场合，还有以宪法为导向或以指令为导向的解释。

6. 法学论据的权衡及解释目标

那么，各种论证标准也即论证模型和解释目标之间的关系又如何？常有观点认为，主观解释和客观解释就是需要探明的解释目标。[241] 此观点实难成立，因为二者都只是支撑规范目的甚而实现法续造的手段（第六章边码 69 及以下）。[242] 目的解释常常是不甚明确的，毋宁说它通常都是需要借助论证模型才能得以明确的"前提"。法官就需要为此承担证明负担（第十四章边码 92）。与此不同，合宪解释和法续造的分量要更重一些。同目的解释一样，此时也需要论证"前提"。若前提得以论证，那么合宪解释及法续造本身就构成解释目标，为此，违宪的解释路径就必须被排除在外，而必须实现合宪解释之目标，例如，就谋杀的情形而言，对终身监禁的适用有疑问时均应采取目的性的限缩（第十一章边码 35、69）。此外，合指令解释及法续造也构成一种目标——国内法的解释必须尽可能与欧盟指令的规范目的相一致（第十二章边码 48 及以下、边码 64 及以下）。对于上文提到的优先、推定和论证负担等模型，则必须先论证作为前提的解释目标：借助普通法、宪法或欧盟法。若这一点能够实现，合宪及合指令的法续造都会形成一种强有力的推定，唯有例外情况下才能驳斥之。[243]

95a

---

[240] 形象地论述，也参见 *Vogenauer*, Die Auslegung von Gesetzen in England und auf dem Kontinent, 2001, 作者多次强调明确文义与模糊文义的区分。

[241] 例如 *Larenz*, Methodenlehre des Rechts, 6. Aufl. 1991, S. 316 ff.; *Reimer*, Juristische Methodenlehre, 2. Aufl. 2020, Rn. 246 ff., *Wank*, Juristische Methodenlehre, 2020, § 6 Rn. 152 ff。

[242] 持相同见解者，参见 *Wischmeyer*, Zwecke im Recht des Verfassungsstaates, 2015, S. 348 ff。

[243] 在涉及第三人的基本权利时，可对抗合宪解释，参见第十一章边码 83 及以下；在存在不同的转化意图时，可对抗合指令续造，参见第十二章边码 76 及以下。

表 14-1 法的解决方案的六个检验步骤以及为实现法发现而进行的论证模型的权衡

Ⅰ. 法的解决方案的六个检验步骤	第 1 步：案件事实诠释学	规范和生活现实：为涵摄模型加入具体化的步骤——规范领域说（第十四章边码 7 及以下）
	第 2 步：萨维尼的解释学说及结果导向	文义、体系、主观意图、规范目的、结果导向（第四至六章）
	第 3 步：先例，一般条款的具体化	案例对比法、动态体系论、案例类型、法原则、衡量（第七至十章）
	第 4 步：上位法	特别是宪法、欧盟法、国际法（第十一、十二章）
	第 5 步：法续造及其界限	更正文义、意图、体系，以代表法律或修正法律的方式等（第十三章）
	第 6 步：公正性审查及正确性保障	（第十四章边码 74 及以下）
Ⅱ. 论证模型的权衡	1. 强制性的优先规则（第十四章边码 78）	（1）违法的不正当法续造 值得保护的信赖、罪刑法定原则、对受害人或第三人的不当的基本权利侵害 （2）强制性的超越法律（制定法）造法 合基础法的续造，或基础法的适用优先性，为保护受害人的基本权利而要求作出合宪解释和法续造
	2. 推定规则（第十四章边码 84 及以下）	（1）支持某种法解决方案： ①上位法：合指令的法续造——先例、法教义学、法原则等 ②主观意图、规范体系所要实现的目的、结果导向的思想 （2）反对某种法续造：例如内在体系、纯粹的合目的性考量
	3. 论证负担规则（第十四章边码 88 及以下）	例如论题、法学上的创新、代表法律或修正法律的法续造、客观理论、价值的演变
	4. 衡量规则（第十四章边码 87）	衡量理论、结合理论，以宪法或指令为导向的解释

本节参考文献：

von Arnim, Hans Herbert/*Brink*, Stefan, Methodik der Rechtsbildung unter dem Grundgesetz, 2001, S. 262-273; *Braun*, Johann, Deduktion und Invention, 2016; *Bydlinski*, Franz, Juristische Methodenlehre und Rechtsbegriff, 2. Aufl. 1991, S. 553 - 571; *Canaris*, *Claus-Wilhelm*, Das Rangverhältnis der „klassischen" Auslegungskriterien, demonstriert an Standardproblemen aus dem Zivilrecht, in: FS Medicus, 1999, S. 25-61; *ders.*, Die verfassungskonforme Auslegung und Rechtsfortbildung im System der juristischen Methodenlehre, in: FS Kramer, 2004, S. 141 - 159; *Esser*, *Josef*, Vorverständnis und Methodenwahl, 1972; *ders.*, Möglichkeiten und Grenzen des dogmatischen Denkens im modernen Zivilrecht, AcP 172 (1972), 97-130; *Herdegen*, *Matthias*, Verfassungsinterpretation als methodische Disziplin, JZ 2004, 873-879; *Kriele*, *Martin*, Theorie der Rechtsgewinnung, 2. Aufl. 1976, S. 85 - 113; *Morlok*, *Martin*, Die vier Auslegungsfiguren-was sonst?, in: Gabriel, Gottfried/Gröschner, Rolf, Subsumtion, 2012, S. 179-214; *Rückert*, *Joachim/Seinecke*, *Ralf*, Zwölf Methodenregeln für den Ernstfall, in: dies., Methodik des Zivilrechts - von Savigny bis Teubner, 3. Aufl. 2017, S. 39-51. S. auch die Literatur vor I.

第五节 法学方法论的资源

在本书最后，值得再作一次鸟瞰式的解读。有学者试图狭义地定义法学方法论，将其与法教义学（第九章边码 3a）或法理学相区分。在诸多方面，它与其他基础领域均有所不同。不过，已有的论述也表明，上文介绍的论证模型乃是起源于不同的思想流派与基础领域。因此，法学方法论具备一个宽泛而非狭窄的适用范围。

一、作为相邻学科的基础领域

1. 法史与法学方法的嬗变

98　　（1）"法教义学以及为其保驾护航的方法并非只是抽象的解决问题之技术，它们同时也储藏了我们过去的法文化。"[244] 当代法学的根基可溯源至古代时期。许多法的构造和分类都是起源于古希腊及古罗马的学者。[245] 希腊及罗马的"修辞学"即被用于培养法律人通过正、反论据进行论证的能力（第六章边码 2）。令人乐见的是，同样以罗马法或启蒙时期为其历史根源的论证模型不在少数。

99　　可以作为例证的论证模型就有习惯法[246]、明确性规则[247]、体系解释[248]、新法优先[249]、目的论[250]、具体类推[251]、无关紧要的损害[252] 或公平原则[253] 等。萨维尼的解释学说也为我们所发扬（第四章边码 19 及以下）。之后，概念法学、利益法学和价值法学相继在德国兴起（第五章边码 19 及以下）。

100　　（2）从《民法典》历经五种统治形态即可知，历史回顾有时是非常有意义的。[254] 在纳粹时期及民主德国早期[255]，法律人曾将法教义学用于

---

[244]　这一生动表述，见于 *Haferkamp*, AcP 214 (2014), 60, 91 f.。
[245]　关于法学方法论的历史梳理，参见 *Harke*, in：Riesenhuber, Europäische Methodenlehre, 4. Aufl. 2021, § 2；*Baldus*, in：Riesenhuber (ebd.), § 3；也参见上文第一章边码 63 以及第六章边码 2。
[246]　Paul. D. 1, 3, 37；第三章脚注 67。
[247]　Paul. D. 32, 25, 1；第四章脚注 124。
[248]　Cels. D. 1, 3, 24；第四章脚注 213。
[249]　D. 1, 4, 4；第四章脚注 286。
[250]　Cels. D. 1, 3, 17；第五章脚注 6。
[251]　Iul. D. 1, 3, 12；第六章脚注 235；第四章脚注 26。
[252]　Ulp. D. 4, 3, 9-10；第五章脚注 201。
[253]　Cels. D. 1, 1, 1；第一章脚注 237。
[254]　即从德意志帝国、魏玛共和国、第三帝国、民主德国到现在的德意志联邦共和国，参见 *Rüthers*, NJW 1996, 1249, 1253；*ders.*, JZ 2006, 53, 56。
[255]　就此详见 *Meder*, Rechtsgeschichte, 7. Aufl. 2021, S. 436 ff.；*Schröder*, Recht als Wissenschaft, Bd. 2, 3. Aufl., 2020, 5. Teil.

"不法判决"（Unrechtsurteile）的说理。诸如《职业公务体系再建法》[256]或者《纽伦堡种族法》[257]后来都背上了"恶法"之名。[258] 不过，在短时间内，之前的法律无法全部为纳粹法律所取代，因此，当时的人们尤为重视如何依据纳粹的意识形态"曲解"法的含义。[259] 法律必须按照"元首"的意志进行解释。借助"国民的法观念""国民的法理念"以及"国民的整体秩序"等概念，人们可以为其想要实现的结论提供理由。[260]《民法典》诸如主观权利、权利能力、合同和所有权的结构就此为人摧毁，而让位给了"国民集体的优先性"。[261]

拉伦茨不仅曾拥护"元首体系"，还支持过纳粹的种族意识形态。他直截了当地否认犹太人具有权利能力，其理由是："只有国民之同胞（Volksgenosse），才是法律之同胞（Rechtsgenosse）；有德意志血统，才是国民之同胞……在吾人国民集体之外者，亦在法之外，他不是法律同胞。"[262] **101**

除此之外，人们主要还利用"一般条款"来实现符合纳粹思想的解 **102**

---

[256] Gesetz zur Wiederherstellung des Berufsbeamtentums v. 7. 4. 1933, RGBl. 1933 I, S. 175.

[257] Gesetz zum Schutz des deutschen Blutes und der deutschen Ehre v. 15. 9. 1935, RGBl. 1935 I, S. 1146.

[258] *Raisch*, Juristische Methoden, 1995, S. 120；也参见第二章边码 131。

[259] 明确指出者，参见 *Carl Schmitt*, Über die drei Arten des rechtswissenschaftlichen Denkens, 1934, S. 59："如果诚实信用之类的概念不再着眼于个人主义的民法交易社会，而是着眼于全体人民的利益，那么不必修订某个'实定'的法律，整个法体系事实上都已经面目全非了。"

[260] 例如：*Larenz*, Über Gegenstand und Methode des völkischen Rechtsdenkens, 1938, S. 17 f., 25；就此，参见 *Rüthers*, Die unbegrenzte Auslegung, 8. Aufl. 2017, S. 276 f.; *R. Dreier*, JZ 1993, 454 ff.

[261] 就此详见 *Rüthers*（ebd.）, S. 322 ff.; *Haferkamp*, AcP 214 (2014), 60, 73; *Haferkamp*, AcP 214 (2014), 60, 73。

[262] *Larenz*, Rechtsperson und subjektives Recht, 1935, S. 1, 21 = *ders.*, in: Dahm u. a., Grundfragen der Rechtswissenschaft, 1935, S. 221, 240; hierzu *Wagner*, DuR 1980, 243, 250 ff.; 关于拉伦茨在第三帝国所发挥的作用，有不同之评价，参见 *Canaris*, in: Grundmann/Riesenhuber, Deutschsprachige Zivilrechtswissenschaftler des 20. Jahrhunderts in Berichten ihrer Schüler, Bd. 2, 2010, S. 263 ff.; *ders.*, JZ 2011, 879 ff.; 另参见 *Rüthers*, JZ 2011, 593 ff.; *ders.*, JZ 2011, 1149 ff.

释，因为一般条款无须逻辑的演绎推理，无论"元首"还是立法者都不会受到约束。[263] 例如，《民法典》第 242 条的一般条款（诚实信用）即被用于维护"国民全体"的利益，将《民法典》第 138 条的"背俗"同"秉承公平和正义之思想的'国民同胞'之礼仪观念"相联系等。而在刑法领域，也会诉诸"国民情感"之类的概念。[264]

103　　通过适用这类兜底要件，人们即可规避"类推禁止原则"（第四章边码 67），特别法院尤可以此为依据判处不合比例的严苛之刑罚。总之，除了以法律实证主义要求法律人盲目地跟从法律，纳粹德国变态的恶法之治之所以能够实现，也依赖以不确定法概念为基础、不遗余力地推行纳粹世界观的"种族民族主义法"。[265]

104　　法学方法论也曾被滥用于为恶法张目，魏德士的教授资格论文[266]即明确强调了这一点。如今，人们必须保障这样的历史不会重演（第一章边码 105 及以下）。在讨论自然法的存在、拉伦布鲁赫公式（第二章边码 131 及以下）或"超法律的恶"等问题时，尤应谨记这一点。仅是出于这一原因，研究法史就有其必要之处。[267]

105　　（3）1900 年版的《民法典》尚无与方法论相关的规定。[268] 经历纳粹

---

[263]　Gernhuber, in: FS Kern, 1968, S. 167, 189 ff.

[264]　有关《刑法典》旧法第 2 条，参见第四章边码 67。《反国民蛀虫法》（v. 5. 9. 1939, RGBl. 1939 I, S. 1679）第 4 条规定："故意利用战时状态造成的特殊情况而从事特别之犯罪行为者，基于健康的国民情感因犯罪行为的特别之可责性而产生之要求，可超越一般的刑罚框架，被判处 15 年以下有期徒刑或死刑。"

[265]　有学者称此为"为实现纳粹的绝对性要求，而被声称属于自然法的原则"，参见 Sommermann, Jura 1999, 337, 341。

[266]　Rüthers, Die unbegrenzte Auslegung, 1968 (8. Aufl. 2017) .

[267]　在某一言辞激烈的论文中，魏德士即批评了拉伦茨及卡纳里斯所著的法学方法论教科书，认为缺乏对历史的描述，法教义学也就难谓法教义学，而毋宁说是指引人们"继续在方法上盲飞"，参见 Rüthers, NJW 1996, 1249 ff.；对拉伦茨法学方法论的批评，还可参见 Hirsch, JZ 1962, 329 ff. 以及 Frassek, in: Rückert/Seinecke, Methodik des Zivilrechts-von Savigny bis Teubner, 3. Aufl. 2017, S. 241, 248, 后者斥责拉伦茨在 20 世纪 60 年代论述法学方法论时，仍然直接沿用了他在 1938 年出版的《论国民思想的对象及方法》（Über Gegenstand und Methode des völkischen Denkens）一书中的方法论。

[268]　关于德国法以及与德国法截然不同的瑞士法、奥地利法或西班牙的规定，参见上文第一章边码 49 以及第四章边码 24。

时期，二战后的《民法典》又受到来自宪法（基本权利的第三人效力）的影响（第十一章边码 11 及以下）。虽然德国的立法者没有引入方法论层面的规定，不过，法院——即联邦宪法法院——在"方法史"上首次以有约束力的方式提出了方法论上的要求。[269]

2. 比较法

从比较法来看，各种论证模型为许多法系所认可，诸如萨维尼的学 106
说、具体类推等。比较法的分析清楚地证明，有相当多的解释规则都是来源于外国法。

    这类例子包括：源自英美法系、判例法制度的"唯一正解论" 107
或"案例对比法"，奥地利学者维尔贝格创设的动态体系论，以及欧盟最高法院确立的适用优先性及实际有效原则等。此外，比较法本身就是解决具体实质问题的一种独立之方法（第七章边码 78 及以下）。

3. 法理论

"法理论"[270] 试图观察并从理论上反映"法"的现象，而不是像法 108
教义学那样筛选、处置和整理法的材料（第九章边码 2 及以下）。[271] 狭义的"法理论"致力于分析规范的逻辑结构；广义的"法理论"则涉及规范理论、科学理论、语言理论以及论证理论。[272] 不同于法学方法论，法理论并不关注某一特定的现行的法秩序。[273] 它关注的是诸如法源概念之

---

[269] 参见 *Haferkamp*, AcP 214 (2014), 60, 85 以及上文第十一章边码 4—26；关于法学方法论从"二战"期间至 1990 年的发展，参见 *Schröder*, Recht als Wissenschaft, Bd. 2, 3. Aufl. 2020, S. 183 ff。

[270] 也被称为"一般性的法学说"。

[271] *Vesting*, Rechtstheorie, 2. Aufl. 2015, Rn. 18；也参见 *Auer*, Zum Erkenntnisziel der Rechtstheorie, 2018。

[272] *Funke*, in: Krüper, Grundlagen des Rechts, 4. Aufl. 2021, § 2 Rn. 2 f.；也参见 *Jestaedt/Lepsius* (Hrsg.), Rechtswissenschaftstheorie, 2008；*Kuntz*, AcP 219 (2019), 254 ff。

[273] *Kaufmann*, in: Hassemer/Neumann/Saliger, Einführung in die Rechtsphilosophie und Rechtstheorie der Gegenwart, 9. Aufl. 2016, S. 8；*Sauer*, in: Krüper (ebd.) § 10 Rn. 5；因此，认为法哲学和法学方法论均属法理论的子集的说法难谓合理，参见 *Rüthers/Fischer/Birk*, Rechtstheorie, 11. Aufl. 2020, S. VII。

类的问题。有法理论的观点认为,"法学"与规范也即"应然"有关,而不在乎实际发生的事("实然")。正因如此,人们才在逻辑上区分应然与实然(第三章边码20)。[274] 此外,还有学者认为,只要经过了"适当地制定",规范即具有效力。[275] 不过,本书拒绝采纳狭义的法源概念(第三章边码3及以下),且认为实然和应然之分并不能一以贯之(第十四章边码7及以下)。维特根斯坦的语言哲学观念(第六章边码11)[276]促使人们更有意识地对待相应的法构造,即依据各自的语境和时代背景来理解法律之文本(第六章边码11)。埃塞尔的法理论著述为"前理解"这一主题作出了重要贡献。[277] 不过,只要能用法学方法论加以补充或修正,即使持某一主观的前理解,也不会造成什么问题(第一章边码72)。

4. 法社会学

109 与严格的法律实证主义形成鲜明对比的是欧根所创立的法社会学,其致力于研究社会现实并从中得出有关法学的结论(第五章边码91及以下)。由罗斯科·庞德(Roscoe Pound)奠基的美国社会法学(sociological jurisprudence)则产生了更为深远之影响。[278] 反对法社会学的观点认为,从"实然"层面无法推导出"应然"。法的"有效性主张"可能因此被忽略[279]:即使超速驾驶、逃税或逃票行为普遍流行,这种行为方式也不能被认为是合法的。

110 不过,法和生活现实之间毫无疑问具有一种相互影响的效力。这一方面体现于案件诠释学及其限制(第十四章边码7及以下)、对交易习

---

[274] 有观点认为,法的"纯粹性"即不受政治、社会学、心理学、伦理学或宗教的影响,参见 Kelsen, Reine Rechtslehre, 2. Aufl. 1960, S. 1。

[275] 凯尔森认为,"任何任意的内容都可以成为法",参见 Kelsen, Reine Rechtslehre, 2. Aufl. 1960, S. 201。

[276] Wittgenstein, Philosophische Untersuchungen, 1953(postum), Nr. 43.

[277] Esser, Vorverständnis und Methodenwahl, 1970.

[278] 卡多佐和卢埃林认为法是整合社会利益的手段,在担任最高法院法官期间,卡多佐所作出的裁判或也受到这一理念的影响,参见 Cardozo, The Process of Judicial Decision, 1912, S. 98 ff。

[279] Larenz, Methodenlehre der Rechtswissenschaft, 6. Aufl. 1991, S. 65.

惯或一般生活经验的援引,另一方面也体现于事实的规范力或裁判的可接受度等解释规则。在被司法采纳用以填补法律漏洞之后,学说上形成的观念也将获得广泛认可。反之,如果不是随意创造的新的法制度,而是以既有的法学观点为根据,判决也将赢得更多的肯定(第五章边码101及以下)。

二、国家理论、法教义学和法哲学

1. 作为论辩学说及正当化学说的法学方法论

此外,法学方法论同国家理论、法教义学和法哲学也有交叉之处。本书认为,法学方法论不仅是纯粹的论辩学说,还是一种正当化学说。法学方法论当中有国家理论的成分——后者以诸多宪法问题为主题,例如法官权力的限制等。这涉及罪刑法定原则(第一章边码36及以下)、法律保留、重要性理论以及权力分立原则(第十三章边码83及以下)。非因紧急之情形而作出更改立法者意图的政治性的司法裁判是不正当的。主客观理论之争(第六章边码60及以下)以及围绕法续造的正当界限的讨论(详见第十三章)会如此激烈,也绝非偶然。依埃塞尔之说,法学方法论形构了部分论证模型,从而使我们至少能够使说理的可信度成为法学群体的共识。[280] 111

2. 法教义学及其与法学方法论之联系

法教义学和法学方法论都致力于使法认识、法发现和法创造的过程理性化(第九章边码2及以下)。在具体化和法续造的领域,人们需要将法的解决方案审慎地整合于现行法之内。埃塞尔指出:"某一体系内的各种控制手段即可谓教义学,它确保解决方案同其他的规定融贯一致。"[281] 112

在涉及"法学创新"时,人们自不能满足于法教义学。法学方法论就必须用于阐明这些法学概念是如何被确立、创造和建构的,并将其正当 113

---

[280] 埃塞尔还指出:"即使认识到前理解的局限性,人们还是能区别何为充分的论证,何为一时兴起的胡诌。"参见 Esser, JZ 1975, 555。

[281] Esser, AcP 172(1972), 97, 104.

化，使之能够融入现行法从而与相关的法源相协调（第九章边码 7 及以下）。法教义学能够为一般性法原则的确立及具体化，以及新的法制度和指导观念的发展等提供支撑（第九章边码 28 及以下）。除了演绎归纳（第七章边码 52 及以下）以及衡量（第十章），"革新"（第十四章边码 46）也是一种推演的技术。法学方法论和法教义学型构并限制了法学创造的可能性（第十四章边码 46 及以下）。

3. 法哲学：追寻正义的裁判

114 本书第一章就曾介绍，法哲学的核心问题在于"什么是法"，而法学方法论则紧随其后追问"法如何才能被正确地适用"。此二者可以相互结合。法发现所要追求的目标无疑是为**正义**的结论提供说理。因此，如本书开篇所揭示的，**方法论并非与价值无涉**（第一章边码 105 及以下）。[282] 伽达默尔认为，法官的判决不能来源于无法预见的任意，而应当出自整体性的公正之衡量。[283] 克里勒更是明确指出："为解决法律问题，除了以正义为导向的规范假设（Normhypothese），别无他途。"[284] 就这一点可以从三个方面展开具体阐述：

115 一开始就笼统地援用"公平"或"正义"等概念，尚不足以为裁判提供说理。对"法理念"的引述实在过于抽象与笼统（第十三章边码 10 及以下），以至于很难推导出法学结论；它们由此沦为一种"空洞公式"（第二章边码 139 及以下）。这会导致人们将要证明的结论当作证明之前提（循环论证）[285]，从而局限于自己主观的前理解之上。只着眼于裁判是否"公平"，将不再是"科学"之活动。[286] 此外，法学方法论的目的在于实

---

[282] *Schapp*, Hauptproblem der juristischen Methodenlehre, 1983, S. 1, 3, 43 ff. 明确指出这一点的，参见 Zippelius/Würtenberger, Juristische Methodenlehre, 12. Aufl. 2020, S. 11 f.："这一概念上的考量主要着眼于实现正义结论的目标，这一点无疑是没有争议的。"不同观点则见于 *Rüthers*（第一章边码 105）。

[283] 见第十四章脚注 211，*Kriele*, Grundprobleme der Rechtsphilosophie, 2. Aufl. 2004, S. 49。

[284] *Kriele*, Grundprobleme der Rechtsphilosophie, 2. Aufl. 2004, S. 49。

[285] 斥伽达默尔为循环论证的，参见 *Roellecke*, in：FS Müller, 1970, S. 323, 326。

[286] 或可参见 Palandt/*Grüneberg*, BGB, 80. Aufl. 2021, Einl. Rn. 46（上文第十四章脚注 105）。

现公正之结论，但它又不能确保这一点，原因在于：法学方法论通常并不追求正确的结论，而只追求合理的、有说服力的结论（第一章边码 86 及以下）。

法学方法论对于正义和公平的要求不禁使人联想到自然法与实在法的关系：这里原则上不能进行积极推理，而只能进行消极推理——法学方法论虽然不能确保实现"某个"公正的结论，但它几乎总是在**避免不公正的结论**。伊森西（Isensee）形象地说道："法治国家以正义为指导理念；但它深知，它从来不会实现之，即使最佳的解决方案也总是会有争议之处。"[287]   115a

诸多论证模型都服务于"正义"这一理想和目标，例如拉德布鲁赫公式（第二章边码 131 及以下），它向人们揭示了在何种情况下可避免导致明显不公正的结论。这里可以联想一下上文介绍的旨在避免不公平结论的审查思想（第五章边码 71 及以下），其同样可以构成法续造的诱因。[288] 这种公平性的审查也可以构成独立的审查步骤（第十四章边码 74 及以下）。此时，可以求助作为法学方法论组成部分的"法学思维"（第十四章边码 127 及以下）。在法学创新的框架下，恰应当"揭露裁判的非理性，不仅不能搁置有关正义的问题，更要强化对于正义的要求"。[289] 为此，人们首先应当提高对于论证负担的要求（见下文）。   115b

促使各种论证模型产生的法学方法论的资源，可如图 14-1 所示。[290]   116

---

[287] *Isensee*, in: HStR IX, 3. Aufl. 1997, § 202 Rn. 23；赞同者，参见 *Reimer*, in Reimer, Gerechtigkeit als Methodenfrage, 2020, S. 40："法治国家不必确保正义之实现，但要避免和阻遏不正义。"此类例证还有很多，可参见 *Honsell*, Was ist Gerechtigkeit, 2019。

[288] 关于目的性限缩，参见第六章边码 100；具体类推，参见第六章边码 121, 128；一般性介绍参见第十三章边码 48 及以下。

[289] 参见下文第十四章边码 134。

[290] 另一种分类方法，可参见 *Fikentscher*, Methoden des Rechts, Bd. IV, 1977, S. 669。

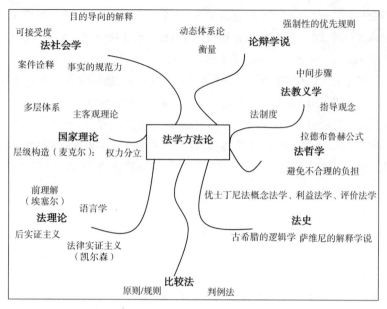

图 14-1 促使各种论证模型产生的法学方法论的资源

本节参考文献：

Gernhuber, Joachim, Das Völkische Recht, in: FS Kern, 1968, S. 167-220; Haferkamp, Hans-Peter, Zur Methodengeschichte unter dem BGB in fünf Systemen, AcP 214 (2014), 60-92; Larenz, Karl, Rechtsperson und subjektives Recht, 1935, S. 1-40; Rückert, Joachim/Seinecke, Ralf (Hrsg.), Methodik des Zivilrechts-von Savigny bis Teubner, 3. Aufl. 2017; Rückert, Joachim, Interessenjurisprudenz, Verfassungswandel, Methodenwandel, Juristenjurisprudenz?, JZ 2017, 965–974; Rüthers, Bernd, Die unbegrenzte Auslegung, 8. Aufl. 2017; Schlosser, Hans, Europäische Rechtsgeschichte, 4. Aufl. 2021; Schröder, Jan, Recht als Wissenschaft, 2 Bde., 3. Aufl. 2020; ders., Rechtswissenschaft in Diktaturen, 2016; Wagner, Heinz, Kontinuitäten in der juristischen Methodenlehre am Beispiel von Karl Larenz, DuR 1980, 243-261.

第六节 法学思维的训练：现代法学方法论

一、正当化学说及理性要求：法学方法论之作为法学思维的保障

应如何简要概括本书最重要的思想？联邦宪法法院遵循一种"法官的认 117
知"同"通过评价性的识别行为——其中难免有一些任意的成分——将内含
于宪法秩序、但在成文法的文本中却没有或者说没有完整地得到体现的价值观
念揭示出来，并使其实现于裁判之中"（"索拉娅案"，第十三章边码 16）这一任
务之间的妥协。然而，对于这一认知与意愿间的妥协，实难获得清楚之认识。[291]

那么，是否存在一种可被认为与法律无关的空间，使法官能够以决断 118
主义为方式进行自由的裁判（第十四章边码 40 及以下），从而有权实施隐
蔽性的法续造（第十三章边码 9 及以下）？法官的这一权限殊难成立：正
当的法官决断主义也要受到最低程度的限制。

本书开篇即已明确了法学方法论的目标。法律人必须阐明，请求权是 119
否成立，行为是否合法。作为一种论辩学说和说理学说，法学方法论使裁
判获得**理性上的可验证性**，也即使其经得起检验，从而使法学裁判正当化
（第一章边码 8）。第一，法学方法论以法的安定性为依归，唯此才能确保
法发现的可预见性。[292] 第二，"说理义务"迫使各裁判法院进行自我审
查。第三，"说理义务"也确保裁判能够获得共识。第四，"说理义务"
同时使相关人更易于接受裁判。[293] 法学方法论试图将"法之获取"体系
化、客观化从而实现对它的控制（第一章边码 115 及以下）。法学方法使
法认识、法发现和法创造的过程理性化。此一点有助于实现法适用的平等
性，避免民众受到不平等之对待（第一章边码 42）。

---

[291] *Fischer-Lescano/Christensen*, Der Staat 44 (2005), 213, 217.

[292] *Rüthers/Fischer/Birk*, Rechtstheorie, 11. Aufl. 2020, Rn. 651；*Vogenauer*, ZEuP 2005, 234, 235；阿列克西则从教义学的角度称其为"稳定功能"，参见 *Alexy*, Theorie der juristischen Argumentation, 7. Aufl. 2012, S. 326 f。

[293] BVerfG, Beschl. v. 14. 2. 1973, 1 BvR 112/65, BVerfGE 34, 269, 287-Soraya："其裁判必须以理性论证为依据。"（第十三章边码 16）

120 　　法学方法论为法学创新确立结构及限制，其目标在于使具体的中间步骤经受得住"**合理性及明显性审查**"。[294] 总之，法律人必须作出"**实质且连贯的论证**"。[295] 为此，他需要阐明，为何其主张的解决方案要优于其他解决方案（第一章边码 64 及以下）。法学方法论由此形塑了法学之思维，同时有助于澄清法教义学（第十四章边码 112 及以下）。它将法学思维定焦于特定的思维方向，使其达到必要的论证深度，继而把某些特定的论证结构排除在外。最后，人们还应注重欧盟的法学方法论。

二、现代方法论的思维结构

121 　　本书区分了法的解释、具体化、建构及续造。经典的解释学说不应受到不分青红皂白的批评，因为它为法的认知创设了相当广阔的空间（第四至六章）。作为从一般到特殊的形式逻辑推导，"**演绎**"（第九章边码 24）是涵摄框架下的经典工具，法律人由此将法律的构成要件要素适用于案件事实（第四至六章）。在"具体类推"的框架下填补法律漏洞时，则可将归纳与演绎相结合（第六章边码 132）。

122 　　在面对"空白规范"（Blankettnormen），例如一般条款或法原则时，"归纳"将很难实现乃至失灵。此时，**衡量**即具有决定性的作用。不同基本权利或利益之间的衡量乃是确立法解决方案的一种独立技术。这不仅适于公法，同时也适于民法。衡量能使概念精确化，并确立中间步骤或指导观念（第十章边码 17 及以下）。在诸如对基本权利进行实际之调和的情形，"比例原则"被用于实现个案的利益平衡（第十章边码 42 及以下）。此处，人们可以注意一下何为一种透明及公正程序所应具备的要素。[296]

123 　　法不可能对所有的生活领域没有遗漏地作出规定，故它总是不够完备的。法的解决方案也常常需要依赖法学上的创新：为此，人们即可能需要

---

[294] 提出"合理性"（Plausibiliät）之谓的，参见 Gast, Juristische Rhetorik, 5. Aufl. 2000, Rn. 455；也参见"十字架案"（第十章边码 52a 及以下）以及"最低生活收入案"（第十三章边码 103 及以下）。

[295] 这一形象的概念，出自 Ch. Becker, Was bleibt? Recht und Postmoderne, 2014, S. 133。

[296] 关于司法裁判，参见上文第十章边码 52 及以下、第十三章边码 106。

进行法学之革新(第十四章边码46及以下)。**论题学**以归纳的方式创设假设，例如动态体系的归责标准（第八章边码2及以下），在第二步才对其进行演绎的适用。借助论题学，人们也能对法律（制定法）内和超越法律（制定法）的要素进行衡量，例如裁判的后果、相关人的利益等，这要求与"法"之间存在联结（第十四章边码60）。此外，在处理一般条款和法原则等宽泛之领域，法官也可以**塑造法律**。[297] 这时，案件事实无法被轻易地涵摄于法规范之下，为此就不得不进行具体化与建构。创设新的法制度可谓"法学创新"的特殊形式。这种情况下，演绎和归纳仍可发挥其用途，例如，在案例对比法中，人们即可借此为"比较中项"以及一般性的法陈述提供说理之论据（第七章边码46）。即使面对新的法制度，各个法原则也可以通过演绎推理而彼此建立联系（第九章边码39及以下）。

三、理性说理的要素

1. 累积式的方法运用

法学方法论培养人们的法学思维。为法学思维所必需的能力是：着手解决当前的新问题、认识问题并确立解决方案，同时利用**相关的法学论证模型**打出组合拳。萨维尼就要求人们检验所有相关的论据。[298] 因此，各种不同的论据应在"结合说"的意义上付诸一种整体之衡量。[299] 如尼佩代所言："真正的解释技艺乃是基于对所有解释要素的正确衡量。"[300] 通过这一所谓**累积式的方法运用**[301]，也即将相关的论证模型均纳入视

---

[297] 也参见 Vesting, Rechtstheorie, 2. Aufl. 2015, Rn. 229; Ladeur/Augsberg, Rechtstheorie 36 (2005), 143, 151: "法学方法论和法教义学因而必须被理解为'除谬'（Entparadoxierung）的努力。"

[298] "这因而并非人们可以依其口味和喜好自由选择的四种解释方法，它们乃是为实现法的解释所应组合运用的不同之活动"，参见 von Savigny, System des heutigen Römischen Rechts, Bd. 1, 1840, S. 215。

[299] 作为通说，参见 BGH, Urt. v. 30. 6. 1966, K ZR 5/65, BGHZ 46, 74, 79-Preisbindung von Schallplatten; Larenz, Methodenlehre der Rechtswissenschaft, 6. Aufl. 1991, S. 343 ff.; Stern, Das Staatsrecht der Bundesrepublik Deutschland, Bd. I, 2. Aufl. 1984, S. 126; Wank, Juristische Methodenlehre, 2020, § 6 Rn. 213。

[300] Enneccerus/Nipperdey, Allgemeiner Teil des Bürgerlichen Rechts, 15. Aufl. 1959, S. 335; 赞同者，可参见 Looschelders/Roth, Juristische Methodik im Prozeß der Rechtsgewinnung, 1996, S. 196。

[301] 明确指出者，参见 Brugger, AöR 119 (1994), 1, 30; 有学者称此为"累积式方法运用的义务"，参见 Gern, VerwArch 80 (1989), 415, 434。

野[302]，即能确保不会让某一规则发挥绝对化的作用。通常而言，任意哪个论证模型都不一定具有优先性，它可以被相应的相反模型推翻。此外，不同的论证模型或解释目标也应当经历累积性的审查。"公平性"只是诸多论证模型之一。[303] 如今，在解释立法者的意图时，通说也主张将主客观理论相结合（第六章边码 77 及以下）。

2. 方法上的透明性

125 衡量相互冲突的论证模型，也即引述显见的相反论据并加以驳斥，可谓"方法透明性"的应有之义。法学方法论可用于证伪裁判，也即推翻不合理的观点。这类例子大多是超越文义而进行不正当的法续造的情形。刑法中的"罪刑法定原则"即有此作用，不过，公法中也存在类似的特定要求。违反这一点的结论可以说是错误的（第一章边码 68 及以下）。

126 在法续造的广阔领域中（第十三章边码 20 及以下），法官尤应注意为其裁判提供合理之说理，并论证其并未超越法续造的界限。这即是本书开篇所强调的"**方法上的透明性**"（第一章边码 47 及以下）。为此，人们应区分前提和论据（第一章边码 93 及以下），将"目的"（第五章边码 7 及以下）或"漏洞"（第六章边码 108 及以下）作为"前提"而予以阐明。法续造即当如是为之，并论证为何这样的续造是正当且必要的。托格勒（Torggler）生动地指出："公开展现方法之步骤，无疑是必需的。这样做即可促进思维之自律，确保人们作出自我审查，将与法无关的个人价值判断拒之门外，从而才能实现主体间的可验证性。"[304]

3. 元方法：论证模型的权衡和检验步骤

127 上文介绍的"元方法"也是法学思维的组成部分：通常，不止一种结论可被考虑。为此，就需要在具体案件中权衡各种论据（第十四章边码 77 及以下）。本身就能触发推定规则、论证负担规则或优先规则的论证模型乃优先于衡量。不过，若能意识到衡量性的论证模型恰具有比推导规则或优

---

[302] 参见本书围绕重要的论证模型所制的各种图表及附录。
[303] 不同观点，则参见 Palandt/*Grüneberg*, BGB, 80. Aufl. 2021, Einl. Rn. 46（第十三章脚注 11）。
[304] *Torggler*, in: ders., Richterliche Rechtsfortbildung und ihre Grenzen, 2019, S. 47, 55.

先规则更低的权重,则也可以主张之。宪法和欧盟法即表明,人们应先予考察优先规则、推定规则及普通的衡量规则(第十四章边码 85 及以下)。

人们应当从思想上杜绝任凭自己的喜好而选取具体的模型,与其沉湎于方法的多元主义,不如将法的解决方案置于在脑海中形成的某种法学方法论的**检验步骤**之下(第十四章边码 69 及以下)。 **128**

有学者试图将解释规则定义为纯粹的"否定规则"(Verwerfungsregel)。 **129** 如此,检验的过程只是在证伪的意义上用于审查"前提"是否违背四种经典的论证模型。[305] 然而,纯粹推翻不正当的解决方案是不够的,因为这样做蕴含了以决断主义的方式主张某种前提从而逃避真正之法学说理的危险(第十四章边码 44)。从多种合理的解决方案之中选择其一尚不足以成为我们的目标。为此,人们还应当合理地论证,何为**在法律上最有说服力的解决方案**(第一章边码 76 及以下)。要获得这一正当性,即需要将新的法原则、指导观念及检验步骤嵌入由法律、判例和学术的解决建议所组成的现行法的体系中,此即法教义学之使命。同时,法学方法论为法续造所确立的各种论证模型也应付诸使用(第十三章边码 132)。法学方法论和法教义学有助于人们探究法律的价值乃至安排当事人的利益。[306] 因此,人们不得不确立一些必要的原则和中间步骤。一种新的解决方案,必须能够融入当前的法教义学。

四、不正当的说理不足

1. 法官的决断及前理解

对事先已经得出的结论进行事后论证的所谓"正当化的过程"实应为人所拒绝(第十四章边码 42)。上文已经驳斥了这种以前理解为依据的做法(第一章边码 72),它使得人们不再通过检验相关的论据继而寻访最有说服力的解决方案。 **130**

2. 放弃说理、表面的理由和方法多元主义

依现行法,多次尝试说理的做法被认为是不正当的,因为这等于是"剥夺方法上的透明性"。不受控制的裁判权、**放弃说理**都应为人所拒绝。 **131**

---

[305] *Braun*, Deduktion und Invention, 2016, S. 114 ff.
[306] 就此,参见已有论述 *Heck*, AcP 112 (1914), 1, 230 f。

恩斯特斯·拉贝尔（Ernst Rabel）的那句名言实在令人难以置信："一个合格的法律人不会讨论方法，他自有他的方法。"[307] 这一观点难谓合理，因为这忽略了刚刚强调的方法上的透明性。上文所批判的隐蔽性的法续造也是如此。[308] 如前所示，法院必须以现行法为依据为其裁判提供充分之说理，而不能无端地进行裁判。唯如此，才能避免出现说理的缺陷。[309] 托格勒强调，这一将会造成隐患的观点实可谓一种"自负论据"（argumentum ad superbiam）。[310] 同样应当遭到否弃的是所谓"停止规则"，其过早地声明某一结论具有必然的正确性（第十四章边码 76）。[311]

132　　"表面的理由"也是不正当的。这包括未经说理的前提、对"事物的本质"（第九章边码 6a）或"公平原则"（第十四章边码 115 及以下）以及证明力较弱的形式论据（例如被认为明确的文义，第六章边码 2 及以下）的援用。

133　　任由法官选用他所中意之论据的"方法多元主义"（第十四章边码 64 及以下）也应为人所拒绝。这种做法也等于是未严谨地对待相关论据，从而有过早中断讨论、忽略其他解决方案之虞。法学方法论和法教义学是最有说服力的法解决方案的保障。如果这一论证模型能被合理地运用，它就足以（尽可能地）应对有关"决断主义"的批评。

3. 超越体系与普通的演绎

134　　如今，法的诸多领域都需要被具体化。可以借助先例、法教义学以及法学方法论将各种中间步骤纳入法的体系，从而提高法之安定性（第九章边码 2 及以下）。不过，需要警示的是，人们不能指望这里介绍的检验体系就一定可以确保裁判的正确。法学的革新始终存有正当与不正当之分。原则上，任意的法官决断是不正当的。法学方法论和法教义学使得法学思

---

[307] 参见 *Fikentscher*, Methoden des Rechts, Bd. I, 1975, S. 10, 不过费肯切尔将这句话弱化为一种"个人揣测"（"应该说是自有其方法……"），也转引自 *Bydlinski*, in: Schilcher u. a., Regeln, Prinzipien und Elemente im System des Rechts, 2000, S. 9, 23。

[308] *Torggler*, in: ders., Richterliche Rechtsfortbildung und ihre Grenzen, 2019, S. 47, 57; **不同观点**，参见 Palandt/*Grüneberg*, BGB, 80. Aufl. 2021, Einl. Rn. 46（第十三章脚注 11）。

[309] 关于不正当的法续造，参见第十三章边码 82 及以下。

[310] *Torggler*, in: ders., Richterliche Rechtsfortbildung und ihre Grenzen, 2019, S. 47, 55.

[311] *Looschelders/Roth*, Juristische Methodik im Prozeß der Rechtsanwendung, 1996, S. 196 f.

维和法学说理呈现出一定的结构（第十四章边码 64 及以下）。当法院被指作出了违法的不正当法续造时[312]，即是表明其缺乏必要的说理工作。法律根据越是开放，或者说，法律人越是远离法律规定，其论证负担和说理要求就越高。揭露裁判的非理性（第十四章边码 115b），并不意味着允许搁置有关正义的问题，而这恰恰要"**强化对于正义的要求**"。[313]

"法学思维"可如图 14-2 所示。

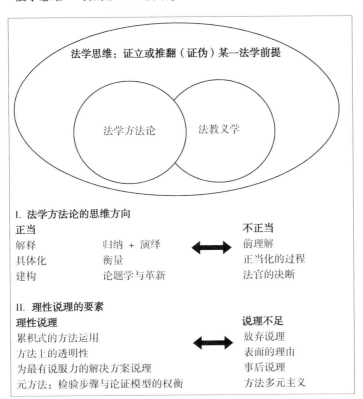

图 14-2　法学思维的训练：现代法学方法论

---

[312]　关于这种批评，参见上文第十三章边码 100、边码 103 及以下、边码 110 及以下。
[313]　*Teubner*, in: Koschorke/Vismann, Widerstände der Systemtheorie, 1999, S. 199, 200；赞同者，参见 *Fischer-Lescano/Christensen*, Der Staat 44 (2005), 213, 223.；结论上或许一致的，参见 *Vesting*, Rechtstheorie, 2. Aufl. 2015, Rn. 227 ff. 就此仍存在疑问（可参见有关类推适用《民法典》第 844 条第 2 款的例子，第十五章边码 45 及以下）。

五、走向欧盟的法学方法论

1. 适于所有法学分支的法学方法论

136 本书试图为读者介绍那些最为重要的论证模型，它们存在于各种不同的法秩序之中，有些已经有超过 2000 年的历史。此外，也存在一些处理欧盟法的方法（第十二章）。本书所介绍的许多论证模型均为欧盟最高法院所采纳，各个章节已作相应阐述。不过，仍然有许多解释规则依赖于案件事实（第十四章边码 7 及以下）、依赖于所在的法领域（第十三章边码 28、边码 83 及以下）甚或依赖于各自的成员国法秩序。有学者因而主张一种"分领域的法学方法"（bereichspezifische juristische Methoden）[314]，一个典型的例子即罪刑法定原则，它只适于刑法领域。与此相一致，有些学术讨论也仅与某一法领域相关。[315] 然而，这并意味着不能寻求它们的**共性**。因此，人们曾试图确立一种超越不同个性而普遍适于各种不同法学分支的法学方法论。大部分关于法学方法论的著述都是循此思路。[316] 那种意图区分"科学意义上的法学方法论"和"实用方法论"的观点也已遭到否弃（第一章边码 120）。

2. 欧盟法学方法论的特征

137 人们是否可以更进一步，开始宣扬一种欧盟法的方法论？事实上，已有一些法学方法论的著述或已发挥了超越国界的影响力[317]，或是以比较法为基础[318]，或是探讨欧盟的法学方法论。[319] 目前为止，这只是涉及针

---

[314] 参见 *Morlok*, in: Gabriel/Gröschner, Subsumtion, 2012, S. 179, 205 ff.；类似观点，参见 *Rüthers/Fischer/Birk*, Rechtstheorie, 11. Aufl. 2020, Rn. 675：“实际竞争的法实践之方法。”

[315] 参见以下著述各自的参考文献目录：*Schapp*: Zivilrecht；*Potacs*: Öffentliches Recht；*F. Müller/Christensen*: Öffentliches Recht。

[316] 参见如下作者（按首字母排列）在其相关著作中的文献目录：*Bydlinski*, *Engisch*, *Fikentscher*, *G. Hager*, *Kramer*, *Koch/Rüßmann*, *Larenz*, *Looschelders/W. Roth*, *Puppe*, *Raisch*, *Reimer*, *Rüthers*, *Vogel*, *Vogenauer*, *Wank*, *Zippelius*。

[317] 德语法系的这类法学方法论著作见于比德林斯基（奥地利）、克莱默（瑞士）、拉伦茨（德国）乃至冯格纳（英国）。

[318] 例如费肯切尔、冯格纳（Vogenauer）、G. 哈格（G. Hager）及海宁格（Henninger）等人的恢弘巨著。

[319] 例如博贝克（Bobek）、里森哈伯（Riesenhuber）及马滕斯（Martens）等人的著作。

对欧盟法或者国内法与欧盟法之关系的论证模型。克莱默认为,确定合指令法续造的正当界限时只能依循国内法的法学方法论(第十二章边码62及以下),实属一种遗憾。由于这会使欧盟法的统一性面临挑战,他主张人们适用共同的"欧盟法的解释原则"(Principles of European Interpretation)。[320] 此一观点为里森哈伯所反对,其理由是,这一理论上存在的方法上的冲突是可以忍受的,因为实践中,成员国之间几乎不可能出现方法上的分歧。[321] 如果里森哈伯的意思是不同成员国采用不同的方法是可以接受的,那么他的要求实在太低了:合指令法续造的正当界限是所有27个成员国都共同面临的问题,因此如果各个成员国之间能够进行沟通对话,就再好不过了。[322] 方法上的分歧势必不利于欧盟内部市场的形成,也不符合法的一体化思想——如果起决定作用的是各成员国国内法对合指令法续造的限制,那么欧盟最高法院的判决将会在不同的成员国导致不同之裁判(第十二章边码55及以下、边码76及以下)。克莱默的"欧盟法学方法论"目前对成员国来说仍可谓苛刻之要求,有关司法和立法权力界限等宪法问题也还是属于国内法的范畴。

值得提倡的或许是一种折中的路径:经由大量判例,欧盟最高法院以法续造的方式确立了欧盟方法论的重要特征,这涉及适用优先性、指令的垂直第三人效力或与民众的水平关系等。尽管人们还是认为,合指令法解释的界限应纯粹由国内法确定,但国内法官也仍然同时充当着欧盟法官(第一章边码29)。为此,他必须对欧盟法作出独立,也即不受制于他国内法之规范理解的解释(第二章边码72)。必要时,法官还需要进行比较法的工作(第三章边码84及以下)。此外,国内法的解释必须符合欧盟法、符合指令。就在欧盟的背景下进一步发展方法上的法构造而言,英国

---

[320] 参见 Kramer, GPR 2015, 262 sowie ders., GPR 2016, 210. 更丰富的论述,主张一种"方法规范"的,参见 Henninger, Europäisches Privatrecht und Methode, 2009, S. 445 ff.;关于"协调命题"(Konvergenzthese),参见第一章边码54。

[321] Riesenhuber, GPR 2016, 158, 159;也参见 Hatje/Mankowski, EuR 2014, 155, 166 ff.。

[322] 参见 Möllers, in: Torggler, Richterliche Rechtsfortbildung und ihre Grenzen, 2019, S. 277 ff.;以及上文第三章边码83及以下。

提供了相应的例证。不同于过去，人们开始重视立法史[323]，并关注规范之"目的"。[324] 即使适用国内法的方法论，一些成员国的法学方法仍然会表现出趋同以及进一步发展的态势。在强调"合作关系"（第二章边码 94 及以下、第十三章边码 121 及以下）或者在合指令法续造之情形下发展国内法的方法论（第十二章边码 72 及以下）时，各成员国的最高法院实已乐见一种"现代的欧盟法学方法论"之形成。可以想见，欧盟的"法学方法"也将日趋紧密地整合在一起。[325]

本节参考文献：

Engisch, Karl (Verf.) / Würtenberger, Thomas/Otto, Dirk (Hrsg.), Einführung in das Juristische Denken, 12. Aufl. 2018; *Feser, Andreas*, Das Recht im juristischen Denken, 2016; *Mastronardi, Philippe*, Juristisches Denken, 2. Aufl. 2003; *Muthorst, Olaf*, Grundlagen der Rechtswissenschaft, 2. Aufl. 2019, §§ 4, 9; *Puppe, Ingeborg*, Kleine Schule des juristischen Denkens, 4. Aufl. 2019; *Schnapp, Jan*, Logik für Juristen, 7. Aufl. 2018, §§ 9 ff.; *Wurzel, Karl Georg*, Das juristische Denken, 1904; *Zippelius, Reinhold*, Rechtsphilosophie, 6. Aufl. 2011, §§ 38 ff.

第七节　第十四章小结

139　（1）一些后现代法学方法论的拥趸认为经典的法学方法论已然失灵。在解决法律问题时，案件事实被认为未能得到充分重视。占先导地位的往往只是主观性的法创造。先有结论，而后再诉诸方法的多元主义使其正当

---

[323] 例如 Pepper (Inspector of Taxes) v. Hart [1993] A. C. 593, 634 f.; 参见第四章脚注 325。

[324] 关于之前适用的仅仅用于纠正法规范之缺陷的"论理解释"（mischief rule），参见 Maunsell v. Olins [1975] A. C. 373 at 393 per Lord Simon, 也参见第五章脚注 14。

[325] 参见 von Bar, ZfRV 35 (1994), 221, 231 (第三章边码 85); Möllers, Die Rolle des Rechts im Rahmen der europäischen Integration, 1999, S. 87 f.; 肯定的态度，参见 Vogenauer, Die Auslegung von Gesetzen in England und auf dem Kontinent, 2001, S. 1300; "事实上，欧盟解释实践统一的基础已然形成。" Fleischer, RabelsZ 75 (2011), 700 ff.

化。上述批评殊难成立。经典及后现代的法学方法论理应相互结合，并进一步发展为"现代的法学方法论"。

（2）裁判的作出与相关案件事实的调查密不可分。法学方法论应当以案件诠释学为其补充，后者涵盖了个案领域及规范领域。只有详尽了解案件事实的各个方面，才能得出有说服力的法之解决方案。"规范领域说"是对"目光的来回顾盼"这一理念的进一步补充。

（3）在普通的演绎或衡量无法奏效时，法学的裁判也可以表现出创新性与革新性。然而，法官不能基于其威权或前理解而作出裁判。相应的论证模型即论题学和类型学。

（4）针对裁判不过是依循前理解而作出、裁判充斥方法多元主义的这一批评，可用两种观念予以反驳，此二者即形成"元方法之构造"。法学上的论据应当被付诸权衡。法官必须始终注重强制性的优先规则。他可以判断，特定的论据是否更为重要从而具备推定效力。相反，其他的论据或可能引发论证之负担。他可以在衡量的意义上收集各种论证模型，并在必要时对其进行比较乃至补充。如果法学案件的审查能够依循一定的检验步骤，则其即可实现理性化。这以案件事实诠释学为开端，之后再进行法的解释、具体化和对上位法的检验，最后则涉及法续造的界限以及公正性审查。

（5）基于法学方法论的理性要求，人们可以采用大量起源于不同思想流派与相邻学科之基础领域的论证模型。它们因而具有特别之重要性。法学方法论同法史、法社会学、法理论、国家理论和法教义学之间均存在联系。法学方法论的目标是避免出现不公正之结论，这也是法哲学之目标。

（6）法学方法论培养人们在法的解释、具体化和建构的领域形成法学思维，这以理性上可验证的说理为前提。除演绎和归纳外，相关的思维方向还包括衡量以及论题学的革新。要实现理性上可验证的法学说理，方法上的透明性、累积式的方法运用、论据的权衡和检验步骤都是必不可少的。

相反，必须否弃任意的法官决断。其特征在于以前理解为依据、放弃说理不足、诉诸表面的理由，或者任意选择论证模型、掩盖有可能出现的相反论据。

可以想见,在日益紧密的欧盟中,论证模型也将趋于统一,并由此形成全新的、独一而特别的"欧盟法学方法"。

Un missionnaire du moyen âge raconte qu'il avait trouvé le point où le ciel et la Terre se touchent...

图 14-3 弗拉马利翁[326]

代结语 法学方法的价值

140　　法学方法论有何作用?早在约 400 年前,托马西乌斯就指出,法学方法论的目标在于学会进行有理由的操作、清理自己的头脑、查明真相并驳

---

[326] *Flammarion*, L'atmosphère. Météorologie populaire, 3. éd. 1888, S. 163:一位中世纪的传教士告诉我们,他已经找到了天地相接的地方……

斥谬误。[327] 本书所介绍的法学论证模型只有在极少数情况下才能导向唯一正确的结论,这一点乍看起来着实令人沮丧(第一章边码 74)。[328] 然而,法院若能论证并限制它相对于议会和行政的权威,即可由此确立**信赖**。[329] 为使当事人服膺其判决,法院对各种相关的论据加以阐述,如此,即首先收获了来自"寻求法律救济者"以及其他法律人的信赖。借助各种论证模型,法学方法论可以将缺乏理据的解决思路排除在外,从而明显提高**法学理由的说服力**。这一点已可谓功莫大焉。

回应人际生活中(例如政治或经济方面)的新型问题,也属于高要求的法学工作在平日里所要面对的内容。为此,即需要衡量各方的论据和利益并讨论争议。人们由此进入"绕圈"——或者更准确地说——"螺旋"[330] 的循环。法学方法论不只是法学工作或解决案件的技术;如弗拉马利翁作品中的"传教士"形象展示的一样[331],当法律不能提供(简单的)答案时,法学方法论将不断往**越来越深的层次**推进。若能信奉法学方法论,**新型案件的解决**也就可以实现相对的安定性。[332]

既然作出法学裁判的是人而非机器,那么本书介绍的论证模型无疑是用"法"的手段解决争议问题的最佳途径——在理想状况下,它应当是

---

[327] 其原文使用的是早期现代的古德语:"Kurze, deutliche und wohlgegründete Handgriffe, wie man in seinem Kopffe aufräume und sich zu Erforschung der Wahrheit geschicken machen; die erkandte Warheit andern beybringen; andere verstehen und auslegen; von anderer ihren Meinungen urtheilen, und die Irthümer geschicklich widerlegen solle", Thomasius, Ausübung der Vernunftlehre, 1691, S. 1。

[328] 参见 Cicero, Academici libri 1.45:"我知道我一无所知。"西塞罗所言实为对柏拉图相关记述(Apologie, 21d)不够精准的翻译。后者记述的苏格拉底的原话是:"他认为他知道一些,尽管他一无所知;而我什么都不知道,也知道我自己一无所知。"(希腊语:ἀλλ᾽ οὗτος μὲν οἴεταί τι εἰδέναι οὐκ εἰδώς, ἐγὼ δέ, ὥσπερ οὖν οὐκ οἶδα, οὐδὲ οἴομαι)

[329] Reimer, Juristische Methodenlehre, 2. Aufl. 2020, Rn. 708 ff.

[330] 有关诠释学的螺旋,参见上文第一章边码 70;关于案件事实诠释学,参见第十四章边码 11 及以下;四种解释方法,参见 Morlok, in: Gabriel/Gröschner, Subsumtion, 2012, S. 189, 208;并参见弗拉马利翁所绘之图。

[331] 关于命题、相反命题和综合,参见第一章边码 88 及以下。弗拉马利翁的这幅版画如今也被用来描述 19 世纪所盛行的有关 16 世纪的观念。

[332] Röhl/Röhl, Allgemeine Rechtslehre, 3. Aufl. 2008, S. 609;类似观点,参见 Kötz, RabelsZ 54 (1990), 203, 215:"法学教育的要义,恐怕在于使年轻学子学会如何在法律不确定的条件下也能应对自如。"参见第一章脚注 13。关于"疑难案件",参见上文第一章边码 25。

深思熟虑、有理有据、令人信服的，并使所有的相关人得遂其愿。基于其"**理性要求**"[333]，法学方法论建立了信赖，并由此实现了合目的性、法的安定性和正义这三个法理念（第一章边码109及以下）。[334] 本书即旨在为此提供助益。

本章参考文献：

Albers, Marion, Höchstrichterliche Rechtsprechung und Auslegung gerichtlicher Entscheidungen, VVDstRL 71 (2012), 257-295; Becker, Christian, Was bleibt? Recht und Postmoderne, 2014; Dölle, Hans, Juristische Entdeckungen, 42. DJT, B1-22; Fischer-Lescano, Andreas/Christensen, Ralph, Auctoritatis interpositio, Der Staat 44 (2005), 213-241; Hofmann, Hasso, Die Konstitutionalisierung der juristischen Hermeneutik, in: FS Wahl, 2011, S. 99-110; Krawietz, Werner/Morlok, Martin (Hrsg.), Vom Scheitern und der Wiederbelebung juristischer Methodik im Rechtsalltag-ein Bruch zwischen Theorie und Praxis, Sonderheft Rechtstheorie 32 (2003), 135-371; Lepsius, Oliver, Zur Bindungswirkung von Bundesverfassungsgerichtsentscheidungen, in: Scholz, Rupert u.a., Realitätsprägung durch Verfassungsrecht, 2008, S. 103 – 117; ders., Die maßstabsetzende Gewalt, in: Jestaedt, Matthias/Lepsius, Oliver/Möllers, Christoph/Schönberger, Christoph, Das entgrenzte Gericht, 2011, S. 159-280; Lindner, Josef, Rechtswissenschaft als Metaphysik, 2017; Rückert, Joachim/Seinecke, Ralf (Hrsg.), Methodik des Zivilrechts-von Savigny bis Teubner, 3. Aufl. 2017; Röhl, Klaus F./Röhl, Christian, Allgemeine Rechtslehre, 3. Aufl. 2008, 10. Kap.; Vesting, Thomas, Rechtstheorie, 2. Aufl. 2015, § 6.

---

[333] 引自哈贝马斯（第十四章脚注212）。关于法学方法论的客观化功能、体系功能及审查功能，参见第一章边码116及以下。

[334] 或借西蒙所言：法学方法论的知识或许使法"变得更为复杂，但也更有魅力，因为它法由此变得更为诚实——如果遥远的将来它仍然以寻找更优论据这一任意性的强制要求为前提——更有说服力，也继而更为公正。"参见 Simon, Recht als Rhetorik-Rhetorik als Recht, in: Grimm/Kemmerer/Ch. Möllers, Gerüchte vom Recht, 2015, S. 201, 225。

若读者抱有好奇心,则可以继续阅读本部分的内容,并通过试着独立解决如下案件而适度训练一下自己的思维。

第十五章　进阶练习

一、法学方法论:说理学说及正当化学说(对应本书第一章)

美国总统案(第一章边码 67):在美国的一次政治讨论中,曾有人提议出生于奥地利的前加州州长阿诺德·施瓦辛格为美国总统候选人。但美国的宪法规定,能担任美国总统者,必须于美国本土出生。[1] 是否可以通过法解释或法续造之途径,得出不同的结论?

答:通过法解释或法续造亦无法使施瓦辛格具备参选美国总统的法律上的正当性,因为法律的文义是明确的。因此,要让外国人担任美国总统成为可能,就不得不修订美国的宪法。

二、法源(对应本书第二章)

十诫案(第二章边码 24):圣经的"十诫"[2] 究竟属于道德规范还是法规范?

答:区分这一点的关键在于,应然规范示范具有法的约束力,并在必要时可诉诸国家的强制手段。以《旧约》的"十诫"为例[3],"你不

---

[1] Art. 2 Sec. 1 Cl. 6 U. S. Const.
[2] Ex. 20, 2-17.
[3] "十诫"也见于《妥拉》,因而也为犹太教所熟知。

可谋杀"这一诫命同时也是一种犯罪的构成要件,在严重情形可导致终身监禁的自由刑(《刑法典》第212条第2款)。而其他基督教的诫命,诸如"你不可贪图邻居的妻子""不可奸淫"等,则不能通过法的秩序予以执行;违反之,只会带来社会的否定评价。因此,"十诫"大部分是以道德依据为基础的,只有部分诫命同时也构成法的禁令。

三、次级法源及法认知源(对应本书第三章)

5　　**滑雪者案**——BGH VI ZR 187/70(第三章边码68):滑雪者 A 与 B 在斜坡上以45度角相撞。A 不幸大腿骨折,其认为,B 未能对该区域的状况予以充分注意。B 则认为,A 滑雪的速度比自己快很多,这才猝不及防地从后面撞上了他。A 诉请损害赔偿。是否正当?

6　　**答案**:本案成立损害赔偿请求权,因为 B 未尽"交往上必要的注意"(im Verkehr erforderliche Sorgfalt)。要对"必要的注意义务"进行具体化,则可以参照 FIS 规则。有观点将该规则视为"习惯法"。[4] 反对其构成习惯法的理由则在于,这一规则并非由判例确立,而是由私主体的组织所制定。并且,该规则经常被增补及修订,这也不符合习惯法所应具备的"长期惯行"的条件(第三章边码23及以下)。[5] 迄今为止,联邦最高普通法院并未采纳这一定性,而是在《民法典》第823条第1款的框架下细化交往安全义务的"注意标准"。本案中,每个滑雪者都违反了不做出威胁或伤害他人举止的义务(FIS 规则第1条、《滑雪自我约束规则》第1条),同时也违反了"依其个人能力、场地的难易程度、雪地特点以及其他人在场的情况而调整速度"的义务(FIS 规则第2条、《自我约束规则》第2条)。因此,一方面,A 有理由基于《民法典》第823条第1款向 B 主张损害赔偿请求权(因 B 违反了注意义务);另一方面,损害赔偿也因 A 的"与有过失"(《民法典》第254条第1款)而得降低(A 违反了他

---

〔4〕 持此主张但未说明理由者,参见 OLG Brandenburg, Urt. v. 10. 1. 2006, 6 U 64/05, NZV 2006, 662; OLG Koblenz, Beschl. v. 2. 3. 2011, 5 U 1273/10, VersR 2012, 189。

〔5〕 反对其构成习惯法的,也参见 Herrmann/Götze, NJW 2003, 3253;未指出理由的,参见 Wagner, in: MünchKomm-BGB, 8. Aufl. 2020, § 823 Rn. 802 Fn. 3392。

自己的注意义务)。[6] 请求权相对人B对注意义务的违反属于"责任成立"层面的要素，而请求权人A的注意义务违反行为则只与"责任范围"框架下的法律后果相关。在程序上，B通常需要提出独立的反诉，以主张自己所受到的损害；而就B的这一请求权而言，双方对注意义务的违反行为即具有完全相反的定位。

四、经典的解释方法：文义、体系与历史（对应本书第四章）

病毒案——BGH VI ZR 309/88（第四章边码63）：在兽医专科学校，会使用一种"钩端螺旋体病毒"做试验。一个女学生感染了这种病毒且病情严重。她想根据《民法典》第833条第1句的规定请求损害赔偿。可否？

答：除《民法典》第823条第1款的过错责任[7]外，若病毒构成《民法典》第833条第1句意义上的"动物"，本案还可考虑是否可依第833条第1句的规定成立危险责任。有部分学者持这一主张。[8] 反对这样做的理由是，在生物学的概念中，病毒是植物和动物之外的另一物种。[9] 不过，专业领域的使用习惯应当让位于规范的使用习惯。此外，**历史上立法者的意图**或许只是想涵盖传统的动物[10]，但这一点并不关键，因为环境条件已经发生了变迁（第六章边码70及以下）。[11] 就体系而言，更重要的是，立法者在《基因技术法》[12] 第32条引入了关于转基因微生物的特别责任，但却并未在《传染病防治法》中规定危险责任。[13] 起决定作用的或许还是潜在责任的不同类型以及规范目的：之前的动物饲养责任者

7

8

---

[6] BGH, Urt. v. 11. 1. 1972, VI ZR 187/70, BGHZ 58, 40, 44 ff. -Zusammenstoß von Skiläufern.
[7] BGH, Urt. v. 4. 7. 1989, VI ZR 309/88, NJW 1989, 2947, 2948.
[8] Erman/*Wilhelmi*, BGB, 16. Aufl. 2020, § 833 Rn. 2; BeckOK - BGB/*Spindler*, 56. Ed. 1. 11. 2020, § 833 Rn. 5; *Deutsch*, NJW 1990, 751 f.
[9] Lexikon der Biologie in 15 Bänden, 9. Band, 2002, S. 240 f.，Stichwort：Mikroorganismen.
[10] 立法者提到的是"家畜"和"蜜蜂"等动物，参见 Prot. II, S. 646 f。
[11] *Wagner*, in：MünchKomm-BGB, 8. Aufl. 2020, § 833 Rn. 10.
[12] Gentechnikgesetz (GenTG) v. 16. 12. 1993, BGBl. I, S. 2066.
[13] *Krause*, in：Soergel, BGB, 13. Aufl. 2005, § 833 Rn. 3；该法律的前身《联邦防疫法》也未规定危险责任，参见 Larenz/*Canaris*, Lehrbuch des Schuldrechts, Besonderer Teil, Bd. II/2, 13. Aufl. 1994, S. 614。

眼点在于动物不受控制的行为，而病毒则是因其不受控制地繁殖和传播而造成大规模的损害，故其应当导致一种新型的危险责任。危险责任的构成要件必须由立法者设定（第十三章边码 30 及以下）。因此，《民法典》第 833 条第 1 句既不能被直接适用，也不得类推适用。[14]

9　《民法典》体系中的第 253 条（第四章边码 111）：在 2001 年的债法改革中，立法者删除了原《民法典》第 847 条关于痛苦抚慰金之规定，而将痛苦抚慰金纳入了第 249 条等规定的赔偿范围中，并重新规定了第 253 条，这会产生什么影响？

10　答案：尽管《民法典》第 253 条第 1 款将痛苦抚慰金请求权限于法定的情形，第 253 条第 2 款却承认对于身体、健康、自由及性自决等法益损害的情形均得成立痛苦抚慰金请求权。从法条处于债法总则的这一体系地位来看，2001 年起确立的痛苦抚慰金请求权不仅适于《民法典》第 823 条以下的侵权请求权，同时也适于合同请求权、缔约过失、无因管理以及危险责任。因这一修订，痛苦抚慰金请求权的适用范围被显著扩大了。[15]

五、目的、逻辑与结果取向的解释（对应本书第五章）

11　交通事故——BGH VI ZR 1/92（第五章边码 78）：两个生活在德国的土耳其人在土耳其造成了一起严重的交通事故。保险公司想要依照土耳其的法律赔付 1000 马克；原告则要求依据德国法赔付 25000 马克（包括 10000 马克的痛苦抚慰金）。本案应当适用哪国的法律？

12　答案：本案属国际私法的适用领域。若依自事故发生之时而适用的"行为发生地原则"（Tatortgrundsatz），则无适用德国法的可能。不过，若行为发生地的"连接点"随机产生而有失合理，而由于当事人与某一法秩序的法律联系，适用该法秩序更为正当，则可不再适用行为发生地原则。[16]

---

[14] *Krause*, in: Soergel, BGB, 13. Aufl. 2005, § 833 Rn. 3; *Eberl-Borges*, in: Staudinger BGB, Neubearb. 2018, § 833 Rn. 11 ff.

[15] 尽管《民法典》第 823 条第 1 款没有明确提到人格权，参见第十一章边码 71 及以下。

[16] BGH, Urt. v. 8. 3. 1983, VI ZR 116/81, BGHZ 87, 95, 98; BGH, Urt. v. 13. 3. 1984, VI ZR 23/82, BGHZ 90, 294, 298.

不过，就之前的判例而言，若原告的国籍和行为发生地一致，则仍适用行为发生地原则。[17] 而在联邦最高普通法院的某个基础性判决中，法院指出，国籍并非适格的连接标准，并主张仅以当事人习惯居住地为依据，以避免依土耳其法而确立金额不足的损害赔偿请求权。[18] 在1999年的国际私法改革中，立法者采纳了联邦最高普通法院的观点，通过《民法施行法》第40条第2款以法律形式明定了习惯居住地之于行为发生地的优先性。

鸡瘟案——BGH（VI ZR 212/66）（第五章边码141）：联邦最高普通法院推定被告具有过错从而将证明责任转移给被告，由此使原告更易于行使《民法典》第823条第1款的请求权。本案中尽管原告使用了被告的疫苗给鸡群接种，但仍然死了4000只鸡。本案判决符合帕累托最优吗？ 13

答：基于《产品责任法》第1条之危险责任，需要预防损害发生的不是潜在的受害人，而是生产者，因其即使无过错，也要对损害承担责任。对《民法典》第823条第1款的过错责任而言，侵害人原则上可主张其没有过错，以至于无须预防损害发生，潜在的受害人则应出于自身利益的考量避免损害发生而采取预防损害发生的措施。这两种责任原则均不符合帕累托最优，因为总有一方会不采取预防损害的措施（第五章边码124）。 14

最优的做法或许是结合了过错责任元素的危险责任或结合了危险责任元素的过错责任。现行法上这样做的例子即《民法典》第254条的"与有过失"抗辩（结合《产品责任法》第6条第1款或《道路交通法》第9条）以及（受害人的）损害防阻义务（Schadensminderungsobliegenheit）。在上述两种情形中，相应的抗辩都能促使受害人尽可能地避免（共同导致）损害发生，或者在损害发生后，能够尽不使损害进一步扩大的注意义务。不过，早在1969年的"鸡瘟案"中，联邦最高普通法院就以法续造的方式为生产者确立了一种兼有危险责任元素的过错责任。原告通常无法证明，对方的义务违反行为是否存有过错。这往往属于侵害人自身的领域。因此，如同《民法典》第836条第1款第1句针对建筑物所有人的条 15

---

[17] BGH, Urt. v. 5.10.1976, VI ZR 253/75, NJW 1977, 496.
[18] BGH, Urt. v. 7.7.1992, VI ZR 1/92, BGHZ 119, 137；就此参见 Zimmer, JZ 1993, 396, 399.

款一样,在涉及《民法典》第 823 条第 1 款时,也应对生产者适用证明责任倒置并推定生产者存有违反注意义务的过错。[19] 因此,侵害人必须谨慎安排自己的行为,以避免承担责任。不过,侵害人也存在免责的可能性,正因为如此,潜在的受害人也需要采取保护性措施。[20]

16 　　有趣的是,尽管产品责任被当作是一种危险责任,《产品责任法》也仍然包含了一些过错责任的元素。例如,"产品缺陷"的概念、《民法典》第 823 条与《产品责任法》第 1 条中与行为相关的注意义务即得到了统一的定义。此外,依《产品责任法》第 1 条第 2 款第 5 句的规定,若产品的缺陷依据生产者将产品投入流通时的科学技术水平而无法被识别时,生产者得免责。这一规定是符合效率的,因为双方为了不承担责任都会采取避免损害的措施。[21]

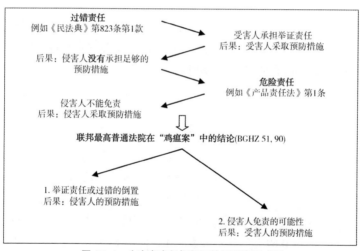

17 　　图 15-1　生产者责任框架下的证明责任减轻

---

[19] BGH, Urt. v. 26. 11. 1968, VI ZR 212/66, BGHZ 51, 91, 105 ff. -Hühnerpest.

[20] Adams, Ökonomische Analyse der Gefährdungs- und Verschuldenshaftung, 1985, S. 51, 114 ff., 266. Brown, 2 J. Leg. Stud. 323, 343 (1973):für Mitverschuldensklausel;也参见 Schäfer/Ott, Lehrbuch der ökonomischen Analyse des Zivilrechts, 6. Aufl. 2020, S. 216 ff.。

[21] Möllers, Rechtsgüterschutz im Umwelt- und Haftungsrecht, 1996, S. 116;Kötz/Wagner, Deliktsrecht, 14. Aufl. 2021, 9. Kap. Rn. 11.

六、目的解释的对立模型及法续造的基本形式（对应本书第六章）

依《刑法典》第303条于"狗"之上成立"物之损害"案(第六章边码24)：A踢伤或者毒害了邻居家的狗。此时，《民法典》第90a条是否构成反对适用《刑法典》第303条刑事责任的理由？ 18

答案：A是否承担刑事责任，取决于"狗"是否构成《刑法典》第303条意义上的"物"。根据《民法典》第90a条第1句的规定，动物"不是物"；同时《民法典》第90a条第3句规定："若无其他规定，准用有关物的规范。"有观点认为，基于刑法上的类推禁止（第四章边码65及以下），此处不得依《刑法典》第303条的规定确立刑责。[22] 相反的观点主张A应当承担刑事责任：本案中，《民法典》第90a条第1句应作目的性限缩。据此，动物不是"无生命的物"，而是"特别之物"（Sachen sui generis）。[23] 另有一种，同时也可能是"通说"的观点则认为刑法"物"之概念的解释与《民法典》上"物"的概念无关。[24] 支持这种法概念"相对化"的理由是，比起民法的法律保护，刑法上的保护原则上要更进一步。 19

内容错误时不适当的后悔权(第六章边码102)：小学副校长K女士在大型经销商G那里订了25 Gros的厕纸，她误以为Gros是厕纸的牌子，但它其实是计量单位"12打"。合同双方各有什么权利？[25] 20

答案：K有权以《民法典》第119条第1款第1分项之"内容错误"为由撤销合同（《民法典》第142条），其后果是使整个合同自始无效。制造商自己只能行使《民法典》第122条的请求权，必要时可主张缔约过失 21

---

[22] 持此类主张者，参见 *Braun*, JuS 1992, 758, 761。

[23] Jauernig/*Mansel*, BGB, 18. Aufl. 2021, § 90a BGB Rn. 1.

[24] *Küper*, JZ 1993, 435, 441；*Graul*, JuS 2000, 215, 218 f.；明确指出这一点的，也参见 *Fischer*, StGB, 68. Aufl. 2021, § 242 Rn. 3：刑法中"物"的概念是与民法无关的公法概念。这一概念同样以《民法典》第90条物的有体性为条件，但与《民法典》第90a条及《民事诉讼法》第265条的规定无关。

[25] LG Hanau, Urt. v. 30. 6. 1978, 1 O 175/78, NJW 1979, 721-25 Gros Rollen.

责任上的消极利益返还。不过，撤销权规定的目的只是使表意人的意思瑕疵得到补偿，也即恢复到假定没有发生错误的情况。因撤销而使表意人获得比之前更有利的境地，显然并非立法者的意图。因此，K 不应享有这一所谓的"后悔权"。撤销权人应当依从意思表示之时的真实意思。因此，在这类对价格或数量存在错误认识的情形中，判例赋予了撤销权相对人基于《民法典》第 242 条[26]或者基于对《民法典》第 142 条第 1 款进行目的性限缩[27]的"选择权"。据此，大型经销商 G 可以不接受整个合同无效，而要求依照表意人 K 的真实意思，在双方之间成立关于 25Gros 厕纸的合同。

22　　**磁带录音案——BGH VI ZR 104/57**（第六章边码 149）：A 用磁带偷偷录下了和 B 的谈话。B 是否可以要求其删除磁带录音？如果只是有被录音的风险，则结论何如？[28]

23　　答案：可以考虑的是《民法典》第 1004 条的"不作为请求权"。尽管本案没有对所有权的侵害，但 B 的相关人格权也为《民法典》第 823 条第 1 款所保护。因此，以《民法典》第 12、862、1004 条为依据作整体类推，即可确立一种作为"准否认性的不作为请求权"。而对于只是有可能被（初次）录音的情形，则需要再作类推：《民法典》第 1004 条只针对损害已经发生的情况（法条原文：有发生"进一步"的损害之虞时），因而有必要将其类推适用于法益有受到损害危险的情形。[29]

七、立法、行政及司法对法的具体化（对应本书第七章）

24　　**"穿着鞋的脚"案——BGH（4 StR 689/81）**（第七章边码 57）：行为人用鞋踢了受害人的头，是否构成"危险的身体伤害"？

---

　　[26]　*Flume*, Allgemeiner Teil des Bürgerlichen Rechts, Bd. II, 4. Aufl. 1992, S. 421 f.；*Armbrüster*, in: MünchKomm-BGB, 8. Aufl. 2018, § 119 Rn. 152.

　　[27]　*Neuner*, Allgemeiner Teil des Bürgerlichen Rechts, 12. Aufl. 2020, § 41 Rn. 154.

　　[28]　BGH, Urt. v. 20. 5. 1958, VI ZR 104/57, BGHZ 27, 284, 289-Heimliche Tonbandaufnahme.

　　[29]　卡纳里斯认为该法条属于编写疏漏，参见 *Larenz/Canaris*, Lehrbuch des Schuldrechts, Besonderer Teil, Bd. II/2, 13. Aufl. 1994, S. 672.

答案：在判断某物是否构成《刑法典》第224条第1款第2项意义上的"危险工具"时，可通过与武器以及其他传统的危险工具相对比而作出论证。例如"铁棒"[30]就被认为属于危险工具。不过，如果仅从物的特点出发难以作出对比，但又存在足以使危险工具概念下的涵摄得以成立的其他危险因素，那么案例对比法即表现出了它的局限性。因此，在其多个判决中，联邦最高普通法院不仅借助之前具有可比性的案件进行论证，还进一步发展了自己的判例。它确立了如下一种可被一般化的法律陈述：若某物依其客观特征和使用的方式能够在具体案例中造成明显的身体伤害，则其构成危险工具。[31] 据此，不能仅以物的特征就将其笼统地认定为危险工具。基于这一法律陈述，物的客观特征和使用方式必须结合起来而导致损害之危险。[32]

具体本案而言，鞋子作为踩踏工具的重量和力度及其作用的部位均使得这一行为比普通的身体伤害具有更高之危险，因为鞋子会使踩踏的力量加重并集中于某一点上。尽管往往只有比较重的鞋子（如靴子）在踩踏身体时才符合这一特性，但是判例认为，如果是踢在头部或其他敏感的身体部位，那么稍微结实一点的鞋子（如运动鞋）也都可以被当作"危险工具"。[33] 若用轻便的鞋子（如帆布鞋）踢人，则必然不能符合《刑法典》第224条第1款第2项的要件，因为这种鞋子即使踢向头部，与赤足踢人相比，也不会造成更严重的伤害。[34]

八、动态体系、案例类型，以及作为具体化方法的案例类型比较（对应本书第八章）

酒馆店主案——BGH VI ZR 48/87（第八章边码15）：在酒馆卫生间旁

---

[30] BGH, Urt. v. 23. 7. 2008, 5 StR 46/08, NStZ 2008, 626.

[31] BGH, Urt. v. 6. 6. 1952, 1 StR 708/51, BGHSt 3, 109; BGH, Urt. v. 11. 2. 1982, 4 StR 689/81, BGHSt 30, 375, 376-Beschuhter Fuß.

[32] Fischer, StGB, 68. Aufl. 2021, § 224 Rn. 14; Hardtung, in: MünchKomm-StGB, 3. Aufl. 2017, § 224 Rn. 25.

[33] BGH, Urt. v. 11. 2. 1982, 4 StR 689/81, BGHSt 30, 375, 376-Beschuhter Fuß; BGH, Urt. v. 23. 6. 1999, 3 StR 94/99, NStZ 1999, 616, 617.

[34] BGH, Urt. v. 19. 1. 1984, 4 StR 742/83, NStZ 1984, 328, 329.

的地下室门后有一陡峭的楼梯，店主是否必须为地下室门做好安保措施？若顾客从该楼梯摔下，其是否可主张损害赔偿？

28　　答案：从动态体系的意义上来说，有诸多支持"义务违反"的标准。基于向顾客售酒的行为，店主创造了一种"危险源"。从售酒的行为中，店主获得酒店收入这一利益。店主应当知晓顾客可能在地下室的楼梯滑倒的危险，因为店主能够预见到，顾客在喝酒之后可能缺乏注意力，也可能对某些事情抱有好奇心。而要控制这种危险对店主来说并非难事，他只需要将地下室的门封好即可。有疑问的是，信赖保护的要素可以得到多大程度的满足。毕竟任何人都也需要对自己安全负责。不过，对于卖酒的酒店来说，其顾客尤应信赖，在对其开放的公共空间中不应存在未曾预料到的危险。因此，酒馆店主违反了其交通安全义务，应承担损害赔偿。[35]

29　　"卡特尔之诉"案——EuGH C-453/99（第八章边码 52）：违反欧盟卡特尔法的情形下，私主体是否有权起诉？

30　　答案：欧盟最高法院通过大量的判决，构建了"实际有效原则"（第五章边码 108 及以下），除国家责任（第十二章边码 123 及以下）外，还有如下一种案例类型：私主体对违反卡特尔法行为的损害赔偿请求权。在多个判决中，欧盟最高法院就诸如谁可以提起诉讼[36]、哪些利益的损害可得赔偿[37]、需要存在何种因果关系[38]、是否可以拒绝获取某一"污点证人程序"（Kronzeugenprogramm）的相关信息[39]等问题作出了解释。如今，已有专门指令规定了责任请求权的具体条件（第五章边码 119）。这一指令构成了相对于欧盟最高法院判例的"特别法"。[40]

---

[35] BGH, Urt. v. 9. 2. 1988, VI ZR 48/87, NJW 1988, 1588 f.

[36] EuGH, Urt. v. 20. 9. 2001, C-453/99, EU：C：2001：465, Rn. 24-Courage Ltd. ／Crehan；EuGH, Urt. v. 13. 7. 2006, C-295/04 u. a., EU：C：2006：461, Rn. 61-Manfredi："任何人。"

[37] EuGH v. 13. 7. 2006, C-295/04 u. a., EU：C：2006：461, Rn. 91 ff. -Manfredi.

[38] EuGH v. 13. 7. 2006, C-295/04 u. a., EU：C：2006：461, Rn. 63-Manfredi.

[39] EuGH v. 14. 6. 2011, C-360/09, EU：C：2011：389, Rn. 30-Pfleiderer；有关法原则方面更为艰难的工作，参见第九章边码 61 及以下。

[40] 有关指令的制定，参见 Möllers, 3 Europa e diritto privato 822 ff. (2014)。

九、法教义学和一般的法原则（对应本书第九章）

撤回权（第九章边码58）：债法改革[41]之后，原本规定于特别法当中、以欧盟的消费者保护指令为渊源的消费者保护方面的规定被整合到了《民法典》中（第305条及以下），并且引入了之前《民法典》并未有过的新的形成权（撤回权）。[42] 这赋予消费者一定期限内无须表明理由即可撤回合同——也即单方面使有效的合同嗣后解除——的权利。这一撤回权能否与《民法典》的体系相容？ 31

答案：1900年的《民法典》仅针对欺诈、威胁或错误等程序上的缺陷规定人们可以主张合同之撤销。[43] 部分观点主张，若买受人完全可能没有理由、仅凭自己的喜好而解除合同，他将获得一种实质上不具正当性的权利。[44] 这种撤回权之所以被认为构成一种不正当的、导致合同解消的"后悔权"[45]，理由在于它有违合同自由以及合同信守之思想。[46] 32

事实上，撤回权完全符合"有约必守原则"，也因而可以融入《民法典》的教义及体系。[47] 依规范的精神及目的而言，法律是要避免在特殊情形下过早地确立合同之约束，例如所谓"非营业场所的区域"的合同（《民法典》第312b条）（过去被称为"上门交易"[48]），即因遭人突袭 33

---

[41] Gesetz zur Modernisierung des Schuldrechts v. 26. 11. 2001, BGBl. I, S. 3138.
[42] 见《民法典》旧法第361a条，新法第355、312g、495、510条。
[43] 例如，动机错误或隐蔽的计算错误等尚还不能使当事人有权撤销其意思表示。
[44] 批评性意见，参见 *Schäfer*, in: Grundmann, Systembildung und Systemlücken in Kerngebieten des Europäischen Privatrechts, 2000, S. 559, 567; 赞成撤回的，参见指令 Richtlinie 1997/7/EG über den Verbraucherschutz bei Vertragsabschlüssen im Fernabsatz v. 20. 5. 1997, ABl. Nr. L 144, S. 19。
[45] 关于后悔权，参见第五章边码21及以下。
[46] 拉伦茨在论述分期付款合同的撤回权时指出：这与本来通行的"成熟公民"之形象格格不入，参见 *Larenz*, Allgemeiner Teil des deutschen Bürgerlichen Rechts, 5. Aufl. 1980, S. 52; 也参见 *Dauner-Lieb*, Verbraucherschutz durch Ausbildung eines Sonderprivatrechts für Verbraucher, 1983, S. 119; 与市场经济的自由社会模式这一前提并不相融贯。
[47] 这部分内容，参见 *Möllers*, JZ 2002, 121, 130 f。
[48] 对上门交易行为"突袭思想"的质疑，则参见 *Eidenmüller*, AcP 211 (2011), 67, 85 f。（本文所针对的仍是《民法典》旧法第312条第1款上门交易的传统模式）。不过，"突袭思想"如今也蕴含于现行《民法典》第312b条之中，参见 BR-Drs. 817/12, S. 79; 也参见指令的立法理由：ErwG. 21 Verbraucherrechte-RL 2011/83/EU。

而仓促订立的合同,或者未考虑其后果[49]而仓促订立的复杂的消费者信贷合同或分时居住权合同(Teilzeitwohnrechtevertrag)等。在这类情况中,延长考虑期限,允许存在一种"冷静期"以保障消费者的经济自决权,即是非常有意义的。[50] 对旅游合同或分时居住权合同等"远距离交易"(Fernabsatzgeschäft)而言,消费者无法提前检查合同之标的。此时设定一种撤回权即是正当的,这样才能赋予消费者一种考虑期限,以使其了解相关信息再决定是否选择这一产品。[51] 由于法律规定原则上应当由买受人承担退运商品的费用(《民法典》第357条第6款),这也降低了买受人滥用其撤回权的可能性。[52] 因此,合同信守(有约必守)之原则并未遭到突破,相反,正是因为保障了消费者的经济自决权,才恰恰使这一原则得到了实质的贯彻。

十、建构意义上的衡量(对应本书第十章)

34   **击落民航飞机案——BVerfG 1 BvR 357/05**(第十章边码53):《航空安全法》第14条第3款规定,为保护他人生命,可击落被劫持的民航飞机。这一法律是否违宪?

35   答案:联邦宪法法院认定这一法律违宪。[53] 学者们也认为,生命之间无法进行衡量,却批评联邦宪法法院没有就拯救第三人的这一保护义务进行探讨。[54] 有问题的不是对劫机者的杀害[55],而是对机上乘客的杀

---

[49] 赫克早就指出了分期付款合同的诱骗风险,参见 *Heck*, 21. DJT, 1891, Bd. 2, S. 148;赞同者,参见 *Canaris*, AcP 200 (2000), 273, 349 f.。

[50] *Drexl*, Die wirtschaftliche Selbstbestimmung des Verbrauchers, 1998, S. 451, 466 ff.;*Canaris*, AcP 200 (2000), 273, 344 ff.;*W. H. Roth*, JZ 2001, 475, 480 f.;*Möllers*, JZ 2002, 121, 130 f.

[51] *W. H. Roth*, JZ 2001, 475, 481.

[52] 相关的经济学分析,参见 *Eidenmüller*, AcP 211 (2011), 67, 78 ff.。

[53] BVerfG, Urt. v. 15. 2. 2006, 1 BvR 357/05, BVerfGE 115, 118, 160-Luftsicherheitsgesetz I.

[54] 对联邦宪法法院的批评,参见 *Isensee*, in: HStR IX, 3. Aufl. 2011, § 191 Rn. 296, 298, 311;*Merkel*, JZ 2007, 373 ff.;*Dreier*, in: Dreier, GG, 3. Aufl. 2013, Art. 1 I Rn. 135。

[55] 有关最终拯救行动的正当性,可参见 Art. 83 Abs. 2 S. 2 BayPAG. BVerfG, Urt. v. 15. 2. 2006, 1 BvR 357/05, BVerfGE 115, 118, 161-Luftsicherheitsgesetz I;关于可作为正当理由的紧急避险(《刑法典》第34条),参见 *Roxin/Greco*, Strafrecht Allgemeiner Teil, Bd. I, 5. Aufl. 2020, § 16 Rn. 113。

害。不过,学说承认存在"法律之外免责"的刑法可能性[56],或认为存在一种公法上既不符合宪法也不违反宪法的所谓"不受法律评价的空间"。[57]

数据保留案——EuGH C-293/12(第十章边码61):《欧盟数据保存指令》(2006/24/EG)允许为犯罪调查及反恐之目的保存数据而无须提供理由。这是否正当? 36

答案:欧盟最高法院[58]认为这构成对私人生活之权利以及受保护的个人数据的**侵害**(《欧盟基本权利宪章》第7、8条)。不过,法院同时认为,高效率的刑事侦查乃服务于公益之目标,这一点构成正当化的理由。此外,"实质内容"也未被侵害,因为数据可得到特别之保护。然而,由于这一侵害的严重性,欧盟最高法院通过比例原则的审查对立法者的决定自由作出如下限制:数据保留虽适当,但不必要。对私人生活的侵害必须限于绝对必要的情形。由于该规范过于不明确而又不允许存在任何例外,上述条件即不得成立。 37

十一、作为上位法的宪法(对应本书第十一章)

生活伴侣的遗属养老金—— BVerfG 1 BvR 1164/07(第十一章边码63):企业养老制度并不支持为已登记的伴侣支付遗属养老金。这是否违背平等原则? 38

答案:联邦宪法法院认为这违反了《基本法》第3条第1款。其中一个论据是将已登记的生活伴侣关系与婚姻同等对待的立法者**意图**。[59] 从**体系**上说,登记的生活伴侣关系被规定于社会保险法之中,但有关生活伴侣的遗属养老金之规定则付之阙如,此难谓连贯一致。[60] 而就目的而言,基于《基本法》第6条第1款之规定,在实现及建构宪法的"促进任务" 39

---

[56] Roxin/*Greco*, Strafrecht Allgemeiner Teil, Bd. I, 5. Aufl. 2020, § 22 Rn. 149.
[57] *Lindner*, DÖV 2006, 577, 587 f.
[58] EuGH, Urt. v. 8. 4. 2014, C-293/12 u. a., EU:C:2014:238, Rn. 32 ff. -Vorratsdatenspeicherung.
[59] BVerfG, Beschl. v. 7. 7. 2009, 1 BvR 1164/07, BVerfGE 124, 199, 221-Hinterbliebenenrente für Lebenspartner.
[60] BVerfG (ebd.), BVerfGE 124, 199, 222 f. -Hinterbliebenenrente für Lebenspartner.

(Förderauftrag)时，婚姻应具有比其他生活形式更优越之地位，但从这一规定当中并不能得出歧视婚姻之外生活形式的规范内容。[61] 最后，欧盟法也禁止对性取向的歧视。[62] 黑尔格鲁伯则反对这一判决，斥责联邦宪法法院是在推行不正当的"私法能动主义"。[63]

十二、欧盟法及国际法的优先性（对应本书第十二章）

40　　**瓷砖案——BGH VIII ZR 70/08**（第十二章边码 113）：维特默先生与韦伯兄弟公司以 1382 欧元的价格订立了抛光瓷砖的买卖合同。在差不多已经铺好 2/3 的瓷砖后，维特默先生发现，瓷砖表面存在肉眼可见的阴影。由于无法清除这一瑕疵，维特默先生要求对方提供完好的瓷砖，并赔付拆除旧瓷砖、安装新瓷砖所需的费用总计 5830 欧元。衡诸 2005 年有效的《民法典》第 439 条之规定，韦伯兄弟公司是否应当支付瓷砖的拆除及安装费用？本案的解决意味着立法者应承担何种义务？

41　　答案：

1. 第一步，欧盟最高法院认为，瑕疵物的拆除及安装无瑕疵物也属于《消费品买卖指令》之适用范围，但可将所应支付的费用限于合理的金额。[64] 之后的联邦最高普通法院判决指出，《民法典》旧法第 439 条第 1 款第 2 分项之规定应当作出合指令的解释，也即使得"无瑕疵物的交付"这一履行方式也包括了瑕疵物的拆除、运走以及无瑕疵物的安装。联邦最高普通法院的这一做法等于是修改了概念的语言习惯。[65]

42　　（1）除对《民法典》旧法第 439 条第 1 款第 2 分项作出合指令解释外，还需判断，若"补充交付"将导致不合比例的费用，出卖人能否依《民法典》旧法第 439 条第 3 款第 3 句而拒绝之。由于这一拒绝权违反了《消费品买卖指令》第 3 条，因此，第二步，联邦最高普通法院对《民法

---

[61] BVerfG (ebd.), BVerfGE 124, 199, 226-Hinterbliebenenrente für Lebenspartner.
[62] BVerfG (ebd.), BVerfGE 124, 199, 220-Hinterbliebenenrente für Lebenspartner.
[63] *Hillgruber*, JZ 2010, 41, 43 f.; 也参见第十三章边码 110。
[64] EuGH, Urt. v. 16.6.2011, C-65/09 u.a., EU：C：2011：396-Weber/Putz.
[65] BGH, Urt. v. 21.12.2011, VIII ZR 70/08, BGHZ 192, 148 Rn. 26-Weber (Fliesen).; 不同观点，参见 *Meier/Jocham*, JuS 2016, 392, 394: telelogische Extension。

典》旧法第439条第3款进行了目的性限缩,在消费品买卖之情形,出卖人不能再援引"绝对的不合比例性"。不过,费用被限定于合理的金额。[66] 在消费品合同之外的领域,这一判例则不再适用。[67]

(2) "瓷砖案"的判决被斥为违法的不正当法续造,其理由在于,《民法典》旧法第439条第3款所规定的绝对的给付拒绝权实属对当事人的相对利益进行衡量的结果。[68] 基于《基本法》第20条第3款、第97条第1款,法院应当受这一价值安排的约束。[69] 德国立法者作出的价值安排或许是正当的。欧盟最高法院和联邦最高普通法院则是作出了不同的价值衡量。据此,合理的安装和拆除费用是可以得到补偿的。买受人的赔偿请求权在本案中被限为600欧元。买受人所获偿的不是5830欧元,而是600欧元。[70] 如果在"瓷砖案"中考虑的是《消费品买卖指令》的价值安排——也即实现无偿的修补(第十二章边码59),那么倘若允许人们以修补"不合比例"为由提出抗辩,这一目标势必会落空。联邦最高普通法院需要对学说主张对各种不同的解决路径进行讨论,并选择出那个"尽可能与现行法相一致"的解决方案。[71]

43

2. 如今,转化欧盟最高法院判决的立法程序已告结束。原本人们还在争论是否有转化之必要,因为欧盟最高法院的规定本可通过判例而得以转化。[72] 不过,这一论据不符合"透明性要求",也即对指令进行明确转化的义务(第十二章边码104及以下)。2018年1月1日起,新修订的《民法典》第439条第3款即是对"瓷砖案"判决的转化。[73] 据此,只要瑕疵物依其特征和使用目的而需要内置于其他的物之内或附加在其他的物之

44

---

[66] BGH (ebd.), BGHZ 192, 148 Rn. 28 ff., Rn. 54-Gebr. Weber (Fliesen).
[67] BGH, urt. v. 17. 10. 2012, VIII ZR 226/11, BGHZ 195, 135 Rn. 17 ff. 经营者买卖合同中的拆除及安装费用。
[68] 这一点已见于立法理由: Begr. AbgeordnetenE, BT-Drs. 14/6040, S. 232。
[69] *Höpfner*, JZ 2012, 473, 475.
[70] BGH (ebd.), BGHZ 192, 148 Rn. 54 ff. -Weber (Fliesen).
[71] BGH (ebd.), BGHZ 192, 148 Rn. 37-Weber (Fliesen).
[72] Begr. RegE, BT-Drs. 17/12637, S. 99.
[73] Gesetz [...] zur Änderung der kaufrechtlichen Mängelhaftung [...] v. 28. 4. 2017, BGBl. I, S. 969 f.

上,出卖人即应向买受人赔付因移除瑕疵物和安装无瑕疵物所产生的必要费用。基于立法理由,这一规定不仅适用于 B2C 交易,同时也适用于 B2B 交易。立法者由此废止了之前与此规定不一致的判决。[74] 依现行法,在面对"瓷砖案"这样的案件时将不再需要作出合指令的法解释,因为指令已经被转化为国内法。[75]

十三、法续造的界限(对应本书第十三章)

45　**非婚伴侣的死亡——是否得类推适用《民法典》第 844 条第 2 款?**(第十三章边码 68):非婚伴侣的死亡是否得类推适用《民法典》第 844 条第 2 款?阿弗雷德(A)和贝塔(B)已经有十年之久的非婚姻生活伴侣关系。他们在一起生养了四个孩子。在一次滑雪事故中,克劳斯(C)因过错引发滑雪事故,并造成 B 死亡。A 是否有权要求 C 承担扶养费用?

46　答案:

1. 作为 B 的非婚生活伴侣,A 不能基于《民法典》第 844 条第 2 款向 C 直接提出请求权,因为根据《民法典》第 1360 条的规定,只有夫妻才互负有扶养义务。由于法律没有为非婚生活伴侣规定扶养义务,故无法对其直接适用。[76] 不过,这里可以考虑对《民法典》第 844 条第 2 款进行类推适用。其前提是:对于具有可比性的利益状况,存在计划外的规则漏洞。

2. 基于法律,只有《民法典》第 1360 条第 1 句所称"夫妻"才负有扶养义务,非婚伴侣、未婚妻、继父继母等则无此义务,这一法律上的**漏洞**是显而易见的。

47　3. 婚姻和非婚姻的共同生活应当是具有**可比性**的。究其**规范目的**而言,《民法典》第 844 条第 2 款的目的在于使已故扶养人的家属能够在经

---

[74] 明确指出这一点的,参见立法理由 Begr. RegE, BT-Drs. 18/8486, S. 27;旧法的判例,参见 BGH, Urt. v. 17. 10. 2012, VIII ZR 226/11, BGHZ 195, 135 Rn. 17 ff.;也参见第十二章边码 96。

[75] 更多问题,参见 Faust, ZfPW 2017, 250, 255。

[76] B 的孩子可以基于《民法典》第 844 条第 2 款向 C 提出请求权,因为其作为直系亲属可向 B 主张扶养权,参见《民法典》第 1601 条、第 1589 条第 1 款第 1 句。

济层面上如同仍受死者扶养一般继续自己的生活。[77] 从A和B长期共同生活来看，尽管依据《民法典》第1360条B不负有扶养A的义务，但两人事实上已共同生活十年之久，完全像配偶一样在经济上互负其责。因此，这里存在一种具有可比性的利益状况。

不过，有部分学者认为，这一事实上的状况是无关紧要的：逻辑上看，一个从未存在的扶养请求权自然也没有什么被剥夺之言；"损害法"不可超越伴侣之间的内部关系。[78] 反对以上观点的理由则在于，诸多社会法的规定均着眼于非婚共同生活及重组家庭中事实存在的依赖和扶持。[79] 这一点也应当及于《民法典》第844条。[80] 此外，租赁法也承认非婚姻的生活伴侣关系。[81]

48

4.（1）这一漏洞有可能并不是**计划之外**的。那种仅以"在此方面明确无误"的文义为依据而主张排除类推适用的观点自难以令人苟同[82]，因其只是纯粹的形式论据，有"默认论题"之嫌（第六章边码93）。从体系上看，《民法典》第844条第2款可算作一种"原则的例外"，即赔偿义务本应只针对直接的受害人，间接的受害人唯在例外情况下才享有对于侵害人的请求权。[83] 若换个视角来看，《民法典》第844条及以下的规定也可以说并非什么例外条款，毋宁说其是与体系相融贯的，因为若没有这一

49

---

[77] RG, Urt. v. 30. 11. 1938, VI 122/38, RGZ 159, 21, 24；BGH, Urt. v. 3. 12. 1951, III ZR 68/51, VersR 1952, 97, 98；*Röthel*, in: Staudinger, BGB, Neubearb. 2015, § 844 Rn. 72.

[78] *Lieb*, Gutachten A zum 57. DJT, 1988, S. 90；*Röthel*, in: Staudinger, BGB, Neubearb. 2015, § 844 Rn. 32.

[79] "某人与另一有工作能力的给付请求权人（即 erwerbsfähiger Leistungsberechtigter, 为德国《社会法典》的专有概念——译者注）共同生活，以至于依据对双方意图的理性评价，可认为二者之间互相承担并产生责任"（《社会法典》第二部第7条第3款第3项c）分项）也属于"互助共同体"（Bedarfsgemeinschaft）；就此可参见 BSG, Urt. v. 23. 8. 2012, B 4 AS 34/12 R, BSGE 111, 250 Rn. 14 ff.；*Spellbrink*, JZ 2007, 28, 33。

[80] *Schramm*, Haftung für Tötung, 2009, S. 374 f.

[81] BGH, Urt. v. 13. 1. 1993, 8 ARZ 6/92, BGHZ 121, 116, 121 ff. - § 569a BGB a. F. analog，赞同者参见 BVerfG, Beschl. v. 3. 4. 1990, 1 BvR 1186/89, BVerfGE 82, 6（第六章边码74及以下）。

[82] *Röthel*, in: Staudinger, BGB, Neubearb. 2015, § 844 Rn. 31.

[83] BGH, Urt. v. 19. 6. 1952, III ZR 295/51, BGHZ 7, 30, 34-Weiterzahlung des Gehalts nach Unfall.

规则,在权利人死亡的情形,《民法典》第 823 条第 1 款规定的赔偿义务将没有对应的请求权主体。[84] 这一点与"惊吓损害案"(第七章边码 61)不同,后者是产生了新的请求权人。更为重要的在于历史论据:基于客观解释,当时的历史意图[85]恐怕已难以为继,因为环境条件已经发生了变化,[86]彼时的立法者尚未能顾及非婚姻的生活伴侣关系。不过,几次针对修订《民法典》第 844 条第 2 款的建议均未被立法者所采纳。[87] 如今,立法者为死者的近亲属确立了专门的痛苦抚慰金请求权,却仍然对扶养问题无动于衷(第五章边码 144)。如此,或可认为这是立法者"有意义的沉默"(第六章边码 64 及以下),故法律的漏洞并非计划之外的。因此,通说认为,不能通过对现行法的类推适用来填补这一法律漏洞。[88]

50　(2)然而,这一结论是存有疑问的:例外情况下,立法者的不作为如果导致了"明显的法律保护漏洞"(第十三章边码 48 及以下),则意味着一种法续造的必要性。当杀害他人这一最严重的法益侵害方式得不到惩罚时,当属此类情形。[89] 如果受害人无法行使扶养请求权,有着"威慑效应"[90]的刑法对其可言实属一无用处。当前的法状况给予了行为人优待,

---

〔84〕 *Kilian*, AcP 169(1969), 443, 447; *Röckrath*, VersR 2001, 1197, 1203.

〔85〕 Motive zu dem Entwurfe eines Bürgerlichen Gesetzbuches, Bd. 2, 1896, S. 779. 当时的立法者也不同意将非婚生的子女考虑在内。

〔86〕 在德国现有超过 500 万的人选择了非婚姻生活伴侣的形式,参见 *Röthel*, in: Staudinger, BGB, Neubearb. 2015, § 844 Rn. 34。

〔87〕 *von Bar*, in: BMJ, Gutachten und Vorschläge zur Überarbeitung des Schuldrechts, Bd. II, 1981, S. 1681, 1762, 1778: 要么将权利扩张于第三人,"要么只能依赖道德约束使杀人者承担照顾第三人的义务"。不过,无论是平权法律第二次修订、2001 年的债法改革还是第二次损害赔偿修订法均为采纳这一扩张责任的建议。

〔88〕 RG, Urt. v. 9. 3. 1931, 396/30 VI, JW 1931, 1804, 1805; BGH, Urt. v. 17. 10. 1955, III ZR 84/54, BGHZ 18, 226, 289 f.-Ursächlichkeit einer Impfung für Tod; BGH, Urt. v. 24. 6. 1969, VI ZR 66/67, NJW 1969, 2007-Tötung eines Flugreisenden; *Diederichsen*, NJW 1983, 1017, 1025; Gernhuber/*Coester-Waltjen*, Familienrecht, 7. Aufl. 2020, § 42 Rn. 11; *Wagner*, in: MünchKomm - BGB, 8. Aufl. 2020, § 844 Rn. 27; *Röthel*, in: Staudinger, BGB, Neubearb. 2015, § 844 Rn. 32 f.; *Dethloff*, Familienrecht, 32. Aufl. 2018, § 8 Rn. 35; *Kampen*, NJW 2016, 1046.

〔89〕 见第十五章脚注 87 及以下。

〔90〕 *Wagner*, in: MünchKomm-BGB, 8. Aufl. 2020, § 844 Rn. 6; 赞同者,参见 *Röthel*, in: Staudinger, BGB, Neubearb. 2015, § 844 Rn. 2。

使他能够"以责任法上的零成本杀人"[91],这简直充满了讽刺意味。同时,这一漏洞也显得格格不入,因为其他保护亲属的可相类比的案件都曾得到解决:通过对亲属"牺牲补偿请求权"(Aufopferungsanspruch)的类推适用,判例在部分案例中认可了亲属所享有的抚养费请求权,例如被不当注射疫苗的情形[92],因救人而受到致命伤害的情形[93]等。联邦最高普通法院如是指出:

> 如果公权力对身体完整性的干预造成的身体伤害可以得到赔偿,而若是这一干预不仅造成了身体伤害,还造成了死亡,也即相关人由此遭受更大"牺牲"时,因这一牺牲——即使是间接的——而以特别明显的方式承受损失的有扶养权的亲属却只能一无所得,实难谓可以接受的法律结论。[94]

51

(3)尽管通说也主张从立法论上修订法律[95],但这一点其实也能诉诸解释论而得实现。方法上,**上位法**也允许作出违反明确文义的合宪的法的续造,不顾《民法典》第823条第1款和第253条的文义而对人格权的承认即是其中一例(第十一章边码72及以下)。"杀人"是对生命基本权这一最高法益的侵害。如联邦宪法法院所指出的,《基本法》第2条第2

52

---

[91] 这一生动的表述,见于 *Adams*, Ökonomische Analyse der Gefährdungs- und Verschuldenshaftung, 1985, S. 174;*Wagner*, JZ 2004, 319, 325。

[92] BGH, Urt. v. 17. 10. 1955, III ZR 84/54, BGHZ 18, 226, 290 f. -Ursächlichkeit einer Impfung für Tod.

[93] 参见 RG, Urt. v. 7. 5. 1941, VI 72/40, RGZ 167, 85, 89,系针对《民法典》第683条、第670条所规定的"费用偿还"。

[94] 因此,联邦最高普通法院援用《民法典》第680、683条或"牺牲补偿请求权"而填补了这一漏洞,参见 BGH, Urt. v. 17. 10. 1955, III ZR 84/54, BGHZ 18, 226, 290 f. -Ursächlichkeit einer Impfung für Tod;之前已有的判例,参见 RG, Urt. v. 7. 5. 1941, VI 72/40, RGZ 167, 85, 89:"造成他人生命更大的牺牲,被告却不用承担任何赔偿义务,这是不可想象的。"判例也通过续造的形式承认了对第三人有保护效力的合同,从而更正了《民法典》第831条,以此避免了产生明显的不公平(第十章边码82及以下)。

[95] 参见 *Röthel*, in: Staudinger, BGB, Neubearb. 2015, § 844 Rn. 34 m. w. Nachw.;相关讨论,参见 *Wagner*, in: MünchKomm-BGB, 8. Aufl. 2020, § 844 Rn. 27; *Schekahn*, FamRZ 2012, 1187, 1191 f.;**不同观点**,则参见 *Frank*, in: FS Stoll, 2001, S. 143, 145 f.; LG Zweibrücken, Urt. v. 15. 6. 1993, 3 S 94/93, FamRZ 1994, 955(基于《民法典》第843条第1款)。

款所保障的这一"对生命的保护义务"是全面的,它使得国家有义务避免第三人受到此类侵害。[96] 这一保护不能形同虚设。

53　此外,也有必要关注《基本法》第 6 条第 1 款,它赋予国家**保护"家庭"**的义务。非婚生活伴侣和其子女当然也构成家庭。[97] 早在 100 多年前《民法典》颁行之初,就已有如下警示:"即使要对赔偿义务人的责任加以限制,这一做法也不能实现在家庭之间。"[98]《基本法》当中并无歧视婚姻之外生活形式的规定。[99] 假若继父、未婚妻或非婚生活伴侣被杀害,而行为人又不必向有此需要的人支付扶养费用,死者亲属基于《基本法》第 2 条第 1 款的经济自决权将受到明显之侵害。更何况,《基本法》第 20 条第 1 款的社会国家原则也构成《民法典》第 844 条的法律基础。[100] 不过,若以《基本法》第 3 条第 1 款的"平等原则"作为类推适用的依据则略显牵强,[101] 因为立法者本也有对婚姻和非婚姻伴侣关系作出区别规定的自由。[102]

---

〔96〕 BVerfG, Urt. v. 16. 10. 1977, 1 BvQ 5/77, BVerfGE 46, 160, 164-Schleyer:"基于《基本法》第 2 条第 2 款第 1 句以及第 1 条第 1 款第 2 句,国家有义务保护任何人的生命。这一保护义务是全面的。它要求国家必须保护并支持这一生命;首先意味着防止来自他人的违法侵害(BVerfGE 39, 1 [42])。所有的国家机关,不论其承担何种特殊之职责,均应服从这一要求。由于人的生命是最高价值,这一保护义务必须被得到尤其严肃之对待。"赞同者,参见 *Schulze-Fielitz*, in: Dreier, GG, 3. Aufl. 2013, Art. 2 II Rn. 76; *Sachs/Rixen*, GG, 9. Aufl. 2021, Art. 2 Rn. 188; *Adams*, Ökonomische Analyse der Gefährdungs- und Verschuldenshaftung, 1985, S. 178。

〔97〕 明确主张将"婚姻"与"家庭"二者脱钩的,参见 *Brosius-Gersdorf*, in: Dreier, GG, 3. Aufl. 2013, Art. 6 Rn. 44; *Sachs/von Coelln*, GG, 9. Aufl. 2021, Art. 6 Rn. 15; 关于生活和教育共同体的不同形式,参见 BVerfG, Beschl. v. 18. 4. 1989, 2 BvR 1169/84, BVerfGE 80, 81, 90 f. -Volljährigenadoption I。

〔98〕 Prot. II, S. 623。

〔99〕 BVerfG, Beschl. v. 7. 7. 2009, 1 BvR 1164/07, BVerfGE 124, 199, 226,生活伴侣的死亡(见上文第十五章脚注 59)以及同性婚姻(第二章脚注 26)。

〔100〕 *Röckrath*, VersR 2001, 1197, 1203。

〔101〕 AG Säckingen, Urt. v. 26. 4. 1996, 1 C 167/95, FamRZ 1997, 293, 294。

〔102〕 BVerfG, Urt. v. 17. 7. 2002, 1 BvF 1/01 u. a., BVerfGE 105, 313, 345:"婚姻是男人和女人长期存续的生活共同体,它是基于自由决定并辅以国家的参与而建立,在这一关系中,男人和女人是平等的关系并自由安排其共同生活。"但也可参见上文第四章边码 49。

（4）其他国家也早已承认了"纯事实扶养关系"下的赔偿请求权。[103] 借鉴此类经验或者将社会救助法[104]或租赁法[105]中的判例考虑在内，将有助于满足法安定性之要求。正如"立法论"所要求的[106]——在相应的请求权产生前，扶养关系应当已然存续了较长的期间——在进行"解释论"的具体类推适用时，也应如是为之。

（5）总之，宪法要求人们应当以法续造的方式进行具体类推来填补这一严重的法律保护漏洞。此可谓"代表法律的法"，因为立法者迄今为止仍未填补这一漏洞（第十三章边码55）。

十四、现代法学方法论（对应本书第十四章）

FRoSTA案/退市Ⅱ号案——BGH Ⅱ ZB 26/12（第十四章边码16a）："Macrotron案"中，联邦最高普通法院以法续造的方式规定了企业退出证券交易所时所应采取的一系列针对投资者的保护措施。但在"FRoSTA案"中，联邦最高普通法院又以180度的转弯推翻了它之前的法续造（第十一章边码22）。它拒绝整体类推的理由在于：从实证角度不能确定，公开告知从证券交易所退出的事项是否确实会导致投资者的股价损失。[107] 这种看法是否有其道理？

答案：

（1）联邦最高普通法院为其180度的转折主要提供了如下论据：法院从实证角度援引了德国Heldt/Royé证券研究所的研究。从立法者明确没有对退市作出规定的历史意图来看，也不应动用法院的裁判程序来审查结算价格是否适当。[108] 且由于缺乏可类比性，故而不能对《股份公司法》第

---

[103] 例如 Art. 45 Abs. 3 OR；weitere Staaten s. *Ferrari*, ZEuP 1997, 1123 ff.; *Coester-Waltjen*, NJW 1988, 2085, 2087; *Frank*, in: FS Stoll, 2001, S. 143, 147 ff.。
[104] 参见第十五章脚注79。
[105] 参见第十五章脚注81。
[106] *Wagner*, in: MünchKomm-BGB, 8. Aufl. 2020, § 844 Rn. 29.
[107] BGH, Beschl. v. 8. 10. 2013, Ⅱ ZB 26/12, NJW 2014, 146 Rn. 13 f. -FRoSTA, 其援引了如下研究 Heldt/Royé, AG 2012, 660, 667 f。
[108] BGH (ebd.), NJW 2014, 146 Rn. 9-FRoSTA, 其所援引的立法理由是 BT-Drs. 16/2919, S. 28。

305、320b、327b 条以及《企业改组法》（UmwG）第 29、207 条等规定进行整体类推，证券交易所许可的撤回与法律规定的结构性措施之间没有相似性。[109]

58　　（2）"FRoSTA 案"的判决遭到了学者们的激烈批评：有观点认为，对历史意图的引述缺乏说服力，因为立法者意识到有关退市条件的讨论一时难有定论，故而不愿就此给出仓促的回应。[110] 最重要的一点是，联邦最高普通法院的前提——投资者没有被保护的必要，因为在公告退市时完全不能确定股价的损失——是错误的。拜耳即批评指出，联邦最高普通法院并未正确利用实证研究，因为这一研究针对的是"Macrotron 案"所确立的保护措施已被付诸应用的这段时期；这一研究因此难以构成作出如此转折的理由。[111] 但是，如果投资者确因退市而损失其股价，有退市意愿的公司就必须向股东发出现金要约，对此法院即可以作出审查。具体类推不仅得到部分学者的认可[112]，也被联邦宪法法院明确认定为符合宪法。[113]

59　　（3）事实上，在联邦最高普通法院于"FRoSTA 案"中作出转折性的判决后，出现了大规模的退市浪潮，从而使投资者遭受了明显的股价损失。[114] 不过，如果这一小股东的股价损失确系退市引起，那么依普通法律就足以认定，通过法续造弥补这一所谓的法律保护漏洞是合理的（第十三章边码 48 及以下）。令人乐见的是，立法者迅速以新制定的《证券交易所法》第 39 条对此作出了回应。如今股东已经受到保护，因为上市公司必须提出其股票的购买要约，而此时起决定作用的是最近 6 个月的股票市

---

[109] BGH (ebd.), NJW 2014, 146 Rn. 11 ff. -FRoSTA.

[110] *Habersack*, JZ 2014, 147, 148.

[111] *Bayer/Hoffmann*, AG 2013, R371 m. w. Nachw；对法律事实研究的一般性论述，参见 *Bayer*, in：FS Canaris, 2017, S. 319, 329。

[112] *Lutter*, JZ 2003, 684："勇敢又正确"，主张对《企业改组法》第 29 条、第 125 条进行类推适用的，可参见 *Habersack*, ZHR 176 (2012), 463, 466 f.；*Klöhn*, NZG 2012, 1041, 1045。

[113] BVerfGE 132, 99 Rn. 77 ff. -MVS/Lindner (第十一章脚注 71)；有学者称这是联邦宪法法院的"全权委托"，参见 *Habersack*, JZ 2014, 147, 148。

[114] *Weber*, NJW 2015, 2307。

场价格。[115] 不过,法律保护的漏洞仍然存在,因为大股东在退市前一般都会压低股价,而投资者就必须证明其符合操纵市场的条件(《证券交易所法》第39条第3款第2项)。此时,即不能通过判决程序而交由法院审查。由于仍然存在法律保护的漏洞,联邦最高普通法院的180度转折实难谓令人信服。

树根越界——BGH V ZR 99/03(第十四章边码79):所有权人可依"自力救济"之方式自行移除邻近土地越界生长的树根(《民法典》第910条)。那么,所有权人是否也可请求邻居移除越界生长的树根? **60**

答案:因《民法典》第910条规定的是"自力救济",卡纳里斯故而主张此规范为封闭式规范,从而不能适用《民法典》第1004条的"排除妨害请求权"。[116] 从严格的优先规则来说,这一结论或许是明确无误的。体系上而言,《民法典》第907条第2款的文义也明确表明,不存在针对树木和灌木丛的排除妨害请求权及不作为请求权。基于强制性的优先规则,卡纳里斯认为,这一结论对法官而言是有约束力的。[117] **61**

不过,在其一贯的判例中,联邦最高普通法院均认可了《民法典》第1004条的"排除妨害请求权"。从《民法典》第910条的文义中,并不能看出委员会想要否定"排除妨害请求权"的历史意图。这里起决定作用的是从体系及目的角度把握的《民法典》的基本思想:只要不违反法律或侵害第三人权利,所有权人可以排除他人的任何干涉。此外,排除所有权的干扰不只是砍断越界的树根。很难说《民法典》第910条限制了这一权利。[118] 最后,卡纳里斯的观点也会导向不公正的结论。对于卡纳里斯所认为的"强制性的优先规则",可以通过有关"保护所有权"的法原则之思想而予以驳斥。 **62**

---

[115] 《关于转化修订"透明指令"之指令的法案》第 2 条第 1 项(Art. 2 Nr. 1 Gesetz zur Umsetzung der Transparenz-RL-Änderungs-RL v. 20. 11. 2015, BGBl. I, S. 2029);详见 Kastl, Der Rückzug kapitalmarktfähiger Unternehmen von der Börse, 2016。

[116] Canaris, in: FS Medicus, 1999, S. 25, 54.

[117] 这一断言,参见 Canaris, in: FS Medicus, 1999, S. 25, 55。

[118] BGH, Urt. v. 23. 2. 1973, V ZR 109/71, BGHZ 60, 235, 242; BGH, Urt. v. 28. 11. 1993, V ZR 99/03, NJW 2004, 603, 604.

附录：最重要的论证模型[*]

Abwägung 衡量（§ 9 Rn. 25）

Abwägung kollidierender zivilrechtlicher Prinzipen 民法中相互矛盾原则的衡量（§ 10 Rn. 76 ff.）

Abwägung von Grundrechten 基本权利的衡量（§ 10 Rn. 26 ff.）

Abwägungsregel 衡量规则（§ 1 Rn. 99，§ 14 Rn. 87）

Abweichen von einem Präjudiz / distinguishing 偏离先例/区别（参见 *Bindungswirkung von Entscheidungen* 裁判的约束力）

Acte-clair-Doctrin / Eindeutigkeitsregel des Wortlauts / literal rule 文义的明确性原则（§ 4 Rn. 64，§ 6 Rn. 3 ff.）

Ähnlichkeitsargument / argumentum a simile 相似性论据（§ 6 Rn. 112 ff.）

Akzeptanz der Entscheidung 裁判的可接受度（§ 5 Rn. 101 ff.）

allgemeine Lebenserfahrung 一般生活经验（§ 5 Rn. 91 ff.）

allgemeine Überzeugung der Rechtsverbindlichkeit / Opinio necessitatis 法的一般确信（参见 *Gewohnheitsrecht* 习惯法）

allgemeiner Rechtsgrundsatz / allgemeines Rechtsprinzip 一般的法原则（参见 *Rechtsprinzip* 法原则）

Altern der Kodifikation 法典的过时/ Gesetz kann klüger sein als der Gesetzgeber 法律比立法者更聪明（参见 *objektive Auslegung* 客观解释）

Analogie 类推（参见 *Einzelanalogie*，*Gesamtanalogie* 具体类推，整体类推）

Änderung der Rechtsprechung / Rechtsprechungsänderung 判例更正（§ 3 Rn. 31 ff.）

---

[*] 为求简略，本书以下部分对正文位置的索引保留德文原格式，例如"§ 5 Rn. 45"表示"第五章边码45"，"§ 2 Rn. 83 f."表示"第二章边码83至84"，"§ 14 Rn. 88 ff."则为"第十四章边码88及以下数段"。本书正文中，个别词因翻译表达的需要，与本附录译法略有差异，为尊重原文，本附录所列位置（即边码）与原书保持一致，但原书可能因修订而导致附录所列位置与正文并不完全对应。——译者注

Änderung von Gesetzen 法律的修订(参见 *Rückwirkung von Gesetzen* 法的溯及力)

Anwendung europäischen Rechts 欧盟法的适用（§ 2 Rn. 82 ff.，§ 7 Rn. 15，§ 10 Rn. 56 f.）

Anwendungsbereich einer Norm darf nicht leerlaufen 适用领域不得虚置（§ 5 Rn. 53）

Anwendungsbereich europäischen Sekundärrechts 欧盟第二位法的适用领域（§ 2 Rn. 110 ff.）

Anwendungsvorrang von europäischem Recht 欧盟法的适用优先性（§ 2 Rn. 82 ff.，§ 12 Rn. 1 ff.，24 ff.）

Argument 论据（§ 1 Rn. 93）

Argumentationslastregel 论证规则（§ 1 Rn. 100，§ 14 Rn. 88 ff.）

argumentum a fortiori 举强以明弱(参见 *Erst-Recht-Schluss* 当然推论)

argumentum a maiori ad minus 举重以明轻(参见 *Erst-Recht-Schluss* 当然推论)

argumentum a minori ad maius 举轻以明重(参见 *Erst-Recht-Schluss* 当然推论)

argumentum a simile / Ähnlichkeitsargument 相似性论据（§ 6 Rn. 112 ff.）

argumentum ad absurdum / Untragbarkeitsargument 归谬法（§ 5 Rn. 62 ff.，107 ff.，§ 6 Rn. 103 ff.）

argumentum e contrario / Umkehrschluss 反面论证（§ 6 Rn. 93 ff.）

argumentum ex silentio 默证（§ 5 Rn. 45）

Auslegung europäischen Rechts 欧盟法的解释（§ 2 Rn. 105 f.，§ 7 Rn. 15，§ 10 Rn. 56 f.）

Auslegung von Willenserklärungen 意思表示的解释（§ 6 Rn. 182 ff.）

Ausnahmen dürfen weit ausgelegt werden 例外可作宽泛解释（§ 6 Rn. 32 ff.）

Ausnahmen sind eng auszulegen / singularia non sunt extendenda 例外当作严格解释（§ 4 Rn. 123，140 ff.）

autonome Auslegung des Völkerrechts 国际法的自主解释（§ 2 Rn. 118 ff.）

autonome Auslegung durch den EuGH 欧盟最高法院作出的自主解释（§ 2 Rn. 70 ff.）

Begriffsjurisprudenz 概念法学（§ 4 Rn. 102）

Begründungspflicht 说理义务（§ 1 Rn. 39 ff.，47）

Bewegliches System 动态体系（§ 8 Rn. 2 ff.，36 f.，53，§ 14 Rn. 54，87）

Billigkeit 公平性(参见 *Vermeidung unbilliger Ergebnisse* 避免不公平的结论)

Bindungswirkung von Entscheidungen 裁判的约束力（§ 3 Rn. 44 ff.，§ 7 Rn. 58 ff.）

cheapest-cost-avoider 最小防范成本（§ 5 Rn. 124 ff.，136 ff.）

附录：最重要的论证模型 **849**

das besondere Gesetz geht dem allgemeineren vor / lex specialis derogat legi generali 特别法优先（§ 4 Rn. 134 f.）

das höhere Gesetz geht dem rangniedrigeren vor / lex superior derogat legi inferiori 上位法优先（§ 4 Rn. 131）

das Recht kümmert sich nicht um Kleinigkeiten / de minimis non curat lex 法不干涉琐事（§ 5 Rn. 79 ff.）

das spätere Gesetz geht dem früheren vor / lex posterior derogat legi priori 新法优先（§ 4 Rn. 132）

de minimis non curat lex / das Recht kümmert sich nicht um Kleinigkeiten 法不干涉琐事（§ 5 Rn. 79 ff.）

Deduktion 演绎（§ 9 Rn. 24 ff.）

Denkgesetze：Verstoß gegen ~（违反）思维规律（§ 5 Rn. 31 ff.）

direct applicability / unmittelbare Geltung von europäischem Recht 欧盟法的直接效力（§ 2 Rn. 82 ff.）

direct effect / unmittelbare Anwendbarkeit von europäischem Recht/unmittelbare Wirkung von europäischem Recht 欧盟法的直接适用性/直接有效（§ 12 Rn. 4 ff., 24）

distinguishing / Abweichen von einem Präjudiz 区别/偏离先例（参见 *Bindungswirkung von Entscheidungen* 裁判的约束力）

Drittwirkung von Grundrechten zwischen Privaten 基本权利在私主体间的第三人效力（§ 9 Rn. 46, 51）

droit constant / Kontinuitätsargument 连续性论据（§ 4 Rn. 152, 170）

dynamische Auslegung / evolutive Auslegung 动态解释（§ 6 Rn. 87 f.）

effet utile 实际有效原则（§ 5 Rn. 108 ff.）

Eindeutigkeitsregel des Wortlauts / Acte-clair-Doctrin / literal rule 文义的明确性原则（§ 4 Rn. 64, § 6 Rn. 3 ff., 185）

Einheit der Rechtsordnung / in pari materia-rule 法秩序的统一（§ 4 Rn. 125 ff., § 6 Rn. 17）

Einzelanalogie / Gesetzesanalogie 具体类推/法律类推（§ 6 Rn. 112 ff.）

einzig richtige Entscheidung / One-right-answer-thesis 唯一正解论（§ 1 Rn. 64 ff.）

ergänzende Vertragsauslegung 补充性的合同解释（§ 6 Rn. 195 ff.）

Erst-Recht-Schluss 当然推论（§ 6 Rn. 123 ff.）

Erwägungsgründe europäischen Sekundärrechts 欧盟次级法的立法理由（§ 5 Rn. 16 ff.）

europarechtskonforme Auslegung / unionskonforme ~ / Interprétation 合欧盟法的解释/适用（§ 6 Rn. 172 f., § 12 Rn. 2 ff., 16 ff.）

Europarechtswidrigkeit 违反欧盟法(参见 *Anwendungsvorrang von europäischem Recht* 欧盟法的适用优先性)

Fallbereich 个案领域（§ 14 Rn. 8, 11 ff.）
Fallgruppen 案件类型（§ 8 Rn. 26 ff., 53）
Fallvergleichung 案件比较(参见 *Vergleichsfallmethode* 案件对比法)
falsa demonstratio non nocet 误言无害真意（§ 6 Rn. 186）
folgenorientierte Auslegung 结果取向的解释（§ 5 Rn. 56 ff., § 13 Rn. 47）

Gebrauchsdogmatik 实用教义学（§ 9 Rn. 4 ff.）
Generalklauseln und unbestimmte Rechtsbegriffe 一般条款及不确定性法概念（§ 7 Rn. 5 ff.）
genetische Auslegung / Wille des Gesetzgebers im Gesetzgebungsverfahren 谱系解释／立法程序中的立法者意图(参见 *historische Auslegung* 历史解释)
Gerechtigkeit 正义（§ 1 Rn. 95, 112 ff., § 2 Rn. 132 ff., § 3 Rn. 31 ff., 58 ff.）
Gesamtanalogie / Rechtsanalogie 整体类推／法的类推（§ 6 Rn. 140 ff.）
Gesetz ist klüger als der Gesetzgeber / Altern der Kodifikation 法律比立法者更聪明／法典的过时(参见 *objektive Auslegung* 客观解释, § 6 Rn. 70)
Gesetzesanalogie / Einzelanalogie 法律类推／个别类推（§ 6 Rn. 112 ff.）
Gesetzesumgehung, Vermeidung einer ~ （避免)规避法律（§ 5 Rn. 48 ff.）
Gesetzesvorbehalt 法律保留(参见 *Wesentlichkeitstheorie* 重要性理论)
Gesetzesvorrang 法律优先（§ 13 Rn. 91 f.）
Gesetzlichkeitsprinzip 罪刑法定原则(参见 *nullum crimen, nulla poena sine lege* 法无明文规定不为罪)
gespaltene Auslegung / Normspaltung 区分解释（§ 6 Rn. 27 f., § 12 90 ff.）
Gewaltenteilung 权力分立（§ 1 Rn. 34 f., § 13 Rn. 91）(参见 *Gesetzesvorrang*, *Superrevisionsinstanz* 法律优先, 超级上诉法院)
Gewichtung von Argumentationsfiguren 论证模型的权衡（§ 14 Rn. 77 ff.）
Gewohnheitsrecht 习惯法（§ 3 Rn. 23 ff., § 7 Rn. 73）
grammatische Auslegung 文法解释（§ 4 Rn. 39 ff.）
Grenzen zulässiger Rechtsfortbildung 法续造的正当界限（§ 10 Rn. 95, § 12 Rn. 76 ff., § 13 Rn. 4 ff., 79, 123）

herrschende Ansicht / herrschende Meinung 通说(参见 *Akzeptanz der Entscheidung*, *Konsens* 裁判的可接受度, 共识)

herrschende Meinung / herrschende Ansicht 通说（参见 *Akzeptanz der Entscheidung*, *Konsens* 裁判的可接受度，共识）

historische Auslegung / Vorläufervorschriften der Norm 历史解释/ 规范的先行规范（§ 4 Rn. 146 ff. , § 6 Rn. 41 ff.)

in dubio pro consumente 有疑义时唯利消费者（§ 5 Rn. 18, § 6 Rn. 40)

in dubio pro libertate 有疑义时唯利自由（§ 5 Rn. 17, § 6 Rn. 40)

in pari materia-rule / Einheit der Rechtsordnung 法秩序的统一（§ 4 Rn. 125 ff. , § 6 Rn. 17 ff.)

Induktion 归纳（§ 9 Rn. 16, 21)

Inneres System des Gesetzes, Stimmigkeit mit dem ~ 法律的内在体系，与法律内在体系的融贯（§ 6 Rn. 150 ff.)

Interessenjurisprudenz 利益法学（§ 5 Rn. 19 ff.)

interpretation in conformity with the directive / richtlinienkonforme Auslegung 合指令的解释（§ 12 Rn. 46 ff. , 90 ff.)

Interprétation / europarechtskonforme Auslegung / unionskonforme ~ 合欧盟法的解释（§ 6 Rn. 172, § 12 Rn. 19 ff.)

iura novit curia 法官知法原则（§ 7 Rn. 81)

judicial self-restraint / richterliche Selbstbeschränkung 法官的自我限制(参见 *Superrevisionsinstanz* 超级上诉法院)

Juristische Kreativität 法学上的创新（§ 14 Rn. 40 ff.)

Kollisionsregeln 冲突规则(参见 *lex posterior derogat legi priori*, *lex specialis derogat legi generali*, *lex superior derogat legi inferiori* 新法优先，特别法优先，上位法优先)

Kompetenzgrenzen 权限界限(参见 *Gewaltenteilung* 权力分立)

Konkretisierung 具体化（§ 7 Rn. 2 ff.)

Konkretisierungsspielraum bei europäischem Recht 欧盟法的具体化权限（§ 2 Rn. 102, § 7 Rn. 15, § 10 Rn. 55 ff.)

Konsens 共识（§ 13 Rn. 58 ff.)

Konstruktion 建构（§ 9 Rn. 7a ff. , § 10 Rn. 3 ff.)

Kontinuitätsargument / droit constant 连续性论据（§ 4 Rn. 152, 170, 173 f.)

lang dauernde tatsächliche Übung / longa inveterata consuetudo 长期持续的实际惯行（§ 3 Rn. 23, § 7 Rn. 73)(参见 *Gewohnheitsrecht* 习惯法)

Lebensverhältnisse, rechtliche Relevanz der gewandelten ~ 生活情势,生活情势改变的法律意义（§ 13 Rn. 44 ff.）

Leerformel 空洞公式（§ 6 Rn. 72, 76, § 14 Rn. 115）

Legaldefinition 立法定义（§ 4 Rn. 49 f., § 6 Rn. 22 f.）

lex posterior derogat legi priori / Das spätere Gesetz geht dem früheren vor 新法优先（§ 4 Rn. 132）

lex specialis derogat legi generali / Das besondere Gesetz geht dem allgemeineren vor 特别法优先（§ 4 Rn. 134 f.）

lex superior derogat legi inferiori / Das höhere Gesetz geht dem rangniedrigeren vor 上位法优先（§ 4 Rn. 131）

literal rule / Acte-clair-Doctrin / Eindeutigkeitsregel des Wortlauts 文义的明确性原则（§ 4 Rn. 64, 85, § 6 Rn. 3 ff.）

longa inveterata consuetudo / lang dauernde tatsächliche Übung 长期持续的实际惯行（§ 3 Rn 23, § 7 Rn. 73）(参见 Gewohnheitsrecht 习惯法)

Lücke 漏洞（§ 6 Rn. 107 ff.）

Lücke im Vertrag 合同中的漏洞（§ 6 Rn. 191）

Lücke, planwidrige ~ 漏洞,违反计划的漏洞（§ 6 Rn. 108 ff., 13 Rn. 29 ff.）

Lücke, unechte ~ / Schweigen, beredtes 漏洞,非真正的漏洞 / 沉默,有意的沉默（§ 6 Rn. 64 f., 125）

Methodenpluralismus, Lehre vom pragmatischen ~ 方法的多元主义,实用的方法多元主义理论（§ 14 Rn. 64 ff.）

mittelbare Drittwirkung von Grundrechten 基本权利的间接第三人效力(参见 *Drittwirkung von Grundrechten zwischen Privaten* 基本权利在私主体间的第三人效力)

Natur der Sache 事物本质（§ 6 Rn. 148）

natürliche Auslegung einer Willenserklärung 意思表示的自然解释（§ 6 Rn. 184 ff.）

Naturrecht 自然法（§ 2 Rn. 128 ff.）

normative Kraft des Faktischen 事实的规范力（§ 5 Rn. 95 ff.）

Normen dürfen nicht umgangen werden / Umgehungsargument 不得规避规范 / 规避论据（§ 6 Rn. 135 ff.）

Normenhierarchie 规范位阶(参见 *Stufenbau des Rechts* 法的层级构造)（§ 2 Rn. 52 ff., 74, 116 ff.）

Normspaltung / gespaltene Auslegung 区分解释（§ 6 Rn. 27 f., § 12 Rn. 90 ff.）

nullum crimen, nulla poena sine lege 法无明文规定不为罪（§ 1 Rn. 36 f., § 4

Rn. 67 ff.）

obiter dictum ／ sonstige Erwägungen einer Entscheidung 附带意见（参见 *Bindungswirkung von Entscheidungen* 裁判的约束力）
objektive Theorie ／ objektive Auslegung 客观理论 ／ 客观解释（§ 6 Rn. 60, 69 ff.）
objektive normative Auslegung einer Willenserklärung 意思表示的客观规范解释（§ 6 Rn. 187 ff.）
ökonomische Analyse des Rechts 法的经济分析（§ 5 Rn. 122 ff.）
one right answer thesis ／ einzig richtige Entscheidung 唯一正解论（§ 1 Rn. 64 ff.）
Opinio necessitatis ／ allgemeine Überzeugung der Rechtsverbindlichkeit 对法约束力的普遍确信（参见 *Gewohnheitsrecht* 习惯法）
Overruling 推翻（参见 *Bindungswirkung von Entscheidungen* 裁判的约束力）

Parteiwille, hypothetischer ~ 当事人意思，假设的当事人意思（§ 6 Rn. 195 f.）
Perplexität des historischen Willens 历史意图的自相矛盾（参见 *historische Auslegung* 历史解释）
persuasive authority 说服性权威（§ 3 Rn. 16, 45, 85, 94 f.）
petitio principii ／ Zirkelschluss 默认论题 ／ 循环论证（§ 5 Rn. 35 ff.）
Präjudiz 先例（参见 *Bindungswirkung von Entscheidungen* 裁判的约束力）
Praktikabilität 实用性（§ 5 Rn. 87 ff.， § 13 Rn. 63 ff.）
Prämisse 前提（参见 *Telos als Prämisse* 作为前提的目的）
Prinzip 原则（参见 *Rechtsprinzip* 法原则）
Prinzip des institutionellen Gleichgewichts 制度平衡原则（§ 13 Rn. 117）
Process of discovery 发现的过程（§ 14 Rn. 42 f.）
Process of justification 正当化的过程（§ 14 Rn. 42 f.）
Prüfungsschritte, Sechs ~ zur Rechtslösung 检验步骤，解决法律问题的六个检验步骤（§ 14 Rn. 69 ff.）

Radbruch'sche Formel 拉德布鲁赫公式（§ 2 Rn. 133 ff.）
ratio decidendi ／ tragende Gründe einer Entscheidung 判决理由（参见 *Bindungswirkung von Entscheidungen* 裁判的约束力）
Rechtsanalogie ／ Gesamtanalogie 法的类推 ／ 整体类推（§ 6 Rn. 140 ff.）
Rechtsanwendungsgleichheit 法适用的平等性（§ 1 Rn. 42）
Rechtsdogmatik 法教义学（§ 9 Rn. 2 ff.）
Rechtserkenntnisquelle 法认知源（§ 2 Rn. 6 f.， § 3 Rn. 1 ff.）

Rechtsfortbildung 法续造（§ 13 Rn. 21 ff.），gesetzesimmanente ～, gesetzesübersteigende ～, ～ praeter legem, ～ contra legem 法律（制定法）内的法续造,超越法律（制定法）的法续造,反于法律的法续造（参见 *Grenzen zulässiger Rechtsfortbildung* 法续造的正当界限），gesetzeskonkretisierende ～, gesetzesvertretende ～, gesetzeskorrigierende ～, zulässige ～（§ 1 Rn. 48 ff., § 6 Rn. 91 ff.）

Rechtsidee 法理念（§ 2 Rn. 139 f., § 9 Rn. 10）

Rechtsprechung / Richterrecht 判例,法官法（§ 3 Rn. 3 ff., 22 ff., 28, 75, § 13 Rn. 19）

Rechtsprechungsänderung 判例变更（§ 3 Rn. 31 ff., 41, 91）

Rechtsprinzip 法原则（§ 9 Rn. 11 ff.）

Rechtsquelle 法源（§ 2 Rn. 2 ff.）

Rechtsschöpfung 法的创制（§ 4 Rn. 34, § 14 Rn. 46 ff.）

Rechtsschutz, (kein) anderweitiger ～ 法律保护,不存在其他方式的法律保护（§ 13 Rn. 56 f.）

Rechtssicherheit 法的安定性（§ 13 Rn. 63 ff.）

rechtsvergleichende Auslegung 比较法的解释（§ 3 Rn. 76 ff., § 7 Rn. 78 ff., § 13 Rn. 61 f., § 14 Rn. 106 f.）

Rechtsverweigerungsverbot 禁止拒绝裁判（§ 1 Rn. 52, § 5 Rn. 73, § 6 Rn. 73）

Redaktionsversehen 编写疏漏（§ 6 Rn. 46 ff., § 12 Rn. 69, 79）

Regelungslücke 规则漏洞（参见 *Lücke* 漏洞）

Regelungswidersprüchen, Vermeidung von ～ 规范冲突,避免规范冲突（§ 5 Rn. 52 ff.）

Relativität der Rechtsbegriffe 法概念的相对性（§ 6 Rn. 17 ff.）

Richter als Unionsrichter 充当欧盟法官的法官（§ 1 Rn. 28 f.）

richterliche Selbstbeschränkung / judicial self-restraint 法官的自我限制（参见 *Superrevisionsintanz* 超级上诉法院）

Richterrecht / Rechtsprechung 法官法,判例（§ 3 Rn. 3 ff., 22 ff., 28, 75, § 13 Rn. 19）

Richtigkeitsgewähr 正确性保障（§ 14 Rn. 74 f.）

Richtlinien 指令（参见 *Wirkung von europäischen Richtlinien* 欧盟指令的效力）

richtlinienkonforme Auslegung / interpretation in conformity with the directive 合指令的解释（§ 12 Rn. 46 ff., 90 ff.）

richtlinienkonforme Rechtsfortbildung 合指令的法续造（§ 12 Rn. 54 ff.）

richtlinienorientierte Auslegung 以指令为导向的解释（§ 12 Rn. 93）

Rückwirkung von Gesetzen 法律的溯及力（§ 2 Rn. 44 ff.）

saltus in concludendo / Sprung im Schließen 论证跳跃（§ 5 Rn. 46 f.）
Savigny'scher Auslegungskanon 萨维尼的解释学说（§ 4 Rn. 17 ff., § 14 Rn. 70）
Savigny'scher Auslegungskanon bei Willenserklärungen 萨维尼关于意思表示的解释学说（§ 6 Rn. 187 ff.）
Schutzpflichtenlehre der Grundrechte 基本权利的保护义务说（参见 Drittwirkung von Grundrechten zwischen Privaten 基本权利在私主体间的第三人效力）
Schweigen des Gesetzgebers 立法者的沉默（§ 6 Rn. 64 ff., § 13 Rn. 39 ff.）
Schweigen, beredtes / Lücke, unechte ~ 沉默,有意的沉默 / 漏洞,非真正的漏洞（§ 6 Rn. 64 ff., 92）
Singularia non sunt extendenda / Ausnahmen sind eng auszulegen 例外当作严格解释（§ 4 Rn. 123, 140 ff.）
Sinn und Zweck einer Norm 规范的精神与目的（参见 teleologische Auslegung 目的解释）
soft law 软法（§ 3 Rn. 17 f.）
sonstige Erwägungen einer Entscheidung / obiter dictum 附带意见（参见 Bindungswirkung von Entscheidungen 裁判的约束力）
Sprung im Schließen / saltus in concludendo 论证跳跃（§ 5 Rn. 46 f.）
stare decisis rule 遵循先例原则（参见 Bindungswirkung von Entscheidungen 裁判的约束力）
Stufenbau des Rechts 法的层级构造（§ 2 Rn. 36, 52 ff., 116 ff.）
subjective direct effect 主观直接效力（参见 Wirkung von europäischen Richtlinien 欧盟指令的效力）
subjektive Theorie / subjektive Auslegung 主观理论 / 主观解释（§ 6 Rn. 60, 63 ff., § 13 Rn. 37）
Subsumtion 涵摄（§ 4 Rn. 2 ff.）
Superrevisionsinstanz 超级上诉法院（§ 11 Rn. 24 ff., 85, § 13 Rn. 110 f.）
Supremacy 优先性（参见 Anwendungsvorrang von europäischem Recht 欧盟法的适用优先性）
Synthese 综合（§ 1 Rn. 86 ff.）
System des Gesetzes 法律的体系（参见 systematische Auslegung 体系解释）
System, offenes ~, geschlossenes ~ 体系,开放体系,封闭体系（§ 13 Rn. 29 ff.）
systematische Auslegung 体系解释（§ 4 Rn. 92 ff.）

teleologische Auslegung / Zweck einer Norm 目的解释,规范的目的（§ 5 Rn. 1 ff., 12 ff., § 6 Rn. 159 ff.）
teleologische Extension 目的性扩张（§ 6 Rn. 160 ff.）
teleologische Reduktion 目的性限缩（§ 6 Rn. 92 ff., 174 ff., § 11 Rn. 68）
teleologische Reduktion auf Null 限缩解释至零（参见 Anwendungsbereich einer Norm

darf nicht leerlaufen 适用领域不得虚置）

Telos als Prämisse 作为前提的目的（§ 5 Rn. 7 ff.）

These 命题（§ 1 Rn. 93 ff.）

Topiklehre 论题学（§ 14 Rn. 49 ff.）

Topoi 论题（参见 *Topiklehre* 论题学）

tragende Gründe einer Entscheidung / ratio decidendi 判决理由（参见 *Bindungswirkung von Entscheidungen* 裁判的约束力）

Typenlehre 类型学（§ 14 Rn. 60 ff.）

Übermaßhaftung, Vermeidung einer ~ 过度责任，避免~（§ 5 Rn. 71 f.）

überschießende Umsetzung 溢出性的转化（§ 12 Rn. 90 ff.）

Umgehungsargument / Normen dürfen nicht umgangen werden 规避论据/不得规避规范（§ 6 Rn. 135 ff.）

Umkehrschluss / argumentum e contrario 反面推论（§ 6 Rn. 93 ff.）

unbilligen Härte, Vermeidung einer ~ 不合理的负担，避免~（§ 5 Rn. 71 ff., § 6 Rn. 100 ff., § 13 Rn. 48 ff.）

unionskonforme Auslegung / europarechtskonforme ~ / Interprétation 合欧盟法的解释（§ 12 Rn. 2 ff.）

unionsrechtlicher Staatshaftungsanspruch 欧盟法上的国家责任请求权（§ 12 Rn. 123 ff.）

unmittelbare Anwendbarkeit von europäischem Recht / unmittelbare Wirkung von europäischem Recht / direct effect 欧盟法的直接适用性，直接效果（§ 12 Rn. 3 ff., 7 f., 23）

unmittelbare Drittwirkung von Grundrechten 基本权利的直接第三人效力（参见 *Drittwirkung von Grundrechten zwischen Privaten* 基本权利在私主体间的第三人效力）

unmittelbare Geltung von europäischem Recht / direct applicability 欧盟法的直接效力（§ 2 Rn. 82 ff.）

unmittelbare Wirkung von europäischem Recht / direct effect / unmittelbare Wirkung von europäischem Recht 欧盟法的直接效力（§ 12 Rn. 4 ff., 7 f.）

unpraktikable Ergebnisse 不可用的结论（参见 *Praktikabilität, Vermeidung* ~实用性，避免不可用的结论）

Untätigkeit des Gesetzgebers 立法者的不作为（§ 13 Rn. 53 ff.）

Untragbarkeitsargument / argumentum ad absurdum 归谬法（§ 5 Rn. 62 ff., 107, § 6 Rn. 103 ff.）

Ultra-vires-Verstoß 越权理论（§ 2 Rn. 96 ff., § 13 Rn. 114 ff.）

Verallgemeinerungsfähiger Rechtssatz, Bildung eines ~ 可被一般化的法律陈述,确立~
（§ 6 Rn. 140, 150, § 7 Rn. 52 ff.）
verfassungskonforme Auslegung 合宪解释（§ 11 Rn. 35 ff., 47 ff., 52 ff.）
verfassungskonforme Rechtsfortbildung 合宪的法续造（§ 11 Rn. 64 ff.）
Verfassungsneuerfindung 宪法再造（§ 11 Rn. 4a）
verfassungsorientierte Auslegung 宪法导向的解释（§ 11 Rn. 38 ff.）
Verfassungstradition 宪法传统(参见 *Kontinuitätsargument* 连续性论据)
Verfassungswandel 宪法变迁（§ 6 Rn. 72, § 13 Rn. 44, 97）
Verfassungswidrigkeit 违宪（§ 11 Rn. 30 ff.）
Vergleichsfallmethode 案例对比法（§ 7 Rn. 44 ff., § 8 Rn. 1 f.）
Verhältnismäßigkeit, Grundsatz der ~ 比例原则（§ 10 Rn. 25a, 70 ff., 93 ff.）
Vermeidung unbilliger Ergebnisse 避免不公平的结果（§ 5 Rn. 71, § 6 Rn. 100 ff., § 13 Rn. 48 ff., § 14 Rn. 74 f.）
Vermeidung unpraktikabler Ergebnisse 避免不可用的结论（§ 5 Rn. 62 ff.）
Vermutungsregel 推定规则（§ 1 Rn. 98, § 14 Rn. 84 ff.）
Vermutungswirkung 推定效力（§ 3 Rn. 19 f., 62 ff., 67 ff., 71）
Verpflichtung zur eindeutigen Umsetzung von Richtlinien 指令的明确转化义务（§ 12 Rn. 104 ff.）
Versuch einer vermittelnden Rechtsansicht 尝试中间观点（§ 5 Rn. 105 f.）
Vertragszweck 合同目的（§ 6 Rn. 182, 187 f., 195）
Vertrauen, (kein) berechtigtes ~ 信赖,(不存在)合理的信赖（§ 13 Rn. 70 ff., 81）
Völkerrechtsfreundliche Auslegung 亲善国际法的解释（§ 12 Rn. 130 ff.）
Vorlageverpflichtung im Rahmen des Vorabentscheidungsverfahrens 前置判决程序中的呈递义务（§ 12 Rn. 115 ff.）
Vorläufervorschriften der Norm / historische Auslegung 规范的先行规范 / 历史解释（§ 4 Rn. 146 ff., § 6 Rn. 41 ff.）
Vorrangregel 优先规则（§ 1 Rn. 97, § 14 Rn. 78 ff.）
Vorrangwirkung 优先效力(参见 *Anwendungsvorrang von europäischem Recht* 欧盟法的适用优先性)（§ 12 Rn. 33 ff.）
Vorverständnis 前理解（§ 1 Rn. 70 ff.）
Vorwirkung 期限前效力(参见 *richtlinienkonforme Auslegung* 合指令的解释)

Wertungsjurisprudenz 价值法学（§ 5 Rn. 22 ff.）
Wesentlichkeitstheorie 重要性理论（§ 13 Rn. 83 ff.）
Wille des Gesetzgebers im Gesetzgebungsverfahren / genetische Auslegung 立法程序中

的立法者意图/谱系解释(参见 *historische Auslegung* 历史解释)

Wirkung von europäischen Richtlinien, horizontale ~, vertikale ~ 欧盟指令的(水平/垂直)效力(§12 Rn. 36 ff.)

Wortlaut 文义(参见 *grammatische Auslegung* 文法解释)

Wortlautgrenze 文义界限(参见 *grammatische Auslegung*, *nullum crimen*, *nulla poena sine lege* 文法解释,法无明文规定不为罪)

Zirkelschluss / petitio principii 循环论证 / 默认论题(§5 Rn. 35 ff.)

Zurechnungskriterien 归责标准(参见 *Bewegliches System* 动态体系)(§8 Rn. 4 ff., 35 ff.)

Zweck einer Norm / teleologische Auslegung 规范的目的 / 目的解释(§5 Rn. 1 ff., 12 ff., §6 Rn. 159 ff.)

主要参考文献

Adomeit, Klaus/Hähnchen, Susanne, Rechtstheorie mit Juristischer Methodenlehre, 7. Aufl. Heidelberg 2018.
Alexy, Robert, Theorie der juristischen Argumentation. Die Theorie des rationalen Diskurses als Theorie der juristischen Begründung, Frankfurt a.M. 1983.
Bailey, Diggory/Norbury, Luke, Bennion on Statutory Interpretation, 7th ed. London 2017.
Beaucamp, Guy/Treder, Lutz, Methoden und Technik der Rechtsanwendung, 4. Aufl. Heidelberg 2019.
Bengoetxea, Joxerramon, The Legal Reasoning of the European Court of Justice: Towards a European Jurisprudence, Oxford 1993.
Bobek, Michal, Comparative Reasoning in European Supreme Courts, Oxford 2013.
Braun, Johann, Deduktion und Invention, Tübingen 2016.
Burton, Steven J., An Introduction to Law and Legal Reasoning, 3rd ed. New York 2007.
Bydlinski, Franz, Juristische Methodenlehre und Rechtsbegriff, 2. Aufl. Wien 1991, Nachdruck 2011.
Bydlinski, Franz/Bydlinski, Peter, Grundzüge der juristischen Methodenlehre, 3. Aufl. Wien 2018.
Canaris, Claus-Wilhelm, Systemdenken und Systembegriff in der Jurisprudenz, 2. Aufl. Berlin 1983.
Canaris, Claus-Wilhelm, Grundrechte und Privatrecht, Berlin 1999.
Carter, Lief/Burke, Thomas F., Reason in Law, 9th ed. Chicago 2016.
Christensen, Ralph/Kudlich, Hans, Theorie richterlichen Begründens, Berlin 2001.
Coing, Helmut, Juristische Methodenlehre, Berlin 1972.
Cross, Rupert/Harris, James W., Precedent in English Law, 4th ed. Oxford 1991, reprinted 2004.
Engisch, Karl (Verf.)/Würtenberger, Thomas/Otto, Dirk (Hrsg.), Einführung in das Juristische Denken, 12. Aufl. Stuttgart 2018.
Feteris, Eveline T., Fundamentals of Legal Argumentation: A Survey of Theories on the Justification of Judicial Decisions, 2nd ed. Dordrecht 2017.
Hart, Henry M./Sacks, Albert M., The Legal Process: Basic Problems in the Making and Application of Law, Westbury 1994.
Fikentscher, Wolfgang, Methoden des Rechts in vergleichender Darstellung, 5 Bde., Tübingen 1975–1977.
Gast, Wolfgang, Juristische Rhetorik, 5. Aufl. Heidelberg 2015.
Hager, Günter, Rechtsmethoden in Europa, Tübingen 2009.
Hager, Günter, Strukturen des Privatrechts in Europa, Tübingen 2012.
Henninger, Thomas, Europäisches Privatrecht und Methode, Tübingen 2013.
Herresthal, Carsten/Weiß, Johannes, Fälle zur Methodenlehre. Die juristische Methode in der Fallbearbeitung München 2020.
Heusinger, Bruno, Rechtsfindung und Rechtsfortbildung im Spiegel richterlicher Erfahrung, Köln 1975.
Kaufmann, Arthur, Das Verfahren der Rechtsgewinnung. Eine rationale Analyse, München 1999.
Koch, Hans-Joachim/Rüßmann, Helmut, Juristische Begründungslehre, München 1982.
Koller, Peter, Theorie des Rechts, 2. Aufl. Wien 1997.
Kramer, Ernst, Juristische Methodenlehre, 6. Aufl. Bern 2019.
Krüper, Julian (Hrsg.), Grundlagen des Rechts, 4. Aufl. Baden-Baden 2021.
Langenbucher, Katja (Hrsg.), Europäisches Privat- und Wirtschaftsrecht, 4. Aufl. Baden-Baden 2017.
Larenz, Karl, Methodenlehre der Rechtswissenschaft, 6. Aufl. Berlin 1991.
Larenz, Karl/Canaris, Claus-Wilhelm, Methodenlehre der Rechtswissenschaft – Studienausgabe, 3. Aufl. Berlin 1996.
Levi, Edward H., An Introduction to Legal Reasoning, Chicago 1950.
Looschelders, Dirk/Roth, Wolfgang, Juristische Methodik im Prozeß der Rechtsanwendung, Berlin 1996.
MacCormick, Neil, Legal Reasoning and Legal Theory, 2nd ed. Oxford 1994.
MacCormick, Neil/Summers, Robert S. (eds.), Interpreting Statutes. A Comparative Study, Aldershot 1991.
MacCormick, Neil/Summers, Robert S. (eds.), Interpreting Precedents. A Comparative Study, Aldershot 1997.
Mahlmann, Matthias, Rechtsphilosophie und Rechtstheorie, 6. Aufl. Baden-Baden 2021.
Martens, Sebastian A. E., Methodenlehre des Unionsrechts, Tübingen 2013.
Mastronardi, Philippe, Juristisches Denken, 2. Aufl. Bern 2003.

Müller, Friedrich/Christensen, Ralph, Juristische Methodik. Grundlegung für die Arbeitsmethoden der Rechtspraxis, Bd. I, 11. Aufl. Berlin 2013.
Müller, Friedrich/Christensen, Ralph, Juristische Methodik, Europarecht, Bd. II, 3. Aufl. Berlin 2012.
Muthorst, Olaf, Grundlagen der Rechtswissenschaft. Methode – Begriff – System, 2. Aufl. München 2019.
Neumann, Ulfrid, Juristische Argumentationslehre, Darmstadt 1986.
Pawlowski, Hans-Martin, Einführung in die Juristische Methodenlehre, 2. Aufl. Heidelberg 2000.
Pawlowski, Hans-Martin, Methodenlehre für Juristen, 3. Aufl. Heidelberg 1999.
Potacs, Michael, Auslegung im öffentlichen Recht, Baden-Baden 1994.
Potacs, Michael, Rechtstheorie, 2. Aufl. Wien 2019.
Puppe, Ingeborg, Kleine Schule des juristischen Denkens, 4. Aufl. Stuttgart 2019.
Raisch, Peter, Juristische Methoden: Vom antiken Rom bis zur Gegenwart, Heidelberg 1995.
Reimer, Franz, Juristische Methodenlehre, 2. Aufl. Baden-Baden 2020.
Riesenhuber, Karl (Hrsg.), Europäische Methodenlehre, 4. Aufl. Berlin 2021; übersetzt als *Riesenhuber, Karl (Ed.)*, European Legal Methodology, Cambridge 2018.
Röhl, Klaus, Grundlagen der Methodenlehre I: Aufgaben und Kritik, II: Rechtspraxis, Auslegungsmethoden, Kontext des Rechts, in: Enzyklopädie zur Rechtsphilosophie, 2/2013, abrufbar unter www.enzyklopaedie-rechtsphilosophie.net.
Röhl, Klaus/ Röhl, Hans Christian, Allgemeine Rechtslehre, 3. Aufl. Köln 2008.
Rückert, Joachim/Seinecke, Ralf, Methodik des Zivilrechts – von Savigny bis Teuber, Baden-Baden 3. Aufl. 2017.
Rüthers, Bernd, Die unbegrenzte Auslegung, Tübingen 1968 (8. Aufl. 2017).
Rüthers, Bernd/Fischer, Christian/Birk, Axel, Rechtstheorie mit Juristischer Methodenlehre, 11. Aufl. München 2020.
Scalia, Antonin/Garner, Bryan A., Reading Law, St. Paul 2012.
Schapp, Jan, Methodenlehre des Zivilrechts, Tübingen 1998.
Schauer, Frederick, Thinking Like a Lawyer, Cambridge (Massachusetts) 2012.
Schwacke, Peter, Juristische Methodik, 5. Aufl. Stuttgart 2011.
Seiler, Wolfgang, Höchstrichterliche Entscheidungsbegründung und Methode im Zivilrecht, Baden-Baden 1992.
Schmalz, Dieter, Methodenlehre für das juristische Studium, 4. Aufl. Baden-Baden 1998.
Schröder, Jan, Recht als Wissenschaft. Geschichte der juristischen Methodenlehre in der Neuzeit (1500–1990), 2. Bde., 3. Aufl. München 2020.
Strauch, Hans-Joachim, Methodenlehre des gerichtlichen Erkenntnisverfahrens. Prozesse richterlicher Kognition, Freiburg 2017.
Twining, William, How To Do Things with Rules, 5th ed. Cambridge 2010.
Vandevelde, Kenneth J., Thinking Like a Lawyer. An Introduction to Legal Reasoning, 2nd ed. Boulder 2011.
Vesting, Thomas, Rechtstheorie, 2. Aufl. München 2015; übersetzt als *Vesting, Thomas*, Legal Theory, Oxford 2018.
Vogel, Joachim, Juristische Methodik, Berlin 1998.
Vogenauer, Stefan, Die Auslegung von Gesetzen in England und auf dem Kontinent, 2. Bde., Tübingen 2001.
Wank, Rolf, Die Auslegung von Gesetzen, 6. Aufl. München 2015.
Wank, Rolf, Juristische Methodenlehre, München 2020.
Wienbracke, Mike, Juristische Methodenlehre, Heidelberg 2013.
Zippelius, Reinhold (Hrsg. von Würtenberger, Thomas), Juristische Methodenlehre, 12. Aufl. München 2020.

判例目录[1]

■德国法院

□帝国(最高)法院

刑事判决

RG, Urt. v. 1. 5. 1899, 739/99, RGSt 32, 165(§ 4 Rn. 74)

民事判决

RG, Urt. v. 11. 4. 1901, VI 443/00, RGZ 48, 114–Illoyale Handlungen(§ 2 Rn. 25)

RG, Urt. v. 14. 12. 1903, II 185/03, RGZ 56, 229(§ 8 Rn. 16)

RG, Urt. v. 5. 1. 1905, VI 38/04, RGZ 60, 6–Quasi-negatorischer Unterlassungsanspruch(§ 6 Rn. 141 ff.)

RG, Urt. v. 7. 11. 1908, I 638/07, RGZ 69, 401–Nietzsche-Briefe(§ 6 Rn. 15)

RG, Urt. v. 11. 1. 1912, VI 86/11, RGZ 78, 171–Zeppelin(§ 6 Rn. 156)

RG, Urt. v. 2. 6. 1920, II 549/19, RGZ 99, 147–Haakjöringsköd(§ 6 Rn. 186)

RG, Urt. v. 21. 5. 1927, V 476/26, RGZ 117, 121–Edelmann(§ 2 Rn. 21 f.)

RG, Urt. v. 10. 2. 1930, VI 270/29, RGZ 127, 218–Gasuhr(§ 10 Rn. 83)

RG, Urt. v. 18. 12. 1931, II 514/30, RGZ 134, 342–Benrather Tankstelle(§ 5 Rn. 155)

RG, Urt. v. 30. 1. 1940, GSZ 3/38, V 76/38, RGZ 163, 348(§ 5 Rn. 67)

RG, Urt. v. 7. 5. 1941, VI 72/40, RGZ 167, 85(§ 15 Rn. 50 f.)

□州法院

民事判决

LG Hanau, Urt. v. 30. 6. 1978, 1 O 175/78, NJW 1979, 721–25 Gros Rollen(§ 15 Rn. 20 f.)

LG Frankfurt, Urt. v. 13. 1. 1992, 2/24 S 274/91, NJW-RR 1992, 630–Gecko als Reisemangel(§ 4 Rn. 62)

---

[1] 仅汇总正文部分引用的裁判。

□州劳动法院
LAG Berlin, Urt. v. 20. 6. 1986, 10 Sa 24/86, BB 1987, 470（§ 5 Rn. 38）
□州高等法院
民事判决
OLG Koblenz, Beschl. v. 29. 3. 1995, 2 W 105/95, RIW 1995, 775 – Österreich（§ 12 Rn. 26）
OLG Frankfurt, Urt. v. 23. 4. 2002, 5 U 278/01, NJW 2002, 1958 – Penny Stock（§ 3 Rn. 70）
OLG Koblenz, Beschl. v. 15. 3. 2006, 1 Ss 341/05, NStZ-RR 2006, 218 – „Zauberpilze"（§ 4 Rn. 62）
OLG Rostock, Urt. v. 20. 7. 2006, 7 U 117/04, NJW 2006, 3650（§ 5 Rn. 140）
OLG Naumburg, Urt. v. 8. 5. 2008, 2 U 9/08, NJW 2009, 779 – Kündigung eines Ghostwritervertrages（§ 6 Rn. 203）
OLG München, Urt. v. 20. 6. 2013, 14 U 103/13, VersR 2013, 1025 – Widerruf von Lebensversicherung（§ 12 Rn. 62, 75）
OLG Köln, Beschl. v. 10. 7. 2014, 19 U 57/14, BeckRS 2015, 01551（§ 7 Rn. 38）
□行政法院
VGH Mannheim, Beschl. v. 18. 3. 2021, 1 S 774/21, BeckRS 2021, 5184 – Betreutes Wohnen im Mühlehof（§ 14 Rn. 21a f.）
□联邦最高普通法院
刑事判决
BGH, Urt. v. 21. 11. 1950, 4 StR 20/50, BGHSt 1, 1 – Salzsäure（§ 6 Rn. 12）
BGH, Urt. v. 6. 6. 1952, 1 StR 708/51, BGHSt 3, 109 – Züchtigungsrecht（§ 15 Rn. 25）
BGH, Urt. v. 18. 3. 1954, 3 StR 87/53, BGHSt 6, 70 – Beweiswert des Blutgruppengutachtens（§ 5 Rn. 34）
BGH, Urt. v. 18. 12. 1954, II ZR 76/54, BGHZ 16, 71 – Praxistausch zwischen Ärzten（§ 6 Rn. 203）
BGH, Urt. v. 19. 7. 1956, 1 StR 224/56, NJW 1956, 1408 – Anwendung des Jugendstrafrechts auf Heranwachsende（§ 6 Rn. 47 f.）
BGH, Beschl. v. 22. 9. 1956, GSSt 1/56, BGHSt 9, 385 – Heimtücke（§ 11 Rn. 69）
BGH, Urt. v. 13. 9. 1957, 1 StR 338/57, BGHSt 10, 375 – Bespanntes Fuhrwerk（§ 1 Rn. 80, § 4 Rn. 69）
BGH, Urt. v. 5. 11. 1969, 4 StR 519/68, BGHSt 23, 141 – Trunkenheitsfahrt（§ 5 Rn. 65）
BGH, Urt. v. 15. 8. 1978, 1 StR 356/78, BGHSt 28, 100 – Niere（§ 4 Rn. 61）

BGH, Urt. v. 11. 2. 1982, 4 StR 689/81, BGHSt 30, 375-Beschuhter Fuß（§ 15 Rn. 24 ff.）
BGH, Urt. v. 3. 11. 1992, 5 StR 370/92, BGHSt 39, 1-Mauerschützen（§ 2 Rn. 137）
BGH, Beschl. v. 25. 10. 2006, 1 StR 384/06, NJW 2007, 524 - Pflanzenbegriff des Betäubungsmittelrechts（§ 4 Rn. 62a）
BGH, Beschl. v. 23. 4. 2007, GSSt 1/06, BGHSt 51, 298-Rügeverkümmerung（§ 13 Rn. 74 f.）
BGH, Beschl. v. 17. 4. 2008, 4 StR 634/07, NStZ-RR 2009, 50（§ 6 Rn. 95 ff.）
BGH, Beschl. v. 10. 1. 2017, 5 StR 532/16, BGHSt 62, 13（§ 6 Rn. 50）

民事判决

BGH, Urt. v. 23. 5. 1951, 2 ZR 71/50, BGHZ 2, 176-Baugeräte（§ 6 Rn. 7）
BGH, Urt. v. 5. 2. 1952, GSZ 4/51, BGHZ 5, 62-Unfallhaftung aus Werkvertrag（§ 6 Rn. 115 ff.）
BGH, Urt. v. 10. 6. 1952, GSZ 2/52, BGHZ 6, 270-Enteignung（§ 6 Rn. 127）
BGH, Urt. v. 21. 10. 1954, IV ZR 171/52, BGHZ 15, 87 - Reichsbahnanleihe（§ 4 Rn. 157, 166）
BGH, Urt. v. 17. 10. 1955, III ZR 84/54, BGHZ 18, 226-Ursächlichkeit einer Impfung für Tod（§ 15 Rn. 49 ff.）
BGH, Urt. v. 14. 7. 1956, V ZR 223/54, BGHZ 21, 319-Parkplatz（§ 13 Rn. 33）
BGH, Urt. v. 22. 11. 1956, II ZR 222/55, BGHZ 22, 186（§ 10 Rn. 79 f.）
BGH, Urt. v. 22. 1. 1957, VI ZR 334/55, NJW 1957, 669（§ 5 Rn. 43）
BGH, Urt. v. 26. 9. 1957, III ZR 190/56, BGHZ 25, 238 - Salvarsanschäden（§ 4 Rn. 151）
BGH, Urt. v. 14. 2. 1958, I ZR 151/56, BGHZ 26, 349-Herrenreiter（§ 11 Rn. 73）
BGH, Urt. v. 20. 5. 1958, VI ZR 104/57, BGHZ 27, 284-Heimliche Tonbandaufnahme（§ 15 Rn. 22 f.）
BGH, Urt. v. 9. 12. 1958, VI ZR 203/57, BGHZ 29, 46-Elektroschock II（§ 11 Rn. 56）
BGH, Urt. v. 19. 12. 1958, IV ZR 87/58, BGHZ 29, 137-Handschuhe（§ 3 Rn. 77）
BGH, Urt. v. 13. 7. 1960, V ZR 90/59, LM § 133 BGB（C）Nr. 17 = JZ 1961, 494 - Glasbausteine（§ 6 Rn. 191 ff.）
BGH, Urt. v. 6. 10. 1964, VI ZR 176/63, BGHZ 42, 210 - aktive Parteifähigkeit von Gewerkschaften（§ 11 Rn. 78）
BGH, Urt. v. 8. 10. 1964, VI ZR 201/63, NJW 1965, 685-Soraya（§ 14 Rn. 47）
BGH, Urt. v. 30. 6. 1966, K ZR 5/65, BGHZ 46, 74-Preisbindung für Schallplatten（§ 4 Rn. 23, 40）
BGH, Urt. v. 26. 11. 1968, VI ZR 212/66, BGHZ 51, 91-Hühnerpest（§ 15 Rn. 13 ff.）

BGH, Urt. v. 15. 5. 1970, V ZR 20/68, BGHZ 54, 56（§ 5 Rn. 49）

BGH, Urt. v. 25. 1. 1971, III ZR 208/68, BGHZ 55, 229–Wasserrohrbruch（§ 13 Rn. 30 f.）

BGH, Urt. v. 11. 1. 1972, VI ZR 187/70, BGHZ 58, 40–Zusammenstoß von Skiläufern（§ 15 Rn. 5 f.）

BGH, Urt. v. 27. 9. 1972, IV ZR 225/69, BGHZ 59, 236–Rechtlich nur vorteilhaftes Selbstkontrahieren（§ 6 Rn. 104 ff.）

BGH, Urt. v. 18. 12. 1973, VI ZR 113/71, BGHZ 62, 54–Sachverständigenhaftung（§ 5 Rn. 59）

BGH, Urt. v. 21. 1. 1975, VIII ZR 101/73, BGHZ 63, 382–Gebrauchtwagenkauf（§ 8 Rn. 23 f.）

BGH, Urt. v. 19. 3. 1976, I ZR 75/74, NJW 1976, 1583–Art. 12 Abs. 3 Warschauer Übereinkommen（§ 3 Rn. 79）

BGH, Urt. v. 18. 5. 1979, V ZR 70/78, BGHZ 74, 293（§ 5 Rn. 106）

BGH, Urt. v. 28. 2. 1980, VII ZR 183/79, BGHZ 76, 179–Schwimmbad（§ 7 Rn. 50）

BGH, Urt. v. 18. 12. 1981, V ZR 233/80, BGHZ 82, 398–Heilung des Vorvertrages（§ 6 Rn. 136 ff.）

BGH, Beschl. v. 4. 10. 1982, GSZ 1/82, BGHZ 85, 64（§ 3 Rn. 37）

BGH, Urt. v. 18. 1. 1983, VI ZR 114/8, BGHZ 86, 240–wrongful life（§ 13 Rn. 61 f.）

BGH, Urt. v. 29. 11. 1983, VI ZR 137/82, NJW 1984, 801–Eishockey-Puck（§ 5 Rn. 138 ff.）

BGH, Beschl. v. 9. 7. 1986, GSZ 1/86, BGHZ 98, 212–Nutzungsentschädigung（§ 7 Rn. 54）

BGH, Urt. v. 11. 2. 1987, IVa ZR 194/85, BGHZ 100, 60–§ 71 VVG（§ 10 Rn. 93）

BGH, Urt. v. 25. 3. 1987, VIII ZR 43/86, NJW 1987, 2004（§ 6 Rn. 38）

BGH, Urt. v. 10. 12. 1987, III ZR 220/86, BGHZ 102, 350–Waldsterben（§ 5 Rn. 71 f.）

BGH, Urt. v. 9. 2. 1988, VI ZR 48/87, NJW 1988, 1588–Gastwirt（§ 15 Rn. 27 ff.）

BGH, Urt. v. 4. 5. 1988, VIII ZR 196/87, NJW 1988, 2109–Ankauf durch Angestellten（§ 56 HGB）（§ 4 Rn. 153 f., § 6 Rn. 130 f.）

BGH, Urt. v. 9. 1. 1989, IX ZR 124/88, BGHZ 106, 269（§ 11 Rn. 58）

BGH, Urt. v. 4. 7. 1989, VI ZR 309/88, NJW 1989, 2947（§ 15 Rn. 7 f.）

BGH, Urt. v. 13. 7. 1989, III ZR 122/88, BGHZ 108, 273–Wildschutzzaun（§ 5 Rn. 136 ff.）

BGH, Urt. v. 19. 9. 1989, VI ZR 349/88, BGHZ 108, 305–Haftung des Arbeitnehmers gegenüber Dritten bei gefahrgeneigter Arbeit（§ 13 Rn. 59）

BGH, Urt. v. 6. 10. 1989, V ZR 152/88, BGHZ 109, 15–Parteifähigkeit einer Siedlergemeinschaft（§ 13 Rn. 57）

BGH, Beschl. v. 2. 5. 1990, XII ZB 63/89, BGHZ 111, 199–Amtspflegschaft für nichteheliche Ausländerkinder (§ 3 Rn. 81)

BGH, Urt. v. 11. 7. 1990, IV ZR 160/89, BGHZ 112, 122 (§ 5 Rn. 75 ff.)

BGH, Urt. v. 6. 12. 1991, V ZR 311/89, BGHZ 116, 251 (§ 5 Rn. 51)

BGH, Urt. v. 9. 6. 1992, VI ZR 49/91, NJW 1992, 2474 (§ 6 Rn. 156)

BGH, Urt. v. 24. 6. 1992, VIII ZR 203/91, BGHZ 119, 35–Verjährungsfrist beim Kauf auf Probe (§ 6 Rn. 152 ff.)

BGH, Urt. v. 7. 7. 1992, VI ZR 1/92, BGHZ 119, 137 (§ 15 Rn. 11 ff.)

BGH, Beschl. v. 13. 1. 1993, VIII ARZ 6/92, BGHZ 121, 116– § 569a BGB a. F. analog (§ 5 Rn. 90, § 6 Rn. 74 f. , § 13 Rn. 45 f. , 58, 64 f.)

BGH, Urt. v. 16. 11. 1993, VI ZR 105/92, BGHZ 124, 128–wrongful life (§ 7 Rn. 68 f.)

BGH, Urt. v. 15. 11. 1994, VI ZR 56/94, BGHZ 128, 1–Caroline von Monaco (§ 5 Rn. 143)

BGH, Urt. v. 14. 3. 1995, VI ZR 34/94, NJW 1995, 2631–Oberleitung (§ 3 Rn. 40)

BGH, Urt. v. 29. 2. 1996, IX ZR 153/95, BGHZ 132, 119–Blanko-Bürgschaft (§ 3 Rn. 32, 38)

BGH, Urt. v. 26. 11. 1997, VIII ZR 322/96, BB 1998, 393–Spielautomat (§ 9 Rn. 36)

BGH, Urt. v. 5. 2. 1998, I ZR 211/95, BGHZ 138, 55–Vergleichende Werbung (§ 12 Rn. 86 ff.)

BGH, Urt. v. 26. 5. 1998, VI ZR 183/97, BGHZ 139, 43–Feuerwerkskörper I (§ 5 Rn. 93, § 7 Rn. 51)

BGH, Urt. v. 9. 6. 1998, VI ZR 238/97, BGHZ 139, 79–Feuerwerkskörper II (§ 6 Rn. 21)

BGH, Urt. v. 22. 12. 1999, VIII ZR 111/99, NJW 2000, 1254–Sammlermünze (§ 9 Rn. 53)

BGH, Urt. v. 21. 1. 2002, II ZR 2/00, BGHZ 150, 1–Haftungsbeschränkung (§ 3 Rn. 40)

BGH, Urt. v. 28. 2. 2002, I ZR 318/99, NJW 2002, 2312 (§ 6 Rn. 203)

BGH, Urt. v. 9. 4. 2002, XI ZR 91/99, BGHZ 150, 248–Heininger (§ 12 Rn. 94)

BGH, Urt. v. 25. 11. 2002, II ZR 133/01, BGHZ 153, 47–Macrotron (§ 11 Rn. 22)

BGH, Urt. v. 13. 3. 2003, VII ZR 370/98, BGHZ 154, 185–Sitztheorie in der EU (§ 3 Rn. 27)

BGH, Urt. v. 28. 11. 2003, V ZR 99/03, NJW 2004, 603–Wurzelüberwuchs (§ 15 Rn. 59 ff.)

BGH, Urt. v. 19. 7. 2004, II ZR 402/02, BGHZ 160, 149–Infomatec (§ 8 Rn. 43 ff.)

BGH, Urt. v. 9. 5. 2005, II ZR 287/02, NJW 2005, 2450–EM TV（§ 5 Rn. 54）

BGH, Urt. v. 19. 2. 2008, XI ZR 170/07, BGHZ 175, 276–Persönliche Haftung des Anlageberaters（§ 13 Rn. 32a）

BGH, Urt. v. 25. 2. 2008, II ZB 9/07, WM 2008, 641（§ 3 Rn. 57）

BGH, Urt. v. 26. 11. 2008, VIII ZR 200/05, BGHZ 179, 27–Quelle（§ 12 Rn. 58 ff. , 69 ff. , 74, 110）

BGH, Urt. v. 16. 12. 2008, VI ZR 170/07, BGHZ 179, 157–Pflegebetten（§ 5 Rn. 90）

BGH, Urt. v. 21. 9. 2009, II ZR 174/08, BGHZ 182, 272–Umschreibungsstopp（§ 3 Rn. 65）

BGH, Urt. v. 24. 11. 2009, VI ZR 219/08, BGHZ 183, 227–Esra（§ 5 Rn. 86）

BGH, Urt. v. 22. 6. 2010, VI ZR 212/09, BGHZ 186, 56–Phoenix（§ 13 Rn. 32a）

BGH, Urt. v. 11. 8. 2010, XII ZR 192/08, NJW 2010, 3362–Thor Steinar（§ 8 Rn. 21）

BGH, Urt. v. 22. 3. 2011, XI ZR 33/10, BGHZ 189, 13–CMS Spread Ladder Swap（§ 5 Rn. 149, § 8 Rn. 24）

BGH, Urt. v. 9. 11. 2011, XII ZR 136/09, BGHZ 191, 259–Auskunftsanspruch des Scheinvaters（§ 11 Rn. 87）

BGH, Urt. v. 13. 12. 2011, ZR 51/10, BGHZ 192, 90–IKB（§ 6 Rn. 43, § 8 Rn. 46, § 13 Rn. 32a）

BGH, Urt. v. 21. 12. 2011, VIII ZR 70/08, BGHZ 192, 148–Weber（Fliesen）（§ 15 Rn. 40 ff. ）

BGH, Urt. v. 2. 2. 2012, III ZR 60/11, WM 2012, 458–Treuhandabrede（§ 8 Rn. 19）

BGH, Urt. v. 16. 10. 2012, X ZR 37/12, BGHZ 195, 126（§ 6 Rn. 187 f. ）

BGH, Urt. v. 17. 10. 2012, VIII ZR 226/11, BGHZ 195, 135–Aus-und Einbaukosten bei Kaufverträgen zwischen Unternehmern（§ 12 Rn. 96）

BGH, Beschl. v. 8. 10. 2013, II ZB 26/12, NJW 2014, 146–FRoSTA（§ 11 Rn. 22, § 15 Rn. 56 ff. ）

BGH, Urt. v. 13. 6. 2013, IX ZR 155/11, NJW 2013, 2965–Rechtsanwaltspflichten（§ 14 Rn. 13）

BGH, Urt. v. 7. 5. 2014, IV ZR 76/11, BGHZ 201, 101–Widerruf von Lebensversicherungen（§ 12 Rn. 75）

BGH, Urt. v. 28. 10. 2015, VIII ZR 158/11, BGHZ 207, 209–Kostensteigerungen des Energieversorgers（§ 12 Rn. 80）

BGH, Urt. v. 18. 11. 2020, VIII ZR 78/20, NJW 2021, 1008 – Unionswidrige Verjährungsfrist für Gewährleistungsansprüche（§ 12 Rn. 80）

□联邦(最高)劳动法院

BAG, Beschl. v. 25. 9. 1957, GS 4/56 u. a., BAGE 5, 1–gefahrgeneigte Arbeit（§ 13 Rn. 49 f.）

BAG, Urt. v. 5. 12. 1957, 1 AZR 594/56, NJW 1958, 516–faktischer Arbeitsvertrag（§ 6 Rn. 101）

BAG, Urt. v. 10. 6. 1980, 1 AZR 822/79, BAGE 33, 140 Rn. 110–Arbeitskampfrecht（§ 10 Rn. 93）

BAG, Urt. v. 14. 3. 1989, 8 AZR 447/87, BAGE 61, 209–Harz（§ 12 Rn. 73, 82）

BAG, Beschl. v. 27. 9. 1994, GS 1/89（A）, BAGE 78, 56–Haftung des Arbeitnehmers für Arbeitsschäden（§ 13 Rn. 50）

BAG, Urt. v. 5. 3. 1996, 1 AZR 590/92, BAGE 82, 211–Kalanke（Bremer Frauenquote）（§ 12 Rn. 82）

BAG, Urt. v. 8. 5. 1996, 5 AZR 971/94, BAGE 83, 95–Nichtraucherflug（§ 5 Rn. 47）

BAG, Urt. v. 13. 12. 2007, 6 AZR 145/07, BAGE 125, 208–Vertretungszusatz: allgemeiner, nichtjuristischer Sprachgebrauch（§ 4 Rn. 62）

BAG, Urt. v. 24. 3. 2009, 9 AZR 983/07, BAGE 130, 119–Urlaubsentgelt（§ 3 Rn. 51）

□联邦(最高)财政法院

BFH, Urt. v. 17. 12. 2007, GrS 2/04, BFHE 220, 129–Vererblichkeit des Verlustabzugs（§ 3 Rn. 38）

□联邦(最高)行政法院

BVerwG, Urt. v. 14. 2. 1975, IV C 21/74, BVerwGE 48, 56–Neubau B42（§ 10 Rn. 16b）

BVerwG, Urt. v. 29. 4. 1977, 7 C 41/89 u. a., BVerwGE 85, 273–Funktionslosigkeit von Bebauungsplänen（§ 2 Rn. 5）

BVerwG, Urt. v. 22. 3. 1985, 4 C 73/82, BVerwGE 71, 163–Neubau B16（§ 10 Rn. 16c）

BVerwG, Urt. v. 17. 2. 1993, 11 C 47/92, BVerwGE 92, 81–Rückforderung von rechtswidrigen Beihilfen（§ 12 Rn. 31）

BVerwG, Beschl. v. 6. 5. 1993, 4 N 2/92, BVerwGE 92, 266–Heilung von Bebauungsplänen（§ 2 Rn. 5）

BVerwG, Urt. v. 6. 12. 1996, 7 C 64/95, BVerwGE 102, 282–Ermessensgebundener Umweltinformationsanspruch（§ 12 Rn. 51）

BVerwG, Urt. v. 24. 9. 1998, 4 CN 2/98, BVerwG 107, 215（§ 5 Rn. 3）

BVerwG, Urt. v. 6. 4. 2016, 4 CN 3/15, NVwZ 2016, 1481–Antragsfrist（§ 2 Rn. 5）

BVerwG, Urt. v. 31. 1. 2017, 6 C 2/16, BVerwGE 157, 249–Preisanpassung TKG（§ 12

BVerwG, Urt. v. 9. 2. 2017, 7 A 2/15, BVerwGE 158, 1–Elbvertiefung（§ 10 Rn. 16c）

□联邦宪法法院

BVerfG, Urt. v. 16. 3. 1955, 2 BvR 1/54, BVerfGE 4, 144–Abgeordneten-Entschädigung（§ 10 Rn. 40）

BVerfG, Urt. v. 15. 1. 1958, 1 BvR 400/51, BVerfGE 7, 198–Lüth（§ 10 Rn. 21, 98, § 11 Rn. 4 f., 12 f., 45 f.）

BVerfG, Beschl. v. 17. 5. 1960, 2 BvL 11/59 u. a., BVerfGE 11, 126–Nachkonstitutioneller Bestätigungswille（§ 4 Rn. 23）

BVerfG, Urt. v. 14. 12. 1965, 1 BvR 413, 416/60, BVerfGE 19, 206–Kirchenbausteuer（§ 4 Rn. 128, 133）

BVerfG, Beschl. v. 15. 12. 1965, 1 BvR 513/65, BVerfGE 19, 342–Untersuchungshaft（§ 10 Rn. 25 f., 42）

BVerfG, Urt. v. 6. 6. 1967, 2 BvR 375, 53/60 u. a., BVerfGE 22, 49–Kriminalstrafe（§ 2 Rn. 28a）

BVerfG, Beschl. v. 14. 2. 1968, 2 BvR 557/62, BVerfGE 23, 98–Ausbürgerung I（§ 2 Rn. 135）

BVerfG, Beschl. v. 14. 5. 1969, 2 BvR 238/68, BVerfGE 26, 41–Grober Unfug（§ 4 Rn. 79）

BVerfG, Beschl. v. 16. 7. 1969, 1 BvL 19/63, BVerfGE 27, 1–Mikrozensus（§ 14 Rn. 47）

BVerfG, Beschl. v. 26. 5. 1970, 1 BvR 83/69 u. a., BVerfGE 28, 243–Dienstpflichtverweigerung（§ 4 Rn. 128 f., § 10 Rn. 11, 38）

BVerfG, Beschl. v. 14. 2. 1973, 1 BvR 112/65, BVerfGE 34, 269–Soraya（§ 1 Rn. 50 f., § 6 Rn. 71, § 11 Rn. 65, 71 ff., 77, § 13 Rn. 16, 51, 58, 61, § 14 Rn. 117）

BVerfG, Urt. v. 5. 6. 1973, 1 BvR 536/72, BVerfGE 35, 202–Lebach（§ 10 Rn. 21, 47 ff., 51, 98）

BVerfG, Beschl. v. 29. 5. 1974, 2 BvL 52/71, BVerfGE 37, 271–Solange I（§ 2 Rn. 95）

BVerfG, Urt. v. 25. 2. 1975, 1 BvF 1/74 u. a., BVerfGE 39, 1–Schwangerschaftsabbruch I（§ 11 Rn. 5, 8, § 13 Rn. 96）

BVerfG, Urt. v. 21. 6. 1977, 1 BvL 14/76, BVerfGE 45, 187–Lebenslange Freiheitsstrafe（§ 11 Rn. 69）

BVerfG, Urt. v. 21. 6. 1977, 2 BvR 308/77, BVerfGE 45, 363（§ 7 Rn. 24, 29）

BVerfG, Urt. v. 16. 10. 1977, 1 BvQ 5/77, BVerfGE 46, 160–Schleyer（§ 11 Rn. 8a, § 15 Rn. 52）

BVerfG, Beschl. v. 1. 3. 1978, 1 BvR 333/75 u. a., BVerfGE 47, 327 – Hessisches Universitätsgesetz (§ 11 Rn. 3, 53)

BVerfG, Beschl. v. 15. 3. 1978, 2 BvR 927/76, BVerfGE 48, 48 (§ 4 Rn. 78 f.)

BVerfG, Beschl. v. 9. 5. 1978, 2 BvR 952/75, BVerfGE 48, 246–Ehrenamtlicher Richter (§ 4 Rn. 93)

BVerfG, Beschl. v. 31. 5. 1978, 1 BvR 683/77, BVerfGE 48, 327–Ehenamen I (§ 11 Rn. 31)

BVerfG, Beschl. v. 8. 8. 1978, 2 BvL 8/77, BVerfGE 49, 89–Kalkar I (§ 13 Rn. 85)

BVerfG, Beschl. v. 11. 10. 1978, 1 BvR 84/74, BVerfGE 49, 304–Sachverständigenhaftung (§ 5 Rn. 59, § 11 Rn. 81 f. , § 13 Rn. 59, 71, § 14 Rn. 80 f.)

BVerfG, Beschl. v. 25. 7. 1979, 2 BvR 878/74, BVerfGE 52, 131 – Arzthaftungsprozess (§ 11 Rn. 56)

BVerfG, Beschl. v. 16. 1. 1980, 1 BvR 249/79, BVerfGE 53, 135–Schokoladenosterhase (§ 10 Rn. 45)

BVerfG, Beschl. v. 3. 6. 1980, 1 BvR 185/77, BVerfGE 54, 148–Eppler (§ 14 Rn. 47)

BVerfG, Beschl. v. 7. 10. 1980, 1 BvL 50/79 u. a. , BVerfGE 55, 72 (§ 10 Rn. 40)

BVerfG, Beschl. v. 5. 11. 1980, 1 BvR 290/78, BVerfGE 55, 159–Falknerjagdschein (§ 10 Rn. 44)

BVerfG, Urt. v. 16. 2. 1983, 2 BvE 1/83 u. a. , BVerfGE 62, 1–Bundestagsauflösung I (§ 10 Rn. 5)

BVerfG, Urt. v. 15. 12. 1983, 1 BvR 209/83 u. a. , BVerfGE 65, 1–Volkszählung (§ 11 Rn. 75)

BVerfG, KBeschl. v. 19. 3. 1984, 2 BvR 1/84, NJW 1984, 1293–Sprayer von Zürich (§ 10 Rn. 30)

BVerfG, Beschl. v. 14. 5. 1985, 1 BvR 233, 341/81, BVerfGE 69, 315–Brokdorf (§ 11 Rn. 54)

BVerfG, KBeschl. v. 24. 7. 1986, 1 BvR 331/85 u. a. , NJW 1987, 180–Gurtanschnallpflicht (§ 2 Rn. 13)

BVerfG, Beschl. v. 22. 10. 1986, 2 BvR 197/83, BVerfGE 73, 339–Solange II (§ 2 Rn. 95)

BVerfG, Beschl. v. 24. 3. 1987, 1 BvR 147, 478/86, BVerfGE 74, 297 – 5. Rundfunkentscheidung (§ 14 Rn. 32 f.)

BVerfG, Beschl. v. 12. 5. 1987, 2 BvR 1226/83 u. a. , BVerfGE 76, 1–Familiennachzug (§ 10 Rn. 25 f.)

BVerfG, Beschl. v. 8. 6. 1988, 2 BvL 9/85 u. a. , BVerfGE 78, 249–Fehlbelegungsabgabe

(§ 2 Rn. 34)

BVerfG, Beschl. v. 14. 9. 1989, 2 BvR 1062/87, BVerfGE 80, 367 – Tagebuch (§ 10 Rn. 20, 22)

BVerfG, Beschl. v. 3. 4. 1990, 1 BvR 1186/8, BVerfGE 82, 6 – Tod des Mieters und nichteheliche Lebensgemeinschaft (§ 6 Rn. 74 f. , § 11 Rn. 43 f.)

BVerfG, Beschl. v. 5. 4. 1990, 2 BvR 413/88, BVerfGE 82, 30 – Befangenheit Kirchhof (§ 1 Rn. 77)

BVerfG, Beschl. v. 26. 6. 1991, 1 BvR 779/85, BVerfGE 84, 212 – Aussperrung (§ 3 Rn. 3, 37)

BVerfG, Beschl. v. 23. 10. 1991, 1 BvR 850/88, BVerfGE 85, 69 (§ 11 Rn. 70)

BVerfG, Beschl. v. 2. 3. 1993, BvR 1213/85, BVerfGE 88, 103 – Streikeinsatz von Beamten (§ 13 Rn. 90)

BVerfG, Urt. v. 28. 5. 1993, 2 BvF 2/90, BVerfGE 88, 203 – Schwangerschaftsabbruch II (§ 7 Rn. 68)

BVerfG, Urt. v. 12. 10. 1993, 2 BvR 2134/92 u. a. , BVerfGE 89, 155 – Maastricht (§ 2 Rn. 94, § 5 Rn. 98, 13 Rn. 112)

BVerfG, Beschl. v. 19. 10. 1993, 1 BvR 567/89 u. a. , BVerfGE 89, 214 – Bürgschaftsverträge (§ 9 Rn. 39, 46 ff. , § 11 Rn. 24, 59 f.)

BVerfG, Urt. v. 12. 7. 1994, 2 BvE 3/92 u. a. , BVerfGE 90, 286 – Out-of-area-Einsätze (§ 4 Rn. 155, § 13 Rn. 85)

BVerfG, Beschl. v. 10. 1. 1995, 1 BvR 718/89 u. a. , BVerfGE 92, 1 – Sitzblockaden II (§ 4 Rn. 72 ff. , 78, 117)

BVerfG, Beschl. v. 16. 5. 1995, 1 BvR 1087/91, BVerfGE, 93, 1 – Kruzifix (§ 5 Rn. 104, § 10 Rn. 52a f. , § 14 Rn. 25)

BVerfG, Beschl. v. 10. 10. 1995, 1 BvR 1476/91 u. a. , BVerfGE 93, 266 – „Soldaten sind Mörder" (§ 4 Rn. 79)

BVerfG, Beschl. v. 24. 10. 1996, 2 BvR 1851/94 u. a. , BVerfGE 95, 96 – Mauerschützen (§ 2 Rn. 137, § 4 Rn. 83 f. , § 13 Rn. 77 f.)

BVerfG, Urt. v. 15. 7. 1997, 1 BvL 20/94, BVerfGE 96, 260 – Normwiederholung (§ 7 Rn. 71)

BVerfG, Urt. v. 11. 9. 2007, 1 BvR 2270/05 u. a. , BVerfGE 119, 181 – Rundfunkfinanzierungsstaatsvertrag (§ 13 Rn. 100)

BVerfG, Urt. v. 14. 7. 1999, 1 BvR 2226/94 u. a. , BVerfGE 100, 313 – Handyüberwachung (§ 13 Rn. 108)

BVerfG, Beschl. v. 15. 12. 1999, 1 BvR 1904/95 u. a. , BVerfGE 101, 331 – Berufsbetreuer

(§ 10 Rn. 13)

BVerfG, Urt. v. 12. 12. 2000, 1 BvR 1762/95 u. a. , BVerfGE 102, 347–Schockwerbung I (§ 11 Rn. 16)

BVerfG, Urt. v. 6. 2. 2001, 1 BvR 12/92, BVerfGE 103, 89 – Unterhaltsverzichtsvertrag (§ 11 Rn. 17 f. , 57)

BVerfG, KBeschl. v. 12. 7. 2001, 1 BvQ 28/01 u. a. , NJW 2001, 2459–Love Parade (§ 10 Rn. 30)

BVerfG, Urt. v. 20. 3. 2002, 2 BvR 794/95, BVerfGE 105, 135–Vermögensstrafe (§ 14 Rn. 64)

BVerfG, Beschl. v. 26. 6. 2002, 1 BvR 558/91 u. a. , BVerfGE 105, 252–Glykol (§ 10 Rn. 30, 33)

BVerfG, Urt. v. 10. 2. 2004, 2 BvR 834, 1588/02, BVerfGE 109, 190–Sicherungsverwahrung III (§ 11 Rn. 32 f.)

BVerfG, KBeschl. v. 4. 8. 2004, 1 BvR 1557/01, NVwZ 2005, 81 – Zusatzversorgungssysteme der DDR (§ 7 Rn. 71)

BVerfG, Beschl. v. 14. 10. 2004, 2 BvR 1481/04, BVerfGE 111, 307 – Görgülü (§ 12 Rn. 49, 132)

BVerfG, Beschl. v. 26. 10. 2004, 2 BvR 955/00 u. a. , BVerfGE 112, 1 – Bodenreform III (§ 2 Rn. 123)

BVerfG, Beschl. v. 12. 4. 2005, 2 BvR 1027/02, BVerfGE 113, 29–Anwaltsdaten (§ 6 Rn. 10)

BVerfG, Urt. v. 25. 8. 2005, 2 BvE 4/05 u. a. , BVerfGE 114, 121–Bundestagsauflösung III (§ 5 Rn. 96)

BVerfG, Urt. v. 15. 2. 2006, 1 BvR 357/05, BVerfGE 115, 118–Luftsicherheitsgesetz I (§ 15 Rn. 34 f.)

BVerfG, Beschl. v. 7. 11. 2006, 1 BvL 10/02, BVerfGE 117, 1–Erbschaftssteuer I (§ 11 Rn. 30, 34, § 13 Rn. 100)

BVerfG, Beschl. v. 13. 6. 2007, 1 BvR 1783/05, BVerfGE 119, 1–Esra (§ 5 Rn. 86)

BVerfG, Beschl. v. 19. 9. 2007, 2 BvF 3/02, BVerfGE 119, 247 – Obligatorische Teilzeitbeschäftigung von Beamten (§ 11 Rn. 48)

BVerfG, Urt. v. 27. 2. 2008, 1 BvR 370/07, 595/07, BVerfGE 120, 274–Online–Durchsuchung (§ 11 Rn. 75, § 14 Rn. 47)

BVerfG, Urt. v. 30. 7. 2008, 1 BvR 3262/07 u. a. , BVerfGE 121, 317–Rauchverbot in Gaststätten (§ 5 Rn. 131)

BVerfG, Beschl. v. 15. 1. 2009, 2 BvR 2044/07, BVerfGE 122, 248–Rügeverkümmerung (§ 11 Rn. 80, 83 f. , § 13 Rn. 7, 39, 74 f. , 87 ff.)

BVerfG, Urt. v. 30. 6. 2009, 2 BvE 2/08, BVerfGE 123, 267 – Lissabon – Vertrag (§ 2 Rn. 97, § 5 Rn. 98, § 13 Rn. 112)

BVerfG, Beschl. v. 7. 7. 2009, 1 BvR 1164/07, BVerfGE 124, 199 – Hinterbliebenenrente für Lebenspartner (§ 15 Rn. 38 f.)

BVerfG, Urt. v. 9. 2. 2010, 1 BvR 1/09 u. a. , BVerfGE 125, 175 – Hartz IV (§ 13 Rn. 104 ff.)

BVerfG, Urt. v. 2. 3. 2010, 1 BvR 256/08 u. a. , BVerfGE 125, 260 – Vorratsdatenspeicherung (§ 10 Rn. 7, 56, § 13 Rn. 108)

BVerfG, Beschl. v. 6. 7. 2010, 2 BvR 2661/06, BVerfGE 126, 286 – Honeywell (§ 2 Rn. 98, § 5 Rn. 97)

BVerfG, Beschl. v. 21. 7. 2010, 1 BvR 420/09, BVerfGE 127, 132 – Sorgerecht nichtehelicher Väter (§ 11 Rn. 32)

BVerfG, Beschl. v. 23. 10. 2010, 2 BvR 2559/08 u. a. , BVerfGE 126, 170 – Präzisierungsgebot Untreuetatbestand (§ 4 Rn. 79)

BVerfG, Beschl. v. 22. 2. 2011, 1 BvR 699/06, BVerfGE 128, 226 – Fraport (§ 11 Rn. 16a).

BVerfG, KBeschl. v. 26. 9. 2011, 2 BvR 2216/06 u. a. , NJW 2012, 669 – § 5 HWiG (§ 12 Rn. 75)

BVerfG, Urt. v. 11. 7. 2012, 1 BvR 3142/07 u. a. , BVerfGE 132, 99 – MVS/Lindner (§ 11 Rn. 22, § 15 Rn. 59 f.)

BVerfG, Urt. v. 12. 9. 2012, 2 BvE 6/12 u. a. , BVerfGE 132, 195 – ESM und Fiskalvertrag e. A. (§ 13 Rn. 92, 112 f.)

BVerfG, Beschl. v. 10. 10. 2012, 1 BvL 6/07, BVerfGE 132, 302 – Unechte Rückwirkung im Steuerrecht (§ 2 Rn. 46)

BVerfG, KBeschl. v. 17. 1. 2013, 1 BvR 121/11 u. a. , ZIP 2013, 924 – § 264 Abs. 3 HGB (§ 12 Rn. 75)

BVerfG, KBeschl. v. 23. 1. 2013, 2 BvR 1645/10, BayVBl. 2013, 334 – Waffengesetze (§ 11 Rn. 8a)

BVerfG, Beschl. v. 17. 12. 2013, 1 BvL 5/08, BVerfGE 135, 1 – Echte Rückwirkung im Steuerrecht (§ 2 Rn. 49 f.)

BVerfG, Beschl. v. 14. 1. 2014, 2 BvE 13/13 u. a. , BVerfGE 134, 366 – OMT – Beschluss (§ 13 Rn. 113)

BVerfG, Urt. v. 26. 2. 2014, 2 BvE 2/13 u. a. , BVerfGE 135, 259 – Drei-Prozent-Sperrklausel EuWG (§ 13 Rn. 100)

BVerfG, Beschl. v. 27. 1. 2015, 1 BvR 471/10 u. a. , BVerfGE 138, 296 – Kopftuch II (§ 4 Rn. 171, § 14 Rn. 25)

BVerfG, Beschl. v. 24. 2. 2015, 1 BvR 472/14, BVerfGE 138, 377–Aufklärungsanspruch des Scheinvaters (§ 11 Rn. 79, 83 f. , 88)

BVerfG, KBeschl. v. 4. 11. 2015, 2 BvR 282/13 u. a. , NJW 2016, 1436–Preisregulierung bei Arzneimitteln aus dem Ausland (§ 12 Rn. 26)

BVerfG, Urt. v. 21. 6. 2016, 2 BvR 2728/13 u. a. , BVerfGE 142, 123–OMT-Urteil (§ 13 Rn. 113)

BVerfG, KBeschl. v. 31. 10. 2016, 1 BvR 871/13 u. a. , NVwZ 2017, 617 (§ 13 Rn. 85)

BVerfG, Beschl. v. 18. 7. 2017, 2 BvR 859/15 u. a. , BVerfGE 146, 216–PSPP-Beschluss (§ 13 Rn. 113 f.)

BVerfG, KBeschl. v. 17. 11. 2017, 2 BvR 1131/16, NJW-RR 2018, 305–Preisanpassung TKG (§ 12 Rn. 80)

BVerfG, Beschl. v. 11. 4. 2018, 1 BvR 3080/09, BVerfGE 148, 267–Stadionverbot (§ 11 Rn. 16a f.)

BVerfG, Urt. v. 12. 6. 2018, 2 BvR 1738/12 u. a. , BVerfGE 148, 296–Beamtenrechtliches Streikverbot (§ 12 Rn. 132)

BVerfG, Urt. v. 19. 9. 2018, 2 BvF 1/15 u. a. , BVerfGE 150, 1–Volkszählung II (§ 13 Rn. 84).

BVerfG, Beschl. v. 6. 11. 2019, 1 BvR 16/13, BVerfGE 152, 151–Recht auf Vergessen I (§ 2 Rn. 105, § 10 Rn. 57d).

BVerfG, Beschl. v. 6. 11. 2019, 1 BvR 276/17, BVerfGE 152, 216–Recht auf Vergessen II (§ 2 Rn. 106 ff. , § 3 Rn. 93a, § 10 Rn. 57d, § 12 Rn. 118 f.).

BVerfG, Beschl. v. 14. 1. 2020, 2 BvR 1333/17, BVerfGE 153, 1–Kopftuchverbot für Rechtsreferendare (§ 14 Rn. 30)

BVerfG, Urt. v. 26. 2. 2020, 2 BvR 2347/15, BVerfGE 153, 182–Geschäftsmäßige Sterbehilfe (§ 11 Rn. 8b f.)

BVerfG, KBeschl. v. 15. 4. 2020, 1 BvR 828/20, NJW 2020, 1426–Versammlung während Corona-Pandemie (§ 10 Rn. 12)

BVerfG, KBeschl. v. 29. 4. 2020, 1 BvQ 44/20, NVwZ 2020, 783 – Religionsausübung während Corona-Pandemie (§ 10 Rn. 12)

BVerfG, Urt. v. 5. 5. 2020, 2 BvR 859/15, BVerfGE 154, 17–PSPP-Urteil (§ 1 Rn. 88, § 2 Rn. 99, 101 ff. , § 13 Rn. 114 ff. , 121 ff.)

BVerfG, KBeschl. v. 12. 5. 2020, 1 BvR 1027/20, NVwZ 2020, 1823–Corona-Pandemie (§ 11 Rn. 8a)

■**欧盟法院**[2]

□欧洲法院

EuG, Urt. v. 5. 4. 2006, T-279/02, EU:T:2006:103–Degussa（§ 1 Rn. 44）

□欧盟最高法院

EuGH, Urt. v. 13. 6. 1958, 9/56 u. a., EU:C:1958:8–Meroni（§ 13 Rn. 120）

EuGH, Urt. v. 16. 12. 1960, 6/60, EU：C：1960:48–Humblet（§ 6 Rn. 9）

EuGH, Urt. v. 1. 6. 1961, C-15/60, EU：C：1961:11–Simon（§ 6 Rn. 41）

EuGH, Urt. v. 5. 2. 1963, 26/62, EU：C：1963:1–van Gend（§ 2 Rn. 86, § 5 Rn. 5, § 12 Rn. 5）

EuGH, Urt. v. 15. 7. 1964, 6/64, EU：C：1964:66–Costa/E. N. E. L.（§ 2 Rn. 54 f., 83）

EuGH, Urt. v. 29. 2. 1969, C-23/68, EU：C：1969:6–Klomp（§ 4 Rn. 174）

EuGH, Urt. v. 12. 2. 1974, C-152/73, EU：C：1974:13–Sotgiu（§ 2 Rn. 72）

EuGH, Urt. v. 11. 7. 1974, 8/74, EU：C：1974:82–Dassonville（§ 10 Rn. 67）

EuGH, Urt. v. 25. 1. 1977, C-46/76, EU：C：1977:6–Bauhuis（§ 4 Rn. 141）

EuGH, Urt. v. 9. 3. 1978, 106/77, EU：C：1978:49–Simmenthal II（§ 2 Rn. 83 ff.）

EuGH, Urt. v. 20. 2. 1979, 120/78, EU：C：1979:42–Rewe/Bundesmonopolverwaltung（Cassis de Dijon）（§ 10 Rn. 68 f.）

EuGH, Urt. v. 9. 7. 1981, C-169/80, EU：C：1981:171–Gondrand（§ 4 Rn. 91）

EuGH, Urt. v. 6. 10. 1982, C-283/81, EU：C：1982:335–C. I. L. F. I. T.（§ 4 Rn. 85, 138, § 6 Rn. 9, § 12 Rn. 115 ff.）

EuGH, Urt. v. 10. 4. 1984, 14/83, EU：C：1984:153–von Colson und Kamann（§ 12 Rn. 55 f., 65）

EuGH, Urt. v. 30. 1. 1985, C-143/83, EU：C：1985:34–Kommission/Dänemark（§ 4 Rn. 180）

EuGH, Urt. v. 12. 12. 1985, C-165/84, EU：C：1985:507–Krohn/Balm（§ 6 Rn. 177）

EuGH, Urt. v. 3. 7. 1986, 66/85, EU：C：1986:284–Lawrie-Blum（§ 4 Rn. 144）

EuGH, Urt. v. 12. 3. 1987, 178/84, EU：C：1987:126–Reinheitsgebot für Bier（§ 2 Rn. 91, § 4 Rn. 143, § 10 Rn. 73 f.）

EuGH, Urt. v. 4. 2. 1988, 157/86, EU：C：1988:62–Murphy/Telecom（§ 12 Rn. 22）

EuGH, Urt. v. 21. 6. 1988, C-39/86, EU：C：1988:322–Lair（§ 5 Rn. 55a）

EuGH, Urt. v. 22. 5. 1990, C-70/88, EU：C：1990:217–Parlament/Rat：Klagebefugnis

---

[2] 欧盟最高法院和欧洲人权法院的判决已不再收于官方的汇编中，引用它们时应列出 ECLI-Code。1968 年及之前判决的页码（起始页，引证内容所在页）对应的是 Curia 的德语 pdf 文件。在引用判决的案情部分时，1985 年及之前的判决均会注明页码。

des Parlaments（§ 13 Rn. 117）

EuGH, Urt. v. 3. 7. 1991, C-62/86, EU：C：1991：286- Akzo Chemie（§ 5 Rn. 156）

EuGH, Urt. v. 19. 11. 1991, C-6/90 u. a., EU：C：1991：428-Francovich（§ 12 Rn. 32, 123）

EuGH, Urt. v. 21. 11. 1991, C 269/90, EU：C：1991：438 - Technische Universität München（§ 1 Rn. 43）

EuGH, Urt. v. 21. 1. 1993, C-188/91, EU：C：1993：24-Shell（§ 3 Rn. 72）

EuGH, Urt. v. 16. 12. 1993, C-334/92, EU：C：1993：945-Wagner Miret（§ 12 Rn. 57）

EuGH, Urt. v. 14. 7. 1994, C-91/92, EU：C：1994：292-Faccini Dori（§ 12 Rn. 37, 43 f., 46）

EuGH, Urt. v. 14. 12. 1995, C-317/93, EU：C：1995：438-Nolte（§ 9 Rn. 67）

EuGH, Urt. v. 15. 12. 1995, C-415/93, EU：C：1995：463-Bosman（§ 12 Rn. 13 f.）

EuGH, Urt. v. 5. 3. 1996, C-46/93 u. a., EU：C：1996：79-Brasserie du Pêcheur（§ 9 Rn. 65, § 12 Rn. 32, 123）

EuGH, Urt. v. 20. 3. 1997, C-24/95, EU：C：1997：163-Alcan（§ 12 Rn. 27 ff., § 13 Rn. 81）

EuGH, Urt. v. 22. 4. 1997, C-180/95, EU：C：1997：208-Draehmpaehl（§ 12 Rn. 84）

EuGH, Urt. v. 18. 12. 1997, C-129/96, EU：C：1997：628-Inter-Environnement（§ 12 Rn. 86）

EuGH, Urt. v. 2. 4. 1998, C-296/95, EU：C：1998：152-Queen/Commissioners of Customs and Excise（§ 6 Rn. 29 f.）

EuGH, Urt. v. 9. 3. 1999, C-212/97, EU：C：1999：126-Centros（§ 5 Rn. 55）

EuGH, Urt. v. 11. 1. 2000, C-285/98, EU：C：2000：2-Tanja Kreil（§ 12 Rn. 41）

EuGH, Urt. v. 27. 6. 2000, C-240/98 u. a., EU：C：2000：346-Océano Grupo（§ 7 Rn. 15, 33）

EuGH, Urt. v. 5. 10. 2000, C-376/98, EU：C：2000：544 - Tabakrichtlinie（§ 13 Rn. 120）

EuGH, Urt. v. 18. 1. 2001, C-162/99, EU：C：2001：35 - Kommission/Italien（§ 12 Rn. 35, 105）

EuGH, Urt. v. 10. 5. 2001, C-144/99, EU：C：2001：257-Transparenzgebot inAGB-RL（§ 12 Rn. 108）

EuGH, Urt. v. 20. 9. 2001, C-453/99, EU：C：2001：465-Courage Ltd./Crehan（§ 5 Rn. 114, 116/117 f., § 9 Rn. 70, § 15 Rn. 29 f.）

EuGH, Urt. v. 13. 12. 2001, C-481/99, EU：C：2001：684-Heininger（§ 5 Rn. 18）

EuGH, Urt. v. 4. 6. 2002, C-367/98, EU：C：2002：326-Goldene Aktie Portugal（§ 5 Rn. 111）

EuGH, Urt. v. 11. 3. 2003, C-186/01, EU: C: 2003:146–Dory/BRD（§ 6 Rn. 179 f.）
EuGH, Urt. v. 12. 6. 2003, C-112/00, EU: C: 2003:333–Schmidberger（§ 2 Rn. 69）
EuGH, Urt. v. 30. 9. 2003, C-167/01, EU: C: 2003:512–Inspire Art（§ 3 Rn. 27, § 5 Rn. 111）
EuGH, Urt. v. 30. 9. 2003, C-224/01, EU: C: 2003:513–Köbler（§ 12 Rn. 124, 128）
EuGH, Urt. v. 6. 11. 2003, C-413/01, EU: C: 2003:600, Rn. 44 ff. –Ninni-Orasche（§ 5 Rn. 55a）
EuGH, Urt. v. 1. 4. 2004, C-237/02, EU: C: 2004:209–Freiburger Kommunalbauten（§ 7 Rn. 15, 33）
EuGH, Urt. v. 27. 1. 2005, C-188/03, EU: C: 2005:59–Junk（§ 2 Rn. 71）
EuGH, Urt. v. 22. 12. 2005, C-144/04, EU: C: 2005:709–Mangold（§ 12 Rn. 14）
EuGH, Urt. v. 4. 7. 2006, C-212/04, EU: C: 2006:443–Adeneler（§ 12 Rn. 46 f. , 77, § 13 Rn. 23, 81）
EuGH, Urt. v. 13. 7. 2006, C-295/04 u. a. , EU: C: 2006:461–Manfredi（§ 5 Rn. 145, § 15 Rn. 30）
EuGH, Urt. v. 11. 12. 2007, C- 438/05, EU: C: 2007:772–Viking（§ 12 Rn. 14）
EuGH, Urt. v. 3. 4. 2008, C-306/06, EU: C: 2008:187–01051 Telecom（§ 4 Rn. 85）
EuGH, Urt. v. 17. 4. 2008, C-404/06, EU: C: 2008:231–Quelle（§ 12 Rn. 58, 71）
EuGH, Urt. v. 6. 5. 2008, C-133/06, EU: C: 2008:257–Parlament/Rat（§ 13 Rn. 117）
EuGH, Urt. v. 22. 12. 2008, C-549/07, EU: C: 2008:771–Wallentin-Hermann（§ 5 Rn. 16）
EuGH, Urt. v. 20. 1. 2009, C-350/06 u. a. , EU: C: 2009:18–Schultz-Hoff（§ 12 Rn. 40）
EuGH, Urt. v. 15. 4. 2010, C-215/08, EU: C: 2010:186–Friz（§ 9 Rn. 68）
EuGH, Urt. v. 7. 12. 2010, C-585/08 und C-144/09, EU: C: 2010:740–Pammer u. a. （§ 4 Rn. 145）
EuGH, v. 8. 3. 2011, Gutachten 1/09, EU: C: 2011:123–Europäisches Patentgericht（§ 1 Rn. 29 f.）
EuGH, Urt. v. 14. 6. 2011, C-360/09, EU: C: 2011:389–Pfleiderer（§ 15 Rn. 30）
EuGH, Urt. v. 16. 6. 2011, C-65/09 u. a. , EU: C: 2011:396–Weber/Putz（§ 15 Rn. 40 ff.）
EuGH, Urt. v. 28. 6. 2012, C-19/11, EU: C: 2012:397–Geltl/Daimler AG（§ 7 Rn. 42 f.）
EuGH, Urt. v. 26. 2. 2013, C-617/10, EU: C: 2013:105 – Åkerberg Fransson（§ 2 Rn. 103）
EuGH, Urt. v. 3. 10. 2013, C-583/11 P, EU: C: 2013:625–Inuit Tapiriit Kanatami u. a. （§ 4 Rn. 28, 172）

EuGH, Urt. v. 22. 1. 2014, C-270/12, EU：C：2014：18-ESMA（§ 13 Rn. 120）

EuGH, Urt. v. 8. 4. 2014, C-293/12 u. a., EU：C：2014：238-Vorratsdatenspeicherung（§ 15 Rn. 36 f.）

EuGH, Urt. v. 15. 5. 2014, C-359/12, EU：C：2014：325-Timmel/Aviso Zeta（§ 6 Rn. 83）

EuGH, Urt. v. 16. 6. 2015, C-62/14, EU：C：2015：400 - Gauweiler/OMT（§ 13 Rn. 113）

EuGH, Urt. v. 19. 4. 2016, C-441/14, EU：C：2016：278-Dansk Industri（§ 12 Rn. 57）

EuGH, Urt. v. 21. 12. 2016, C-203/15 u. a., EU：C：2016：970-Tele2 Sverige（§ 10 Rn. 57）

EuGH, Urt. v. 14. 3. 2017, C-157/15, EU：C：2017：203-G4S Secure Solutions（§ 14 Rn. 30）

EuGH, Urt. v. 11. 12. 2018, C-493/17, EU：C：2018：1000 - Weiss/PSPP（§ 13 Rn. 114）

EuGH, Urt. v. 22. 1. 2019, C-193/17, EU：C：2019：43-Creso（§ 12 Rn. 14）

□欧洲人权法院

EGMR, Urt. v. 25. 4. 1978, 5856/72, CE：ECHR：1978：0425JUD000585672-Tyrer v. the United Kingdom（§ 6 Rn. 88）

EGMR, Urt. v. 28. 6. 1978, 6232/73, CE：ECHR：1978：0628JUD000623273-Duration of Proceedings（§ 3 Rn. 99）

EGMR, Urt. v. 29. 10. 1992, 14234/88 u. a., CE：ECHR：1992：1029JUD001423488-Open Door Counselling Ltd and Dublin Well Woman Centre v. Ireland（§ 10 Rn. 59 f.）

EGMR, Urt. v. 17. 12. 2009, 19359/04, CE：ECHR：2009：1217JUD001935904-M. v. Germany（Rückwirkende Verlängerung der Sicherheitsverwahrung）（§ 7 Rn. 90）

EGMR, Urt. v. 18. 3. 2011, 30814/06, CE：ECHR：2011：0318JUD003081406 - Lautsi u. a. v. Italy（§ 10 Rn. 52b）

EGMR, Urt. v. 1. 7. 2014, 43835/11, CE：ECHR：2014：0701JUD00438 3111 - S. A. S. v. France（§ 13 126, § 14 Rn. 30）

■外国判例

□澳大利亚

Mabo v. Queensland（No. 2）（1992）175 C. L. R. 1（§ 7 Rn. 66）

HP Mercantile Pty. Ltd. v. Commissioner of Taxation（2005）143 F. C. R. 553（§ 3 Rn. 87）

□英国

Corocraft Ltd. v. Pan American Airways Inc.［1969］1 Q. B. 616（§ 5 Rn. 3）

Maunsell v. Olins［1975］A. C. 373（§ 14 Rn. 138）

McLoughlin v. O'Brian［1983］1 A. C. 410（§ 7 Rn. 61）
Alcock v. Chief Constable of South Yorkshire［1992］1 A. C. 310（§ 7 Rn. 61）
Pepper（Inspector of Taxes）v. Hart［1993］A. C. 593（§ 14 Rn. 138）
White v. Jones（H. L.（E.））［1995］2 A. C. 207（§ 3 Rn. 87）

□荷兰

Hoge Raad, Urt. v. 9. 10. 1992, NL:HR:1992:ZC0706, Ars Aequi 42（1993）, 123-DES-dochters（§ 3 Rn. 87）

□奥地利

OGH, Urt. v. 19. 3. 2013, 4Ob15/13d-Ausverkauf（§ 12 Rn. 75）
OGH, Urt. v. 25. 3. 2014, 9Ob64/13x（§ 12 Rn. 62a）
VfGH, Urt. v. 4. 12. 2017, G 258-259/2017-9-Gleichgeschlechtliche Partnerschaft als Ehe（§ 13 Rn. 94）

□美国

MacPherson v. Buick Motor Co., 111 N. E. 1050（N. Y. 1916）-Gefährdungshaftung für Kfz-Hersteller（§ 7 Rn. 62a, 64）
McBoyle v. U. S., 43 F. 2d. 273（10th Cir. 1930）-Flugzeug als motor vehicle（§ 4 Rn. 70）
McBoyle v. U. S., 283 U. S. 25（1931）-Todesstrafe für jugendliche Straftäter（§ 4 Rn. 70）
Crowell v. Benson, 285 U. S. 22（1932）-verfassungskonforme Auslegung（§ 11 Rn. 35）
United States v. American Trucking Ass'ns, 310 U. S. 534（1940）（§ 4 Rn. 156）
United States v. Caroll Towing Co., 159 F. 2d 169（2d Cir. 1947）-ökonomische Analyse（§ 5 Rn. 126 f.）
Brown v. Board of Education, 347 U. S. 483（1954）-Gleichberechtigung der Rassen（§ 7 Rn. 65, § 14 Rn. 35）
Roe v. Wade, 410 U. S. 113（1973）-Schwangerschaftsabbruch（§ 1 Rn. 71）
Regents of the University of California v. Bakke, 438 U. S. 265（1978）（§ 5 Rn. 104）
Muscarello v. United States, 524 U. S. 125（1998）-Beisichtragen einer Waffe（§ 4 Rn. 62a）
Chickasaw Nation v. United States, 534 U. S. 84（2001）（§ 6 Rn. 2）
Atkins v. Virginia, 536 U. S. 304（2002）-Todesstrafe für geistig Behinderte（§ 3 Rn. 92）
Roper v. Simmons, 543 U. S. 551（2005）-Todesstrafe für jugendliche Straftäter（§ 3 Rn. 92）
Kimble v. Marvel Entertainment LLC, 135 S. Ct. 2401（2015）-Overruling（§ 7 Rn. 62）
Obergefell v. Hodges, 135 S. Ct. 2584（2015）-Gleichgeschlechtliche Partnerschaft als Ehe（§ 5 Rn. 104 f., § 6 Rn. 90）

关键词索引

Absolutheitsanspruch 绝对性要求 § 5-58
Absprachen im Strafprozess 刑事诉讼中的认罪协商 § 13-54, 73 ff.
Abwägung(s) 衡量
-als Konkretisierung 作为具体化的衡量 § 9-25, § 14-122 f.
-auftrag 针对衡量的授权 § 10-8
-ausfall 衡量缺失 § 13-114 f.
-direktive 衡量方针 § 10-16c
-Eingriffs- und Kompensationsbilanz 损害及补偿结算方案 § 10-16b f.
-parameter 衡量因素 参见 *Abwägungsgesichtspunkte*
-regel 衡量规则 § 1-99, § 10-23, § 11-41 ff.
-verbot 禁止衡量 § 10-9
-vollständigkeit 衡量完整性 § 10-8a
-vorgang 衡量过程 参见 *Abwägungsgesichtspunkte*, *Gegenüberstellung*
Abwägungsgesichtspunkte 衡量角度 § 10-11
-abstrakte Gewichtung 抽象权衡 § 10-11
-bilanzierend 结算性 § 10-15
-Gegenüberstellung 比较 § 10-13 ff.
-konkrete Gewichtung 具体权衡 § 10-12
Abwehrrechte 防御权 参见 *Grundrechte*, *Abwehrrechte*
Abwehrschicht 防御层次 § 11-10
Acte-clair-Doktrin 法的明确性原则 § 3-53, § 4-64, § 6-9, § 12-115 f.
Adeneler-Entscheidung 阿德纳勒案 § 12-46 f., 77, § 13-81
Affirmative action 纠偏行为 § 5-104, § 6-90
AGB-Klauseln-Entscheidung 一般交易条款案 § 7-33
Ähnlichkeitsargument 相似性论据 § 6-112 ff., 117, 122 ff., § 7-48
Akerlof 阿克洛夫 § 5-146
Akzeptanz 可接受性 § 1-119, § 3-34, § 5-101 ff., § 13-58 f., § 14-36, 110

Albert 阿尔伯特 §1-79

Alcan-Entscheidung 加铝案 §12-27 ff., §13-81

Alexy 阿列克西 §1-106, 3-15, §9-12, 14, §10-23

Alkoholzufuhr-Fall 故意灌酒案 §4-12 ff.

Allgemeiner Gleichheitsgrundsatz 一般性的平等原则 参见 *Gleichheitsgrundsatz*

Allgemeines Gleichbehandlungsgesetz 一般平等待遇法 §12-84

Allgemeines Schädigungsverbot §110, 10-84 ff., §11-5

Allgemeines Persönlichkeitsrecht 一般人格权 参见 *Persönlichkeitsrecht*

Allokationseffizienz 配置效率 §5-122, 134

Alternativität, Grundsatz der ~ 择一关系,择一原则 §6-37

Altersdiskriminierung, Verbot der ~ 年龄歧视,禁止~ §12-14

Alterum non laedere 勿害他人 参见 *Schädigungsverbot, allgemeines*

Analogie 类推 参见 *Einzelanalogie*

Analogieverbot 类推禁止 §1-80, 97, §4-59 ff., 65 ff., 81, §7-24 f.

Angemessenheit 均衡性 §10-46 ff., 73 ff.

Anhang im europäischen Sekundärrecht 欧盟次级法的附件 §7-31 f.

Ankauf durch einen Angestellten-Entscheidung 雇工采购案 §4-153 f., §6-130 f., §13-57

Anpassungspflicht von nationalen Gesetzen 国内法律的调整义务 §12-109 ff.

Anthropologie 人类学 §2-138

Anwendbarkeit, unmittelbare 适用性,直接~ §2-52, §12-1 ff., 7 f.

Anwendung(s) 适用~

-bereich europäischen Rechts 欧盟法的适用领域 §2-110 ff., §7-15, §10-57 ff., §12-118 f.

-bereich einer Norm 规范的适用领域 §5-53

-vorrang 适用的优先性 §2-39, 85 ff., 93, 101, §3-83, §5-115, §12-3, 16 ff.

Äquivalenzgrundsatz 等价原则 §5-113 f.

Äquivalenzstörung 损害等价原则 §8-41

Arbeitshypothese 工作假设 参见 *These*

Arbeitsrecht 劳动法

-Arbeitnehmerhaftung 雇工责任 §13-49 f.

-Arbeitskampfrecht 劳工罢工法 §13-53

-Europäischer Gerichtshof 欧盟最高法院 §13-118

-Gewerkschaft 工会 §11-78

-Schwangerschaftsvertretung 原孕妇雇工的代理 §5-18

Argumentation, substantielle 论证,实质论证 § 14-120

Argumentationsfigur(en) 论证模型 § 1-94, 102 ff., § 4-18 f., § 13-24 ff.

-Abwägung 衡量 § 13-127 ff.

-Gewichtung 权衡 § 1-96 ff., § 13-113 f., § 14-64 ff., 77 ff., 127

Argumentationslastregel 论证负担规则 § 1-100, § 10-22, § 13-127, § 14-88

Argumentationslehre 论辩学说 § 1-8, 63 ff., 78 ff., § 14-119

Argumentum a fortiori 举强以明弱　参见 *Erst-Recht-Schluss*

Argumentum a maiori ad minus 举重以明轻　参见 *Schluss, vom Größeren auf das Kleinere*

Argumentum a minori ad maius 举轻以明重　参见 *Schluss, vom Kleineren auf das Größere*

Argumentum a simile 相似性论据　参见 *Ähnlichkeitsargument*

Argumentum ad absurdum 归谬法 § 5-62 ff., 107, § 6-96, 103 ff., § 7-48

Argumentum e contrario 反面推论　参见 *Umkehrschluss*

Argumentum ex silentio 默证 § 5-45, § 6-67

Aristoteles 亚里士多德 § 1-63, 107 f., § 2-129, § 4-2, § 6-92, § 9-10, 35, § 14-52

Auctoritas 权威　参见 *Autorität*

Audiatur et altera pars 听取他方陈述原则 § 1-38

Aufenthaltserlaubnis-Fall 居留许可案 § 5-41 f.

Aufklärungspflicht 说明义务 § 8-21 f.

Augustinus 奥古斯丁 § 2-129

Auskunftsanspruch des Scheinvaters-Entscheidung 疑似父亲的知情请求权案 § 11-87 ff.

Auskunftspflicht, fehlende-Entscheidung 未尽"告知义务"案 § 5-43

Ausländische Urteile 外国判决 § 3-75 ff. 另参见 *Rechtsvergleichung*

Auslegung 解释 § 4-34 ff., § 7-1 ff.

-dynamische 动态解释 § 5-104, § 6-87 f., § 13-92

-extensive 扩张解释 § 4-59 ff.

-folgenorientierte 结果取向的解释　参见 *Folgenorientierte Auslegung*

-gemeinschaftskonforme 合共同体法的解释　参见 *Auslegung, europäische*

-genetische 谱系解释 § 4-148, 156 ff., § 6-41 ff., 167

-gespaltene 区分解释 § 6-27 f., § 12-90 ff.

-grammatische 文法解释　参见 *Wortlautauslegung*

-historische 历史解释　参见 *Historische Auslegung; Wille des Gesetzgebers*

-im engeren Sinn 狭义解释 § 12-17, 23, 46 ff.

-im weiteren Sinn 广义解释 § 4-37, § 6-172, § 12-17, 21 f., 35 ff.

-interessenorientierte 利益导向的解释　参见 *Interessenjurisprudenz*
-objektive 客观解释　§ 6-69，§ 13-37
-restriktive 限缩解释　§ 4-59 ff.，§ 6-92
-subjektive 主观解释　§ 4-148 ff.
-systematische 体系解释　参见 *Systematische Auslegung*
-teleologische 目的解释　参见 *Teleologische Auslegung*
-überschießende 溢出性解释　§ 12-92
-verfassungskonforme 合宪解释　§ 2-40，§ 11-35 ff.，47 ff.，52 ff.
-verfassungsorientierte 宪法导向的解释　§ 11-36 ff.
-von Ausnahmen 对例外的解释　参见 *Ausnahmen sind eng auszulegen*，参见 *Ausnahmen dürfen weit ausgelegt werden*
-von Verträgen 合同解释　参见 *Vertragsauslegung*
-von Rechtsgeschäften 法律行为的解释　参见 *Vertragsauslegung*
-von Willenserklärungen 意思表示的解释　参见 *Vertragsauslegung*
-wertende 评价性的解释　参见 *Wertungsjurisprudenz*
Auslegung, europäische 解释, 对欧盟法的解释　§ 2-105 f.，§ 7-15，§ 10-56 f.，§ 12-118 f.
-autonome 自主解释　§ 1-29，§ 2-70 ff.，§ 3-83 f.，§ 4-183
-der Sprachfassungen 语言版本的解释　§ 3-97
-grundfreiheitenkonforme 合基本自由的解释　§ 2-76
-grundrechtskonforme（GRCh）合基本权利(宪章)的解释　§ 2-76
-primärrechtskonforme 合基础法的解释　§ 2-74 ff.，§ 12-20 ff.
-richtlinienkonforme 合指令的解释　§ 2-63，§ 3-83，§ 5-115，§ 12-46, 90 ff.
-unionskonforme 合欧盟法的解释　§ 2-40，§ 12-2 ff.，19
Auslegung, völkerrechtliche 国际法的解释
-autonome 自主解释　§ 2-118 ff.，§ 3-79, 98
-völkerrechtsfreundliche 亲善国际法的解释　§ 2-101 f.，§ 12-130
Auslegungsfigur 论证模型　参见 *Argumentationsfiguren*
Auslegungskanon 解释学说/原理　§ 1-102，§ 9-1, 7c，§ 10-4, 32，§ 14-70
-Bedeutung 意义　§ 4-22 ff.
-Begründung 建立　§ 4-17 ff.
-bei Willenserklärungen 关于意思表示　§ 6-187 ff.
-beim EuGH 欧盟最高法院的运用　§ 2-70 f.，§ 4-27 ff.
-im Ausland 在国外的运用　§ 4-24 ff.
-Kritik 批评　§ 4-30 ff.

Auslegungsmöglichkeiten 解释可能性 § 11-47

Auslegungsregel 解释规则 参见 Auslegungsfigur

Auslegungsziel 解释目标

-Begriff 概念 § 1-95

-Telos 目的 § 5-8, § 6-1

-richtlinienkonforme Rechtsfortbildung 合指令的法续造 § 12-65

-Verfassung 宪法 § 11-39 ff.

-Gewichtung der Interpretationsfiguren 论证模型的权衡 § 14-95 a ff.

Ausnahmen dürfen weit ausgelegt werden 例外也可从宽解释 § 6-32 ff.

Ausnahmen sind eng auszulegen 例外应作严格解释 § 4-94, 123 f., 140 ff., § 6-179

Ausreißer 偏差（判决） § 10-52b

Ausschüsse 委员会 § 4-163

Austin 奥斯丁 § 2-7

Autorität 权威 § 3-6, 18, § 7-73 f.

Bar, von 冯·巴尔 § 3-84 f., § 8-9 f.

Bartolus 巴托鲁斯 § 1-70

Basisrechtsakt 基础性质的法律文件 § 7-41

Bausteintechnik 砌造技术 § 4-7 f., 104

Bayer 拜耳 § 15-58

Bayerisches Straftäterunterbringungsgesetz-Entscheidung "巴伐利亚州刑犯安置法"案 § 11-33

Beamtenrechtliches Streikverbot -Entscheidung "公职人员法上的罢工禁止"案 § 12-132 f.

Bebauungsplan 建筑规划 § 10-16

Beccaria 贝卡里亚 § 4-34

Befassungs-und Befolgungspflicht 参详义务及遵从义务 § 3-13 ff., 25 ff.

-gesetzliche Beispiele 法律层面的例证 § 3-73 f.

-im internationalen Einheitsrecht 国际统一法中的~ § 3-95, § 7-79

-von Gerichtsentscheidungen 对法院裁判的~ § 7-67

-von Empfehlungen 对"建议"的~ § 12-97 ff.

Begriffs 概念

-hof 概念晕 § 4-43 ff., 65

-kern 概念核 § 4-38, 43 ff., 65

-pyramiden 概念金字塔 § 4-102, 107

Begriffsjurisprudenz 概念法学 §4-34, 64, 102, §5-19, §6-34
Begründung(s) 说理/理由
-amtliche 官方理由 §4-162
-defizit 说理缺陷 §1-23
-last 说理负担 §4-38
-lehre 说理学说 参见 *Argumentationslehre*
-pflicht 说理义务 §1-28 ff., 39, §4-176 f., §13-10, 106
-rationale 理性说理 §1-23
Begründungsstil 说理风格
-der anglo-amerikanischen Gerichte 英美法系法院的~ §1-54 f., 57
-der Gerichte in den europäischen Staaten 欧盟成员国法院的~ §1-54 ff.
-des EuGH 欧盟最高法院的~ §1-60 ff.
Behavioral Finance 行为财政学 §5-129b, c, 148
Beihilfe 补助 参见 *Alcan-Entscheidung*
Beihilferecht 补助法 §5-120, §12-27 ff.
Benrather Tankstellen-Entscheidung 本拉特加油站案 §5-155 f.
Beschränkungsverbot 限制禁止 参见 *Grundfreiheiten*, *Beschränkungsverbot*
Beschuhter Fuß-Entscheidung "穿着鞋的脚"案 §7-57
Bespanntes Fuhrwerk-Entscheidung 套车案 §1-80
Bestimmtheitsgrundsatz 确定性原则 §4-79, §7-9, 24 f., 29
Bestimmungslandprinzip 目的地原则 §10-65
Betreutes Wohnen im Mühlehof-Entscheidung 梅勒赫夫养老院案 §14-21a
Bewegliches System 动态体系 §3-19, 33, 69, §8-2 ff., §10-81
-Abwägungsregeln 衡量规则 §13-128, §14-87
-Anwendungsfälle 适用情形 §8-9 ff., 25
-Deliktsrecht 侵权法 §8-9 ff.
-Konkretisierung 具体化 §8-26 ff.
-Sittenwidrigkeit 违反善良风俗（背俗） 参见 *Sittenwidrigkeit*
Bier 啤酒 参见 *Reinheitsgebot-Entscheidung*
Billigkeitskontrolle 公平性审查 另参见 *Gerechtigkeit*, *Richtigkeitsgewähr*
-eigener Prüfungsschritt 独立的检验步骤 §14-40, 74
-Einzelanalogie 具体类推 §6-121
-folgenorientierte Auslegung 结果取向的解释 §5-73 ff.
-Leerformel 空洞公式 §1-105, §14-74
-Rechtsfortbildung 法续造 §13-48 ff.

-teleologische Reduktion 目的性限缩 §6-100 ff.

Bindungswirkung 约束力

-allgemeine 一般的~ §2-6b, §11-30, §12-86

-ausländischer Urteile 外国法判决的~ §3-94 ff.

-faktische 事实上的~ §3-3 f., 11 f.

-mittelbare 间接的~ §3-53

-norminterpretierender Verwaltungsvorschriften 解释法规范的行政规则 §3-8, 54 ff.

-normkonkretisierender Verwaltungsvorschriften 将法规范具体化的行政规则 §3-8, 56, 62

-primärer Rechtsquellen 基础性法源 §2-5, §3-2 ff., 18

-sekundärer Rechtsquellen 次级法源 §2-5, §3-12 ff., 18

-von Empfehlungen und Verwaltungsvorschriften von Unionsorganen 欧盟机构的建议及行政规则的~ §3-71 ff.

-von Entscheidungen des BVerfG 联邦宪法法院裁判的~ §3-47

-von Entscheidungen des EuGH 欧盟最高法院裁判的~ §3-51 ff.

-von Entscheidungen im anglo-amerikanischen Rechtskreis 英美法系裁判的~ §3-9, 15, 44 ff., §7-58 ff.

-von Erklärungen von Rat und Kommission 理事会及委员会声明的~ §4-181

-von Rechtserkenntnisquellen 法认知源的~ §2-6, §3-3 ff., 12, 17

-von Rechtsvorschriften Privater 私人创设的法规范的~ §3-8, 60 ff.

-von Richterrecht 法官法的~ §3-3 ff., 13 ff., 19, 22 ff., 28, 91, §7-73 ff.

-zwischen Gerichten 法院之间的~ §3-48 ff.

Blankettnormen 空白规范 §7-5

Blankettverweise（引致……的）空白规范 §6-50

Böckenförde 伯肯弗德 §11-4b

Bosman-Entscheidung 博斯曼案 §12-13 f.

Bounded rationality 有限理性 §5-129

Boykottaufruf 抵制运动 参见 Lüth-Entscheidung

Brasserie du Pêcheur-Entscheidung 渔夫啤酒厂案 §12-126 ff.

Brown v. Board of Education-Entscheidung 布朗诉教育局案 §7-65, §14-35

Brugger 布鲁格 §6-170, §14-64

Bruns 布伦斯 §13-87

Bülow, von 冯·比洛 §4-35

Bundespräsident 联邦总统

-materielles Prüfungsrecht-Fall "联邦总统的实质审查权"案 §5-44

-Mindestalter 最低年龄 §1-66, §4-46, 64
Bundesrecht 联邦法 §2-41 ff., 115
Bundestagsauflösung-Entscheidung 联邦议院解散案 §5-96, §10-5
Bundestagsdrucksache 联邦议院公报 §4-163 f.
Bundesverfassungsgericht 联邦宪法法院
- als politisches Gericht 作为政策性法院 §13-97 ff.
- Entscheidungen ~的裁判 参见 *Bindungswirkung von Entscheidungen des BVerfG*
- Kooperationsverhältnis 合作关系 参见 *Kooperationsverhältnis*
- Prüfungsintensität 审查密度 参见 *Superrevisionsinstanz*
Bürge, tauglicher 保证人,适格的~ §12-26
Bürgschaft vermögensloser Angehöriger-Entscheidung 无财产亲属的担保案 §8-30, 35, 40, §9-46, §11-58 ff., 62
Burkaverbot-Fall 波卡禁令案 §14-27 ff.
Bydlinski 比德林斯基 §3-6, 15, §9-14

C. I. L. F. I. T.-Entscheidung C. I. L. F. I. T. 案 §6-9, §12-115
Canaris 卡纳里斯 §3-19, §4-102, §9-12, 17, §10-93
Canons of instruction 解释方法 §4-26
Cardozo 卡多佐 §7-62a ff., §14-48
Caroline von Monaco-Entscheidung 摩纳哥公主案 §5-143
Cassis de Dijon-Entscheidung 第戎黑加仑案 §10-67 ff.
Cassis-Formel 黑加仑案准则 §10-66
Celsus 塞尔苏斯 §1-105
Cheapest cost avoider 最小防范成本 §5-124 ff., 136 ff., 147
Cicero 西塞罗 §2-129, §14-52
Classic legal thought 经典法思想 §4-108a
Clausula rebus sic stantibus 情势变更理论 参见 *Störung der Geschäftsgrundlage*
Clinique-Entscheidung 倩碧案 §2-78
Coase-Theorem 科斯定理 §5-125
Coing 科殷 §5-22, §8-36
Common law 普通法 §13-99
Comply-or-explain-Regel 不遵守就解释 参见 *Entsprechenserklärung*
Conclusio 结论 参见 *Schluss, -folgerung*
Contra legem-Grenze 违法界限 §12-47, 55 ff., 62 ff., 76 ff., 82, 123
Corona-Pandemie 新冠肺炎疫情流行

-Abwägung des Grundrechts auf Leben 生命权的衡量 § 10-12
-Schutzpflicht 保护义务 § 11-8a
-Wesentlichkeitstheorie 重要性理论 § 13-85
Corporate Governance Kodex 公司治理准则 参见 DCGK
Corpus Iuris Civilis 民法大全 § 1-105 另参见 *Digesten*
Costa/E. N. E. L. -Entscheidung 科斯塔诉 E. N. E. L. 案 § 2-54 f., 83
Cost-benefit analysis 成本收益分析 参见 *Kosten-Nutzen-Analyse*
Courage Ltd./Crehan-Entscheidung Courage Ltd. 诉 Crehan 案 § 5-113 f., 117 f., § 9-70
Cross/Harris 克罗斯/哈里斯 § 3-46
Culpa in contrahendo 缔约过错 § 1-50, § 3-23 f.

Dassonville-Entscheidung 达森维尔案 § 10-67
Datenbank 数据库 § 4-62a
DCGK 德国公司治理准则 § 3-7, 18, 63 ff., 73 f.
Déclaration des droits de l'homme et du citoyen《法国人权宣言》 § 1-111
Deduktion 演绎 § 4-2, § 6-132, 140, § 7-46, 52, § 9-24, § 14-121 f.
Deep pocket doctrine 深口袋原则 § 5-145
Definition 定义 § 4-16a
Definitionsverweigerung 拒绝定义 § 10-6
Delegationsfunktion 授权功能 § 7-9, 16
Deliktsrecht 侵权法 另参见 *Haftungsrecht*
-Ergänzungsfunktion 补充功能 § 6-20
-Lücken 漏洞 § 10-88 ff.
-Unterscheidung zum Vertragsrecht 与合同法的区别 § 4-110
De minimis non curat lex 法不干涉琐事 § 5-79 ff., 120
Delisting 退市 参见 *Kapitalmarktrecht*
Demokratieprinzip 民主原则 § 9-63
Demoskopische Untersuchung 民意测验 § 4-62a
Denkgesetze, Verstoß gegen ~ 思维规律, 违背~ § 5-31 ff.
Dernburg 登伯格 § 9-6a
Deutsche Industriebank 德国工业银行 参见 *IKB-Entscheidung*
Dezision 决断 § 10-6, § 14-40 ff., 118, 130 ff. 另参见 *Billigkeit, Gerechtigkeit*
Di Fabio 迪·法比奥 § 13-107
Dialektik 辩证 § 1-63

Digesten 学说汇纂 §1-105, §2-129, §3-23, §4, 17, 64, 152, §5-2, §6-6, 112
Direct applicability 直接效力　参见 *Geltung*, *unmittelbare*
Direct Effect 直接效应　参见 *Anwendbarkeit*, *unmittelbare*
Diskontinuitätsargument 不连续性论据　§6-41
Diskriminierung 歧视
-direkte 直接歧视　参见 *Diskriminierung*, *unmittelbare*
-indirekte 间接歧视　参见 *Diskriminierung*, *mittelbare*
-mittelbare 间接歧视　§10-65 f.
-offene 公开歧视　参见 *Diskriminierung*, *unmittelbare*
-unmittelbare 直接歧视　§10-64
-versteckte 隐蔽性歧视　参见 *Diskriminierung*, *mittelbare*
Diskurstheorien 商谈理论　§1-106
Distinguishing 区别/识别　§7-60, 70
Dory-Entscheidung 多利案　§6-175
Draehmpaehl-Entscheidung 德莱姆帕尔案　§12-84
Draft Common Frame of Reference 欧洲民法典共同示范参考草案　§8-25
Drei-Bereiche-Modell 三领域模型　§4-43 ff.
Drittwirkung 第三人效力　参见 *Primärrechtswirkung*
Droit constant 恒定之法　参见 *Kontinuitätsargument*
Dynamische Verfassungsinterpretation 宪法的动态解释
-des BVerfG 联邦宪法法院的~　§6-72, §6-69, §13-67, 99
-des EGMR 欧洲人权法院的~　§6-87 f.
-des EuGH 欧盟最高法院的~　§6-87 f., §13-119
Durchführungsrechtsakt 实施性质的法律文件　§7-41
Dworkin 德沃金　§9-12

Edelmann-Entscheidung 贵族案　§2-21 f., §5-51
Effektivitätsgrundsatz 效率原则　§5-87 f., 113 ff.
Effet utile 有效原则　§2-83, 92, §3-53, §5-108 ff., 113 ff., §12-31 f., 103, §13-80, 113　另参见 *Klagerecht privater Parteien*; *Staatshaftungsanspruch*
Ehe 婚姻
-als Bündnis gleichgeschlechtlicher Personen 作为同性伴侣结合　§13-94
-Legaldefinition 立法定义　§4-49
Ehrlich 埃利希　§14-109

Eigentumsfreiheit 所有权自由 §9-29, §11-43 f.
Eindeutigkeitsregel 明确性规则 参见 Wortlaut, Eindeutigkeit
-Ablehnung 拒绝 §6-3 ff., 185
Eingriffsbilanz 损害结算 §10-16c
Einheit 统一
-der Rechtsordnung 法秩序的~ §4-94-125 f., §6-17 ff., 29, §12-52
-der Verfassung 宪法的~ §4-128 f.
Einheitsrecht, internationales 统一法,国际统一法 §3-79 ff., 95
Einzelanalogie 具体类推 §1-73, §6-112 ff., 122, 176 ff., §7-44 ff., §9-17, §15-54 f.
Einzelermächtigung, begrenzte (有限的)具体授权 §2-56 ff., 99 ff., §3-53, §6-181, §9-61 ff.
Eishockey-Puck-Entscheidung 曲棍球比赛案 §5-138 ff.
ejusdem generis-Regel 同类解释规则 §4-116 另参见 Systematische Auslegung, innerhalb der Norm
Empfängerhorizont 相对人视角 §6-187 f.
Empfehlungen 建议 §12-97 ff.
Empirische Untersuchungen 实证研究 §5-91 ff., 132, §14-34 ff.
EM TV-Entscheidung EM TV 案 §5-54
EMRK《欧洲人权公约》 参见 Europäische Menschenrechtskonvention
Engisch 恩吉施 §4-10, 22, 58, 102, §14-6 f.
England 英格兰 参见 Vereinigtes Königreich
Enneccerus 恩内克策鲁斯 §5-22
Entscheidung 裁判 另参见 Sondervotum
-Akzeptanz der ~ ~的可接受性 §5-101 ff.
-Beschluss 决定 §1-54
-falsche 错误的~ §1-79 f.
-gerechte 公正的~ §1-99
-Kammerbeschluss (BVerfG) 分庭决定(联邦宪法法院) §1-41
-Leitsatz 裁判要旨 §7-70
-richtige 正确的~ §1-74, 80
-überzeugende 有说服力的~ §1-86 ff.
-Urteil 判决 §1-54
-vertretbare 合理的~ §1-74 ff., 78 ff.
Entscheidungsprärogative 裁判特权 §5-99

Entsprechenserklärung（Comply-or-explain-Regel）说明义务(不遵守就解释规则) § 3-63 ff., 73

Erarbeitungsprozess 工作过程 § 9-7d

Erbschaftsteuer I und II-Entscheidung 遗产税法 I 号案,II 号案 § 11-34, § 13-100

Erforderlichkeit 必要性 § 10-45, 59 f., 70 ff.

Ergänzende Vertragsauslegung 合同的补充解释 § 6-195 ff.

-Voraussetzungen 条件 § 6-198 ff.

-Verhältnis zum dispositiven Recht 与任意法的关系 § 6-201

-Verhältnis zur Störung der Geschäftsgrundlage 与交易基础障碍的关系 § 6-204

Ergebniskontrolle 结果/结论审查 参见 Billigkeitskontrolle

Erhaltung der Norm 规范保留 § 5-53 f., 112, § 11-35, 70, § 12-25

Erin Brockovich-Fall 永不妥协案 § 14-20

Erklärungsfahrlässigkeits-Theorie 表示过失理论 § 5-30

Erklärungstheorie 表示主义 § 4-98, § 5-29, § 6-183

Erst-Recht-Schluss 当然推论 § 6-117, 123 ff., 134, § 7-48

Erstzuständigkeit des Gesetzgebers 立法者的第一管辖权 § 1-46, § 13-91

Erwägungsgründe 立法理由 § 4-138, 177, § 5-16 ff., 134

Esra-Entscheidung《埃斯拉》案 § 5-86

Esser 埃塞尔 § 1-6 ff., 70, 112 f., § 9-7, § 14-65, 108, 111 f.

Ethik 伦理 § 2-15 ff., 129

Europäische Grundrechte 欧盟的基本权利 参见 Grundrechte, europäische

Europäische Menschenrechtskonvention《欧洲人权公约》 § 2-125, § 3-82, 98, § 12-130 ff.

-Living instrument 活的制度 § 6-88

Europäisches Recht 欧盟法

-Anwendung 适用 参见 Anwendungsbereich europäischen Rechts

-Auslegung 解释 参见 Auslegung, europäische

-Konkretisierungsspielräume 具体化空间 § 2-102, § 7-15, § 10-56 ff.

Europäische Rechtsquellen 欧盟法源 § 2-59 ff.

-Normenhierarchie 规范位阶 § 2-36, 74 ff., 127, s. auch lex-superior-Regel

-Primärrecht 基础法 § 2-59 ff., 74 ff., § 3-96, § 4-140 ff., 172

-Sekundärrecht 第二位法 § 2-61 ff., § 4-137 f., 172 f., 183, § 5-16, § 12-33 ff.

-Tertiärrecht 第三位法 § 2-65, 75

Europäische Union 欧盟 § 2-53, 82

Europäischer Gerichtshof 欧盟最高法院　另参见 *Motor der Europäischen Union*
Entscheidungen ~的裁判　参见 *Bindungswirkung von Entscheidungen des EuGH*
-Prüfungsintensität 审查密度　§ 7-15, § 10-56
Europäisches Zivilgesetzbuch 欧洲民法典　§ 9-69
Europäisierung 欧盟化
-der Methodenlehre 方法论的~　§ 1-31, § 14-137
-des Rechts 法的~　§ 3-75
Europarecht 欧盟法　§ 12-1 ff.
Evidenzkontrolle 明显性审查　§ 10-52, § 13-104, 106, § 14-120
Ewigkeitsgarantie 永恒性保障　§ 1-114, § 2-101, 122
Extra legem, intra ius 制定法之外的造法　§ 9-3
Faccini Dori-Entscheidung 法奇尼·多里案　§ 12-43
Fachgericht 专门法院
-als Verfassungsgericht~作为宪法法院　§ 11-21 ff.
-BVerfG als Superrevisionsinstanz, 联邦宪法法院作为超级上诉法院　参见 *Superrevisionsinstanz*
Fahrradunfall-Entscheidung 自行车事故案　§ 7-37 f.
Fallbereich 个案领域　§ 14-8, 11 ff.
Fallgruppe(n) 案件类型　§ 8 26 ff.
-Bildung 案件类型的形成　§ 4-31
-Chancen und Risiken 机会与风险　§ 8-31 ff.
-Entwicklung neuer ~ 新案件类型的发展　§ 8-42 ff., 47 ff.
-Europäischen Rechts 欧盟法　§ 8-50 f.
-normen 案件类型规范　§ 8-27 ff., 33 f.
-tatbestandsähnliche Voraussetzungen 类似构成要件的条件　§ 8-27 ff.
-Unterprinzip 子原则　§ 8-35
-Ziel einer ~ 案件类型的目标 § 8-26
-zulässiger Rechtsfortbildung 正当的法续造　§ 11-68 ff.
-Zurechnungskriterien 归责标准　§ 8-36 ff.
Fallhermeneutik 案件诠释学　参见 *Hermeneutik, Fallhermeneutik*
Fallnormtheorie 个案规范理论　§ 4-11, 30
Falsa demonstratio non nocet 误言无害真意　§ 6-46, 171, 193
Falsifizieren 证伪　§ 1-79, § 14-125, 129
Favor legis 维护规范原则　参见 *Erhaltung der Norm*
Fehlerhafter Arbeits-oder Gesellschaftsvertrag-Entscheidung 错误的劳动合同或合伙(股

东)合同案 §6-101

Fernstraße 长途公路 §10-16b

Feuerwerkskörper I-Entscheidung 烟火爆竹 I 号案 §5-93, §7-51

Feuerwerkskörper II-Entscheidung 烟火爆竹 II 号案 §6-21

Fikentscher 费肯切尔 §4-11, 24, 30, §14-6 ff.

Fiktion 拟制 §2-9, §4-54 ff.

Filterfunktion 过滤功能 §11-47

Fleet-Entscheidung 水道案 §14-39

Flexibilitätsfunktion 弹性功能 §7-10

Fliesen-Entscheidung 瓷砖案 §12-113, §15-40 ff.

Flume 弗卢梅 §4-1, §9-43 ff., 55 f.

Folgenorientierte Auslegung 结果导向的解释 §4-32, §5-56 ff., 61 ff., 107 ff., §13-47 ff.

-Begriff 概念 §5-56 ff.

-durch den EuGH 由欧盟最高法院作出的~ §5-107 ff.

-Grenzen 界限 §5-58 ff., §6-57

-teleologische Gegenfiguren 目的性的相反模型 §6-2, 57 ff.

Formalargument 形式论据 §1-83, 94, §6-2 ff., 8, 34, 67

Forschungsfreiheit-Entscheidung 科研自由案 §11-53

Fortgeltung, befristete (一定期限内)继续有效 §11-32 ff.

Fortschritt, technischer (技术)进步 §7-10

Fragmentarität des Strafrechts 刑法的片断性 §4-73

Francovich-Entscheidung 弗朗科维奇案 §12-123

Fraport-Entscheidung 法兰克福机场案 §11-16a

Freiheitsbeschränkung 自由限制 §11-57 ff.

Freiheitsstrafe, lebenslang 自由刑,终身监禁 §11-69

Freirechtsschule 自由法学派 §1-70

FRoSTA/Delisting II-Entscheidung §15-56 ff. FRoSTA 案(退市II号案)

Fünf-Stufen-System 五步法体系 §13-25, 129 ff.

Gadamer 伽达默尔 §1-70, §14-65, 114

Gastwirt-Entscheidung 酒馆店主案 §8-15

Gasuhr-Entscheidung 燃气表案 §10-83

Gebot der Rückverweisung an den Gesetzgeber 复归于立法者之要求 §13-103, 106

Gebrauchsdogmatik 实用教义学 §1-25, §9-4 ff.

Gebrauchtwagenkauf-Entscheidung 二手车经销商案 §8-23 f.

Gebrechlichkeit 身体虚弱 §12-53

Geeignetheit 合目的性 §10-44, 59 ff., 71

Gefährdungshaftung 危险责任 §4-112 f., §6-156 f., §13-30 ff., 35

-Enumerationsprinzip 列举原则 参见 *Haftung*

Gefährliches Werkzeug-Fall 危险工具案 §4-74, 117, 122

Gefangenendilemma 囚徒困境 §5-153

Gegenfiguren 相反模型 §5-2, §6-1 ff., 58 f.

Gegenschlusswirkung 反推效力 §7-28

Gegenseitige Anerkennung 相互承认 §2-68

Geltung(s) 效力

-anspruch 效力要求 §1-106, §3-18, 63

-des Völkerrechts 国际法的~ §2-122 f.

-erhaltende Reduktion 维持效力的限缩 §5-88

-grund 效力根据 §1-112

-unmittelbare 直接效力 §2-52, 82 ff., 94, §12-4

Generalklauseln 一般条款 §3-62, §4-78, 110, 116, 159, §5-135, §11-11 ff., 60, §14-71

- Fallgruppen 案例类型 参见 *Fallgruppen*

-im anglo-amerikanischem Recht 英美法上的~ 参见 *ejusdem-generis-Regel*

-im europäischen Recht 欧盟法上的~ §7-15, 30 ff.

-Konkretisierung 具体化 §3-66, §5-105, §7-3 ff., 16 ff., §8-1 ff.

-Rechtssicherheit 法安定性 §7-5 ff.

Gerechtigkeit(s) 正义 另参见 *Billigkeitskontrolle*

-als Leerformel 作为空洞公式的~ §2-139 f., §9-10

-als Rechtsidee 作为法理念的~ §1-107 ff., §9-10

-anspruch juristischer Methoden 法学方法对正义的要求 §1-105, §14-115

- ars aequi et boni 公平与正义 §14-40

- ausgleichende ~ (iustitia commutativa) 矫正正义 §1-107

- folgenorientierte Auslegung 结果导向的解释 §5-73

-Gebot der ~ 正义之要求 §6-94, 148

-materielle 实质正义 §3-31 ff., 58 f., §4-84

- Naturrecht 自然法 §2-132 ff.

-prozedurale 程序正义 参见 *Verfahrensgewährleistung*

- und Rechtsphilosophie 正义与法哲学 §1-105, §14-114 f.

- verteilende ~ (iustitia distributiva) 分配正义 §1-108

- Vertrags ~ 合同正义 §9-39
- wiederherstellende ~（iustitia restitutiva）恢复正义 §1-110

Gerhard 格哈德 §13-113

Gesamtanalogie 整体类推 §6-134, 140 ff., 179 ff., §9-17 f.

Geschäftsgrundlage 交易基础 参见 Störung der ~

Gesellschaftsrecht 公司(与合伙)法
- Argumentum ad absurdum und Inspire Art 归谬法与 Inspire Art 案 §5-111
- Kollision von Prinzipien im Gesellschaftsrecht und Erbrecht 公司法及继承法中的原则冲突 §10-77 ff.
- Konkretisierung durch Leitlinien-Schrempp 通过指导细则而具体化- 施伦普案 §7-41 f.
- verfassungskonforme Auslegung beim Delisting/Macrotron 退市案及 Macrotron 案中的合宪解释 §11-22

Gesetzesanalogie 法律类推 参见 Einzelanalogie

Gesetzesgeschichte 立法史 参见 Historische Auslegung

Gesetzesmaterialien 立法材料 §4-147 ff., 156 ff., 161 ff., 171
- europäische 欧盟法上的~ §4-172, 178 ff.

Gesetzespositivismus 法律实证主义 §1-48, §2-134 f.

Gesetzesumgehung 法律规避 §5-48 ff., 55, §6-5 f.

Gesetzesvorbehalt 法律保留 §3-11, §4-66, 72, §9-7e
- allgemeiner 一般性的~ §13-83 ff., 87 f.
- von Grundrechten 基本权利的~ §10-37 ff.

Gesetzesvorrang 法律优先 §13-91

Gesetzeszweck 法律目的 §4-26, §5-1 ff., §6-159 ff., §13-43
- als Prämisse 作为前提 §5-7 ff.
- ausdrücklicher 明显的~ §5-12 f.
- Begriff 概念 §5-2 ff.
- interner 内在的~ §5-11
- konkludenter 推断的~ §5-14 f.
- Kritik 批评 §5-6
- mehrfach 多元的~ §6-170 f.
- normsystemimmanenter 规范体系内在的~ §5-8

Gesetzgebung 立法 §1-34, §3-17
- symbolische 象征性的~ §2-11

Gesetzgebungskompetenz 立法权限 §2-42

-europäische 欧盟的~ § 2-58

Gesetzgebungsverfahren 立法程序 § 2-32, § 4-156 f., 161 ff.

- europäisches 欧盟的~ § 4-178, 182

Gesetzlichkeitsprinzip（罪刑）法定原则 § 1-36, § 2-44, 128, § 4-38, 65 ff.

Gestaltung(s) 形成

-schicht ~层次 § 11-10

-schöpferische 创造性的~ § 7-3

Gewaltenteilung 权力分立 § 1-34 f., § 2-81, § 3-5, 26, 54, § 6-69, § 13-91

Gewichtung der Auslegungsfiguren 论证模型的权衡 参见 *Argumentationsfigur*

Gewohnheitsrecht 习惯法 § 3-8, 22 ff., 36, § 6-151

-internationales 国际习惯法 参见 *Völkergewohnheitsrecht*

-Verbot 禁止 § 4-66, 81 f.

Ghostwritervertrag-Entscheidung 影子写手合同案 § 6-203

Glasbausteine-Entscheidung 玻璃砖墙案 § 6-192 f.

Gleichgeschlechtliche Ehe 同性婚姻 § 2-26, § 4-49, § 5-104 f., § 6-90, § 13-94

Gleichheitsgrundrecht 平等权 参见 *Grundrechte, Gleichheitsrechte*

Gleichheitsgrundsatz 平等原则 § 6-114, § 10-40, § 11-16a, 30 f.

Goethe 歌德 § 1-19, § 14-2

Goldene Aktie-Entscheidung 黄金股案 § 5-111

Grammatik 文法 § 9-2

Großprojekte 重大项目 § 10-16a f.

Grünbücher 绿皮书 § 4-182

Grundfreiheiten 基本自由 § 10-62 ff.

-Beschränkung 限制 § 10-63 ff.

-Beschränkungsverbot 禁止限制 § 10-67

-Diskriminierungsverbot 禁止歧视 参见 *Diskriminierung*

-Prüfungsstufen 检验步骤 § 10-24 ff., 62

-Rechtfertigung 正当化 § 10-63 ff.

-Verhältnismäßigkeit 合比例性 § 10-70

Grundgesetz 基本法 参见 *Verfassung*

Grundlagenfächer 基础领域 § 1-15 f., § 14-98 ff.

Grundrechte 基本权利 § 4-128 f., § 11-2 ff.

-Abwägung 衡量 § 10-26 ff.

-Abwehrrechte 防御权 § 10-24, 33, § 11-3, 9 ff., 23, 57, 68

—allgemeine Handlungsfreiheit 一般行为自由 §10-93, §11-43, 60, §12-26, §13-92
—Ausstrahlungswirkung 辐射效力 §11-13 f., 38 ff.
—Belästigung 负担 §10-34
—Beeinträchtigung 干扰／妨害 参见 *Grundrechtsbeeinträchtigung*
—Berufsfreiheit 职业自由 §3-29, §10-12, 18, 22, 30, 93
—Eigentumsfreiheit 所有权自由 §9-29, §11-43 f.
—Eingriff 干预 §10-33 ff.
—europäische 欧盟的~ 参见 *Grundrechte, europäische*
—Gewährleistungsgehalt 保障性的权利内容 参见 *Grundrechte, Schutzbereich*
—Gleichheitsrechte 平等权 §10-36 ff., 39 ff.
—Konkretisierung 具体化 §10-55 ff.
—Menschenwürde 人格尊严 §1-110 ff., §10-9 f., 57b f., §11-4 ff., 8 ff., 15 ff., 69, 75, §13-103 ff.
—Pressefreiheit 新闻自由 §5-143, §9-41, §10-6, §11-79, §14-45
—Prüfung 检验 §10-54
—Prüfungsstufen 检验步骤 §10-25
—Rechtfertigung 正当化 §10-37 ff.
—Schutz 保护 参见 *Grundrechtsschutz*
—Schutzbereich 保护范围 §10-27 ff.
—Schutzpflichten 保护义务 §10-24, 35, 52, §11-5 ff., 17 ff.
—Schranke 限制 参见 *Grundrechte, Rechtfertigung*
—Schranken-Schranke 限制之限制 §10-41 ff.
—Tatbestand 构成要件 参见 *Schutzbereich*
—Theorie der ~ 基本权利理论 §9-12
—Verhältnismäßigkeit 合比例性 §10-42 ff.
—Verletzung 侵害 参见 *Grundrechtsverletzung*
—Versammlungsfreiheit 集会自由 §2-97, §10-28, 30, §11-54, 70
—weiter Anwendungsbereich 宽泛的适用领域 §10-31
—Wirkung 效力 参见 *Grundrechtswirkung*
—Zwischenschichten 中间层次 §10-17
Grundrechte, europäische 欧盟（法）的基本权利 参见 *Kooperationsverhältnis*
—Doppelprüfung 双重审查 §10-58
—Quellen 法源 §10-57
—Schranken-Schranke 限制之限制 §10-59 f.

-Verhältnismäßigkeit 合比例性 § 10-59 f.
Grundrechtecharta 基本权利宪章 参见 *Grundrechte, europäische*
Grundrechtsbeeinträchtigung 基本权利干扰 § 13-67 ff.
Grundrechtsinnovation 基本权利的革新 § 10-17
Grundrechtsschutz 基本权利保护 § 2-95, § 13-67 ff., 108
Grundrechtsverletzung 对基本权利的侵害
-Dritter 对第三人基本权利的侵害 § 11-79 ff.
-offensichtliche 明显的~ § 11-71 ff.
-schwere 严重的~ § 11-86 ff.
Grundrechtswirkung 基本权利的效力 § 11-11 ff.
-als Schutzpflichten 作为保护义务 参见 *Grundrechte, Schutzpflichten*
-mittelbare Drittwirkung 间接的第三人效力 § 10-17, § 11-11 ff.
-unmittelbare Drittwirkung 直接的第三人效力 § 11-15 f.
Grüneberg 格吕内贝格 § 13-9 f., § 14-40
Grundsatz der loyalen Zusammenarbeit 忠实合作原则 § 1-28 ff., § 2-112, § 8-33
Grundsatzentscheidung 原则性案例 § 1-26, § 7-73 f.
Gurtpflicht-Entscheidung 安全带义务案 § 2-13
Haakjöringsköd-Entscheidung 鲸鱼肉案 § 6-186
Habermas 哈贝马斯 § 1-106
Haftung 责任
-Arbeitnehmerhaftung 雇工责任 § 13-49 f.
-Arzthaftung 医疗责任 § 13-35
-Enumerationsprinzip 列举原则 § 6-155, § 13-30 f.
-Ergänzungsfunktion 补充功能 § 6-20 f.
-Gefährdungshaftung 危险责任 参见 *Gefährdungshaftung*
- Genugtuung-und Präventionsfunktion 抚慰及预防功能 § 5-142
-Kapitalmarktrechtliche Informationshaftung 资本市场法上的信息责任 § 5-134, § 6-50, § 8-43 ff.
-Produzentenhaftung 生产者责任 § 7-62 ff., § 15-14 ff.
-Punitive damages 惩罚性赔偿 参见 *Punitive damages*
-Sachverständigenhaftung 专家鉴定人责任 参见 *Sachverständigenhaftung*
-Staatshaftung 国家责任 参见 *Staatshaftungsanspruch*
-Tierhalterhaftung 动物饲养人责任 § 4-52, § 15-8
-Übermaßhaftung 过度责任 参见 *Übermaßhaftung*
-Verschuldenshaftung 过错责任 参见 *Verschuldenshaftung*

Handlungsgebot 行为命令 §11-6
Hard cases 疑难案件 §1-2, 18
Hard law 硬法 §3-4
Harmonisierung 一体化　参见 *Mindestharmonisierung*, *Vollharmonisierung*
Hart 哈特 §2-138
Härte, unbillige 不合理的负担 §5-71 ff., §6-100, §13-48 ff.
Harz-Entscheidung 哈尔茨案 §12-73
Hassemer 哈斯默尔 §5-58
Haupt 豪普特 §13-33
Heck 赫克 §4-43, 102, §5-19 f., §6-60
Hedemann 赫德曼 §7-5
Hegel 黑格尔 §1-88
Heimtücke 阴险 §11-69
Heininger-Entscheidung 海宁格案 §12-94
Herkunftslandprinzip 起始国原则 §10-75
Hermeneutik 诠释学
-Fallhermeneutik 案件诠释学 §14-5 ff.
-Sachverhaltshermeneutik 案件事实诠释学 §3-21, §4-30, §14-11 ff., 69
Hermeneutische Spirale 诠释学循环 §1-70 *s. Vorverständnis*
Herren der (europäischen) Verträge（欧盟）条约的主人 §2-56, 74, 99 f., §4-172, §13-123
Herrschaft der Toten über die Lebenden 逝者对生者的统治 §6-66, 88
Herrschende Meinung 通说 §5-101 ff.
Hierarchie 位阶
-von Rechtsgütern 法益的位阶 §4-120, §10-11 f., §14-77
-von Rechtsquellen 法源的位阶　参见 *Lex-superior-Regel*
Hillgruber 黑尔格鲁伯 §6-60
Hinterbliebenengeld 遗属补偿金 §5-144
Hinterbliebenenrente für Lebenspartner 生活伴侣的遗属养老金 §11-63
Hintergrund, nationalrechtlicher 背景，国内法的~ §4-183
Hin- und Herwandern des Blickes 目光的来回顾盼 §3-21, §12-64
Hinweispflicht im Prozess 庭审时的指明义务 §14-22
Hirsch 赫希 §6-60
Historische Auslegung 历史解释 §4-18, 23 ff.
-durch den EuGH 欧盟最高法院的~ §4-172 ff.

-im engeren Sinne 狭义的~ § 4-148 ff., 173 ff.
-im weiteren Sinne 广义的~ § 4-146 ff., 172
-teleologische Gegenfiguren 目的上的相反模型 § 6-41 ff.
Historische Schule 历史学派 § 4-102, 108a
Hobbes 霍布斯 § 9-30
Höherrangiges Recht 上位法 § 2-36, 82 ff.
Holmes Jr. 小霍姆斯 § 5-91, § 13-99
Homo oeconomicus 经济人假设 § 5-122 f.
Honsell 郝泽尔 § 4-171, § 11-59, 62
Honeywell-Entscheidung 霍尼韦尔案 § 2-98 f.
Höpfner 霍普夫纳 § 5-6
Huber, P. 胡伯 § 1-88
Hughes 休斯 § 13-97
Hühnerpest-Entscheidung 鸡瘟案 § 15-13 ff.
Hume 休谟 § 3-20
Hundebiss-Fall 狗咬案 § 14-18

Identitätsvorbehalt 同一性保留 § 2-96 ff.
IDW-Standards 审计师协会标准 § 3-66
IKB-Entscheidung IKB 案 § 6-43, § 8-46 ff., § 13-32a
Imperativentheorie 命令论 § 2-7
Indirect effect 间接效果 § 12-3, 46
In dubio 有疑义时
-favor laboris ~唯利雇员 § 5-18, § 6-40
-pro consumente ~唯利消费者 § 5-18, § 6-40
-pro libertate ~唯利自由 § 5-17, § 6-40
Induktion 归纳 § 6-132, 140, § 7-46, § 14-121
-Kombination mit Deduktion 与演绎的结合 § 6-134, 140, § 7-52
Infomatec-Entscheidung Infomatec 案 § 8-43 ff.
Information overload 信息过载 参见 *Informationsüberflutung*
Informations 信息
-asymmetrien 信息不对称 § 5-146 f.
-gefälle 信息差 参见 *Informations-asymmetrien*
-pflichten 信息义务 § 5-147 f., § 8-21
-überflutung 信息过载 § 5-148 f.

-zugang 信息获取 § 12-51
Inkommensurablen 不可通约 § 10-6
Inländerdiskriminierung 国民歧视 § 2-89
Innovation 革新 § 14-46 ff., 123
Inspire-Art-Entscheidung Inspire-Art 案 § 3-27, § 5-111
Integrationsverantwortung 一体化任务 § 2-95, § 13-106
Intentionalism 意图主义 § 4-147
Interessen 利益
-abwägung 利益衡量 § 1-10
-ausgleich 利益平衡 § 10-86, 96 ff.
-jurisprudenz 利益法学 § 5-19 ff., 77
-theorie 利益说 § 2-29
Internalisierung externer Effekte 外在效应的内部化 § 5-124
Interpretatio 解释
- extensiva 扩张解释 § 4-36
- restrictiva 限缩解释 § 4-36
Interpretation 适用/解释
-Interprétation 适用 § 4-36, § 6-172, § 12-17
-Interpretationsregel 适用规则 § 1-102
Isensee 伊森西 § 14-115a

Jellinek 耶利内克 § 11-3, § 14-60
Judicial activism 司法能动主义 § 10-56, § 13-95, 100
Judicial self-restraint 司法的自我克制 § 11-26, § 13-92 ff.
Jugendstrafrecht-Entscheidung 青少年刑法案 § 6-47 f.
Juristische Ausbildung 法学教育 § 1-18 ff.
Juristisches Denken 法学思维 § 14-124 ff.
Juristische Entdeckung 法学上的发现 参见 *Juristische Kreativität*
Juristische Kreativität 法学创新 § 1-20
-überzeugendste Lösung 最有说服力的解决方案 § 1-86 ff.
-Innovation 革新 § 8-2 ff., § 14-46 ff.
Jury 陪审团 § 5-145
Justinian 优士丁尼 § 1-105
Jhering, von 冯·耶林 § 4-21, § 12-6
-culpa in contrahendo 缔约过错 § 6-151

—Interessensjurisprudenz 利益法学 §5-19

—naturhistorische Methode 自然历史的方法 §4-102

KAGG-Entscheidung KAGG 案 §2-49 f.

Kaldor-Hicks-Theorem 卡尔多-希克斯效率定理 §5-125, 135

Kalkar-Entscheidung 卡尔卡尔案 §1-110, §13-85

Kant 康德 §3-20

Kantorowicz 康特洛维茨 §1-70

Kapitalmarktrecht 资本市场法 §5-147, §8-42 ff., §13-32a

—Bildung neuer Fallgruppen-§826 BGB und Infomatec 确立新的案件类型 -《民法典》第 826 条及 Infomatec 案 §8-42 ff.

—Delisting 退市 §3-70, §11-22, §13-87

—Informationsüberflutung-CMS Spread Ladder Swap 信息过载 - CMS Spread Ladder Swap 案 §5-149

—Kapitalmarkteffizienzhypothese 效率资本市场假说 §5-134

—Konkretisierung durch Leitlinien-Schrempp 通过指导细则而具体化 - 施伦普案 §7-41 f.

—MAR《欧盟反市场滥用条例》§2-66, 113, §4-50, §5-119, 147, §6-23, 50, 85, §7-42, §13-32a

—MiFiD II《金融工具市场指令 II》§2-66, 113

—Redaktionsversehen und Blankettverweise-1. FiMaNoG 编写疏漏及向空白法的引致 - 第一次资本市场革新法 §6-50

—Schutzgesetzfähigkeit 可构成保护性法律 §5-119, §13-32a

—Vermeidung von Wertungswidersprüchen-EM-TV 避免价值冲突 - EM-TV 案 §5-54

Kapitalmarkteffizienzhypothese 效率资本市场假说 §5-134

Kartellklage-Entscheidung "卡特尔之诉"案 §8-52

Kartellrecht 卡特尔法 §5-117 f., 155 f. 另参见 *Klagerecht privater Parteien*；*Courage*；*Effet utile*

Kaufmann 考夫曼 §6-113

Kelsen 凯尔森 §2-52, 134, §3-20, §5-100

Kipp 基普 §6-52

Kipp'sche Doppelwirkung 基普的双重效果理论 §6-52 ff.

von Kirchmann 冯·基尔希曼 §6-75

Klagerecht 诉权

—eines nicht rechtsfähigen Vereins-Entscheidung "无权利能力社团的诉权"案 §11-

78，§ 13-57

-privater Parteien 私人当事人 § 15-29 f.

Klassische Methodenlehre 经典的方法论 参见 *Methodenlehre*, *klassische*

Kleinigkeiten 琐事 参见 *de minimis non curat lex*

Koch, H. 科赫 § 4-43

Kollisionsregel 冲突规则 § 2-36 ff., 87 ff., § 4-130 ff.

Kombinationstheorie 折中说 § 12-15, § 14-124

Kommissionsvorschläge 委员会建议 § 4-178

Kompensationsbilanz 补偿结算 § 10-16c

Kompetenzgrenzen 权限界限

-zwischen Parlament und Gericht 议会与法院之间的~ § 13-82 ff.

-zwischen Mitgliedsstaat und EU 成员国与欧盟之间的~ § 2-100 ff.

-des EuGH 欧盟最高法院的~ § 13-117 f. 参见 *Herren der Verträge*

-zwischen verschiedenen Gerichten 不同法院之间的~ § 13-109 ff.

-zur Rechtsfortbildung 法续造的~ § 11-66

Kompetenzkatalog 权限清单 § 2-57

Köndgen 昆德根 § 3-7

Konfuzianisches Denken 孔子的思想 § 5-105

Konkretisierung von Recht 法的具体化 § 7-1 ff., § 13-101 f.

-Abgrenzung 界限 § 4-34 ff., § 7-1 ff.

-Bewegliches System 动态体系 参见 *Bewegliches System*

-durch Abwägung 通过衡量 § 10-6 f.

-durch den europäischen Gesetzgeber 通过欧盟立法者 § 7-30 ff.

-durch Gerichte 通过法院 § 7-44 ff.

-durch Gesetzgeber 通过立法者 § 7-16 ff.

-durch private Regelwerke 通过私人规范 § 7-40 ff.

-durch Verwaltung 通过行政 § 7-35 ff.

-Vergleichsfallmethode 案件对比法 参见 *Vergleichsfallmethode*

-von Generalklauseln 一般条款的具体化 § 7-5 ff.

-und Zwischenschritte 与中间步骤 § 7-2

Konkretisierungsspielraum bei der Anwendung europäischen Rechts 适用欧盟法时的具体化空间 § 2-102

Konsens 共识 参见 *Akzeptanz*

Konstruktion 建构 § 1-11, § 9-7a ff.

-im Verfassungsrecht 宪法中的~ § 10-4 ff., 24

Konsultationspflicht 参考义务 § 6-79

Kontinuitätsargument 连续性论据 § 4-152, 170, § 6-41

-im Europarecht 欧盟法中的~ § 4-173 f.

-in der Rechtsprechung des BVerfG 联邦宪法法院判例中的~ § 4-155

Kontrahierungszwang 强制缔约 § 9-33 f. , 51

Kontrolle 审查

-des Gesetzgebers 立法者的~ § 11-26 ff.

-der Rechtsprechung 司法的~ § 11-23 ff.

Kontrollfunktion 审查功能 § 1-115

Kooperationsverhältnis zwischen BVerfG und EuGH 联邦宪法法院和欧盟最高法院之间的合作关系 § 1-88, § 2-101, § 13-110 ff. , 115 ff.

-Anwendung und Auslegung von Recht 法的适用与解释 § 2-102 ff.

-Anwendungsvorrang europäischen Rechts 欧盟法的适用优先性 § 2-85

-Erstinterpretationsrecht des BVerfG 联邦宪法法院的首次解释权 § 2-109, 115

-Gestaltungsspielraum des nationalen Gesetzgebers 国内立法者的形成空间 § 2-95

-Identitätsvorbehalt 同一性保留 § 2-96 ff.

-Trennungsthese 区分论 § 2-95

-Ultra-vires-Kontrolle 越权审查 § 2-98 ff.

-Überlappungsthese 重叠论 § 2-106 ff.

-Vorabentscheidungsverfahren 前置判决程序 § 12-118 f.

-Wahrung der Verfassungsidentität 确保宪法的身份性 § 2-101

Kooperationsverhältnis zwischen BVerfG und EGMR 联邦宪法法院和欧洲人权法院的合作关系 § 2-125, § 10-57, § 12-136 f.

Kooperationsverhältnis zwischen EuGH und EGMR 欧盟最高法院和欧洲人权法院的合作关系 § 10-57

Kosten-Nutzen-Analyse 成本收益分析 § 5-122 ff. , 136 ff.

Kramer 克莱默 § 4-33, § 14-137

Kriele 克里勒 § 3-15, § 14-85, 114

Krohn-Entscheidung 克罗恩案 § 6-177

Kruzifix-Entscheidung 十字架案 § 5-104, § 10-52a f.

Kudlich 库德里希 § 11-41

Kumulativer Methodeneinsatz 累积式的方法运用 § 14-124

Kunstterrorist 艺术破坏分子 § 10-95, 98

Laesio enormis 非常损失规则 参见 *Preiskontrolle*

Lamfalussy-Verfahren 拉姆法卢西程序 §2-65，§7-41
Landesrecht 州法 §2-41
Langdell 朗德尔 §4-108a
Larenz 拉伦茨 §2-10，§4-22，§5-25，§6-31, 158，§13-33
-Haltung zur Rassenideologie 对种族意识形态的态度 §14-101
-zum Rangverhältnis der Argumentationsfiguren 关于论证模型的位阶关系 §14-64
-zur Rechtsfortbildung 关于法续造 §13-13 ff.
-zu Rechtsprinzipien 关于法原则 §9-11
-zum Vertrag mit Schutzwirkung zugunsten Dritter 关于附保护第三人作用的合同 §10-84
Law and Economics-approach 法律经济学路径 §5-123
Leading cases 指导性案例 参见 *Grundsatzentscheidung*
Learned Hand 勒恩德·汉德 §5-126 f.，140
Lebach-Entscheidung 莱巴赫案 §10-21, 47 ff.
Lebenserfahrung, allgemeine 生活经验，一般性的～ §5-92 f.
Lebenslange Freiheitsstrafe-Entscheidung 终身监禁案 §11-69
Lebensverhältnisse 生活情势 §13-44
Leerformel 空洞公式 §1-94，§6-76，§7-5，§13-10 f.，102
Legal realism 法律现实主义 §5-91, 123
Legaldefinition 立法定义 §2-10，§4-49 f.，87，§6-5a，22 f.
Legalismus 法制主义 §1-35
Legitimationslehre 正当化学说 §1-7 ff.，45 ff.，109
Legitimer Zweck 合法目的 §10-43
Leitbilder 指导观念 §10-17 f.
Lenaerts 莱纳茨 §13-126
Lerche 勒切 §10-17
Lex-mitior-Regel 轻罚优先 §6-49
Lex-posterior-Regel 后法优先 §4-132，§6-50
-Europarecht 欧盟法的～ §2-90，§4-139
-Relativierung 相对化 §6-39
Lex-specialis-Regel 特别法优先 §4-134 f.，§5-52，§7-17 ff.，30
-Europarecht 欧盟法的～ §2-88，§4-139
-Relativierung 相对化 §6-37 f.
Lex-superior-Regel 上位法优先 §2-36 ff.，42，§11-35a
-Alternative 替代 参见 *Recht, vernetztes*

-Bundesrecht und Landesrecht 联邦法与州法 § 2-41 ff.
-Europarecht 欧盟法 § 2-74 ff., § 4-139
-Pyramide 金字塔 § 2-43, 127
-Völkerrecht 国际法 § 2-121 ff.
Lindner 林德纳 § 10-18a
Lissabon-Entscheidung 里斯本案 § 2-97, § 5-98, § 13-112
living constitution 活的宪法 § 6-72, § 10-4, § 14-46
living originalism 活的原旨主义 § 6-80b, § 13-98
Llewellyn 卢埃林 § 2-10
Locke 洛克 § 1-34, § 2-129, § 13-83
Logik 逻辑 § 4-2, § 5-31 ff., § 6-52 ff., 94
- kontradiktorischer Gegensatz 非此即彼 § 1-22; § 5-31
Lohnanspruch an Feiertagen 节假日的薪酬请求权 § 12-14
Longa inveterata consuetudo 长期持续的实际惯行 § 3-23, § 7-73
Love-Parade-Entscheidung 爱的游行案 § 10-30
Loyalitätspflicht 忠实义务 参见 *Grundsatz der loyalen Zusammenarbeit*
Lübbe-Wolff 吕布沃尔夫 § 13-113
Lücke 漏洞 § 6-107 ff.
-anfängliche 初始漏洞 § 6-111
-bewusste 有意漏洞 § 4-170, § 6-64 ff., 111
-im Vertrag 合同中的漏洞 § 6-191
-nachträgliche 嗣后漏洞 § 6-111
-planwidrige 违法计划的漏洞 § 6-108 ff., 135 ff., 150, 155, § 15-46 f., 49
-unbewusste 无意漏洞 § 6-111
-unechte 不真正的漏洞 § 6-67, 92
Lückenhaftigkeitsargument 漏洞论据 § 6-42
Lüth-Entscheidung 吕特案 § 11-4 f., 12 f.

Maastricht-Entscheidung 马斯特里赫特案 § 2-96, § 5-98
Mabo v. Queensland 马伯诉昆士兰案 § 7-66
Mac Pherson v. Buick Motor Company 麦克弗森诉别克汽车公司案 § 7-63 ff.
Macrotron-Entscheidung Macrotron 案 § 11-22
Mandatory requirements 强制性要求 参见 *Cassis-Formel*
Manfredi-Entscheidung 曼弗雷迪案 § 15-30
Marktmissbrauch 市场滥用 § 5-155 ff., § 9-33

MAR-Entscheidung《反市场滥用条例》§ 6-50
Market share liability 市场份额责任 § 3-87
Marleasing-Entscheidung 马利斯 § 12-46, 50
Masing 马辛 § 2-50, 106
Maßstabbildung 标准生成 § 9-7b, § 14-31 f.
Maßstäbe 标准
-innerrechtliche 法内的~ § 7-14
-teil 标准部分 § 14-31 ff.
Materialien 材料
-amtliche 官方材料　参见 *Gesetzesmaterialien*
-gesetzesimmanente 法律内含的材料 § 4-158 ff., 176 ff.
Matthäus 马修 § 4-49, § 6-107
Mauerschützen-Entscheidung 柏林墙射杀案 § 2-130, § 4-84, § 13-77 f.
Mayer-Maly 迈尔-马利 § 8-37
Mehrebenensystem 多层体系 § 1-27, § 2-52, 127, § 12-62b
Mehrheitslösung 大多数解决方案 § 7-87
Meier-Hayoz 梅耶尔-哈约兹 § 13-10
Meinungsfreiheit 言论自由 § 11-45 ff.
Menschenbild 人的形象
-paternalistisches 家长式的~　参见 *Paternalismus*
-freiheitlich-liberales 自由的~ § 1-107, § 2-26, § 9-30, 41, § 13-99
-Verbraucher 消费者　参见 *Verbraucherleitbild*
Menschenwürde 人格尊严 § 1-107, 112 ff.
Merkl 麦克尔 § 2-36, 52
Metamethodik 元方法 § 14-67, 127
Methodenchaos 方法上的混乱 § 14-64
Methodenehrlichkeit 方法上的诚实　参见 *Methodentransparenz*
Methodeneinsatz 方法运用
-kumulativer 累积式的 § 14-124
Methodenlehre 方法论
-Begriff 概念 § 9-7 ff.
-Europäische 欧盟法的方法论 § 14-136 ff.
-klassische 经典方法论 § 14-1
-Moderne 现代的方法论 § 14-3 f., 121 ff., 135
-Postmoderne 后现代的方法论 § 1-6 f., § 14-2

-Quellen 渊源 §14-97 ff., 116
Methodenpluralismus 方法多元主义 §1-6, §14-64
Methodentransparenz 方法上的透明性 §1-47, §14-125 ff.
Mietnachfolge 承租顺序 §6-74 f., §11-43 f.
Miller 米勒 §5-129
Mindestharmonisierung 最低程度的一体化 §2-110 ff., §7-32 f.
- Eins-zu-Eins-Umsetzung 逐字照搬的转化 §2-114
- Mindestklausel 最低条款/门槛条款 §2-78
- Optionalklausel 选择条款 §2-67, 69
- Rückverweisungsklausel 建议条款 §2-67
- überschießende Umsetzung 溢出性的转化 §12-90 ff.
Missbrauch juristischer Methoden 法学方法的滥用 §14-100 ff.
Mittelmeinung 中间观点 §5-105
Mitverschulden 与有过失 §4-113, §9-20
Modellgesetze 示范性法律 §3-17 f.
Moderne Methodenlehre 现代的方法论 参见 *Methodenlehre, moderne*
Möllers, Ch. Ch. 默勒斯 §6-60, §13-105
Montesquieu 孟德斯鸠 §1-34, 39, 48, §4-34
Moral 道德 §2-15 ff., 25 ff., 128, 131
Moral hazard-Problematik 道德风险问题 §5-150
Motor der Europäischen Union, EuGH als der ~（欧盟最高法院作为）欧盟的发动机 §6-87, §13-118
Müller, F. F. 穆勒 §1-72, §14-7 ff.
Müller, P. P. 穆勒 §13-100
Multilevel-system 多层体系 参见 *Mehrebenensystem*
Mutter-Kind-Abteil 母子车厢 §1-3 ff., 27, 73, 75, 82, 84 ff., 90 f.

Nachfristsetzung 宽限期 §12-79
Namensrecht 姓名权 §11-31
Natur der Sache 事物的本质 §6-158, §9-6a f., 10
Naturrecht 自然法 §1-112 ff., §2-128 ff., §3-21
Neuner 诺伊纳 §13-12, 18
Nichteheliche Lebensgemeinschaft-Entscheidung 非婚生活伴侣案 §5-90, §6-74 f., §11-43, §13-45 f., 64
Nichtigkeit 无效

-Ausnahmen 例外 § 11-32 ff.
-einer Norm 规范的无效 § 11-30 f.
Nichtraucher-Entscheidung 不抽烟者案 § 5-47, 104
Nicht rechtsfähiger Verein 无权利能力的社团 参见 *Klagerecht eines* ~
Nipperdey 尼佩代 § 5-22, § 14-40, 124
Normangleichung 规范调适 § 5-52 ff.
Normative Kraft des Faktischen 事实的规范力 § 5-95 ff.
Normative Richtigkeitserwartung 规范意义上的正确性期待 § 14-75
Normbereichslehre 规范领域理论 § 14-7 ff., 31 ff.
Normenkontrollverfahren 规范审查程序
-abstraktes 抽象的~ § 11-26
-konkretes 具体的~ § 11-26 ff.
Normerhaltung 规范保留 参见 *Erhaltung der Norm*
Normerschleichung 规范隐匿 § 5-55a
Normoptimierung 斟酌规范 § 11-38, 42
Normquelle, außerrechtliche（法外的）规范来源 § 7-13
Normvermeidung 规范避免 § 5-55
Noscitur a sociis 同类规则 参见 *Systematische Auslegung, innerhalb der Norm*
Notwehr 正当防卫 § 4-126, § 10-93
Nudging（Stupsen）助推 § 5-129a
Nulla poena sine lege 罪刑法定原则 参见 *Gesetzlichkeitsprinzip*
Nullum crimen sine lege 罪刑法定原则 参见 *Gesetzlichkeitsprinzip*
Nullsummenspiel 零和博弈 § 5-152
Nußberger 努斯布克 § 1-1, 88a, § 14-30
Nutzungsersatz-Entscheidung 使用收益偿还案 § 5-67 ff.
Nutzungsmöglichkeit, entgangene-Entscheidung 使用机会,使用机会丧失案 § 7-54, § 8-29

Obersatz 大前提 § 4-2 ff.
Obiter dictum 附带意见 § 3-39, 45, § 7-59, 68
Objektive Theorie 客观理论 § 6-60 ff., 69 ff., § 13-37
Oertmann 厄尔特曼 § 14-48
Öffentlicher Dienst-Entscheidung 公共职务案 § 4-144
Ökonomische Analyse des Rechts 法的经济分析 § 5-122 ff., 133 ff.
-Bedeutung für die Methodenlehre 对方法论的意义 § 5-133 ff.

-durch den EuGH 欧盟最高法院作出的~ § 5-155 ff.
-Grenzen 界限 § 5-128 ff., § 6-57
-normative 规范的~ § 5-122
-positive 实证的~ § 5-122
-Zielsetzung 目标 § 5-122 ff.
One-right-answer-thesis 唯一正解论 § 1-64, 68 ff., § 14-78
Open-Door-Entscheidung Open-Door 案 § 10-59 f.
Opinio necessitatis 普遍确信 § 3-23, 36
Optimierungsgebot 最佳化命令 § 9-12, 40
-im Planungsrecht 规划法当中的~ 参见 *Abwägungsdirektive*
Ordre-public-Vorbehalt 公共秩序保留 § 5-145, § 10-64 ff.
Osterloh 奥斯特洛 § 13-107
Overruling 推翻 § 3-15, § 7-62 f., 71

Pacta sunt servanda 有约必守 参见 *Vertragsbindung*
Pandektenwissenschaft 潘德克吞法学 § 4-102
Papinian 帕比尼安 § 3-100
Pareto-optimal 帕累托最优 § 5-124, § 10-45
Parteifähigkeit, aktive (主动的)诉讼资格 § 11-78, § 13-57
Parteiwille 当事人意思 § 9-29 f.
-hypothetischer 假设的~ § 6-195 f.
Partnerschaftsvermittlung-Entscheidung 同性伴侣介绍案 § 5-75 ff.
Passagiermaschine, Abschuss einer ~ 民航飞机, 击落~
- Entscheidung 击落民航飞机案 § 10-53, § 15-34 f.
Paternalismus 家长制 § 5-130, 148, § 8-24
Paulus 保罗 § 3-100
Pawlowski 帕夫洛夫斯基 § 6-161
Penny-Stocks-Entscheidung 仙股案 § 3-70
Perplexität 自相矛盾 § 6-42 ff., 67
Persönlichkeitsrecht, Verletzung 人格权,侵害~ § 6-15, 65, § 10-19 f., § 11-71 ff., § 12-73
Persuasive authorities 说服性权威 § 3-45, 85, 94
Petitio principii 默认论题原则 参见 *Zirkelschluss*
Planfeststellungsbedürftige Vorhaben 规划审批程序 § 10-16b f.
Planung, großflächige (大面积的)规划 § 10-16a ff.

Platon 柏拉图 §1-63, 105, §2-129
political correctness 政治正确 §2-18 f.
political question doctrine 政治问题原则 §13-92
Politisches Gericht 政策性法院 §13-92, 97
Popper 波普尔 §1-79
Positive Forderungsverletzung 积极侵害债权 §6-151
Postmoderne Methodenlehre 后现代的方法论 参见 *Methodenlehre*
Pound 庞德 §14-109
Präambel 序章 参见 *Materialien, gesetzesimmanente*
Praeter legem 合法 参见 *Lücke, bewusste*
Pragmatischer Methodenpluralismus 实用的方法多元主义 §14-2, 64
Präjudizien 先例 §3-6 ff., 15 f., 43 ff., 90, 95, §7-45, 58 ff., 73 ff.
Praktische Konkordanz 实际性的协调 §10-23, 47
Praktikabilität 可用性/实用性 §5-61 ff., 87 ff., 109, 121, §13-63 ff.
Prämisse 前提 §1-93 ff.
Präsident der USA-Fall 美国总统案 §1-67
Praxistauschvertrag-Entscheidung 诊所交换合同案 §6-203
Preiskontrolle 价格审查 §8-41, §9-35 f., 52 ff.
Preisregulierung 价格规制 §9-54a
prima facie 初步证明 参见 *Vermutungsregel*
Primärrechtswirkung 基础法效力 §12-3 ff., 9
-mittelbare Drittwirkung 间接的第三人效力 §12-12 ff.
-Schutzpflichten 保护义务 §12-12 ff.
-unmittelbare Drittwirkung 直接的第三人效力 §12-10 ff.
Primärrecht 基础法 §2-59 ff., 74 ff., §4-140 ff., 172
Principal-Agent Problem 委托代理问题 §5-150 f.
Principles of European Interpretation 欧盟法的解释原则 参见 *Europäische Methodenlehre*
Prinzip des Sozialen 社会原则 §9-40 f.
Prinzipien 原则 参见 *Rechtsprinzipien*
Prisoner dilemma 囚徒困境 参见 *Gefangenendilemma*
Privatautonomie 私人自治 §1-111, §2-28a, §4-99, §5-29, §11-60
Privatrecht 私法 §2-28a f.
-europäisches 欧盟的私法 §4-183
-internationales 国际的私法 §3-77 f.

Process of discovery 发现的过程 § 14-42 f.　参见 *Juristische Entdeckung*
Process of justification 正当化的过程 § 14-42 f., 130
Programmsätze 程式　参见 *Materialien, gesetzesimmanente*
Proportionalität 均衡性　参见 *Angemessenheit*
Prozedurale Waffengleichheit 程序上的武器平等 § 9-48
Prüfungsfolge der Argumentationsfiguren 论证模型的检验步骤 § 14-69 ff.
Prüfungsintensität 审查密度 § 10-56, § 14-76, 124,　参见 *kumulativer Methodeneinsatz*
Prüfungskompetenz 审查权限 § 2-94 ff.
PSPP-Urteil PSPP 案 Vorwort § 1-88 f., § 2-99 ff., § 13-114 ff., 121 ff.
Punitive damages 惩罚性赔偿 § 5-145, § 7-86
Purposivism 目的主义 § 4-156, § 5-3, § 13-98

Qualifizierte Nachfolgeklauseln-Entscheidung 特定继承条款案 § 10-78 ff.
Quasi-negatorischer Unterlassungsanspruch-Entscheidung 准否认性的不作为请求权案 § 6-141 ff.
Quelle-Entscheidung Quelle 案 § 12-58 f., 69 ff., 110

Rabel 拉贝尔 § 14-131
Radbruch 拉德布鲁赫 § 1-109, § 2-131 ff., § 6-69 f., § 14-42
Radbruch'sche Formel 拉德布鲁赫公式 § 2-131 ff., § 3-21, § 5-73, § 14-115b
Rangverhältnis der Argumentationsfiguren 论证模型的位阶关系 § 14-64 ff.
Ratio decidendi 判决理由 § 3-3, 44, § 7-59, 68
Ratio legis 精神与目的　参见 *Gesetzeszweck*
Rational Choice-System 理性选择体系 § 5-123
Rational nachprüfbares Verfahren 可经受理性检验的程序 § 1-47, 113, § 13-106
Rationalitätsanspruch 理性之要求 § 14-67 ff.
Reasoning from case to case 由案件到案件的推理 § 7-44
Recherche 调查　参见 *Sachverhalt*
Recht 法
-Definition und Abgrenzung von 法的定义和界分 § 2-2 ff., 20 ff.
-Endzwecke 终极目的 § 9-10
-Objektives, subjektives Recht 客观法, 主观权利 § 2-3
-öffentliches und privates 公法与私法 § 2-28 ff.
-Sollensnormen 应然规范 § 2-7 ff., § 3-20

-Stufenbau 层级构造 § 2-36 ff., 52 ff., 121 ff., § 14-72 另参见 *lex-superior-Regel*

- vernetztes 网状结构的法 § 3-9

-Vollzug 执行 § 2-11 ff.

Recht auf Maßlosigkeit 无须节制的权利 § 10-96

Recht auf Vergessen II-Entscheidung 被遗忘权 II 号案 § 2-106 ff., § 3-93a, § 12-118 f., § 13-124 ff.

Rechtsakt, delegierter 法律文件,授权性质的法律文件 § 7-41

Rechtsanalogie 法的类推 参见 *Gesamtanalogie*

Rechtsansicht, vermittelnde 法观点,中间性的～ § 5-105 f.

Rechtsanthropologie 法人类学 § 7-83

Rechtsanwaltshaftung 律师责任 § 3-6, § 14-12

Rechtsanwendungsgleichheit 法适用的平等性 § 1-42

Rechtsbegriffe 法概念

-Relativität 相对性 参见 *Relativität, der Rechtsbegriffe*

-normative 规范性的～ § 4-56 f.

-deskriptive 描述性的～ § 4-58

-unbestimmte 不确定性的～ § 7-5 ff., 24 ff., § 8-26 f., 31 另参见 *Generalklausel*

Rechtsdogmatik 法教义学 § 9-2 ff., § 10-52, § 13-101 f., § 14-57, 112, 129

-Dimensionen 维度 § 9-3

-Elemente 元素 § 9-2

-Funktionen 功能 § 9-8 f.

-und Methodenlehre ～与方法论 § 9-7 ff.

Rechtsdurchsetzung 法的执行

-europäischen Rechts 欧盟法的执行 § 5-108 ff., § 12-103 ff.

Rechtserkenntnisquelle 法认知源 § 2-6, § 3-1 ff., 28, 94, 100

Rechtsethologie 法人类学 § 2-11

Rechtsfortbildung 法续造 § 1-48 ff., § 6-13, 91 ff., § 13-1 ff., § 14-73, 80 f.

-Abgrenzung 界分 § 4-37, § 6-13

-als Gewohnheitsrecht 作为习惯法 § 3-22 ff.

-Begriff 概念 § 13-21 ff.

-contra legem 违法 § 1-46, § 11-86 ff., § 12-76 ff., § 13-18, 23

-durch den EuGH 欧盟最高法院的～ § 6-172 ff.

-Einzelanalogie 具体类推 参见 *Einzelanalogie*

-folgenorientierte Überlegungen 结果取向的思想 § 13-47, 58

-Gesamtanalogie 整体类推　参见 *Gesamtanalogie*
-gesetzesimmanente 法律(制定法)内的法续造,法律(制定法)内造法　§ 13-14
-gesetzeskonkretisierende 具体化法律的法续造　§ 13-19
-gesetzesübersteigende 超越法律(制定法)的法续造,超越法律(制定法)的造法
　§ 13-15 ff.
-Grenzen zulässiger 法续造的正当界限　§ 11-79 ff. , § 13-4 ff. , 81, 122 ff.
-praeter legem 超越法律(制定法)　参见 *Rechtsfortbildung, gesetzesübersteigende*
-primärrechtskonforme 合基础法的~　§ 12-24 ff. , § 13-79
-richtlinienkonforme 合指令的~　§ 12-54 ff. , 60 ff. , § 13-80
-teleologische Reduktion 目的性限缩　参见 *Teleologische Reduktion*
-unzulässige 不正当的~　§ 13-8, 24 ff.
-verdeckte 隐蔽性的~　§ 1-23 , § 6-173 , § 13-9 ff. , § 14-92, 131
-verfassungskonforme 合宪的~　§ 11-21 ff. , 64 ff.
-zulässige 正当的~　§ 13-8
Rechtsfortbildungsfunktion 造法功能　§ 7-10
Rechtsfrieden 法和平　§ 1-109 ff. , § 9-10
Rechtsgeschäft 法律行为　§ 4-108
Rechtsgemeinschaft 法共同体　参见 *Rechtsunion*
Rechtsgestaltung, unzulässige (不正当的)法形成　参见 *judicial activism*
Rechtsgüterschutz 法益保护　§ 1-110
Rechtsidee 法理念　§ 2-139 f. , § 6-158, § 9-10
Rechtsinstitut 法制度　§ 6-181, § 9-14, 24
Rechtskreislehre 法系理论　§ 7-81 f.
Rechtsliteratur 法学学说　§ 3-100 ff.
-gerichtliche Zitierpraxis 法院的引证实践　§ 1-55 ff.
Rechtsmethodik 法方法　§ 13-101 ff.
Rechtsordnung 法秩序　§ 1-110, § 5-9, 15, 24
-autonome 独立的~　§ 3-9
-Einheit der ~的统一　参见 *Einheit, der Rechtsordnung*
-europäische 欧盟的~　§ 2-53 ff.
-widerspruchsfreie 无冲突的~　§ 1-117, § 4-92 ff. , 109 ff.
Rechtsphilosophie 法哲学　§ 1-105, § 14-114 ff.
Rechtspluralismus 法多元主义　§ 3-9
Rechtspositivismus 法实证主义　§ 1-48, § 2-128, § 3-20
Rechtsprechung(s) 判例

-änderung 判例变更　参见 *Bindungswirkung von Richterrecht*
-gefestigte 稳固的~ § 4-79，§ 7-73
-höchstrichterliche 最高法院的~ § 3-15, 19, 38, 95
-ständige 一贯的~ § 7-73
Rechtsprechungslinie 判例路线 § 7-52
Rechtsprinzipien 法原则 § 9-11 ff.，§ 10-76
-Abwägung von 法原则的衡量 § 9-25，§ 10-81 ff.
-Begründung 论证/说理 § 9-15 ff.
-Definition 定义 § 9-13
-des Primärrechts 基础法的~ § 9-63
-des Sekundärrechts 第二位法的~ § 9-63
-Einzelwertungen 具体价值安排 § 9-28
-ethische 伦理的~　参见 *Ethik*
-europäische 欧盟的~ § 9-62 ff.
-historische Ableitung 历史推导 § 9-16
-Kollision von ~的冲突 § 10-6 f.，76 ff.
-Konkretisierung 具体化 § 9-15, 23 ff.
-übergesetzliche 超越法律的~ § 2-131, 139 f.，另参见 *Rechtsidee*
-Unterprinzipien 子原则 § 9-28
-Verhältnis 关系 § 9-27
Rechtsquelle 法源 § 2-2 ff.
-enger Begriff 狭义的概念 § 3-3 ff.
-Europarecht 欧盟法　参见 *europäische Rechtsquellen*
-primäre 基础性的~ § 2-5，§ 3-2 ff., 18
-sekundäre 第二位的~ § 2-5，§ 3-12 ff., 18, 21, 25 ff., 53, 57-73 f.
-Völkerrecht 国际法 § 2-116 f.
-weiter Begriff 广义的概念 § 3-9 ff.
Rechtssatz 法陈述
-allgemeiner 一般性的~ § 7-53
-verallgemeinerungsfähiger 可一般化的~　参见 *tertium comparationis*
Rechtsschöpfung 法创造/法创制 § 4-34 ff.，§ 14-46 ff.
Rechtssicherheit 法的安定性 § 1-118，§ 2-44 ff., 132，§ 3-29 ff., 41 ff., 69 f.，§ 13-63 ff.
Rechtssoziologie 法社会学 § 3-21，§ 5-91 ff.，§ 14-109
Rechtstheorie 法理论 § 14-108

Rechtsunion 法的联盟 §10-57, §12-120, §13-122

Rechtsvergleichung 法比较 §3-75 ff., 86 ff., §7-78 ff., §14-106 f.

−Bindungswirkung ausländischer Urteile 外国法判决的约束力 §3-94 f. 参见 Bindungswirkung

−des EGMR 欧洲人权法院的~ §3-98 f., §7-87 ff.

−des EuGH 欧盟最高法院的~ §3-96 f., §7-87 ff.

−freiwillige 自愿的~ §3-86 ff., 94, 97 ff., §7-81 ff.

−funktionale 功能性的~ §7-81 ff.

−horizontale 水平的~ §3-84

−verpflichtende 义务性的~ §3-76 ff., 95 f., §7-79 f.

−wertende 评价性的~ §7-85 ff.

Rechtsverweigerungsverbot 禁止拒绝裁判 §1-52, §5-73, §6-73

Rechtsweg 法律救济(途径) §2-29

−angemessene Verfahrensdauer 适当的程序期限 §9-67, §12-131

−Rechtsweggarantie 法律救济之保障 §10-57a

Rechtswertungsfreier Raum 不得裁量的区域 §10-10

Redaktionsversehen 编写疏漏

−nationaler Gesetzgeber 国内立法者的~ §6-5a, 46 ff., §12-69, 79

−europäischer Gesetzgeber 欧盟立法者的~ §6-89

Reduktion, teleologische 限缩,目的性~ 参见 Teleologische Reduktion

Regelbeispiel 例示规定 §7-17 ff.

Regelsberger 黑格尔斯博格 §4-21

Regelungen Privater 私人创设的规范 §3-8, 60 f.

Regelungswidersprüche 规则冲突 参见 Normangleichung

Regelungszweck 规则目的 参见 Gesetzeszweck

Regierungsentwurf 政府草案 §4-162

Reichenbach 赖兴巴赫 §14-42

Reinheitsgebot-Entscheidung 啤酒纯度要求案 §2-91, §4-143, §10-74 f., §12-128

Relativität der Rechtsbegriffe 法概念的相对性 §4-127, §6-17 ff., §12-52

Respondeat superior 雇主负责原则 §10-88

Rettungsfolter-Entscheidung 出于营救目的的刑讯逼供案 §10-10

Reurecht-Entscheidung 后悔权案 §6-102, §15-20 f.

Rezeptionsfunktion 接受功能 §7-12

Rhetorik 修辞(学) §1-63, §6-2, §5-2, §14-67, 98

Richter 法官
-als Ersatzgesetzgeber 作为替代(或代位)立法者 § 11-66，§ 13-97 ff.
-europäischer 欧盟法的~ 参见 Unionsrichter
-Roboter-Richter 机器人法官 § 1-47
richterliche Dezision 法官的决断 参见 Dezision
richterliche Selbstbeschränkung 司法(法官)的自我克制 参见 Judicial self restraint
Richterrecht 法官法 § 2-5，§ 3-3 ff.，22 ff.，28，75，§ 8-2 ff.，33，§ 13-19
-als Gewohnheitsrecht 作为习惯法 § 3-23 f.
-Hierarchie des ~ ~的位阶 § 7-75 ff.
Richtigkeitsgewähr 正确性保障 另参见 Billigkeitskontrolle
-als Billigkeitskontrolle 作为公平性审查 § 14-74 ff.
-durch Verhandlungen 通过裁判磋商而实现~ § 9-30，39
-durch Verfahren 通过程序而实现~ § 3-67
Richtlinien 指令
- Anwendungsbereich 适用领域 § 2-110 ff.
-Auslegung im weiteren Sinn 广义的适用 § 12-17 ff.
-Drittwirkung 第三人效力 参见 Richtlinienwirkung
-Erwägungsgründe 立法理由 § 5-16
-richtlinienkonforme Auslegung 合指令的解释 参见 Auslegung, europäische, richtlinienkonforme Rechtsfortbildung
-Umsetzungsfragen 转化问题 § 12-86 ff.，103 ff.，114，122
-Vorrangwirkung 优先效力 § 12-35 ff.
Richtlinienorientierte Auslegung 以指令为导向的解释 § 12-65，93
Richtlinienkonforme Rechtsfortbildung 合指令的法续造 § 12-54 ff.，62 ff.
-contra legem-Grenze 不正当界限 § 12-76 ff.
-genereller Umsetzungswillen 一般性的转化意图 § 12-62，68，75
-Gesamtrechtsordnung 整体的法秩序 § 12-61
-konkreter Umsetzungswillen 具体的转化意图 § 12-78
-Systembruch 体系破裂 § 12-81
Richtlinienwirkung 指令效力 § 3-54，§ 12-35 ff. 参见 Rechtsfortbildung, richtlinienkonforme
-horizontale Drittwirkung 水平的第三人效力 § 12-42 ff.
-Korrekturwirkung 修正效力 § 12-50
-Sperrwirkung 阻断效力 § 12-50
-vertikale Wirkung 垂直效力 § 12-36 ff.

-Vorwirkung 预先效力 §12-50, 86
Riesenhuber 里森哈伯 §14-137
Roe v. Wade 罗伊诉韦德案 §1-71, §7-65, §11-6
Rohsachverhalt 原始案件事实 参见 Sachverhalt
Rousseau 卢梭 §2-129
Rückbewirkung von Rechtsfolgen 法效果的溯及力 参见 Rückwirkung, echte
Rückert 吕克特 §9-42
Rücksichtnahmepflicht-Fall 关照义务案 §2-11 f.
Rückwirkung(s) 溯及力 §3-69, §5-74
-echte 真正的~ §2-45 ff., §3-31 f.
-unechte 不真正的~ §2-45 ff., §3-31 f.
-verbot 禁止溯及既往 §2-44, 124 f., §4-84 f., §12-47, 62d, 76 f.
-von Urteilen 判决的~ §3-38 ff.
Rügeverkümmerung-Entscheidung 诉讼萎缩案 §3-40, §11-80, §13-74 f., 89
Rüthers 魏德士 §1-105 f., §5-6, §13-4, §14-104

Sachbeschädigung 物之损害
-Hund als ~-Fall 于"狗"之上成立"物之损害"案 §6-24
Sachverhalt 案件事实 §4-3 ff.
-Rohsachverhalt 原始案件事实 §14-16 ff.
-Sachverhaltshermeneutik 案件事实诠释学 参见 Hermeneutik, Sachverhaltshermeneutik
-Sachverhaltsquetsche 案件事实的加工机 §14-11
Sachverständigenhaftung-Entscheidung 专家鉴定人责任案 §5-59 f., §11-81 f., §13-71
Saltus in concludendo 论证跳跃 §5-46 f.
Salzsäure-Entscheidung 盐酸案 §4-60 f., §6-12
Sammlermünze-Entscheidung 纪念币案 §9-53
Sanktionen 强制手段 §2-11 ff.
Satzung 规章 §2-5, 31, 35
Savigny, von 冯·萨维尼 §4-17 ff., 26 f., 34, §6-63, 82, §14-64, 70
Schaden 损害 §1-110, §2-14a, §4-57, §6-144 ff., 165 ff., §7-61 ff., §8-3 ff., 29, §9-20
-immaterieller Schaden 非物质损害 参见 Schmerzensgeld; Persönlichkeitsrecht, Verletzung
Schadensersatzanspruch 损害赔偿请求权 §3-40, 69, 90, §4-63, §6-151 ff.,

§ 7-38, § 8-15, § 10-98, § 12-84, § 14-17, 39, § 15-5 另参见 *auegemeines schädigungsverbot*, *Kartellrecht*, *Klagerecht privater Parteien*
-Vertrauensschutz 信赖保护 § 3-40, 69
-als Gesamtanalogie 作为整体类推 § 6-151 ff.
-Schädigungsverbot, allgemeines 禁止伤害原则,一般性的~ § 10-86 ff., § 11-5
Scheinbegriff 伪概念 § 10-18a
Scheinbegründung 表面理由 § 1-23, § 9-23, § 14-132
-ars aequi et boni 公平与正义 § 14-40
-Billigkeit 公平(性) § 14-74 ff.
-Dezionismus 决断主义 § 14-41
-Fiktion 拟制 § 4-168, § 8-18, § 9-52, § 12-62
-Formalargumente 形式论据 § 6-2 ff.
-Gerechtigkeit 正义 § 14-115 ff.
-Natur der Sache 事物的本质 § 9-6a
-verdeckte Rechtsfortbildung 隐蔽性的法续造 § 13-10
Schleier 面部遮掩物 § 14-29 另参见 *Burkaverbot-Fall*
Schluss 推论
-deduktiver 演绎的~ 参见 *Deduktion*
-Erst-Recht- 当然推论 参见 *Erst-Recht-Schluss*
--folgerung 结论 § 4-5
-induktiver 归纳的~ 参见 *Induktion*
-logischer 逻辑的~ § 4-2 ff.
-Umkehr- 反面推论 参见 *Umkehrschluss*
-vom Besonderen auf das Besondere 从特殊到特殊的~ § 6-133
-vom Größeren auf das Kleinere 举重以明轻 § 6-124
-vom Kleineren auf das Größere 举轻以明重 § 6-126 f.
-vom Sein auf Sollen 从实然到应然 参见 *Sein-Sollen-Dichotomie*
-vom Stärkeren auf das Schwächere 举重以明轻 参见 *Erst-Recht-Schluss*
-Zirkel- 循环论证 参见 *Zirkelschluss*
Schmerzensgeld 痛苦抚慰金 § 4-111, § 5-144
Schmidt-Rimpler 施密特-李普乐 § 9-39
Schmitt, C. C. 施密特 § 14-41
Schockschaden-Entscheidung 惊吓损害案 § 7-61
Schockwerbung-Entscheidung 惊吓广告案 § 11-16
Schranke 限制 参见 *Grundrechte*, *Rechtfertigung*

-verfassungsimmanente 宪法的内在 参见 Verfassungsimmanente Schranke
Schrempp-Entscheidung 施伦普案 §7-42
Schuldturm 债务塔 §11-59
Schutzgebotsschicht 保护命令层次 §11-10
Schutzgesetz 保护性法律
-im Kapitalmarktrecht 资本市场法中的~ §5-119, §13-32a
-im UWG 不正当竞争法中的~ §5-13
Schutzlücke 保护漏洞 §11-75, §13-48 ff., 67 f., 88 f.
Schutznormtheorie 保护规范理论 §5-3
Schutzpflichten 保护义务 参见 Grundrechte, Schutzpflichten
Schwangerschaftsabbruch-Entscheidung 堕胎案 §3-93, §11-7 f.
Schwarzkauf vor dem Notar-Entscheidung 公证的阴阳合同案 §5-49
Schweigen des Gesetzgebers 立法者的沉默 §5-45, §6-64, 67, §13-39 ff.
Schwimmbad-Entscheidung 游泳池案 §7-49
Sein-Sollen-Dichotomie 实然应然二分 §3-20 f., §5-95, 100
Sekundärrecht 第二位法 参见 Europäische Rechtsquellen
Selbstbestimmung 自我决定 §1-111, §2-138, §10-94, §11-16c, 56 ff.
-beiderseitige 双方的~ §9-43 ff.
-Vertragskorrektur 合同修正 §9-49
Selbstverantwortung 自我负责 §10-86 ff.
Sense clair-Theorie 明确性理论 参见 acte clair Doktrin
Signalling 信息传递 §5-147
Simon 西蒙 §5-129, §14-2
Singularia non sunt extendenda 例外不得扩张 参见 Ausnahmen sind eng auszulegen
Sittenwidrigkeit 违反善良风俗（背俗）§8-39 ff.
-deliktsrechtliche 侵权法上的~ §8-46 ff.
-eines Vertrages 合同的~ §5-106, §11-61 ff.
-Inhaltssittenwidrigkeit 内容背俗 §8-16 ff., 41, §9-36 f., 53 ff.
-Umstandssittenwidrigkeit 情状背俗 §8-16 ff.
Sittlichkeit 善良风俗 §2-15 f., 20 ff.
Sitzblockade-Entscheidung 静坐示威案 §4-61, 71 f.
Sitztheorie-Entscheidung 住所理论案 §3-27
Skifahrer-Entscheidung 滑雪者案 §3-68
Smith, Adam 亚当·斯密 §5-122, §9-30
Soft law 软法 §2-6, §3-4, 13, 17 f.

Solange I und II-Entscheidung Solang I 号案,II 号案 §2-94 f.
Sollensnorm 应然规范 参见 Recht, Sollensnorm
Sondervotum 不同意见书 §1-54, §2-50, §11-83, §13-99
Sophisten 诡辩学家 §1-63
Soraya-Entscheidung 索拉娅案 §1-51, §6-70 f., §12-65, §13-58
Sozialadäquanz 社会相当性 §5-82
Sozialtypisches Verhalten 社会典型行为 §13-33
Special justification 特殊正当化事由 §7-62
Spezifizierungsleistung 展开义务 §7-2
Spieleisenbahn-Entscheidung 玩具火车案 §6-104 f.
Spieltheorie 博弈论 §5-152 ff.
Sprachgebrauch(s) 语言习惯 §4-48
  -allgemeiner 日常的~ §4-48, 62 ff., 73, 86 ff.
  -geltungszeitlicher 当前生效时期的~ §6-11
  -juristischer 法学的~ §4-48 ff., 62a, 86 ff., §6-10
  -mehrsprachig 多语言的~ §4-86 f.
  -nationaler 国内的~ §2-72
  -Wandel des ~ ~的变迁 §4-12 ff., §12-52
Sprayer-von-Zürich-Entscheidung 苏黎世喷雾器案 §10-30 f.
Sprung im Schließen 跳跃至结论 参见 saltus in concludendo
Staatshaftungsanspruch, unionsrechtlicher (欧盟法上的)国家责任请求权 §5-104, 117, §8-51, §9-64, §12-123 ff.
Staatstheorie 国家理论 §14-111
Stadionverbot-Entscheidung 球场禁入案 §11-16a f.
Stare decisis (rule) 遵循先例(原则) §3-15, 44, §7-58
Staub 史韬伯 §14-48
Sterbehilfe 安乐死 §11-8b f.
Stern 施特恩 §10-11
Steuerrecht 税法 §13-84, 100
  -Erbschaftsteuer 继承税法 §11-34
  -Rückwirkung 溯及既往 §2-49 f.
Stoll 施托尔 §5-19
Stopp-Regel 停止规则 §14-131
Störung der Geschäftsgrundlage 交易基础障碍 §3-24, §9-37 f., 55 ff.
Strafgesetze, unbestimmte 刑法,不确定的~ §4-77 ff., §7-24 ff.

Strafrecht 刑法
- 参见 *Absprachen im Strafprozess*
- 参见 *Gesetzlichkeitsprinzip*
- 参见 *Fragmentarität des Strafrechts*
-Strafzumessungsregel 量刑规则 § 7-28
Streitkultur, juristische（法学的）争论文化 § 1-20
Streu-Fall 撒盐案 § 8-13
Strom-Entscheidung 电力案 § 4-74
Stryk 斯特理克 § 1-39
Subjektive Theorie 主观理论 § 6-60 ff., 80, § 13-4
Subjektiv-objektive Theorie 主客观理论 § 6-77 ff.
Subjektstheorie 主体说 § 2-29 f.
Subordinationstheorie 支配说 § 2-29 f.
Subsidiaritätsprinzip 辅助原则 § 2-58, § 8-34, § 9-63
Subsumtion 涵摄 § 4-2 ff.
Suitability test 合目的性审查 参见 *Geeignetheit*
Suizid 自杀 § 11-8b
Superrevisionsinstanz 超级上诉法院 § 10-94, § 11-24, § 13-110 f.
Supremacy 优先性 参见 *Anwendungsvorrang*
Supranationale Rechtsform 超国家的法律形式 § 2-68
Syllogismus 三段论 § 4-2
Synthese 综合 § 1-86 ff.
System des Gesetzes 法律的体系
-äußeres 外在体系 § 4-102 ff.
-des BGB-Fall 民法典体系案 § 4-111
-des BGB 民法典的体系 § 4-102 ff., 109 ff.
-geschlossenes 封闭的体系 § 6-110, § 13-29 ff., 36
-inneres 内在体系 § 4-109 ff., § 6-146, 150 ff.
-offenes 开放的体系 § 4-112, § 13-34 ff.
Systematische Auslegung 体系解释 § 4-23, 92 ff., § 7-16
-Ausnahmen sind eng auszulegen 例外当作严格解释 参见 *Ausnahmen sind eng auszulegen*
-durch den EuGH 欧盟最高法院的~ § 4-136 ff.
-innerhalb der Norm 规范内的~ § 4-114 ff., 121 f., § 6-14, 27 f.
-innerhalb des Gesetzes 法律内的~ § 4-118 ff., § 6-16, 25 f.

-lex posterior 后法优先　参见 *Lex-posterior-Regel*
-lex specialis 特别法优先　参见 *Lex-specialis-Regel*
-lex superior 上位法优先　参见 *Lex-superior-Regel*
-teleologische Gegenfiguren 目的性的相反模型　§ 6-14 ff.
Systematisierungsfunktion 体系化功能　§ 1-117，§ 9-3

Tanja Kreil-Entscheidung 坦贾·克雷尔案　§ 12-41
Tanzbär-Fall 跳舞熊案　§ 6-127
Tatbestand 构成要件　§ 4-3，§ 7-24 ff.
Tatbestandliche Rückanknüpfung 构成要件的溯及联结　参见 *Rückwirkung unechte*
Tautologie 同义反复　§ 5-33
Teilgleichheit 部分共性　§ 7-45 ff.
Teleologische Auslegung 目的解释　§ 4-20 ff.，32，§ 5-1 ff.，26 ff.，§ 6-1 ff.，159 ff.
-teleologische Gegenfiguren 目的性的相反模型　§ 6-2 ff.，52 ff.，59
Teleologische Extension 目的性扩张　§ 6-160 ff.
Teleologische Reduktion 目的性限缩　§ 6-92 ff.，174 f.
-auf Null 限缩至零　§ 5-53
-Rechtsfortbildung 法续造　§ 11-68 ff.
Telos 目的　参见 *Gesetzeszweck*
Tertium comparationis 比较中项　§ 6-117，132，140，162 f.，§ 7-46，52 ff.，81，§ 10-36
Textualism 文本主义　§ 4-64a，§ 6-89 ff.，§ 13-98
Theaterkritiker-Entscheidung 戏剧批评家案　§ 9-33，41
Theologie 神学　§ 4-9
These 命题　§ 1-93 ff.
Thomasius 托马西乌斯　§ 4-17，26，156
Thon 托恩　§ 2-7
Tödlicher Unfall-Entscheidung 致死事故案　§ 6-115 ff.
Tonbandaufnahme-Entscheidung 磁带录音案　§ 6-149
Topiklehre 论题学　§ 14-49 ff.
Topoi 论题　参见 *Topiklehre*
Torggler 托格勒　§ 14-126,131
Transaktionskosten 交易成本　§ 5-125
Transformationsgesetz 转化法　§ 12-37，130

Transparenzgebot 透明性要求 § 12-62c, 104 ff., 108

Trennungsgebot 分离原则 § 10-16c

Trennungsthese 分离论 § 2-128

Trierer Weinversteigerung-Fall 特里尔葡萄酒拍卖案 § 4-96 ff., § 5-28 ff., 106

Typenlehre 类型学 § 14-60 ff.

Übergangsregelung 过渡性规定 § 11-32

Übermaßhaftung 过度责任 § 5-71 f.

Übermaßverbot 禁止过度 § 10-42, 93 ff., § 11-9 f.

Überschießende Umsetzung 溢出性的转化 § 12-90 ff.

Überschwemmung-Fall 注水案 § 6-165 ff.

Ultima Ratio 最后手段 § 11-35 ff., 54

Ultra-vires-Kontrolle 越权审查 § 2-96 ff., § 13-113 ff.

Umgehungsargument 规避论据 § 6-135 ff., § 7-48

Umgehungsverbot 禁止规避 参见 *Gesetzesumgehung*

Umkehrschluss 反面推论 § 6-93 ff., 113, 129 ff., § 7-48

Umsatzsteuer-Entscheidung 增值税案 § 6-203

Ungleichbehandlung 不平等对待 § 10-25, 36, 39

Ungleichheit 不平等 § 6-96, 129 ff., § 7-45 ff.

Unionsabkommen 欧盟条约 参见 *völkerrechtliche Verträge, der EU*

Unionsgrundrechte 欧盟基本权利 § 10-57 另参见 *Primärrechtswirkung*

Unionskonforme Auslegung 合欧盟法的解释 参见 *Auslegung, europäische*

Unionsrichter 欧盟法官 § 1-28 f.

Unionstreue 忠于欧盟 参见 *Grundsatz der loyalen Zusammenarbeit*

Unlogisches Recht 不合逻辑的法 § 6-52

Unsicherheitsargument 不确定性论据 § 6-42

Untätigkeit des Gesetzgebers 立法者的不作为 § 13-19, 53 ff.

Untermaßverbot 禁止不足 § 10-24, 35, § 11-9 f.

Untersatz 小前提 § 4-2 ff., § 7-2

Untragbarkeitsargument 不可承受性论据 参见 *argumentum ad absurdum*

Unvereinbarkeitserklärung 与(宪法)不一致之宣告 § 11-32 ff.

Unverzüglich-Fall "不迟延地"案 § 6-23

Urlaubsanspruch-Entscheidung 休假请求权案 § 12-40

Urteile, ausländische (外国的)判决 § 2-6 f., § 3-75 ff., § 13-61 f. *s. auch Rechtsvergleichung*

US-amerikanische Verfassung 美国宪法 §1-67, §15-1 f.

Van Gend-Entscheidung 范根德 §12-4 f.
Verbandsklage 集团诉讼 §5-145
Verbraucher 消费者
-leitbild ~指导观念／主导图像 §6-40, §14-56
-erwartung 消费者期待 §10-75
-schutzniveau 消费者的保护水平 §5-13, §6-40
-schutzrecht 消费者保护法 §7-31, §9, 58, §15-31 ff.
Verbrauchsgüterkauf 消费品买卖 §12-59, 69 ff., 79, 90, 101, 110
Verein 社团 §13-57
Vereinigtes Königreich 英国 §1-57, §4-64, 70, 146 f., §5-3, §7-84, §12-75
Vereinigungstheorie 结合说 参见 *Subjektiv-objektive Theorie*
Vereitelung der Ausübung einer Rechtsposition 法律地位实现的落空 §5-85 f.
Verfahrensgewährleistung 程序保障 §9-30
Verfassung 宪法 参见 *dynamische Verfassungsinterpretation*, *Grundrechte*
-Funktionen 功能 §11-2 ff.
-Hüter der ~ 宪法的守护者 §11-21 ff.
-Wandel der ~ 宪法变迁 §6-72, §13-44, 90
-Wertordnung 价值秩序 §11-4 f.
Verfassungsbeschwerde 宪法诉愿 §11-23 ff.
Verfassungsgericht(s) 宪法法院 参见 *Kooperationsverhältnis*
-verbund ~联盟 §13-123
Verfassungsimmanente Schranke 宪法的内在限制 §10-38
Verfassungskonkretisierung 宪法的具体化
-durch Abwägung 通过衡量实现~ §10-3 ff.
-kollisionslösend 解决冲突的~ §10-6 f.
Verfassungsprinzipien 宪法原则 §3-93
Verfassungsrecht 宪法法
-spezifisches 具体宪法 §11-24
Verfassungsrechtsgüter 宪法法益 §10-38
Verfassungstradition 宪法传统 §2-95, §3-96, §4-155, 175
Verfassungsüberlieferung der Mitgliedstaaten 成员国的宪法传统 参见 *Verfassungstradition*
Verfassungswidrigkeit 违宪 §11-30 ff.

Vergleichbarkeit 可类比性 §6-139, 142
-fehlende 缺乏~ 参见 Ungleichheit
Vergleichende Werbung 比较性广告 §12-88
Vergleichsfallmethode 案例对比法 §6-134, §7-44 ff., 69 ff.
-des EuGH 欧盟最高法院的~ §7-72, §8-1 f., 26, 31
Verhaltens 行为
-prävention ~预防 §5-138 f., 142 ff.
-steuerung ~调控 §2-10, §5-122, 132, 142
Verhältnismäßigkeitsgrundsatz 比例原则 §2-58 f., §10-25 f., 42a
-im engeren Sinne 狭义的~ 参见 Angemessenheit
-im Europarecht für Grundrechtsprüfung 欧盟法上基本权利审查的~ §2-58, §10-70 ff.
- im Europarecht für Kompetenzabgrenzung 欧盟法上权限界限的~ §10-70, §13-115 ff.
-im Öffentlichen Recht für Grundrechtsprüfung 公法上基本权利审查的~ §10-41 ff.
-im Zivilrecht 民法中的~ §10-93 ff.
Verifizieren 证实 §1-79
Veritas 纯粹 §3-15, 36
Verjährungsvorschriften-Entscheidung 消灭时效规定案 §6-152 ff.
Verkehrssitte 交易习惯 §2-17, §4-98, §5-92
Verkehrsunfall-Entscheidung 交通事故案 §5-78
Verletzung von Grundrechten 侵害基本权利 参见 Grundrechtsverletzung
Vermutung(s) 推定
-regel ~规则 §1-98, §12-46, §13-127, §14-84
-unwiderlegbare 不可推翻的~ §4-53
-widerlegbare 可推翻的~ §3-62, §4-51, §7-20, 28
-wirkung 推定效力 §3-16, 19, 59, 62 ff., 67 ff., 71
Verordnung 条例
-nationale 国内法的 参见 Rechtsverordnung
-europäische 欧盟法的 §2-62, 65, 85, §5-115
Versammlungsfreiheit 集会自由 §11-54, 70
Verschleifungsverbot 禁止消融原则 参见 Bestimmtheitsgrundsatz
Verschulden bei Vertragsverhandlung 合同磋商时的过错 参见 culpa in contrahendo
Verschuldenshaftung 过错责任 §4-113, 124, §13-30 ff.
-Enumerationsprinzip 列举原则 参见 Haftung

-Sphärentheorie 领域理论 §15-15
-vermutetes Verschulden 推定过错 §15-13 ff.
Vertrag 合同 参见 *Regelungen Privater*
-faktischer 事实上的~ §13-33
-mit Schutzwirkung zugunsten Dritter 附保护第三人作用的~ §3-23, 87, §10-82 ff.
-parität 合同对等 §11-59 f.
-völkerrechtliche 国际法上的(条约) 参见 *Völkerrechtliche Verträge*
Vertragsauslegung 合同解释 §6-182 ff.
-einfache 普通的~ §6-182
-ergänzende 补充解释 参见 *Ergänzende Vertragsauslegung*
-historische 历史解释 §6-189
-objektiv-normative 客观规范解释 §6-187 ff.
-natürliche 自然解释 §6-184 ff.
-systematische 体系解释 §6-189
-teleologische 目的解释 §6-190 ff.
-Wortlaut 文义 §6-189
Vertragsbindung 合同的约束力 §9-21, 28, 31 ff., 49, 59
Vertragsfreiheit 合同自由 §1-111, 6-40, 75, §11-16c, 43 f.
Vertragsverletzungsverfahren 违反条约的诉讼程序 §12-84, 117, 120 ff.
Vertragszweck 合同目的 §6-182, 187 f., 195
Vertrauensfrage-Entscheidung 信任问题案 参见 *Bundestagsauflösung-Entscheidung*
Vertrauensgrundsatz 信赖原则 §9-17, 28, 42, 66
Vertrauensschutz 信赖保护 §2-44, §3-31 ff., 41 f., 58 f., 69 f., §13-76 ff., 81
Verwaltung 行政
-norminterpretierende 解释法规范的~ §3-54
-normkonkretisierende 将法规范具体化的~ §3-8, 56
-öffentliche 公共行政 §2-72, §4-144
-Verwaltungsvorschriften 行政规则 §3-1 ff., 7, 54 ff., 71 ff.
Verweisungen 引致 §3-62, 96, §4-104 ff.
Verweisungsfunktion 引致功能 §7-12
Verwerfungsregel 否定规则 参见 *Falsifizieren*
Verwerfungskompetenz 否定权限 §2-95, §11-66
Vesting 维斯汀 §14-42
Viking-Entscheidung 维京案 §12-14

Viren-Entscheidung 病毒案 § 4-63

Völkerrecht 国际法 § 2-116 ff., 121 ff., § 3-30, 76, § 12-130 ff.

-Völkergewohnheitsrecht 国际习惯法 § 2-60, 116 ff., 121, 125 f., § 3-30, § 4-176

-Völkerrechtliche Verträge 国际法条约 § 2-60, 75, 116 ff., § 4-176, § 5-5

- der EU 欧盟的~ § 2-60, 75

Volksgenosse 国民同胞 § 14-101

Vollharmonisierung 完全的一体化 § 2-66, § 7-34

Vollzugsdefizit 执行不足 § 2-14

Volkmann 沃尔克曼 § 9-4, § 13-99

Von Colson und Kamann-Entscheidung 科尔森和卡曼案 § 12-55, 65

Vorabentscheidungsverfahren 前置判决程序 § 12-62b, 91, 115 ff., § 13-123

Vorlageverpflichtung 呈递义务 § 3-53, § 12-115 ff.

Vorläufernormen 先行规范 § 4-148 ff., § 6-41

Vorrangregeln 优先规则 § 13-127

-komparative 比较性的~ § 10-22

-zwingende 强制性的~ § 1-97, § 10-19

Vorrang der Verfassung 宪法的优先性 § 11-50 f.

Vorratsdatenspeicherung-Entscheidung 数据保留案 § 10-61

Vorverständnis 前理解 § 1-70 ff., § 2-70, § 3-97, § 14-130

Vorvertrags-Grundstückskauf-Fall 不动产买卖预约案 § 6-136 ff., 171

Vorzugsregel, interpretatorische（解释上的）偏向性规则 § 12-49

Voßkuhle 沃斯库勒 § 13-107

Wagner 瓦格纳 § 10-90

Wahlrecht 选举权 § 13-113

Wahrheitsanspruch 对真理的要求 § 1-64 ff., 88

Warenkauf-RL《商品买卖指令》§ 2-111, § 5-13, 16a, § 6-40

Warenverkehrsfreiheit 商品流通自由 § 10-66 ff.

Weber, Max 马克斯·韦伯 § 3-29, § 14-60

Wechselwirkungslehre 相互作用说 § 10-47

Wehrdienst 服兵役 § 12-41

Weißbücher 白皮书 § 4-182

Werte 价值 参见 *Rechtsideen*

Wertordnung 价值秩序 参见 *Verfassung*

-objektive 客观的 §11-3 ff.
Wertungsjurisprudenz 价值法学 §1-99，§4，35，92，109 ff.，§5-19 ff.
Wertungsparallelität 价值平行性 §4-127，§6-17
Wertepluralismus, europäischer（欧盟的）价值多元化 §10-57c，§13-126
Wertvorstellungen 价值观
-Wandel der ~ ~的变迁 §7-10，§11-75
Wesentlichkeitstheorie 重要性理论 §1-36，§4-77，§13-83 ff.
Westermann 韦斯特曼 §5-22 ff.
Wettbewerbsrecht 竞争法
-Generalklausel 一般条款 §7-9
-Legaldefinition 立法定义 §4-50
-Schutzgesetz 保护性法律 §5-13
Widerlegen 推翻　参见 *Falsifizieren*
Widerrufsrecht-Fall 撤回权 §9-58
Wiedemann 维德曼 §13-12
Wilburg 维尔贝格 §8-3 ff.，9，53　另参见 *Bewegliches System*
Wildschutzzaun-Entscheidung 野生动物保护围栏案 §5-137 f.
Wille des Gesetzgebers 立法者的意图 §4-146 ff.，§5-7 ff.，25，§6-41 ff.，§11-66，§12-62c
-eindeutiger 明显的~ §4-170，§12-76，84
-entgegenstehender 相违背的~ §11-71 ff.
-historischer 历史的~　参见 *Wille des Gesetzgebers, subjektiver*
-nicht formulierter 未表达出来的~　参见 *Schweigen des Gesetzgebers*
-normativer 规范性的~ §6-45
-objektiver 客观的~ §6-69 ff.　另参见 *objektive Theorie*
-subjektiver 主观的~ §6-63 ff.，§11-65 ff.，75，§12-60，§13-37，另参见 *subjektive Theorie*
-subjektiv-objektiver 主客观的~　参见 *subjektiv-objektive Theorie*
-widersprüchlicher 冲突的~ §6-42 ff.，67
Willenserklärung 意思表示
-fahrlässige 错误的~　参见 *Trierer Weinversteigerung-Fall*
-konkludente 推断的~ §6-197
Willenstheorie 意思主义理论 §4-99，5-29，§6-183
Willkürprüfung 对任意性的审查 §10-40
Windscheid 温德沙伊德 §4-21，§6-63

Wissenschaft und Rechtswissenschaft 科学与法学
-Rationalität 理性 § 1-119
-Wahrheit 真理 § 1-120
Wittgenstein 维特根斯坦 § 4-41, § 6-11, § 14-108
Wortlaut 文义 参见 *Wortlautauslegung*
-Eindeutigkeit 明确性 § 4-43 ff., 64, § 6-3 ff., § 13-28
-Entgrenzung 消除界限 § 4-80
-Mehrdeutigkeit 多义 § 4-43 ff.
-Offenheit 开放性 § 13-28
Wortlautauslegung 文义解释 § 4-19, 39 ff.
-durch den EuGH 欧盟最高法院的~ § 4-85 ff.
-teleologische Gegenfiguren 目的性的对立模型 § 6-3 ff.
Wortlautgrenze 文义界限 § 4-36 ff., § 6-10, 172, § 12-21, 67
-in Frankreich und England 法国法和英国法的~ § 4-36
-im europäischen Recht 欧盟法的~ § 6-172 ff.
-im Strafrecht 刑法的~ § 1-37, 97, § 4-66 ff., 90 f.
-im Zivilrecht 民法的~ § 4-42
Wrongful life-Entscheidung "错误生命"案 § 3-90, § 13-62
Wurzelüberwuchs-Entscheidung 树根越界案 § 14-79

Zehn Gebote-Fall 十诫案 § 2-24, § 15-3 f.
Zirkelschluss 循环论证 § 4-10, § 5-35 ff., 55, § 6-52, 66, 107
Zitelmann 齐特尔曼 § 6-107
Zopfabschneide-Fall 割辫案 § 6-95, 103
Zumutbarkeit 可期待性 参见 *Angemessenheit*
Zweckmäßigkeit 合目的性 § 9-10
Zwingende Allgemeinwohlinteressen 强制性的公共利益 参见 *Cassis-Formel*
Zwischenschritte 中间步骤
-und Generalklauseln ~与一般条款 § 7-2
-und Grundrechte ~与基本权利 § 10-25

Juristische Methodenlehre
4. Auflage

内容简介

法学方法论蓬勃发展于对话与思维碰撞中。为结束冲突，法律人必须就争端作出判断。一个好的法律理由令人信服的同时也会令人印象深刻。当一个有争议的法律问题不能直接从法律或以前的判例法中找到答案时，就非常具有挑战性。且在法律模棱两可或完全空白时，如何制订出一个好的法律解决方案？此时，掌握好法教义学与法学方法论的基础就是不可或缺的。本书关于法学方法论的论证模型以及在世界范围内的应用都是服务于此目的。

本书不仅要介绍经典的解释方法，还要在跨学科与法教义学的背景下超越之。具体的主题有：法源、古典与现代的解释方法以及宪法和欧盟法作为更高位阶法律的影响。此外，还有要求更高的法律之具体化（如处理一般条款、法官法和法律原则）、确定法续造的正当界限、不同解释方法之间的检验顺序，以及与实践密切相关的案件事实诠释学。本书介绍了最重要的论证模型并发展了现代的法学方法论。

学者、学生和司法人员的日常学习与工作都能从本书中直接获益。

本书目标"明确且不简单"：希望法律人能够逐步发展出解决以前悬而未决的法律问题的方法，从而使对手——即使在争议中——也折服于法律论证的内容。

Juristische Methodenlehre
4. Auflage

来自约三十篇书评的节选

这本出版物不仅仅是一本很好的学习和参考书。默勒斯设法在近500页的篇幅（针对第一版所言）中通过多种可能性来加强自己的论证，并牢牢"吸引住了"读者。

Petra Buck-Heeb，教授（博士）
——汉诺威大学，载《商业和银行法杂志》

这是一本真正伟大的现代风格的法学方法论教科书。它不仅为法学教育还为科研与实践设定了标准，因为其远远超越了经典的（解释）方法论，涵盖了所有主要的方法论问题。买它！

Hanno Merkt，教授（博士）
——弗莱堡大学，载《新公司法杂志》

任何想要获得（法学方法论的）整体概况的人都应该阅读默勒斯这本出色的《法学方法论》，其他任何一本著作都无法如此清晰地阐明：法律人如何得出公正的结论。

Jochen Zenthöfer，博士（记者）
——载《法兰克福汇报》

默勒斯的书在超越单纯的形式主义方法方面取得了巨大的成功，并对所有希望自己的推理更容易被理解的法律人而言都是很有价值的。为实现此目的，默勒斯的书为法学学者和从业者提供了一个全面的工具箱。

Jan Baptist B. Lemaire
——比利时，载《欧洲私法评论》

法律人进阶译丛

⊙ 法学启蒙

《法律研习的方法：作业、考试和论文写作（第9版）》，〔德〕托马斯·M.J.默勒斯 著，2019年出版

《如何高效学习法律（第8版）》，〔德〕芭芭拉·朗格 著，2020年出版

《如何解答法律题：解题三段论、正确的表达和格式（第11版增补本）》，〔德〕罗兰德·史梅尔 著，2019年出版

《法律职业成长：训练机构、机遇与申请（第2版增补本）》，〔德〕托尔斯滕·维斯拉格 等著，2021年出版

《法学之门：学会思考与说理（第4版）》，〔日〕道垣内正人 著，2021年出版

⊙ 法学基础

《法律解释（第6版）》，〔德〕罗尔夫·旺克 著，2020年出版

《法理学：主题与概念（第3版）》，〔英〕斯科特·维奇 等著，2023年出版

《基本权利（第8版）》，〔德〕福尔克尔·埃平 著，2023年出版

《德国刑法基础课（第7版）》，〔德〕乌韦·穆尔曼 著，2023年出版

《刑法分则I：针对财产的犯罪（第21版）》，〔德〕伦吉尔 著

《刑法分则II：针对人身与国家的犯罪（第20版）》，〔德〕伦吉尔 著

《民法学入门：民法总则讲义·序论（第2版增订本）》，〔日〕河上正二 著，2019年出版

《民法的基本概念（第2版）》，〔德〕汉斯·哈腾豪尔 著

《民法总论》，〔意〕弗朗切斯科·桑多罗·帕萨雷里 著

《德国民法总论（第44版）》，〔德〕赫尔穆特·科勒 著，2022年出版

《德国物权法（第32版）》，〔德〕曼弗雷德·沃尔夫 等著

《德国债法各论（第17版）》，〔德〕迪尔克·罗歇尔德斯 著，2023年出版

⊙ 法学拓展

《奥地利民法概论：与德国法相比较》，〔奥〕伽布里菈·库齐奥 等著，2019年出版

《所有权的终结：数字时代的财产保护》，〔美〕亚伦·普赞诺斯基 等著，2022年出版

《合同设计方法与实务（第3版）》，〔德〕阿德霍尔德 等著，2022年出版

《合同的完美设计（第5版）》，〔德〕苏达贝·卡玛纳布罗 著，2022年出版

《民事诉讼法（第4版）》，〔德〕彼得拉·波尔曼 著
《消费者保护法》，〔德〕克里斯蒂安·亚历山大 著
《日本典型担保法》，〔日〕道垣内弘人 著，2022年出版
《日本非典型担保法》，〔日〕道垣内弘人 著，2022年出版
《担保物权法（第4版）》，〔日〕道垣内弘人 著
《信托法》，〔日〕道垣内弘人 著
《公司法的精神：欧陆公司法的核心原则》，〔德〕根特·H. 罗斯 等著

⊙ **案例研习**

《德国大学刑法案例辅导（新生卷·第三版）》，〔德〕埃里克·希尔根多夫著，2019年出版
《德国大学刑法案例辅导（进阶卷·第二版）》，〔德〕埃里克·希尔根多夫著，2019年出版
《德国大学刑法案例辅导（司法考试备考卷·第二版）》，〔德〕埃里克·希尔根多夫著，2019年出版
《德国民法总则案例研习（第5版）》，〔德〕尤科·弗里茨舍 著，2022年出版
《德国债法案例研习I：合同之债（第6版）》，〔德〕尤科·弗里茨舍 著，2023年出版
《德国债法案例研习II：法定之债（第3版）》，〔德〕尤科·弗里茨舍 著
《德国物权法案例研习（第4版）》，〔德〕延斯·科赫、马丁·洛尼希著，2020年出版
《德国家庭法案例研习（第13版）》，〔德〕施瓦布 著
《德国劳动法案例研习（第4版）》，〔德〕阿博·容克尔 著
《德国商法案例研习（第3版）》，〔德〕托比亚斯·勒特 著，2021年出版

⊙ **经典阅读**

《法学方法论（第4版）》，〔德〕托马斯·M. J. 默勒斯 著，2022年出版
《法学中的体系思维和体系概念》，〔德〕克劳斯-威廉·卡纳里斯 著
《法律漏洞的发现（第2版）》，〔德〕克劳斯-威廉·卡纳里斯 著
《欧洲民法的一般原则》，〔德〕诺伯特·赖希 著
《欧洲合同法（第2版）》，〔德〕海因·克茨 著
《德国民法总论（第4版）》，〔德〕莱因哈德·博克 著
《合同法基础原理》，〔美〕麦尔文·A. 艾森伯格 著，2023年出版
《日本新债法总论（上下卷）》，〔日〕潮见佳男 著
《法政策学（第2版）》，〔日〕平井宜雄 著